Collins *gem*

Collins

BESTSELLING BILINGUAL DICTIONARIES

Russian

Dictionary

HarperCollins Publishers
Westerhill Road
Bishopbriggs
Glasgow
G64 2QT
Great Britain

Fourth Edition 2009

Reprint 10 9 8 7 6 5 4

ISBN 978-0-00-728961-5

Collins Gem® is a registered
trademark of HarperCollins
Publishers Limited

www.collinslanguage.com

A catalogue record for this book is
available from the British Library

Typeset by Thomas Callan and
Davidson Pre-Press, Glasgow

Printed in Italy by
LEGO Spa, Lavis (Trento)

Acknowledgements
We would like to thank those
authors and publishers who kindly
gave permission for copyright
material to be used in the Collins
Word Web. We would also like to
thank Times Newspapers Ltd for
providing valuable data.

СОДЕРЖАНИЕ

CONTENTS

ТОВАРНЫЕ ЗНАКИ

Слова, которые по нашему мнению, являются товарными, знаками полочили соответствующее обозначение. Начилие или отсутствие обозначения не алияет на юридический статус того или иного товарного знака.

TRADEMARKS

Words which we have reason to believe constitute trademarks have been designated as such. However, neither the presence nor the absence of such designation should be regarded as affecting the legal status of any trademark.

Авторский коллектив/Contributors
Albina Ozieva • Olga Stott • Olena Tonne • Svetlana Ivanova

Заведующий изданий/Publishing Director
Catherine Love

Ведущий редактор/Managing Editor
Gaëlle Amiot-Cadey

Редактор/Editor
Genevieve Gerrard

Компьютерное обслуживание/Computing
Thomas Callan

Редактор серии/Series Editor
Rob Scriven

ВВЕДЕНИЕ

Мы рады, что вы выбрали словарь, подготовленный издательством Коллинз. Мы надеемся, что он окажется вам полезен, где бы вы им ни пользовались – дома, на отдыхе или на работе.

В настоящем введении излагаются некоторые советы по эффективному использованию данного издания: его обширного словника и сведений, содержащихся в каждой словарной статье. Данная информация поможет вам не только читать и понимать современный английский, но также овладеть устной речью.

INTRODUCTION

We are delighted that you have decided to use the Collins Russian Dictionary and hope that you will enjoy and benefit from using it at home, on holiday or at work.

This introduction gives you a few tips on how to get the most out of your dictionary – not simply from its comprehensive wordlist but also from the information provided in each entry. This will help you to read and understand modern Russian, as well as communicate and express yourself in the language.

О ПОЛЬЗОВАНИИ СЛОВАРЁМ

Заглавные слова

Заглавными называются слова, начинающие словарную статью. Они напечатаны жирным шрифтом и расположены в алфавитном порядке. При многих из них приводятся словосочетания и сращения. Они напечатаны жирным шрифтом меньшего размера.

Перевод

Перевод заглавных слов напечатан обычным шрифтом. Варианты перевода, разделённые запятой синонимичны. Различные значения многозначного слова разделены точкой с запятой.

Переводы для значений производных слов часто разделены только точкой с запятой и перед ними даётся одна помета типа (*см прил*). Это означает, что последовательное разделение значений рассматриваемого слова и его переводов даётся при слове, от которого это слово образовано. Например, *careful/carefully*.

В случаях, когда точный перевод невозможен, даётся приблизительный эквивалент. Он обозначается знаком ≈. Если же таковой отсутствует, то приводится толкование.

Пометы

Пометы служат для разделения значений многозначного слова. Их цель — помочь читателю выбрать перевод, наиболее подходящий в том или ином контексте. Пометы напечатаны курсивом и заключены в круглые скобки.

При заглавных словах даны необходимые стилистические пометы. Нецензурные слова помечены восклицательным знаком (!).

Произношение

В англо-русской части словаря все заглавные слова снабжены транскрипцией. Транскрипция не даётся для производных слов, о произношении которых можно судить, исходя из произношения исходного слова, например, **enjoy/enjoyment**. Список фонетических знаков приводится на страницах xvii–xviii.

В русско-английской части все русские слова снабжены знаком ударения. Омографы (слова, имеющие одинаковое написание, но различное ударение и значение) приводятся как отдельные заглавные слова в том порядке, в котором в них проставлено ударение, например, первым даётся слово **за́мок**, затем — **замо́к**. Более подробную информацию о принципах русского произношения читатель может найти в разделе на страницах xvi–xvii.

Служебные слова

В словаре уделяется особое внимание русским и английским словам, которые обладают сложной грамматической структкрой. Таковыми являются в первую очередь служебные слова, вспомогательные глаголы, местоимения, частицы итп. Они обозначены пометой **KEYWORD** или **КЛЮЧЕВОЕ СЛОВО**.

Английские фразовые глаголы

Фразовыми глаголами называются устойчивые сочетания глагола с элементами **in**, **up** итп, типа **blow up**, **cut down** итп. Они приводятся при базовых глаголах, таких как **blow**, **cut**, и расположены в алфавитном порядке.

Употребление or/или, косой черты и скобок

Между взаимозаменяемыми вариантами перевода фраз в англо-русской части употребляется союз "*or*", в русско-английской – "*или*". Косая черта (/) означает, что приведённые варианты перевода не являются взаимозаменяемыми. В круглые скобки заключаются возможные, но необязательные в данном выражении слова.

USING THE DICTIONARY

Headwords

The **headword** is the word you look up in a dictionary. They are listed in alphabetical order, and printed in bold type. Each headword may contain phrases, which are in smaller bold type. The two headwords appearing at the top of each page indicate the first (if it appears on a left-hand page) and last word (if it appears on a right-hand page) of the page in question.

Where appropriate, words related to headwords are grouped in the same entry (eg. **enjoy, enjoyment**) in smaller bold type than the headword.

Translations

The translations of the headword are printed in ordinary roman type. Translations separated by a comma are interchangeable, while those separated by a semi-colon are not interchangeable. Where it is not possible to give an exact translation equivalent, an approximate (cultural) equivalent is given, preceded by ≈. If this isn't possible either, then a gloss is given to explain the source item.

Indicators

Indicators are pieces of information given in italic type and in brackets. They offer contexts in which the headword might appear, or provide synonyms, guiding you to the most appropriate translation.

Colloquial and informal language in the dictionary is marked at the headword. Rude or offensive translations are also marked with (!).

Pronunciation

On the English-Russian side of the dictionary you will find the phonetic spelling of the word in square brackets after the headword, unless the word is grouped under another headword and the pronunciation can be easily derived eg. **enjoy/enjoyment**. A list of the symbols used is given on pages (xvii–xviii).

For Russian-English, stress is given on all Russian words as a guide to pronunciation. Words which are spelt in the same way, but have different stress positions are treated as separate entries, the order following the order of the stress eg. **за́мок** section comes before **замо́к**. The section on pages (xvi–xvii) explains Russian phonetics in more detail.

Keywords

In the dictionary, special status is given to "key" Russian and English words. These words can be grammatically complex, often having many different usages, and are labelled **KEYWORD** in English and **КЛЮЧЕВОЕ СЛОВО** in Russian.

"You" in phrases

The Russian formal form is used to translate "you/your" and imperative phrases, unless the phrase is very colloquial and the informal form would be more natural.

Use of *or*/*или*, oblique and brackets

"*or*" on the English-Russian side, and "*или*" on the Russian-English side are used between interchangeable parts of a translation or phrase, whereas the oblique (/) is used between non-interchangeable alternatives. Round brackets are used to show the optional parts of the translation or phrase.

American variants

American spelling variants are generally shown at the British headword eg. **colour/color** and may also be shown as a separate entry. Variant forms are generally shown as separate headwords eg. **trousers/pants**, unless the British and American forms are alphabetically adjacent, when the American form is only shown separately if phonetics are required eg. **cut-price/cut-rate**.

Russian reflexive verbs

Russian reflexive verbs eg. **мыться, краситься** are listed under the basic verb eg. **мыть, красить**.

STYLE AND LAYOUT OF THE DICTIONARY
RUSSIAN-ENGLISH

Inflectional and grammatical information

Inflectional information is shown in the dictionary in brackets straight after the headword and before the part of speech eg. **стол (-á)** *м*.

Grammatical information is shown after the part of speech and refers to the whole entry eg. **зави́д|овать (-ую;** *pf* **позави́довать)** *несов* +*dat*. Note that transitive verbs are labelled *перех* and intransitive verbs have no label other than aspect. Where grammatical information eg. *no pf* is given in the middle of the entry, it governs all of the following senses.

Use of the hairline (|)

The hairline is used in headwords to show where the inflection adds on eg. **кни́г|а (-и)**.

Stress

Stress changes are shown where they occur, the last form given being indicative of the rest of the pattern eg. **игр|á (-ы́;** *nom pl* **-ы)**. In this example the stress is on the last syllable in the singular moving to the first syllable throughout the plural.

Nouns, numerals and pronouns

In order to help you determine the declension and stress pattern of nouns, numerals and pronouns, we have shown the genitive in each case. This is given as the first piece of information after the headword and is not labelled eg. **стол (-á)**.

Where the headword has further irregularities in declension these

are shown at the headword and labelled eg. **я́блок|о (-а;** *nom pl* **-и)**.

Verbs

The majority of verbs are dealt with in aspectual pairs, and the translation is shown at the base form of the pair. The other aspect is generally shown separately and cross-referred to the base form. To help you see how a verb conjugates, inflections are shown immediately after the headword.

In phrases both aspects are shown if both work in the context.

The past tense is shown at the headword if it is irregularly formed.

Inflections given as separate entries

Some irregular inflected forms are also shown at their alphabetical position and cross-referred to the base headword.

Spelling rules

The following spelling rules apply to Russian:

– after ж, ч, ш, щ, г, к and х, ы is replaced by и, я by а and ю by у.
– after ж, ч, ш, щ and ц, е replaces an unstressed о.

Latin letters in Russian

With the increase in popularity of the internet, some words in Russian are now normally spelt with Latin rather than Cyrillic characters eg. **SMS, MP3-плéер**. These words are listed in alphabetical order of their Cyrillic transliterations, so for example **MP3** and **MP3-плéер** are listed between **моя́** and **мрак**.

ENGLISH-RUSSIAN

Gender

The gender of Russian noun translations is only shown for:
- nouns ending in -ь
- neuter nouns ending in -я
- masculine nouns ending in -a
- nouns with a common gender
- indeclinable nouns
- substantivized adjectives
- plural noun translations if a singular form exists.

Feminine forms

The feminine forms of masculine nouns are shown as follows:
- the feminine ending adds on to the masculine form eg. учи́тель(ница)
- the feminine ending substitutes part of the masculine form, the last common letter of both forms being shown before the feminine ending (unless it is a substantivized adjective) eg. актёр(три́са)
- the feminine form is given in full eg. чех (че́шка).

Adjectives

Russian translations of adjectives are always given in the masculine, unless the adjective relates only to a feminine noun eg. бере́менная.

Verbs

Imperfective and perfective aspects are shown in translation where they both apply eg. **to do** де́лать (сде́лать pf). If only one aspect is shown, it means that only one aspect works for this sense. The same applies to translations of infinitive phrases eg. **to buy sth** покупа́ть (купи́ть pf) что-н.

Where the English phrases contains the construction "to do" standing for any verb, it has been translated by +infin/+impf infin/+pf infin, depending on which aspects of the Russian verb work in the context.

Where the English phrase contains the past tense of a verb in the 1st person singular, the Russian translation gives only the masculine form eg. **I was glad** я был рад.

Prepositions

Unless bracketed, prepositions and cases which follow verbs, adjectives etc are obligatory as part of the translation eg. **to inundate with** зава́ливать (завали́ть pf) +instr.

Where these are separated by or they are interchangeable.

An oblique (/) is used to separate prepositions when the preposition depends on the following noun not the preceding verb eg. идти́ в/на.

RUSSIAN ABBREVIATIONS

aviation	*Авиа*	авиация
automobiles	*Авт*	автомобильное дело
administration	*Админ*	администрация
anatomy	*Анат*	анатомия
architecture	*Архит*	архитектура
impersonal	*безл*	безличный
biology	*Био*	биология
botany	*Бот*	ботаника
parenthesis	*вводн сл*	вводное слово
military	*Воен*	военный термин
reflexive	*возв*	возвратный глагол
geography	*Гео*	география
geometry	*Геом*	геометрия
verb	*глаг*	глагол
offensive	*груб!*	грубо
singular	*ед*	единственное число
feminine	*ж*	женский род
zoology	*Зоол*	зоология
history	*Ист*	история
et cetera	*итп*	и тому подобное
predicate	*как сказ*	как сказуемое
commercial	*Комм*	коммерция
computing	*Комп*	компьютер
somebody	*кто-н*	кто-нибудь
culinary	*Кулин*	кулинария
linguistics	*Линг*	лингвистика
masculine	*м*	мужской род
mathematics	*Мат*	математика
medicine	*Мед*	медицина
exclamation	*межд*	междометие
pronoun	*мест*	местоимение
plural	*мн*	множественное число
nautical	*Мор*	морской термин
music	*Муз*	музыка
adverb	*нареч*	наречие
invariable	*неизм*	неизменяемое
intransitive	*неперех*	непереходный глагол
indeclinable	*нескл*	несклоняемое
imperfective	*несов*	несовершенный вид
figurative	*перен*	в переносном значении
transitive	*перех*	переходный
subject	*подлеж*	подлежащее
politics	*Полит*	политика
superlative	*превос*	превосходная степень

preposition	*предл*	предлог
pejorative	*пренебр*	пренебрежительное
adjective	*прил*	прилагательное
possessive	*притяж*	притяжательный
school	*Просвещ*	просвещение
psychology	*Психол*	психология
informal	*разг*	разговорное
religion	*Рел*	религия
agriculture	*С.-Х.*	сельское хозяйство
see	*см*	смотри
collective	*собир*	собирательное
perfective	*сов*	совершенный вид
abbreviation	*сокр*	сокращение
neuter	*ср*	средний род
comparative	*сравн*	сравнительная степень
construction	*Строит*	строительство
noun	*сущ*	имя существительное
television	*Тел*	телевидение
technology	*Тех*	техника
printing	*Типог*	типографский термин
diminutive	*уменьш*	уменьшительное
physics	*Физ*	физика
photography	*Фото*	фотография
chemistry	*Хим*	химия
particle	*част*	частица
somebody's	*чей-н*	чей-нибудь
numeral	*чис*	числительное
something	*что-н*	что-нибудь
economics	*Экон*	экономика
electricity	*Элек*	электроника
law	*Юр*	юридический термин
registered trademark	®	зарегистрированный торговый знак
introduces a cultural equivalent	≈	вводит культурный эквивалент

АНГЛИЙСКИЕ СОКРАЩЕНИЯ

сокращение	*abbr*	abbreviation
винительный падеж	*acc*	accusative
прилагательное	*adj*	adjective
администрация	*Admin*	administration
наречие	*adv*	adverb
сельское хозяйство	*Agr*	agriculture
анатомия	*Anat*	anatomy

архитектура	*Archit*	architecture
автомобильное дело	*Aut*	automobiles
вспомогательный глагол	*aux vb*	auxiliary verb
авиация	*Aviat*	aviation
биология	*Bio*	biology
ботаника	*Bot*	botany
британский английский	*Brit*	British English
химия	*Chem*	chemistry
коммерция	*Comm*	commerce
компьютер	*Comput*	computing
союз	*conj*	conjunction
строительство	*Constr*	construction
сращение	*cpd*	compound
кулинария	*Culin*	culinary
дательный падеж	*dat*	dative
склоняется	*decl*	declines
определённый артикль	*def art*	definite article
уменьшительное	*dimin*	diminutive
экономика	*Econ*	economics
электроника	*Elec*	electricity
особенно	*esp*	especially
и тому подобное	*etc*	et cetera
междометие	*excl*	exclamation
женский род	*f*	feminine
в переносном значении	*fig*	figurative
родительный падеж	*gen*	genitive
география	*Geo*	geography
геометрия	*Geom*	geometry
безличный	*impers*	impersonal
несовершенный вид	*impf*	imperfective
несклоняемое	*ind*	indeclinable
неопределённый артикль	*indef art*	indefinite article
разговорное	*inf*	informal
грубо	*inf!*	offensive
инфинитив	*infin*	infinitive
творительный падеж	*instr*	instrumental
неизменяемое	*inv*	invariable
неправильный	*irreg*	irregular
лингвистика	*Ling*	linguistics
местный падеж	*loc*	locative
мужской род	*m*	masculine
субстантивированное прилагательное	*m/f/nt adj*	adjectival noun
математика	*Math*	mathematics
медицина	*Med*	medicine
военный термин	*Mil*	military

музыка	*Mus*	music
имя существительное	*n*	noun
морской термин	*Naut*	nautical
существительное во множественном числе	*npl*	plural noun
средний род	*nt*	neuter
числительное	*num*	numeral
себя	*o.s.*	oneself
разделительный	*part*	particle
пренебрежительное	*pej*	pejorative
совершенный вид	*pf*	perfective
фотография	*Phot*	photography
физика	*Phys*	physics
физиология	*Physiol*	physiology
множественное число	*pl*	plural
политика	*Pol*	politics
страдательное причастие	*pp*	past participle
предлог	*prep*	preposition
местоимение	*pron*	pronoun
предложный падеж	*prp*	prepositional
психология	*Psych*	psychiatry
прошедшее время	*pt*	past tense
религия	*Rel*	religion
кто-нибудь	*sb*	somebody
просвещение	*Scol*	school
единственное число	*sg*	singular
что-нибудь	*sth*	something
подлежащее	*subj*	subject
превосходная степень	*superl*	superlative
техника	*Tech*	technology
телесвязь	*Tel*	telecommunications
театр	*Theat*	theatre
телевидение	*TV*	television
типографский термин	*Typ*	printing
американский английский	*US*	American English
обычно	*usu*	usually
глагол	*vb*	verb
непереходный глагол	*vi*	intransitive verb
звательный падеж	*voc*	vocative
фразовый глагол	*vt fus*	phrasal verb
переходный глагол	*vt*	transitive verb
зоология	*Zool*	zoology
зарегистрированный торговый знак	®	registered trademark
вводит культурный эквивалент	≈	introduces a cultural equivalent

RUSSIAN PRONUNCIATION

Vowels and diphthongs

Letter	Symbol	Russian Example	English Example/Explanation
А,а	[a]	дать	after
Е,е	[ɛ]	сел	get
Ё,ё	[jo]	ёлка, моё	yawn
И,и	[i]	их, нива	sheet
Й,й	[j]	йол, мой	yield
Ó,ó	[o]	кот	dot
О,о	[ʌ]	нога́	cup
У,у	[u]	ум	shoot
Ы,ы	[+]	сын	pronounced like "ee", but with the tongue arched further back in the mouth
Э,э	[æ]	э́то	cat
Ю,ю	[ju]	юг	you, youth
Я,я	[ja]	ясно	yak

Consonants

Letter	Symbol	Russian Example	English Example/Explanation
Б,б	[b]	банк	but
В,в	[v]	вот	vat
Г,г	[g]	гол	got
Д,д	[d]	дом	dog
Ж,ж	[ʒ]	жена́	measure
З,з	[z]	за́втра	doze
К,к	[k]	кот	cat
Л,л	[l]	лодка	lot
М,м	[m]	мать	mat
Н,н	[n]	нас	no
П,п	[p]	пасть	put
Р,р	[r]	рот	pronounced like rolled Scots "r"
С,с	[s]	сад	sat
Т,т	[t]	ток	top
Ф,ф	[f]	фо́рма	fat
Х,х	[x]	ход	pronounced like Scots "ch" in "loch"
Ц,ц	[ts]	цель	bits
Ч,ч	[tʃ]	часто	chip
Ш,ш	[ʃ]	шутка	shoot
Щ,щ	[ʃʃ]	щит	fresh sheets

Russian vowels are inherently short. Russian stressed vowels tend to be slightly longer than unstressed vowels. In unstressed positions all vowels are "reduced". Unstressed "o" sounds like "a" eg. города [gərʌˈda], except in some loanwords and acronyms eg. радио [ˈraɖio], госбанк [gos'bank]. Unstressed "e" is pronounced like "bit" eg. село [şɪˈlo]. The same is true of "я" before stressed syllables eg. пяти [pɪˈʈi], and of "a" when it follows "ч" or "щ" eg. щади́ть [ʃʃɪˈɖiʈ].

The letter "ё" is used only in grammar books, dictionaries etc to avoid ambiguity eg. нёбо and не́бо.

Latin characters in Russian are pronounced as if they were their Cyrillic equivalents, so for example MP3 is pronounced [ɛmpɛtri:]

АНГЛИЙСКОЕ ПРОИЗНОШЕНИЕ

Гласные и Дифтонги

Знак	Английский Пример	Русское Соответствие/Описание
[ɑː]	father	ма́ма
[ʌ]	but, come	альянс
[æ]	man, cat	э́тот
[ə]	father, ago	ра́на
[əː]	bird, heard	фёдор
[ɛ]	get, bed	ген
[ɪ]	it, big	кит
[iː]	tea, sea	и́ва
[ɔ]	hot, wash	ход
[ɔː]	saw, all	о́чень
[u]	put, book	бук
[uː]	too, you	у́лица
[aɪ]	fly, high	лай
[au]	how, house	а́ут
[ɛə]	there, bear	*произносится как сочетание "э" и кра́ткого "а"*
[eɪ]	day, obey	*эй*
[ɪə]	here, hear	*произносится как сочетание "и" и кра́ткого "а"*

xvii

[əʊ]	g**o**, n**o**te	**óу**
[ɔɪ]	b**oy**, **oi**l	**бой**
[ʊə]	p**oor**, s**ure**	произно́сится как сочета́ние "у" и кра́ткого "а"
[jʊə]	p**ure**	произно́сится как сочета́ние "ю" и кра́ткого "а"

Согласные

[b]	**b**ut	**б**ал
[d]	**d**ot	**д**ом
[g]	**g**o, **g**et, bi**g**	**г**ол, ми**г**
[dʒ]	**g**in, ju**dg**e	**дж**инсы, и́ми**дж**
[ŋ]	si**ng**	произно́сится как ру́сское "н", но не ко́нчиком языка́, а за́дней ча́стью его́ спи́нки
[h]	**h**ouse, **h**e	**х**аос, **х**и́мия
[j]	**y**oung, **y**es	**й**од, **й**е́мен
[k]	**c**ome, mo**ck**	**к**а́мень, ро**к**
[r]	**r**ed, t**r**ead	**р**от, т**р**ава́
[s]	**s**and, ye**s**	**с**ад, ри**с**
[z]	ro**s**e, **z**ebra	ро́**з**а, **з**е́бра
[ʃ]	**sh**e, ma**ch**ine	**ш**и́на, ма**ш**и́на
[tʃ]	**ch**in, ri**ch**	**ч**ин, кули́**ч**
[v]	**v**alley	**в**альс
[w]	**w**ater, **wh**ich	**у́**отергейт, **уи**к-э́нд
[ʒ]	vi**s**ion	ва́**ж**ный
[θ]	**th**ink, my**th**	произно́сится как ру́сское "с", но ко́нчик языка́ нахо́дится ме́жду зуба́ми
[ð]	**th**is, **th**e	произно́сится как ру́сское "з", но ко́нчик языка́ нахо́дится ме́жду зуба́ми
[f]	**f**ace	**ф**а́кт
[l]	**l**ake, fi**ck**	**л**ай, **л**ом
[m]	**m**ust	**м**ат
[n]	**n**ut	**н**ет
[p]	**p**at, **p**ond	**п**ар, **п**от
[t]	**t**ake, ha**t**	э́**т**о**т**, не**т**
[x]	lo**ch**	**х**од

a

або́рт (-а) м abortion

абрико́с (-а) м (*плод*) apricot

абсолю́тный *прил* absolute

абстра́ктный *прил* abstract

абсу́рдный *прил* absurd

авантю́ра (-ы) ж adventure

авари́йный *прил* emergency; (*дом*) unsafe; **авари́йный сигна́л** alarm signal

ава́ри|**я** (-и) ж accident; (*повреждение*) breakdown

а́вгуст (-а) м August

а́виа *нескл* (*авиапочта*) air mail

авиакомпа́ни|**я** (-и) ж airline

авиано́с|**ец** (-ца) м aircraft carrier

Австра́ли|**я** (-и) ж Australia

А́встри|**я** (-и) ж Austria

автоба́з|**а** (-ы) ж depot

автобиогра́фи|**я** (-и) ж autobiography

авто́бус (-а) м bus

автовокза́л (-а) м bus station

авто́граф (-а) м autograph

авто-: **автозаво́д** (-а) м car (*Brit*) или automobile (*US*) plant;

автозапра́вочн|**ая** (-ой) ж (*также* **автозапра́вочная ста́нция**) filling station;

автомагистра́ль (-и) ж motorway (*Brit*), expressway (*US*)

автомаши́н|**а** (-ы) ж (motor)car, automobile (*US*); **автомеха́ник** (-а) м car mechanic

автомоби́л|**ь** (-я) м (motor)car, automobile (*US*); **легково́й автомоби́ль** (passenger) car

автоно́мный *прил* autonomous

автоотве́тчик (-а) м answering machine, answer phone, voice mail

а́втор (-а) м author

авторите́т (-а) м authority

авторуч|**ка** (-ки; *gen pl* -ек) ж fountain pen

автостра́д|**а** (-ы) ж motorway (*Brit*), expressway (*US*)

КЛЮЧЕВО́Е СЛО́ВО

а *союз* **1** but; **он согласи́лся, а я отказа́лась** he agreed, but I refused

2 (*выражает присоединение*) and

3 (*во фразах*): **а (не) то** or (else); **а вот** but

▷ *част* (*обозначает отклик*): **иди́ сюда́!** — **а, что тако́е!** come here! — yes, what is it?; **а как же** (*разг*) of course, certainly

▷ *межд* ah; (*выражает ужас, боль*): **а ну** (*разг*) go on; **а ну́ его́!** (*разг*) stuff him!

абажу́р (-а) м lampshade

абза́ц (-а) м paragraph

абитурие́нт (-а) м entrant to university, college etc

абонеме́нт (-а) м season ticket

аге́нт (-а) м agent; **аге́нтств|о** (-а) ср agency

агити́р|овать (-ую) несов: **агити́ровать** (**за** +acc) to campaign (for)

аго́ни|я (-и) ж death throes мн

агрега́т (-а) м machine

агре́сси|я (-и) ж aggression

ад (-а) м hell

адапти́р|оваться (-уюсь) (не)сов возв to adapt

адвока́т (-а) м counsel; (в суде) ≈ barrister (Brit), ≈ attorney (US)

адеква́тный прил adequate

администра́ци|я (-и) ж administration; (гостиницы) management

а́дрес (-а; nom pl -а́) м address; **а́дресный** прил: **а́дресный стол** residents' registration office; **адрес|ова́ть** (-у́ю) (не)сов перех: **адресова́ть что-н кому́-н** to address sth to sb

ажу́рный прил lace

аза́рт (-а) м ardour (Brit), ardor (US)

а́збук|а (-и) ж alphabet; (букварь) first reading book

Азербайджа́н (-а) м Azerbaijan

А́зи|я (-и) ж Asia

азо́т (-а) м nitrogen

ай межд (выражает боль) ow, ouch

а́йсберг (-а) м iceberg

акаде́ми|я (-и) ж academy

акваре́л|ь (-и) ж watercolours мн (Brit), watercolors мн (US); (картина) watercolo(u)r

аква́риум (-а) м aquarium, fish tank

аккомпани́р|овать (-ую) несов +dat to accompany

акко́рд (-а) м chord

аккура́тный прил (посещение) regular; (работник) meticulous; (работа) accurate; (костюм) neat

акселера́тор (-а) м accelerator

акт (-а) м act; (документ) formal document

актёр (-а) м actor

акти́в (-а) м assets мн

акти́вный прил active

актри́с|а (-ы) ж actress

актуа́льный прил topical; (задача) urgent

аку́л|а (-ы) ж shark

акуше́р|ка (-ки; gen pl -ок) ж midwife

акце́нт (-а) м accent

акци́з (-а) м excise (tax)

акционе́р (-а) м shareholder

а́кци|я (-и) ж (Комм) share; (действие) action

а́либи ср нескл alibi

алиме́нт|ы (-ов) мн alimony ед, maintenance ед

алкого́лик (-а) м alcoholic

алкого́л|ь (-я) м alcohol

аллерги́|я (-и) ж allergy

алле́|я (-и) ж alley

алло́ межд hello

алма́з (-а) м diamond

алфави́т (-а) м alphabet

альбо́м (-а) м album

альт (-а) м (инструмент) viola

альтернати́в|а (-ы) ж alternative

алья́нс (-а) м alliance

алюми́ни|й (-я) м aluminium (Brit), aluminum (US)

амбулато́ри|я (-и) ж doctor's surgery (Brit) или office (US)

Аме́рик|а (-и) ж America

америка́нск|ий прил American

амнисти́р|овать (-ую) (не)сов перех to grant (an) amnesty to

амни́сти|я (-и) ж amnesty

амора́льный прил immoral

амортиза́тор (-а) м (Tex) shock absorber

а́мпул|а (-ы) ж ampoule (Brit), ampule (US)

АН ж сокр (= Акаде́мия нау́к)
Academy of Sciences

ана́лиз (-а) м analysis

анализи́ровать (-ую; perf
проанализи́ровать) несов перех
to analyse (Brit), analyze (US)

анали́тик (-а) м analyst

аналоги́чный прил analogous

анало́ги|я (-и) ж analogy; по
анало́гии (с +instr) in a similar way
(to)

анана́с (-а) м pineapple

ана́рхи|я (-и) ж anarchy

анато́ми|я (-и) ж anatomy

а́нгел (-а) м (также разг) angel

анги́н|а (-ы) ж tonsillitis

англи́йский прил English;
англи́йский язы́к English

англича́н|ин (-ина; nom pl -е,
gen pl -) м Englishman (мн
Englishmen)

А́нгли|я (-и) ж England

анекдо́т (-а) м joke

анеми́|я (-и) ж anaemia (Brit),
anemia (US)

анестезио́лог (-а) м anaesthetist
(Brit), anesthiologist (US)

анестези́|я (-и) ж anaesthesia
(Brit), anesthesia (US)

анке́т|а (-ы) ж (опросный лист)
questionnaire; (бланк для
сведений) form; (сбор сведений)
survey

анони́мный прил anonymous

Антаркти́д|а (-ы) ж Antarctica

Анта́рктик|а (-и) ж the Antarctic

анте́нн|а (-ы) ж aerial (Brit),
antenna (US); **анте́нна
косми́ческой свя́зи** satellite dish

антибио́тик (-а) м antibiotic

антиви́русный прил antivirus;
**антиви́русное програ́ммное
обеспе́чение** antivirus software

антиква́рный прил antique

анти́чный прил classical;

анти́чный мир the Ancient World

антра́кт (-а) м interval

аню́тины прил: **аню́тины гла́зки**
pansy ед

А/О ср сокр (= акционе́рное
о́бщество) joint-stock company

апа́ти|я (-и) ж apathy

апелли́ровать (-ую) (не)сов
(Юр) to appeal

апелля́ци|я (-и) ж (также Юр)
appeal

апельси́н (-а) м orange

аплоди́ровать (-ую) несов +dat
to applaud

аплодисме́нт|ы (-ов) мн
applause ед

аппара́т (-а) м apparatus;
(Физиоло́гия) system; (штат) staff

аппарату́р|а (-ы) ж собир
equipment

аппендици́т (-а) м appendicitis

аппети́т (-а) м appetite;
прия́тного аппети́та! bon appétit!

апре́л|ь (-я) м April

апте́к|а (-и) ж pharmacy

апте́кар|ь (-я) м pharmacist

ара́б (-а) м Arab; **ара́бский**
прил (страны) Arab; **ара́бский
язы́к** Arabic

ара́хис (-а) м peanut

арби́тр (-а) м (в спорах)
arbitrator; (в футболе) referee

арбитра́ж (-а) м arbitration

арбу́з (-а) м watermelon

аргуме́нт (-а) м argument;

аргументи́ровать (-ую) (не)сов
перех to argue

аре́н|а (-ы) ж arena; (цирка) ring

аре́нд|а (-ы) ж (наём) lease;
аре́ндный прил lease;
аре́ндная пла́та rent;
арендова́ть (-у́ю) (не)сов перех
to lease

аре́ст (-а) м (преступника) arrest;
аресто́ванн|ый (-ого) м person

held in custody; **аресто́в**|**ать**
(**-у́ю**; *impf* **аресто́вывать**) *сов
перех* (*преступника*) to arrest
арифме́тик|**а** (**-и**) *ж* arithmetic
а́рк|**а** (**-и**; *gen pl* **-ок**) *ж* arch
Арктик|**а** (**-и**) *ж* the Arctic
армату́р|**а** (**-ы**) *ж* steel framework
арме́йский *прил* army
Арме́ни|**я** (**-и**) *ж* Armenia
а́рми|**я** (**-и**) *ж* army
армяни́н (**-а**; *nom pl* **армя́не**,
gen pl **армя́н**) *м* Armenian
арома́т (**-а**) *м* (*цветов*) fragrance;
(*кофе итп*) aroma
арте́ри|**я** (**-и**) *ж* (*также перен*)
artery
арти́кл|**ь** (**-я**) *м* (*Линг*) article
арти́ст (**-а**) *м* actor
арти́стк|**а** (**-и**; *gen pl* **-ок**) *ж*
actress
артри́т (**-а**) *м* arthritis
а́рф|**а** (**-ы**) *ж* harp
архео́лог (**-а**) *м* archaeologist
(*Brit*), archeologist (*US*)
архи́в (**-а**) *м* archive
архиепи́скоп (**-а**) *м* archbishop
архите́ктор (**-а**) *м* architect;
архитекту́р|**а** (**-ы**) *ж* architecture
аспе́кт (**-а**) *м* aspect
аспира́нт (**-а**) *м* postgraduate
(*doing PhD*); **аспиранту́р**|**а** (**-ы**)
ж postgraduate studies *мн*
(*leading to PhD*)
аспири́н (**-а**) *м* aspirin
ассамбле́|**я** (**-и**) *ж* assembly
ассигно́в|**ать** (**-у́ю**) (*не*)*сов
перех* to allocate
ассимили́р|**оваться** (**-уюсь**)
(*не*)*сов возв* to become assimilated
ассисте́нт (**-а**) *м* assistant; (*в
вузе*) assistant lecturer
ассортиме́нт (**-а**) *м* range
ассоциа́ци|**я** (**-и**) *ж* association
ассоции́р|**овать** (**-ую**) (*не*)*сов
перех* to associate

а́стм|**а** (**-ы**) *ж* asthma
астроло́ги|**я** (**-и**) *ж* astrology
астрономи́ческий *прил* (*также
перен*) astronomic(al)
ата́к|**а** (**-и**) *ж* attack; **атак**|**ова́ть**
(**-у́ю**) (*не*)*сов перех* to attack
атама́н (**-а**) *м* ataman (*Cossack
leader*)
атеи́ст (**-а**) *м* atheist
ателье́ *ср нескл* studio; (*мод*)
tailor's shop; **телевизио́нное
ателье́** television repair shop
ателье́ прока́та rental shop
атланти́ческий *прил*:
Атланти́ческий океа́н the Atlantic
(Ocean)
а́тлас (**-а**) *м* atlas
атле́тик|**а** (**-и**) *ж*: **лёгкая
атле́тика** track and field events;
тяжёлая атле́тика weight lifting
атмосфе́р|**а** (**-ы**) *ж* atmosphere
а́том (**-а**) *м* atom
АТС *ж сокр* (= **автомати́ческая
телефо́нная ста́нция**) automatic
telephone exchange
аттеста́т (**-а**) *м* certificate;
аттеста́т зре́лости ≈ GCSE

- **АТТЕСТА́Т ЗРЕ́ЛОСТИ**
-
- Certificate of Secondary
- Education. This was formerly
- obtained by school-leavers after
- sitting their final exams. This
- system has now been replaced
- by the ЕГЭ.

аттесто́в|**ать** (**-у́ю**) (*не*)*сов перех*
to assess
аттракцио́н (**-а**) *м* (*в цирке*)
attraction; (*в парке*) amusement
ауди́т (**-а**) *м* audit
аудито́ри|**я** (**-и**) *ж* lecture hall
▷ *собир* (*слушатели*) audience
аукцио́н (**-а**) *м* auction

а́ут (-a) м (в теннисе) out; (в футболе): **мяч в ау́те** the ball is out of play

афи́ш|а (-и) ж poster

А́фрик|а (-и) ж Africa

ах межд: ah! oh!, ah!; **ах да!** (разг) ah yes!

АЦАЛ ж сокр (= асимметри́чная цифрова́я абоне́нтская ли́ния) ADSL (= Asymmetric Digital Subscriber Line)

аэро́бик|а (-и) ж aerobics

аэровокза́л (-a) м air terminal (esp Brit)

аэрозо́л|ь (-я) м aerosol, spray

аэропо́рт (-a; loc sg -ý) м airport

АЭС ж сокр (= а́томная электроста́нция) atomic power station

б

б част см **бы**

ба́б|а (-ы) ж (разг) woman; **ба́б|а-яга́| (-ы, -й)** ж Baba Yaga (old witch in Russian folk-tales); **ба́б|ка** (-ки; gen pl -ок) ж grandmother

ба́боч|ка (-ки; gen pl -ек) ж butterfly; (галстук) bow tie

ба́буш|ка (-ки; gen pl -ек) ж grandmother, grandma

бага́ж (-а́) м luggage (Brit), baggage (US); **бага́жник** (-a) м (в автомобиле) boot (Brit), trunk (US); (на велосипеде) carrier

багро́вый прил crimson

бадминто́н (-a) м badminton

ба́з|а (-ы) ж basis; (Воен, Архит) base; (для туристов) centre (Brit), center (US); (товаров) warehouse

база́р (-a) м market; (книжный) fair; (перен: разг) racket

бази́р|овать (-ую) несов перех:

бази́ровать что-н на +prp to base sth on; **бази́роваться** несов возв: бази́роваться (на +prp) to be based (on)

байда́р|ка (-ки; gen pl -ок) ж canoe

Байка́л (-а) м Lake Baikal

бак (-а) м tank

бакале́|я (-и) ж grocery section; (товары) groceries мн

ба́кен (-а) м buoy

бакенба́рды (-) мн sideburns

баклажа́н (-а; gen pl - или -ов) м aubergine (Brit), eggplant (US)

бакс (-а) м (разг) dollar

бал (-а; loc sg -ý, nom pl -ы́) м ball

балала́|йка (-йки; gen pl -ек) ж balalaika

бала́нс (-а) м balance; **баланси́ровать** (-ую) несов: баланси́ровать (на +prp) to balance (on)

балери́н|а (-ы) ж ballerina

бале́т (-а) м ballet

ба́л|ка (-ки; gen pl -ок) ж beam

Балка́н|ы (-) мн the Balkans

балко́н (-а) м (Архит) balcony; (Театр) circle (Brit), balcony (US)

балл (-а) м mark; (Спорт) point

балло́н (-а) м (газовый) cylinder; (для жидкости) jar

баллоти́р|овать (-ую) несов перех to vote for; **баллоти́роваться** несов возв: баллоти́роваться в +acc или на пост +gen to stand (Brit) или run (US) for

бал|ова́ть (-ýю; perf избалова́ть) несов перех to spoil; **балова́ться** несов возв (ребёнок) to be naughty

балти́йский прил: Балти́йское мо́ре the Baltic (Sea)

ба́льный прил: ба́льное пла́тье ball gown

ба́мпер (-а) м bumper

бана́н (-а) м banana

ба́нд|а (-ы) ж gang

бандеро́л|ь (-и) ж package

банк (-а) м bank

ба́н|ка (-ки; gen pl -ок) ж jar; (жестяная) tin (Brit), can (US)

банке́т (-а) м banquet

банки́р (-а) м banker

банкно́т (-а; gen pl -) м banknote

ба́нковский прил bank

банкома́т (-а) м cash machine

банкро́т (-а) м bankrupt

банкро́тств|о (-а) ср bankruptcy

бант (-а) м bow

ба́н|я (-и; gen pl -ь) ж bathhouse

бар (-а) м bar

бараба́н (-а) м drum; **бараба́н|ить** (-ю, -ишь) несов to drum

бара́к (-а) м barracks мн

бара́н (-а) м sheep; **бара́нина** (-ы) ж mutton; (молодая) lamb

барахл|о́ (-á) ср собир junk

барахо́л|ка (-ки; gen pl -ок) ж flea market

барда́к (-á) м (груб!: беспорядок) hell broke loose (!)

ба́рж|а (-и) ж barge

ба́рмен (-а) м barman (мн barmen), bartender (US)

баро́метр (-а) м barometer

баррика́д|а (-ы) ж barricade

барсу́к (-á) м badger

ба́рхат (-а) м velvet

барье́р (-а) м (в беге) hurdle; (на скачках) fence; (перен) barrier

бас (-а; nom pl -ы́) м bass

баскетбо́л (-а) м basketball

бассе́йн (-а) м (swimming) pool; (реки, озера итп) basin

баст|ова́ть (-ýю) несов to be on strike

батаре́|йка (-йки; gen pl -ек) ж (Элек) battery

6

батаре́|я (-и) ж (отопительная) radiator; (Воен, Элек) battery

бато́н (-а) м (white) loaf (long or oval)

ба́тюшк|а (-ки; gen pl -ек) м father

бахром|а́ (-ы́) ж fringe (Brit), bangs мн (US)

ба́шн|я (-ни; gen pl -ен) ж tower

баюка|ть (-ю) несов перех to lull to sleep

бая́н (-а) м bayan (kind of concertina)

бди́тельный прил vigilant

бег (-а) м run, running; **на бегу́** hurriedly; см также **бега́**

бега|ть (-ю) несов to run

бегемо́т (-а) м hippopotamus, hippo (inf)

беги́(те) несов см **бежа́ть**

бегов|о́й прил (лошадь) race; **беговая доро́жка** running track

бего́м нареч quickly; (перен: разг) in a rush

бе́гств|о (-а) ср flight; (из плена) escape

бегу́ итп несов см **бежа́ть**

бегу́н (-а́) м runner

бегу́нь|я (-ьи; gen pl -ий) ж runner

бед|а́ (-ы́; nom pl -ы) ж tragedy; (несчастье) misfortune, trouble; **про́сто беда́!** it's just awful!; **не беда́!** (разг) (it's nothing!, not to worry!

бедне́|ть (-ю; perf **обедне́ть**) несов to become poor

бе́дность (-и) ж poverty; **бе́дный** прил poor

бедня́г|а (-и) м/ж (разг) poor thing

бедня́к (-а́) м poor man

бедр|о́ (-а́; nom pl **бёдра**, gen pl **бёдер**) ср thigh; (таз) hip

бе́дственный прил disastrous; **бе́дстви|е** (-я) ср disaster; **бе́дств|овать** (-ую) несов to live in poverty

бе|жа́ть (см Table 20) несов to run; (время) to fly

бе́жевый прил beige

бе́жен|ец (-ца) м refugee

без предл +gen without; **без пяти́/ десяти́ мину́т шесть** five to/ten to six

безала́берный прил (разг) sloppy

безалкого́льный прил nonalcoholic, alcohol-free; **безалкого́льный напи́ток** soft drink

безбиле́тник (-а) м fare dodger

безбо́жный прил (разг) shameless

безве́тренный прил calm

безвку́сный прил tasteless

безвла́сти|е (-я) ср anarchy

безвы́ходный прил hopeless

безгра́мотный прил illiterate; (работник) incompetent

безде́йств|овать (-ую) несов to stand idle; (человек) to take no action

безде́льнича|ть (-ю) несов (разг) to loaf or lounge about

бездо́мный прил (человек) homeless; (собака) stray

безду́мный прил thoughtless

безду́шный прил heartless

безе́ ср нескл meringue

безжа́лостный прил ruthless

безза́ботный прил carefree

безза́стенчивый прил shameless

беззащи́тный прил defenceless (Brit), defenseless (US)

безли́чный прил impersonal

безмо́лвный прил silent

безмяте́жный прил tranquil

безнадёжный прил hopeless

безнра́вственный прил immoral

безо предл = **без**

безоби́дный прил harmless

безобра́зный прил ugly; (поступок) outrageous, disgraceful

безогово́рочный прил unconditional

безопа́сность (-и) ж safety; (международная) security

безопа́сный прил safe

безору́жный прил unarmed

безотве́тственный прил irresponsible

безотка́зный прил reliable

безотлага́тельный прил urgent

безотноси́тельно нареч: **безотноси́тельно** к +dat irrespective of

безоши́бочный прил correct

безрабо́тица (-ы) ж unemployment

безрабо́тный прил unemployed ▷ (-ого) м unemployed person

безразли́чный прил indifferent

безразме́рный прил: **безразме́рные носки́** one-size socks

безрука́вка (-ки; gen pl -ок) ж (кофта) sleeveless top; (куртка) sleeveless jacket

безу́мный прил mad; (о чувстве) wild

безуспе́шный прил unsuccessful

безуча́стный прил indifferent

безымя́нный прил (герой, автор) anonymous; **безымя́нный па́лец** ring finger

бей(ся) несов см **би́ть(ся)**

Белару́сь (-и) ж Belarus

белору́с (-а) м Belorussian

беле́ть (-ю; perf **побеле́ть**) несов (лицо) to go или turn white; (no perf: цветы) to show white

бели́ла (-) мн emulsion ед

бели́ть (-ю́, -ишь; perf **побели́ть**) несов перех to whitewash

бе́лка (-ки; gen pl -ок) ж squirrel

бело́к (-ка́) м protein; (яйца) (egg) white; (Анат) white (of the eye)

белокро́вие (-я) ср (Мед) leukaemia (Brit), leukemia (US)

белоку́рый прил (человек) fair(-haired); (волосы) fair

бе́лый прил white; **бе́лый медве́дь** polar bear

Бе́льгия (-и) ж Belgium

бельё (-я́) ср собир linen; **ни́жнее бельё** underwear

бельэта́ж (-а) м (Театр) dress circle

бемо́ль (-я) м (Муз) flat

бензи́н (-а) м petrol (Brit), gas (US)

бензоба́к (-а) м petrol (Brit) или gas (US) tank

бензоколо́нка (-ки; gen pl -ок) ж petrol (Brit) или gas (US) pump

бенуа́р (-а) м (Театр) boxes мн

бе́рег (-а; loc sg -у́, nom pl -а́) м (моря, озера) shore; (реки) bank

бе́режный прил caring

берёза (-ы) ж birch (tree)

берём несов см **брать**

бере́менеть (-ю; perf **забере́менеть**) несов to get pregnant

бере́менная прил pregnant ▷ (-ой) ж pregnant woman

бере́менность (-и) ж pregnancy

берёт etc несов см **брать**

бере́чь (-егу́, -ежёшь etc, -егу́т; pt -ёг, -егла́) несов перех (здоровье, детей) to look after, take care of; (де́ньги) to be careful with; (вре́мя) to make good use of;

бере́чь|ся *etc несов см* брать(ся)
несов возв: бере́чься +gen to watch out for; береги́тесь! watch out!

Берли́н (-а) *м* Berlin

беру́(сь) *etc несов см* брать(ся)

бесе́д|а (-ы) *ж* conversation; (популя́рный докла́д) talk

бесе́д|ка (-ки; *gen pl* -ок) *ж* pavilion

бесе́дова|ть (-ую) *несов*: бесе́довать (c +*instr*) to talk (to)

бесперспекти́вный *прил* (рабо́та) without prospects

беспе́чный *прил* carefree

беспла́тный *прил* free

бесподо́бный *прил* (*разг*) fantastic

беспоко́|ить (-ю, -ишь) *несов перех* (*perf* побеспоко́ить) (меша́ть) to disturb, trouble ▷ (*perf* обеспоко́ить) (трево́жить) to worry;
беспоко́иться *несов возв* (утружда́ть себя́) to trouble o.s.; (трево́жить себя́): беспоко́иться о +*acc* to worry about

беспоко́йный *прил* anxious; (ребёнок) restless; (вре́мя) troubled

беспоко́йств|о (-а) *ср* anxiety; (хло́поты) trouble; прости́те за беспоко́йство! sorry to trouble you!

бесполе́зный *прил* useless

беспомо́щный *прил* helpless

беспоря́д|ки (-ов) *мн* disturbances

беспоря́д|ок (-ка) *м* disorder; в беспоря́дке (ко́мната, дела́) in a mess; *см также* беспоря́дки

беспо́шлинный *прил* duty-free

беспоща́дный *прил* merciless

беспра́вный *прил* without (civil) rights

беспрецеде́нтный *прил* unprecedented

беспризо́рный *прил* homeless

беспристра́стный *прил* unbias(s)ed

беспрово́дный *прил* wireless; беспрово́дная связь Wi-Fi (connection)

бессерде́чный *прил* heartless

бесси́льный *прил* feeble, weak; (гнев) impotent; (президе́нт) powerless

бессме́ртный *прил* immortal

бессодержа́тельный *прил* (речь) empty

бессозна́тельн|ый *прил* (де́йствия) instinctive; быть (*impf*) в бессозна́тельном состоя́нии to be unconscious

бессо́нниц|а (-ы) *ж* insomnia

бесстра́шный *прил* fearless

бессты́дный *прил* shameless

беста́ктный *прил* tactless

бестолко́вый *прил* (глу́пый) stupid

бестсе́ллер (-а) *м* best seller

бесхозя́йственный *прил* (руководи́тель) inefficient

бесцве́тный *прил* colourless (*Brit*), colorless (*US*)

бесце́нный *прил* priceless

бесце́нок *м*: за бесце́нок dirt cheap, for next to nothing

бесчи́сленный *прил* countless

бето́н (-а) *м* concrete

бетони́рова|ть (-ую; *perf* забетони́ровать) *несов перех* to concrete

бефстро́ганов *м нескл* boeuf или beef stroganoff

бе́шенств|о (-а) *ср* (*Мед*) rabies; (раздраже́ние) rage

бе́шеный *прил* (взгляд) furious;

(*характер, ураган*) violent; (*разг: цены*) crazy

Би-би-си *ж сокр* (= Брита́нская радиовеща́тельная корпора́ция) BBC (= British Broadcasting Corporation)

библиоте́к|а (-и) *ж* library

библиоте́карь (-я) *м* librarian

библиоте́чный *прил* library

Би́блия (-и) *ж* the Bible

бигуди́ *ср/мн нескл* curlers *мн*

бижуте́ри|я (-и) *ж* costume jewellery

би́знес (-а) *м* business; **бизнесме́н** (-а) *м* businessman (*мн* businessmen)

бики́ни *ср нескл* bikini

биле́т (-а) *м* ticket; (*членский*) (membership) card; **обра́тный биле́т** (*Brit*) или roundtrip (*US*) ticket; **входно́й биле́т** entrance ticket (*for standing room*)

биллио́н (-а) *м* billion (*one thousand million*)

бино́кл|ь (-я) *м* binoculars *мн*

бинт (-а́) *м* bandage; **бинт|ова́ть** (-у́ю; *perf* забинтова́ть) *несов перех* to bandage

биогра́фи|я (-и) *ж* biography

биоло́ги|я (-и) *ж* biology

би́рж|а (-и) *ж* (*Комм*) exchange; **фо́ндовая би́ржа** stock exchange *или* market; **биржеви́к** (-а́) *м* stockbroker

би́рк|а (-ки; *gen pl* -ок) *ж* tag

бирюза́ (-ы́) *ж* turquoise

бис *межд*: Бис! encore!

би́сер (-а) *м собир* glass beads *мн*

бискви́т (-а) *м* sponge (cake)

бит (-а) (*Комп*) byte

би́тв|а (-ы) *ж* battle

бить (бью, бьёшь; *imper* бей(те), *perf* поби́ть) *несов перех* to beat; (*стёкла*) to break

▷ (*perf* проби́ть) *неперех* (*часы*) to strike; **бить** (*impf*) **в** +*acc* (*в дверь*) to bang at; (*дождь, ветер*) to beat against; (*оружие*) to hit; **его́ бьёт озно́б** he's got a fit of the shivers; **би́ться** *несов возв* (*сердце*) to beat; (*стекло*) to be breakable; (*сражаться*) to fight; **би́ться** (*impf*) **о** +*acc* to bang against; **би́ться** (*impf*) **над** +*instr* (*над задачей*) to struggle with

бифште́кс (-а) *м* steak

бла́г|а (-) *мн* rewards *мн*; **всех благ!** all the best!

бла́г|о (-а) *ср* benefit; *см также* **бла́га**

благови́дный *прил* plausible

благодар|и́ть (-ю́, -и́шь; *perf* поблагодари́ть) *несов перех* to thank

благода́рност|ь (-и) *ж* gratitude, thanks *мн*

благода́р|ный *прил* grateful; (*тема*) rewarding; **я Вам о́чень благода́рен** I am very grateful to you

благодаря́ *предл* +*dat* thanks to
▷ *союз*: благодаря́ тому́, что owing to the fact that

благо́й *прил*: благи́е наме́рения good intentions

благополу́чи|е (-я) *ср* (*в семье*) welfare; (*материальное*) prosperity

благополу́чный *прил* successful; **благополу́чная семья́** good family

благоприя́тный *прил* favourable (*Brit*), favorable (*US*)

благоразу́мный *прил* prudent

благоро́дный *прил* noble

благослов|и́ть (-лю́, -и́шь; **благословля́ть**) *сов перех* to bless

благотвори́тельност|ь (-и) *ж* charity; **благотвори́тельный**

благотвори́тельная организа́ция
charity (organization);
благотвори́тельный конце́рт
charity concert

благоустро́енный *прил* (*дом*)
with all modern conveniences

блаже́нство (-а) *ср* bliss

бланк (-а) *м* form; (*организации*)
headed notepaper

блат (-а) *м* (*разг*) connections *мн*;
по бла́ту (*разг*) through (one's)
connections

бледне́|ть (-ю; *perf*
побледне́ть) *несов* to (grow)
pale

бле́дный *прил* pale; (*перен*) dull

блесну́ть (-у́, -ёшь) *сов* to flash;
(*на экза́мене*) to do brilliantly

бле|сте́ть (-щу́, -сти́шь или
-щешь) *несов* (*звёзды*, *металл*)
to shine; (*глаза*) to sparkle

ближа́йший *прил* (*город*, *дом*)
the nearest; (*год*) the next; (*планы*)
immediate; (*друг*, *участие*) closest;
ближа́йший ро́дственник next
of kin

бли́же *сравн прил от* **бли́зкий**
▷ *сравн нареч от* **бли́зко**

бли́жний *прил* close;
neighbouring; **бли́жнее
зарубе́жье** former Soviet
republics; **Бли́жний Восто́к**
Middle East

близк|и́е (-их) *мн* relatives *мн*

бли́зкий *прил* close; (*конец*)
imminent; **бли́зкий кому́-н**
(*интересы*, *тема*) close to sb's
heart; **бли́зкий по** +*dat* (*по
содержанию*, *по цели*) similar или
close in; **бли́зко** *нареч* near или
close by ▷ *как сказ* far off;
бли́зко от +*gen* near, close to

близне́ц (-а́) *м* (*обычно мн*) twin;
бра́тья/сёстры-близнецы́ twin

brothers/sisters; *см также*
Близнецы́

Близнецы́ (-о́в) *мн* Gemini *ед*

близору́кий *прил* short-sighted
(*Brit*), nearsighted (*US*)

блин (-а́) *м* pancake

блог (-а) *м* blog

блок (-а) *м* bloc; (*Tex*) unit

блока́д|а (-ы) *ж* (*Воен*) siege;
(*экономи́ческая*) blockade

блоки́р|овать (-ую) (*не*)*сов
перех* to block; (*город*) to
blockade

блонди́н (-а) *м*: **он — блонди́н**
he is blond; **блонди́н|ка** (-ки;
gen pl -ок) *ж* blonde

блох|а́ (-и́; *nom pl* -и) *ж* flea

блужда́|ть (-ю) *несов* to wander
или roam (around)

блю́д|о (-а) *ср* dish

блю|сти́ (-ду́, -дёшь; *pt* -л, -ла́,
-ло́, *perf* **соблюсти́**) *несов перех*
(*интересы*) to guard; (*чистоту*) to
maintain

боб (-а́) *м* (*обычно мн*) bean

бобр (-а́) *м* beaver

Бог (-а; *voc* **Бо́же**) *м* God; **не дай
Бог!** God forbid!; **ра́ди Бо́га!** for
God's sake!; **сла́ва Бо́гу** (*к
счастью*) thank God

богате́|ть (-ю; *perf* **разбогате́ть**)
несов to become rich

бога́тств|а (-) *мн* (*природные*)
resources

бога́тств|о (-а) *ср* wealth, riches
мн; *см также* **бога́тства**

бога́тый *прил* rich; **бога́тый
урожа́й** bumper harvest

богаты́р|ь (-я́) *м* warrior hero of
Russian folk epics; (*перен*)
Hercules

бога́ч (-а́) *м* rich man (*мн* men)

боги́н|я (-и) *ж* goddess

Богоро́диц|а (-ы) *ж* the Virgin
Mary

богосло́ви|**е** (-я) *ср* theology
богослуже́ни|**е** (-я) *ср* service
боготвор|**и́ть** (-ю́, -и́шь) *несов
перех* to worship
бо́дрый *прил* energetic;
(*настрое́ние, му́зыка*) cheerful
боев|**о́й** (-а́) *м* militant; (*фильм*)
action movie
боево́й *прил* military;
(*настрое́ние, дух*) fighting
боеприпа́с|**ы** (-ов) *мн*
ammunition *ед*
бо|**е́ц** (-йца́) *м* (*солда́т*) soldier
Бо́же *сущ см* **Бог** ▷ *межд*: **Бо́же
(ты мой)!** good Lord *или* God!;
Бо́же! кака́я красота́! God, it's
beautiful!; **Бо́же упаси́** (*разг*) God
forbid; **боже́ственный** *прил*
divine; **Бо́жий** *прил* God's;
ка́ждый бо́жий день (*разг*) every
single day; **бо́жья коро́вка**
ladybird
бо|**й** (-я; *loc sg* -ю́, *nom pl* -и́, *gen
pl* -ёв) *м* battle; (*боксёров*) fight;
(*бараба́нов*) beating; (*часо́в*)
striking
бо́йкий *прил* (*речь, отве́т*) quick;
(*продаве́ц*) smart; (*ме́сто*) busy
бойко́т (-а) *м* boycott
бойкоти́р|**овать** (-ую) (*не)сов
перех* to boycott
бок (-а; *loc sg* -у́, *nom pl* -а́) *м*
side
бо́ком *нареч* sideways
бокс (-а) *м* (*Спорт*) boxing; (*Мед*)
isolation ward
боксёр (-а) *м* boxer
Болга́ри|**я** (-и) *ж* Bulgaria
бо́лее *нареч* more; **бо́лее или
ме́нее** more or less; **бо́лее того́**
what's more; **тем бо́лее** all the
more so
боле́зненный *прил* sickly;
(*уко́л*) painful; (*перен:
подозри́тельность*) unhealthy;

(*самолю́бие*) unnatural
боле́зн|**ь** (-и) *ж* illness; (*зара́зная*)
disease
боле́льщик (-а) *м* fan
бол|**е́ть** (-е́ю) *несов: боле́ть
(+instr*) to be ill (with); (*Спорт*):
боле́ть за +acc to be a fan of
▷ (*3sg -и́т*) (*руки итп*) to ache
болеутоля́ющ|**ее сре́дство**
ср: болеутоля́ющее сре́дство
painkiller
боло́нь|**я** (-и) *ж* (*ткань*)
lightweight waterproof material
боло́т|**о** (-а) *ср* marsh, bog
болт (-а́) *м* bolt
болта́|**ть** (-ю) *несов перех* (*разг:
вздор*) to talk ▷ *неперех*
(*разгова́ривать*) to chat; (: *мно́го*)
to chatter; (*impf*) **нога́ми**
to dangle one's legs
бол|**ь** (-и) *ж* pain; **зубна́я боль**
toothache; **головна́я боль**
headache
больни́ц|**а** (-ы) *ж* hospital
больни́чный *прил* hospital;
больни́чный лист medical
certificate
бо́льно *нареч* badly, painfully; (*оби́деть*)
deeply; **бо́льно! that hurts!; мне
бо́льно** I am in pain
больн|**о́й** *прил* (*рука́ итп*) sore;
(*воображе́ние*) morbid;
(*нездоро́в*) ill, sick ▷ (*-о́го*) *м*
(*боле́ющий*) sick person; (*пацие́нт*)
patient; **больно́й вопро́с** a sore
point
бо́льше *сравн прил от* **большо́й**
▷ *сравн нареч от* **мно́го** ▷ *нареч*
(*+gen: часа́, килогра́мма итп*)
more than; (*не хоте́ть, не жить*)
anymore; **бо́льше не бу́ду** I
won't do it again; **бо́льше так не
де́лай** don't do that again
большинств|**о́** (-а́) *ср* majority

большо́й прил big, large; (*радость*) great; (*дети*) grown-up; **бо́льшей ча́стью, по бо́льшей ча́сти** for the most part; **больша́я бу́ква** capital letter

боля́чка (-**и**; gen pl -**ек**) ж sore

бо́мба (-**ы**) ж bomb

бомби́ть (-**лю́, -йшь**) несов перех to bomb

бомбардиро́вщик (-**а**) м bomber

бомбоубе́жище (-**а**) ср bomb shelter

бомж (-**а́**) м homeless person

бордо́вый прил dark red, wine colour

бордю́р (-**а**) м (*тротуара*) kerb (Brit), curb (US); (*салфетки*) border

бормота́ть (-**очу́, -о́чешь**) несов перех to mutter

борода́ (acc sg -**оду**, gen sg -**оды́**, nom pl -**оды**, gen pl -**о́д**, dat pl -**ода́м**) ж beard

борода́вка (-**и**; gen pl -**ок**) ж wart

боро́ться (-**ю́сь, -ешься**) несов возв (Спорт) to wrestle; **боро́ться** (*impf*) (**с** +instr) to fight (with или against)

борт (-**а**; acc sg за́ **борт** или за **борт**, instr sg за **бо́ртом** или за **борто́м**, loc sg -**у́**, nom pl -**а́**) м side; **на борту́** или **борт** on board, aboard; **челове́к за борто́м!** man overboard!

бортпроводни́к (-**а́**) м steward (on plane); **бортпроводни́ца** (-**ы**) ж air hostess, stewardess (on plane)

борщ (-**а́**) м borsch (beetroot-based soup)

борьба́ (-**ы́**) ж (*за мир*) fight, struggle; (Спорт) wrestling

босико́м нареч barefoot

босо́й прил barefoot

боти́нок (-**ка**) м (обычно мн) ankle boot

бо́чка (-**и**; gen pl -**ек**) ж barrel

боя́ться (-**ю́сь, -ишься**) несов возв: **боя́ться** (+gen) to be afraid (of) +infin to be afraid of doing или to do

бразды́ мн: **бразды́ правле́ния** the reins of power

брак (-**а**) м (*супружество*) marriage; (*продукция*) rejects мн; (*дефект*) flaw

брако́ванный прил reject

бракова́ть (-**у́ю**; perf **забракова́ть**) несов перех to reject

бракосочета́ние (-**я**) ср marriage ceremony

брани́ть (-**ю́, -и́шь**) несов to scold

брат (-**а**; nom pl -**ья**, gen pl -**ьев**) м brother; **двою́родный брат** cousin

брать (**беру́, берёшь**; pt -**л, -ла́, -ло**, perf **взять**) несов перех to take; (*билет*) to get; (*работника*) to take on; (*барьер*) to clear; (разг: *арестовать*) to nick; **бра́ться** (perf **взя́ться**) несов возв: **бра́ться за** +acc (*хватать рукой*) to take hold of; (*за работу*) to get down to; (*за книгу*) to begin; (*решение проблемы*) to take on; **бра́ться** (perf **взя́ться**) **за ум** to come to one's senses

бра́тья etc сущ см брат

бревно́ (-**а́**; nom pl **брёвна**, gen pl **брёвен**) ср log; (Спорт) the beam

бре́дить (-**жу, -дишь**) несов to be delirious; (*перен*) **бре́дить** (impf) **кем-/чем-н** to be mad about sb/sth

бре́згать (-**аю**) несов +instr (perf **побре́згать**) несов +instr to be fastidious about

бре́м|я (-ени; *как* **вре́мя**; *см Table 4*) *ср* burden

бригади́р (-а) *м* team leader

бриллиа́нт (-а) *м* (cut) diamond

брита́н|ец (-ца) *м* Briton; **брита́нцы** the British

Брита́ни|я (-и) *ж* Britain

брита́нский *прил* British

бри́тв|а (-ы) *ж* razor; **безопа́сная бри́тва** safety razor

бри́|ть (-ю, -ешь; *perf* **побри́ть**) *несов перех* (*человека*) to shave; (*бороду*) to shave off; **бри́ться** (*perf* **побри́ться**) *несов возв* to shave

бри́финг (-а) *м* briefing

бров|ь (-и; *gen pl* -е́й) *ж* eyebrow

броди́|га (-ги) *м/ж* tramp

броди́|ть (-жу́, -дишь) *несов* to wander

бро́кер (-а) *м* broker

бронежиле́т (-а) *м* bullet-proof jacket

бронетранспортёр (-а) *м* armoured (*Brit*) *или* armored (*US*) personnel carrier

бро́нз|а (-ы) *ж* bronze

брони́р|овать (-ую; *perf* **заброни́ровать**) (*не*)*сов перех* to reserve

бронх (-а) *м* bronchial tube

бронхи́т (-а) *м* bronchitis

бро́н|я (-и) *ж* reservation

брон|я́ (-и́) *ж* armour (*Brit*) *или* armor (*US*) plating

бро́са|ть (-ю) *несов от* **бро́сить**; **броса́ться** *несов от* **бро́ситься** ▷ *возв*: **броса́ться снежка́ми/ка́мнями** to throw snowballs/stones at each other

бро́с|ить (-шу, -ишь; *impf* **броса́ть**) *сов перех* (*камень, мяч итп*) to throw; (*якорь, сети*) to cast; (*семью, друга*) to abandon; (*войска*) to dispatch; (*спорт*) to

give up; **меня́ бро́сило в жар** I broke out in a sweat; **броса́ть** (*perf* **бро́сить**) +*infin* to give up doing; **броса́ться** *сов возв*: **броса́ться на** +*acc* (*на врага*) to throw o.s. at; **броса́ться** (*perf* **бро́ситься**) **в ата́ку** to rush to the attack

бро́шк|а (-и; *gen pl* -ек) *ж* brooch; **брошь** (-и) *ж* = **бро́шка**

брошю́р|а (-ы) *ж* (*книжка*) booklet

брус (-а; *nom pl* -ья, *gen pl* -ьев) *м* beam; *см также* **бру́сья**

бру́сь|я (-ев) *мн* parallel bars *мн*

бру́тто *прил неизм* gross

брызга|ть (-ю, -ешь) *несов* to splash у (*опрыскивать*): **брызгать на** +*acc* to spray

бры́зг|и (-) *мн* splashes; (*мелкие*) spray *ед*

бры́нз|а (-ы) *ж* feta cheese

брю́кв|а (-ы) *ж* swede

брю́к|и (-) *мн* trousers, pants (*US*)

брюне́т (-а) *м*: **он брюне́т** he has dark hair; **брюне́т|ка** (-ки; *gen pl* -ок) *ж* brunette

Брюссе́л|ь (-я) *м* Brussels

БТР *сокр* = **бронетранспортёр**

бу́блик (-а) *м* bagel

бу́б|ны (-ён; *dat pl* -нам) *мн* (*Карты*) diamonds

буг|о́р (-ра́) *м* mound; (*на коже*) lump

Будапе́шт (-а) *м* Budapest

бу́дем *несов см* **быть**

бу́дет *несов см* **быть** ▷ *как* that's enough; **бу́дет тебе́!** that's enough from you!

бу́дешь *etc несов см* **быть**

буди́льник (-а) *м* alarm clock

буд|и́ть (-жу́, -дишь; *perf* **разбуди́ть**) *несов перех* to wake (up), awaken

бу́дк|а (-и; *gen pl* -ок) *ж*

(сторожа) hut; (для собаки) kennel; **телефо́нная бу́дка** telephone box

бу́дн|и (-ей) *мн* working *или* week days; (перен: повседневность) routine *ед*

бу́дто *союз* (якобы) supposedly; (словно): **(как) бу́дто (бы)** as if; **он уве́рует, бу́дто сам её ви́дел** he claims to have seen her himself

бу́ду *etc несов см* **быть**

бу́дущ|ее (-его) *ср* the future; **в бу́дущем** in the future

бу́дущ|ий *прил* (следующий) next; (предстоящий) future; **бу́дущее вре́мя** future tense

бу́дь(те) *несов см* **быть** ◆ *союз*: **будь то** be it

буженин|а (-ы) *ж* cold cooked and seasoned pork

буй (-я; *nom pl* **-и)** *м* buoy

бу́йвол (-а) *м* buffalo

бук (-а) *м* beech

бу́кв|а (-ы) *ж* letter

бу́квенный *прил* literal

буква́рь (-я́) *м* first reading book

буке́т (-а) *м* bouquet

букинисти́ческий *прил*: **букинисти́ческий магази́н** second-hand bookshop

букле́т (-а) *м* booklet

була́в|ка (-ки; *gen pl* **-ок)** *ж* pin

бу́л|ка (-ки; *gen pl* **-ок)** *ж* (белый хлеб) loaf; **бу́ло|чка (-чки;** *gen pl* **-чек)** *ж* small roll

бу́лочн|ая (-ой) *ж* baker, baker's (shop)

булы́жн|ый *прил*: **булы́жная мостова́я** cobbled street

бульдо́зер (-а) *м* bulldozer

бульо́н (-а; *part gen* **-у)** *м* stock

бум (-а) *м* boom

бума́г|а (-и) *ж* paper; **це́нные бума́ги** securities

бума́ж|ка (-ки; *gen pl* **-ек)** *ж* piece of paper

бума́жник (-а) *м* wallet, pocketbook (*US*)

бума́жный *прил* paper

бу́нкер (-а) *м* bunker

бунт (-а) *м* (мятеж) riot; (: на корабле) mutiny

бунт|ова́ть (-у́ю) *несов* (*см сущ*) to riot; to mutiny

бура́в|ить (-лю, -ишь; *perf* **пробура́вить)** *несов перех* to drill

бур|и́ть (-ю́, -и́шь; *perf* **пробури́ть)** *несов перех* to bore, drill

бу́рный *прил* (погода, океан) stormy; (чувство) wild; (рост) rapid

бу́рый *прил* brown

бу́р|я (-и) *ж* storm

бу́с|ы (-) *мн* beads

бутафо́ри|я (-и) *ж* (Театр) props *мн* (=properties); (перен) sham

бутербро́д (-а) *м* sandwich

буто́н (-а) *м* bud

бу́тс|а (-ы) *ж* football boot

буты́л|ка (-ки; *gen pl* **-ок)** *ж* bottle

бу́фер (-а; *nom pl* **-á)** *м* buffer

буфе́т (-а) *м* snack bar; (шкаф) sideboard

буфе́тчик (-а) *м* barman, barmen *мн*

буха́н|ка (-ки; *gen pl* **-ок)** *ж* loaf

Бухаре́ст (-а) *м* Bucharest

бу́хт|а (-ы) *ж* bay

буш|ева́ть (-у́ю) *несов* (пожар, ураган) to rage

 КЛЮЧЕВО́Е СЛО́ВО

бы *част* **1** (выражает возможность): **купи́л бы, е́сли бы бы́ли де́ньги** I would buy it if I had the money; **я бы давно́ уже́ купи́л э́ту кни́гу, е́сли бы у меня́ бы́ли де́ньги** I would have bought this

book long ago if I had had the money

2 (*выражает пожелание*): **я бы хотел поговорить с тобой** I would like to speak to you

3 (*выражает совет*): **ты бы написал ей** you should write to her

4 (*выражает опасение*): **не захватил бы нас дождь** I hope we don't get caught in the rain; **отдохнуть/погулять бы** it would be nice to have a rest/go for a walk

быва́ло *част* expresses repeated action in the past; **быва́ло сиди́м и разгова́риваем** we used to *или* would sit and talk

быва́|ть (**-ю**) *несов* (*посеща́ть*) to be; (*случа́ться*) to happen, take place; **он быва́ет у нас ча́сто** he often comes to see us; **как ни в чём не быва́ло** (*разг*) as if nothing had happened

бы́вший *прил* former

бык (**-á**) *м* bull; (*рабо́чий*) ох

был *etc несов см* **быть**

были́н|а (**-ы**) *ж* heroic poem

быль (**-и**) *ж* true story

бы́стро *нареч* quickly

бы́стрый *прил* (*маши́на итп*) fast; (*ру́ки, взгляд, речь*) quick

быт (**-а**, *loc sg* **-ý**) *м* life; (*повседне́вность*) everyday life; **слу́жба бы́та** consumer services

бытово́й *прил* everyday; **бытово́е обслу́живание населе́ния** consumer services; **бытова́я те́хника** household electrical appliances

 КЛЮЧЕВОЕ СЛОВО

быть (*см* Table 21) *несов*
1 (*omitted in present tense*) to be; **кни́га на столе́** the book is on the

table; **за́втра я бу́ду в шко́ле** I will be at school tomorrow; **дом был или стоял на краю́ го́рода** the house was *или* stood on the edge of the town; **на ней краси́вое пла́тье** she is wearing a beautiful dress; **вчера́ был дождь** it rained yesterday

2 (*часть составно́го сказ*) to be; **я хочу́ быть учи́телем** I want to be a teacher; **я был рад ви́деть тебя́** I was happy to see you; **так и быть!** so be it!; **как быть?** what is to be done?; **э́того не мо́жет быть** that's impossible; **кто/како́й бы то ни был** whoever/whatever it might be; **бу́дьте добры́!** excuse me!; **бу́дьте добры́, позвони́те ему́!** would you be so good *или* kind as to call him?; **бу́дьте здоро́вы!** take care!

3 (*образу́ет бу́дущее время*) +*impf vb*: **ве́чером я бу́ду писа́ть пи́сьма** I'll be writing letters this evening; **я всегда́ бу́ду люби́ть тебя́** I'll love you forever

бью(сь) *etc несов см* **бить(ся)**

бюдже́т (**-а**) *м* budget; **дохо́дный бюдже́т** revenue; **расхо́дный бюдже́т** expenditure

бюдже́тник (**-а**) *м* person working in a state-funded institution

бюллете́н|ь (**-я**) *м* bulletin; (*на вы́борах*) ballot paper; (*спра́вка*) medical certificate

бюро́ *ср нескл* office; **бюро́ нахо́док** lost property office

бюрокра́т (**-а**) *м* bureaucrat

бюрокра́ти|я (**-и**) *ж* bureaucracy

бюст (**-а**) *м* bust

бюстга́льтер (**-а**) *м* bra (= *brassiere*)

В

○ **КЛЮЧЕВОЕ СЛОВО**

в *предл* +acc **1** (*о месте направления*) in(to); **я положи́л кни́гу в портфе́ль** I put the book in(to) my briefcase; **я сел в маши́ну** I got in(to) the car

2 (*уехать, пойти*) to; **он уе́хал в Москву́** he went to Moscow

3 (*об изменении состояния*): **погружа́ться в рабо́ту** to be absorbed in one's work

4 (*об объекте физического действия*): **он постуча́л в дверь** he knocked on the door; **он посмотре́л мне в глаза́** he looked me in the eyes; **мать поцелова́ла меня́ в щёку** mother kissed me on the cheek

5 (*о времени совершения чего-н*): **он пришёл в**

понеде́льник he came on Monday; **я ви́дел его́ в про́шлом году́** I saw him last year; **я встре́тил его́ в два часа́** I met him at two o'clock; **э́то случи́лось в ма́рте/в двадца́том ве́ке** it happened in March/in the twentieth century

6 (*о размере, количестве*): **ве́сом в 3 то́нны** 3 tons *или* tonnes in weight; +*prp*: **дра́ма в трёх частя́х** a drama in three acts; **в пяти́ ме́трах от доро́ги** five metres (*Brit*) *или* meters (*US*) from the road

7 (*о соотношении величин*): **в два ра́за бо́льше/длинне́е** twice as big/long; **во мно́го раз лу́чше/умне́е** much better/cleverer

8 (*обозначает форму, вид*): **брю́ки в кле́тку** checked trousers; **лека́рство в табле́тках** medicine in tablet form

9 (+*prp*: *о месте*) in; **ко́шка сиди́т в корзи́не** the cat is sitting in the basket; **я живу́ в дере́вне** I live in the country; **сын у́чится в шко́ле** my son is at school

10 (*о чём-н облегающем, покрыва́ющем*): **ру́ки в кра́ске/са́же** hands covered in paint/soot; **това́р в упако́вке** packaged goods

11 (*об одежде*) in; **мужчи́на в очка́х/в ша́пке** a man *или* wearing glasses/a hat

12 (*о состоянии*): **быть в у́жасе/негодова́нии** to be terrified/indignant

в. *сокр* (= век) c (= century); (= восто́к) E (= East)

ваго́н (**-а**) *м* (*пассажирский*) carriage (*Brit*), coach (*Brit*), car (*US*); (*товарный*) wagon (*Brit*), truck; **спа́льный ваго́н** couchette car; **мя́гкий ваго́н** ≈ sleeping car;

вагон-рестора́н dining (*Brit*) *или*
club (*US*) car
ва́жный *прил* important
ва́за (-ы) *ж* vase
вазели́н (-а) *м* Vaseline
вака́нси|я (-и) *ж* vacancy
вака́нтн|ый *прил* vacant;
вака́нтная до́лжность vacancy
ва́куум (-а) *м* vacuum
вакци́н|а (-ы) *ж* vaccine
вакцини́р|овать (-ую) (*не*)*сов*
перех to vaccinate
ва́лен|ок (-ка) *м* felt boot
валериа́нк|а (-и) *ж* valerian
drops *мн*
вале́т (-а) *м* (*Карты*) jack
вал|и́ть (-ю́, -ишь; *perf* **свали́ть**
или **повали́ть**) *несов перех*
(*заставить падать*) to knock over;
(*рубить*) to fell ⊳ (*perf* **свали́ть**)
(*разг: бросать*) to dump
⊳ *неперех* (*дым, пар*) to pour out;
вали́ть (*perf* **свали́ть**) **вину́ на**
+*acc* (*разг*) to point the finger at;
вали́ться (*perf* **свали́ться** *или*
повали́ться) *несов возв* (*падать*)
to fall; **вали́ться** (*impf*) **с ног** (*разг*)
to be dead on one's feet
валово́й *прил* (*доход*) gross
валу́н (-а́) *м* boulder
вальс (-а) *м* waltz
валю́т|а (-ы) *ж* currency ⊳ *собир*
foreign currency
валю́тный *прил* currency;
валю́тный курс rate of exchange
вал|я́ть (-ю) *несов перех* (*катать*)
to roll ⊳ (*perf* **сваля́ть**)
(*скатывать*) to shape; **валя́ться**
несов возв (*кататься*) to roll
about; (*разг: человек, бумаги итп*)
to lie about
вам *etc мест см* **вы**
вампи́р (-а) *м* vampire
вани́л|ь (-и) *ж* vanilla
ва́нн|а (-ы) *ж* bath; **ва́нная**

(-ой) *ж* bathroom
ва́рен|ый *прил* boiled
варе́нь|е (-я) *ср* jam
вариа́нт (-а) *м* variant
вар|и́ть (-ю́, -ишь; *perf* **свари́ть**)
несов перех (*обед*) to cook; (*суп,
кофе*) to make; (*картофель*) to boil;
(*Тех*) to weld; **вари́ться** (*perf*
свари́ться) *несов возв* (*обед*) to
be cooking
Варша́в|а (-ы) *ж* Warsaw
варьете́ *ср нескл* variety show
варьи́р|овать (-ую) *несов* (*не*)
перех to vary
вас *мест см* **вы**
ва́т|а (-ы) *ж* cotton wool (*Brit*),
(absorbent) cotton (*US*)
ва́тман (-а) *м* heavy paper for
drawing etc
ва́тный *прил* cotton-wool (*Brit*),
absorbent cotton (*US*)
ватру́шк|а (-ки; *gen pl* -ек) *ж*
curd tart
ватт (-а) *м* watt
ва́учер (-а) *м* voucher
ва́хт|а (-ы) *ж* watch; **стоя́ть** (*impf*)
на ва́хте to keep watch
вахтёр (-а) *м* caretaker, janitor
(*esp US, Scottish*)
ваш (-его; *f* -а, *nt* -е, *pl* -и; *как*
наш; *см Table 9*) *притяж мест*
your; **э́то ва́ше** this is yours
вбе|жа́ть (*как* **бежа́ть**; *см Table*
20; *impf* **вбега́ть**) *сов*: **вбежа́ть**
(**в +***acc*) to run in(to)
вбить (*вобью, вобьёшь*; *impf*
вбива́ть) *сов перех*: **вбить** (**в**
+*acc*) to drive *или* hammer in(to)
вблизи́ *нареч* nearby ⊳ *предл*:
вблизи́ +*gen или* **от +***gen* near (to)
вбок *нареч* sideways
вбро́|сить (-шу, -сишь; *impf*
вбра́сывать) *сов перех* to throw in
ввал|и́ться (-ю́сь, -ишься; *impf*

вва́ливаться *сов возв* (щеки, глаза) to become sunken

введе́ни|е (-я) *ср* introduction

ввез|ти́ (-у́, -ёшь; *pt* ввёз, -ла́, -ло́, *impf* ввози́ть) *сов перех* (в дом итп) to take in; (в страну) to import

вверх *нареч* up ▷ *предл*: **вверх по** +*dat* up; (против течения) upstream; **в до́ме всё вверх дном** (разг) everything in the house is topsy-turvy; **вверх нога́ми** (разг) upside down

вверху́ *нареч* up ▷ *предл* +*gen* at the top of

вв|ести́ (-еду́, -едёшь; *pt* -ёл, -ела́, *impf* **вводи́ть**) *сов перех* to take in; (лекарство) to inject; (в компьютер) to enter; (закон) to introduce; (сделать действующим): **ввести́ что-н в** +*acc* to put sth into

ввиду́ *предл* +*gen* in view of ▷ *союз*: **ввиду́ того́, что** in view of the fact that

ввод (-а) *м* bringing in; (данных) input, feeding in

вво|ди́ть (-жу́, -дишь) *несов от* **ввести́**

вво|зи́ть (-жу́, -зишь) *несов от* **ввезти́**

вглубь *нареч* (down) into the depths ▷ *предл* +*gen*: **вниз** into the depths of; (внутрь) into the heart of

вда|ва́ться (-ю́сь) *несов от* **вда́ться**

вдав|и́ть (-лю́, -ишь; *impf* **вда́вливать**) *сов перех*: **вдави́ть** (в +*acc*) to press in(to)

вдалеке́ *нареч* in the distance; **вдалеке́ от** a long way from

вдали́ *нареч* = **вдалеке́**

вдаль *нареч* into the distance

вда́ться (как дать; см Table 16;

impf **вдава́ться**) *сов возв*: **вда́ться в** +*acc* to jut out into; (перен: в рассуждения) to get caught up in; **вдава́ться** (*perf* **вда́ться**) **в подро́бности** to go into details

вдво́е *нареч* (сложить) in two; **вдво́е сильне́е** twice as strong

вдвоём *нареч*: **они́ живу́т вдвоём** the two of them live together

вдвойне́ *нареч* double (the amount)

вде́|ть (-ну, -нешь; *impf* **вдева́ть**) *сов перех* to put in

вдоба́вок *нареч* (разг) in addition ▷ *предл*: **вдоба́вок к** +*dat* in addition to

вдов|а́ (-ы́; *nom pl* -ы) *ж* widow

вдов|е́ц (-ца́) *м* widower

вдо́воль *нареч* to one's heart's content

вдоль *нареч* (сломаться) lengthways ▷ *предл* +*gen* along

вдохнове́ни|е (-я) *ср* inspiration

вдохнов|и́ть (-лю́, -и́шь; *impf* **вдохновля́ть**) *сов перех* to inspire

вдохнов|ля́ть (-я́ю) *несов от* **вдохнови́ть**

вдохн|у́ть (-у́; *impf* **вдыха́ть**) *сов перех* (воздух) to breathe in; (дым, лекарство) to inhale

вдре́безги *нареч* to smithereens

вдруг *нареч* suddenly; (а если) what if

вду́ма|ться (-юсь; *impf* **вду́мываться**) *сов возв*: **вду́маться в** +*acc* to think over

вду́мыва|ться (-юсь) *несов от* **вду́маться**

вдыха́|ть (-ю) *несов от* **вдохну́ть**

веб-а́дрес (-а; *nom pl* -а́) *м* web address

веб-ка́мер|а (-ы) *ж* webcam

вегетариа́н|ец (-ца) *м* vegetarian

вегетариа́нский *прил* vegetarian

ве́да|ть (-ю) *несов* (+*instr*:
управля́ть) to be in charge of

ве́дени|е (-я) *ср* authority

ведётся *etc несов см* **вести́(сь)**

ве́домо *ср*: с ве́дома кого́-н
(*согласие*) with/without sb's
consent; (*уведомление*) with/
without sb's knowledge

ве́домств|о (-а) *ср* department

ведр|о́ (-а́; *nom pl* **вёдра**, *gen pl*
вёдер) *ср* bucket, pail

веду́щий *прил* leading ▷ (-его)
м presenter

ведь *нареч* (*в вопросе*): ведь ты
хо́чешь пое́хать? you do want to
go, don't you?; (*в утвержде́нии*):
ведь она́ не спра́вится одна́! she
can't surely manage alone! ▷ *союз*
(*о причи́не*) seeing as; поешь,
ведь ты го́лоден you should eat,
seeing as you're hungry

ве́дьм|а (-ы) *ж* witch

ве́ер (-а; *nom pl* -а́) *м* fan

ве́жливый *прил* polite

везде́ *нареч* everywhere; везде́ и
всю́ду everywhere you go

вездехо́д (-а) *м* ≈ Landrover

везе́ни|е (-я) *ср* luck

вез|ти́ (-у́, -ёшь) *несов перех* to
transport, take; (*сани*) to pull;
(*тачку*) to push ▷ (*perf* **повезти́**)
безл (+*dat*: *разг*) to be lucky

век (-а) *м* century; (*период*) age; на века́, во ве́ки
веко́в forever

ве́к|о (-а) *ср* eyelid

веково́й *прил* ancient

ве́ксел|ь (-я; *nom pl* -я́) *м*
promissory note

вел|е́ть (-ю́, -и́шь) (*не*)*сов* +*dat* to
order

велика́н (-а) *м* giant

вели́к|ий *прил* great ▷ *как сказ*:
сапоги́ мне велики́ the boots are
too big for me; **вели́кие**

держа́вы the Great Powers

Великобрита́ни|я (-и) *ж* Great
Britain

великоду́шный *прил*
magnanimous, big-hearted

великору́сский *прил* Great
Russian

великоле́пный *прил*
magnificent

величин|а́ (-ы́) *ж* size; (*Мат*)
quantity

велого́н|ка (-ки; *gen pl* -ок) *ж*
cycle race

велосипе́д (-а) *м* bicycle

вельве́т (-а) *м* corduroy

Ве́н|а (-ы) *ж* Vienna

ве́н|а (-ы) *ж* vein

Ве́нгри|я (-и) *ж* Hungary

вен|о́к (-ка́) *м* wreath

вентиля́тор (-а) *м* (ventilator) fan

венча́ть (-ю; *perf* **обвенча́ть**
или **повенча́ть**) *несов перех* to
marry (*in church*); венча́ть (*impf*)
на ца́рство кого́-н to crown sb;
венча́ться (*perf* **обвенча́ться**)
несов возв to be married (*in church*)

ве́р|а (-ы) *ж* faith; (*в Бо́га*) belief

ве́рб|а (-ы) *ж* pussy willow

верблю́д (-а) *м* camel

ве́рбный *прил*: **Ве́рбное
воскресе́нье** = Palm Sunday

верб|ова́ть (-у́ю; *perf*
заверб|ова́ть) *несов перех* to
recruit

верёв|ка (-ки; *gen pl* -ок) *ж*
(*то́лстая*) rope; (*то́нкая*) string

ве́р|ить (-ю, -ишь; *perf*
пове́рить) *несов* +*dat* to believe;
(*доверя́ть*) to trust; **ве́рить** (*perf*
пове́рить) в кого́-н/что-н to
believe in sb/sth; **ве́рить** (*perf*
пове́рить) кому́-н на сло́во to take
sb at his *итп* word; **ве́риться**
несов безл: не ве́рится, что э́то
пра́вда it's hard to believe this

вернее *вводн сл* or rather;
вернее всего most likely

верно *нареч* (*преданно*)
faithfully; (*правильно*) correctly
▷ *как сказ* that's right

верн|у́ть (**-у́, -ёшь**) *сов перех* to
return, give back; (*долг*) to pay
back; (*здоровье, надежду*) to
restore; **верну́ться** *сов возв*
верну́ться (**к** +*dat*) to return (to)

ве́рный *прил* faithful;
(*надёжный*) sure; (*правильный*)
correct; **ве́рный сло́ву** true to one's
word

ве́рование (**-я**) *ср* (*обычн мн*)
faith

вероисповеда́ние (**-я**) *ср* faith

вероя́тно *как сказ* it is probable
▷ *вводн сл* probably

вероя́тный *прил* probable;
вероя́тнее всего́ most likely *или*
probably

ве́рси|я (**-и**) *ж* version

верста́к (**-а́**) *м* (*Tex*) (work)bench

вертика́льный *прил* vertical

вертолёт (**-а**) *м* helicopter

верф|ь (**-и**) *ж* shipyard

верх (**-а**; *loc sg* **-у́**, *nom pl* **-и́**) *м*
(*дома, стола*) top; (*обуви*) upper;
верх соверше́нства/глу́пости the
height of perfection/stupidity; *см
также* **верхи́**

верх|и́ (**-о́в**) *мн*: **в верха́х** at the
top; **встре́ча/перегово́ры в верха́х**
summit meeting/talks

ве́рхн|ий *прил* top; **ве́рхняя
оде́жда** outer clothing *или*
garments; **Ве́рхняя пала́та**
Upper Chamber

верхо́вный *прил* supreme;
Верхо́вный Суд High Court (*Brit*),
Supreme Court (*US*)

верхов|о́й *прил*: **верхова́я езда́**
horse (*Brit*) *или* horseback (*US*)
riding

верши́н|а (**-ы**) *ж* top; (*горы*)
summit

вес (**-а**; *nom pl* **-а́**) *м* weight;
(*перен: влияние*) authority

весел|е́ть (**-ю**; *perf* **повеселе́ть**)
несов to cheer up

весел|и́ть (**-ю́, -и́шь**; *perf*
развесели́ть) *несов перех* to
amuse; **весели́ться** *несов возв*
to have fun

ве́село *нареч* (*сказать*) cheerfully
▷ *как сказ*: **здесь ве́село** it's fun
here; **мне ве́село** I'm having fun

весёлый *прил* cheerful

весе́нний *прил* spring

ве́с|ить (**-шу, -сишь**) *несов* to
weigh

ве́ский *прил* (*аргумент*) potent

весл|о́ (**-а́**; *nom pl* **вёсла**, *gen pl*
вёсел) *ср* oar

весн|а́ (**-ы́**; *nom pl* **вёсны**, *gen pl*
вёсен) *ж* spring

весно́й *нареч* in (the) spring

весну́шк|а (**-и**; *gen pl* **-ек**) *ж*
freckle

весо́мый *прил* (*вклад*)
substantial

ве|сти́ (**-ду́, -дёшь**; *pt* **вёл, -ла́,
-ло́**) *несов перех* to take;
(*машину*) to drive; (*корабль*) to
navigate; (*отряд*) to lead;
(*заседание*) to chair; (*работу*) to
conduct; (*хозяйство*) to run;
(*записи*) to keep ▷ (*perf*
привести́) *неперех*: **вести́ к** +*dat*
to lead to; **вести́ себя́** to
behave; **вести́сь** *несов возв* to
be carried out;
(*расследование*) to be carried out;
(*переговоры*) to be conducted

вестибю́л|ь (**-я**) *м* lobby

вест|ь (**-и**) *ж* news; **пропада́ть**
(*perf* **пропа́сть**) **бе́з вести** (*Воен*)
to go missing; **бе́з вести
пропа́вший** (*Воен*) missing feared
dead; **Бог весть кто/что** (*разг*) God

knows who/what

весы́ (-о́в) *мн* scales; (*созвездие*): Весы́ Libra

весь (*всего́*; *f* вся, *nt* всё, *pl* все; *см Table 13*) *мест* all; **всего́ хоро́шего** *или* **до́брого**! all the best!

ветвь (-и; *gen pl* -е́й) *ж* branch

ве́т|ер (-ра) *м* wind

ветера́н (-а) *м* veteran

ветерина́р (-а) *м* vet (*Brit*) (= *veterinary surgeon*), veterinarian (*US*)

ве́т|ка (-ки; *gen pl* -ок) *ж* branch

ве́то *ср нескл* veto

ве́треный *прил* windy

ветрово́й *прил*: **ветрово́е стекло́** windscreen (*Brit*), windshield (*US*)

ветря́н|ка (-ки) *ж* (*Мед*) chickenpox

ветряно́й *прил* wind-powered; **ветряна́я электроста́нция** wind farm; **ветряна́я о́спа** chickenpox

ве́тхий *прил* (*дом*) dilapidated; (*одежда*) shabby; **Ве́тхий Заве́т** the Old Testament

ветчина́ (-ины́; *nom pl* -и́ны) *ж* ham

ве́х|а (-и) *ж* landmark

ве́ч|ер (-а; *nom pl* -а́) *м* evening; (*праздник*) party; **вече́рний** *прил* evening

● **ВЕЧЕ́РНЕЕ ОТДЕЛЕ́НИЕ**

● A degree can be obtained by
● taking courses in the evening.
● People who do not want to give
● up their job may opt for this
● method. This course runs over 4
● days a week with over 20 contact
● hours a week and is very much
● like the day-time course. Because
● of the reduced hours the entire
● degree takes 6 years to complete.
● See also notes at **зао́чный** and
● **о́чный**.

ве́чером *нареч* in the evening

ве́чно *нареч* eternally

ве́чность (-и) *ж* eternity

ве́чный *прил* eternal, everlasting

ве́шал|ка (-ки; *gen pl* -ок) *ж* (*планка*) rack; (*стойка*) hatstand; (*плечики*) coat hanger; (*гардероб*) cloakroom; (*петля*) loop

ве́ша|ть (-ю; *perf* пове́сить) *несов перех* to hang ▷ (*perf* све́сить) (*товар*) to weigh; **ве́шаться** (*perf* пове́ситься) *несов возв* to hang o.s.

веща́ть (*3sg* -ет) *несов* to broadcast

веще́ственный *прил* material

вещество́ (-а́) *ср* substance

вещь (-и; *gen pl* -е́й) *ж* thing; (*книга, фильм*) piece

ве́ять (-ю, -ешь) *несов* (*ветер*) to blow lightly

взаи́мный *прил* mutual

взаимоде́йстви|е (-я) *ср* (*связь*) interaction

взаимоотноше́ни|е (-я) *ср* (inter)relationship

взаимопо́мощь (-и) *ж* mutual assistance *или* aid

взаимопонима́ни|е (-я) *ср* mutual understanding

взаймы́ *нареч*: **дава́ть/брать де́ньги взаймы́** to lend/borrow money

взаме́н *нареч* in exchange ▷ *предл* (+*gen*: *вместо*) instead of; (*в обмен*) in exchange for

взаперти́ *нареч* under lock and key

взбить (*взобью́, взобьёшь*; *imper* взбе́й(те), *impf* взбива́ть) *сов перех* (*яйца*) to beat; (*сливки, волосы*) to fluff up; (*подушки*) to plump up

взвали́ть (-ю́, -ишь; *impf* взва́ливать) *сов перех*: **взвали́ть**

что-н на +*acc* to haul sth up onto

взве|сить (-шу, -сишь; *impf*
взвешивать) *сов перех* (*товар*)
to weigh; (*факты*) to weigh up

взвести (-ду, -дёшь; *pt* взвёл,
-ла, *impf* **взводить**) *сов перех*:
взвести курок to cock a gun

взвешива|ть (-ю) *несов от*
взвесить

взвин|тить (-чу, -тишь; *impf*
взвинчивать) *сов перех* (*разг*:
цены) to jack up

взво|дить (-жу, -дишь) *несов от*
взвести

взволнова|ть(ся) (-ую(сь)) *сов
от* **волновать(ся)**

взвы|ть (-ою, -оешь) *сов* to
howl; (*сирена*) to wail

взгляд (-а) *м* glance; (*выражение*)
look; (*перен: мнение*) view; **на
мой/твой взгляд** in my/your view

взглян|уть (-у, -ешь) *сов*:
взглянуть на +*acc* to look at

вздор (-а) *м* (*разг*) rubbish;
вздорный *прил* (*нелепый*)
absurd

вздох (-а) *м* sigh; (*ужаса*) gasp

вздохн|уть (-у, -ёшь) *сов* to sigh

вздро́гн|уть (-у) *impf*
вздрагивать) *сов* to shudder

взду́ма|ть (-ю) *сов* (*разг*): не
вздумайте лгать! don't even think
of lying!

вздыха|ть (-ю) *несов* to sigh

взима|ть (-ю) *несов перех*
(*налоги*) to collect

взлёт (-а) *м* (*самолёта*) takeoff

взле|теть (-чу, -тишь; *impf*
взлетать) *сов* (*птица*) to soar;
(*самолёт*) to take off; **взлетать**
(*perf* **взлететь**) на во́здух to
explode

взлётн|ый *прил*: **взлётная
полоса** runway; airstrip

взлома́|ть (-ю; *impf*

взламывать) *сов перех* to break
open, force; (*Комп*) to hack into

взло́мщик (-а) *м* burglar

взмах|ну́ть (-у́, -ёшь; *impf*
взмахивать) *сов* (+*instr: рукой*)
to wave; (*крылом*) to flap

взнос (-а) *м* payment; (*в фонд*)
contribution; (*членский*) fee

взойти́ (*как идти*; см Table 18;
impf **всходить** или **восходить**)
сов to rise; (*семена*) to come up;
(*на трон*) to ascend

взорва́|ть (-у́, -ёшь; *impf*
взрывать) *сов перех* (*бомбу*) to
detonate; (*дом, мост*) to blow up;
взорваться (*impf* **взрываться**)
сов возв (*бомба*) to explode;
(*мост, дом*) to be blown up

взреве́|ть (-у́, -ёшь) *сов* to roar

взросле́|ть (-ю; *perf*
повзрослеть) *несов* to grow up;
(*духовно*) to mature

взро́сл|ый *прил* (*человек*)
grown-up; (*фильм*) adult ⊳ (*-ого*)
м adult

взрыв (-а) *м* explosion; (*дома*)
blowing up; (+*gen: возмущения*)
outburst of

взрыва́|ть(ся) (-ю(сь)) *несов от*
взорвать(ся)

взрывоопа́сный *прил*
explosive

взрывча́т|ка (-ки; *gen pl* -ок) *ж*
explosive (substance)

взы|ска́ть (-щу́, -щешь; *impf*
взыскивать) *сов перех* (*долг*) to
recover; (*штраф*) *перех*: **взыскать**
⊳ *неперех*: **взыскать с кого́-н** to
call sb to account

взя́т|ка (-ки; *gen pl* -ок) *ж* bribe

взя|ть (*возьму́, возьмёшь*) *сов
от* **брать** ⊳ *перех*: **возьму́** (*да*) и
отка́жусь (*разг*) I could refuse just
like that; **с чего́** или **отку́да ты
взял?** (*разг*) whatever gave you

that idea?); **взя́ться** сов от **бра́ться**

вид (-а) part gen -у, loc sg -ý) м (внешность) appearance; (предмета, искусства) form; (панорама) view; (растений, животных) species; (спорта) type; (Линг) aspect; в ви́де +gen in the form of; на виду́ у +gen in full view of; под ви́дом +gen in the guise of; вид на о́зеро/го́ры a view of the lake/hills; име́ть (impf) в виду́ to mean; (учитывать) to bear in mind; де́лать (perf сде́лать) вид to pretend; упуска́ть (упусти́ть perf) из виду́ что-н (факт) to lose sight of sth; теря́ть (perf потеря́ть) кого́-н из виду́ to lose sight of sb; вид на жи́тельство residence permit

ви́д|еть (pt -л, -ла, -ло, perf **пови́деть**) несов перех (разг) to see; (испытать) to know; **ви́даться** (perf **пови́даться** несов возв (разг) to see each other

ви́део ср нескл video

видеоза́пис|ь (-и) ж video recording

видеоигр|а́ (-ы́; nom pl -ы) ж video game

видеока́мер|а (-ы) ж camcorder, videocamera

видеокассе́т|а (-ы) ж video cassette

видеомагнитофо́н (-а) м video (recorder)

видеотелефо́н (-а) м videophone

ви́д|еть (-жу, -дишь) несов to see ▷ (perf **уви́деть**) перех to see; (испытать) to know; **ви́деться** (perf **уви́деться** несов возв to see each other

ви́димо вводн сл apparently

ви́димо-неви́ди нареч (разг): наро́ду в го́роде ви́димо-неви́димо there are masses of people in the city

ви́димост|ь (-и) ж visibility; (подобие) appearance; по всей ви́димости apparently

видне́|ться (3sg -ется) несов возв to be visible

ви́дно как сказ one can see; (понятно) clearly ▷ вводн сл probably; тебе́ видне́е you know best; там ви́дно бу́дет we'll see

ви́дный прил (заметный) visible; (известный) prominent

ви́жу(сь) несов см **ви́деть(ся)**

ви́з|а (-ы) ж visa

визажи́ст (-а) м make-up artist

визи́т (-а) м visit

визи́тк|а (-ки; gen pl -ок) ж business card

визи́тный прил: **визи́тная ка́рточка** (business) card

виктори́н|а (-ы) ж quiz game

ви́л|ка (-ки; gen pl -ок) ж fork; (штепсельная) ви́лка plug

ви́лл|а (-ы) ж villa

ви́л|ы (-) мн pitchfork ед

вин|а́ (-ы́) ж blame; (чувство) guilt

винегре́т (-а) м beetroot salad

вини́тельный прил: **вини́тельный паде́ж** accusative (case)

вин|и́ть (-ю́, -и́шь) несов перех: **вини́ть кого́-н в** +prp to blame sb for; (упрекать: за лень): **вини́ть кого́-н за** +acc to accuse sb of

вин|о́ (-а́; nom pl -а) ср wine

винова́тый прил (взгляд итп) guilty; **винова́тый (в** +prp) (в неудаче) responsible (for) to blame (for); **винова́т!** sorry!, excuse me!

вино́вност|ь (-и) ж guilt

вино́вный прил guilty ▷ (-ого)

м guilty party

виногра́д (-а) *м* (*растение*) (grape)\vine; (*ягоды*) grapes *мн*; **виногра́дник** (-а) *м* vineyard

винт (-а́) *м* screw

винто́в|**ка** (-ки; *gen pl* -ок) *ж* rifle

виолонче́ль (-и) *ж* cello

вира́ж (-а́) *м* (*поворот*) turn

вирту́альный *прил* virtual

ви́рус (-а) *м* virus

висе́ть (-у́, -и́шь) *несов* to hang; (*Комп*) to freeze

ви́ски *ср нескл* whisky (*Brit*), whiskey (*US, Ireland*)

висо́к (-ка́) *м* (*Анат*) temple

високо́сный *прил*: **високо́сный год** leap year

витами́н (-а) *м* vitamin

вита́ть (-ю) *несов* to hang in the air

вито́к (-ка́) *м* (*спирали*) twist

витра́ж (-а́) *м* stained-glass window

витри́н|**а** (-ы) *ж* (*в магазине*) shop window; (*в музее*) display case

вить (вью, вьёшь; *imper* **вей(те)**, *perf* **свить**) *несов перех* (*венок*) to weave; (*гнездо*) to build; **~ся** *несов возв* (*растения*) to trail; (*волосы*) to curl

ви́це-президе́нт (-а) *м* vice president

ВИЧ *м сокр* = **ви́рус иммунодефици́та челове́ка** HIV (= human immunodeficiency virus); **ВИЧ-инфици́рованный** HIV-positive

ви́шн|**я** (-ни; *gen pl* -ен) *ж* cherry

вка́лыва|**ть** (-ю) *несов от* **вколо́ть**

вкати́|**ть** (-чу́, -тишь; *impf* **вка́тывать**) *сов перех* (*что-н на колёсах*) to wheel in; (*что-н*

кру́глое) to roll in

вклад (-а) *м* (*в науку*) contribution; (*в банке*) deposit; **вкла́дчик** (-а) *м* investor

вкла́дыва|**ть** (-ю) *несов от* **вложи́ть**

включа́|**ть** (-ю) *несов от* **включи́ть** ▷ *перех*: **включа́ть** (в себя́) to include; **~ся** *несов от* **включи́ться**

включа́я *предл* +*acc* including

включи́тельно *нареч* inclusive

включ|**и́ть** (-у́, -и́шь; *impf* **включа́ть**) *сов перех* to turn или switch on; **включа́ть** (*perf* **включи́ть**) кого́-н/что-н во что-н to include sb/sth in sth; **~и́ться** (*impf* **включа́ться**) *сов возв* to come on; (*в спор*) **включи́ться** в +*acc* to join in

вкол|**о́ть** (-ю́, -ешь; *impf* **вка́лывать**) *сов перех* to stick in

вкра́тце *нареч* briefly

вкривь *нареч*: **вкривь и вкось** (*разг*) all over the place

вкру|**ти́ть** (-чу́, -тишь; *impf* **вкру́чивать**) *сов перех* to screw in

вкруту́ю *нареч*: **яйцо́ вкруту́ю** hard-boiled egg

вкус (-а) *м* taste; **она́ оде́та со вку́сом** she is tastefully dressed

вку́сно *нареч* tastily ▷ *как сказ*: **о́чень вку́сно** it's delicious; **она́ вку́сно гото́вит** she is a good cook

вку́сный *прил* tasty; (*обед*) delicious

вла́г|**а** (-и) *ж* moisture

владе́лец (-ьца) *м* owner

владе́ни|**е** (-я) *ср* ownership; (*помещика*) estate

владе́|**ть** (-ю) *несов* +*instr*: **обладать**) to own, possess; (*языко́м*) to be proficient in; (*ору́жием*) to handle proficiently;

владе́ть (*impf*) собо́й to control o.s.; владе́ть (*impf*) рука́ми/нога́ми to have the use of one's arms/legs

вла́жность (-и) ж humidity

вла́жный *прил* damp; (*глаза, кожа*) moist

вла́ствовать (-ую) *несов*: вла́ствовать над +*instr* to rule; (*перен*) to hold sway over

власти́ (-е́й) *мн* authorities

власть (-и; *gen pl* -е́й) ж power; (*родительская*) authority; см также вла́сти

вле́во *нареч* (to the left)

влезть (-у, -ешь; *pt* -, -ла, *impf* **влеза́ть**) *сов*: влезть на +*acc* to climb (up); (*на крышу*) to climb onto; (*в дом*) to break in

влете́ть (-чу́, -ти́шь; *impf* **влета́ть**) *сов*: влете́ть в +*acc* to fly into

влече́ни|е (-я) *ср*: влече́ние (к +*dat*) attraction (to)

вле́чь (-ку́, -чёшь *etc*, -ку́т; *pt* влёк, -кла́, *perf* **повле́чь**) *несов перех*: влечь за собо́й to lead to; его́ влечёт нау́ка he is drawn to science

влива́ни|е (-я) *ср* (*денег*) injection

вли́ть (волью́, вольёшь; *pt* -л, -ла́, -ло, *impf* **влива́ть**) *сов перех* to pour in; (*деньги*) to inject

влия́ни|е (-я) *ср* influence

влия́тельный *прил* influential

влия́ть (-ю) *несов*: влия́ть на +*acc* to influence; (*на организм*) to affect

вложи́ть (-у́, -ишь; *impf* **вкла́дывать**) *сов перех* to insert; (*средства*) to invest

влюби́ться (-лю́сь, -ишься; *impf* **влюбля́ться**) *сов возв*:

влюби́ться в +*acc* to fall in love with; **влюблённый** *прил* in love; (*взгляд*) loving ▷ (-ого) *м*: влюблённые lovers

вме́сте *нареч* together; вме́сте с тем at the same time

вмести́тельный *прил* spacious

вмести́ть (-щу́, -сти́шь; *impf* **вмеща́ть**) *сов перех* (*о зале*) to hold; (*о гостинице*) to accommodate ▷ **вмести́ться** (*impf* **вмеща́ться**) *несов возв* to fit

вме́сто *предл* (+*gen*: взамен) instead of ▷ *союз*: вме́сто того́ чтобы instead of, rather than

вмеша́|ть (-ю; *impf* **вме́шивать**) *сов перех* (*добавить*) to mix in; (*перен*): вмеша́ть кого́-н в +*acc* to get sb mixed up in; **вмеша́ться** (*impf* **вме́шиваться**) *сов возв* to interfere; (*в переговоры итп*) to intervene

вмеща́|ть(ся) (-ю(сь)) *несов* см **вмести́ть(ся)**

вмиг *нареч* instantly

вмя́тин|а (-ы) ж dent

внаём *нареч*: отдава́ть внаём to let, rent out

внача́ле *нареч* at first

вне *предл* +*gen* outside; вне о́череди out of turn; он был вне себя́ he was beside himself

внедоро́жник (-а) *м* four-wheel drive

внедре́ни|е (-я) *ср* introduction

внеза́пный *прил* sudden

внести́ (-у́, -ёшь; *pt* внёс, -ла́, *impf* **вноси́ть**) *сов перех* (*вещи*) to carry или bring in; (*сумму*) to pay; (*законопроект*) to bring in; (*поправку*) to insert

вне́шний *прил* (*стена*) exterior; (*спокойствие*) outward; (*связи*) external; **вне́шний мир** outside world; **вне́шний вид** appearance;

вне́шняя поли́тика/торго́вля foreign policy/trade; **вне́шность (-и)** ж appearance

внешта́тный прил freelance

вниз нареч: **вниз (по** +dat) down; **вниз по тече́нию** downstream

внизу́ нареч below; (в зда́нии) downstairs ⊳ предл: **внизу́ страни́цы** at the foot или bottom of the page

вни́кнуть **(-ну**, pt **-ла**, impf **внuка́ть)** сов: **вни́кнуть во что-то** to scrutinize sth well; (изуча́ть) to scrutinize sth

внима́ние **(-я)** ср attention; **внима́тельный** прил attentive; (рабо́та) careful; (сын) caring

вничью́ нареч (Спорт): **сыгра́ть вничью́** to draw

вновь нареч again

вноси́ть **(-шу́, -сишь)** несов от **внести́**

внук (-а; nom pl **-и** или **-ча́та)** м grandson; см также **вну́ки**

вну́ки (-ов) мн grandchildren

вну́тренний прил interior; (побужде́ние, чу́вство) inner; (поли́тика, ры́нок) domestic; (ра́на) internal; **Министе́рство вну́тренних дел** ≈ the Home Office (Brit), ≈ the Department of the Interior (US)

внутри́ нареч inside ⊳ предл (+gen: до́ма) inside; (организа́ции) within

внутрь нареч inside ⊳ предл +gen inside

вну́чка **(-ки;** gen pl **-ек)** ж granddaughter

внуша́ть **(-ю)** несов от **внуши́ть**

внуши́тельный прил imposing; (су́мма, успе́х) impressive

внуши́ть **(-у́, -и́шь;** impf **внуша́ть)** сов перех: **внуши́ть что-н кому́-н** (чу́вство) to inspire

sb with sth; (иде́ю) to instil (Brit) или instill (US) sth in sb

вня́тный прил articulate, audible

во предл = **в**

вовле́чь (-еку́, -ечёшь etc **-еку́т;** pt **-ёк, -екла́,** impf **вовлека́ть)** сов перех: **вовле́чь кого́-н в** +acc to draw sb into

во́время нареч on time

во́все нареч (разг) completely; **во́все** не not at all

во-вторы́х вводн сл secondly, in the second place

вода́ **(**acc sg **-у,** gen sg **-ы́,** nom pl **-ы)** ж water; см также **во́ды**

води́тель **(-я)** м driver

води́тельский прил: **води́тельские права́** driving licence (Brit), driver's license (US)

води́ть **(-жу́, -дишь)** несов перех (ребёнка) to take; (маши́ну, по́езд) to drive; (самолёт) to fly; (кора́бль) to sail; **води́ться** несов возв (ры́ба итп) to be (found)

во́дка **(-и)** ж vodka

во́дный прил water

водоём (-а) м reservoir

водола́з (-а) м diver

Водоле́й **(-я)** м Aquarius

водонепроница́емый прил waterproof

водопа́д (-а) м waterfall

водопрово́д (-а) м water supply system; **у них в до́ме есть водопрово́д** their house has running water; **водопрово́дный** прил (труба́, кран) water; (систе́ма) plumbing; **водопрово́дчик (-а)** м plumber

водоро́д (-а) м hydrogen

водохрани́лище **(-а)** ср reservoir

во́ды (-) мн (госуда́рственные) waters; (минера́льные) spa ед

водяно́й прил water

во|ева́ть (-ю́ю) несов (страна) to be at war; (человек) to fight

военача́льник (-а) м (military) commander

военкома́т (-а) м сокр (= вое́нный комиссариа́т) office for military registration and enlistment

вое́нно-возду́шн|ый прил: вое́нно-возду́шные си́лы (the) air force

вое́нно-морско́й прил: вое́нно-морско́й флот (the) navy

военнообя́занн|ый (-ого) м person eligible for compulsory military service

военнопле́нн|ый (-ого) м prisoner of war

вое́нно-промы́шленный прил: вое́нно-промы́шленный ко́мплекс military-industrial complex

военнослу́жащий (-его) м serviceman (мн servicemen)

вое́нн|ый прил military; (врач) army ▷ (-ого) м serviceman (мн servicemen); **вое́нное положе́ние** martial law

вожде́ни|е (-я) ср (машины) driving; (судна) steering

вождь (-я́) м (племени) chief, chieftain; (партии) leader

вожж|а́ (-и́; nom pl -и, gen pl -е́й) ж rein

возбу|ди́ть (-жу́, -у́дишь; impf **возбужда́ть**) сов перех (вызвать) to arouse; (взволновать) to excite; возбужда́ть (perf возбуди́ть) де́ло или проце́сс про́тив +gen to bring a case или institute proceedings against; **возбуди́ться** сов возв (человек) to become excited

возве|сти́ (-ду́, -дёшь; pt возвёл, -ла́, impf возводи́ть)

сов перех to erect

возвра́т (-а) м return; (долга) repayment; **без возвра́та** irrevocably

возвра|ти́ть (-щу́, -ти́шь; impf **возвраща́ть**) сов перех to return; (долг) to repay; (здоровье, счастье) to restore; **возвраща́ть** (impf возврати́ть) to return; **возврати́ться** сов возв: возврати́ться (к +dat) to return или come back (to)

возвраща́тельн|ый (-а) ср return

возглав|ить (-лю, -ишь; impf **возглавля́ть**) сов перех to head

возда́ть (как дать; см Table 16; impf **воздава́ть**) сов перех: возда́ть кому́-н по заслу́гам (в награду) to reward sb for their services; (в наказание) to give sb what they deserve; **воздава́ть** (perf возда́ть) до́лжное кому́-н to give sb their due

воздви́г|нуть (-ну; pt -, -ла, impf **воздвига́ть**) сов перех to erect

возде́йстви|е (-я) ср effect; (идеологическое) influence

возде́йств|овать (-ую) (не)сов: возде́йствовать на +acc to have an effect on

возде́ла|ть (-ю; impf **возде́лывать**) сов перех (поле) to cultivate

воздерж|а́ться (-ержу́сь, -е́ржишься; impf **возде́рживаться**) сов возв: возде́рживаться от +gen to refrain from; (от голосования) to abstain

во́здух (-а) м air; **на (откры́том) во́здухе** outside, outdoors; **возду́шн|ый** прил air; (десант) airborne; **возду́шный флот** civil aviation; (Воен) air force

воззва́ни|е (-я) ср appeal

во|зи́ть (-жу́, -зишь) *несов перех*
to take; **вози́ться** (*impf*) *с*
+*instr* (*разг: с рабо́той итп*) to
potter about; (*с детьми́ итп*) to
spend a lot of time

во́зле *нареч* nearby ▷ *предл*
+*gen* near

возлю́бленн|ый (-ого) *м*
beloved

возме|сти́ть (-щу́, -сти́шь) *impf*
возмеща́ть *сов перех* (*убы́тки*)
to compensate for; (*затра́ты*) to
refund, reimburse

возмо́жно *как сказ* it is possible
▷ *вводн сл* (*мо́жет быть*) possibly;
возмо́жности (-ей) *мн*
(*тво́рческие*) potential *ед*;
фина́нсовые возмо́жности
financial resources;

возмо́жность (-и) *ж*
opportunity; (*вероя́тность*)
possibility; **по** (*ме́ре*)
возмо́жности as far as possible;
см также **возмо́жный**

возмо́жный *прил* possible

возмужа́|ть (-ю) *сов от* **мужа́ть**

возмути́тельный *прил*
appalling; **возму|ти́ть** (-щу́,
-ти́шь) *impf* **возмуща́ть** *сов*
перех to appal (*Brit*), appall (*US*);
возмути́ться (*impf*
возмуща́ться) *сов возв* to be
appalled

вознагра|ди́ть (-жу́, -ди́шь)
impf **вознагражда́ть** *сов перех*
to reward

возни́к|нуть (-ну) *pt*-, -ла, *impf*
возника́ть *сов* to arise

возобнов|и́ть (-лю́, -йшь) *impf*
возобновля́ть *сов перех*
(*рабо́ту*) to resume; (*контра́кт*) to
renew; **возобнови́ться** (*impf*
возобновля́ться) *сов возв* to
resume

возобновля́емый *прил*
renewable

возраже́ни|е (-я) *ср* objection;
возра|зи́ть (-жу́, -зи́шь) *impf*
возража́ть *сов*: **возрази́ть**
(+*dat*) to object (to)

во́зраст (-а) *м* age; **он был уже́ в**
во́зрасте he was getting on in
years

возр|асти́ (3*sg* -асте́т, *pt* -о́с,
-осла́, *impf* **возраста́ть**) *сов* to
grow

возро|ди́ть (-жу́, -ди́шь) *сов перех* to
revive; **возроди́ться** (*impf*
возрожда́ться) *сов возв* to
revive

возрожде́ни|е (-я) *ср* revival;
(*на́ции, ве́ры*) rebirth;
Возрожде́ние Renaissance

возьму́(сь) *etc сов см* **взя́ть(ся)**

во́инск|ий *прил* military;
во́инская обя́занность
conscription

во|й (-я) *м* howl

во́йлок (-а) *м* felt

войн|а́ (-ы́; *nom pl* -ы) *ж* war

во́йск|о (-а; *nom pl* -а́) *ср* (the)
forces *мн*

войти́ (*как* **идти́**; *см* Table 18;
impf **входи́ть**) *сов*: **войти́ (в** +*acc*)
to enter, go in(to); (*в комите́т*) to
become a member (of);
(*умести́ться*) to fit in(to); (*Комп*) to
log in

вока́льный *прил* vocal;
(*ко́нкурс*) singing

вокза́л (-а) *м* station

вокру́г *нареч* around, round
▷ *предл* +*gen*: **круго́м** around,
round; (*по по́воду*) about, over;
ходи́ть (*impf*) **вокру́г да о́коло**
(*разг*) to beat about the bush

вол (-а́) *м* ox (*мн* oxen), bullock

волейбо́л (-а) *м* volleyball

волк (-а; *gen pl* -**о́в**) *м* wolf (*мн* wolves)

волн|а́ (-**ы́**; *nom pl* во́лны) *ж* wave

волне́ни|е (-я) *ср* (*радостное*) excitement; (*нервное*) agitation; (*обычно мн: в массах*) unrest

волни́стый *прил* (*волосы*) wavy

волн|ова́ть (-**у́ю**; *perf* взволнова́ть) *несов перех* to be concerned about; (*подлеж:музыка*) to excite; **волнова́ться** (*perf* взволнова́ться) *несов возв* (*море*) to be rough; (*человек*) to worry

вол|окно́ (-окна́; *nom pl* -о́кна, *gen pl* -о́кон) *ср* fibre (*Brit*), fiber (*US*)

во́лос (-а; *gen pl* воло́с, *dat pl* -а́м) *м* hair (*только ед*)

волос|о́к (-ка́) *м* hair; быть (*impf*) или находи́ться (*impf*) на волоске́ или на волоске́ от +*gen* to be within a hair's-breadth of

воло|чи́ть (-**у́**, -**и́шь**) *несов перех* to drag

во́лчий *прил* wolf

волше́бниц|а (-ы) *ж* (*good или white*) witch

волше́бный *прил* magic; (*музыка*) magical

во́льно *нареч* freely; во́льно! (*Воен*) at ease!; во́льный *прил* (*свободный*) free ▸ *как сказ:* во́лен +*infin* he is free to; во́ля (-и) *ж* will; (*стремление*): во́ля к побе́де the will to win

вон *нареч* (*разг: прочь*) out; (: *там*) (over) there; вон отсю́да! get out of here!; вон (она́) что so that's it!

вообра|зи́ть (-**жу́**, -**зи́шь**; *impf* вообража́ть) *сов перех* to imagine

вообще́ *нареч* (*в общем*) on the whole; (*совсем*) absolutely; (+*noun: без частностей*) in general; **вообще́ говоря́** generally speaking

воодушев|и́ть (-**лю́**, -**и́шь**; *impf* **воодушевля́ть**) *сов перех* to inspire; **воодушеви́ться** (*сов возв: воодушеви́ться* +*instr* to be inspired by; **воодушевле́ни|е** (-я) *ср* inspiration

вооружа́|ть(ся) (-ю(сь)) *несов см* вооружи́ть(ся)

вооруже́ни|е (-я) *ср* (*процесс*) arming; (*оружие*) arms *мн*; **вооружённый** *прил* armed; **вооружённые си́лы** (*воен*) armed forces; **вооруж|и́ть** (-**у́**, -**и́шь**; *impf* **вооружа́ть**) *сов перех* to arm; (*перен*) to equip; **вооружи́ться** (*impf* **вооружа́ться**) *сов возв* to arm o.s.

во-пе́рвых *нареч* firstly, first of all

вопло|ти́ть (-**щу́**, -**ти́шь**; *impf* **воплоща́ть**) *сов перех* to embody; **воплоти́ть (*perf*) в жизнь** to realize; **воплоти́ться** (*impf* **воплоща́ться**) *сов возв*: **воплоти́ться в** +*prp* to be embodied in; **воплоща́ться** (*perf* воплоти́ться) в жизнь to be realized

вопл|ь (-я) *м* scream

вопреки́ *предл* +*dat* contrary to

вопро́с (-а) *м* question; (*проблема*) issue; задава́ть (*perf* зада́ть) вопро́с to ask a question; **вопроси́тельный** *прил* (*взгляд*) questioning; (*Линг*) interrogative; **вопроси́тельный знак** question mark

вор (-а; *gen pl* -о́в) *м* thief

ворв|а́ться (-**у́сь**, -**ёшься**; *impf* **врыва́ться**) *сов возв* to burst in

воробе́й (-**ья́**) м sparrow

вор|ова́ть (-**у́ю**) несов перех to steal; **воровство́** (-**а́**) ср theft

во́рон (-**а**) м raven

воро́н|а (-**ы**) ж crow

во́рот (-**а**) м neck (of clothes)

воро́т|а (-) мн gates; (Спорт) goal ед

воротни́к (-**а́**) м collar

ворочáть (-**ю**) несов перех to shift ▷ неперех (+instr: разг: деньгами) to have control of; **ворочáться** несов возв to toss and turn

ворс (-**а**) м (на ткани) nap

ворчáть (-**у́**, -**и́шь**) несов (зверь) to growl; (человек) to grumble

восемна́дцатый чис eighteenth

восемна́дцать (-**и**; как пять; см Table 26) чис eighteen

во́семь (-**ьми́**; как пять; см Table 26) чис eight; **во́с|емьдесят** (-**ьми́десяти**; как пятьдеся́т; см Table 26) чис eighty; **вос|емьсо́т** (-**ьмисо́т**; как пятьсо́т; см Table 28) чис eight hundred

воск (-**а**) м wax

восклица́тельный прил exclamatory; **восклица́тельный знак** exclamation mark (Brit) или point (US)

восково́й прил wax

воскрес|а́ть (-**ю**) несов от воскре́снуть

воскресе́ни|е (-**я**) ср resurrection

воскресе́нь|е (-**я**) ср Sunday

воскре́с|нуть (-**ну**; pt -, -**ла**, impf воскреса́ть) сов to be resurrected; (перен) to be revived

воскре́сный прил Sunday

воспале́ни|е (-**я**) ср inflammation; **воспале́ние лёгких** pneumonia

воспал|и́ться (3sg -**и́тся**, impf

воспаля́ться) сов возв to become inflamed

воспита́ни|е (-**я**) ср upbringing; (граждан) education; (честности) fostering; **воспита́тель** (-**я**) м teacher; (в лагере) instructor;

воспита́|ть (-**ю**; impf **воспи́тывать**) сов перех (ребёнка) to bring up; (трудолюбие) to foster

воспо́льз|оваться (-**уюсь**) сов от по́льзоваться

воспомина́ни|е (-**я**) ср recollection; см также воспомина́ния

воспомина́ни|я (-**й**) мн memoirs мн, reminiscences мн

воспрепя́тств|овать (-**ую**) сов от препя́тствовать

воспреща́|ться (3sg -**ется**) несов возв to be forbidden

воспри|ня́ть (-**иму́**, -**и́мешь**; impf **воспринима́ть**) сов перех (смысл) to comprehend

воспроизв|ести́ (-**еду́**, -**едёшь**; pt -**ёл**, -**ела́**, -**ело́**, impf **воспроизводи́ть**) сов перех to reproduce

воспроти́в|иться (-**люсь**, -**ишься**) сов от проти́виться

восста|ва́ть (-**ю́**, -**ёшь**) несов от восста́ть

восста́ни|е (-**я**) ср uprising

восстан|ови́ть (-**овлю́**, -**о́вишь**; impf **восстана́вливать**) сов перех to restore

восста́|ть (-**ну**, -**нешь**; impf **восстава́ть**) сов: **восста́ть** (проти́в +gen) to rise up (against)

восто́к (-**а**) м east; **Восто́к** the East, the Orient

восторж|ова́ть (-**у́ю**) сов от торжествова́ть

восто́чный прил eastern; **восто́чный ве́тер** east wind

востре́бовани|е (-я) *ср* (багажа) claim; письмо́ до востре́бования a letter sent poste restante (*Brit*) *или* general delivery (*US*)

восхити́тельный *прил* delightful

восхи|ти́ть (-щу́, -ти́шь; *impf* **восхища́ть**) *сов перех*: меня́ восхища́ет он/его́ хра́брость I admire him/his courage; **восхити́ться** (*impf* **восхища́ться**) *сов возв*: **восхити́ться** +*instr* to admire

восхище́ни|е (-я) *ср* admiration

восхо́д (-а) *м*: восхо́д со́лнца sunrise

восх|оди́ть (-ожу́, -о́дишь) *несов от* взойти́

восьмёрк|а (-ки; *gen pl* -ок) *ж* (*разг*: цифра) eight

восьмидеся́тый *чис* eightieth

восьмо́й *чис* eighth

 КЛЮЧЕВОЕ СЛОВО

вот *част* **1** (*о близком предмете*): вот мой ма́ма here is my mother; вот мои́ де́ти here are my children

2 (*выражает указание*) this; вот в чём де́ло this is what it's about; вот где ну́жно иска́ть is where we need to look

3 (*при эмфатике*): вот ты и сде́лай э́то YOU do this; вот него́дяй! what a rascal!

4 (*во фразах*): вот-вот (*разг*: вот и́менно) that is it; он вот-вот ля́жет спать he is just about to go to bed; вот ещё! (*разг*) not likely!; вот (оно́) как *или* что! is that so *или* right?; вот тебе́ на *или* те раз! (*разг*) well I never!

вотк|ну́ть (-у́, -ёшь; *impf* **втыка́ть**) *сов перех* to stick in

во́тум (-а) *м*: во́тум дове́рия/ недове́рия vote of confidence/no confidence

вошёл *etc сов см* войти́

вошь (вши; *instr sg* во́шью, *nom pl* вши) *ж* louse (*pl* lice)

впада́|ть (-ю) *несов от* впасть ▷ *непереx*: впада́ть в +*acc* to flow into

вп|асть (-ду́, -дёшь; *impf* **впада́ть**) *сов* (щёки, глаза́) to become sunken; впада́ть (*perf* впасть) в +*prp* (в истерику) to go into

впервы́е *нареч* for the first time

впереди́ *нареч* (идти́) ahead, forward; (заплати́ть) in advance

впереди́ *нареч* in front; (в бу́дущем) ahead ▷ *предл* +*gen* in front of

впечатле́ни|е (-я) *ср* impression

впечатля́|ть (-ю) *несов* to be impressive

впи|са́ть (-шу́, -шешь; *impf* **впи́сывать**) *сов перех* to insert

впита́|ть (-ю; *impf* **впи́тывать**) *сов перех* to absorb; **впита́ться** *сов возв* to be absorbed

вплавь *нареч* by swimming

вплотну́ю *нареч* (близко) close (by) ▷ *предл*: вплотну́ю к +*dat* (к го́роду) right up close to; (к стене́) right up against

вплоть *предл*: вплоть до +*gen* (зимы́) right up till; (включа́я) right up to

вполго́лоса *нареч* softly

впо́ру *как сказ*: пла́тье/шля́па мне впо́ру the dress/hat fits me nicely

впосле́дствии *нареч* subsequently

впра́ве *как сказ* (+*infin*: знать, тре́бовать) to have a right to do

впра́во *нареч* to the right

впредь *нареч* in future ⊳ предл: **впредь до** +gen pending

впро́голодь *нареч*: **жить впро́голодь** to live from hand to mouth

впро́чем *союз* however, though ⊳ *вводн сл* but then again

впу|сти́ть (-щу́, -стишь; *impf* **впуска́ть**) *сов перех* to let in

враг (-а́) *м* enemy

вражда́ (-ы́) *ж* enmity, hostility

враждёбный *прил* hostile

вражд|ова́ть (-у́ю) *несов*: **враждова́ть (с** +*instr*) to be on hostile terms (with)

вразре́з *нареч*: **вразре́з с** +*instr* in contravention of

вранью́|ё (-я́) *ср* (*разг*) lies мн

вра́нь|ё (-я́) *ср* (*разг*) lies мн

врат|а́рь (-я́) *м* goalkeeper

врач (-а́) *м* doctor; **враче́бный** *прил* medical

враща́|ть (-ю) *несов перех* (*колесо*) to turn; **враща́ться** *несов возв* to revolve, rotate

вред (-а́) *м* damage; (*человеку*) harm ⊳ *предл*: **во вред** +*dat* to the detriment of; **вреди́тел|ь** (-я) *м* (*насекомое*) pest; **вред|и́ть** (-жу́, -ди́шь; *perf* **навреди́ть**) *несов* +*dat* to harm; (*здоровью*) to damage; (*врагу*) to inflict damage on; **вре́дно** *нареч*: **вре́дно влия́ть на** +*acc* to have a harmful effect on ⊳ *как сказ*: **кури́ть вре́дно** smoking is bad for you; **вре́дный** *прил* harmful; (*разг*: *человек*) nasty

вре́|заться (-жусь, -жешься; *impf* **вреза́ться**) *сов возв*: **вреза́ться в** +*acc* (*верёвка*) to cut into; (*машина*) to plough (*Brit*) или plow (*US*) into; (*в память*) to engrave itself into

времена́ми *нареч* at times

вре́|менный *прил* temporary

вре́м|я (-ени; см Table 4) *ср* time; (*Линг*) tense ⊳ *предл*: **во вре́мя** +*gen* during ⊳ *союз*: **в то вре́мя как** или **когда́** while; (**а**) **в то же вре́мя** at the same time; **вре́мя от вре́мени** from time to time; **в после́днее вре́мя** recently; **в своё вре́мя** (*когда необходимо*) in due course; **в своё вре́мя она́ была́ краса́вицей** she was a real beauty in her day; **на вре́мя** for a while; **со вре́менем** with или in time; **тем вре́менем** meanwhile; **ско́лько вре́мени?** what time is it?; **хорошо́ проводи́ть** (*perf* **провести́**) **вре́мя** to have a good time; **вре́мя го́да** season

вро́вень *нареч*: **вро́вень с** +*instr* level with

вро́де *предл* +*gen* like ⊳ *част* sort of

врозь *нареч* (*жить*) apart

вруч|и́ть (-у́, -и́шь; *impf* **вруча́ть**) *сов перех*: **вручи́ть что-н кому́-н** to hand sth (over) to sb

вручну́ю *нареч* (*разг*) by hand

врыва́|ться (-юсь) *несов от* **ворва́ться**

вряд *част*: **вряд ли** hardly; **вряд ли она́ придёт** she's unlikely to come

все *мест см* **весь**

 КЛЮЧЕВОЕ СЛОВО

всё (**всего́**) *мест см* **весь**
⊳ *ср* (*как сущ*: *без исключения*) everything; **вот и всё**, **э́то всё** that's all; **всего́ важне́е всего́** most importantly; **лу́чше всего́ написа́ть ей письмо́** it would be best to write to her; **меня́ э́то волну́ет ме́ньше всего́** that is the least of my worries; **мне всё равно́** it's all the same to me;

Вы хоти́те чай и́ли ко́фе? — всё равно́ do you want tea or coffee? — I don't mind; я всё равно́ пойду́ туда́ I'll go there all the same
▷ *нареч* **1** (*разг*: всё время) all the time
2 (*то́лько*) only; э́то всё он винова́т it's all his fault
3 (*о нараста́нии при́знака*): шум всё уси́ливается the noise is getting louder and louder
4 (*о постоя́нстве при́знака*): всё так же still the same; всё там же still there; всё же all the same; всё ещё still

всевозмо́жный *прил* all sorts of

всегда́ *нареч* always

всего́ *мест см* весь; всё ▷ *нареч* in all ▷ *част* only; всего́ лишь (*разг*) only; всего́-на́всего (*разг*) only, mere

вселе́нн|ая (-ой) *ж* the whole world; Вселе́нная universe

всел|и́ть (-ю́, -и́шь; *impf* вселя́ть) *сов перех* (*жильцо́в*) to install; всели́ться (*impf* вселя́ться) *сов возв* (*жильцы́*) to move in

всем *мест см* весь; всё; все

всеме́рный *прил* all possible

всеми́рный *прил* worldwide; (*конгре́сс*) world; всеми́рная паути́на (*Комп*) World-Wide Web

всенаро́дный *прил* national

всео́бщ|ий *прил* universal; всео́бщая забасто́вка general strike

всеобъе́млющий *прил* comprehensive

всеросси́йский *прил* all-Russia

всерьёз *нареч* in earnest; ты э́то говори́шь всерьёз? are you serious?

всесторо́нний *прил* comprehensive

всё-таки *част* still, all the same ▷ *союз*: а всё-таки all the same, nevertheless

всеуслы́шание *ср*: во всеуслы́шание publicly

всех *мест см* все

вска́кива|ть (-ю) *несов см* вскочи́ть

вскачь *нареч* at a gallop

вски́н|уть (-у; *impf* вски́дывать) *сов перех* (*мешо́к, ружьё*) to shoulder; (*го́лову*) to jerk up

вскип|е́ть (-лю́, -и́шь; *impf* кипе́ть) *сов* to boil; (*перен*) to flare up

вско́льзь *нареч* in passing

вско́ре *нареч* soon ▷ *предл*: вско́ре по́сле +*gen* soon after, shortly after

вскоч|и́ть (-у́, -ишь; *impf* вска́кивать) *сов*: вскочи́ть в/на +*acc* to leap up onto

вскри́кн|уть (-у; *impf* вскри́кивать) *сов* to cry out

вслед *нареч* (*бежа́ть*) behind ▷ *предл*: вслед (за +*instr*) after; (+*dat*: дру́гу, по́езду) after

всле́дствие *предл* +*gen* as a result of, because of ▷ *союз*: всле́дствие того́ что because; всле́дствие чего́ as a result of which

вслух *нареч* aloud

всмя́тку *нареч*: яйцо́ всмя́тку soft-boiled egg

всплеск (-а) *м* (*волны́*) splash

всплесн|у́ть (-у́, ёшь; *impf* всплёскивать) *сов* (*ры́ба*) to splash; всплесну́ть (*perf*) рука́ми to throw up one's hands

всплы|ть (-ву́, вёшь; *impf* всплыва́ть) *сов* to surface

вспо́мн|ить (-ю, -ишь) *impf* **вспомина́ть** *сов перех* to remember ▷ *неперех*: **вспо́мнить о** +*prp* to remember about

вспомога́тельный *прил* supplementary; (*судно, отряд*) auxiliary; **вспомога́тельный глаго́л** auxiliary verb

вспорхн|у́ть (-у́, -ёшь) *сов* to fly off

вспоте́|ть (-ю) *сов от* **поте́ть**

вспугн|у́ть (-у́, ёшь) *impf* **вспу́гивать** *сов перех* to scare away *или* off

вспухн|уть (-у) *сов от* **пу́хнуть**

вспы́хн|уть (-у) *сов* (*зажечься*) to burst into flames; (*конфликт*) to flare up; (*покраснеть*) to blush

вспы́шк|а (-и; *gen pl* -ек) *ж* flash; (*гнева*) outburst; (*болезни*) outbreak

встава́|ть (-ю; *imper* -ва́й(те)) *несов от* **встать**

встав|ить (-лю, -ишь) *impf* **вставля́ть** *сов перех* to insert, put in

вста|ть (-ну, -нешь) *impf* **встава́ть** *сов* (*на ноги*) to stand up; (*с постели*) to get up; (*солнце*) to rise; (*вопрос*) to arise

встрево́ж|ить(ся) (-у(сь), -ишь(ся)) *несов от* **трево́жить(ся)**

встре́|тить (-чу, -тишь) *impf* **встреча́ть** *сов перех* to meet; (*факт*) to come across; (*оппозицию*) to encounter; (*праздник итп*) to celebrate; **встре́титься** *сов возв*: **встре́титься с** +*instr* to meet; **мне встре́тились интере́сные фа́кты** I came across some interesting facts

встре́ч|а (-и) *ж* meeting

встреча́|ть(ся) (-ю(сь)) *несов от*

встре́тить(ся)

встре́чный *прил* (*машина*) oncoming; (*мера*) counter; **встре́чный ве́тер** head wind

вступи́тельный *прил* (*речь, статья*) introductory; **вступи́тельный экза́мен** entrance exam

вступ|и́ть (-лю, -ишь) *impf* **вступа́ть** *сов*: **вступи́ть в** +*acc* to enter; (*в партию*) to join; (*в переговоры*) to enter into; **вступи́ться** (*impf* **вступа́ться**) *сов возв*: **вступи́ться за** +*acc* to stand up for

вступле́ни|е (-я) *ср* entry; (*в партию*) joining; (*в книге*) introduction

всхли́пыва|ть (-ю) *несов* to sob

всход|и́ть (-жу́, -дишь) *несов от* **взойти́**

всхо́д|ы (-ов) *мн* shoots

всю́ду *нареч* everywhere

вс|я (-ей) *мест см* **весь**

вся́к|ий *мест* (*каждый*) every; (*разнообразный*) all kinds of; (*любой*) any ▷ (-ого) *м* (*любой*) anyone; (*каждый*) everyone

вся́ческий *мест* all possible; (*товары*) all kinds of

вся́чин|а (-ы) *ж* (*разг*): **вся́кая вся́чина** all sorts of things

втащ|и́ть (-у́, -ишь) *impf* **вта́скивать** *сов перех*: **втащи́ть** (в +*acc*) to drag in(to)

втере́ть (вотру́, вотрёшь; *pt* втёр, втёрла, *impf* втира́ть) *сов перех*: **втере́ть** (в +*acc*) to rub in(to)

втисн|уть (-у; *impf* **вти́скивать**) *сов перех*: **втисн́уть** (в +*acc*) to cram in(to)

вто́ргн|у́ться (**-у́сь**) *impf*
вторга́ться *сов возв*:
вто́ргнуться в +*acc* to invade

вто́ри́чный *прил* (*повторный*)
second; (*фактор*) secondary

вто́рник (**-а**) *м* Tuesday

втор́о́е (**-о́го**) *ср* main course

второ́й *прил* second; (*о времени*)
второ́й час it's after one; сейча́с
полови́на второ́го it's half past
one

второпя́х *нареч* in a hurry

второстепе́нный *прил*
secondary

в-тре́тьих *вводн сл* thirdly, in the
third place

втро́ём *нареч* in a group of three

втро́йне *нареч* three times as
much

втыка́|ть (**-ю**) *несов от* воткну́ть

втяну́ть (**-у́**; *impf* **втя́гивать**) *сов
перех* (*втащить*) to pull in;
втя́гивать (*perf* втяну́ть) кого́-н +
acc (*в дело*) to involve sb in

вуа́л|ь (**-и**) *ж* veil

вуз (**-а**) *м сокр* (= вы́сшее уче́бное
заведе́ние) higher education
establishment

вулка́н (**-а**) *м* volcano

вульга́рный *прил* vulgar

вход (**-а**) *м* (*движение*) entry;
(*место*) entrance; (*Тех*) inlet; (*Комп*)
input

вхо|ди́ть (**-жу́, -дишь**) *несов от*
войти́

входно́й *прил* (*дверь*) entrance;
(*Комп*) input

вцепи́ться (**-лю́сь, -ишься**) *сов
возв*: **вцепи́ться в** +*acc* to seize

вчера́ *нареч, м нескл* yesterday

вчера́шний *прил* yesterday's

вче́тверо *нареч* four times

вчетверо́м *нареч* in a group of
four

вши *etc сущ см* вошь

вширь *нареч* in breadth

въезд (**-а**) *м* (*движение*) entry;
(*место*) entrance; **въездно́й**
прил entry

въе́|хать (*как* е́хать; *см* Table 19;
impf **въезжа́ть**) *сов* to enter; (*в
новый дом*) to move in; (*наверх:
на машине*) to drive up; (: *на коне,
велосипеде*) to ride up

Вы (**Вас**; *см* Table 6b) *мест* you
(*formal*)

вы (**вас**; *см* Table 6b) *мест* you
(*plural*)

вы́бе|жать (*как* бежа́ть; *см* Table
20; *impf* **выбега́ть**) *сов* to run
out

выбива́|ть(ся) (**-ю(сь)**) *несов от*
вы́бить(ся)

выбира́|ть (**-ю**) *несов от*
выбра́ть

вы́би|ть (**-ью, -ьешь**; *impf*
выбива́ть) *сов перех* to knock
out; (*противника*) to oust; (*ковёр*)
to beat; (*надпись*) to carve;
выбива́ть (*perf* вы́бить) чек
(*кассир*) to ring up the total;
вы́биться (*impf* **выбива́ться**)
сов возв: вы́биться из +*gen*
(*освободиться*) to get out of

вы́бор (**-а**) *м* choice; *см также*
вы́боры; вы́борный *прил*
(*кампания*) election; (*пост, орган*)
elective; **вы́борочный** *прил*
selective; **вы́борочная прове́рка**
spot check; **вы́боры** (**-ов**) *мн*
election *см также* вы́бор

выбра́сыва|ть(ся) (**-ю(сь)**)
несов от вы́бросить(ся)

вы́б|рать (**-еру, -ерешь**; *impf*
выбира́ть) *сов перех* to choose;
(*голосованием*) to elect

вы́брос (**-а**) *м* (*газа*) emission;
(*отходов*) discharge; (*нефти*)
spillage

вы́бро|сить (**-шу, -сишь**) *impf*

выбра́сывать) *сов перех* to throw out; *(отходы)* to discharge; *(газы)* to emit; **вы́броситься** *(impf* **выбра́сываться)** *сов возв* to throw oneself out; **выбра́сываться** *(perf* **вы́броситься)** с парашю́том to bale out

вы́|быть *(как* быть; *см* Table 21; *impf* **выбыва́ть)** *сов:* **вы́быть из** +*gen* to leave

вы́ве|зти (-у, -ешь; *impf* **вывози́ть)** *сов перех* to take; *(товар: из страны)* to take out

вы́ве|сить (-шу, -сишь; *impf* **выве́шивать)** *сов перех (флаг)* to put up; *(бельё)* to hang out

вы́веск|а (-и; *gen pl* -ок) *ж* sign

вы́ве|сти (-ду, -дешь; *impf* **выводи́ть)** *сов перех* to take out; *(войска: из города)* to pull out, withdraw; *(формулу)* to deduce; *(птенцов)* to hatch; *(породу)* to breed; *(уничтожить)* to exterminate; *(исключить):* **вы́вести кого́-н из** +*gen (из партии)* to expel sb from; **выводи́ть** *(perf* **вы́вести)** кого́-н из терпе́ния to exasperate sb; **выводи́ть** *(perf* **вы́вести)** кого́-н из себя́ to drive sb mad; **вы́вестись** *(impf* **выводи́ться)** *сов возв (цыплята)* to hatch (out); *(исчезнуть)* to be eradicated

выве́шива|ть (-ю) *несов от* **вы́весить**

вы́вод (-а) *м (войск)* withdrawal; *(умозаключение)* conclusion

вы́води́|ть(ся) (-вожу́(сь), -во́дишь(ся)) *несов от* **вы́вести(сь)**

вы́воз (-а) *м* removal; *(товаров)* export

вывози́|ть (-вожу́, -во́зишь) *несов от* **вы́везти**

вывора́чива|ть(ся) (-ю(сь)) *несов от* **вы́вернуть(ся)**

выгиба́|ть (-ю) *несов от* **вы́гнуть**

выгля|де́ть (-жу, -дишь) *несов* to look

вы́гля|нуть (-у; *impf* **выгля́дывать)** *сов* to look out

вы́г|нать (-оню, -онишь; *impf* **выгоня́ть)** *сов перех* to throw out; *(стадо)* to drive out

вы́г|нуть (-у; *impf* **выгиба́ть)** *сов перех* to bend; *(спину)* to arch

вы́говор (-а) *м (произношение)* accent; *(наказание)* reprimand; **вы́говорить** (-ю, -ишь; *impf* **выгова́ривать)** *сов перех (произнести)* to pronounce

вы́года (-ы) *ж* advantage, benefit; *(прибыль)* profit

вы́годно *(продать)* at a profit ▷ *как сказ* it is profitable; **мне э́то вы́годно** this is to my advantage; *(прибыльно)* this is profitable for me

выгоня́|ть (-ю) *несов от* **вы́гнать**

вы́гор|еть (*3sg* -ит, *impf* **выгора́ть)** *сов (сгореть)* to burn down; *(выцвести)* to fade

вы́гре|сти (-бу, -бешь; *pt* -б, -бла, -бло, *impf* **выгреба́ть)** *сов перех* to rake out

вы́гру|зить (-жу, -зишь; *impf* **выгружа́ть)** *сов перех* to unload; **вы́грузиться** *сов возв* to unload

выгружа́|ть(ся) (-ю(сь)) *несов перех* to unload

выда|ва́ть(ся) (-ю́(сь)) *несов от* **вы́дать(ся)**

выда́вли|вать(ся) (-ю, -ишь; *impf* **выда́вливать)** *сов перех (лимон)* to squeeze

вы́да|ть (*как* дать; *см* Table 16; *impf* **выдава́ть)** *сов перех* to give out; *(патент)* to issue; *(продукцию)* to produce; *(тайну)* to give away;

выдава́ть (*perf* вы́дать) кого-н/
что-н за +*acc* to pass sb/sth off as;
выдава́ть (*perf* вы́дать) де́вушку
за́муж to marry a girl off;
вы́даться (*impf* выдава́ться)
сов возв (*берег*) to jut out

вы́дач|а (-и) *ж* (*справки*) issue;
(*продукции*) output; (*заложников*)
release

выдаю́щийся *прил* outstanding

выдвига́|ть(ся) (-ю(сь)) *несов от*
вы́двинуть(ся)

выдвиже́ни|е (-я) *ср*
(*кандидата*) nomination

вы́двин|уть (-у; *impf*
выдвига́ть) *сов перех* to put
forward; (*ящик*) to pull out;
(*обвинение*) to level;
вы́двинуться (*impf*
выдвига́ться) *сов возв* to slide
out; (*работник*) to advance

выдел|и́ть (-ю, -и́шь; *impf*
выделя́ть) *сов перех* to assign,
allocate; (*отличить*) to pick out;
(*газы*) to emit; вы́делиться
(*impf* выделя́ться) *сов возв*
(*пот*) to be secreted; (*газ*) to be
emitted; выделя́ться (*perf*
вы́делиться) чем-н to stand out by
virtue of sth

выдёргива|ть (-ю) *несов от*
вы́дернуть

вы́держ|ать (-у, -ишь; *impf*
выде́рживать) *сов перех*
(*давление*) to withstand; (*боль*)
to bear; (*экзамен*) to get through
▷ *неперех* (*человек*) to hold out;
(*мост*) to hold; не вы́держать
(*perf*) (*человек*) to give in

вы́держ|ка (-ки; *gen pl* -ек) *ж*
(*самообладание*) self-control;
(*отрывок*) excerpt; (*Фото*) exposure

вы́дерн|уть (-у; *impf*
выдёргивать) *сов перех* to pull
out

вы́дума|ть (-ю; *impf*
выду́мывать) *сов перех*
(*историю*) to make up, invent;
(*игру*) to invent

вы́думк|а (-ки; *gen pl* -ок) *ж*
invention

выдыха́|ть (-ю) *несов от*
вы́дохнуть

вы́езд (-а) *м* (*отъезд*) departure;
(*место*) way out; игра́ на вы́езде
(*Спорт*) away game

выездно́й *прил* (*документ*) exit;
выездно́й спекта́кль guest
performance; выездно́й матч away
match

вы́е|хать (*как* е́хать; *см* Table 19;
impf выезжа́ть) *сов* (*уехать*) to
leave; (*машина*) to drive out

вы́ж|ать (-му, -мешь; *impf*
выжима́ть) *сов перех* (*лимон*) to
squeeze; (*бельё*) to wring (out)

вы́ж|ечь (-гу, -жешь *итп* -гут; *pt*
-ег, -гла; *impf* выжига́ть) *сов
перех* to burn; (*подлеж*: *солнце*)
to scorch

выжива́ни|е (-я) *ср* survival

выжива́|ть (-ю) *несов от*
вы́жить

выжига́|ть (-ю) *несов от*
вы́жечь

вы́жечь

выжима́|ть (-ю) *несов от*
вы́жать

вы́ж|ить (-ву, -вешь; *impf*
выжива́ть) *сов* to survive
▷ *перех* (*разг*) to drive out

вы́зыва|ть (-ову, -овешь) *сов*
вы́звать

вызыва́|ть *сов перех* to call;
(*гнев*, *критику*) to provoke;
(*восторг*) to arouse; (*пожар*) to
cause; вызыва́ть (*perf* вы́звать)
кого-н на что-н to challenge sb to
sth; вы́зваться (*impf*
вызыва́ться) *сов возв*:
вы́зваться +*infin* to volunteer to do
sth

вы́здорове|ть (-ю, -ешь) *impf*

выздора́вливать *сов* to recover

вы́зов (-а) *м* call; (*в суд*) summons; (+*dat*: *обществу, родителям итп*) challenge to; **броса́ть** (*perf* **бро́сить**) **вы́зов кому́-н/чему́-н** to challenge sb/sth

вы́зубрить (-ю, -ишь) *сов от* **зубри́ть**

вызыва́|ть(ся) (-ю(сь)) *несов от* **вы́звать(ся)**

вызыва́ющий *прил* challenging

вы́игра|ть (-ю) *impf* **выи́грывать** *сов перех* to win

вы́|йти (*как* **идти́**; *см* Table 18; *impf* **выходи́ть**) *сов* to leave; (*из игры*) to drop out; (*из автобуса*) to get off; (*книга*) to come out; (*случиться*) to ensue; (*оказаться* +*instr*) to come out; **выходи́ть** (*perf* **вы́йти**) **за́муж** (*за* +*acc* to marry (*of woman*); **выходи́ть** (*perf* **вы́йти**) **из больни́цы** to leave hospital

выка́лыва|ть (-ю) *несов от* **вы́колоть**

выка́пыва|ть (-ю) *несов от* **вы́копать**

выка́рмлива|ть (-ю) *несов от* **вы́кормить**

выка́ча|ть (-ю); *impf* **выка́чивать** *сов перех* to pump out

вы́кидыш (-а) *м* miscarriage

вы́кин|уть (-у); *impf* **выки́дывать** *сов перех* to throw out; (*слово*) to omit

выкипе́|ть (*3sg* -ит, *impf* **выкипа́ть**) *сов* to boil away

выкла́дыва|ть (-ю) *несов от* **вы́ложить**

выключа́тел|ь (-я) *м* switch

вы́ключ|ить (-у, -ишь); *impf* **выключа́ть** *сов перех* to turn off; **вы́ключиться** (*impf* **выключа́ться**) *сов возв* (*мотор*)

вы́к|нуть (-ну) *сов* to go off; (*свет*) to go out

вы́к|овать (-ую) *impf* **выко́вывать** *сов перех* (*металл*) to forge

вы́кол|оть (-ю, -ешь; *impf* **выка́лывать**) *сов перех* to poke out

вы́копа|ть (-ю) *сов от* **копа́ть** ▷ (*impf* **выка́пывать**) *перех* (*яму*) to dig; (*овощи*) to dig up

вы́корм|ить (-лю, -ишь; *impf* **выка́рмливать**) *сов перех* to rear

вы́крик (-а) *м* shout

вы́крикн|уть (-у; *impf* **выкри́кивать**) *сов перех* to shout *или* cry out

вы́кройк|а (-йки; *gen pl* -ек) *ж* pattern

вы́куп|ить(ся) (-лю(сь)) *сов от* **купа́ть(ся)**

вы́куп|ить (-лю, -ишь; *impf* **выкупа́ть**) *сов перех* (*заложника*) to ransom; (*вещи*) to redeem

выла́влива|ть (-ю) *несов от* **вы́ловить**

выла́мыва|ть (-ю) *несов от* **вы́ломать**

вы́лез|ти (-у, -ешь; *pt* -, -ла, *impf* **вылеза́ть**) *сов* (*волосы*) to fall out; (*impf* **вы́лезти**) *из* +*gen* to climb out of

вы́леп|ить (-лю, -ишь) *сов от* **лепи́ть**

вы́лет (-а) *м* departure

вы́ле|теть (-чу, -тишь; *impf* **вылета́ть**) *сов* to fly out; **его́ и́мя вы́летело у меня́ из головы́** his name has slipped my mind

вы́леч|ить (-у, -ишь; *impf* **выле́чивать**) *сов перех* to cure; **вы́лечиться** *несов возв* to be cured

вы́л|ить (-ью, -ьешь; *impf*

вылива́ть (-ю) *сов перех* to pour out
▷ (*impf* лить) (деталь, статую) to cast; **вылиться** (*impf* **вылива́ться**) *сов возв* to pour out; **вылива́ться** (*perf* **вылиться**) в +*acc* to turn into

вы́лов|ить (-лю, -ишь), *impf* **выла́вливать** *сов перех* to catch

вы́лож|ить (-у, -ишь), *impf* **выкла́дывать**; **выкла́дывать** (*perf* **вы́ложить**), что-н чем-н (плиткой) to face sth with sth

вы́лома|ть (-ю), *impf* **выла́мывать** *сов перех* to break open

вы́луп|иться (3sg -ится, *impf* **вылупля́ться**) *сов возв* (птенцы) to hatch (out)

выма́чива|ть (-ю) *несов от* **вы́мочить**

вы́мер|еть (-ет, *impf* **вымира́ть** *сов* (динозавры) to become extinct; (город) to be dead

вы́ме|сти (-ту, -тешь; *pt* -л, -ла, *impf* **вымета́ть** *сов перех* to sweep out

вы́ме|стить (-щу, -стишь) *сов перех*: **вы́местить** что-н на ком-н to take sth out on sb

вымета́|ть (-ю) *несов от* **вы́мести**

вымира́|ть (3sg -ет) *несов от* **вы́мереть**

вы́мок|нуть (-ну, -нешь; *pt* -, -ла) *сов* to get soaked through

вы́моч|ить (-у, -ишь) *сов перех*, *impf* **выма́чивать** *сов* to soak

вы́м|ыть (-ою, -оешь) *сов от* **мыть**

выня́шива|ть (-ю) *несов перех* to nurture

вы́нес|ти (-у, -ешь; *pt* -, -ла, *impf* **выноси́ть** *сов перех* to

carry *или* take out; (приговор) to pass, pronounce; (впечатления, знания) to gain; (боль, оскорбление) to bear

вынима́|ть (-ю) *несов от* **вы́нуть**

вынос|и́ть (-ощу́, -о́сишь) *несов от* **вы́нести** ▷ *перех*: я его не выношу́ I can't bear *или* stand him

вы́ну|дить (-жу, -дишь), *impf* **вынужда́ть** *сов перех*: **вы́нудить** кого-н/что-н к чему-н to force sb/sth into sth

вы́нужденн|ый *прил* forced; **вы́нужденная поса́дка** emergency landing

вы́н|уть (-у; *impf* **вынима́ть** *сов перех* to take out

вы́ныр|нуть (-у) *сов* (из воды) to surface; (разг: из-за угла) to pop up

выпада́|ть (-ю) *несов от* **вы́пасть**

выпаде́ни|е (-я) *ср* (осадков) fall; (зубов, волос) falling out

вы́па|сть (-ду, -дешь; *impf* **выпада́ть** *сов* to fall out; (осадки) to fall; (задача итп) +*dat* to fall to; **мне вы́пал слу́чай/ вы́пало сча́стье встре́тить его́** I chanced to/had the luck to meet him

вы́пивк|а (-и) *ж* booze

вы́пи|сать (-шу, -шешь) *impf* **выпи́сывать** *сов перех* to copy *или* write out; (пропуск, счёт, рецепт) to make out; (газету) to subscribe to; (пациента) to discharge; **вы́писаться** (*impf* **выпи́сываться** *несов возв* (из больницы) to be discharged; (с адреса) to change one's residence permit

вы́писк|а (-ки; gen pl -ок) *ж* (цитата) extract

вы́п|ить (-ью, -ьешь) *imper*

-ей(те)) *сов от* пить

вы́плав|ить (-лю, -ишь; *impf* **выплавля́ть**) *сов перех* to smelt

вы́плат|а (-ы) *ж* payment

вы́пла|тить (-чу, -тишь; *impf* **выпла́чивать**) *сов перех* to pay; (*долг*) to pay off

вы́плесн|уть (-у; *impf* **выплёскивать**) *сов перех* to pour out

вы́плы|ть (-ву, -вешь; *impf* **выплыва́ть**) *сов* to swim out

вы́полз|ти (-у; *pt* -, -ла, -ло, *impf* **выполза́ть**) *сов* to crawl out

выполни́мый *прил* feasible

выполн|и́ть (-ю, -ишь; *impf* **выполня́ть**) *сов перех* (*задание, заказ*) to carry out; (*план, условие*) to fulfil (*Brit*), fulfill (*US*)

вы́потрош|ить (-у, -ишь) *сов от* потроши́ть

выпра́шива|ть (-ю) *несов перех* to beg for

вы́про|сить (-шу, -сишь) *сов перех*: он вы́просил у отца́ маши́ну he persuaded his father to give him the car

вы́прыгива|ть (-у; *impf* **выпры́гивать**) *сов* to jump out

вы́прям|ить (-лю, -ишь; *impf* **выпрямля́ть**) *сов перех* to straighten (out); **вы́прямиться** (*impf* **выпрямля́ться**) *сов возв* to straighten (up)

вы́пуск (-а) *м* (*продукции*) output; (*газа*) emission, release; (*книги*) publication; (*денег, акций*) issue; (*учащиеся*) school leavers *мн* (*Brit*), graduates *мн* (*US*)

выпуска́|ть (-ю) *несов от* вы́пустить

выпускни́к (-а́) *м* (*вуза*) graduate; **выпускни́к шко́лы** school-leaver

выпускно́й *прил* (*класс*)

final-year; (*Tex*): **выпускно́й кла́пан** exhaust valve;
выпускно́й ве́чер graduation;
выпускно́й экза́мен final exam, finals *мн*

вы́пу|стить (-щу, -стишь; *impf* **выпуска́ть**) *сов перех* to let out; (*дым*) to exhale; (*заключённого*) to release; (*специалистов*) to turn out; (*продукции*) to produce; (*книгу*) to publish; (*заём, марки*) to issue; (*акции*) to put into circulation; (*исключить:* параграф) to omit

вы́пью *etc сов см* вы́пить

вы́работа|ть (-ю; *impf* **выраба́тывать**) *сов перех* to produce; (*план*) to work out; (*привычку*) to develop

выра́внива|ть (-ю) *несов от* вы́ровнять

выража́|ть(ся) (-ю(сь)) *несов от* вы́разить(ся)

выраже́ни|е (-я) *ср* expression

вы́ра|зить (-жу, -зишь; *impf* **выража́ть**) *сов перех* to express; **вы́разиться** (*impf* **выража́ться**) *сов возв* (*чувство*) to manifest *или* express itself; (*человек*) to express o.s.

вы́ра|сти (-асту, -астешь; *pt* -ос, -осла, -осли) *сов от* расти́
▷ (*impf* **выраста́ть**) *неперех* (*появиться*) to rise up; **выраста́ть** (*perf* **вы́расти**) **в** +*acc* (*to grow to*) become

вы́ра|стить (-щу, -стишь) *сов от* расти́ть

выра́щива|ть (-ю; *perf* **вы́растить**) *несов перех* = расти́ть

вы́рыва|ть (-ю, -ешь; *impf* **вырыва́ть**) *сов перех* to pull out; (*отнять*): **вы́рвать что-н у кого́-н** to snatch sth from sb ▷ (*impf*

рвать) безл (разг): её вы́рвало
she threw up; ему́ вы́рвали зуб he
had his tooth taken out;
вы́рваться (impf вырыва́ться)
сов возв (из тюрьмы́) to escape;
(перен: в театр) to manage to get
away; (пламя) to shoot out

вы́рез (-а) м: пла́тье с больши́м
вы́резом a low-cut dress

вы́ре|зать (-жу, -жешь) impf
выреза́ть сов перех to cut out;
(опухоль, гно́йник) to remove; (из
де́рева, из ко́сти итп) to carve; (на
ка́мне, на мета́лле итп) to engrave;
(уби́ть) to slaughter

вы́рез|ка (-ки; gen pl -ок) ж
(газе́тная) cutting, clipping;
(мясна́я) fillet

вы́ровня|ть (-ю) сов от ровня́ть
▷ (impf выра́внивать) перех to
level

вы́род|иться (3sg -ится, impf
вырожда́ться) сов возв to
degenerate

вы́рон|ить (-ю, -ишь) сов перех
to drop

вы́рос etc сов см вы́расти

вы́руб|ить (-лю, -ишь; impf
выруба́ть) сов перех (дере́вья)
to cut down; (свет) to cut off

вы́руга|ть(ся) (-ю(сь)) сов от
руга́ть(ся)

вы́руч|ить (-у, -ишь; impf
выруча́ть) сов перех to help out;
(де́ньги) to make

вы́руч|ка (-и) ж rescue; (де́ньги)
takings мн

вырыва́|ть(ся) (-ю(сь)) несов от
вы́рвать(ся)

вы́р|ыть (-ою, -оешь) сов от
рыть ▷ (impf вырыва́ть) перех
to dig out; (я́му) to dig

вы́са|дить (-жу, -дишь; impf
выса́живать) сов перех
(расте́ние) to plant out;

(пассажи́ра: дать вы́йти) to drop
off; (: си́лой) to throw out; (войска́)
to land; **вы́садиться** (impf
выса́живаться) сов возв:
вы́садиться (из +gen) to get off;
(войска́) to land

выса́сыва|ть (-ю) несов от
вы́сосать

вы́свобо|дить (-жу, -дишь;
impf высвобожда́ть) сов перех
(но́гу, ру́ку) to free; (вре́мя) to set
aside

вы́си|деть (-жу, -дишь; impf
выси́живать) сов перех to
hatch; (перен: ле́кцию) to sit out

вы́|ситься (3sg -ится) несов to
tower

вы́ска|зать (-жу, -жешь; impf
выска́зывать) сов перех to
express; **вы́сказаться** (impf
выска́зываться) сов возв to
speak one's mind; выска́зываться
(perf вы́сказаться) про́тив +gen/за
+acc to speak out against/in favour
of

выска́зывани|е (-я) ср
statement

выска́кива|ть (-ю) несов от
вы́скочить

выскользн|у́ть (-у) сов to slip out

вы́скоч|ить (-у, -ишь; impf
выска́кивать) сов возв to jump out;
его́ и́мя вы́скочило у меня́ из
головы́ his name has
slipped my mind

вы́|слать (-шлю, -шлешь; impf
высыла́ть) сов перех to send off;
(изгна́ть) to deport

вы́сле|дить (-жу, -дишь; impf
высле́живать) сов перех to track
down

вы́слуг|а (-и) ж: за вы́слугу лет
for long service

выслу́ша|ть (-ю; impf

вы́слушива|ть (-ю) *сов перех* to hear out

вы́сме|ять (-ю); *impf* **высме́ивать**) *сов перех* to ridicule

вы́сморка|ть(ся) (-ю(сь)) *сов от* сморка́ть(ся)

высо́выва|ть(ся) (-ю(сь)) *несов от* вы́сунуть(ся)

высо́кий *прил* high; (челове́к) tall; (честь) great; (гость) distinguished

высоко́ *нареч* high (up) ▷ *как сказ* it's high (up)

высо́с|ать (-у, -ешь; *impf* **выса́сывать**) *сов перех* to suck out; (насо́сом) to pump out

высот|а́ (-оты́; *nom pl* -о́ты) ж height; (Гео) altitude; (зву́ка) pitch

высо́тный *прил* (зда́ние) high-rise

вы́сох|нуть (-ну; *pt* -, -ла, -ло) *сов от* со́хнуть

высо́чество (-а) *ср:* Ва́ше итп Высо́чество Your *etc* Highness

вы́сп|аться (-люсь, -ишься; *impf* **высыпа́ться**) *сов возв* to sleep well

вы́став|ить (-лю, -ишь; *impf* **выставля́ть**) *сов перех* (поста́вить нару́жу) to put out; (грудь) to stick out; (кандидату́ру) to put forward; (това́р) to display; (охра́ну) to post; (разг: вы́гнать) to chuck out

вы́став|ка (-ки; *gen pl* -ок) ж exhibition

выставля́|ть (-ю) *несов от* вы́ставить

выстира́|ть (-ю) *сов от* стира́ть

вы́стрел (-а) *м* shot

вы́стрел|ить (-ю) *сов* to fire

вы́стро|ить(ся) (-ю(сь), -ишь(ся)) *сов от* стро́ить(ся)

вы́ступ (-а) *м* ledge

вы́ступ|ить (-лю, -ишь; *impf* **выступа́ть**) *сов* (про́тив, в защи́ту) to come out; (из толпы́) to step out; (актёр) to perform; (пот, сыпь) to break out; (в похо́д, на по́иски) to set off *или* out

выступле́ние (-я) *ср* (актёра) performance; (в печа́ти) article; (речь) speech

вы́сун|уть (-у; *impf* **высо́вывать**) *сов перех* to stick out; **вы́сунуться** *сов возв* (из окна́) to lean out; (рука́, нога́) to stick out

вы́суш|ить(ся) (-у(сь), -ишь(ся)) *сов от* суши́ть(ся)

вы́счита|ть (-ю; *impf* **высчи́тывать**) *сов перех* to calculate

вы́сший *прил* (о́рган вла́сти) highest; supreme; **в вы́сшей сте́пени** extremely; **вы́сшая ме́ра наказа́ния** capital punishment; **вы́сшее образова́ние** higher education; **вы́сшее уче́бное заведе́ние = вуз**

высыла́|ть (-ю) *несов от* вы́слать

высып|ать (-лю, -лешь; *impf* **высыпа́ть**) *сов перех* to pour out; **высыпа́ться** *сов возв* to pour out

выта́лкива|ть (-ю) *несов от* вы́толкнуть

вы́тащ|ить (-у, -ишь) *сов от* тащи́ть ▷ (*impf* **выта́скивать**) *перех* (ме́бель) to drag out

вытека́|ть (*3sg* -ет) *несов от* вы́течь ▷ *неперех* (вы́вод) to follow; (река́) to flow out

вы́т|ереть (-ру, -решь; *impf*

вытира́ть *сов перех* to wipe up; (*посуду*) to dry (up); (*руки, глаза*) to wipe; **вы́тереться** (*impf* **вытира́ться**) *сов возв* (*человек*) to dry o.s.

вы́те|чь (*3sg -чет, 3pl -кут, pt -к, -кла, impf* **вытека́ть**) *сов* to flow out

вытира́|ть(ся) (**-ю(сь)**) *несов от* **вы́тереть(ся)**

вы́толкн|уть (**-у**; *impf* **выта́лкивать**) *сов перех* to push out

вытрезви́тель (**-я**) *м* overnight police cell for drunks

вы́тряхн|уть (**-у**; *impf* **вытря́хивать**) *сов перех* to shake out

выть (**во́ю, во́ешь**) *несов* (*зверь, ветер*) to howl; (*сирена*) to wail

вы́тян|уть (**-у**; *impf* **выта́гивать**) *сов перех* to pull out; (*дым*) to extract; (*руки*) to stretch; **вы́тянуться** (*impf* **выта́гиваться**) *сов возв* (*на диване, вдоль берега*) to stretch out; (*встать смирно*) to stand at attention

вы́у|дить (**-жу, -дишь**; *impf* **выу́живать**) *сов перех* (*рыбу*) to catch; (*разг: сведения*) to wheedle out

вы́уч|ить(ся) (**-у(сь), -ишь(ся)**) *сов от* **учи́ть(ся)**

выха́живать (**-ю**) *несов от* **выходи́ть**

выхва́|тить (**-чу, -тишь**; *impf* **выхва́тывать**) *сов перех* to snatch

выхлопн|о́й *прил* exhaust; **выхлопны́е га́зы** exhaust fumes

вы́ход (**-а**) *м* (*войск*) withdrawal; (*из кризиса*) way out; (*на сцену*) appearance; (*в море*) sailing; (*книги*) publication; (*на экран*)

showing; (*место*) exit

вы́хо|дить (**-жу, -дишь**) *impf* **выха́живать** *сов перех* (*больного*) to nurse (back to health)

выхо|ди́ть (**-ожу, -о́дишь**) *несов от* **вы́йти** ▷ *неперех*: **выходи́ть на +acc** (*юг, север*) to face; **окно́ выхо́дит в парк** the window looks out onto the park

выходн|о́й *прил* exit; (*платье*) best ▷ (**-о́го**) *м* (*также* **выходно́й день**) day off (work); **сего́дня выходно́й** (*разг*) today is a holiday; **выходны́е** weekend *ед*

вы́цве|сти (*3sg* **-тет**, *impf* **выцвета́ть**) *сов* to fade

вы́черкн|уть (**-у**; *impf* **вычёркивать**) *сов перех* to cross *или* score out

вы́чет (**-а**) *м* deduction ▷ *предл*: **за вы́четом +gen** minus

вычисле́ни|е (**-я**) *ср* calculation; **вычисли́тельный** *прил* (*операция*) computing; **вычисли́тельная маши́на** computer; **вычисли́тельная те́хника** computers *мн*; **вычисли́тельный центр** computer centre (*Brit*) *или* center (*US*); **вы́числ|ить** (**-ю, -ишь**; *impf* **вычисля́ть**) *сов перех* to calculate

вычита́|ть (**-ю**) *несов от* **вы́честь**

вы́ше *сравн прил от* **высо́кий** ▷ *сравн нареч от* **высоко́** ▷ *нареч* higher; (*в тексте*) above ▷ *предл +gen* above

вы́шел *сов см* **вы́йти**

вышива́|ть (**-ю**) *несов от* **вы́шить**

вы́шивк|а (**-и**; *gen pl* **-ок**) *ж* embroidery

вы́шк|а (**-и**; *gen pl* **-ек**) *ж* (*строение*) tower; (*Спорт*) diving board

вы́шла etc сов см **вы́йти**

вы́яв|ить (-лю, -ишь; impf **выявля́ть**) сов перех (талант) to discover; (недостатки) to expose;
вы́явиться (impf **выявля́ться**) сов возв to come to light, be revealed

вы́ясн|ить (-ю, -ишь; impf **выясня́ть**) сов перех to find out;
вы́ясниться (impf **выясня́ться**) сов возв to become clear

Вьетна́м (-а) м Vietnam

вью́г|а (-и) ж snowstorm, blizzard

вяз (-а) м elm

вяза́ни|е (-я) ср knitting

вя|за́ть (-жу́, -жешь; perf **связа́ть**) несов перех to tie up; (свитер) to knit

вя́з|нуть (-ну; pt -, -ла, -ло, perf **завя́знуть** или **увя́знуть**) несов: **вя́знуть** (в +prp) to get stuck (in)

вя́н|уть (-у; perf **завя́нуть** или **увя́нуть**) несов (цветы) to wilt, wither; (красота) to fade

Г

г сокр (= грамм) g (= gram(me))

г. сокр = **год**; **го́род**

Гаа́г|а (-и) ж The Hague

габари́т (-а) м (Tex) dimension

га́ван|ь (-и) ж harbour (Brit), harbor (US)

гада́|ть (-ю) несов (предполагать) to guess; **гада́ть** (perf **погада́ть**) **кому́-н** to tell sb's fortune

га́дост|ь (-и) ж filth

га́ечный прил: **га́ечный ключ** spanner

газ (-а) м gas; см также **га́зы**

газе́т|а (-ы) ж newspaper

газиро́ванн|ый прил: **газиро́ванная вода́** carbonated water

га́зов|ый прил gas; **га́зовая плита́** gas cooker

газо́н (-а) м lawn

газопрово́д (-а) м gas pipeline

га́з|ы (-ов) мн (Мед) wind ед

ГАЙ ж сокр (= Госуда́рственная
автомоби́льная инспе́кция) state
motor vehicle inspectorate

га́йка (-йки; gen pl -ек) ж nut

галантере́я (-и) ж haberdashery
(Brit), notions store (US)

галере́я (-и) ж gallery

галло́н (-а) м gallon

галлюцина́ция (-и) ж
hallucination

га́лочка (-ки; gen pl -ек) ж
(в те́ксте) tick, check (US)

га́лстук (-а) м tie, necktie (US)

га́лька (-и) ж собир pebbles мн

га́мбургер (-а) м hamburger

га́мма (-ы) ж (Муз) scale

га́нгстер (-а) м gangster

гара́ж (-а́) м garage

гаранти́йный прил guarantee

гаранти́ровать (-ую) (не)сов
перех to guarantee

гара́нтия (-и) ж guarantee

гардеро́б (-а) м wardrobe; (в
обще́ственном зда́нии) cloakroom

гармони́ровать (-ую) несов:
гармони́ровать с +instr (со
средо́й) to be in harmony with;
(оде́жда) to go with

гармони́ст (-а) м concertina
player

гармо́ния (-и) ж harmony

гармо́шка (-ки; gen pl -ек) ж
(разг) squeeze-box

гарнизо́н (-а) м garrison

гарни́р (-а) м side dish

гарниту́р (-а) м (ме́бель) suite

гарь (-и; -угля) ж cinders мн

гаси́ть (-шу́, -сишь; perf
погаси́ть) несов перех (свет) to
turn off; (пожа́р) to extinguish, put
out

га́снуть (-ну; pt -или -нул,
-ла, perf пога́снуть) несов
(огни́) to go out

гастро́ли (-ей) мн performances
of touring company; е́здить/е́хать
(perf пое́хать) на гастро́ли to go
on tour; **гастроли́ровать** (-ую)
несов to be on tour

гастроно́м (-а) м food store;
гастроно́мия (-и) ж delicatessen

гаши́ш (-а) м cannabis

гва́рдия (-и) ж (Воен) Guards мн

гвозди́ка (-и) ж (цвето́к)
carnation; (пря́ность) cloves мн

гвоздь (-я́) м nail

гг сокр = **го́ды; господа́**

где нареч where; (разг:
где-нибудь) somewhere; anywhere
▷ сою́з where; **где Вы живёте?**
where do you live?

где-либо нареч = **где-нибудь**

где-нибудь нареч somewhere;
(в вопро́се) anywhere

где-то нареч somewhere

геморро́й (-я) м piles мн

гель (-я) м: **гель для ду́ша**
shower gel

ген (-а) м gene

генера́л (-а) м (Воен) general

генера́тор (-а) м generator

гене́тика (-и) ж genetics

генна́льный прил great

ге́ний (-я) м genius

ге́нный прил (терапи́я) gene

геогра́фия (-и) ж geography

геоме́трия (-и) ж geometry

гера́нь (-и) ж geranium

герб (-а́) м coat of arms;
госуда́рственный герб national
emblem

ге́рбовый прил: **ге́рбовая
бума́га** stamped paper

геркуле́с (-а) м (Кулин) porridge
oats мн

Герма́ния (-и) ж Germany;
герма́нский прил German

геро́иня (-и) ж heroine

герои́ческий прил heroic

геро́й (-я) м hero

г-жа́ м сокр = **госпожа́**

ги́бель|ь (-и) ж (человека) death; (армии) destruction; (самолёта, надежды) loss; (карьеры) ruin

ги́бкий прил flexible

ги́б|нуть (-ну; pt -, -ла, perf **поги́бнуть**) несов to perish; (перен) to come to nothing

гига́нт (-а) м giant; **гига́нтский** прил gigantic

гигие́н|а (-ы) ж hygiene; **гигиени́чный** прил hygienic

гид (-а) м guide

гидрометцентр (-а) м сокр (= Гидрометеорологический центр) meteorological office

гидроэлектроста́нци|я (-и) ж hydroelectric power station

гимн (-а) м: **госуда́рственный гимн** national anthem

гимна́зи|я (-и) ж ≈ grammar school

● **гимна́зия**

● This institution of secondary
● education strives for higher
● academic standards than
● comprehensive schools. Pupils
● can study subjects which are not
● offered by mainstream
● education, e.g. classics and two
● modern languages.

гимна́стик|а (-и) ж exercises мн; (спортивная) гимна́стика gymnastics; **худо́жественная гимна́стика** modern rhythmic gymnastics

гинеко́лог (-а) м gynaecologist (Brit), gynecologist (US)

гиперссы́лк|а (-ки; gen pl -ок) ж hyperlink

гипертони́|я (-и) ж high blood pressure

гипо́тез|а (-ы) ж hypothesis

гипотони́|я (-и) ж low blood pressure

гиппопота́м (-а) м hippopotamus, hippo (inf)

гипс (-а) (Иску́сство) plaster of Paris; (Мед) plaster

гита́р|а (-ы) ж guitar

глав|а́ (-ы́; nom pl -ы) ж (книги) chapter; (здания) dome ▷ м (делега́ции) head; **во главе́ с** +instr headed by; **во главе́** +gen at the head of

главар|ь (-я́) м (банды) leader

главнокома́ндующ|ий (-его) м commander in chief

гла́вн|ый прил main; (старший по положению) senior; head; **гла́вным о́бразом** chiefly, mainly

глаго́л (-а) м verb

гла́диль|ный прил: **гла́дильная доска́** ironing board

гла́|дить (-жу, -дишь; perf **погла́дить**) несов перех to iron; (волосы) to stroke; **гла́дкий** прил (ро́вный) smooth

глаз (-а; loc sg -ý, nom pl -á, gen pl -) м eye; **с гла́зу на глаз** tête a tête; **на глаз** roughly

глазно́й прил eye

глазу́нь|я (-и) ж fried egg

гла́нд|а (-ы) ж (обычно мн) tonsil

гла́сн|ый (-ого) м vowel; (открытый) open, public

гли́н|а (-ы) ж clay; **гли́няный** прил clay

глоба́льный прил universal

гло́бус (-а) м globe

глота́|ть (-ю; perf проглоти́ть) несов перех to swallow

глот|о́к (-ка́) м gulp, swallow; (воды, чая) drop

гло́х|нуть (-ну; pt -, -ла, perf **огло́хнуть**) несов перех to grow deaf; (мотор) to stall

глубже *сравн прил от* **глубокий**
▷ *сравн нареч от* **глубоко**

глубина (-**ины**; *nom pl* -**ины**) *ж*
depth; (*леса*) heart; (*перен*): **в глубине души** in one's heart of hearts

глубокий *прил* deep;
(*провинция*) remote; (*мысль*)
profound; (*перен*) deeply
▷ *как сказ*: **здесь глубоко** it's deep here

глубоко *нареч* deeply

глубокоуважаемый *прил* dear

глупеть (-ю; *perf* **поглупеть**)
несов to grow stupid

глупо *как сказ* it's stupid *или* silly

глупость (-**и**) *ж* stupidity,
silliness; (*поступок*) stupid *или*
silly thing; (*слова*) nonsense

глупый *прил* stupid, silly

глухой *прил* deaf; (*звук*) muffled

глушь (-**и**; *instr sg* -**ью**, *loc sg* -**и**)
ж wilderness

глыба (-**ы**) *ж* (*ледяная*) block

глюкоза (-**ы**) *ж* glucose

гляде|**ть** (-**жу**, -**дишь**; *perf*
поглядеть) *несов* to look

глянцевый *прил* glossy

гнать (гоню́, го́нишь; *pt* -**л**, -**ла́**)
несов перех (*стадо*) to drive;
(*человека*) to throw out; (*машину*)
to drive fast; **гна́ться** *несов возв*:
гна́ться за +*instr* to pursue

гнездо́ (-**а́**; *nom pl* **гнёзда**, *gen
pl* **гнёзд**) *ср* (*птиц*) nest

гнету́щий *прил* depressing

гнилой *прил* rotten

гниль (-**и**) *ж* rotten stuff

гнить (-**ю**, -**ёшь**; *perf* **сгнить**)
несов to rot

гной (-**я**) *м* pus

ГНС *сокр* (= Госуда́рственная
нало́говая слу́жба) ≈ Inland
Revenue

гну́ть (-**у**, -**ёшь**; *perf* **согну́ть**)
несов перех to bend; **гну́ться**

несов возв (*ветка*) to bend

говор|**и́ть** (-**ю́**, -**и́шь**; *perf*
сказа́ть) *несов перех* to say;
(*правду*) to tell ▷ *неперех* to
speak, talk; (*обсуждать*):
говори́ть о +*prp* to talk about;
(*общаться*): **говори́ть с** +*instr* to
talk to *или* with

говя́дина (-**ы**) *ж* beef

год (-**а**; *loc sg* -**у́**, *nom pl* -**ы́**, *gen pl*
-**о́в/лет**) *м* year; **прошло́ 3 го́да/5
лет** 3/5 years passed; **из го́да в год**
year in year out; **кру́глый год** all
year round

го|ди́ться (-**жу́сь**, -**ди́шься**)
несов возв +*dat* to suit; **годи́ться**
(*impf*) **для** +*gen* to be suitable for;
го́дный *прил*: **го́дный к** +*dat*
или **для** +*gen* fit *или* suitable for;
биле́т го́ден до ... the ticket is
valid until ...

годовщи́на (-**ы**) *ж* anniversary

гол (-**а**; *nom pl* -**ы́**) *м* goal

Голла́ндия (-**и**) *ж* Holland

голла́ндский *прил* Dutch;
голла́ндский язы́к Dutch

голов|**а́** (-**ы́**; *acc sg* -**ову**, *dat sg*
-**ове́**, *nom pl* -**овы**, *gen pl* -**о́в**, *dat
pl* -**ова́м**) *ж* head

головной *прил* (*офис*) main;
(*боль*) head

го́лод (-**а**) *м* hunger;
(*недоедание*) starvation;
(*бедствие*) famine; **голода́|ть** (-**ю**)
несов to starve;
(*воздерживаться от пищи*) to fast;
голо́дный *прил* hungry

голодо́вка (-**ки**; *gen pl* -**ок**) *ж*
hunger strike

гололёд (-**а**) *м* black ice

го́лос (-**а**; *nom pl* -**а**, *nom pl* -**а́**)
м voice; (*Полит*) vote; **во весь
го́лос** at the top of one's voice

голосова́ние (-**я**) *ср* ballot

голос|**ова́ть** (-**у́ю**; *perf*

проголосова́ть) несов to vote; (разг: на дороге) to hitch (a lift)

голубо́й прил light blue ⊳ (-о́го) м (разг) gay

го́лубь (-я; gen pl -е́й) м pigeon; dove

го́лый прил (человек) naked

гольф (-а) м golf; (обычно мн: чулки) knee sock

гомеопа́т (-а) м homoeopath (Brit), homeopath (US)

го́мик (-а) м (разг) homo(sexual)

гомосексуали́ст (-а) м homosexual

гоне́ни|е (-я) ср persecution

го́н|ка (-ки; gen pl -ок) ж (разг: спешка) rush; (соревнования) race; **го́нка вооруже́ний** arms race

гонора́р (-а) м fee; **а́вторский гонора́р** royalty

го́ночный прил racing

го́нщик (-а) м racing (Brit) или race car (US) driver; (велосипедист) racing cyclist

гоня́|ть (-ю, -ешь) несов перех (ученика) to grill ⊳ неперех to race; **гоня́ться за** +instr (преследовать) to chase (after); (перен) to pursue

гор. сокр = **го́род**

гор|а́ (acc sg -у, gen sg -ы́, nom pl -ы, dat pl -а́м) ж mountain; (небольшая) hill

гора́здо нареч much

горб (-а́; loc sg -у́) м hump

горб|ить (-лю, -ишь; perf сго́рбить) несов перех: **го́рбить спи́ну** to stoop; **го́рбиться** (perf сго́рбиться) несов возв to stoop

горбу́ш|ка (-ки; gen pl -ек) ж crust

гор|ди́ться (-жу́сь, -ди́шься) несов возв +instr to be proud of; **го́рдость** (-и) ж pride; **го́рдый**

прил proud

го́р|е (-я) ср (скорбь) grief; (несчастье) misfortune; **гор|ева́ть** (-ю́ю) несов to grieve

гор|е́ть (-ю́, -и́шь; perf сгоре́ть) несов to burn; (no perf: дом) to be on fire; (больной) to be burning hot; (глаза) to shine

горизо́нт (-а) м horizon; **горизонта́л|ь** (-и) ж horizontal; **горизонта́льный** прил horizontal

гори́лл|а (-ы) ж gorilla

гори́стый прил mountainous

го́р|ка (-ки; gen pl -ок) ж hill; (кучка) small pile

го́рл|о (-а) ср throat; **го́рлыш|ко** (-ка; nom pl -ка, gen pl -ек) ср (бутылки) neck

гормо́н (-а) м hormone

го́рный прил mountain; (лыжи) downhill; (промышленность) mining

го́род (-а; nom pl -а́) м (большой) city; (небольшой) town; **горожа́н|ин** (-ина; nom pl -е, gen pl -) м city dweller

гороско́п (-а) м horoscope

горо́х (-а) м собир peas мн; **горо́ш|ек** (-ка) м собир peas мн; (на платье итп) polka dots мн; **ткань в горо́шек** spotted material; **горо́шин|а** (-ы) ж pea

горст|ь (-и; gen pl -е́й) ж handful

горч|и́ть (3sg -и́т) несов to taste bitter

горчи́ц|а (-ы) ж mustard

горшо́к (-ка́) м pot

го́рький прил bitter

го́рько нареч (плакать) bitterly ⊳ как сказ: **во рту го́рько** I have a bitter taste in my mouth

горю́ч|ее (-его) ср fuel

горя́чий прил hot; (перен: любовь) passionate; (: спор)

heated; (: *жела́ние*) burning;
(: *челове́к*) hot-tempered; **горя́чая
ли́ния** hot line
горячо́ *нареч* (*спорить, люби́ть*)
passionately ▷ *как сказ* it's hot
гос. *сокр* = **госуда́рственный**
Госба́нк (*-а*) *м сокр*
(= госуда́рственный банк) state
bank
госбезопа́сность (*-и*) *ж сокр*
(= госуда́рственная безопа́сность)
national security
госбюдже́т (*-а*) *м сокр*
(= госуда́рственный бюдже́т) state
budget
го́спиталь (*-я*) *м* army hospital
господа́ *итп сущ см* **господи́н**
▷ *мн* (*при фами́лии, при зва́нии*)
Messrs
го́споди *межд*: Го́споди! good
Lord!
господи́н (*-оди́на*; *nom pl* -ода́,
gen pl -о́д) *м* gentleman
(gentlemen); (*хозя́ин*) master; (*при
обраще́нии*) sir; (*при фами́лии*)
Mr (= Mister)
госпо́дств|овать (*-ую*) *несов* to
rule; (*мне́ние*) to prevail
Госпо́дь (Го́спода; *voc* Го́споди)
м (*также* Госпо́дь Бог) the Lord;
не дай Го́споди! God forbid!;
сла́ва тебе́ Го́споди! Glory be to
God!; (*разг*) thank God!
госпож|а́ (*-и́*) *ж* lady; (*хозя́йка*)
mistress; (*при обраще́нии, при
зва́нии*) Madam; (*при фами́лии*:
заму́жняя) Mrs; (: *незаму́жняя*)
Miss; (: *заму́жняя или
незаму́жняя*) Ms
госстра́х (*-а*) *м сокр*
(= госуда́рственное страхова́ние)
= national insurance
гости́н|ая (*-ой*) *ж* living *или*
sitting room, lounge (*Brit*)
гости́ниц|а (*-ы*) *ж* hotel

го|сти́ть (*-щу́, -сти́шь*) *несов* to
stay
гость (*-я*; *gen pl* -е́й) *м* guest;
идти́ (*perf* **пойти́**) **в го́сти к кому́-н**
to go to see sb; **быть** (*impf*) **в
гостя́х у кого́-н** to be at sb's house
госуда́рственн|ый *прил* state;
госуда́рств|о (*-а*) *ср* state;
гото́в|ить (*-лю, -ишь*; *perf*
пригото́вить) *несов перех* to get
ready; (*уро́ки*) to prepare; (*обе́д*) to
prepare, make ▷ (*perf*
подгото́вить) (*специали́ста*) to
train ▷ *неперех* to cook;
гото́в|иться (*perf*
пригото́виться) *несов возв*:
гото́виться к +*dat* (*к отъе́зду*) to
get ready for; **гото́виться** (*perf*
подгото́виться) **к** +*dat* (*к
экза́мену*) to prepare for
гото́в|ность (*-и*) *ж* +*infin*
readiness *или* willingness to do
гото́во *как сказ* that's it;
гото́вый *прил* (*изде́лие*)
ready-made; *обе́д гото́в* dinner is
ready; **гото́вый к**
+*dat*/+*infin* prepared for/to do
гр. *сокр* = **граждани́н**) Mr
(= Mister); (= **гражда́нка**) Mrs
граб|ёж (*-ежа́*) *м* robbery; (*с
взло́мом*) burglary; **граби́тель** (*-я*) *м*
robber
граб|ить (*-лю, -ишь*; *perf*
огра́бить) *несов перех*
(*челове́ка*) to rob; (*дом*) to burgle;
(*го́род*) to pillage
гра́бл|и (*-ель* или *-лей*) *мн* rake
ед
гра́ви|й (*-я*) *м* gravel
град (*-а*) *м* (*также перен*) hail
гра́дус (*-а*) *м* degree; **гра́дусник**
(*-а*) *м* thermometer
граждани́н (*-а*; *nom pl*
гра́ждане, *gen pl* **гра́ждан**) *м*
citizen

гражда́нка (-ки; gen pl -ок) ж
citizen; **гражда́нский** прил civil;
(долг) civic; (платье) civilian
гражда́нство (-а) ср citizenship
грамм (-а) м gram(me)
грамма́тика (-и) ж grammar
граммати́ческий прил
grammatical; (упражнение)
grammar
гра́мота (-ы) ж (документ)
certificate; **гра́мотный** прил
(человек) literate; (текст) correctly
written; (специалист, план)
competent
грампласти́нка (-и) ж record
грандио́зный прил grand
грани́ца (-ы) ж (государства)
border; (участка) boundary;
(обычно мн: владения) limit; **е́хать**
(perf **пое́хать**) за грани́цу to go
abroad; **жить** (impf) за грани́цей
to live abroad; **из-за грани́цы** from
abroad; **грани́ч**ить (-у, -ишь)
несов: **грани́чить** с +instr to
border on; (перен) to verge on
грант (-а) м grant
графа́ (-ы́) ж column
гра́фик (-а) м (Мат) graph; (план)
schedule, timetable
графи́ческий прил graphic
гра́ция (-и) ж grace
гребёнка (-ки; gen pl -ок) ж
comb
гребешо́к (-ка́) м comb
гре́бля (-и) ж rowing
грейпфру́т (-а) м grapefruit
грек (-а) м Greek (man) (мн men)
гре́лка (-ки; gen pl -ок) ж
hot-water bottle
греме́ть (-лю́, -и́шь; perf
прогреме́ть) несов (поезд) to
thunder by; (гром) to rumble;
греме́ть (perf **прогреме́ть**) +instr
(ведром) to clatter
гре́нка (-ки; gen pl -ок) ж toast

грести́ (-бу́, -бёшь; pt грёб,
-бла́) несов to row; (веслом,
руками) to paddle ▷ перех
(листья) to rake
гре́ть (-ю) несов перех (подлеж:
солнце) to heat, warm; (: шуба) to
keep warm; (воду) to heat (up);
(руки) to warm ▷ неперех to warm;
гре́ться несов to warm o.s.;
(вода) to warm или heat up
грех (-а́) м sin
Гре́ция (-и) ж Greece
гре́цкий прил: **гре́цкий оре́х**
walnut
гре́ческий прил Greek;
гре́ческий язы́к Greek
гре́чка (-и) ж buckwheat;
гре́чневый прил buckwheat
греши́ть (-у́, -и́шь; perf
согреши́ть) несов to sin
гриб (-а́) м (съедобный) (edible)
mushroom; **несъедо́бный гриб**
toadstool; **грибно́й** прил (суп)
mushroom
грибо́к (-ка́) м (на коже) fungal
infection; (на дереве) fungus
гримирова́ть (-у́ю; perf
загримирова́ть) несов перех:
гримирова́ть кого́-н to make sb up
грипп (-а) м flu
гри́фель (-я) м (pencil) lead
гроб (-а; loc sg -у́, nom pl -ы́) м
coffin
гроза́ (-озы; nom pl -бзы) ж
thunderstorm
гроздь (-и; gen pl -е́й) ж
(винограда) bunch; (сирени)
cluster
гро́зить (-жу́, -зи́шь) несов:
грози́ть (perf **пригрози́ть**) кому́-н
чем-н to threaten sb with sth;
(+instr: катастрофой) to threaten to
become
грозово́й прил: **грозова́я ту́ча**
storm cloud

гром (-а; *gen pl* -о́в) *м* thunder

грома́дный *прил* enormous, huge

гром|и́ть (-лю́, -и́шь) *несов перех* to destroy

гро́мкий *прил* (*голос*) loud; (*скандал*) big; **гро́мко** *нареч* loudly

гро́мче *сравн прил от* **гро́мкий** ▷ *сравн нареч от* **гро́мко**

гро́хот (-а) *м* racket; **грох|ота́ть** (-очу́, -о́чешь; *perf* прогрохота́ть) *несов* to rumble

грубе́|ть (-ю; *perf* огрубе́ть) *несов* (*человек*) to become rude ▷ (*perf* загрубе́ть) (*кожа*) to become rough

груб|и́ть (-лю́, -и́шь; *perf* нагруби́ть) *несов* +*dat* to be rude to; **грубия́н** (-а) *м* rude person; **гру́бо** *нареч* (*отвечать*) rudely; (*подсчитать*) roughly; **гру́бо говоря́** roughly speaking; **гру́бость** (-и) *ж* rudeness; **гру́бый** *прил* (*человек*) rude; (*ткань, пища*) coarse; (*кожа, подсчёт*) rough; (*ошибка, шутка*) crude; (*нарушение правил*) gross

гру́д|а (-ы) *ж* pile, heap

грудно́й *прил* (*молоко*) breast; (*кашель*) chest; **грудно́й ребёнок** baby; **гру|дь** (-уди́; *instr sg* -у́дью, *nom pl* -у́ди) *ж* (Анат) chest; (*женщины*) breasts *мн*; **корми́ть** (*impf*) **гру́дью** to breast-feed

гружёный *прил* loaded

груз (-а) *м* (*тяжесть*) weight; (*товар*) cargo

грузи́н (-а) *м* Georgian

груз|и́ть (-ужу́, -у́зишь; *perf* загрузи́ть *или* нагрузи́ть) *несов перех* (*корабль итп*) to load (up); **грузи́ть** (*perf* погрузи́ть) (в/на +*acc*) (*товар*) to load (onto)

Гру́зи|я (-и) *ж* Georgia

грузови́к (-а́) *м* lorry (*Brit*), truck (*US*)

грузово́й *прил* (*судно, самолёт*) cargo; **грузова́я маши́на** goods vehicle; **грузово́е такси́** removal (*Brit*) *или* moving (*US*) van

грузоподъёмность (-и) *ж* freight *или* cargo capacity

гру́зчик (-а) *м* porter; (*в магазине*) stockroom worker

гру́пп|а (-ы) *ж* group; **гру́ппа кро́ви** blood group

гру|сти́ть (-щу́, -сти́шь) *несов* to feel melancholy *или* very sad; **грусти́ть** (*impf*) **по** +*dat или* **о** +*prp* to pine for this; **гру́стно** *нареч* sadly ▷ *как сказ*: **мне гру́стно** I feel sad; **гру́стный** *прил* sad; **грусть** (-и) *ж* sadness

гру́ш|а (-и) *ж* pear

грыз|ть (-у́, -ёшь; *pt* -, -ла) *несов перех* (*яблоко*) to nibble (at) ▷ (*perf* разгры́зть) (*кость*) to gnaw (on)

гря́д|ка (-ки; *gen pl* -ок) *ж* row

гря́зно *как сказ безл*: **до́ма/на у́лице гря́зно** the street/house is filthy

гря́зный *прил* dirty; **гря́з|ь** (-и; *loc sg* -и́) *ж* dirt; (*на доро́ге*) mud; (*перен*) filth

губа́ (-ы́; *nom pl* -ы, *dat pl* -а́м) *ж* lip

губе́рни|я (-и) *ж* gubernia (*administrative region*)

губерна́тор (-а) *м* governor

губ|и́ть (-лю́, -ишь; *perf* погуби́ть) *несов перех* to kill; (*здоровье*) to ruin

гу́б|ка (-ки; *gen pl* -ок) *ж* sponge

губно́й *прил*: **губна́я пома́да** lipstick; **губна́я гармо́шка** harmonica

гу|де́ть (-жу́, -ди́шь) *несов*

(шмель, провода) to hum; (ветер)
to moan

гуля|ть (-ю, *perf* **погуля́ть**) *несов*
to stroll; (*быть на у́лице*) to be out;
(*на сва́дьбе*) to have a good time,
enjoy o.s.; *идти́* (*perf* **пойти́**)
гуля́ть to go for a walk

гуманита́рный *прил* (*по́мощь*)
humanitarian; (*образова́ние*) arts

гума́нный *прил* humane

гуси́н|ый *прил* (*яйцо́*) goose;
гуси́ная ко́жа goose flesh, goose
pimples (*Brit*) или bumps (*US*)

густе́|ть (*3sg* **-ет**, *perf* **погусте́ть**)
несов (*тума́н*) to become denser
▷ (*perf* **загусте́ть**) (*ка́ша*) to
thicken; **густо́й** *прил* (*лес*)
dense; (*бро́ви*) bushy; (*облака́*,
суп, во́лосы) thick; (*цвет, бас*) rich

густонаселённый *прил*
densely populated

гус|ь (-я, *gen pl* **-е́й**) *м* goose

гуся́тниц|а (-ы) *ж* casserole
(dish)

ГЭС *ж сокр*
= **гидроэлектроста́нция**

Д

⭕ **КЛЮЧЕВО́Е СЛО́ВО**

да *част* **1** (*выража́ет согла́сие*)
yes

2 (*не так ли*) **ты придёшь, да?**
you're coming, aren't you?; **ты
меня́ лю́бишь, да?** you love me,
don't you?

3 (*пусть: в лозунгах, в призывах*):
да здра́вствует демокра́тия! long
live democracy!

4 (*во фра́зах*): **вот э́то да!** (*разг*)
cool!; **ну да!** (*разг*) sure!;
(*выража́ет недове́рие*) I'll bet!; **да
ну!** (*разг*) no way!
▷ *союз* (*и*) and; **у неё то́лько одно́
пла́тье, да и то ста́рое** she only
has one dress and even that's old

дава́й(те) *несов см* **дава́ть**
▷ *част* let's; **дава́й(те) пить чай**

let's have some tea; **дава́й-дава́й!**
(*разг*) come on!, get on with it!

дава́ть (-ю; *imper* **дава́й(те))**
несов от **дать**

дави́ть (-лю, -ишь) *несов перех*
(*подлеж: обувь*) to pinch ▷ (*perf*
задави́ть) (*калечить*) to crush,
trample; (*подлеж: машина*) to run
over ▷ (*perf* **раздави́ть**); **дави́ть**
(*насекомых*) to squash; **дави́ть**
(*impf*) **на** +*acc* (*налегать*) to press
или weigh down on; **дави́ться**
несов возв: **дави́ться (perf
подави́ться)** +*instr* (*костью*) to
choke on

да́вка (-ки; *gen pl* **-ок)** *ж* crush

давле́ние (-я) *ср* pressure

да́вний *прил*: **с да́вних пор** for a
long time; **давно́** *нареч*
(*случиться*) a long time ago;
(*долго*) for a long time; **давно́ бы
так!** about time too!;
давны́м-давно́ *нареч* (*разг*)
ages ago

дади́м *etc сов см* **дать**

да́же *част* even

дай(те) *сов см* **дать**

дал *etc сов см* **дать**

да́лее *нареч* further; **и так да́лее**
and so on

далёкий *прил* distant, far-off

далеко́ *нареч* (*о расстоянии*) far
away ▷ *как сказ* it's a long way
away; **далеко́ за** +*acc* long after;
далеко́ не by no means

дало́ *etc сов см* **дать**

дальне́йший *прил* further; **в
дальне́йшем** in the future

да́льний *прил* distant; (*поезд*)
long-distance; **Да́льний Восто́к** the
Far East

дальнозо́ркий *прил*
long-sighted (*Brit*), far-sighted (*US*)

да́льше *сравн прил от* **далёкий**
▷ *сравн нареч от* **далеко́**

дам *сов см* **дать**

да́м|а (-ы) *ж* lady; (*Карты*) queen

да́мский *прил* ladies'

Да́ни|я (-и) *ж* Denmark

да́нн|ые (-ых) *мн* (*сведения*) data
ед; (*способности*) talent *ед*

да́нный *прил*: **-и (-и)** *ж* tribute

дар (-а; *nom pl* **-ы́)** *м* gift

дари́ть (-ю, -ишь; *perf*
подари́ть) *несов перех* to give

да́ром *нареч* (*бесплатно*) free, for
nothing; (*бесполезно*) in vain

даст *сов см* **дать**

да́т|а (-ы) *ж* date

да́тельный *прил*: **да́тельный
паде́ж** the dative (case)

дати́р|овать (-ую) (*не*)*сов перех*
to date

дать (*см* Table 16; *impf* **дава́ть**)
сов to give; (*позволить*): **дать
кому́-н** +*infin* to allow sb to do, let
sb do; **я тебе́ дам!** (*угроза*) I'll
show you!

да́ч|а (-и) *ж* (*дом*) dacha (*holiday
cottage in the country*);
(*показания*) provision

дашь *сов см* **дать**

дв|а (-ух; *как* Table 23; *f* **две**, *nt*
два) *м чис* two ▷ *м нескл*
(*Просвещ*) ≈ poor (*school mark*)

двадца́тый *чис* twentieth

два́дцат|ь (-й; *как* **пять;** *см* Table
26) *чис* twenty

два́жды *нареч* twice; **два́жды
три — шесть** two times three is six

две *ж чис см* **два**

двена́дцатый *чис* twelfth

двена́дцат|ь (-и; *как* **пять;** *см*
Table 26) *чис* twelve

двер|ь (-и; *loc sg* **-и́,** *gen pl* **-е́й)** *ж*
door

две́ст|и (-ухсо́т; *см* Table 28) *чис*
two hundred

дви́гател|ь (-я) *м* engine, motor

д

дви́га|ть (-ю; *perf* **дви́нуть**) *несов перех* to move; (*no perf: механизм*) to drive; **дви́гаться** (*perf* **дви́нуться**) *несов возв* to move; (*отправляться*): **дви́гаться в/на** +*асс* to set off *или* start out for

движе́ни|е (-я) *ср* movement; (*дорожное*) traffic; (*души*) impulse; **пра́вила доро́жного** *или* **у́личного движе́ния** = the Highway Code

дви́н|уть(ся) (-у(сь)) *сов от* **дви́гать(ся)**

дво́|е (-и́х; *см* Table 30a) *м чис* two

двоето́чи|е (-я) *ср* (Линг) colon

дво́|йка (-йки; *gen pl* -ек) *ж* (*цифра, карта*) two; (*Просвещ*) ≈ fail, ≈ E (*school mark*)

двойно́й *прил* double

дво́|йня (-йни; *gen pl* -ен) *ж* twins *мн*

дво́йственный *прил* (*позиция*) ambiguous

двор (-а́) *м* yard; (*короле́вский*) court

двор|е́ц (-ца́) *м* palace

дво́рник (-а) *м* (*работник*) road sweeper; (*Авт*) windscreen (*Brit*) *или* windshield (*US*) wiper

дворня́ж|ка (-ки; *gen pl* -ек) *ж* mongrel

дворя́нств|о (-а) *ср* nobility

двою́родный *прил*: **двою́родный брат** (first) cousin (*male*); **двою́родная сестра́** (first) cousin (*female*)

двум *etc чис см* **две́сти**

двумста́м *чис см* **две́сти**

двусмы́сленный *прил* ambiguous

двуспа́льный *прил*: **двуспа́льная крова́ть** double bed

двух *чис см* **два**

двухсо́т *чис см* **две́сти**

двухсо́тый *чис* two hundredth

двухста́х *чис см* **две́сти**

двуязы́чный *прил* bilingual

дебати́р|овать (-ую) *несов перех* to debate

деба́т|ы (-ов) *мн* debate *ед*

де́бет (-а) *м* debit

деби́л (-а) *м* mentally handicapped person; (*разг: глупый*) idiot

деби́льный *прил* mentally handicapped

де́в|а (-ы) *ж*: **ста́рая де́ва** spinster; (*созвездие*): **Де́ва** Virgo

деви́з (-а) *м* motto

де́вичий *прил*: **деви́чья фами́лия** maiden name

де́воч|ка (-ки; *gen pl* -ек) *ж* (*ребёнок*) little girl

де́вушк|а (-и; *gen pl* -ек) *ж* girl

девяно́ст|о (-а; *как сто; см* Table 27) *чис* ninety

девяно́стый *чис* ninetieth

девя́т|ка (-ки; *gen pl* -ек) *ж* nine

девятна́дцатый *чис* nineteenth

девятна́дцать (-и; *как пять; см* Table 26) *чис* nineteen

девя́тый *чис* ninth

де́вять (-и; *как пять; см* Table 26) *чис* nine

девятьсо́т (-исо́т; *как пятьсо́т; см* Table 28) *чис* nine hundred

дёг|оть (-тя) *м* tar

деградир|овать (-ую) (*не*)*сов* to degenerate

дед (-а) *м* grandfather; **Дед Моро́з** ≈ Father Christmas, ≈ Santa (Claus)

дедовщи́н|а (-ы) *ж* mental and physical harassment in the army by older conscripts

де́душк|а (-и; *gen pl* -ек) *м* grandad

дежу́р|ить (-ю, -ишь) *несов* to be on duty

дежу́рн|ый *прил*: дежу́рный врач doctor on duty ▷ (-ого) *м* person on duty

дезодора́нт (-а) *м* antiperspirant, deodorant

де́йственный *прил* effective

де́йстви|е (-я) *ср* (*механизма*) functioning; (*романа итп*) action; (*часть пьесы*) act; (*лекарства*) effect; *см также* де́йствие

действи́тельно *нареч, вводн сл* really; **действи́тельность** (-и) *ж* reality

действи́тельный *прил* real, actual; (*документ*) valid

де́йстви|я (-й) *мн* (*поступки*) actions *мн*

де́йств|овать (-ую) *несов* (*человек*) to act; (*механизмы, закон*) to operate ▷ (*perf* поде́йствовать) (*влиять*) to have an effect on: де́йствовать на +*acc* to have an effect on

де́йствующий *прил*: де́йствующие ли́ца (*персонажи*) characters *мн*; де́йствующая а́рмия standing army; де́йствующий вулка́н active volcano

декабр|ь (-я́) *м* December

дека́н (-а) *м* dean; **декана́т** (-а) *м* faculty office

деклара́ци|я (-и) *ж* declaration; тамо́женная деклара́ция customs declaration

декора́ци|я (-и) *ж* (*Театр*) set

декре́т (-а) *м* (*приказ*) decree; (*разг: отпуск*) maternity leave

декре́тный *прил*: декре́тный о́тпуск maternity leave

де́ла|ть (-ю; *perf* сде́лать) *сов перех* to make; (*упражнения, опыты итп*) to do; де́лать не́чего

there is nothing to be done

де́ла|ться (*perf* сде́латься) *несов возв*: де́латься +*instr* to become

делега́т (-а) *м* delegate

деле́ни|е (-я) *ср* division; (*на линейке, в термо́метре*) point

деликате́с (-а) *м* delicacy

дел|и́ть (-ю́, -ишь; *perf* поделить или разделить) *несов перех* (*также Мат*) to divide; дели́ть (*perf* разделить) что-н на +*acc* to divide sth by; дели́ть (*perf* разделить) что-н с +*instr* to share sth with; **дели́ться** (*perf* поделиться или разделиться) *несов возв*: дели́ться (на +*acc*) (*отряд*) to divide или split up (into); дели́ться (*perf* поделиться) чем-н с кем-н to share sth with sb

де́л|о (-а; *nom pl* -а́) *ср* matter; (*надобность: также Комм*) business; (*положение*) situation; (*поступок*) act; (*Юр*) case; (*Админ*) file; э́то моё де́ло that's my business; э́то не твоё де́ло it's none of your business; как дела́? how are things?; в чём де́ло? what's wrong?; де́ло в том, что ... the thing is that ...; на (са́мом) де́ле in (actual) fact; на де́ле in practise; то и де́ло every now and then

делов|о́й *прил* business; (*дельный*) efficient; (*вид, тон*) businesslike

де́льный *прил* (*человек*) efficient; (*предложение*) sensible

дельфи́н (-а) *м* dolphin

демисезо́нный *прил*: демисезо́нное пальто́ coat for spring and autumn wear

демобилиз|ова́ться (-у́юсь) (*не*)*сов возв* to be demobilized

демокра́т (-а) *м* democrat;

демократи́ческий *прил*
democratic; **демокра́ти|я (-и)** *ж*
democracy

де́мон (-а) *м* demon

демонстра́ци|я (-и) *ж*
demonstration; *(фильма)*
showing

демонстри́р|овать (-ую) *(не)
сов* (*Полит*) to demonstrate
▷ *несов перех* to show

демонти́р|овать (-ую) *(не)сов*
to dismantle

де́нежный *прил* monetary;
(рынок) money; **де́нежный знак**
banknote

день (дня) *м* day; **на днях** *(скоро)*
in the next few days; *(недавно)*
the other day; **день рожде́ния**
birthday

де́ньг|и (-ег; *dat pl* **-ьга́м)** *мн*
money *ед*

депо́ *ср нескл* depot

депорти́р|овать (-ую) *(не)сов
перех* to deport

депре́сси|я (-и) *ж* depression

депута́т (-а) *м* deputy *(Пол)*

дёрга|ть (-ю) *несов перех* to tug
или pull *(at)* ▷ *неперех (+instr*:
плечом, головой) to jerk;

дёргаться *несов возв (машина,
лошадь)* to jerk; *(лицо, губы)* to
twitch

дереве́нский *прил* country,
village; *(пейзаж)* rural

дере́вн|я (-и; *gen pl* **-е́нь,** *dat
pl* **-ня́м)** *ж (селение)* village;
(местность) the country

де́рев|о (-ева; *nom pl* **-е́вья,** *gen
pl* **-е́вьев)** *ср* tree; *(древесина)*
wood

деревя́нный *прил* wooden

держа́в|а (-ы) *ж* power

держа́тель (-я) *м* holder

держа́|ть (-у́, -ишь) *сов перех*
to keep; *(в руках, во рту, в зубах)*

to hold; **держа́ть** *(impf)* **себя́ в
рука́х** to keep one's head;

держа́ться *несов возв* to stay;
(на колоннах, на сваях) to be
supported; *(иметь осанку)* to
stand; *(вести себя)* to behave;
держа́ться *(impf) +gen (берега,
стены итп)* to keep to

дёрн (-а) *м* turf

дёрн|уть (-у) *несов перех* to tug
(at) ▷ *неперех (+instr*: *плечом,
головой)* to jerk; **дёрнуться**
несов возв (машина) to start with
a jerk; *(губы)* to twitch

деса́нт (-а) *м* landing troops *мн*

десе́рт (-а) *м* dessert

десн|а́ (-ы́; *nom pl* **дёсны,** *gen pl*
дёсен) *ж (Анат)* gum

десятиле́ти|е (-я) *ж (срок)*
decade

деся́тк|и (-ов) *мн*: **деся́тки
люде́й/книг** scores of people/
books

деся́т|ок (-ка) *м* ten

деся́тый *прил* tenth

де́ся|ть (-й; *как* **пять; см** Table 26)
чис ten

дета́л|ь (-и) *ж* detail; *(механизма)*
component, part; **дета́льный**
прил detailed

детдо́м (-а; *nom pl* **-а́)** *м сокр*
= **де́тский дом**

детекти́в (-а) *м (фильм)*
detective film; *(книга)* detective
novel

детёныш (-а) *м* cub

де́т|и (-е́й; *dat pl* **-ям,** *instr pl*
-ьми́, *prp pl* **-ях,** *nom sg* **ребёнок)**
мн children *мн*

де́тск|ий *прил (годы, болезнь)*
childhood; *(книга, игра)* child's;
(рассуждение) childish; **де́тская
площа́дка** playground; **де́тский
дом** children's home; **де́тский
сад** kindergarten

● **ДЕ́ТСКИЙ САД**
● Children go to kindergarten from
● around the age of three and stay
● there until they are six or seven.
● The kindergartens provide
● full-time childcare and
● pre-primary education five days
● a week.

де́тств|о (-а) *ср* childhood
де|ть (-ну, -нешь; *impf* **дева́ть**)
сов перех (*разг*) to put; (*время,
деньги*) to do with; **де́ться** (*impf*
дева́ться) *сов возв* (*разг*) to get
to
дефе́кт (-а) *м* defect
дефици́т (-а) *м* (*Экон*) deficit;
(*нехва́тка*): **дефици́т** +*gen* или *в*
+*prp* shortage of; **дефици́тный**
прил in short supply
дециме́тр (-а) *м* decimetre (*Brit*),
decimeter (*US*)
дешеве́|ть (*3sg* -ет, *perf*
подешеве́ть) *несов* to go down
in price
дешёвый *прил* cheap
де́ятел|ь (-я) *м*: **госуда́рственный
де́ятель** statesman; **полити́ческий
де́ятель** politician;
де́ятельность (-и) *ж* work;
(*се́рдца, мо́зга*) activity;
де́ятельный *прил* active
джаз (-а) *м* jazz
джем (-а) *м* jam
джи́нс|ы (-ов) *мн* jeans
джу́нгл|и (-ей) *мн* jungle *ед*
дзю́до *ср нескл* judo
диа́гноз (-а) *м* diagnosis
диагности́ровать (-ую) (*не*)*сов
перех* to diagnose
диагона́л|ь (-и) *ж* diagonal
диагра́мм|а (-ы) *ж* diagram
диале́кт (-а) *м* dialect
диало́г (-а) *м* dialogue

диа́метр (-а) *м* diameter
диапозити́в (-а) *м* (*Фото*) slide
дива́н (-а) *м* sofa
дива́н-крова́ть (-и) *м* sofa bed
диве́рси|я (-и) *ж* sabotage
дивизи́|я (-и) *ж* division
ди́в|о (-а) *ср* wonder; **на ди́во**
wonderfully
дие́з (-а) *м* (*Муз*) sharp
дие́т|а (-ы) *ж* diet
дизайн (-а) *м* design; **диза́йнер**
(-а) *м* designer
дика́р|ь (-я́) *м* savage
ди́кий *прил* wild; (*посту́пок*)
absurd; (*нра́вы*) barbarous
дикта́тор (-а) *м* dictator
дикт|ова́ть (-у́ю; *perf*
продикто́ва́ть) *несов перех* to
dictate
ди́лер (-а) *м*: **ди́лер** (**по** +*prp*)
dealer (in)
дина́мик (-а) *м* (loud)speaker
дина́мик|а (-и) *ж* dynamics *мн*
динами́чный *прил* dynamic
диноза́вр (-а) *м* dinosaur
дипло́м (-а) *м* (*университе́та*)
degree certificate; (*учи́лища*)
diploma; (*рабо́та*) dissertation (*for
undergraduate degree*)
диплома́т (-а) *м* diplomat; (*разг:
портфе́ль*) briefcase
дире́ктор (-а; *nom pl* -а́) *м*
director; **дире́ктор шко́лы**
headmaster; **дире́кци|я** (-и) *ж*
(*заво́да*) management; (*шко́лы*)
senior management
дирижёр (-а) *м* (*Муз*) conductor;
дирижи́ровать (-ую) *несов*
+*instr* to conduct
диск (-а) *м* (*также Комп*) disc, disk
(*esp US*); (*Спорт*) discus; (*Муз*)
record; **ги́бкий/жёсткий диск**
floppy/hard disk
диске́т|а (-ы) *ж* diskette
дисково́д (-а) *м* (*Комп*) disc drive

дискримина́ци|я (-и) ж discrimination

диску́сси|я (-и) ж discussion

диспансе́р (-а) м specialized health centre

диссерта́ци|я (-и) ж ≈ PhD thesis

дистанцио́нн|ый прил: **дистанцио́нное управле́ние** remote control

диста́нци|я (-и) ж distance

дисципли́н|а (-ы) ж discipline

дичь (-и) ж собир game

длин|а́ (-ы́) ж length; **в длину́** lengthways

дли́нн|ый прил long; (разг: человек) tall

дли́тельный прил lengthy

дли́ться (3sg -ится, perf **продли́ться**) несов возв (урок, беседа) to last

для предл +gen for; (в отношении): **для меня́ э́то о́чень ва́жно** this is very important to me; **для того́ что́бы** in order to; **крем для лица́** face cream; **альбо́м для рисова́ния** sketch pad

дневни́к (-а́) м diary; (Просвещ) register

дневн|о́й прил daily; **дневно́е вре́мя** daytime

днём сущ см день ▷ нареч in the daytime; (после обеда) in the afternoon

дни etc сущ см день

дн|о (-а) ср (ямы) bottom; (моря, реки) bottom, bed

⭕ **КЛЮЧЕВО́Е СЛО́ВО**

до предл +gen **1** (о преде́ле движения) as far as; **мы дое́хали до реки́** we went as far as или to the river; **я проводи́л его́ до ста́нции** I saw him off at the station

2 (о расстоянии) to; **до го́рода 3**

киломе́тра it is 3 kilometres (Brit) или kilometers (US) to the town

3 (о временно́м преде́ле) till, until; **я отложи́л заседа́ние до утра́** I postponed the meeting till или until morning; **до свида́ния!** goodbye!

4 (пе́ред) before; **мы зако́нчили до переры́ва** we finished before the break

5 (о преде́ле состоя́ния): **мне бы́ло оби́дно до слёз** I was so hurt I cried

6 (полностью): **я отда́л ей всё до копе́йки** I gave her everything down to my last kopeck; **он вы́пил буты́лку до дна́** he drank the bottle dry

7 (направле́ние де́йствия): **ребёнок дотро́нулся до игру́шки** the child touched the toy

доба́в|ить (-лю, -ишь; impf **добавля́ть**) сов перех to add

добавле́ни|е (-я) ср addition

добежа́ть (как **бежа́ть**; см Table 20; impf **добега́ть**) сов: **добежа́ть до** +gen to run to или as far as

доби́ться (-ью́сь, -ьёшься; impf **добива́ться**) сов возв +gen to achieve

добра́|ться (-ерусь, -ерёшься; impf **добира́ться**) сов возв: **добра́ться до** +gen to get to, reach

добре́|ть (-ю; perf **подобре́ть**) несов to become kinder

добр|о́ (-а́) ср good; (разг: имущество) belongings мн, property; **добро́ пожа́ловать (в Москву́)!** welcome (to Moscow)!; **э́то не к добру́** this is a bad omen

доброво́л|ец (-ьца) м volunteer

доброво́льный прил voluntary

доброду́шный прил

good-natured

доброка́чественный *прил*
quality; (*опухоль*) benign

добросо́вестный *прил*
conscientious

доброта́ (**-ы́**) *ж* kindness

до́бр|ый *прил* kind; (*совет, имя*)
good; **бу́дьте добры́!** excuse me!;
**бу́дьте добры́, позвони́те нам
за́втра!** would you be so good as
to phone us tomorrow?; **всего́
до́брого!** all the best!; **до́брого
здоро́вья!** take care!; **до́брый
день/ве́чер!** good afternoon/
evening!; **до́брое у́тро!** good
morning!

добы́ть (*как* **быть**; см Table 21;
impf **добыва́ть**) *сов перех* to get;
(*нефть*) to extract; (*руду*) to mine

довез|ти́ (**-у́**; *pt* **довёз, -ла́,**
довезло́) *сов перех:* **довезти́**
кого́-н to take sb to *или* as
far as

дове́ренность (**-и**) *ж* power of
attorney

дове́ренн|ый (**-ого**) *м* (*также*
дове́ренное лицо́) proxy

дове́ри|е (**-я**) *ср* confidence, trust;
телефо́н *или* **Слу́жба дове́рия** help
line

дове́р|ить (**-ю, -ишь**) *impf*
доверя́ть *сов перех:* **дове́рить**
что-н кому́-н to entrust sb with sth

дове|сти́ (**-ду́, -дёшь**; *pt* **довёл,**
-ла́, *impf* **доводи́ть**) *сов перех:*
довести́ кого́-н/что-н до +*gen* to
take sb/sth to *или* as far as;
доводи́ть (*perf* **довести́**) **что-н до**
конца́ to see sth through to the
end; **доводи́ть** (*perf* **довести́**)
что-н до све́дения кого́-н to
inform sb of sth

дов|оди́ться (**-ожу́сь,**
-о́дишься) *несов* +*dat* to be
related to

дов|ози́ть (**-ожу́, -о́зишь**) *несов*
от **довезти́**

дово́льно *нареч* (*сильно*) quite
▷ *как сказ* (*that is*) enough

догада́|ться (**-юсь**; *impf*
дога́дываться) *сов возв* to
guess

дога́д|ка (**-ки**; *gen pl* **-ок**) *ж*
guess

дог|на́ть (**-оню́, -о́нишь**; *impf*
догоня́ть) *сов перех* to catch up
with

догово́р (**-а**) *м* (*Полит*) treaty;
(*Комм*) agreement

договорённост|ь (**-и**) *ж*
agreement

догов|ори́ть (**-ю́, -и́шь**; *impf*
догова́ривать) *сов (не)перех* to
finish

догов|ори́ться (**-ю́сь, -и́шься**;
impf **догова́риваться**) *сов возв:*
договори́ться о чём-н (*о*
встрече) to arrange sth with sb; (*о*
цене) to agree sth with sb

догола́ *нареч:* **разде́ться догола́**
to strip bare *или* naked

догоня́ (**-ю́**) *несов от* **догна́ть**

догор|е́ть (**-ю́, -и́шь**; *impf*
догора́ть) *сов* to burn out

доде́ла|ть (**-ю**; *impf*
доде́лывать) *сов перех* to finish

доду́ма|ться (**-юсь**; *impf*
доду́мываться) *сов возв:*
доду́маться до +*gen* to hit on; **как**
ты мог до тако́го доду́маться?
what on earth gave you that idea?

доеда́|ть (**-ю**) *несов от* **дое́сть**

дое́ду *etc сов см* **дое́хать**

доезжа́|ть (**-ю**) *несов от* **дое́хать**

дое́м *сов см* **дое́сть**

дое́сть (*как* **есть**; см Table 15;
impf **доеда́ть**) *сов перех* to eat
up

дое́хать (*как* **е́хать**; см Table 19;
impf **доезжа́ть**) *сов:* **дое́хать до**

+gen to reach

дожда́ться (-у́сь, -ёшься; *impr* -и́(те)сь) *сов возв*: дожда́ться кого́-н/чего́-н to wait until sb/sth comes

дождли́вый *прил* rainy

дождь (-я́) *м* rain; дождь идёт it's raining; дождь пошёл it has started to rain

дожида́ться (-юсь) *несов возв* +gen to wait for

дожи́ть (-ву́, -вёшь; *impf* **дожива́ть**) *сов неперех*: дожи́ть до +gen to live to

до́з|а (-ы) *ж* dose

дозвони́ться (-ю́сь, -и́шься; *impf* **дозва́ниваться**) *сов возв* to get through

доигра́|ть (-ю; *impf* **дои́грывать**) *сов перех* to finish playing

доистори́ческий *прил* prehistoric

до|и́ть (-ю́, -ишь; *perf* **подои́ть**) *несов перех* to milk

дойти́ (*как* **идти́**; *см* Table 18; *impf* **доходи́ть**) *сов*: дойти́ до +gen to reach

док (-а) *м* dock

доказа́тельств|о (-а) *ср* proof, evidence

дока|за́ть (-жу́, -жешь; *impf* **дока́зывать**) *сов перех* (правду, виновность) to prove

докла́д (-а) *м* (*на съезде итп*) paper; (*начальнику*) report; **докла́дчик** (-а) *м* speaker

докла́дыва|ть (-ю) *несов от* **доложи́ть**

до́ктор (-а; *nom pl* -а́) *м* doctor; **до́ктор нау́к** Doctor of Sciences (*postdoctoral research degree in Russia*)

до́кторский *прил* (*Мед*) doctor's; (*Просвещ*) postdoctoral

докуме́нт (-а) *м* document; **документа́льный** *прил* documentary; **документа́льный фильм** documentary; **документа́ци|я** (-и) *ж собир* documentation

долг (-а; *loc sg* -у́, *nom pl* -и́) *м* debt; дава́ть (*perf* дать)/брать (взять *perf*) что-н в долг to lend/borrow sth; быть (*impf*) в долгу́ пе́ред кем-и или у кого́-н to be indebted to sb

до́лгий *прил* long

до́лго *нареч* for a long time; как до́лго ...? how long ...?

долго-: **долгоигра́ющий** *прил*: **долгоигра́ющая пласти́нка** LP (= long-playing record)

долгосро́чный *прил* long-term

долгот|а́ (-ы́) *ж* length; (*Гео*) longitude

⊙ **КЛЮЧЕВО́Е СЛО́ВО**

до́лж|ен (-на́, -но́, -ны́) *часть сказуемого* +infin 1 (*обязан*): я до́лжен уйти́ I must go; я до́лжен бу́ду уйти́ I will have to go; она́ должна́ была́ уйти́ she had to go 2 (*выражает предположение*): он до́лжен ско́ро прийти́ he should arrive soon 3 (*о долге*): ты до́лжен мне 5 рубле́й you owe me 5 roubles 4: должно́ быть (*вероятно*) probably; должно́ быть, она́ о́чень уста́ла she must have been very tired

должностн|о́й *прил* official; **должностно́е лицо́** official

до́лжност|ь (-и; *gen pl* -е́й) *ж* post

доли́н|а (-ы) *ж* valley

до́ллар (-а) *м* dollar

дол|ожи́ть (-ожу́, -о́жишь; *impf* **докла́дывать**) *сов перех* to report

дол|ото́ (-ота́; *nom pl* -о́та) *ср* chisel

до́льше *сравн прил от* **до́лгий**
▷ *сравн нареч от* **до́лго**

до́ль|ка (-ки; *gen pl* -ек) *ж* segment

до́л|я (-и; *gen pl* -е́й) *ж* share; (*пирога*) portion; (*судьба*) fate; **до́ля секу́нды** a fraction of a second

дом (-а; *nom pl* -а́) *м* house; (*своё жильё*) home; (*семья*) household; **дом моде́лей** fashion house; **дом о́тдыха** = holiday centre (*Brit*) *или* center (*US*); **до́ма** *нареч* at home; **дома́шний** *прил* (*адрес*) home; (*еда*) home-made; (*животное*) domestic; **дома́шняя хозя́йка** housewife; **дома́шнее зада́ние** homework

домини́р|овать (-ую) *несов* to dominate

домкра́т (-а) *м* (*Tex*) jack

домовладе́л|ец (-ьца) *м* home owner; **домовладе́ни|е** (-я) *ср* (*дом*) house with grounds attached

домово́дство (-а) *ср* home economics

домо́й *нареч* home

домоуправле́ни|е (-я) *ср* ≈ housing department

домохозя́й|ка (-йки; *gen pl* -ек) *ж* = **дома́шняя хозя́йка**

домрабо́тни|ца (-ы) *ж* (= **дома́шняя рабо́тница** (*Brit*), maid (*US*)

донесе́ни|е (-я) *ср* report

донес|ти́ (-у́, -ёшь; *pt* донёс, -ла́, *impf* **доноси́ть**) *сов перех* to carry ▷ *неперех*: **донести́ до** +*gen* to reach; **донести́ (perf) о** +*prp* to report on; **донести́сь** (*impf*

доноси́ться *сов возв*: **донести́сь до** +*gen* to reach

до́низу *нареч* to the bottom; **све́рху до́низу** from top to bottom

до́нор (-а) *м* (*Мед*) donor

доно́с (-а) *м*: **доно́с (на** +*acc*) denunciation (of)

дон|оси́ть (-ошу́, -о́сишь) *несов от* **донести́**

допива́|ть (-ю) *несов от* **допи́ть**

до́пинг (-а) *м* drugs *мн*

допис|а́ть (-у́, -шешь; *impf* **допи́сывать**) *сов перех* to finish (writing)

доп|и́ть (-ью́, допьёшь; *imper* допе́й(те), *impf* допива́ть) *сов перех* to drink up

допла́т|а (-ы) *ж* surcharge; **допла́та за бага́ж** excess baggage (charge)

доплы́|ть (-ву́, -вёшь; *impf* **доплыва́ть**) *сов*: **доплы́ть до** +*gen* (*на корабле́*) to sail to; (*вплавь*) to swim to

дополне́ни|е (-я) *ср* supplement; (*Линг*) object; **в дополне́ние (к** +*dat*) in addition (to)

дополни́тельный *прил* additional

допо́лн|ить (-ю, -ишь; *impf* **дополня́ть**) *сов перех* to supplement

допра́шива|ть (-ю) *несов от* **допроси́ть**

допро́с (-а) *м* interrogation

допуска́|ть (-ю; *perf* **допусти́ть**) *несов перех* to admit, allow in; (*предположить*) to assume

допусти́м *вводн сл* let us assume

допуще́ни|е (-я) *ср* assumption

дораст|и́ (-у́, -ёшь; *pt* доро́с, доросла́, доросло́, *impf* **дораста́ть**) *сов*: **дорасти́ до** +*gen* to grow to

доро́г|а (-и) ж road, way; **по доро́ге** on the way

до́рого нареч (купить, продать) at a high price ▷ как сказ it's expensive

дорог|о́й прил expensive; (цена) high; (друг, мать) dear; (воспоминания, подарок) cherished ▷ (-**о́го**) м dear, darling

дорожа́|ть (3sg -ет, perf подорожа́ть) несов to go up или rise in price

доро́же сравн прил от **дорого́й** ▷ сравн нареч от **до́рого**

дорож|и́ть (-у́, -и́шь) несов +instr to value

доро́жный прил road; (костюм, расходы) travelling (Brit), traveling (US); (сумка) travel

доск|а́ (-и́; nom pl -и, gen pl -о́к) ж board; (деревянная) plank; (мраморная) slab; (чугунная) plate; **доска́ объявле́ний** notice (Brit) или bulletin (US) board

доскона́льный прил thorough

досло́вно нареч word for word

дослу́ша|ть (-ю; impf **дослу́шивать**) сов перех to listen to

досмо́тр (-а) м: тамо́женный досмо́тр customs examination

досм|отре́ть (-отрю́, -о́тришь; impf **досма́тривать**) сов перех to watch the end of; (багаж) to look over

досро́чно нареч ahead of time

досро́чный прил early

доста|ва́ть(ся) (-ю́(сь)) несов от **доста́ть(ся)**

доста́в|ить (-лю, -ишь; impf **доставля́ть**) сов перех (груз) to deliver; (пассажиров) to carry, transport; (удовольствие, возможность) to give

доста́в|ка (-ки; gen pl -ок) ж delivery

доста́т|ок (-ка) м prosperity

доста́точно нареч: доста́точно хорошо́/подро́бно good/detailed enough ▷ как сказ that's enough

доста́|ть (-ну, -нешь) imper **доста́нь(те)**, impf **достава́ть** сов перех (раздобыть) to get ▷ неперех: доста́ть до +gen to reach; **доста́ться** сов возв (при разделе): мне доста́лся дом I got the house

достига́|ть (-ю) несов от **дости́чь**

достиже́ни|е (-я) ср achievement; (предела, возраста) reaching

дости́|чь (-гну, -гнешь; pt -г, -гла, impf **достига́ть**) сов +gen to reach; (результата, цели) to achieve; (положения) to attain

достове́рный прил reliable

досто́инств|о (-а) ср (книги, плана) merit; (уважение к себе) dignity; (Комм) value

досто́йный прил (награда, кара) fitting; (человек) worthy

достопримеча́тельност|ь (-и) ж sight; (музея) showpiece; **осма́тривать** (perf **осмотре́ть**) достопримеча́тельности to go sightseeing

достоя́ни|е (-я) ср property; **станови́ться** (perf **стать**) достоя́нием обще́ственности to become public knowledge

до́ступ (-а) м access

досу́г (-а) м leisure (time); **на досу́ге** in one's spare или free time

дота́ци|я (-и) ж subsidy

дотла́ нареч: сгоре́ть дотла́ to burn down (to the ground)

дотра́|гиваться (-гиваюсь; perf **дотро́нуться**) несов возв: дотро́нуться до +gen to touch

дот|януть (-**яну́, -я́нешь**; *impf*
дотя́гивать) *сов перех*: **дотяну́ть
что-н до** +*gen* to extend sth as far
as; **дотя́гиваться** (*impf*
дотяну́ться) *сов возв*:
дотяну́ться до +*gen* to reach

до́хлый *прил* dead

до́х|нуть (-**ну**; *pt*-, -**ла**, *perf*
подо́хнуть) *несов* (животное) to
die

дохо́д (-**а**) *м* income, revenue;
(человека) income

доходи́ть *несов от* **дойти́**

дохо́дчивый *прил* clear, easy to
understand

доце́нт (-**а**) *м* ≈ reader (*Brit*),
≈ associate professor (*US*)

до́ч|ка (-**ки**; *gen pl* -**ек**) *ж*
daughter

дочь (-**ери**; см *Table 2*) *ж*
daughter

дошёл *сов см* **дойти́**

дошко́льник (-**а**) *м* preschool
child

дошла́ *итп см* **дойти́**

ДПР *ж сокр* (= Демократи́ческая
Па́ртия Росси́и) *см* ЛДПР

драгоце́нность (-**и**) *ж* jewel

драгоце́нный *прил* precious

дразни́ть (-**ю́, -ишь**; *impf*
драпирова́ть) *несов
перех* to tease

дра́к|а (-**и**) *ж* fight

драко́н (-**а**) *м* dragon

дра́м|а (-**ы**) *ж* drama;
драмати́ческий *прил* dramatic;
(актёр) stage; **драмату́рг** (-**а**) *м*
playwright

драматурги́|я (-**и**) *ж* drama
▷ *собир* plays

драпир|ова́ть (-**у́ю**; *perf*
задрапирова́ть) *несов перех*:
драпирова́ть что-н (чем-н) to
drape sth (with sth)

драть (**деру́, дерёшь**; *perf*
разодра́ть) *несов перех* (бумагу,

одежду) to tear *или* rip up ▷ (*perf*
задра́ть) (подлеж: волк) to tear to
pieces ▷ (*perf* **содра́ть**) (кору,
обои) to strip; **дра́ться** (*perf*
подра́ться) *несов возв*:
подра́ться (с +*instr*) to fight (with)

дребезг|и́ *мн* в дре́безги to
smithereens

древеси́н|а (-**ы**) *ж собир* timber

древе́с|ный *прил* wood;
древе́сный у́голь charcoal

дре́вний *прил* ancient

дрейф|ова́ть (-**у́ю**) *несов* to drift

дрель (-**и**) *ж* drill

дрессир|ова́ть (-**у́ю**; *perf*
вы́дрессировать) *несов перех*
to train

дроб|и́ть (-**лю́, -и́шь**; *perf*
раздроби́ть) *несов перех* to
crush; (силы) to split

дробь (-**и**; *gen pl* -**е́й**) *ж* fraction;
(бараба́на) beat

дров|а́ (-; *dat pl* -**а́м**) *мн* firewood
ед

дрог|ну́ть (-**у**) *сов* (стекла́, руки)
to shake; (голос, лицо) to quiver

дрож|а́ть (-**у́, -и́шь**) *несов* to
shake, tremble; (лицо) to quiver;
дрожа́ть (*impf*) за +*acc или* над
+*instr* (разг) to fuss over

дро́жж|и (-**ей**) *мн* yeast *ед*

дрозд (-**а́**) *м* thrush; **чёрный
дрозд** blackbird

друг (-**а**; *nom pl* -**зья́**, *gen pl*
-**зе́й**) *м* friend; **друг дру́га** each
other, one another; **друг дру́гу**
(говори́ть) to each other *или* one
another; **друг за дру́гом** one after
another; **друг о дру́ге** (говори́ть)
about each other *или* one another

друг|о́й *прил* another; (иной)
(второй) the other; (не тако́й, как
этот) different ▷ (-**о́го**) *м* (кто-то
иной) another (person); (второй)
the other (one); **в друго́й раз**

another time; **и тот и друго́й** both

дру́жб|а (-ы) ж friendship

дружелю́бный прил friendly, amicable

дру́жеский прил friendly

дру́жественный прил friendly

друж́ить (-у́, -ишь) несов: **дружи́ть с** +instr to be friends with

друж|о́к (-ка́) м (друг) friend, pal (inf)

друзья́ etc сущ см **друг**

дрян|ь (-и) ж (разг) rubbish (Brit), trash (US)

дуб (-а; nom pl -ы́) м (Бот) oak (tree); (древеси́на) oak

дублёнк|а (-и; gen pl -ок) ж sheepskin coat

дублика́т (-а) м duplicate

дубли́р|овать (-ую) несов перех to duplicate; (Кино) to dub; (Тех) to back up

дуг|а́ (-и́; nom pl -и) ж (Геом) arc

ду́л|о (-а) ср muzzle; (ствол) barrel

ду́м|а (-ы) ж (размышление) thought; **Ду́ма** (Полит) the Duma (lower house of Russian parliament)

ду́ма|ть (-ю) несов: **ду́мать (о чём-н)** to think (about sth); (impf) **над чем-н** to think sth over; **я ду́маю, что да/нет** I think/don't think so

дум|е́ц (-ца́) м (разг) member of the Duma

ду́мск|ой прил: **ду́мское заседа́ние** meeting of the Duma

ду́н|уть (-у) сов to blow

дупл|о́ (-а́; nom pl -ла, gen pl -ел) ср (дерева) hollow

ду́р|а (-ы) ж (разг) fool

дура́к (-а́) м (разг) fool

дура́цкий прил (разг) foolish; (шляпа) daft

дура́ч|ить (-у, -ишь; perf **одура́чить**) несов перех (разг) to

con; **дура́читься** несов возв (разг) to play the fool

дур|и́ть (-ю́, -и́шь; perf **обдури́ть**) несов перех (разг) to fool

ду́рно нареч badly

дуро́чк|а (-ки; gen pl -ек) ж (разг) silly girl

дуршла́г (-а) м colander

ду́|ть (-ю) несов to blow ▷ (perf **вы́дуть**) перех (Тех) to blow; **здесь ду́ет** it's draughty (Brit) или drafty (US) in here

дух (-а; part gen -у) м spirit; (impf) **в ду́хе/не в ду́хе**: **быть в ду́хе/не в ду́хе** to be in high/low spirits

духи́ (-о́в) мн perfume ед, scent ед

духо́вк|а (-и) ж oven

духо́вный прил spiritual; (религиозный) sacred, church

духов|о́й прил (Муз) wind; **духовы́е инструме́нты** brass section (in orchestra); **духово́й орке́стр** brass band

душ (-а) м shower

душ|а́ (acc sg -у, gen sg -и́, nom pl -и) ж soul; **на ду́шу (населе́ния)** per head (of the population); **он в ней души́ не ча́ет** she's the apple of his eye; **говори́ть** (impf)/**бесе́довать** (impf) **по душа́м** to have a heart-to-heart talk/chat; **в глубине́ души́** in one's heart of hearts

душевнобольн|о́й (-о́го) м mentally-ill person

душе́вный прил (силы, подъём) inner; (разговор) sincere; (человек) kindly; **душе́вное потрясе́ние** shock

душ|и́ть (-у́, -ишь; perf **задуши́ть** или **удуши́ть**) несов перех to strangle; (свободу, прогресс) to stifle ▷ (perf **надуши́ть**) (платок) to perfume, scent

ду́шно *как сказ* it's stuffy *или* close

ды́бом *нареч:* встава́ть ды́бом (*волосы, шерсть*) to stand on end

дыбы́ *мн:* станови́ться на дыбы́ (*лошадь*) to rear up

дым (-а; *loc sg* -у́) *м* smoke;
дым|и́ть (-лю́, -ишь; *perf* надыми́ть) *несов* (*печь, дрова*) to smoulder (*Brit*), smolder (*US*);
дыми́ться *несов возв* (*труба*) to be smoking

ды́мк|а (-и) *ж* haze

ды́мчатый *прил* (*стёкла*) tinted

ды́н|я (-и) *ж* melon

дыр|а́ (-ы́; *nom pl* -ы) *ж* hole

ды́р|ка (-ки; *gen pl* -ок) *ж* hole

дыроко́л (-а) *м* punch

дыш|а́ть (-у́, -ишь) *несов* to breathe; (+*instr:* ненавистью) to exude; (*любовью*) to radiate

дья́вол (-а) *м* devil

дю́жин|а (-ы) *ж* dozen

дя́д|я (-и) *м* uncle; (*разг*) bloke

е

Ева́нгели|е (-я) *ср* the Gospels *мн*; (*одна из книг*) gospel

евре́|й (-я) *м* Jew

евре́йский *прил* (*народ, обычаи*) Jewish; **евре́йский язы́к** Hebrew

е́вро *м нескл* euro

Евро́п|а (-ы) *ж* Europe;
европе́|ец (-йца) *м* European;
европе́йский *прил* European;
Европе́йский Сове́т Council of Europe; **Европе́йское Соо́бщество** European Community

его́ *мест см* он; оно́ ▷ *притяж мест* (*о мужчине*) his; (*о предмете*) its

ед|а́ (-ы́) *ж* (*пища*) food; (*процесс*) за едо́й, во вре́мя еды́ at mealtimes

едва́ *нареч* (*с трудом:* нашёл, доста́л, дое́хал *итп*) only just;

éдем etc сов см **éхать**

еди́м несов см **есть**

едини́ц|а (-ы) ж (цифра) one; (измерения, часть целого) unit; **де́нежная едини́ца** monetary unit

единобо́рств|о (-а) ср single combat

единовре́менн|ый прил: **единовре́менная су́мма** lump sum

единогла́сный прил unanimous

единоду́шный прил unanimous

еди́нственн|ый прил (the) only; **еди́нственное число́** (Линг) singular

еди́н|ый прил (цельный) united; (общий) common; **все до еди́ного** to a man; **еди́ный госуда́рственный экза́мен** university entrance exam; **еди́ный (проездно́й) биле́т** travel card (for use on all forms of transport)

＊ **ЕДИ́НЫЙ ГОСУДА́РСТВЕННЫЙ ЭКЗА́МЕН**

- This exam is sat by
- school-leavers after completing
- 10 years of education. The mark
- obtained determines whether the
- student can be admitted to a
- higher education institue. See
- note at **проходно́й балл**

＊ **ЕДИ́НЫЙ ПРОЕЗДНО́Й БИЛЕ́Т**

- This is a cheap and convenient
- way of city travel. It covers many
- types of transport including the
- trams, trolleybuses and buses.

еди́те несов см **есть**

éду etc несов см **éхать**

едя́т несов см **есть**

её мест (притяж мест о женщине итп) her; (о предмете итп) its

ёж (-á) м hedgehog

ежего́дный прил annual

ежедне́вник (-а) м diary

ежедне́вный прил daily

ежеме́сячный прил monthly

еженеде́льный прил weekly

езда́ (-ы́) ж journey

е́з|дить (-жу, -дишь) несов to go; **е́здить** impf на (+prp) (на лошади, на велосипеде) to ride; (на поезде, на автобусе итп) to travel или go by

ей мест см **она́**

ел etc несов см **есть**

е́ле нареч (с трудом) only just; (едва) barely, hardly; **е́ле-е́ле** with great difficulty

ёл|ка (-ки; gen pl -ок) ж fir (tree); (праздник) New Year party for children; (рожде́ственская или нового́дняя) **ёлка** = Christmas tree

ело́вый прил fir

ёлочн|ый прил: **ёлочные игру́шки** Christmas-tree decorations мн

ель (-и) ж fir (tree)

ем несов см **есть**

ёмкость (-и) ж (объём) capacity; (вместилище сосуд) container

ему́ мест см **он**; **оно́**

ерунда́ (-ы́) ж rubbish, nonsense

ЕС сокр EU

 КЛЮЧЕВО́Е СЛО́ВО

е́сли союз **1** (в том случае когда) if; **е́сли она́ придёт, дай ей э́то письмо́** if she comes, give her this letter; **е́сли ..., то ...** (если) if ...,

then ...; **е́сли** он опозда́ет, то иди́ **оди́н** if he is late, (then) go alone
2 (*об условном действии*): **е́сли бы**(, то и́ли тогда́) if; **е́сли бы я мог**, (то) помо́г бы тебе́ if I could, I would help you
3 (*выражает сильное желание*): (**ах** или **о**) **е́сли бы** if only; **ах е́сли бы он пришёл**! oh, if only he would come!; **е́сли уж на то пошло́ I** if it comes to it; **что е́сли...?** (*а вдруг*) what if...?

ест *несов см* **есть**
есте́ственно *нареч* naturally ▷ *вводн сл* (*конечно*) of course; **есте́ственный** *прил* natural
есть¹ *несов* (*один предмет*) there is; (*много предметов*) there are; **у меня́ есть друг** I have a friend
есть² (*см Table 15; perf* **пое́сть** или **съесть**) *несов перех* (*питаться*) to eat; **мне хо́чется есть** I'm hungry
е́хать (*см Table 19*) *несов* to go; (*поезд, автомобиль: приближаться*) to come; (*: двигаться*) to go; (*разг: скользить*) to slide; **е́хать** *impf* **на** (+*prp*) (*на лошади, на велосипеде*) to ride; **е́хать** (*impf*) +*instr* или **на** +*prp* (*на машине, на автобусе*) to travel или go by
ехи́дный *прил* spiteful
ешь *несов см* **есть**
ещё *нареч* (*дополнительно*) more; **хочу́ ещё ко́фе** I want more coffee
е́ю *мест см* **она́**

ж *союз, част см* **же**
жа́ба (**-ы**) *ж* (*Зоол*) toad
жа́воронок (**-ка**) *м* (*Зоол*) lark
жа́дность (**-и**) *ж*: **жа́дность** (к +*dat*) (*к вещам, к деньгам*) greed (for)
жа́дный *прил* greedy
жа́жда (**-ы**) *ж* thirst
жаке́т (**-а**) *м* (woman's) jacket
жале́ть (**-ю**; *perf* **пожале́ть**) *несов перех* to feel sorry for; (*скупиться*) to grudge ▷ *неперех*: **жале́ть** о +*prp* to regret; **не жалея́ сил** sparing no effort
жа́лить (**-ю, -ишь**; *perf* **ужа́лить**) *несов перех* (*подлеж: оса*) to sting; (*: змея*) to bite
жа́лкий *прил* (*вид*) pitiful, pathetic
жа́лко *как сказ* = **жаль**
жа́ло (**-а**) *ср* (*пчелы*) sting; (*змеи*) bite

жа́лоб|а (-ы) *ж* complaint
жа́лованье (-я) *ср* salary
жа́л|оваться (-уюсь; *perf*
пожа́ловаться) *несов возв*:
жа́ловаться на +*acc* to complain
about; (*ябедничать*) to tell on
жа́лост|ь (-и) *ж*: **жа́лость к** +*dat*
sympathy for; **кака́я жа́лость!**
what a shame!

КЛЮЧЕВОЕ СЛОВО

жаль *как сказ* **1** (+*acc*: *о
сострадании*): (**мне**) **жаль дру́га** I
am sorry for my friend
2 (+*acc или* +*gen*: *о сожалении, о
досаде*): (**мне**) **жаль вре́мени/
де́нег** I grudge the time/money
3 +*infin*: **жаль уезжа́ть** it's a pity
или shame to leave

жар (-а) *м* heat; (*Мед*) fever
жар|а́ (-ы́) *ж* heat
жарго́н (-а) *м* slang;
(*профессиональный*) jargon
жа́реный *прил* (*на сковороде*)
fried; (*в духовке*) roast
жа́р|ить (-ю, -ишь; *perf*
зажа́рить) *несов перех* (*на
сковороде*) to fry; (*в духовке*) to
roast; **жа́риться** (*perf*
зажа́риться) *несов возв* to fry
жа́ркий *прил* hot; (*спор*) heated
жа́рко *нареч* (*спорить*) heatedly
▷ *как сказ* it's hot; **мне жа́рко** I'm
hot
жа́тв|а (-ы) *ж* harvest
жать[1] (**жму, жмёшь**) *несов
перех* (*руку*) to shake; (*лимон,
сок*) to squeeze; **сапоги́ мне жмут**
my boots are pinching (my feet)
жать[2] (**жну, жнёшь**; *perf* **сжать**)
несов перех to reap
жва́ч|ка (-ки; *gen pl* -ек) *ж*
(*разг: резинка*) chewing gum

жд|ать (-у, -ёшь; *pt* -ал, -ала́,
-а́ло) *несов* (не)*перех* (+*acc или*
+*gen*: *письмо, гостей*) to expect;
(*поезда, сигнала*) to wait for

КЛЮЧЕВОЕ СЛОВО

же *союз* **1** (*при
противопоставлении*) but; **я не
люблю́ матема́тику, литерату́ру
же обожа́ю** I don't like
mathematics, but I love literature
2 (*вводит дополнительные
сведения*) and; **успе́х зави́сит от
нали́чия ресу́рсов, ресу́рсов же
ма́ло** success depends on the
presence of resources, and the
resources are insufficient
▷ *част* **1** (*ведь*): **вы́пей ещё ча́ю,
хо́чешь же** have more tea, you
want some, don't you?
2 (*именно*): **приду́ сейча́с же** I'll
come right now
3 (*выража́ет сходство*): **тако́й же**
the same; **в э́том же году́** this very
year

ж|ева́ть (-ую́) *несов перех* to
chew
жела́ни|е (-я) *ср* (*про́сьба*)
request; **жела́ние** +*gen/ или* +*infin*
desire for/to do
жела́тельный *прил* desirable
жела́|ть (-ю; *perf* **пожела́ть**)
несов +*gen* to desire; **жела́ть** (*perf*
пожела́ть) +*infin* to wish *или* want
to do; **жела́ть** (*perf* **пожела́ть**)
кому́-н сча́стья/всего́ хоро́шего to
wish sb happiness/all the best
жела́ющ|ий (-его) *м*: **жела́ющие
пое́хать/порабо́тать** those
interested in going/working
желе́ *ср нескл* jelly (*Brit*), jello
(*US*)
желез|а́ (-ы́; *nom pl* -ы, *gen*

pl **-ёз**, *dat pl* **-еза́м**) *ж* gland

железнодоро́жный *прил*
(*вокзал*) railway (*Brit*), railroad
(*US*); (*транспорт*) rail

желе́зн|ый *прил* iron;
желе́зная доро́га railway (*Brit*),
railroad (*US*)

железо́ (**-а**) *ср* iron

жёлоб (**-а**, *nom pl* **-а́**) *м* gutter

желте́|ть (**-ю**; *perf* **пожелте́ть**)
несов to turn yellow

желто́к (**-ка́**) *м* yolk

жёлтый *прил* yellow

желу́д|ок (**-ка**) *м* (*Анат*) stomach

желу́дочный *прил* (*боль*)
stomach; (*сок*) gastric

жёлудь (**-я**) *м* acorn

жёлчный *прил*: **жёлчный
пузы́рь** gall bladder

жемчуг (**-а**; *nom pl* **-а́**) *м* pearls
мн

жемчу́жин|а (**-ы**) *ж* pearl

жен|а́ (**-ы́**; *nom pl* **жёны**, *gen pl*
жён) *ж* wife

жена́т|ый *прил* married (*of man*);
он жена́т на +*prp* he is married to;
они́ жена́ты they are married

Жене́в|а (**-ы**) *ж* Geneva

жен|и́ть (**-ю́**, **-ишь**) (*не*)*сов перех*
(*сына, внука*): **жени́ть кого́-н (на**
+*prp*) to marry sb (off) (to);
жени́ться (*не*)*сов возв*:
жени́ться на +*prp* to marry (*of
man*) ▷ (*perf* **пожени́ться**) (*разг*)
to get hitched

жени́х (**-а́**) *м* (*до сва́дьбы*) fiancé;
(*на сва́дьбе*) (bride)groom

же́нский *прил* women's; (*логика,
о́рганы*) female; **же́нский пол**
the female sex; **же́нский род**
feminine gender

же́нственный *прил* feminine

же́нщин|а (**-ы**) *ж* woman

жердь (**-и**; *gen pl* **-е́й**) *ж* pole

жеребён|ок (**-ёнка**; *nom pl* **-я́та**,

gen pl **-я́т**) *м* foal

же́ртв|а (**-ы**) *ж* victim; (*Рел*)
sacrifice; **челове́ческие же́ртвы**
casualties

же́ртвовать (**-ую**; *perf*
поже́ртвовать) *перех* (+*instr*:
жи́знью) to sacrifice ▷ *перех*
(*деньги*) to donate

жест (**-а**) *м* gesture

жёсткий *прил* (*кровать,
челове́к*) hard; (*мясо*) tough;
(*во́лосы*) coarse; (*усло́вия*) strict;
жёсткий ваго́н railway carriage
with hard seats; **жёсткий диск**
hard disk

жесто́кий *прил* cruel; (*моро́з*)
severe

жесто́кость (**-и**) *ж* cruelty

жето́н (**-а**) *м* tag; (*в метро́*) token

жечь (**жгу, жжёшь** *etc*, **жгут**; *pt*
жёг, жгла, *perf* **сжечь**) *несов
перех* to burn

жже́ни|е (**-я**) *ср* burning
sensation

живо́й *прил* alive; (*органи́зм*)
living; (*живо́тное*) live; (*челове́к*:
энерги́чный) lively

живопи́сный *прил* picturesque

жи́вопись (**-и**) *ж* painting

живо́т (**-а́**) *м* stomach; (*разг*)
tummy

живо́тн|ое (**-ого**) *ср* animal

живо́тный *прил* animal

живу́ *etc несов см* **жить**

жи́дкий *прил* liquid

жи́дкость (**-и**) *ж* liquid

жи́зненный *прил* (*вопро́с,
интере́сы*) vital; (*необходи́мость*)
basic; **жи́зненный у́ровень**
standard of living; **жи́зненный
о́пыт** experience

жизнера́достный *прил*
cheerful

жизнеспосо́бный *прил* viable

жизнь (**-и**) *ж* life

жил etc несов см **жить**

жиле́т (-а) м waistcoat (Brit), vest (US)

жиле́ц (-ьца́) м (дома) tenant

жили́щный прил housing

жил|о́й прил (дом, здание) residential; **жила́я пло́щадь** accommodation

жильё (-я́) ср accommodation

жир (-а; nom pl -ы́) м fat; (растительный) oil

жи́рный прил (пища) fatty; (человек) fat; (волосы) greasy

жира́ф (-а) м giraffe

жи́тель (-я) м resident

жи́тельство (-а) ср residence

жи|ть (-ву́, -вёшь; pt -л, -ла́, -ло) несов to live; **жил-был** there once was, once upon a time there was

жму́р|ить (-ю, -ишь; perf **зажму́рить**) несов: **жму́рить глаза́** to screw up one's eyes; **жму́риться** (perf **зажму́риться**) несов возв to squint

жоке́й (-я) м jockey

жонгли́р|овать (-ую) несов +instr to juggle (with)

жре́би|й (-я) м: **броса́ть жре́бий** to cast lots

ЖСК м сокр (= жили́щно-строи́тельный кооперати́в) ≈ housing cooperative

жужж|а́ть (-у́, -и́шь) несов to buzz

жук (-а́) м beetle

журна́л (-а) м magazine; (классный) register

журнали́ст (-а) м journalist; **журнали́стик|а** (-и) ж journalism

жу́ткий прил terrible

ЖЭК (-а) м сокр (= жили́щно-эксплуатацио́нная конто́ра) ≈ housing office

жюри́ ср нескл panel of judges

З

з. сокр (= за́пад) W (= West); (= за́падный) W (= West)

 КЛЮЧЕВО́Е СЛО́ВО

за предл +acc **1** out (of); **выходи́ть** (perf **вы́йти**) **за дверь** to go out (of) the door

2 (позади) behind; **пря́таться** (perf **спря́таться**) **за де́рево** to hide behind a tree

3 (около: сесть, встать) at; **сади́ться** (perf **сесть**) **за стол** to sit down at the table

4 (свыше какого-н предела) over; **ему́ за со́рок** he is over forty

5 (при указании на расстояние, на время): **за пять киломе́тров отсю́да** five kilometres (Brit) или kilometers (US) from here; **за три часа́ до нача́ла спекта́кля** three hours before the beginning of the show

6 (*при указании объекта действия*): держа́ться за +*acc* to hold onto; ухвати́ться (*perf*) за +*acc* to take hold of; брать (*perf* взять) кого́-н за́ руку to take sb by the hand; бра́ться (*perf* взя́ться) за рабо́ту to start work

7 (*об объекте чувств*) for; ра́доваться (*impf*) за сы́на to be happy for one's son; беспоко́иться (*impf*) за му́жа to worry about one's husband

8 (*о цели*) for; сража́ться (*impf*) за побе́ду to fight for victory

9 (*в пользу*) for, in favour (*Brit*) *или* favor (*US*) of; голосова́ть (*perf* проголосова́ть) за предложе́ние to vote for *или* in favour of a proposal

10 (*по причине, в обмен*) for; благодарю́ Вас за по́мощь thank you for your help; плати́ть (*impf*) за что-н to pay for sth

11 (*вместо кого́-н*) for; рабо́тать (*impf*) за дру́га to fill in for a friend

▷ предл +*instr* **1** (*по другую сторону*) on the other side of; жить (*impf*) за реко́й to live on the other side of the river

2 (*вне*) outside; жить (*impf*) за́ го́родом to live outside the town; за грани́цей abroad

3 (*позади*) behind; стоя́ть (*impf*) за две́рью to stand behind the door

4 (*около: стоять, сидеть*) at; сиде́ть (*impf*) за столо́м to sit at the table

5 (*о смене событий*) after; год за го́дом year after year

6 (*во время чего-н*) over; за за́втраком over breakfast

7 (*о объекте действия*): смотре́ть *или* уха́живать за +*instr* to look after

8 (*с целью получить, достать что-л*) for; я посла́л его́ за газе́той I sent him out for a paper

9 (*по причине*) for

▷ как сказ (*согласен*) in favour; кто за? who is in favour

▷ ср нескл pro; взве́сить (*perf*) все за и про́тив to weigh up all the pros and cons

забасто́в|ка (-ки; *gen pl* -ок) *ж* strike

забасто́вщик (-а) *м* striker

забе́г (-а) *м* (*Спорт*) race (*in running*); ▷ отбо́рочный heat

забежа́ть (*как бежа́ть*; см Table 20; *impf* забега́ть) *сов*: забежа́ть (в +*acc*) за дом, в дере́вню) to run in(to); (*разг: на недолго*) to drop in(to); забежа́ть впере́д to run ahead

забира́|ть(ся) (-ю(сь)) *несов от* забра́ть(ся)

заб|и́ть (-ью, -ьёшь; *impf* забива́ть) перех (гвоздь, сваю) to drive in; (*Спорт: гол*) to score; (*наполнить*) to overfill; (*засорить*) to clog (up); (*скот, зверя*) to slaughter; заби́ться *сов возв* (*сердце*) to start beating

забива́ться (*спрятаться*) to hide (away)

заблу|ди́ться (-жу́сь, -у́дишься) *сов возв* to get lost

заблужда́|ться (-юсь) *несов возв* to be mistaken; **заблужде́ни|е** (-я) *ср* misconception

заболева́ни|е (-я) *ср* illness

заболе́|ть (-ю; *impf* заболева́ть) *сов* (нога, горло) to begin to hurt; заболе́ть (*perf* заболе́ть) +*instr* (гриппом) to fall ill with

забо́р (-а) *м* fence

забо́т|а (-ы) *ж* (*беспокойство*)

worry; (*уход*) care; (*обычно мн: хлопоты*) trouble; **забо|титься** (**-чусь, -тишься**; *perf* **позабо́титься**) *несов возв*: **забо́титься о** +*prp* to take care of; **забо́тливый** *прил* caring

забра́сыва|ть (**-ю**) *несов от* **забро́сить**; **заброса́ть**

забра́|ть (**-еру́, -ерёшь**; *impf* **забира́ть**) *сов перех* to take; **забра́ться** (*impf* **забира́ться**) *сов возв* (*влезть*): **забра́ться на** +*acc* to climb up; (*проникнуть*): **забра́ться в** +*acc* to get into

заброса́|ть (**-ю**; *impf* **забра́сывать**) *сов перех* (+*instr*): **канаву, яму**) to fill with; (*цветами*) to shower with

забро́|сить (**-шу, -сишь**; *impf* **забра́сывать**) *сов перех* (*мяч, камень*) to fling; (*десант*) to drop; (*учёбу*) to neglect

забры́зга|ть (**-ю**) *impf* **забры́згивать** *сов перех* to splash

забы́ть (*как быть*; *см Table 21*; *impf* **забыва́ть**) *сов перех* to forget

зав. *сокр* = **заве́дующий**

зава́л (**-а**) *м* obstruction;

зава́л|ить (**-алю́, -а́лишь**; *impf* **зава́ливать**) *сов перех* (*вход*) to block off; (*разг: экзамен*) to mess up; **зава́ливать** (*perf* **завали́ть**) +*instr* (*дорогу*; *снегом*) to cover with; (*яму: землёй*) to fill with; **завали́ться** (*impf* **зава́ливаться**) *сов возв* (*забор*) to collapse; (*разг: на экзамене*) to come a cropper

зава́р|ить (**-ю́, -ишь**; *impf* **зава́ривать**) *сов перех* (*чай, кофе*) to brew; (*Tex*) to weld **заварно́й** *прил*: **заварно́й крем** custard

заведе́ни|е (**-я**) *ср* establishment **заве́д|овать** (**-ую**) *несов* +*instr* to be in charge of **заве́дующий** (**-его**) *м* manager; (*лабораторией, кафедрой*) head; **заве́дующий хозя́йством** (*в школе*) bursar; (*на заводе*) person in charge of supplies

заве́р|ить (**-ю, -ишь**; *impf* **заверя́ть**) *сов перех* (*копию, подпись*) to witness; **заверя́ть** (*perf* **заве́рить**) **кого́-н в чём-н** to assure sb of sth

заверн|у́ть (**-у́, -ёшь**; *impf* **завора́чивать**) *сов перех* (*рукав*) to roll up; (*гайку*) to tighten up; (*налево, направо, за угол*) to turn; **завора́чивать** (*perf* **заверну́ть**) +*acc* (*посылку, книгу, ребёнка*) to wrap (in); **заверну́ться** (*impf* **завора́чиваться**) *сов возв*: **заверну́ться в** +*acc* (*в полоте́нце, в плед*) to wrap o.s. up in

заверша́|ть (**-ю**) *несов от* **заверши́ть**

заверша́ющий *прил* final **заверше́ни|е** (**-я**) *ср* completion; (*разговора, лекции*) conclusion; **заверш|и́ть** (**-у́, -и́шь**; *impf* **заверша́ть**) *сов перех* to complete; (*разговор*) to end **заверя́|ть** (**-ю**) *несов от* **заве́рить**

завес|ти́ (**-еду́, -едёшь**; *pt* **-ёл, -ела́, -ело́**; *impf* **заводи́ть**) *сов перех* to take; (*приобрести*) to get; (*установить*) to introduce; (*переписку, разговор*) to initiate; (*часы*) to wind up; (*машину*) to start; **завести́сь** (*impf* **заводи́ться**) *сов возв* (*появиться*) to appear; (*мотор, часы*) to start working

завеща́ни|е (**-я**) *ср* (*документ*) will, testament; **завеща́|ть** (**-ю**)

(не)сов перех **завеща́ть что-н
кому́-н** *(наследство)* to bequeath
sth to sb

завива́ть(ся) (-ю(сь)) *несов от*
зави́ть(ся)

зави́дно *как сказ*: **ему́ зави́дно**
he feels envious

зави́д|овать (-ую; *perf*
позави́довать) *несов +dat* to
envy, be jealous of

завин|ти́ть (-чу́, -ти́шь; *impf*
зави́нчивать) *сов перех* to
tighten (up)

зави́с|еть (-шу, -сишь) *несов*:
зави́сеть от +*gen* to depend on;
зави́симост|ь (-и) *ж*
(отношение) correlation;
**зави́симость (on); в зави́симости
от** +*gen* depending on

зави́стливый *прил* envious,
jealous; **за́вист|ь (-и)** *ж* envy,
jealousy

завит|о́к (-ка́) *м* *(локон)* curl

зав|и́ть (-ью, -ьёшь; *impf*
завива́ть) *сов перех* *(волосы)* to
curl; **зави́ться** *(impf*
завива́ться) *сов возв* *(волосы)* to
curl; *(сделать завивку)* to curl
one's hair

заво́д (-а) *м* factory; *(в часах, у
игрушки)* clockwork

**зав|оди́ть(ся) (-ожу́(сь),
-о́дишь(ся))** *несов от*
завести́(сь)

завоева́ни|е (-я) *ср* *(страны)*
conquest; *(успех)* achievement;
завоева́тельный *прил*
aggressive; **завоева́т|ь (-ю́ю;**
impf **завоёвывать)** *сов перех* to
conquer

завора́чива|ть(ся) (-ю(сь))
несов от **заверну́ть(ся)**

за́втра *нареч, ср нескл*
tomorrow; **до за́втра!** see you

tomorrow!

за́втрак (-а) *м* breakfast;
за́втрака|ть (-ю; *impf*
поза́втракать) *несов* to have
breakfast

за́втрашний *прил* tomorrow's;
за́втрашний день tomorrow

за́вуч (-а) *м сокр* ≈ deputy head

завхо́з (-а) *м сокр*
= **заве́дующий хозя́йством**

завяз|а́ть (-яжу́, -я́жешь; *impf*
завя́зывать) *сов перех* *(верёвку)*
to tie; *(руку, посылку)* to bind;
(разговор) to start (up); *(дружбу)*
to form; **завяза́ться** *(impf*
завя́зываться) *сов возв*
(шнурки) to be tied; *(разговор)* to
start (up); *(дружба)* to form

загада́|ть (-ю; *impf* **зага́дывать)**
сов перех *(загадку)* to set;
(желание) to make

зага́д|ка (-ки; *gen pl* **-ок)** *ж*
riddle; *(перен)* puzzle;
зага́дочный *прил* puzzling

зага́р (-а) *м* (sun)tan

загиба́|ть(ся) (-ю(сь)) *несов от*
загну́ть(ся)

загла́ви|е (-я) *ср* title;
загла́вный *прил*: **загла́вная
бу́ква** capital letter; **загла́вная
роль** title role

загла́|дить (-жу, -дишь; *impf*
загла́живать) *сов перех*
(складки) to iron

загло́х|нуть (-у) *сов от* **гло́хнуть**

заглуш|и́ть (-у́, -и́шь) *сов от*
глуши́ть

загля́|нуть (-ну́, -́нешь; *impf*
загля́дывать) *сов* *(в окно, в
комнату)* to peep; *(в книгу, в
словарь)* to look; *(разг:
посетить)* to pop in

заг|на́ть (-оню́, -о́нишь; *pt* **-на́л,
-нала́, -на́ло,** *impf* **загоня́ть)** *сов
перех* *(коров, детей)* to drive

загни́ть (-ию́, -иёшь; *impf* **загнива́ть**) *сов* to rot

загну́ть (-у́, -ёшь; *impf* **загиба́ть**) *сов перех* to bend; (*край*) to fold; **загну́ться** (*impf* **загиба́ться**) *сов возв* (*гвоздь*) to bend; (*край*) to fold

за́говор (-а) *м* conspiracy

заговори́ть (-ю́, -и́шь) *сов* (*начать говори́ть*) to begin to speak

заголо́в|ок (-ка) *м* headline

заго́н (-а) *м* (*для коров*) enclosure; (*для овец*) pen

загоня́ть (-ю) *несов от* **загна́ть**

загора́жива|ть (-ю) *несов от* **загороди́ть**

загора́|ть(ся) (-ю(сь)) *несов от* **загоре́ть(ся)**

загоре́лый *прил* tanned

загоре́ть (-ю́, -и́шь; *impf* **загора́ть**) *сов* to go brown, get a tan; **загоре́ться** (*impf* **загора́ться**) *сов возв* (*дрова, костёр*) to light; (*здание итп*) to catch fire; (*лампочка, глаза*) to light up

за́город (-а) *м* (*разг*) the country

загоро|ди́ть (-жу́, -́дишь; *impf* **загора́живать**) *сов перех* to block up; (*свет*) to block out

за́городный *прил* (*экскурсия*) out-of-town; (*дом*) country

загото́в|ить (-лю, -ишь; *impf* **заготавливать**) *сов перех* to lay in; (*документы итп*) to prepare

загражде́ни|е (-я) *ср* barrier

заграни́ц|а (-ы) *ж* (*разг*) foreign countries *мн*

заграни́чный *прил* foreign, overseas; **заграни́чный па́спорт** passport (*for travel abroad*)

загреме́ть (-лю́, -и́шь; *гром*) to crash

загро́бный *прил*: **загро́бный мир** the next world; **загро́бная жизнь** the afterlife

загружа́|емый *прил* downloadable

загру|зи́ть (-ужу́, -у́зишь) *сов от* **грузи́ть** ▷ (*impf* **загружа́ть**) *перех* (*машину*) to load up; (*Комп*) to boot up, to download

загру́з|ка (-ки; *gen pl* -ок) *ж* download

загрязне́ни|е (-я) *ср* pollution; **загрязне́ние окружа́ющей среды́** (environmental) pollution

загрязни́ть (-ю́, -и́шь; *impf* **загрязня́ть**) *сов перех* to pollute; **загрязни́ться** (*impf* **загрязня́ться**) *сов возв* to become polluted

ЗАГС (-а) *м сокр* (= за́пись а́ктов гражда́нского состоя́ния) ≈ registry office

зад (-а; *nom pl* -ы́, *gen pl* -о́в) *м* (*человека*) behind; (*животного*) rump; (*машины*) rear

зада|ва́ть(ся) (-ю́(сь), -ёшь(ся)) *несов от* **зада́ть(ся)**

зада|ви́ть (-влю́, -́вишь) *сов от* **дави́ть** ▷ *перех* to crush; **его́ задави́ла маши́на** he was run over by a car

зада́ни|е (-я) *ср* task; (*учебное*) exercise; (*Воен*) mission; **дома́шнее зада́ние** homework

зада́т|ок (-ка) *м* deposit

зада́|ть (*как* дать; *см* Table 16; *impf* **задава́ть**) *сов перех* to set; **задава́ть** (*perf* **зада́ть**) **кому́-н вопро́с** to ask sb a question; **зада́ться** (*impf* **задава́ться**) *сов возв*: **зада́ться це́лью** +*infin* to set o.s. the task of doing

зада́ч|а (-и) *ж* problem

задвига́|ть (-ю) *сов* +*instr* to begin to move; **задви́гаться** *сов* возв to begin to move

задви́жка (-и) ж bolt

задви́н|**уть** (-у) *сов перех* to push; (*ящик, занавески*) to close

задева́|ть (-ю) *несов от* **заде́ть**

заде́ла|**ть** (-ю); *impf* **заде́лывать** *сов перех* to seal up

задёргива|ть (-ю) *несов от* **задёрнуть**

задержа́|ть (-ержу́, -е́ржишь; *impf* **заде́рживать**) *сов перех* to delay, hold up; (*преступника*) to detain; **я не хочу́ Вас задержа́ть** I don't want to hold you back; **задержа́ться** (*impf* **заде́рживаться**) *сов возв* to be delayed *или* held up; (*ждать*) to pause

заде́рж|**ка** (-ки; *gen pl* -ек) ж delay, hold-up

задёрн|**уть** (-у; *impf* **задёргивать**) *сов перех* (*шторы*) to pull shut

заде́|ть (-ну, -нешь; *impf* **задева́ть**) *сов перех* (*перен: самолюбие*) to wound; (*задева́ть* (*perf* **заде́ть**) **за** +*acc* (*за стол*) to brush against; (*кость*) to graze against

задира́|ть(ся) (-ю) *несов от* **задра́ть(ся)**

за́дний *прил* back; **помеча́ть** (*perf* **поме́тить**) **за́дним число́м** to backdate; **опла́чивать** (*perf* **оплати́ть**) **за́дним число́м** to make a back payment

задо́лго *нареч*: **задо́лго до** +*gen* long before

задо́лженность (-и) ж debts мн

за́дом *нареч* backwards (*Brit*), backward (*US*); **за́дом наперёд** back to front

задохн|**у́ться** (-у́сь, -ёшься; *impf* **задыха́ться**) *сов возв* (в

дыму) to suffocate; (*от бега*) to be out of breath; (*от зло́сти*) to choke

задра́|ть (-еру́, -ерёшь; *impf* **задира́ть**) *сов перех* (*пла́тье*) to hitch *или* hike up; **задра́ться** (*impf* **задира́ться**) *сов возв* (*пла́тье итп*) to ruck up

задрема́|ть (-емлю́, -е́млешь) *сов* to doze off

задрож|**а́ть** (-у́, -и́шь) *сов* (*челове́к, го́лос*) to begin to tremble; (*зда́ние*) to begin to shake

заду́ма|ть (-ю); *impf* **заду́мывать** *сов перех* (*план*) to think up; (*ка́рту, число́*) to think of; **заду́мывать** (*perf* **заду́мать**) +*infin* (*уе́хать итп*) to think of doing; **заду́маться** *сов возв* (*impf* **заду́мываться**) to be deep in thought

заду́мыва|ть(ся) (-ю(сь)) *несов от* **заду́мать(ся)**

заду́ш|**и́ть** (-у́, -у́шишь) *сов от* **души́ть**

задыха́|ться (-юсь) *несов от* **задохну́ться**

заеда́|ть (-ю) *несов от* **зае́сть**

зае́зд (-а) м (*Спорт*) race (*in horse-racing, motor-racing*)

заезжа́|ть (-ю) *несов от* **зае́хать**

заём (**за́йма**) м loan

зае́|сть (*как* **есть**; *см Table 15*; *impf* **заеда́ть**) *сов перех* (*подлеж: комары́*) to eat ▷ *безл* (*разг: ружьё*) to jam; **пласти́нку зае́ло** (*разг*) the record is stuck

зае́хать (*как* **е́хать**; *см Table 19*; *impf* **заезжа́ть**) *сов*: **зае́хать за ке́м-н** to fetch sb; **зае́хать** (*perf* **зае́хать**) **в** +*acc* (*в кана́ву, во двор*) to drive into; (*в Москву́, в магази́н итп*) to stop off at

зажа́|ть (-му́, -мёшь; *impf* **зажима́ть**) *сов перех* to squeeze; (*рот, у́ши*) to cover

заж|е́чь (**-гу́, -жёшь** итп, **-гу́т**; pt **-ёг, -гла,** impf **зажига́ть**) сов перех (спичку) to light; (свет) to turn on; **заже́чься** (impf **зажига́ться**) сов возв (спичка) to light; (свет) to go on

зажива́|ть (**-ю**) несов от **зажи́ть**

зажига́л|ка (**-ки;** gen pl **-ок**) ж (cigarette lighter); **зажига́ние** (**-я**) ср (Авт) ignition

зажига́|ть(ся) (**-ю(сь)**) несов от **заже́чь(ся)**

зажима́|ть (**-ю**) несов от **зажа́ть**

заж|и́ть (**-иву́, -ивёшь;** impf **зажива́ть**) сов (рана) to heal (up)

заземле́ни|е (**-я**) ср (Элек: устройство) earth (Brit), ground (US); **заземл|и́ть** (**-ю́, -и́шь;** impf **заземля́ть**) сов перех to earth (Brit), ground (US)

заигра́|ть (**-ю**) сов (не)перех to begin to play ▷ неперех (музыка) to begin

заи́грыва|ть (**-ю**) несов: **заи́грывать с** +instr (разг: любезничать) to flirt with; (: заискивать) to woo

заика́|ться (**-юсь**) несов возв to have a stutter; **заикну́ться** (perf **заикну́ться**) о +prp (упомянуть) to mention

займств|овать (**-ую;** impf **позаи́мствовать**) (не)сов перех (опыт) to borrow; (деньги) to take on board

заинтересо́ванный прил interested; **я заинтересо́ван в э́том де́ле** I have an interest in the matter

заинтерес|ова́ть (**-у́ю**) сов перех to interest; **заинтересова́ться** сов возв: **заинтересова́ться** +instr to become interested in

заи́скива|ть (**-ю**) несов: **заи́скивать пе́ред** +instr to

ingratiate o.s. with

зайти́ (как **идти́;** см Table 18; impf **заходи́ть**) сов (солнце, луна) to go down; (спор, разговор) to start up; (посетить): **зайти́ (в/на** +acc/к +dat) to call in (at); (попасть): **зайти́ в/на** +acc to stray into; **заходи́ть** (perf **зайти́**) **за кем-н** to go to fetch sb; **заходи́ть** (perf **зайти́**) **спра́ва/сле́ва** to come in from the right/left

закавка́зский прил Transcaucasian

зака́з (**-а**) м (см глаг) ordering; commissioning; (заказанный предмет) order; **по зака́зу** to order; **зак|аза́ть** (**-ажу́, -а́жешь;** impf **зака́зывать**) сов перех to order; to book; (портрет) to commission; **зака́зн|о́й** прил: **заказно́е уби́йство** contract killing; **заказно́е письмо́** registered letter; **зака́зчик** (**-а**) м customer

зака́лыва|ть (**-ю**) несов от **заколо́ть**

зака́нчива|ть(ся) (**-ю**) несов от **зако́нчить(ся)**

зака́пыва|ть (**-ю**) несов от **зака́пать; закопа́ть**

зака́т (**-а**) м (перен: жизни) twilight; **зака́т (со́лнца)** sunset

заката́|ть (**-ю;** impf **зака́тывать**) сов перех to roll up

зак|ати́ть (**-ачу́, -а́тишь;** impf **зака́тывать**) сов перех (что-н кру́глое) to roll; (что-н на колёсах) to wheel; **зака́тываться** (impf **зака́тываться**) сов возв to roll

закида́|ть (**-ю**) сов = **заброса́ть**

заки́|нуть (**-ну;** impf **заки́дывать**) сов перех to throw

закип|е́ть (3sg **-и́т,** impf **закипа́ть**) сов to start to boil; (перен: работа) to intensify

заки́с|нуть (-ну; pt -, -ла, impf
закиса́ть) сов to turn sour
закла́дк|а (-и) ж (в книге)
bookmark
закладн|а́я (-о́й) ж mortgage
deed
закла́дыва|ть (-ю) несов от
заложи́ть
закле́|ить (-ю, -ишь; impf
закле́ивать) сов перех to seal (up)
заклина́|ть (-ю) несов перех
(духов, змея) to charm; (перен:
умолять) to plead with
заклин|и́ть (-ю, -ишь; impf
закли́нивать) сов перех to jam
заключа́|ть (-ю) несов от
заключи́ть; **заключа́ться**
несов возв: **заключа́ться в** +prp
(состоять в) to lie in; (содержаться
в) to be contained in; **пробле́ма
заключа́ется в том, что ...** the
problem is that ...
заключён|ный (-ого) м prisoner
заключ|и́ть (-у́, -и́шь; impf
заключа́ть) сов перех (договор,
сделку) to conclude
зак|оло́ть (-олю́, -о́лешь; сов от
коло́ть ⊳ (impf **зака́лывать**)
перех (волосы) to pin up
зако́н (-а) м law; **объявля́ть** (perf
объяви́ть) **кого́-н вне зако́на** to
outlaw sb; **зако́нный** прил
legitimate, lawful; (право) legal;
законода́тельный прил
legislative; **законода́тельств|о**
(-а) ср legislation
закономе́рный прил
predictable; (понятный) legitimate
законопрое́кт (-а) м (Полит)
bill
зако́нч|ить (-у, -ишь; impf
зака́нчивать) сов перех to finish;
зако́нчиться (impf
зака́нчиваться) сов возв to
finish, end

закопа́|ть (-ю; impf
зака́пывать) сов перех to bury;
(яму) to fill in
закоп|ти́ть (-чу́, -ти́шь) сов от
копти́ть; **закопти́ться** сов возв
to be covered in smoke
закреп|и́ть (-лю́, -и́шь; impf
закрепля́ть) сов перех to fasten;
(победу, позицию) to consolidate;
(Фото) to fix
закрич|а́ть (-у́, -и́шь) сов to
start shouting
закругл|и́ть (-ю́, -и́шь; impf
закругля́ть) сов перех (край,
беседу) to round off
закру|ти́ть (-чу́, -́тишь; impf
закру́чивать) сов перех
(волосы) to twist; (гайку) to screw
in
закрыва́|ть(ся) (-ю(сь)) несов от
закры́ть(ся)
закры́ти|е (-я) ср closing (time)
закры́тый прил closed, shut;
(терраса, машина) enclosed;
(стадион) indoor; (собрание)
closed, private; (рана) internal;
в закры́том помеще́нии indoors
закры́|ть (-о́ю, -о́ешь; impf
закрыва́ть) сов перех to close,
shut; (заслонить, накрыть) to
cover (up); (проход, границу) to
close (off); (воду, газ итп) to shut
off; **закры́ться** (impf
закрыва́ться) сов возв to close,
shut; (магазин) to close или shut
down; (запереться: в доме итп) to
shut o.s. up
зак|ури́ть (-урю́, -у́ришь; impf
заку́ривать) сов перех to light
(up)
закус|и́ть (-ушу́, -у́сишь; impf
заку́сывать) сов (поесть) to
have a bite to eat
заку́ск|а (-и) ж snack; (обычно
мн: для водки) zakuska (мн

zakuski); nibbles *мн*; (*в начале обеда*) hors d'oeuvre;

закусочн|ая (-ой) *ж* snack bar

заку́та|ть(ся) (-ю(сь)) *сов от* **кута́ть(ся)**

зал (-а) *м* hall; (*в библиотеке*) room; **зал ожида́ния** waiting room

заледене́лый *прил* covered in ice; (*руки*) icy; **заледене́|ть (-ю)** *сов* (*дорога*) to ice over; (*перен: руки*) to freeze

зале́з|ть (-у, -ешь; *impf* **залеза́ть**) *сов*: **зале́зть на** +*acc* (*на крышу*) to climb onto; (*на дерево*) to climb (up); (*разг*): **зале́зть в** +*acc* (*в квартиру*) to break into; (*в долги*) to fall into

залете́|ть (-чу, -ти́шь; *impf* **залета́ть**) *сов*: **залете́ть (в** +*acc*) to fly in(to)

зале́ч|ить (-ечу, -е́чишь; *impf* **зале́чивать**) *сов перех* to heal

зали́в (-а) *м* bay; (*длинный*) gulf

зал|и́ть (-ью, -ьёшь; *impf* **залива́ть**) *сов перех* to flood; (*костёр*) to extinguish; (*perf* **зали́ть**) бензи́н в маши́ну to fill a car with petrol; **зали́ться** (*impf* **залива́ться**) *сов возв* (*вода*) to seep; **залива́ться** (*perf* **зали́ться**) слеза́ми/сме́хом to burst into tears/out laughing

зало́г (-а) *м* (*действие: вещей*) pawning; (: *квартиры*) mortgaging; (*заложенная вещь*) security; (*Линг*) voice

зал|ожи́ть (-ожу, -о́жишь; *impf* **закла́дывать**) *сов перех* (*покрыть*) to clutter up; (*отметить*) to mark; (*кольцо, шубу*) to pawn; (*дом*) to mortgage; (*заполнить*) to block up; **у меня́ заложи́ло нос/го́рло** (*разг*) my nose/throat is all bunged up

зало́жник (-а) *м* hostage

за́лпом *нареч* all in one go

зама́з|ать (-жу, -жешь; *impf* **зама́зывать**) *сов перех* (*щели*) to fill with putty; (*запачкать*) to smear

зама́нчивый *прил* tempting

замахн|у́ться (-у́сь, -ёшься; *impf* **зама́хиваться**) *сов возв*: **замахну́ться на** +*acc* (*на ребёнка*) to raise one's hand to; (*перен*) to set one's sights on

зама́чива|ть (-ю) *несов от* **замочи́ть**

заме́дл|ить (-ю, -ишь; *impf* **заме́длить**) *сов перех* to slow down; **заме́длиться** (*impf* **заме́длиться**) *сов возв* to slow down

заме́н|а (-ы) *ж* replacement; (*Спорт*) substitution; **зам|ени́ть (-еню́, -е́нишь;** *impf* **заменя́ть**) *сов перех* to replace

зам|ере́ть (-ру́, -рёшь; *pt* **-ер, -ерла́;** *impf* **замира́ть**) *сов* (*человек*) to stop dead; (*перен: сердце*) to stand still; (: *работа, страна*) to come to a standstill; (*звук*) to die away

замёрз|нуть (-ну; *pt* **-, -ла,** *impf* **замерза́ть**) *сов* to freeze; (*окно*) to ice up; **я замёрз** I'm freezing

замести́тел|ь (-я) *м* (*директора*) deputy

заме|сти́ть (-щу́, -сти́шь) *сов от* **замеща́ть**

заме́|тить (-чу, -тишь; *impf* **замеча́ть**) *сов перех* to notice; (*сказать*) to remark

заме́т|ка (-ки; *gen pl* **-ок)** *ж* note; (*в газете*) short piece *или* article

заме́тно *нареч* noticeably ▷ *как сказ* (*видно*) it's obvious; **заме́тный** *прил* noticeable;

(личность) prominent
замеча́ни|е (**-я**) *ср* comment,
remark; (*выговор*) reprimand
замеча́тельно *нареч* extremely; (*делать что-н*)
wonderfully, brilliantly ▷ *как сказ*:
замеча́тельно! that's wonderful
или brilliant!; **замеча́тельный**
прил wonderful, brilliant
замеча́|ть (**-ю**) *несов от*
заме́тить
замеша́тельств|о (**-а**) *ср*
confusion
заме́шива|ть (**-ю**) *несов от*
замеси́ть
замеща́|ть (**-ю**) *несов перех*
(*временно*) to stand in for ▷ (*perf*
замести́ть) (*заменять: работника
итп*) to replace; (: *игрока*) to
substitute; (*вакансию*) to fill;
замеще́ни|е (**-я**) *ср* (*работника*)
replacement; (*игрока*) substitution
зами́н|ка (**-ки**; *gen pl* **-ок**) *ж*
hitch
замира́|ть (**-ю**) *несов от*
замере́ть
замкну́|ть (**-у́**, **-ёшь**) *impf*
замыка́ть *сов перех* to close;
замкну́ться (*impf* **замыка́ться**)
сов возв to close; (*перен:
обособиться*) to shut o.s. off
за́м|ок (**-ка**) *м* castle
зам|о́к (**-ка́**) *м* lock; (*также
вися́чий замо́к*) padlock
замо́лк|нуть (**-ну**; *pt* **-**, **-ла**, *impf*
замолка́ть) *сов* to fall silent
замолча́|ть (**-у́**, **-и́шь**) *сов*
(*человек*) to go quiet; **замолчи́**! be
quiet!, shut up!
заморо́|зить (**-жу**, **-зишь**; *impf*
замора́живать) *сов перех* to
freeze
за́морозк|и (**-ов**) *мн* frosts
замо́чи|ть (**-очу́**, **-о́чишь**; *impf*
зама́чивать) *сов перех* to soak

за́муж *нареч*: **выходи́ть за́муж**
(**за** +*acc*) to get married (to), marry;
за́мужем *нареч* married;
заму́жеств|о (**-а**) *ср* marriage;
заму́жняя *прил* married
заму́ч|ить (**-у**, **-ишь**) *сов от*
му́чить ▷ *перех*: **заму́чить** (*perf*)
кого́-н до́ сме́рти to torture sb to
death; **заму́читься** *сов от*
му́читься
за́мш|а (**-и**) *ж* suede
замыка́ни|е (**-я**) *ср* (*также
коро́ткое замыка́ние*) short
circuit
замыка́|ть(ся) (**-ю(сь)**) *несов от*
замкну́ть(ся)
за́мыс|ел (**-ла**) *м* scheme;
замы́сли|ть (**-ю**, **-ишь**; *impf*
замышля́ть) *сов перех* to think
up
за́навес (**-а**) *м* (*Театр*) curtain;
занаве́|сить (**-шу**, **-сишь**; *impf*
занаве́шивать) *сов перех* to
hang a curtain over; **занаве́с|ка**
(**-ки**; *gen pl* **-ок**) *ж* curtain
зан|ести́ (**-есу́**, **-есёшь**; *pt* **-ёс**,
-есла́, *impf* **заноси́ть**) *сов перех*
(*принести*) to bring; (*записать*)
to take down; (*доставить*): **доро́гу
занесло́ сне́гом** the road is
covered (over) with snow
занима́|ть (**-ю**) *несов от* **заня́ть**;
занима́ться *несов возв* (*на
рояле итп*) to practise (*Brit*),
practice (*US*); **занима́ться** (*impf*)
+*instr* (*учиться*) to study; (*уборкой*)
to do; **занима́ться** (*impf*) **спо́ртом/
му́зыкой** to play sports/music; **чем
ты сейча́с занима́ешься**? what are
you doing at the moment?
за́ново *нареч* again
зано́з|а (**-ы**) *ж* splinter
зано́с (**-а**) *м* (*обычно мн*) drift
зан|оси́ть (**-ошу́**, **-о́сишь**) *несов
от* **занести́**

зано́счивый *прил* arrogant

за́нят *прил* busy; **он был о́чень за́нят** he was very busy; **телефо́н за́нят** the phone *или* line is engaged

заня́ти|е (-я) *ср* occupation; (*в шко́ле*) lesson, class; (*время́препровожде́ние*) pastime

за́нятость (-и) *ж* employment

заня́ть (займу́, займёшь; *impf* **занима́ть)** *сов перех* to occupy; (*пози́цию*) to take up; (*де́ньги*) to borrow; (*вре́мя*) to take; **заня́ть** (*perf*) **пе́рвое/второ́е ме́сто** to take first/second place; **заня́ть** *сов возв*: **заня́ться +instr** (*языко́м, спо́ртом*) to take up; (*би́знесом*) to go into; **заня́ться собо́й/детьми́** to devote time to o.s./one's children

заодно́ *нареч* (*вме́сте*) as one

зао́чный *прил* part-time

○ **ЗАО́ЧНОЕ ОТДЕЛЕ́НИЕ**
○
○ Part-time study is one of the
○ ways of obtaining a degree. It is
○ intended for people who do not
○ want to give up their work. Most
○ students work independently
○ with regular postal
○ communication with their tutors.
○ Two exam sessions a year are
○ preceded by a month of intensive
○ series of lectures and tutorials
○ which prepare students for the
○ exams. See also notes at **о́чный**
○ and **вече́рний**.

за́пад (-а) *м* west; **За́пад** (*Полит*) the West; **западноевропе́йский** *прил* West European; **за́падный** *прил* western; (*ве́тер*) westerly

западня́ (-и́) *ж* trap

запа́с (-а) *м* store; (*руды́*) deposit; (*Воен*) the reserves *мн*

запаса́|ть(ся) (-ю(сь)) *несов от* **запасти́(сь)**

запасно́й *прил* spare ▷ **(-о́го)** *м* (*Спорт: также* **запасно́й игро́к**) substitute; **запасна́я часть** spare part

зап|асти́ (-асу́, -асёшь; *impf* **запаса́ть)** *сов перех* to lay in; **запасти́сь** (*impf* **запаса́ться**) *сов возв*: **запасти́сь (+instr)** to stock up (on)

за́пах (-а) *м* smell

запая́|ть (-ю) *сов перех* to solder

зап|ере́ть (-ру́, -рёшь; *impf* **запира́ть)** *сов перех* (*дверь*) to lock; (*дом, челове́ка*) to lock up; **запере́ться** (*impf* **запира́ться**) *сов возв* (*дверь*) to lock; (*челове́к*) to lock o.s. up

запе́|ть (-ою́, -оёшь) *сов (не) перех* to starting singing

запеча́та|ть (-ю; *impf* **запеча́тывать)** *сов перех* to seal up

запира́|ть(ся) (-ю(сь)) *несов от* **запере́ть(ся)**

зап|иса́ть (-ишу́, -и́шешь; *impf* **запи́сывать)** *сов перех* to write down; (*конце́рт, пласти́нку*) to record; (*на ку́рсы*) to enrol; **записа́ться** (*impf* **запи́сываться**) *сов возв* (*на ку́рсы*) to enrol (o.s.); (*на плёнку*) to make a recording; **записа́ться** (*perf*) **(на приём) к врачу́** to make a doctor's appointment

запи́ск|а (-и) *ж* note; (*служе́бная*) memo

записн|о́й *прил*: **записна́я кни́жка** notebook

запи́сыва|ть(ся) (-ю(сь)) *несов от* **записа́ть(ся)**

за́пись (-и) *ж* record; (*в дневнике́*) entry; (*Муз*) recording;

(на курсы) enrolment (Brit), enrollment (US); (на приём к врачу) appointment

заплá|кать (-чу, -чешь) сов to start crying или to cry

заплáт|а (-ы) ж patch

заплат|и́ть (-ачу́, -áтишь) сов от **плати́ть**

заплы́в (-а) м (Спорт) race (in swimming); (: отборочный) heat

заплы́|ть (-ву́, -вёшь; impf **заплыва́ть**) сов (человек) to swim off; (глаза) to become swollen

заповéдник (-а) м (природный) nature reserve

заподóзр|ить (-ю, -ишь) сов перех to suspect

заполн|и́ть (-ю, -ишь; impf **заполня́ть**) сов перех to fill; (анкету, бланк) to fill in или out; **заполни́ться** (impf **заполня́ться**) сов возв to fill up

заполя́рный прил polar

запóмн|ить (-ю, -ишь; impf **запомина́ть**) сов перех to remember

зáпонк|а (-и) ж cuff link

запóр (-а) м (Мед) constipation; (замóк) lock

запотé|ть (-ю) сов to steam up

заправл|я́ть (-ю, -ишь; impf **заправля́ть**) сов перех (рубашку) to tuck in; (салат) to dress; **запра́вить** (perf **запра́вить**) маши́ну to fill up the car; **заправля́ться** (impf **запра́виться**) сов возв (разг: горючим) to tank up

запра́в|ка (-ки; gen pl -ок) ж (машины, самолёта итп) refuelling; (разг: станция) filling station; (Кулин) dressing

запра́вочный прил: **запра́вочная ста́нция** filling station

запрéт (-а) м: **запрéт (на что-н/+infin)** ban (on sth/on doing);

запре|ти́ть (-щу́, -ти́шь) impf **запреща́ть** сов перех to ban; **запреща́ть** (perf **запрети́ть**) кому́-н +infin to forbid sb to do; **запрéтный** прил forbidden

запрóс (-а) м inquiry; (обычно мн: требования) expectation

запр|я́чь (-ягу́, -яжёшь итп, -ягу́т; pt -я́г, -ягла́, -ягло́; impf **запряга́ть**) сов перех (лошадь) to harness

запуга́|ть (-ю; impf **запу́гивать**) сов перех to intimidate

зáпуск (-а) м (станка) starting; (ракеты) launch

запу|сти́ть (-щу́, -у́стишь; impf **запуска́ть**) сов перех (бросить) to hurl; (станок) to start (up); (ракету) to launch; (хозяйство, болезнь) to neglect ▷ неперех: **запуска́ть** (perf **запусти́ть**) чем-н в кого́-н to hurl sth at sb; **запуска́ть** (perf **запусти́ть**) что-н в произво́дство to launch (production of) sth

запу́танный прил (нитки, волосы) tangled; (дело, вопрос) confused

запу́та|ть (-ю) сов от **пу́тать**; **запу́таться** сов от **пу́таться** ▷ (impf **запу́тываться**) возв (человек) to get caught up; (дело, вопрос) to become confused

запчáсть (-и) ж сокр = **запасна́я часть**

запя́сть|е (-я; gen pl -ий) ср wrist

запя́т|ая (-óй) ж, decl like adj comma

зарабóта|ть (-ю; impf **зарабáтывать**) сов перех to earn ▷ неперех (no impf: начать работать) to start up

за́работный прил: заработная пла́та pay, wages мн

за́работ|ок (-ка) м earnings мн

заража́|ть(ся) (-ю(сь)) несов от зарази́ть(ся)

зара́з|а (-ы) ж infection

зара́зный прил infectious

зара́нее нареч in advance

зар|асти́ (-асту́, -астёшь; pt -óс, -осла́, impf зараста́ть) сов (зажить: рана) to close up; зараста́ть (perf зарасти́) +instr (травой) to be overgrown with

заро́|зать (-жу, -жешь) сов от ре́зать ▷ перех (человека) to stab to death

зарекоменд|ова́ть (-у́ю) сов: зарекомендова́ть себя́ +instr to prove oneself to be

зарод|и́ться (3sg -и́тся, impf зарожда́ться) сов возв (явление) to emerge; (перен: чувство) to arise

заро́дыш (-а) м (Био) embryo; (растения, также перен) germ

зарпла́т|а (-ы) ж (= за́работная пла́та) pay

зарубе́жный прил foreign; зарубе́жь|е (-я) ср overseas; бли́жнее зарубе́жье former Soviet republics

зар|ы́ть (-о́ю, -о́ешь; impf зарыва́ть) сов перех to bury; зары́ться (impf зарыва́ться) сов возв: зары́ться в +acc to bury o.s. in

зар|я́ (-и́; nom pl зо́ри, gen pl зорь, dat pl зо́рям) ж dawn; (вече́рняя) sunset; ни свет ни заря́ at the crack of dawn

заря́|д (-а) м (Воен, Элек) charge; (перен: бодрости) boost

заса́д|а (-ы) ж ambush; (отряд) ambush party

заса́сыва|ть (3sg -ет) несов от засоса́ть

засверк|а́ть (-а́ю) сов to flash

засве|ти́ть (-чу́, -́тишь; impf засве́чивать) сов перех (Фото) to expose

засева́|ть (-ю) несов от засе́ять

заседа́ни|е (-я) ср meeting; (парла́мента, суда́) session

заседа́тель (-я) м: прися́жный заседа́тель member of the jury

заседа́|ть (-ю) несов (на совеща́нии) to meet; (в парла́менте, в суде́) to sit; (парла́мент, суд) to be in session

засека́|ть (-ю) несов от засе́чь

засел|и́ть (-ю́, -и́шь; impf заселя́ть) сов перех (зе́мли) to settle; (дом) to move into

зас|е́чь (-еку́, -ечёшь etc, -еку́т; pt -ёк, -екла́, -екло́, impf засека́ть) сов перех (ме́сто) to locate; засека́ть (perf засе́чь) вре́мя to record the time

засе́|ять (-ю; impf засева́ть) сов перех to sow

засло́н (-а) м shield; заслон|и́ть (-ю́, -и́шь; impf заслоня́ть) сов перех to shield

заслу́г|а (-и) ж (обычно мн) service; награди́ть кого́-н по заслу́гам to fully reward sb; его́ наказа́ли по заслу́гам he got what he deserved

заслу́ж|ить (-у́, -́ужишь; impf заслу́живать) сов перех to earn

заслу́ша|ть (-ю; impf заслу́шивать) сов перех to listen to

засме|я́ться (-ю́сь, -ёшься) возв to start laughing

засн|у́ть (-у́, -ёшь; impf засыпа́ть) сов to go to sleep, fall asleep

засо́в (-а) м bolt

засо́выва|ть (-ю) несов от

засу́нуть

засоре́ни|е (-я) *ср* (рек)
pollution; (*туалета*) blockage;
засор|и́ть (-ю́, -и́шь;
засоря́ть) *сов перех* (*туалет*) to
clog up, block; **засори́ться** (*impf*
засоря́ться) *сов возв* (*туалет*) to
become clogged up *или* blocked
засос|а́ть (-у́; *impf* **заса́сывать**)
сов перех to suck in
засо́хн|уть (-у; *impf* **засыха́ть**)
сов (*грязь*) to dry up; (*растение*)
to wither
заста́в|а (-ы) *ж* (*также*
пограни́чная заста́ва) frontier
post
заста|ва́ть (-ю́, -ёшь) *несов от*
заста́ть
заста́в|ить (-лю, -ишь; *impf*
заставля́ть) *сов перех* (*занять*)
to clutter up; **заставля́ть** (*perf*
заста́вить) кого́-н +*infin* to force sb
to do, make sb do
заста́|ть (-ну, -нешь; *impf*
заставать) *сов перех* to catch,
find
застегн|у́ть (-у́, -ёшь; *impf*
застёгивать) *сов перех* to do up;
застегну́ться (*impf*
застёгиваться) *сов возв* (*на
пу́говицы*) to button o.s. up; (*на
мо́лнию*) to zip o.s. up
застекл|и́ть (-ю́, -и́шь; *impf*
застекля́ть) *сов перех* to glaze
застел|и́ть (-ю́, -ишь; *impf*
застила́ть) *сов перех* (*крова́ть*) to
make up
засте́нчивый *прил* shy
застига́ть (-ю) *несов от* **засти́чь**
застила́|ть (-ю) *несов от*
застели́ть
засти́|чь (-гну, -гнешь; *pt* -г,
-гла, -гло, *impf* **застига́ть**) *сов*
перех to catch
засто́йный *прил* stagnant

застра́ива|ть (-ю) *несов от*
застро́ить
застрах|ова́ть(ся) (-у́ю(сь)) *сов от*
страхова́ть(ся)
застрева́|ть (-ю) *несов от*
застря́ть
застрел|и́ть (-елю́, -е́лишь)
перех to gun down;
застрели́ться *сов возв* to shoot
o.s.
застро́|ить (-ю, -ишь; *impf*
застра́ивать) *сов перех* to
develop
застря́|ть (-ну, -нешь; *impf*
застрева́ть) *сов* to get stuck
заступ|и́ться (-уплю́сь,
-у́пишься; *impf* **заступа́ться**)
сов возв: **заступи́ться за** +*acc* to
stand up for
засты́|ть (-ну, -нешь; *impf*
застыва́ть) *сов* to freeze;
(*цемент*) to set
засу́н|уть (-у; *impf* **засо́вывать**)
сов перех: **засу́нуть что-н в** +*acc*
to thrust sth into
за́сух|а (-и) *ж* drought
засу́ш|ить (-ушу́, -у́шишь; *impf*
засу́шивать) *сов перех* to dry up
засу́шливый *прил* dry
засчита́|ть (-ю; *impf*
засчи́тывать) *сов перех* (*гол*) to
allow (to stand)
засы́п|ать (-лю, -лешь; *impf*
засыпа́ть) *сов перех* (*я́му*) to fill
(up); (*покрыть*) to cover; **засыпа́ть**
(*perf* **заспа́ть**) кого́-н **вопро́сами**
to bombard sb with questions;
засыпа́ть (*perf* **заспа́ть**) кого́-н
пода́рками to shower sb with gifts
засыпа́|ть (-ю) *несов от* **засну́ть**
засыха́|ть (-ю) *несов от*
засо́хнуть
зата|и́ть (-ю́, -и́шь; *impf*
зата́ивать) *сов перех*
(*неприя́знь*) to harbour (*Brit*),

harbor (*US*); **затаи́ть** (*perf*) **дыха́ние** to hold one's breath; **затаи́ться** сов возв to hide

зата́пливать (-ю) *несов от* **затопи́ть**

зата́щ|ить (-ащу́, -а́щишь; *impf* **зата́скивать**) *сов перех* to drag

затво́р (-а) *м* shutter

затева́|ть (-ю) *несов от* **зате́ять**

затека́|ть (-ю) *несов от* **зате́чь**

зате́м *нареч* (*потом*) then; (*для того*) for that reason; **зате́м что́бы** in order to

зате́|чь (*3sg* -чёт, *pt* -ёк, -екла́, -екло́, *impf* **затека́ть**) *сов* (*опухнуть*) to swell up; (*онеметь*) to go numb; **затека́ть** (*perf* **зате́чь**) **за** +*acc/*в +*acc* (*вода*) to seep behind/into

зате́я (-и) *ж* (*замысел*) idea, scheme

зате́|ять (-ю; *impf* **затева́ть**) *сов перех* (*разговор, игру*) to start (up)

зати́х|нуть (-ну; *pt* -, -ла, *impf* **затиха́ть**) *сов* to quieten (*Brit*) *или* quiet (*US*) down; (*буря*) to die down

зати́шь|е (-я) *ср* lull

заткн|у́ть (-у́, -ёшь; *impf* **затыка́ть**) *сов перех* to plug; **затыка́ть** (*perf* **заткну́ть**) **что-н за** +*acc*/в +*acc* to stuff sth behind/into; **затыка́ть** (*perf* **заткну́ть**) **кого́-н** *или* **рот кому́-н** (*разг*) to shut sb up; **затыка́ться** (*impf* **затыка́ться**) *сов возв* (*разг: замолча́ть*) to shut up; **заткни́сь!** (*разг: пренебр*) shut it!

затме́ни|е (-я) *ср* eclipse

зато́ *союз* (*также* **но зато́**) but then (again)

зат|о́нуть (-ону́, -о́нешь) *сов* to sink

зат|опи́ть (-оплю́, -о́пишь; *impf*

зата́пливать) *сов перех* (*печь*) to light ▷ (*impf* **затопля́ть**) (*деревню*) to flood; (*судно*) to sink

зато́р (-а) *м* congestion; (*на у́лице*) traffic jam

затра́гива|ть (-ю) *несов от* **затро́нуть**

затра́т|а (-ы) *ж* expenditure

затро́н|уть (-у; *impf* **затра́гивать**) *сов перех* (*перен: тему*) to touch on; (: *челове́ка*) to affect

затрудне́ни|е (-я) *ср* difficulty; (*неловкость*) awkward; **затрудни́тельный** *прил* difficult, awkward; **затрудн|и́ть** (-ю́, -и́шь; *impf* **затрудня́ть**) *сов перех*: **затрудни́ть что-н** to make sth difficult; **е́сли Вас не затрудни́т** if it isn't too much trouble; **затрудни́ться** (*impf* **затрудня́ться**) *сов возв*: **затрудни́ться** +*infin*/**с чем-н** to have difficulty doing/with sth

зат|упи́ть(ся) (-уплю́, -у́пишь) *сов от* **тупи́ть(ся)**

зат|уши́ть(ся) (-ушу́, -у́шишь) *сов от* **туши́ть**

затыка́|ть(ся) (-ю(сь)) *несов от* **заткну́ть(ся)**

заты́л|ок (-ка) *м* the back of the head

зат|яну́ть (-яну́, -я́нешь; *impf* **затя́гивать**) *сов перех* (*шнурки́, га́йку*) to tighten; (*де́ло*) to drag out; (*вовле́чь*): **затяну́ть кого́-н в** +*acc* to drag sb into; **затяну́ться** (*impf* **затя́гиваться**) *сов возв* (*петля́, узел*) to tighten; (*ра́на*) to close up; (*де́ло*) to overrun; (*при куре́нии*) to inhale

зауря́дный *прил* mediocre

зау́трен|я (-и) *ж* (*Рел*) dawn mass

зау́ч|ить (-чу́, -у́чишь; *impf* **зау́чивать**) *сов перех* to learn, memorize

3

захва́т (-а) м seizure, capture; (Спорт) hold; (Тех) clamp;

захва́ти́ть (-ачу́, -а́тишь; impf **захва́тывать**) сов перех to seize, capture; (взять с собой) to take; (подлеж: музыка) to take; (болезнь, пожар) to catch (in time); **дух захва́тывает** it takes your breath away; **у меня́ дух захвати́ло от волне́ния** I was breathless with excitement;

захвати́ческий прил aggressive; **захва́тывающий** прил gripping; (вид) breathtaking

захлебну́ться (-у́сь, -ёшься; impf **захлёбываться**) сов возв to choke

захло́па́ть (-ю) сов: захло́пать (в ладо́ши) (зри́тели) to start clapping

захло́пнуть (-у; impf **захло́пывать**) сов перех to slam (shut); **захло́пнуться** (impf **захло́пываться**) сов возв to slam (shut)

захо́д (-а) м (также **захо́д со́лнца**) sunset; (в порт) call; (попытка) go; **с пе́рвого/второ́го захо́да** at the first/second go

захо́ди́ть (-ожу́, -о́дишь) несов от зайти́

захоро́ни́ть (-оню́, -о́нишь) сов перех to bury

захоте́ть (как хоте́ть; см Table 14) сов перех to want; **захоте́ться** сов безл: **мне захоте́лось есть/пить** I started to feel hungry/thirsty

заце́пи́ть (-еплю́, -е́пишь; impf **зацепля́ть**) сов перех (поддеть) to hook up; (разг: задеть) to catch against; **зацепи́ться** сов возв: **зацепи́ться за** +acc (задеть за) to catch или get caught on; (ухвати́ться за) to grab hold of

зача́ток (-ка; nom pl -ки) м (идеи итп) beginning, germ

зачём нареч why; **зачём-то** нареч for some reason

зачеркну́ть (-у́, -ёшь; impf **зачёркивать**) сов перех to cross out

зачерпну́ть (-у́, -ёшь; impf **заче́рпывать**) сов перех to scoop up

зачеса́ть (-ешу́, -е́шешь; impf **зачёсывать**) сов перех to comb

зачёт (-а) м (Просвещ) test; **сдава́ть** (impf)/**сдать** (perf) **зачёт по фи́зике** to sit (Brit) или take/ pass a physics test; **зачётный** прил: **зачётная рабо́та** assessed essay (Brit), term paper (US); **зачётная кни́жка** student's record book

  ⊳ **ЗАЧЁТНАЯ КНИ́ЖКА**
  •
  • This is a special booklet into
  • which all exam marks attained by
  • the students are entered. It is the
  • students' responsibility to look
  • after their own record books.

зачи́сли́ть (-ю, -ишь; impf **зачисля́ть**) сов перех (в институт) to enrol; (на работу) to take on; (на счёт) to enter

зачита́ть (-ю; impf **зачи́тывать**) сов перех to read out

зашёл сов см зайти́

заши́ть (-ью, -ьёшь; impf **зашива́ть**) сов перех (дырку) to mend; (шов, рану) to stitch

зашла́ etc сов см зайти́

зашто́па́ть (-ю) сов от што́пать

защёлка (-и) ж (на двери) latch

защёлкну́ть (-у; impf **защёлкивать**) сов перех to shut

защи́та (-ы) ж (также Юр, Спорт)

defence (Brit), defense (US); (от комаров, от пыли) protection; (диплома) (public) viva;

защи́|ти́ть (-щу́, -ти́шь; impf защища́ть) сов перех to defend; (от солнца, от комаров итп) to protect; защити́ться (impf защища́ться) сов возв to defend o.s.; (студент) to defend one's thesis; защи́тник (-а) м (также Спорт) defender; (Юр) defence counsel (Brit), defense attorney (US); ле́вый/пра́вый защи́тник (футбол) left/right back

защи́тный прил protective; защи́тный цвет khaki

защища́|ть (-ю) несов от защити́ть ⊳ перех (Юр) to defend; защища́ться несов от защити́ться

за|яви́ть (-явлю́, -я́вишь; impf заявля́ть) сов перех (протест) to make ⊳ неперех: заяви́ть о +prp to announce; заявля́ть (perf заяви́ть) на кого́-н в мили́цию to report sb to the police; зая́вка (-ки; gen pl -ок) ж заявка (на +acc) application (for);

заявле́ни|е (-я) ср (правительства) statement; (просьба): заявле́ние (о +prp) application (for)

заявля́|ть (-ю) несов от заяви́ть

за́|яц (-йца; gen pl -йцы) м (Зоол) hare

зва́ни|е (-я) ср (воинское) rank; (учёное, почётное) title

зва|ть (зову́, зовёшь; perf позва́ть) несов перех to call; (приглашать) to call; как Вас зову́т? what is your name?; меня́/его́ зову́т Алекса́ндр my/his name is Alexander; звать (perf позва́ть) кого́-н в го́сти в кино́ to ask sb

over/to the cinema

звезда́ (-ы́; nom pl звёзды) ж star

звен|о́ (-а́; nom pl -ья, gen pl -ьев) ср link; (конструкции) section

звери́ный прил (wild) animal

зве́рский прил (поступок) brutal; зве́рств|овать (-ую) несов to commit atrocities

зверь (-я; gen pl -е́й) м (wild) animal, beast

звон|и́ть (-ю́, -и́шь; perf позвони́ть) несов to ring; (Тел): звони́ть кому́ to ring или phone или call US sb

звон|о́к (-ка́; nom pl -ки́) м bell; (звук) ring; (по телефону) (telephone) call

звук (-а) м sound

звуков|о́й прил sound, audio; звукова́я доро́жка track (on audio tape); звукова́я аппарату́ра hi-fi equipment

звукоза́пис|ь (-и) ж sound recording

звуч|а́ть (3sg -и́т) несов (гитара) to sound; (гнев) to be heard

зда́ни|е (-я) ср building

здесь нареч here

здоро́ва|ться (-юсь; perf поздоро́ваться) несов возв: здоро́ваться с +instr to say hello to

здо́рово нареч (разг: отлично) really well ⊳ как сказ (разг) it's great

здоро́в|ый прил healthy; (перен: идея) sound; (разг: большой) hefty; бу́дьте здоро́вы! (при прощании) take care!; (при чихании) bless you!

здоро́вь|е (-я) ср health; как Ва́ше здоро́вье? how are you keeping?; за Ва́ше здоро́вье! (to)

your good health!; **на здоро́вье!**
enjoy it!

здравомы́слящий прил
sensible

здравоохране́ни|е (-я) ср
health care; **министе́рство
здравоохране́ния** ≈ Department of
Health

здра́вств|овать (-ую) несов
to thrive; **здра́вствуйте** hello; **да
здра́вствует...!** long live ...!

здра́вый прил sound

зе́бр|а (-ы) ж zebra; (переход)
zebra crossing (Brit), crosswalk (US)

зева́|ть (-ю) несов to yawn
▷ (perf **прозева́ть**) перех (разг)
to miss out

зевну́ть (-у́, -ёшь) сов то yawn

зелене́|ть (-ю), perf **позелене́ть**
несов to go или turn green;
зелёный прил green; **зе́лен|ь
(-и)** ж (цвет) green ▷ собир
(растительность) greenery;
(овощи и травы) greens мн

земе́льный прил land;
земе́льный наде́л или **уча́сток**
plot of land

землевладе́л|ец (-ьца) м
landowner

земледе́ли|е (-я) ср arable
farming

земледе́льческий прил
(район) agricultural; (машины)
farming

землетрясе́ни|е (-я) ср
earthquake

земл|я́ (-и́; асс sg **-лю**, nom pl
-ли, gen pl **-éль)** ж land;
(поверхность) ground; (почва)
earth, soil; (планета): **Земля́** Earth

земляни́к|а (-и) ж (растение)
wild strawberry (plant) ▷ собир
(ягоды) wild strawberries мн

земно́й прил (поверхность,
кора) earth's; (перен: желания)

earthly; **земно́й шар** the globe

зе́рка|ло (-ала; nom pl **-ала́**, gen
pl **-а́л**, dat pl **-ала́м)** ср mirror

зерн|о́ (-á; nom pl **зёрна**, gen pl
зёрен) ср (пшеницы) grain;
(кофе) bean; (мака) seed ▷ собир
(семенное, на хлеб) grain

зигза́г (-а) м zigzag

зим|а́ (-ы́; асс sg **-у**, dat sg **-é**,
nom pl **-ы)** ж winter; **зи́мний**
прил (день) winter's; (погода)
wintry; (лес, одежда) winter;
зим|ова́ть (-у́ю), perf
прозимова́ть несов (человек)
to spend the winter; (птицы) to
winter; **зимо́й** нареч in the
winter

зл|и́ть (-ю, -ишь), perf
разозли́ть несов перех to
annoy; **зли́ться** (perf
разозли́ться) несов возв to get
angry

зл|о (-а; gen pl **зол)** ср evil;
(неприятность) harm ▷ нареч
(посмотреть, сказать) spitefully;
со зла out of spite; **меня́ зло берёт**
(разг) it makes me angry; **у меня́
на неё зла не хвата́ет** (разг) she
annoys me no end

зло́бный прил mean; (улыбка)
evil; (голос) nasty

злободне́вный прил topical

злове́щий прил sinister

злоде́|й (-я) м villain

злоде́йский прил wicked

зло|й прил evil; (собака) vicious;
(глаза, лицо) mean; (карикатура)
scathing; **я зол на тебя́** I'm angry
with you

злока́чественный прил
malignant

зло́стный прил malicious

злоупотреб|и́ть (-лю́, -и́шь),
impf **злоупотребля́ть** сов +instr
(доверием) to abuse; (доверием) to breach;

злоупотребле́ни|е (-я) *ср* (обычно *мн: преступление*) malpractice *ед*; **злоупотребле́ние нарко́тиками** drug abuse; **злоупотребле́ние дове́рием** breach of confidence

змеи́ный *прил* (*кожа*) snake; **змеи́ный яд** venom

зме|я́ (-и́; *gen pl* **-е́й)** *м* serpent; (*также* **возду́шный змей**) kite

зме|й (-ей; *nom pl* **-и́,** *gen pl* **-е́й)** *ж* snake

знак (-а) *м* sign, symbol; (*Комп*) character; **в знак** +*gen* as a token of; **под зна́ком** +*gen* in an atmosphere of; **знак ра́венства** equals sign; **зна́ки зодиа́ка** signs of the Zodiac

знако́м|ить (-лю, -ишь; *perf* **познако́мить)** *несов перех:* **знако́мить кого́-н с** +*instr* to introduce sb to; (*perf* **познако́миться)** *несов возв:* **знако́миться с** +*instr* (*с человеком*) to meet (*perf* **ознако́миться**) to study; **знако́мств|о (-а)** *ср* acquaintance; **знако́м|ый** *прил:* **знако́мый с** +*instr* familiar (with) ▷ **(-ого)** *м* acquaintance

знамена́тельный *прил* momentous

знамени́тый *прил* famous

зна́м|я (-ени; *как* **вре́мя;** *см Table* 4) *ср* banner

зна́ни|е (-я) *ср* knowledge только *ед*; **со зна́нием де́ла** expertly

зна́тный *прил* (*род, человек*) noble

зна|ть (-ю) *несов перех* to know; **как зна́ешь** as you wish; **ну, зна́ешь!** well I never!

значе́ни|е (-я) *ср* (*слова, взгляда*) meaning; (*победы*) importance

зна́чит *вводн сл* (*разг*) so ▷ *союз* (*следовательно*) that means

значи́тельный *прил* significant; (*вид, взгляд*) meaningful

зна́ч|ить (-у, -ишь) *несов* (*не*) *перех* to mean; **зна́читься** *несов возв* (*состоять*) to appear

значо́|к (-ка́) *м* badge; (*пометка*) mark

зна́ющий *прил* knowledgeable

зно́|й (-я) *м* intense heat

зов (-а) *м* call

зов|у́ *итп несов см* **звать**

зодиа́к (-а) *м* zodiac

зол|а́ (-ы́) *ж* cinders *мн*

золо́в|ка (-ки; *gen pl* **-ок)** *ж* sister-in-law, husband's sister

зо́лот|о (-а) *ср* gold; **золото́й** *прил* gold, golden; (*перен: человек, время*) wonderful

зо́н|а (-ы) *ж* zone; (*лесная*) area; (*для заключённых*) prison camp

зона́льный *прил* (*граница, деление*) zone; (*местный*) regional

зонд (-а) *м* probe

зонт (-а́) *м* (*от дождя*) umbrella; (*от солнца*) parasol

зо́нтик (-а) *м* = **зонт**

зооло́ги|я (-и) *ж* zoology

зоомагази́н (-а) *м* pet shop

зоопа́рк (-а) *м* zoo

зрач|о́к (-ка́) *м* (*Анат*) pupil

зре́лищ|е (-а) *ср* sight; (*представление*) show

зре́лый *прил* mature; (*плод*) ripe

зре́ни|е (-я) *ср* (eye)sight

зре|ть (-ю; *perf* **созре́ть)** *несов* to mature; (*плод*) to ripen

зри́мый *прил* visible

зри́тель (-я) *м* (*в театре, в кино*) member of the audience; (*на стадионе*) spectator; (*наблюдатель*) onlooker

зри́тельный *прил* (*память*) visual; **зри́тельный зал** auditorium

зря *нареч* (*разг: без пользы*) for nothing, in vain; **зря тра́тить** (*perf* **потра́тить**) **де́ньги/вре́мя** to waste money/time; **зря ты ему́ э́то сказа́л** you shouldn't have told him about it

зуб (-а; *nom pl* -ы, *gen pl* -о́в) *м* tooth ▷ (*мн* teeth, *nom pl* -ья, *gen pl* -ьев) (*пилы*) tooth (*мн* teeth); (*грабель, вилки*) prong

зубн|о́й *прил* dental; **зубна́я щётка** toothbrush; **зубно́й врач** dentist

зуд (-а) *м* itch

зы́бкий *прил* shaky

зы́б|ь (-и) *ж* ripple

зят|ь (-я) *м* (*муж дочери*) son-in-law; (*муж сестры́*) brother-in-law

И

○ КЛЮЧЕВОЕ СЛОВО

и *союз* **1** and; **я и мой друг** my friend and I; **и вот показа́лся лес** and then a forest came into sight

2 (*тоже*): **и он пошёл в теа́тр** he went to the theatre too; **и он не пришёл** he didn't come either

3 (*даже*) even; **и сам не рад** even he himself is not pleased

4 (*именно*): **о том и речь!** that's just it!

5 (*во фразах*): **ну и нагле́ц же ты!** what a cheek you have!; **туда́ и сюда́** here and there; **и ... и ...** both ... and ...

и́в|а (-ы) *ж* willow

иглоука́лывани|е (-я) *ср* acupuncture

иго́л|ка (-ки; *gen pl* -ок) *ж* = **игла́**

иго́рный *прил*: **иго́рный дом** gaming club

игр|а́ (-ы́); *nom pl* **-ы** *ж* game; (*на скри́пке итп*) playing; (*актёра*) performance; **игра́ слов** play on words; **игра́льные ка́рты** playing cards *мн*; **игра́ть (-ю)** *несов* to play ▷ (*perf* **сыгра́ть**) *перех* to play (*пье́су*) to perform; **игра́ть** (*perf* **сыгра́ть**) *в +acc* (*Спорт*) to play

игри́стый *прил* sparkling

игро́к (-а́) *м* player

игру́шечный *прил* toy

игру́ш|ка (-ки; *gen pl* **-ек)** *ж* toy; **ёлочные игру́шки** Christmas tree decorations

идеа́льный *прил* ideal

идём *несов см* **идти́**

идеоло́ги|я (-и) *ж* ideology

идёшь *etc несов см* **идти́**

иде́|я (-и) *ж* idea; **по иде́е** (*разг*) supposedly

идио́м|а (-ы) *ж* idiom

идио́т (-а) *м* idiot

идти́ (*см* Table 18) *несов* to go; (*пешко́м*) to walk; (*го́ды*) to go by; (*фильм*) to be on; (*часы́*) to work; (*подходи́ть: оде́жда*): **идти́ к** +dat to go with; **иди́ сюда́!** come here! **иду́!** (I'm) coming!; **идёт по́езд/авто́бус** the train/bus is coming; **идёт дождь/снег** it's raining/snowing; **дела́ иду́т хорошо́/пло́хо** things are going well/badly; **Вам идёт э́та шля́па** the hat suits you; **идти́** (*perf* **пойти́**) **пешко́м** to walk, go on foot

⭘ **КЛЮЧЕВО́Е СЛО́ВО**

из *предл* +gen **1** (*о направлении*) out of; **он вы́шел из ко́мнаты** he went out of the room

2 (*об исто́чнике*) from; **све́дения из кни́ги** information from a book; **я из Москвы́** I am from Moscow

3 (*при выделе́нии ча́сти из це́лого*) of; **вот оди́н из приме́ров** here is one of the examples

4 (*о материа́ле*) made of; **э́тот стол сде́лан из сосны́** this table is made of pine; **ва́за из стекла́** a glass vase; **варе́нье из я́блок** apple jam

5 (*по причи́не*) out of; **из осторо́жности/за́висти** out of wariness/envy; **из эконо́мии** in order to save money

6 (*во фра́зах*): **из го́да в год** year in, year out; **я бежа́л изо всех сил** I ran at top speed

изб|а́ (-ы́); *nom pl* **-ы** *ж* hut

изба́в|ить (-лю, -ишь); *impf* **избавля́ть** *сов перех*: **изба́вить кого́-н от** +gen (*от пробле́м*) to free sb from; (*от враго́в*) to deliver sb from; **изба́виться** (*impf* **избавля́ться**) *сов возв*: **изба́виться от** +gen to get rid of; (*от стра́ха*) to get over

избега́|ть (-ю) *несов от* **избежа́ть** ▷ *неперех*: **избега́ть чего́-н/**+infin to avoid sth/doing

избежа́ть (*как* **бежа́ть**; *см* Table 20), *impf* **избега́ть** *сов* +gen to avoid

избива́|ть (-ю) *несов от* **изби́ть**

избира́тель (-я) *м* voter; **избира́тельный** *прил* (*систе́ма*) electoral; **избира́тельная кампа́ния** election campaign; **избира́тельный уча́сток** polling station; **избира́тельный бюллете́нь** ballot paper

изб|и́ть (-обью, -обьёшь); *impf* **избива́ть** *сов перех* to beat up

и́збранный *прил* (*расска́зы*)

selected; (*люди, круг*) select

избра́ть (**-еру́, -ерёшь**; *pt* **-ра́л, -рала́, -ра́ло**, *impf* **избира́ть**) *сов перех* (*профессию*) to choose; (*президента*) to elect

избы́т|ок (**-ка**) *м* (*излишек*) surplus; (*обилие*) excess; **избы́точный** *прил* (*вес*) excess

изверже́ни|е (**-я**) *ср* eruption

изве́сти|е (**-я**) *ср* news; *см* **изве́стия**

извести́ть (**-щу́, -сти́шь**; *impf* **извеща́ть**) *сов перех*: **извести́ть кого́-н** +*prp* to inform sb of

изве́сти|я (**-й**) *мн* (*издание*) bulletin *ed*

изве́стно *как сказ*: **изве́стно, что ...** it is well known that ...; **мне э́то изве́стно** I know about it; **наско́лько мне изве́стно** as far as I know; **как изве́стно** as is well known; **изве́стност|ь** (**-и**) *ж* fame; **ста́вить** (*perf* **поста́вить**) **кого́-н в изве́стность** to inform sb; **изве́стный** *прил* famous, well-known; (*разг: лентяй*) notorious; (*условия*) certain

и́звест|ь (**-и**) *ж* lime

извеща́|ть (**-ю**) *несов от* **извести́ть**

извива́|ться (**-юсь**) *несов возв* (*змея*) to slither; (*человек*) to writhe

извине́ни|е (**-я**) *ср* apology; (*оправдание*) excuse; **извини́ть** (**-ю́, -и́шь**; *impf* **извиня́ть**) *сов перех* (*простить*) to excuse; **извини́ть что́-н (кому́-н)** to excuse (sb for) sth; **извини́те!** excuse me!; **извини́те, Вы не ска́жете, где вокза́л?** excuse me, could you tell me where the station is?; **извини́ться** (*impf* **извиня́ться**) *сов возв*: **извини́ться (за** +*acc*) to apologize (for)

извле́|чь (**-еку́, -ечёшь** итп, **-еку́т**; *pt* **-ёк, -екла́, -екло́**, *impf* **извлека́ть**) *сов перех* (*осколок*) to remove; (*перен: пользу*) to derive

изги́б (**-а**) *м* bend

изгиба́|ть(ся) (**-ю(сь)**) *несов от* **изогну́ть(ся)**

изгна́ни|е (**-я**) *ср* (*ссылка*) exile; **изгна́|ть** (**-оню́, -о́нишь**; *pt* **-на́л, -нала́, -на́ло**, *impf* **изгоня́ть**) *сов перех* to drive out; (*сослать*) to exile

и́згород|ь (**-и**) *ж* fence; **жива́я и́згородь** hedge

изгото́в|ить (**-лю, -ишь**; *impf* **изготовля́ть**) *сов перех* to manufacture

издава́|ть (**-ю́, -ёшь**) *несов от* **изда́ть**

издалека́ *нареч* from a long way off

и́здали *нареч* = **издалека́**

изда́ни|е (**-я**) *ср* publication; (*изданная вещь*) edition; **изда́тел|ь** (**-я**) *м* publisher; **изда́тельств|о** (**-а**) *ср* publisher, publishing house; (*как дать*) *см* **Table 16**; *impf* **издава́ть**) *сов перех* (*книгу*) to publish; (*закон*) to issue; (*стон*) to let out

издева́тельств|о (**-а**) *ср* mockery; (*жестокое*) abuse; **издева́|ться** (**-юсь**) *несов возв*: **издева́ться над** +*instr* (*над подчинёнными*) to make a mockery of; (*над чьей-н одеждой*) to mock, ridicule

изде́ли|е (**-я**) *ср* (*товар*) product, article

изде́ржк|и (**-ек**) *мн* expenses; **суде́бные изде́ржки** legal costs

из-за *предл* (+*gen*: *занавески*) from behind; (*угла*) from around; (*по вине*) because of; **из-за того́**

что because
излага́|ть (-ю) *несов от* **изложи́ть**
излече́ни|е (-я) *ср* (*выздоровление*) recovery
излечи́|ться (-ечу́сь, -е́чишься; *impf* **изле́чиваться**) *сов возв:* **излечи́ться от** +*gen* to be cured of
изли́ш|ек (-ка) *м* (*остаток*) remainder; (+*gen: веса*) excess of
изли́шний *прил* unnecessary
изложе́ни|е (-я) *ср* presentation;
изло́ж|ить (-ожу́, -о́жишь; *impf* **излага́ть**) *сов перех* (*события*) to recount; (*просьбу*) to state
излуче́ни|е (-я) *ср* radiation
изме́н|а (-ы) *ж* (*родине*) treason; (*другу*) betrayal; **супру́жеская изме́на** adultery; (-ы) *ср* change; (*поправка*) alteration; **измен|и́ть** (-еню́, -е́нишь; *impf* **изменя́ть**) *сов перех* to change ▷ *неперех* (+*dat: родине, другу*) to betray; (*супругу*) to be unfaithful to; (*памяти*) to fail; **измени́ться** (*impf* **изменя́ться**) *сов возв* to change; **изме́нник** (-а) *м* traitor
изме́р|ить (-ю, -ишь) *сов от* **ме́рить** ▷ (*impf* **измеря́ть**) *перех* to measure
изму́ч|ить (-у, -ишь) *сов от* **му́чить**
изм|я́ть (-омну́, -омнёшь) *сов от* **мять**
изна́нк|а (-и) *ж* (*одежды*) inside; (*ткани*) wrong side
изнаси́лован|ие (-я) *ср* rape
изнаси́л|овать (-ую) *сов от* **наси́ловать**
изна́шива|ть(ся) (-ю(сь)) *несов от* **износи́ть(ся)**
изнемога́|ть (-ю) *несов от* **изнемо́чь**

изнеможе́ни|е (-я) *ср* exhaustion
изнемо́|чь (-гу́, -о́жешь *итп*, -о́гут; *pt* -о́г, -огла́, -огло́; *impf* **изнемога́ть**) *сов* to be exhausted
изно́с (-а) *м* (*механизмов*) wear
изно|си́ть (-шу́, -сишь; *impf* **изна́шивать**) *сов перех* to wear out; **износи́ться** (*impf* **изна́шиваться**) *сов возв* to wear out
изнур|и́ть (-ю́, -и́шь; *impf* **изнуря́ть**) *сов перех* to exhaust
изнутри́ *нареч* from inside
изо *предл* = **из**
изобража́|ть (-ю) *несов от* **изобрази́ть**
изобрази́тельн|ый *прил* descriptive; **изобрази́тельное иску́сство** fine art
изобра|зи́ть (-жу́, -зи́шь; *impf* **изобража́ть**) *сов перех* to depict, portray
изобре|сти́ (-ту́, -тёшь; *pt* -ёл, -ела́, *impf* **изобрета́ть**) *сов перех* to invent; **изобрета́тель** (-я) *м* inventor; **изобрете́ни|е** (-я) *ср* invention
изогн|у́ть (-у́, -ёшь; *impf* **изгиба́ть**) *сов перех* to bend; **изогну́ться** (*impf* **изгиба́ться**) *сов возв* to bend
изоля́ци|я (-и) *ж* (*см глаг*) isolation; cutting off; insulation
изощрённый *прил* sophisticated
из-под *предл* +*gen* from under(neath); (*около*) from outside; **ба́нка из-под варе́нья** jam jar
Изра́иль (-я) *м* Israel
израильтя́н|ин (-ина; *nom pl* -e) *м* Israeli
изра́ильский *прил* Israeli
и́зредка *нареч* now and then
изрече́ни|е (-я) *ср* saying
изуве́ч|ить (-у, -ишь; *impf*

и

изуве́чивать) *сов перех* to maim
изуми́тельный *прил* marvellous
(*Brit*), marvelous (*US*), wonderful
изуми́ть (-**лю́**, -**и́шь**); *impf*
изумля́ть *сов перех* to amaze,
astound; **изуми́ться** (*impf*
изумля́ться) *сов возв* to be
amazed *или* astounded;
изумле́ни|е (-**я**) *ср* amazement
изумру́д (-**а**) *м* emerald
изуча́|ть (-**ю**) *несов от* **изучи́ть**
▷ *перех* (*о процессе*) to study
изуче́ни|е (-**я**) *ср* study
изучи́|ть (-**учу́**, -**у́чишь**); *impf*
изуча́ть *сов перех* (*язык,
предмет*) to learn; (*понять*) to get
to know; (*исследовать*) to study
изъ|яви́ть (-**явлю́**, -**я́вишь**) *impf*
изъявля́ть *сов перех* to indicate
изъя́н (-**а**) *м* defect
изъя́|ть (изыму́, изы́мешь); *impf*
изыма́ть *сов перех* to withdraw
изы́сканный *прил* refined,
sophisticated
изю́м (-**а**) *собир* raisins *мн*
изя́щный *прил* elegant
ика́|ть (-**ю**) *несов* to hiccup
ико́н|а (-**ы**) *ж* (*Рел*) icon
икр|а́ (-**ы́**) *ж* (*чёрная, красная*)
caviar(e) ▷ *nom pl* -**ы**) (*Анат*) calf
(*мн* calves)
ИЛ (-**а**) *м сокр* самолёт
конструкции С.В. Ильюшина
й|ли *союз* or; **и́ли ... и́ли ...** either
... *или* ...
иллюстра́ци|я (-**и**) *ж* illustration
иллюстри́р|овать (-**ую**); *perf*
иллюстри́ровать *или*
проиллюстри́ровать) *несов
перех* to illustrate
им *мест см* **он**; **оно́**; **они́**
им. *сокр* см **и́мя**
и́мени *etc сущ см* **и́мя**
име́ни|е (-**я**) *ср* estate
имени́нник (-**а**) *м* person

celebrating his name day or
birthday
имени́тельный *прил* (*Линг*):
имени́тельный паде́ж the
nominative (case)
и́менно *част* exactly, precisely
▷ *союз* (*перед перечислением*): **а
и́менно** namely; **вот и́менно!**
exactly!, precisely!
име́|ть (-**ю**) *несов перех* to have;
име́ть (*impf*) **ме́сто** (*событие*) to
take place; **име́ть** (*impf*) **де́ло с**
+*instr* to deal with; **име́ть** (*impf*) **в
виду́** to bear in mind;
(*подразумевать*) to mean;
име́ться *несов возв* (*сведения*)
to be available
и́ми *мест см* **они́**
иммигра́нт (-**а**) *м* immigrant
иммиграцио́нный *прил*
immigration
иммигра́ци|я (-**и**) *ж* immigration
иммигри́р|овать (-**ую**) (*не*)*сов*
to immigrate
иммуните́т (-**а**) *м* (*Мед; перен*):
иммуните́т (**к** +*dat*) immunity (to)
импера́тор (-**а**) *м* emperor
импе́ри|я (-**и**) *ж* empire
и́мпорт (-**а**) *м* (*ввоз*) importation
импорти́р|овать (-**ую**) (*не*)*сов
перех* to import; **и́мпортный**
прил imported
импровизи́р|овать (-**ую**); *perf*
импровизи́ровать *или*
сымпровизи́ровать) (*не*)*сов
перех* to improvise
и́мпульс (-**а**) *м* impulse
иму́щество (-**а**) *ср* property;
(*принадлежности*) belongings *мн*
и́м|я (-**ени**; *как* **вре́мя**; см *Table 4*)
ср (*также* перен) name; (*также*
ли́чное и́мя) first *или* Christian
name; **во и́мя** +*gen* (*ради*) in the
name of; **на и́мя** +*gen* (*письмо*)
addressed to; **от и́мени** +*gen* on

behalf of; **и́мя по́льзователя** user name, login

ина́че *нареч* (*по-друго́му*) differently ▷ *союз* or else

инвали́д (**-а**) *м* disabled person; **инвали́дный** *прил:* **инвали́дная коля́ска** wheelchair; **инвали́дный дом** home for the disabled; **инвали́дность** (**-и**) *ж* disability; **получа́ть** (*perf* **получи́ть**) **инвали́дность** to be registered as disabled

инвалю́та (**-ы**) *ж сокр* (= **иностра́нная валю́та**) foreign currency

инвести́ровать (**-ую**) (*не*)*сов* (*не*)*перех* (*Экон*) to invest; **инвести́ция** (**-и**) *ж* investment

инде́ец (**-йца**) *м* Native American, North American Indian

инде́йка (**-йки**) *gen pl* **-ек** *ж* turkey

и́ндекс (**-а**) *м* (*цен, книг*) index (*мн* indexes); (*также* **почто́вый и́ндекс**) post (*Brit*) *или* zip (*US*) code

индивидуа́льный *прил* individual

инди́ец (**-йца**) *м* Indian

инди́йский *прил* Indian; **Инди́йский океа́н** the Indian Ocean

И́нди́я (**-и**) *ж* India

индустриа́льный *прил* industrial

индустри́я (**-и**) *ж* industry

инжене́р (**-а**) *м* engineer

инициа́лы (**-ов**) *мн* initials

инициати́ва (**-ы**) *ж* initiative

инициати́вный *прил* enterprising; **инициати́вная гру́ппа** ≈ pressure group

инкасса́тор (**-а**) *м* security guard (*employed to collect and deliver money*)

иногда́ *нареч* sometimes

иногоро́дний *прил* from another town ▷ (**-его**) *м* person from another town

ино́й *прил* different ▷ *мест* (*некоторый*) some (people); **ины́ми слова́ми** in other words; **не что ино́е, как ...**, **не кто ино́й, как** ... none other than ...

иноми́рка (**-ки**); *gen pl* **-ок** *ж* foreign car

инопланетя́нин (**-ина**; *nom pl* **-е**) *м* alien

иноро́дный *прил* alien; **иноро́дное те́ло** (*Мед*) foreign body

иностра́нец (**-ца**) *м* foreigner; **иностра́нный** *прил* foreign; **Министе́рство иностра́нных дел** Ministry of Foreign Affairs, ≈ Foreign Office (*Brit*), ≈ State Department (*US*)

инспекти́ровать (**-ую**); *perf* **проинспекти́ровать** *несов перех* to inspect

инспе́ктор (**-а**) *м* inspector

инспе́кция (**-и**) *ж* inspection

инста́нция (**-и**) *ж* authority

инсти́нкт (**-а**) *м* instinct

институ́т (**-а**) *м* institute

инструкти́ровать (**-ую**); *perf* **проинструкти́ровать** (*не*)*сов перех* to instruct

инстру́кция (**-и**) *ж* instructions *мн*; (*также* **инстру́кция по эксплуата́ции**) instructions (for use)

инструме́нт (**-а**) *м* instrument

инсули́н (**-а**) *м* insulin

инсу́льт (**-а**) *м* (*Мед*) stroke

инсцени́ровать (**-ую**) (*не*)*сов перех* (*роман*) to adapt

интелле́кт (**-а**) *м* intellect

интеллектуа́л (**-а**) *м* intellectual

интеллектуа́льный *прил*

intellectual

интеллиге́нт (-а) *м* member of the intelligentsia;

интеллиге́нтный *прил* cultured and educated; **интеллиге́нци|я** (-и) *ж собир* the intelligentsia

интенси́вный *прил* intensive; (*окраска*) intense

интерва́л (-а) *м* interval

интервью́ *ср нескл* interview

интервью́и́р|овать (-ую; *perf* **проинтервью́и́ровать**) *(не)сов перех* to interview

интере́с (-а) *м*: **интере́с (к** +*dat*) interest (in)

интере́сно *нареч*: **он о́чень интере́сно расска́зывает** he is very interesting to listen to ▷ *как сказ*: **интере́сно, (что ...)** it's interesting (that ...); **мне э́то о́чень интере́сно** I find it very interesting; **интере́сно, где он э́то нашёл** I wonder where he found that

интере́сный *прил* interesting; (*вне́шность, же́нщина*) attractive

интерес|ова́ть (-у́ю) *несов перех* to interest;

интересова́ться *несов возв*: **интересова́ться** +*instr* to be interested in; (*осведомля́ться*) to inquire after; **он интересова́лся, когда́ ты приезжа́ешь** he was asking when you would be arriving

интерна́т (-а) *м* boarding school

интернациона́льный *прил* international

Интерне́т (-а) *м* Internet

интерпрета́ци|я (-и) *ж* interpretation

интерье́р (-а) *м* (*зда́ния*) interior

инти́мный *прил* intimate

интуи́ци|я (-и) *ж* intuition

Интури́ст (-а) *м сокр* (= **Гла́вное управле́ние по иностра́нному тури́зму**) Russian tourist agency

dealing with foreign tourism

интури́ст (-а) *м сокр* = **иностра́нный тури́ст**

инфа́ркт (-а) *м* (*также* **инфа́ркт миока́рда**) heart attack

инфекцио́нный *прил* infectious

инфе́кци|я (-и) *ж* infection

инфинити́в (-а) *м* infinitive

информацио́нный *прил* information; **информацио́нная програ́мма** news programme (*Brit*) *или* program (*US*)

информа́ци|я (-и) *ж* information

информи́р|овать (-ую) *perf* **информи́ровать** *или* **проинформи́ровать**) *несов перех* to inform

инфраструкту́р|а (-ы) *ж* infrastructure

инциде́нт (-а) *м* incident

инъе́кци|я (-и) *ж* injection

иня́з (-а) *м сокр* (= **факульте́т иностра́нных языко́в**) modern languages department

и.о. *сокр* (= **исполня́ющий обя́занности**) acting

Иорда́ни|я (-и) *ж* Jordan

ипоте́к|а (-и) *ж* (*Комм*) mortgage;

ипоте́чный *прил* mortgage; **ипоте́чная ссу́да** mortgage; **ипоте́чный банк** ≈ building society

ипподро́м (-а) *м* racecourse (*Brit*), racetrack (*US*)

Ира́к (-а) *м* Iraq

Ира́н (-а) *м* Iran

и́рис (-а) *м* (*Бот*) iris

ирла́ндец (-ца) *м* Irishman

Ирла́нди|я (-и) *ж* Ireland

ирла́ндк|а (-ки; *gen pl* -ок) *ж* Irishwoman

иронизи́р|овать (-ую) *несов*: **иронизи́ровать (над** +*instr*) to be ironic (about)

иро́ни|я (-и) *ж* irony

иск (-а) *м* lawsuit; **предъявля́ть**

(*perf* предъяви́ть) кому́-н иск to take legal action against sb

искажа́ть(ся) (-ю(сь)) *несов от* искази́ть(ся)

иска́ть (ищу́, и́щешь) *несов перех* to look *или* search for

исключе́ни|е (-я) *ср* (*из списка*) exclusion; (*из института*) expulsion; (*отклонение*) exception; **за исключе́нием** +*gen* with the exception of; **де́лать** (*perf* **сде́лать**) **что-н в ви́де исключе́ния** to make an exception of sth

исключи́тельный *прил* exceptional

исключи́ть (-у́, -и́шь) *impf* **исключа́ть** *сов перех* (*из списка*) to exclude; (*из института*) to expel; (*ошибку*) to exclude the possibility of; **э́то исключено́** that is out of the question

иско́нный *прил* (*население, язык*) native; (*право*) intrinsic

ископа́ем|ое (-ого) *ср* fossil; (*также* **поле́зное ископа́емое**) mineral

искорен|и́ть (-ю́, -и́шь) *impf* **искореня́ть** *сов перех* to eradicate

и́скр|а (-ы) *ж* spark

и́скренне *нареч* sincerely; **и́скренне Ваш** Yours sincerely

и́скренний *прил* sincere

искрив|и́ть (-лю́, -и́шь) *impf* **искривля́ть** *сов перех* to bend

искупа́ть(ся) (-ю(сь)) *сов от* купа́ть(ся)

искуп|и́ть (-лю́, -у́пишь) *impf* **искупа́ть** *сов перех* to atone for

иску́сный *прил* (*работник*) skilful (*Brit*), skillful (*US*); (*работа*) fine

иску́сственный *прил* artificial; (*ткань*) synthetic; (*мех*) fake

иску́сств|о (-а) *ср* art

искуша́|ть (-ю) *несов перех* to tempt

искуше́ни|е (-я) *ср* temptation

исла́м (-а) *м* Islam; **исла́мский** *прил* Islamic

Исла́нди|я (-и) *ж* Iceland

испа́н|ец (-ца) *м* Spaniard

Испа́ни|я (-и) *ж* Spain

испа́чкать(ся) (-ю(сь)) *сов от* па́чкать(ся)

испове́д|овать (-ую) *несов перех* (*религию, идею*) to profess ▷ (*не*)*сов перех* (*Рел*): **испове́довать кого́-н** to hear sb's confession; **испове́доваться** (*не*)*сов возв*: **испове́доваться кому́-н** *или* **у кого́-н** to confess to sb

и́спове|дь (-и) *ж* confession

исполко́м (-а) *м сокр* (= **исполни́тельный комите́т**) executive committee

исполне́ни|е (-я) *ср* (*приказа*) execution; (*обещания*) fulfilment (*Brit*), fulfillment (*US*); (*роли*) performance

исполни́тельный *прил* (*власть*) executive; (*работник*) efficient

исполн|ить (-ю, -ишь) *impf* **исполня́ть** *сов перех* (*приказ*) to carry out; (*обещание*) to fulfil (*Brit*), fulfill (*US*); (*роль*) to perform; **испо́лниться** (*impf* **исполня́ться**) *сов возв* (*желание*) to be fulfilled; **ему́ испо́лнилось 10 лет** he is 10

испо́льзовани|е (-я) *ср* use

испо́льз|овать (-ую) (*не*)*сов перех* to use

испра́в|ить (-лю, -ишь) *impf* **исправля́ть** *сов перех* (*повреждение*) to repair; (*ошибку*) to correct; (*характер*) to improve; **испра́виться** (*impf* **исправля́ться**) *сов возв* (человек) to change (for the better)

испра́вный прил (механизм) in good working order

испу́г (-а) м fright; **в испу́ге, с испу́гу** in или with fright

испу́ганный прил frightened

испуга́ть(ся) (-ю(сь)) сов от **пуга́ть(ся)**

испыта́тельный прил: **испыта́тельный срок** trial period, probation

испыта́ть (-ю; impf **испы́тывать**) сов перех (механизм) to test; (нужду, радость) to experience

иссле́довани|е (-я) ср (см глаг) research; examination; (научный труд) study;

иссле́довательск|ий прил: **иссле́довательская рабо́та** research; **иссле́довательский институ́т** research institute;

иссле́д|овать (-ую) (не)сов перех to research; (больного) to examine

исся́к|нуть (3sg -нет, pt -, -ла, impf **иссяка́ть**) сов (запасы) to run dry; (перен: терпение) to run out

истека́ть (-ю) несов от **исте́чь**

исте́рик|а (-и) ж hysterics мн

ист|е́чь (-еку́, -ечёшь etc -еку́т; pt -ёк, -екла́, -екло́, impf **истека́ть**) сов (срок) to expire; (время) to run out

и́стинный прил true

исто́к (-а) м (реки) source

исто́рик (-а) м historian

истори́ческий прил historical; (важный) historic; **истори́ческий факульте́т** history department

исто́ри|я (-и) ж (наука) history; (рассказ) story

исто́чник (-а) м (водный) spring; (сил) source

истоще́ни|е (-я) ср exhaustion

истра́|тить (-чу, -тишь) сов от **тра́тить**

истреби́тел|ь (-я) м (самолёт) fighter (plane); (лётчик) fighter pilot

истребля́|ть (-ю, -йшь; impf **истребля́ть**) сов перех to destroy; (крыс) to exterminate

исхо́д (-а) м outcome

исх|оди́ть (-ожу́, -о́дишь) несов: **исходи́ть из** +gen (сведения) to originate from; (основываться) to be based on; **исходя́ из** +gen или **от** +gen on the basis of

исхо́дный прил primary

исходя́щий прил outgoing; **исходя́щий но́мер** (Админ) reference number

исче́з|нуть (-ну, -нешь; pt -, impf **исчеза́ть**) сов to disappear

исче́рпа|ть (-ю) impf **исче́рпывать** сов перех to exhaust

исчисля́|ться (3pl -ются) несов возв +instr to amount to

ита́к союз thus, hence

Ита́ли|я (-и) ж Italy

италья́н|ец (-ца) м Italian; **италья́нский** прил Italian; **италья́нский язы́к** Italian

и т.д. сокр (= и так да́лее) etc. (= et cetera)

ито́г (-а) м (рабо́ты итп) result; (о́бщая су́мма) total; **в ито́ге** (при подсчёте) in total; (в коне́чном) ито́ге in the end; **подводи́ть** (perf **подвести́**) ито́ги to sum up

итого́ нареч in total, altogether

ито́говый прил (сумма) total

и т.п. сокр (= и тому́ подо́бное) etc. (= et cetera)

иудаи́зм (-а) м Judaism

их мест см **они́** ▷ притяж мест their

и́хн|ий притяж мест (разг) their;

по и́хнему (in) their way
ищу́ итп несов см **иска́ть**
ию́л|ь (-я) м July
ию́н|ь (-я) м June

йо́г|а (-и) ж yoga
йо́гурт (-а) м yoghurt
йод (-а) м iodine

К

каба́н (-á) м (дикий) wild boar

кабачо́к (-ка́) м marrow (Brit), squash (US)

ка́бель (-я) м cable

каби́на (-ы) ж (телефо́нная) booth; (грузовика́) cab; (самолёта) cockpit; (ли́фта) cage

кабине́т (-а) м (в до́ме) study; (на рабо́те) office; (шко́льный) classroom; (врача́) surgery (Brit), office (US); (Полит: также **кабине́т мини́стров**) cabinet

каблу́к (-á) м heel

Кавка́з (-а) м Caucasus

кавка́зец (-ца) м Caucasian

кавы́чки (-ек; dat pl -кам) мн inverted commas, quotation marks

кадр (-а) м (Фото, Кино) shot

ка́дры (-ов) мн (рабо́тники) personnel ед, staff ед

ка́ждый прил each, every

каза́к (-аки́; nom pl -аки́) м Cossack

каза́рма (-ы) ж barracks мн

каза́ться (-жу́сь, -жешься; perf показа́ться) несов возв +instr to look, seem; (мне) ка́жется, что ... it seems to me that ...

каза́чий прил Cossack

казино́ ср нескл casino

казна́ (-ы́) ж treasury

казни́ть (-ю́, -и́шь) (не)сов перех to execute

казнь (-и) ж execution

кайма́ (-ймы́; nom pl -ймы́, gen pl -ём) ж hem

к предл +dat **1** (о направле́нии) towards; **я пошёл к до́му** I went towards the house; **звать** (perf **позва́ть**) **кого́-н к телефо́ну** to call sb to the phone; **мы пое́хали к друзья́м** we went to see friends; **поста́вь ле́стницу к стене́** put the ladder against the wall

2 (о добавле́нии, включе́нии) to; **э́та ба́бочка отно́сится к о́чень ре́дкому ви́ду** this butterfly belongs to a very rare species

3 (об отноше́нии) of; **любо́вь к му́зыке** love of music; **он привы́к к хоро́шей еде́** he is used to good food; **к моему́ удивле́нию** to my surprise

4 (назначе́ния) with; **припра́вы к мя́су** seasonings for meat

как местоимённое нареч **1** (вопроси́тельное) how; **как Вы себя́ чу́вствуете?** how do you feel?; **как дела́?** how are things?; **как тебя́ зову́т?** what's your name?

2 (относи́тельное): **я сде́лал, как**

ты проси́л I did as you asked; **я не зна́ю, как э́то могло́ случи́ться** I don't know how that could have happened

3 (насколько): **как бы́стро/давно́** how quickly/long ago

4 (до какой степени): **как краси́во!** how beautiful!; **как жаль!** what a pity или shame!

5 (выражает возмущение) what ▷ союз **1** (подобно) as; **мя́гкий, как ва́та** as soft as cotton wool; **как мо́жно гро́мче/гро́мче** as soon/loud as possible; **он оде́т, как бродя́га** he is dressed like a tramp

2 (в качестве) as

3 (о временны́х отношениях: о будущем, об одновременности) when; (: о прошлом) since; **как зако́нчишь, позвони́ мне** phone (Brit) или call (US) me when you finish; **прошло́ два го́да, как она́ исче́зла** two years have passed since she disappeared

4: **как бу́дто, как бы** as if; **он согласи́лся как бы не́хотя** he agreed as if unwillingly; **как же** of course; **как говоря́т** или говори́тся as it were; **как ни хочу** as you; **как ни́ раз во́время** just in time/what we need; **э́то пла́тье/пальто́ мне как раз** this dress/coat is just my size; **как ..., так и ...** both ... and ...; **как то́лько** as soon as

кака́о ср нескл cocoa
ка́к-либо нареч = как-нибудь
ка́к-нибудь нареч (так или иначе) somehow; (когда-нибудь) sometime

○ **КЛЮЧЕВОЕ СЛОВО**

как|о́й (-**а́я, -о́е, -и́е**) мест **1** (вопросительное) what; **какой**

тебе́ нра́вится цвет? what colour do you like?

2 (относительное) which; **скажи́, кака́я кни́га интере́снее** tell me which book is more interesting

3 (выражает оценку) what; **какой подле́ц!** what a rascal!

4 (разг: неопределённое) any; **нет ли каки́х вопро́сов?** are there any questions?

5 (во фразах): **ни в каку́ю** not for anything; **каки́м о́бразом** in what way

како́й-либо мест = **како́й-нибудь**

како́й-нибудь мест (тот или иной) any; (приблизительно) some; **он и́щет како́й-нибудь рабо́ты** he's looking for any kind of work

как-ника́к нареч after all

како́й-то мест: **Вам како́е-то письмо́** there's a letter for you; (напоминающий): **она́ кака́я-то стра́нная сего́дня** she is acting kind of oddly today

ка́к-то мест (каким-то образом) somehow; (в некоторой степени) somewhat; (разг): **ка́к-то (раз)** once

ка́ктус (-**а**) м cactus (мн cacti)
кале́к|а (-**и**) м/ж cripple
календа́р|ь (-**я́**) м calendar
кале́ч|ить (-**у, -ишь**) perf покале́чить или искале́чить несов перех to cripple; (мина) to maim
кали́бр (-**а**) м calibre (Brit), caliber (US)
кали́тк|а (-**и**; gen pl -**ок**) ж gate
кало́ри|я (-**и**) ж calorie
калькуля́тор (-**а**) м calculator
ка́льци|й (-**я**) м calcium

камене́|ть (**-ю**) *несов от* **окамене́ть**

ка́менный *прил* stone

ка́м|ень (**-ня**; *gen pl* **-не́й**) *м* stone

ка́мер|а (**-ы**) *ж* (*тюре́мная*) cell; (*также* **телека́мера, кинока́мера**) camera; **ка́мера хране́ния** (*на вокза́ле*) left-luggage office (*Brit*), checkroom (*US*); (*в музе́е*) cloakroom

ка́мерн|ый *прил*: **ка́мерная му́зыка** chamber music

ками́н (**-а**) *м* fireplace

кампа́ни|я (**-и**) *ж* campaign

камы́ш (**-а́**) *м* rushes *мн*

кана́в|а (**-ы**) *ж* ditch

Кана́д|а (**-ы**) *ж* Canada

кана́л (**-а**) *м* canal; (*Связь, Тел*) channel

канализацио́нн|ый *прил*: **канализацио́нная труба́** sewer pipe

кана́т (**-а**) *м* cable; **кана́тный** *прил*: **кана́тная доро́га** cable car

кандида́т (**-а**) *м* candidate; (*Просвещ*: **кандида́т нау́к**) ≈ Doctor

кани́кул|ы (**-**) *мн* holidays *мн* (*Brit*), vacation *ед* (*US*)

кани́стр|а (**-ы**) *ж* jerry can

кано́э *ср нескл* canoe

кану́н (**-а**) *м* eve; **в кану́н** +*gen* on the eve of

канцеля́ри|я (**-и**) *ж* office; **канцеля́рский** *прил* office

ка́па|ть (**-ю**) *несов* (*вода*) to drip ▷ (*perf* **нака́пать**) *перех*: **ка́пать что-н** (*миксту́ру*) to pour sth out drop by drop

капе́лл|а (**-ы**) *ж* (*Муз*) choir

ка́пельниц|а (**-ы**) *ж* (*Мед*) drip

капита́л (**-а**) *м* (*Комм*) capital; **капитали́зм** (**-а**) *м* capitalism;

капиталисти́ческий *прил* capitalist

капита́льный *прил* (*Экон, Комм*) capital; (*сооруже́ние, труд*) main; (*ремо́нт, поку́пка*) major

капита́н (**-а**) *м* captain

капка́н (**-а**) *м* trap

ка́п|ля (**-ли**; *gen pl* **-ель**) *ж* (*также перен*) drop

капо́т (**-а**) *м* (*Авт*) bonnet (*Brit*), hood (*US*)

капри́знича|ть (**-ю**) *несов* to behave capriciously

капро́н (**-а**) *м* synthetic thread

ка́псул|а (**-ы**) *ж* capsule

капу́ст|а (**-ы**) *ж* cabbage; **цветна́я капу́ста** cauliflower

капюшо́н (**-а**) *м* hood

кара́бка|ться (**-юсь**; *perf* **вскара́бкаться**) *несов возв*: **кара́бкаться на** +*acc* (*челове́к*) to clamber up

караме́л|ь (**-и**) *ж собир* (*леденцы́*) caramels *мн*

каранда́ш (**-а́**; *gen pl* **-е́й**) *м* pencil

каранти́н (**-а**) *м* quarantine

кара́|ть (**-ю**; *perf* **покара́ть**) *несов перех* to punish

карау́л (**-а**) *м* guard

карау́л|ить (**-ю, -ишь**) *несов перех* to guard

карбюра́тор (**-а**) *м* carburettor (*Brit*), carburetor (*US*)

ка́рий *прил* (*глаза́*) hazel

карка́с (**-а**) *м* framework (*of building*)

ка́рлик (**-а**) *м* dwarf

карма́н (**-а**) *м* pocket

карнава́л (**-а**) *м* carnival

карни́з (**-а**) *м* (*для штор*) curtain rail

ка́рт|а (**-ы**) *ж* (*Гео*) map; (*также* **игра́льная ка́рта** (playing) card; **магни́тная ка́рта** (swipe)card;

ка́рта па́мяти memory card

карти́н|**а** (-ы) ж picture

карти́нк|**а** (-и; gen pl -ок) ж (иллюстрация) picture (in book etc)

карто́н (-а) м (бумага) cardboard

картоте́к|**а** (-и) ж card index

картофели́н|**а** (-ы) ж potato (мн potatoes); **карто́фел**|**ь** (-я) м (плод) potatoes мн;
карто́фельный прил potato

ка́рточк|**а** (-и; gen pl -ек) ж card; (также **фотока́рточка**) photo

карто́шк|**а** (-и; gen pl -ек) ж (разг) = **карто́фелина**; **карто́фель**

ка́ртридж (-а) м (Комп) cartridge

карусе́л|**ь** (-и) ж merry-go-round (Brit), carousel (US)

карье́р|**а** (-ы) ж career

каса́|**ться** (-юсь; perf **косну́ться**) несов возв (+gen: дотра́гиваться) to touch; (затрагивать) to touch on; (иметь отношение) to concern; э́то тебя́ не каса́ется it doesn't concern you; что каса́ется Вас, то ... as far as you are concerned ...

ка́с|**ка** (-ки; gen pl -ок) ж helmet

каспи́йский прил: Каспи́йское мо́ре Caspian Sea

ка́сс|**а** (-ы) ж (Театр, Кино) box office; (железнодорожная) ticket office; (в магазине) cash desk

кассе́т|**а** (-ы) ж (магнитофонная) cassette; (Фото) cartridge

касси́р (-а) м cashier

кастрю́л|**я** (-и) ж saucepan

катало́г (-а) м catalogue (Brit), catalog (US)

ката́р (-а) м catarrh

катастро́ф|**а** (-ы) ж disaster

ката́|**ть** (-ю) несов перех (что-н круглое) to roll; (что-н на колёсах) to wheel; **ката́ть** (impf) кого́-н на

маши́не to take sb for a drive; **ката́ться** несов возв: **ката́ться** на маши́не/велосипе́де to go for a drive/cycle; **ката́ться** (impf) на конька́х/ло́шади to go skating/ horse (Brit) или horseback (US) riding

катего́ри|**я** (-и) ж category

ка́тер (-а) м boat

кати́|**ть** (-чу́, -тишь) несов перех (что-н круглое) to roll; (что-н на колёсах) to wheel; **кати́ться** несов возв (шар) to roll; (капли) to run

като́лик (-а) м Catholic; **католи́ческий** прил Catholic

кафе́ ср нескл café

ка́федр|**а** (-ы) ж (Просвещ) department; (Рел) pulpit; заве́дующий ка́федрой chair

ка́фель (-я) м собир tiles мн

кафете́ри|**й** (-я) м cafeteria

кача́|**ть** (-ю) несов перех (колыбель) to rock; (нефть) to pump; **кача́ть** (impf) голово́й to shake one's head; **кача́ться** несов возв to swing; (на волнах) to rock, roll

каче́л|**и** (-ей) мн swing ед

▷ предл: в ка́честве +gen as; в ка́честве приме́ра by way of example

ка́ш|**а** (-и) ж = porridge

ка́шел|**ь** (-ля) м cough

ка́шл|**я́ть** (-ю) несов to cough

кашта́н (-а) м chestnut

каю́т|**а** (-ы) ж (Мор) cabin

ка́|**яться** (-юсь, -ешься; perf **пока́яться**) несов возв: **ка́яться** (в чём-н пе́ред кем-н) to confess (sth to sb) (perf **раска́яться**) (грешни́к) to repent

кв. сокр (= квадра́тный) sq. (= square); (= кварти́ра) Apt. (= apartment)

квадра́т (-а) м square;
квадра́тный прил square

квалифика́ци|**я** (-и) ж
qualification; (специа́льность)
profession

квалифици́рованный прил
(рабо́тник) qualified; (труд) skilled

кварта́л (-а) м quarter

кварти́р|**а** (-ы) ж flat (Brit),
apartment (US); (снима́емое
жильё) lodgings мн; **кварти́ра́нт**
(-а) м lodger

квартпла́т|**а** (-ы) ж сокр
(= кварти́рная пла́та) rent (for a
flat)

квас (-а) м kvass (malted drink)

квита́нци|**я** (-и) ж receipt

кг сокр (= килогра́мм) kg
(= kilogram(me))

КГБ м сокр (Ист) (= Комите́т
госуда́рственной безопа́сности)
KGB

ке́ды (-) мн pumps мн

кекс (-а) м (fruit)cake

кем мест см **кто**

ке́мпинг (-а) м camping site,
campsite

ке́пк|**а** (-и; gen pl -**ок**) ж cap

кера́мик|**а** (-и) ж собир ceramics
мн; **керами́ческий** прил
ceramic

кефи́р (-а) м kefir (yoghurt drink)

кива́|**ть** (-ю) несов +dat to nod to;
кивн|**у́ть** (-у́, -ёшь) сов: кивну́ть
(+dat) to nod (to)

кида́|**ть** (-ю) несов от **ки́нуть**
▷ возв: **кида́ться** несов от **ки́нуться**
▷ возв: **кида́ться камня́ми** to
throw stones at each other

ки́ллер (-а) м hit man (мн hit
men)

килогра́мм (-а) м kilogram(me)

киломе́тр (-а) м kilometre (Brit),
kilometer (US)

кино́ ср нескл cinema; (разг:

фильм) film, movie (US); **идти́**
(perf **пойти́**) **в кино́** (разг) to go to
the pictures (Brit) или movies (US);
киноактёр (-а) м (film) actor;
киноактри́с|**а** (-ы) ж (film)
actress; **киноки́мф** (-а) м
film; **кинотеа́тр** (-а) м cinema;
киноф́ильм (-а) м film

ки́н|**уть** (-у; impf **кида́ть**) сов
перех (ка́мень) to throw; (взгляд)
to cast; (друзе́й) to desert; (разг:
обману́ть) to cheat; **ки́нуться**
(impf **кида́ться**) сов возв:
кинуться на +acc (на врага́) to
attack; (на еду́) to fall upon

кио́ск (-а) м kiosk

ки́п|**а** (-ы) ж bundle

кипе́ни|**е** (-я) ср boiling; **кип**|**е́ть**
(-лю́, -йшь; perf **вскипе́ть**)
несов (вода́) to boil; (стра́сти) to
run high

кипяти́|**ть** (-чу́, -ти́шь; perf
вскипяти́ть) несов перех to boil;
кипяти́ться несов возв (о́вощи)
to boil; **кипят**|**о́к** (-ка́) м boiling
water; **кипячёный** прил boiled

кирпи́ч (-а́) м brick

кислоро́д (-а) м oxygen

кислот|**а́** (-оты́; nom pl -о́ты) ж
acid

ки́слый прил sour; **ки́слая
капу́ста** sauerkraut

ки́с|**нуть** (-ну; pt -, -ла, perf
проки́снуть или **скиснуть**)
несов to go off

кист|**ь** (-и; мн -и) ж (Анат) hand;
(гро́здь: ряби́ны) cluster;
(: виногра́да) bunch; (на ска́терти
итп) tassel; (худо́жника, маля́ра)
(paint)brush

кит (-а́) м whale

кита́|**ец** (-йца) м Chinese;
Кита́й (-я) м China; **кита́йский**
прил Chinese; **кита́йский язы́к**
Chinese

кише́чник (-а) м intestines мн

клавиату́р|а (-ы) ж keyboard

кла́виш|а (-и) ж key

клад (-а) м treasure

кла́дбищ|е (-а) ср cemetery

кладу́ etc несов см **класть**

кла|дь (-и) ж: **ручна́я кладь** hand luggage

клал etc несов см **класть**

кла́ня|ться (-юсь, -ешься; perf **поклони́ться**) несов возв +dat to bow to

кла́пан (-а) м valve

класс (-а) м class; (комната) classroom

кла́ссик|а (-и) ж classics мн; **класси́ческий** прил (пример, работа) classic; (музыка, литература) classical

кла́ссный прил (Просвещ) class; (разг: хороший) cool

кла|сть (-ду́, -дёшь; pt -л, -ла, perf **положи́ть**) несов перех to put ▷ (perf **сложи́ть**) (фундамент) to lay

клева́|ть (-ю́ю) несов перех (подлеж: птица) to peck ▷ неперех (рыба) to bite

кле́|ить (-ю, -ишь; perf **скле́ить**) несов перех to glue; **кле́иться** несов возв to stick

клей (-я) м glue; **кле́йкий** прил sticky; **кле́йкая ле́нта** sticky tape

клеймо́ (-а́; nom pl -а, gen pl -а) ср stamp; (на скоте, на осуждённом) brand; **клеймо́ позо́ра** stigma

клён (-а) м maple (tree)

кле́тк|а (-и; gen pl -ок) ж (для птиц, животных) cage; (на ткани) check; (на бумаге) square; (Био) cell; **ткань в кле́тку** checked material

кле́щ|и (-ей) мн tongs

клие́нт (-а) м client

кли́макс (-а) м (Био) menopause

кли́мат (-а) м (также перен) climate

клин (-а; nom pl -ья, gen pl -ьев) м wedge

кли́ник|а (-и) ж clinic

кли́пс|ы (-ов) мн clip-on earrings

кли́чк|а (-и; gen pl -ек) ж (кошки итп) name; (человека) nickname

клише́ ср нескл (перен) cliché

клони́р|овать (-ую) (не)сов перех to clone

клон|и́ть (-ю́, -ишь) несов: **его́ клони́ло ко сну** he was drifting off (to sleep); **к чему́ ты кло́нишь?** what are you getting или driving at?

кло́ун (-а) м clown

клочо́|к (-ка́) м, уменьш от **клок**; (земли) plot; (бумаги) scrap

клуб (-а) м club ▷ (nom pl -ы́) (обычно мн: дыма) cloud

клуб|и́ться (3sg -и́тся) несов возв to swirl

клубни́к|а (-и) ж собир (ягоды) strawberries мн

клубо́|к (-ка́) м (шерсти) ball

клюв (-а) м beak

клю́кв|а (-ы) ж собир (ягоды) cranberries мн

клю́н|уть (-у) сов перех to peck

ключ (-а́) м (также перен) key; (родник) spring; (Муз): **басо́вый/ скрипи́чный ключ** bass/treble clef; **га́ечный ключ** spanner; **ключево́й** прил (главный) key

клю́шк|а (-и; gen pl -ек) ж (Хоккей) hockey stick; (Гольф) club

кля́|сться (-ну́сь, -нёшься; pt -лся, -лась, perf **покля́сться**) несов возв to swear; (perf **покля́сться**) в чём-то to swear sth

кля́тв|а (-ы) ж oath

км. сокр (= киломе́тр) km

кни́г|а (-и) ж book

кни́ж|ка (-ки; gen pl -ек) ж, уменьш от **кни́га**; (разг) book; **трудова́я кни́жка** employment record book; **че́ковая кни́жка** chequebook (Brit), checkbook (US)

кни́жный прил: **кни́жный магази́н** bookshop

кни́зу нареч downwards

кно́п|ка (-ки; gen pl -ок) ж (звонка) button; (канцеля́рская) drawing pin (Brit), thumbtack (US); (засте́жка) press stud, popper (Brit)

КНР ж сокр (= Кита́йская Наро́дная Респу́блика) PRC (= People's Republic of China)

князь (-я; nom pl -ья́, gen pl -е́й) м prince (in Russia)

ко предл = **к**

кобы́л|а (-ы) ж mare

кова́рный прил devious

ков|ёр (-ра́) м carpet

ко́врик (-а) м rug; (дверно́й) mat; (Комп) mouse mat

ковш (-а́) м ladle

ковыря́|ть (-ю) несов перех to dig up; (ковыря́ть (impf) в зуба́х/носу́) to pick one's teeth/nose

когда́ нареч when; **когда́ как** it depends

когда́-либо нареч = **когда́-нибудь**

когда́-нибудь нареч (в вопро́се) ever; (в утвержде́нии) some или one day; **Вы когда́-нибудь там бы́ли?** have you ever been there?; **я когда́-нибудь туда́ пое́ду** I'll go there some или one day

когда́-то нареч once

кого́ мест от **кто**

ко́г|оть (-тя; gen pl -те́й) м claw

код (-а) м code

ко́декс (-а) м code

ко́е-где́ нареч here and there

ко́е-ка́к нареч (небре́жно) any

old how; (с трудо́м) somehow

ко́е-како́й (ко́е-како́го) мест some

ко́е-кто́ (ко́е-кого́) мест (не́которые) some (people)

ко́е-что́ (ко́е-чего́) мест something; (немно́гое) a little

ко́ж|а (-и) ж skin; (материа́л) leather; (ко́жаный) прил leather

ко́жный прил: **ко́жные боле́зни** skin diseases

кожур|а́ (-ы́) ж (апельси́на итп) peel

коз|а́ (-ы́; nom pl -ы) ж (nanny) goat

коз|ёл (-ла́) м (billy) goat

Козеро́г (-а) м (созве́здие) Capricorn

ко́й|ка (-йки; gen pl -ек) ж (в каза́рме) bunk; (в больни́це) bed

кокаи́н (-а) м cocaine

коклю́ш (-а) м whooping cough

кокте́йл|ь (-я) м cocktail

кол (-а́; nom pl -ья) м stake

колбас|а́ (-ы́) ж sausage

колго́т|ки (-ок) мн tights мн (Brit), pantihose мн (US)

колд|ова́ть (-у́ю) несов to practise (Brit) или practice (US) witchcraft

кол|еба́ть (-е́блю, -е́блешь) несов перех to rock, swing > (perf **поколеба́ть**) (авторите́т) to shake; **колеба́ться** несов возв (Физ) to oscillate; (пла́мя итп) to flicker; (це́ны) to fluctuate; (сомнева́ться) to waver

коле́н|о (-а; nom pl -и, gen pl -ей) ср knee

колба́с|а́ (-ы́; nom pl -ёса) ср wheel

коли́честв|о (-а) ср quantity

ко́лкость (-и) ж (насме́шка) biting remark

колле́г|а (-и) м/ж colleague

колле́ги|я (-и) ж: **адвока́тская колле́гия** ≈ the Bar; **реда́кцио́нная колле́гия** editorial board

колле́дж (-а) м college

коллекти́в (-а) м collective

коллекти́вный прил collective

коллекциони́ровать (-ую) несов перех to collect

колле́кци|я (-и) ж collection

коло́д|а (-ы) ж (бревно) block; (карт) pack, deck

коло́д|ец (-ца) м well; (в ша́хте) shaft

ко́локол (-а; nom pl **-á)** м bell

колоко́льчик (-а) м bell; (Бот) bluebell

коло́ни|я (-и) ж colony; **исправи́тельно-трудова́я коло́ния** penal colony

коло́н|ка (-ки; gen pl **-ок)** ж column; (газовая) water heater; (для воды, для бензина) pump

коло́нн|а (-ы) ж (Архит) column

колори́т (-а) м (перен: эпохи) colour (Brit), color (US); **колори́тный** прил colourful (Brit), colorful (US)

ко́лос (-оса; nom pl **-о́сья,** gen pl **-о́сьев)** м ear (of corn, wheat)

коло́ти|ть (-чу́, -тишь) несов: **колоти́ть по столу́/в дверь** to thump the table/on the door; **колоти́ться** несов возв (сердце) to thump

коло́|ть (-ю́, -ешь; perf **расколо́ть)** несов перех (дрова) to chop (up); (орехи) to crack ▷ (perf **заколо́ть)** (штыком итп) to spear ▷ (perf **уколо́ть)** (иголкой) to prick; (разг: делать укол): **коло́ть кого́-н** to inject sb an injection; **коло́ть** (impf) **кому́-н что-н** to inject sb with sth; **у меня́ ко́лет в боку́** I've got a stitch; **коло́ться** несов возв (ёж,

шиповник) to be prickly; (наркоман) to be on drugs

колыбе́льн|ая (-ой) ж (также **колыбе́льная пе́сня)** lullaby

кольцев|о́й прил round, circular; **кольцева́я доро́га** ring road; **кольцева́я ли́ния (в метро́)** circle line

кольц|о́ (-ца́; nom pl **-ца,** gen pl **-ец)** ср ring; (в маршру́те) circle

колю́ч|ий прил (куст) prickly; **колю́чая про́волока** barbed wire; **колю́ч|ка (-ки;** gen pl **-ек)** ж thorn

коля́с|ка (-ки; gen pl **-ок)** ж: **(де́тская) коля́ска** pram (Brit), baby carriage (US); **инвали́дная коля́ска** wheelchair

ком мест см **кто** ▷ **(-а;** nom pl **-ья,** gen pl **-ьев)** м lump

кома́нд|а (-ы) ж command; (судна) crew; (Спорт) team

командиро́в|ка (-ки; gen pl **-ок)** ж (коро́ткая) business trip; (дли́тельная) secondment (Brit), posting

кома́ндовани|е (-я) ср: **кома́ндование (+instr)** (судном, войском) command (of) ▷ собир command

кома́нд|овать (-ую; perf **скома́ндовать)** несов to give orders; (+instr: армией) to command; (мужем) to order around

кома́р (-á) м mosquito (мн mosquitoes)

комба́йн (-а) м (С.-х.) combine (harvester); **ку́хонный комба́йн** food processor

комбина́т (-а) м plant

комбина́ци|я (-и) ж combination; (же́нское бельё) slip

комбинезо́н (-а) м overalls мн; (де́тский) dungarees мн

комбини́р|овать (-ую; *perf*
скомбини́ровать) *несов перех*
to combine

комеди́йный *прил* comic;
(*актёр*) comedy

коме́ди|я (-и) *ж* comedy

коме́т|а (-ы) *ж* comet

ко́мик (-а) *м* comedian, comic

комиссио́нный *прил*:
комиссио́нный магази́н
*second-hand shop which sells
goods on a commission basis*

коми́сси|я (-и) *ж* commission

комите́т (-а) *м* committee

комента́ри|й (-я) *м*
commentary; **коммента́тор** (-а)
м commentator;
коммен́тир|овать (-ую) (*не*)*сов
перех* (*текст*) to comment on;
(*матч*) to commentate on

коммерса́нт (-а) *м* businessman
(*мн* businessmen)

комме́рческий *прил*
commercial; **комме́рческий
магази́н** privately-run shop

коммуна́льный *прил*
communal; **коммуна́льные
платежи́** bills; **коммуна́льные
услу́ги** utilities

⚫ **КОММУНА́ЛЬНЫЕ УСЛУ́ГИ**

⚫ The communal services include
⚫ water supply, hot water and
⚫ heating, public radio, rubbish
⚫ collection and street sweeping,
⚫ and building maintenance. All
⚫ these are paid for on a standing
⚫ charge basis. Electricity and
⚫ telephone are the two services
⚫ which are metered and hence
⚫ paid for separately.

коммуни́зм (-а) *м* communism
коммуника́ци|я (-и) *ж*
communication

коммуни́ст (-а) *м* communist

ко́мнат|а (-ы) *ж* room;
ко́мнатный *прил* indoor;
ко́мнатная температу́ра room
temperature; **ко́мнатное
расте́ние** house plant

компа́кт-ди́ск (-а) *м* compact
disc

компа́ктный *прил* compact

компа́ни|я (-и) *ж* (*Комм*)
company; (*друзья́*) group of
friends

компаньо́н (-а) *м* (*Комм*) partner

компа́рти|я (-и) *ж сокр*
(= **коммунисти́ческая па́ртия**)
Communist Party

ко́мпас (-а) *м* compass

компенса́ци|я (-и) *ж*
compensation; **компенси́р|овать**
(-ую) (*не*)*сов перех*:
компенси́ровать (*кому́-н*) to
compensate (sb) for

компете́нтный *прил* (*челове́к*)
competent; (*органы*) appropriate

ко́мплекс (-а) *м* complex; (*мер*)
range

компле́кт (-а) *м* set;
комплект|овать (-ую; *perf*
укомплектова́ть) *несов перех*
to build up

комплиме́нт (-а) *м* compliment
композитор (-а) *м* composer
компоне́нт (-а) *м* component
компости́р|овать (-ую; *perf*
закомпости́ровать) *сов перех*
to punch *или* clip (*ticket*)

компромети́р|овать (-ую; *perf*
скомпромети́ровать) *несов
перех* to compromise

компроми́сс (-а) *м* compromise
компью́тер (-а) *м* computer
компью́терщик (-а) *м* (*разг*)
computer specialist

кому́ *мест см* **кто**

комфо́рт (-а) м comfort; **комфорта́бельный** прил comfortable

конве́йер (-а) м conveyor (belt)

конве́рсия (-и) ж conversion

конве́рт (-а) м envelope

конверти́ровать (-ую) (не)сов перех (деньги) to convert

конво́|й (-я) м escort

конгре́сс (-а) м (съезд) congress

конди́терский: **конди́терское** confectionery; **конди́терский магази́н** confectioner's

кондиционе́р (-а) м air conditioner

кон|ёк (-ька́) м (обычно мн: Спорт) skate; **ката́ться** (impf) **на конька́х** to skate; см также **коньки́**

кон|е́ц (-ца́) м end; **без конца́** endlessly; **в конце́ концо́в** in the end; **биле́т в оди́н коне́ц** single (Brit) или **one-way ticket; под коне́ц** towards the end

коне́чно вводн сл of course, certainly

коне́чность (-и) ж (Анат) limb

коне́чный прил (цель, итог) final; (ста́нция) last

конкре́тно нареч (говори́ть) specifically; (именно) actually

конкре́тный прил (реальный) concrete; (факт) actual

конкуре́нт (-а) м competitor; **конкурентоспосо́бный** прил competitive; **конкуре́нция** (-и) ж competition; **конкури́ровать** (-ую) несов: **конкури́ровать с** +instr to compete with

ко́нкурс (-а) м competition

консе́нсус (-а) м consensus

консервати́вный прил conservative

консерва́тор (-а) м conservative

консервато́рия (-и) ж (Муз) conservatoire (Brit), conservatory (US)

консерви́ровать (-ую) (не)сов перех to preserve; (в жестяны́х ба́нках) to can

консе́рвный прил: **консе́рвная ба́нка** can

консе́рв|ы (-ов) мн canned food ед

конспе́кт (-а) м notes мн; **конспекти́ровать** (-ую; perf **законспекти́ровать**) несов перех to take notes on

конспира́ция (-и) ж conspiracy

конститу́ция (-и) ж constitution

констру́ир|овать (-ую; perf **сконструи́ровать**) несов перех to construct

констру́ктор (-а) м designer; (детская игра) construction set; **констру́кторский** прил: **констру́кторское бюро́** design studio; **констру́кция** (-и) ж construction

ко́нсул (-а) м consul; **ко́нсульство** (-а) ср consulate

консульта́нт (-а) м consultant; **консульта́ция** (-и) ж (у врача́, у юри́ста) consultation; (учрежде́ние) consultancy; **консульти́ровать** (-ую; perf **проконсульти́ровать**) несов перех to give professional advice to; **консульти́роваться** (impf **проконсульти́роваться**) несов возв: **консульти́роваться с кем-н** to consult sb

конта́кт (-а) м contact; **конта́ктный** прил (линзы) contact; **конта́ктный телефо́н** contact number

конте́йнер (-а) м container

конте́кст (-а) м context

контине́нт (-а) м continent

конто́р|а (-ы) ж office; **конто́рский** прил office

контраба́с (-а) м double bass

контра́кт (-а) м contract

контра́ктный прил contractual

контра́ст (-а) м contrast

контрацепти́в (-а) м
contraceptive

контролёр (-а) м (в поезде)
(ticket) inspector; (театральный)
≈ usher; (сберкассы) cashier;

контроли́ровать (-ую) несов
перех to control

контро́ль (-я) м (наблюдение)
monitoring; (проверка) testing,
checking; (в транспорте) ticket
inspection; (в магазине) checkout

контро́льн|ая (-ой) ж (также
контро́льная рабо́та) class test

контро́льн|ый прил:
контро́льная коми́ссия inspection
team; контро́льные ци́фры
control figures

контрразве́дк|а (-и) ж
counterespionage

конуру́|а (-ы́) ж (собачья) kennel

ко́нус (-а) м cone

конфере́нц-за́л (-а) м
conference room

конфере́нци|я (-и) ж conference

конфе́т|а (-ы) ж sweet

конфиденциа́льный прил
confidential

конфли́кт (-а) м (военный)
conflict; (в семье, на работе)
tension; **конфликтова́ть** (-у́ю)
несов: конфликтова́ть с +instr
(разг) to be at loggerheads with

конфо́рк|а (-ки; gen pl -ок) ж
ring (on cooker)

конфронта́ци|я (-и) ж
confrontation

концентра́ци|я (-и) ж
concentration

концентри́ровать (-ую); perf
сконцентри́ровать несов перех
to concentrate;

концентри́роваться (perf

сконцентри́роваться несов
возв (капитал) to be concentrated;
(ученик) to concentrate

конце́пци|я (-и) ж concept

конце́рн (-а) м (Экон) concern

конце́рт (-а) м concert

концла́гер|ь (-я; nom pl -я́) м
(= концентрацио́нный ла́герь)
concentration camp

конча́|ть(ся) (-ю(сь)) несов от
ко́нчить(ся)

ко́нчик (-а) м tip (of finger etc)

ко́нч|ить (-у, -ишь); impf
конча́ть сов перех
(университет, книгу, рабо́ту) to
finish; **ко́нчиться** (impf
конча́ться сов возв (разговор,
книга) to end; (запасы) to
run out; (лес итп) to end

конъюнкту́р|а (-ы) ж (Комм)
situation; конъюнкту́ра ры́нка
market conditions

кон|ь (-я́; nom pl -и, gen pl -е́й) м
(лошадь) horse; (Шахматы) knight

конь|ки́ (-о́в) мн skates мн

конья́к (-а́) м brandy, cognac

коопера́тор (-а) м member of
private enterprise

коопера́ци|я (-и) ж cooperative
enterprise

координа́т|а (-ы) ж (Геом:
обычно мн) coordinate; (разг:
адрес) number (and address)

координи́р|овать (-ую) (не)сов
перех to coordinate

копа́|ть (-ю) несов перех (землю)
to dig ▷ (perf **вы́копать**)
(колодец) to sink; (овощи) to dig
up; **копа́ться** несов возв (в
чужих вещах) to snoop about;
(разг: возиться) to dawdle

копе́йк|а (-йки; gen pl -ек) ж
kopeck

копирова́льн|ый прил:
копирова́льная маши́на

photocopying machine,
photocopier; **копирова́льная
бума́га** carbon paper
копи́р|овать (-ую; *perf*
скопи́ровать) *несов перех* to
copy
копи́ть (-лю́, -ишь; *perf*
накопи́ть или **скопи́ть**) *несов
перех* to save; **копи́ться** (*perf*
накопи́ться или **скопи́ться**)
несов возв to accumulate
ко́пи|я (-и) *ж* copy; (*перен: о
челове́ке*) spitting image
ко́поть (-и) *ж* layer of soot
копт|и́ть (-чу́, -ти́шь; *несов*
(*ла́мпа*) to give off soot ▷ (*perf
закопти́ть) *перех* (*мя́со, ры́бу*)
to smoke
копчёный *прил* smoked
копы́т|о (-а) *ср* hoof (*мн* hooves)
копь|ё (-я́; *nom pl* -я, *gen pl*
-ий) *ср* spear; (*Спорт*) javelin
кор|а́ (-ы́) *ж* (*де́рева*) bark;
земна́я кора́ the earth's crust
кораблекруше́ни|е (-я) *ср*
shipwreck
кора́бл|ь (-я́) *м* ship
кора́лл (-а) *м* coral
кордебале́т (-а) *м* corps de
ballet
коренн|о́й *прил* (*населе́ние*)
indigenous; (*вопро́с, реформы*)
fundamental; **коренны́м о́бразом**
fundamentally; **коренно́й зуб**
molar
кореш|о́к (-ка́) *м* (*переплёта*)
spine
Коре́|я (-и) *ж* Korea
корзи́н|а (-ы) *ж* basket
коридо́р (-а) *м* corridor
кори́ц|а (-ы) *ж* cinnamon
кори́чневый *прил* brown
кор|а́ (-а́; *nom pl* -а́) *м* (*для скота́*)

fodder, feed; (*диких живо́тных*)
food
корм|а́ (-ы́) *ж* stern
корм|и́ть (-лю́, -ишь; *perf*
накорми́ть) *несов перех*:
корми́ть кого́-н чем-н to feed sb
sth ▷ (*perf* **прокорми́ть**)
(*соде́ржать*) to feed, keep;
корми́ть (*impf*) **гру́дью** to
breast-feed; **корми́ться** (*perf*
прокорми́ться) *несов возв*
(*живо́тное*) to feed; (*челове́к*):
корми́ться +*instr* to survive
коро́б|ка (-ки; *gen pl* -ок) *ж* box;
коро́бка скоросте́й gearbox
коро́в|а (-ы) *ж* cow
короле́в|а (-ы) *ж* queen
короле́вский *прил* royal
короле́вств|о (-а) *ср* kingdom
коро́л|ь (-я́) *м* king
коро́н|а (-ы) *ж* crown
коро́н|ка (-ки; *gen pl* -ок) *ж* (*на
зу́бе*) crown
корон|ова́ть (-у́ю) (*не*)*сов перех*
to crown
коро́тк|ий *прил* short;
коро́ткие во́лны short wave;
коро́ткое замыка́ние short
circuit; **коро́тко** *нареч* briefly;
(*стри́чься*) short ▷ *как сказ*: **э́то
пла́тье мне ко́ротко** this dress is
too short for me
коро́че *сравн нареч*: **коро́че
говоря́** to put it briefly, in short
корпора́ци|я (-и) *ж* corporation
корректи́в (-а) *м* amendment
корректи́р|овать (-ую; *perf*
откорректи́ровать) *несов перех*
(*оши́бку*) to correct
корреспонде́нт (-а) *м*
correspondent;
корреспонде́нци|я (-и) *ж*
correspondence
коррумпи́рованный *прил*
corrupt

К

корру́пци|я (-и) ж corruption

корт (-а) м (tennis) court

ко́рточк|и (-ек) мн: **прися́сть на ко́рточки** to squat down; **сиде́ть** (impf) **на ко́рточках** to squat

ко́рч|иться (-усь, -ишься; perf **ско́рчиться**) несов возв (от боли) to double up

кор|ь (-и) ж measles мн

коси́л|ка (-ки; gen pl -ок) ж mower (machine)

ко|си́ть (-шу́, -сишь; perf **скоси́ть**) несов перех (газон, сено) to mow; (глаза́) to slant

косме́тик|а (-и) ж make-up ▷ собир cosmetics мн

косме́тический прил cosmetic; **косме́тический кабине́т** beauty salon

космети́ч|ка (-ки; gen pl -ек) ж (специали́стка) beautician; (су́мочка) make-up bag

косми́ческ|ий прил space; **косми́ческое простра́нство** (outer) space

космона́вт (-а) м cosmonaut; (в США итп) astronaut

ко́смос (-а) м the cosmos, space

косн|у́ться (-у́сь, -ёшься) сов от **каса́ться**

ко́стный прил (Анат): **ко́стный мозг** (bone) marrow

ко́сточ|ка (-ки; gen pl -ек) ж (абрико́совая, вишнёвая) stone; (виногра́да) seed; (лимо́на) pip

костыл|ь (-я́) м (инвали́да) crutch (мн crutches)

кост|ь (-и; gen pl -е́й) ж bone

костю́м (-а) м outfit; (на сце́не) costume; (пиджа́к и брю́ки/ю́бка) suit

костя́ш|ка (-ки; gen pl -ек) ж (па́льцев) knuckle

косы́н|ка (-ки; gen pl -ок) ж (triangular) scarf

кот (-а́) м cat

кот|ёл (-ла́) м (парово́й) boiler

котел|о́к (-ка́) м (кастрю́ля) billy(can); (шля́па) bowler (hat) (Brit), derby (US)

коте́льн|ая (-ой) ж boiler house

кот|ёнок (-ёнка; nom pl -я́та, gen pl -я́т) м kitten

ко́тик (-а) м (тюле́нь) fur seal

коти́р|оваться (-уюсь) несов возв (Комм): **коти́роваться** (в +acc) to be quoted (at); (также перен) to be highly valued

котле́т|а (-ы) ж rissole (также **отбивна́я котле́та**) chop

○ **КЛЮЧЕВО́Е СЛО́ВО**

кото́р|ый (-ая, -ое, -ые) мест
1 (вопроси́тельное) which; **кото́рый час?** what time is it?
2 (относи́тельное: о предме́те) which; (: о челове́ке) who; **же́нщина, кото́рую я люблю́** the woman I love
3 (не пе́рвый): **кото́рый день/год мы не ви́делись** we haven't seen each other for many days/years

ко́фе м нескл coffee; **ко́фе в зёрнах** coffee beans

кофе́йник (-а) м coffeepot

кофе́йный прил coffee

кофемо́л|ка (-ки; gen pl -ок) ж coffee grinder

ко́фт|а (-ы) ж blouse; (шерстяна́я) cardigan

коча́н (-а́) м: **коча́н капу́сты** cabbage

кочене́|ть (-ю; perf **окочене́ть**) несов (ру́ки) to go stiff; (челове́к) to get stiff

коша́чий прил (мех, ла́па) cat's

кошел|ёк (-ька́) м purse

ко́ш|ка (-ки; gen pl -ек) ж cat

кошма́р (-а) м nightmare

кошма́рный прил nightmarish

краб (-а) м crab

краево́й прил regional

кра́ж|а (-и) ж theft; кра́жа со
взло́мом burglary

край (-я; loc sg -ю́, nom pl -я́, gen
pl -ёв) м edge; (чашки, коробки)
rim; (местность) land; (Полит)
krai (regional administrative unit)

кра́йне нареч extremely

кра́йний прил extreme; (дом)
end; (пункт маршрута) last; в
кра́йнем слу́чае as a last resort; по
кра́йней ме́ре at least; Кра́йний
Се́вер the Arctic; кра́йний срок
(final) deadline

кран (-а) м tap, faucet (US);
(Строит) crane

крапи́в|а (-ы) ж nettle

краси́вый прил beautiful;
(мужчина) handsome; (решение,
фраза) fine

краси́тель (-я) м dye; **кра́|сить**
(-шу, -сишь; perf покра́сить)
несов перех to paint; (волосы) to
dye ▷ (perf накра́сить) (губы
итп) to make up; **кра́ситься** (perf
накра́ситься) несов возв to
wear make-up

кра́|ска (-ски; gen pl -ок) ж paint;
(обычно мн: нежные, весенние
итп) colour (Brit), color (US)

красне́|ть (-ю; perf покрасне́ть)
несов to turn red; (от стыда) to
blush, flush; (от гнева) to go red

кра́сный прил red; кра́сная
ры́ба salmon; кра́сная строка́
new paragraph

красота́ (-оты́; nom pl -о́ты) ж
beauty

кра́сочный прил colourful (Brit),
colorful (US)

кра́|сть (-ду́, -дёшь; perf
укра́сть) несов перех to steal

кра́сться несов возв (человек)
to creep, steal

кра́ткий прил short; (беседа)
brief, short; кра́ткое
прилага́тельное short-form
adjective

кратковре́менный прил short;
кратковре́менный дождь shower

краткосро́чный прил short;
(заём, ссуда) short-term

крах (-а) м collapse

крахма́л (-а) м starch;
крахма́л|ить (-ю, -ишь; perf
накрахма́лить) несов перех to
starch

креве́т|ка (-ки; gen pl -ок) ж
shrimp

креди́т (-а) м credit;
креди́тный прил credit;
креди́тная ка́рточка credit card;
креди́тный счёт credit account;
кредитоспосо́бный прил
solvent

крем (-а) м cream; сапо́жный
крем shoe polish

кремль (-я́) м citadel; Кремль
the Kremlin

кре́мовый прил cream

креп|и́ть (-лю́, -и́шь) несов
перех to fix

кре́пкий прил strong; **кре́пко**
нареч strongly; (спать, люби́ть)
deeply; (завяза́ть) tightly

кре́п|нуть (-ну; pt -, -ла, perf
окре́пнуть) несов to get
stronger; (уверенность) to grow

кре́пость (-и) ж (Воен) fortress

кре́сл|о (-а; gen pl -ел) ср
armchair; (в театре) seat

крест (-а́) м cross

кре|сти́ть (-щу́, -стишь; perf
окрести́ть) несов перех to
christen, baptize; **крести́ться** (не)
сов возв to be christened или
baptized; **кре́стный** прил:

кре́стная мать godmother;
кре́стный оте́ц godfather

крестья́н|ин (-ина, *nom pl* -e,
gen pl -) *м* peasant;
крестья́нский *прил* peasant

креще́ни|е (-я) *ср* christening,
baptism; (*праздник*): **Креще́ние**
≈ the Epiphany

крив|и́ть (-лю́, -и́шь; *perf*
скриви́ть *или* **покриви́ть**)
несов перех to curve; (*лицо,
губы*) to twist

кри́зис (-а) *м* crisis

крик (-а; *part gen* -у) *м* cry

кри́к|нуть (-у) *сов* to shout

кримина́л (-а) *м* crime;
криминали́ст (-а) *м* specialist in
crime detection; **кримина́льный**
прил (*случай*) criminal; (*хроника,
хроника*) crime

криста́лл (-а) *м* crystal

крите́ри|й (-я) *м* criterion (*мн*
criteria)

кри́тик (-а) *м* critic; **кри́тик|а**
(-и) *ж* criticism; **критик|ова́ть**
(-у́ю) *несов перех* to criticize;
крити́ческий *прил* critical

крич|а́ть (-у́, -и́шь) *несов*
(*человек: от боли, от гнева*) to cry
(out); (*говорить громко*) to shout;
крича́ть (*impf*) **на** +*асс* (*бранить*)
to shout at

крова́т|ь (-и) *ж* bed

кро́вл|я (-ли; *gen pl* -ель) *ж*
roof

кро́вн|ый *прил* (*родство*) blood;
кро́вные интере́сы vested
interest *ед*; **кро́вный враг** deadly
enemy

кровообраще́ни|е (-я) *ср* (*Мед*)
circulation

кровопроли́тный *прил* bloody

кровоточ|и́ть (*3sg* -и́т) *несов* to
bleed

кров|ь (-и; *loc sg* -и́) *ж* blood

кро|и́ть (-ю́, -и́шь) *несов перех*
to cut out

крокоди́л (-а) *м* crocodile

кро́лик (-а) *м* rabbit; (*мех*) rabbit
fur; **кро́личий** *прил* rabbit

кро́ме *предл* (+*gen*) except; (*сверх
чего-н*) as well as; **кро́ме того́**
besides

кро́н|а (-ы) *ж* (*дерева*) crown

кронште́йн (-а) *м* (*балкона*)
support; (*полки*) bracket

кропотли́вый *прил* painstaking

кроссво́рд (-а) *м* crossword

кроссо́в|ка (-ки; *gen pl* -ок) *ж*
(*обычно мн*) trainer

кро́хотный *прил* tiny

крош|и́ть (-у́, -ишь) *несов перех*
(*хлеб*) to crumble; **кроши́ться**
несов возв (*хлеб, мел*) to crumble

кро́ш|ка (-ки; *gen pl* -ек) *ж*
(*кусочек*) crumb; (*ребёнок*) little
one

круг (-а; *nom pl* -и́) *м* circle;
(*Спорт*) lap ▷ (*loc sg* -у́) (*перен:
знакомых*) circle; (: *обязанностей,
интересов*) range

круглосу́точный *прил* (*работа*)
round-the-clock; (*магазин*)
twenty-four-hour

кру́гл|ый *прил* round; (*дурак*)
total; **кру́глый год** all year round;
кру́глые су́тки twenty-four hours

кругово́т (-а) *м* cycle

кругозо́р (-а) *м*: **он челове́к
широ́кого кругозо́ра** he is
knowledgeable

круго́м *нареч* around

кругосве́тный *прил*
round-the-world

кружев|но́й *прил* lace;
кру́жев|о (-а; *nom pl* -а́) *ср* lace

круж|и́ть (-у́, -ишь) *несов перех*
to spin ▷ *неперех* (*птица*) to
circle; **кружи́ться** *несов возв* (в

танце) to spin (around); **у меня́ голова́ кру́жится** my head's spinning

кру́жка (**-ки**; *gen pl* **-ек**) ж mug

кружо́к (**-ка́**) м circle; (*организация*) club

круи́з (**-а**) м cruise

крупа́ (**-ы́**; *nom pl* **-ы**) ж grain

кру́пный *прил* (*размеры, фирма*) large; (*песок, соль*) coarse; (*учёный, дело*) prominent; (*событие, успех*) major; **кру́пный план** close-up

крути́ть (**-чу́, -тишь**) *несов перех* (*руль*) to turn ▷ (*perf* **скрути́ть**) (*руки*) to twist; **крути́ться** *несов возв* (*вертеться*) to turn around; (: *колесо*) to spin; (: *дети*) to fidget

круто́й *прил* steep; (*перемены*) sharp; (*разг: хороший*) cool

крыжо́вник (**-а**) м собир (*ягоды*) gooseberries мн

крыло́ (**-а́**; *nom pl* **-ья**, *gen pl* **-ьев**) ср wing

крыльцо́ (**-а́**) ср porch

Крым (**-а**; *loc sg* **-ý**) м Crimea

кры́са (**-ы**) ж rat

крыть (**-о́ю, -о́ешь**; *perf* **покры́ть**) *несов перех* to cover

кры́ша (**-и**) ж roof; (*разг: перен*) protection; **кры́шка** (**-и**; *gen pl* **-ек**) ж (*ящика, чайника*) lid

крюк (**-а**; *nom pl* **-чья**, *gen pl* **-чьев**) м hook

крючо́к (**-ка́**) м hook; **крючо́к для вяза́ния** crochet hook

кряхте́ть (**-чу́, -ти́шь**) *несов* to groan

ксероко́пия (**-и**) ж photocopy, Xerox; **ксе́рокс** (**-а**) м photocopier; (*копия*) photocopy, Xerox

кста́ти *вводн сл* (*между прочим*) incidentally, by the way;

(*случайно*) by any chance ▷ (*сказать, прийти*) at the right time

⊙ **КЛЮЧЕВО́Е СЛО́ВО**

кто (**кого́**; *см* Table 7) *мест*

1 (*вопросительное, относительное*) who; **кто там?** who is there?

2 (*разг: кто-нибудь*) anyone; **е́сли кто позвони́т, позови́ меня́** if anyone phones, please call me

3: **ма́ло ли кто** many (people); **ма́ло кто** few (people); **ма́ло кто пошёл в кино́** only a few of us went to the cinema; **кто из вас ... ?** which of you ...; **кто (его́) зна́ет!** who knows!

кто́-либо (**кого́-либо**; *как* **кто**; *см* Table 7) *мест* = **кто́-нибудь**

кто́-нибудь (**кого́-нибудь**; *как* **кто**; *см* Table 7) *мест* (*в вопросе*) anybody, anyone; (*в утверждении*) somebody, someone

кто́-то (**кого́-то**; *как* **кто**; *см* Table 7) *мест* somebody, someone

куб (**-а**) м (*Геом, Мат*) cube

ку́бик (**-а**) м (*игрушка*) building brick *или* block

ку́бок (**-ка**) м (*Спорт*) cup

кубо́метр (**-а**) м cubic metre (Brit) *или* meter (US)

кувши́н (**-а**) м jug (Brit), pitcher (US)

кувырка́ться (**-юсь**) *несов возв* to somersault

куда́ *нареч* (*вопросительное, относительное*) where; **куда́ ты положи́л мою́ ру́чку?** where did you put my pen?; **скажи́, куда́ ты идёшь** tell me where you are going

куда́-либо *нареч* = **куда́-нибудь**

куда́-нибудь *нареч* (*в вопросе*) anywhere; (*в утверждении*) somewhere

К

куда́-то *нареч* somewhere

ку́др|и (-е́й) *мн* curls; **кудря́вый** *прил* (*волосы*) curly; (*человек*) curly-haired

кузне́чик (-а) *м* grasshopper

ку́зов (-а; *nom pl* **-а́)** *м* (*Авт*) back (of van, lorry etc)

кукаре́ка|ть (-ю) *несов* to crow

ку́кл|а (-ы; *gen pl* **-ол)** *ж* (*также перен*) doll; (*в театре*) puppet

ку́кольный *прил:* **ку́кольный теа́тр** puppet theatre (*Brit*) *или* theater (*US*)

кукуру́з|а (-ы) *ж* (*Бот*) maize; (*Кулин*) (sweet)corn

кукуш|ка (-ки; *gen pl* **-ек)** *ж* cuckoo

кула́к (-а́) *м* fist

кул|ёк (-ька́) *м* paper bag

кулина́р (-а) *м* master chef

кулинари́|я (-и) *ж* cookery; (*магазин*) ≈ delicatessen

кули́с|а (-ы) *ж* (*Театр*) wing

кулуа́р|ы (-ов) *мн* (*Полит*) lobby *ед*

кульмина́ци|я (-и) *ж* (*перен*) high point, climax

культ (-а) *м* cult

культу́р|а (-ы) *ж* culture

культу́рный *прил* cultural; (*растение*) cultivated

куми́р (-а) *м* (*также перен*) idol

купа́льник (-а) *м* swimming *или* bathing costume (*Brit*), bathing suit (*US*); **купа́льный** *прил:* **купа́льный костю́м** swimming *или* bathing costume (*Brit*), bathing suit (*US*)

купа́|ть (-ю; *perf* **вы́купать** *или* **искупа́ть)** *несов перех* to bath; **купа́ться** (*perf* **вы́купаться** *или* **искупа́ться)** *несов возв* to bath; (*плавать*) to swim; (*в ванне*) to have a bath

купе́ *ср нескл* compartment (in railway carriage); **купе́йный** *прил:* **купе́йный ваго́н** Pullman (car)

купи́рованный *прил* = **купе́йный**

куп|и́ть (-лю́, -ишь; *impf* **покупа́ть)** *сов перех* to buy

куплю́ *сов см* **купи́ть**

купо́н (-а) *м* (*ценных бумаг*) ticket; **пода́рочный купо́н** gift voucher

купю́р|а (-ы) *ж* (*Экон*) denomination; (*сокращение*) cut

куре́ни|е (-я) *ср* smoking; **кури́льщик (-а)** *м* smoker

кури́ный *прил* (*бульон*) chicken; (*мясо*) chicken

кур|и́ть (-ю́, -ишь) *несов* (*не*) *перех* to smoke

ку́риц|а (-ицы; *nom pl* **ку́ры)** *ж* hen, chicken; (*мясо*) chicken

курк|о́к (-ка́) *м* hammer (on gun)

куро́рт (-а) *м* (holiday) resort

курс (-а) *м* course; (*Полит*) policy; (*Комм*) exchange rate; (*Просвещ*) year of university studies); **быть** (*impf*) **в ку́рсе (де́ла)** to be well-informed; **входи́ть** (*perf* **войти́) в курс чего́-н** to bring o.s. up to date on sth; **вводи́ть** (*perf* **ввести́) кого́-н в курс (чего́-н)** to put sb in the picture (about sth)

курси́в (-а) *м* italics *мн*

курси́ровать (-ую) *несов:* **курси́ровать ме́жду** *+instr* ... **и** *+instr* ... (*самолёт, автобус*) to shuttle between ... and ...; (*судно*) to sail between ... and ...

курсов|о́й *прил:* **курсова́я рабо́та** project; **курсова́я ра́зница** (*Комм*) difference in exchange rates

курсо́р (-а) *м* cursor

ку́рт|ка (-ки; *gen pl* **-ок)** *ж* jacket

ку́ры (-) *мн от* **ку́рица**

курье́р (-а) *м* messenger

куря́тин|а (-ы) ж chicken

куса́|ть (-ю) несов перех to bite;
куса́ться несов возв (животное)
to bite

кус|о́к (-ка́) м piece; кусо́к
са́хара sugar lump; кусо́к мы́ла
bar of soap

куст (-а́) м (Бот) bush

ку́та|ть (-ю; perf заку́тать) несов
перех (плечи) to cover up;
(ребёнка) to bundle up; **ку́таться**
(perf заку́таться) несов возв:
ку́таться в +acc to wrap o.s. up in

ку́х|ня (-ни; gen pl -онь) ж
(помещение) kitchen; ру́сская
ку́хня Russian cuisine; **ку́хонный**
прил kitchen

ку́ч|а (-и) ж (песка, листьев) pile,
heap; (+gen: разг: денег, проблем)
heaps или loads of

ку́ша|ть (-ю; perf поку́шать или
ску́шать) несов перех to eat

кушет|ка (-ки; gen pl -ок) ж
couch

кюве́т (-а) м ditch

лабора́нт (-а) м lab(oratory)
technician

лаборато́ри|я (-и) ж laboratory

ла́в|ка (-ки; gen pl -ок) ж
(скамья) bench; (магазин) shop

лавро́вый прил: лавро́вый лист
bay leaf

ла́гер|ь (-я) м camp

ла́дно част (разг) O.K., all right

ладо́н|ь (-и) ж palm

ла́зер (-а) м laser

ла́|зить (-жу, -зишь) несов to
climb; (под стол) to crawl

ла́йнер (-а) м liner

лак (-а) м (для ногтей, для пола)
varnish; лак для воло́с hairspray

ла́мп|а (-ы) ж lamp; (Тех) tube;
ла́мпа дневно́го све́та
fluorescent light

ла́мпоч|ка (-ки; gen pl -ек) ж
lamp; (для освещения) light bulb

ла́ндыш (-а) м lily of the valley

ла́п|а (-ы) ж (зверя) paw; (птицы) foot

лапто́п (-а) м laptop

ларёк (-ька́) м stall

ла́стик (-а) м (разг) rubber (Brit), eraser

ла́сточ|ка (-ки; gen pl -ек) ж swallow

Ла́тви|я (-и) ж Latvia

лату́н|ь (-и) ж brass

латы́н|ь (-и) ж Latin

лауреа́т (-а) м winner (of award)

ла́цкан (-а) м lapel

ла́|ять (-ю; perf **пролая́ть**) несов to bark

лгать (лгу, лжёшь итп, лгут; perf **солга́ть**) несов to lie; **лгун** (-а́) м liar

ЛДПР ж сокр (= Либера́льно-демократи́ческая Па́ртия Росси́и) Liberal Democratic Party of Russia

ле́бед|ь (-я; gen pl -ей) м swan

лев (льва) м lion; (созве́здие): **Лев** Leo

левосторо́нний прил on the left

левш|а́ (-и́; gen pl -ей) м/ж left-handed (person)

ле́вый прил left; (Полит) left-wing

лёг итп сов см **лечь**

леге́нд|а (-ы) ж legend

лёгк|ий (-ая) прил (груз) light; (зада́ча) easy; (боль, насморк) slight; (хара́ктер, челове́к) easy-going; **лёгкая атле́тика** athletics (Brit), track (US); **легко́** нареч easily ⊳ как сказ: **э́то легко́** it's easy

легкоатле́т (-а) м athlete (in track and field events)

легков|о́й прил: **легкова́я маши́на, легково́й автомоби́ль** car, automobile (US)

лёгк|ое (-ого) ср (обычно мн) lung

легкомы́сленный прил frivolous, flippant; (посту́пок) thoughtless; **легкомы́сли|е** (-я) ср frivolity

лёгкост|ь (-и) ж (зада́ния) simplicity, easiness

ле́гче сравн прил от **лёгкий** ⊳ сравн нареч от **легко́** ⊳ как сказ: **больно́му сего́дня ле́гче** the patient is feeling better today

лёд (льда; loc sg льду) м ice

ледене́ц (-ца́) м fruit drop

ледяно́й прил (покро́в) ice; (вода́, взгляд) icy

леж|а́ть (-у́, -и́шь) несов (челове́к, живо́тное) to lie; (предме́т, вещи) to be; **лежа́ть** (impf) **в больни́це** to be in hospital

лез etc несов см **лезть**

ле́зви|е (-я) ср blade

лезть (-у, -ешь; pt -, -ла) несов (выпада́ть: во́лосы) to fall out; (проника́ть): **лезть в** +acc to climb in; **лезть** (impf) **на** +acc to climb (up)

ле́|йка (-йки; gen pl -ек) ж watering can

лейкопла́стыр|ь (-я) м sticking plaster (Brit), adhesive tape (US)

лейтена́нт (-а) м lieutenant

лека́рств|о (-а) ср medicine; **лека́рство от** +gen medicine for; **лека́рство от ка́шля** cough medicine

ле́ктор (-а) м lecturer

ле́кци|я (-и) ж lecture

лени́вый прил lazy

лен|и́ться (-ю́сь, -ишься; perf **полени́ться**) несов возв to be lazy

ле́нт|а (-ы) ж ribbon; (Тех) tape

лепесто́к (-ка́) м petal

леп|и́ть (-лю́, -ишь; perf **вы́лепить**) несов перех to model ⊳ (perf **слепи́ть**) (со́ты, гнёзда) to build

лес (-а́, *loc sg* -у́, *nom pl* -а́) *м* (*большо́й*) forest; (*небольшо́й*) wood ⊳ *собир* (*материа́л*) timber (*Brit*), lumber (*US*)

лесбия́н|ка (-ки; *gen pl* -ок) *ж* lesbian

лёск|а (-и) *ж* fishing line

лесно́й *прил* forest

ле́стни|ца (-ы) *ж* staircase; (*ступе́ни*) stairs *мн*; (*переносна́я*) ladder; (*стремя́нка*) stepladder

ле́т|а (**лет**) *мн см* **год**; (*во́зраст*): **ско́лько Вам лет?** how old are you?; **ему́ 16 лет** he is 16 (years old)

лета́|ть (-ю) *несов* to fly

ле|те́ть (-чу́, -ти́шь) *несов* to fly

ле́тний *прил* summer

ле́т|о (-а) *ср* summer; **ле́том** *нареч* in summer

летý|чий *прил*: **летýчая мышь** bat

лётчик (-а) *м* pilot

ле́чащий *прил*: **ле́чащий врач** ≈ consultant-in-charge (*Brit*), ≈ attending physician (*US*)

лече́бни|ца (-ы) *ж* clinic

лече́бный *прил* (*учрежде́ние*) medical; (*трава́*) medicinal

лече́ни|е (-я) *ср* (*больны́х*) treatment; (*от просту́ды*) cure;

леч|и́ть (-у́, -ишь) *несов перех* to treat; (*больно́го*): **лечи́ть кого́-н от** +*gen* to treat sb for; **лечи́ться** *несов возв* to undergo treatment

лечу́ *несов см* **лете́ть**

лечь (**ля́гу**, **ля́жешь** *итп*, **ля́гут**; *pt* **лёг**, **-гла́**, *imper* **ля́г(те)**, *impf* **ложи́ться**) *сов* to lie down; (*перен*): **лечь на** +*acc* (*зада́ча*) to fall on; **ложи́ться** (*perf* **лечь**) **в больни́цу** to go into hospital

лжец (-а́) *м* liar

лжи *сущ см* **ложь**

ли *част* (*в вопро́се*): **зна́ешь ли**

ты, что... do you know that...; (*в ко́свенном вопро́се*): **спроси́, смо́жет ли он нам помо́чь** ask if he can help us; (*в раздели́тельном вопро́се*): **она́ краси́вая, не так ли?** she's beautiful, isn't she?

либера́льный *прил* liberal

ли́бо *союз* (*или*) or

ли́г|а (-и) *ж* (*Полит*, *Спорт*) league

ли́дер (-а) *м* leader; **лиди́р|овать** (-ую) *несов* to lead, be in the lead

лиз|а́ть (-жу́, -жешь) *несов перех* (*таре́лку*, *моро́женое*) to lick

лизн|у́ть (-у́, -ёшь) *сов перех* to lick

ликёр (-а) *м* liqueur

ли́ли|я (-и) *ж* lily

лило́вый *прил* purple

лими́т (-а) *м* (*на бензи́н*) quota; (*цен*) limit; **лимити́р|овать** (-ую) (*не*)*сов перех* to limit; (*це́ны*) to cap

лимо́н (-а) *м* lemon; **лимона́д** (-а) *м* lemonade; **лимо́нный** *прил* lemon; **лимо́нная кислота́** citric acid

лине́|йка (-йки; *gen pl* -ек) *ж* (*ли́ния*) line; (*инструме́нт*) ruler; **тетра́дь в лине́йку** lined notebook

ли́нз|а (-ы) *ж* lens

ли́ни|я (-и) *ж* line; **по ли́нии** +*gen* in the line of; **железнодоро́жная ли́ния** railway (*Brit*) *или* railroad (*US*) track

линя́|ть (3*sg* -ет, *perf* **полиня́ть**) *несов* to run (*colour*) ⊳ (*perf* **облиня́ть**) (*живо́тные*) to moult (*Brit*), molt (*US*)

ли́пкий *прил* sticky

ли́п|нуть (-ну; *pt* -, -ла, *perf* **прили́п|нуть**) *несов* (*грязь*, *те́сто*) to stick

липу́ч|ка (-ки; *gen pl* -ек) *ж*

(разг: засте́жка) Velcro fastening

ли́рик|**а** (-и) ж lyric poetry

лис|**а́** (-ы́; *nom pl* -ы) ж fox

лист (-а́; *gen pl* -**ья**) м *(растения)* leaf ▷ *(nom pl* -**ы́**) *(бумаги, железа)* sheet

листа́|**ть** (-ю) *несов перех (страницы)* to turn

листв|**а́** (-ы́) ж собир foliage, leaves мн

листо́вк|**а** (-и; *gen pl* -ок) ж leaflet

листо́к (-ка́) м *(бумаги)* sheet

ли́стья итп *сущ см* **лист**

Литв|**а́** (-ы́; *nom pl* -ы) ж Lithuania

литерату́р|**а** (-ы) ж literature; *(также* **худо́жественная литерату́ра)** fiction;

литерату́рный *прил* literary

литр (-а) м litre *(Brit)*, liter *(US)*

литро́вый *прил (бутылка итп)* (one)-litre *(Brit)*, (one)-liter *(US)*

ли|**ть** (-лью, -льёшь; *pt* -л, -ла́) *несов перех (воду)* to pour; *(слёзы)* to shed; *(Тех: детали, изделия)* to cast, mould *(Brit)*, mold *(US)* ▷ *неперех (вода, дождь)* to pour; **~ться** *несов возв (вода)* to pour out

лифт (-а) м lift

ли́фчик (-а) м bra

лихора́дк|**а** (-и) ж fever; *(на губа́х)* cold sore

лицево́й *прил:* **лицева́я сторона́ мате́рии** the right side of the material

лице́|**й** (-я) м lycée, ≈ grammar school

лицеме́рный *прил* hypocritical

лице́нзи|**я** (-и) ж licence *(Brit)*, license *(US)*

лиц|**о́** (-а́; *nom pl* -а) *ср* face; *(перен: индивидуальность)* image; *(ткани итп)* right side; *(Линг)* person; **от лица́** +*gen* in the name

of, on behalf of

ли́чно *нареч (знать)* personally; *(встре́тить)* in person

ли́чность (-и) ж individual

ли́чный *прил* personal; *(частный)* private

лиша́|**ть** (-ю) *несов от* **лиши́ть**

лиш|**и́ть** (-у́, -и́шь; *impf* **лиша́ть**) *сов перех:* **лиши́ть кого́-н/что-н** +*gen (отня́ть: прав, привиле́гий)* to deprive sb/sth of; *(поко́я, сча́стья)* to rob sb/sth of

ли́шний *прил (вес)* extra; *(де́ньги, биле́т)* spare; **ли́шний раз** once again или more

лишь *част (то́лько)* only ▷ *союз (как то́лько)* as soon as; **лишь бы она́ согласи́лась!** if only she would agree!

лоб (лба; *loc sg* лбу) м forehead

ло́бби *ср нескл* lobby

лобово́й *прил* frontal; **лобово́е стекло́** windscreen *(Brit)*, windshield *(US)*

лов|**и́ть** (-лю́, -ишь; *perf* **пойма́ть)** *несов перех* to catch; *(моме́нт)* to seize; **лови́ть** *(impf)* **ры́бу** to fish

лову́шк|**а** (-и; *gen pl* -ек) ж trap

ло́гик|**а** (-и) ж logic; **логи́чный** *прил* logical

логоти́п (-а) м logo

ло́дк|**а** (-и; *gen pl* -ок) ж boat

лоды́жк|**а** (-и; *gen pl* -ек) ж ankle

ло́ж|**а** (-и) ж *(в теа́тре, в за́ле)* box

ложи́ться (-у́сь, -и́шься) *несов от* **лечь**

ло́жк|**а** (-и; *gen pl* -ек) ж spoon

ло́жный *прил* false; *(вы́вод)* wrong

ложь (лжи; *instr sg* **ло́жью**) ж lie

лоз|**а́** (-ы́; *nom pl* -ы) ж vine

ло́зунг (-а) м (призыв) slogan;
(плакат) banner

ло́к|**оть** (-тя; gen pl -те́й, dat pl
-тя́м) м elbow

лома́ть (-ю; perf **слома́ть**)
несов перех to break; (традиции)
to challenge; (планы) to frustrate
▷ (perf **слома́ть** или **полома́ть**)
(механизм) to break; **лома́ть**
(impf) **го́лову над чем-то** to rack
one's brains over sth; **лома́ться**
(perf **слома́ться**) несов возв to
break

ло́мтик (-а) м slice

Ло́ндон (-а) м London

ло́пасть (-и; gen pl -ей) ж blade

лопа́т|**а** (-ы) ж spade; **лопа́тка**
(-ки; gen pl -ок), уменьш от
лопа́та; (Анат) shoulder blade

ло́пн|**уть** (-у; perf **ло́паться**) сов
(шар) to burst; (стекло) to shatter;
(разг: банк) to go bust

лоску́т (-а́) м (материи) scrap

лосо́сь (-я) м salmon

лосьо́н (-а) м lotion

лотере́|**я** (-и) ж lottery

лото́ ср нескл lotto

лот|**о́к** (-ка́) м (прилавок) stall

лохмо́ть|**я** (-ев) мн rags мн

ло́шадь (-и; gen pl -ей) ж horse

луг (-а; loc sg -у́, nom pl -а́) м
meadow

лу́ж|**а** (-и) ж (на дороге) puddle;
(на полу, на столе) pool

лук (-а) м собир (плоды) onions
мн ▷ м (оружие) bow; **зелёный
лук** spring onion (Brit), scallion

лу́ковиц|**а** (-ы) ж bulb

лун|**а́** (-ы́) ж moon

лу́н|**ка** (-ки; gen pl -ок) ж hole

лу́нный прил: **лу́нный свет**
moonlight

лу́п|**а** (-ы) ж magnifying glass

луч (-а́) м ray; (фонаря) beam;
лучев|**о́й** прил: **лучева́я боле́знь**

radiation sickness

лу́чше сравн прил от **хоро́ший**
▷ сравн нареч от **хорошо́** ▷ как
сказ: **так лу́чше** that's better
▷ част: **лу́чше не оправдывайся**
don't try and justify yourself
▷ вводн сл: **лу́чше (всего́),
позвони́ ве́чером** it would be
better if you phone in the evening;
больно́му лу́чше the patient is
feeling better; **нам лу́чше, чем им**
we're better off than them; **как
нельзя́ лу́чше** couldn't be better

лу́чш|**ий** прил (самый хороший)
best; **в лу́чшем слу́чае мы
зако́нчим за́втра** the best-case
scenario is that we'll finish
tomorrow; **э́то (всё) к лу́чшему** it's
(all) for the best

лы́ж|**а** (-и) ж (обычно мн) ski; см
также **лы́жи**; **лы́жи** (-) мн
(спорт) skis; **во́дные лы́жи**
water-skis; (спорт) water-skiing;
го́рные лы́жи downhill skis;
(спорт) downhill skiing; **лы́жник**
(-а) м skier; **лы́жный** прил
(крепления, мазь итп) ski;
(соревнования) skiing; **лыжн**|**я́**
(-и́) ж ski track

лысе́|**ть** (-ю; perf **облысе́ть** или
полысе́ть) несов to go bald;
лы́син|**а** (-ы) ж bald patch;
лы́сый прил bald

ль част = **ли**

льго́т|**а** (-ы) ж benefit;
(предприятиям итп) special term;
нало́говые льго́ты tax relief;
льго́тный прил (тариф)
concessionary; (условия)
privileged; (заём) special-rate;
льго́тный биле́т concessionary
ticket

льди́н|**а** (-ы) ж ice floe

льняно́й прил (полотенце) linen

любе́зность (-и) ж (одолжение)

favour (Brit), favor (US)

любе́зн|ый прил polite; **бу́дьте любе́зны!** excuse me, please!; **бу́дьте любе́зны, принеси́те нам ко́фе!** could you be so kind as to bring us some coffee?

люби́м|ец (-ца) м favourite (Brit), favorite (US)

люби́мый прил (женщина, брат) beloved; (писатель, занятие итп) favourite (Brit), favorite (US)

люби́тель (-я) м (непрофессионал) amateur; **люби́тель му́зыки/спо́рта** music-/ sports-lover; **люби́тельский** прил amateur

люби́ть (-лю́, -ишь) несов перех to love; (музыку, спорт итп) to like

люб|ова́ться (-у́юсь; perf **полюбова́ться**) несов возв +instr to admire

любо́вник (-а) м lover; **любо́вный** прил (дела) lover's; (песня, письмо) love; (отношение, подход) loving

люб|о́вь (-ви́; instr sg -о́вью) ж love; (привязанность): **любо́вь к** +dat (к родине, к матери итп) love for; (к чтению, к искусству итп) love of

люб|о́й мест (всякий) any ▷ (-о́го) м (любой человек) anyone

любопы́тный прил (случай) interesting; (человек) curious

любопы́тств|о (-а) ср curiosity

лю́бящий прил loving

лю́д|и (-е́й; dat pl -ям, instr pl -ьми́, prp pl -ях) мн people итп; (кадры) staff ед; **молоды́е лю́ди** young men; (молодёжь) young people; см также **челове́к**

людско́й прил (улица итп) busy

лю́дский прил human

люкс (-а) м (о вагоне) first-class

carriage; (о каюте) first-class cabin ▷ прил неизм first-class

лю́стр|а (-ы) ж chandelier

ляга́|ть (-ю) несов перех (подлеж: лошадь, корова) to kick; **ляга́ться** несов возв (лошадь, корова) to kick

ля́гу итп сов см **лечь**

лягу́ш|ка (-ки; gen pl -ек) ж frog

ля́жешь итп сов см **лечь**

ля́ж|ка (-ки; gen pl -ек) ж thigh

ля́м|ка (-ки; gen pl -ок) ж strap

M

1 Ма́я: Пра́здник весны́ и труда́

Spring and Labour Day, formerly known as International Day of Workers' Solidarity, has been greatly depoliticized since the collapse of the Soviet Union. For most people it is simply an opportunity to celebrate the spring and to enjoy a short holiday.

ма́йка (-йки; gen pl -ек) ж vest (Brit), sleeveless undershirt (US)

майоне́з (-а) м mayonnaise

майо́р (-а) м (Воен) major

мак (-а) м poppy

макаро́ны (-) мн pasta ед

мака́ть (-ю) несов перех to dip

маке́т (-а) м model

ма́клер (-а) м (Комм) broker

макну́ть (-у́, -ёшь) сов перех to dip

максима́льный прил maximum

ма́ксимум (-а) м maximum

макулату́ра (-ы) ж собир wastepaper (for recycling)

мале́йший прил (ошибка) the slightest

ма́ленький прил small, little

мали́н|**а** (-ы) ж (кустарник) raspberry cane или bush; (ягоды) raspberries мн

М сокр = **метро́**

м сокр (= метр) m

мавзоле́й (-я) м mausoleum

магази́н (-а) м shop

маги́стр (-а) м master's degree

магистра́л|**ь** (-и) ж main line

маги́ческий прил magic

магни́т (-а) м magnet

магнитофо́н (-а) м tape recorder

ма́з|**ать** (-жу, -жешь; perf **нама́зать** или **пома́зать**) несов перех to spread ▷ (perf **изма́зать**) (разг: пачкать) to get dirty; **ма́заться** несов возв (perf **изма́заться**) (разг: пачкаться) to get dirty; **нама́заться** кре́мом to apply cream

мазо́к (-ка́) м (Мед) smear

маз|**ь** (-и) ж (Мед) ointment; (Тех) grease

ма|**й** (-я) м May

⊙ **КЛЮЧЕВО́Е СЛО́ВО**

ма́ло чис (+gen: друзей, книг) only a few; (работы, денег) not much, little; **нам да́ли ма́ло книг** they only gave us a few books; **у меня́ ма́ло де́нег** I don't have much money; **ма́ло ра́дости** little joy ▷ нареч not much; **она́ ма́ло измени́лась** she hasn't changed much

▷ *как сказ.:* **мне э́того ма́ло** this is not enough for me; **ма́ло ли** *что* so what?; **ма́ло ли кто/где/когда́** it doesn't matter who/where/when; **ма́ло того́** (and) what's more; **ма́ло того́ что** not only

маловероя́тный *прил* improbable

малоду́шный *прил* cowardly

малокро́ви|е (-я) *ср* (sickle-cell) anaemia (*Brit*) или anemia (*US*)

малоле́тний *прил* young

малочи́сленный *прил* small

ма́л|ый *прил* small, little; (*доход, скорость*) low ▷ *как сказ.:* **пла́тье/пальто́ мне ма́ло** the dress/coat is too small for me; **са́мое ма́лое** at the very least

малы́ш (-а́) *м* little boy

малы́ш|ка (-ки; *gen pl* -ек) *ж* little girl

ма́льчик (-а) *м* boy

малю́т|ка (-ки; *gen pl* -ок) *м/ж* baby

маля́р (-а́) *м* painter (and decorator)

маляри́|я (-и) *ж* malaria

ма́м|а (-ы) *ж* mummy (*Brit*), mommy (*US*)

мама́ш|а (-и) *ж* mummy (*Brit*), mommy (*US*)

мандари́н (-а) *м* tangerine

манда́т (-а) *м* mandate

манёвр (-а) *м* manoeuvre (*Brit*), maneuver (*US*)

манеке́н (-а) *м* (*портного*) dummy; (*в витрине*) dummy, mannequin

манеке́нщиц|а (-ы) *ж* model

мане́р|а (-ы) *ж* manner; (*художника*) style

манже́т|а (-ы) *ж* cuff

маникю́р (-а) *м* manicure

манипули́р|овать (-ую) *несов* +*instr* to manipulate

манифе́ст (-а) *м* manifesto

манифеста́ци|я (-и) *ж* rally

ма́ни|я (-и) *ж* mania

ма́нн|ый *прил:* **ма́нная ка́ша**, **ма́нная крупа́** semolina

манья́к (-а) *м* maniac

мара́зм (-а) *м* (*Мед*) dementia; (*перен: разг*) idiocy; **ста́рческий мара́зм** senile dementia

марафо́н (-а) *м* marathon; **марафо́н|ец** (-ца) *м* marathon runner

маргари́н (-а) *м* margarine

маргари́т|ка (-ки; *gen pl* -ок) *ж* daisy

марин|ова́ть (-у́ю; *perf* **замаринова́ть**) *несов перех* (*овощи*) to pickle; (*мясо, рыбу*) to marinate, marinade

марионе́т|ка (-ки; *gen pl* -ок) *ж* puppet

ма́р|ка (-ки; *gen pl* -ок) *ж* (*почтовая*) stamp; (*сорт*) brand; (*качества*) grade; (*модель*) make; (*деньги*) mark; **торго́вая ма́рка** trademark

ма́ркетинг (-а) *м* marketing

маркси́зм (-а) *м* Marxism

мармела́д (-а) *м* fruit jellies *мн*

Марс (-а) *м* Mars

март (-а) *м* March

8 МА́РТА: Междунаро́дный же́нский день

International Women's Day. This is a celebration of women of all ages. Women receive gifts from men and mothers receive gifts and greetings from their children. Special variety shows are put on in major concert halls and broadcast on television.

марш (-а) *м* march

ма́ршал (-а) м marshal

маршир|ова́ть (-у́ю; perf **промаршир|ова́ть**) несов to march

маршру́т (-а) м route;

маршру́т|ный прил: **маршру́тное такси́** fixed-route taxi

ма́с|ка (-ки; gen pl -ок) ж mask; (косметическая) face pack

маскара́д (-а) м masked ball

маскир|ова́ть (-у́ю; perf **замаскирова́ть**) несов перех to camouflage; (perf **замаскирова́ться**) несов возв to camouflage o.s.

ма́сленица (-ы) ж ≈ Shrove Tuesday, Pancake Day

масли́н|а (-ы) ж (дерево) olive (tree); (плод) olive

ма́сло (-ла; nom pl -ла́, gen pl -ел) ср oil; (сливочное) butter

ма́сляный прил (пятно) oily

масо́н (-а) м (Free)mason

ма́сс|а (-ы) ж (также Физ) mass; (древесная) pulp; (много) loads мн

масса́ж (-а) м massage;

масса́жист (-а) м masseur

масси́в (-а) м (водный) expanse; (земельный) tract; (горный массив) massif; (жилой или жили́щный массив) housing estate (Brit) или project (US); **масси́вный** прил massive

ма́ссовый прил mass; **това́ры ма́ссового спро́са** consumer goods

ма́стер (-а; nom pl -а́) м master; (в цеху) foreman (мн foremen)

мастерск|а́я (-о́й) ж workshop; (художника) studio

мастерство́ (-а́) ср skill

масти́к|а (-и) ж floor polish

масть (-и; gen pl -е́й) ж (лошади) colour (Brit), color (US); (Карты) suit

масшта́б (-а) м scale;

масшта́бный прил scale; (большо́й) large-scale

мат (-а) м (Шахматы) checkmate; (полови́к: также Спорт) mat; (руга́тельств) bad language

матема́тик (-а) м mathematician;

матема́тик|а (-и) ж mathematics

ма́тери etc сущ см **мать**

материа́л (-а) м material; (обычно мн: следствия) document

материа́льный прил material; (фина́нсовый) financial

матери́к (-а́) м continent; (су́ша) mainland

матери́нский прил maternal

матери́нств|о (-а) ср motherhood

мате́ри|я (-и) ж matter; (разг: ткань) cloth

ма́терь (-и) ж: **Ма́терь Бо́жья** Mother of God

ма́терью etc сущ см **мать**

ма́товый прил (без блеска) mat(t); **ма́товое стекло́** frosted glass

матра́с (-а) м mattress

матрёш|ка (-ки; gen pl -ек) ж Russian doll (containing range of smaller dolls)

ма́тричный прил: **ма́тричный при́нтер** (Комп) dot-matrix printer

матро́с (-а) м sailor

ма́туш|ка (-ки; gen pl -ек) ж (мать) mother

матч (-а) м match

мать (-ери; см Table 1) ж mother; **мать-одино́чка** single mother

мафио́зный прил mafia

ма́фия (-и) ж the Mafia

мах (-а) м (крыла́) flap; (руко́й) swing; **одни́м ма́хом** in a stroke; **с ма́ху** straight away

ма|ха́ть (-шу́, -шешь) несов +instr to wave; (кры́льями) to flap;

маха́ть (*impf*) кому́-н руко́й to wave to sb

махну́ть (-ý, -ёшь) *сов* to wave

махо́рка (-и) *ж* coarse tobacco

ма́чеха (-и) *ж* stepmother

ма́чта (-ы) *ж* mast; (*автомоби́ль*) car

маши́на (-ы) *ж* machine; (*автомоби́ль*) car

маши́нальный *прил* mechanical

маши́нист (-а) *м* driver, operator; **маши́ни́стка** (-ки; *gen pl* -ок) *ж* typist

маши́нка (-ки; *gen pl* -ок) *ж* machine; **пи́шущая маши́нка** typewriter

маши́нный *прил* machine; **маши́нное отделе́ние** engine room

машинострое́ние (-я) *ср* mechanical engineering

мая́к (-á) *м* lighthouse

МВД *ср сокр* (= Министе́рство вну́тренних дел) ≈ the Home Office (*Brit*), ≈ the Department of the Interior (*US*)

мгла́ (-ы) *ж* haze; (*вече́рняя*) gloom

мгнове́ние (-я) *ср* moment

мгнове́нный *прил* instant; (*злость*) momentary

МГУ *м сокр* (= Моско́вский госуда́рственный университе́т) Moscow State University

ме́бель (-и) *ж собир* furniture

мёд (-а) *м* honey

меда́ль (-и) *ж* medal

медве́дь (-я) *м* bear; **медвежо́нок** (-о́нка; *nom pl* -а́та, *gen pl* -а́т) *м* bear cub

медикаме́нт (-а) *м* medicine

медици́на (-ы) *ж* medicine

ме́дленный *прил* slow

медли́тельный *прил* slow

ме́длить (-ю, -ишь) *несов* to delay; **ме́длить** (*impf*) **с реше́нием**

to be slow in deciding

ме́дный *прил* copper; (*Муз*) brass

медо́вый *прил* honey; **медо́вый ме́сяц** honeymoon

медпу́нкт (-а) *м сокр* (= медици́нский пункт) ≈ first-aid centre (*Brit*) или center (*US*)

медсестра́ (-ы́) *ж сокр* (= медици́нская сестра́) nurse

меду́за (-ы) *ж* jellyfish

медь (-и) *ж* copper

ме́жду *предл +instr* between; (*+gen: в окруже́нии*) amongst; **ме́жду про́чим** (*попу́тно*) in passing; (*кста́ти*) by the way; **ме́жду тем** meanwhile; **ме́жду тем как** whereas; **они́ договори́лись ме́жду собо́й** they agreed between them

междугоро́дный *прил* intercity

междунаро́дный *прил* international

мел (-а) *м* chalk

меле́ть (*3sg* -ет, *perf* обмеле́ть) *несов* to become shallower

ме́лкий *прил* (*песок, дождь*) fine; (*интере́сы*) petty

мело́дия (-и) *ж* tune, melody; **мело́дия для моби́льного телефо́на** ringtone

ме́лочный *прил* petty

ме́лочь (-и; *gen pl* -е́й) *ж* (*пустяк*) triviality; (*подро́бность*) detail ▷ *ж собир* little things *мн*; (*де́ньги*) small change

мель (-и; *loc sg* -и́) *ж* shallows *мн*; **сади́ться** (*perf* **сесть**) **на мель** (*Мор*) to run aground

мелька́ть (-ю) *несов* to flash past; **мелькну́ть** (-ý, -ёшь) *сов* to flash

ме́льком *нареч* in passing

ме́льница (-ы) *ж* mill

мельхио́р (-а) *м* nickel silver

ме́льче *сравн прил от* **ме́лкий**

мельчи́ть (**-у́, -и́шь**; *perf* **измельчи́ть** *или* **размельчи́ть**) *несов перех* (*ножом*) to cut up into small pieces; (*в ступке*) to crush

мемориа́л (**-а**) *м* memorial

мемуа́ры (**-ов**) *мн* memoirs

ме́неджер (**-а**) *м* manager

ме́неджмент (**-а**) *м* management

ме́нее *сравн нареч от* **ма́ло** ⊳ *нареч* (*опасный*) less; (*года*) less than; **тем не ме́нее** nevertheless

менинги́т (**-а**) *м* meningitis

менструа́ци|я (**-и**) *ж* menstruation

ме́ньше *сравн прил от* **ма́лый**; **ма́ленький** ⊳ *сравн нареч от* **ма́ло** ⊳ *нареч* less than; **ме́ньше всего́** least of all

ме́ньш|ий *сравн прил от* **ма́лый**; **ма́ленький** ⊳ *прил*: **по ме́ньшей ме́ре** at least; **са́мое ме́ньшее** no less than

меньшинств|о́ (**-а́**) *ср собир* minority

меню́ *ср нескл* menu

меня́ *мест см* **я**

меня́|ть (**-ю**; *perf* **поменя́ть**) *несов перех* to change; **меня́ть** (*perf* **поменя́ть**) **что-н на** +*acc* to exchange for; **меня́ться** (*perf* **поменя́ться**) *несов возв* to change

ме́р|а (**-ы**) *ж* measure; (*предел*) limit; **в по́лной ме́ре** fully; **по ме́ре** +*gen* with; **по ме́ре того́ как** as

ме́рзкий *прил* disgusting; (*погода, настроение*) foul

мёрзлый *прил* (*земля*) frozen

мёрз|нуть (**-ну**; *pt* **-, -ла**, *perf* **замёрзнуть**) *несов* to freeze

ме́р|ить (**-ю, -ишь**; *perf* **сме́рить** *или* **изме́рить**) *несов перех* to measure ⊳ (*perf* **поме́рить**; *примерять*) to try on

ме́р|ка (**-ки**; *gen pl* **-ок**) *ж* measurements *мн*; (*перен*: *критерий*) standard

ме́рк|нуть (*3sg* **-нет**, *perf* **поме́ркнуть**) *несов* (*также перен*) to fade

мероприя́ти|е (**-я**) *ср* measure; (*событие*) event

мертве́|ть (**-ю**; *perf* **омертве́ть**) *несов* (*от холода*) to go numb ⊳ (*perf* **помертве́ть**) (*от страха, от горя*) to go rigid

мертве́|ц (**-а́**) *м* dead person

мёртвый *прил* dead

мерца́|ть (*3sg* **-ет**) *несов* to glimmer, flicker; (*звёзды*) to twinkle

ме|сти́ (**-ту́, -тёшь**; *pt* **мёл, -ла́**, *perf* **подмести́**) *несов перех* (*пол*) to sweep; (*мусор*) to sweep up

ме́стность (**-и**) *ж* area

ме́стный *прил* local

ме́ст|о (**-а**; *nom pl* **-а́**) *ср* place; (*действия*) scene; (*в театре, в поезде итп*) seat; (*багажа*) item

местожи́тельств|о (**-а**) *ср* place of residence

местоиме́ни|е (**-я**) *ср* pronoun

местонахожде́ни|е (**-я**) *ср* location

месторожде́ни|е (**-я**) *ср* (*угля, нефти*) field

месть (**-и**) *ж* revenge, vengeance

ме́ся|ц (**-ца**; *nom pl* **-цы**) *м* month; (*часть луны*) crescent moon; (*диск луны*) moon

ме́сячный *прил* monthly

мета́лл (**-а**) *м* metal

металлоло́м (**-а**) *м* scrap metal

мета́|ть (**-чу́, -чешь**) *несов перех* (*гранату, диск итп*) to throw

▷ (perf **намета́ть**) (шов) to tack (Brit), baste; **мета́ться** несов возв (в постели) to toss and turn; (по комнате) to rush about

мете́ль (-и) ж snowstorm, blizzard

метеоро́лог (-а) м meteorologist

метеосво́дка (-ки; gen pl -ок) ж сокр (= метеорологическая сводка) weather forecast или report

метеоста́нция (-и) ж сокр (= метеорологическая ста́нция) weather station

ме́тить (-чу, -тишь; perf **поме́тить**) несов перех to mark ▷ неперех: **ме́тить в** +acc (в цель) to aim at; **ме́титься** (perf **наме́титься**) несов возв: **ме́титься в** +acc to aim at

ме́тка (-ки; gen pl -ок) ж mark

ме́ткий прил (точный) (точный) accurate; (замечание) apt

метну́ть (-у́, -ёшь; perf **метну́ться** сов возв to throw; **метну́ться** сов возв to rush

ме́тод (-а) м method

метр (-а) м metre (Brit), meter (US); (линейка) measure

метрдоте́ль (-я) м head waiter

ме́трика (-и) ж birth certificate

метри́ческий прил metric

метро́ ср нескл metro, tube (Brit), subway (US)

мех (-а; nom pl -а́) м fur

меха́ (-о́в) мн (кузнечный) bellows мн

механи́зм (-а) м mechanism

меха́ник (-а) м mechanic

механи́ческий прил mechanical; (цех) machine

мехово́й прил fur

мецена́т (-а) м patron

меч (-а́) м sword

мече́ть (-и) ж mosque

мечта́ (-ы́; gen pl -а́ний) ж dream

мечта́ть (-ю) несов: **мечта́ть (о +prp)** to dream (of)

меша́ть (-ю; perf **помеша́ть**) (напитки, краски) to stir ▷ (perf **смеша́ть**) (напитки, краски) to mix ▷ (perf **помеша́ть** неперех +dat: быть помехой) to disturb, bother; (реформам) to hinder; **меша́ть** (perf **помеша́ть** кому́-н +infin (препятствовать) to make it difficult for sb to do; **меша́ться** (perf **смеша́ться**) несов возв (путаться) to get mixed up

мешо́к (-ка́) м sack

меща́нин (-а́нина; nom pl -а́не, gen pl -а́н) м petty bourgeois

миг (-а) м moment

мига́ть (-ю) несов to wink; (огни) to twinkle

мигну́ть (-у́, -ёшь) сов to wink

ми́гом нареч (разг) in a jiffy

мигра́ция (-и) ж migration

МИД (-а) м сокр (= Министе́рство иностра́нных дел) the Foreign Office (Brit), ≈ the State Department (US)

ми́довский прил (разг) Foreign Office

ми́зерный прил meagre (Brit), meager (US)

мизи́нец (-ца) м (на руке́) little finger; (на ноге́) little toe

микроавто́бус (-а) м minibus

микрорайо́н (-а) м ≈ catchment area

⊚ **МИКРОРАЙОН**

⊚ These are modern housing
⊚ estates with densely built blocks
⊚ of flats and are a feature of all
⊚ big Russian cities. They have

● their own infrastructure of
● schools, health centres, cinemas,
● and shops.

микроско́п (-а) м microscope
микрофо́н (-а) м microphone
ми́ксер (-а) м mixer
миксту́ра (-ы) ж mixture
милиционе́р (-а) м policeman
(*in Russia*) (**мн** policemen)
мили́ци|я (-и) ж, собир police (*in
Russia*)
миллиа́рд (-а) м billion
миллигра́мм (-а) м
milligram(me)
миллиме́тр (-а) м millimetre
(*Brit*), millimeter (*US*)
миллио́н (-а) м million;
миллионе́р (-а) м millionaire
ми́л|овать (-ую; *perf*
поми́ловать) *несов перех* to
have mercy on; (*преступника*) to
pardon
милосе́рди|е (-я) *ср* compassion
ми́лостын|я (-и) ж alms мн
ми́лост|ь (-и) ж (*доброта*)
kind-heartedness; **ми́лости
про́сим**! welcome!
ми́лый *прил* (*симпатичный*)
pleasant, nice; (*дорогой*) dear
ми́л|я (-и) ж mile
ми́мик|а (-и) ж expression
ми́мо *нареч* past ▷ *предл* +*gen*
past
мимолётный *прил* fleeting
мимохо́дом *нареч* on the way;
(*упомянуть*) in passing
ми́н|а (-ы) ж (*Воен*) mine
минда́лин|а (-ы) ж (*Мед*) tonsil
минда́л|ь (-я́) м almond
минера́л (-а) м mineral
минздра́в (-а) м сокр
(= *министе́рство
здравоохране́ния*) Ministry of
Health

миниатю́р|а (-ы) ж miniature;
(*Театр*) short play;
миниатю́рный *прил* miniature
минима́льный *прил* minimum
ми́нимум (-а) м minimum
▷ *нареч* at least, minimum;
прожи́точный ми́нимум minimum
living wage
минир|овать (-ую; *perf*
замини́ровать) (*не*)*сов перех*
(*Воен*) to mine
министе́рств|о (-а) *ср* ministry;
мини́стр (-а) м (*Полит*) minister
ми́нный *прил* mine; **ми́нное
по́ле** minefield
мин|ова́ть (-у́ю) (*не*)*сов перех* to
pass
мину́вший *прил* past
ми́нус (-а) м minus
мину́т|а (-ы) ж minute;
мину́тный *прил* (*стрелка*)
minute; (*дело*) brief
ми́н|уть (*3sg* -ет) *сов*
(*исполниться*): **ей/ему́ ми́нуло 16
лет** she/he has turned 16
минфи́н (-а) м сокр (*разг*)
(= *Министе́рство фина́нсов*)
Ministry of Finance
мир (-а; *nom pl* -ы́) м world;
(*Вселе́нная*) universe ▷ (*loc sg* -ý)
(*Рел*) (secular) world; (*состоя́ние
без войны́*) peace
мир|и́ть (-ю́, -и́шь; *perf*
помири́ть или **примири́ть**)
несов перех to reconcile;
мири́ться (*perf* **помири́ться**)
несов возв: **мири́ться с** +*instr* to
make up with или be reconciled with
▷ (*perf* **примири́ться**) (*с
недоста́тками*) to reconcile o.s. to,
come to terms with
ми́рный *прил* peaceful; **ми́рное
вре́мя** peacetime; **ми́рное
населе́ние** civilian population;
ми́рные перегово́ры peace talks

М

или negotiations

мировоззре́ни|е (-я) *ср* philosophy of life

мирово́й *прил* world

миротво́р|ец (-ца) *м* peacemaker, peacekeeper

миротво́рческ|ий *прил* peacemaking; **миротво́рческие войска́** peacekeeping force

мирско́й *прил* secular, lay

ми́сси|я (-и) *ж* mission

ми́стер (-а) *м* Mr

ми́тинг (-а) *м* rally

митрополи́т (-а) *м* metropolitan

миф (-а) *м* myth

мише́н|ь (-и) *ж* target

млады́ен|ец (-ца) *м* infant, baby

мла́дше *сравн прил от* **молодо́й**

мла́дший *прил* younger; *(сотрудник, класс)* junior

млекопита́ющ|ее (-его) *ср* mammal

мле́чный *прил*: **Мле́чный Путь** the Milky Way

мм *сокр* (= **миллиме́тр**) mm

мне *мест см* **я**

мне́ни|е (-я) *ср* opinion

мни́мый *прил* imaginary; *(ложный)* fake

мни́тельный *прил* suspicious

мно́г|ие *прил* many ▷ *(-их) мн (много людей)* many (people)

мно́го *чис* +*gen*: *книг, друзей)* many, a lot of; *(работы)* much, a lot of ▷ *нареч (разговаривать, пить итп)* a lot; *▷ comparative: гора́здо)* much; **мно́го книг тебе́ да́ли?** did they give you many *или* a lot of books?; **мно́го рабо́ты тебе́ да́ли?** did they give you much *или* a lot of work?

многоде́тный *прил* with a lot of children

мно́г|ое (-ого) *ср* a great deal

многозначи́тельный *прил*

significant

многоле́тний *прил (планы)* long-term; *(труд)* of many years; *(растения)* perennial

многолю́дный *прил* crowded

многонациона́льный *прил* multinational

многообеща́ющий *прил* promising

многообра́зи|е (-я) *ср* variety

многообра́зный *прил* varied

многосторо́нний *прил (переговоры)* multilateral; *(личность)* many-sided; *(интересы)* diverse

многоуважа́емый *прил (в обраще́нии)* Dear

многочи́сленный *прил* numerous

многоэта́жный *прил* multistorey *(Brit)*, multistory *(US)*

мно́жественн|ый *прил*: **мно́жественное число́** *(Линг)* the plural (number)

мно́жеств|о (-а) *ср* +*gen* a great number of

мно́жительн|ый *прил*: **мно́жительная те́хника** photocopying equipment

мно́ж|ить (-у, -ишь; *perf* **умно́жить)** *несов перех* to multiply

мно́й *мест см* **я**

мобилизова́|ть (-ю) *(не)сов перех* to mobilize

моби́льник (-а) *м (разг)* mobile

моби́льный *прил* mobile; **моби́льный телефо́н** mobile phone

мог *итп несов см* **мочь**

моги́л|а (-ы) *ж* grave

могу́ *etc несов см* **мочь**

могу́чий *прил* mighty

могу́ществ|о (-а) *ср* power, might

мо́д|а (-ы) ж fashion; см также
мо́ды

модели́р|овать (-ую) (не)сов
перех (одежду) to design ▷ (perf
смодели́ровать) (процесс,
поведение) to simulate

моде́л|ь (-и) ж model;
моде́лье́р (-а) м fashion
designer

моде́м (-а) м modem

мо́дный прил fashionable

мо́д|ы (-) мн fashions; **журна́л
мод** fashion magazine

мо́жет несов см мочь ▷ вводн
сл (также **мо́жет быть**) maybe

мо́жно как сказ (возможно)
+infin it is possible to do; **мо́жно
(войти́)?** may I (come in)?; **как
мо́жно лу́чше** as best as possible

мозг (-а; loc sg -ý, nom sg -и́) м
brain; **спинно́й мозг** spinal cord

мой (моего́; см Table 8; f **моя́**, nt
моё, pl **мой**) притяж мест my;
по-мо́ему my way; (по моему
мнению) in my opinion

мо́к|нуть (-ну; pt -, -ла) несов to
get wet; (лежать в воде) to be
soaking

мо́крый прил wet

молва́ (-ы́) ж rumour (Brit),
rumor (US)

моле́бен (-на) (Рел) service

моле́кул|а (-ы) ж molecule

моли́тв|а (-ы) ж prayer;
моли́твенник (-а) м prayer book

моли́|ться (-ю́сь, -ишься; perf
помоли́ться) несов возв +dat to
pray to

мо́лни|я (-и) ж lightning;
(застёжка) zip (fastener) (Brit),
zipper (US)

молодёжный прил youth;
(мода, газета) for young people

молодёж|ь (-и) ж собир young
people мн

молоде́|ть (-ю; perf
помолоде́ть) несов to become
younger

молоде́|ц (-ца́) м strong fellow;
молоде́ц! (разг) well done!; **она́!
он молоде́ц!** (разг) she/he has
done well!

молодо́й прил young;
(картофель, листва) new;
мо́лодость (-и) ж youth

моло́же сравн прил от **молодо́й**

молоко́ (-а́) ср milk

мо́лот (-а) м hammer

молото́к (-ка́) м hammer

мо́лотый прил (кофе, перец)
ground

моло́ть (мелю́, ме́лешь; perf
смоло́ть или **помоло́ть**) несов
перех to grind

моло́чник (-а) м (посуда) milk
jug

моло́чный прил (продукты,
скот) dairy; (коктейль) milk

молча́ нареч silently

молча́ние (-я) ср silence;
молча́|ть (-ý, -и́шь) несов to be
silent; **молча́ть** (impf) о +prp to
keep silent или quiet about

мол|ь (-и) ж moth

моме́нт (-а) м moment; (доклада)
point; **теку́щий моме́нт** the current
situation; **момента́льный** прил
instant

монасты́р|ь (-я́) м (мужской)
monastery; (женский) convent

мона́х (-а) м monk; **мона́хин|я**
(-и; gen pl -ь) ж nun

моне́т|а (-ы) ж coin; **моне́тный**
прил: **моне́тный двор** mint

монито́р (-а) м monitor

моното́нный прил monotonous

монта́ж (-а́) ж (сооружения)
building; (механизма) assembly;
(кадров) editing

монти́р|овать (-ую; perf

смонти́ровать *несов перех* (*оборудование*) to assemble; (*фильм*) to edit

монумéнт (-а) *м* monument

морáль (-и) *ж* morals *мн*, ethics *мн*; (*басни, сказки*) moral

морáльный *прил* moral

морг (-а) *м* morgue

моргáть (-ю) *несов перех*; (*подмигивать*): **моргáть** (+*dat*) to wink (at)

моргнýть (-ý, -ёшь) *сов* to blink; (*подмигнуть*): **моргнýть** (+*dat*) to wink (at)

мóрд|а (-ы) *ж* (*животного*) muzzle; (*разг: человека*) mug

мóр|е (-я; *nom pl* -я́, *gen pl* -éй) *ср* sea

морехóдный *прил* naval

морж (-á) *м* walrus

морко́вь (-и) *ж* carrots *мн*

морóжен|ое (-ого) *ср* ice cream

морóженый *прил* frozen

морóз (-а) *м* frost

морози́льник (-а) *м* freezer

морóзить (-жу, -зишь) *несов перех* to freeze

морóзный *прил* frosty

морóс|ить (*3sg* -и́т) *несов* to drizzle

морóчить (-у, -ишь) *perf* **заморóчить** *несов перех*: **морóчить го́лову кому-н** (*разг*) to pull sb's leg

морск|óй *прил* sea; (*Био*) marine; (*курорт*) seaside; **морскóе прáво** maritime law; **морскáя боле́знь** seasickness; **морскáя сви́нка** guinea pig

морщи́н|а (-ы) *ж* (*на лице*) wrinkle

мóрщить (-у, -ишь) *perf* **намóрщить** *несов перех* (*брови*) to knit ▷ (*perf* **смóрщить**) (*нос, лоб*) to wrinkle; (*лицо*) to

смóрщиться) *несов возв*: **мóрщиться от** +*gen* (*от старости*) to become wrinkled from; (*от боли*) to wince in

моря́к (-á) *м* sailor

Москв|á (-ы́) *ж* Moscow

москви́ч (-á) *м* Muscovite

мост (-á; *loc sg* -ý) *м* bridge

мо́стик (-а) *м* bridge; **капитáнский мо́стик** bridge (*Naut*)

мости́ть (-щý, -сти́шь; *perf* **вы́мостить**) *несов перех* to pave

мостов|áя (-óй) *ж* road

мотáть (-ю; *perf* **намотáть**) *несов перех* (*нитки*) to wind ▷ (*perf* **помотáть**) *неперех* (+*instr*: *головой*) to shake; **мотáться** *несов возв* to swing

мотéл|ь (-я) *м* motel

моти́в (-а) *м* (*преступления*) motive; (*мелодия*) motif

мотиви́р|овать (-ую) (*не*)*сов перех* to justify

мото́р (-а) *м* motor; (*автомоби́ля, ло́дки*) engine

моторо́ллер (-а) *м* (motor) scooter

мотоци́кл (-а) *м* motorcycle

мотылёк (-ька́) *м* moth

мох (мха; *loc sg* мху, *nom pl* мхи) *м* moss

мохéр (-а) *м* mohair

мочá (-и́) *ж* urine

мочáл|ка (-ки; *gen pl* -ок) *ж* sponge

мочевóй *прил*: **мочевóй пузы́рь** bladder

мочи́ть (-ý, -ишь; *perf* **намочи́ть**) *несов перех* to wet ▷ (*perf* **замочи́ть**) (*бельё*) to soak

мочь (-гý, -жешь *etc*, -гут; *pt* -г, -глá, -гло́, *perf* **смочь**) *несов* +*infin* can do, to be able to do; **я могý игрáть на гитáре/говори́ть**

по-англи́йски I can play the guitar/ speak English; **он мо́жет прийти́** he can *или* **я сде́лаю всё, что могу́** I will do all I can; **за́втра мо́жешь не приходи́ть** you don't have to come tomorrow; **он мо́жет оби́деться** he may well be offended; **не могу́ поня́ть э́того** I can't understand this; **мо́жет быть** maybe; **не мо́жет быть!** impossible!

мо́шка (-ки; gen pl -ек) ж midge

мо́щность (-и) ж power

мо́щный прил powerful

мощь (-и) ж might, power

мой (-е́й) притяж мест см мой

МР3-пле́ер (-а) м MP3 player

мрак (-а) м darkness

мра́мор (-а) м marble

мра́чный прил gloomy

мстить (мщу, мстишь); perf **отомсти́ть** несов: **мстить кому́-н** to take revenge on sb

МТС ж сокр (= междугоро́дная телефо́нная ста́нция) ≈ intercity telephone exchange

му́дрость (-и) ж wisdom

му́дрый прил wise

муж (-а; nom pl -ья́, gen pl -е́й) м husband

мужа́ть (-ю; perf возмужа́ть) несов to mature; **мужа́ться** несов возв to take heart, have courage

му́жественный прил (поступок) courageous

му́жество (-а) ср courage

мужско́й прил men's; (характер) masculine; (органы, клетка) male; **мужско́й род** masculine gender

мужчи́на (-ы) м man (мн men)

музе́й (-я) м museum

му́зыка (-и) ж music

музыка́льный прил musical; **музыка́льная шко́ла** music school

музыка́нт (-а) м musician

му́ка (-и) ж torment

мука́ (-и) ж flour

му́льтик (-а) м (разг) cartoon

мультимеди́йный прил (Комп) multimedia

мультипликацио́нный прил: **мультипликацио́нный фильм** cartoon, animated film

мунди́р (-а) м uniform; **карто́фель в мунди́ре** jacket potatoes

муниципалите́т (-а) м municipality, city council

мураве́й (-ья́) м ant

мура́шки (-ек) мн: **у меня́ мура́шки по спине́ бе́гают** shivers are running down my spine

мурлы́кать (-чу, -чешь) несов to purr

муска́т (-а) м (орех) nutmeg

му́скул (-а) м muscle

мускули́стый прил muscular

му́сор (-а) м rubbish (Brit), garbage (US); **му́сорный** прил rubbish (Brit), garbage (US); **му́сорное ведро́** dustbin (Brit), trash can (US); **мусоропрово́д** (-а) м refuse или garbage (US) chute

мусульма́нин (-а) м Muslim

мути́ть (-чу, -тишь; perf **взмути́ть** или **замути́ть**) несов перех (жидкость) to cloud; **мути́ться** (perf **замути́ться**) несов возв (вода, раствор) to become cloudy

мутне́ть (3sg -ет, perf **помутне́ть**) несов (жидкость) to become cloudy; (взор) to grow dull

му́тный прил (жидкость) cloudy; (стекло) dull

му́ха (-и) ж fly

мухомо́р (-а) м (Бот) fly agaric

муче́ние (-я) ср torment, torture

мУ́ченик (**-а**) м martyr
мУ́ч|**ить** (**-у, -ишь**; perf **замУ́чить**
или измУ́чить) несов перех to
torment; **мУ́читься** (perf
замУ́читься) несов возв:
мУ́читься +instr (сомнениями) to
be tormented by; **мУ́читься** (impf)
над +instr to agonize over
мч|**ать** (**-у, -ишь**) несов (машину)
to speed along; (лошадь) to race
along; **мчА́ться** несов возв
(поезд) to speed along; (лошадь)
to race along
мщЕ́ни|**е** (**-я**) ср vengeance,
revenge
мы (**нас;** см Table 6b) мест we;
мы с тобО́й/женО́й you/my wife
and I
мЫ́л|**ить** (**-ю, -ишь**; perf
намЫ́лить) несов перех to soap;
мЫ́литься (perf **намЫ́литься**)
несов возв to soap o.s.
мЫ́л|**о** (**-а**) ср soap
мЫ́льница (**-ы**) ж soap dish
мЫ́льн|**ый** прил (пена) soap;
мЫ́льная О́пера soap (opera)
мыс (**-а**; loc sg **-У́**, nom pl **-ы**) м
point
мЫ́сленный прил mental
мЫ́сл|**ить** (**-ю, -ишь**) несов to
think ▷ перех to imagine
мЫ́сл|**ь** (**-и**) ж thought; (идея)
idea; **зА́дняя мысль** ulterior
motive; **О́браз мЫ́слей** way of
thinking
мыть (**мО́ю, мО́ешь**; perf
вЫ́мыть или помЫ́ть) несов
перех to wash; **мЫ́ться** (perf
вЫ́мыться или помЫ́ться)
несов возв to wash o.s.
мЫ́шечный прил muscular
мЫ́ш|**ка** (**-ки;** gen pl **-ек**) ж
mouse; **под мЫ́шкой** under one's
arm
мышлЕ́ни|**е** (**-я**) ср

(способность) reason; (процесс)
thinking
мЫ́шц|**а** (**-ы**) ж muscle
мыш|**ь** (**-и**) ж (Зоол, Комп) mouse
мэр (**-а**) м mayor
мЭ́ри|**я** (**-и**) ж city hall
мЯ́гкий прил soft; (движения)
smooth; (характер, климат) mild;
(наказание) lenient; **мЯ́гкий**
вагО́н railway carriage with soft
seats; **мЯ́гкий знак** soft sign
(Russian letter)
мЯ́гко нареч gently; (отругать)
mildly; **мЯ́гко говорЯ́** to put it
mildly
мЯ́кот|**ь** (**-и**) ж flesh; (мясо) fillet
мЯ́мл|**ить** (**-ю, -ишь**; perf
промЯ́млить) несов перех to
mumble
мяснИ́к (**-А́**) м butcher
мяснО́й прил (котлета) meat;
мяснО́й магазИ́н the butcher's
мЯ́с|**о** (**-а**) ср meat
мЯ́т|**а** (**-ы**) ж mint
мятЕ́ж (**-А́**) м revolt
мЯ́тный прил mint
мять (**мну, мнёшь**; perf **измЯ́ть**
или смять) несов перех (одежду)
to crease; (бумагу) to crumple
мяч (**-А́**) м ball; **футбО́льный мяч**
football

Н

что-н на ча́сти to divide sth into parts

7 (*при сравнении*): я получа́ю на сто рубле́й ме́ньше I get one hundred roubles less

8 (*об изменении состояния*) into; на́до перевести́ текст на англи́йский the text must be translated into English

▷ *предл* +*prp* **1** (*нахождение на поверхности*) on; кни́га на по́лке the book is on the shelf; на де́вочке ша́пка/шу́ба the girl has a hat/fur coat on

2 (*о пребывании где-нибудь*) in; на Украи́не/Кавка́зе in the Ukraine/Caucasus; на у́лице in the street; быть (*impf*) на рабо́те/ заседа́нии to be at work/at a meeting

3 (*о времени осуществления чего-н*): встре́тимся на сле́дующей неде́ле let's meet next week

4 (*об объекте воздействия*) on; сосредото́читься (*perf*)/ останови́ться (*perf*) на чём-н to concentrate/dwell on sth

5 (*о средстве осуществления чего-н*): е́здить на по́езде/ велосипе́де to travel by train/ bicycle; игра́ть (*impf*) на роя́ле/ скри́пке to play the piano/violin; ката́ться (*impf*) на лы́жах/ конька́х to go skiing/skating; говори́ть (*impf*) на ру́сском/ англи́йском языке́ to speak (in) English/Russian

6 (*о составной части предмета*): ка́ша на воде́ porridge made with water

на *предл* +*acc* **1** (*направление на поверхность*) on; положи́ таре́лку на стол put the plate on the table

2 (*направление в какое-нибудь место*) to; сесть (*perf*) на по́езд to get on(to) the train

3 (*об объекте воздействия*): обрати́ внима́ние на э́того челове́ка pay attention to this man; нажми́ на педа́ль/кно́пку press the pedal/button; я люблю́ смотре́ть на дете́й/на звёзды I love watching the children/the stars

4 (*о времени, сроке*) for; он уе́хал на ме́сяц he has gone away for a month

5 (*о назначении*) for; де́ньги на кни́ги money for books

6 (*о мере*) into; дели́ть (*impf*)

на (*на́те*) *част* (*разг*) here (you are)

набежа́ть (*как бежа́ть*; см *Table*

20; *impf* **набега́ть** *сов* (*разг: тучи*) to gather; (*наскочить*): **набежа́ть на** +*acc* to run into; (*волны: на берег*) to lap against

на́бело *нареч* переписа́ть что-н на́бело to write sth out neatly

на́бережн|ая (**-ой**) *ж* embankment

набива́|ть(ся) (**-ю(сь)**) *несов от* **наби́ть(ся)**

наби́вк|а (**-и**) *ж* stuffing

набира́|ть (**-ю**) *несов от* **набра́ть**

наби́|ть (**-ью, -ьёшь**; *impf* **набива́ть**) *сов перех*: **наби́ть** (+*instr*) to stuff (with); **наби́ть** (*perf* **наби́ть**) це́ну (*разг*) to talk up the price; **наби́ться** (*impf* **набива́ться**) *сов возв* (*разг*): **наби́ться в** +*acc* to be crammed into

наблюда́тел|ь (**-я**) *м* observer; **наблюда́тельный** *прил* (*человек*) observant; **наблюда́тельный пункт** observation point

наблюда́|ть (**-ю**) *несов перех* to observe ▷ *неперех*: **наблюда́ть за** +*instr* to monitor

на́бок *нареч* to one side

набра́сыва|ть (**-ю**) *несов от* **наброса́ть**; **набро́сить**; **набра́сываться** *несов от* **набро́ситься**

набр|а́ть (**-еру́, -ерёшь**; *pt* **-ра́л, -рала́, -ра́ло**, *impf* **набира́ть**) *сов перех* (+*gen*: *цветы*) to pick; (*воду*) to fetch; (*студентов*) to take on; (*скорость, высоту, баллы*) to gain; (*код*) to dial; (*текст*) to typeset

наброса́|ть (**-ю**; *impf* **набра́сывать**) *сов перех* (*план, текст*) to sketch out ▷ (*не*)*перех* (+*gen*: *вещей, окурков*) to throw about

набро́|сить (**-шу, -сишь**; *impf*

набра́сывать) *сов перех* (*пальто, платок*) to throw on; **набро́|ситься** (*impf* **набра́сываться**) *сов возв*: **набро́ситься на** +*acc* (*на жертву*) to fall upon

набро́с|ок (**-ка**) *м* (*рисунок*) sketch; (*статьи*) draft

набу́х|нуть (*3sg* **-нет**, *pt* **-ла**, *impf* **набуха́ть**) *сов* to swell up

нав|али́ть (**-алю́, -а́лишь**; *impf* **нава́ливать**) *сов* (*не*)*перех* (+*acc* или +*gen*: *мусору*) to pile up; **навали́ться** (*impf* **нава́ливаться**) *сов возв*: **навали́ться на** +*acc* (*на дверь итп*) to lean into

нава́лом *как сказ* (+*gen*: *разг*) loads of; **у него́ де́нег нава́лом** he has loads of money

наведе́ни|е (**-я**) *ср* (*порядка*) establishment; (*справок*) making

навек(и) *нареч* (*навсегда*) forever

наве́рно(е) *вводн сл* probably

наверняка́ *вводн сл* (*конечно*) certainly ▷ *нареч* (*несомненно*) definitely, for sure

наве́рх *нареч* up; (*на верхний этаж*) upstairs; (*на поверхность*) to the top

наверху́ *нареч* at the top; (*на верхнем этаже*) upstairs

навести́ (**-еду́, -едёшь**; *pt* **-ёл, -ела́, -ело́**, *impf* **наводи́ть**) *сов перех* (*ужас, грусть итп*) to cause; (*бинокль*) to focus; (*орудие*) to aim; (*порядок*) to establish; **наводи́ть** (*perf* **навести́**) кого́-н на +*acc* (*на место, на след*) to lead sb to; **наводи́ть** (*perf* **навести́**) спра́вки to make inquiries

навести́|ть (**-щу́, -сти́шь**; *impf* **навеща́ть**) *сов перех* to visit

на́взничь *нареч* on one's back

навига́ци|я (-и) ж navigation

нави́с|нуть (-ну; pt, -ла, impf нависа́ть) сов: нави́снуть над +acc (волосы: на лоб) to hang down over

навод|и́ть (-ожу, -о́дишь) несов от навести́

наводне́ни|е (-я) ср flood

наво́з (-а) м manure

на́волоч|ка (-ки; gen pl -ек) ж pillowcase

навред|и́ть (-жу, -ди́шь) сов от вреди́ть

навсегда́ нареч forever; раз и навсегда́ once and for all

навстре́чу предл +dat towards ▷ нареч: идти́ навстре́чу кому́-н (перен) to give sb a hand

на́вык (-а) м skill

навы́нос нареч to take away (Brit), to go (US)

навы́пуск нареч outside, over

навяз|а́ть (-жу́, -жешь; impf навя́зывать) сов перех: навяза́ть что-н кому́-н to impose sth on sb; **навяза́ться** (impf навя́зываться) сов возв to impose o.s.

навя́зчивый прил persistent

нагиба́|ть(ся) (-ю(сь)) несов от нагну́ть(ся)

нагле́|ть (-ю; perf обнагле́ть) несов to get cheeky; **нагле́ц** (-а́) м impudent upstart

нагля́дный прил (пример, случай) clear; (метод обуче́ния) visual

наг|на́ть (-оню́, -о́нишь; impf нагоня́ть) сов перех (беглеца́) to catch up with; (упу́щенное) to make up for; нагна́ть страх на кого́-н to strike fear into sb

нагнета́|ть (-ю) несов перех (во́здух) to pump; (перен:

напряже́ние) to heighten

нагн|у́ть (-у́, -ёшь; impf нагиба́ть) сов перех (ве́тку) to pull down; (го́лову) to bend; **нагну́ться** (impf нагиба́ться) сов возв to bend down

наго́й прил (челове́к) naked, nude

на́голо нареч: остри́чься на́голо to shave one's head

нагото́ве нареч at the ready

награ́д|а (-ы) ж reward; prize; (Воен) decoration; **награ|ди́ть** (-жу́, -ди́шь; impf награжда́ть) сов перех: наградить кого́-н чем-н (о́рденом) to award sb sth, award sth to sb; (перен: тала́нтом) to endow sb with sth

нагрева́тельный прил: нагрева́тельный прибо́р heating appliance

нагре́|ть (-ю; impf нагрева́ть) сов перех to heat, warm; **нагре́ться** (impf нагрева́ться) сов возв to warm up

нагроможде́ни|е (-я) ср pile

нагруб|и́ть (-лю́, -и́шь) сов от груби́ть

нагру́дник (-а) м bib; **нагру́дный** прил: нагру́дный карма́н breast pocket

нагру|зи́ть (-жу́, -у́зишь) сов от грузи́ть ▷ (impf нагружа́ть) перех to load up; **нагру́зк|а** (-и) ж load

над предл +instr above; рабо́тать (impf) над +instr to work on; ду́мать (impf) над +instr to think about; смея́ться (impf) над +instr to laugh at; сиде́ть (impf) над кни́гой to sit over a book

надав|и́ть (-авлю́, -а́вишь; impf нада́вливать) сов: нада́вить на +acc (на дверь итп) to lean against; (на кно́пку) to press

надви́н|уть (-у; *impf* **надвига́ть**) *сов перех*: **надви́нуть что-н (на** +*acc*) to pull sth down (over); **надви́нуться** (*impf* **надвига́ться**) *сов возв* (*опасность, старость*) to approach

на́двое *нареч* in half

надгро́би|е (-я) *ср* gravestone

надева́|ть (-ю) *несов от* **наде́ть**

наде́жд|а (-ы) *ж* hope

наде́жный *прил* reliable; (*механизм*) secure

наде́ла|ть (-ю) *сов (не)перех* (+*acc или* +*gen*: *ошибок*) to make lots of; **что ты наде́лал?** what have you done?

надели́|ть (-ю, -и́шь; *impf* **наделя́ть**) *сов перех*: **надели́ть кого-н чем-н** (*землёй*) to grant sb sth

наде́|ть (-ну, -нешь; *impf* **надева́ть**) *сов перех* to put on

наде́|яться (-юсь) *несов возв* +*infin* to hope to do; **наде́яться** (*perf* **понаде́яться**) **на** +*acc* (*на друга*) to rely on; (*на улучшение*) to hope for

надзира́тел|ь (-я) *m* guard

надзо́р (-а) *m* control; (*орган*) monitoring body

надлом|и́ть (-омлю́, -о́мишь; *impf* **надла́мывать**) *сов перех* to break; (*здоровье, психику*) to damage

⬤ **КЛЮЧЕВО́Е СЛО́ВО**

на́до¹ *как сказ* **1** (*следует*): **на́до ему́ помо́чь** it is necessary to help him; **на́до, что́бы он пришёл во́время** he must come on time; **на́до всегда́ говори́ть пра́вду** one must always speak the truth; **мне/ему́ на́до зако́нчить рабо́ту** I/he must finish the job; **помо́чь тебе́?**

— **не на́до!** can I help you? — there's no need!; **не на́до!** (*не де́лай э́того*) don't!

2 (*о потре́бности*): **на́до мно́го лет** it takes many years; **им на́до 5 рубле́й** I need 5 roubles; **тебе́ на́до?** what do you want?; **так ему́/ей на́до** (*разг*) it serves him/her right; **на́до же!** (*разг*) of all things!

на́до² *предл* = **над**

надое́|сть (*как* есть; см Table 15; *impf* **надоеда́ть**) *сов*: **надое́сть кому́-н** (+*instr*) (*разговора́ми, упрёками*) to bore sb (with); **мне надое́ло ждать** I'm tired of waiting; **он мне надое́л** I've had enough of him

надо́лго *нареч* for a long time

надорва́|ть (-у́, -ёшь; *impf* **надрыва́ть**) *сов перех* (*перен*: *силы*) to tax; (: *здоро́вье*) to put a strain on; **надорва́ться** (*impf* **надрыва́ться**) *сов возв* to do o.s. an injury; (*перен*) to overexhaust o.s.

надсмо́трщик (-а) *m* (*тюре́мный*) warden

наду́|ть (-ю, -ешь; *impf* **надува́ть**) *сов перех* (*мяч, колесо́*) to inflate, blow up; **наду́ться** (*impf* **надува́ться**) *сов возв* (*матра́с, мяч*) to inflate; (*ве́ны*) to swell; (*перен*: *от ва́жности*) to swell up; (: *разг*: *обиде́ться*) to sulk

наеда́|ться (-юсь) *несов от* **нае́сться**

наедине́ *нареч*: **наедине́** (**с** +*instr*) alone (with); **они́ оста́лись наедине́** they were left on their own

нае́здник (-а) *m* rider

наезжа́|ть (-ю) *несов от* **нае́хать**

наёмник (-а) *м* mercenary; (*работник*) casual worker

наёмный *прил* (*труд, работник*) hired; **наёмный уби́йца** hitman

наб|е́сться (*как есть; см* Table 15; *impf* **наеда́ться**) *сов возв* (+*gen*: *сладкого*) to eat a lot of; **я нае́лся** I'm full

нае́хать (*как е́хать; см* Table 19; *impf* **наезжа́ть**) *сов* (*разг: гости*) to arrive in droves; **наезжа́ть** (*perf* **нае́хать**) **на** +*acc* to drive into

наж|а́ть (-му́, -мёшь; *impf* **нажима́ть**) *сов* (*перен*): **нажа́ть на** +*acc* (*на кно́пку*) to press

наждачный *прил*: **наждачная бума́га** emery paper

нажи́м (-а) *м* pressure

нажима́ть (-ю) *несов от* **нажа́ть**

нажи́|ть (-ву́, -вёшь; *impf* **нажива́ть**) *сов перех* (*состояние*) to acquire; **нажи́ться** (*impf* **нажива́ться**) *сов возв*: **нажи́ться (на** +*prp*) to profiteer (from)

наза́д *нареч* back; (*нагну́ться, кати́ться итп*) backwards; (*тому́*) **наза́д** ago; **де́сять лет/неде́лю (тому́) наза́д** ten years/one week ago

назва́ни|е (-я) *ср* name; **торго́вое назва́ние** trade name

назва́|ть (-ову́, -овёшь; *impf* **называ́ть**) *сов перех* (*дать имя*) to call; (*назначить*) to name

назе́мный *прил* surface; **назе́мные войска́** ground troops

назе́м *нареч* to the ground

назло́ *нареч* out of spite; **назло́ кому-н** to spite sb; **как назло́** to make things worse

назначе́ни|е (-я) *ср* (*цены итп*) setting; (*на работу*) appointment; (*функция*) function; **пункт** *или* **ме́сто назначе́ния** destination;

назна́чить (-у, -ишь; *impf* **назнача́ть**) *сов перех* (*на работу*) to appoint; (*цену*) to set; (*встречу*) to arrange; (*лекарство*) to prescribe

назо́йливый *прил* persistent

назре́|ть (3*sg* -ет, *impf* **назрева́ть**) *сов* (*вопрос*) to become unavoidable

называ́емый *прил*: **так называ́емый** so-called

называ́|ть (-ю) *несов от* **назва́ть**; **называ́ться** *несов возв* (*носить название*) to be called

наибо́лее *нареч* наибо́лее интере́сный/краси́вый the most interesting/beautiful

наибо́льший *прил* the greatest

наи́вный *прил* naive

наизна́нку *нареч* inside out

наизу́сть *нареч*: **знать/вы́учить** наизу́сть to know/learn by heart

наиме́нее *нареч*: наиме́нее уда́чный/спосо́бный the least successful/capable

наименова́ни|е (-я) *ср* name; (*книги*) title, name

наиме́ньший *прил* (*длина, вес*) the smallest; (*усилие*) the least

найти́ (-йду́, -йдёшь; *pt* -шёл, -шла́, -шло́; *impf* **находи́ть**) *сов перех* to find; **на меня́ нашёл** смех I couldn't help laughing; **найти́сь** (*impf* **находи́ться**) *сов возв* (*потерянное*) to turn up; (*добровольцы*) to come forward; (*не растеря́ться*) to regain control

наказа́ни|е (-я) *ср* punishment;

нак|аза́ть (-ажу́, -а́жешь; *impf* **нака́зывать**) *сов перех* to punish

нака́л (-а) *м* (*борьбы*) heat

накали́|ть (-ю, -и́шь; *impf* **накаля́ть**) *сов перех* to heat up; (*перен: обстано́вку*) to hot up; **накали́ться** (*impf* **накаля́ться**) сов возв to heat; (перен: обстано́вка) to hot up

накану́не нареч the day before, the previous day ▷ предл +gen on the eve of

нака́плива|ть(ся) (-ю(сь)) несов от **накопи́ть(ся)**

нак|ати́ть (-ачу́, -а́тишь; impf **нака́тывать**) сов: накати́ть (на +acc) (во́лну) to roll up (onto)

накача́|ть (-ю; impf **нака́чивать**) сов.перех to pump up

наки́д|ка (-ки; gen pl -ок) ж (оде́жда) wrap; (покрыва́ло) bedspread, throw

наки́|нуть (-у; impf **наки́дывать**) сов перех (плато́к) to throw on; **наки́нуться** (impf **наки́дываться**) сов возв: **наки́нуться на** +acc (на челове́ка) to hurl o.s. at; (разг: на еду́, на кни́гу) to get stuck into

на́ки|пь (-и) ж (на бульо́не) scum; (в ча́йнике) fur (Brit), scale (US)

накладн|а́я (-о́й) ж (Комм) bill of lading (Brit), waybill (US); **грузова́я накладна́я** consignment note

накла́дыва|ть (-ю) несов от **наложи́ть**

накле́|ить (-ю; impf **накле́ивать**) сов перех to stick on

накле́|йка (-йки; gen pl -ек) ж label

накло́н (-а) м incline, slope

накл|они́ть (-оню́, -о́нишь; impf **наклоня́ть**) сов перех to tilt; **наклони́ться** (impf **наклоня́ться**) сов возв to bend down

накло́нность (-и) ж: **накло́нность к** +dat (к му́зыке итп) aptitude for; **дурны́е/хоро́шие накло́нности** bad/good habits

нак|оло́ть (-олю́, -о́лешь; impf **нака́лывать**) сов перех (ру́ку) to prick; (прикрепи́ть): **наколо́ть** (на +acc) (на шля́пу, на дверь) to pin on(to)

наконе́ц нареч at last, finally ▷ вводн сл after all; **наконе́ц-то!** at long last!

наконе́чник (-а) м tip, end

накоп|и́ть (-лю́, -ишь; impf копи́ть ▷ (impf **нака́пливать**) перех (си́лы, информа́цию) to store up; (сре́дства) to accumulate; **накопи́ться** сов от копи́ться ▷ impf **нака́пливаться** возв (си́лы) to build up; (сре́дства) to accumulate

нак|орми́ть (-ормлю́, -о́рмишь) сов от **корми́ть**

накрич|а́ть (-у́, -и́шь) сов: **накрича́ть на** +acc to shout at

накру|ти́ть (-чу́, -у́тишь; impf **накру́чивать**) сов перех: **накрути́ть** (на +acc) (га́йку) to screw on(to); (кана́т) to wind (round)

накр|ы́ть (-о́ю, -о́ешь; impf **накрыва́ть**) сов перех to cover; **накрыва́ть** (perf **накры́ть**) (на) **стол** to lay the table; **накры́ться** (impf **накрыва́ться**) сов возв: **накры́ться** (+instr) (одея́лом) to cover o.s. up (with)

налага́|ть (-ю) несов от **наложи́ть**

нала|ди́ть (-жу, -дишь; impf **нала́живать**) сов перех (механи́зм) to repair, fix; (сотру́дничество) to initiate; (хозя́йство) to sort out; **нала́диться** (impf **нала́живаться**) сов возв (рабо́та) to go well; (отноше́ния, здоро́вье) to improve

нале́во нареч (to the) left; (разг:

продать) on the side

налегке́ *нареч* (е́хать) without luggage

налёт (**-а**) *м* raid; (*пыли, плесени*) thin coating *или* layer; **налете́ть** (**-чу́, -ти́шь**; *impf* **налета́ть**) *сов* (*буря*) to spring up; **налета́ть** (*perf* **налете́ть**) *на +acc* (*натолкнуться*) to fly against; (*напасть*) to swoop down on

нали́ть (**-ью, -ьёшь**; *impf* **налива́ть**) *сов перех* to pour (out)

налицо́ *как сказ*: фа́кты налицо́ the facts are obvious; доказа́тельство налицо́ there is proof

нали́чи|е (**-я**) *ср* presence

нали́чность (**-и**) *ж* cash

нали́чн|ый *прил*: нали́чные де́ньги cash; нали́чный расчёт cash payment; нали́чный счёт cash account

нало́г (**-а**) *м* tax; нало́г на ввоз +*gen* import duty on; **налого́вый** *прил* tax; нало́говая деклара́ция tax return; **налогоплате́льщик** (**-а**) *м* taxpayer

нал|ожи́ть (**-ожу́, -о́жишь**; *impf* **накла́дывать**) *сов перех* to put *или* place on; (*компресс, бинт, лак*) to apply ▷ (*impf* **налага́ть**) (*штраф*) to impose

нам *мест см* **мы**

нама́|зать (**-жу, -жешь**) *сов от* **ма́зать**

нама́тыва|ть (**-ю**) *несов от* **намота́ть**

намёк (**-а**) *м* hint

намека́|ть (**-ю**; *perf* **намекну́ть**) *несов*: намека́ть на +*acc* to hint at

намерева́|ться (**-юсь**) *несов возв* +*infin* to intend to do

наме́рен *как сказ*: он наме́рен уе́хать he intends to leave

наме́рени|е (**-я**) *ср* intention; **наме́ренный** *прил* deliberate

намета́|ть (**-ю**) *сов от* **мета́ть**

наме́|тить (**-чу, -тишь**; *impf* **намеча́ть**) *сов перех* to plan; (*план*) to project; **наме́титься** (*impf* **намеча́ться**) *возв* to begin to show; (*событие*) to be coming up

на́ми *мест см* **мы**

намно́го *нареч* much, far; намно́го ху́же/интере́снее much worse/more interesting

намо́кн|уть (**-у**; *impf* **намока́ть**) *сов*

намо́рдник (**-а**) *м* muzzle

намо́рщ|ить (**-у, -ишь**) *сов от* **мо́рщить**

намота́|ть (**-ю**) *сов от* **мота́ть**

намо́ч|ить (**-очу́, -о́чишь**) *сов от* **мочи́ть**

нан|ести́ (**-есу́, -есёшь**; *pt* **-ёс, -есла́, -есло́**, *impf* **наноси́ть**) *сов перех* (*мазь, краску*) to apply; (*рисунок*) to draw; (*на карту*) to plot; (*удар*) to deliver; (*урон*) to inflict; нанести́ (*perf*) кому́-н визи́т to pay sb a visit

нани́зыва|ть (**-ю**) *несов перех* to string

на|ня́ть (**-йму́, -ймёшь**; *impf* **нанима́ть**) *сов перех* (*работника*) to hire; (*лодку, машину*) to hire, rent; **наня́ться** (*impf* **нанима́ться**) *сов возв* to get a job

наоборо́т *нареч* (*делать*) the wrong way (round) ▷ *вводн сл*, *част* on the contrary

наобу́м *нареч* without thinking

напада́|ть (**-ю**) *несов от* **напа́сть**

напада́ющий (**-его**) *м* (*Спорт*) forward

нападе́ни|е (**-я**) *ср* attack; (*Спорт*) forwards *мн*

напа́дки (-ок) мн attacks

нап|а́сть (-аду́, -адёшь; *impf* **напада́ть**) *сов*: **напа́сть на** +*acc* to attack; (*обнаружить*) to strike; (*тоска, страх*) to grip, seize

напе́в (-а) м tune, melody

напева́|ть (-ю) *несов* от **напе́ть** ⊳ *перех* (*песенку*) to hum

наперебо́й *нареч* vying with each other

наперегонки́ *нареч* (*разг*) racing each other

наперёд *нареч* (*знать, угадать*) beforehand; **за́дом наперёд** back to front

напереко́р *предл* +*dat* in defiance of

нап|е́ть (-ою́, -оёшь; *impf* **напева́ть**) *сов перех* (*мотив, песню*) to sing

напива́|ться (-юсь) *несов* от **напи́ться**

напи́льник (-а) м file

напира́|ть (-ю) *несов*: **напира́ть на** +*acc* (*теснить*) to push against

написа́ни|е (-я) *ср* writing; (*слова*) spelling

нап|иса́ть (-ишу́, -и́шешь) *сов* от **писа́ть**

напи́т|ок (-ка) м drink

нап|и́ться (-ью́сь, -ьёшься; *impf* **напива́ться**) *сов возв*: **напи́ться** (+*gen*) to have a good drink (of); (*разг: опьянеть*) to get drunk

наплева́|ть (-ю́ю) *сов* от **плева́ть**

наплы́в (-а) м (*туристов*) influx; (: *заявлений, чувств*) flood

наплы́|ть (-ву́, -вёшь; *impf* **наплыва́ть**) *сов* (*перен: воспоминания*) to come flooding back; **наплыва́ть** (*perf* **наплы́ть**) на +*acc* (*на мель, на ка́мень*) to run against

напова́л *нареч* (*убить*) outright

нап|ои́ть (-ою́, -о́ишь) *сов* от **пои́ть**

напока́з *нареч* for show

напо́лн|ить (-ю, -ишь; *impf* **наполня́ть**) *сов перех* +*instr* to fill with; **напо́лниться** (*impf* **наполня́ться**) *сов возв*: **напо́лниться** +*instr* to fill with

наполови́ну *нареч* by half; (*наполнить*) half

напомина́|ть (-ю) *несов* от **напо́мнить** ⊳ *перех* (*иметь сходство*) to resemble

напо́мн|ить (-ю, -ишь; *impf* **напомина́ть**) *сов* (не)*перех*: **напо́мнить кому́-н** +*acc или* о +*prp* to remind sb of

напо́р (-а) м pressure

напосле́док *нареч* finally

напра́в|ить (-лю, -ишь; *impf* **направля́ть**) *сов перех* to direct; (*к врачу́*) to refer; (*посла́ние*) to send; **напра́виться** (*impf* **направля́ться**) *сов возв*: **напра́виться в** +*acc/*к +*dat итп* to make for

направле́ни|е (-я) *ср* direction; (*де́ятельности: также Воен*) (*поли́тики*) orientation; (*докуме́нт: в больни́цу*) referral; (: *на рабо́ту, на учёбу*) directive; по **направле́нию к** +*dat* towards

напра́во *нареч* (*идти́*) to (the) right

напра́сно *нареч* in vain

направля́|ться (-юсь) *несов* от **напра́виться**

наприме́р *вводн сл* for example *или* instance

напрока́т *нареч*: **взять напрока́т** to hire; (*отда́ть* (*perf* **отда́ть**) to hire out

напроло́м *нареч* without a break

напроло́м *нареч* stopping at nothing

напр|оси́ться (-ошу́сь, -о́сишься; *impf* **напра́шиваться**) *сов возв* (*разг*: в гости) to force o.s.; **напра́шиваться** (*perf* **напроси́ться**) на +*acc* (на комплимент) to invite

напро́тив *нареч* opposite
▷ *вводн сл* on the contrary
▷ *предл* +*gen* opposite

напряга́ть(ся) (-ю(сь)) *несов от* **напря́чь(ся)**

напряже́ни|е (-я) *ср* tension; (*Физ*: механическое) strain, stress; (: электрическое) voltage

напряжённый (*отношения, встреча*) strained

напрями́к *нареч* (идти) straight

напр|я́чь (-ягу́, -яжёшь итп, -ягу́т; *pt* -я́г, -ягла́, *impf* **напряга́ть**) *сов* to strain; **напря́чься** (*impf* **напряга́ться**) *сов возв* (мускулы) to become tense; (*человек*) to strain o.s.

напыли́ть (-ю́, -и́шь) *сов от* **пыли́ть**

напы́щенный *прил* pompous

наравне́ *нареч*: **наравне́ с** +*instr* (по одной линии) on a level with; (на равных правах) on an equal footing with

нарас|ти́ (*3sg* -тёт) *сов* (проценты) to accumulate; (*волнение, сопротивление*) to grow

нарасхва́т *нареч* like hot cakes

нара́щива|ть (-ю) *несов перех* (*темпы, объём итп*) to increase

нарв|а́ть (-у́, -ёшь) *сов (не)перех* +*acc или* +*gen*: (*цветов, ягод*) to pick; **нарва́ться** (*impf* **нарыва́ться**) *сов возв* (*разг*): **нарва́ться на** +*acc* (на хулигана) to run up against; (на неприятность) to run into

наре́|зать (-жу, -жешь; *impf* **нареза́ть**) *сов перех* to cut

наре́чи|е (-я) *ср* (*Линг*: часть речи) adverb; (: говоры) dialect

нарис|ова́ть (-у́ю) *сов от* **рисова́ть**

наркобизнес (-а) *м* drug trafficking

наркоделе́|ц (-ьца́) *м* drug dealer

нарко́з (-а) *м* (*Мед*) anaesthesia (*Brit*), anesthesia (*US*)

наркологи́ческий *прил*: **наркологи́ческий диспансе́р** drug-abuse clinic

наркома́н (-а) *м* drug addict *или* abuser; **наркома́ни|я** (-и) *ж* (*Мед*) drug addiction *или* abuse

нарко́тик (-а) *м* drug

наркоти́ческий *прил* (*средства*) drug

наро́д (-а; *part gen* -у) *м* people *мн*; **наро́дность** (-и) *ж* nation

наро́дный *прил* national; (*фронт*) popular; (*искусство*) folk

наро́читый *нареч* purposely, on purpose; **как наро́чно** (*разг*) to make things worse

нар|уби́ть (-ублю́, -у́бишь; *impf* **наруба́ть**) *сов (не)перех* +*acc или* +*gen* to chop

нару́жность (-и) *ж* appearance; **нару́жный** *прил* (*дверь, стена*) exterior; (*спокойствие*) outward; **нару́жу** *нареч* out

нару́чник (-а) *м* (*обычн мн*) handcuff

нару́чный *прил*: **нару́чные часы́** (wrist)watch *ед*

наруша́|ть(ся) (-ю(сь)) *несов от* **нару́шить(ся)**

наруши́тел|ь (-я) *м* (*закона*) transgressor; (*Юр*: порядка) offender; **наруши́тель грани́цы**

person who illegally crosses a border; **наруши́тель дисципли́ны** troublemaker

нару́ш|ить (**-у, -ишь**); *impf* **наруша́ть** *сов перех* (*покой*) to disturb; (*связь*) to break; (*правила, договор*) to violate; (*дисциплину*) to breach; **наруша́ть** (*perf* **нару́шить**) **грани́цу** to illegally cross a border; **нару́шиться** (*impf* **наруша́ться**) *сов возв* to be broken *или* disturbed

нары́в (**-а**) *м* (*Мед*) abscess, boil

наря́д (**-а**) *м* (*одежда*) attire; (*красивый*) outfit; (*распоряжение*) directive; (*Комм*) order;

наря|ди́ть (**-жу́, -я́дишь**); *impf* **наряжа́ть** *сов перех* (*одеть*) to dress; **наряжа́ть** (*perf* **наряди́ть**) **ёлку** ≈ to decorate (*Brit*) *или* trim (*US*) the Christmas tree;

наряди́ться (*impf* **наряжа́ться**) *сов возв*: **наряди́ться в** (*+acc*) to dress o.s. (in); **наря́дный** *прил* (*человек*) well-dressed; (*комната, улица*) nicely decorated; (*шляпа, платье*) fancy

наряду́ *нареч*: **наряду́ с** (*+instr*) along with; (*наравне*) on an equal footing with

наряжа́|ть(ся) (**-ю(сь)**) *несов от* **наряди́ть(ся)**

нас *мест см* **мы**

насеко́м|ое (**-ого**) *ср* insect

населе́ние (**-я**) *ср* population

населённый *прил* (*район*) populated; **населённый пункт** locality

насел|и́ть (**-ю́, -ишь**); *impf* **населя́ть** *сов перех* (*регион*) to settle

населя́|ть (**-ю**) *несов от* **насели́ть** ▷ *перех* (*проживать*) to inhabit

насе́чк|а (**-ки**; *gen pl* **-ек**) *ж* notch

наси́ли|е (**-я**) *ср* violence; **наси́л|овать** (**-ую**; *perf* **изнаси́ловать**) *несов перех* (*женщину*) to rape

наси́льственный *прил* violent

наска́кива|ть (**-ю**) *несов от* **наскочи́ть**

насквозь *нареч* through

наско́лько *нареч* so much

наско́ч|ить (**-у́, -о́чишь**); *impf* **наска́кивать** *сов*: **наскочи́ть на** *+acc* to run into

наску́ч|ить (**-у, -ишь**); *сов*: **наску́чить кому́-н** to bore sb

насла|ди́ться (**-жу́сь, -ди́шься**; *impf* **наслажда́ться**) *сов возв* *+instr* to relish

наслажде́ни|е (**-я**) *ср* enjoyment, relish

насле́ди|е (**-я**) *ср* (*культурное*) heritage; (*идеологическое*) legacy

насле́д|овать (**-ую**) (*не*)*сов* *перех* to inherit; (*престол*) to succeed to

насле́дств|о (**-а**) *ср* (*имущество*) inheritance; (*культурное*) heritage; (*идеологическое*) legacy

наслы́шан *как сказ*: **я наслы́шан об э́том** I have heard a lot about it

насма́рку *нареч* (*разг*): **идти́ насма́рку** to be wasted

на́смерть *нареч* (*сражаться*) to the death; (*ранить*) fatally

насмеха́|ться (**-юсь**) *несов возв*: **насмеха́ться над** *+instr* to taunt

насме|я́ть (**-ю́, -и́шь**) *сов от* **смеши́ть**

насмея́|ться (**-ю́сь**) *сов возв* *+instr* to offend

на́сморк (**-а**) *м* runny nose

насовсе́м *нареч* (*разг*) for good

насор|и́ть (**-ю́, -и́шь**) *сов от* **сори́ть**

насо́с (**-а**) *м* pump

настава́|ть (*3sg* **-ёт**) *несов от*

настать see **настоять**

настаива|ть (-ю) *несов от*
настоять

наста|ть (*3sg* -нет, *impf*
наставать) *сов* to come; (*ночь*)
to fall

на́стежь *нареч* (*открыть*) wide

насти́|чь (-гну, -гнешь; *pt* -г,
-гла, *impf* **настига́ть**) *сов перех*
to catch up with

насто́йчивый *прил* persistent;
(*просьба*) insistent

насто́лько *нареч* so

насто́льный *прил* (*лампа*, *часы*)
table; (*календарь*) desk

насторо́же *как сказ*: **он всегда**
насторо́же he is always on the
alert

насторож|и́ть (-у́, -и́шь; *impf*
настора́живать) *сов перех* to
alert; **насторожи́ться** (*impf*
настора́живаться) *сов возв* to
become more alert

настоя́ни|е (-я) *ср*: **по**
настоя́нию кого́-н on sb's
insistence

настоя́тельный *прил* (*просьба*)
persistent; (*задача*) urgent

настоя́щий *прил* (*тот*) (*момент*)
present; **по-настоя́щему** (*как надо*)
properly; (*преданный*) really;
настоя́щее вре́мя (*Линг*) the
present tense

настра́ива|ть(ся) (-ю(сь)) *несов*
от **настро́ить(ся)**

настро́ени|е (-я) *ср* mood;
(*антивоенное*) feeling; **не в**
настро́ении in a bad mood

настро́|ить (-ю, -ишь; *impf*
настра́ивать) *сов перех*
(*пианино итп*) to tune; **настра́ивать**
(*perf* **настро́ить**) кого́-н на +*acc* to
get sb in the right frame of mind for;
настра́ивать (*perf* **настро́ить**)

кого́-н про́тив +*gen* to incite sb
against; **настро́иться** (*impf*
настра́иваться) *сов возв*:
настро́иться (*perf*) +*infin* to be
disposed to do

настро́|й (-я) *м* mood

настро́йщик (-а) *м*: **настро́йщик**
роя́ля piano tuner

наступа́|ть (-ю) *несов от*
наступи́ть ▷ *неперех* (*Воен*) to
go on the offensive

насту|пи́ть (-плю́, -пишь;
impf **наступа́ть**) *сов* to come;
(*ночь*) to fall; **наступа́ть** (*perf*
наступи́ть) на +*acc* (*на камень*
итп) to step on

наступле́ни|е (-я) *ср* (*Воен*)
offensive; (*весны*, *старости*)
beginning; (*темноты*) fall

на́сухо *нареч*: **вытереть что-н**
на́сухо to dry sth thoroughly

насу́щный *прил* vital

насчёт *предл* +*gen* regarding

насчита́|ть (-ю; *impf*
насчи́тывать) *сов перех* to count

насчи́тыва|ть (-ю) *несов от*
насчита́ть ▷ *неперех* to have

насыпа́|ть (-лю, -лешь; *impf*
насыпа́ть) *сов перех* to pour

на́сыпь (-и) *ж* embankment

ната́лкива|ть(ся) (-ю(сь)) *несов*
от **натолкну́ть(ся)**

натвор|и́ть (-ю́, -и́шь) *сов* (*не*)
перех (+*acc или* +*gen*: *разг*) to get
up to

натер|е́ть (-ру́, -рёшь; *pt* -ёр,
-ёрла, *impf* **натира́ть**) *сов перех*
(*ботинки*, *полы*) to polish;
(*морковь*, *сыр итп*) to grate; (*ногу*)
to chafe

на́тиск (-а) *м* pressure

наткн|у́ться (-у́сь, -ёшься; *impf*
натыка́ться) *сов возв*:
наткну́ться на +*acc* to bump into

НА́ТО *ср сокр* NATO (= North

Atlantic Treaty Organization)

натолкну́ть (-у́, -ёшь; impf
ната́лкивать) сов перех:
натолкну́ть кого́-н на +acc (на
иде́ю) to lead sb to;
натолкну́ться (impf
ната́лкиваться) сов возв:
натолкну́ться на +acc to bump into

натоща́к нареч on an empty
stomach

на́трий (-я) м sodium

нату́ра (-ы) ж (хара́ктер) nature;
(нату́рщик) model (Art); **нату́рой**, в
нату́ре (Экон) in kind;
натура́льный прил natural;
(мех, ко́жа) real; **нату́рщик** (-а)
м model (Art)

натыка́ться (-юсь) несов от
наткну́ться

натюрмо́рт (-а) м still life

натя́гивать(ся) (-ю)) несов от
натяну́ть(ся)

натя́нутый прил strained

натяну́ть (-яну́, -я́нешь; impf
натя́гивать) сов перех to pull
tight; (перча́тки) to pull on;
натяну́ться (impf
натя́гиваться) сов возв to
tighten

науга́д нареч at random

нау́к|а (-и) ж science;
есте́ственные нау́ки science;
гумани́та́рные нау́ки arts

нау́тро нареч next morning

науч|и́ться (-у́сь, -у́чишься),
-у́чишься(ся)) сов перех to учи́ть(ся)

нау́чно-популя́рный прил
science

нау́чно-техни́ческий прил
scientific

нау́чный прил scientific

нау́шник (-а) м (обы́чно мн:
та́кже магнитофо́нные
нау́шники) headphones

наха́л (-а) м (разг) cheeky beggar;

наха́льный прил cheeky

нахлы́н|уть (3sg -ет) сов to
surge

нахму́р|ить(ся) (-ю(сь),
-ишь(ся)) несов от хму́рить(ся)

нах|оди́ть (-ожу́, -о́дишь) несов
от найти́; **находи́ться** несов от
найти́сь ⊳ возв (дом, го́род) to
be situated; (челове́к) to be

нахо́дк|а (-и; gen pl -ок) ж
(поте́рянного) discovery; **он** —
нахо́дка для нас he is a real find
for us; Бюро́ нахо́док lost property
office (Brit), lost and found (US)

нахо́дчивый прил resourceful

наце́л|ить (-ю, -ишь; impf
наце́ливать) сов перех:
наце́лить кого́-н на +acc to push
sb towards; **наце́литься** сов от
це́литься

наце́н|ка (-ки; gen pl -ок) ж (на
това́р) surcharge

националь́ст (-а) м nationalist

национа́льность (-и) ж
nationality; (на́ция) nation

национа́льный прил national

наци́|ст (-а) м Nazi

на́ци|я (-и) ж nation;
Организа́ция Объединённых
На́ций United Nations Organization

начали́ть (-жу́, -ди́шь) сов от
чади́ть

нача́л|о (-а) ср beginning, start;
быть (impf) под нача́лом кого́-н
или у кого́-н to be under sb

нача́льник (-а) м (руководи́тель)
boss; (це́ха) floor manager;
(управле́ния) head

нача́льный прил (пери́од)
initial; (глава́ кни́ги) first;
нача́льная шко́ла (Просвещ)
primary (Brit) или elementary (US)
school; **нача́льные кла́ссы**
(Просвещ) the first three classes of
primary school

● **НАЧА́ЛЬНЫЕ КЛА́ССЫ**

● Children start school at the age
● of six or seven. There are no
● separate primary schools in
● Russia. The first three classes of
● the 10-year education system are
● referred to as **нача́льные**
● **кла́ссы**. The main emphasis is
● on reading, writing and
● arithmetic. Other subjects taught
● include drawing, PE and singing.

нача́льство (**-а**) *ср* (*власть*)
authority ▷ *собир* (*руководители*)
management

нач|а́ть (**-ну́**, **-нёшь**; *impf*
начина́ть) *сов перех* to begin,
start

начеку́ *нареч*: **быть начеку́** to be
on one's guard

на́черно *нареч* roughly

нач|ерти́ть (**-ерчу́**, **-е́ртишь**) *сов*
от черти́ть

начина́ние (**-я**) *ср* initiative

начина́ть (**-ю**) *несов от* **нача́ть**

начина́ющий *прил* (*писатель*)
novice ▷ (**-его**) *м* beginner

начина́я *предл* (*+instr*): **включая**
including; **начина́я с** *+gen* from;
(*при отсчёте*) starting from;
начина́я от *+gen* (*включая*)
including

начин|и́ть (**-ю́**, **-ишь**; *impf*
начиня́ть) *сов перех* (*пирог*) to fill

начи́нка (**-ки**; *gen pl* **-ок**) *ж*
filling

начну́ *итп сов см* **нача́ть**

наш (**-его**; *см Table 9; f*-**а**, *nt*-**е**, *pl*
-**и**) *притяж мест* our; **чей э́то дом?**
— **наш** whose is this house? —
ours; **чьи э́то кни́ги?** — **на́ши**
whose are these books? — ours;
по-на́шему our way; (*по на́шему*
мне́нию) in our opinion

наше́стви|е (**-я**) *ср* invasion

нащу́па|ть (**-ю**; *impf*
нащу́пывать) *сов перех* to find

НДС *м сокр* (= **нало́г на**
доба́вленную сто́имость) VAT
(= *value-added tax*)

не *част* not; **не я написа́л э́то**
письмо́ I didn't write this letter; **я**
не рабо́таю I don't work; **не**
пла́чьте/опозда́йте don't cry/be
late; **не могу́ не согласи́ться/не**
возра́зить I can't help agreeing/
objecting; **не мне на́до помо́чь, а**
ему́ I am not the one who needs
help, he is; **не до** *+gen* no time for;
мне не до тебя́ I have no time for
you; **не без того́** (*разг*) that's about
it; **не то** (*разг*: *в проти́вном*
слу́чае) or else

небе́сный *прил* (*тела́*) celestial;
(*перен*) heavenly; **небе́сный**
цвет sky blue

неблагода́рный *прил*
ungrateful; (*рабо́та*) thankless

не́б|о (**-а**; *nom pl* **небеса́**, *gen pl*
небе́с) *ср* sky; (*Рел*) heaven

небольшо́й *прил* small

небоскло́н (**-а**) *м* sky above the
horizon

небоскрёб (**-а**) *м* skyscraper

небре́жный *прил* careless

небыва́лый *прил* unprecedented

нева́жно *нареч* (*де́лать что-н*)
not very well ▷ *как сказ* it's not
important

нева́жный *прил* unimportant;
(*не о́чень хоро́ший*) poor

неве́дение (**-я**) *ср* ignorance; **он**
пребыва́ет в по́лном неве́дении
he doesn't know anything (about it)

неве́жественный *прил*
ignorant; **неве́жеств|о** (**-а**) *ср*
ignorance

невезе́ние (**-я**) *ср* bad luck

неве́рный *прил* (*оши́бочный*)

H

incorrect; (*муж*) unfaithful

невероя́тный *прил* improbable; (*чрезвычайный*) incredible

неве́ст|**ка** (-ы) *ж*; (*после помолвки*) fiancée; (*на свадьбе*) bride

неве́ст|**ка** (-ки; *gen pl* -ок) *ж* (*жена сына*) daughter-in-law; (*жена брата*) sister-in-law

невзго́д|**а** (-ы) *ж* adversity *ед*

невзира́я *предл*: **невзира́я на** +*acc* in spite of

невзл|**юби́ть** (-юблю́, -ю́бишь) *сов перех* to take a dislike to

невзнача́й *нареч* (*разг*) by accident

неви́данный *прил* unprecedented

неви́димый *прил* invisible

неви́нный *прил* innocent

невино́вный *прил* innocent

невня́тный *прил* muffled

не́вод (-а) *м* fishing net

невозмо́жно *нареч* (*большой, трудный*) impossibly ▷ *как сказ* (+*infin*: *сделать, найти итп*) it is impossible to do; (**э́то**) **невозмо́жно** that's impossible; **невозмо́жный** *прил* impossible

нево́л|**я** (-и) *ж* captivity

невооружённый *прил* unarmed; **невооружённым гла́зом** (*без приборов*) with the naked eye; **э́то ви́дно невооружённым гла́зом** (*перен*) it's plain for all to see

невпопа́д *нареч* (*разг*) out of turn

неврасте́ник (-а) *м* neurotic

неврастени́|**я** (-и) *ж* (*Мед*) nervous tension

невыноси́мый *прил* unbearable, intolerable

негати́в (-а) *м* (*Фото*) negative

негати́вный *прил* negative

не́где *как сказ*: **не́где отдохну́ть**

итп there is nowhere to rest *итп*; **мне не́где жить** I have nowhere to live

негла́сный *прил* secret

него́ *мест от* **он**; **оно́**

него́дность (-и) *ж*: **приходи́ть** (*perf* **прийти́**) **в него́дность** (*оборудование*) to become defunct

негодова́ть (-у́ю) *несов* to be indignant

негра́мотный *прил* illiterate; (*работа*) incompetent

негритя́нский *прил* black

неда́вн|**ий** *прил* recent; **до неда́внего вре́мени** until recently; **неда́вно** *нареч* recently

недалёк|**ий** *прил* (*перен*: *человек, ум*) limited; **в недалёком бу́дущем** in the near future; **недалеко́** *нареч* (*жить, быть*) nearby; (*идти, ехать*) not far ▷ *как сказ*: **недалеко́ (до** +*gen*) it isn't far (to); **недалеко́ от** +*gen* not far from

неда́ром *нареч* (*не напрасно*) not in vain; (*не без цели*) for a reason

недви́жимость (-и) *ж* property; **недви́жим**|**ый** *прил*: **недви́жимое иму́щество** = **недви́жимость**

неде́л|**я** (-и) *ж* week; **че́рез неде́лю** in a week('s time); **на про́шлой/э́той/сле́дующей неде́ле** last/this/next week

недове́ри|**е** (-я) *ср* mistrust, distrust

недово́льств|**о** (-а) *ср*: **недово́льство** (+*instr*) dissatisfaction (with)

недогова́рива|**ть** (-ю, -ишь; *impf* **недогова́ривать**) *сов перех* to leave unsaid; **он что́-то недогова́ривает** there is something that he's not saying

недоеда́|ть (-ю) *несов* to eat badly

недолю́блива|ть (-ю) *несов перех* to dislike

недомога́ни|е (-я) *ср*: чу́вствовать (*impf*) **недомога́ние** to feel unwell

недомога́|ть (-ю) *несов* to feel unwell

недоно́шенный *прил*: **недоно́шенный ребёнок** premature baby

недооце́н|ить (-ю́, -ишь; *impf* **недооце́нивать**) *сов перех* to underestimate

недоразуме́ни|е (-я) *ср* misunderstanding

недосмо́тр (-а) *м* oversight

недостава́|ть (*3sg* -ёт) *несов безл*: **мне недостаёт сме́лости** I lack courage; **мне недостаёт де́нег** I need money

недоста́точно *нареч* insufficiently ▷ *как сказ*: **у нас недоста́точно еды́/де́нег** we don't have enough food/money; **я недоста́точно зна́ю об э́том** I don't know enough about it

недоста́точный *прил* insufficient

недоста́ч|а (-и) *ж* (*мало*) lack; (*при прове́рке*) shortfall

недостаю́щий *прил* missing

недосто́йный (+*gen*) unworthy of

недоумева́|ть (-ю) *несов* to be perplexed *или* bewildered

недочёт (-а) *м* (*в подсчётах*) shortfall; (*в рабо́те*) deficiency

не́др|а (-) *мн* depths *мн*; **в не́драх земли́** in the bowels of the earth

неё *мест см* **она́**

нежда́нный *прил* unexpected

не́ж|иться (-усь, -ишься) *возв несов* to laze about

не́жный *прил* tender, gentle; (*ко́жа, пух*) soft; (*за́пах*) subtle

незабыва́емый *прил* unforgettable

незави́симо *нареч* independently; **незави́симо от** +*gen* regardless of;

незави́симост|ь (-и) *ж* independence

незави́симый *прил* independent

незадо́лго *нареч*: **незадо́лго до** +*gen* *или* **пе́ред** +*instr* shortly before

незаме́тно *нареч* (*изменя́ться*) imperceptibly ▷ *как сказ* it isn't noticeable; **он незаме́тно подошёл** he approached unnoticed; **незаме́тный** *прил* barely noticeable; (*перен: челове́к*) unremarkable

незауря́дный *прил* exceptional

не́зачем *как сказ* (*разг*): **не́зачем ходи́ть/э́то де́лать** there's no reason to go/do it

нездоро́в|иться (*3sg* -ится) *несов безл*: **мне нездоро́вится** I feel unwell, I don't feel well

незнако́м|ец (-ца) *м* stranger

незначи́тельный *прил* (*су́мма*) insignificant; (*факт*) trivial

неизбе́жный *прил* inevitable

неизве́стн|ый *прил* unknown ▷ (-ого) *м* stranger

неиме́ни|е (-я) *ср*: **за неиме́нием** +*gen* for want of

неимове́рный *прил* extreme

неиму́щий *прил* deprived

неи́стовый *прил* intense

ней *мест см* **она́**

нейло́н (-а) *м* nylon

нейтра́льный *прил* neutral

не́кем *мест см* **не́кого**

не́к|ий (-ого; *f* -ая, *nt* -ое, *pl* -ие) *мест* a certain

не́когда *как сказ* (*чита́ть*) there is

no time; **ей не́когда** she is busy; **ей не́когда** +infin ... she has no time to ...

не́к|ого (как ько; см *Table 7*) *мест*: **не́кого спроси́ть/позва́ть** there is nobody to ask/call

не́кому *мест см* **не́кого**

не́котор|ый (-ого, *f* -ая, *nt* -ое, *pl* -ые) *мест some*

некроло́г (-а) *м obituary*

некста́ти *нареч* at the wrong time ▷ *как сказ*: **э́то некста́ти** this is untimely

не́кто *мест* a certain person

не́куда *как сказ* (идти) there is nowhere; **да́льше не́куда** it can't get any worse/better; **лу́чше не́куда** (*разг*) it can't get any worse/better

нелега́льный *прил illegitimate*

неле́пый *прил stupid*

нелётн|ый *прил*: **нелётная пого́да** poor weather for flying

нельзя́ *как сказ* (невозмо́жно) it is impossible; (не разреша́ется) it is forbidden; **нельзя́ ли?** would it be possible?; **как нельзя́ лу́чше** as well as could be expected

нём *мест см* он; оно́

неме́дленно *нареч immediately*; **неме́дленный** *прил immediate*

неме́ть (-ю; *perf* онеме́ть) *несов* (от у́жаса, от восто́рга) to be struck dumb; (нога́, рука́) to go numb

не́м|ец (-ца) *м German*; **неме́цкий** *прил German*; **неме́цкий язы́к** German

немину́емый *прил unavoidable*

не́м|ка (-ки; *gen pl* -ок) *ж от* **не́мец**

немно́г|ие (-их) *мн few*

немно́го *нареч* (отдохну́ть, ста́рше) a little, a bit +*gen* (де́нег) a bit

немно́жко *нареч* (*разг*)

= **немно́го**

нем|о́й *прил* (челове́к) dumb; (*перен*: вопро́с) implied ▷ (-о́го) *м* mute; **немо́й фильм** silent film

нему́ *мест от* он; оно́

ненави́д|еть (-жу, -дишь) *несов перех* to hate; **не́навист|ь** (-и) *ж hatred*

нена́стный *прил* wet and dismal

нена́сть|е (-я) *ср* awful weather

ненорма́льн|ый *прил abnormal*; (*разг*: сумасше́дший) mad ▷ (-ого) *м* (*разг*) crackpot

необита́емый *прил* (*место*) uninhabited; **необита́емый о́стров** desert island

необозри́мый *прил vast*

необходи́мо *как сказ* it is necessary; **мне необходи́мо с Ва́ми поговори́ть** I really need to talk to you; **необходи́мост|ь** (-и) *ж necessity*; **необходи́мый** *прил necessary*

необъя́тный *прил vast*

необыкнове́нный *прил exceptional*

необыча́йный *прил* = **необыкнове́нный**

необы́чный *прил unusual*

неожи́данность (-и) *ж surprise*

неожи́данный *прил unexpected*

неотврати́мый *прил inevitable*

неотдели́мый *прил*: **неотдели́мый** (от +gen) inseparable (from)

не́откуда *как сказ*: **мне не́откуда де́нег взять** I can't get money from anywhere

неотло́жный *прил urgent*; **неотло́жная медици́нская по́мощь** emergency medical service

неотрази́мый *прил irresistible*; (*впечатле́ние*) powerful

неохо́т|а (-ы) *ж* (*разг*:

H

нежела́ние) reluctance ▷ *как сказ:*
мне неохо́та спо́рить I don't feel
like arguing

неоцени́мый *прил* invaluable

непереходный *прил:*
непереходный глаго́л (*Линг*)
intransitive verb

неповтори́мый *прил* unique

непого́да (**-ы**) *ж* bad weather

неподви́жный *прил* motionless;
(*взгляд*) fixed

неподде́льный *прил* genuine

непола́дк|и (**-ок**) *мн* fault *ед*

неполноце́нный *прил*
inadequate, insufficient

непоня́тно *нареч*
incomprehensibly ▷ *как сказ* it is
incomprehensible; **мне э́то
непоня́тно** I cannot understand this

непосре́дственный *прил*
(*нача́льник*) immediate; (*результа́т,
уча́стник*) direct

непоча́тый *прил:* **непоча́тый
край** no end, a great deal

непра́вда (**-ы**) *ж* lie ▷ *как сказ*
it's not true; **э́то непра́вда!** this is a
lie!

непра́вильно *нареч* (*реши́ть*)
incorrectly, wrongly ▷ *как сказ*
э́то непра́вильно it's wrong;
непра́вильный *прил* wrong;
(*форма, глаго́л*) irregular

непредсказу́емый *прил*
unpredictable

непрекло́нный *прил* firm

непреме́нный *прил* necessary

непреры́вный *прил* continuous

непривы́чно *как сказ:* мне
непривы́чно +*infin* I'm not used to
doing

неприли́чный *прил* indecent

непристо́йный *прил* obscene

неприя́зн|ь (**-и**) *ж* hostility

неприя́тно *как сказ* +*infin* it's
unpleasant to; **мне неприя́тно**

говори́ть об э́том I don't enjoy
talking about it; **неприя́тность**
(**-и**) *ж* (*обычно мн: на рабо́те, в
семье́*) trouble; **неприя́тный**
прил unpleasant

непромока́емый *прил*
waterproof

нера́венств|о (**-а**) *ср* inequality

неравнопра́ви|е (**-я**) *ср*
inequality (of rights)

нера́вный *прил* unequal

неразбери́х|а (**-и**) *ж* (*разг*)
muddle

неразу́мный *прил* unreasonable

нерв (**-а**) *м* (*Анат*) nerve; **не́рвы**
(*вся систе́ма*) nervous system

не́рвнича|ть (**-ю**) *несов* to fret

не́рвный *прил* nervous

нервозный *прил* (*челове́к*)
nervous, highly (*Brit*) или high (*US*)
strung

неря́шливый *прил* (*челове́к,
оде́жда*) scruffy; (*рабо́та*) careless

нёс *несов см* нести́

несваре́ни|е (**-я**) *ср:* **несваре́ние
желу́дка** indigestion

несгиба́емый *прил* staunch

не́скольк|о (**-их**) *чис* +*gen* a few
▷ *нареч* (*оби́деться*) somewhat

нескро́мный *прил* (*челове́к*)
immodest; (*вопро́с*) indelicate;
(*жест, предложе́ние*) indecent

неслы́ханный *прил* unheard of

неслы́шно *нареч* (*сде́лать*)
quietly ▷ *как сказ:* мне неслы́шно
I can't hear

несмотря́ *предл:* **несмотря́ на**
+*acc* in spite of, despite; **несмотря́
на то что ...** in spite of или despite
the fact that ...; **несмотря́ ни на
что** no matter what

несовершенноле́тн|ий (**-его**)
м minor ▷ *прил:*
несовершенноле́тний ребёнок
minor

несовершённый *прил* flawed;
несовершённый вид (*Линг*)
imperfective (aspect)
несовмести́мый *прил*
incompatible
несомне́нно *нареч*
(*правильный, хороший итп*)
indisputably ▷ *вводн сл* without a
doubt ▷ *как сказ*: **это** **несомне́нно**
this is indisputable; **несомне́нно,**
что он придёт there is no doubt
that he will come
несправедли́вость (**-и**) *ж*
injustice
несправедли́вый *прил*
(*человек, суд, упрёк*) unfair, unjust
неспроста́ *нареч* (*разг*) for a
reason
нес|ти́ (**-у́, -ёшь;** *pt* **нёс, -ла́**)
несов от **носи́ть** ▷ *перех* to
carry; (*влечь: неприятности*) to
bring ▷ (*perf* **понести́**) (*службу*)
to carry out ▷ (*perf* **снести́**) (*яйцо*)
to lay; **нести́сь** *несов возв*
(*человек, машина*) to race ▷ (*perf*
снести́сь) (*курица*) to lay eggs
несча́стный *прил* unhappy;
(*разг: жалкий*) wretched;
несча́стный слу́чай accident
несча́сть|е (**-я**) *ср* misfortune;
к несча́стью unfortunately

 КЛЮЧЕВО́Е СЛО́ВО

нет *част* **1** (*при отрица́нии,*
несогла́сии) no; **ты согла́сен?** —
нет do you agree? — no; **тебе́ не**
нра́вится мой суп? — **нет,**
нра́вится don't you like my soup?
— yes, I do
2 (*для привлече́ния внима́ния*):
нет, ты то́лько посмотри́ на него́!
would you just look at him!
3 (*выража́ет недово́льство*): **нет, ты**
действи́тельно не се́рдишься? so

you are really not angry?
▷ *как сказ* (*+gen: не име́ется*): (*о*
одно́м предме́те) there is no; (: *о*
не́скольких предме́тах) there are
no; **нет вре́мени** there is no time;
нет биле́тов or **биле́тов нет**
there are no tickets; **у меня́ нет**
де́нег I have no money; **его́ нет в**
го́роде he is not in town
▷ *сою́з* (*во фра́зах*): **нет — так**
нет it can't be helped; **чего́ то́лько**
нет! what don't they have!; **нет**
что́бы извини́ться (*разг*) instead
of saying sorry

нетерпе́ни|е (**-я**) *ср* impatience;
с нетерпе́нием ждать (*impf*)/
слу́шать (*impf*) to wait/listen
impatiently; **с нетерпе́нием жду**
Ва́шего отве́та I look forward to
hearing from you
нетре́зв|ый *прил* drunk; **в**
нетре́звом состоя́нии drunk
нетрудово́й *прил*: **нетрудово́й**
дохо́д unearned income
нетрудоспосо́бност|ь (**-и**) *ж*
disability; **посо́бие по**
нетрудоспосо́бности disability
living allowance
нетрудоспосо́бный *прил*
unable to work through disability
не́тто *прил* (*о весе*) net
неуда́ч|а (**-и**) *ж* bad luck; (*в*
дела́х) failure
неуда́чный *прил* (*попы́тка*)
unsuccessful; (*фильм, стихи*) bad
неудо́бно *нареч*
(*расположен, сиде́ть*)
uncomfortably ▷ *как сказ* it's
uncomfortable; (*неприли́чно*) it's
awkward; **мне неудо́бно** I am
uncomfortable; **неудо́бно**
задава́ть лю́дям таки́е вопро́сы
it's awkward to ask people such
questions; (**мне**) **неудо́бно сказа́ть**

ему́ об э́том I feel uncomfortable
telling him that

неудо́бный прил uncomfortable

неудовлетвори́тельный прил
unsatisfactory

неудово́льстви|е (-я) ср
dissatisfaction

неуже́ли част really

неузнава́емост|ь (-и) ж: до
неузнава́емости beyond (all)
recognition

неукло́нный прил steady

неукло́жий прил clumsy

неуме́стный прил inappropriate

неурожа́йный прил:
неурожа́йный год year with a poor
harvest

неуря́диц|а (-ы) ж (разг: обычно
мн: ссоры) squabble

неформа́льный прил
(организация) informal

нефтедобыва́ющий прил
(промышленность) oil

нефтедобы́ч|а (-и) ж drilling for
oil

нефтеперераб́отк|а (-и) ж oil
processing

нефтепрово́д (-а) м oil pipeline

нефт|ь (-и) ж oil, petroleum

нефтя́ник (-а) м worker in the oil
industry

нефтяно́й прил oil

нехва́тк|а (-и) ж +gen shortage of

нехоро́шо нареч badly ▷ как
сказ it's bad; мне нехоро́шо I'm
not well

неча́янный прил unintentional;
(неожиданный) chance

не́чего как сказ: не́чего
рассказа́ть there is nothing to tell;
(разг: не следует) there's no need
to do; не́ за что! (в ответ на
благодарность) you're welcome!
(US); де́лать не́чего
there's nothing else to be done

нече́тный прил (число) odd

не́что мест something

нея́сно нареч: он нея́сно
объясни́л положе́ние he didn't
explain the situation clearly ▷ как
сказ it's not clear; мне нея́сно,
почему́ он отказа́лся I'm not clear
или it's not clear to me why he
refused

нея́сный прил (очертания, звук)
indistinct; (мысль, вопрос) vague

○ **КЛЮЧЕВО́Е СЛО́ВО**

ни част **1** (усиливает отрицание)
not a; ни оди́н not one, not a
single; она́ не произнесла́ ни
сло́ва she didn't say a word; она́
ни ра́зу не пришла́ she didn't
come once; у меня́ не оста́лось ни
рубля́ I don't have a single rouble
left

2: кто/что/как ни who-/what-/
however; ско́лько ни however
much; что ни говори́ whatever you
say; как ни стара́йся however hard
you try

▷ союз (при перечислении): ни
…, ни … neither … nor …; ни за
что no way

нигде́ нареч nowhere; его́ нигде́
не́ было he was nowhere to be
found; нигде́ нет мое́й кни́ги I
can't find my book anywhere, my
book is nowhere to be found; я
нигде́ не мог пое́сть I couldn't find
anywhere to get something to eat

ни́же сравн прил от ни́зкий
▷ сравн нареч от ни́зко ▷ нареч
(далее) later on ▷ предл +gen
below

ни́жн|ий прил (ступенька, ящик)
bottom; ни́жний эта́ж ground (Brit)
или first (US) floor; ни́жнее белье́

underwear; **нижняя юбка**
underskirt

низ (**-а**) *м* (стола, ящика итп)
bottom

низкий *прил* low

низко *нареч* low

низший *сравн прил от* **низкий**;
(*звание*) junior

НИИ *м сокр* (= научно-
исследовательский институт)
scientific research institute

никак *нареч* (никаким образом)
no way; **никак не могу запомнить
это слово** I can't remember this
word at all; **дверь никак не
открывалась** the door just
wouldn't open

никак|ой *мест*: **нет никакого
сомнения** there is no doubt at all;
никакие деньги не помогли no
amount of money would have
helped

никель (**-я**) *м* (Хим) nickel

никогда *нареч* never; **как
никогда** as never before

никого *мест см* **никто**

никой *мест*: **никоим образом**
not at all; **ни в коем случае** under
no circumstances

ни|кто (**-кого**; *как* кто; *см Table 7*)
мест nobody

никуда *нареч*: **я никуда не поеду**
I'm not going anywhere; **никуда я
не поеду** I'm going nowhere; **это
никуда не годится** that just won't
do

ниоткуда *нареч* from nowhere;
ниоткуда нет помощи I get no
help from anywhere

нисколько *нареч* not at all; (*не
лучше* итп) (*не рад*) at all

нит|ка (**-ки**; *gen pl* **-ок**) *ж*
(*обычно швейн: для шитья*) thread;
(: *для вязания*) yarn

нить (**-и**) *ж* = **нитка**

них *мест см* **они**

ничего *мест см* **ничто** ▷ *нареч*
fairly well; (*это*) **ничего, что** ... it's
all right that ...; **извините, я Вас
побеспокою — ничего!** sorry to
disturb you — it's all right!; **как
живёшь? — ничего** how are you?
— all right; **ничего себе** (*сносно*)
fairly well; **ничего себе!**
(*удивление*) well, I never!

ничей (**-ьего**; *f* **-ья**, *nt* **-ьё**, *pl* **-ьи**;
как чей; *см Table 5*) *мест*
nobody's

ничейн|ый *прил*: **ничейный
результат/ничейная партия** draw

ничком *нареч* face down

ничто (**-его**; *как* что; *см Table 7*)
мест, *ср* nothing; **ничего
подобного не видел** I've never
seen anything like it; **ничего
подобного!** (*разг*: совсем не так)
nothing like it!; **ни за что!** (*ни в
коем случае*) no way!; **ни за что
не соглашайся** whatever you do,
don't agree; **я здесь ни при чём** it
has nothing to do with me; **ничего
не поделаешь** there's nothing to
be done

ничуть *нареч* (*нисколько*) not at
all; (*не лучше, не больше*) no; (*не
испугался, не огорчился*) at all

ничь|я (**-ей**) *ж* (Спорт): draw;
сыграть (*perf*) **в ничью** to draw
(Brit), tie (US)

нищенский *прил* (*зарплата*)
meagre (Brit), meager (US);
нищенская жизнь life of begging

нищет|а (**-ы**) *ж* poverty

но *союз* but ▷ *межд*: **но!** gee up!

новенький *прил* (*разг*) new

новизн|а (**-ы**) *ж* novelty

новин|ка (**-ки**; *gen pl* **-ок**) *ж* new
product

новичок (**-ка**) *м* newcomer; (*в
классе*) new pupil

новобра́н|**ец** (-**ца**) *м* new recruit

нового́дн|**ий** *прил* New Year; **нового́дняя ёлка** ≈ Christmas tree

новорождённый *прил* newborn ▷ (-**ого**) *м* newborn boy

новосёл (-**а**) *м* (*дома*) new owner

новосе́лье (-**ья**; *gen pl* -**ий**) *ср* house-warming (party)

но́вость (-**и**; *gen pl* -**е́й**) *ж* news

но́вшество (-**а**) *ср* (*явление*) novelty; (*метод*) innovation

но́в|**ый** *прил* new; **но́вая исто́рия** modern history; **Но́вый Заве́т** the New Testament; **Но́вая Зела́ндия** New Zealand

ног|**а́** (*acc sg* -**у**, *nom pl* -**и**, *gen pl* -, *dat pl* -**а́м**) *ж* (*ступня*) foot; (*выше ступни*) leg; **вверх нога́ми** upside down

но́готь (-**тя**; *gen pl* -**те́й**) *м* nail

нож (-**а́**) *м* knife

но́ж|**ка** (-**ки**; *gen pl* -**ек**) *ж*, *уменьш от* **нога́**; (*стула, стола итп*) leg; (*циркуля*) arm

но́жницы (-) *мн* scissors

ножно́й *прил* foot

ноздр|**я́** (-**и́**; *nom pl* -**и**, *gen pl* -**е́й**) *ж* (*обычно мн*) nostril

ноль (-**я́**) *м* (*Мат*) zero, nought; (*о температуре*) zero; (*перен*: *человек*) nothing; **пять це́лых пять деся́тых**, **0,5** zero *или* nought point five; **в де́сять ноль-ноль** at exactly ten o'clock

номенклату́р|**а** (-**ы**) *ж* (*товаров*) list ▷ *собир* (*работники*) nomenklatura

но́мер (-**а**; *nom pl* -**а́**) *м* number; (*журнала*) issue; (*в гостинице*) room; **но́мер маши́ны** registration (number)

номерн|**о́й** *прил*: **номерно́й знак (автомоби́ля)** (car) number (*Brit*) *или* license (*US*) plate

номеро́к (-**ка́**) *ж* (*для пальто*) ≈ ticket

Норве́ги|**я** (-**и**) *ж* Norway

но́рм|**а** (-**ы**) *ж* standard; (*выработки*) rate

норма́льно *нареч* normally ▷ *как сказ*: **э́то вполне́ норма́льно** this is quite normal; **как дела́?** — норма́льно how are things? — not bad; **у нас всё норма́льно** everything's fine with us

норма́льный *прил* normal

нос (-**а**; *loc sg* -**у́**, *nom pl* -**ы́**) *м* nose; (*корабля*) bow; (*птицы*) beak, bill; (*ботинка*) toe

носи́лки (-**ок**) *мн* stretcher *ед*

носи́льщик (-**а**) *м* porter

носи́тель (-**я**) *м* (*инфекции*) carrier; **носи́тель языка́** native speaker

нос|**и́ть** (-**у́**, -**ишь**) *несов перех* to carry; (*платье, очки*) to wear; (*усы, причёску*) to sport; (*фамилию мужа*) to use

носи́ться *несов возв* (*человек*) to rush; (*слухи*) to spread; (*одежда*) to wear; (*разг*: *увлекаться*): **носи́ться с** +*instr* (*с идеей*) to be preoccupied with; (*с человеком*) to make a fuss of

носово́й *прил* (*звук*) nasal; **носова́я часть** bow; **носово́й плато́к** handkerchief

нос|**о́к** (-**ка́**; *gen pl* -**о́к**) *м* (*обычно мн*: *чулок*) sock ▷ (*gen pl* -**ко́в**) (*ботинка, чулка, ноги*) toe

носоро́г (-**а**) *м* rhinoceros, rhino

ностальги́|**я** (-**и**) *ж* nostalgia

но́т|**а** (-**ы**) *ж* note; *см также* **но́ты**

нота́риус (-**а**) *м* notary public

но́ты (-) *мн* (*Муз*) sheet music

но́утбук (-**а**) *м* (*Комп*) laptop (computer)

ноч|**ева́ть** (-**у́ю**; *perf*

переночева́ть несов to spend the night

ночёв|ка (-ки; gen pl -ок) ж: остановиться на ночёвку to spend the night

ночле́г (-а) м (место) somewhere to spend the night; остана́вливаться на ночле́г (perf останови́ться на ночле́г) to spend the night

ночн|о́й прил (час, холод) night; ночна́я руба́шка nightshirt

ночь (-и; loc sg -и́, nom pl -и, gen pl -е́й) ж night; на́ ночь before bed; споко́йной но́чи! good night!

но́чью нареч at night

но́шеный прил second-hand

ношу́(сь) несов см носи́ть(ся)

ноя́бр|ь (-я́) м November

нрав (-а) м (человека) temperament; см также нра́вы

нра́в|иться (-люсь, -ишься; perf понра́виться) несов возв: мне/им нра́вится э́тот фильм I/ they like this film; мне нра́вится чита́ть/гуля́ть I like to read или reading/to go for a walk

нра́вственный прил moral

нра́в|ы (-ов) мн morals

н.с. сокр (= но́вого сти́ля) NS, New Style

НТР ж сокр = нау́чно-техни́ческая револю́ция

 КЛЮЧЕВО́Е СЛО́ВО

ну межд 1 (выражает побужде́ние) come on; ну, начина́й! come on, get started!

2 (выражает восхище́ние) what; ну и си́ла! what strength!

3 (выражает иро́нию) well (well)
▷ част 1 (неуже́ли): (да) ну?! not really?!

2 (усиливает вырази́тельность):

ну коне́чно! why of course!; ну, я тебе́ покажу́! why, I'll show you!

3 (допу́стим): ты говори́шь по-англи́йски?- ну, говорю́ do you speak English — what if I do

4 (во фра́зах): ну и ну! (разг) well well!!; ну-ка! (разг) come on!; ну тебя́/его́! (разг) forget it!

ну́дный прил tedious

нужд|а́ (-ы́; nom pl -ы) ж (no pl: бедность) poverty; (потребность): нужда́ в +prp need (for)

нужда́|ться (-юсь) несов возв (бе́дствовать) to be needy; нужда́ться в +prp to need, be in need of

ну́жно как сказ (необходи́мо): ну́жно, что́бы им помогли́, ну́жно им помо́чь it is necessary to help them; мне ну́жно идти́ I have to go, I must go; мне ну́жно 10 рубле́й I need 10 roubles; о́чень ну́жно! (разг) my foot!

ну́жный прил necessary

нулев|о́й прил: нулева́я температу́ра temperature of zero; нулева́я отме́тка (mark of) zero

нул|ь (-я́) м (Мат) zero, nought; (о температу́ре) zero; (перен: человек) nothing; начина́ть (perf нача́ть) с нуля́ to start from scratch

ны́не нареч today

ны́нешний прил the present

нырн|у́ть (-у́, -ёшь) сов to dive

ныря́|ть (-ю) несов to dive

ны|ть (-ю, -ёшь) несов (рана) to ache; (жа́ловаться) to moan

Нью-Йо́рк (-а) м New York

н.э. сокр (= на́шей э́ры) AD (= anno Domini)

нюх (-а) м (собаки) nose

ню́ха|ть (-ю; *perf* **поню́хать**)
несов перех (цветы, воздух) to
smell

ня́неч|ка (-ки; *gen pl* -ек) *ж*
(*разг*) = **ня́ня**

ня́нч|ить (-у, -ишь) *несов перех*
to mind; **ня́нчиться** *несов возв*:
ня́нчиться с +*instr* (с младенцем)
to mind

ня́нь|ка (-ьки; *gen pl* -ек) *ж*
(*разг*: ребёнка) nanny

ня́н|я (-и; *gen pl* -ь) *ж* nanny;
(*работающая на дому*) child
minder; (*в больнице*) auxiliary
nurse; (*в детском саду*) cleaner;
приходя́щая ня́ня babysitter

О

о *межд* oh ▷ *предл* +*prp* about;
(+*асс*: опереться, удариться)
against; (споткнуться) over

об *предл* = **о**

о́б|а (-о́их; *см Table 25*; *f* **о́бе**, *nt*
о́ба) *м чис* both

обанкро́|титься (-чусь,
-тишься) *сов возв* to go bankrupt

обая́ни|е (-я) *ср* charm;
обая́тельный *прил* charming

обва́л (-а) *м* (снежный)
avalanche; (здания, экономики)
collapse

обвали́ться (*3sg* -ится, *impf*
обва́ливаться) *сов возв* to
collapse

обве|сти́ (-еду́, -едёшь; *pt* -ёл,
-ела́, *impf* **обводи́ть**) *сов перех*
(букву, чертёж) to go over;
обводи́ть (*perf* **обвести́**) вокру́г
+*gen* to lead или take round

обвине́ни|е (-я) *ср*: **обвине́ние** (в

+*prp*) accusation (of); (*Юр*) charge (of) ▷ *собир* (*обвиняющая сторона*) the prosecution

обвин|и́ть (-ю́, -и́шь; *impf* **обвиня́ть**) *сов перех*: **обвини́ть кого́-н** (+*prp*) to accuse sb (of); (*Юр*) to charge sb (with)

обвиня́ем|ый *м* the accused, the defendant

обвиня́|ть (-ю) *несов от* **обвини́ть** ▷ *перех* (*Юр*) to prosecute

об|ви́ть (-овью́, -овьёшь; *impf* **обвива́ть**) *сов перех* (*подлеж: плющ*) to twine around; (*обвива́ть* (*perf* **обви́ть**) *кого́-н/что-н чем-н** to wind sth round sb/sth

обв|оди́ть (-ожу́, -о́дишь) *несов от* **обвести́**

обвя́з|а́ть (-яжу́, -я́жешь; *impf* **обвя́зывать**) *сов перех*: **обвяза́ть кого́-н/что-н чем-н** to tie sth round sb/sth; (*impf* **обвя́зываться**) *сов возв*: **обвяза́ться чем-н** to tie sth round o.s.

обгоня́|ть (-ю) *несов от* **обогна́ть**

обгор|е́ть (-ю́, -и́шь; *impf* **обгора́ть**) *сов* (*дом*) to be burnt; (*на со́лнце*) to get sunburnt

обдира́|ть (-ю) *несов от* **ободра́ть**

обду́ма|ть (-ю; *impf* **обду́мывать**) *сов перех* to consider, think over

об|е́ (-е́их) *ж чис см* **о́ба**

обега́|ть (-ю) *несов от* **обежа́ть**

обе́д (-а) *м* lunch, dinner; (*время*) lunch *или* dinner time; *по́сле обе́да* after lunch *или* dinner; (*по́сле 12 часо́в дня*) in the afternoon

обе́да|ть (-ю; *perf* **пообе́дать**) *несов* to have lunch *или* dinner

обе́денный *прил* (*стол, серви́з*) dinner; (*время*) lunch, dinner

обедне́|ть (-ю) *сов от* **бедне́ть**

обежа́|ть (*как* **бежа́ть**; см Table 20; *impf* **обега́ть**) *сов*: **обежа́ть вокру́г** +*gen* to run round

обезбо́ливающ|ее (-его) *ср* painkiller

обезбо́л|ить (-ю, -ишь; *impf* **обезбо́ливать**) *сов перех* to anaesthetize (*Brit*), anesthetize (*US*)

обезвре́|дить (-жу, -дишь; *impf* **обезвре́живать**) *сов перех* (*бо́мбу*) to defuse; (*престу́пника*) to disarm

обездо́ленный *прил* deprived

обезору́ж|ить (-у, -ишь; *impf* **обезору́живать**) *сов перех* to disarm

обезу́м|еть (-ю) *сов*: **обезу́меть от** +*gen* to go out of one's mind with

обе́их *чис см* **о́бе**

оберега́|ть (-ю) *несов перех* (*челове́ка*) to protect

оберн|у́ть (-у́, -ёшь; *impf* **обёртывать** *или* **обора́чивать**) *сов перех* to wrap (up); **оберну́ться** (*impf* **обора́чиваться**) *сов возв* (*поверну́ться наза́д*) to turn (round); **обора́чиваться** (*perf* **оберну́ться**) +*instr* (*неприя́тностями*) to turn out to be

обёрт|ка (-ки; *gen pl* -ок) *ж* (*конфе́тная*) wrapper

обёрточный *прил*: **обёрточная бума́га** wrapping paper

обёртыва|ть (-ю) *несов от* **оберну́ть**

обеспе́чени|е (-я) *ср* (*ми́ра, догово́ра*) guarantee; (+*instr*: *сырьём*) provision of; **материа́льное обеспе́чение** financial security

обеспе́ченность (-и) ж
(material) comfort; **фина́нсовая
обеспе́ченность** financial security

обеспе́чить (-у, -ишь; *impf*
обеспе́чивать) *сов перех*
(семью́) to provide for; (мир,
успе́х) to guarantee; **обеспе́чивать**
(*perf* обеспе́чить) кого́-н/что-н
чем-н to provide *или* supply sb/sth
with sth

обесси́ле|ть (-ю; *impf*
обесси́ливать) *сов* to become
или grow weak

обесцве́|тить (-чу, -тишь; *impf*
обесцве́чивать) *несов перех* to
bleach

обеща́ни|е (-я) *ср* promise

обеща́|ть (-ю; *perf* обеща́ть *или*
пообеща́ть) *несов (не)перех* to
promise

обжа́лова́ни|е (-я) *ср* appeal;
обжа́л|овать (-ую) *сов перех* to
appeal against

об|же́чь (-ожгу́, -ожжёшь *etc*,
-ожгу́т; *pt* -жёг, -ожгла́,
-ожгло́, *impf* обжига́ть) *сов
перех* to burn; (кирпи́ч итп) to
fire; (подлеж: крапи́ва) to sting;
обже́чься (*impf* обжига́ться)
сов возв to burn o.s.

обзо́р (-а) *м* view; (новосте́й)
review; **обзо́рный** *прил* general

обива́|ть (-ю) *несов от* обить

оби́вк|а (-и) *ж* upholstery

оби́|деть (-жу, -дишь; *impf*
обижа́ть) *сов перех* to hurt,
offend; **оби́деться** (*impf*
обижа́ться) *сов возв*: **оби́деться
(на** +*acc*) to be hurt *или* offended
(by)

оби́дно *как сказ* (*см прил*) it's

offensive; it's upsetting; **мне
оби́дно слы́шать э́то** it hurts me to
hear this

оби́|деть(ся) (-жу(сь)) *несов от*
оби́деть(ся)

оби́льный *прил* abundant

обита́|ть (-ю) *несов* to live

об|и́ть (-обью, -обьёшь; *imper*
обе́й(те), *impf* обива́ть) *сов
перех*: **обить** (+*instr*) to cover
(with)

обихо́д (-а) *м*: **быть в обихо́де** to
be in use

обкле́|ить (-ю, -ишь; *impf*
обкле́ивать) *сов перех*:
(плака́тами) to cover; (обо́ями) to
(wall)paper

обкра́дыва|ть (-ю) *несов от*
обокра́сть

обл. *сокр* = **о́бласть**

обла́в|а (-ы) *ж* (на престу́пников)
roundup

облага́|ть (-ю) *несов от*
обложи́ть

облада́|ть (-ю) *несов* +*instr* to
possess

о́блак|о (-а; *nom pl* -а́, *gen pl* -о́в)
ср cloud

областно́й *прил* ≈ regional;
о́бласть (-и; *gen pl* -е́й) *ж*
region; (*Админ*) ≈ region, oblast;
(нау́ки, иску́сства) field

о́блачный *прил* cloudy

облега́|ть (-ю) *несов от* обле́чь
▷ *перех* to fit

облегче́ни|е (-я) *ср* (жи́зни)
improvement; (успокое́ние) relief

облегч|и́ть (-у́, -и́шь; *impf*
облегча́ть) *сов перех* (вес) to
lighten; (жизнь) to make easier;
(боль) to ease

обле́з|ть (-у, -ешь; *impf*
облеза́ть) *сов* (*разг*) to grow
mangy; (кра́ска, обо́и) to peel (off)

облека́|ть (-ю) *несов от* обле́чь

обле|те́ть (-чу́, -ти́шь; *impf* **облета́ть**) *сов перех* (*неперех* (*листья*) to fly round ▷ *неперех* (*листья*) to fall off

облива́ть *несов от* **обли́ть**; **облива́ться** *несов от* **обли́ться** ▷ *возв*: **облива́ться слеза́ми** to be in floods of tears

обл|иза́ть (-ижу́, -и́жешь; *impf* **обли́зывать**) *сов перех* to lick

о́блик (-а) *м* appearance

обл|и́ть (-олью́, -ольёшь; *impf* **облива́ть**) *сов перех*: **обли́ть кого́-н/что-н чем-н** (*намеренно*) to pour sth over sb/sth; (*случайно*) to spill sth over sb/sth; **обли́ться** (*impf* **облива́ться**) *сов возв*: **обли́ться чем-н** (*водой*) to sluice o.s. with sth

обл|ожи́ть (-ожу́, -о́жишь; *impf* **облага́ть**) *сов перех*: **обложи́ть нало́гом** to tax

обло́ж|ка (-ки; *gen pl* -ек) *ж* (*книги, тетради*) cover

облок|оти́ться (-очу́сь, -о́тишься) *сов возв*: **облокоти́ться на** +*acc* to lean one's elbows on

обло́м|ок (-ка) *м* fragment

облысе́|ть (-ю) *сов от* **лысе́ть**

обмакну́ть (-у́, -ёшь; *impf* **обма́кивать**) *сов перех*: **обмакну́ть что-н в** +*acc* to dip sth into

обма́н (-а) *м* deception

обм|ану́ть (-ану́, -а́нешь; *impf* **обма́нывать**) *сов перех* to deceive; (*поступить нечестно*) to cheat

обма́нчивый *прил* deceptive

обма́нывать (-ю) *несов от* **обману́ть**

обма́тывать (-ю) *несов от* **обмота́ть**

обме́н (-а) *м* exchange; (*документов*) renewal; (*также*

обме́н веще́ств: *Био*) metabolism; (*также* **обме́н жилпло́щадью**) exchange (*of flats etc*)

обме́нный *прил* exchange

обменя́|ть (-ю; *impf* **обме́нивать**) *сов перех* (*вещи, билеты*) to change; **обменя́ться** (*impf* **обме́ниваться**) *сов возв*: **обменя́ться** +*instr* to exchange

обморо́|зить (-жу, -зишь; *impf* **обмора́живать**) *сов перех*: **обморо́зить но́гу** to get frostbite in one's foot

о́бморок (-а) *м* faint; **па́дать** (*perf* **упа́сть**) **в о́бморок** to faint

обмота́|ть (-ю; *impf* **обма́тывать**) *сов перех*: **обмота́ть кого́-н/что-н чем-н** to wrap sth round sb/sth

обм|ы́ть (-о́ю, -о́ешь; *impf* **обмыва́ть**) *сов перех* (*рану*) to bathe; (*разг: событие*) to celebrate (*by drinking*)

обнагле́|ть (-ю) *сов от* **нагле́ть**

обнадёж|ить (-у, -ишь; *impf* **обнадёживать**) *сов перех* to reassure

обнажённый *прил* bare

обнаж|и́ть (-у́, -и́шь; *impf* **обнажа́ть**) *сов перех* to expose; (*руки, ноги*) to bare; (*ветки*) to strip bare; **обнажи́ться** (*impf* **обнажа́ться**) *сов возв* to be exposed; (*человек*) to strip

обнару́ж|ить (-у, -ишь; *impf* **обнару́живать**) *сов перех* (*найти*) to find; (*проявить*) to show; **обнару́житься** (*impf* **обнару́живаться**) *сов возв* (*найтись*) to be found; (*стать явным*) to become evident

обн|ести́ (-есу́, -есёшь; *pt* -ёс, -есла́, -есло́, *impf* **обноси́ть**) *сов перех*: **обнести́ что-н/кого́-н**

вокру́г +gen to carry sth/sb round;
(огороди́ть) **обнести́ что-н чем-н**
to surround sth with sth

обнима́|ть(ся) (-ю(сь)) несов от
обня́ть(ся)

обни́м|ка ж: в обни́мку (разг)
with their arms around each other

обнов|и́ть (-лю́, -и́шь; impf
обновля́ть) сов перех
(оборудование, гардероб) to
replenish; (репертуар) to refresh;

обнови́ться (impf
обновля́ться) сов возв
(репертуар) to be refreshed;
(организм) to be regenerated

обн|я́ть (-иму́, -и́мешь; pt **-я́л,
-яла́, -я́ло,** impf **обнима́ть)** сов
перех to embrace; **обня́ться
(**impf **обнима́ться)** сов возв to
embrace each other

обо предл = о

обобщ|и́ть (-у́, -и́шь; impf
обобща́ть) сов перех (факты) to
generalize from; (статью) to
summarize

обога|ти́ть (-щу́, -ти́шь; impf
обогаща́ть) сов перех to enrich;
обогати́ться (impf
обогаща́ться) сов возв
(человек, страна) to be enriched

обогре́|ть (-ю; impf **обогрева́ть)**
сов перех (помещение) to heat;
(человека) to warm

об|о́д (-о́да, nom pl **-о́дья,** gen pl
-о́дьев) м rim; (ракетки) frame

обо|дра́ть (-деру́, -дерёшь;
impf **обдира́ть)** сов перех (кору,
шкуру) to strip; (руки) to scratch

ободр|и́ть (-ю́, -и́шь; impf
ободря́ть) сов перех to
encourage

обо́з (-а) м convoy

обознача́|ть (-ю) несов от
обозна́чить ▷ перех to signify

обозна́ч|ить (-у, -ишь; impf

обознача́ть) сов перех (границу)
to mark; (слово) to mean

обозрева́тель (-я) м (событий)
observer; (на радио итп) editor

обозре́ни|е (-я) ср review

обо́|и (-ев) мн wallpaper ед

обо́их чис от **о́ба**

обойти́ (как идти́; см Table 18;
impf **обходи́ть)** сов перех to go
round; (закон) to get round;
(обогна́ть) to pass; **обойти́сь
(**impf **обходи́ться)** сов возв
(улади́ться) to turn out well;
(сто́ить): **обойти́сь в** +acc to cost;
обойти́сь (perf **обойти́сь) с**
кем-н/чем-н to treat sb/sth;
обойти́сь (perf **обойти́сь) без**
+gen (разг) to get by without

обоня́ни|е (-я) ср sense of smell

обора́чива|ть(ся) (-ю(сь)) несов
от **оберну́ть(ся)**

обор|ва́ть (-у́, -ёшь; pt **-а́л,
-ала́, -а́ло,** impf **обрыва́ть)** сов
перех (верёвку) to break; (ягоды,
цветы) to pick; (перен: разговор,
дружбу) to break off; (: разг:
говорящего) to cut short;
оборва́ться (impf **обрыва́ться)**
сов возв (верёвка) to break;
(перен: жизнь, разговор) to be cut
short

оборо́н|а (-ы) ж defence (Brit),
defense (US); **оборо́нный** прил
defence (Brit), defense (US)

оборон|я́ть (-ю) несов перех to
defend; **обороня́ться** несов возв
(защища́ться) to defend o.s.

оборо́т (-а) м (полный круг)
revolution; (Комм) turnover;
(обратная сторона) back; (Линг)
поворот событий turn; (Линг)
turn of phrase; (употребле́ние

circulation

оборудова́ни|**е** (-я) *ср*
equipment

обору́д|овать (-ую) *(не)сов
перех* to equip

обосо́бленный *прил (дом)*
detached; *(жизнь)* solitary

обостр|и́ть (-ю́, -и́шь; *impf*
обостря́ть) *сов перех* to
sharpen; *(желания, конфликт)* to
intensify; **обостри́ться** *(impf*
обостря́ться) *сов возв (см
перех)* to sharpen; to intensify

обошёл(ся) *etc сов см*
обойти́(сь)

обою́дный *прил* mutual

обрабо́та|ть (-ю; *impf*
обраба́тывать) *сов перех
(камень)* to cut; *(кожу)* to cure;
(деталь) to polish up; *(текст)* to polish
up; *(землю)* to till; *(перен: разг:
человека)* to work on

обра́д|овать(ся) (-ую(сь)) *сов от*
ра́довать(ся)

о́браз (-а) *м* image; *(Литература)*
figure; *(жизни)* way; *(икона)* icon;
каки́м о́бразом? in what way?;
таки́м о́бразом in this way;
(следовательно) consequently;
гла́вным о́бразом mainly;
не́которым о́бразом to some
extent; *(скромности, мужества)* model

образе́ц (-ца́) *м* sample;
(скромности, мужества) model

образова́ни|**е** (-я) *ср* formation;
(получение знаний) education;
образо́ванный *прил* educated;
образ|ова́ть (-у́ю) *(не)сов перех* to
form; **образова́ться** *(не)сов возв* to
form; *(группа, комиссия)* to be
formed

обра|ти́ть (-щу́, -ти́шь; *impf*
обраща́ть) *сов перех (взгляд,
мысли)* to turn; **обраща́ть** *(perf*

обрати́ть) кого́-н/что-н в +*acc* to
turn sb/sth into; **обраща́ть** *(perf*
обрати́ть) внима́ние на +*acc* to
pay attention to; **обрати́ться**
(impf **обраща́ться***)* *сов возв
(взгляд)* to turn; *(превратиться)* to
обрати́ться в +*acc* to turn into;
обраща́ться *(perf* **обрати́ться***)* **к**
+*dat (к врачу итп)* to consult; *(к
проблеме)* to address;
обраща́ться *(perf* **обрати́ться***)* **в
суд** to go to court

обра́тно *нареч* back; **туда́ и
обра́тно** there and back; **биле́т
туда́ и обра́тно** return *(Brit)* или
round-trip *(US)* ticket

обра́тн|ый *прил* reverse;
(дорога, путь) return; **на обра́тном
пути́** on the way back; **в обра́тную
сто́рону** in the opposite direction;
обра́тная сторона́ reverse (side);
обра́тный а́дрес return address

обраща́|ть (-ю) *несов от*
обрати́ть; **обраща́ться** *несов
от* **обрати́ть** ▷ *возв (деньги,
товар)* to circulate; **обраща́ться**
(impf) **с** +*instr (с машиной)* to
handle; *(с человеком)* to treat

обраще́ни|**е** (-я) *ср* address;
(Экон) circulation; **обраще́ние к**
+*dat (к народу итп)* address to;
обраще́ние с +*instr (с прибором)*
handling of

обремен|и́ть (-ю́, -и́шь; *impf*
обременя́ть) *сов перех*:
обремени́ть кого́-н чем-н to load
sb down with sth

о́бруч (-а) *м* hoop

обруча́льный *прил*:
обруча́льное кольцо́ wedding ring

обру́ш|ить (-у, -ишь; *impf*
обру́шивать) *сов перех (стену,
крышу)* to bring down;
обру́шиться *(impf*
обру́шиваться*)* *сов возв*

(*крыша, здание*) to collapse;
обру́шиваться (*perf* **обру́шиться**)
на +*acc* (*на го́лову*) to crash down
onto; (*на врага́*) to fall upon

обрыва́|ть(ся) (-ю(сь)) *несов от*
оборва́ть(ся)

обры́в|ок (-ка) *м* (*бума́ги*) scrap;
(*воспомина́ний*) fragment

обры́зга|ть (-ю) *сов перех*
обры́згивать
обры́згивать кого́-н/что-н +*instr*
(*водо́й*) to splash sb/sth with;
(*гря́зью*) to splatter sb/sth with;
обры́згаться (*impf*
обры́згиваться) *сов возв*:
обры́згаться +*instr* (*сов перех*) to
get splashed with; to get splattered
with

обря́д (-а) *м* ritual

обсле́дова|ть (-ую) (*не*)*сов
перех* to inspect; (*больно́го*) to
examine

обслу́живани|е (-я) *ср* service

обслу́ж|ить (-у́, -у́жишь),
impf **обслу́живать**) *сов перех*
(*клие́нтов*) to serve; (*подлеж:
поликли́ника*) to see to

обста́в|ить (-лю, -ишь; *impf*
обставля́ть) *сов перех*
(*кварти́ру*) to furnish

обстано́в|ка (-ки; *gen pl* -ок) *ж*
situation; (*кварти́ры*) furnishings
мн

обстоя́тельств|о (-а) *ср*
circumstance; смотря́ по
обстоя́тельствам depending on
the circumstances; (*как отве́т на
вопро́с*) it depends

обсу|ди́ть (-жу́, -у́дишь; *impf*
обсужда́ть) *сов перех* to discuss

обсужде́ни|е (-я) *ср* discussion

обува́|ть(ся) (-ю(сь)) *несов от*
обу́ть(ся)

обувно́й *прил* shoe; **о́бувь** (-и)
ж footwear

обусло́в|ить (-лю, -ишь; *impf*
обусла́вливать) *сов перех*
(*яви́ться причи́ной*) to lead to

обу́|ть (-ю; *impf* **обува́ть**) *сов
перех* (*ребёнка*) to put shoes on;
обу́ться (*impf* **обува́ться**)
возв to put on one's shoes or
boots

обуче́ни|е (-я) *ср* (+*dat*:
преподава́ние) teaching of

обхва|ти́ть (-чу́, -а́тишь; *impf*
обхва́тывать) *сов перех*
обхвати́ть что-н (*рука́ми*) to put
one's arms round sth

обхо́д (-а) *м* (*путь*) way round; (*в
больни́це*) round; **в обхо́д** +*gen*
(*о́зера, зако́на*) bypassing

обхо|ди́ть(ся) (-жу́(сь),
-дишь(ся)) *несов от* **обойти́(сь)**

обходно́й *прил* (*путь*) detour

обши́рный *прил* extensive

обща́|ться (-юсь) *несов возв*:
обща́ться с +*instr* to mix with; (*с
одни́м челове́ком*) to see; (*вести́
разгово́р*) to communicate with

общегосуда́рственный *прил*
state

общедосту́пный *прил* (*спо́соб*)
available to everyone; (*це́ны*)
affordable; (*ле́кция*) accessible

о́бщ|ее (-его) *ср* similarity; **в
о́бщем** (*разг*) on the whole; **у них
мно́го о́бщего** they have a lot in
common

общежи́ти|е (-я) *ср* (*рабо́чее*)
hostel; (*студе́нческое*) hall of
residence (*Brit*), dormitory *или* hall
(*US*)

общеизве́стный *прил*
well-known

обще́ни|е (-я) *ср* communication

общеобразова́тельный *прил*
comprehensive

общепри́знанный *прил*
universally recognized

общепри́нятый прил generally accepted

обще́ственност|ь (-и) ж собир community; **обще́ственный** прил social; (не частный) public; (организация) civic; **обще́ственное мне́ние** public opinion; **о́бщество** (-а) ср society

о́бщ|ий прил general; (труд) communal; (дом) shared; (друзья) mutual; (интересы) common; (количество) total; (картина, описание) general; **в о́бщей сло́жности** altogether

общи́тельный прил sociable

о́бщност|ь (-и) ж (идей) similarity; (социальная) community

объединённый прил joint

объедини́|ть (-ю, -ишь; impf **объединя́ть**) сов перех to join, unite; (ресурсы) to pool; (компании) to amalgamate; **объедини́ться** (impf **объединя́ться**) сов возв to unite

объе́зд (-а) м detour; (с целью осмотра) tour

объезжа́|ть (-ю) несов от **объе́хать**

объе́кт (-а) м subject; (Строит, Воен) site

объекти́в (-а) м lens

объекти́вный прил objective

объём (-а) м volume

объе́|хать (как **е́хать**; см Table 19; impf **объезжа́ть**) сов перех (яму) to go или drive round; (друзей, страны) to visit

объяв|и́ть (-лю́, -ишь; impf **объявля́ть**) сов перех to announce; (войну) to declare ▷ неперех: **объяви́ть о** +prp to announce; **объявле́ни|е** (-я) ср announcement; (войны)

declaration; (реклама) advertisement; (извещение) notice

объясне́ни|е (-я) ср explanation; **объясн|и́ть** (-ю́, -и́шь; impf **объясня́ть**) сов перех to explain; **объясни́ться** сов возв: **объясни́ться (с** +instr) to clear things up (with)

объясн|я́ться (-ю́сь) несов от **объясни́ться** ▷ возв (на английском языке) to communicate; (+instr: трудностями) to be explained by

обыкнове́нный прил ordinary

обыск (-а) м search; **об|ыска́ть** (-ыщу́, -ы́щешь; impf **обы́скивать**) сов перех to search

обы́ча|й (-я) м custom

обы́чно нареч usually; **обы́чный** прил usual; (заурядный) ordinary

обя́занност|и (-ей) мн duties, responsibilities; **исполня́ть** (impf) **обя́занности** +gen to act as; **обя́занност|ь** (-и) ж duty; см также **обя́занности**; **обя́занный** прил (+infin: сде́лать итп) obliged to do

обяза́тельно нареч definitely; **не обяза́тельно** not necessarily; **обяза́тельный** прил (правило) binding; (исполнение, обучение) compulsory, obligatory; (работник) reliable

обяза́тельств|о (-а) ср commitment; (обычно мн: Комм) liability

ова́л (-а) м oval

овдове́|ть (-ю) сов (женщина) to become a widow, be widowed; (мужчина) to become a widower, be widowed

Ов|е́н (-на́) м (созвездие) Aries

ов|ёс (-са́) м собир oats мн

ОВИР (-а) м сокр = **отдел виз и регистраций**

овладе|ть (-ю, -ешь; *impf* **овладевать**) *сов* (+*instr*: *городом, вниманием*) to capture; (*языком, профессией*) to master

овощ (-а) м vegetable

овощно́й *прил* (*суп, блюдо*) vegetable; **овощно́й магази́н** greengrocer's (*Brit*), fruit and vegetable shop

овра́г (-а) м ditch

овся́нк|а (-и) ж собир (*каша*) porridge (*Brit*), oatmeal (*US*); **овся́ный** *прил* oat

овча́р|ка (-ки; *gen pl* -ок) ж sheepdog

оглавле́ни|е (-я) *ср* (table of) contents

огло́хн|уть (-у) *сов от* **гло́хнуть**

оглуши́ть (-ушу́, -уши́шь; *impf* **оглуша́ть**) *сов перех*: **оглуши́ть кого́-н чем-н** to deafen sb with sth

огля|де́ть (-жу́, -ди́шь; *impf* **огля́дывать**) *сов перех* to look round; **огляде́ться** (*impf* **огля́дываться**) *сов возв* to look around

огля|ну́ться (-ну́сь, -нёшься; *impf* **огля́дываться**) *сов возв* to look back; (*я*) не успе́л огляну́ться, как ... before I knew it ...

огнеопа́сный *прил* (in)flammable

огнестре́льн|ый *прил*: **огнестре́льное ору́жие** firearms *мн*; **огнестре́льная ра́на** bullet wound

огнетуши́тел|ь (-я) м fire-extinguisher

ог|о́нь (-ня́) м fire; (*фонарей, в окне*) light

огоро́д (-а) м vegetable *или* kitchen garden

огорче́ни|е (-я) *ср* distress; к

моему́ огорче́нию to my dismay

огорчи́ть (-у́, -и́шь; *impf* **огорча́ть**) *сов перех* to distress; **огорчи́ться** (*impf* **огорча́ться**) *сов возв* to be distressed *или* upset

огра́б|ить (-лю, -ишь) *сов от* **гра́бить**

ограбле́ни|е (-я) *ср* robbery

огра́д|а (-ы) ж (*забор*) fence; (*решётка*) railings *мн*

огра|ди́ть (-жу́, -ди́шь; *impf* **огражда́ть**) *сов перех* (*сберечь*) to shelter, protect

огражде́ни|е (-я) *ср* = **огра́да**

ограниче́ни|е (-я) *ср* limitation; (*правило*) restriction

ограни́ч|ить (-у, -ишь; *impf* **ограни́чивать**) *сов перех* to limit, restrict; **ограни́читься** (*impf* **ограни́чиваться**) *сов возв*: **ограни́читься** +*instr* (*удовлетвориться*) to content o.s. with; (*свестись*) to become limited to

огро́мный *прил* enormous

огры́з|ок (-ка) м (*яблока*) half-eaten bit; (*карандаша*) stub

огуре́ц (-ца́) м cucumber

ода́лжива|ть (-ю) *несов от* **одолжи́ть**

одарённый *прил* gifted

одева́|ть(ся) (-ю(сь)) *несов от* **оде́ть(ся)**

оде́жд|а (-ы) ж clothes *мн*

одеколо́н (-а) м eau de Cologne

оде́ну(сь) *etc сов см* **оде́ть(ся)**

одержа́ть (-ержу́, -е́ржишь; *impf* **оде́рживать**) *сов перех*: **одержа́ть побе́ду** to be victorious

оде́|ть (-ну, -нешь; *impf* **одева́ть**) *сов перех* to dress; **оде́ться** (*impf* **одева́ться**) *сов возв* to get dressed; (*тепло, красиво*) to dress

одея́л|о (-а) *ср* (шерстяно́е) blanket; (стёганое) quilt

○ **ключевое слово**

оди́н (-ного; см Table 22; f **одна́**, nt **одно́**, pl **одни́**) *м чис* one; **одна́ кни́га** one book; **одни́ брю́ки** one pair of trousers
▷ *прил* alone; (еди́нственный, еди́ный) one; (одина́ковый, тот же самый) the same; **он идёт в кино́ оди́н** he's going to the cinema alone; **есть то́лько оди́н вы́ход** there is only one way out; **у них одни́ взгля́ды** they hold similar views
▷ *мест* **1** (како́й-то): **оди́н мой знако́мый** a friend of mine; **одни́ неприя́тности** nothing but problems
2 (во фразах): **оди́н из** +gen pl one of; **оди́н и тот же** the same; **одно́ и то же** the same thing; **оди́н раз** once; **оди́н на оди́н** one to one; **все до одно́го** all to a man; **ни оди́н** not one; **оди́н за други́м** one after the other; **по одному́** one by one; **оди́н-еди́нственный** only one

одина́ковый *прил* similar
оди́ннадцатый *чис* eleventh
оди́ннадцат|ь (-и; *как* **пять**; см Table 26) *чис* eleven
одино́кий *прил* (жизнь, челове́к) lonely; (не семе́йный) single; **одино́честв|о** (-а) *ср* loneliness
одино́чный *прил* single
одн|а́ (-о́й) *ж чис см* **оди́н**
одна́жды *нареч* once
одна́ко *союз, вводн сл* however; **одна́ко!** well, I never!
одни́ (-х) *мн чис см* **оди́н**
одн|о́ (-ого́) *ср чис см* **оди́н**
одновреме́нный *прил*: **одновреме́нно** (с +instr) at the same time (as)

одного́ *etc чис см* **оди́н**; **одно́**

одно-: **однообра́зный** *прил* monotonous; **однора́зовый** *прил* disposable; **одноро́дный** *прил* (явления) similar; (ма́сса) homogeneous; **односторо́нний** *прил* unilateral; (движе́ние) one-way; **одноцве́тный** *прил* plain; **одноэта́жный** *прил* single-story (Brit), single-story (US); single-storey (Brit), one-story (US)

одобре́ни|е (-я) *ср* approval; **одобри́тельный** *прил* (отзыв) favourable (Brit), favorable (US); (восклица́ние) approving; **одобр|я́ть** (-ю; -ишь; *impf* **одо́брить**) *сов перех* to approve

одолже́ни|е (-я) *ср* favour (Brit), favor (US); **одолж|и́ть** (-у́, -и́шь; *impf* **ода́лживать**) *сов перех*: **ода́лживать что-н кому́-н** to lend sth to sb; **ода́лживать** (*perf* **одолжи́ть**) **что-н у кого́-н** (*разг*) to borrow sth from sb

одува́нчик (-а) *м* dandelion

ожере́л|ье (-ья; *gen pl* **-ий**) *ср* necklace

ожесточе́ни|е (-я) *ср* resentment

ожива́|ть (-ю) *несов от* **ожи́ть**

ожив|и́ть (-лю́, -и́шь; *impf* **оживля́ть**) *сов перех* to revive; (глаза́, лицо́) to light up; **ожив|и́ться** (*impf* **оживля́ться**) *сов возв* to liven up; (лицо́) to brighten; **оживлённый** *прил* lively; (бесе́да, спор) animated

ожида́ни|е (-я) *ср* anticipation; (обы́чно мн: наде́жды) expectation; **ожида́|ть** (-ю) *несов перех* (ждать) to expect; (+gen: наде́яться) to expect; **э́то мо́жно бы́ло ожида́ть** that was to be expected; **ожида́ться** *несов возв* to be expected

ож|и́ть (-иву́, -ивёшь; *impf* **оживáть**) *сов* to come to life

ожо́г (-а) *м* burn

озабо́ченный *прил* worried

о́з|еро (-ера; *nom pl* -ёра) *ср* lake

озира́|ться (-юсь) *несов возв*: **озира́ться (по сторона́м)** to glance about *или* around

означа́|ть (-ю) *несов перех* to mean, signify

озо́н (-а) *м* ozone; **озо́новый** *прил*: **озо́новый слой** ozone layer; **озо́новая дыра́** hole in the ozone layer

ой *межд*: ой! (*выражает испуг*) argh!; (*выражает боль*) ouch!, ow!

ок|аза́ть (-ажу́, -а́жешь; *impf* **ока́зывать**) *сов перех*: **оказа́ть по́мощь кому́-н** to provide help for sb; **ока́зывать** (*perf* **оказа́ть**) **влия́ние/давле́ние на** +*acc* to exert influence/pressure on; **ока́зывать** (*perf* **оказа́ть**) **внима́ние кому́-н** to pay attention to sb; **ока́зывать** (*perf* **оказа́ть**) **сопротивле́ние (кому́-н)** to offer resistance (to sb); **ока́зывать** (*perf* **оказа́ть**) **услу́гу кому́-н** to do sb a service; **оказа́ться** (*perf* **оказа́ться**) *сов возв* (*найти́сь: на пи́сьме итп*) to appear; (*очути́ться: на о́строве итп*) to end up; **ока́зывать** (*perf* **оказа́ться**) +*instr* (*во́ром, шпио́ном*) to turn out to be; **ока́зывается, она́ была́ права́** it turns out that she was right

окамене́|ть (*impf* **камене́ть**) *сов* to turn to stone

ока́нчива|ть (-ю) *несов от* **око́нчить**; **ока́нчиваться** *несов*

от **око́нчиться** ▷ *возв*: **ока́нчиваться на гла́сную/ согла́сную** to end in a vowel/ consonant

океа́н (-а) *м* ocean

оки́н|уть (-у; *impf* **оки́дывать**) *сов перех*: **оки́нуть кого́-н/что-н взгля́дом** to glance over at sb/sth

оккупи́р|овать (-ую) *(не)сов перех* to occupy

окла́д (-а) *м* (*зарплата*) salary

окле́|ить (-ю, -ишь; *impf* **окле́ивать**) *сов перех*: **окле́ить** (*perf* **окле́ить**) **что-н чем-н** to cover sth with sth

окн|о́ (-а́; *nom pl* -а, *gen pl* -он) *ср* window

о́коло *нареч* nearby ▷ *предл* (+*gen*: *ря́дом с*) near; (*приблизи́тельно*) about, around

околозе́мный *прил* around the earth

оконча́ни|е (-я) *ср* end; (*Линг*) ending; **оконча́тельно** *нареч* (*отве́тить*) definitely; (*победи́ть*) completely; (*отреда́ктировать*) finally; **оконча́тельный** *прил* final; (*побе́да, сверже́ние*) final

око́нч|ить (-у, -ишь; *impf* **ока́нчивать**) *сов перех* to finish; (*вуз*) to graduate from; **око́нчиться** (*impf* **ока́нчиваться**) *сов возв* to finish; **око́нчиться** (*perf*) +*instr* (*сканда́лом*) to result in

око́п (-а) *м* trench

о́корок (-а; *nom pl* -а́) *м* gammon

окочене́|ть (*impf* **кочене́ть**) *сов*

окра́ин|а (-ы) *ж* (*го́рода*) outskirts *мн*; (*страны́*) remote parts *мн*

окра́с|ка (-ки; *gen pl* -ок) *ж* (*стены́*) painting; (*живо́тного*) colouring (*Brit*), coloring (*US*)

окре́пн|уть (-у) *сов от* **кре́пнуть**

окре́стность (-и) *ж* (*обычн мн*) environs *мн*; **окре́стный** *прил* (*деревни*) neighbouring (*Brit*), neighboring (*US*)

о́крик (-а) *м* shout; **окри́кн|уть** (-у; *impf* **окри́кивать**) *сов перех*: **окри́кнуть кого́-н** to shout to sb

о́круг (-а) *м* (*административный*) district; (*избирательный*) ward; (*национальный*) territory; (*города*) borough

округл|и́ть (-ю́, -и́шь; *impf* **округля́ть**) *сов перех* (*форму*) to round off; (*цифру*) to round up *или* down

окружа́|ть (-ю) *несов от* **окружи́ть** ▷ *перех* to surround

окружа́ющее (-его) *ср* environment; **окружа́ющ|ие** (-их) *мн* (*также* **окружа́ющие лю́ди**) the people around one; **окружа́ющий** *прил* surrounding

окруже́ни|е (-я) *ср* (*среда*) environment; (*компания*) circles *мн*; (*Воен*) encirclement; **в окруже́нии** +*gen* (*среди*) surrounded by; **окруж|и́ть** (-у́, -и́шь; *impf* **окружа́ть**) *сов перех* to surround

окружн|о́й *прил* regional; **окружна́я доро́га** bypass

окру́жность (-и) *ж* circle

октя́бр|ь (-я́) *м* October

окун|у́ть (-у́, -ёшь; *impf* **окуна́ть**) *сов перех* to dip

оку́п|ить (-лю́, -ишь; *impf* **окупа́ть**) *сов перех* (*расходы*) to cover; (*поездку, проект*) to cover the cost of

оку́р|ок (-ка; *nom pl* -ки) *м* stub, butt

ола́д|ья (-ьи; *gen pl* -ий) *ж* ≈ drop scone, ≈ (Scotch) pancake

оле́н|ь (-я) *м* deer (*мн* deer)

оли́вк|а (-и) *ж* olive

олимпиа́д|а (-ы) *ж* (*Спорт*) Olympics *мн*; (*по физике итп*) Olympiad; **олимпи́йский** *прил* Olympic; **олимпи́йские и́гры** the Olympic Games

о́лов|о (-а) *ср* (*Хим*) tin

омерзи́тельный *прил* disgusting

ОМО́Н *м сокр* (= отря́д мили́ции осо́бого назначе́ния) special police force

омо́ним (-а) *м* homonym

омо́новец (-ца) *м* member of the special police force

он (**его́**; *см Table 6a*) *мест* (*человек*) he; (*животное, предмет*) it

она́ (**её**; *см Table 6a*) *мест* (*человек*) she; (*животное, предмет*) it

они́ (**их**; *см Table 6b*) *мест* they

онла́йновый *прил* (Комп) on-line

оно́ (**его́**; *см Table 6a*) *мест* it; **оно́ и ви́дно!** (*разг*) sure! (*used ironically*); **вот оно́ что** *или* **как!** (*разг*) so that's what it is!

ООН *ж сокр* (= Организа́ция Объединённых На́ций UN(O) (= United Nations (Organization))

опа́здыва|ть (-ю) *несов от* **опозда́ть**

опаса́|ться (-юсь) *несов возв* +*gen* to be afraid of; **опаса́ться** (*impf*) +*acc* to be worried about

опа́сность (-и) *ж* danger

опа́сный *прил* dangerous

опека́|ть (-ю) *несов перех* to take care of; (*сироту*) to be guardian to

о́пер|а (-ы) *ж* opera

операти́вный *прил* (*меры*) efficient; (*хирургический*) surgical; **операти́вная гру́ппа** ≈ task force;

операти́вное запомина́ющее
устро́йство RAM

опера́тор (-а) *м* operator

опера́ция (-и) *ж* operation

опере́ться (обопру́сь,
обопрёшься, -ся, -ла́сь,
impf **опира́ться**) *сов*: **опере́ться
на** +*acc* to lean on

опери́ровать (-ую; *pf*
опери́ровать или
проопери́ровать) *несов перех*
(*больно́го*) to operate on
▷ *неперех* (*no perf: Воен*) to
operate; (+*instr*: *а́кциями*) to deal
in; (*перен*: *ци́фрами, фа́ктами*) to
use

о́перный *прил* operatic; (*певец*)
opera

опеча́та|ть (-ю; *impf*
опеча́тывать) *сов перех* to seal

опеча́т|ка (-ки; *gen pl* -ок) *ж*
misprint

опи́л|ки (-ок) *мн* (*древе́сные*)
sawdust *ед*; (*металли́ческие*)
filings *мн*

опира́|ться (-юсь) *несов от*
опере́ться

опи́са|ние (-я) *ср* description

опи|са́ть (-шу́, -шешь; *impf*
опи́сывать) *сов перех* to
describe

опла́т|а (-ы) *ж* payment;

опла|ти́ть (-чу́, -́тишь; *impf*
опла́чивать) *сов перех* (*рабо́ту,
труд*) to pay for; (*счёт*) to pay

опове|сти́ть (-щу́, -сти́шь; *impf*
оповеща́ть) *сов перех* to notify

опозда́|ние (-я) *ср* lateness;
(*по́езда, самолёта*) late arrival;

опозда́|ть (-ю; *impf*
опа́здывать) *сов*: **опозда́ть** (в/
на +*acc*) (*в шко́лу, на рабо́ту итп*)
to be late (for)

опозна́|ть (-ю; *impf*
опознава́ть) *сов перех* to identify

опозо́р|ить(ся) (-ю(сь)) *сов от*
позо́рить(ся)

опо́мн|иться (-юсь, -ишься) *сов
возв* (*прийти́ в созна́ние*) to come
round; (*оду́маться*) to come to
one's senses

опо́р|а (-ы) *ж* support

опо́рный *прил* supporting;
опо́рный прыжо́к vault;
опо́рный пункт base

оппозицио́нный *прил*
opposition

оппози́ци|я (-и) *ж* opposition

оппоне́нт (-а) *м* (*в спо́ре*)
opponent; (*диссерта́ции*) external
examiner

опра́в|а (-ы) *ж* frame

оправда́|ние (-я) *ср* justification;
(*Юр*) acquittal; (*извине́ние*) excuse

оправда́|ть (-ю; *impf*
опра́вдывать) *сов перех* to
justify; (*наде́жды*) to live up to;
(*Юр*) to acquit; **оправда́ться**
(*impf* **опра́вдываться**) *сов возв*
to justify o.s.; (*расхо́ды*) to be
justified

опра́в|ить (-лю, -ишь; *impf*
оправля́ть) *сов перех* (*пла́тье,
посте́ль*) to straighten; (*ли́нзы*) to
frame; **опра́виться** (*impf*
оправля́ться) *сов возв*:
опра́виться от +*gen* to recover
from

опра́шива|ть (-ю) *несов от*
опроси́ть

определе́|ние (-я) *ср*
determination; (*Линг*) attribute

определённый *прил* definite;
(*устано́вленный*) definite;
(*не́который*) certain

определ|и́ть (-ю́, -и́шь; *impf*
определя́ть) *сов перех* to
determine; (*поня́тие*) to define

оприхо́д|овать (-ую) *сов от*
прихо́довать

опрове́ргн|уть (-у; *impf*
опроверга́ть) *сов перех* to refute

опроки́н|уть (-у; *impf*
опроки́дывать) *сов перех*
(*стакан*) to knock over;
опроки́нуться (*impf*
опроки́дываться) *сов возв*
(*стакан, стул, человек*) to fall over;
(*лодка*) to capsize

опро́с (-а) *м* (*свидетелей*)
questioning; (*населения*) survey;
опро́с обще́ственного мне́ния
opinion poll

опр|оси́ть (-ошу́, -о́сишь; *impf*
опра́шивать) *сов перех*
(*свидетелей*) to question;
(*население*) to survey

опро́сный *прил*: **опро́сный лист**
questionnaire

опротесто́в|а́ть (-у́ю) *сов перех*
(*Юр*) to appeal against

опря́тный *прил* neat, tidy

оптима́льный *прил* optimum

оптими́зм (-а) *м* optimism

оптимисти́чный *прил*
optimistic

опто́в|ый *прил* wholesale;
опто́вые заку́пки (*Комм*) bulk
buying; **о́птом** *нареч*: **купи́ть/
прода́ть о́птом** to buy/sell
wholesale

опуска́|ть(ся) (-ю(сь)) *несов от*
опусти́ть(ся)

опусте́|ть (3sg -ет) *сов от*
пусте́ть

оп|усти́ть (-ущу́, -у́стишь; *impf*
опуска́ть) *сов перех* to lower;
(*пропустить*) to miss out; **опуска́ть**
(*perf* **опусти́ть**) **в** +*acc* (*в ящик*) to
drop *или* put in(to); **опусти́ться**
(*impf* **опуска́ться**) *сов возв*
(*человек: на диван, на землю*) to
sit (down); (*солнце*) to sink; (*мост,
шлагбаум*) to be lowered; (*перен:
человек*) to let o.s. go

опу́хн|уть (-у) *сов от* **пу́хнуть**
▷ (*impf* **опуха́ть**) *неперех* to
swell (up); **о́пухоль** (-и) *ж*
(*рана*) swelling; (*внутренняя*)
tumour (*Brit*), tumor (*US*);
опу́хший swollen

о́пыт (-а) *м* experience;
(*эксперимент*) experiment

о́пытный *прил* (*рабочий*)
experienced; (*лаборатория*)
experimental

опьяне́|ть (-ю) *сов от* **пьяне́ть**

опя́ть *нареч* again; **опя́ть же**
(*разг*) at that

ора́нжевый *прил* orange

орби́т|а (-ы) *ж* orbit

о́рган (-а) *м* (*также Анат*) organ;
(*власти*) body; (*орудие*: +*gen*:
пропаганды) vehicle for; **ме́стные
о́рганы вла́сти** local authorities
(*Brit*) *или* government (*US*);
половы́е о́рганы genitals

орга́н (-а) *м* (*Муз*) organ

организа́тор (-а) *м* organizer

организа́ци|я (-и) *ж*
organization; (*устройство*) system

органи́зм (-а) *м* organism

организ|ова́ть (-у́ю) (*не*)*сов
перех* (*создать*) to organize

органи́ческий *прил* organic

оргкомите́т (-а) *м сокр*
(= **организацио́нный комите́т**)
organizational committee

оргте́хник|а (-и) *ж* office
automation equipment

о́рден (-а; *nom pl* -á) *м* order

орёл (**орла́**; *nom pl* **орлы́**) *м*
eagle

оре́х (-а) *м* nut

оригина́л (-а) *м* original;
оригина́льный *прил* original

ориенти́р (-а) *м* landmark

орке́стр (-а) *м* orchestra

орна́мент (-а) *м* (decorative)
pattern

оробе́ть (-ю) *сов от* **робе́ть**

ороси́тельный *прил* irrigation;
ороше́ние (-я) *ср* irrigation

ортодокса́льный *прил*
orthodox

ортопе́д (-а) *м* surgeon (*Brit*
или orthopedic (*US*) surgeon;
ортопеди́ческий *прил*
orthopaedic (*Brit*), orthopedic (*US*)

ору́ди|е (-я) *ср* tool; (*Воен*) gun
(used of artillery)

ору́жи|е (-я) *ср* weapon

орфогра́фи|я (-и) *ж* spelling

ОС *ж нескл сокр* (*Комп*)
(= *операцио́нная систе́ма*)
operating system

ос|а́ (-ы́; *nom pl* **о́сы**) *ж* wasp

оса́д|а (-ы) *ж* siege

оса́дк|и (-ов) *мн* precipitation *ед*

осва́ива|ть(ся) (-ю(сь)) *несов от*
осво́ить(ся)

осве́дом|ить (-лю, -ишь; *impf*
осведомля́ть) *сов перех* to
inform; **осве́домиться** (*impf*
осведомля́ться) *сов возв*:
осве́домиться о *+prp* to inquire
about

освеж|и́ть (-у́, -и́шь; *impf*
освежа́ть) *сов перех* (знания) to
refresh; **освежи́ться** (*impf*
освежа́ться) *сов возв* (воздух) to
freshen; (человек) to freshen up

освети́тельный *прил*:
освети́тельный прибо́р light

освет|и́ть (-щу́, -ти́шь; *impf*
освеща́ть) *сов перех* to light up;
(проблему) to cover; **освети́ться**
(*impf* **освеща́ться**) *сов возв* to
be lit up

освеще́ни|е (-я) *ср* lighting;
(проблемы, дела) coverage

освобо|ди́ть (-жу́, -ди́шь; *impf*
освобожда́ть) *сов перех* (из
тюрьмы) to release; (город) to
liberate; (дом) to vacate; (время) to

free up; **освободи́ть** (*perf*) кого́-н
от до́лжности to dismiss sb;
освободи́ться (*impf*
освобожда́ться) *сов возв* (из
тюрьмы) to be released; (дом) to
be vacated; **освобожде́ни|е** (-я)
ср release; (города) liberation;
освобожде́ние от до́лжности
dismissal

осво́|ить (-ю, -ишь; *impf*
осва́ивать) *сов перех* (технику,
язык) to master; (земли) to
cultivate; **осво́иться** (*impf*
осва́иваться) *сов возв* (на
новой работе) to find one's feet

освя|ти́ть (-щу́, -ти́шь; *impf*
освяща́ть) *сов перех* (Рел) to
bless

осед|а́ть (-ю) *несов от* **осе́сть**

осёл (-ла́) *м* donkey

осе́нний *прил* autumn, fall (*US*)

о́сен|ь (-и) *ж* autumn, fall (*US*)

о́сенью *нареч* in autumn *или* the
fall (*US*)

осе|да́ть (-я́ду, -я́дешь; *impf*
оседа́ть) *сов* (пыль, осадок) to
settle

осётр (-етра́) *м* sturgeon (*Zool*);
осетри́н|а (-ы) *ж* sturgeon
(*Culin*)

оси́н|ый *прил*: **оси́ное гнездо́**
(*перен*) hornet's nest

оско́л|ок (-ка) *м* (стекла) piece;
(снаряда) shrapnel *ед*

оскорби́тельный *прил*
offensive

оскорб|и́ть (-лю́, -и́шь; *impf*
оскорбля́ть) *сов перех* to insult;
оскорби́ться (*impf*
оскорбля́ться) *сов возв* to be
offended, take offence *или* offense
(*US*); **оскорбле́ни|е** (-я) *ср*
insult

осла́б|ить (-лю, -ишь; *impf*
ослабля́ть) *сов перех* to weaken;

(дисципли́ну) to relax

ослепи́ть (-лю́, -и́шь; impf
ослепля́ть) сов перех to blind;
(подлеж: красота́) to dazzle

осле́п|нуть (-ну; pt -, -ла) сов от
сле́пнуть

осложне́ни|е (-я) ср
complication

осложн|и́ть (-ю́, -и́шь; impf
осложня́ть) сов перех to
complicate; **осложни́ться**
(impf **осложня́ться**) сов возв to
become complicated

осма́трива|ть(ся) (-ю(сь)) несов
от **осмотре́ть(ся)**

осмеле́|ть (-ю) несов от **смеле́ть**

осме́л|иться (-юсь, -ишься;
impf **осме́ливаться**) сов возв to
dare

осмо́тр (-а) м inspection;
(больно́го) examination; (музе́я)
visit; **осм|отре́ть** (-отрю́,
-о́тришь; impf **осма́тривать**)
сов перех (см сущ) to inspect; to
examine; to visit; **осмотре́ться**
(impf **осма́триваться**) сов возв
(по сторона́м) to look around;
(перен: на но́вом ме́сте) to settle
in

осмотри́тельный прил
cautious

осна|сти́ть (-щу́, -сти́шь; impf
оснаща́ть) сов перех to equip;
оснаще́ни|е (-я) ср equipment

осно́в|а (-ы) ж basis;
(сооруже́ния) foundations мн; на
осно́ве +gen on the basis of; см
та́кже **осно́вы**

основа́ни|е (-я) ср base;
(тео́рии) basis; (посту́пка) grounds
мн; без вся́ких основа́ний without
any reason; до основа́ния
completely; на основа́нии +gen on
the grounds of; на како́м
основа́нии? on what grounds?

основа́тел|ь (-я) м founder

основа́тельный прил (ана́лиз)
thorough

основа́|ть (pt -л, -ла, -ло, impf
осно́вывать) сов перех to found;
осно́вывать (perf основа́ть) что-н
на +prp to base sth on или что́-н;
основа́ться (impf
осно́вываться) сов возв
(компа́ния) to be founded

основн|о́й прил main; (зако́н)
fundamental; **в основно́м** on the
whole

осно́выва|ть(ся) (-ю(сь)) несов
от **основа́ть(ся)**

осно́в|ы (-) мн (фи́зики) basics

осо́бенно нареч particularly;
(хорошо́) especially, particularly

осо́бенный прил special,
particular

особня́к (-а́) м mansion

осо́бый прил (вид, слу́чай)
special, particular; (помеще́ние)
separate

осозна́|ть (-ю; impf **осознава́ть**)
сов перех to realize

оспа́рива|ть (-ю) несов от
оспо́рить ▷ перех (пе́рвенство)
to contend или compete for

оспо́р|ить (-ю, -ишь; impf
оспа́ривать) сов перех to
question

остава́|ться (-ю́сь, -е́шься)
несов от **оста́ться**

оста́в|ить (-лю, -ишь; impf
оставля́ть) сов перех to leave;
(сохрани́ть) to keep; (прекрати́ть)
to stop; (перен: наде́жды) to give
up; **оста́вь!** stop it!

остальн|о́е (-о́го) ср the rest мн;
в остально́м in other respects;
остально́й прил (часть) the
remaining; **остальны́е** (-ы́х) мн
the others

остан|ови́ть (-овлю́, -о́вишь;

impf **остана́вливать** *сов перех*
to stop; **останови́ться** (*impf*
остана́вливаться) *сов возв* to
stop; (*в гостинице, у друзей*) to
stay; **останови́ться** (*perf*) **+prp**
(*на вопросе*) to dwell on; (*на
решении*) to come to; (*взгляд*) to
rest on

остано́вк|а (**-и**) *ж* stop; (*мотора*)
stopping; (*в работе*) pause

оста́т|ок (**-ка**) *м* (*пищи, дня*) the
remainder, the rest; **оста́тки** (*дома*)
remains; (*еды*) leftovers

оста́|ться (**-нусь**) *impf*
остава́ться *сов возв* (*не уйти*)
to stay; (*сохраниться*) to remain;
(*оказаться*) to be left

остекл|и́ть (**-ю́, -и́шь**) *сов от*
стекли́ть

осторо́жно *нареч* (*взять*)
carefully; (*ходить, говорить*)
cautiously; **осторо́жно!** look out!

осторо́жность (**-и**) *ж* care;
(*поступка, поведения*) caution;
осторо́жный *прил* careful

остри|ё (**-я́**) *ср* point; (*ножа*) edge

остри́|ть (**-ю́, -и́шь**; *perf*
сострить) *несов* to make witty
remarks

о́стров (**-а**; *nom pl* **-а́**) *м* island

остросюже́тный *прил* (*пьеса*)
gripping; **остросюже́тный фильм**,
остросюже́тный рома́н thriller

остроу́мный *прил* witty

о́стрый *прил* (*нож, память, вкус*)
sharp; (*борода, нос*) pointed;
(*зрение, слух*) keen; (*шутка,
слово*) witty; (*еда*) spicy; (*желание*)
burning; (*боль, болезнь*) acute;
(*ситуация*) critical

ост|уди́ть (**-ужу́, -у́дишь**; *impf*
остужа́ть) *сов перех* to cool

осты́|ть (**-ну, -нешь**) *сов от*
стыть ▷ *impf* **остыва́ть**
неперех to cool down

ос|уди́ть (**-ужу́, -у́дишь**; *impf*
осужда́ть) *сов перех* to
condemn; (*приговорить*) to convict

осуждённый (**-ого**) *м* convict

ос|уши́ть (**-ушу́, -у́шишь**; *impf*
осуша́ть) *сов перех* to drain

осуществ|и́ть (**-лю́, -и́шь**; *impf*
осуществля́ть) *сов перех*
(*мечту, идею*) to realize; (*план*) to
implement; **осуществи́ться**
(*impf* **осуществля́ться**) *сов возв*
(*мечты, идея*) to be realized

осчастли́в|ить (**-лю, -ишь**) *сов
перех* to make happy

осы́п|ать (**-лю, -лешь**; *impf*
осыпа́ть) *сов перех*: **осыпа́ть**
(*perf* **осыпать**) **кого́-н/что-н чем-н**
to scatter sth over sb/sth; (*перен*:
подарками) to shower sb/sth with
sth; **осыпа́ться** (*impf*
осыпа́ться) *сов возв* (*насыпь*) to
subside; (*штукатурка*) to crumble;
(*листья*) to fall

осьмино́г (**-а**) *м* octopus (*мн*
octopuses)

КЛЮЧЕВО́Е СЛО́ВО

от *предл* **+gen 1** from; **он отошёл
от стола́** he moved away from the
table; **он узна́л об э́том от дру́га** he
found out about it from a friend
2 (*указывает на причину*): **бума́га
размо́кла от дождя́** the paper got
wet with rain; **от зло́сти** with
anger; **от ра́дости** for joy; **от
удивле́ния** in surprise; **от
разочарова́ния/стра́ха** out of
disappointment/fear
3 (*указывает на что-н, против
чего направлено действие*) for:
лека́рство от ка́шля medicine for
a cough, cough medicine
4 (*о части целого*): **ру́чка/ключ от
две́ри** door handle/key; **я потеря́л**

пу́говицу от пальто́ I lost the
button off my coat

5 (в да́тах): письмо́ от пе́рвого
февраля́ a letter of или dated the
first of February

6 (о временно́й
после́довательности): год от го́да
from year to year; вре́мя от
вре́мени from time to time

ота́плива|ть (-ю) несов перех to
heat; **ота́пливаться** несов возв
to be heated

отбежа́ть (как **бежа́ть**; см Table
20) **отбега́ть** сов to run off

отб|ели́ть (-елю́, -е́лишь; impf
отбе́ливать) сов перех to bleach

отбивн|а́я (-о́й) ж tenderized
steak; (также **отбивна́я котле́та**)
chop

отбира́|ть (-ю) несов от **отобра́ть**

от|би́ть (-обью́, -обьёшь; impf
отбива́ть) сов перех (отколо́ть)
to break off; (мяч, уда́р) to fend off;
(ата́ку) to repulse; **отби́ться**
(impf **отбива́ться**) сов возв
отби́ться (perf) (от +gen) (от
напада́ющих) to defend o.s.
(against); (отста́ть) to fall behind

отблагодар|и́ть (-ю́, -и́шь) сов
перех to show one's gratitude to

отбо́р (-а) м selection

отбро́|сить (-шу, -сишь; impf
отбра́сывать) сов перех to
throw aside; (сомне́ния) to cast
aside; (тень) to cast

отбро́с|ы (-ов) мн
(произво́дства) waste ед;
(пищевы́е) scraps мн

отбы́ть (как **быть**; см Table 21;
impf **отбыва́ть**) сов: **отбы́ть** (из
+gen/в +acc) to depart (from/for)
▷ (pt -ыл, -ыла́, -ыло) перех:
отбы́ть наказа́ние to serve a
sentence

отва́жный прил brave

отва́р (-а) м (мясно́й) broth

отва́р|ить (-аю́, -а́ришь; impf
отва́ривать) сов перех (увезти́)
to take away; **отвозить**
(perf **отвезти́**) кого́-н/что-н в
го́род/на да́чу to take sb/sth off to
town/the dacha

отве́ргн|уть (-у; impf
отверга́ть) сов перех to reject

отверн|у́ть (-у́, -ёшь; impf
отвёртывать) сов перех (га́йку)
to unscrew ▷ (impf
отвора́чивать) (лицо́, го́лову)
to turn away; **отверну́ться** (impf
отвора́чиваться) сов возв
(челове́к) to turn away

отве́рсти|е (-я) ср opening

отвёртк|а (-и; gen pl -ок) ж
screwdriver

отв|ести́ (-еду́, -едёшь; pt -ёл,
-ела́, impf **отводи́ть**) сов перех
(челове́ка: домо́й, к врачу́) to take
(off); (: от окна́) to lead away;
(глаза́) to avert; (кандидату́ру) to
reject; (уча́сток) to allot; (сре́дства)
to allocate

отве́т (-а) м (на вопро́с) answer;
(реа́кция) response; (на письмо́,
на приглаше́ние) reply; **в отве́т**
(на +acc) in response (to); **быть**
(impf) **в отве́те за** +acc to be
answerable for

отве́тв|ле́ни|е (-я) ср branch

отве́|тить (-чу, -тишь; impf
отвеча́ть) сов: **отве́тить** (на
+acc) to answer, reply (to);
отве́тить (perf) **за** +acc (за
преступле́ние) to answer for

отве́тственность (-и) ж (за
посту́пки) responsibility; (зада́ния)
importance; **нести́** (perf **понести́**)
отве́тственность за +acc to be

responsible for; **привлека́|ть** (*perf* **привле́чь**) **кого́-н к отве́тственности** to call sb to account

отве́тственный *прил*: **отве́тственный (за +*acc*)** responsible (for); (*важный*) important; **отве́тственный рабо́тник** executive

отвеча́|ть (**-ю**) *несов от* **отве́тить** ▷ *неперех* (+*dat*: *требованиям*) to meet; (*описанию*) to answer; (*impf*) **(за кого́-н/что-н)** to be responsible for sb/sth

отвл|е́чь (**-еку́, -ечёшь** *итп*, **-еку́т**; *pt* **-ёк, -екла́**, *impf* **отвлека́ть**) *сов перех*: **отвле́чь (от +*gen* от дел)** to distract (from); (*противника*) to divert (from); **отвле́чься** (*impf* **отвлека́ться**) *сов возв*: **отвле́чься (от +*gen*)** to be distracted (from); (*от темы*) to digress (from)

отво|ди́ть (**-ожу́, -о́дишь**) *несов от* **отвести́**

отво|ева́ть (**-ю́ю**) *impf* **отвоёвывать** *сов перех* to win back

отво|зи́ть (**-ожу́, -о́зишь**) *несов от* **отвезти́**

отвора́чива|ть(ся) (**-ю(сь)**) *несов от* **отверну́ть(ся)**

отврати́тельный *прил* disgusting

отвраще́ни|е (**-я**) *ср* disgust

отвы́к|нуть (**-ну**; *pt* **-, -ла**, *impf* **отвыка́ть**) *сов*: **отвы́кнуть от +*gen* от люде́й, от рабо́ты**) to become unaccustomed to; (*от наркотиков*) to give up

отвя́з|ать (**-яжу́, -я́жешь**) *impf* **отвя́зывать** *сов перех* (*верёвку*) to untie; **отвяза́ться** (*impf* **отвя́зываться**) *сов возв* (*разг*):

отвяза́ться от +*gen* (**отделаться**) to get rid of

отгада́|ть (**-ю**; *impf* **отга́дывать**) *сов перех* to guess

отговор|и́ть (**-ю́, -и́шь**; *impf* **отгова́ривать**) *сов перех*: **отговори́ть кого́-н от чего́-н/+*infin*** to dissuade sb from sth/from doing; **отгово́рк|а** (**-ки**; *gen pl* **-ок**) *ж* excuse

отгон|я́ть (**-ю**) *несов от* **отогна́ть**

отгу́л (**-а**) *м* day off

отда|ва́ть (**-ю́, -ёшь**) *несов от* **отда́ть**

отдалённый *прил* distant; (*место, сходство*) remote

отда́ть (*как* **дать**; *см* Table 16; *impf* **отдава́ть**) *сов перех* (*возврати́ть*) to return; (*дать*) to give; (*ребёнка: в шко́лу*) to send; **отдава́ть** (*perf* **отда́ть**) **кого́-н под суд** to prosecute sb; **отдава́ть** (*perf* **отда́ть**) **кому́-н честь** to salute sb; **отдава́ть** (*perf* **отда́ть**) **себе́ отчёт в +*prep*** to realize

отде́л (**-а**) *м* (*учрежде́ния*) department; (*газе́ты*) section; (*исто́рии, нау́ки*) branch; **отде́л ка́дров** personnel department

отде́ла|ть (**-ю**; *impf* **отде́лывать**) *сов перех* (*кварти́ру*) to do up; **отде́латься** (*perf* **отде́лать**) **что-н чем-н** (*пальто́: ме́хом*) to trim sth with sth; **отде́латься** (*impf* **отде́лываться**) *сов возв*: **отде́латься от +*gen* (*разг*)** to get rid of; **отде́латься** (*perf*) **+*instr*** (*разг*: *испу́гом*) to get away with

отделе́ни|е (**-я**) *ср* section; (*учрежде́ния*) department; (*филиа́ла*) branch; (*конце́рта*) part; **отделе́ние свя́зи** post office; **отделе́ние мили́ции** police station

отде|ли́ть (-елю́, -е́лишь; *impf*
отделя́ть) *сов перех* to separate;
отдели́ться (*impf* **отделя́ться**)
сов возв: **отдели́ться (от** +*gen*) to
separate (from)

отде́л|ка (-ки; *gen pl* -ок) ж
decoration; (*на пла́тье*) trimmings
мн

отде́лыва|ть(ся) (-ю(сь)) *несов*
от **отде́лать(ся)**

отде́льный *прил* separate

отдохн|у́ть (-у́, -ёшь; *impf*
отдыха́ть) *сов* to (have a) rest;
(*на мо́ре*) to have a holiday, take a
vacation (*US*)

о́тдых (-а) *м* rest; (*о́тпуск*)
holiday, vacation (*US*); **на о́тдыхе**
(*в о́тпуске*) on holiday; **дом**
о́тдыха holiday centre (*Brit*) *или*
center (*US*)

отдыха́|ть (-ю) *несов от*
отдохну́ть

отдыха́ющ|ий (-его) *м*
holidaymaker (*Brit*), vacationer
(*US*)

отёк (-а) *м* swelling; **отека́|ть**
(-ю) *несов от* **оте́чь**

оте́ль (-я) *м* hotel

от|е́ц (-ца́) *м* father

оте́чественный *прил*
(*промы́шленность*) domestic;
Оте́чественная Война́ patriotic
war (*fought in defence of one's
country*)

оте́честв|о (-а) *ср* fatherland

от|е́чь (-еку́, -ечёшь *итп*, -еку́т;
pt -ёк, -екла́, -екло́, *impf*
отека́ть) *сов* to swell up

о́тзвук (-а) *м* echo

о́тзыв (-а) *м* (*реце́нзия*) review

отзыва́|ть(ся) (-ю(сь)) *несов от*
отозва́ть(ся)

отзы́вчивый *прил* ready to help

отка́з (-а) *м* refusal; (*от реше́ния*)
rejection; (*механи́зма*) failure

закру́чивать (*perf* **закрути́ть**)
что-н до отка́за to turn sth full on;
набива́ть (*perf* **наби́ть**) **до отка́за**
to cram

отк|аза́ть (-ажу́, -а́жешь; *impf*
отка́зывать) *сов* (*мото́р, не́рвы*)
to fail; **отка́зывать** (*perf* **отказа́ть**)
кому́-н в чём-н to refuse sb sth; (*в
по́мощи*) to deny sb sth;
отказа́ться (*impf*
отка́зываться) *сов возв*:
отказа́ться (от +*gen*) to refuse; (*от
о́тдыха, от мы́сли*) to give up;
отка́зываться (*perf* **отказа́ться**) **от**
свои́х слов to retract one's words

отка́лыва|ть(ся) (-ю(сь)) *несов*
от **отколо́ть(ся)**

отка́ча|ть (-ю; *impf* **отка́чивать**)
сов перех to pump (out)

отки́н|уть (-у; *impf* **отки́дывать**)
сов перех to throw; (*верх,
сиде́нье*) to open; (*во́лосы,
го́лову*) to toss back; **отки́нуться**
(*impf* **отки́дываться**) *сов возв*:
отки́нуться на +*acc* to lean back
against

откла́дыва|ть (-ю) *несов от*
отложи́ть

отключ|и́ть (-у́, -и́шь; *impf*
отключа́ть) *сов перех* to switch
off; (*телефо́н*) to cut off;
отключи́ться (*impf*
отключа́ться) *сов возв* to switch
off

откорректи́р|овать (-ую) *сов*
от **корректи́ровать**

открове́нно *нареч* frankly

открове́нный *прил* frank;
(*обма́н*) blatant

откро́|ю(сь) *etc сов см*
откры́ть(ся)

открыва́|лка (-ки; *gen pl* -ок) ж
(*разг: для консе́рвов*) tin-opener;
(*для буты́лок*) bottle-opener

открыва́|ть(ся) (-ю(сь)) *несов от*

откры́ть(ся)

откры́ти|е (-я) *ср* discovery; *(сезона, выставки)* opening

откры́т|ка (-ки; *gen pl* -ок) *ж* postcard

откры́тый *прил* open; *(голова, шея)* bare; *(взгляд, человек)* frank

откры́|ть (-о́ю, -о́ешь; *impf* **открыва́ть**) *сов перех* to open; *(намерения, правду итп)* to reveal; *(воду, кран)* to turn on; *(возможность, путь)* to open up; *(закон)* to discover; **откры́ться** *(impf* **открыва́ться**) *сов возв* to open; *(возможность, путь)* to open up

отку́да *нареч* where from ▷ *союз* from where; **Вы отку́да?** where are you from?; **отку́да Вы прие́хали?** where have you come from?; **отку́да ты э́то зна́ешь?** how do you know about that?; **отку́да-нибудь** *нареч* from somewhere (or other); **отку́да-то** *нареч* from somewhere

отку́с|ить (-ушу́, -у́сишь; *impf* **отку́сывать**) *сов перех* to bite off

отла́д|ить (-жу, дишь) *сов перех* от **отла́живать**

отла́жива|ть (-ю; *perf* **отла́дить**) *несов перех (Комп)* to debug

отлага́тельств|о (-а) *ср* delay

отла́мыва|ть(ся) (-ю) *несов от* **отломи́ть(ся)**

отле|те́ть (-чу́, -ти́шь; *impf* **отлета́ть**) *сов* to fly off; *(мяч)* to fly back

отлича́|ть (-ю) *несов от* **отличи́ть**; **отлича́ться** *возв (быть другим)* to be different (**от** +*gen*); **отличи́|е** (-я) *ср* distinction; **в отли́чие от** +*gen* unlike

отлич|и́ть (-у́, -и́шь; *impf* **отлича́ть**) *сов перех (наградить)* to honour (*Brit*), honor (*US*); **отлича́ть** *(perf* **отличи́ть)** кого́-н/ что-н от +*gen* to tell sb/sth from

отли́чник (-а) *м* 'A'grade pupil

отли́чно *нареч* extremely well ▷ *ср нескл (Просвещ)* excellent *или* outstanding (*school mark*); **он отли́чно зна́ет, что он винова́т** he knows perfectly well that he's wrong; **учи́ться** *(impf)* **на отли́чно** to get top marks

отли́чный *прил* excellent; *(иной)*: **отли́чный от** +*gen* distinct from

отлож|и́ть (-о́жу, -о́жишь; *impf* **откла́дывать**) *сов перех (деньги)* to put aside; *(собрание)* to postpone

отлом|и́ть (-омлю́, -о́мишь; *impf* **отла́мывать)** *сов перех* to break off; **отломи́ться** *(impf* **отла́мываться)** *сов возв* to break off

отмахн|у́ться (-у́сь, -ёшься; *impf* **отма́хиваться)** *сов*: **отмахну́ться от** +*gen (от мухи)* to brush away; *(от предложения)* to brush *или* wave aside

отме́н|а (-ы) *ж (см глаг)* repeal; reversal; abolition; cancellation;

отме́н|ить (-ю́, -ишь; *impf* **отменя́ть)** *сов перех (решение, приговор)* to reverse; *(налог)* to abolish; *(лекцию)* to cancel; *(закон)* to repeal

отме́|тить (-чу, -тишь; *impf* **отмеча́ть)** *сов перех (на карте, в книге)* to mark; *(указать)* to note; *(юбилей)* to celebrate; **отме́титься** *(impf* **отмеча́ться)** *сов возв* to register

отме́т|ка (-ки; *gen pl* -ок) *ж* mark; *(в документе)* note

● **ОТМЕ́ТКА**

● The Russian scale of marking is
from 1 to 5, with 5 being the
highest score.

отмеча́|ть(ся) (-ю(сь)) несов от
отме́тить(ся)

отморо́|зить (-жу, -зишь; impf
отмора́живать) сов перех:
отморо́зить ру́ки/но́ги to get
frostbite in one's hands/feet

отмы́|ть (-о́ю, -о́ешь; impf
отмыва́ть) сов перех: **отмы́ть**
что-н to get sth clean; (грязь) to
wash sth out; (де́ньги) to launder
sth

отн|ести́ (-есу́, -есёшь; pt -ёс,
-есла́, impf **относи́ть**) сов перех
to take (off); (подлеж: течение) to
carry off; (причислить к): **отнести́**
что-н к +dat (к периоду, к году) to
date sth back to; (к число группе)
to categorize sth as; (к категории)
to put sth into; **отнести́** (perf
отнести́) что-н за или на счёт
+gen to put sth down to;
отнести́сь (impf **относи́ться**)
сов возв: **отнести́сь** к +dat (к
человеку) to treat; (к
предложению, к событию) to take

отнима́|ть (-ю) несов от **отня́ть**

относи́тельно нареч relatively
▷ предл (+gen: в отношении)
regarding, with regard to

относи́тельный прил relative

отн|оси́ть (-ошу́, -о́сишь) несов
от **отнести́**; **относи́ться** несов
от **отнести́сь** ▷ несов: **относи́ться**
к +dat to relate to; (к классу) to
belong to; (к году) to date from; **он
к ней хорошо́ отно́сится** he likes
her; **как ты отно́сишься к нему́?**
what do you think about him?; **э́то
к нам не отно́сится** it has nothing

to do with us

отноше́ни|е (-я) ср (Мат) ratio;
отноше́ние (к +dat) attitude (to);
(связь) relation (to); **в отноше́нии
+gen** with regard to; **по
отноше́нию к** towards; **в э́том
отноше́нии** in this respect или
regard; **в не́котором отноше́нии**
in certain respects; **име́ть** (impf)
отноше́ние к +dat to be connected
with; **не име́ть** (impf) **отноше́ния
к** +dat to have nothing to do with

отню́дь нареч: **отню́дь не** by no
means, far from; **отню́дь нет**
absolutely not

отн|я́ть (-иму́, -и́мешь; impf
отнима́ть) сов перех to take
away; (силы, время) to take up

ото предл = от

от|обра́ть (-беру́, -берёшь; pt
-обра́л, -обрала́, impf **отбира́ть**)
сов перех (отнять) to take away;
(выбрать) to select

отовсю́ду нареч from all around

от|огна́ть (-гоню́, -го́нишь; impf
отгоня́ть) сов перех to chase
away

отодви́н|уть (-у; impf
отодвига́ть) сов перех (шкаф) to
move; (засов) to slide back; (срок,
экзамен) to put back;
отодви́нуться (impf
отодвига́ться) сов возв
(человек) to move

от|озва́ть (-зову́, -зовёшь; impf
отзыва́ть) сов перех to call back;
(посла, документы) to recall;
отзыва́ть (perf **отозва́ть**) кого́-н в
сто́рону to take sb aside;
отозва́ться (impf **отзыва́ться**)
сов возв: **отозва́ться** (на +acc) to
respond (to); **хорошо́/пло́хо
отозва́ться** (perf) о +prp to speak
well/badly of

отойти́ (как **идти́**; см Table 18)

impf **отходи́ть**) *сов* (поезд, автобус) to leave; (пятно) to come out; (отлучиться) to go off;

отходи́ть *сов* (perf **отойти́**) *+gen* to move away from; (перен: от друзей, от взглядов) to distance o.s. from; (от темы) to depart from

отом|сти́ть (-щу́, -сти́шь) *сов от* мстить

отопи́тельный *прил* (прибор) heating; **отопи́тельный сезо́н** the cold season

● **ОТОПИ́ТЕЛЬНЫЙ СЕЗО́Н**
●
● The heating comes on around
● the middle of October and goes
● off around the middle of May.
● The central heating is controlled
● centrally and individual home
● owners do not have any say
● over it.

отопле́ни|е (-я) *ср* heating

отор|ва́ть (-ву́, -вёшь; *impf* **отрыва́ть**) *сов перех* to tear off; **отрыва́ть** (perf **оторва́ть**) (от +gen) to tear away (from);

оторва́ться (*impf* **отрыва́ться**) *сов возв* (пуговица) to come off; (perf **оторва́ться**) (от +gen) (от работы) to tear o.s. away (from); (убежать) to break away (from); (от семьи) to lose touch (with); (perf **оторва́ться**) от земли́ (самолёт) to take off

отпева́ни|е (-я) *ср* funeral service; **отпева́|ть** (-ю) *несов от* **отпе́ть**

отп|е́ть (-ою́, -оёшь; *impf* **отпева́ть**) *сов перех* (Рел) to conduct a funeral service for

отпеча́та|ть (-ю; *impf* **отпеча́тывать**) *сов перех* to print; **отпеча́таться** (*impf* **отпеча́тываться**) *сов возв* (на земле) to leave a print; (перен: в памяти) to imprint

отпеча́т|ок (-ка) *м* imprint; **отпеча́тки па́льцев** fingerprints

отпира́|ть (-ю) *несов от* **отпере́ть**

отпла|ти́ть (-чу́, -а́тишь; *impf* **отпла́чивать**) *сов* (+dat: наградить) to repay; (отомстить) to pay back

отплы|ть (-ву́, -вёшь; *impf* **отплыва́ть**) *сов* (человек) to swim off; (корабль) to set sail

отполз|ти́ (-у́, -ёшь; *impf* **отполза́ть**) *сов* to crawl away

отправи́тел|ь (-я) *м* sender

отпра́в|ить (-лю, -ишь; *impf* **отправля́ть**) *сов перех* to send; **отпра́виться** (*impf* **отправля́ться**) *сов возв* (человек) to set off

отпра́в|ка (-ки; *gen pl* -ок) *ж* (письма) posting; (груза) dispatch

отправле́ни|е (-я) *ср* (письма) dispatch; (почтовое) item

отправн|о́й *прил*: **отправно́й пункт** point of departure; **отправна́я то́чка** (перен) starting point

отпро|си́ться (-шу́сь, -о́сишься; *impf* **отпра́шиваться**) *сов возв* to ask permission to leave

о́тпуск (-а) *м* holiday (Brit), vacation (US); **быть** (*impf*) **в о́тпуске** to be on holiday

отп|усти́ть (-ущу́, -у́стишь; *impf* **отпуска́ть**) *сов перех* to let out; (из рук) to let go of; (товар) to sell; (деньги) to release; (бороду) to grow

отрабо́та|ть (-ю; *impf* **отраба́тывать**) *сов перех*

(какое-то время) to work; (освоить) to perfect, polish
▷ неперех (кончить работу) to finish work

отр|ави́ть (-авлю́, -а́вишь; impf **отравля́ть**) сов перех to poison; (перен: праздник) to spoil; **отрави́ться** (impf **отравля́ться**) сов возв to poison o.s.; (едой) to get food-poisoning

отраже́ни|е (-я) ср (см глаг) reflection; deflection

отра|зи́ть (-жу́, -зи́шь; impf **отража́ть**) сов перех to reflect; (удар) to deflect; **отрази́ться** (impf **отража́ться**) сов возв to be reflected; **отрази́ться в** +prp to be reflected in; (perf **отрази́ться**) **отража́ться на** +prp (на здоровье) to have an effect on

о́трасл|ь (-и) ж branch (of industry)

отр|асти́ (3sg -астёт, pt -о́с, -осла́, impf **отраста́ть**) сов to grow

отра|сти́ть (-щу́, -сти́шь; impf **отра́щивать**) сов перех to grow

отре́з (-а) м piece of fabric

отре́|зать (-жу, -жешь; impf **отреза́ть**) сов перех to cut off

отре́з|ок (-ка) м (ткани) piece; (пути) section; (времени) period

отрица́ни|е (-я) ср denial; (Линг) negation; **отрица́тельный** прил negative

отрица́|ть (-ю) несов перех to deny; (моду итп) to reject

отро́ст|ок (-ка) м (побег) shoot

отру|би́ть (-блю́, -бишь; impf **отруба́ть**) сов перех to chop off

отруга́|ть (-ю) сов от **руга́ть**

отры́в (-а) м: **отры́в от** +gen (от семьи) separation from; **ли́ния**

отры́ва perforated line; **быть** (impf) **в отры́ве от** +gen to be cut off from

отрыва́|ть(ся) (-ю(сь)) несов от **оторва́ть(ся)**

отря́д (-а) м party, group; (Воен) detachment

отряхн|у́ть (-у́, -ёшь; impf **отря́хивать**) сов перех (снег, пыль) to shake off; (пальто) to shake down

отсе́к (-а) м compartment

отс|е́чь (-еку́, -ечёшь etc, -ку́т; pt -ёк, -екла́, impf **отсека́ть**) сов перех to cut off

отск|очи́ть (-очу́, -о́чишь; impf **отска́кивать**) сов (в сторону, назад) to jump; (разг: пуговица, кнопка) to come off; **отска́кивать** (perf **отскочи́ть**) **от** +gen (мяч) to bounce off; (человек) to jump off

отсро́ч|ить (-у, -ишь; impf **отсро́чивать**) сов перех to defer

отста|ва́ть (-ю́, -ёшь) несов от **отста́ть**

отста́в|ка (-ки; gen pl -ок) ж retirement; (кабинета) resignation; **подава́ть** (perf **пода́ть**) **в отста́вку** to offer one's resignation

отста́ива|ть(ся) (-ю) несов от **отстоя́ть(ся)**

отста́лый прил backward

отста́|ть (-ну, -нешь; impf **отстава́ть**) сов (перен: в учёбе, в работе) to fall behind; (часы) to be slow; **отстава́ть** (perf **отста́ть**) (от +gen) (от группы) to fall behind; (от поезда, от автобуса) to be left behind; **отста́нь от меня́!** stop pestering me!

отсто|я́ть (-ю́, -и́шь; impf **отста́ивать**) сов перех (город, своё мнение) to defend; (раствор) to allow to stand; (два часа итп) to wait; **отстоя́ться** (impf

отста́иваться *сов возв* to settle

отстран|и́ть (**-ю́**, **-и́шь**; *impf* **отстраня́ть**) *сов перех* (*отодвинуть*) to push away; (*уволить*): **отстрани́ть от** +*gen* to remove, dismiss; **отстрани́ться** (*impf* **отстраня́ться**) *сов возв*: **отстрани́ться от** +*gen* (*от должности*) to relinquish; (*отодвинуться*) to draw back

отступ|и́ть (**-лю́**, **-у́пишь**; *impf* **отступа́ть**) *сов* to step back; (*Воен*) to retreat; (*перед трудностями*) to give up

отступле́ни|е (**-я**) *ср* retreat; (*от темы*) digression

отсу́тстви|е (**-я**) *ср* (*человека*) absence; (*денег, вкуса*) lack

отсу́тств|овать (**-ую**) *несов* (*в классе итп*) to be absent; (*желание*) to be lacking

отсу́тствующий *прил* (*взгляд, вид*) absent ▷ (**-его**) *м* absentee

отсчёт (**-а**) *м* (*минут*) calculation; **то́чка отсчёта** point of reference

отсчита́|ть (**-ю**; *impf* **отсчи́тывать**) *сов перех* (*деньги*) to count out

отсю́да *нареч* from here

отта́ива|ть (**-ю**) *несов от* **отта́ять**

отта́лкива|ть(ся) (**-ю(сь)**) *несов от* **оттолкну́ть(ся)**

оттащ|и́ть (**-ащу́**, **-а́щишь**; *impf* **отта́скивать**) *сов перех* to drag

отта́|ять (**-ю**; *impf* **отта́ивать**) *сов* (*земля*) to thaw; (*мясо*) to thaw out

отте́н|ок (**-ка**) *м* shade

о́ттепель (**-и**) *ж* thaw

о́ттиск (**-а**) *м* (*ступни*) impression; (*рисунка*) print

отто́го *нареч* for this reason; **отто́го что** because

оттолкн|у́ть (**-у́**, **-ёшь**; *impf* **отта́лкивать**) *сов перех* to push

away; **оттолкну́ться** (*impf* **отта́лкиваться**) *сов возв*: **оттолкну́ться от чего́-н** (*от берега*) to push o.s. away *или* back from sth; (*перен*: *от данных*) to take sth as one's starting point

отту́да *нареч* from there

отт|яну́ть (**-яну́**, **-я́нешь**; *impf* **оття́гивать**) *сов перех* to pull back; (*карман*) to stretch; (*разг*: *выполнение*) to delay; **оття́гивать** (**оттяну́ть** *impf*) **вре́мя** to play for time

отуч|и́ть (**-учу́**, **-у́чишь**; *impf* **отуча́ть**) *сов перех*: **отучи́ть кого́-н от** +*gen* (*от курения*) to wean sb off; **отуча́ть** (*perf* **отучи́ть**) **кого́-н** +*infin* (*врать*) to teach sb not to do; **отучи́ться** (*impf* **отуча́ться**) *сов возв*: **отучи́ться** +*infin* to get out of the habit of doing

отхлын|у́ть (*3sg* **-ет**) *сов* (*волны*) to roll back

отхо́д (**-а**) *м* departure; (*Воен*) withdrawal; *см также* **отхо́ды**

отх|оди́ть (**-ожу́**, **-о́дишь**) *несов от* **отойти́**

отхо́д|ы (**-ов**) *мн* waste *ед*

отц|а́ *etc сущ см* **оте́ц**

отцо́вский *прил* father's; (*чувства, права*) paternal

отча́лива|ться (**-юсь**) *несов от* **отча́литься**

отча́л|ить (**-ю**, **-ишь**; *impf* **отча́ливать**) *сов* to set sail

отча́яни|е (**-я**) *ср* despair; **отча́янный** *прил* desperate; (*смелый*) daring; **отча́|яться** (**-юсь**; *impf* **отча́иваться**) *сов возв*: **отча́яться** (+*infin*) to despair (of doing)

отчего́ *нареч* (*почему*) why ▷ *союз* (*вследствие чего*) which is why; **отчего́-нибудь** *нареч* for any reason; **отчего́-то** *нареч* for some reason

о́тчеств|о (-а) *ср* patronymic

- **О́ТЧЕСТВО**

- The full name of a Russian
- person must include his or her
- patronymic. Besides being the
- formal way of addressing people,
- the use of the patronymic also
- shows your respect for that
- person. Patronymics are not as
- officious as they sound to
- foreign ears. In fact, quite often
- the patronymic replaces the first
- name and is used as an
- affectionate way of addressing
- people you know well.

отчёт (-а) *м* account; **фина́нсовый отчёт** financial report; (*вы́писка*) statement; **отдава́ть** (*perf* **отда́ть**) **себе́ отчёт в чём-н** to realize sth

отчётливый *прил* distinct; (*объясне́ние*) clear

отчи́зн|а (-ы) *ж* mother country

о́тчим (-а) *м* stepfather

отчисле́ни|е (-я) *ср* (*рабо́тника*) dismissal; (*студе́нта*) expulsion; (*обычно мн: на строи́тельстве*) allocation; (*: де́нежные: удержа́ние*) deduction; (*: выделе́ние*) assignment

отчита́|ть (-ю; *impf* **отчи́тывать**) *сов перех* (*ребёнка*) to tell off; **отчита́ться** (*impf* **отчи́тываться**) *сов возв* to report

отъе́зд (-а) *м* departure; **быть** (*impf*) **в отъе́зде** to be away

отъе́ха|ть (*как* **е́хать**; *см* Table 19; *impf* **отъезжа́ть**) *сов* to travel; **отъезжа́ть** (*perf* **отъе́хать**) **от** +*gen* to move away from

отъя́вленный *прил* utter

отыгра́|ть (-ю; *impf* **отыгра́ть**) *сов перех* to win back; **отыгра́ться** (*impf* **отыгра́ться**) *сов возв* (*в ка́рты, в ша́хматы*) to win again; (*перен*) to get one's own back

отыска́ть (-ищу́, -и́щешь; *impf* **оты́скивать**) *сов перех* to hunt out; (*Комп*) to retrieve

о́фис (-а) *м* office

офице́р (-а) *м* (*Воен*) officer; (*разг: Ша́хматы*) bishop

официа́льн|ый *прил* official; **официа́льное лицо́** official

официа́нт (-а) *м* waiter

офла́йный *прил* off-line

оформи́тель (-я) *м*: **оформи́тель спекта́кля** set designer; **оформи́тель витри́н** window dresser

офо́рм|ить (-лю, -ишь; *impf* **оформля́ть**) *сов перех* (*докуме́нты, догово́р*) to draw up; (*кни́гу*) to design the layout of; (*витри́ну*) to dress; (*спекта́кль*) to design the sets for; **оформи́ть** (*perf* **офо́рмить**) **кого́-н на рабо́ту** (+*instr*) to take sb on (as); **офо́рмиться** (*impf* **оформля́ться**) *сов возв* (*взгля́ды*) to form; (*перен*) **оформи́ться** (*perf* **офо́рмиться**) **на рабо́ту** (+*instr*) to be taken on (as)

оформле́ни|е (-я) *ср* design; (*докуме́нтов, догово́ра*) drawing up; **музыка́льное оформле́ние** music

оформля́|ть(ся) (-ю(сь)) *несов от* **офо́рмить**

оффшо́рный *прил* (*Комм*) offshore

охладе́|ть (-ю; *impf* **охладева́ть**) *сов* (*отноше́ния*) to cool; **охладева́ть** (*perf* **охладе́ть**) **к**

+dat (*к мужу*) to grow cool towards

охлади́ть (**-жу́, -ди́шь**; *impf* **охлажда́ть**) *сов перех* (*воду, чувства*) to cool; (*impf* **охлажда́ться**) *сов возв* (*печка, вода*) to cool down

охо́т|а (**-ы**) *ж* hunt; (*разг: желание*) desire; **охо́т|иться** (**-чусь, -тишься**) *несов возв*: **охо́титься на** +*acc* to hunt (*to kill*); **охо́титься** (*impf*) **за** +*instr* to hunt (*to catch*); (*перен: разг*) to hunt for; **охо́тник** (**-а**) *м* hunter; **охо́тничий** *прил* hunting

охо́тно *нареч* willingly

охра́н|а (**-ы**) *ж* (*защита*) security; (*группа людей*) bodyguard; (*растений, животных*) protection; (*здоровья*) care; **охра́на труда́** health and safety regulations

охра́нник (**-а**) *м* guard

охраня́|ть (**-ю**) *несов перех* to guard; (*природу*) to protect

оцени́ть (**-еню́, -е́нишь**; *impf* **оце́нивать**) *сов перех* (*вещь*) to value; (*знания*) to assess; (*признать достоинства*) to appreciate; **оце́н|ка** (**-ки**; *gen pl* **-ок**) *ж* (*вещи*) valuation; (*работника, поступка*) assessment; (*отметка*) mark

оце́п|ить (**-еплю́, -е́пишь**; *impf* **оцепля́ть**) *сов перех* to cordon off

оча́г (**-а́**) *м* hearth; (*перен: заболевания*) source

очарова́ни|е (**-я**) *ср* charm

очарова́тельный *прил* charming

очар|ова́ть (**-у́ю**; *impf* **очаро́вывать**) *сов перех* to charm

очеви́дно *нареч, част* obviously ▷ *как сказ*: **очеви́дно, что он винова́т** it's obvious that he is

guilty ▷ *вводн сл*: **очеви́дно, он не придёт** apparently he's not coming; **очеви́дный** *прил* (*факт*) plain; (*желание*) obvious

о́чень *нареч* +*adv, +adj* very +*vb* very much

очередно́й *прил* next; (*ближайший: задача*) immediate; (*: номер газеты*) latest; (*повторяющийся*) another

о́чередь (**-и**) *ж* (*порядок*) order; (*место в порядке*) turn; (*группа людей*) queue (*Brit*), line (*US*); (*в строительстве*) section; **в пе́рвую о́чередь** in the first instance; **в свою́ о́чередь** in turn; **по поря́дку о́череди** when one's turn comes; **в свою́ о́чередь** in turn; **по о́череди** in turns

о́черк (**-а**) *м* (*литературный*) essay; (*газетный*) sketch

очерта́ни|е (**-я**) *ср* outline

очки́к (**-а**) *м* spectacle sketch

очи́|стить (**-щу, -стишь**; *impf* **очища́ть**) *сов перех* to clean; (*газ, воду*) to purify; (*город, квартиру*) to clear; **очи́ститься** (*impf* **очища́ться**) *сов возв* (*газ, вода*) to be purified

очистно́й *прил*: **очистны́е сооруже́ния** purification plant *ед*

очища́|ть(ся) (**-ю**) *несов от* **очи́стить(ся)**

очки́ (**-ов**) *мн* (*для чтения*) glasses, spectacles; (*для плавания*) goggles; **защи́тные очки́** safety specs

очко́ (**-а́**) *ср* (*Спорт*) point; (*Карты*) pip

очну́|ться (**-у́сь, -ёшься**) *сов возв* (*после сна*) to wake up; (*после обморока*) to come round

о́чный *прил* (*обучение, институт итп*) with direct contact between students and teachers; **о́чная ста́вка** (*Юр*) confrontation

оч|утѝться (2sg -ýтишься) сов возв to end up

ошéйник (-а) м collar

ош|ибѝться (-ибýсь, -ибёшься; pt -ѝбся, -ѝблась, impf **ошибáться**) сов возв to make a mistake; **ошибáться** (perf **ошибѝться**) в ком-н to misjudge sb; **ошѝб|ка** (-ки; gen pl -ок) ж mistake, error; **по ошѝбке** by mistake; **ошѝбочный** прил (мнение) mistaken, erroneous; (суждение, вывод) wrong

ощýпа|ть (-ю; impf **ощýпывать**) сов перех to feel; **óщуп|ь** (-и) ж: **на óщупь** by touch; **пробирáться** (impf) **на óщупь** to grope one's way through

ощут|ѝть (-щý, -тѝшь; impf **ощущáть**) сов перех (желание, боль) to feel

ощущéни|е (-я) ср sense; (радости, боли) feeling

павильóн (-а) м pavilion

павлѝн (-а) м peacock

пáда|ть (-ю; perf **упáсть** или **пасть**) несов to fall; (настроение) to sink; (дисциплина, нравы) to decline

падéж (-á) м (Линг) case

падéни|е (-я) ср fall; (нравов, дисциплины) decline

пáйщик (-а) м shareholder

пакéт (-а) м package; (мешок) (paper или plastic) bag

пак|овáть (-ýю; perf **запаковáть** или **упаковáть**) несов перех to pack

палáт|а (-ы) ж (в больнице) ward; (Полит) chamber, house

палáт|ка (-ки; gen pl -ок) ж tent

пáл|ец (-ьца) м (руки) finger; (ноги) toe; **большóй пáлец** (руки) thumb; (ноги) big toe

пáл|ка (-ки; gen pl -ок) ж stick

пало́мничеств|о (-а) *ср*
pilgrimage

па́лочк|а (-ки; *gen pl* -ек) *ж*
(*Муз*): дирижёрская па́лочка
(conductor's) baton; **волше́бная
па́лочка** magic wand

па́луб|а (-ы) *ж* (*Мор*) deck

па́льм|а (-ы) *ж* palm (tree)

пальто́ *ср нескл* overcoat

па́мятник (-а) *м* monument; (*на
моги́ле*) tombstone

па́мят|ь (-и) *ж* memory;
(*воспомина́ние*) memories *мн*

пана́м|а (-ы) *ж* Panama (hat)

пане́л|ь (-и; *Строит*) panel

па́ник|а (-и) *ж* panic;
паник|ова́ть (-у́ю) *несов* (*разг*)
to panic

панихи́д|а (-ы) *ж* (*Рел*) funeral
service; **гражда́нская панихи́да**
civil funeral

панора́м|а (-ы) *ж* panorama

пансиона́т (-а) *м* boarding house

па́п|а (-ы) *м* dad; (*также
Ри́мский па́па*) the Pope

папиро́с|а (-ы) *ж* type of
cigarette

папиро́сн|ый *прил*: папиро́сная
бума́га (*тонкая бумага*) tissue
paper

па́пк|а (-ки; *gen pl* -ок) *ж* folder,
file (*US*)

пар (-а; *nom pl* -ы́) *м* steam; см
также **пары́**

па́р|а (-ы) *ж* (*туфель итп*) pair;
(*супружеская*) couple

па́раграф (-а) *м* paragraph

пара́д (-а) *м* parade

пара́дн|ое (-ого) *ср* entrance

пара́дн|ый *прил* (*вход, лестница*)
front, main

парадо́кс (-а) *м* paradox

парази́т (-а) *м* parasite

парали́ч (-а́) *м* paralysis

паралле́л|ь (-и) *ж* parallel

парашю́т (-а) *м* parachute

па́рен|ь (-я) *м* (*разг*) guy

пари́ *ср нескл* bet

Пари́ж (-а) *м* Paris

пари́к (-а́) *м* wig

парикма́хер (-а) *м* hairdresser;
парикма́херск|ая (-ой) *ж*
hairdresser's (*Brit*), beauty salon
(*US*)

па́р|иться (-юсь, -ишься) *несов
возв* (*в бане*) to have a sauna

пар|и́ть (-ю́, -и́шь) *несов* to glide

парк (-а) *м* park

парк|ова́ть (-у́ю) *несов перех* to
park

парла́мент (-а) *м* parliament

парла́ментский *прил*
parliamentary

парни́к (-а́) *м* greenhouse

парнико́вый *прил*: парнико́вый
эффе́кт greenhouse effect

парово́з (-а) *м* steam engine

парово́й *прил* steam; парово́е
отопле́ние central heating

паро́ди|я (-и) *ж*: паро́дия (на
+*acc*) parody (of)

паро́л|ь (-я) *м* password

паро́м (-а) *м* ferry

па́рт|а (-ы) *ж* desk (*in schools*)

парте́р (-а) *м* the stalls *мн*

парти́йный *прил* party

па́рти|я (-и) *ж* (*Полит*) party;
(*Муз*) part; (*груза*) consignment;
(*изделий: в производстве*) batch;
(*Спорт*): па́ртия в ша́хматы/
волейбо́л a game of chess/
volleyball

партнёр (-а) *м* partner;
партнёрств|о (-а) *ср* partnership

па́рус (-а; *nom pl* -а́) *м* sail

парфюме́ри|я (-и) *ж собир*
perfume and cosmetic goods

пары́ (-о́в) *мн* vapour *ед* (*Brit*),
vapor *ед* (*US*)

пас (-а) *м* (*Спорт*) pass

па́смурный прил overcast, dull

па́спорт (-а; nom pl -á) м
passport; (автомобиля, станка)
registration document

- **ПА́СПОРТ**

- Russian citizens are required by
- law to have a passport at the age
- of 14. This is then renewed at the
- ages of 20 and 45. The passport
- serves as an essential
- identification document and has
- to be produced on various
- occasions ranging from applying
- for a job to collecting a parcel
- from the post office. Those who
- travel abroad have to get a
- separate passport for foreign
- travel.

пассажи́р (-а) м passenger

пасси́вный прил passive

па́ст|а (-ы) ж paste; (томатная)
purée; **зубна́я па́ста** toothpaste

пасти́ (-у́, -ёшь; pt -, -ла́) несов
перех (скот) to graze; **пасти́сь**
несов возв to graze

пастил|а́ (-ы́; nom pl -ы́) ж
≈ marshmallow

па|сть (-ду́, -дёшь; pt -л, -ла,
-ло) сов от **па́дать** ▷ **-сти́** ж
(зверя) mouth

Па́сх|а (-и) ж (в иудаизме)
Passover; (в христианстве)
≈ Easter

пате́нт (-а) м patent;
патент|ова́ть (-у́ю; perf
запатентова́ть) несов перех to
patent

патриа́рх (-а) м patriarch

патро́н (-а) м (Воен) cartridge;
(лампы) socket

патрули́р|овать (-ую) несов (не)
перех to patrol

патру́л|ь (-я́) м patrol

па́уз|а (-ы) ж (также Муз) pause

пау́к (-á) м spider

паути́н|а (-ы) ж spider's web,
spiderweb (US); (в помещении)
cobweb; (перен) web

пах (-а; loc sg -ý) м groin

па|ха́ть (-шу́, -шешь; perf
вспаха́ть) несов перех to plough
(Brit), plow (US)

па́х|нуть (-ну; pt -, -ла) несов:
па́хнуть (+instr) to smell (of)

пацие́нт (-а) м patient

па́чк|а (-и; gen pl -ек) ж (бумаг)
bundle; (чая, сигарет итп) packet

па́чка|ть (-ю; perf **запа́чкать**
или **испа́чкать**) несов перех:
па́чкать что-н to get sth dirty;
па́чкаться (perf **запа́чкаться**
или **испа́чкаться**) несов возв to
get dirty

паште́т (-а) м pâté

пая́|ть (-ю) несов перех to solder

певе́ц (-ца́) м singer; **певи́ц|а**
(-ы) ж от **певе́ц**

педаго́г (-а) м teacher;
педагоги́ческий прил
(коллектив) teaching;
педагоги́ческий институ́т
teacher-training (Brit) или teachers'
(US) college; **педагоги́ческий
сове́т** staff meeting

педа́л|ь (-и) ж pedal

педиа́тр (-а) м paediatrician
(Brit), pediatrician (US)

пей несов см **пить**

пе́йджер (-а) м pager

пейза́ж (-а) м landscape

пе́йте несов см **пить**

пека́рн|я (-и; gen pl -ен) ж
bakery

пелёнк|а (-и; gen pl -ок) ж
swaddling clothes мн

пельме́н|ь (-я; nom pl -и) м
(обычно мн) ≈ ravioli ед

пе́на (-ы) ж (мыльная) suds мн; (морская) foam; (бульонная) froth

пена́л (-а) м pencil case

пе́ние (-я) ср singing

пе́ниться (3sg -ится, perf вспе́ниться) несов возв to foam, froth

пеницилли́н (-а) м penicillin

пе́нка (-и) ж (на молоке) skin

пенсионе́р (-а) м pensioner

пенсио́нный прил (фонд) pension

пе́нсия (-и) ж pension; выходи́ть (perf вы́йти) на пе́нсию to retire

пень (пня) м (tree) stump

пе́пел (-ла) м ash; **пе́пельница** (-ы) ж ashtray

пе́рвенство (-а) ср championship; (место) first place

пе́рвое (-ого) ср first course

первокла́ссник (-а) м pupil in first year at school

первонача́льный прил (исходный) original, initial

пе́рвый чис first; (по времени) first, earliest; **пе́рвый эта́ж** ground (Brit) или first (US) floor; **пе́рвое вре́мя** at first; **в пе́рвую о́чередь** in the first place или instance; **пе́рвый час дня́/но́чи** after midday/midnight; **това́р пе́рвого со́рта** top grade product (on a scale of 1-3); **пе́рвая по́мощь** first aid

перебежа́ть (как бежа́ть; см Table 20; impf **перебега́ть**) сов: **перебежа́ть (че́рез +acc)** to run across

перебива́ть (-ю) несов от **переби́ть**

перебира́ть(ся) (-ю(сь)) несов от **перебра́ть(ся)**

переби́ть (-ью, -ьёшь; impf **перебива́ть**) сов перех to interrupt; (разбить) to break

переболе́ть (-ю) сов +instr to recover from

перебо́роть (-орю́, -о́решь) сов перех to overcome

перебра́сывать (-ю) несов от **перебро́сить**

перебра́ть (-еру́, -ерёшь; impf **перебира́ть**) сов перех (бумаги) to sort out; (крупу, ягоды) to sort; (события) to go over или through (in one's mind); **перебра́ться** (impf **перебира́ться**) сов возв (через реку) to manage to get across

перебро́сить (-шу, -сишь; impf **перебра́сывать**) сов перех (мяч) to throw; (войска) to transfer

перева́л (-а) м (в горах) pass

перева́лочный прил: **перева́лочный пункт/ла́герь** transit area/camp

перева́ривать (-аю, -аришь; impf **перева́ривать**) сов перех to overcook (by boiling); (пищу, информацию) to digest; **перева́риться** (impf **перева́риваться**) сов возв to be overcooked или overdone; (пища) to be digested

перевезти́ (-зу́, -зёшь; pt -ёз, -езла́, impf **перевози́ть**) сов перех to take или transport across

переверну́ть (-у́, -ёшь; impf **перевора́чивать**) сов перех to turn over; (изменить) to change (completely); (no impf: комнату) to turn upside down; **переверну́ться** (impf **перевора́чиваться**) сов возв (человек) to turn over; (лодка, машина) to overturn

переве́с (-а) м (преимущество) advantage

перевести́ (-еду́, -едёшь; pt -ёл, -ела́, impf **переводи́ть**) сов *перех* (помочь перейти) to take across; (текст) to translate; (: устно) to interpret; (часы) to reset; (учреждение, сотрудника) to transfer, move; (переслать: деньги) to transfer; (доллары, метры итп) to convert;

перевести́сь (*impf* **переводи́ться**) *сов возв* to move

перево́д (-а) *м* transfer; (стрелки часов) resetting; (текст) translation; (деньги) remittance

**перево́д
дишь(ся))** *несов от* **перевести́(сь)**

переводи́ть(ся) (-ожу́(сь), -о́дишь(ся)) *несов от* **перевести́(сь)**

перево́дчик (-а) *м* translator; (устный) interpreter

перевози́ть (-ожу́, -о́зишь) *несов от* **перевезти́**

перевора́чива|ть(ся) (-ю(сь)) *несов от* **переверну́ть(ся)**

переворо́т (-а) *м* (Полит) coup (d'état); (в судьбе) turning point

перевя́з|а́ть (-яжу́, -я́жешь) *impf* **перевя́зывать** *сов перех* (руку, раненого) to bandage; (рану) to dress, bandage; (коробку) to tie up

перегн|а́ть (-оню́, -о́нишь) *pt* -на́л, -нала́, -на́ло, *impf* **перегоня́ть** *сов перех* (обогнать) to overtake; (нефть) to refine; (спирт) to distil (*Brit*), distill (*US*)

перегова́рива|ться (-юсь) *несов возв*: **перегова́риваться (с** +*instr*) to exchange remarks (with)

перегово́рный *прил*: **перегово́рный пункт** telephone office (*for long-distance calls*)

перегово́ры (-ов) *мн* negotiations, talks; (по телефону) call *ед*

перегоня́|ть (-ю) *несов* **перегна́ть**

перегор|е́ть (*3sg* -и́т, *impf* **перегора́ть**) *сов* (лампочка) to fuse; (двигатель) to burn out

перегоро|ди́ть (-жу́, -ди́шь, *impf* **перегора́живать**) *сов перех* (комнату) to partition (off); (дорогу) to block

перегру|зи́ть (-жу́-у, -у́зишь, *impf* **перегружа́ть**) *сов перех* to overload

перегру́з|ка (-ки; *gen pl* -ок) *ж* overload; (обычно мн: нервные) strain

КЛЮЧЕВО́Е СЛО́ВО

пе́ред *предл* +*instr*
1 (о положении, в присутствии) in front of
2 (раньше чего-н) before
3 (об объекте воздействия): **пе́ред тру́дностями** in the face of difficulties; **извиня́ться** (*perf* **извини́ться**) **пе́ред кем-н** to apologize to sb; **отчи́тываться** (*perf* **отчита́ться**) **пе́ред** +*instr* to report to
4 (по сравнению) compared to
5 (как союз): **пе́ред тем как** before; **пе́ред тем как зако́нчить** before finishing

передава́|ть (-ю́) *imper* **передава́й(те)** *несов от* **переда́ть**

передам *etc сов см* **переда́ть**

переда́тчик (-а) *м* transmitter

переда́|ть (*как* **дать**; *см Table 16*), *impf* **передава́ть** *сов перех*: **переда́ть что-н (кому́-н)** (письмо, подарок) to pass *или* hand sth (over) (to sb); (известие, интерес) to pass sth on (to sb); **переда́йте ему́ (мой) приве́т** give him my regards; **переда́йте ей, что я не**

приду́ tell her I am not coming;
передава́ть (perf **переда́ть**) что-н
по телеви́дению/ра́дио to
televise/broadcast sth

переда́ч|а (-и) ж (денег, письма)
handing over; (матча)
transmission; (Тел, Радио)
programme (Brit), program (US);
програ́мма переда́ч television and
radio guide

переда́шь сов см **переда́ть**

передвига́|ть(ся) (-ю(сь)) несов
от **передви́нуть(ся)**

передвиже́ни|е (-я) ср
movement; **сре́дства
передвиже́ния** means of transport

передви́н|уть (-у) impf
передвига́ть сов перех to
move; **передви́нуться** (impf
передвига́ться) сов возв to
move

пере́дний прил front

пере́дн|яя (-ей) ж (entrance) hall

пе́редо предл = **пе́ред**

передов|а́я (-о́й) ж (также
передова́я статья́) editorial;
(также **передова́я пози́ция**:
Воен) vanguard

передово́й прил (технология)
advanced; (писатель, взгляды)
progressive

передразни́ть (-азню́,
-а́знишь; impf **передра́знивать**)
сов перех to mimic

перее́зд (-а) м (в новый дом)
move

перее́хать (как **е́хать**; см Table
19; impf **переезжа́ть**)
(переселиться) to move;
переезжа́ть (perf **перее́хать**)
(че́рез +acc) to cross

пережива́ни|е (-я) ср feeling

пережива́|ть (-ю) несов от
пережи́ть ▷ непереx:
пережива́ть (за +acc) (разг) to
worry (about)

пережи́|ть (-ву́, -вёшь; impf
пережива́ть) сов переx
(вытерпеть) to suffer

перезвони́ть (-ю́, -и́шь; impf
перезва́нивать) сов to phone
back

перейти́ (как **идти́**; см Table 18;
impf **переходи́ть**) (в/на)переx:
перейти́ (че́рез +acc) to cross
▷ непереx: перейти́ в/на +acc
(поменять место) to go (over) to;
(на другую ́рабо́ту) to move to;
переходи́ть (perf **перейти́**) к +dat
(к сыну итти) to pass to; (к делу, к
обсуждению) to move to;
переходи́ть (perf **перейти́**) на +acc
to switch to

переки́н|уть (-у; impf
переки́дывать) сов переx to
throw

перекла́дыва|ть (-ю) несов от
переложи́ть

переключа́тел|ь (-я) м switch

переключ|и́ть (-у́, -и́шь; impf
переключа́ть) сов переx to
switch; **переключи́ться** (impf
переключа́ться) сов возв to
switch; **переключа́ться** (на +acc)
(внимание) to shift to)

перекопа́|ть (-ю) сов переx
(огород) to dig up; (разг: шкаф) to
rummage through

перекре́|стить (-щу́, -сти́шь)
сов от **крести́ть**;
перекрести́ться сов от
крести́ться

перекре́щива|ться возв
(дороги, интересы) to cross

перекрёст|ок (-ка) м crossroads

перекры́|ть (-ю, -бешь) impf

перекрыва́ть *сов перех* (реку) to dam; (воду, газ) to cut off

перек|упи́ть (-уплю́, -у́пишь; *impf* **перекупа́ть**) *сов перех* to buy

перек|уси́ть (-ушу́, -у́сишь) *сов* (разг) to have a snack

переле́з|ть (-у, -ешь; *pt* -, -ла, *impf* **перелеза́ть**) *сов (не)перех*: **переле́зть** (*че́рез +acc*) (забор, канаву) to climb (over)

перелёт (-а) *м* flight; (птиц) migration; **переле|те́ть** (-чу́, -ти́шь; *impf* **перелета́ть**) *сов (не)перех*: **перелете́ть** (*че́рез +acc*) to fly over

перелива́ни|е (-я) *ср*: **перелива́ние кро́ви** blood transfusion

перелива́|ть (-ю) *несов от* **перели́ть**

перелиста́|ть (-ю; *impf* **перели́стывать**) *сов перех* (просмотреть) to leaf through

перел|и́ть (-ью, -ьёшь; *impf* **перелива́ть**) *сов перех* to pour (from one container to another); **перелива́ть** (*perf* **перели́ть**) кому́-н кровь to give sb a blood transfusion

перел|ожи́ть (-ожу́, -о́жишь; *impf* **перекла́дывать**) *сов перех* to move; **перекла́дывать** (*perf* **переложи́ть**) что́-н на кого́-н (задачу) to pass sth onto sb

перело́м (-а) *м* (Мед) fracture; (перен) turning point

перело́мный *прил* critical

перема́тыва|ть (-ю) *несов от* **перемота́ть**

переме́н|а (-ы) *ж* change; (в школе) break (Brit), recess (US); **переме́нный** *прил* (успех, ветер) variable; **переме́нный ток** alternating current

переме|сти́ть (-щу́, -сти́шь; *impf* **перемеща́ть**) *сов перех* (предмет) to move; (люде́й) to transfer; **перемести́ться** (*impf* **перемеща́ться**) *сов возв* to move

перемеша́|ть (-ю; *impf* **переме́шивать**) *сов перех* (кашу) to stir; (угли, дрова) to poke; (вещи, бумаги) to mix up

перемеща́|ть(ся) (-ю(сь)) *несов от* **перемести́ть(ся)**

перемеще́ни|е (-я) *ср* transfer

переми́ри|е (-я) *ср* truce

перемота́|ть (-ю; *impf* **перема́тывать**) *сов перех* (нитку) to wind; (плёнку) to rewind

перенапряга́|ть (-ю) *несов от* **перенапря́чь**

перенаселённый *прил* overpopulated

перен|ести́ (-есу́, -есёшь; *pt* -ёс, -есла́, *impf* **переноси́ть**) *сов перех*: **перенести́ что-н че́рез +acc** to carry sth over или across; (поменя́ть ме́сто) to move; (встречу, заседание) to reschedule; (болезнь) to suffer from; (голод, холод итп) to endure

перенима́|ть (-ю) *несов от* **переня́ть**

перен|оси́ть (-ошу́, -о́сишь) *несов от* **перенести́** ▷ *перех*: не **переноси́ть чего́-н** (антибиотиков/самолёта) to react badly to antibiotics/flying

переноси́ц|а (-ы) *ж* bridge of the nose

переносно́й *прил* portable

перено́сный *прил* (значение) figurative

перено́счик (-а) *м* (Мед) carrier

переноч|ева́ть (-у́ю) *сов от* **ночева́ть**

переоде́|ть (-ну, -нешь; impf **переодева́ть**) сов перех (одежду) to change (out of); **переодева́ть** (perf **переоде́ть**) кого-н to change sb или sb's clothes; **переоде́ться** (impf **переодева́ться**) сов возв to change, get changed

перепа́д (-а) м +gen fluctuation in

перепи|са́ть (-ишу́, -и́шешь; impf **перепи́сывать**) сов перех (написать заново) to rewrite; (скопировать) to copy

перепи́сыва|ть (-ю) несов от **переписа́ть**; **перепи́сываться** несов возв: **переписываться (с** +instr) to correspond (with)

пе́репи|сь (-и) ж (населения) census; (имущества) inventory

перепл|ести́ (-ету́, -етёшь; pt -ёл, -ела́, impf **переплета́ть**) сов перех (книгу) to bind

перепл|ы́ть (-ву́, -вёшь; pt -л, -ла́, impf **переплыва́ть**) сов (не) перех: **переплы́ть (че́рез** +acc) (вплавь) to swim (across); (на лодке, на корабле) to sail (across)

переполз|ти́ (-у́, -ёшь; pt -, -ла́, -ло́, impf **переполза́ть**) сов перех: **переползти́ (че́рез** +acc) to crawl across

перепра́в|а (-ы) ж crossing

перепра́в|ить (-лю, -ишь; impf **переправля́ть**) сов перех: **переправить кого-н/что-н че́рез** +acc to take across; **переправиться** (impf **переправля́ться**) сов возв: **переправиться че́рез** +acc to cross

перепры́гн|уть (-у; impf **перепры́гивать**) сов (не)перех: **перепры́гнуть (че́рез** +acc) to jump (over)

перепуга́|ть (-ю) сов перех: перепуга́ть кого́-н to scare the life out of sb

перепу́та|ть (-ю) сов от **пу́тать**

перере́|зать (-жу, -жешь; impf **перереза́ть**) сов перех (провод) to cut in two; (путь) to cut off

перерыв (-а) м break; де́лать (perf сде́лать) перерыв to take a break

переса|ди́ть (-ажу́, -а́дишь; impf **переса́живать**) сов перех to move; (дерево, цветок, сердце) to transplant

переса́д|ка (-ки; gen pl -ок) ж (на поезд итп) change; (Мед: сердца) transplant; (: кожи) graft

переса́жива|ть (-ю) несов от **пересади́ть**; **переса́живаться** несов от **пересе́сть**

пересека́|ть(ся) (-ю(сь)) несов от **пересе́чь(ся)**

пересел|и́ть (-ю́, -и́шь; impf **переселя́ть**) сов перех (на новые земли) to settle; (в новую квартиру) to move; **пересели́ться** (impf **переселя́ться**) сов возв (в новый дом) to move

пересе́|сть (-я́ду, -я́дешь; impf **переса́живаться**) сов (на другое место) to move; (perf пересе́сть) **на друго́й по́езд/самолёт** to change trains/planes

пересече́ни|е (-я) ср (действие) crossing; (место) intersection

переск|аза́ть (-ажу́, -а́жешь; impf **переска́зывать**) сов перех to tell

пере|сла́ть (-шлю́, -шлёшь; impf **пересыла́ть**) сов перех (отослать) to send; (по другому адресу) to forward

пересм|отре́ть (-отрю́, -о́тришь; impf

пересма́тривать *сов перех* (*решение, вопрос*) to reconsider

пересн|я́ть (-иму́, -и́мешь; *pt* -я́л, -яла́, *impf* **пересня́ть**) *сов перех* (*документ*) to make a copy of

пересо|ли́ть (-олю́, -о́лишь; *impf* **переса́ливать**) *сов перех*: **пересоли́ть что-н** to put too much salt in sth

пересо́х|нуть (*3sg* -нет, *pt* -, -ла, *impf* **пересыха́ть**) *сов* (*почва, бельё*) to dry out; (*река*) to dry up

переспр|оси́ть (-ошу́, -о́сишь; *impf* **переспра́шивать**) *сов перех* to ask again

перестава́|ть (-ю́) *несов от* **переста́ть**

переста́в|ить (-лю, -ишь; *impf* **переставля́ть**) *сов перех* to move; (*изменить порядок*) to rearrange

перестара́|ться (-юсь) *сов возв* to overdo it

переста́|ть (-ну, -нешь; *impf* **перестава́ть**) *сов* to stop; **перестава́ть** +*infin* to stop doing

перестра́ива|ть (-ю) *несов от* **перестро́ить**

перестре́л|ка (-ки; *gen pl* -ок) *ж* exchange of fire

перестро́|йка (-йки; *gen pl* -ек) *ж* (*дома*) rebuilding; (*экономики*) reorganization; (*Ист*) perestroika

пересчи́т|ать (-ю; *impf* **пересчи́тывать**) *сов перех* to count; (*повторно*) to re-count, count again; (*в других единицах*) to convert

пересыла́|ть (-ю) *несов от* **пересла́ть**

пересып|а́ть (-лю, -лешь; *impf* **пересыпа́ть**) *сов перех* (*насыпать*) to pour

пересыха́|ть (*3sg* -ет) *несов от* **пересо́хнуть**

перета́щ|ить (-ащу́, -а́щишь; *impf* **перета́скивать**) *сов перех* (*предмет*) to drag over

перетру|ди́ться (-жу́сь, -ди́шься) *impf* **перетружда́ться** *сов возв* (*разг*) to be overworked

перетя́н|уть (-яну́, -я́нешь; *impf* **перетя́гивать**) *сов перех* (*передвинуть*) to pull, tow; (*быть тяжелее*) to outweigh

переубе|ди́ть (-жу́, -ди́шь; *impf* **переубежда́ть**) *сов перех*: **переубеди́ть кого́-н** to make sb change his *итп* mind

переу́л|ок (-ка) *м* lane, alley

переутом|и́ться (-лю́сь, -и́шься; *impf* **переутомля́ться**) *сов возв* to tire o.s. out

переутомле́ни|е (-я) *ср* exhaustion

перехитр|и́ть (-ю́, -и́шь) *сов перех* to outwit

перехо́д (-а) *м* crossing; (*к другой системе*) transition; (*подземный, в здании*) passage

перехо́д|ить (-ожу́, -о́дишь) *несов от* **перейти́**

перехо́дный *прил* (*промежуточный*) transitional; **перехо́дный глаго́л** transitive verb

пе́р|ец (-ца) *м* pepper

пере́ч|ень (-ня) *м* list

перечерк|ну́ть (-у́, -ёшь; *impf* **перечёркивать**) *сов перех* to cross out

перечи́сл|ить (-ю, -ишь; *impf* **перечисля́ть**) *сов перех* (*упомянуть*) to list; (*Комм*) to transfer

перечи́т|ать (-ю; *impf* **перечи́тывать**) *сов перех*

(кни́гу) to reread, read again

перешагну́ть *(-у́, -ёшь; impf* **переша́гивать)** *сов (не)перех:* **перешагну́ть** *(че́рез +acc)* to step over

перешёл *итп сов см* **перейти́**

переши́ть *(-ью́, -ьёшь; impf* **переши́вать)** *сов перех (платье)* to alter; *(пу́говицу)* to move *(by sewing on somewhere else)*

пери́л|а *(-)* мн railing *ед; (ле́стницы)* ban(n)isters мн

пери́метр *(-а)* м perimeter

пери́од *(-а)* м period; **пе́рвый/ второ́й пери́од игры́** *(Спорт)* first/ second half (of the game)

периоди́ческий *прил* periodical

перифери́|я *(-и)* ж the provinces мн

перло́вый *прил* barley

пер|о́ *(-а́; nom pl* **-ья,** *gen pl* **-ьев)** *ср (пти́цы)* feather; *(для письма́)* nib

перочи́нный *прил:* перочи́нный нож penknife *(мн* penknives)

перро́н *(-а)* м platform *(Rail)*

пе́рсик *(-а)* м peach

персона́ж *(-а)* м character

персона́л *(-а)* м *(Админ)* personnel, staff; **персона́льный** *прил* personal; **персона́льный компью́тер** PC *(= personal computer)*

перспекти́в|а *(-ы)* ж *(Геом)* perspective; *(вид)* view; *(обыч мн: пла́ны)* prospects; **в перспекти́ве** в бу́дущем) in store

перспекти́вный *прил (изображе́ние)* in perspective; *(плани́рование)* long-term; *(учени́к)* promising

пе́рстень *(-ня)* м ring

перча́т|ка *(-ки; gen pl* **-ок)** *ж* glove

перч|у́ *(-у́, -ишь; perf*

напе́рчить) *сов перех* to pepper

перши́ть *(3sg* **-и́т)** *несов безл (разг)*: **у меня́ перши́т в го́рле** I've got a frog in my throat

пе́рья *etc сущ см* **перо́**

пёс *(пса)* м dog

песе́ц *(-ца́)* м arctic fox

пе́сн|я *(-и; gen pl* **-ен)** *ж* song

пес|о́к *(-ка́; part gen* **-ку́)** *м* sand; **песо́чный** *прил* sandy; *(пече́нье)* short

пессимисти́чный *прил* pessimistic

пёстрый *прил (ткань)* multi-coloured *(Brit)*, multi-colored *(US)*

песча́ный *прил* sandy

петру́шк|а *(-и)* ж parsley

пету́х *(-а́)* м cock, rooster *(US)*

петь *(пою, поёшь; imper* **пой(те),** *perf* **спеть)** *несов перех* to sing

пехо́т|а *(-ы)* ж infantry

печа́л|ь *(-и)* ж *(грусть)* sadness, sorrow

печа́льный *прил* sad; *(оши́бка, судьба́)* unhappy

печа́та|ть *(-ю; perf* **напеча́тать)** *несов перех (также Фото)* to print; *(публикова́ть)* to publish; *(на компью́тере)* to type

печён|ка *(-ки; gen pl* **-ок)** *ж* liver

печёный *прил* baked

пе́чен|ь *(-и)* ж *(Анат)* liver

пече́нь|е *(-я)* ср biscuit *(Brit)*, cookie *(US)*

пе́ч|ка *(-ки; gen pl* **-ек)** *ж* stove

печь *(-чи; loc sg* **-чи́,** *gen pl* **-е́й)** *ж* stove; *(Tex)* furnace ▸ *(-у́, -чёшь etc,* **-кут́;** *pt* **пёк, -кла́, -кло́;** *perf* **испе́чь)** *несов перех* to bake; **микроволно́вая печь** microwave oven; **-пе́чься** *(perf* **испе́чься)** *несов возв* to bake

пешехо́д *(-а)* м pedestrian;

пешехо́дный прил pedestrian

пе́ш|ка (-ки; gen pl -ек) ж pawn

пешко́м нареч on foot

пеще́р|а (-ы) ж cave

пиани́но ср нескл (upright) piano; **пиани́ст** (-а) м pianist

пивн|а́я (-о́й) ж ≈ bar, ≈ pub (Brit)

пивно́й прил (бар, бочка) beer

пи́в|о (-а) ср beer

пиджа́к (-а́) м jacket

пижа́м|а (-ы) ж pyjamas мн

пик (-а) м peak ▷ прил неизм (часы, период, время) peak; **часы́ пик** rush hour

пи́к|и (-) мн (в картах) spades; **пи́ковый** прил (в картах) of spades

пил|а́ (-ы́; nom pl -ы) ж saw

пил|и́ть (-ю́, -ишь) несов перех to saw; (перен: разг) to nag

пи́л|ка (-ки; gen pl -ок) ж nail file

пило́т (-а) м pilot

пило́тный прил (пробный) pilot, trial

пина́|ть (-ю) несов перех to kick

пингви́н (-а) м penguin

пин|о́к (-ка́) м kick

пинце́т (-а) м (Мед) tweezers мн

пионе́р (-а) м pioneer; (в СССР) member of Communist Youth organization

пир (-а; nom pl -ы́) м feast

пирами́д|а (-ы) ж pyramid

пира́т (-а) м pirate

пиро́г (-а́) м pie

пиро́жн|ое (-ого) ср cake

пирож|о́к (-ка́) м (с мясом) pie; (с вареньем) tart

писа́ни|е (-я) ср: **Свяще́нное Писа́ние** Holy Scripture

писа́тел|ь (-я) м writer

пис|а́ть (-шу́, -шешь; perf **написа́ть**) несов перех to write; (картину) to paint ▷ неперех (по perf: ребёнок) to be able to write;

(ручка) to write; **писа́ться** несов возв (слово) to be spelt или spelled

пистоле́т (-а) м pistol

пи́сьменно нареч in writing; **пи́сьменн|ый** прил (просьба, экзамен) written; (стол, прибор) writing; **в пи́сьменной фо́рме** in writing

письм|о́ (-а́; nom pl -а, gen pl -ем) ср letter; (no pl: алфавитное) script

пита́ни|е (-я) ср (ребёнка) feeding; (Тех) supply; (вегетарианское) diet; **обще́ственное пита́ние** public catering

пита́|ть (-ю) несов перех (перен: любовь) to feel; **пита́ться** несов возв: **пита́ться** +instr (человек, растение) to live on; (животное) to feed on

пито́мник (-а) м (Бот) nursery

пи|ть (пью, пьёшь; pt -л, -ла́, imper пе́й(те), perf **вы́пить**) несов перех to drink ▷ неперех: **пить за кого́-н/что-н** to drink to sb/sth

питьев|о́й прил: **питьева́я вода́** drinking water

пи́цца (-ы) ж pizza

пи́ча|ть (-ю; perf **напи́чкать**) несов перех to stuff

пишу́ etc несов см **писа́ть(ся)**

пи́ща (-и) ж food

пищеваре́ни|е (-я) ср digestion

пищев|о́й прил food; (соль) edible; **пищева́я со́да** baking soda

ПК м сокр = **персона́льный компью́тер**

пл. сокр (= пло́щадь) Sq. (= Square)

пла́вани|е (-я) ср swimming; (на судне) sailing; (рейс) voyage

пла́вательный *прил*: **пла́вательный бассе́йн** swimming pool

пла́ва|ть (-ю) *несов* to swim; *(кора́бль)* to sail; *(в во́здухе)* to float

пла́в|ить (-лю, -ишь; *perf* **распла́вить)** *несов перех* to smelt; **пла́виться** *(perf* **распла́виться)** *несов возв* to melt

пла́в|ки (-ок) *мн* swimming trunks

пла́вленый *прил*: **пла́вленый сыр** processed cheese

плавни́к (-а́) *м (у рыб)* fin

пла́вный *прил* smooth

плака́т (-а) *м* poster

пла́|кать (-чу, -чешь) *несов* to cry, weep; **пла́кать** *(impf)* **от** +*gen (от бо́ли итп)* to cry from; *(от ра́дости)* to cry with; *(от го́ря)* to cry in

пла́м|я (-ени; *как* **вре́мя;** см *Table 4) ср* flame

план (-а) *м* plan; *(чертёж)* plan, map; **пере́дний план** foreground; **за́дний план** background

планёр (-а) *м* glider

плане́т|а (-ы) *ж* planet

плани́р|овать (-ую) *несов перех* to plan ▷ *(perf* **заплани́ровать)** *(намерева́ться)* to plan

планиро́вк|а (-и) *ж* layout

планоме́рный *прил* systematic

пла́стик (-а) = **пластма́сса**

пласти́н|а (-ы) *ж* plate; **пласти́н|ка (-ки;** *gen pl* **-ок)** *ж*, *уменьш от* **пласти́на;** *(Муз)* record

пласти́ческий *прил* plastic

пласти́чный *прил (жесты, движения)* graceful; *(материа́лы, вещества́)* plastic

пластма́сс|а (-ы) *ж сокр*

(= **пласти́ческая ма́сса**) plastic

пла́стыр|ь (-я) *м (Мед)* plaster

пла́т|а (-ы) *ж (за труд, за услу́ги)* pay; *(за кварти́ру)* payment; *(за прое́зд)* fee; *(перен: награ́да)* reward

платёж (-ежа́) *м* payment; **платёжеспосо́бный** *прил (Комм)* solvent

пла|ти́ть (-чу́, -тишь; *perf* **заплати́ть** *или* **уплати́ть)** *несов перех* to pay

пла́тный *прил (вход, стоя́нка)* chargeable; *(шко́ла)* fee-paying; *(больни́ца)* private

плат|о́к (-ка́) *м (головно́й)* headscarf *(мн* headscarves); *(наплечно́й)* shawl; *(ручно́й)* handkerchief; **носово́й плато́к** handkerchief

платфо́рм|а (-ы) *ж* platform; *(ста́нция)* halt; *(основа́ние)* foundation

пла́тье (-я; *gen pl* **-ев)** *ср* dress ▷ *собир (оде́жда)* clothing, clothes *мн*

плафо́н (-а) *м (абажу́р)* shade *(for ceiling light)*

плацка́ртный *прил*: **плацка́ртный ваго́н** railway car with open berths instead of compartments

пла́чу *etc несов см* **пла́кать**

плачу́ *несов см* **плати́ть**

плащ (-а́) *м* raincoat

пл|ева́ть (-юю) *несов* to spit ▷ *(perf* **наплева́ть)** to spit; **плева́ть на** +*acc (разг: на пра́вила, на мне́ние други́х)* to give a damn about; **плева́ться** *несов возв* to spit

плед (-а) *м (tartan)* rug

пле́ер (-а) *м* Walkman

пле́м|я (-ени; *как* **вре́мя;** см *Table 4) ср (также перен)* tribe

племя́нник (-а) *м* nephew

племя́нниц|**а** (-ы) ж niece

плен (-а; *loc sg* -ý) м captivity; **брать** (*perf* **взять**) кого́-н в плен to take sb prisoner; **попада́ть** (*perf* **попа́сть**) в плен to be taken prisoner

плён|**ка** (-ки; *gen pl* -ок) ж film; (*кожица*) membrane; (*магнитофо́нная*) tape

пле́нн|**ый** (-ого) м prisoner

пле́сень (-и) ж mould (*Brit*), mold (*US*)

плеск (-а) м splash

пле|ска́ться (-щу́сь, -е́шешься) несов возв to splash

пле́снев|**еть** (3sg -ет, *perf* **запле́сневеть**) несов to go mouldy (*Brit*) *или* moldy (*US*)

плёт|**ка** (-ки; *gen pl* -ок) ж whip

пле́чики (-ов) мн (*ве́шалка*) coat hangers; (*подкла́дки*) shoulder pads

плеч|**о́** (-а́; *nom pl* -и) ср shoulder

пли́нтус (-а) м skirting board (*Brit*), baseboard (*US*)

плиссе́ прил неизм: **ю́бка/ пла́тье плиссе́** pleated skirt/dress

плит|**а́** (-ы́; *nom pl* -ы) ж (*ка́менная*) slab; (*металли́ческая*) plate; (*печь*) cooker, stove

пли́т|**ка** (-ки; *gen pl* -ок) ж (*керами́ческая*) tile; (*шокола́да*) bar; (*электри́ческая*) hot plate; (*га́зовая*) camping stove

плов|**е́ц** (-ца́) м swimmer

плод (-а́) м (*Бот*) fruit; (*Био*) foetus (*Brit*), fetus (*US*); +*gen*: *перен*: *уси́лий* fruits of

пло|ди́ться (3sg -и́тся, *perf* **расплоди́ться**) несов возв to multiply

плодоро́дный прил fertile

пло́мб|**а** (-ы) ж (*в зубе́*) filling; (*на дверя́х, на сейфе́*) seal

пломби́р (-а) м rich creamy ice-cream

пломбир|**ова́ть** (-у́ю; *perf* **запломбирова́ть**) несов перех (*зуб*) to fill ▷ (*perf* **опломбирова́ть**) (*дверь, сейф*) to seal

пло́ский прил flat

плоскогу́бцы (-ев) мн pliers

пло́скость (-и; *gen pl* -е́й) ж plane

плот (-а́; *loc sg* -ý) м raft

плоти́н|**а** (-ы) ж dam

пло́тник (-а) м carpenter

пло́тный прил (*тума́н*) dense, thick; (*толпа́*) dense, thick; (*бума́га, кожа*) thick; (*обе́д*) substantial

пло́хо нареч (*учи́ться, рабо́тать*) badly ▷ *как сказ* it's bad; **мне пло́хо** I feel bad; **у меня́ пло́хо с деньга́ми** I am short of money

плохо́й прил bad

площа́д|**ка** (-ки; *gen pl* -ок) ж (*де́тская*) playground; (*спорти́вная*) ground; (*строи́тельная*) site; (*часть ваго́на*) corridor; **ле́стничная площа́дка** landing; **поса́дочная площа́дка** landing pad

пло́щадь (-и; *gen pl* -е́й) ж (*ме́сто*) square; (*простра́нство*: *также Мат*) area; **жила́я пло́щадь** living space

плуг (-а; *nom pl* -и́) м plough (*Brit*), plow (*US*)

плы|ть (-ву́, -вёшь; *pt* -л, -ла́) несов to swim; (*су́дно*) to sail; (*облако*) to float

плю́н|**уть** (-у) сов to spit; **плюнь!** (*разг*) forget it!

плюс м нескл, союз plus

пляж (-а) м beach

пневмони́|**я** (-и) ж pneumonia

ПО ср нескл сокр (= програ́ммное обеспе́чение) software; (*Комм*) (= произво́дственное объедине́ние) ≈ large industrial company

○ КЛЮЧЕВОЕ СЛОВО

по предл +dat **1** (*о месте действия, вдоль*) along; **ло́дка плывёт по реке́** the boat is sailing on the river; **спусти́ться** (*perf*) **спусти́ться по ле́стнице** to go down the stairs

2 (*при глаголах движения*) round; **ходи́ть** (*impf*) **по ко́мнате/са́ду** to walk round the room/garden; **плыть** (*impf*) **по тече́нию** to go downstream

3 (*об объекте воздействия*) on; **уда́рить** (*impf*) **по врагу́** to deal a blow to the enemy

4 (*в соответствии с*): **де́йствовать по зако́ну/пра́вилам** to act in accordance with the law/the rules; **по расписа́нию/пла́ну** according to schedule/plan

5 (*об основании*): **суди́ть по вне́шности** to judge by appearances; **жени́ться** (*impf/perf*) **по любви́** to marry for love

6 (*вследствие*) due to; **по необходи́мости** out of necessity

7 (*посредством*): **говори́ть по телефо́ну** to speak on the phone; **отпра́вить** (*perf*) **отпра́вить что-н по по́чте** to send sth by post; **передава́ть** (*perf* **переда́ть**) **что-н по ра́дио/по телеви́дению** to broadcast/televise sth

8 (*с целью, для*): **о́рганы по борьбе́ с престу́пностью** organizations in the fight against crime; **я позва́л тебя́ по де́лу** I called on you on business

9 (*о како́й-н характеристике объекта*) in; **по профе́ссии** by profession; **дед по ма́тери** maternal grandfather; **това́рищ по шко́ле** school friend

10 (*о сфере деятельности*) in

11 (*о мере времени*): **по вечера́м/утра́м** in the evenings/mornings; **по воскресе́ньям/пя́тницам** on Sundays/Fridays; **я рабо́таю по це́лым дням** I work all day long; **рабо́та расчи́тана по мину́там** the work is planned by the minute

12 (*о единичности предметов*): **ма́ма дала́ всем по я́блоку** Mum gave them each an apple; **мы купи́ли по одно́й кни́ге** we bought a book each

▷ предл +acc **1** (*вплоть до*) up to; **с пе́рвой по пя́тую главу́** from the first to (*Brit*) *или* through (*US*) the fifth chapter; **я за́нят по го́рло** (*разг*) I am up to my eyes in work; **он по у́ши в неё влюблён** he is head over heels in love with her

2 (*при обозначе́нии цены́*): **по два/три рубля́ за шту́ку** two/three roubles each

3 (*при обозначе́нии коли́чества*): **по два/три челове́ка** in twos/threes

▷ предл (+prp: *после*) on; **по прие́зде** on arrival

п/о сокр (= **почто́вое отделе́ние**) post office

по-англи́йски нареч in English

побегу́ etc сов см **побежа́ть**

побе́д|а (-ы) ж victory;

победи́тел|ь (-я) м (*в войне́*) victor; (*в состяза́нии*) winner;

побе́д|ить (*2sg* -**и́шь**, *3sg* -**и́т**, *impf* **побежда́ть**) сов перех to defeat ▷ неперех to win

победоно́сный прил victorious

побежа́ть (как **бежа́ть**; см *Table 20*) сов (*челове́к, живо́тное*) to start running; (*дни, го́ды*) to start to fly by; (*ручьи́, слёзы*) to begin to flow

побежда́ть (-ю) *несов от* победи́ть

побеле́ть (-ю) *сов от* беле́ть

побели́ть (-ю, -ишь) *сов от* бели́ть

побере́жь|е (-ья; *gen pl* -ий) *ср* coast

побеспоко́ить (-ю, -ишь) *сов от* беспоко́ить

поби́|ть (-ью, -ьёшь) *сов от* бить ▷ *перех* (*повредить*) to destroy; (*разбить*) to break

поблизости *нареч* nearby ▷ *предл*: **поблизости от** +*gen* near (to), close to

побо́рник (-а) *м* champion (*of cause*)

побо́р|о́ть (-орю́, -о́решь) *сов перех* (*также перен*) to overcome

побо́чный *прил* (*продукт, реакция*) secondary; **побо́чный эффе́кт** side effect

побу|ди́ть (-жу́, -ди́шь) *сов перех*: **побуди́ть кого́-н к чему́-н/**+*infin* to prompt sb into sth/to do

побужде́ни|е (-я) *ср* (*к действию*) motive

побыва́|ть (-ю) *сов*: **побыва́ть в Африке/у роди́телей** to visit Africa/one's parents

побы́|ть (*как* быть; *см* Table 21) *сов* to stay

повали́ть(ся) (-алю́(сь), -а́лишь(ся)) *сов от* вали́ть(ся)

по́вар (-а; *nom pl* -а́) *м* cook; **поваренный** *прил*: **поваренная кни́га** cookery (*Brit*) *или* cook (*US*) book; **поваренная соль** table salt

поведе́ни|е (-я) *ср* behaviour (*Brit*), behavior (*US*)

повез|ти́ (-у́, -ёшь; *pt* -ёз, -езла́) *сов от* везти́ ▷ *перех* to take

пове́ренн|ый (-ого) *м*: **пове́ренный в дела́х** chargé

d'affaires

пове́р|ить (-ю, -ишь) *сов от* ве́рить

поверн|у́ть (-у́, -ёшь; *impf* повора́чивать) *сов* (не)*перех* to turn; **поверну́ться** (*impf* повора́чиваться) *сов возв* to turn

пове́рх *предл* +*gen* over

пове́рхностный *прил* surface; (*перен*) superficial; **пове́рхность** (-и) *ж* surface

пове́рь|е (-я; *gen pl* -ий) *ср* (*popular*) belief

пове́|сить(ся) (-шу(сь), -сишь(ся)) *сов от* ве́шать(ся)

повествова́ни|е (-я) *ср* narrative

пове|сти́ (-ду́, -дёшь; *pt* -ёл, -ла́) *сов перех* (*начать вести*: *ребёнка*) to take; (: *войска*) to lead; (*машину, поезд*) to drive; (*войну, следствие итп*) to begin ▷ (*impf* поводи́ть) *неперех* (+*instr*: *бровью*) to raise; (*плечом*) to shrug; **повести́** (*perf*) **себя́** to start behaving

по́вест|ь (-и) *ж* story

по-ви́димому *вводн сл* apparently

пови́дл|о (-а) *ср* jam (*Brit*), jelly (*US*)

повин|ова́ться (-у́юсь) *сов возв* +*dat* to obey

повинове́ни|е (-я) *ср* obedience

пови́с|нуть (-ну; *pt* -, -ла, *impf* повиса́ть) *сов* to hang; (*тучи*) **пови́снуть** *сов* to hang motionless

повле́|чь (-ку́, -чёшь итп, -ку́т; *pt* -ёк, -екла́, -екло́) *сов от* влечь

по́в|од (-ода; *loc sg* -оду́, *nom pl* -о́дья, *gen pl* -ьев) *м* (*лошади*) rein ▷ (*nom pl* -ы) (*причина*) reason ▷ *предл*: **по по́воду** +*gen* regarding, concerning

пово|ди́ть (-ожу́, -о́дишь) *несов*
от **повести́**

поводо́к (-ка́) *м* lead, leash

пово́з|ка (-ки; *gen pl* -ок) *ж* cart

повора́чива|ть(ся) (-ю(сь))
несов от **поверну́ть(ся)**

поворо́т (-а) *м* (*действие*)
turning; (*место*) bend; (*перен*)
turning point

повре|ди́ть (-жу́, -ди́шь; *impf*
поврежда́ть) *сов перех*
(*поранить*) to injure; (*поломать*) to
damage

поврежде́ни|е (-я) *ср* (*см глаг*)
injury; damage

повседне́вный *прил* everyday,
routine; (*занятия, встречи*) daily

повсеме́стный *прил*
widespread

повсю́ду *нареч* everywhere

по-вся́кому *нареч* in different ways

повторе́ни|е (-я) *ср* repetition;
(*урока*) revision

повтор|и́ть (-ю́, -и́шь; *impf*
повторя́ть) *сов перех* to repeat;
повтори́ться (*impf*
повторя́ться) *сов возв*
(*ситуация*) to repeat itself;
(*болезнь*) to recur

повы́|сить (-шу, -сишь; *impf*
повыша́ть) *сов перех* to
increase; (*интерес*) to heighten;
(*качество, культуру*) to improve;
(*работника*) to promote;
повыша́ть (*perf* **повы́сить**) **го́лос**
to raise one's voice; **повы́ситься**
(*impf* **повыша́ться**) *сов возв* to
increase; (*интерес*) to heighten;
(*качество, культуру*) to improve

пов|яза́ть (-яжу́, -я́жешь; *impf*
повя́зывать) *сов перех* to tie;
повя́з|ка (-ки; *gen pl* -ок) *ж*
bandage

пога́н|ка (-ки; *gen pl* -ок) *ж*
toadstool

пога|си́ть (-шу́, -сишь) *сов от*
гаси́ть ▷ (*impf* **погаша́ть**) *перех*
(*заплатить*) to pay (off)

пога́с|нуть (-ну; *pt* -, -ла) *сов от*
га́снуть

погаша́|ть (-ю) *несов от*
погаси́ть

поги́б|нуть (-ну; *pt* -, -ла) *сов от*
ги́бнуть

поги́бш|ий (-его) *м* casualty
(*dead*)

погло|ти́ть (-щу́, -о́тишь; *impf*
поглоща́ть) *сов перех* to absorb;
(*время*) to take up; (*фирму*) to take
over

погна́|ться (-оню́сь, -о́нишься)
сов возв: **погна́ться за кем-н/**
чем-н to set off in pursuit of sb/sth

погово́р|ка (-ки; *gen pl* -ок) *ж*
saying

пого́д|а (-ы) *ж* weather;
пого́дный *прил* weather

поголо́вь|е (-я) *ср* (*скота*) total
number

пого́н (-а) *м* (*обычно мн*)
(*shoulder*) stripe

пого́н|я (-и) *ж*: **пого́ня за** +*instr*
pursuit of

пограни́чник (-а) *м* frontier *или*
border guard; **пограни́чный**
прил frontier

по́греб (-а; *nom pl* -á) *м* cellar

погреба́льный *прил* funeral

погрему́ш|ка (-ки; *gen pl* -ек) *ж*
rattle

погре́|ть (-ю) *сов перех* to warm
up; **погре́ться** *сов возв* to warm
up

погру|зи́ть (-ужу́, -у́зишь; *impf*
грузи́ть) *сов перех от* **грузи́ть** ▷ (-ужу́,
-узи́шь; *impf* **погружа́ть**) *перех*:
погрузи́ть что-н в +*acc* to immerse
sth in; **погрузи́ться** (*impf*
погружа́ться) *сов возв*:
погрузи́ться в +*acc* (*человек*) to

п

immerse o.s. in; (*предмет*) to sink into

погря́зн|уть (-у; *impf*
погряза́ть) *сов*: **погря́знуть в**
+*prp* (*в долга́х, во лжи*) to sink into

 КЛЮЧЕВОЕ СЛОВО

под *предл* +*acc* **1** (*ниже*) under;
идти́ (*impf*) **по́д го́ру** to go
downhill

2 (*поддерживая снизу*) by

3 (*указывает на положение,
состояние*) under; **отдава́ть** (*perf*
отда́ть) **кого́-н под суд** to
prosecute sb; **попада́ть** (*perf*
попа́сть) **под дождь** to be caught
in the rain

4 (*близко к*): **под у́тро/ве́чер**
towards morning/evening; **под
ста́рость** approaching old age

5 (*указывает на функцию*) as; **мы
приспосо́били помеще́ние под
магази́н** we fitted out the premises
as a shop

6 (*в виде чего-н*): **сте́ны под
мра́мор** marble-effect walls

7 (*в обмен на*) on; **брать** (*perf
взять*) **что-н под зало́г/че́стное
сло́во** to take sth on security/trust

8 (*в сопровождении*) **под роя́ль/
скри́пку** to the piano/violin; **мне
э́то не под си́лу** this is beyond my
powers

▷ *предл* +*instr* **1** (*ниже чего-н*)
under

2 (*около*) near; **под но́сом у
кого́-н** under sb's nose; **под руко́й** to
hand, at hand

3 (*об условиях существования
объекта*) under; **быть** (*impf*) **под
наблюде́нием/аре́стом** to be
under observation/arrest; **под
назва́нием, под и́менем** under the
name of

4 (*вследствие*) under; **под
влия́нием/тя́жестью чего́-н** under
the influence/weight of sth;
понима́ть (*impf*) **под чем-н** to understand/
imply sth

пода|ва́ть (-ю́) *несов от* **пода́ть**

пода|ви́ть (-авлю́, -а́вишь; *impf*
подавля́ть) *сов перех* to
suppress; **подави́ться** *сов от*
дави́ться

подавле́нный *прил*
(*настроение, человек*) depressed

подавля́|ть (-ю) *несов от*
подави́ть

подавля́ющий *прил*
(*большинство*) overwhelming

пода|ри́ть (-арю́, -а́ришь) *сов от*
дари́ть

пода́р|ок (-ка) *м* present, gift;
пода́рочный *прил* gift

пода́ть (*как* **дать**; *см* Table 16;
impf **подава́ть**) *сов перех* to
give; (*еду*) to serve up; (*поезд,
такси итп*) to bring; (*заявление,
жалобу итп*) to submit; (*Спорт*: *в
те́ннисе*) to serve; (*в футбо́ле*) to
pass; **подава́ть** (*perf* **пода́ть**) **го́лос
за** +*acc* to cast a vote for; **подава́ть**
(*perf* **пода́ть**) **в отста́вку** to hand in
или submit one's resignation;
подава́ть (*perf* **пода́ть**) **на кого́-н в
суд** to take sb to court; **подава́ть**
(*perf* **пода́ть**) **кому́-н ру́ку** (*при
встре́че*) to shake sb's hand

пода́ч|а (-и) *ж* (*действие*:
заявления) submission; (*Спорт*: *в
те́ннисе*) serve; (*в футбо́ле*) pass

подбежа́|ть (*как* **бежа́ть**; *см*
Table 20; *impf* **подбега́ть**) *сов* to
run up

подбива́|ть (-ю) *несов от*
подби́ть

подбира́|ть (-ю) *несов от*

подобра́ть

под|би́ть (-обью́, -обьёшь) *impf* **подбива́ть** *сов перех* (пти́цу, самолёт) to shoot down; (глаз, крыло́) to injure

подбо́р (-а) *м* selection

подборо́д|ок (-ка) *м* chin

подбро́с|ить (-шу, -сишь; *impf* **подбра́сывать**) *сов перех* (мяч, ка́мень) to toss; (нарко́тик) to plant; (*разг*: подвезти́) to give a lift

подва́л (-а) *м* cellar; (для жилья́) basement; **подва́льный** *прил* (помеще́ние) basement

подв|езти́ (-езу́, -езёшь; *pt* -ёз, -езла́, *impf* **подвози́ть**) *сов перех* (маши́ну, това́р) to take up; (челове́ка) to give a lift

подве́рг|нуть (-ну; *pt* -, -ла, *impf* **подверга́ть**) *сов перех*: **подве́ргнуть кого́-н/что-н чему́-н** to subject sb/sth to sth; (*perf* **подве́ргнуть**) **кого́-н ри́ску/ опа́сности** to put sb at risk/in danger; **подве́ргнуться** (*impf* **подверга́ться**) *сов возв*: **подве́ргнуться** +*dat* to be subjected to

подве́рженный *прил* (+*dat*: дурно́му влия́нию) subject to; (просту́де) susceptible to

подверн|у́ть (-у́, -ёшь; *impf* **подвора́чивать**) *сов перех* (сде́лать коро́че) to turn up; (*perf* **подверну́ть**) **но́гу** to turn *или* twist one's ankle; **подверну́ться** (*impf* **подвора́чиваться**) *сов возв* (*разг*: попа́сться) to turn up

подве́|сить (-шу, -сишь; *impf* **подве́шивать**) *сов перех* to hang up

подве|сти́ (-еду́, -едёшь; *pt* -ёл, -ела́, *impf* **подводи́ть**) *сов перех* (разочарова́ть) to let down;

(*perf* **подвести́**) **к** +*dat* (челове́ка) to bring up to; (маши́ну) to drive up to; (по́езд) to bring into; (кора́бль) to sail up to; (электри́чество) to bring to; (*perf* **подвести́**) **глаза́/ гу́бы** to put eyeliner/lipstick on; (*perf* **подвести́**) **ито́ги** to sum up

подве́шива|ть (-ю) *несов от* **подве́сить**

по́двиг (-а) *м* exploit

подви́га|ть(ся) (-ю(сь)) *несов от* **подви́нуть(ся)**

подви́н|уть (-у; *impf* **подвига́ть**) *сов перех* (передви́нуть) to move; **подви́нуться** (*impf* **подвига́ться**) *сов возв* (челове́к) to move

подвла́стный *прил* (+*dat*: зако́ну) subject to; (президе́нту) under the control of

подво́|дить (-жу́, -дишь) *несов от* **подвести́**

подво́дный *прил* (расте́ние, рабо́ты) underwater; **подво́дная ло́дка** submarine

подво́|зить (-жу́, -зишь) *несов от* **подвезти́**

подвора́чива|ть (-ю) *несов от* **подверну́ть**

подгиба́|ть(ся) (-ю(сь)) *несов от* **подогну́ть(ся)**

подгля|де́ть (-жу́, -ди́шь; *impf* **подгля́дывать**) *сов перех* to peep through

подгор|е́ть (*3sg* -и́т, *impf* **подгора́ть**) *сов* to burn slightly

подгото́в|ить (-лю, -ишь; *impf* **подгота́вливать**) *сов перех* to prepare; **подгото́виться** *сов возв* to prepare (o.s.)

подгото́вк|а (-и) *ж* preparation; (запа́с зна́ний) training

подгу́зник (-а) м nappy (*Brit*), diaper (*US*)

подда|ва́ться (-ю́сь) *несов от* **подда́ться** ⊳ *возв*: не подда́ться сравне́нию/ описа́нию to be beyond comparison/words

по́дданный (-ого) м subject

по́дданство (-а) *ср* nationality

подда́ть (*как* дать; *см Table 16; impf* поддава́ть) *сов возв* (дверь *итп*) to give way; поддава́ться (*perf* подда́ться) +*dat* (влия́нию, собла́зну) to give in to

подде́ла|ть (-ю; *impf* подде́лывать) *сов перех* to forge; подде́л|ка (-ки; *gen pl* -ок) ж forgery

подде́рж|а́ть (-ержу́, -е́ржишь; *impf* подде́рживать) *сов перех* to support; (*падающего итп*) to hold on to; (*предложение итп*) to second; (*беседу*) to keep up

подде́рживать (-ю) *несов от* подде́ржа́ть ⊳ *перех* (*переписку*) to keep up; (*порядок, отношения*) to maintain

подде́ржк|а (-и) ж support

поде́ла|ть (-ю) *сов перех* (*разг*) to do; что поде́лаешь (*разг*) it can't be helped

подел|и́ть(ся) (-ю́(сь), -елишь(ся)) *сов от* дели́ть(ся)

поде́ржанный *прил* (*одежда, мебель итп*) second-hand

под|же́чь (-ожгу́, -ожжёшь *etc*, -ожгу́т; *impf* поджига́ть) *сов перех* to set fire to

подзаты́льник (-а) м (*разг*) clip round the ear

подзо́рный *прил*: подзо́рная труба́ telescope

подка́ст (-а) м podcast

подка|ти́ть (-чу́, -а́тишь; *impf*

подка́тывать *сов перех* (*что-н круглое*) to roll; (*что-н на колёсах*) to wheel

подка́шива|ть(ся) (-ю(сь)) *несов от* подкоси́ть(ся)

подки́н|уть (-у; *impf* подки́дывать) *сов перех* = подбро́сить

подкла́д|ка (-ки; *gen pl* -ок) ж lining

подкла́дыва|ть (-ю) *несов от* подложи́ть

подключ|и́ть (-у́, -и́шь; *impf* подключа́ть) *сов перех* (*телефон*) to connect; (*лампу*) to plug in; (*специалистов*) to involve

подко́в|а (-ы) ж (*лошади итп*) shoe

подк|ова́ть (-у́ю; *сов перех* to shoe

подкра́|сться (-аду́сь, -адёшься; *impf* подкра́дываться) *сов возв* to sneak *или* steal up

подкреп|и́ть (-лю́, -и́шь; *impf* подкрепля́ть) *сов перех* to support, back up

по́дкуп (-а) м bribery; подк|упи́ть (-уплю́, -у́пишь; *impf* подкупа́ть) *сов перех* to bribe

подлеж|а́ть (*3sg* -и́т) *несов* (+*dat*: проверке, обложению налогом) to be subject to; это не подлежи́т сомне́нию there can be no doubt about this

подлежа́щее (-его) *ср* (Линг) subject

подли́в|ка (-ки; *gen pl* -ок) ж (Кулин) sauce

по́длинник (-а) м original; по́длинный *прил* original; (*документ*) authentic; (*чувство*) genuine; (*друг*) true

подло́г (-а) м forgery

подл|ожи́ть (-ожу́, -о́жишь; impf **подкла́дывать**) сов перех (бомбу) to plant; (добавить) to put; (дров, сахара) to add

подлоко́тник (-а) м arm(rest)

по́длый прил base

подмен|и́ть (-ю́, -ишь; impf **подме́нивать**) сов перех to substitute; (коллегу) to stand in for

подм|ести́ (-ету́, -етёшь; pt -ёл, -ела́ сов от мести́ ♦ (impf **подмета́ть**) перех (пол) to sweep; (мусор) to sweep up

подмётк|а (-и) ж (подошва) sole

подмигн|у́ть (-у́, -ёшь; impf **подми́гивать**) сов: **подмигну́ть кому́-н** to wink at sb

поднест|и́ (-у́, -ёшь; impf **подноси́ть**) сов перех: **поднести́ что́-н к чему́-н** to bring sth up to sth

поднима́|ть(ся) (-ю(сь)) несов от **подня́ть(ся)**

подно́жи|е (-я) ср (горы) foot

подно́жк|а (-ки; gen pl -ек) ж (автобуса итп) step; **поста́вить** (perf) **подно́жку кому́-н** to trip sb up

подно́с (-а) м tray

подн|оси́ть (-ошу́, -о́сишь; несов от **поднести́**

подн|я́ть (-иму́, -и́мешь; impf **поднима́ть**) сов перех to raise; (что-н лёгкое) to pick up; (что-н тяжёлое) to lift (up); (флаг) to hoist; (спящего) to rouse; (панику, восстание) to start; (экономику, дисциплину) to improve; (архивы, документацию итп) to unearth; **поднима́ть** (perf **подня́ть**) **крик** или **шум** to make a fuss; **подня́ться** (impf **поднима́ться**) сов возв to rise; (на этаж, на сцену) to go up; (с постели, со стула) to get up; (паника, метель,

драка) to break out; **поднима́ться** (perf **подня́ться**) **на́ гору** to climb a hill; **подня́лся крик** there was an uproar

подо предл = под

подоба́ющий прил appropriate

подо́бно предл +dat like, similar to

подо́бн|ый прил (+dat: сходный с) like, similar to; **и тому́ подо́бное** et cetera, and so on; **ничего́ подо́бного** (разг) nothing of the sort

подо|бра́ть (-беру́, -берёшь; impf **подбира́ть**) сов перех to pick up; (приподнять) to gather (up); (выбрать) to pick, select

подобре́|ть (-ю) сов от **добре́ть**

подогн|у́ть (-у́, -ёшь; impf **подгиба́ть**) сов перех (рукава) to turn up; **подогну́ться** (impf **подгиба́ться**) сов возв to curl under

подогре́|ть (-ю; impf **подогрева́ть**) сов перех to warm up

пододви́н|уть (-у; impf **пододвига́ть**) сов перех to move up

пододея́льник (-а) м ≈ duvet cover

подожд|а́ть (-у́, -ёшь; pt -а́л, -ала́) сов перех to wait for; **подожда́ть** (perf) **с чем-н** to put sth off

подозрева́|ть (-ю) несов перех to suspect; **подозрева́ть** (impf) **кого́-н в чём-н** to suspect sb of sth; **подозрева́ть** (impf) **о чём-н** to have an idea (about sth)

подозре́ни|е (-я) ср suspicion

подозри́тельный прил suspicious

подо́|йть (-ю́, -ишь) сов от **дойть**

подойти́ (*как* идти́; *см* Table 18; *impf* **подходи́ть**) *сов*: **подойти́ к** +*dat* to approach; (*соответствовать*) to suit; **подойти́ к** +*dat* (*юбка*) to go (well) with; **э́то мне подхо́дит** this suits me

подоко́нник (-а) *м* windowsill

подо́л (-а) *м* hem

подо́лгу *нареч* for a long time

подо́пытный *прил*: **подо́пытный кро́лик** (*перен*) guinea pig

подорва́ть (-у́, -ёшь; *pt* -а́л, -ала́, *impf* **подрыва́ть**) *сов перех* to blow up; (*перен*: авторите́т) to undermine; (: здоро́вье) to destroy

подохо́дный *прил*: **подохо́дный нало́г** income tax

подо́шва (-ы) *ж* (обуви) sole

подошёл *etc* *сов см* **подойти́**

подпере́ть (-опру́, -опрёшь; *pt* -пёр, -пёрла, *impf* **подпира́ть**) *сов перех*: **подпере́ть что-н чем-н** to prop sth up with sth

подписа́ть (-ишу́, -и́шешь; *impf* **подпи́сывать**) *сов перех* to sign; **подписа́ться** (*impf* **подпи́сываться**) *сов возв*: **подписа́ться под** +*instr* to sign; **подпи́сываться** (*perf* **подписа́ться**) **на** +*acc* (*на газе́ту*) to subscribe to

подпи́ска (-ки; *gen pl* -ок) *ж* subscription; (*о невые́зде*) signed statement

по́дпись (-и) *ж* signature

подплы́ть (-ву́, -вёшь; *pt* -л, -ла́, *impf* **подплыва́ть**) *сов* (*ло́дка*) to sail (up); (*плове́ц, ры́ба*) to swim (up)

подполко́вник (-а) *м* lieutenant colonel

подпо́льный *прил* underground

подпо́рка (-ки; *gen pl* -ок) *ж* prop, support

подпры́гнуть (-у; *impf*

подпры́гивать) *сов* to jump

подпусти́ть (-ущу́, -у́стишь; *impf* **подпуска́ть**) *сов перех* to allow to approach

подрабо́тать (-ю) *сов* (*не*)*перех* +*acc или* +*gen* to earn extra

подра́внивать (-ю) *несов от* **подровня́ть**

подража́ние (-я) *ср* imitation; **подража́ть** (-ю) *несов* +*dat* to imitate

подразделя́ться (*3sg* -е́тся) *несов возв* to be subdivided

подразумева́ть (-ю) *несов перех* to imply; **подразумева́ться** *несов возв* to be implied

подрасти́ (-а́сту, -а́стёшь; *pt* -о́с, -осла́, *impf* **подраста́ть**) *сов* to grow

подра́ться (-еру́сь, -ерёшься) *сов от* **дра́ться**

подре́зать (-жу, -жешь; *impf* **подреза́ть**) *сов перех* (*во́лосы*) to cut

подро́бность (-и) *ж* detail; **подро́бный** *прил* detailed

подровня́ть (-ю) *сов перех* to trim

подро́сток (-ка) *м* teenager, adolescent

подру́га (-и) *ж* (girl)friend

по-друго́му *нареч* (*ина́че*) differently

подружи́ться (-ужу́сь, -у́жишься) *сов* возв: **подружи́ться с** +*instr* to make friends with

подру́чный *прил*: **подру́чный материа́л** the material to hand

подрыва́ть (-ю) *несов от* **подорва́ть**

подря́д *нареч* in succession ▷ (-а) *м* (*рабо́чий догово́р*) contract; **все/всё подря́д** everyone/

everything without exception;
подря́дный *прил* contract;
подря́дчик (-а) *м* contractor
подса́жива|ться (-юсь) *несов*
от **подсе́сть**
подсве́чник (-а) *м* candlestick
подсе́|сть (-я́ду, -я́дешь; *impf*
подса́живаться) *сов*: **подсе́сть к**
+*dat* to sit down beside
подск|аза́ть (-ажу́, -а́жешь;
impf **подска́зывать**) *сов перех*
(*перен: идею*) to suggest; (*разг:*
адрес) to give out; **подска́зывать**
(*perf* **подсказа́ть**) **что-н кому́-н** to
prompt sb with sth
подска́з|ка (-ки; *gen pl* -ок) *ж*
prompt
подслу́ша|ть (-ю; *impf*
подслу́шивать) *сов перех* to
eavesdrop on
подсм|отре́ть (-отрю́, -о́тришь;
impf **подсма́тривать**) *сов перех*
(*увидеть*) to spy on
подсо́бный *прил* subsidiary
подсо́выва|ть (-ю) *несов от*
подсу́нуть
подсозна́ни|е (-я) *ср* the
subconscious
подсозна́тельный *прил*
subconscious
подсо́лнечн|ый *прил*:
подсо́лнечное ма́сло sunflower oil
подсо́лнух (-а) *м* (*разг*)
sunflower
подста́в|ить (-лю, -ишь; *impf*
подставля́ть) *сов перех*:
подста́вить под +*acc* to put under
подста́в|ка (-ки; *gen pl* -ок) *ж*
stand
подставля́|ть (-ю) *несов от*
подста́вить
подстере́|чь (-гу́, -жёшь *итп*,
-гу́т; *impf* **подстерега́ть**) *сов*
перех to lie in wait for
подстра́ива|ть (-ю) *несов от*

подстро́ить
подстре́л|ить (-елю́, -е́лишь;
impf **подстре́ливать**) *сов перех*
to wound
подстри́|чь (-гу́, -жёшь *итп*,
-гу́т; *pt* -г, -ла, -ло)
подстрига́ть *сов перех* to trim;
(*для укорачивания*) to cut;
подстри́чься (*impf*
подстрига́ться) *сов возв* to have
one's hair cut
подстро́|ить (-ю, -ишь; *impf*
подстра́ивать) *сов перех* to fix
по́дступ (-а) *м* (*обычно мн*)
approach
подступ|и́ть (-уплю́, -у́пишь;
impf **подступа́ть**) *сов* (*слёзы*) to
well up; (*рыда́ния*) to rise;
подступа́ть (*perf* **подступи́ть**) **к**
+*dat* (*к городу, к теме*) to approach
подсуди́м|ый (-ого) *м* (*Юр*) the
accused, the defendant
подсу́дный *прил* (*Юр*) sub
judice
подсу́|нуть (-у; *impf*
подсо́вывать) *сов перех* to
shove
подсчита́|ть (-ю; *impf*
подсчи́тывать) *сов перех* to
count (up)
подта́лкива|ть (-ю) *несов от*
подтолкну́ть
подтверди́|ть (-жу́, -ди́шь; *impf*
подтвержда́ть) *сов перех* to
confirm; (*фактами*) to back up;
подтверди́ться (*impf*
подтвержда́ться) *сов* to be
confirmed
подтвержде́ни|е (-я) *ср*
confirmation
подтолкну́|ть (-у́, -ёшь; *impf*
подта́лкивать) *сов перех* to
nudge; (*побудить*) to urge on
подтя́гива|ть(ся) (-ю(сь)) *несов*
от **подтяну́ть(ся)**

подтя́ж|ки (-ек) мн (для брюк) braces (Brit), suspenders (US)

подтя́нутый прил smart

подт|яну́ть (-яну́, -я́нешь; impf **подтя́гивать** (сов перех (тяжёлый предмет) to haul up; (гайку) to tighten; (войска) to bring up; **подтяну́ться** (impf **подтя́гиваться** (сов возв (на брусьях) to pull o.s. up; (войска) to move up

поду́ма|ть (-ю) сов: **поду́мать** (о +prp) to think (about); **поду́мать** (perf) **над** +instr или о +prp to think about; **поду́мать** (perf), **что...** to think that ...; **кто бы мог поду́мать!** who would have thought it?

поду́|ть (-ю) сов to blow; (ветер) to begin to blow

поду́ш|ить (-ушу́, -у́шишь) сов перех to spray lightly with perfume

поду́ш|ка (-ки; gen pl -ек) ж (для сиде́ния) cushion; (под го́лову) pillow

подхва|ти́ть (-чу́, -тишь; impf **подхва́тывать** (сов перех (па́дающее) to catch; (подлеж: течение, толпа) to carry away; (идею, болезнь) to pick up

подхо́д (-а) м approach

подх|оди́ть (-ожу́, -о́дишь) несов от **подойти́**

подходя́щий прил (дом) suitable; (момент, слова) appropriate

подчеркн|у́ть (-у́, -ёшь; impf **подчёркивать** (сов перех (в тексте) to underline; (в речи) to emphasize

подчине́ни|е (-я) ср obedience; **подчинённый** прил subordinate ▷ (-ого) м subordinate

подшёфный прил: **подшёфный**

де́тский дом children's home under patronage

подшива́|ть (-ю) несов от **подши́ть**

подши́в|ка (-ки; gen pl -ок) ж (газет, документов) file

подши́пник (-а) м (Tex) bearing

подш|и́ть (-ошью́, -ошьёшь; imper -ше́й(те)) сов перех (impf **подшива́ть** (сов перех (рукав) to hem; (подол) to take up

подшу|ти́ть (-чу́, -тишь; impf **подшу́чивать** (сов: **подшути́ть над** +instr to make fun of

подъе́ду etc см **подъе́хать**

подъе́зд (-а) м (к городу, к дому) approach; (в зда́нии) entrance

подъезжа́|ть (-ю) несов от **подъе́хать**

подъём (-а) м (груза) lifting; (флага) raising; (на гору) ascent; (промышленный) revival; **подъёмник** (-а) м lift (Brit), elevator (US)

подъе́|хать (как **е́хать**; см Table 19; impf **подъезжа́ть** (сов (на автомоби́ле) to drive up; (на коне́) to ride up

подыша́|ть (-ышу́, -ышешь) сов to breathe

пое́дем etc сов см **пое́хать**

пое́дим итп сов см **пое́сть**

пое́дит сов см **пое́сть**

пое́ду etc сов см **пое́хать**

пое́дят сов см **пое́сть**

пое́зд (-а; nom pl -а́) м train

пое́зд|ка (-ки; gen pl -ок) ж trip

поезжа́й(те) сов см **пое́хать**

пое́сть (как **есть**; см Table 15) сов от **есть** ▷ перех: **пое́сть чего́-н** to eat a little bit of sth

пое́|хать (как **е́хать**; см Table 19) сов to set off

пое́шь сов см **пое́сть**

пожале́|ть (-ю) сов от **жале́ть**

пожа́л|овать (-ую) *сов*: **добро́ пожа́ловать** welcome;
пожа́ловаться *сов от* **жа́ловаться**

пожа́луйста *част* please; (*в ответ на благодарность*) don't mention it (*Brit*), you're welcome (*US*); **пожа́луйста, помоги́те мне** please help me; **скажи́те, пожа́луйста, где вокза́л?** could you please tell me where the station is; **мо́жно здесь сесть? — пожа́луйста!** may I sit here? — please do!

пожа́р (-а) *м* fire; **пожа́рник (-а)** *м* (*разг*) fireman (*мн* firemen); **пожа́рный (-ого)** *м* fireman (*мн* firemen) ⊳ *прил* **пожа́рная кома́нда** fire brigade (*Brit*) *или* department (*US*); **пожа́рная маши́на** fire engine

пожа́|ть (-му́, -мёшь; *impf* **пожима́ть)** *сов перех* to squeeze; **он пожа́л мне ру́ку** he shook my hand; **пожима́ть (***perf* **пожа́ть) плеча́ми** to shrug one's shoulders

пожела́ни|е (-я) *ср* wish; **прими́те мои́ наилу́чшие пожела́ния** please accept my best wishes

пожела́|ть (-ю) *сов от* **жела́ть**

пожен|и́ться (-ю́сь, -е́нишься) *сов возв* to marry, get married

поже́ртвовани|е (-я) *ср* donation

пожива́|ть (-ю) *несов* (*разг*): **как ты пожива́ешь?** how are you?

пожило́й *прил* elderly

пожима́|ть (-ю) *несов от* **пожа́ть**

пож|и́ть (-иву́, -ивёшь; *pt* **-и́л, -ила́)** *сов* (*пробыть*) to live for a while

по́з|а (-ы) *ж* posture; (*перен*: *поведе́ние*) pose

позавчера́ *нареч* the day before yesterday

позади́ *нареч* (*сзади*) behind; (*в про́шлом*) in the past ⊳ *предл* +*gen* behind

позаи́мств|овать (-ую) *сов от* **заи́мствовать**

позапро́шлый *прил* before last

поз|ва́ть (-ову́, -овёшь) *сов от* **звать**

позво́л|ить (-ю, -ишь; *impf* **позволя́ть)** *сов* to permit ⊳ *перех*: **позво́лить что-н кому́-н** to allow sb sth; **позволя́ть (***perf* **позво́лить) себе́ что-н** (*поку́пку*) to be able to afford sth

позвон|и́ть (-ю́, -и́шь) *сов от* **звони́ть**

позвоно́чник (-а) *м* spine, spinal column

поздне́е *сравн нареч от* **по́здно** ⊳ *нареч* later ⊳ *предл* +*gen* after; **(не) поздне́е** +*gen* (no) later than

по́здн|ий (-его) *прил* late; **са́мое поздне́е** (at) the latest

по́здно *нареч* late ⊳ *как сказ* it's late

поздоро́ва|ться (-юсь) *сов от* **здоро́ваться**

поздра́в|ить (-лю, -ишь; *impf* **поздравля́ть)** *сов перех*: **поздра́вить кого́-н с** +*instr* to congratulate sb on; **поздравля́ть (***perf* **поздра́вить) кого́-н с днём рожде́ния** to wish sb a happy birthday; **поздравле́ни|е (-я)** *ср* congratulations *мн*; (*с днём рожде́ния*) greetings *мн*

по́зже *нареч* = **поздне́е**

позити́вный *прил* positive

пози́ци|я (-и) *ж* position

познако́м|ить(ся) (-лю(сь), -ишь(ся)) *сов от* **знако́мить(ся)**

позна́ни|я (-й) *ср* knowledge *ед*

позову́ *итп сов см* **позва́ть**

позóр (-а) м disgrace; **позóр|ить**
(-ю, -ишь), perf опозóрить)
несов перех to disgrace;
позóриться (perf опозóриться)
несов возв to disgrace o.s.

позóрный прил disgraceful

пойм|ка (-ки; gen pl -ок) ж
capture

поинтерес|овáться (-ýюсь)
сов возв +instr to take an interest
in

пóиск (-а) м search; (научный)
quest; см также **пóиски**

поиск|áть (-ищý, -ищешь) сов
перех to have a look for

пóиск|и (-ов) мн: пóиски (+gen)
search ед (for); в пóисках +gen in
search of

пои|ть (-ю, -ишь; imper пои́(те),
perf напои́ть) несов перех:
пои́ть когó-н чем-н to give sb sth
to drink

пойдý etc сов см **пойти́**

пойма́|ть (-ю) сов см **лови́ть**
▷ перех to catch

пойму́ etc сов см **поня́ть**

пойти́ (как идти́; см Table 18) сов
to set off; (по пути реформ) to
start off; (о механизмах, к цели) to
start working; (дождь, снег) to
begin to fall; (дым, пар) to begin to
rise; (кровь) to start flowing;
(фильм итп) to start showing;
(подойти): **пойти́** +dat или к +dat
(шляпа, поведение) to suit

 КЛЮЧЕВÓЕ СЛÓВО

покá нареч 1 (некоторое время)
for a while

2 (тем временем) in the meantime
▷ союз 1 (в то время как) while

2 (до того времени как) until; **покá не**
until; **покá!** so long!; **покá что** for
the moment

покажý(сь) etc сов см
показáть(ся)

покáз (-а) м (фильма) showing;
(опыта) demonstration;

показáни|е (-я) ср (Юр: обычно
мн) evidence; (на счётчике итп)
reading; **показáтель** (-я) м
indicator; (Мат, Экон) index (мн
indices); **показáтельный** прил
(пример) revealing

пока|зáть (-жý, -жешь), impf
покáзывать сов перех to show
▷ неперех (на судé) to testify;
покáзывать (perf показáть)
приме́р to set an example;
показáться сов см казáться
▷ (impf покáзываться) возв to
appear; **покáзываться** (perf
показáться) врачý to see a doctor

покатá|ть (-ю) сов перех:
покатáть когó-н на маши́не to
take sb for a drive; **покатáться**
сов возв to go for a ride

пок|ати́ть (-ачý, -áтишь) сов
перех (что-н круглое) to roll;
(что-н на колёсах) to wheel;
покати́ться сов возв to start
rolling или to roll

покача́|ть (-ю) сов перех to rock
▷ неперех: **покача́ть голово́й** to
shake one's head; **покача́ться**
сов возв (на качелях) to swing

покáчива|ться (-юсь) несов
возв to rock

покин|уть (-у), impf покидáть
сов перех to abandon

покло́н (-а) м (жест) bow;
(приветствие) greeting

поклон|и́ться (-оню́сь,
-о́нишься) сов от кла́няться

покло́нник (-а) м admirer

поклоня́|ться (-юсь) несов возв
+dat to worship

поко́|иться (3sg -ится) несов
возв: **поко́иться на** +prp to rest on

поко́|й (-я) м peace; оставля́ть (perf оста́вить) кого́-н в поко́е to leave sb in peace

поко́йн|ый прил the late ▷ **(-ого)** м the deceased

поколе́ни|е (-я) ср generation

поко́нчить (-у, -ишь) сов: поко́нчить с +instr (с дела́ми) to be finished with; (с бе́дностью, с пробле́мой) to put an end to; поко́нчить (perf) с собо́й to kill o.s., commit suicide

покор|и́ть (-ю́, -и́шь) сов перех (страну́, наро́д) to conquer; покоря́ть (perf) кого́-н (заста́вить люби́ть) to win sb's heart

покори́ться (-ю́сь, -и́шься) сов возв: покори́ться (+dat) to submit (to)

покрови́тельств|о (-а) ср protection

покро́|й (-я) ср cut (of clothing)

покрыва́л|о (-а) ср bedspread

покры́|ть (-ю, -ешь) сов от крыть ▷ **(impf покрыва́ть)** перех (зву́ки) to cover up; (расхо́ды, расстоя́ние) to cover; **покры́ться (impf покрыва́ться)** сов возв: покры́ться +instr (одея́лом) to cover o.s. with; (сне́гом итп) to be covered in

покры́шк|а (-и; gen pl -ек) ж (Авт) tyre (Brit), tire (US)

покупа́тель (-я) м buyer; (в магази́не) customer;

покупа́тельский прил (спрос, интере́сы) consumer

покупа́|ть (-ю) несов от купи́ть

поку́пк|а (-и; gen pl -ок) ж purchase; де́лать (perf сде́лать) поку́пки to go shopping

покуша́|ться (-юсь) несов возв: покуша́ться на +acc to attempt to take; **покуше́ни|е (-я)** ср:

покуше́ние (на +асс) (на свобо́ду, на права́) infringement (of); (на жизнь) attempt (on)

пол (-а; loc sg **-ý,** nom pl **-ы́)** м floor ▷ (nom pl **-ы́,** gen pl **-о́в,** dat pl **-а́м)** sex

полага́|ть (-ю) несов (ду́мать) to suppose; на́до полага́ть supposedly

пол|го́да (-уго́да) ср/мн half a year

по́лдень (полу́дня или **по́лдня)** м midday, noon; **2 часа́ по́сле полу́дня** 2 pm

по́л|е (-я; nom pl **-я́,** gen pl **-е́й)** ср field; **по́ле де́ятельности** sphere of activity; **по́ле зре́ния** field of vision

поле́зн|ый прил useful; (пи́ща) healthy; **поле́зные ископа́емые** minerals

поле́з|ть (-у, -ешь) сов: поле́зть на +acc (на го́ру) to start climbing или to climb; поле́зть в +acc (в дра́ку, в спор) to get involved in; поле́зть (perf) в карма́н to put one's hand in(to) one's pocket

поле́н|о (-а; nom pl **-ья,** gen pl **-ьев)** ср log

полёт (-а) м flight

поле|те́ть (-чý, -ти́шь) сов (пти́ца, самолёт) to fly off; (вре́мя) to start to fly by

по́лза|ть (-ю) несов to crawl

полз|ти́ (-ý, -ёшь; pt **-, -ла́)** несов to crawl

ползунк|и́ (-о́в) мн rompers

полива́|ть (-ю) несов от поли́ть

поливитами́н|ы (-ов) мн multivitamins

полиго́н (-а) м (для уче́ний) shooting range; (для испыта́ния ору́жия) site

поликли́ник|а (-и) ж health centre (Brit) или center (US)

● **поликли́ника**

■ These centres are staffed by a
■ range of specialist doctors:
■ surgeons, eye doctors,
■ dermatologists etc. Patients can
■ make an appointment with a
■ number of doctors at any time.

полир|ова́ть (-у́ю; *perf*
отполирова́ть) *несов перех* to
polish

по́лис (-а) *м*: **страхово́й по́лис**
insurance policy

поли́тик (-а) *м* politician;
поли́тик|а (-и) *ж* (*курс*) policy;
(*собы́тия, наука*) politics;
полити́ческий *прил* political

пол|и́ть (-ью́, -ьёшь; *pt* -и́л,
-ила́, *impf* **полива́ть**) *сов*
(*дождь*) to start pouring *или* to
pour down ▷ *перех*: **поли́ть что-н
чем-н** (*соусом*) to pour sth over
sth; **полива́ть** (*perf* **поли́ть**) **цветы́**
to water the flowers

полице́йск|ий *прил* police
▷ (-ого) *м* policeman (*мн*
policemen); **полице́йский
уча́сток** police station

поли́ци|я (-и) *ж* the police

поли́чн|ое (-ого) *ср*: **пойма́ть
кого́-н с поли́чным** to catch sb at
the scene of a crime; (*перен*) to
catch sb red-handed *или* in the act

полиэтиле́н (-а) *м* polythene

полк (-а́; *loc sg* -у́) *м* regiment

по́л|ка (-ки; *gen pl* -ок) *ж* shelf;
(*в поезде: для багажа́*) luggage
rack; (*: для лежа́ния*) berth;
кни́жная по́лка bookshelf

полко́вник (-а) *м* colonel

полне́|ть (-ю; *perf* **пополне́ть**)
несов to put on weight

полномо́чи|е (-я) *ср* authority;
(*обычно мн: право*) power;

полномо́чный *прил* fully
authorized

полнопра́вный *прил*
(*граждани́н*) fully fledged;
(*насле́дник*) rightful

по́лностью *нареч* fully,
completely

полноце́нный *прил* proper

по́лноч|ь (-у́ночи) *ж* midnight

по́лный *прил* full; (*побе́да,
сча́стье итп*) complete, total;
(*то́лстый*) stout; **по́лный** +*gen или*
+*instr* full of; (*трево́ги, любви́ итп*)
filled with

полови́к (-а́) *м* mat

полови́н|а (-ы) *ж* half; **на
полови́не доро́ги** halfway; **сейча́с
полови́на пе́рвого/второ́го** it's
(now) half past twelve/one

полови́н|а (-ы) *ж* ladle

полово́дь|е (-я) *ср* high water

половой *прил* (*тряпка, масти́ка*)
floor; (*био*) sexual

положе́ни|е (-я) *ср* situation;
(*географи́ческое*) location,
position; (*те́ла, головы́ итп*)
position; (*социа́льное, семе́йное
итп*) status; (*правила*) regulations
мн; (*обычно мн: те́зис*) point; **она́
в положе́нии** (*разг*) she's
expecting; **положе́ние дел** the
state of affairs

поло́женный *прил* due

положи́тельный *прил* positive

пол|ожи́ть (-ожу́, -о́жишь) *сов
от* **класть**

поло́м|ка (-ки; *gen pl* -ок) *ж*
breakdown

полос|а́ (-ы́; *nom pl* **по́лосы**,
gen pl **поло́с**, *dat pl* **полоса́м**) *ж*
(*тка́ни, мета́лла*) strip; (*на тка́ни,
на рису́нке итп*) stripe

полоса́тый *прил* striped, stripy;

поло́с|ка (-ки; *gen pl* -ок) *ж*
(*тка́ни, бума́ги*) (thin) strip; (*на*

ткани) (thin) stripe; **в поло́ску**
striped

пол|оска́ть (-ощу́, -о́щешь; *perf*
прополоска́ть) *несов перех*
(бельё, посу́ду) to rinse; (рот) to
rinse out

по́лость (-и; *gen pl* **-е́й) ж**
(Анат) cavity

полоте́н|це (-ца; *gen pl* **-ец) ср**
towel

пол|отно́ (-отна́; *nom pl* **-о́тна,**
gen pl **-о́тен) ср** (ткань) sheet;
(карти́на) canvas

пол|о́ть (-ю́, -ешь; *perf*
прополо́ть) *несов перех* to weed

полпути́ *м нескл* half (of
journey); **на полпути́** halfway

пол|тора́ (-у́тора; *f* **полторы́) м/**
ср чис one and a half

полуботи́н|ок (-ка) м ankle boot

полуго́ди|е (-я) ср (Просвещ)
semester; (Экон) half (of the year)

полукру́г (-а) м semicircle

полупальто́ *ср нескл* jacket,
short coat

полуфабрика́т (-а) м (Кулин)
partially prepared food

полуфина́л (-а) м semifinal

получа́тель (-я) м recipient

пол|учи́ть (-учу́, -у́чишь; *impf*
получа́ть) *сов перех* to receive,
get; (урожа́й, на́сморк,
удово́льствие) to get;
(изве́стности) to gain ▷ *неперех*
(разг: быть нака́занным) to get it
in the neck; **получи́ться (** *impf*
получа́ться) *сов возв* to turn out;
(уда́ться) to work; (фотогра́фия)
to come out; **из него́ полу́чится
хоро́ший учи́тель** he'll make a
good teacher; **у меня́ э́то не
получа́ется** I can't do it

полу́ч|ка (-ки; *gen pl* **-ек) ж**

(разг) pay

полчаса́ (-уча́са) м half an hour

по́лый *прил* hollow

по́льз|а (-ы) ж benefit; **в по́льзу**
+*gen* in favour (*Brit*) или favor (*US*)
of

по́льзовани|е (-я) ср:
по́льзование (+*instr*) use (of);
по́льзоваться (-уюсь; *perf*
воспо́льзоваться) *несов возв*
+*instr* to use; (*no perf*:
авторите́том, успе́хом итп) to
enjoy

по́льский *прил* Polish; **по́льский
язы́к** Polish

По́льш|а (-и) ж Poland

пол|юби́ть (-юблю́, -ю́бишь)
сов перех (челове́ка) to come to
love; **полюби́ть** (*perf*) **что-н**/+*infin*
to develop a love for sth/doing

по́люс (-а; *nom pl* **-а́) м** pole

пол|я́ (-е́й) *мн* (шля́пы) brim ед;
(на страни́це) margin ед

поля́рный *прил* (Гео) polar;
(ра́зные) diametrically opposed

пома́д|а (-ы) ж (также **губна́я
пома́да**) lipstick

пом|аха́ть (-ашу́, -а́шешь) *сов*
+*instr* to wave

поме́длить (-ю, -ишь) *сов*:
поме́длить с +*instr* +*infin* to linger
over sth/doing

поменя́|ть(ся) (-ю(сь)) *сов от*
меня́ть(ся)

поме́р|ить (-ю, -ишь) *сов от*
ме́рить

поме|сти́ть (-щу́, -сти́шь; *impf*
помеща́ть) *сов перех* to put;
помести́ться (*impf*
помеща́ться) *сов возв*
(умести́ться) to fit

помёт (-а) м dung; (птиц)
droppings *мн*; (детёныши) litter

поме́т|а (-ы) ж note

поме́|тить (-чу, -тишь) *сов от*

ме́тить ▷ (*impf* **помеча́ть**) *перех* to note

поме́т|ка (**-ки**; *gen pl* **-ок**) *ж* note

поме́х|а (**-и**) *ж* hindrance; (*Связь*: *обычно мн*) interference

помеча́|ть (**-ю**) *несов от* **поме́тить**

помеша́|ть (**-ю**) *сов от* **меша́ть**

помеща́|ть(ся) (**-ю(сь)**) *несов от* **помести́ть(ся)**

помеще́ни|е (**-я**) *ср* room; (*под офис*) premises *мн*; жило́е помеще́ние living space

помидо́р (**-а**) *м* tomato (*мн* tomatoes)

поми́л|овать (**-ую**) *сов от* **ми́ловать**

поми́мо *предл* +*gen* besides; поми́мо того́/всего́ про́чего apart from that/anything else

поми́н|ки (**-ок**) *мн* wake *ед*

помину́тный *прил* at one-minute intervals; (*очень частый*) constant

помир|и́ть(ся) (**-ю́(сь)**, **-и́шь(ся)**) *сов от* **мири́ть(ся)**

по́мн|ить (**-ю**, **-ишь**) *несов* (*не*) *перех*: по́мнить о (+*prp* или про +*acc*) to remember

помо́г *итп сов см* **помо́чь**

помога́|ть (**-ю**) *несов от* **помо́чь**

по-мо́ему *нареч* my way ▷ *вводн сл* in my opinion

помо́|и (**-ев**) *мн* dishwater *ед*; (*отходы*) slops *мн*

помолча́|ть (**-у́**, **-и́шь**) *сов* to pause

помо́рщ|иться (**-усь**, **-ишься**) *сов возв* to screw up one's face

помо́ст (**-а**) *м* (*для обозрения*) platform; (*для выступлений*) rostrum

помо́|чь (**-огу́**, **-ожешь** *итп*, **-о́гут**; *pt* **-о́г**, **-огла́**, *impf*

помога́ть) *сов* +*dat* to help; (*другой стране*) to aid

помо́щник (**-а**) *м* helper; (*должность*) assistant

по́мощь (**-и**) *ж* help, assistance

помы́|ть(ся) (**-о́ю(сь)**, **-о́ешь(ся)**) *сов от* **мы́ть(ся)**

понадо́|биться (**-люсь**, **-ишься**) *сов возв* to be needed

по-настоя́щему *нареч* properly

по-на́шему *нареч* in our opinion, our way

понеде́льник (**-а**) *м* Monday

понемно́гу *нареч* a little; (*постепенно*) little by little

пон|ести́ (**-есу́**, **-есёшь**; *pt* **-ёс**, **-есла́**) *сов от* **нести́**; понести́сь *сов возв* (*человек*) to tear off; (*лошадь*) to charge off; (*машина*) to speed off

по́ни *м нескл* pony

пониж|а́ть(ся) (**-а́ю(сь)**) *несов от* **пони́зить(ся)**

пони́|зить (**-жу**, **-зишь**; *impf* **понижа́ть**) *сов перех* to reduce; (*в должности*) to demote; (*голос*) to lower; **пони́зиться** (*impf* **понижа́ться**) *сов возв* to be reduced

понима́|ть (**-ю**) *несов от* **поня́ть** ▷ *перех* to understand ▷ *непepex*: понима́ть в +*prp* to know about; понима́ете you see

поно́с (**-а**) *м* diarrhoea (*Brit*), diarrhea (*US*)

пон|оси́ть (**-ошу́**, **-о́сишь**) *сов перех* to carry for a while; (*одежду*) to wear

поно́шенный *прил* (*одежда*) worn

понра́в|иться (**-люсь**, **-ишься**) *сов от* **нра́виться**

по́нчик (**-а**) *м* doughnut (*Brit*), donut (*US*)

поня́ти|е (**-я**) *ср* notion; (*знание*)

idea; **поня́тие не име́ю** (*разг*) I've
no idea; **поня́тно** *нареч*
intelligibly ▷ *как сказ* мне
поня́тно I understand; **поня́тно!** I
see; **поня́тно?** got it?; **поня́тный**
прил intelligible; (*я́сный*) clear;
(*опра́вданный*) understandable
поня́ть (-**йму́, -ймёшь**; *pt* -**ял**,
-**няла́**, *impf* **понима́ть**) *сов перех*
to understand
поощре́ние (-**я**) *ср*
encouragement
поощри́ть (-**ю́, -йшь**; *impf*
поощря́ть) *сов перех* to
encourage
поп (-**а́**) *м* (*разг*) priest
попада́ние (-**я**) *ср* hit
попада́ть(ся) (-**ю(сь)**) *несов от*
попа́сть(ся)
попа́рно *нареч* in pairs
попа́сть (-**ду́, -дёшь**; *impf*
попада́ть) *сов*: **попа́сть в +acc**
(*в цель*) to hit; (*в воро́та*) to end up
in; (*в чужо́й го́род*) to find o.s. in;
(*в беду́*) to land in; **мы́ло попа́ло**
мне в глаза́ the soap got in my
eyes; (*perf* **попа́сть**) **в**
ава́рию to have an accident;
попада́ть (*perf* **попа́сть**) **в плен** to
be taken prisoner; **попада́ть** (*perf*
попа́сть) **под дождь** to be caught
in the rain; **ему́ попа́ло** (*разг*) he
got a hiding; (**Вы**) **не туда́ попа́ли**
you've got the wrong number;
попа́сться (*impf* **попада́ться**)
сов возв (*престу́пник*) to be
caught; **мне попа́лась интере́сная**
кни́га I came across an interesting
book; **попада́ться** (*perf* **попа́сться**)
кому́-н на глаза́ to catch sb's eye
попе́й(те) *сов см* **попи́ть**
попере́к *нареч* crossways
▷ *предл* +*gen* across
попере́чный *прил* horizontal
поперхну́ться (-**у́сь, -ёшься**)

сов возв to choke
попе́рчить (-**у, -ишь**) *сов от*
пе́рчить
попече́ние (-**я**) *ср* (*о де́тях*) care;
(*о дела́х, о до́ме*) charge
попи́ть (-**ью́, -ьёшь**; *pt* -**и́л,**
-**ила́**, *imper* -**е́й(те)**) *сов перех* to
have a drink of
попла́ть (-**ву́, -вёшь**; *pt* -**л, -ла́**)
сов to start swimming; (*су́дно*) to
set sail
попола́м *нареч* in half; **попола́м**
с +*instr* mixed with
попо́лнить (-**ю, -ишь**; *impf*
пополня́ть) *сов перех*:
попо́лнить что-н +*instr* (*запа́сы*) to
replenish sth with; (*колле́кцию*) to
expand sth with; (*коллекти́в*) to
reinforce sth with; **попо́лниться**
(*impf* **пополня́ться**) *сов возв*
(*запа́сы*) to be replenished;
(*колле́кция*) to be expanded
попра́вить (-**лю, -ишь**; *impf*
поправля́ть) *сов перех* to
correct; (*га́лстук, пла́тье*) to
straighten; (*причёску*) to tidy;
(*здоро́вье, дела́*) to improve;
попра́виться (*impf*
поправля́ться) *сов возв* to
improve; (*попо́лнеть*) to put on
weight
попра́вка (-**ки**; *gen pl* -**ок**) *ж*
(*оши́бки*) correction; (*в реше́ние, в*
зако́н) amendment
по-пре́жнему *нареч* as before;
(*всё ещё*) still
попро́бовать (-**ую**) *сов от*
про́бовать
попроси́ть(ся) (-**ошу́(сь),**
-**о́сишь(ся)**) *сов от* **проси́ть(ся)**
попроща́ться (-**юсь**) *сов возв*:
попроща́ться с +*instr* to say
goodbye to
попуга́й (-**я**) *м* parrot
популя́рность (-**и**) *ж* popularity

популя́рный *прил* popular; (*поня́тный*) accessible

попу́тный *прил* (*замечание*) accompanying; (*машина*) passing; (*ветер*) favourable (*Brit*), favorable (*US*)

попу́тчик (**-а**) *м* travelling (*Brit*) *или* traveling (*US*) companion

попы́т|**ка** (**-ки**; *gen pl* **-ок**) *ж* attempt

попью́ *итп сов см* **попи́ть**

попя́|**титься** (**-чусь, -тишься**) *сов возв* to take a few steps backwards (*Brit*) *или* backward (*US*)

по́р|**а** (**-ы**) *ж* pore

пор|**а́** (**-ы́**; *acc sg* **-у**, *dat sg* **-е́**, *nom pl* **-ы**) *ж* time ▷ *как сказ* it's time; **до каки́х пор?** until when?; **до сих пор** (*ра́ньше*) up till now; (*всё ещё*) still; **до тех пор** then; **до тех пор, пока́** until; **с каки́х пор?** since when?

поравня́|**ться** (**-юсь**) *сов возв*: **поравня́ться с** +*instr* (*человек*) to draw level with; (*машина*) to come alongside

пораже́ни|**е** (**-я**) *ср* (*цели*) hitting; (*Мед*) damage; (*проигрыш*) defeat; **наноси́ть** (*perf* **нанести́**) **кому́-н пораже́ние** to defeat sb; **терпе́ть** (*perf* **потерпе́ть**) **пораже́ние** to be defeated

порази́тельный *прил* striking; (*о неприятном*) astonishing

пора́н|**ить** (**-ю, -ишь**) *сов перех* to hurt

порв|**а́ть(ся)** (**-у́, -ёшь**) *сов см* **рва́ть(ся)**

поре́з (**-а**) *м* cut; **поре́**|**зать** (**-жу, -жешь**) *сов перех* to cut; **поре́заться** *сов возв* to cut o.s.

порногра́фи|**я** (**-и**) *ж* pornography

по́ровну *нареч* equally

поро́г (**-а**) *м* (*также перен*) threshold

поро́д|**а** (**-ы**) *ж* (*животных*) breed; **поро́дистый** *прил* pedigree

поро́й *нареч* from time to time

пороло́н (**-а**) *м* foam rubber

порош|**о́к** (**-ка́**) *м* powder

порт (**-а**; *loc sg* **-у́**, *nom pl* **-ы**, *gen pl* **-о́в**) *м* port

порта́тивный *прил* portable; **порта"ти́вный компь"ютер** laptop (computer)

портве́йн (**-а**) *м* (*wine*) port

по́р|**тить** (**-чу, -тишь**; *perf* **испо́ртить**) *несов перех* to damage; (*настроение, праздник, ребёнка*) to spoil; **по́ртиться** (*perf* **испо́ртиться**) *сов возв* (*механизм*) to be damaged; (*здоровье, погода*) to deteriorate; (*настроение*) to be spoiled; (*молоко*) to go off; (*мясо, овощи*) to go bad

портре́т (**-а**) *м* portrait

Португа́ли|**я** (**-и**) *ж* Portugal

португа́льский *прил* Portuguese; **португа́льский язы́к** Portuguese

портфе́л|**ь** (**-я**) *м* briefcase; (*Полит, Комм*) portfolio

портье́р|**а** (**-ы**) *ж* curtain

поруга́|**ться** (**-юсь**) *сов см* **руга́ться** ▷ *возв* (*разг*): **поруга́ться (с** +*instr*) to fall out (with)

пору́к|**а** (**-и**) *ж*: **брать кого́-н на пору́ки** to take sb on probation; (*Юр*) to stand bail for sb

по-ру́сски *нареч* (*говорить, писать*) in Russian; **говори́ть** (*impf*)/**понима́ть** (*impf*) **по-ру́сски** to speak/understand Russian

поруча́|**ть** (**-ю**) *несов от* **поручи́ть**

поруче́ни|**е** (**-я**) *ср* (*задание*)

errand; (: важное) mission
поручи́тельств|о (-а) ср
guarantee
поруч|и́ть (-у́, -у́чишь; impf
поруча́ть) сов: поручи́ть кому́-н
что-н to entrust sb with sth;
поруча́ть (perf поручи́ть) кому́-н
+infin to instruct sb to do;
поруча́ть (perf поручи́ть) кому́-н
кого́-н/что-н (отдать на
попечение) to leave sb/sth in sb's
care; **поручи́ться** сов от
руча́ться
по́рци|я (-и) ж portion
поры́в (-а) м (ветра) gust
поря́д|ок (-ка) м order; (правила)
procedure; в поря́дке +gen (в
качестве) in order; в поря́дке in order;
всё в поря́дке everything's O.K.;
поря́док дня agenda
поря́дочный прил (честный)
decent; (значительный) fair
пос|ади́ть (-ажу́, -а́дишь) сов от
сажа́ть
поса́д|ка (-ки; gen pl -ок) ж
(овощей) planting; (пассажиров)
boarding; (самолёта итп) landing;
поса́дочный прил (талон)
boarding; (площадка) landing
по-сво́ему нареч his итп way; он
по-сво́ему прав in his own way, he is
right
посвя|ти́ть (-щу́, -ти́шь; impf
посвяща́ть) сов перех:
посвяти́ть что-н +dat to devote sth
to; (книгу) to dedicate sth to
посе́в|ы (-ов) мн crops
поселе́ни|е (-я) ср settlement
пос|ели́ть(ся) (-елю́(сь),
-е́лишь(ся)) сов от **сели́ть(ся)**
посёл|ок (-ка) м village; да́чный
посёлок village made up of dachas
посереди́не нареч in the middle
▷ предл +gen in the middle of
посети́тель (-я) м visitor

посе|ти́ть (-щу́, -ти́шь; impf
посеща́ть) сов перех to visit
посеще́ни|е (-я) ср visit
посе́|ять (-ю, -ешь) сов от **се́ять**
посид|е́ть (-жу́, -ди́шь) сов to
sit for a while
поскольз|ну́ться (-у́сь,
-ёшься) сов возв to slip
поско́льку союз as
посла́ни|е (-я) ср message;
посла́нник (-а) м envoy
по|сла́ть (-шлю́, -шлёшь; impf
посыла́ть) сов перех to send
по́сле нареч (потом) afterwards
(Brit), afterward (US) ▷ предл
+gen after ▷ союз: по́сле того́ как
after
после́дн|ий прил last; (новости,
мода) latest; за или в после́днее
вре́мя recently
после́дователь (-я) м follower
после́довательность (-и) ж
sequence; (политики) consistency
после́довательный прил
(один за другим) consecutive;
(логический) consistent
после́д|овать (-ую) сов от
сле́довать
после́дстви|е (-я) ср
consequence
послеза́втра нареч the day after
tomorrow
посло́виц|а (-ы) ж proverb,
saying
послу́ша|ть (-ю) сов от **слу́шать**
▷ перех: послу́шать что-н to
listen to sth for a while;
послу́шаться сов от **слу́шаться**
послу́шный прил obedient
посме́|ть (-ю) сов от **сметь**
посм|отре́ть (-отрю́, -о́тришь)
сов от **смотре́ть** ▷ неперех:
посмо́трим (разг) we'll see;
посмотре́ться сов от
смотре́ться

посо́би|е (-я) *ср* (помощь)
benefit; (*Просвещ*: учебник)
textbook; (: наглядное) visual aids
мн; **посо́бие по безрабо́тице**
unemployment benefit; **посо́бие
по инвали́дности** disability living
allowance

посо́л (-ла́) *м* ambassador

посо́л|и́ть (-ю, -о́лишь) *сов от*
соли́ть

посо́льств|о (-а) *ср* embassy

поспе́|ть (*3sg* -е́ет) *сов от* **спеть**

поспеш|и́ть (-у́, -и́шь) *сов от*
спеши́ть

поспо́р|ить (-ю, -ишь) *сов от*
спо́рить

посреди́ *нареч* in the middle
▷ *предл* +*gen* in the middle of

посреди́не *нареч* in the middle
▷ *предл* +*gen* in the middle of

посре́дник (-а) *м* intermediary;
(*при конфликте*) mediator;
торго́вый посре́дник middleman;
(*мн* middlemen);
посре́днический *прил* (*Комм*)
intermediary; (*услуги*) agent's;
посре́дничеств|о (-а) *ср*
mediation

посре́дственно *нареч* (учиться,
писать) so-so ▷ *ср нескл*
(*Просвещ*) ≈ satisfactory (*school
mark*); **посре́дственный** *прил*
mediocre

посре́дством *предл* +*gen* by
means of; (*человека*) through

поссо́р|ить(ся) (-ю(сь),
-ишь(ся)) *сов от* **ссо́рить(ся)**

пост (-á; *loc sg* -ý) *м* (*люди*)
guard; (*место*) lookout post;
(*должность*) post; (*Рел*) fast

поста́в|ить (-лю, -ишь) *сов от*
ста́вить ▷ (*impf* **поставля́ть**)
перех (*товар*) to supply

поста́в|ка (-ки; *gen pl* -ок) *ж*
(*снабжение*) supply; **поставщи́к**

(-á) *м* supplier

постаме́нт (-а) *м* pedestal

постан|ови́ть (-овлю́, -о́вишь)
impf **постановля́ть** *сов* +*infin* to
resolve to do

постано́в|ка (-ки; *gen pl* -ок) *ж*
(*Театр*) production; **постано́вка
вопро́са/пробле́мы** the
formulation of the question/
problem

постановле́ни|е (-я) *ср*
(*решение*) resolution;
(*распоряжение*) decree

постано́вщик (-а) *м* producer

постара́|ться (-юсь) *сов от*
стара́ться

пост|ели́ть (-елю́, -е́лишь) *сов*
от **стели́ть**

посте́л|ь (-и) *ж* bed

посте́льн|ый *прил*: **посте́льное
бельё** bedclothes *мн*

постепе́нно *нареч* gradually

постепе́нный *прил* gradual

постира́|ть (-ю) *сов от* **стира́ть**

по|сти́ться (-щу́сь, -сти́шься)
несов возв (*Рел*) to fast

по́стный *прил* (*суп*) vegetarian;
по́стное ма́сло vegetable oil

постоль́ку *союз*: **постоль́ку ...
поско́льку** insofar as ...

посторо́нн|ий *прил* (*чужой*)
strange; (*помощь, влияние*)
outside; (*вопрос*) irrelevant
▷ (-его) *м* stranger, outsider;
посторо́нним вход воспрещён
authorized entry only

постоя́нн|ый *прил* (*работа,
адрес*) permanent; (*шум*) constant;
**постоя́нное запомина́ющее
устро́йство** ROM

посто|я́ть (-ю́, -и́шь) *сов от*
стоя́ть ▷ *неперех* (*стоять
недолго*) to stand for a while

постри́|чь(ся) (-гу́(сь),
-жёшь(ся) *итп*, -гу́т(ся)); *pt*

-г(ся), -гла́(сь) *сов от* стри́чь(ся)

постро́ить (-ю, -ишь) *сов от* стро́ить

постро́йка (-йки; *gen pl* -ек) *ж* construction; (*здание*) building

поступи́ть (-уплю́, -у́пишь; *impf* поступа́ть) *сов* (*человек*) to act; (*товар, известия*) to come in; (*жалоба*) to be received; поступа́ть (*perf* поступи́ть) в/на +*acc* to start в университе́т; (*на работу*) to start

поступле́ни|е (-я) *ср* (*действие: в университет, на работу*) starting; (*обычно мн: бюджетные*) revenue *ед*; (*в библиотеке*) acquisition

посту́п|ок (-ка) *м* deed

постуча́ть(ся) (-у́(сь), -и́шь(ся)) *сов от* стуча́ть(ся)

посу́д|а (-ы) *ж собир* crockery; ку́хонная посу́да kitchenware; стекля́нная посу́да glassware; мыть (*perf* помы́ть) посу́ду to wash the dishes, wash up

посчита́ть (-ю) *сов от* счита́ть

посыла́ть (-ю) *несов от* посла́ть

посы́лк|а (-ки; *gen pl* -ок) *ж* (*действие: книг, денег*) sending; (*посланное*) parcel

посы́п|ать (-лю, -лешь) *сов перех* to sprinkle; посы́паться *сов от* сы́паться

пот (-а; *loc sg* -у́) *м* sweat

по-тво́ему *нареч* your way

потенциа́л (-а) *м* potential

потенциа́льный *прил* potential

потепле́ни|е (-я) *ср* warmer spell

пот|ере́ть (-ру́, -рёшь; *pt* -ёр, -ёрла) *сов перех* (*ушиб*) to rub; (*морковь*) to grate

потерпе́вш|ий (-его) *м* Юр victim

поте́р|я (-и) *ж* loss

потеря́ть(ся) (-ю(сь)) *сов от* теря́ть(ся)

поте́|ть (-ю; *impf* вспоте́ть) *несов* to sweat

по́тный *прил* sweaty

пото́к (-а) *м* stream

потол|о́к (-ка́) *м* ceiling

пото́м *нареч* (*через некоторое время*) later; (*после*) then ♦ *союз*: а/и пото́м and then, anyhow; на пото́м for later

пото́мки (-ов) *мн* descendants

пото́мств|о (-а) *ср собир* descendants *мн*; (*дети*) offspring *мн*

потому́ *нареч*: потому́ (и) that's why; потому́ что because

пото́п (-а) *м* flood

поторопи́ть(ся) (-лю́(сь), -ишь(ся)) *сов от* торопи́ть(ся)

пото́чный *прил* (*производство*) mass; пото́чная ли́ния production line

потра́|тить (-чу, -тишь) *сов от* тра́тить

потреби́тель (-я) *м* consumer

потреби́тельский *прил* (*спрос*) consumer

потреби́ть (-лю́, -и́шь) *сов от* потребля́ть; потребле́ни|е (-я) *ср* (*действие*) consumption; това́ры широ́кого потребле́ния consumer goods; потребля́ть (-ю; *perf* потреби́ть) *несов перех* to consume; потре́бность (-и) *ж* need

потре́б|овать(ся) (-ую(сь)) *сов от* тре́бовать(ся)

потроха́ (-о́в) *мн* (*птицы*) giblets *мн*

потрош|и́ть (-у́, -и́шь; *perf* вы́потрошить) *несов перех* to gut

потруди́ться (-жу́сь, -дишься) *сов возв* to work +*infin* to take the trouble to do

потряса́ющий прил (музыка, стихи) fantastic; (красота) stunning

потрясе́ни|е (-я) ср (нервное) breakdown; (социальное) upheaval; (впечатление) shock

потряс|ти́ (-у́, -ёшь; pt -, -ла) сов перех to shake; (взволновать) to stun

поту́хн|уть (3sg -ет, impf потуха́ть) сов (лампа, свет) to go out

потуш|и́ть (-у́, -у́шишь) сов от туши́ть

потя|ну́ться (-ну́сь, -́нешься; impf потя́гиваться) сов возв (в постели, в кресле) to stretch out

поу́жина|ть (-ю) сов от у́жинать

поумне́|ть (-ю) сов от умне́ть

похвал|а́ (-ы́) ж praise

похва́ста|ться (-юсь) сов от хва́статься

похити́тел|ь (-я) м (см глаг) thief; abductor; kidnapper

похи́|тить (-щу, -тишь; impf похища́ть) сов перех (предмет) to steal; (человека) to abduct; (: для выкупа) to kidnap

похище́ни|е (-я) ср (см глаг) theft; abduction; kidnap(ping)

похлопа́|ть (-ю) сов перех to pat

похме́ль|е (-я) ср hangover

похо́д (-а) м (военный) campaign; (туристический) hike (walking and camping expedition)

похо|ди́ть (-ожу́, -о́дишь) несов: походи́ть на кого-н/что-н to resemble sb/sth ▷ сов to walk

похо́ж|ий прил: похо́жий (на +acc или с +instr) similar (to); он похо́ж на бра́та, они́ с бра́том похо́жи he looks like his brother; они́ похо́жи they look alike; похо́же на то, что ... it looks as if ...; э́то на неё (не) похо́же it's (not) like him

похолода́ни|е (-я) ср cold spell

похолода́|ть (3sg -ет) сов от холода́ть

похоро́н|ить (-оню́, -о́нишь) сов от хорони́ть

похоро́нн|ый прил funeral; похоро́нное бюро́ undertaker's

по́хорон|ы (-о́н; dat pl -она́м) мн funeral ед

поцелова́|ть(ся) (-у́ю(сь)) сов от целова́ть(ся)

поцелу́|й (-я) м kiss

почасово́й прил (оплата) hourly

по́чв|а (-ы) ж soil; (перен) basis; на по́чве +gen arising from

почём нареч (разг) how much?

почему́ нареч why; вот почему́ that is why

почему́-либо нареч for some reason or another

почему́-нибудь нареч = почему́-либо

почему́-то нареч for some reason

по́черк (-а) м handwriting

почерне́|ть (-ю) сов от черне́ть

поче|са́ть(ся) (-шу́(сь), -шешь(ся)) сов от чеса́ть(ся)

почёт (-а) м honour (Brit), honor (US)

почётный прил (гость) honoured (Brit), honored (US); (член) honorary; (обязанность) honourable (Brit), honorable (US); почётный карау́л guard of honour (Brit) или honor (US)

почин|и́ть (-иню́, -и́нишь) сов от чини́ть

почи́н|ка (-ки; gen pl -ок) ж repair

почи́|стить (-щу, -стишь) сов от чи́стить

почита́тел|ь (-я) м admirer

почита́|ть (-ю) сов перех (книгу) to read ▷ несов перех to admire

по́ч|ка (-ки; *gen pl* -ек) ж (*Бот*) bud; (*Анат*) kidney

по́чт|а (-ы) ж (*учреждение*) post office; (*письма*) post, mail; **почтальо́н** (-а) м postman (*Brit*) (*мн* postmen), mailman (*US*) (*мн* mailmen); **почта́мт** (-а) м main post office

почти́ *нареч* almost, nearly; **почти́ что** (*разг*) almost

почти́тельный *прил* respectful

почти́ть (*как* чтить; *см* Table 17) *сов перех* (*память*) to pay homage to

почто́в|ый *прил* postal; (*марка*) postage; **почто́вая откры́тка** postcard; **почто́вый и́ндекс** postcode (*Brit*), zip code (*US*); **почто́вый перево́д** (*деньги*) postal order; **почто́вый я́щик** postbox

почу́вств|овать (-ую) *сов от* чу́вствовать

пошатн|у́ть (-у́, -ёшь) *сов перех* (*веру*) to shake; (*здоровье*) to damage; **пошатну́ться** *сов возв* (*авторитет*) to be undermined

пошёл *сов см* пойти́

пошла́ *etc сов см* пойти́

по́шлин|а (-ы) ж duty

пошло́ *сов см* пойти́

пошлю́ *итп сов см* посла́ть

пошу|ти́ть (-чу́, -́тишь) *сов от* шути́ть

поща́д|а (-ы) ж mercy

поща|ди́ть (-жу́, -ди́шь) *сов от* щади́ть

пощёчин|а (-ы) ж slap across the face

поэ́зи|я (-и) ж poetry

поэ́м|а (-ы) ж poem

поэ́т (-а) м poet; **поэте́сс|а** (-ы) ж от поэ́т; **поэти́ческий** *прил* poetic

поэ́тому *нареч* therefore

пою́ *итп несов см* петь

по|яви́ться (-явлю́сь, -я́вишься; *impf* появля́ться) *сов возв* to appear; **у него́ появи́лись иде́и/сомне́ния** he has had an idea/begun to have doubts

появле́ни|е (-я) *ср* appearance

появля́|ться (-юсь) *несов от* появи́ться

по́яс (-а; *nom pl* -а́) м (*ремень*) belt; (*талия*) waist; (*Гео*) zone

поясне́ни|е (-я) *ср* explanation; (*к схеме*) explanatory note

пояс|ни́ть (-ню́, -ни́шь; *impf* поясня́ть) *сов перех* to explain

поясни́ц|а (-ы) ж small of the back

пр. *сокр* = прое́зд; проспе́кт

прабабушк|а (-ки; *gen pl* -ек) ж great-grandmother

прав|а́ (-) *мн* (*также* води́тельские права́) driving licence *ед* (*Brit*), driver's license *ед* (*US*); *см* пра́во

пра́вд|а (-ы) ж truth ▷ *нареч* really ▷ *как сказ* it's true; **пра́вду** *или* **по пра́вде говоря́** *или* **сказа́ть** to tell the truth

правди́вый *прил* truthful

правдоподо́бный *прил* plausible

пра́вил|о (-а) *ср* rule; **э́то не в мои́х пра́вилах** that's not my way; **как пра́вило** as a rule; **по всем пра́вилам** by the rules; **пра́вила доро́жного движе́ния** rules of the road, ≈ Highway Code

пра́вильно *нареч* correctly ▷ *как сказ* that's correct *или* right; **пра́вильный** *прил* correct; (*вывод, ответ*) right

прави́тель (-я) м ruler; **прави́тельственный** *прил* government; **прави́тельств|о**

п

(-а) *ср* government

пра́в|ить (-лю, -ишь) *несов*
перех (исправлять) to correct
▷ *неперех* (+*instr*: страной) to
rule, govern; (машиной) to drive;
правле́ни|е (-я) *ср* government;
(орган) board

пра́в|о (-а; *nom pl* -а́) *ср*
(свобода) right; (нормы, наука)
law; *impf* **име́ть пра́во на**
что-н/+*infin* to be entitled или
have the right to sth/to do; **на**
ра́вных права́х *c* +*instr* on equal
terms with; **права́ челове́ка**
human rights

пра́во-: правонаруше́ни|е (-я)
ср offence; **правонаруши́тель**
(-я) *м* offender; **правописа́ни|е**
(-я) *ср* spelling; **правопоря́д|ок**
(-ка) *м* law and order

правосла́ви|е (-я) *ср* orthodoxy;
правосла́вн|ый *прил* (церковь,
обряд) orthodox ▷ (-ого) *м*
member of the Orthodox Church

правосу́ди|е (-я) *ср* justice

пра́вый *прил* right; (Полит)
right-wing; **он прав** he is right

пра́вящий *прил* ruling

Пра́г|а (-и) *ж* Prague

праде́душк|а (-и; *gen pl* -ек) *м*
great-grandfather

пра́зднеств|о (-а) *ср* festival

пра́здник (-а) *м* public holiday;
(религиозный) festival;
(нерабочий день) holiday;
(радость, торжество) celebration; **с**
пра́здником! best wishes!;
пра́здничн|ый *прил* (салют,
обед) celebratory; (одежда,
настроение) festive; **пра́здничный**
день holiday; **пра́здн|овать**
(-ую) *несов перех* to celebrate

пра́ктик|а (-и) *ж* practice;
(часть
учёбы) practical experience или
work; **на пра́ктике** in practice;

практика́нт (-а) *м* trainee (on
placement); **практик|ова́ть**
(-у́ю) *несов перех* to practise
(Brit), practice (US)

практикова́ться *несов возв*
(обучаться): **практикова́ться в**
чём-н to practise sth

практи́чески *нареч* (на деле) in
practice; (по сути дела) practically

практи́ческий *прил* practical

прах (-а) *м* (умершего) ashes *мн*

пра́чечн|ая (-ой) *ж* laundry

пребыва́ни|е (-я) *ср* stay

пребыва́|ть (-ю) *несов* to be

превзойти́ (как идти́; см *Table*
18; impf **превосходи́ть**) *сов*
перех (врага, соперника) to beat;
(результаты, ожидания) to surpass;
(доходы, скорость) to exceed;
превосход|и́ть (-жу́, -дишь)
несов от **превзойти́**

превосхо́дно *нареч* superbly
▷ *как сказ* it's superb; *част*
превосхо́дно! (хорошо) excellent!

превосхо́дн|ый *прил* superb;
превосхо́дная сте́пень (Линг)
superlative degree

преврати́ть (-щу́, -ти́шь; *impf*
превраща́ть) *сов перех*:
преврати́ть что-н/кого́-н в +*acc* to
turn или transform sth/sb into;
преврати́ться (*impf*
превраща́ться) *сов возв*:
преврати́ться в (в +*acc*) to turn (into)

превраще́ни|е (-я) *ср*
transformation

превы́|сить (-шу, -сишь; *impf*
превыша́ть) *сов перех* to exceed

прегра́д|а (-ы) *ж* barrier

прегради́ть (-жу́, -ди́шь; *impf*
прегражда́ть) *сов перех*:
прегради́ть кому́-н доро́гу/вход
to block или bar sb's way/entrance

предава́|ть (-ю) *несов от*
преда́ть

пре́данный *прил* devoted

преда́тель (-я) *м* traitor

преда́ть (*как дать; см Table 16;
impf* **предава́ть**) *сов перех* to
betray; **предава́ть** (*perf* **преда́ть**)
что-н гла́сности to make sth public

предвари́тельный *прил*
preliminary; (*продажа*) advance

предви́деть (-жу, -дишь) *сов
перех* to predict

предводи́тель (-я) *м* leader

преде́л (-а) *м* (*обычно мн:
города, страны*) boundary; (*перен:
приличия*) bound; (*: терпения*)
limit; (*подлости, совершенства*)
height; (*мечтаний*) pinnacle; **на
преде́ле** at breaking point; **в
преде́лах** +*gen* (*закона, года*)
within; (*приличия*) within the
bounds of; **за преде́лами** +*gen*
(*страны, города*) outside

преде́льный *прил* maximum;
(*восторг, важность*) utmost;
преде́льный срок deadline

предисло́ви|е (-я) *ср* foreword,
preface

предлага́|ть (-ю) *несов от*
предложи́ть

предло́г (-а) *м* pretext; (*Линг*)
preposition; **под предло́гом** +*gen*
on the pretext of

предложе́ни|е (-я) *ср*
suggestion, proposal; (*замужества*)
proposal; (*Комм*) offer; (*Линг*)
sentence; **де́лать** (*perf* **сде́лать**)
предложе́ние кому́-н (*девушке*) to
propose to sb; (*Комм*) to make sb
an offer; **вноси́ть** (*perf* **внести́**)
предложе́ние (*на собрании*) to
propose a motion

предлож|и́ть (-у́, -о́жишь)
impf **предлага́ть**) *сов перех* to
offer; (*план, кандидату́ру*) to
propose ▷ *неперех* to suggest,
propose

предло́жный *прил* (Линг)
prepositional

предме́т (-а) *м* object;
(*обсуждения, изучения*) subject

пре́д|ок (-ка) *м* ancestor

предста́в|ить (-лю, -ишь) *сов
перех*: **предста́вить что-н
кому́-н** to give sb sth ⊳ *неперех*:
предста́вить кому́-н +*infin*
(*выбирать, решать*) to let sb do

предостереже́ни|е (-я) *ср*
warning

предостере|чь (-гу́, -ежёшь
etc, -гу́т; *pt* -ёг, -егла́, *impf*
предостерега́ть) *сов перех*
предостере́чь кого́-н (от +*gen*) to
warn sb (against)

предотвра|ти́ть (-щу́, -ти́шь;
impf **предотвраща́ть**) *сов перех*
to prevent; (*войну, кризис*) to avert

предохрани́тель (-я) *м* safety
device; (*Элек*) fuse (Brit), fuze (US)

предохран|и́ть (-ю́, -и́шь; *impf*
предохраня́ть) *сов перех* to
protect

предположи́тельно *нареч*
supposedly

предполож|и́ть (-ожу́,
-о́жишь; *impf* **предполага́ть**)
сов перех (*допустить
возможность*) to assume, suppose;
предположи́м (*возможно*) let's
assume *or* suppose

предпосле́дний *прил* (*номер,
серия*) penultimate; (*в очереди*)
last but one

предприи́мчивый *прил*
enterprising

предпринима́тель (-я) *м*
entrepreneur, businessman (*мн*
businessmen)

предпринима́тельств|о (-а) *ср*
enterprise

предприн|я́ть (-иму́, -и́мешь;
pt -инял, -иняла́, *impf*

предпринима́ть) сов перех to undertake

предприя́ти|е (-я) ср plant; (Комм) enterprise, business

предрассу́д|ок (-ка) м prejudice

председа́тель (-я) м chairman (мн chairmen)

предсказа́ни|е (-я) ср prediction; **предска́з|а́ть (-ажу́, -а́жешь;** impf **предска́зывать)** сов перех to predict

предсме́ртный прил (агония) death; (воля) last

представи́тель (-я) м representative;

представи́тельный прил representative;

представи́тельств|о (-а) ср (Полит) representation; дипломати́ческое представи́тельство diplomatic corps

предста́в|ить (-лю, -ишь; impf **представля́ть)** сов перех to present; **представля́ть (perf представить) кого́-н кому́-н** (познакомить) to introduce sb to sb; **представля́ть (perf представить) (себе́)** to imagine; **предста́в|иться** (impf **представля́ться)** несов возв (при знакомстве) to introduce o.s.; (возможность) to present itself

представле́ни|е (-я) ср presentation; (Театр) performance; (знание) idea; **не име́ть** (impf) **(никако́го)** представле́ния о +prp to have no idea about

представля́|ть (-ю) несов от **представить** ▷ перех (организацию, страну) to represent; **представля́ть (impf) (себе́) что-н** (понимать) to understand sth; **представля́ться** несов от **представиться**

предсто|я́ть (3sg -и́т) несов to lie ahead

предубежде́ни|е (-я) ср prejudice

предупре|ди́ть (-жу́, -ди́шь; impf **предупрежда́ть)** сов перех to warn; (остановить) to prevent

предупрежде́ни|е (-я) ср warning; (аварии, заболевания) prevention

предусм|отре́ть (-отрю́, -о́тришь; impf **предусма́тривать)** сов перех (учесть) to foresee; (приготовиться) to provide for; **предусмотри́тельный** прил prudent

предчу́встви|е (-я) ср premonition

предше́ствующий прил previous

предъяв|и́ть (-явлю́, -я́вишь; impf **предъявля́ть)** сов перех (паспорт, билет итп) to show; (доказательства) to produce; (требования, претензии) to make; (иск) to bring; **предъявля́ть (perf предъяви́ть) права́ на что-н** to lay claim to sth

преды́дущий прил previous

предысто́ри|я (-и) ж background

прее́мник (-а) м successor

пре́жде нареч (в прошлом) first ▷ предл +gen before; (сначала) first ▷ предл +gen before; **пре́жде всего́** first of all; **пре́жде чем** before

преждевре́менный прил premature

пре́жний прил former

презента́ци|я (-и) ж presentation

презервати́в (-а) м condom

президе́нт (-а) м president

презира́|ть (-ю) несов перех to despise

презре́ни|е (**-я**) *ср* contempt
преиму́щество (**-а**) *ср*
advantage
прейскура́нт (**-а**) *м* price list
преклоне́ни|е (**-я**) *ср*:
преклоне́ние (**пе́ред** +*instr*)
admiration (for)
преклоня́|ться (**-юсь**) *несов*
возв: **преклоня́ться пе́ред** +*instr*
to admire
прекра́сно *нареч* (сде́лать)
brilliantly; (част прекра́сно!
excellent!; **ты прекра́сно зна́ешь,
что ты не прав** you know perfectly
well that you are wrong
прекра́сный *прил* beautiful;
(врач, результа́т) excellent
прекра|ти́ть (**-щу́, -ти́шь**; *impf*
прекраща́ть) *сов перех* to stop
▷ *неперех* +*infin* to stop doing;
прекрати́ться (*impf*
прекраща́ться) *сов возв*
(дождь, заня́тия) to stop;
(отноше́ния) to end
преле́стный *прил* charming
пре́лесть (**-и**) *ж* charm
прелю́ди|я (**-и**) *ж* prelude
пре́ми|я (**-и**) *ж* (рабо́тнику)
bonus; (победи́телю) prize; (Комм)
premium
премье́р (**-а**) *м* premier
премье́р|а (**-ы**) *ж* première
премье́р-мини́стр (**-а**) *м* prime
minister, premier
пренебрега́|ть (**-ю**) *несов от*
пренебре́чь
пренебреже́ни|е (**-я**) *ср*
(зако́нами итп) disregard;
(: обя́занностями) neglect;
(высокоме́рие) contempt
пренебре́|чь (**-гу́, -жёшь** *etc*,
-гу́т; *pt* **-г, -гла́**, *impf*
пренебрега́ть) *сов* (+*instr*)
(опа́сностью) to disregard;
(бога́тством, пра́вилами) to scorn;

(сове́том, про́сьбой) to ignore
пре́ни|я (**-й**) *мн* debate *ед*
преоблада́|ть (*3sg* **-ет**) *несов*:
преоблада́ть (**над** +*instr*) to
predominate (over)
преобразова́ни|е (**-я**) *ср*
transformation; **преобраз|ова́ть**
(**-у́ю**; *impf* **преобразо́вывать**)
сов перех to transform
преодоле́|ть (**-ю**; *impf*
преодолева́ть) *сов перех* to
overcome; (барье́р) to clear
препара́т (**-а**) *м* (Мед: также
медици́нский препара́т) drug
препина́ни|е (**-я**) *ср*: **зна́ки
препина́ния** punctuation marks
преподава́тель (**-я**) *м* (шко́лы,
ку́рсов) teacher; (ву́за) lecturer
преподава́|ть (**-ю́, -ёшь**) *несов
перех* to teach
препод|нес́ти́ (**-есу́, -есёшь**; *pt*
-ёс, -есла́, *impf* **преподноси́ть**)
сов перех: **преподнести́ что-н
кому́-н** to present sb with sth
препя́тстви|е (**-я**) *ср* obstacle
препя́тств|овать (**-ую**; *perf*
воспрепя́тствовать) *несов* +*dat*
to impede
прерв|а́ть (**-у́, -ёшь**; *impf*
прерыва́ть) *сов перех*
(разгово́р, рабо́ту итп) to cut
short; (отноше́ния) to break off;
(говоря́щего) to interrupt;
прерва́ться (*impf*
прерыва́ться) *сов возв*
(разгово́р, игра́) to be cut short;
(отноше́ния) to be broken off
пресе́|чь (**-ку́, -чёшь** *etc*,
-ку́т; *pt* **-к, -кла́**, *impf*
пресека́ть) *сов перех* to
suppress
пресле́довани|е (**-я**) *ср* pursuit;
(сексуа́льное) harassment;
(инакомы́слия) persecution;
пресле́д|овать (**-ую**) *несов*

перех to pursue; (*инакомыслящих*) to persecute; (*насмешками*) to harass

пресловутый *прил* notorious

пресмыкающ|ееся (-егося) *ср* reptile

пресноводный *прил* freshwater

пресный *прил* (*вода*) fresh; (*пища*) bland

пресс (-а) *м* (*Tex*) press

пресс|а (-ы) *ж* собир the press

пресс-конференци|я (-и) *ж* press conference

пресс-релиз (-а) *м* press release

пресс-секретарь (-я) *м* press secretary

пресс-центр (-а) *м* press office

престарел|ый *прил* aged; **дом (для) престарелых** old people's home

престиж (-а) *м* prestige; **престижный** *прил* prestigious

преступлени|е (-я) *ср* crime; **преступник** *м* criminal; **преступность** (-и) *ж* (*количество*) crime; **преступный** *прил* criminal

претенд|овать (-ую) *несов*: **претендовать на** +*acc* (*стремиться*) to aspire to; (*заявлять права*) to lay claim to

претензи|я (-и) *ж* (*обычно мн: на наследство*) claim; (: *на ум, на красоту итп*) pretension; (*жалоба*) complaint

преткновени|е (-я) *ср*: **камень преткновения** stumbling block

преувеличи|ть (-у, -ишь; *impf* **преувеличивать**) *сов перех* to exaggerate

преуменьш|ить (-у, -ишь; *impf* **преуменьшать**) *сов перех* to underestimate

преусп|еть (-ю; *impf* **преуспевать**) *сов* (*в учёбе*) to be

successful; (*в жизни*) to prosper, thrive

прецедент (-а) *м* precedent

при *предл* (+*prp*: *возле*) by, near; (*о части*) at; (*в присутствии*) in front of; (*в наличии чего-н у кого-н*) on; **он всегда при деньгах** he always has money on him; **я здесь ни при чём** it has nothing to do with me

прибав|ить (-лю, -ишь; *impf* **прибавлять**) *сов перех* to add; (*увеличить*) to increase;

прибавиться (*impf* **прибавляться**) *сов возв* (*проблемы, работа итп*) to mount up ▷ *безл* (*воды в реке*) to rise

прибеж|ать (*как* **бежать**; *см* Table 20) *сов* to come running

приб|ить (-ью, -ьёшь; *imper* **-ей(те)**, *impf* **прибивать**) *сов перех* (*гвоздями*) to nail

приближа|ться(ся) (-ю(сь)) *несов от* **приблизить(ся)**

приближени|е (-я) *ср* approach

приблизительный *прил* approximate

приблиз|ить (-жу, -зишь; *impf* **приближать**) *сов перех* (*придвинуть*) to move nearer; (*ускорить*) to bring nearer;

приблизиться (*impf* **приближаться**) *сов возв* to approach

прибо|й (-я) *м* breakers *мн*

прибор (-а) *м* (*измерительный*) device; (*оптический*) instrument; (*нагревательный*) appliance; (*бритвенный*) set; **столовый прибор** setting

прибыва|ть (-ю) *несов от* **прибыть**

прибыл|ь (-и) *ж* profit; **прибыльный** *прил* profitable

прибыти|е (-я) *ср* arrival!

прибы́ть (*как* **быть**; *см* Table 21; *impf* **прибыва́ть**) *сов* to arrive

приватизи́р|овать (-**ую**) (**не**)*сов перех* to privatize

прив|езти́ (-**езу́**, -**езёшь**; *pt* -**ёз**, -**езла́**, *impf* **привози́ть**) *сов перех* to bring

прив|ести́ (-**еду́**, -**едёшь**; *pt* -**ёл**, -**ела́**) *сов от* **вести́** ⊳ (*impf* **приводи́ть**) *перех* to bring; (*подлеж: дорога: к дому*) to take; (*пример*) to give; **привести́** (*perf*) **в у́жас** to horrify; **приводи́ть** (*perf* **привести́**) **в восто́рг** to delight; **приводи́ть** (*perf* **привести́**) **в изумле́ние** to astonish; **приводи́ть** (*perf* **привести́**) **в исполне́ние** to put into effect; **приводи́ть** (*perf* **привести́**) **в поря́док** to put in order

приве́т (-**а**) *м* regards *мн*; (*разг: при встрече*) hi!; (*: при расставании*) bye; **передава́ть** (*perf* **переда́ть**) **кому́-н приве́т** to give sb one's regards

приве́тлив|ый *прил* friendly; **приве́тств|ие** (-**я**) *ср* (*при встрече*) greeting; (*делегации*) welcome; **приве́тств|овать** (-**ую**; *perf* **поприве́тствовать**) *несов перех* to welcome

приви́в|ка (-**ки**; *gen pl* -**ок**) *ж* (*Мед*) vaccination

привиде́ни|е (-**я**) *ср* ghost

привиле́ги|я (-**и**) *ж* privilege

привин|ти́ть (-**чу́**, -**ти́шь**; *impf* **приви́нчивать**) *сов перех* to screw on

при́вкус (-**а**) *м* flavour (*Brit*), flavor (*US*)

привлека́тельн|ый *прил* attractive

привлека́|ть (-**ю**) *несов от* **привле́чь**

привлече́ни|е (-**я**) *ср*

(*покупателей, внимания*) attraction; (*ресурсов*) use

привл|е́чь (-**еку́**, -**ечёшь** *etc*, -**еку́т**; *pt* -**ёк**, -**екла́**, *impf* **привлека́ть**) *сов перех* to attract; (*ресурсы*) to use; **привле́чь** (*perf* **привлека́ть**) **кого́-н к** +*dat* (*к рабо́те, к уча́стию*) to involve sb in; (*к суду́*) to take sb to; **привле́чь** (*perf* **привле́чь**) **кого́-н к отве́тственности** to call sb to account

прив|оди́ть (-**ожу́**, -**о́дишь**) *несов от* **привести́**

прив|ози́ть (-**ожу́**, -**о́зишь**) *несов от* **привезти́**

привы́к|нуть (-**ну**; *pt* -, -**ла**, *impf* **привыка́ть**) *сов* +*infin* to get into the habit of doing; **привыка́ть** (*perf* **привы́кнуть**) **к** +*dat* (*к но́вому*) to get used to

привы́ч|ка (-**ки**; *gen pl* -**ек**) *ж* habit; **привы́чный** *прил* familiar

привя́занност|ь (-**и**) *ж* attachment

привя|за́ть (-**жу́**, -**жешь**; *impf* **привя́зывать**) *сов перех*: **привяза́ть что-н/кого́-н к** +*dat* to tie sth/sb to; **привяза́ться** (*impf* **привя́зываться**) *сов возв*: **привяза́ться к** +*dat* (*к сиде́нью*) to fasten o.s. to; (*полюби́ть*) to become attached to

пригласи́тельн|ый *прил*: **пригласи́тельный биле́т** invitation

пригла|си́ть (-**шу́**, -**си́шь**; *impf* **приглаша́ть**) *сов перех* to invite

приглаше́ни|е (-**я**) *ср* invitation

приговор|и́ть (-**ю́**, -**и́шь**; *impf* **пригова́ривать**) *сов перех*: **приговори́ть кого́-н к** +*dat* to sentence sb to

пригод|и́ться (-**жу́сь**, -**ди́шься**) *сов возв* +*dat* to be useful to; **приго́дный** *прил* suitable

пригоре́|ть (*3sg* -и́т, *impf*
пригора́ть) *сов* to burn

при́город (-а) *м* suburb;
при́городный *прил* suburban;
(*поезд*) commuter

пригото́в|ить (-лю, -ишь) *сов от*
гото́вить ⊳ [*impf*
пригота́вливать) *перех* to
prepare; (*постель*) to make;
пригото́вить *сов от*
гото́вить ⊳ *возв*:
пригото́виться (к +*dat*) (к
путешествию) to get ready (for); (к
уроку) to prepare (o.s.) (for)

пригото́вле́ни|е (-я) *ср*
preparation

пригро|зи́ть (-жу́, -зи́шь) *сов от*
грози́ть

прида|ва́ть (-ю́, -ёшь) *несов от*
прида́ть

прида́|ть (*как* дать; см Table 16;
impf **придава́ть**) *сов*: **прида́ть**
чего́-н кому́-н (*уверенности*) to
instil (*Brit*) или instill (*US*) sth in sb
⊳ *перех*: **прида́ть что-н чему́-н**
(*вид, форму*) to give sth to sth;
(*важность*) to attach sth to sth

прида́ч|а (-и) *ж*: **в прида́чу** in
addition

придви́н|уть (-у; *impf*
придвига́ть) *сов перех*:
придви́нуть (к +*dat*) to move over
или up (to)

приде́ла|ть (-ю; *impf*
приде́лывать) *сов перех*:
приде́лать что-н к +*dat* to attach
sth to

приде́рж|а́ть (-ержу́, -е́ржишь;
impf **приде́рживать**) *сов перех*:
(*дверь*) to hold (steady); (*лошадь*)
to restrain

приде́рживаться (-юсь) *несов*
возв (+*gen*: *взглядов*) to hold

придра́ться (-ю́сь) *несов от*
придира́ться

приди́рчивый *прил* (*человек*)
fussy; (*замечание, взгляд*) critical

придра́ться (-ерусь, -ерёшься;
impf **придира́ться**) *сов возв*:
придра́ться к +*dat* to find fault
with

приду́ *etc сов см* **прийти́**

приду́ма|ть (-ю; *impf*
приду́мывать) *сов перех*
(*отговорку, причину*) to think of
или up; (*новый прибор*) to devise;
(*песню, стихотворение*) to make
up

прие́ду *etc сов см* **прие́хать**

прие́зд (-а) *м* arrival

приезжа́|ть (-ю) *несов от*
прие́хать

прие́м (-а) *м* reception; (*у врача*)
surgery (*Brit*), office (*US*); (*Спорт*)
technique; (*наказания,
воздействия*) means; **в два/в три**
прие́ма in two/three attempts;
запи́сываться (*perf* **записа́ться**) **на**
прие́м к +*dat* to make an
appointment with

прие́мн|ая (-ой) *ж* (*также*
прие́мная ко́мната) reception

прие́мник (-а) *м* receiver;
(*радио*) radio

прие́мный *прил* (*часы*)
reception; (*день*) visiting;
(*экзамены*) entrance; (*комиссия*)
selection; (*родители, дети*)
adoptive

прие́|хать (*как* е́хать; см Table 19;
impf **приезжа́ть**) *сов* to arrive
или come (*by transport*)

прижа́|ть (-му́, -мёшь; *impf*
прижима́ть) *сов перех*: **прижа́ть**
что-н/кого́-н к +*dat* to press sth/sb
to или against; **прижа́ться** (*impf*
прижима́ться) *сов возв*:
прижа́ться к +*dat* to press o.s.
against; (*к груди*) to snuggle up to

приз (-а; *nom pl* -ы́) *м* prize

призва́ни|е (-я) *ср* (*к науке итп*) vocation

призва́ть (-ову́, -овёшь; *pt* -ва́л, -вала́, *impf* **призыва́ть**) *сов перех* (*к борьбе, к защите*) to call; **призыва́ть** (*perf* **призва́ть**) **к ми́ру** to call for peace; **призыва́ть** (*perf* **призва́ть**) **кого́-н к поря́дку** to call sb to order; **призыва́ть** (*perf* **призва́ть**) **в а́рмию** to call up (to join the army)

приземл|и́ть (-ю́, -и́шь; *impf* **приземля́ть**) *сов перех* to land; **приземли́ться** (*impf* **приземля́ться**) *сов возв* to land

призна|ва́ть(ся) (-ю́(сь), -ёшь(ся)) *несов от* **призна́ть(ся)**

при́знак (-а) *м* (*кризиса, успеха*) sign; (*отравления*) symptom

призна́ни|е (-я) *ср* recognition; (*согласие*) acknowledgment; (*в любви*) declaration; (*в преступлении*) confession

призна́тельность (-и) *ж* gratitude; **призна́тельный** *прил* grateful

призна́|ть (-ю; *impf* **признава́ть**) *сов перех* to recognize; (*счесть*): **призна́ть что-н/кого́-н** *+instr* to recognize sth/sb as; **призна́ться** (*impf* **признава́ться**) *сов возв*: **призна́ться кому́-н в чём-н** (*в преступлении*) to confess sth to sb; **признава́ться** (*perf* **призна́ться**) **кому́-н в любви́** to make a declaration of love to sb

при́зрак (-а) *м* ghost

при́зыв (-а) *м* call; (*в армию*) conscription, draft (*US*); (*лозунг*) slogan

призыва́|ть (-ю) *несов от* **призва́ть**

призывни́к (-а́) *м* conscript

прийти́ (*как* **идти́**; *см* **Table 18**; *impf* **приходи́ть**) *сов* (*идя, достичь*) to come (*on foot*); (*телеграмма, письмо́*) to arrive; (*весна, час свободы*) to come; (*достигнуть*): **прийти́ к** *+dat* (*к власти, к вы́воду*) to come to; (*к демокра́тии*) to achieve; **приходи́ть** (*perf* **прийти́**) **в у́жас/недоуме́ние** to be horrified/bewildered; **приходи́ть** (*perf* **прийти́**) **в восто́рг** to go into raptures; **приходи́ть** (*perf* **прийти́**) **кому́-н в го́лову** *или* **на ум** to occur to sb; **приходи́ть** (*perf* **прийти́**) **в себя́** (*после обморока*) to come to *или* round; (*успокоиться*) to come to one's senses; **прийти́сь** (*impf* **приходи́ться**) *сов возв*: **прийти́сь на** *+acc* to fall on; (*нам*) **придётся согласи́ться** we'll have to agree

прика́з (-а) *м* order; **приказа́ни|е** (-я) *ср* = **прика́з**; **прика́|за́ть** (-ажу́, -а́жешь; *impf* **прика́зывать**) *сов*: **приказа́ть кому́-н** *+infin* to order sb to do

прика́лыва|ть (-ю) *несов от* **приколо́ть**

прикаса́|ться (-юсь) *несов от* **прикосну́ться**

прикла́д (-а) *м* (*ружья́*) butt

прикла́дыва|ть (-ю) *несов от* **приложи́ть**

прикле́|ить (-ю, -ишь; *impf* **прикле́ивать**) *сов перех* to glue, stick; **прикле́иться** (*impf* **прикле́иваться**) *сов возв* to stick

приключе́ни|е (-я) *ср* adventure

прик|оло́ть (-олю́, -о́лешь; *impf* **прика́лывать**) *сов перех* to fasten

прикосн|у́ться (-у́сь, -ёшься;

impf **прикаса́ться** *сов возв*: **прикосну́ться к** +*dat* to touch lightly

прикреп|и́ть (-лю́, -и́шь; *impf* **прикрепля́ть**) *сов перех*: **прикрепи́ть что-н/кого-н к** +*dat* to attach sth/sb to

прикр|ы́ть (-о́ю, -о́ешь; *impf* **прикрыва́ть**) *сов перех* to cover; (*закрыть*) to close (over)

прик|ури́ть (-урю́, -у́ришь; *impf* **прику́ривать**) *сов* to get a light (*from a lit cigarette*)

прила́в|ок (-ка) *м* (*в магазине*) counter; (*на рынке*) stall

прилага́тельн|ое (-ого) *ср* (*Линг: также и́мя прилага́тельное*) adjective

прилага́|ть (-ю) *несов от* **приложи́ть**

прилега́|ть (*3sg* -ет) *несов*: **прилега́ть к чему-н** (*одежда*) to fit sth tightly

приле|те́ть (-чу́, -ти́шь; *impf* **прилета́ть**) *сов* to arrive (*by air*), fly in

прил|е́чь (-я́гу, -я́жешь *etc*, -я́гут; *pt* -ёг, -егла́) *сов* to lie down for a while

прили́в (-а) *м* (*в море*) tide

прили́п|нуть (-ну; *pt* -, -ла, *impf* **прилипа́ть** *или* **ли́пнуть**) *сов*: **прили́пнуть к** +*dat* to stick to

прили́чный *прил* (*человек*) decent; (*сумма, результат*) fair, decent

приложе́ни|е (-я) *ср* (*знаний, энергии*) application; (*к журналу*) supplement; (*к документу*) addendum (*мн* addenda

прил|ожи́ть (-ожу́, -о́жишь; *impf* **прилага́ть**) *сов перех* (*присоединить*) to attach; (*силу, знания*) to apply; **прикла́дывать** (*perf* **приложи́ть**) **что-н к** +*dat*

(*руку: ко лбу*) to put sth to; **ума́ не приложу́** (*разг*) I don't have a clue

примене́ни|е (-я) *ср* (*оружия, машин*) use; (*лекарства*) application; (*мер, метода*) adoption

прим|ени́ть (-еню́, -е́нишь; *impf* **применя́ть**) *сов перех* (*меры*) to implement; (*силу*) to use, apply; **применя́ть** (*perf* **примени́ть**) **что-н** (**к** +*dat*) (*метод, теорию*) to apply sth (to)

применя́|ться (*3sg* -ется) *несов* (*использоваться*) to be used

приме́р (-а) *м* example

приме́р|ка (-ки; *gen pl* -ок) *ж* trying on

приме́рно *нареч* (*см прил*) in an exemplary fashion; (*около*) approximately

при́мес|ь (-и) *ж* dash

приме́т|а (-ы) *ж* (*признак*) sign; (*суеверная*) omen

примета́|ть (-ю; *impf* **примётывать**) *сов перех* to stitch on

примеча́ни|е (-я) *ср* note

примити́вный *прил* primitive

примо́рский *прил* seaside

принадлеж|а́ть (-у́, -и́шь) *несов* +*dat* to belong to; (*заслуга*) to go to

принадле́жност|ь (-и) *ж* characteristic; (*обычно мн: комплект*) tackle; (: *письменные*) accessories *мн*

прин|ести́ (-есу́, -есёшь; *pt* -ёс, -есла́, *impf* **приноси́ть**) *сов перех* to bring; (*извинения, благодарность*) to express; (*присягу*) to take; **приноси́ть** (*perf* **принести́**) **по́льзу** +*dat* to be of use to; **приноси́ть** (*perf* **принести́**) **вред** +*dat* to harm

принима́|ть(ся) (-ю(сь)) *несов от* **приня́ть(ся)**

прин|оси́ть (-ошу́, -о́сишь) *несов от* принести́

при́нтер (-а) *м* (*Комп*) printer

принуди́тельный *прил* forced

прину́|дить (-жу, -дишь) *impf* **принужда́ть** *сов перех*: **принуди́ть кого́-н/что́-н к чему́-н/**+*infin* to force sb/sth into sth/to do

принц (-а) *м* prince; **принце́сс|а** (-ы) *ж* princess

при́нцип (-а) *м* principle

при|ня́ть (-му́, -мешь; *pt* -нял, -няла́, *impf* принима́ть) *сов перех* to take; (*подарок, условия*) to accept; (*пост*) to take up; (*гостей, телеграмму*) to receive; (*закон, резолюцию*) to pass; (*отношение, вид*) to take on; (*христианство итп*) to adopt; **принима́ть** (*perf* приня́ть) **в/на** +*acc* (*в университете, на работу*) to accept for; **принима́ть** (*perf* приня́ть) **что-н/кого́-н за** +*acc* to mistake sth/sb for; (*счесть*) to take sth/sb as; **приня́ться** (*impf* принима́ться) *сов возв*: **приня́ться** +*infin* (*приступить*) to get down to doing; **принима́ться** (*perf* приня́ться) **за** +*acc* (*приступить*) to get down to

приобр|ести́ (-ету́, -етёшь; *pt* -ёл, -ела́, *impf* приобрета́ть) *сов перех* to acquire, obtain; (*друзей, врагов*) to make

приорите́т (-а) *м* priority

приостан|ови́ть (-овлю́, -о́вишь; *impf* приостана́вливать) *сов перех* to suspend

припа́д|ок (-ка) *м* (*Мед*) attack

припа́с|ы (-ов) *мн* supplies; (*Воен*) ammunition *ед*

припе́в (-а) *м* (*песни*) chorus, refrain

припи|са́ть (-шу́, -́шешь; *impf* припи́сывать) *сов перех* to add; припи́сывать (*perf* приписа́ть) что́-н кому́-н to attribute sth to sb

приполз|ти́ (-у́, -ёшь) *сов перех* to crawl

припо́мн|ить (-ю, -ишь) *impf* припомина́ть *сов перех* to remember

приправ|а (-ы) *ж* seasoning

прира́вн|ять (-ю; *impf* прира́внивать) *сов перех*: **прира́внять кого́-н/что́-н к** +*dat* to equate sb/sth with

приро́д|а (-ы) *ж* nature; (*места вне города*) countryside; **приро́дный** *прил* natural

прирост (-а) *м* (*населения*) growth; (*доходов, урожая*) increase

приру|чи́ть (-у́, -́ишь; *impf* прируча́ть) *сов перех* to tame

прижива́|ться (-юсь) *несов от* приже́ться

присво́|ить (-ю, -ишь; *impf* присва́ивать) *сов перех* (*чужое*) to appropriate; (*дать*): **присво́ить что-н кому́-н** (*звание*) to confer sth on sb

приседа́ни|е (-я) *ср* squatting (*physical exercise*)

прис|е́сть (-я́ду, -я́дешь; *impf* приседа́ть) *сов* to squat ⊳ (*impf* приса́живаться) (*на стул*) to sit down (*for a short while*)

приск|ака́ть (-ачу́, -а́чешь; *impf* приска́кивать) *сов* to gallop *или* come galloping up

присла́|ть (-шлю́, -шлёшь; *impf* присыла́ть) *сов перех* to send

прислон|и́ть (-ю́, -́ишь; *impf* прислоня́ть) *сов перех*: **прислони́ть что-н к** +*dat* to lean

sth against; **прислони́ться** (impf
прислоня́ться) сов возв:
прислони́ться к + dat to lean
against

прислу́жива|ть (-ю) несов
(+dat): официант to wait on

прислу́ша|ться (-юсь; impf
прислу́шиваться) сов возв:
прислу́шаться к + dat (к звуку) to
listen to

присмо́тр (-а) м care

присм|отре́ть (-отрю́, -о́тришь;
impf **присма́тривать**) сов:
присмотре́ть за + instr to look
after; (найти) to spot

присни́|ться (3sg -ится) сов от
сни́ться

присоедине́ни|е (-я) ср
attachment; (провода) connection;
(территории) annexation

присоедин|и́ть (-ю́, -и́шь; impf
присоединя́ть) сов перех:
присоедини́ть что-н к + dat to
attach sth to; (провод) to connect
sth to; (территорию) to annex sth
to; **присоедини́ться** (impf
присоединя́ться) сов возв:
присоедини́ться к + dat to join; (к
мнению) to support

приспосо́б|ить (-лю, -ишь;
impf **приспоса́бливать**) сов
перех to adapt;
приспосо́биться (impf
приспоса́бливаться) сов возв
(делать что-н) to learn how; (к
условиям) to adapt (o.s.)

приста|ва́ть (-ю́, -ёшь) несов от
приста́ть

приста́в|ить (-лю, -ишь; impf
приставля́ть) сов перех:
приста́вить что-н к + dat to put sth
against

приста́в|ка (-ки; gen pl -ок) ж
(Линг) prefix; (Тех) attachment

приставля́|ть (-ю) несов от
приста́вить

приста́в|ить (-лю) сов от
пристла́вливать

при́стальный прил (взгляд,
внимание) fixed; (интерес,
наблюдение) intent

при́стан|ь (-и) ж pier

приста́|ть (-ну, -нешь; impf
пристава́ть) сов: **приста́ть к**
+ dat (прилипнуть) to stick to;
(присоедини́ться) to join; (разг: с
вопросами) to pester; (причалить)
to moor

пристегн|у́ть (-у́, -ёшь; impf
пристёгивать) сов перех to
fasten; **пристегну́ться** (impf
пристёгиваться) сов возв (в
самолёте итп) to fasten one's seat
belt

пристра́ива|ть (-ю) несов от
пристро́ить

пристрел|и́ть (-елю́, -е́лишь;
impf **пристре́ливать**) сов перех
(животное) to put down

пристро́|ить (-ю, -ишь; impf
пристра́ивать) сов перех
(комнату) to build on;

пристро́|йка (-йки; gen pl -ек)
ж extension

при́ступ (-а) м (атака, гнева,
сердечный) attack; (смеха, гнева,
кашля) fit; **приступ|и́ть** (-уплю́,
-у́пишь; impf **приступа́ть**) сов:
приступи́ть к + dat (начать) to
commence

присуд|и́ть (-ужу́, -у́дишь; impf
присужда́ть) сов перех:
присуди́ть что-н кому́-н to award
sth to sb; (учёную степень) to
confer sth on sb

прису́тстви|е (-я) ср presence;
прису́тств|овать (-ую) несов to
be present

прису́тствующ|ие (-их) мн
those present мн

присыла́|ть (-ю) несов от
присла́ть

прися́г|а (-и) ж oath

прита́щ|ить (-ащу́, -а́щишь; impf прита́скивать) сов перех to drag

притвор|и́ться (-ю́сь, -и́шься; impf притворя́ться) сов возв +instr to pretend to

прити́х|нуть (-ну, -нешь; pt -, -ла, impf притиха́ть) сов to grow quiet

прито́к (-а) м (река) tributary; (+gen: энергии, средств) supply of; (населения) influx of

прито́м союз and what's more

прито́н (-а) м den

при́торный прил sickly sweet

приту|пи́ться (3sg -у́пится, impf притупля́ться) сов возв (нож) to go blunt; (перен: внимание итп) to diminish; (: чувства) to fade; (: слух) to fail

притяза́ни|е (-я) ср: притяза́ние на +acc claim to

приуро́ч|ить (-у, -ишь) сов перех: приуро́чить что-н к +dat to time sth to coincide with

приу|чи́ть (-учу́, -у́чишь; impf приуча́ть) сов перех: приучи́ть кого́-н к +dat/+infin to train sb for/to do; **приу|чи́ться** (impf приуча́ться) сов возв: приучи́ться к +dat/+infin to train for/to do

прихва|ти́ть (-чу́, -а́тишь) сов перех (разг: взять) to take

прихо́д (-а) м arrival; (Комм) receipts мн; (Рел) parish; приход и расхо́д (Комм) credit and debit

прих|оди́ть (-ожу́, -о́дишь) несов от прийти́; **приходи́ться** несов от прийти́сь ▷ возв: приходи́ться кому́-н ро́дственником to be sb's relative

прихо́д|овать (-ую; perf оприхо́довать) несов перех

(Комм: сумму) to enter (in receipt book)

прихо́д|ящий прил nonresident; приходя́щая ня́ня babysitter

прихо́ж|ая (-ей) ж entrance hall

прихожу́(сь) несов см приходи́ть(ся)

при́хот|ь (-и) ж whim

прице́л (-а) м (ружья, пушки) sight

прице́л|иться (-юсь, -ишься; impf прице́ливаться) сов возв to take aim

прице́п (-а) м trailer;

прице|пи́ть (-еплю́, -е́пишь; impf прицепля́ть) сов перех (вагон) to couple

прича́л (-а) м mooring; (пассажирский) quay; (грузовой, ремонтный) dock; **прича́л|ить** (-ю, -ишь; impf прича́ливать) сов (не)перех to moor

прича́сти|е (-я) ср (Линг) participle; (Рел) communion

причасти́ть (-щу́, -сти́шь; impf причаща́ть) сов перех (Рел) to give communion to; **причасти́ться** (impf причаща́ться) сов возв (Рел) to receive communion

прича́стный прил (связанный): **прича́стный** к +dat connected with

причаща́|ть(ся) (-ю(сь)) несов от причасти́ть(ся)

причём союз moreover

прич|еса́ть (-ешу́, -е́шешь; impf причёсывать) сов перех (расчёской) to comb; (щёткой) to brush; (perf причеса́ть) причеса́ть кого́-н to comb/brush sb's hair; **прич|еса́ться** (impf причёсываться) сов возв (см перех) to comb one's hair; to brush one's hair

причёс|ка (-ки; gen pl -ок) ж

hairstyle

причи́н|а (-ы) ж (то, что *вызыва́ет*) cause; (*обоснова́ние*) reason; **по причи́не** +gen on account of

причин|и́ть (-ю́, -и́шь; impf **причиня́ть**) сов перех to cause

причу́д|а (-ы) ж whim

пришёл(ся) etc см **прийти́(сь)**

приши́|ть (-ю́, -ёшь; imper **-е́й(те)**, impf **пришива́ть**) сов перех to sew on

пришла́ etc см **прийти́**

прищем|и́ть (-лю́, -и́шь; impf **прищемля́ть**) сов перех to catch

прищу́р|ить (-ю, -ишь; impf **прищу́ривать**) сов перех (*глаза́*) to screw up; **прищу́риться** (impf **прищу́риваться**) сов возв to screw up one's eyes

прию|ти́ть (-чу́, -ти́шь) сов перех to shelter; **приюти́ться** сов возв to take shelter

прия́тель (-я) м friend

прия́тно нареч (*удивлён*) pleasantly ▷ как сказ it's nice или pleasant; **мне прия́тно э́то слы́шать** I'm glad to hear that; **о́чень прия́тно** (*при знако́мстве*) pleased to meet you; **прия́тный** прил pleasant

про предл +acc about

про́б|а (-ы) ж (*испыта́ние*) test; (*образе́ц*) sample; (*зо́лота*) standard (of quality); (*клеймо́*) hallmark

пробе́г (-а) м (Спорт) race; (*: лы́жный*) run; (Авт) mileage

пробе|жа́ть (как **бежа́ть**; см Table 20; impf **пробега́ть**) сов перех (*текст*) to skim; (*5 киломе́тров*) to cover ▷ неперех (*вре́мя*) to pass; (*минова́ть бего́м*) **пробежа́ть ми́мо** +gen to run past;

пробежа́ть по +dat (*шум, дрожь*) to run through; **пробежа́ться** сов возв to run

пробе́л (-а) м (также перен) gap

пробива́|ть(ся) (-ю(сь)) несов от **проби́ть(ся)**

пробира́|ться (-юсь) несов от **пробра́ться**

проб|и́ть (-ью́, -ьёшь) сов от **бить** ▷ (impf **пробива́ть**) перех (*дыру́*) to knock; (*кры́шу, сте́ну*) to make a hole in; **проби́ться** (impf **пробива́ться**) сов возв (*прорва́ться*) to fight one's way through; (*расте́ния*) to push through или up

про́б|ка (-ки; gen pl -ок) ж cork; (*перен: на доро́ге*) jam; (Элек) fuse (Brit), fuze (US)

пробле́м|а (-ы) ж problem

проблемати́чный прил problematic(al)

про́бный прил trial

про́б|овать (-ую; perf **попро́бовать**) несов перех (*пиро́г, вино́*) to taste; (*пыта́ться*) +infin to try to do

пробо́ин|а (-ы) ж hole

пробо́р (-а) м parting (of hair)

пробра́|ться (-еру́сь, -ерёшься; impf **пробира́ться**) сов возв (*с трудо́м пройти́*) to fight one's way through; (*ти́хо пройти́*) to steal past или through

пробы́ть (как **быть**; см Table 21) сов (*прожи́ть*) to stay, remain

прова́л (-а) м (*в по́чве, в стене́*) hole; (*перен: неуда́ча*) flop; (*: па́мяти*) failure

прова́л|ивать (-аю, -алишь; impf **прова́ливать**) сов перех (*кры́шу, пол*) to cause to collapse; (*разг: перен: де́ло, зате́ю*) to botch up; (*: студе́нта*) to fail; **провали́ться** (impf **прова́ливаться**) сов возв (*человек*) to fall; (*крыша*) to collapse; (*разг. перен: студент, попытка*) to fail; **как сквозь зе́млю провали́лся** he disappeared into thin air

проведу́ *etc см* **провести́**

пров|езти́ (**-езу́, -езёшь**; *pt* **-ёз, -езла́,** *impf* **провози́ть**) *сов перех* (*незаконно*) to smuggle; (*везя, доставить*): **провезти́ по** +*dat*/**ми́мо** +*gen*/**че́рез** +*acc* to take along/past/across

пров|е́рить (**-ю, -ишь**; *impf* **проверя́ть**) *сов перех* to check; (*знание, двигатель*) to test; **прове́риться** (*impf* **проверя́ться**) *сов возв* (*у врача́*) to get a check up

прове́рк|а (**-и**; *gen pl* **-ок**) *ж* (*см глаг*) check-up; test

пров|ести́ (**-еду́, -едёшь**; *pt* **-ёл, -ела́,** *impf* **проводи́ть**) *сов перех* (*черту, границу*) to draw; (*дорогу*) to build; (*план, реформу*) to implement; (*урок, репетицию*) to hold; (*операцию*) to carry out; (*детство, день*) to spend; **проводи́ть** (*perf* **провести́**) **ми́мо** +*gen*/**че́рез** +*acc* (*людей*) to take past/across

пров|е́трить (**-ю, -ишь**; *impf* **прове́тривать**) *сов перех* to air; **прове́триться** (*impf* **прове́триваться**) *сов возв* (*комната, одежда*) to have an airing

провин|и́ться (**-ю́сь, -и́шься**) *сов возв*: **провини́ться** (**в** +*prp*) to be guilty (of)

провинциа́льный *прил* provincial

прови́нци|я (**-и**) *ж* province

про́вод (**-а**; *nom pl* **-а́**) *м* cable

пров|оди́ть (**-ожу́, -о́дишь**) *несов от* **провести́** ▷ (*impf*

провожа́ть) *сов перех* to see off; **провожа́ть** (*perf* **проводи́ть**) **глаза́ми/взгля́дом кого́-н** to follow sb with one's eyes/gaze

прово́дк|а (**-ки**; *gen pl* **-ок**) *ж* (*Элек*) wiring

проводни́к (**-а́**) *м* (*в гора́х*) guide; (*в по́езде*) steward (*Brit*), porter (*US*)

про́вод|ы (**-ов**) *мн* (*проща́ние*) send-off *ед*

провожа́|ть (**-ю**) *несов от* **проводи́ть**

провожу́ (*не*)*сов см* **проводи́ть**

пров|о́з (**-о́за**) *м* (*багажа*) transport; (*незаконный*) smuggling

провозгла|си́ть (**-шу́, -си́шь;** *impf* **провозглаша́ть**) *сов перех* to proclaim

пров|ози́ть (**-ожу́, -о́зишь**) *несов от* **провезти́**

провокацио́нный *прил* provocative

про́волок|а (**-и**) *ж* wire

провоци́р|овать (**-ую;** *perf* **спровоци́ровать**) *несов перех* to provoke

прогиба́|ть(ся) (**-ю(сь)**) *несов от* **прогну́ть(ся)**

прогло|ти́ть (**-очу́, -о́тишь;** *impf* **прогла́тывать** *или* **глота́ть**) *сов перех* (*также перен*) to swallow

прог|на́ть (**-оню́, -о́нишь;** *pt* **-на́л, -нала́,** *impf* **прогоня́ть**) *сов перех* (*заставить уйти*) to turn out

прогно́з (**-а**) *м* forecast

прогоня́|ть (**-ю**) *несов от* **прогна́ть**

програ́мм|а (**-ы**) *ж* programme (*Brit*), program (*US*); (*Полит*) manifesto; (*также* **веща́тельная програ́мма**) channel; (*Просвещ*) curriculum; (*Комп*) program

программи́р|овать (**-ую;** *perf*

запрограмми́ровать *несов перех* (*Комп*) to program

программи́ст (-а) *м* (*Комп*) programmer

програ́ммный *прил* programmed (*Brit*), programed (*US*); (*экза́мен, зачёт*) set;

програ́ммное обеспе́чение (*Комп*) software

прогре́сс (-а) *м* progress; **прогресси́вный** *прил* progressive

прогу́л (-а) *м* (*на рабо́те*) absence; (*в шко́ле*) truancy

прогу́лива|ть (-ю) *несов от* **прогуля́ть**

прогу́л|ка (-ки; *gen pl* -ок) *ж* walk; (*недалёкая пое́здка*) ride

прогу́льщик (-а) *м* (*об ученике́*) truant

прогуля́|ть (-ю; *impf* **прогу́ливать**) *сов перех* (*рабо́ту*) to be absent from; (*уро́ки*) to miss; (*гуля́ть*) to walk

прода|ва́ть (-ю́) *несов от* **прода́ть**

продаве́ц (-ца́) *м* seller; (*в магази́не*) (shop-)assistant; **продавщи́ца** (-ы) *ж от* **продаве́ц**

прода́ж|а (-и) *ж* (*до́ма, това́ра*) sale; (*торго́вля*) trade

прода́ть (*как* **дать**; *см Table 16*; *impf* **продава́ть**) *сов перех* to sell; (*перен: дру́га*) to betray

продвига́(ть)ся (-ю(сь)) *несов от* **продви́нуть(ся)**

продвиже́ни|е (-я) *ср* (*во́йск*) advance; (*по слу́жбе*) promotion

продви́н|уть (-у; *impf* **продвига́ть**) *сов перех* to move; (*перен: рабо́тника*) to promote; **продви́нуться** (*impf* **продвига́ться**) *сов возв* to move; (*войска́*) to advance; (*перен*:

рабо́тник) to be promoted; (: *рабо́та*) to progress

продева́|ть (-ю) *несов от* **проде́ть**

проде́ла|ть (-ю; *impf* **проде́лывать**) *сов перех* (*отве́рстие*) to make; (*рабо́ту*) to do

проде́|ть (-ну, -нешь; *impf* **продева́ть**) *сов перех* to thread

продлева́|ть (-ю) *несов от* **продли́ть**

продле́ни|е (-я) *ср* (*см глаг*) extension; prolongation

продл|и́ть (-ю́, -и́шь; *impf* **продлева́ть**) *сов перех* to extend; (*жизнь*) to prolong **продли́ться** (*3sg* -и́тся) *сов от* **дли́ться**

продово́льственный *прил* food; **продово́льственный магази́н** grocer's (shop) (*Brit*), grocery (*US*)

продово́льстви|е (-я) *ср* provisions *мн*

продолжа́|ть (-ю; *perf* **продо́лжить**) *несов перех* to continue; **продолжа́ть** (*perf* **продо́лжить**) +*impf infin* to continue *или* carry on doing; **продолжа́ться** (*perf* **продо́лжиться**) *несов возв* to continue, carry on;

продолже́ни|е (-я) *ср* (*борьбы́, ле́кции*) continuation; (*рома́на*) sequel; **в продолже́ние** +*gen* for the duration of;

продолжи́тельность (-и) *ж* duration; (*сре́дняя*) **продолжи́тельность жи́зни** (average) life expectancy

продо́лж|ить(ся) (-у(сь), -ишь(ся)) *сов от* **продолжа́ть(ся)**

проду́кт (-а) *м* product; *см также*

проду́кты; продукти́вност|ь (-и) *ж* productivity;
продукти́вный *прил* productive;
проду́ктовый *прил* food;
проду́кт|ы (-ов) *мн* (также **проду́кты пита́ния**) foodstuffs
проду́кци|я (-и) *ж* produce
проду́манный *прил* well thought-out
проду́ма|ть (-ю; *impf* **проду́мывать**) *сов перех* (*действия*) to think out
прое́зд (-а) *м* (*в транспорте*) journey; (*место*) passage;
проездно́й *прил* (*документ*) travel; **проездно́й биле́т** travel card; **прое́здом** *нареч* en route
проезжа́|ть (-ю) *несов от* **прое́хать**
проезж|и́й (-его) *м* (*люди*) passing through; **прое́зжая часть** (*у́лицы*) road
прое́кт (-а) *м* project; (*дома*) design; (*зако́на, догово́ра*) draft;
проекти́р|овать (-ую; *perf* **спроекти́ровать**) *несов перех* (*дом*) to design; (*доро́ги*) to plan ▷ (*perf* **запроекти́ровать**) (*наме́тить*) to plan
прое́ктор (-а) *м* (*Оптика*) projector
прое́|хать (как **е́хать**; см *Table 19*) *сов перех* (*минова́ть*) to pass; (*пропусти́ть*) to miss ▷ (*impf* **проезжа́ть**) *неперех*: **прое́хать ми́мо** +*gen*/**по** +*dat*/**че́рез** +*acc* итп to drive past/along/across итп; **прое́хаться** *сов возв* (*на маши́не*) to go for a drive
прож|е́чь (-гу́, -жёшь итп, -гу́т; *pt* -ёг, -гла́, *impf* **прожига́ть**) *сов перех* to burn a hole in
прожива́ни|е (-я) *ср* stay
прожива́|ть (-ю) *несов от* **прожи́ть** ▷ *неперех* to live

прожига́|ть (-ю) *несов от* **проже́чь**
прожи́|ть (-ву́, -вёшь; *сов* (*пробы́ть живы́м*) to live; (*жить*) to spend
про́з|а (-ы) *ж* prose
про́звищ|е (-а) *ср* nickname
прозева́|ть (-ю) *сов от* **зева́ть**
прозра́чный *прил* transparent; (*ткань*) see-through
проигра́|ть (-ю; *impf* **прои́грывать**) *сов перех* to lose; (*игра́ть*) to play
прои́грыватель (-я) *м* record player
про́игрыш (-а) *м* loss
произведе́ни|е (-я) *ср* work
произв|ести́ (-еду́, -едёшь; *pt* -ёл, -ела́, *impf* **производи́ть**) *сов перех* (*опера́цию*) to carry out; (*впечатле́ние, сумато́ху*) to create
производи́тель (-я) *м* producer; **производи́тельност|ь** (-и) *ж* productivity
производи́тельный *прил* productive
производ|и́ть (-ожу́, -о́дишь) *несов от* **произвести́** ▷ *перех* (*изготовля́ть*) to produce, manufacture
произво́дственный *прил* (*проце́сс, план*) production; **произво́дственное объедине́ние** large industrial company
произво́дств|о (-а) *ср* (*това́ров*) production, manufacture; (*о́трасль*) industry; (*заво́д, фа́брика*) factory; **промы́шленное произво́дство** industrial output; (*о́трасль*) industry
произво́льный *прил* (*свобо́дный*) free; (*Спорт*) freestyle; (*вы́вод*) arbitrary
произн|ести́ (-есу́, -есёшь; *pt* -ёс, -есла́, *impf* **произноси́ть**)

сов перех (*слово*) to pronounce; (*речь*) to make

произн|осить (-ошу́, -о́сишь) *несов от* **произнести́**

произноше́ни|е (-я) *ср* pronunciation

произойти́ (*как идти́*; *см Table 18*; *impf* **происходи́ть**) *сов* to occur

происх|оди́ть (-ожу́, -о́дишь) *несов от* **произойти́** ▷ *неперех*: **происходи́ть от/из** +*gen* to come from

происхожде́ни|е (-я) *ср* origin

происше́стви|е (-я) *ср* event; **доро́жное происше́ствие** road accident

пройти́ (*как идти́*; *см Table 18*; *impf* **проходи́ть**) *сов* to pass; (*расстояние*) to cover; (*слух*) to spread; (*дорога, канал итп*) to stretch; (*дождь, снег*) to fall; (*операция, переговоры итп*) to go ▷ *перех* (*практику, службу итп*) to complete; (*изучить: тему итп*) to do; **пройти́** (*impf* **проходи́ть**) **в** +*acc* (*в институт итп*) to get into; **пройти́сь** (*impf* **прохаживаться**) *сов возв* (*по комнате*) to pace; (*по парку*) to stroll

прока́лыва|ть (-ю) *несов от* **проколо́ть**

прока́т (-а) *м* (*телевизора*) hire; (*также* **кинопрока́т**) film distribution; **брать** (*perf* **взять**) **что-н на прока́т** to hire sth

прок|ати́ть (-ачу́, -а́тишь) *сов перех*: **прокати́ть кого́-н** (*на маши́не*) to take sb for a ride; **прокати́ться** *сов возв* (*на маши́не*) to go for a ride

проки́с|нуть (*3sg* -нет, *pt* -, -ла) *сов от* **ки́снуть**

прокла́д|ка (-ки; *gen pl* -ок) *ж*

(*действие: труб*) laying out; (: *провода*) laying; (*защитная*) padding

прокла́дыва|ть (-ю) *несов от* **проложи́ть**

прокл|я́сть (-яну́, -яне́шь; *pt* -я́л, -яла́, -я́ло, *impf* **проклина́ть** *сов перех* to curse

проко́л (-а) *м* (*см глаг*) puncturing; lancing; piercing; (*отверстие: в шине*) puncture

прокра́сться (-аду́сь, -аде́шься; *impf* **прокра́дываться**) *сов возв*: **прокра́сться в** +*acc*/**ми́мо** +*gen*/**че́рез** +*acc* итп to creep (*Brit*) или sneak (*US*) in(to)/past/through итп

прокрича́|ть (-у́, -и́шь) *сов перех* (*выкрикнуть*) to shout out

прокр|ути́ть (-учу́, -у́тишь; *impf* **прокру́чивать** *сов перех* (*провернуть*) to turn; (*мясо*) to mince; (*разг: деньги*) to invest illegally

пролага́|ть (-ю) *несов от* **проложи́ть**

прола́мыва|ть (-ю) *несов от* **проломи́ть**

прола́|ять (-ю) *сов от* **ла́ять**

пролеж|а́ть (-у́, -и́шь) *сов* to lie

проле́з|ть (-у, -ешь; *impf* **пролеза́ть**) *сов* to get through

пролет|е́ть (-чу́, -ти́шь; *impf* **пролета́ть**) *сов* to fly; (*человек, поезд*) to fly past; (*лето, отпуск*) to fly by

проли́в (-а) *м* strait(s) (*мн*)

пролива́|ть(ся) (-ю(сь)) *несов от* **проли́ть(ся)**

проль|ю́ть (-ью́, -ьёшь; *pt* -и́л, -ила́, *impf* **пролива́ть** *сов перех* to spill; **проли́ться** (*impf* **пролива́ться** *сов возв* to spill

прол|ожи́ть (-ожу́, -о́жишь; *impf* **прокла́дывать** *сов перех* to lay

проло́мить (-омлю́, -о́мишь;
impf **прола́мывать**) *сов перех*
(лёд) to break; (че́реп) to fracture

про́мах (-а) *м* miss; (перен)
blunder

промахну́ться (-у́сь, -ёшься;
impf **прома́хиваться**) *сов возв* to
miss

прома́чива|ть (-ю) *несов от*
промочи́ть

промедле́ни|е (-я) *ср* delay

проме́дл|ить (-ю, -ишь) *сов*:
проме́длить с +*instr* to delay

промежу́т|ок (-ка) *м* gap

промелькну́|ть (-у́, -ёшь) *сов*
to flash past; **промелькну́ть** (*perf*)
в +*prp* (в голове́) to flash through;
(пе́ред глаза́ми) to flash past

промока́|ть (-ю) *несов от*
промо́кнуть; **промокну́ть**
▷ *непepex* to let water through

промока́шк|а (-и; *gen pl* -ек) *ж*
(разг) blotting paper

промо́кн|уть (-у; *impf*
промока́ть) *сов* to get soaked

промок|ну́ть (-ну́, -нёшь; *impf*
промока́ть) *сов перех* to blot

промолча́|ть (-у́, -и́шь) *сов* to
say nothing

промо́|чить (-чу́, -о́чишь; *impf*
прома́чивать) *сов перех* to get
wet

промтова́рный *прил*:
промтова́рный магази́н small
department store

промтова́р|ы (-ов) *мн*
= **промы́шленные това́ры**

промча́|ться (-у́сь, -и́шься) *сов
возв* (год, ле́то, жизнь) to fly by;
промча́ться (*perf*) **ми́мо** +*gen*/
че́рез +*acc* (по́езд, челове́к) to fly
past/through

промы́|ть (-о́ю, -о́ешь; *impf*
промыва́ть) *сов перех* (желу́док)

промы́шленност|ь (-и) *ж*
industry

промы́шленн|ый *прил*
industrial; **промы́шленные това́ры**
manufactured goods

прон|ести́ (-есу́, -есёшь; *pt* -ёс,
-есла́, *impf* **проноси́ть**) *сов
перех* to carry; (секре́тно) to
sneak in; **пронести́сь** (*impf*
проноси́ться) *сов возв* (маши́на,
пу́ля, бегу́н) to shoot by; (вре́мя)
to fly by; (бу́ря) to whirl past

прони́к|нуть (-ну; *pt* -, -ла, *impf*
проника́ть) *сов перех*:
прони́кнуть в +*acc* to penetrate;
(зале́зть) to break into;
прони́кнуться *сов возв*:
прони́кнуться +*instr* to be filled
with

прон|оси́ть(ся) (-ошу́(сь),
-о́сишь(ся)) *несов от*
пронести́(сь)

пропага́нд|а (-ы) *ж* propaganda;
(спо́рта) promotion

пропаганди́р|овать (-ую) *несов
перех* (поли́тику) to spread
propaganda about; (зна́ния, спорт)
to promote

пропада́|ть (-ю) *несов от*
пропа́сть

пропа́ж|а (-и) *ж* (де́нег,
докуме́нтов) loss

проп|а́сть (-аду́, -адёшь; *impf*
пропада́ть) *сов* to disappear;
(де́ньги, письмо́) to go missing;
(аппети́т, го́лос, слух) to go; (усилия,
биле́т в теа́тр) to be wasted;
пропада́ть (*perf* **пропа́сть**)
бе́з вести (челове́к) to go missing

пропе́ллер (-а) *м* (Авиа)
propeller

проп|е́ть (-ою́, -оёшь) *сов от*
петь

проп|иса́ть (-ишу́, -и́шешь;
impf **пропи́сывать**) *сов перех*
(*человека*) to register; (*лекарство*)
to prescribe; **прописа́ться** *сов
возв* to register

пропи́ска (-ки) *ж* registration

• **ПРОПИ́СКА**

•
• By law every Russian citizen is
• required to register at his or her
• place of residence. A stamp
• confirming the registration is
• displayed in the passport. This
• registration stamp is as essential
• as having the passport itself. See
• also note at **па́спорт**.

пропис|но́й *прил*: **прописна́я
бу́ква** capital letter
пропи́сыва|ть (-ю) *несов от*
прописа́ть
пропита́ни|е (-я) *ср* food
пропл|ы́ть (-ыву́, -ыве́шь; *impf*
проплыва́ть) *сов* to swim; (: *миновать*) to swim past;
(*судно*) to sail; (: *миновать*) to sail
past
пропове́дник (-а) *м* (*Рел*)
preacher; (*перен: теории*)
advocate
пропове́д|овать (-ую) *несов
перех* (*Рел*) to preach; (*теорию*) to
advocate
проползти́ (-у́, -ёшь; *pt* -, -ла́)
сов: **проползти́ по** +*dat*/**в** +*acc
итп* (*насекомое, человек*) to crawl
along/into/to итп; (*змея*) to slither
along/into/to итп
прополоска́|ть (-ю) *сов от*
полоска́ть
проп|оло́ть (-олю́, -о́лешь) *сов
от* **поло́ть**
пропо́рци|я (-и) *ж* proportion
про́пуск (-а) *м* (*действие: в зал,

через границу итп*) admission; (*в
тексте, в изложении*) gap; (*неявка:
на работу, в школу*) absence
▷ (*nom pl* -**á**) (*документ*) pass
пропуска́|ть (-ю) *несов от*
пропусти́ть ▷ *перех* (*свет итп*)
to let through; (*воду, холод*) to let
in
проп|усти́ть (-ущу́, -у́стишь;
impf **пропуска́ть**) *сов перех* to
miss; (*разрешить*) to allow;
пропуска́ть (*perf* **пропусти́ть**)
кого́-н вперёд to let sb by
прораб́отать (-ю); *impf*
прораба́тывать) *сов* to work
прорв|а́ть (-у́, -ёшь; *pt* -а́л,
-ала́, *impf* **прорыва́ть**) *сов перех*
(*плотину*) to burst; (*оборону,
фронт*) to break through;
прорва́ться (*impf*
прорыва́ться) *сов возв*
(*плотина, шарик*) to burst;
прорыва́ться (*perf* **прорва́ться**) **в**
+*acc* to burst in(to)
проре́|зать (-жу, -жешь; *impf*
проре́зывать) *сов перех* to cut
through; **проре́заться** *сов от*
ре́заться
проре́ктор (-а) *м* vice-principal
проро́ч|ить (-у, -ишь; *perf*
напроро́чить) *несов перех* to
predict
прор|уби́ть (-ублю́, -у́бишь;
impf **проруба́ть**) *сов перех* to
make a hole in
про́руб|ь (-и) *ж* ice-hole
прорыва́|ть(ся) (-ю(сь)) *несов
от* **прорва́ть(ся)**
прорыва́|ть (-ю; *impf*
прорыва́ть) *сов перех* to dig
проса́чива|ться (*3sg* -ется)
несов от **просочи́ться**
просверл|и́ть (-ю́, -и́шь; *impf*
просве́рливать или **сверли́ть**)
сов перех to bore, drill

просве́т (-а) *м* (*в тучах*) break; (*перен: в кризисе*) light at the end of the tunnel

просве́чива|ть (-ю) *несов от* **просвети́ть** ▷ *непереx* (*солнце, луна*) to shine through; (*ткань*) to let light through

просвеща́|ть (-ю) *несов от* **просвети́ть**

просвеще́ни|е (-я) *ср* education

просвисте́ть (-щу́, -сти́шь) *сов от* **свисте́ть** ▷ *непереx* (*пуля*) to whistle past

просе́|ять (-ю); *impf* **просе́ивать** *сов переx* (*муку, песок*) to sift

просиде́|ть (-жу́, -ди́шь) *impf* **проси́живать** *сов переx* (*сидеть*) to sit; (*пробыть*) to stay

про|си́ть (-шу́, -си́шь), *perf* **попроси́ть** *несов переx* to ask; прошу́ Вас! if you please!; **проси́ть** (*perf* **попроси́ть**) кого́-н о чём-н/+infin to ask sb for sth/to do; **проси́ть** (*perf* **попроси́ть**) кого́-н за кого́-н to ask sb a favour (*Brit*) или favor (*US*) on behalf of sb; **проси́ться** (*perf* **попроси́ться**) *несов возв* (*просьбе*) to ask permission

проск|ака́ть (-ачу́, -а́чешь) *сов*: **проскака́ть че́рез/сквозь** +*acc* (*лошадь*) to gallop across/through

проскользн|у́ть (-у́, -ёшь); *impf* **проска́льзывать** *сов* (*монета*) to slide in; (*человек*) to slip in; (*перен: сомнение*) to creep in

просла́вленный *прил* renowned

просле|ди́ть (-жу́, -ди́шь) *impf* **просле́живать** *сов переx* (*глазами*) to follow; (*исследовать*) to trace ▷ *непереx*: **проследи́ть** за +*instr* to follow; (*контролировать*) to monitor

просмо́тр (-а) *м* (*фильма*) viewing; (*документов*) inspection

просм|отре́ть (-отрю́, -о́тришь) *impf* **просма́тривать** *сов переx* (*ознакомиться: читая*) to look through; (*: смотря*) to view; (*пропустить*) to overlook

просн|у́ться (-у́сь, -ёшься); *impf* **просыпа́ться** *сов возв* to wake up; (*перен: любовь, страх итп*) to be awakened

просочи́ться (3sg -и́тся, *impf* **проса́чиваться**) *сов возв* (*также перен*) to filter through

просп|а́ть (-лю́, -и́шь; *pt* -а́л, -ала́) *сов* (*спать*) to sleep ▷ (*impf* **просыпа́ть**) (*встать поздно*) to oversleep, sleep in

проспе́кт (-а) *м* (*в городе*) avenue; (*издание*) brochure

просро́ч|ить (-у, -ишь) *impf* **просро́чивать** *сов переx* (*платёж*) to be late with; (*паспорт, билет*) to let expire

простаива|ть (-ю) *несов от* **простоя́ть**

простира́|ться (-юсь; *perf* **простере́ться**) *несов возв* to extend

проститу́т|ка (-ки; *gen pl* -ок) *ж* prostitute

прости́|ть (-щу́, -сти́шь), *impf* **проща́ть** *сов переx* to forgive; **проща́ть** (*perf* **прости́ть**) что-н кому́-н to excuse или forgive sb (for) sth; **прости́те, как пройти́ на ста́нцию?** excuse me, how do I get to the station?; **прости́ться** (*impf* **проща́ться**) *сов возв*: **прости́ться с** +*instr* to say goodbye to

про́сто *нареч* (*делать*) easily; (*объяснять*) simply ▷ *част* just; **всё э́то про́сто недоразуме́ние** all this is just a misunderstanding;

про́сто (так) for no particular reason

прост|о́й *прил* simple; (*одежда*) plain; (*задача, манеры*) easy, simple; (*человек, манеры*) unaffected; (*обыкновенный*) ordinary ▸ (**-о́я**) *м* downtime; (*рабочих*) stoppage; **просто́й каранда́ш** lead pencil

прост|она́ть (-оню́, -о́нешь) *сов* (*не)перех* to groan

просто́рный *прил* spacious

простот|а́ (-ы́) *ж* (*см прил*) simplicity

просто|я́ть (-ю́, -и́шь) *impf* **проста́ивать** *сов* to stand; (*бездействуя*) to stand idle

простре́л|ить (-елю́, -е́лишь) *impf* **простре́ливать** *сов перех* to shoot through

просту́д|а (-ы) *ж* (*Мед*) cold

прост|уди́ть (-ужу́, -у́дишь) *impf* **простужа́ть** *сов перех*: **простуди́ть кого́-н** to give sb a cold; **простуди́ться** (*impf* **простужа́ться**) *сов возв* to catch a cold

просту́женный *прил*: **ребёнок просту́жен** the child has got a cold

прост|упи́ть (3sg -у́пит, impf проступа́ть) *сов* (*пот, пятна*) to come through; (*очертания*) to appear

просту́п|ок (-ка) *м* misconduct

простын|я́ (-и́; nom pl про́стыни, gen pl просты́нь, dat pl -я́м) *ж* sheet

просу́н|уть (-у, -ешь) *impf* **просо́вывать** *сов перех*: **просу́нуть в +acc** to push in

просчёт (-а) *м* (*счёт*) counting; (*ошибка: в подсчёте*) error; (*: в действиях*) miscalculation

просчита́|ть (-ю) *impf* **просчи́тывать** *сов перех* (*считать*) to count; (*ошибиться*) to

miscount; **просчита́ться** (*impf* **просчи́тываться**) *сов возв* (*при счёте*) to miscount; (*в планах*) to miscalculate

просыпа́|ть (-лю, -лешь) *impf* **просыпа́ть** *сов перех* to spill; **просыпа́ться** *impf*

просыпа́|ться *сов возв* to spill

просыпа́|ть (-ю) *несов от* **проспа́ть; просыпа́ть;** **просыпа́ться** *несов от* **просну́ться; просыпа́ться**

про́сьб|а (-ы) *ж* request

прота́лкива|ть (-ю) *несов от* **протолкну́ть**

прота́|щить (-щу́, -щишь) *impf* **прота́скивать** *сов перех* to drag

протека́|ть (3sg -ет) *несов от* **проте́чь** ▸ *неперех* (*вода*) to flow; (*болезнь, явление*) to progress

прот|ере́ть (-ру́, -рёшь; pt -ёр, -ёрла, impf протира́ть) *сов перех* (*износить*) to wear a hole in; (*очистить*) to wipe; **протере́ться** (*impf* **протира́ться**) *сов возв* (*износиться*) to wear through

проте́ст (-а) *м* protest; (*Юр*) objection

протеста́нт (-а) *м* Protestant; **протеста́нтский** *прил* Protestant

протест|ова́ть (-у́ю) *несов*: **протестова́ть (про́тив +gen)** to protest (against)

проте́чк|а (-и; gen pl -ек) *ж* leak

про́тив *предл +gen* against; (*прямо перед*) opposite ▸ *как сказ*: **я про́тив э́того** I am against this

про́тив|ень (-ня) *м* baking tray

проти́в|иться (-люсь, -ишься)

perf **воспроти́виться** *несов возв* +*dat* to oppose

проти́вник (-а) *м* opponent
▷ **собир** (*Воен*) the enemy

проти́вно *нареч* offensively
▷ *как сказ* безл it's disgusting

проти́вный *прил* (*мнение*) opposite; (*неприятный*) disgusting

противоде́йств|овать (-ую) *несов* +*dat* to oppose

противозако́нный *прил* unlawful

противозача́точн|ый *прил* contraceptive;
противозача́точное сре́дство contraceptive

противопоста́в|ить (-лю, -ишь; *impf* **противопоставля́ть**) *сов перех*: **противопоста́вить кого́-н/что-н** +*dat* to contrast sb/sth with

противоре́чи|е (-я) *ср* contradiction; (*классовое*) conflict

противоре́ч|ить (-у, -ишь) *несов* (+*dat*: *человеку*) to contradict; (*логике, закону итп*) to defy

противосто|я́ть (-ю́, -и́шь) *несов* (+*dat*: *ветру*) to withstand; (*угрозам*) to resist

противоя́ди|е (-я) *ср* antidote

протира́|ть(ся) (-ю(сь)) *несов от* **протере́ть(ся)**

протк|ну́ть (-у́, -ёшь; *impf* **протыка́ть**) *сов перех* to pierce

прото́к (-а) *м* (*рукав реки*) tributary; (*соединяющая река*) channel

протоко́л (-а) *м* (*собрания*) minutes *мн*; (*допроса*) transcript; (*соглашение*) protocol

протолк|ну́ть (-у́, -ёшь; *impf* **прота́лкивать**) *сов перех* to push forward

прото́чный *прил* (*вода*) running

протух|нуть (*3sg* -ет, *impf*

протуха́ть *или* **ту́хнуть**) *сов* to go bad *или* off

протыка́|ть (-ю) *несов от* **проткну́ть**

протя́гива|ть(ся) (-ю(сь)) *несов от* **протяну́ть(ся)**

протяже́ни|е (-я) *ср*: на протяже́нии двух неде́ль/ме́сяцев over a period of two weeks/months; **протяжённость** (-и) *ж* length

протя|ну́ть (-ну́, -нешь) *сов от* **тяну́ть** ▷ (*impf* **протя́гивать**) *перех* (*верёвку*) to stretch; (*провод*) to extend; (*руки, ноги*) to stretch (out); (*предмет*) to hold out; **протяну́ться** (*impf* **протя́гиваться**) *сов возв* (*дорога*) to stretch; (*провод*) to extend; (*рука*) to stretch out

проуч|и́ть (-учу́, -у́чишь; *impf* **проу́чивать**) *сов перех* (*разг*: *наказать*) to teach a lesson; **проучи́ться** *сов возв* to study

профессиона́л (-а) *м* professional;
профессиона́льный *прил* professional; (*болезнь, привычка, обучение*) occupational; (*обучение*) vocational;
профессиона́льный сою́з trade (*Brit*) *или* labor (*US*) union

профе́сси|я (-и) *ж* profession

профе́ссор (-а; *nom pl* -а́) *м* professor

профила́ктик|а (-и) *ж* prevention

про́фил|ь (-я) *м* profile

профсою́з (-а) *м сокр* = **профессиона́льный сою́з**

профсою́зный *прил* trade union

проха́жива|ться (-юсь) *несов от* **пройти́сь**

прохла́д|а (-ы) *ж* cool

прохлади́тельный прил:
прохлади́тельный напи́ток cool
soft drink

прохла́дно нареч (встретить)
coolly ▷ как сказ it's cool

прохла́дный прил cool

прохо́д (-а) м passage

прох|оди́ть (-ожу́, -о́дишь)
несов от **пройти́**

проходн|а́я (-о́й) ж checkpoint
(at entrance to factory etc)

проходно́й прил: проходно́й
балл pass mark

● **ПРОХОДНО́Й БАЛЛ**
●
● This is the score which the
● student has to achieve to be
● admitted into a higher education
● institution. It consists of a pass
● out of 100, obtained in the ЕГЭ.
● Each university and department
● sets its own pass mark.

прохо́ж|ий (-его) м passer-by

процвета́|ть (-ю) несов (фирма,
бизнесмен) to prosper; (театр,
наука) to flourish; (хорошо жить)
to thrive

проц|еди́ть (-ежу́, -е́дишь) сов
от **цеди́ть** ▷ (impf
проце́живать) перех (бульон,
сок) to strain

процеду́р|а (-ы) ж procedure;
(Мед: обычно мн) course of
treatment

проце́жива|ть (-ю) несов от
процеди́ть

проце́нт (-а) м percentage; в
разме́ре 5 проце́нтов годовы́х at
a yearly rate of 5 percent; см также
проце́нты; **проце́нтный** прил
percentage; **проце́нтная ста́вка**
interest rate

проце́нт|ы (-ов) мн (Комм)

interest ед; (пла́та) commission ед

проце́сс (-а) м process; (Юр:
поря́док) proceedings мн; (: также
суде́бный проце́сс) trial;
воспали́тельный проце́сс
inflammation; **в проце́ссе** +gen in
the course of

проце́ссор (-а) м (Комп)
processor

прочёл сов см **проче́сть**

проче́сть (-ту́, -тёшь; pt -ёл,
-ла́) сов от **чита́ть**

про́ч|ий прил other; **поми́мо
всего́ про́чего** apart from anything
else

прочита́|ть (-ю) сов от **чита́ть**

прочла́ etc сов см **проче́сть**

про́чно нареч (закрепить) firmly

про́чн|ый прил (материал итп)
durable; (постройка) solid;
(знания) sound; (отношение,
семья) stable; (мир, счастье)
lasting

прочту́ etc сов см **проче́сть**

прочь нареч (в сторону) away;
ру́ки прочь! hands off!

проше́дш|ий прил (прошлый)
past; **проше́дшее вре́мя** past
tense

прошёл(ся) сов см **пройти́(сь)**

проше́ни|е (-я) ср plea;
(ходатайство) petition

прошепта́ть (-епчу́, -е́пчешь)
сов перех to whisper

прошла́ etc от **пройти́**

прошлого́дний прил last year's

про́шл|ое (-ого) ср the past

про́шл|ый прил last; (прежний)
past; **в про́шлый раз** last time; **на
про́шлой неде́ле** last week; **в
про́шлом ме́сяце/году́** last month/
year

прошу́ (несов) см **проси́ть(ся)**

проща́йте част goodbye

проща́льный прил parting;

(вечер) farewell

проща́ни|**е** (**-я**) *ср* (*действие*) parting; **на проща́ние** on parting

проща́|**ть(ся)** (**-ю(сь)**) *несов от* **прости́ть(ся)**

про́ще *сравн нареч от* **про́сто** ▷ *сравн прил от* **просто́й**

проще́ни|**е** (**-я**) *ср* (*ребёнка, друга итп*) forgiveness; (*преступника*) pardon; **проси́ть** (*perf* **попроси́ть**) **проще́ния** to say sorry; **прошу́ проще́ния!** (I'm) sorry!

прояви́тель (**-я**) *м* (*Фото*) developer

про|**яви́ть** (**-явлю́, -я́вишь**; *impf* **проявля́ть**) *сов перех* to display; (*Фото*) to develop; **прояви́ться** (*impf* **проявля́ться**) *сов возв* (*талант, потенциал итп*) to reveal itself; (*Фото*) to be developed

проявле́ни|**е** (**-я**) *ср* display

проявля́|**ть(ся)** (**-ю(сь)**) *несов от* **прояви́ть(ся)**

проясн|**и́ть** (**-ю́, -и́шь**; *impf* **проясня́ть**) *сов перех* (*обстановку*) to clarify; **проясни́ться** (*impf* **проясня́ться**) *сов возв* (*погода, небо*) to brighten *или* clear up; (*обстановка*) to be clarified; (*мысли*) to become lucid

пруд (**-á**; *loc sg* **-ý**) *м* pond

пружи́н|**а** (**-ы**) *ж* (*Тех*) spring

прут (**-á**; *nom pl* **-ья**) *м* twig

прыга́лк|**а** (**-ки**; *gen pl* **-ок**) *ж* skipping-rope (*Brit*), skip rope (*US*)

прыга́|**ть** (**-ю**) *несов* to jump; (*мяч*) to bounce

пры́гн|**уть** (**-у**) *сов* to jump; (*мяч*) to bounce

прыгу́н (**-á**) *м* (*Спорт*) jumper

прыж|**о́к** (**-ка́**) *м* jump; (*в воду*) dive; **прыжки́ в высоту́/длину́** high/long jump

прыщ (**-á**) *м* spot

прядь (**-и**) *ж* lock (*of hair*)

пря́ж|**ка** (**-ки**; *gen pl* **-ек**) *ж* (*на ремне*) buckle; (*на юбке*) clasp

пряма́|**я** (**-о́й**) *ж* straight line

пря́мо *нареч* (*о направлении*) straight ahead; (*ровно*) upright; (*непосредственно*) straight; (*откровенно*) directly ▷ *част* (*действительно*) really

прям|**о́й** *прил* straight; (*путь, слова, человек*) direct; (*ответ, политика*) open; (*вызов, обман*) obvious; (*улики*) hard; (*сообщение, обязанность итп*) direct; (*выгода, смысл*) real; (*значение слова*) literal; **пряма́я трансля́ция** live broadcast; **прямо́е дополне́ние** direct object

прямоуго́льник (**-а**) *м* rectangle

пря́ник (**-а**) *м* ≈ gingerbread

пря́ность (**-и**) *ж* spice; **пря́ный** *прил* spicy

пря́|**тать** (**-чу, -чешь**; *perf* **спря́тать**) *несов перех* to hide; **пря́таться** (*perf* **спря́таться**) *несов возв* to hide; (*человек: от холода*) to shelter

пря́т|**ки** (**-ок**) *мн* hide-and-seek *ед* (*Brit*), hide-and-go-seek *ед* (*US*)

псевдони́м (**-а**) *м* pseudonym

псих (**-а**) *м* (*разг*) nut

психиа́тр (**-а**) *м* psychiatrist

психиатри́ческий *прил* psychiatric

психи́ческий *прил* (*заболевание*) mental

психо́лог (**-а**) *м* psychologist; **психологи́ческий** *прил* psychological; **психоло́ги**|**я** (**-и**) *ж* psychology

птен|**е́ц** (**-ца́**) *м* chick

пти́ц|**а** (**-ы**) *ж* bird ▷ *собир*: (*дома́шняя*) **пти́ца** poultry

пти́чий прил (корм, клетка) bird

пу́блик|а (-и) ж собир audience; (общество) public

публика́ци|я (-и) ж publication

публик|ова́ть (-у́ю; perf **опубликова́ть**) несов перех to publish

публици́ст (-а) м social commentator; **публици́стик|а** (-и) ж собир sociopolitical journalism

публи́чный прил public; **публи́чный дом** brothel

пу́гал|о (-а) ср scarecrow; (перен: о человеке) fright

пуга́|ть (-ю; perf **испуга́ть** или **напуга́ть**) несов перех to frighten, scare; **пуга́ться** (perf **испуга́ться** или **напуга́ться**) несов возв to be frightened или scared

пу́говиц|а (-ы) ж button

пу́дел|ь (-я) м poodle

пу́динг (-а) м ≈ pudding

пу́др|а (-ы) ж powder; **са́харная пу́дра** icing sugar

пу́дрениц|а (-ы) ж powder compact

пу́др|ить (-ю, -ишь; perf **напу́дрить**) несов перех to powder; **пу́дриться** (perf **напу́дриться**) несов возв to powder one's face

пузы́р|ь (-я́) м (мыльный) bubble; (на коже) blister

пулемёт (-а) м machine gun

пуло́вер (-а) м pullover

пульс (-а) м (Мед: перен) pulse

пульт (-а) м panel

пу́л|я (-и) ж bullet

пункт (-а) м point; (документа) clause; (медицинский) centre (Brit), center (US); (наблюдательный, командный) post; **населённый пункт** small settlement

пункти́р (-а) м dotted line

пунктуа́льный прил (человек) punctual

пунктуа́ци|я (-и) ж punctuation

пуп|о́к (-ка́) м (Анат) navel

пург|а́ (-и́) ж snowstorm

пуск (-а) м (завода итп) launch

пуска́|ть(ся) (-ю(сь)) несов от **пусти́ть(ся)**

пусте́|ть (3sg -ет, perf **опусте́ть**) несов to become empty; (улицы) to become deserted

пу|сти́ть (-щу́, -стишь; impf **пуска́ть**) сов перех (руку, человека) to let go of; (лошадь, санки итп) to send off; (станок) to start; (в вагон, в зал) to let in; (дым) to give off; (камень, снаряд) to throw; (корни) to put out; **пуска́ть** (perf **пусти́ть**) что-н +acc/под +acc (использовать) to use sth as/for; **пуска́ть** (perf **пусти́ть**) кого́-н куда́-нибудь to let sb go somewhere; **пусти́ться** (impf **пуска́ться**) сов возв: **пусти́ться** в +acc (в объяснения) to go into; **пуска́ть** (perf **пусти́ться**) в путь to set off

пу́сто нареч empty ▷ как сказ (ничего нет) it's empty; (никого нет) there's no-one there

пусто́й прил empty

пуст|ота́ (-оты́; nom pl -о́ты) ж emptiness; (полое место) cavity

пусты́н|я (-и; gen pl -ь) ж desert

пусты́шк|а (-и; gen pl -ек) ж (разг: соска) dummy (Brit), pacifier (US)

КЛЮЧЕВОЕ СЛОВО

пусть част +3sg/pl **1** (выража́ет прика́з, угро́зу): **пусть он придёт у́тром** let him come in the

morning; **пусть она́ то́лько
попро́бует отказа́ться** let her just
try to refuse
2 (выража́ет согла́сие): **пусть
бу́дет так** so be it; **пусть бу́дет
по-тво́ему** have it your way
3 (всё равно́) O.K., all right

пустя́к (**-á**) м trifle; (неце́нный
предме́т) trinket ▷ как сказ: **э́то
пустя́к** it's nothing

пу́таница (**-ы**) ж muddle

пу́та|ть (**-ю**; perf **запу́тать** или
спу́тать) несов перех (ни́тки,
во́лосы) to tangle; (сби́ть с то́лку)
to confuse ▷ (perf **спу́тать** или
перепу́тать) (бума́ги, фа́кты итп)
to mix up ▷ (perf **впу́тать**) (разг):
пу́тать кого́-н +acc to get sb
mixed up in; **я его́ с кем-то пу́таю**
I'm confusing him with somebody
else; **он всегда́ пу́тал на́ши имена́**
he always got our names mixed
up; **пу́таться** (perf **запу́таться**
или **спу́таться**) несов возв to get
tangled; (в расска́зе, в
объясне́нии) to get mixed up

путёв|ка (**-ки**; gen pl **-ок**) ж
holiday voucher; (води́теля)
manifest (of cargo drivers)

путеводи́тел|ь (**-я**) м guidebook

путём предл +gen by means of

путеше́ственник (**-а**) м traveller
(Brit), traveler (US)

путеше́стви|е (**-я**) ср journey,
trip; (морско́е) voyage

путеше́ств|овать (**-ую**) несов
to travel

пу́тник (**-а**) м traveller (Brit),
traveler (US)

пут|ь (**-й**; см Table 3) м (также
перен) way; (платфо́рма) platform;
(ре́льсы) track; (путеше́ствие)
journey; **во́дные пути́** waterways;
возду́шные пути́ air lanes; **нам с**

Ва́ми не по пути́ we're not going
the same way; **счастли́вого пути́!**
have a good trip! **пути́
сообще́ния** transport network

пух (**-а**; loc sg **-у́**) м (у живо́тных)
fluff; (у птиц, у челове́ка) down; **ни
пу́ха ни пера́!** good luck!

пу́х|нуть (**-ну**; pt **-**, **-ла**, perf
вспу́хнуть или **опу́хнуть**) несов
to swell (up)

пучо́к (**-ка́**) м bunch; (све́та)
beam

пуши́стый прил (мех, ковёр итп)
fluffy; (во́лосы) fuzzy; (кот) furry

пу́шк|а (**-и**; gen pl **-ек**) ж
cannon; (на та́нке) artillery gun

пчел|а́ (**-ы́**; nom pl **пчёлы**) ж bee

пшени́ц|а (**-ы**) ж wheat;
пшени́чный прил wheat

пшён|ный прил: **пшённая ка́ша**
millet porridge

пыла́|ть (**-ю**) несов (костёр) to
blaze; (перен: лицо́) to burn

пылесо́с (**-а**) м vacuum cleaner,
hoover; **пылесо́с|ить** (**-ишь**,
perf **пропылесо́сить**) сов перех
to vacuum, hoover

пыли́н|ка (**-ки**; gen pl **-ок**) ж
speck of dust

пыл|и́ть (**-ю́**, **-и́шь**) perf
напыли́ть несов to raise dust;
пыли́ться (perf **запыли́ться**)
несов возв to get dusty

пыл|ь (**-и**; loc sg **-и́**) ж dust;
вытира́ть (perf **вы́тереть**) **пыль** to
dust; **пы́льный** прил dusty

пыльц|а́ (**-ы́**) ж pollen

пыта́|ть (**-ю**) несов перех to
torture; **пыта́ться** (perf
попыта́ться) несов возв:
пыта́ться +infin to try to do

пы́тк|а (**-и**; gen pl **-ок**) ж torture

пьедеста́л (**-а**) м (основа́ние)
pedestal; (для победи́телей)
rostrum

пье́с|а (-ы) ж (Литература) play; (Муз) piece

пью etc несов см пить

пью́щий (-его) м heavy drinker

пьяне́|ть (-ю; perf **опьяне́ть**) несов to get drunk

пья́ница (-ы) м/ж drunk(ard)

пья́нств|о (-а) ср heavy drinking; **пья́нств|овать** (-ую) несов to drink heavily

пья́н|ый прил (человек) drunk; (крики, песни итп) drunken ▷ (-ого) м drunk

пюре́ ср нескл (фруктовое) purée; карто́фельное пюре́ mashed potato

пя́т|ая (-ой) ж: одна́ пя́тая one fifth

пятёр|ка (-ки; gen pl -ок) ж (цифра, карта) five; (Просвещ) ≈ A (school mark); (группа из пяти) group of five

пя́тер|о (-ых; как че́тверо; см Table 30b) чис five

пятидесяти чис см **пятьдеся́т**

пятидесятиле́ти|е (-я) ср fifty years мн; (годовщина) fiftieth anniversary

пятидеся́тый чис fiftieth

пя́|титься (-чусь, -тишься; perf **попя́титься**) несов возв to move backwards

пятиуго́льник (-а) м pentagon

пятиэта́жный прил five-storey (Brit), five-story (US)

пя́т|ка (-ки; gen pl -ок) ж heel

пятна́дцатый чис fifteenth

пятна́дцать (-и; как пять; см Table 26) чис fifteen

пя́тниц|а (-ы) ж Friday

пятн|о́ (-а́; nom pl пя́тна, gen pl -ен) ср (также перен) stain; (другого цвета) spot

пя́тый чис fifth

пять (-и; см Table 26) чис five;

(Просвещ) ≈ A (school mark)

пятьдеся́т (-и́десяти; см Table 26) чис fifty

пятьсо́т (-исо́т; см Table 28) чис five hundred

р

р. *сокр* (= река́) R., r. (= *river*); (= роди́лся) b. (= *born*); (= рубль) R., r. (= *rouble*)

раб (-а́) *м* slave

рабо́т|**а** (-ы) *ж* work; (*источник заработка*) job; сме́нная рабо́та shiftwork

рабо́та|**ть** (-ю) *несов* to work; (*магазин*) to be open; рабо́тать (*impf*) на кого́-н/что́-н to work for sb/sth; кем Вы рабо́таете? what do you do for a living?

рабо́тник (-а) *м* worker; (*учреждения*) employee

работода́тел|**ь** (-я) *м* employer

работоспосо́бный *прил* (*человек*) able to work hard

рабо́чий *прил* worker's; (*человек, одежда*) working ▷ (-его) *м* worker; рабо́чая си́ла workforce; рабо́чий день working day (*Brit*), workday (*US*)

ра́бств|**о** (-а) *ср* slavery; **рабы́н**|**я** (-и) *ж* slave

равви́н (-а) *м* rabbi

ра́венств|**о** (-а) *ср* equality; знак ра́венства (*Мат*) equals sign

равни́н|**а** (-ы) *ж* plain

равно́ *нареч* equally ▷ *союз*: равно́ (как) и as well as ▷ *как сказ*: э́то всё равно́ it doesn't make any difference; мне всё равно́ I don't mind; я всё равно́ приду́ I'll come anyway

равноду́шный *прил*: равноду́шный (к +*dat*) indifferent (to)

равноме́рный *прил* even

равнопра́ви|**е** (-я) *ср* equality

равноси́льн|**ый** *прил* +*dat* equal to; э́то равноси́льно отка́зу this amounts to a refusal

равноце́нный *прил* of equal value *или* worth

ра́вн|**ый** *прил* equal; ра́вным о́бразом equally

равня́|**ть** (-ю; *perf* сравня́ть) *несов перех*: равня́ть (с +*instr*) (*делать равным*) to make equal (with); равня́ться *несов возв*: равня́ться по +*dat* to draw level with; (*считать себя равным*): равня́ться с +*instr* to compare o.s. with; (*быть равносильным*): равня́ться +*dat* to be equal to

рад *как сказ*: рад (+*dat*) glad (of) +*infin* glad *или* pleased to do; рад познако́миться с Ва́ми pleased to meet you

ра́ди *предл* +*gen* for the sake of; ра́ди Бо́га! (*разг*) for God's sake!

радиа́ци|**я** (-и) *ж* radiation

радика́льный *прил* radical

радикули́т (-а) *м* lower back pain

ра́дио *ср нескл* radio

радиоакти́вный *прил* radioactive

P

радиовещáни|е (-я) *ср* (radio)
broadcasting

радиопередáч|а (-и) *ж* radio
programme (*Brit*) *или* program (*US*)

радиоприёмник (-а) *м* radio
(set)

радиослýшатель (-я) *м* (radio)
listener

радиостáнци|я (-и) *ж* radio
station

рáд|овать (-ую; *perf*
обрáдовать) *несов перех*:
рáдовать когó-н to make sb happy,
please sb; **рáдоваться** *несов*
возв (*перен*: *душа*) to rejoice;
рáдоваться (*perf* **обрáдоваться**)
+*dat* (*успехам*) to take pleasure in;
он всегдá рáдуется гостя́м he is
always happy to have visitors

рáдост|ь (-и) *ж* joy; **с рáдостью**
gladly

рáдуг|а (-и) *ж* rainbow

рáдужн|ый *прил* (*перен*:
приятный) bright; **рáдужная
оболóчка** (*Анат*) iris

радýшный *прил* warm

раз (-а; *nom pl* -ы́, *gen pl* -) *м*
time (-я *нескл* (*один*) one ▷ *нареч*
(*разг*: *однажды*) once ▷ *союз*
(*разг*: *если*) if; **в тот/прóшлый раз**
that/last time; **ещё раз** (*once*) again; **раз и
навсегдá** once and for all; **ни рáзу**
not once; **(оди́н) раз в день** once a
day; **раз ... то ...** (*разг*) if ... then ...

разбáв|ить (-лю, -ишь) *impf*
разбавля́ть *сов перех* to dilute

разбежá|ться (*как* **бежáть**; *см*
Table 20; *perf* **разбегáться**) *сов
возв* to run off, scatter; (*перед
прыжком*) to take a run-up; **у меня́
глазá разбегáются** (*разг*) I'm spoilt
for choice

разбивá|ть(ся) (-ю(сь)) *несов от*
разби́ть(ся)

разбирá|ть (-ю) *несов от*
разобрáть; **разбирáться** *несов
от* **разобрáться** ▷ *возв* (*разг*:
понимать): **разбирáться** в +*prp* to
be an expert in

разби́|ть (-обью, -обьёшь;
imper -бéй(те), *impf* **разбивáть**
сов перех to break; (*машину*) to
smash up; (*армию*) to crush;
(*аллею*) to lay; **разби́ться** (*impf*
разбивáться) *сов возв* to break,
smash; (*в аварии*) to be badly hurt;
(*на группы*, *на участки*) to break up

разбогатé|ть (-ю) *сов от*
богатéть

разбóй (-я) *м* robbery

разбóйник (-а) *м* robber

разбрáсыва|ть (-ю) *несов от*
разбросáть; **разбрáсываться**
несов возв (*impf*
разбрáсываться) +*instr* (*деньгами*) to waste;
(*друзьями*) to underrate

разброс|áть (-ю; *impf*
разбрáсывать *сов перех* to
scatter

разбу|ди́ть (-ужý, -ýдишь) *сов
от* **будить**

развáл (-а) *м* chaos

развáлин|а (-ы) *ж* ruins *мн*

разва|ли́ть (-лю, -áлишь; *impf*
развáливать *сов перех* to ruin;
развали́ться (*impf*
развáливаться) *сов возв* to
collapse

разв|ари́ться (*3sg* -áрится, *impf*
развáриваться) *сов возв* to be
overcooked

рáзве *част* really; **рáзве он
согласи́лся/не знал?** did he really
agree/not know?; **рáзве тóлько
или что** except that

развевá|ться (*3sg* -ется) *несов
возв* (*флаг*) to flutter

разведённый *прил* (*в разводе*)
divorced

разве́дка (-ки; *gen pl* -ок) ж (*Гео*) prospecting; (*шпионаж*) intelligence; (*Воен*) reconnaissance; **разве́дчик** (-а) м (*Гео*) prospector; (*шпион*) intelligence agent; (*Воен*) scout

разве|**зти́** (-зу́, -зёшь; *pt* -з, -зла́, -зло́, *impf* развози́ть) *сов перех* (*товар*) to take

разверну́ть (-у́, -ёшь; *impf* развёртывать *или* развора́чивать) *сов перех* (*бумагу*) to unfold; (*торговлю итп*) to launch; (*корабль, самолёт*) to turn around; (*батальон*) to deploy; **разверну́ться** (*impf* развёртываться *или* развора́чиваться) *сов возв* (*кампания, работа*) to get under way; (*автомобиль*) to turn around; (*вид*) to open up

развеселить (-ю́, -и́шь) *сов от* весели́ть

разве́|**сить** (-шу, -сишь; *impf* разве́шивать) *сов перех* to hang

разве|**сти́** (-ду́, -дёшь; *pt* -ёл, -ела́, *impf* разводи́ть) *сов перех* (*доставить*) to take; (*порошок*) to dissolve; (*сок*) to dilute; (*животных*) to breed; (*цветы, сад*) to grow; (*мост*) to raise; **развести́сь** (*impf* разводи́ться) *сов возв* to divorce; **развести́сь** (с +*instr*) to divorce, get divorced (from)

разветвле́ни|**е** (-я) *ср* (*дороги*) fork

разве́|**ять** (-ю; *impf* разве́ивать) *сов перех* (*облака*) to disperse; (*сомнения, грусть*) to dispel; **разве́яться** (*impf* разве́иваться) *сов возв* (*облака*) to disperse; (*человек*) to relax

разви|**ть(ся)** (-ю́(сь)) *несов от* разви́ть(ся)

развива́ющ|**ийся** *прил:*

развива́ющаяся страна́ developing country

разви́л|**ка** (-ки; *gen pl* -ок) ж fork (*in road*)

разви́ти|**е** (-я) *ср* development

разви́|**ть** (-овью́, -овьёшь; *imper* -ве́й(те), *impf* развива́ть) *сов перех* to develop; **разви́ться** (*impf* развива́ться) *сов возв* to develop

развлека́тельный *прил* entertaining

развлече́ни|**е** (-я) *ср* entertaining

развл|**е́чь** (-еку́, -ечёшь *etc*, -еку́т; *pt* -ёк, -екла́, *impf* развлека́ть) *сов перех* to entertain; **развле́чься** (*impf* развлека́ться) *сов возв* to have fun

разво́д (-а) м (*супругов*) divorce

разво|**ди́ть(ся)** (-жу́(сь), -́дишь(ся)) *несов от* развести́(сь)

развора́чива|**ть(ся)** (-ю(сь)) *несов от* разверну́ть(ся)

разворо́т (-а) м (*машины*) U-turn; (*в книге*) double page

развя́з|**ка** (-ки; *gen pl* -ок) ж (*конец*) finale; (*Авт*) junction

разгада́|**ть** (-ю; *impf* разга́дывать) *сов перех* (*загадку*) to solve; (*замыслы, тайну*) to guess

разга́р (-а) м: в разга́ре +*gen* (*сезона*) at the height of; (*боя*) in the heart of; кани́кулы в (по́лном) разга́ре the holidays are in full swing

разгиба́|**ть(ся)** (-ю(сь)) *несов от* разогну́ть(ся)

разгла́|**дить** (-жу, -дишь; *impf* разгла́живать) *сов перех* to smooth out

разгла|**си́ть** (-шу́, -си́шь; *impf*

разглаша́ть *сов перех* to
divulge, disclose

разгова́рива|ть (-ю) *несов*:
разгова́ривать (с +*instr*) to talk (to)

разгово́р (-а) *м* conversation;
разгово́рник (-а) *м* phrase book;
разгово́рный *прил* colloquial

разго́н (-а) *м* (демонстрации)
breaking up; (автомобиля)
acceleration

разгоня́ть(ся) (-ю(сь)) *несов от*
разогна́ть(ся)

разгоре́ться (*3sg* -и́тся, *impf*
разгора́ться) *сов возв* to flare up

разгорячи́ться (-у́сь, -и́шься)
сов возв (от волнения) to get het
up; (от бега) to be hot

разгром|и́ть (-лю́, -и́шь) *impf*
перех (врага) to crush; (книгу) to
slam

разгру|зи́ть (-ужу́, -у́зишь;
impf **разгружа́ть**) *сов перех* to
unload

разгры́з|ть (-у, -ёшь) *сов от*
грызть

разда|ва́ть(ся) (-ю́, -ёшь(ся))
несов от разда́ть(ся)

раздав|и́ть (-авлю́, -а́вишь) *сов*
от дави́ть

разда́ть (*как* дать; *см Table 16*,
impf **раздава́ть**) *сов перех* to
give out, distribute; **разда́ться**
(*impf* **раздава́ться**) *сов возв*
(звук) to be heard

раздва́ива|ться (-юсь) *несов от*
раздво́иться

раздви́н|уть (-у; *impf*
раздвига́ть) *сов перех* to move
apart

раздво|и́ться (-ю́сь, -и́шься;
impf раздва́иваться) *сов возв*
(дорога, река) to divide into two;
(перен: мнение) to be divided

раздева́л|ка (-ки; *gen pl* -ок) *ж*
changing room

раздева́|ть(ся) (-ю(сь)) *несов от*
разде́ть(ся)

разде́л (-а) *м* (имущества)
division; (части) section

разде́ла|ть (-ю; *impf*
разде́лывать) *сов перех* (тушу)
to cut up; **разде́латься** (*impf*
разде́лываться) *сов возв* (разг):
разде́латься с +*instr* (с делами) to
finish; (с долгами) to settle

раздел|и́ть (-елю́, -е́лишь) *сов*
от дели́ть ▷ (*impf* **разделя́ть**)
перех (мнение) to share;
раздели́ться *сов от* дели́ться
▷ (*impf* **разделя́ться**) *возв*
(мнения, общество) to become
divided

разде́|ть (-ну, -нешь; *impf*
раздева́ть) *сов перех* to undress;
разде́ться (*impf* **раздева́ться**)
сов возв to get undressed

раздира́|ть (-ю) *несов перех*
(душу, общество) to tear apart

раздраже́ни|е (-я) *ср* irritation;
раздражи́тельный *прил*
irritable; **раздраж|и́ть** (-у́, -и́шь;
impf **раздража́ть**) *сов перех* to
irritate, annoy; (нервы) to agitate;
раздражи́ться (*impf*
раздража́ться) *сов возв* (кожа,
глаза) to become irritated;
(человек): раздражи́ться (+*instr*)
to be irritated (by)

разду|ва́ть(ся) (-ю(сь)) *несов от*
разду́ть(ся)

разду́ма|ть (-ю; *impf*
разду́мывать) *сов +infin* to
decide not to do

разду́мыва|ть (-ю) *несов от*
разду́мать ▷ *неперех*:
разду́мывать (о +*prp*) (долго)
to contemplate

разду́|ть (-ю; *impf* **раздува́ть**)
сов перех (огонь) to fan; **у неё**
разду́ло щёку her cheek has

swollen up; **разду́ться** (*impf*
раздува́ться) *сов возв* (щека) to
swell up

разж|а́ть (-ожму́, -ожмёшь;
impf **разжима́ть**) *сов перех*
(пальцы, губы) to relax;
разжа́ться (**разжима́ться**)
сов возв to relax

разж|ева́ть (-ую́; *impf*
разжёвывать) *сов перех* to
chew

разлага́ть(ся) (-ю) *несов от*
разложи́ть(ся)

разла́мыва|ть (-ю) *несов от*
разлома́ть; разломи́ть

разле|те́ться (-чу́сь, -ти́шься;
impf **разлета́ться**) *сов возв* to fly
off (*in different directions*)

разли́в (-а) *м* flooding

разл|и́ть (-олью́, -ольёшь; *impf*
разлива́ть) *сов перех* (пролить)
to spill; **разли́ться** (*impf*
разлива́ться) *сов возв*
(пролиться) to spill; (река) to
overflow

различа́|ть (-ю) *несов от*
различи́ть; различа́ться *несов*
возв: **различа́ться по** +*dat* to differ
in

разли́чи|е (-я) *ср* difference

различ|и́ть (-у́, -и́шь; *impf*
различа́ть) *сов перех* (увидеть,
услышать) to make out;
(отличить): **различи́ть (по** +*dat*) to
distinguish (by)

разли́чный *прил* different

разл|ожи́ть (-ожу́, -о́жишь;
impf **раскла́дывать**) *сов перех*
(карты) to arrange; (диван) to open
out ▷ (*impf* **разлага́ть**) (Хим,
Био) to decompose;
разложи́ться *сов возв* (*impf*
разлага́ться) (Хим, Био) to
decompose; (общество) to
disintegrate

разл|оми́ть (-омлю́, -о́мишь;
impf **разла́мывать**) *сов перех*
(на части) to break up

разлу́к|а (-и) *ж* separation

разлуч|и́ть (-у́, -и́шь;
impf **разлуча́ть**) *сов перех*: **разлучи́ть**
кого́-н с +*instr* to separate sb from;
разлучи́ться (*impf*
разлуча́ться) *сов возв*:
разлучи́ться (с +*instr*) to be
separated (from)

разлюб|и́ть (-люблю́, -ю́бишь)
сов перех (+*infin*: читать, гуля́ть
итп) to lose one's enthusiasm for
doing; **он меня́ разлюби́л** he
doesn't love me any more

разма́|зать (-жу, -жешь; *impf*
разма́зывать) *сов перех* to
smear

разма́тыва|ть (-ю) *несов от*
размота́ть

разма́х (-а) *м* (рук) span; (перен:
деятельности) scope; (: проекта)
scale; **разма́х кры́льев** wingspan

размахн|у́ться (-у́сь, -ёшься;
impf **разма́хиваться**) *сов возв*
to bring one's arm back; (перен:
разг: в дела́х итп) to go to town

разме́н (-а) *м* (де́нег, пле́нных)
exchange; (перен: квартир) flat
swap (*of one large flat for two
smaller ones*)

разме́нный *прил*: **разме́нный**
автома́т change machine;
разме́нная моне́та (small) change

разме́ня|ть (-ю; *impf*
разме́нивать) *сов перех*
(де́ньги) to change; (кварти́ру) to
exchange; **разменя́ться** (*impf*
разме́ниваться) *сов возв*
(перен: разг: обменя́ть
жилпло́щадь) to do a flat swap (*of
one large flat for two smaller ones*)

разме́р (-а) *м* size

разме|сти́ть (-щу́, -сти́шь; *impf*

размеща́ть сов перех (в отеле) to place; (на столе) to arrange; **размести́ться** (impf **размести́ться** сов перех (по комнатам) to settle o.s.

разме́тить (-чу, -тишь; impf **размеча́ть**) сов перех to mark out

размеша́ть (-ю; impf **разме́шивать**) сов перех to stir

размеща́ть(ся) (-ю(сь)) несов от **размести́ть(ся)**

размина́ть(ся) (-ю(сь)) несов от **размя́ть(ся)**

размини́ровать (-ую) (не)сов перех: **размини́ровать по́ле** to clear a field of mines

размину́ться (-у́сь, -ёшься) сов возв (не встретиться) to miss each other; (дать пройти) to pass

размно́жить (-у, -ишь; impf **размножа́ть**) сов перех to make (multiple) copies of; **размно́житься** (perf **размножа́ться**) сов возв (Био) to reproduce

размо́кнуть (-ну; pt -, -ла, impf **размока́ть**) сов (хлеб, картон) to go soggy; (почва) to become sodden

размо́лвка (-ки) ж quarrel

размота́ть (-ю; impf **разма́тывать**) сов перех to unwind

размы́ть (3sg -бет, impf **размыва́ть**) сов перех to wash away

размышля́ть (-ю) несов: **размышля́ть** (о +prp) to contemplate, reflect (on)

размя́ть (-омну́, -омнёшь; impf **размина́ть**) сов перех to loosen up; **размя́ться** (impf **размина́ться**) сов возв to warm up

разна́шивать(ся) (-ю) несов от **разноси́ть(ся)**

разнести́ (-есу́, -есёшь; pt -ёс, -есла́, impf **разноси́ть**) сов перех (письма) to deliver; (тарелки) to put out; (тучи) to disperse; (заразу, слухи) to spread; (раскритиковать) to slam; **разнести́сь** (impf **разноси́ться** сов возв (слух, запах) to spread; (звук) to resound

размина́ть (-ю) несов от **разня́ть**

ра́зница (-ы) ж difference; **кака́я ра́зница?** what difference does it make?

разнови́дность (-и) ж (Био) variety; (людей) type, kind

разногла́сие (-я) ср disagreement

разнообра́зие (-я) ср variety

разнообра́зный прил various

разноси́ть (-ошу́, -о́сишь) несов от **разнести́** ▷ (impf **разна́шивать** сов перех (обувь) to break in; **разноси́ться** несов от **разнести́сь** ▷ (impf **разна́шиваться** сов возв (обувь) to be broken in

разносторо́нний прил (деятельность) wide-ranging; (ум, личность) multifaceted

ра́зность (-и) ж difference

разноцве́тный прил multicoloured (Brit), multicolored (US)

ра́зный прил different

разоблачи́ть (-у́, -и́шь; impf **разоблача́ть**) сов перех to expose

разобра́ть (-беру́, -берёшь; impf **разбира́ть**) сов перех (бумаги) to sort out; (текст) to analyse (Brit), analyze (US); (вкус, подпись итп) to make out;

разбира́ть (*perf* разобра́ть) (на ча́сти) to take apart; разобра́ться (*impf* разбира́ться) *сов возв*: разобра́ться в +*prp* (в вопро́се, в де́ле) to sort out

ра́зовый *прил*: ра́зовый биле́т single (*Brit*) *или* one-way ticket

разогна́ть (-гоню́, -го́нишь; *impf* разгоня́ть) *сов перех* (толпу́) to break up; (ту́чи) to disperse; (маши́ну) to increase the speed of; разгоня́ться (*impf* разгоня́ться) *сов возв* to build up speed, accelerate

разогну́ть (-у́, -ёшь; *impf* разгиба́ть) *сов перех* (про́волоку) to straighten out; разогну́ться (*impf* разгиба́ться) *сов возв* to straighten up

разогре́ть (-ю; *impf* разогрева́ть) *сов перех* (ча́йник, суп) to heat; разогре́ться (*impf* разогрева́ться) *сов возв* (суп) to heat up

разозли́ть(ся) (-ю́(сь), -и́шь(ся)) *сов от* зли́ть(ся)

разойти́сь (*как* идти́; *см Table 18*; *impf* расходи́ться) *сов возв* (го́сти) to leave; (толпа́) to disperse; (тира́ж) to sell out; (*не встре́титься*) to miss each other; (супру́ги) to split up; (шов, крепле́ния) to come apart; (*перен: мне́ния*) to diverge; (*разг: дать во́лю себе́*) to get going

ра́зом *нареч* (*разг: все вме́сте*) all at once; (*: в оди́н приём*) all in one go

разорва́ть (-у́, -ёшь) *сов от* рвать ▷ (*impf* разрыва́ть) *перех* to tear *или* rip up; (*перен: связь*) to sever; (*: договор*) to break; разорва́ться *сов от* рва́ться

▷ (*impf* разрыва́ться) *возв* (оде́жда) to tear, rip; (верёвка, цепь) to break; (связь) to be severed; (снаря́д) to explode

разори́ть (-ю́, -и́шь; *impf* разоря́ть) *сов перех* (дере́вню, гнездо́) to plunder; (населе́ние) to impoverish; (*: компа́нию, страну́*) to ruin; разори́ться (*impf* разоря́ться) *сов возв* (челове́к) to become impoverished; (компа́ния) to go bust *или* bankrupt

разоружи́ть (-у́, -и́шь; *impf* разоружа́ть) *сов перех* to disarm; разоружи́ться (*impf* разоружа́ться) *сов возв* to disarm

разоря́ть(ся) (-ю(сь)) *несов от* разори́ть(ся)

разосла́ть (-шлю́, -шлёшь; *impf* рассыла́ть) *сов перех* to send out

разостла́ть (расстелю́, рассте́лешь) *несов* = расстла́ть

разочарова́ни|е (-я) *ср* disappointment; (*потеря ве́ры*) disenchantment; разочарова́ние в +*prp* (в иде́е) disenchantment with

разочаро́ванный *прил* disappointed; разочаро́ванный в +*prp* (в иде́е) disenchanted with

разочаро́в|ать (-ую; *impf* разочаро́вывать) *сов перех* to disappoint; разочарова́ться (*impf* разочаро́вываться) *сов возв*: разочарова́ться в +*prp* to become disenchanted with

разрабо́та|ть (-ю; *impf* разраба́тывать) *сов перех* to develop

разрабо́т|ка (-ки) *ж* development; га́зовые разрабо́тки gas fields *мн*; нефтяны́е разрабо́тки oilfields *мн*

р

разра|зи́ться (-жу́сь, -зи́шься; *impf* **разража́ться**) *сов возв* to break out

разр|асти́сь (*3sg* -асте́тся, *pt* -о́сся, -осла́сь, *impf* **разраста́ться**) *сов возв* (*лес*) to spread

разре́з (-а) *м* (*на юбке*) slit; (*Геом*) section

разре́|зать (-жу, -жешь) *сов от* **ре́зать**

разреша́|ть (-ю) *несов от* **разреши́ть**; **разреша́|ться** *несов от* **разреши́ться**
▷ *неперех* (*допускаться*) to be allowed *или* permitted

разреше́ни|е (-я) *ср* (*действие*) authorization; (*родителей*) permission; (*проблемы*) resolution; (*документ*) permit

разреш|и́ть (-у́, -и́шь; *impf* **разреша́ть**) *сов перех* (*решить*) to resolve; (*позволить*): **разреши́ть кому́-н** +*infin* to allow *или* permit sb to do; **разреши́те?** may I come in?; **разреши́те пройти́** may I pass; **разреши́ться** *сов возв* (*вопрос*) to be resolved

разровня́|ть (-ю) *сов от* **ровня́ть**

разр|уби́ть (-ублю́, -у́бишь; *impf* **разруба́ть**) *сов перех* to chop in two

разруши́тельный *прил* (*война*) devastating; (*действие*) destructive

разру́ш|ить (-у, -ишь; *impf* **разруша́ть**) *сов перех* to destroy; **разру́шиться** (*impf* **разруша́ться**) *сов возв* to be destroyed

разры́в (-а) *м* (*во времени, в цифрах*) gap; (*отношений*) severance; (*снаряда*) explosion

разрыва́|ть(ся) (-ю(сь)) *несов от* **разорва́ть(ся)**

разря́д (-а) *м* (*тип*) category; (*квалификация*) grade

разря|ди́ть (-жу́, -ди́шь) *impf* **разряжа́ть**) *сов перех* (*ружьё*) to discharge; **разряжа́ть** (*perf* **разряди́ть**) **обстано́вку** to diffuse the situation

разря́д|ка (-ки; *gen pl* -ок) *ж* escape; (*в тексте*) spacing; **разря́дка (междунаро́дной напряжённости)** détente

разряжа́|ть (-ю) *несов от* **разряди́ть**

разубе|ди́ть (-жу́, -ди́шь; *impf* **разубежда́ть**) *сов перех*: **разубеди́ть кого́-н (в** +*prp*) to dissuade sb (from)

разува́|ть(ся) (-ю(сь)) *несов от* **разу́ть(ся)**

ра́зум (-а) *м* reason; **разуме́|ться** (*3sg* -ется) *сов возв*: **под э́тим разуме́ется, что ... by this is meant that ...**; (*в текст*) ▷ *вводн сл*: **само́ собо́й** **разуме́ется** that goes without saying; **разуме́ется, не знал об э́том** naturally, he knew nothing about it; **разу́мный** *прил* (*существо*) intelligent; (*поступок, решение*) reasonable

разу́тый *прил* (*без обуви*) barefoot

разу́|ть (-ю; *impf* **разува́ть**) *сов перех*: **разу́ть кого́-н** to take sb's shoes off; **разу́ться** (*impf* **разува́ться**) *сов возв* to take one's shoes off

разу|чи́ть (-учу́, -у́чишь; *impf* **разу́чивать**) *сов перех* to learn; **разучи́ться** (*impf* **разу́чиваться**) *сов возв*: **разучи́ться** +*infin* to forget how to do

разъеда́|ть (*3sg* -ет) *несов от* **разъе́сть**

разъезжа́ть (-ю) *несов (по делам)* to travel; (*кататься*) to ride about; **разъезжа́ться** *несов от* **разъе́хаться**

разъе́хаться (*как* е́хать; *см* Table 19; *impf* **разъезжа́ться**) *сов возв* (*гости*) to leave

разъярённый *прил* furious

разъясни́ть (-ю́, -и́шь; *impf* **разъясня́ть**) *сов перех* to clarify

разыгра́ть (-ю; *impf* **разы́грывать**) *сов перех (Муз, Спорт)* to play; (*сцену*) to act out; (*в лотере́ю*) to raffle; (*разг: подшути́ть*) to play a joke *или* trick on

разыска́ть (-ыщу́, -ы́щешь; *impf* **разы́скивать**) *сов перех* to find

РАИС *ср сокр* (= Росси́йское аге́нтство интеллектуа́льной со́бственности) copyright protection agency

рай (-я; *loc sg* -ю́) *м* paradise

райо́н (-а) *м (страны)* region; (*города*) district

райо́нный *прил* district

ра́йский *прил* heavenly

рак (-а) *м (Зоол: речно́й)* crayfish (*мн* crayfish); (: *морско́й*) crab; (*Мед*) cancer; (*созве́здие*): **Рак** Cancer

раке́т|**а** (-ы) *ж* rocket; (*Воен*) missile; (*судно*) hydrofoil

раке́т|**ка** (-ки; *gen pl* -ок) *ж (Спорт)* racket

ра́ковин|**а** (-ы) *ж (Зоол)* shell; (*для умыва́ния*) sink

ра́ковый *прил (Зоол, Кулин)* crab; (*Мед*) cancer

ра́м|**ка** (-ки; *gen pl* -ок) *ж* frame; *см та́кже* **ра́мки**

ра́м|**ки** (-ок) *мн* (+*gen: расска́за, обя́занностей*) framework *ед ж* of; (*зако́на*) limits *мн ж* of; **в ра́мках**

+*gen (зако́на, прили́чия)* within the bounds of; (*перегово́ров*) within the framework of; **за ра́мками** +*gen* beyond the bounds of

РАН *м сокр* (= Росси́йская акаде́мия нау́к) Russian Academy of Sciences

ра́н|**а** (-ы) *ж* wound

ра́неный *прил* injured; (*Воен*) wounded

ра́ни|**ть** (-ю, -ишь) (*не*)*сов перех* to wound

ра́нний *прил* early

ра́но *нареч* early ▷ *как сказ* it's early; **ра́но и́ли по́здно** sooner or later

ра́ньше *сравн нареч от* **ра́но** ▷ *нареч (пре́жде)* before ▷ *предл* +*gen* before; **ра́ньше вре́мени** (*ра́доваться итп*) too soon

ра́порт (-а) *м* report

рапортова́ть (-у́ю) (*не*)*сов: рапортова́ть (кому́-н о чём-н)* to report back (to sb on sth)

ра́с|**а** (-ы) *ж* race; **раси́зм** (-а) *м* racism; **раси́ст** (-а) *м* racist

раска́ива|**ться** (-юсь) *несов от* **раска́яться**

раскали́|**ть** (-ю́, -и́шь; *impf* **раскаля́ть**) *сов перех* to bring to a high temperature; **раскали́ться** (*impf* **раскаля́ться**) *сов возв* to get very hot

раска́лыва|**ть(ся)** (-ю(сь)) *несов от* **расколо́ть(ся)**

раска́пыва|**ть** (-ю) *несов от* **раскопа́ть**

раска́|**яться** (-юсь; *impf* **раска́иваться**) *сов возв*: **раска́яться** (в +*prp*) to repent (of)

раскида́|**ть** (-ю; *impf* **раски́дывать**) *сов перех* to scatter

раски́н|**уть** (-у; *impf*

раски́дывать) сов перех (руки)
to throw open; (сети) to spread out;
(лагерь) to set up; **раски́нуться**
(impf **раски́дываться)** сов возв
to stretch out

раскладно́й прил folding

расклад|у́шка (-ки; gen pl **-ек)**
ж (разг) camp bed (Brit), cot (US)

раскла́дыва|ть (-ю) несов от
разложи́ть

раско́ванный прил relaxed

раск|оло́ть (-олю́, -о́лешь; impf
раска́лывать) сов перех to split;
(лёд, орех) to crack;
расколо́ться (impf
раска́лываться) сов возв
(полено, орех) to split open;
(перен: организация) to be split

раскопа́|ть (-ю; impf
раска́пывать) сов перех to dig
up

раско́п|ки (-ок) мн (работы)
excavations; (место)
(archaeological) dig ед

раскра́|сить (-шу, -сишь; impf
раскра́шивать) сов перех to
colour (Brit) или color (US) (in)

раскро́|ить (-ю́, -и́шь) сов перех
to cut

раскру́т|ка (-ки; gen pl **-ок)** ж
(разг) hyping up

раскры́|ть (-ою, -о́ешь; impf
раскрыва́ть) сов перех to open;
(перен: чью-нибудь тайну, план)
to discover; (: свою тайну, план)
to disclose; **раскры́ться** (impf
раскрыва́ться) сов возв to open

раск|упи́ть (-уплю́, -у́пишь;
impf **раскупа́ть)** сов перех to
buy up

ра́совый прил racial

распа́|ться (3sg -ется) несов
от **распа́сться** ▷ возв (состоять
из частей): **распада́ться на** +acc
to be divided into

распахн|у́ть (-у́, -ёшь; impf
распа́хивать) сов перех to throw
open; **распахну́ться** (impf
распа́хиваться) сов возв to fly
open

распашо́н|ка (-ки; gen pl **-ок)** ж
cotton baby top without buttons

распеча́та|ть (-ю; impf
распеча́тывать) сов перех
(письмо, пакет) to open;
(размножить) to print off

распеча́т|ка (-ки; gen pl **-ок)** ж
(доклада) print-out

распина́|ть (-ю) несов от
распя́ть

расписа́ни|е (-я) ср timetable,
schedule

распи|са́ть (-ишу́, -и́шешь;
impf **распи́сывать)** сов перех
(дела) to arrange; (стены,
шкатулку) to paint; (разг: женить)
to marry (in registry office);
расписа́ться (impf
распи́сываться) сов возв
(поставить подпись) to sign one's
name; **расписа́ться** (perf
распи́сываться с +instr) to get
married to (in registry office)

распи́с|ка (-ки; gen pl **-ок)** ж (о
получении денег) receipt; (о
невыезде) warrant

распла́т|а (-ы) ж payment;
(перен: за преступление)
retribution; **распла́титься**
(-ачу́сь, -а́тишься; impf
распла́чиваться) сов возв:
расплати́ться с (+instr) to pay;
(перен: с предателем) to revenge
o.s. on

распле|ска́ть (-щу́, -щешь;
impf **расплёскивать)** сов перех
to spill; **расплеска́ться** (impf
расплёскиваться) сов возв to
spill

расплы́вчатый прил (рисунок,

очертания) blurred; (*перен: ответ, намёк*) vague

распльі́|ться (-**ву́сь**, -**вёшься**; *impf* **расплыва́ться**) *сов возв* (*краски*) to run; (*перен: фигуры*) to be blurred

распогóди|ться (*3sg* -ится) *сов возв* (*о погоде*) to clear up

распозна́|ть (-**ю**) *impf* **распознава́ть** *сов перех* to identify

располага́|ть (-**ю**) *несов от* **расположи́ть** ▷ *неперех* (+*instr*: *временем*) to have available; **располага́ться** *несов от* **расположи́ться** ▷ *возв* (*находиться*) to be situated *или* located

расположе́ни|е (-**я**) *ср* (*место: лагеря*) location; (*комнат*) layout; (*симпатия*) disposition

располо́женный *прил*: **располо́женный к** +*dat* (*к человеку*) well-disposed towards; (*к болезни*) susceptible to

распол|ожи́ть (-**ожу́**, -**о́жишь**; *impf* **располага́ть**) *сов перех* (*мебель, вещи итп*) to arrange; (*отряд*) to station; **расположи́ть кого́-н к себе́** to win sb over; **расположи́ться** (*impf* **располага́ться**) *сов возв* (*человек*) to settle down; (*отряд*) to position itself

распоряди́тел|ь (-**я**) *м* (*Комм*) manager; **распоряди́тельный** *прил*: **распоряди́тельный дире́ктор** managing director

распоря|ди́ться (-**жу́сь**, -**ди́шься**; *impf* **распоряжа́ться**) *сов возв* to give out instructions

распоря́д|ок (-**ка**) *м* routine

распоряжа́|ться (-**юсь**) *несов от* **распоряди́ться** ▷ *возв*: **распоряжа́ться** (+*instr*) to be in

charge (of)

распоряже́ни|е (-**я**) *ср* (*управление*) management; **ба́нковское распоряже́ние** banker's order; **в распоряже́ние кого́-н/чего́-н** at sb's/sth's disposal

распра́в|ить (-**лю**, -**ишь**; *impf* **расправля́ть**) *сов перех* to straighten out; (*крылья*) to spread; **распра́виться** (*impf* **расправля́ться**) *сов возв* (*см перех*) to be straightened out; to spread

распределе́ни|е (-**я**) *ср* distribution; (*после института*) work placement

распредел|и́ть (-**ю́**, -**и́шь**; *impf* **распределя́ть**) *сов перех* to distribute; **распредели́ться** (*impf* **распределя́ться**) *сов возв*: **распредели́ться** (по +*dat*) (*по группам, по бригадам*) to divide up (into)

распрода́ж|а (-**и**) *ж* sale

распрода́|ть (*как* **дать**; *см Table 16*; *impf* **распродава́ть**) *сов перех* to sell off; (*билеты*) to sell out of

распростране́ни|е (-**я**) *ср* spreading; (*оружия*) proliferation; (*приказа*) application

распространённый *прил* widespread

распростран|и́ть (-**ю́**, -**и́шь**; *impf* **распространя́ть**) *сов перех* to spread; (*правило, приказ*) to apply; (*газеты*) to distribute; (*запах*) to emit; **распространи́ться** (*impf* **распространя́ться**) *сов возв* to spread; **распространи́ться** (*perf*) **на** +*acc* to extend to; (*приказ*) to apply to

распрям|и́ть (-**лю́**, -**и́шь**; *impf* **распрямля́ть**) *сов перех*

(проволоку) to straighten (out);
(плечи) to straighten
распу|сти́ть (-**щу́**, -**у́стишь**;
impf **распуска́ть**) *сов перех*
(а́рмию) to disband; (во́лосы) to let
down; (парла́мент) to dissolve;
(слу́хи) to spread; (перен: ребёнка
итп) to spoil; **распусти́ться**
(*impf* **распуска́ться**) *сов возв*
(цветы́, по́чки) to open out; (де́ти,
лю́ди) to get out of hand

распу́х|нуть (-**у**; *impf*
распуха́ть) *сов* to swell up
распыл|и́ть (-**ю́**, -**и́шь**; *impf*
распыля́ть) *сов перех* to spray
расса́д|а (-**ы**) *ж собир* (Бот)
seedlings *мн*
расса|ди́ть (-**жу́**, -**а́дишь**; *impf*
расса́живать) *сов перех* (госте́й,
пу́блику) to seat; (цветы́) to thin
out
рассве|сти́ (3sg -**тёт**, *pt* -**ло́**, *impf*
рассвета́ть) *сов безл*: **рассвело́**
dawn was breaking
рассве́т (-**а**) *м* daybreak
рассе́ива|ть(ся) (-**ю(сь)**) *несов*
от **рассе́ять(ся)**
рассека́|ть (-**ю**) *несов от*
рассе́чь
рассел|и́ть (-**елю́**, -**е́лишь**; *impf*
расселя́ть) *сов перех* (по
ко́мнатам) to accommodate
рассе́рди|ть(ся) (-**ержу́(сь)**,
-**е́рдишь(ся)**) *сов от* **серди́ть(ся)**
рассе́|сться (-**я́дусь**, -**я́дешься**;
pt -**е́лся**, -**е́лась**) *сов возв* (по
стола́м, в за́ле) to take one's seat
рассе́|чь (-**еку́**, -**ечёшь** *etc*,
-**еку́т**; *pt* -**ёк**, -**екла́**, *impf*
рассека́ть) *сов перех* (гу́бу, лоб)
to cut in
two; (гу́бу, лоб) to cut
рассе́я|ть (-**ю**; *impf* **рассе́ивать**)
сов перех (семена́, люде́й) to
scatter; (перен: сомне́ния) to
dispel; **рассе́яться** (*impf*

рассе́ива|ться *сов возв* (лю́ди)
to be scattered; (ту́чи, дым) to
disperse
расска́з (-**а**) *м* story; (свиде́теля)
account; **рассказа́ть** (-**ажу́**,
-**а́жешь**; *impf* **расска́зывать**)
сов перех to tell; **расска́зчик**
(-**а**) *м* storyteller; (а́втор) narrator
рассла́б|ить (-**лю**, -**ишь**; *impf*
расслабля́ть) *сов перех* to relax;
рассла́биться (*impf*
расслабля́ться) *сов возв* to
relax
рассле́дова|ть (-**ую**) *(не)сов*
перех to investigate
рассма́трива|ть (-**ю**) *несов от*
рассмотре́ть ⊳ *перех*:
рассма́тривать что-н как to regard
sth as
рассмеш|и́ть (-**у́**, -**и́шь**) *сов от*
смеши́ть
рассме́|яться (-**ю́сь**, -**ёшься**)
сов возв to start laughing
рассмотре́|ть (-**отрю́**, -**о́тришь**;
impf **рассма́тривать**) *сов перех*
(изучи́ть) to examine; (различи́ть)
to discern
расспро|си́ть (-**ошу́**, -**о́сишь**;
impf **расспра́шивать**) *сов перех*:
расспроси́ть (о +*prp*) to question
(about)
рассро́ч|ка (-**ки**; *gen pl* -**ек**) *ж*
installment (*Brit*), instalment (*US*);
в рассро́чку on hire purchase
(*Brit*), on the installment plan (*US*)
расстава́ни|е (-**я**) *ср* parting
расстава́|ться (-**ю́сь**, -**ёшься**)
сов от **расста́ться**
расста́в|ить (-**лю**, -**ишь**; *impf*
расставля́ть) *сов перех* to
arrange
расстано́в|ка (-**ки**; *gen pl* -**ок**) *ж*
(ме́бели, книг) arrangement
расста́|ться (-**нусь**, -**нешься**;
impf **расстава́ться**) *сов возв*:

расста́ться с +instr to part with
расстегн|у́ть (-у́, -ёшь; impf **расстёгивать**) сов перех to undo; **расстегну́ться** (impf **расстёгиваться**) сов возв (человек) to unbutton o.s.; (рубашка, пуговица) to come undone
расст|ели́ть (-елю́, -е́лешь; impf **расстила́ть**) сов перех to spread out
расстоя́ни|е (-я) ср distance
расстра́ива|ть(ся) (-ю(сь)) несов от **расстро́ить(ся)**
расстре́л (-а) м +gen shooting или firing или (казнь) execution (by firing squad)
расстреля́|ть (-ю; impf **расстре́ливать**) сов перех (демонстрацию) to open fire on; (казнить) to shoot
расстро́енный прил (здоровье, нервы) weak; (человек, вид) upset; (рояль) out of tune
расстро́|ить (-ю, -ишь; impf **расстра́ивать**) сов перех (планы) to disrupt; (человека, желудок) to upset; (здоровье) to damage; (Муз) to put out of tune
расстро́иться (impf **расстра́иваться**) сов возв (планы) to fall through; (человек) to get upset; (нервы) to weaken; (здоровье) to be damaged; (Муз) to go out of tune
расстро́йств|о (-а) ср (огорчение) upset; (речи) dysfunction; **расстро́йство желу́дка** stomach upset
рассту́п|иться (3sg -ится, impf **расступа́ться**) сов возв (толпа) to make way
рассуд|и́ть (-ужу́, -у́дишь) сов: она́ рассуди́ла пра́вильно her judgement was correct

рассу́д|ок (-ка) м reason
рассужда́|ть (-ю) несов to reason; **рассужда́ть** (impf) о +prp to debate
рассужде́ни|е (-я) ср judg(e)ment
рассчита́|ть (-ю; impf **рассчи́тывать**) сов перех to calculate; **рассчита́ться** сов возв: **рассчита́ться** (с +instr) (с продавцом) to settle up (with)
рассчи́тыва|ть (-ю) несов от **рассчита́ть** ▷ неперех: **рассчи́тывать на** +acc (надеяться) to count или rely on; **рассчи́тываться** несов от **рассчита́ться**
рассыла́|ть (-ю) несов от **разосла́ть**
рассы́п|ать (-лю, -лешь; impf **рассыпа́ть**) сов перех to spill; **рассы́паться** (impf **рассыпа́ться**) сов возв (сахар, бусы) to spill; (толпа) to scatter
раста́плива|ть (-ю) несов от **растопи́ть**
раста́птыва|ть (-ю) несов от **растопта́ть**
раста́|ять (-ю) сов от **та́ять**
раство́р (-а) м (Хим) solution; (строительный) mortar
раствори́мый прил soluble; **раствори́мый ко́фе** instant coffee
раствори́тел|ь (-я) м solvent
раствор|и́ть (-ю́, -и́шь; impf **растворя́ть**) сов перех (порошок) to dissolve; (окно, дверь) to open; **раствори́ться** (impf **растворя́ться**) сов возв (см перех) to dissolve; to open
расте́ни|е (-я) ср plant
раст|ере́ть (разотру́, разотрёшь; pt -ёр, -ёрла, impf

растира́ть *сов перех* (*рану, тело*) to massage

расте́рянный *прил* confused

растеря́|ться (-**юсь**) *несов возв* (*человек*) to be at a loss, be confused; (*письма*) to be lost

расте́|чься (*3sg* -**чётся**, *pt* -**кся**, -**клась**, *impf* **растека́ться**) *сов возв* (*вода*) to spill

раст|и́ (-**у́**, -**ёшь**; *pt* **рос**, **росла́**, **росло́**, *perf* **вы́расти**) *несов* to grow

растира́|ть (-**ю**) *несов от* **растере́ть**

расти́тельн|ый *прил* (*Бот*) plant; **расти́тельное ма́сло** vegetable oil

ра|сти́ть (-**щу́**, -**сти́шь**; *perf* **вы́растить**) *несов перех* (*детей*) to raise; (*цветы*) to grow

раст|опи́ть (-**оплю́**, -**о́пишь**; *impf* **раста́пливать**) *сов перех* (*печку*) to light; (*воск, жир, лёд*) to melt; **растопи́ться** *сов от* **топи́ться**

раст|опта́ть (-**опчу́**, -**о́пчешь**; *impf* **раста́птывать**) *сов перех* to trample on

растра́т|а (-**ы**) *ж* (*времени, денег*) waste; (*хищение*) embezzlement

растро́га|ть (-**ю**) *сов перех*: **растро́гать кого́-н** (*+instr*) to touch *или* move sb (by); **растро́гаться** *сов возв* to be touched *или* moved

раст|яну́ть (-**яну́**, -**я́нешь**; *impf* **растя́гивать**) *сов перех* to stretch; (*связки*) to strain; **растяну́ться** (*impf* **растя́гиваться**) *сов возв* to stretch; (*человек, обоз*) to stretch out; (*связки*) to be strained

расхва́та|ть (-**ю**; *impf* **расхва́тывать**) *сов перех* (*разг*)

to snatch up

расхо́д (-**а**) *м* (*энергии*) consumption; (*обычно мн: затраты*) expense; (: *Комм: в бухгалте́рии*) expenditure

расхо́д|оваться (-**уюсь**, -**о́дишься**) *несов от* **разойти́сь**

расхо́д|овать (-**ую**; *perf* **израсхо́довать**) *несов перех* (*деньги*) to spend; (*материалы*) to use up

расхожде́ни|е (-**я**) *ср* discrepancy; (*во взгля́дах*) divergence

расхоте́ть (*как* **хоте́ть**; *см Table 14*) *сов* +*infin*: **хоте́ть, гуля́ть итп** to no longer want to do; **расхоте́ться** *сов безл*: (*мне*) **расхоте́лось спать** I don't feel sleepy any more

расцв|ести́ (-**ету́**, -**етёшь**; *pt* -**ёл**, -**ела́**, -**ело́**, *impf* **расцвета́ть**) *сов* to blossom

расцве́т (-**а**) *м* (*нау́ки*) heyday; (*тала́нта*) height; **он в расцве́те сил** he is in the prime of life

расцве́тк|а (-**и**; *gen pl* -**ок**) *ж* colour (*Brit*) *или* color (*US*) scheme

расце́нива|ться (*3sg* -**ется**) *несов*: **расце́ниваться как** to be regarded as

расцен|и́ть (-**ю́**, -**е́нишь**; *impf* **расце́нивать**) *сов перех* to judge

расце́нк|а (-**и**; *gen pl* -**ок**) *ж* (*рабо́ты*) rate; (*цена́*) tariff

расч|еса́ть (-**ешу́**, -**е́шешь**; *impf* **расчёсывать**) *сов перех* (*во́лосы*) to comb; **расчёсывать** (*perf* **расчеса́ть**) **кого́-н** to comb sb's hair

расчёск|а (-**и**; *gen pl* -**ок**) *ж* comb

расчёт (-**а**) *м* (*сто́имости*) calculation; (*вы́года*) advantage; (*бережли́вость*) economy; из расчёта +gen on the basis of; **брать** (*perf* **взять**) *или* **принима́ть** (**приня́ть** *perf*) **что-н в расчёт** to take sth into account; **я с Ва́ми в расчёте** we are all even

расчи́|стить (-щу, -стишь; *impf* **расчища́ть**) *сов перех* to clear

расшата́|ть (-ю; *impf* **расша́тывать**) *сов перех* (*стул*) to make wobbly; (*здоровье*) to damage; **расшата́ться** (*impf* **расша́тываться**) *сов возв* (*стул*) to become wobbly; (*здоровье*) to be damaged

расшире́ни|е (-я) *ср* widening; (*связей, дела*) expansion; (*знаний*) broadening

расши́р|ить (-ю, -ишь; *impf* **расширя́ть**) *сов перех* to widen; (*дело*) to expand; **расши́риться** (*impf* **расширя́ться**) *сов возв* (*см перех*) to widen; to expand

ратифици́р|овать (-ую) (*не*)*сов перех* to ratify

ра́унд (-а) *м* (*Спорт, Полит*) round

рафина́д (-а) *м* sugar cubes *мн*

рацио́н (-а) *м* ration

рациона́льн|ый *прил* rational; **рациона́льное пита́ние** well-balanced diet

рва́ный *прил* torn; (*ботинки*) worn

рв|ать (-у, -ёшь; *perf* **порва́ть** *или* **разорва́ть**) *несов перех* to tear, rip; (*перен: дружбу*) to break off ▷ (*perf* **вы́рвать**) (*предмет из рук*) to snatch ▷ (*perf* **сорва́ть**) (*цветы, траву*) to pick ▷ (*perf* **вы́рвать**) *безл*: **его́ рвёт** he is vomiting *или* being sick; **рва́ться** (*perf* **порва́ться** *или* **разорва́ться**) *несов возв* to tear, rip; (*обувь*) to become worn ▷ (*perf* **разорва́ться**) (*снаряд*) to explode; **рва́ться** (*impf*) **к вла́сти**

to be hungry for power

рве́ни|е (-я) *ср* enthusiasm

рво́т|а (-ы) *ж* vomiting

реаги́р|овать (-ую) *несов*: **реаги́ровать** (**на** +*acc*) (*на свет*) to react (to) ▷ (*perf* **отреаги́ровать** *или* **прореаги́ровать**) (*на критику, на слова*) to respond (to)

реакти́вный *прил*: **реакти́вный дви́гатель** jet engine; **реакти́вный самолёт** jet (plane)

реа́ктор (-а) *м* reactor

реа́кци|я (-и) *ж* reaction

реализа́ци|я (-и) *ж* (*см глаг*) implementation; disposal

реализ|ова́ть (-у́ю) (*не*)*сов перех* to implement; (*товар*) to sell

реа́льность (-и) *ж* reality; (*плана*) feasibility

реа́льный *прил* real; (*политика*) realistic; (*план*) feasible

реанима́ци|я (-и) *ж* resuscitation; **отделе́ние реанима́ции** intensive care unit

ребён|ок (-ка; *nom pl* **де́ти** *или* **ребя́та**) *м* child (*мн* children); (*грудно́й*) baby

ребр|о́ (-а́; *nom pl* **рёбра**) *ср* (*Анат*) rib; (*ку́бика итп*) edge

ребя́т|а (-) *мн* от **ребёнок**; (*разг: парни*) guys *мн*

рёв (-а) *м* roar

рева́нш (-а) *м* revenge

реве́нь (-я́) *м* rhubarb

рев|е́ть (-у́, -ёшь) *несов* to roar

ревизио́нный *прил*: **ревизио́нная коми́ссия** audit commission

реви́зи|я (-и) *ж* (*Комм*) audit; (*теории*) revision; **ревиз|ова́ть** (-у́ю) (*не*)*сов перех* (*Комм*) to audit; **ревизо́р** (-а) *м* (*Комм*) auditor

p

ревмати́зм (-а) *м* rheumatism

ревни́вый *прил* jealous

ревн|ова́ть (-у́ю) *несов перех*:
ревнова́ть (кого́-н) to be jealous
(of sb)

ре́вность (-и) *ж* jealousy

революционе́р (-а) *м*
revolutionary

револю́ци|я (-и) *ж* revolution

ре́гби *ср нескл* rugby; **регби́ст**
(-а) *м* rugby player

регио́н (-а) *м* region;
региона́льный *прил* regional

реги́стр (-а) *м* register; (на
пишущей маши́нке): **ве́рхний**/
ни́жний реги́стр upper/lower case

регистра́тор (-а) *м* receptionist;
регистрату́р|а (-ы) *ж* reception

регистри́р|овать (-ую; *perf*
зарегистри́ровать) *несов перех*
to register; **регистри́роваться**
(*perf* **зарегистри́роваться**)
несов возв to register;
(оформля́ть брак) to get married
(at a registry office)

регла́мент (-а) *м* (поря́док) order
of business; (вре́мя) speaking time

регули́р|овать (-ую) *несов
перех* to regulate ▷ (*perf*
отрегули́ровать) (мото́р) to
adjust

регулиро́вщик (-а) *м*:
регулиро́вщик у́личного
движе́ния traffic policeman

регуля́рный *прил* regular

редакти́р|овать (-ую; *perf*
отредакти́ровать) *несов перех*
to edit

реда́ктор (-а) *м* editor; (Комп)
spellchecker; **редакцио́нный**
прил editorial; **редакцио́нная
колле́гия** editorial board;
редакцио́нная статья́ editorial;
реда́кци|я (-и) *ж* (де́йствие:
те́кста) editing; (формулиро́вка:

статьи́ зако́на) wording;
(учрежде́ние) editorial offices *мн*;
(на ра́дио) desk; (на телеви́дении)
division; **под реда́кцией** +*gen*
edited by

реде́ть (3*sg* -ет, *perf* **пореде́ть**)
несов to thin out

реди́с (-а) *м* radish

ре́дкий *прил* rare; (во́лосы) thin;
ре́дко *нареч* rarely, seldom

редколле́ги|я (-и) *ж сокр*
= **редакцио́нная колле́гия**

режи́м (-а) *м* regime;
(больни́чный) routine; (Комп)
mode

режиссёр (-а) *м* director (of film,
play etc); **режиссёр-
постано́вщик** (stage) director

ре́|зать (-жу, -жешь) *perf*
разре́зать *несов перех* (мета́лл,
ко́жу) to cut; (хлеб) to slice ▷ (*perf*
заре́зать) (разг: свинью́) to
slaughter; (по́ре: фигу́рки итп)
to carve; **ре́заться** (*perf*
проре́заться) *несов возв* (зу́бы,
рога́) to come through

резе́рв (-а) *м* reserve

резиде́нци|я (-и) *ж* residence

рези́н|а (-ы) *ж* rubber; **рези́н|ка**
(-ки; *gen pl* -ок) *ж* (ла́стик)
rubber (Brit), eraser (esp US);
(тесёмка) elastic; **рези́новый**
прил rubber

ре́зкий *прил* sharp; (свет, го́лос)
harsh; (за́пах) pungent; **ре́зко**
нареч sharply

резня́ (-и́) *ж* slaughter

резолю́ци|я (-и) *ж* (съе́зда)
resolution; (распоряже́ние)
directive

результа́т (-а) *м* result

результати́вный *прил*
productive

резьб|а́ (-ы́) *ж* carving; (винта́)
thread

резюме́ *ср нескл* résumé,
summary

рейс (-а) *м* (*самолёта*) flight;
(*автобуса*) run; (*парохо́да*) sailing

ре́йсовый *прил* regular

ре́йтинг (-а) *м* popularity rating

рейту́з|ы (-) *мн* long johns,
thermal pants (*US*)

рек|а́ (-и́; *acc sg* -у, *dat sg* -е́, *nom
pl* -и) *ж* river

рекла́м|а (-ы) *ж* (*действие:
торговая*) advertising; (*средство*)
advert (*Brit*), advertisement;

реклами́ровать (-ую) (*не*)*сов
перех* to advertise; **рекла́мный**
прил (*отдел, колонка*) advertising;
(*статья, фильм*) publicity;

рекла́мный ро́лик
advertisement; (*фильма*) trailer;
рекл-амо-да́тел|ь (-я) *м*
advertiser

рекоменда́тельный *прил*:
рекоменда́тельное письмо́ letter
of recommendation

рекоменд|ова́ть (-у́ю) (*не*)*сов
перех* to recommend

реконструи́р|овать (-ую) (*не*)-
сов перех to rebuild; (*здание*) to
reconstruct

реко́рд (-а) *м* record;
реко́рдный *прил* record(-
breaking); **рекордсме́н** (-а) *м*
record holder

ре́ктор (-а) *м* ≈ principal;
ректора́т (-а) *м* principal's office

религио́зный *прил* religious

рели́ги|я (-и) *ж* religion

рельс (-а) *м* (*обычно мн*) rail

рем|е́нь (-ня́) *м* belt; (*сумки*)
strap; **привязны́е ремни́** seat belt

ремесл|о́ (-а́; *nom pl* **ремёсла**,
gen pl **ремёсел**) *ср* trade

ремешо́к (-ка́) *м* strap

ремо́нт (-а) *м* repair; (*здания:
крупный*) refurbishment;

(: *мелкий*) redecoration; **теку́щий
ремо́нт** maintenance;

ремонти́р|овать (-ую; *perf*
отремонти́ровать) *несов перех*
to repair; (*здание*) to renovate;
ремо́нтный *прил*: **ремо́нтные
рабо́ты** repairs *мн*; **ремо́нтная
мастерска́я** repair workshop

рента́бельный *прил* profitable

рентге́н (-а) *м* (*Мед*) X-ray

репети́р|овать (-ую; *perf*
отрепети́ровать) *несов* (*не*)
перех to rehearse; **репети́тор**
(-а) *м* private tutor; **репети́ци|я**
(-и) *ж* rehearsal

ре́плик|а (-и) *ж* remark

репорта́ж (-а) *м* report;
репортёр (-а) *м* reporter

репре́сси|я (-и) *ж* repression

репроду́ктор (-а) *м* loudspeaker

репроду́кци|я (-и) *ж*
reproduction (*of painting etc*)

репута́ци|я (-и) *ж* reputation

ресни́ц|а (-ы) *ж* (*обычно мн*)
eyelash

респу́блик|а (-и) *ж* republic

рессо́р|а (-ы) *ж* spring

реставра́ци|я (-и) *ж* restoration

реставри́р|овать (-ую; *perf*
реставри́ровать *или*
отреставри́ровать) *несов перех*
to restore

рестора́н (-а) *м* restaurant

ресу́рс (-а) *м* (*обычно мн*)
resource

рефле́кс (-а) *м* reflex

рефо́рм|а (-ы) *ж* reform

рецензи́р|овать (-ую; *perf*
прорецензи́ровать) *несов перех*
to review

рецензи|я (-и) *ж*: **реце́нзия** (на
+*acc*) review (of)

реце́пт (-а) *м* (*Мед*) prescription;
(*Кулин: перен*) recipe

речево́й *прил* speech

речно́й прил river

речь (**-и**) ж speech; (разговорная итп) language; речь идёт о том, как/где/кто ... the matter in question is how/where/who ...; об э́том не мо́жет быть и ре́чи there can be absolutely no question of this; о чём речь! (разг) sure!, of course!

реша́|ть(ся) (**-ю(сь)**) несов от **реши́ть(ся)**

реше́ни|е (**-я**) ср decision; (проблемы) solution

реши́мость (**-и**) ж resolve

реши́тельно нареч resolutely; (действовать) decisively

реши́ть (**-у́, -и́шь**; impf **реша́ть**) сов перех to decide; (проблему) to solve; **реши́ться** (impf **реша́ться**) сов возв (вопрос, судьба) to be decided; **реша́ться** (perf **реши́ться**) +infin to resolve to do; **реша́ться** (perf **реши́ться**) на +acc to decide on

ре́шк|а (**-и**) ж (на моне́те) tails; орёл и́ли ре́шка? heads or tails?

ре́я|ть (3sg **-ет**) сов (флаг) to fly

ржа́ве|ть (3sg **-ет**, perf **заржа́веть**) несов to rust

ржа́вчин|а (**-ы**) ж rust

ржа́вый прил rusty

ржано́й прил rye

ржа|ть (**-у, -ёшь**) несов to neigh

ржи итп сущ см **рожь**

РИА ср сокр (= Росси́йское информацио́нное аге́нтство) Russian News Agency

Рим (**-а**) м Rome

ринг (**-а**) м (boxing) ring

ри́н|уться (**-усь**) сов возв to charge

рис (**-а**) м rice

риск (**-а**) м no pl м risk;
риско́ванный прил risky;
риск|ова́ть (**-у́ю**) perf

рискну́ть несов to take risks;
риск|ова́ть (perf **рискну́ть**) +instr (жи́знью, рабо́той) to risk

рисова́ни|е (**-я**) ср (карандашо́м) drawing; (кра́сками) painting;
рис|ова́ть (**-у́ю**; perf **нарисова́ть**) несов перех (карандашо́м) to draw; (кра́сками) to paint

ри́совый прил rice

рису́н|ок (**-ка**) м drawing; (на тка́ни) pattern

ритм (**-а**) м rhythm;
ритми́ческий прил rhythmic(al)

ритуа́л (**-а**) м ritual

риф (**-а**) м reef

ри́фм|а (**-ы**) ж rhyme

р-н сокр = **райо́н**

робе́|ть (**-ю**) несов to go shy; **ро́бкий** прил shy

ро́бот (**-а**) м robot

ро|в (**-ва**; loc sg **-ву**) м ditch

рове́сник (**-а**) м: он мой рове́сник he is the same age as me

ро́вно нареч (писа́ть) evenly; (черти́ть) straight; (че́рез год) exactly; ро́вно в два часа́ at two o'clock sharp

ро́вный прил even; (ли́ния) straight; **ровня́|ть** (**-ю**; perf **сровня́ть** или **вы́ровнять**) несов перех (строй) to straighten ▷ (perf **разровня́ть** или **сровня́ть**) to level

ро|д (**-а**; loc sg **-у́**, nom pl **-ы́**) м (о семье́) clan, family; (вид) type; (Линг) gender; своего́ ро́да a kind of; в не́котором ро́де to some extent; что-то в э́том или тако́м ро́де something like that

род. сокр (= роди́лся) b. (= born)

роддо́м (**-а**) м сокр = **роди́льный дом**

роди́льный прил: роди́льный дом maternity hospital

роди́м|ый прил: **роди́мое пятно́** birthmark

ро́дин|а (-ы) ж homeland

роди́тел|и (-ей) мн parents

роди́тельный прил: **роди́тельный паде́ж** the genitive (case)

роди́тельск|ий прил parental; **роди́тельское собра́ние** parents' meeting

роди́ть (-жу́, -ди́шь) impf перех v tо give birth to; **роди́ться** (impf **рожда́ться**) (не)сов возв to be born

родни́к (-а́) м spring (water)

родно́й прил (брат, мать итп) natural; (город, страна) native; (в обраще́нии) dear; **родно́й язы́к** mother tongue; см также **родны́е**

родны́|е (-х) мн relatives

родово́й прил (понятие, признак) generic; (Линг) gender; (имение) family; (Мед: судороги, травма) birth

родосло́вн|ый прил: **родосло́вное де́рево** family tree

ро́дственник (-а) м relation, relative

ро́дственный прил family; (языки, науки) related

родство́ (-á) ср relationship; (душ, идей) affinity

ро́ды (-ов) мн labour ед (Brit), labor ед (US); **принима́ть** (perf **приня́ть**) **ро́ды** to deliver a baby

рожа́ть (-ю) несов от **роди́ть**

рожда́емость (-и) ж birth rate

рожда́|ть(ся) (-ю(сь)) несов от **роди́ть(ся)**

рожде́ни|е (-я) ср birth; **день рожде́ния** birthday

рожде́ственский прил Christmas

Рождество́ (-á) ср (Рел) Nativity; (праздник) Christmas; **С Рождество́м!** Happy или Merry Christmas!

рожь (ржи) ж rye

ро́з|а (-ы) ж (растение) rose(bush); (цветок) rose

розе́тк|а (-ки; gen pl **-ок)** ж power point

ро́зниц|а (-ы) ж retail goods мн; **продава́ть** (perf **прода́ть**) **в ро́зницу** to retail; **ро́зничный** прил retail

ро́зовый прил rose; (цвет) pink; (мечты) rosy

ро́зыск (-а) м search; **Уголо́вный ро́зыск** Criminal Investigation Department (Brit), Federal Bureau of Investigation (US)

рой (-я; nom pl **-и́)** м (пчёл) swarm

рок (-а) м (судьба) fate; (также **рок-му́зыка)** rock

роково́й прил fatal

роль (-и; gen pl **-éй)** ж role

ром (-а) м rum

рома́н (-а) м novel; (любо́вная связь) affair

романи́ст (-а) м novelist

рома́нс (-а) м (Муз) romance

рони́|ть (-ю; perf **урони́ть)** несов перех to drop; (авторите́т) to lose

рос итп несов см **расти́**

рос|á (-ы́; nom pl **-ы)** ж dew

роско́шный прил luxurious, glamorous

ро́скошь (-и) ж luxury

ро́спись (-и) ж (узор: на шкату́лке) design; (: на стена́х) mural; (по́дпись) signature

росси́йский прил Russian; **Росси́йская Федера́ция** the Russian Federation

Росси́|я (-и) ж Russia

россия́н|ин (-ина; nom pl **-е,** gen pl **-)** м Russian

рост (-а) *м* growth; (*увеличение*) increase; (*размер: человека*) height ▷ (*nom pl* -á) (*длина: пальто, платья*) length

ро́стбиф (-а) *м* roast beef

росто́к (-ка́) *м* (*Бот*) shoot

рот (рта; *loc sg* рту́) *м* mouth

ро́т|**а** (-ы) *ж* (*Воен*) company

роя́ль (-я) *м* grand piano

РПЦ *ж сокр* (= Ру́сская правосла́вная це́рковь) Russian Orthodox Church

р/с *сокр* = **расчётный счёт**

рта *etc сущ см* **рот**

рту́ть (-и) *ж* mercury

руб. *сокр* = **рубль** R, r. (= rouble)

руба́шка (-ки; *gen pl* -ек) *ж* (*мужская*) shirt; **ни́жняя руба́шка** (*женская*) slip; **ночна́я руба́шка** nightshirt

рубе́ж (-а́) *м* (*государства*) border; (: *водный, лесной*) boundary; **он живёт за рубежо́м** he lives abroad

руби́н (-а) *м* ruby

руби́ть (-лю́, -ишь; *perf* **сруби́ть**) *сов перех* (*дерево*) to fell; (*ветку*) to chop off

рубль (-я́) *м* rouble

рубрик|**а** (-и) *ж* (*раздел*) column; (*заголовок*) heading

руга́ть (-ю; *perf* **вы́ругать** или **отруга́ть**) *несов перех* to scold; **руга́ться** (*несов возв* (*браниться*): **руга́ться с** +*instr* to scold ▷ (*perf* **вы́ругаться**) to swear; **руга́ться** (*perf* **поруга́ться**) **с** +*instr* (*с мужем, с другом*) to fall out with

руд|**а́** (-ы́; *nom pl* -ы) *ж* ore; **рудни́к** (-а́) *м* mine

ружь|**ё** (-я́; *nom pl* -ья, *gen pl* -ей) *ср* rifle

рук|**а́** (*acc sg* -у, *gen sg* -и́, *nom pl* -и, *gen pl* -, *dat pl* -а́м) *ж* hand; (*верхняя конечность*) arm; **из**

пе́рвых рук first hand; **под руко́й, под рука́ми** to hand, handy; **отсю́да до го́рода руко́й пода́ть** it's a stone's throw from here to the town; **э́то ему́ на́ руку** that suits him

рука́в (-а́) *м* (*одежды*) sleeve

руководи́тель (-я) *м* leader; (*кафедры, предприятия*) head;

руково́ди́ть (-жу́, -ди́шь) *несов* +*instr* to lead; (*страной*) to govern; to be in charge of; (*аспирантами*) to supervise;

руково́дств|**о** (-а) *ср* leadership; (*заводом, институтом*) management; (*пособие*) manual; (*по эксплуатации, по уходу*) instructions *мн*

ру́копись (-и) *ж* manuscript

рукоя́т|**ка** (-ки; *gen pl* -ок) *ж* handle

рулево́й *прил*: **рулево́е колесо́** steering wheel

руле́т (-а) *м* (*с джемом*) ≈ swiss roll

рули́ть (-ю́, -и́шь) *несов перех* to steer

руло́н (-а) *м* roll

руль (-я́) *м* steering wheel

румя́н|**а** (-) *мн* blusher *ед*

румя́н|**ец** (-ца) *м* glow;

румя́нить (-ю, -ишь; *perf* **нарумя́нить**) *несов перех* (*щёки*) to apply blusher to; **румя́ниться** (*perf* **разрумя́ниться**) *несов возв* to flush ▷ (*perf* **нарумя́ниться**) (*женщина*) to apply blusher ▷ (*perf* **подрумя́ниться**) (*пирог*) to brown

РУОП (-а) *ср сокр* (= Региона́льное управле́ние по борьбе́ с организо́ванной престу́пностью) department fighting organized crime

руб́опов|**ец** (-ца) *м* member of the

ру́сло (-ла; *gen pl* -ел) *ср* bed (*of river*); (*перен*: направление) course

ру́сский *прил* Russian ▷ -ого) *м* Russian; ру́сский язы́к Russian

ру́сый *прил* (*волосы*) light brown

ру́хнуть (-у) *сов* to collapse

руча́тельство (-а) *ср* guarantee

руча́ться (-юсь; *perf* поручи́ться) *несов возв*: руча́ться за +*acc* to guarantee

ручей́ (-ья́) *м* stream

ру́чка (-ы) (*gen pl* -ек) *ж*, уменьш от рука́; (*двери, чемодана итп*) handle; (*кресла, дивана*) arm; (*для письма*) pen

ручной́ *прил* hand; (*животное*) tame; ручна́я кладь, ручной́ бага́ж hand luggage; ручны́е часы́ (wrist)watch

РФ *ж сокр* = Росси́йская Федера́ция

ры́ба (-ы) *ж* fish; ни ры́ба ни мя́со neither here nor there; рыба́к (-а́) *м* fisherman (*мн* fishermen); рыба́лка (-ки; *gen pl* -ок) *ж* fishing; рыба́цкий *прил* fishing; ры́бий *прил* fish; ры́бий жир cod-liver oil; ры́бный *прил* (*магазин*) fish; (*промышленность*) fishing; рыболо́в (-а) *м* angler, fisherman (*мн* fishermen)

Ры́бы (-) *мн* (*созвездие*) Pisces ед

рыво́к (-ка́) *м* jerk; (*в работе*) push

рыда́ть (-ю) *несов* to sob

ры́жий *прил* (*волосы*) ginger; (*человек*) red-haired

ры́нок (-ка) *м* market; ры́ночный *прил* (*Комм*) market

рысца́ (-ы́) *ж* jog trot

ры́царь (-я) *м* knight

рыча́г (-а́) *м* (*управления*) lever; (*перен*: *реформ*) instrument

рыча́ть (-у́, -и́шь) *несов* to growl

рэ́кет (-а) *м* racket

рюкза́к (-а́) *м* rucksack

рю́мка (-ки; *gen pl* -ок) *ж* ≈ liqueur glass

ряд (-а; *loc sg* -у́, *nom pl* -ы́) *м* row; (*явлений*) sequence ▷ (*prp sg* -е) (+*gen*: несколько: вопросов, причин) a number of; из ря́да вон выходя́щий extraordinary; см также ряды́; рядово́й *прил* (*обычный*) ordinary; (*член партии*) rank-and-file ▷ (-о́го) (*м* (*Воен*) private

ря́дом *нареч* side by side; (*близко*) nearby; ря́дом с +*instr* next to; э́то совсе́м ря́дом it's really near

ряды́ (-о́в) *мн* (*армии*) ranks

ря́женка (-и) *ж* natural set yoghurt

р

С

с¹ *сокр* (= **се́вер**) N (= North);
(= **секу́нда**) s (= second)

 КЛЮЧЕВО́Е СЛО́ВО

с² *предл* +*instr* **1** (*указывает на объе́кт, от кото́рого что-н отделя́ется*) off; **лист упа́л с де́рева** a leaf fell off the tree; **с рабо́ты/ле́кции** from work/a lecture
2 (*сле́дуя чему-н*) from; **перево́д с ру́сского** a translation from Russian
3 (*об исто́чнике*) from; **де́ньги с зака́зчика** money from a customer
4 (*начина́я с*) since; **жду тебя́ с утра́** I've been waiting for you since morning; **с января́ по май** from January to May
5 (*на основа́нии чего-н*) with; **с одобре́ния парла́мента** with the approval of parliament
6 (*по причи́не*) **с го́лоду/хо́лода/ го́ря** of hunger/cold/grief; **я уста́л с доро́ги** I was tired from the journey

▷ *предл* (+*acc*: **приблизи́тельно**) about; **с киломе́тр/то́нну** about a kilometre (*Brit*) *или* kilometer (*US*)/ ton(ne)

▷ *предл* +*instr* **1** (*совме́стно*) with; **я иду́ гуля́ть с дру́гом** I am going for a walk with a friend; **он познако́мился с де́вушкой** he has met a girl; **мы с ним** he and I
2 (*о нали́чии чего-н в чём-н*): **пиро́г с мя́сом** a meat pie; **хлеб с ма́слом** bread and butter; **челове́к с ю́мором** a man with a sense of humour (*BRIT*) *или* humor (*US*)
3 (*при указа́нии на о́браз де́йствия*) with; **слу́шать** (*impf*) **с удивле́нием** to listen with in surprise; **ждём с нетерпе́нием встре́чи с Ва́ми** we look forward to meeting you
4 (*при посре́дстве*): **с курье́ром** by courier
5 (*при наступле́нии чего-н*): **с во́зрастом** with age; **мы вы́ехали с рассве́том** we left at dawn
6 (*об объе́кте возде́йствия*) with); **поко́нчить** (*perf*) **с несправедли́востью** to do away with injustice; **спеши́ть** (*perf*) **поспеши́ть с вы́водами** to draw hasty conclusions; **что с тобо́й?** what's the matter with you?

с. *сокр* (= **страни́ца**) p. (= page);
= **село́**

са́бля (-**ли**; *gen pl* -**ель**) *ж* sabre
(*Brit*), saber (*US*)

сад (-**а**; *loc sg* -**у́**, *nom pl* -**ы́**) *м*
garden; (*фрукто́вый*) orchard;
(*та́кже* **де́тский сад**) nursery

(school) (*Brit*), kindergarten

сади́ться (-**жу́сь**, -**ди́шься**) *несов от* **сесть**

садо́вник (-**а**) *м* (professional) gardener

садо́вый *прил* garden

сажа́ть (-**ю**; *perf* **посади́ть**) *несов перех* to seat; (*дерево*) to plant; (*самолёт*) to land; **сажа́ть** (*perf* **посади́ть**) **кого́-н в тюрьму́** to put sb in prison

сайт (-**а**) *м* (*Комп*) site

саксофо́н (-**а**) *м* saxophone

сала́т (-**а**) *м* (*Кулин*) salad;

сала́тница (-**ы**) *ж* salad bowl

са́ло (-**а**) *ср* (*животного*) fat; (*Кулин*) lard

сало́н (-**а**) *м* salon; (*автобуса, самолёта итп*) passenger section

салфе́тка (-**ки**; *gen pl* -**ок**) *ж* napkin

са́льто *ср нескл* mid-air somersault

салю́т (-**а**) *м* salute

сам (-**ого́**; *f* **сама́**, *nt* **само́**, *pl* **са́ми**) *мест* (*я*) myself; (*ты*) yourself; (*он*) himself; (*как таково́й*) itself; **сам по себе́** (*отдельно*) itself

сама́ (-**о́й**) *мест* (*я*) myself; (*ты*) yourself; (*она*) herself; *см также* **сам**

саме́ц (-**ца́**) *м* male (*Zool*)

са́ми (-**их**) *мест* (*мы*) ourselves; (*они*) themselves; *см также* **сам**

са́мка (-**ки**; *gen pl* -**ок**) *ж* female (*Zool*)

са́ммит (-**а**) *м* summit

само́ (-**ого́**) *мест* itself; **само́ собо́й** (**разуме́ется**) it goes without saying; *см также* **сам**

самова́р (-**а**) *м* samovar

самоде́льный *прил* home-made

самоде́ятельность (-**и**) *ж* initiative; (*также* **худо́жественная**

самоде́ятельность) amateur art and performance;

самоде́ятельный *прил* (*театр*) amateur

самока́т (-**а**) *м* scooter

самолёт (-**а**) *м* (aero)plane (*Brit*), (air)plane (*US*)

самостоя́тельный *прил* independent

самоуби́йство (-**а**) *ср* suicide; **поко́нчить** (*perf*) **жизнь самоуби́йством** to commit suicide;

самоуби́йца (-**ы**) *м/ж* suicide (victim)

самоуве́ренный *прил* self-confident, self-assured

самоучи́тель (-**я**) *м* teach-yourself book

самочу́вствие (-**я**) *ср*: **как Ва́ше самочу́вствие?** how are you feeling?

са́мый *мест* +*n* the very; (+*adj*: *вкусный, краси́вый итп*) the most; **в са́мом нача́ле/конце́** right at the beginning/end; **в са́мом де́ле** really; **на са́мом де́ле** in actual fact

санато́рий (-**я**) *м* sanatorium (*Brit*), sanitarium (*US*) (*мн* sanatoriums *или* sanatoria)

санда́лия (-**и**) *ж* (*обычно мн*) sandal

са́ни (-**е́й**) *мн* sledge *ед* (*Brit*), sled *ед* (*US*); (*спортивные*) toboggan *ед*

санита́рка (-**ки**; *gen pl* -**ок**) *ж* nursing auxiliary

санита́рный *прил* sanitary; (*Воен*) medical; **санита́рная те́хника** collective term for plumbing equipment and bathroom accessories

са́нки (-**ок**) *мн* sledge *ед* (*Brit*), sled *ед* (*US*)

санкциони́ровать (-**ую**) (*не*) *сов перех* to sanction

са́нкци|я (-и) ж sanction

санте́хник (-а) м сокр
(= санита́рный те́хник) plumber;
санте́хник|а (-и) ж сокр
= **санита́рная те́хника**

сантиме́тр (-а) м centimetre
(Brit), centimeter (US); (лине́йка)
tape measure

сапо́г (-а́; nom pl -и́, gen pl -) м
boot

сапфи́р (-а) м sapphire

сара́|й (-я) м shed; (для се́на)
barn

сарафа́н (-а) м (пла́тье) pinafore
(dress) (Brit), jumper (US)

сати́р|а (-ы) ж satire

сау́довск|ий прил: Сау́довская
Ара́вия Saudi Arabia

сау́н|а (-ы) ж sauna

са́хар (-а; part gen -у) м sugar;
са́харниц|а (-ы) ж sugar bowl;
са́харный прил sugary;
са́харный диабе́т diabetes;
са́харный песо́к granulated
sugar

сачо́к (-ка́) м (для ло́вли рыб)
landing net; (для ба́бочек) butterfly
net

сба́в|ить (-лю, -ишь; impf
сбавля́ть) сов перех to reduce

сбега́|ть (-ю) сов (разг): сбегать
в магази́н to run to the shop

сбежа́ть (как бежа́ть; см Table
20; impf **сбега́ть**) сов (убежа́ть)
to run away; сбега́ть (perf
сбежа́ть) с +gen (с горы́ итп) to
run down); **сбежа́ться** (impf
сбега́ться) сов возв to come
running

сберба́нк (-а) м сокр
(= сберега́тельный банк) savings
bank

сберега́тельн|ый прил:
сберега́тельный банк savings
bank; сберега́тельная ка́сса

savings bank; сберега́тельная
кни́жка savings book

сберега́|ть (-ю) несов от
сбере́чь

сбереже́ни|е (-я) ср (де́йствие)
saving; сбереже́ния savings мн

сбере́|чь (-гу́, -жёшь, итп,
-гу́т; pt -ёг, -егла́, impf
сберега́ть) сов перех (здоро́вье,
любо́вь, отноше́ние) to preserve;
(де́ньги) to save (up)

сберка́сс|а (-ы) ж сокр
= **сберега́тельная ка́сса**

сберкни́жк|а (-и; gen pl -ек) ж
сокр = **сберега́тельная кни́жка**

сбить (собью́, собьёшь; imper
сбей(те), impf **сбива́ть**) сов
перех to knock down; (пти́цу,
самолёт) to shoot down; (сли́вки,
я́йца) to beat; **сби́ться** (impf
сбива́ться) сов возв (ша́пка,
повя́зка итп) to slip; сбива́ться
(perf сби́ться) с пути́ (та́кже
перен) to lose one's way

сбли́з|ить (-жу, -зишь; impf
сближа́ть) сов перех to bring
closer together; **сбли́зиться**
(impf **сближа́ться**) сов возв
(лю́ди, госуда́рства) to become
closer

сбо́ку нареч at the side

сбор (-а) м (урожа́я, да́нных)
gathering; (нало́гов) collection;
(пла́та: страхово́й итп) fee;
(при́быль) takings мн, receipts мн;
(собра́ние) assembly, gathering;
тамо́женный/ге́рбовый сбор
customs/stamp duty; все в сбо́ре
everyone is present

сбо́р|ка (-ки; gen pl -ок) ж
(изде́лия) assembly

сбо́рн|ая (-ой) ж (разг)
= **сбо́рная кома́нда**

сбо́рник (-а) м collection (of
stories, articles)

сбо́рн|ый прил: **сбо́рный пункт** assembly point; **сбо́рная ме́бель** kit furniture; **сбо́рная кома́нда (страны́)** national team

сбо́рочный прил assembly

сбра́сыва|ть(ся) (-ю(сь)) несов от **сбро́сить(ся)**

сбри|ть (-е́ю, -е́ешь; impf **сбрива́ть**) сов перех to shave off

сбро́|сить (-шу, -сишь; impf **сбра́сывать**) сов перех (предмет) to throw down; (свергнуть) to overthrow; (скорость, давление) to reduce; **сбро́ситься** (impf **сбра́сываться**) сов возв: **сбра́сываться (perf сбро́ситься) с** +gen to throw o.s. from

сбру́|я (-и) ж harness

сбыт (-а) м sale

сбы|ть (как быть; см Table 21; impf **сбыва́ть**) сов перех (товар) to sell; **сбы́ться** (impf **сбыва́ться**) сов возв (надежды) to come true

св. сокр (= **свято́й**) St (= Saint)

сва́дьб|а (-ы; gen pl -еб) ж wedding

свали́|ть (-алю́, -а́лишь) сов от **вали́ть** ▷ (impf **сва́ливать**) перех to throw down; **свали́ться** сов от **вали́ться**

сва́л|ка (-ки; gen pl -ок) ж (место) rubbish dump

свали́|ть (-ю) сов от **вали́ть**

сва́ри|ть(ся) (-ю́(сь), -аришь(ся)) сов от **вари́ть(ся)**

сва́та|ть (-ю; perf **посва́тать** или **сосва́тать**) несов перех: **сва́тать кого́-н (за** +acc) to try to marry sb off (to); **сва́таться** (perf **посва́таться**) несов возв: **сва́таться к** +dat или **за** +acc to court

сва́|я (-и) ж (Строит) pile

све́дени|е (-я) ср information то́лько ед; **доводи́ть** (perf **довести́**) что́-н до све́дения кого́-н to bring sth to sb's attention

све́дени|е (-я) ср (пятна́) removal; (в табли́цу, в гра́фик итп) arrangement

све́жий прил fresh; (журнал) recent

свёкл|а (-ы) ж beetroot

свёк|ор (-ра) м father-in-law, husband's father

свекро́вь (-и) ж mother-in-law, husband's mother

све́ргну|ть (-у; impf **сверга́ть**) сов перех to overthrow

сверже́ни|е (-я) ср overthrow

све́ри|ть (-ю, -ишь; impf **сверя́ть**) сов перех: **све́рить (с** +instr) to check (against)

сверка́|ть (-ю) несов (звезда́, глаза́) to twinkle; (огни́) to flicker; **сверка́ть** (impf) **умо́м/красото́й** to sparkle with intelligence/beauty

сверкн|у́ть (-у́, -ёшь) сов to flash

сверли́|ть (-ю́, -и́шь; perf **просверли́ть**) несов перех to drill, bore

сверло́ (-ерла́; nom pl **свёрла**) ср drill

све́рстник (-а) м peer; **мы с ней све́рстники** she and I are the same age

свёрт|ок (-ка) м package

сверх предл +gen: **но́рмы** over and above

све́рху нареч (о направлении) from the top; (в верхней части) on the surface

сверхуро́чн|ые (-ых) мн (пла́та) overtime pay ед

сверхуро́чный прил: **сверхуро́чная рабо́та** overtime

сверхъесте́ственный *прил*
supernatural
сверч|о́к (**-ка́**) *м* (*Зоол*) cricket
сверя́|ть (**-ю**) *несов от* **све́рить**
све|сти́ (**-ду́, -дёшь**; *pt* **-ёл**,
-ела́, *impf* **сводить**) *сов перех*:
свести́ с +*gen* to lead down;
(*пятно*) to shift; (*собрать*) to
arrange; **сводить** (*perf* **свести́**)
кого́-н с ума́ to drive sb mad;
свести́сь (*perf* **свести́сь**) *сов
возв*: **свести́сь к** +*dat* to be
reduced to
свет (**-а**) *м* light; (*Земля́*) the
world; **ни свет ни заря́** at the crack
of dawn; **выходи́ть** (*perf* **вы́йти**) в
свет (*кни́га*) to be published; **ни за**
что на све́те не сде́лал бы э́того
(*разг*) I wouldn't do it for the world
света́|ть (*3sg* **-ет**) *несов безл* to
get *или* grow light
свети́льник (**-а**) *м* lamp
све|ти́ть (**-чу́, -тишь**) *несов*
to shine; **свети́ть** (*perf* **посвети́ть**)
кому́-н (*фонарём итп*) to light the
way for sb; **свети́ться** *несов возв*
to shine
све́тлый *прил* light; (*ко́мната*,
день) bright; (*ум*) lucid
светофо́р (**-а**) *м* traffic light
свеч|а́ (**-и́**; *nom pl* **-и**, *gen pl* **-е́й**)
ж candle; (*Мед*) suppository; (*Тех*)
spark(ing) plug; (*Спорт*) lob
све́ч|ка (**-ки**; *gen pl* **-ек**) *ж* candle
све́ша|ть (**-ю**) *сов от* **ве́шать**
све́ша|ться (**-юсь**) *несов от*
све́ситься
свива́|ть (**-ю**; *perf* **свить**) *несов
перех* to weave
свида́ни|е (**-я**) *ср* rendezvous;
(*делово́е*) appointment; (*с
заключённым, с больны́м*) visit;
(*влюблённых*) date; **до свида́ния**
goodbye; **до ско́рого свида́ния**
see you soon

свиде́тел|ь (**-я**) *м* witness;
свиде́тельств|о (**-а**) *ср* evidence;
(*докуме́нт*) certificate;
**свиде́тельство о бра́ке/
рожде́нии** marriage/birth
certificate; **свиде́тельств|овать**
(**-ую**) *несов*: **свиде́тельствовать о**
+*prp* to testify to
свин|е́ц (**-ца́**) *м* lead (*metal*)
свини́н|а (**-ы**) *ж* pork
сви́н|ка (**-ки**) *ж* (*Мед*) mumps
свино́й *прил* (*са́ло, корм*) pig; (*из
свини́ны*) pork
свин|ья́ (**-ьи́**; *nom pl* **-ьи**, *gen pl*
-е́й) *ж* pig
свиса́|ть (*3sg* **-ет**) *несов* to hang
свист (**-а**) *м* whistle; **сви|сте́ть**
(**-щу́, -сти́шь**; *perf* **просвисте́ть**)
несов to whistle; **свистн|у́ть** (**-у**)
сов to give a whistle
свист|о́к (**-ка́**) *м* whistle
сви́тер (**-а**) *м* sweater
сви|ть (**совью́, совьёшь**) *сов от*
вить; **свива́ть**
свобо́д|а (**-ы**) *ж* freedom;
лише́ние свобо́ды imprisonment
свобо́дный *прил* free;
(*неза́нятый: ме́сто*) vacant;
(*движе́ние, речь*) fluent; **вход**
свобо́дный free admission;
свобо́дный уда́р (*в футбо́ле*)
free kick
сво|ди́ть(ся) (**-ожу́(сь)**,
-о́дишь(ся)) *несов от* **свести́(сь)**
сво́д|ка (**-ки**; *gen pl* **-ок**) *ж*:
сво́дка пого́ды/новосте́й weather/
news summary
сво́дный *прил* (*табли́ца*)
summary; **сво́дный брат**
stepbrother; **сво́дная сестра́**
stepsister
сво|ё (**-его́**) *мест см* **свой**
своевре́менный *прил* timely
своеобра́зный *прил* original;
(*необы́чный*) peculiar

⊘ **КЛЮЧЕВОЕ СЛОВО**

свой (-его́; f своя́, nt своё, pl
свои́; как мой; см Table 8) мест
1 (я) my; (ты) your; (он) his; (она)
her; (оно) its; (мы) our; (вы) your;
(они) their; **я люблю́ свою́ рабо́ту** I
love my work; **мы собра́ли свои́
ве́щи** we collected our things
2 (со́бственный) one's own; **у неё
свой компью́тер** she has her own
computer
3 (своеобра́зный) its; **э́тот план
име́ет свои́ недоста́тки** this plan
has its shortcomings
4 (бли́зкий): **свой челове́к** one of
us

сво́йственный прил +dat
characteristic of
сво́йство (-а) ср characteristic,
feature
свора́чивать(ся) (-ю(сь)) несов
от **сверну́ть(ся)**
свои́ (-е́й) мест см **свой**
свы́ше предл (+gen: выше)
beyond; (бо́льше) over, more than
свя́занный прил: **свя́занный (с**
+instr) connected (to или with);
(име́ющий свя́зи): **свя́занный с**
+instr (с делевы́ми круга́ми)
associated with; (несвобо́дный)
restricted
свя|за́ть (-жу́, -жешь) сов от
вяза́ть ▷ (impf **свя́зывать)**
перех (верёвку итп) to tie up; (вещи,
челове́ка) to tie up; (установи́ть
сообще́ние, зави́симость):
связа́ть что-н с +instr to connect
или link sth to; **связа́ться** (impf
свя́зываться) сов возв:
связа́ться с +instr to contact; (разг:
с невы́годным де́лом) to get (o.s.)
caught up in
свя́з|ка (-ки; gen pl -ок) ж

(ключе́й) bunch; (бума́г, дров)
bundle; (Анат) ligament; (Линг)
copula
связ|ь (-и) ж tie; (причи́нная)
connection, link; (почто́вая итп)
communications мн; **в связи́ с**
+instr (всле́дствие) due to; (по
по́воду) in connection with; **свя́зи
с обще́ственностью** public
relations
свят|о́й прил holy; (де́ло, и́стина)
sacred ▷ (-о́го) м (Рел) saint
свяще́нник (-а) м priest
свяще́нный прил holy, sacred;
(долг) sacred
с.г. сокр = сего́ го́да
сгиб (-а) м bend; **сгиба́ть** (-ю;
perf **согну́ть)** несов перех to
bend; **сгиба́ться** (perf
согну́ться) несов возв to bend
down
сгни́ть (-ю, -ёшь) сов от **гнить**
сгно|и́ть (-ю́, -и́шь) сов от
гнои́ть
сгор|е́ть (-ю́) несов от **сгоре́ть**
▷ неперех: **сгора́ть от**
любопы́тства to be burning with
curiosity
сгор|е́ть (-ю́, -и́шь; impf
сгора́ть или **горе́ть)** сов to burn
▷ (impf **сгора́ть)** (Элек) to fuse;
(на со́лнце) to get burnt
сгре|сти́ (-бу́, -бёшь; pt -ёб,
-ебла́, impf **сгреба́ть)** сов перех
(собра́ть) to rake up
сгру|зи́ть (-ужу́, -у́зишь; impf
сгружа́ть) сов перех: **сгрузи́ть
(с** +gen) to unload (from)
сгусти́ть (impf **сгуща́ться)**
сов возв to thicken
сгущённый прил: **сгущённое
молоко́** condensed milk
сдава́|ть (-ю, -ешь; imper
-ва́й(те)) несов от **сдать** ▷ перех:
сдава́ть экза́мен to sit an exam;

сдава́ться несов от **сда́ться**
▷ возв (помещение) to be leased
out; "сдаётся внаём" "to let"

сда|ви́ть (**-влю́, -а́вишь**) impf
сда́вливать сов перех to
squeeze

сда́|ть (как **дать**; см Table 16; impf
сдава́ть) сов перех (пальто,
багаж, работу) to hand in; (дом,
комнату итп) to rent out, let;
(город, позицию) to surrender; (no
impf: экзамен, зачёт итп) to pass;
сда́ться (impf **сдава́ться**) сов
возв to give up; (солдат, город) to
surrender

сдвиг (**-а**) м (в работе) progress

сдви́н|уть (**-у**; impf **сдвига́ть**)
сов перех (переместить) to move;
(сблизить) to move together;
сдви́нуться (impf **сдвига́ться**)
сов возв: **сдви́нуться** (с ме́ста) to
move

сде́ла|ть(ся) (**-ю(сь)**) сов от
де́лать(ся)

сде́л|ка (**-ки**; gen pl **-ок**) ж deal

сде́ржанный прил (человек)
reserved

сдерж|а́ть (**-ержу́, -е́ржишь**;
impf **сде́рживать**) сов перех to
contain, hold back; **сдержа́ть**
(perf) **сло́во/обеща́ние**
to keep one's word/promise;
сдержа́ться (impf
сде́рживаться) сов возв to
restrain o.s.

сдёрн|уть (**-у**; impf **сдёргивать**)
сов перех to pull off

сдира́|ть (**-ю**) несов от **содра́ть**

сдо́бный прил (тесто) rich

сду|ть (**-ю**; impf **сдува́ть**) сов
перех to blow away

сеа́нс (**-а**) м (Кино) show;
(терапии) session

себе́ мест см **себя́** ▷ част (разг):
так себе́ so-so; **ничего́ себе́**

(сносно) not bad; (ирония) well, I
never!

себесто́имост|ь (**-и**) ж cost
price

 КЛЮЧЕВО́Е СЛО́ВО

себя́ мест (**я**) myself; (**ты**)
yourself; (**он**) himself; (**она**)
herself; (**оно**) itself; (**мы**) ourselves; (**вы**)
yourselves; (**они**) themselves; **он**
тре́бователен к себе́ he asks a lot
of himself; **она́ вини́т себя́** she
blames herself; **к себе́** (домой)
home; (в свою комнату) to one's
room; "**к себе́**" (на двери) "pull";
"**от себя́**" (на двери) "push"; **по**
себе́ (по своим вкусам) to one's
taste; **говори́ть** (impf)/**чита́ть**
(impf) **про себя́** to talk/read to o.s.;
она́ себе́ на уме́ (разг) she is
secretive; **он у себя́** (в своём
доме) he is at home; (в своём
кабине́те) he is in the office

се́вер (**-а**) м north; **Се́вер**
(Арктика) the Arctic North;
се́верный прил north; (ветер,
направление) northerly; (климат,
полушарие) northern; **Се́верный**
Ледови́тый океа́н Arctic Ocean;
се́верное сия́ние the northern
lights мн

се́веро-восто́к (**-а**) м northeast

се́веро-за́пад (**-а**) м northwest

сего́ мест см **сей**

сего́дня нареч, сущ нескл today;
сего́дня у́тром/днём/ве́чером this
morning/afternoon/evening

сед|е́ть (**-ю**; perf **поседе́ть**)
несов to go grey (Brit) или gray
(US)

седина́ (**-ины́**; nom pl **-и́ны**) ж
grey (Brit) или gray (US) hair

седл|о́ (**-а́**) ср saddle

седо́й *прил* (*волосы*) grey (*Brit*), gray (*US*)

седьмо́й *чис* seventh; **сейча́с седьмо́й час** it's after six

сезо́н (**-а**) *м* season

сезо́нный *прил* seasonal

сей (**сего́**; см *Table 12*) *мест* this

сейф (**-а**) *м* (*ящик*) safe

сейча́с *нареч* (*теперь*) now; (*скоро*) just now; **сейча́с же!** right now!

секре́т (**-а**) *м* secret

секрета́рш|**а** (**-и**) *ж* (*разг*) secretary

секрета́р|**ь** (**-я́**) *м* secretary; **секрета́рь-маши́нистка** secretary

секре́тный *прил* secret

секс (**-а**) *м* sex

сексуа́льн|**ый** *прил* sexual; (*жизнь, образование*) sex; **сексуа́льное пресле́дование** *or* **домога́тельство** sexual harassment

се́кт|**а** (**-ы**) *ж* sect

секта́нт (**-а**) *м* sect member

се́ктор (**-а**) *м* sector

секу́нд|**а** (**-ы**) *ж* second

се́кци|**я** (**-и**) *ж* section

сел *итп* *сов см* **сесть**

селёдк|**а** (**-и**; *gen pl* **-ок**) *ж* herring

селе́ктор (**-а**) *м* (*Тел*) intercom

селе́кци|**я** (**-и**) *ж* (*Био*) selective breeding

селе́ни|**е** (**-я**) *ср* village

сел|**и́ть** (**-ю́**, **-и́шь**; *perf* **посели́ть**) *несов перех* (*в местности*) to settle; (*в доме*) to house; (*perf* **посели́ться**) *несов возв* to settle

сел|**о́** (**-а́**; *nom pl* **сёла**) *ср* village

сельдере́|**й** (**-я**) *м* celery

сельд|**ь** (**-и**; *gen pl* **-е́й**) *ж* herring

се́льск|**ий** *прил* (*см сущ*) village; country, rural; **се́льское**

хозя́йство agriculture

сельскохозя́йственный *прил* agricultural

сёмг|**а** (**-и**) *ж* salmon

семе́йный *прил* family

семе́йств|**о** (**-а**) *ср* family

семёрк|**а** (**-и**; *gen pl* **-ок**) *ж* (*цифра, карта*) seven

се́меро (**-ы́х**; *как* **че́тверо**; см *Table 30b*) *чис* seven

семе́стр (**-а**) *м* term (*Brit*), semester (*US*)

се́мечко (**-а**; *gen pl* **-ек**) *ср* seed; **се́мечки** sunflower seeds

семидеся́тый *чис* seventieth

семина́р (**-а**) *м* seminar

семна́дцатый *чис* seventeenth

семна́дцат|**ь** (**-и**; *как* **пять**; см *Table 26*) *чис* seventeen

сем|**ь** (**-и́**; *как* **пять**; см *Table 26*) *чис* seven

се́м|**ьдесят** (**-идесяти**; *как* **пятьдеся́т**; см *Table 26*) *чис* seventy

сем|**ьсо́т** (**-исо́т**; *как* **пятьсо́т**; см *Table 28*) *чис* seven hundred

семь|**я́** (**-и́**; *nom pl* **-и**) *ж* family

се́м|**я** (**-ени**; *как* **вре́мя**; см *Table 4*) *ср* seed; (*no pl*: *Био*) semen

сена́тор (**-а**) *м* senator

сенн|**о́й** *прил*: **сенна́я лихора́дка** hay fever

се́н|**о** (**-а**) *ср* hay

сенса́ци|**я** (**-и**) *ж* sensation

сентимента́льный *прил* sentimental

сентя́бр|**ь** (**-я́**) *м* September

се́р|**а** (**-ы**) *ж* sulphur (*Brit*), sulfur (*US*); (*в ушах*) (ear)wax

серва́нт (**-а**) *м* buffet unit

се́рвер (**-а**) *м* (*Комп*) server

серви́з (**-а**) *м*: **столо́вый/ча́йный серви́з** dinner/tea service

се́рвис (**-а**) *м* service (*in shop, restaurant etc*)

серде́чный *прил* heart, cardiac; (*челове́к*) warm-hearted; (*приём, разгово́р*) cordial; **серде́чный при́ступ** heart attack

серди́тый *прил* angry

серди́ть (-жу́, -дишь; *perf* **рассерди́ть**) *несов перех* to anger, make angry; **серди́ться** (*perf* **рассерди́ться**) *несов возв*: **серди́ться на кого́-н/что́-н** to be angry (with sb/about sth)

се́рдце (-ца; *nom pl* -ца́) *ср* heart; **в глубине́ се́рдца** in one's heart of hearts; **от всего́ се́рдца** from the bottom of one's heart

сердцебие́ние (-я) *ср* heartbeat

серебро́ (-а́) *ср, собир* silver; **сере́бряный** *прил* silver

середи́на (-ы) *ж* middle

серёж|ка (-ки; *gen pl* -ек), **уменьш от серьга́**

сержа́нт (-а) *м* sergeant

сериа́л (-а) *м* (*Тел*) series

се́ри|я (-и) *ж* series; (*кинофи́льма*) part

се́рн|ый *прил*: **се́рная кислота́** sulphuric (*Brit*) или sulfuric (*US*) acid

сертифика́т (-а) *м* certificate (*това́ра*) guarantee (certificate)

се́рф|ить (-лю, -ишь) *несов перех* (*Комп*) to surf

се́рый *прил* grey (*Brit*), gray (*US*); **се́рый хлеб** brown bread

серьга́ (-ьги́; *nom pl* -ьги, *gen pl* -ёг, *dat pl* -ьга́м) *ж* earring

серьёзно *нареч, вводн сл* seriously

серьёзный *прил* serious

се́сси|я (-и) *ж* (*суда́, парла́мента*) session; (*также* **экзаменацио́нная се́ссия**) examinations *мн*

сестра́ (-ы́; *nom pl* **сёстры**, *gen pl* **сестёр**) *ж* sister; (*также* **медици́нская сестра́**) nurse

сесть (ся́ду, ся́дешь; *pt* сел, се́ла, *impf* **сади́ться**) *сов* to sit down; (*пти́ца, самолёт*) to land; (*со́лнце, луна́*) to go down; (*оде́жда*) to shrink; (*батаре́йка*) to run down; **сади́ться** (*perf* сесть) в **по́езд/на самолёт** to get on a train/plane; **сади́ться** (*perf* сесть) в **тюрьму́** to go to prison

сетево́й *прил* (*Комп*) net; (*магази́н*) chain

сёт|ка (-ки; *gen pl* -ок) *ж* net; (*су́мка*) net bag

сеть (-и; *prp sg* -и́, *gen pl* -е́й) *ж* (*для ло́вли рыб итп*) net; (*доро́г*) network; (*магази́нов*) chain; (*Комп*) the Net

сече́ни|е (-я) *ср* section; **ке́сарево сече́ние** Caesarean (*Brit*) или Cesarean (*US*) (section)

сечь (-ку́, -чёшь итп, секу́т; *pt* **сёк**, **секла́**) *несов перех* (*руби́ть*) to cut up

се́ять (-ю; *perf* **посе́ять**) *несов перех* to sow

сжа́л|иться (-юсь, -ишься) *сов возв*: **сжа́литься** (над +*instr*) to take pity on

сжать (сожму́, сожмёшь; *impf* **сжима́ть**) *сов перех* to squeeze; (*во́здух, газ*) to compress; **сжа́ться** (*impf* **сжима́ться**) *сов возв* (*пружи́на*) to contract; (*челове́к: от бо́ли, от испу́га*) to tense up; (*перен: се́рдце*) to seize up

сжечь (сожгу́, сожжёшь итп, сожгу́т; *pt* **сжёг**, **сожгла́**, *impf* **сжига́ть** или **жечь**) *сов перех* to burn

сжима́|ть(ся) (-ю(сь)) *несов от* **сжа́ть(ся)**

сза́ди *нареч* (*подойти́*) from behind; (*находи́ться*) behind

▷ предл +gen behind

сзыва́ть (-ю) несов от **созва́ть**

сиби́рский прил Siberian

Сиби́рь (-и) ж Siberia

сибиря́к (-а́) м Siberian

сигаре́та (-ы) ж cigarette

сигна́л (-а) м signal; **сигнализа́ция** (-и) ж (в кварти́ре) burglar alarm

сиде́нье (-я) ср seat

сиде́ть (-жу́, -дишь) несов to sit; (оде́жда) to fit

си́дя нареч работать/есть си́дя to work/eat sitting down

сидя́чий прил (положе́ние) sitting; **сидя́чие места́** seats мн

си́ла (-ы) ж strength; (то́ка, ве́тра, зако́на) force; (во́ли, сло́ва) power; (обычно мн: душе́вные, тво́рческие) energy; **в си́лу того́ что ...** owing to the fact that ...; **от си́лы** (разг) at (the) most; **вступа́ть** (perf **вступи́ть**) или **входи́ть** (войти́ perf) **в си́лу** to come into или take effect; см также **си́лы**

си́лой нареч by force

силуэ́т (-а) м (ко́нтур) silhouette

си́лы (-) мн forces; **си́лами кого́-н** through the efforts of sb; **свои́ми си́лами** by oneself

си́льно нареч strongly; (уда́рить) hard; (хоте́ть, понра́виться итп) very much

си́льный прил strong; (моро́з) hard; (впечатле́ние) powerful; (дождь) heavy

СИМ-ка́рта (-ы) ж SIM card

си́мвол (-а) м symbol; (Комп) character

симметри́ческий прил symmetrical

симметри́я (-и) ж symmetry

симпати́чный прил nice,

симпати́я (-и) ж liking, fondness

симпто́м (-а) м symptom

симфо́ния (-и) ж (Муз) symphony

синаго́га (-и) ж synagogue

синдро́м (-а) м (Мед) syndrome

сине́ть (-ю; perf **посине́ть**) несов to turn blue

си́ний прил blue

сини́ца (-ы) ж tit (Zool)

сино́ним (-а) м synonym

сино́птик (-а) м weather forecaster

синтети́ческий прил synthetic

синя́к (-а́) м bruise

сире́на (-ы) ж (гудо́к) siren

сире́невый прил lilac

сире́нь (-и; ж (куста́рник) lilac bush ▷ собир (цветы́) lilac

сиро́п (-а) м syrup

сиро|та́ (-ты́; nom pl -ты) м/ж orphan

систе́ма (-ы) ж system

системати́ческий прил regular

си́тец (-ца) м cotton

си́течко (-ка; gen pl -ек) ср (для ча́я) (tea) strainer

ситуа́ция (-и) ж situation

си́тцевый прил (ткань) cotton

си́то (-а) ср sieve

сия́ть (-ю) несов (со́лнце, звезда́) to shine; (ого́нь) to glow

сказа́ть (-ажу́, -а́жешь) сов от говори́ть ▷ перех: ска́жем (разг) let's say; **скажи́!** (разг) I say!; **так сказа́ть** so to speak; **сказа́ться** (impf **ска́зываться**) сов возв (ум, о́пыт итп) to show; (отрази́ться): **сказа́ться на** +prp to take its toll on

ска́зка (-ки; gen pl -ок) ж fairy tale

ска́зочный прил fairy-tale

сказу́ем|ое (-ого) *ср (Линг)*
predicate

ск|ака́ть (-ачу́, -а́чешь) *несов*
(*человек*) to skip; (*мяч*) to bounce;
(*лошадь, всадник*) to gallop

скаков|о́й *прил*: **скакова́я
ло́шадь** racehorse

скаку́н (-а́) *м* racehorse

скл|а́ (-алы́; *nom pl* -а́лы) *ж*
cliff

скали́стый *прил* rocky

скаме́йка (-йки; *gen pl* -ек) *ж*
bench

скам|ья́ (-ьи́; *gen pl* -е́й) *ж*
bench; **скамья́ подсуди́мых** (*Юр*)
the dock

сканда́л (-а) *м* scandal; (*ссора*)
quarrel

сканда́л|ить (-ю, -ишь; *perf*
посканда́лить) *несов* to quarrel

ска́нер (-а) *м* (*Комп*) scanner

ска́плива|ться (-юсь) *несов от*
скопи́ться

скарлати́н|а (-ы) *ж* scarlet fever

скат (-а) *м* slope; (*Авт: колесо́*)
wheel

ска|та́ть (-ю; *impf* **ска́тывать**)
сов перех to roll up

ска́терть (-и) *ж* tablecloth

ск|ати́ть (-ачу́, -а́тишь; *impf*
ска́тывать) *сов перех* to roll
down; **скати́ться** (*impf*
ска́тываться) *сов возв* (*слеза*) to
roll down; (*перен*): **скати́ться к**
+*dat/на* +*acc* to slide towards/into

ска́чк|и (-ек) *мн* the races

скач|о́к (-ка́) *м* leap

СКВ *ж сокр* (= свобо́дно
конверти́руемая валю́та)
convertible currency

сквер (-а) *м* small public garden

скве́рный *прил* foul

сквоз|и́ть (3sg -и́т) *несов безл*:
здесь сквози́т it's draughty here

сквозня́к (-а́) *м* (*в комнате*)

draught (*Brit*), draft (*US*)

сквозь *предл* +*acc* through

скворе́чник (-а) *м* nesting box

скеле́т (-а) *м* skeleton

скепти́ческий *прил* sceptical

ски́дк|а (-ки; *gen pl* -ок) *ж* (*с
цены́*) discount, reduction

ски́|нуть (-у; *impf* **ски́дывать**)
сов перех (*сбросить*) to throw
down

скис|ну́ть (-ну, -нешь; *pt* -, -ла,
-ло, *impf* **скиса́ть**) *сов* (*молоко́*)
to turn sour

склад (-а) *м* (*това́рный*) store;
(*ору́жия итп*) cache; (*образ:
мы́слей*) way

скла́дк|а (-ки; *gen pl* -ок) *ж* (*на
оде́жде*) pleat

складно́й *прил* folding

скла́дыва|ть(ся) (-ю(сь)) *несов
от* **сложи́ть(ся)**

скле́|ить (-ю, -ишь) *сов от*
кле́ить ▷ (*impf* **скле́ивать**)
перех to glue together

склон (-а) *м* slope

склоне́ни|е (-я) *ср* (*Линг*)
declension

скл|они́ть (-оню́, -о́нишь; *impf*
склоня́ть) *сов перех* (*опусти́ть*)
to lower; (*перен* (*perf* **склони́ть**)
кого́-н к побе́гу/на преступле́ние
to persuade sb to escape/commit a
crime; **склони́ться** (*impf*
склоня́ться) *сов возв*
(*нагну́ться*) to bend; (*перен*):
склони́ться к +*dat* to come round to

скло́нность (-и) *ж*: **скло́нность
к** +*dat* (*к простуда́м*) aptitude for; (*к
меланхо́лии, к полноте́*) tendency
to

скло́нный *прил*: **скло́нный к**
+*dat* (*к простуда́м*) prone *или*
susceptible to; (+*infin*:
помири́ться) inclined to do

склоня́емый прил declinable

склоня́ть (-ю) несов от **склони́ть** ▷ (perf **просклоня́ть**) перех (Линг) to decline;
склоня́ться несов от **склони́ться** ▷ возв (Линг) to decline

ск|оба́ (-обы́) ж, gen pl (-об), уменьш от **скоба́** (обычно мн: в тексте) bracket, parentheses мн

ск|ова́ть (-ую́), impf **ско́вывать** сов перех (человека) to paralyse

сковород|а́ (-ы́; nom pl **ско́вороды**) ж frying-pan (Brit), skillet (US)

сколь нареч (как) how; (возможно) as much as; **сколь ... столь (же)** ... as much ... as ...

скольз|и́ть (-жу́, -зи́шь) несов to glide; (падая) to slide

ско́льзкий прил slippery; (ситуация, вопрос) sensitive

скользн|у́ть (-у́, -ёшь) сов to glide; (быстро пройти) to slip

⬤ **КЛЮЧЕВО́Е СЛО́ВО**

ско́льк|о (-их) местоиме́нное нареч 1 (+gen: денег, часов, дней итп) how many; (сахара, сил, работы итп) how much; **ско́лько люде́й пришло́?** how many people came?; **ско́лько де́нег на́до?** how much money do you need?; **ско́лько э́то сто́ит?** how much is it?; **ско́лько тебе́ лет?** how old are you?

2 (относительное) as much; **бери́, ско́лько хо́чешь** take as much as you want; **ско́лько уго́дно** as much as you like

▷ нареч 1 (насколько) as far as;

ско́лько по́мню, он всегда́ был агресси́вный as far as I remember, he was always aggressive

2 (много): **ско́лько люде́й!** what a lot of people!; **не сто́лько ... ско́лько ...** not so much ... as ...

ско́мкать (-ю) сов от **ко́мкать**

сконча́ться (-юсь) сов возв to pass away

скоп|и́ть (-лю́, -ишь) сов от **копи́ть**; **скопи́ться** сов от **копи́ться** ▷ (impf **ска́пливаться**) возв (люди) to gather; (работа) to mount up

ско́р|ая (-ой) ж (разг: также **ско́рая по́мощь**) ambulance

скорб|ь (-и; gen pl -е́й) ж grief

скоре́е сравн прил от **ско́рый** ▷ сравн нареч от **ско́ро** ▷ част rather; **скоре́е...чем** или **нежели** (в большей степени) more likely ... than; (лучше, охотнее) rather ... than; **скоре́е всего́ они́ до́ма** it's most likely they'll be (at) home; **скоре́е бы он верну́лся** I wish he would come back soon

скорлу́п|а (-ы́; nom pl **-ы**) ж shell

ско́ро нареч soon ▷ как сказ it's soon; **ско́ро зима́** it will soon be winter

скоропости́жн|ый прил: **скоропости́жная смерть** sudden death

ско́рост|ь (-и; gen pl -е́й) ж speed

скоросшива́тел|ь (-я) м (loose-leaf) binder

скорпио́н (-а) м scorpion; (созве́здие): **Скорпио́н** Scorpio

ско́р|ый прил (движение) fast; (разлука, встреча) impending; **в ско́ром вре́мени** shortly; **ско́рая по́мощь** (учреждение) ambulance

service; (автомашина) ambulance;
скóрый пóезд express (train)
скот (-á) м собир livestock;
молóчный/мяснóй скот dairy/beef
cattle
скреп|и́ть (-лю́, -и́шь; impf
скрепля́ть) сов перех to fasten together
(соединить)
скрéп|ка (-ки; gen pl -ок) ж
paperclip
скре|сти́ть (-щу́, -сти́шь; impf
скрéщивать) сов перех to cross;
(животных) to cross-breed;
скрести́ться (impf
скрéщиваться) сов возв to cross
скри́п|ка (-ки; gen pl -ок) ж
violin
скрóмност|ь (-и) ж modesty;
(служащий, должность) humble
скрóмный прил modest;
скру|ти́ть (-чу́, -́тишь) сов от
крути́ть ⊳ (impf **скрýчивать**)
перех (провода, волосы) to twist
together; **скрути́ться** сов возв
to twist together
скрыва́|ть (-ю) несов от **скрыть**;
скрыва́ться несов от **скры́ться**
⊳ возв (от полиции) to hide
скры́тный прил secretive
скры́тый прил (тайный) hidden,
secret
скры|ть (-бю, -бешь; impf
скрыва́ть) сов перех (спрятать)
to hide; (факты) to conceal;
скры́ться (impf **скрыва́ться**)
сов возв (от дождя, от погони) to
take cover; (стать невидным) to
disappear
скýдный прил (запасы) meagre
(Brit), meager (US)
скýк|а (-и) ж boredom
скул|и́ть (-ю́, -и́шь) несов to
whine
скýльптор (-а) м sculptor;
скульптýр|а (-ы) ж sculpture

скýмбри|я (-и) ж mackerel
ску|пи́ть (-плю́, -́пишь; impf
скупа́ть) сов перех to buy up
скупóй прил mean
скуча́|ть (-ю) несов to be bored;
(тосковать): **скуча́ть по** +dat или о
+prp to miss
скýчно нареч (рассказывать итп)
boringly ⊳ как
сказ: **здесь скýчно** it's boring
here; **мне скýчно** I'm bored
скýчный прил boring, dreary
слабé|ть (-ю; perf **ослабéть**)
несов to grow weak;
(дисциплина) to slacken
слаби́тельн|ое (-ого) ср laxative
слáбо нареч (вскрикнуть) weakly;
(нажать) lightly; (знать) badly
слáбост|ь (-и) ж weakness
слáбый прил weak; (ветер) light;
(знания, доказательство итп)
poor; (дисциплина итп) slack
слáв|а (-ы) ж (героя) glory;
(писателя, актёра итп) fame; **слáва**
Бóгу! thank God!
славяни́н (-и́на; nom pl -и́не,
gen pl -и́н) м Slav; **славя́нский**
прил Slavonic
слага́|ть (-ю) несов от **сложи́ть**
слáдкий прил sweet
слáдко нареч (пахнуть) sweet;
(спать) deeply
слáдк|ое (-ого) ср sweet things
мн; (разг: десерт) afters (Brit),
dessert (US)
слайд (-а) м (фото) slide
сла|ть (шлю, шлёшь) несов
перех to send
слáще сравн прил от **слáдкий**
⊳ сравн нареч от **слáдко**
слéва нареч on the left
слегка́ нареч slightly
след (-а; nom pl -ы́) м trace;
(ноги) footprint
сле|ди́ть (-жý, -ди́шь) несов:

следи́ть за +instr to follow; (заботиться) to take care of; (за шпионом) to watch

сле́дование (-я) ср (моде) following; по́езд/авто́бус да́льнего сле́дования long-distance train/bus

сле́дователь (-я) м detective

сле́довательно вводн сл consequently ▷ союз therefore

сле́довать (-ую; perf после́довать) несов (вывод, неприятность) to follow ▷ безл: Вам сле́дует поду́мать об э́том you should think about it; как сле́дует properly

сле́дом предл: сле́дом за +instr following

сле́дствие (-я) ср (последствие) consequence; (Юр) investigation

сле́дующий прил next ▷ мест following; на сле́дующий день the next day

слеза́ (-езы́; nom pl -ёзы, dat pl -еза́м) ж tear

слеза́ть (-ю) несов от слезть

слези́ться (3sg -и́тся) несов возв (глаза) to water

слезоточи́вый прил: слезоточи́вый газ tear gas

слезть (-у, -ешь; pt -, -ла, impf слеза́ть) сов (кожа, краска) to peel off; слеза́ть (perf слезть) (с +gen) (с дерева) to climb down

слепи́ть (3sg -и́т) сов перех: слепи́ть глаза́ кому́-н to blind sb

сле|пи́ть (-еплю́, -е́пишь) сов от лепи́ть

слепну́ть (-у; perf осле́пнуть) несов to go blind

слепо́й прил blind ▷ (-о́го) м blind person (мн people)

сле́сарь (-я; nom pl -я́, gen pl -е́й) м maintenance man

сле|те́ть (-чу́, -ти́шь; impf

слета́ть) сов слете́ть (с +gen) (птица) to fly down (from);

слета́ться (impf слета́ться) сов возв (птицы) to flock

сли́ва (-ы) ж (дерево) plum (tree); (плод) plum

слива́|ть(ся) (-ю(сь)) несов от слить(ся)

сли́вки (-ок) мн cream ед

сли́вочный прил made with cream; сли́вочное ма́сло butter

сли́зистый прил: сли́зистая оболо́чка mucous membrane

сли́пнуться (3sg -нется, pt -ся, -лась, impf слипа́ться) сов возв to stick together

слить (солью́, сольёшь; pt -л, -ла́, imper сле́й(те), impf слива́ть) сов перех to pour; (перен: соединить) to merge; сли́ться (impf слива́ться) сов возв to merge

сли́шком нареч too; э́то уже́ сли́шком (разг) that's just too much

слова́рный прил (работа, статья) dictionary, lexicographic(al); слова́рный запа́с vocabulary

слова́рь (-я́) м (книга) dictionary; (запас слов) vocabulary

слове́сный прил oral; (протест) verbal

сло́вно союз (как) like; (как будто) as if

сло́во (-а; nom pl -а́) ср word

сло́вом вводн сл in a word

словосочета́ние (-я) ср word combination

слог (-а; nom pl -и, gen pl -о́в) м syllable

слоёный прил: слоёное те́сто puff pastry

сложе́ние (-я) ср (в математике) addition; (фигура) build

сл|ожи́ть (-ожу́, -о́жишь; *impf* **скла́дывать**) *сов перех* (*вещи*) to put; (*чемодан итп*) to pack; (*придавая форму*) to fold; ▷ *impf* **скла́дывать** *или* **слага́ть** (*числа*) to add (up); (*песню, стихи*) to make up; **сиде́ть** (*impf*) **сложа́ ру́ки** to sit back and do nothing; **сложи́ться** (*impf* **скла́дываться**) *сов возв* (*ситуация*) to arise; (*характер*) to form; (*зонт, палатка*) to fold up; (*впечатление*) to form

сло́жно *нареч* (*делать*) in a complicated way ▷ *как сказ* it's difficult

сло́жность (-и) *ж* (*многообразие*) complexity; (*обычно мн: трудности*) difficulty; **в о́бщей сло́жности** all in all

сло́жный *прил* complex; (*узор*) intricate; (*трудный*) difficult

слой (-я; *nom pl* -и́) *м* layer

слома́ть(ся) (-ю(сь)) *сов от* **лома́ть(ся)**

слом|и́ть (-лю́, -ишь) *сов перех* to break; **сломя́ го́лову** (*разг*) at breakneck speed; **сломи́ться** *сов возв* (*перен: человек*) to crack

слон (-а́) *м* elephant; (*Шахматы*) bishop; **слон|ёнок** (-ёнка; *nom pl* -я́та, *gen pl* -я́т) *м* elephant calf (*мн* calves); **слони́ха** (-и) *ж* cow (*elephant*); **слоно́вый** *прил* elephant; **слоно́вая кость** ivory

слуг|а́ (-и́; *nom pl* -и) *м* servant; **служа́н|ка** (-ки; *gen pl* -ок) *ж* maid

слу́жащ|ий (-его) *м* white collar worker; **госуда́рственный слу́жащий** civil servant; **конто́рский слу́жащий** clerk

слу́жб|а (-ы) *ж* service; (*работа*) work; (*орган*) agency; **срок слу́жбы** durability; **Слу́жба бы́та**

consumer services; **Слу́жба за́нятости** ≈ Employment Agency

служе́бный *прил* (*дела́ итп*) official

служи́тел|ь (-я) *м* (*в музе́е, на автозапра́вке*) attendant; (*в зоопа́рке*) keeper; **служи́тель це́ркви** clergyman (*мн* clergymen)

сл|ужи́ть (-ужу́, -у́жишь) *несов* to serve; (*в ба́нке*) to work; **чем могу́ служи́ть?** what can I do for you?

слух (-а) *м* hearing; (*музыка́льный*) ear; (*изве́стие*) rumour (*Brit*), rumor (*US*)

слухово́й *прил* (*нерв, о́рган*) auditory; **слухово́й аппара́т** hearing aid

слу́ча|й (-я) *м* occasion; (*случа́йность*) chance; **в слу́чае** +*gen* in the event of; **во вся́ком слу́чае** in any case; **на вся́кий слу́чай** just in case

случа́йно *нареч* by chance ▷ *вводн сл* by any chance

случа́йность (-и) *ж* chance

случа́йный *прил* (*встре́ча*) chance

случ|и́ться (-у́сь, -и́шься; *impf* **случа́ться**) *сов возв* to happen

слу́шани|я (-й) *мн* hearing *ед*

слу́шател|ь (-я) *м* listener; (*Просве́щ*) student

слу́ша|ть (-ю) *несов перех* (*му́зыку, речь*) to listen to; (*Юр*) to hear ▷ (*perf* **послу́шать**) (*сове́т*) to listen to; **слу́шаться** (*perf* **послу́шаться**) *сов возв*: **слу́шаться** +*gen* to obey; (*сове́та*) to follow

слы́ш|ать (-у, -ишь) *несов* to hear ▷ (*perf* **услы́шать**) *перех* to hear; **слы́шать** (*impf*) о +*prp* to hear about; **он пло́хо слы́шит** he's

hard of hearing; **слы́шаться**
несов возв to be heard

слы́шно *как сказ* it can be heard;
мне ничего́ не слы́шно I can't hear
a thing; **о ней ничего́ не слы́шно**
there's no news of her

слы́шный *прил* audible

слюна́ (-ы́) *ж* saliva

слю́нки (-ок) *мн*: **у меня́ слю́нки
теку́т** my mouth's watering

см *сокр* (= *санти́метр*) cm
(= *centimetre* (*Brit*), centimeter
(*US*))

сма́йл (-а) *м* (*Комп*) emoticon

смартфо́н (-а) *м* smart phone

сма́тыва|ть (-ю) *несов от*
смота́ть

смахну́|ть (-у́, -ёшь; *impf*
сма́хивать) *сов перех* to brush
off

сме́жный *прил* (*комната*)
adjoining, adjacent; (*предприятие*)
affiliated

смеле́|ть (-ю; *perf* **осмеле́ть**)
несов to grow bolder

сме́лост|ь (-и) *ж* (*хра́брость*)
courage, bravery

сме́лый *прил* courageous, brave;
(*иде́я, прое́кт*) ambitious

сме́н|а (-ы) *ж* (*руково́дства*)
change; (*на произво́дстве*) shift

смен|и́ть (-ю́, -ишь; *impf*
сменя́ть) *сов перех* to change;
(*колле́гу*) to relieve; **смени́ться**
(*impf* **сменя́ться**) *сов возв*
(*руково́дства*) to change

смерте́льный *прил* mortal;
(*ску́ка*) deadly; **смерте́льный
слу́чай** fatality

сме́ртный *прил* mortal; (*разг*:
ску́ка) deadly; **сме́ртный
пригово́р** death sentence;
сме́ртная казнь the death
penalty, capital punishment

смерт|ь (-и) *ж* death; **я уста́л до**

сме́рти I am dead tired

смеси́тель (-я) *м* mixer

сме|си́ть (-шу́, -сишь) *сов от*
меси́ть

сме|сти́ (-ту́, -тёшь; *pt* -ёл,
-ела́, -ело́, *impf* **смета́ть**)
перех to sweep

сме|сти́ть (-щу́, -сти́шь; *impf*
смеща́ть) *сов перех* (*уво́лить*) to
remove; **смести́ться** (*impf*
смеща́ться) *сов возв* to shift

смес|ь (-и) *ж* mixture; **моло́чная
смесь** powdered baby milk

сме́т|а (-ы) *ж* (*Экон*) estimate

смета́н|а (-ы) *ж* sour cream

смета́|ть (-ю) *несов от* **смести́**

сме|ть (-ю; *perf* **посме́ть**) *несов*
+*infin* to dare to do

смех (-а) *м* laughter

смехотво́рный *прил* ludicrous

смеша́|ть (-ю) *сов от* **меша́ть**
▷ (*impf* **сме́шивать**) *перех*
(*спу́тать*) to mix up; **смеша́ться**
сов от **меша́ться** ▷ (*impf*
сме́шиваться) *возв* (*сли́ться*) to
mingle; (*кра́ски, цвета́*) to blend

смеш|и́ть (-у́, -и́шь; *perf*
насмеши́ть *или* **рассмеши́ть**)
несов перех: **смеши́ть кого́-н** to
make sb laugh

смешно́ *нареч* (*смотре́ться*)
funny ▷ *как сказ* it's funny;
(*глу́по*) it's ludicrous

смешно́й *прил* funny

смеща́|ть(ся) (-ю(сь)) *несов от*
смести́ть(ся)

смеще́ни|е (-я) *ср* (*руково́дства*)
removal; (*поня́тий, кри́териев*)
shift

сме|я́ться (-ю́сь) *несов возв* to
laugh

СМИ *сокр* (= *сре́дства ма́ссовой
информа́ции*) mass media

смир|и́ть (-ю́, -и́шь; *impf*
смиря́ть) *сов перех* to suppress;

смири́ться (*impf* смиря́ться) *сов возв* (покори́ться) to submit; (примири́ться): **смири́ться с** +*instr* to resign o.s. to

смирно *нареч* (сиде́ть, вести́ себя́) quietly; (*Воен*): **смирно!** attention!

смог *etc сов см* **смочь**

смо́жешь *etc сов см* **смочь**

смол|**а́** (-ы; *nom pl* -ы) ж (де́рево) resin; (дёготь) tar

смо́лк|**нуть** (-ну; *pt* -, -ла, *impf* **смолка́ть**) *сов* (зву́ки) to fade away

сморка́|**ть** (-ю; *perf* **вы́сморкать**) *несов перех*: **сморка́ть нос** to blow one's nose; **сморка́ться** (*perf* **вы́сморкаться**) *несов возв* to blow one's nose

сморо́дин|**а** (-ы) ж: кра́сная сморо́дина (я́годы) redcurrants *мн*; чёрная сморо́дина (я́годы) blackcurrants *мн*

смо́рщ|**ить(ся)** (-у(сь), -ишь(ся)) *сов от* мо́рщить(ся)

смота́|**ть** (-ю; *impf* сма́тывать) *сов перех* to wind

смотр (-а) *м* presentation; (музыка́льный) festival

см|**отре́ть** (-отрю́, -о́тришь; *perf* **посмотре́ть**) *несов* to look ▷ *перех* (фильм, игру́) to watch; (карти́ну) to look at; (музе́й, вы́ставку) to look round; (следи́ть): **смотре́ть за** +*instr* to look onto; **смотре́ть** (*impf*) **на/в** +*acc* to look on; **смотре́ться** (*perf* **посмотре́ться**) *несов возв*: **смотре́ться в** +*acc* (в зе́ркала) to look at o.s. in

смотри́тел|**ь** (-я) *м* attendant

смо|**чь** (-гу́, -жешь *etc*, -гут; *pt* -г, -гла́, -гло́) *сов от* мочь

SMS *ср нескл* text (message)

сму́т|**а** (-ы) ж unrest

сму|**ти́ть** (-щу́, -ти́шь; *impf* **смуща́ть**) *сов перех* to embarrass; **смути́ться** (*impf* **смуща́ться**) *сов возв* to get embarrassed

сму́тный *прил* vague; (вре́мя) troubled

смуще́ни|**е** (-я) *ср* embarrassment; **смущённый** *прил* embarrassed

смысл (-а) *м* sense; (назначе́ние) point

смы|**ть** (-ка́) *м* (*Муз*) bow

смыва́ть *сов перех* to wash off; (подлеж: волна́) to wash away; **смы́ться** (*impf* смыва́ться) *сов возв* to wash off

смычо́к (-ка́) *м* (*Муз*) bow

смягч|**и́ть** (-у́, -и́шь; *impf* **смягча́ть**) *сов перех* (ко́жу, уда́р) to soften; (боль) to ease; (наказа́ние) to mitigate; (челове́ка) to appease; **смягчи́ться** (*impf* **смягча́ться**) *сов возв* to soften

смя́|**ться** (сомну́(сь), сомнёшь(ся)) *сов от* мя́ться

сна *etc сов см* **сон**

снаб|**ди́ть** (-жу́, -ди́шь; *impf* **снабжа́ть**) *сов перех*: **снабди́ть кого́-н/что-н чем-н** to supply sb/ sth with sth

снабже́ни|**е** (-я) *ср* supply

сна́йпер (-а) *м* sniper

снару́жи *нареч* on the outside; (закры́ть) from the outside

снаря́д (-а) *м* (*Воен*) shell; (*Спорт*) apparatus

снаря|**ди́ть** (-жу́, -ди́шь; *impf* **снаряжа́ть**) *сов перех* to equip; **снаряже́ни**|**е** (-я) *ср* equipment

снача́ла *нареч* at first; (ещё раз) all over again

СНГ *м сокр* (= Содру́жество

Незави́симых Госуда́рств) CIS
(= Commonwealth of Independent
States)

снег (-а; *loc sg* -ý, *nom pl* -á) *м*
snow; **идёт снег** it's snowing

снегови́к (-á) *м* snowman (*мн*
snowmen)

снегу́рочк|а (-и; *gen pl* -ек) *ж*
Snow Maiden

● **СНЕГУ́РОЧКА**

● The Snow Maiden accompanies
● Father Christmas on his visits to
● children's New Year parties,
● where she organizes games and
● helps with the important task of
● giving out the presents.

сне́жный *прил* snow; (*зима́*)
snowy

снеж|о́к (-ка́) *м* snowball

сн|ести́ (-есу́, -есёшь; *pt* -ёс,
-есла́, -есло́, *impf* сноси́ть) *сов
перех* (*отнести*) to take; (*подлеж:
буря*) to tear down; (*перен:
вытерпеть*) to take; (*дом*) to
demolish

снижа́|ть(ся) (-ю(сь)) *несов от*
сни́зить(ся)

сниже́ни|е (-я) *ср* (*цен итп*)
lowering; (*самолёта*) descent;
(*выдачи*) reduction

сни́|зить (-жу, -зишь; *impf*
снижа́ть) *сов перех* (*цены,
давление итп*) to lower; (*скорость*)
to reduce; (*снизиться* (*impf*
снижа́ться) *сов возв* to fall;
(*самолёт*) to descend

сни́зу *нареч* (*внизу́*) at the bottom;
(*о направлении*) from the bottom

снима́|ть(ся) (-ю(сь)) *несов от*
снять(ся)

сни́м|ок (-ка) *м* (*Фото*) snap(shot)

сни́ться (-ю́сь, -йшься; *perf*

присни́ться) *несов безл*: **мне
сни́лся стра́шный сон** I was
having a terrible dream; **мне
сни́лось, что я в гора́х** I dreamt I
was in the mountains; **ты ча́сто
сни́шься мне** I often dream of you

сно́ва *нареч* again

снос (-а) *м* demolition

сно́ск|а (-и; *gen pl* -ок) *ж*
footnote

снотво́рн|ое (-ого) *ср* sleeping
pill

сноx|á (-и́) *ж* daughter-in-law (*of
husband's father*)

сн|ять (-иму, -и́мешь; *impf*
снима́ть) *сов перех* to take
down; (*плод*) to pick; (*одежду*) to
take off; (*запрет, ответственность*)
to remove; (*фотографировать*) to
photograph; (*копию*) to make;
(*нанять*) to rent; (*уволить*) to
dismiss; **снима́ть** (*perf* снять)
фотогра́фию to take a picture;
снима́ть (*perf* снять) **фильм** to
shoot a film; **сня́ться** (*impf*
снима́ться) *сов возв*
(*сфотографироваться*) to have
one's photograph taken; (*в
фильме*) to appear

со *предл* = c

соба́к|а (-и) *ж* (*животное*) dog;
(*Комп*) at symbol, @

собе́с (-а) *м* social security;
(*орган*) social security department

собесе́дник (-а) *м*: **мой
собесе́дник замолча́л** the person I
was talking to fell silent

собесе́довани|е (-я) *ср*
interview

собира́тел|ь (-я) *м* collector

собира́|ть (-ю) *несов от* собра́ть

собира́|ться *несов от*
собра́ться > *сов возв*: **я собира́юсь
пойти́ туда́** I'm going to go there

соблазн|и́ть (-ю́, -и́шь; *impf*

соблазни́ть *сов перех* to
seduce; (*прельстить*) to tempt: **соблазни́ть
кого́-н чем-н** to tempt sb with sth;
соблазни́ться *сов возв*:
соблазни́ться +*instr*+*infin* to be
tempted by/to do

соблюда́|ть (-ю) *несов от*
соблюсти́ ▷ *перех* (*дисциплину,
поря́док*) to maintain

соблю|сти́ (-ду́, -дёшь) *сов от*
блюсти́ ▷ (*impf* **соблюда́ть**)
перех (*зако́н, пра́вила*) to observe

соболе́знование (-я) *ср*
condolences *мн*

собо́р (-а) *м* cathedral

СОБР (-а) *м сокр* (= *Сво́дный
отря́д бы́строго реаги́рования*)
flying squad

собра́ни|е (-я) *ср* meeting;
(*Полит*) assembly; (*карти́н итп*)
collection; **собра́ние сочине́ний**
collected works

собра́|ть (-еру́, -ерёшь; *pt* -ра́л,
-рала́, -ра́ло, *impf* **собира́ть**)
сов перех to gather (together);
(*я́годы, грибы́*) to pick; (*механи́зм*)
to assemble; (*нало́ги, по́дписи*) to
collect; **собра́ться** (*impf*
собира́ться) *сов возв* (*го́сти*) to
assemble, gather; (*пригото́виться*):
собра́ться +*infin* to get ready to
do; **собира́ться** (*perf* **собра́ться**) с
+*instr* (*с си́лами, с мы́слями*) to
gather

собро́ве|ц (-ца) *м* member of the
flying squad

со́бственник (-а) *м* owner

со́бственно *част* actually
▷ *ввод сл*: **со́бственно** (*говоря́*)
as a matter of fact

со́бственность (-и) *ж* property;
со́бственный *прил* (one's) own

собы́ти|е (-я) *ср* event

сов|á (-ы́; *nom pl* -ы) *ж* owl

соверша́|ть(ся) (-ю) *несов от*
соверши́ть(ся)

соверше́ни|е (-я) *ср* (*сде́лки*)
conclusion; (*преступле́ния*)
committing

соверше́нно *нареч* (*о́чень
хорошо́*) perfectly; (*совсе́м*)
absolutely, completely

совершенноле́тн|ий *прил*:
стать совершенноле́тним to come
of age

соверше́нный *прил* (*хоро́ший*)
perfect; (*абсолю́тный*) absolute,
complete; **соверше́нный вид**
(*Линг*) perfective (aspect);
соверше́нств|о (-а) *ср*
perfection; **соверше́нств|овать**
(-ую, *perf* **усоверше́нствовать**)
несов перех to perfect;
соверше́нствоваться (*perf*
усоверше́нствоваться) *несов
возв*: **соверше́нствоваться в** +*prp*
to perfect

соверш|и́ть (-у́, -и́шь; *impf*
соверша́ть) *сов перех* to make;
(*сде́лку*) to conclude;
(*преступле́ние*) to commit; (*обря́д,
по́двиг*) to perform;
соверши́ться (*impf*
соверша́ться) *сов возв*
(*собы́тие*) to take place

со́вест|ь (-и) *ж* conscience; **на
со́весть** (*сде́ланный*) very well

сове́т (-а) *м* advice *только ед*;
(*вое́нный*) council; **сове́тник** (-а)
м (*юсти́ции итп*) councillor;
(*президе́нта*) adviser

сове́т|овать (-ую, *perf*
посове́товать) *несов*:
сове́товать кому́-н +*infin* to advise
sb to do; **сове́товаться** (*perf*
посове́товаться) *несов возв*:
сове́товаться с кем-н (*с дру́гом*) to
ask sb's advice; (*с юри́стом*) to
consult sb

сове́тский *прил* Soviet

совеща́ни|е (-я) *ср* (*собрание*) meeting; (*конгресс*) conference

совеща́|ться (-юсь) *несов возв* to deliberate

совмести́мый *прил* compatible

совме|сти́ть (-щу́, -сти́шь), *impf* **совмеща́ть** *сов перех* to combine

совме́стный *прил* (*общий*) joint

сов|о́к (-ка́) *м* (*для мусора*) dustpan; (*для муки*) scoop

совоку́пность (-и) *ж* в combination; **в совоку́пности** in total

совоку́пный *прил* (*усилия*) joint

совпа́|сть (*3sg* **-дёт**), *impf* **совпада́ть** (*события* о) to coincide; (*данные, цифры итп*) to tally; (*интересы, мнения*) to match

совра́|ть (-у́, -ёшь) *сов от* **врать**

совреме́нник (-а) *м* contemporary

совреме́нность (-и) *ж* the present day; (*идей*) modernity

совреме́нный *прил* contemporary; (*техника*) up-to-date; (*человек, идеи*) modern

совсе́м *нареч* (*новый*) completely; (*молодой*) very; (*нисколько*: *не пригодный, не нужный*) totally; **не совсе́м** not quite

согла́си|е (-я) *ср* consent; (*в семье*) harmony, accord

согла|си́ться (-шу́сь, -си́шься), *impf* **соглаша́ться** *сов возв* to agree

согла́сно *предл*: **согла́сно** +*dat* или **с** +*instr* in accordance with

согла́сн|ый (-ого) *м* (*также*: **согла́сный звук**) consonant ▷ *прил*: **согла́сный на** +*acc* (*на условия*) agreeable to; **Вы**

согла́сны (со мной)? do you agree (with me)?

согла́с|овать (-у́ю), *impf* **согласо́вывать** *сов перех* (*действия*) to coordinate; (*обговорить*): **согласова́ть что-н с** +*instr* (*план, цену*) to agree sth with; **согласова́ться** (*не*)*сов возв*: **согласова́ться с** +*instr* to correspond with

соглаша́|юсь (-юсь) *несов от* **согласи́ться**

соглаше́ни|е (-я) *ср* agreement

согн|у́ть (-у́, -ёшь) *сов от* **гнуть**; **сгиба́ть**

согре́|ть (-ю), *impf* **согрева́ть** *сов перех* (*воду*) to heat up; (*ноги, руки*) to warm up; **согре́ться** (*impf* **согрева́ться**) *сов возв* to warm up; (*вода*) to heat up

сóд|а (-ы) *ж* soda

соде́йстви|е (-я) *ср* assistance

соде́йств|овать (-ую) (*не*)*сов* +*dat* to assist

содержа́ни|е (-я) *ср* (*семьи, детей*) upkeep; (*магазина, фермы*) keeping; (*книги*) contents *мн*; (*сахара, витаминов*) content; (*оглавление*) (table of) contents *мн*

содержа́тельный *прил* (*статья, доклад*) informative

сод|ержа́ть (-ержу́, -е́ржишь) *несов перех* (*детей, родителей, магазин*) to keep; (*ресторан*) to own; (*сахар, ошибки, информацию итп*) to contain; **содержа́ться** *несов возв* (*под арестом*) to be kept

содра́|ть (сдеру́, сдерёшь; *pt* **-а́л, -ала́, -а́ло**), *impf* **сдира́ть** *сов перех* (*слой, одежду*) to tear off

содру́жеств|о (-а) *ср* (*дружба*) cooperation; (*союз*) commonwealth; **Содру́жество**

Незави́симых Госуда́рств the Commonwealth of Independent States

со́евый *прил* soya

соедини́ть (-ю́, -и́шь; *impf* **соединя́ть**) *сов перех* (*силы, детали*) to join; (*люде́й*) to unite; (*провода́, тру́бы, по телефо́ну*) to connect; (*города́*) to link; **соедини́ться** (*impf* **соединя́ться**) *сов возв* (*лю́ди, отря́ды*) to join together

сожале́ни|е (-я) *ср* (*сострада́ние*) pity; (*о про́шлом, о поте́ре*) regret (about); **к сожале́нию** unfortunately

сожале́ть (-ю) *несов*: **сожале́ть о чём-н/, что** to regret sth/that

созвони́ться (-ю́сь, -и́шься; *impf* **созва́ниваться**) *сов возв*: **созвони́ться с** +*instr* to phone (*Brit*) или call (*US*)

создава́ть(ся) (-ю́, -ёшь) *несов от* **созда́ть(ся)**

созда́ни|е (-я) *ср* creation; (*существо́*) creature; **созда́тель** (-я) *м* creator

созда́ть (*как* дать; *см Table 16*; *impf* **создава́ть**) *сов перех* to create; **созда́ться** (*impf* **создава́ться**) *сов возв* (*обстано́вка*) to emerge; (*впечатле́ние*) to be created

сознава́ть (-ю́, -ёшь) *несов от* **созна́ть** ▷ *перех* to be aware of; **сознава́ться** *несов от* **созна́ться**

созна́ни|е (-я) *ср* consciousness; (*вины́, до́лга*) awareness; **приходи́ть** (*perf* **прийти́**) **в созна́ние** to come round

созна́тельность (-и) *ж* awareness; **созна́тельный** *прил* (*челове́к, во́зраст*) mature; (*жизнь*)

adult; (*обма́н, посту́пок*) intentional

созна́ть (-ю; *impf* **сознава́ть**) *сов перех* (*вину́, долг*) to realize; **созна́ться** (*impf* **сознава́ться**) *сов возв*: **созна́ться (в** +*prp*) (*в оши́бке*) to admit (to); (*в преступле́нии*) to confess (to)

созре́ть (-ю) *сов от* **зреть**

созыва́|ть (-ю) *несов от* **созва́ть**

сойти́ (*как* идти́; *см Table 18*; *impf* **сходи́ть**) *сов* (*с горы́, с ле́стницы*) to go down; (*с доро́ги*) to leave; (*разг*): **сойти́ с** +*instr* (*с по́езда, с авто́буса*) to get off; **сходи́ть** (*perf* **сойти́**) **с ума́** to go mad; **сойти́сь** (*impf* **сходи́ться**) *сов возв* (*собра́ться*) to gather; (*ци́фры, показа́ния*) to tally

сок (-а) *м* juice

сокра|ти́ть (-щу́, -ти́шь; *impf* **сокраща́ть**) *сов перех* to shorten; (*расхо́ды*) to reduce; **сократи́ться** (*impf* **сокраща́ться**) *сов возв* (*расстоя́ние, сро́ки*) to be shortened; (*расхо́ды, снабже́ние*) to be reduced; **сокраще́ни|е** (-я) *ср* (*см глаг*) shortening; reduction; (*сокращённое назва́ние*) abbreviation; (*та́кже* **сокраще́ние шта́тов**) staff reduction

сокро́вищ|е (-а) *ср* treasure

соку́рсник (-а) *м*: он мой **соку́рсник** he is in my year

сол|га́ть (-гу́, -жёшь *etc*, -гу́т) *сов от* лгать

солда́т (-а; *gen pl* -) *м* soldier; **солда́тик** (-а) *м* (*игру́шка*) toy soldier

солёный *прил* (*пи́ща*) salty; (*о́вощи*) pickled in brine; (*вода́*) salt

соли́дный *прил* (*постро́йка*) solid; (*фи́рма*) established

соли́ст (-а) *м* soloist

сол|и́ть (-ю́, -ишь; *perf* **посоли́ть**) *несов перех* to salt; (*засаливать*) to preserve in brine

со́лнечн|ый *прил* solar; (*день, погода*) sunny; **со́лнечный уда́р** sunstroke; **со́лнечные очки́** sunglasses

со́лнц|е (-а) *ср* sun

со́ло *ср нескл, нареч* solo

соло́м|а (-ы) *ж* straw; **соло́менный** *прил* (*шля́па*) straw

соло́н|ка (-ки; *gen pl* -ок) *ж* saltcellar

соль (-и) *ж* salt

со́льный *прил* solo

сомнева́|ться (-юсь) *несов возв*: **сомнева́ться в чём-н/, что** to doubt sth/that

сомне́ни|е (-я) *ср* doubt; **сомни́тельный** *прил* (*де́ло, ли́чность*) shady; (*предложе́ние, знако́мство*) dubious

сон (сна) *м* sleep; (*сновиде́ние*) dream; **со́нный** *прил* (*заспанный*) sleepy

сообража́|ть (-ю) *несов от* **сообрази́ть**

соображе́ни|е (-я) *ср* (*мысль*) idea; (*обычно мн: мотивы*) reasoning

сообрази́тельный *прил* smart

сообра|зи́ть (-жу́, -зи́шь; *impf* **сообража́ть**) *сов* to work out

сообща́ *нареч* together

сообща́|ть (-ю) *несов от* **сообщи́ть**

сообще́ни|е (-я) *ср* (*информа́ция*) report; (*прави́тельственное*) announcement; (*связь*) communications *мн*

сообщество (-а) *ср* association; **мирово́е** *или* **междунаро́дное сообщество** international

community

сообщ|и́ть (-у́, -и́шь; *impf* **сообща́ть**) *сов*: **сообщи́ть кому́-н о +prp** to inform sb of ▷ *перех* (*но́вости, та́йну*) to tell

сообщник (-а) *м* accomplice

соотве́тственно *предл* (+dat: *обстано́вке*) according to; **соотве́тственный** *прил* (*опла́та*) appropriate; (*результа́ты*) fitting

соотве́тстви|е (-я) *ср* (*интере́сов, сти́лей итп*) correspondence; **в соотве́тствии с** +instr in accordance with;

соотве́тств|овать (-ую) *несов* +dat to correspond to; (*тре́бованиям*) to meet

соотве́тствующий *прил* appropriate

соотноше́ни|е (-я) *ср* correlation

сопе́рник (-а) *м* rival; (*в спо́рте*) competitor

сопе́рнича|ть (-ю) *несов*: **сопе́рничать с ке́м-н в чём-н** to rival sb in sth

сопра́но *ср нескл* soprano

сопровожда́|ть (-ю) *несов перех* to accompany; **сопровожде́ни|е** (-я) *ср*: **в сопровожде́нии** +gen accompanied by

сопротивле́ни|е (-я) *ср* resistance

сопротивл|я́ться (-я́юсь) *несов возв* +dat to resist

сор (-а) *м* rubbish

сорв|а́ть (-у́, -ёшь; *impf* **срыва́ть**) *сов перех* (*цвето́к, я́блоко*) to pick; (*дверь, кры́шу, оде́жду*) to tear off; (*ле́кцию, перегово́ры*) to sabotage; (*пла́ны*) to frustrate; **сорва́ться** (*impf* **срыва́ться**) *сов возв* (*челове́к*) to lose one's temper; (*пла́ны*) to be frustrated; **срыва́ться** (*perf* **сорва́ться**) с +*gen* (с петель) to come away from

соревнова́ни|е (-я) *ср* competition

соревн|ова́ться (-у́юсь) *несов возв* to compete

сор|и́ть (-ю́, -и́шь); *perf* **насори́ть** *несов* to make a mess

сорня́к (-а́) *м* weed

со́рок (-а́; см *Table 27*) *чис* forty

сороково́й *чис* fortieth

сорт (-а; *nom pl* -а́) *м* sort; (*пшени́цы*) grade; **сорт|ирова́ть** (-у́ю); *perf* **рассортирова́ть** *несов перех* to sort; (*по ка́честву*) to grade

сос|а́ть (-у́, -ёшь) *несов перех* to suck

сосе́д (-а; *nom pl* -и, *gen pl* -ей) *м* neighbour (*Brit*), neighbor (*US*); **сосе́дний** *прил* neighbouring (*Brit*), neighboring (*US*); **сосе́дств|о** (-а) *ср*: жить по сосе́дству to live nearby; в сосе́дстве с +*instr* near

соси́с|ка (-ки; *gen pl* -ок) *ж* sausage

соск|очи́ть (-очу́, -о́чишь); *impf* **соска́кивать** *сов* to jump off

соску́ч|иться (-усь, -ишься) *сов возв* to be bored; **соску́читься** (*perf*) по +*dat* (*по де́тям*) to miss

сосла́тельный *прил*: сосла́тельное наклоне́ние subjunctive mood

со|сла́ть (-шлю́, -шлёшь); *impf* **ссыла́ть** *сов перех* to exile; **сосла́ться** (*impf* **ссыла́ться**) *сов возв*: сосла́ться на +*acc* to refer to

сослужи́в|ец (-ца) *м* colleague

сос|на́ (-ны́; *nom pl* -ны, *gen pl* -ен) *ж* pine (tree); **сосно́вый** *прил* pine

сос|о́к (-ка́) *м* nipple

сосредото́ч|ить (-у, -ишь); *impf* **сосредота́чивать** *сов перех* to concentrate; **сосредото́читься** (*impf* **сосредота́чиваться**) *сов возв* (*войска́*) to be concentrated; (*внима́ние*): сосредото́читься на +*acc* to focus on

соста́в (-а) *м* (*кла́ссовый*) structure; (+*gen*: *комите́та*) members *мн* of; (*вещества́*) composition of

соста́в|ить (-лю, -ишь); *impf* **составля́ть** *сов перех* (*слова́рь*, *спи́сок*) to compile; (*план*) to draw up; (*су́мму*) to constitute; (*кома́нду*) to put together; **соста́виться** (*impf* **составля́ться**) *сов возв* to be formed

составн|о́й *прил*: составна́я часть component

соста́р|ить (-ю, -ишь) *сов от* **ста́рить**; **соста́риться** *сов возв* (*челове́к*) to grow old

состоя́ни|е (-я) *ср* state; (*больно́го*) condition; (*со́бственность*) fortune; быть (*impf*) в состоя́нии +*infin* to be able to do

состоя́тельный *прил* (*бога́тый*) well-off

состо|я́ть (-ю́, -и́шь) *несов*: состоя́ть из +*gen* (*кни́га*) to consist of; (*заключа́ться*): состоя́ть в +*prp* to be; (*в па́ртии*) to be a member of; (+*instr*: *дире́ктором итп*) to be; **состоя́ться** *несов возв* (*собра́ние*) to take place

сострада́ни|е (-я) *ср* compassion

состяза́ни|е (-я) *ср* contest

состяза́|ться (-юсь) *несов возв* to compete

сосу́д (-а) *м* vessel

сот чис см **сто**

сотворе́ни|е (-я) ср: **сотворе́ние ми́ра** Creation

со́т|ня (-ни, gen pl **-ен)** ж (**сто**) a hundred

со́товый прил: **со́товый телефо́н** mobile phone; **со́товая связь** network

сотру́дник (-а) м (*служащий*) employee; **нау́чный сотру́дник** research worker; **сотру́дничать (-ю)** несов to cooperate; (*работать*) to work; **сотру́дничество (-а)** ср (см глаг) cooperation; work

сотрясти́ (-у́, -ёшь) impf **сотряса́ть** сов перех to shake; **сотрясти́сь** (impf **сотряса́ться)** сов возв to shake

со́ты (-ов) мн: (пчели́ные) **со́ты** honeycomb ед

со́тый чис hundredth

со́ус (-а) м sauce

соуча́стник (-а) м accomplice

софа́ (-ы́; nom pl **-ы)** ж sofa

со́х|нуть (-ну; pt **-, -ла,** perf **вы́сохнуть)** несов to dry; (*растения*) to wither

сохран|и́ть (-ю́, -и́шь; impf **сохраня́ть)** сов перех to preserve; (*Комп*) to save; **сохрани́ться** (impf **сохраня́ться)** сов возв to be preserved

сохра́нност|ь (-и) ж (*вкладов, документов*) security; **в (по́лной) сохра́нности** (fully) intact

социа́л-демокра́т (-а) м social democrat

социали́зм (-а) м socialism; **социалисти́ческий** прил socialist

социа́льный прил social; **социа́льная защищённость** social security

социоло́ги|я (-и) ж sociology

сочета́ни|е (-я) ср combination

сочета́|ть (-ю) (не)сов перех to combine; **сочета́ться** (не)сов возв (*соединиться*) to combine; (*гармонировать*) to match

сочине́ни|е (-я) ср (*литературное*) work; (*музыкальное*) composition; (*Просвещ*) essay

сочин|и́ть (-ю́, -и́шь; impf **сочиня́ть)** сов перех (*музыку*) to compose; (*стихи, песню*) to write

со́чный прил (*плод*) juicy; (*трава*) lush; (*краски*) vibrant

сочу́встви|е (-я) ср sympathy

сочу́вств|овать (-ую) несов +dat to sympathize with

сошёл(ся) etc сов см **сойти́(сь)**

сошью́ итп сов см **сшить**

сою́з (-а) м union; (*военный*) alliance; (*Линг*) conjunction; **сою́зник (-а)** м ally; **сою́зный** прил (*армия*) allied; (*слово*) conjunctive

со́|я (-и) ж собир soya beans мн

спад (-а) м drop; **экономи́ческий спад** recession

спада́|ть (3sg -ет) несов от **спасть**

спазм (-а) м spasm

спа́льный прил (*место*) sleeping; **спа́льный ваго́н** sleeping car; **спа́льный мешо́к** sleeping bag

спа́ль|ня (-ни; gen pl **-ен)** ж (*комната*) bedroom; (*мебель*) bedroom suite

Спас (-а) м (*Рел*) the Day of the Saviour (*in Orthodox Church*)

спаса́тельный прил (*станция*) rescue; **спаса́тельная ло́дка** lifeboat; **спаса́тельный жиле́т** life jacket; **спаса́тельный по́яс** life belt

спаса́|ть(ся) (-ю(сь)) несов от

спасти́(сь) см **спаса́ть(ся)**

спасе́ни|е (-я) *ср* rescue; (*Рел*) Salvation

спаси́бо *част*: спаси́бо (Вам) thank you; большо́е спаси́бо thank you very much!; спаси́бо за по́мощь thanks for the help

спас|ти́ (-у́, -ёшь; *impf* **спаса́ть**) *сов перех* to save; **спасти́сь** (*impf* **спаса́ться**) *сов возв*: спасти́сь (от +*gen*) to escape

спа|сть (3*sg* -дёт, *impf* **спада́ть**) *сов* (вода́) to drop

сп|ать (-лю, -ишь) *несов* to sleep; ложи́ться (*perf* лечь) спать to go to bed; **спа́ться** *несов возв*: мне не спи́тся I can't (get to) sleep

СПБ *сокр* (= Санкт-Петербу́рг) St Petersburg

спекта́кл|ь (-я) *м* performance

спектр (-а) *м* spectrum

спе́лый *прил* ripe

спе́реди *нареч* in front

спе́рм|а (-ы) *ж* sperm

спе́ть (3*sg* -е́ет, *perf* **поспе́ть**) *несов* (фру́кты, о́вощи) to ripen ▷ (-о́ю, -о́ешь) *сов* см **петь**

спех (-а) *м*: мне не к спе́ху (*разг*) I'm in no hurry

специализи́р|оваться (-уюсь) (*не*)*сов возв*: специализи́роваться в +*prp* или по +*dat* to specialize in

специали́ст (-а) *м* specialist

специа́льност|ь (-и) *ж* (*профессия*) profession

специа́льный *прил* special

специфи́к|а (-и) *ж* specific nature

специфи́ческий *прил* specific

спе́ци|я (-и) *ж* spice

спецко́р (-а) *м сокр* (= специа́льный корреспонде́нт) special correspondent

спецку́рс (-а) *м сокр* (в ву́зе)

(= специа́льный курс) course of lectures in a specialist field

спецна́з (-а) *м* special task force

спецна́зов|ец (-ца) *м* member of the special task force

спецоде́жд|а (-ы) *ж сокр* (= специа́льная оде́жда) work clothes *мн*

спецслу́жб|а (-ы) *ж сокр* (обы́чно *мн* = специа́льная слу́жба) special service

спеш|и́ть (-у́, -и́шь) *несов* (часы́) to be fast; (челове́к) to be in a rush; спеши́ть (*perf* поспеши́ть) +*infin*/с +*instr* to be in a hurry to do/with; спеши́ть (*impf*) на по́езд to rush for the train

спе́шк|а (-и) *ж* (*разг*) hurry, rush

спе́шный *прил* urgent

СПИД (-а) *м сокр* (= синдро́м приобретённого иммунодефици́та) AIDS (= acquired immune deficiency syndrome)

спидо́метр (-а) *м* speedometer

спи́кер (-а) *м* speaker

спин|а́ (-ы́; *acc sg* -у, *dat sg* -е́, *nom pl* -ы) *ж* (*челове́ка, живо́тного*) back

спи́н|ка (-ки; *gen pl* -ок) *ж*, *уменьш от* спина́; (*дива́на, сту́ла итп*) back; (*крова́ти: ве́рхняя*) headboard; (: *ни́жняя*) foot

спинно́й *прил* (*позвоно́к*) spinal; спинно́й мозг spinal cord

спира́л|ь (-и; *ли́ния*) spiral; (*та́кже* внутрима́точная спира́ль) coil (*contraceptive*)

спирт (-а) *м* (*Хим*) spirit

спиртно́е (-о́го) *ср* alcohol

спиртно́й *прил*: спиртно́й напи́ток alcoholic drink

спи́с|ывать (-ываю, -ываешь; *impf* **спи́сывать**) *сов перех* to copy; (*Комм*) to write off

спи́сок (-ка) м list

спи́ца (-ы) ж (для вязания) knitting needle; (колеса) spoke

спи́чка (-ки; gen pl -ек) ж match

спла́чива|ть(ся) (-ю) несов от сплоти́ть(ся)

спле́тнича|ть (-ю) несов to gossip

спле́т|ня (-ни; gen pl -ен) ж gossip

сплоти́ть (-чу́, -ти́шь; impf спла́чивать) сов перех to unite; **сплоти́ться** (impf спла́чиваться) сов возв to unite

сплошно́й прил (степь) continuous; (перепись) universal; (разг: неудачи) utter

сплошь нареч (по всей поверхности) all over; (без исключения) completely; **сплошь и ря́дом** (разг) everywhere

сплю несов см **спать**

споко́йный прил (улица, жизнь) quiet; (море, взгляд) calm

сполз|ти́ (-у́, -ёшь; pt -, -ла́, impf сполза́ть) сов to climb down

спонси́ровать (-ую) (не)сов to sponsor

спо́нсор (-а) м sponsor

спор (-а) м debate; (Юр) dispute; **на́ спор** (разг) as a bet

спо́р|ить (-ю, -ишь; perf поспо́рить) несов (вести спор) to argue; (держать пари) to bet; **спо́рить** (impf) с ке́м-н о чём-н или за что-н (о наследстве) to dispute sth with sb

спо́рный прил (дело) disputed; (победа) doubtful; **спо́рный вопро́с** moot point

спорт (-а) м sport

спортза́л (-а) м сокр (= спорти́вный зал) sports hall

спортсме́н (-а) м sportsman (мн sportsmen)

спо́соб (-а) м way

спосо́бность (-и) ж ability

спосо́бный прил capable; (талантливый) able

спосо́бств|овать (-ую) сов (+dat: успеху, развитию) to encourage

спотк|ну́ться (-у́сь, -ёшься; impf спотыка́ться) сов возв to trip

спою́ итп несов см **спеть**

спра́ва нареч to the right; **спра́ва от** +gen to the right of

справедли́вость (-и) ж justice

справедли́вый прил fair, just; (вывод) correct

справ|ля́ться (impf справля́ться) сов возв: **справля́ться с** +instr (с работой) to cope with, manage; (с противником) to deal with; (узнавать): **справля́ться о** +prp to enquire или ask about

спра́в|ка (-ки; gen pl -ок) ж (сведения) information; (документ) certificate

спра́вочник (-а) м directory; (грамматический) reference book

спра́вочный прил (литература) reference; **спра́вочное бюро́** information office или bureau

спра́шива|ть(ся) (-ю(сь)) несов от спроси́ть(ся)

спрос (-а) м: **спрос на** +acc (на товары) demand for; (требование): **спрос с** +gen (с родителей) demands мн on; **без спро́са** или **спро́су** without permission

спро|си́ть (-ошу́, -о́сишь; impf спра́шивать) сов перех (дорогу, время) to ask; (совета, денег) to ask for; (взыскать): **спроси́ть что-н с** +gen to call sb to account for sth; (осведомиться): **спроси́ть кого́-н о чём-н** to ask sb about sth;

спра́шивать (*perf* спроси́ть)
ученика́ to question *или* test a
pupil; спроси́ться (*impf*
спра́шиваться) *сов*:
спроси́ться +*gen или* у +*gen* (у
учителя *итп*) to ask permission of

спры́г|нуть (-ну; *impf*
спры́гивать) *сов*: спры́гнуть с
+*gen* to jump off

спряже́ни|е (-я) *ср* (Линг)
conjugation

спря́|тать(ся) (-чу(сь),
-чешь(ся)) *сов от* пря́тать(ся)

спуска́|ть (-ю) *несов от*
спусти́ть ▷ *перех*: я не спуска́л
глаз с неё I didn't take my eyes off
her; спуска́ться *несов от*
спусти́ться

спу|сти́ть (-щу́, -стишь; *impf*
спуска́ть) *сов перех* to lower;
(*собаку*) to let loose; (*газ, воду*) to
drain; спусти́ться (*impf*
спуска́ться) *сов возв* to go down

спустя́ *нареч*: спустя́ три дня/
год three days/a year later

спу́та|ть(ся) (-ю(сь)) *сов от*
пу́тать(ся)

спу́тник (-а) *м* (*в пути*) travelling
(*Brit*) *или* traveling (*US*)
companion; (*Астрономия*) satellite;
(*Космос*: также иску́сственный
спу́тник) sputnik, satellite

сравне́ни|е (-я) *ср* comparison; в
сравне́нии *или* по сравне́нию с
+*instr* compared with

сра́внива|ть (-ю) *несов от*
сравни́ть; сравни́ть
comparative

сравни́тельный *прил*
comparative

сравн|и́ть (-ю́, -и́шь; *impf*
сра́внивать) *сов перех*:
сравни́ть что-н/кого́-н (с +*instr*) to
compare sth/sb (with);
сравни́ться *сов возв*: сравни́ться
с +*instr* to compare with

сраже́ни|е (-я) *ср* battle

сра́зу *нареч* (*немедленно*)
straight away; (*в один приём*) (all)
at once

сра|сти́сь (3sg -стётся, *impf*
сраста́ться) *сов возв* (*кости*) to
knit (together)

сред|а́ (-ы́; *nom pl* -ы) *ж*
medium; (*no pl*: природная,
социальная) environment ▷ (*acc
sg* -у) (*день недели*) Wednesday;
окружа́ющая среда́ environment;
охра́на окружа́ющей среды́
conservation

среди́ *предл* +*gen* in the middle
of; (*в числе*) among

средизе́мн|ый *прил*:
Средизе́мное мо́ре the
Mediterranean (Sea)

среднеазиа́тский *прил* Central
Asian

средневеко́вый *прил* medieval

среднегодово́й *прил* average
annual

сре́дний *прил* average; (*размер*)
medium; (*в середине*) middle;
(*школа*) secondary

● **СРЕ́ДНЯЯ ШКО́ЛА**

● Children in Russia start school at
● the age of six or seven. They stay
● in the same school throughout
● their education. They can leave
● school after eight years if they
● plan to continue into further
● education. Those who stay on
● study for a further two or three
● years before sitting their final
● exams. On completing the final
● exams they receive the
● Certificate of Secondary
● Education. See also note at ЕГЭ.

сре́дств|о (-а) *ср* means *мн*;

(*лекарство*) remedy
срез (-а) *м* (*место*) cut; (*тонкий слой*) section
сре́за|ть (-жу, -жешь; *impf* **среза́ть**) *сов перех* to cut
срок (-а) *м* (*длительность*) time, period; (*дата*) date; **в срок** (*во время*) in time; **после́дний** или **преде́льный срок** deadline; **срок го́дности** (*товара*) sell-by date; **срок де́йствия** period of validity
сро́чный *прил* urgent
срыв (-а) *м* disruption; (*на экзамене итп*) failure
срыва́|ть(ся) (-ю(сь)) *несов от* **сорва́ть(ся)**
сса́дин|а (-ы) *ж* scratch
ссо́р|а (-ы) *ж* quarrel
ссо́р|ить (-ю, -ишь; *perf* **поссо́рить**) *несов перех* (*друзей*) to cause to quarrel; **ссо́риться** (*perf* **поссо́риться**) *несов возв* to quarrel
СССР *м сокр* (*Ист*) (= *Сою́з Сове́тских Социалисти́ческих Респу́блик*) USSR (= *Union of Soviet Socialist Republics*)
ссу́д|а (-ы) *ж* loan
ссуд|и́ть (-жу́, -ишь; *impf* **ссужа́ть**) *сов перех* (*деньги*) to lend
ссыла́|ть (-ю) *несов от* **сосла́ть**; **ссыла́ться** *несов от* **сосла́ться**
▷ *возв*: **ссыла́ясь на** +*acc* with reference to
ссы́лк|а (-и; *gen pl* **-ок**) *ж* exile; (*цитата*) quotation
ст. *сокр* = **ста́нция**
ста *чис см* **сто**
стабилизи́р|овать (-ую) (*не*)*сов перех* to stabilize
стаби́льный *прил* stable
ста́в|ить (-лю, -ишь; *perf* **поста́вить**) *несов перех* to put; (*назначать*: *министром*) to

appoint; (*оперу*) to stage; **ста́вить** (*perf* **поста́вить**) **часы́** to set a clock
ста́в|ка (-ки; *gen pl* **-ок**) *ж* (*также* **Комм**) rate; (*Воен*) headquarters *мн*; (*в картах*) stake; (*перен*): **ста́вка на** +*acc* (*расчёт*) reliance on
стадио́н (-а) *м* stadium (*мн* stadia)
ста́ди|я (-и) *ж* stage
ста́д|о (-а; *nom pl* **-а́**) *ср* (*коров*) herd; (*овец*) flock
стаж (-а) *м* (*рабочий*) experience
стаж|ирова́ться (-иру́юсь) *несов возв* to work on probation
стажиро́в|ка (-ки; *gen pl* **-ок**) *ж* probationary period
стака́н (-а) *м* glass; **бума́жный стака́н** paper cup
стал *сов см* **стать**
ста́лкива|ть(ся) (-ю(сь)) *несов от* **столкну́ть(ся)**
сталь (-и) *ж* steel
стам *итп чис см* **сто**
станда́рт (-а) *м* standard
стан|ови́ться (-овлю́сь, -о́вишься) *несов от* **стать**
становле́ни|е (-я) *ср* formation
стан|о́к (-ка́) *м* machine (tool)
ста́ну *итп сов см* **стать**
ста́нци|я (-и) *ж* station; **телефо́нная ста́нция** telephone exchange
стара́ни|е (-я) *ср* effort
стара́|ться (-юсь; *perf* **постара́ться**) *несов возв* +*infin* to try to do
старе́|ть (-ю; *perf* **постаре́ть**) *несов* (*человек*) to grow old(er), age ▷ (*perf* **устаре́ть**) (*оборудование*) to become out of date
стари́к (-а́) *м* old man
стари́нный *прил* ancient
ста́р|ить (-ю, -ишь; *perf*

соста́рить) *несов перех* to age

старомо́дный *прил*
old-fashioned

ста́рост|**а** (-ы) *м (курса)* senior
student; *(класса: мальчик)* head
boy; *(: девочка)* head girl; *(клуба)*
head, president

ста́рость (-и) *ж* old age

старт (-а) *м (Спорт)* start;
(ракеты) takeoff; *(место)* takeoff
point

старт|**ова́ть** (-у́ю) *(не)сов*
(Спорт) to start; *(ракета)* to take off

стару́х|**а** (-и) *ж* old woman *(мн*
women)

стару́шк|**а** (-и; *gen pl* -ек) *ж*
= **стару́ха**

ста́рше *сравн прил от* **ста́рый**
▷ **как ска**з: **я ста́рше сестры́ на́**
год I am a year older than my sister

старшекла́ссник (-а) *м* senior
pupil

старшеку́рсник (-а) *м* senior
student

ста́рший *прил* senior; *(сестра,*
брат) elder

ста́рый *прил* old

стати́стик|**а** (-и) *ж* statistics

ста́тус (-а) *м* status

ста́ту|**я** (-и) *ж* statue

ста|**ть** (-ну) *ж*: **под стать кому́-н/**
чему́-н like sb/sth ▷ (-**нешь**;
impf **станови́ться**) *сов* to stand;
(no perf **останови́ться**) to begin;
(+*infin*: **нача́ть**) to begin *или* start
doing ▷ *безл (наличествовать)*:
нас ста́ло бо́льше/тро́е there are
more/three of us; **с како́й ста́ти?**
(разг) why?; **станови́ться** *(perf*
стать) +*instr (учи́телем)* to
become; **не ста́ло де́нег/сил** I have
no more money/energy left; **ста́ло**
быть *(значит)* so; **во что бы то ни**
ста́ло no matter what

стат|**ья́** (-ьи́; *gen pl* -е́й) *ж (в*

газе́те) article; *(в зако́не, в*
догово́ре) paragraph, clause

ствол (-а́) *м (де́рева)* trunk;
(ружья́, пу́шки) barrel

сте́б|**ель** (-ля) *м (цветка́)* stem

стега́|**ть** (-ю; *perf* **простега́ть**)
несов перех (одея́ло) to quilt; *(no*
perf: хлысто́м) to lash

стеж|**о́к** (-ка́) *м* stitch

стека́|**ть(ся)** *(3sg* -ет(ся)) *несов*
от **сте́чь(ся)**

стекл|**и́ть** (-ю́, -и́шь; *perf*
остекли́ть) *несов перех (окно́)*
to glaze

стекл|**о́** (-а́; *nom pl* **стёкла**, *gen*
pl **стёкол**) *ср* glass; *(также*
око́нное стекло́) (window) pane;
(для очко́в) lenses *мн* ▷ *собир*
(изде́лия) glassware

стёклышк|**о** (-ка; *gen pl* -ек) *ср*
(оско́лок) piece of glass

стекля́нный *прил* glass

стел|**и́ть** (-ю́, -ишь; *perf*
постели́ть) *несов перех*
(ска́терть, подсти́лку) to spread
out ▷ *(perf* **настели́ть**) *(парке́т)* to
lay; **стели́ть** *(perf* **постели́ть**)
посте́ль to make up a bed

стемне́|**ть** *(3sg* -ет) *сов от*
темне́ть

стен|**а́** (-ы́; *acc sg* -у, *dat sg* -е́,
nom pl -ы, *gen pl* -а́м) *ж* wall

сте́нк|**а** (-и; *gen pl* -ок) *ж*,
уменьш от **стена́**; *(желу́дка: также*
Футбо́л) wall; *(разг: ме́бель)* wall
unit

стенн|**о́й** *прил* wall; **стенна́я**
ро́спись mural

стеногра́фир|**овать** (-ую; *perf*
застеногра́фировать) *несов*
перех to take sth down in shorthand *(Brit)*
или stenography *(US)*

стенографи́ст (-а) *м* shorthand
typist *(Brit)*, stenographer *(US)*

сте́пен|ь (-и; gen pl -éй) ж
(также Просвещ) degree; (Мат)
power

степь (-и; gen pl -éй) ж the
steppe

стереосисте́м|а (-ы) ж stereo

стереоти́п (-а) м stereotype

стере́ть (сотру́, сотрёшь; pt
стёр, стёрла, impf **стира́ть**) сов
перех to wipe off; **стере́ться**
(impf **стира́ться**) сов возв
(надпись, краска) to be worn
away; (подошвы) to wear down

стере́чь (-егу́, -ежёшь итп,
-егу́т; pt -ёг, -егла́) несов перех
to watch over

сте́рж|ень (-ня) м
(шариковой ручки) (ink) cartridge

стерилиз|ова́ть (-у́ю) (не)сов
перех to sterilize

сте́рлинг (-а) м (Экон) sterling;
10 фу́нтов сте́рлингов 10 pounds
sterling

стесни́тельный прил shy

стесн|и́ться (-ю́сь; perf
постесня́ться) несов возв:
стесни́ться (+gen) to be shy of

стече́ни|е (-я) ср (народа)
gathering; (случайностей)
combination

стиль (-я) м style

сти́мул (-а) м incentive, stimulus
(мн stimuli)

стимули́р|овать (-ую) (не)сов
перех to stimulate; (работу,
прогресс) to encourage

стипе́нди|я (-и) ж grant

стира́льный прил washing

стира|ть (-ю) несов от **стере́ть**
▷ (perf **вы́стирать** или
постира́ть) перех to wash;
стира́ться несов от **стере́ться**

сти́р|ка (-ки) ж washing

стих|а́ть (-ю) несов от **сти́хнуть**

стих|и́ (-о́в) мн (поэзия) poetry ед

стихи́|я (-и) ж (вода, огонь итп)
element; (рынка) natural force

сти́х|нуть (-ну; pt -, -ла, impf
стиха́ть) сов to die down

стихотворе́ни|е (-я) ср poem

сто (ста; см Table 27) чис one
hundred

стог (; nom pl -á) м: **стог се́на**
haystack

сто́имость (-и) ж (затраты) cost;
(ценность) value

сто́|ить (-ю, -ишь) несов (не)
перех (+acc или +gen: денег) to
cost ▷ неперех (+gen: внимания,
любви) to be worth ▷ безл +infin
to be worth doing; **мне ничего́ не
сто́ит сде́лать э́то** it's no trouble
for me to do it; **спаси́бо! — не
сто́ит** thank you! — don't mention
it; **сто́ит (то́лько) захоте́ть** you
only have to wish

сто́й|ка (-йки; gen pl -ек) ж
(положение тела) stance;
(прилавок) counter

стол (-á) м table; (письменный)
desk

столб (-á) м (пограничный) post;
(телеграфный) pole; (перен: пыли)
cloud

сто́лбик (-а) м, уменьш от **столб**;
(цифр) column

столе́ти|е (-я) ср (срок) century;
(+gen: годовщина) centenary of

сто́лик (-а) м, уменьш от **стол**

столи́ц|а (-ы) ж capital (city)

столкнове́ни|е (-я) ср clash;
(машин) collision

столкн|у́ть (-у́, -ёшь; impf
ста́лкивать) сов перех:
столкну́ть (c +gen) to push off;
(подлеж: случай) to bring together;
столкну́ться (impf
ста́лкиваться) сов возв
(машины) to collide; (интересы,
характеры) to clash; (встретиться):

столкну́ться с +*instr* to come into contact with; (*случайно*) to bump или run into; (*с трудностями*) to encounter

столо́в|ая (**-ой**) ж (*заведение*): canteen; (*комната*) dining room

столо́в|ый *прил* (*мебель*) dining-room; **столо́вая ло́жка** tablespoon; **столо́вая соль** table salt; **столо́вый серви́з** dinner service

столпи́ться (*3sg* **-и́тся**) *сов возв* to crowd

столь *нареч* so; **столь же** ... **ско́лько** ... as ... as ...

сто́лько (*нареч* (*книг*) so many; (*сахара*) so much ▷ (**-их**) *мест* (*см нареч*) this many; this much

сто́лько-то *нареч* (*книг*) X number of; (*сахара*) X amount of

столя́р (**-а́**) *м* joiner

стомато́лог (**-а**) *м* dental surgeon

стоматологи́ческий *прил* dental

стометро́в|ый *прил*: **стометро́вая диста́нция** one hundred metres (*Brit*) или meters (*US*)

стон (**-а**) *м* groan

стон|а́ть (**-у́, -ешь**) *несов* to groan

стоп *межд* stop

стоп|а́ (**-ы́**; *nom pl* **-ы**) *ж* (*Анат*) sole

сто́п|ка (**-ки**; *gen pl* **-ок**) *ж* (*бумаг*) pile

стоп-кра́н (**-а**) *м* emergency handle (*on train*)

сто́пор (**-а**) *м* (*Tex*) lock

стоп|та́ть (**-чу́, -чешь**; *impf* **ста́птывать**) *сов перех* to wear out; **стопта́ться** (*impf* **ста́птываться**) *сов возв* to wear out

сторож|и́ть (**-у́, -и́шь**) *несов перех* = **стере́чь**

сторон|а́ (**-ы́**; *acc sg* **-ону**, *dat sg* **-оне́**, *gen pl* **-о́н**, *dat pl* **-она́м**) *ж* side; (*направление*): **ле́вая/пра́вая сторона́** the left/right; **в стороне́** a little way off; **в сто́рону** +*gen* towards; **э́то о́чень любе́зно с Ва́шей стороны́** that is very kind of you; **с одно́й стороны́ ... с друго́й стороны́** ... on the one hand ... on the other hand ...

сторо́нник (**-а**) *м* supporter

сто́я *нареч* standing up

стоя́н|ка (**-ки**; *gen pl* **-ок**) *ж* (*остановка*) stop; (*автомобилей*) car park (*Brit*), parking lot (*US*); (*геологов*) camp; **стоя́нка такси́** taxi rank

сто|я́ть (**-ю́, -и́шь**; *imper* **сто́й(те)**) *несов* to stand; (*бездействовать*) to stand idle ▷ (*perf* **постоя́ть**) (*защищать*): **стоя́ть за** +*acc* to stand up for

стоя́щий *прил* (*дело*) worthwhile; (*челове́к*) worthy

страда́ни|е (**-я**) *ср* suffering

страда́тельный *прил* (*Линг*): **страда́тельный зало́г** passive voice

страда́|ть (**-ю**) *несов* to suffer

стра́ж|а (**-и**) *ж собир* guard; **под стра́жей** in custody

стран|а́ (**-ы́**; *nom pl* **-ы**) *ж* country

страни́ц|а (**-ы**) *ж* page

стра́нно *нареч* strangely ▷ *как сказ* that is strange или odd; **мне стра́нно, что** ... I find it strange that ...

стра́нный *прил* strange

стра́стный *прил* passionate

страсть (**-и**) *ж* passion

страте́ги|я (**-и**) *ж* strategy

страх (-а) м fear

страхова́ни|е (-я) ср insurance; **госуда́рственное страхова́ние** national insurance (Brit); **страхова́ние жи́зни** life insurance

страхова́тел|ь (-я) м person taking out insurance

страх|ова́ть (-у́ю; perf **застрахова́ть**) несов перех: **страхова́ть от** +gen (иму́щество) to insure (against); (принима́ть ме́ры) to protect (against); **страхова́ться** (perf **застрахова́ться**) несов возв: **страхова́ться (от** +gen) to insure o.s. (against); (принима́ть ме́ры) to protect o.s. (from)

страхо́в|ка (-ки; gen pl **-ок**) ж insurance

страхово́й прил (фи́рма, аге́нт) insurance; **страхова́я пре́мия** insurance premium

стра́шно нареч (крича́ть) in a frightening way; (разг: уста́лый, дово́льный) terribly; **мне стра́шно** I'm frightened *или* scared

стра́шн|ый прил (фильм, сон) terrifying; (хо́лод итп) terrible, awful; **ничего́ стра́шного** it doesn't matter

стрек|оза́ (-озы́; nom pl **-о́зы**) ж dragonfly (мн dragonflies)

стрел|а́ (-ы́; nom pl **-ы**) ж (для стрельбы́) arrow; (по́езд) express (train)

стрел|е́ц (-ьца́) м (созве́здие): **Стреле́ц** Sagittarius

стре́л|ка (-ки; gen pl **-ок**) ж, уменьш от **стрела́**; (часо́в) hand; (ко́мпаса) needle; (знак) arrow

стреля́|ть (-ю) несов: **стреля́ть (в** +acc) to shoot (at) ▷ перех (убива́ть) to shoot; **стреля́ться** несов возв to shoot o.s.

стреми́тельный прил (движе́ние, ата́ка) swift; (измене́ния) rapid

стрем|и́ться (-лю́сь, -и́шься) несов возв: **стреми́ться в/на** +acc (в университе́т) to aspire to go to; (на ро́дину) to long to go to; (добива́ться): **стреми́ться к** +dat (сла́ве) to strive for

стремле́ни|е (-я) ср: **стремле́ние (к** +dat) striving (for), aspiration (to)

стремя́н|ка (-ки; gen pl **-ок**) ж stepladder

стресс (-а) м stress

стриж (-а́) м swift

стри́ж|ка (-ки; gen pl **-ек**) ж (см глаг) cutting; mowing; pruning; (причёска) haircut

стри|чь (-гу́, -жёшь итп, -гу́т; pt -г, -гла, perf **постри́чь**) несов перех (во́лосы, траву́) to cut; (газо́н) to mow; (кусты́) to prune; **стричь** (perf **постри́чь**) кого́-н to cut sb's hair; **стри́чься** (perf **постри́чься**) несов возв (в парикма́херской) to have one's hair cut

стро́г|ий прил strict; (причёска, наказа́ние) severe

стро́ени|е (-я) ср (зда́ние) building; (организа́ции, вещества́) structure

стро́же сравн прил от **стро́гий** ▷ сравн нареч от **стро́го**

строи́тел|ь (-я) м builder

строи́тельный прил building, construction

строи́тельств|о (-а) ср (зда́ний) building, construction

стро́|ить (-ю, -ишь; perf **вы́строить** *или* **постро́ить**) несов перех to build, construct

▷ (perf **постро́ить**) (общество, семью) to create; (план) to make; (отряд) to draw up; **стро́иться** (perf **вы́строиться**) несов возв (солдаты) to form up

стро́й (-я) м (социальный) system; (языка) structure ▷ (loc sg -ю́) (Воен: шеренга) line

стро́йка (-йки; gen pl -ек) ж (место) building или construction site

стро́йный прил (фигура) shapely; (человек) well-built

строка́ (-и́; nom pl -и, dat pl -а́м) ж (в тексте) line

стро́чка (-ки; gen pl -ек) ж, уменьш от **строка́**; (шов) stitch

строчно́й прил: **строчна́я бу́ква** lower case или small letter

структу́ра (-ы) ж structure

струна́ (-ы́; nom pl -ы) ж string

стручко́вый прил: **стручко́вый пе́рец** chilli; **стручко́вая фасо́ль** runner beans мн

струя́ (-и́; nom pl -и) ж stream

стряхну́ть (-у́, -ёшь; impf **стря́хивать**) сов перех to shake off

студе́нт (-а) м student

студе́нческий прил student; **студе́нческий биле́т** student card

сту́день (-ня) м jellied meat

сту́дия (-и) ж studio; (школа) school (for actors, dancers, artists etc); (мастерская) workshop

сту́жа (-и) ж severe cold

стук (-а) м (в дверь) knock; (сердца) thump; (падающего предмета) thud

сту́кнуть (-у) сов (в дверь, в окно) to knock; (по столу) to bang; **сту́кнуться** (impf **сту́каться**) сов возв to bang o.s.

стул (-а; nom pl -ья, gen pl -ьев) м chair

ступе́нь (-и) ж step ▷ (gen pl -ей) (процесса) stage

ступе́нька (-ки; gen pl -ек) ж step

сту́пка (-ки; gen pl -ок) ж mortar

ступня́ (-и́) ж (стопа) foot (мн feet)

стуча́ть (-у́, -и́шь; perf **постуча́ть**) несов (в дверь, в окно) to knock; (по столу) to bang; (сердце) to thump; (зубы) to chatter; **стуча́ться** (perf **постуча́ться**) несов возв: **стуча́ться (в +acc)** to knock (at); **стуча́ться (perf постуча́ться) к кому́-н** to knock at sb's door

стыд (-а́) м shame

стыди́ть (-жу́, -ди́шь; perf **пристыди́ть**) несов перех to put to shame; **стыди́ться** (perf **постыди́ться**) несов возв: **стыди́ться +gen/+infin** to be ashamed of/to do

сты́дно как сказ it's a shame; **мне сты́дно** I am ashamed; **как тебе́ не сты́дно!** you ought to be ashamed of yourself!

сты́ть (-ну, -нешь; perf **осты́ть**) несов to go cold ▷ (perf **просты́ть**) to freeze

стюарде́сса (-ы) ж air hostess

стяну́ть (-у́, -ешь; impf **стя́гивать**) сов перех (пояс, шнуровку) to tighten; (войска) to round up

суббо́та (-ы) ж Saturday

субси́дия (-и) ж subsidy

субти́тр (-а) м subtitle

субъекти́вный прил subjective

сувени́р (-а) м souvenir

сувере́нный прил sovereign

сугро́б (-а) м snowdrift

суд (-а́) м (орган) court; (заседание) court session;

(*процесс*) trial; (*мнение*)
judgement, verdict; **отдава́ть** (*perf*
отда́ть) **кого́-н под суд** to
prosecute sb; **подава́ть** (*perf*
пода́ть) **на кого́-н в суд** to take sb
to court
судо́бн|ый *прил* (*заседание*,
органы) court; (*издержки*,
практика) legal; **судо́бное**
реше́ние adjudication; **судо́бное**
де́ло court case
суди́|ть (-жу́, -дишь) *несов*
перех (*преступника*) to try; (*матч*)
to referee; (*укорять*) to judge; **суди́**
по +*dat* judging by; **суди́ться**
несов возв: **суди́ться с кем-н** to be
involved in a legal wrangle with sb
су́д|но (-на; *nom pl* -а́, *gen pl* -о́в)
ср vessel
судове́рф|ь (-и) *ж сокр*
(= *судострои́тельная верфь*)
shipyard
судово́й *прил*: **судова́я кома́нда**
ship's crew; **судово́й журна́л**
ship's log
судо́ку *ср нескл* sudoku
судопроизво́дств|о (-а) *ср*
legal proceedings *мн*
су́дорог|а (-и) *ж* (*от боли*) spasm
судострое́ни|е (-я) *ср* ship
building
судохо́дств|о (-а) *ср* navigation
судьб|а́ (-ьбы́; *nom pl* -ьбы, *gen*
pl -е́б) *ж* fate; (*будущее*) destiny;
каки́ми судьба́ми! what brought
you here!
судь|я́ (-и́; *nom pl* -ьи, *gen pl*
-е́й) *ж* judge; (*Спорт*) referee
суеве́ри|е (-я) *ср* superstition
суеве́рный *прил* superstitious
суети́|ться (-чу́сь, -ти́шься)
несов возв to fuss (about)
суетли́вый *прил* fussy; (*жизнь*,
работа) busy
су́етный *прил* futile; (*хлопотный*,

busy; (*человек*) vain
сужа́|ть (-ю) *несов от* **су́зить**
сужде́ни|е (-я) *ср* (*мнение*)
opinion
сужде́но́ *как сказ*: (*нам*) не
сужде́но́ бы́ло встре́титься we
weren't fated to meet
су́|зить (-жу, -зишь; *impf*
сужа́ть) *сов перех* to narrow
су́к|а (-и) *ж* bitch; **су́кин сын**
(*разг*) son of a bitch (*!*)
сумасше́дш|ий *прил* mad;
(*разг*: *успех*) amazing ▷ (-его) *м*
madman (*мн* madmen)
сумасше́стви|е (-я) *ср* madness,
lunacy
сумато́х|а (-и) *ж* chaos
су́мерк|и (-ек) *мн* twilight *ед*,
dusk *ед*
суме́|ть (-ю) *сов* +*infin* to manage
to do
су́мк|а (-и; *gen pl* -ок) *ж* bag
су́мм|а (-ы) *ж* sum
сумми́ровать (-ую) (*не*)*сов*
перех (*затраты итп*) to add up;
(*информацию*) to summarize
су́мочк|а (-и; *gen pl* -ек) *ж*,
уменьш от **су́мка**; (*дамская*,
вечерняя) handbag
су́мрак (-а) *м* gloom
сунду́к (-а́) *м* trunk, chest
суп (-а; *nom pl* -ы́) *м* soup
суперма́ркет (-а) *м* supermarket
суперобло́жк|а (-и; *gen pl*
-ек) *ж* (dust) jacket
супру́г (-а; *nom pl* -и) *м* spouse;
супру́ги husband and wife
супру́г|а (-и) *ж* spouse
супру́жеский *прил* marital
сургу́ч (-а́) *м* sealing wax
суро́вый *прил* harsh
су́слик (-а) *м* ground squirrel
(*Brit*), gopher (*US*)
суста́в (-а) *м* (*Анат*) joint
су́тк|и (-ок) *мн* twenty four hours;

кру́глые су́тки round the clock

су́точный прил twenty-four-hour

суту́л|ить (-ю, -ишь; perf **ссуту́лить**) несов перех to hunch; **суту́литься** (perf **ссуту́литься**) несов возв to stoop

сут|ь (-и) ж essence; **суть де́ла** the crux of the matter; **по су́ти (де́ла)** as a matter of fact

су́ффикс (-а) м suffix

сухожи́ли|е (-я) ср tendon

сухо́й прил dry; (засушенный) dried; **сухо́й зако́н** prohibition

сухопу́тн|ый прил land; **сухопу́тные войска́** ground forces мн

сухофру́кт|ы (-ов) мн dried fruit ед

су́ш|а (-и) ж (dry) land

су́ше сравн прил от **сухо́й**

сушёный прил dried

суш|и́ть (-у́, -ишь; perf **вы́сушить**) несов перех to dry; **суши́ться** (perf **вы́сушиться**) несов возв to dry

суще́ственный прил essential; (изменения) substantial

существи́тельн|ое (-ого) ср (также **и́мя существи́тельное**) noun

существ|о́ (-а́) ср (вопроса, дела итп) essence ▷ (nom pl -а́) (животное) creature; **по существу́** (говори́ть) to the point; (вводн сл) essentially

существова́ни|е (-я) ср existence; **сре́дства к существова́нию** livelihood

существ|ова́ть (-у́ю) несов to exist

су́щност|ь (-и) ж essence

СФ м сокр (= Сове́т Федера́ций) upper chamber of Russian parliament

сфе́р|а (-ы) ж sphere; (производства, науки) area; в **сфе́ре** +gen in the field of; **сфе́ра обслу́живания** или **услу́г** service industry

схват|и́ть (-чу́, -тишь) сов от **хвата́ть** ▷ (impf **схва́тывать**) перех (мысль, смысл) to grasp; **схвати́ться** сов от **хвата́ться**

схва́т|ка (-ки; gen pl -ок) ж fight; см также **схва́тки**

схва́т|ки (-ок) мн (Мед) contractions

схе́м|а (-ы) ж (метро, улиц) plan; (Элек: радио итп) circuit board

сх|оди́ть (-жу́, -дишь) сов (разг: в театр, на прогулку) to go ▷ несов от **сойти́**; **сходи́ться** несов от **сойти́сь**

схо́дный прил similar

схо́дств|о (-а) ср similarity

сце́н|а (-ы) ж (подмостки) stage; (в пьесе, на улице) scene

сцена́ри|й (-я) м (фильма) script

сча́стливо нареч (жить, рассмеяться) happily; **сча́стливо отде́латься** (perf) to have a lucky escape

счастли́во нареч: **счастли́во!** all the best!; **счастли́во остава́ться!** good luck!

счастли́в|ый прил happy; (удачный) lucky; **счастли́вого пути́!** have a good journey!

сча́сть|е (-я) ср happiness; (удача) luck; **к сча́стью** luckily, fortunately; **на на́ше сча́стье** luckily for us

счесть (сочту́, сочтёшь; pt счёл, сочла́) сов от **считать**

счёт (-а; loc sg -у́, nom pl -а́) м (действие) counting; (Комм: в банке) account; (: накладная) invoice; (: ресторанный, телефонный) bill; (no pl: Спорт) score; в **счёт** +gen in lieu of; за

счёт +gen (фирмы) at the expense of; (внедрений итп) due to; **на счёт кого́-н** at sb's expense; **на э́тот счёт** in this respect; **э́то не в счёт** that doesn't count

счётный прил: **счётная маши́на** calculator

счётчик (-а) м meter

счёт|**ы** (-ов) мн (приспособление) abacus ед; (деловые) dealings

счи́танный прил: **счи́танные дни/мину́ты** only a few days/ minutes; **счи́танное коли́чество** very few

счита́ть (-ю) несов to count ▷ (perf посчита́ть или сосчита́ть) (деньги итп) to count ▷ (perf посчита́ть или счесть); **счита́ть кого́-н/что-н** +instr to regard sb/sth as; **я счита́ю, что ...** I believe и think that ...; **счита́ться** несов возв: **счита́ться** +instr to be considered to be; (уважать): **счита́ться с** +instr to respect

США мн сокр (= Соединённые Шта́ты Аме́рики) USA (= United States of America)

сшить (сошью́, сошьёшь; imper **сше́й(те)**) сов от **шить** ▷ (impf **сшива́ть**) перех (соединить шитьём) to sew together

съеда́ть (-ю) несов от **съесть**

съедо́бный прил edible

съезд (-а) м (партийный) congress

съе́зд|**ить** (-жу, -дишь) сов **to go**

съезжа́ть(ся) (-ю(сь)) несов от **съе́хать(ся)**

съём сов см **съесть**

съём|**ка** (-ки; gen pl -ок) ж (обычно мн: фильма) shooting

съёмочн|**ый** прил: **съёмочная**

площа́дка film set; **съёмочная гру́ппа** film crew

съёмщик (-а) м tenant

съесть (как есть; см Table 15; impf **есть** или **съеда́ть** сов перех (хлеб, кашу) to eat; (подлеж: моль, тоска) to eat away at

съе́хать (как **е́хать**; см Table 19, impf **съезжа́ть**) сов: **съе́хать** (с +gen) (спуститься) to go down; **съезжа́ть** (perf **съе́хать**) (с кварти́ры) to move out (of one's flat); **съе́хаться** (impf **съезжа́ться**) сов возв (делегаты) to gather

съешь сов см **съесть**

сыгра́ть (-ю) сов от **игра́ть**

сын (-а; nom pl -овья́, gen pl -ове́й, dat pl -овья́м) м son

сы́п|**ать** (-лю, -лешь; imper **сы́пь(те)**) несов перех to pour; **сы́паться** (perf **посы́паться**) несов возв to pour

сыпь (-и) ж rash

сыр (-а; nom pl -ы́) м cheese

сыре́ть (3sg -ет) несов to get damp

сыро́й прил damp; (мясо, овощи) raw

сыр|**о́к** (-ка́) м: **творо́жный сыро́к** sweet curd cheese; **пла́вленный сыро́к** processed cheese

сырьё (-я́) ср собир raw materials

сыск (-а) м criminal detection

сы́тный прил filling

сы́тый прил (не голодный) full

сэконо́м|**ить** (-лю, -ишь) сов от **эконо́мить**

сы́щик (-а) м detective

сюда́ нареч here

сюже́т (-а) м plot

сюрпри́з (-а) м surprise

ся́ду итп сов см **сесть**

T

та (той) *мест см* **тот**

таба́к (-á) *м* tobacco

та́бель (-я) *м* (*Просвещ*) school report (*Brit*), report card (*US, Scottish*); (*график*) chart

табле́т|ка (-ки; *gen pl* -ок) *ж* tablet

табли́ц|а (-ы) *ж* table; (*Спорт*) (league) table; **табли́ца умноже́ния** multiplication table

табло́ *ср нескл* (information) board; (*на стадионе*) scoreboard

табу́н (-á) *м* herd

таз (-а; *nom pl* -ы́) *м* (*сосуд*) basin; (*Анат*) pelvis

тайнственный *прил* mysterious

та́|ить (-ю́, -йшь) *несов перех* to conceal; **таи́ться** *несов возв* (*скрываться*) to hide; (*опасность*) to lurk

тайг|а́ (-и́) *ж* the taiga

тайм (-а) *м* (*Спорт*) period;

пе́рвый/второ́й тайм (*Футбол*) the first/second half

тайн|а (-ы) *ж* (*личная*) secret; (*события*) mystery

тайни́к (-á) *м* hiding place

та́йный *прил* secret

 КЛЮЧЕВОЕ СЛОВО

так *нареч* **1** (*указательное: таким образом*) like this, this way; **пусть бу́дет так** so be it

2 (*настолько*) so

3 (*разг: без какого-н намерения*) for no (special) reason; **почему́ ты пла́чешь? — да так** why are you crying? — for no reason

▷ *част* **1** (*разг: ничего*) nothing; **что с тобо́й? — так** what's wrong? — nothing

2 (*разг: приблизительно*) about; **дня так че́рез два** in about two days

3 (*например*) for example

4 (*да*) O.K.; **так, всё хорошо́** O.K. that's fine

▷ *союз* **1** (*в таком случае*) then; **е́хать, так е́хать** if we are going, (then) let's go

2 (*таким образом*) so; **так ты пое́дешь?** so, you are going?

3 (*в разделительных вопросах*): **э́то поле́зная кни́га, не так ли?** it's a useful book, isn't it?; **он хоро́ший челове́к, не так ли?** he's a good person, isn't he?

4 (*во фразах*): **и так** (*и без того уже*) anyway; **е́сли** *или* **раз так** in that case; **так и быть!** so be it!; **так и есть** (*разг*) sure enough; **так ему́!** serves him right!; **так себе́** (*разг*) so-so; **так как** since; **так что** so; **так что́бы** so that

та́кже *союз, нареч* also; **С Но́вым**

Го́дом! — И Вас та́кже Happy New Year! — the same to you

тако́в (-а́, -о́, -ы́) как сказ such

таково́й мест: (как таково́й) as such

так|о́е (-о́го) ср (о чём-н интере́сном, ва́жном итп) something; **что тут тако́го?** what is so special about that?

так|о́й мест such; **что тако́е?** what is it?

та́кс|а (-ы) ж (Комм) (fixed) rate

такси́ ср нескл taxi

такси́ст (-а) м taxi driver

таксопа́рк (-а) м (= таксомото́рный парк) taxi depot

такт (-а) м (такти́чность) tact; (Муз) bar (Brit), measure (US)

такти́чный прил tactful

тала́нт (-а) м talent; **тала́нтливый** прил talented

та́ли|я (-и) ж waist

тало́н (-а) м ticket; (на проду́кты итп) coupon

там нареч there; **там посмо́трим** (разг) we'll see

тамо́женник (-а) м customs officer

тамо́женн|ый прил (досмо́тр) customs; **тамо́женная по́шлина** customs (duty)

тамо́ж|ня (-ни; gen pl -ен) ж customs

тампо́н (-а) м tampon

та́н|ец (-ца) м dance

танк (-а) м tank

та́нкер (-а) м tanker (ship)

танцева́ть (-у́ю) несов (не)перех to dance

танцо́вщик (-а) м dancer

танцо́р (-а) м dancer

та́по́ч|ка (-ки; gen pl -ек) ж (обычно мн: дома́шняя) slipper; (: спорти́вная) plimsoll (Brit), sneaker (US)

та́р|а (-ы) ж собир containers мн

тарака́н (-а) м cockroach

таре́л|ка (-ки; gen pl -ок) ж plate; **я здесь не в свое́й таре́лке** (разг) I feel out of place here

тари́ф (-а) м tariff

тас|ова́ть (-у́ю; perf стасова́ть) несов перех to shuffle

ТАСС м сокр (= Телегра́фное аге́нтство Сове́тского Сою́за) Tass (news agency)

татуиро́в|ка (-ки; gen pl -ок) ж tattoo

та́ч|ка (-ки; gen pl -ек) ж wheelbarrow

тащ|и́ть (-у́, -ишь) несов перех to drag (тяну́ть) to pull; (нести́) to haul ▶ (perf вы́тащить) (перен: в театр, на прогу́лку) to drag out; **тащи́ться** несов возв (ме́дленно е́хать) to trundle along

та́|ять (-ю; perf раста́ять) несов to melt

ТВ м сокр (= телеви́дение) TV (= television)

тверде́ть (3sg -ет, perf затверде́ть) несов to harden

твёрдо нареч (ве́рить, сказа́ть) firmly; (запо́мнить) properly; **я твёрдо зна́ю, что ...** I know for sure that ...

твёрд|ый прил (Физ) solid; (земля́, предме́т) hard; (реше́ние, сторо́нник, тон) firm; (це́ны, ста́вки) stable; (зна́ния) solid; (хара́ктер) tough; **твёрдый знак** (Линг) hard sign

твёрже сравн прил от **твёрдый** ▶ сравн нареч от **твёрдо**

тво́|й (-его́; f -я́, nt -ё, pl -и́; как мой; см Table 8) притяж мест your; **как по-тво́ему?** what is your opinion?; **дава́й сде́лаем по-тво́ему** let's do it your way

творе́ни|е (-я) ср creation

твори́тельный *прил*:
твори́тельный паде́ж (*Линг*) the
instrumental (case)

твор|и́ть (-ю́, -и́шь) *несов* to
create ▷ (*perf* **сотвори́ть**) *перех*
to create ▷ (*perf* **натвори́ть**)
(*разг*) to get up to; **твори́ться**
несов возв: что тут твори́тся?
what's going on here?

творо́г (-á) *м* ≈ curd cheese

тво́рческий *прил* creative

тво́рчеств|о (-а) *ср* creative
work; (*писателя*) work

тво|я́ (-е́й) *притяж мест см* **твой**

те (тех) *мест см* **тот**

т.е. *сокр* (= то есть) i.e. (= id est)

теа́тр (-а) *м* theatre (*Brit*), theater
(*US*); **театра́льный** *прил*
(*афиша, сезон*) theatre (*Brit*),
theater (*US*); (*деятельность*)
theatrical; **театра́льный
институ́т** drama school

тебя́ *итп мест см* **ты**

текст (-а) *м* text; (*песни*) words
мн, lyrics *мн*

теку́чий *прил* fluid

теку́щий *прил* (*год*) current;
теку́щий счёт (*Комм*) current
(*Brit*) или checking (*US*) account

тел. *сокр* (= телефо́н) tel.
(= telephone)

телеви́дени|е (-я) *ср* television

телевизио́нный *прил*
television; **телевизио́нный фильм**
television drama

телеви́зор (-а) *м* television (set)

телегра́мм|а (-ы) *ж* telegram

телеграфи́р|овать (-ую) (*не*)*сов
перех* to wire

теле́ж|ка (-ки; *gen pl* -ек) *ж* (*для
багажа, в супермаркете*) trolley

телезри́тел|ь (-я) *м* viewer

телека́мер|а (-ы) *ж* television
camera

тел|ёнок (-ёнка; *nom pl* -я́та) *м*

calf (*мн* calves)

телепереда́ч|а (-и) *ж* TV
programme (*Brit*) или program
(*US*)

телеско́п (-а) *м* telescope

телесту́ди|я (-и) *ж* television
studio

телета́йп (-а) *м* teleprinter (*Brit*),
teletypewriter (*US*), Teletype

телефо́н (-а) *м* telephone;
телефо́нный *прил* telephone;
телефо́нная кни́га telephone
book или directory

Тел|е́ц (-ьца́) *м* (*созвездие*)
Taurus

телеце́нтр (-а) *м* television
centre (*Brit*) или center (*US*)

те́л|о (-а; *nom pl* -а́) *ср* body

телогре́й|ка (-йки; *gen pl* -ек) *ж*
body warmer

телохрани́тел|ь (-я) *м*
bodyguard

теля́тин|а (-ы) *ж* veal

тем *мест см* **тот**; **то** ▷ *союз*
+*comparative*: чем бо́льше, тем
лу́чше the more the better; **тем
бо́лее!** all the more so!; **тем бо́лее
что ...** especially as ...; **тем не
ме́нее** nevertheless; **тем са́мым**
thereby

те́м|а (-ы) *ж* topic; (*Муз,
Литература*) theme

те́ми *мест см* **тот**; **то**

темне́|ть (3sg -ет, *perf*
потемне́ть) *несов* to darken
▷ (*perf* **стемне́ть**) *безл* to get
dark

темно́ *как сказ*: на у́лице темно́
it's dark outside

темнот|á (-ы́) *ж* darkness

тёмный *прил* dark

темп (-а) *м* speed; в те́мпе (*разг*)
quickly

темпера́мент (-а) *м*
temperament

температу́р|а (-ы) ж temperature

тенде́нци|я (-и) ж tendency; (*предвзятость*) bias

те́н|и (-ей) мн (*также* **те́ни для век**) eye shadow *ед*

те́ннис (-а) м tennis; **тенниси́ст (-а)** м tennis player

тен|ь (-и; *prp sg* **-и́,** *gen pl* **-е́й)** ж (*место*) shade; (*предмета, человека*) shadow; (*перен:* +*gen:* волнения, печали) flicker of; *см также* **те́ни**

тео́ри|я (-и) ж theory

тепе́рь нареч now

тепле́|ть (3sg -ет, *perf* **потепле́ть)** несов to get warmer

тепло́ нареч warmly ⊳ (**-а́;** pl **-а́**) ср (*также перен*) warmth ⊳ *как сказ* it's warm; **мне тепло́** I'm warm

теплово́й прил thermal

теплохо́д (-а) м motor ship или vessel

тепло(электро)центра́л|ь (-и) ж generator plant (*supplying central heating systems*)

тёплый прил warm

терапе́вт (-а) м сокр ≈ general practitioner

тера́кт (-а) м сокр (= террористи́ческий акт) terrorist attack

терапи́|я (-и) ж (*Мед: наука*) (internal) medicine; (*лечение*) therapy

тере́ть (тру, трёшь; *pt* **тёр, тёрла, тёрло)** несов перех to rub; (*овощи*) to grate

терза́|ть (-ю; *perf* **растерза́ть)** несов перех (*добычу*) to savage ⊳ (*perf* **истерза́ть)** (*перен: упрёками, ревностью*) to torment; **терза́ться** несов возв: **терза́ться** +*instr* (сомнениями) to be racked by

тёрк|а (-ки; *gen pl* **-ок)** ж grater

те́рмин (-а) м term

термина́л (-а) м terminal

термо́метр (-а) м thermometer

те́рмос (-а) м Thermos

терпели́вый прил patient

терпе́ни|е (-я) ср patience

терпе́|ть (-лю́, -ишь) несов перех (*боль, голод*) to suffer, endure ⊳ (*perf* **потерпе́ть)** (*неудачу*) to suffer; (*грубость*) to tolerate; (*perf* **потерпе́ть)** крушение (*корабль*) to be wrecked; (*поезд*) to crash; **терпе́ть не могу́ таки́х люде́й** (*разг*) I can't stand people like that; **терпе́ть не могу́ спо́рить** (*разг*) I hate arguing; **терпе́ться** несов безл: **мне не те́рпится** +*infin* I can't wait to do

терпи́мост|ь (-и) ж: **терпи́мость (к** +*dat*) tolerance (of)

терпи́мый прил tolerant

терра́с|а (-ы) ж terrace

террито́ри|я (-и) ж territory

терроризи́р|овать (-ую) (*не*)*сов* перех to terrorize

террори́зм (-а) м terrorism

террори́ст (-а) м terrorist

террористи́ческий прил terrorist

теря́|ть (-ю; *perf* **потеря́ть)** несов перех to lose; **теря́ться** (*perf* **потеря́ться)** несов возв to get lost; (*робеть*) to lose one's nerve

тесни́|ть (-ю́, -и́шь; *perf* **потесни́ть)** несов перех (*в толпе*) to squeeze; (*к стене*) to press

те́сно нареч (*располага́ть(ся)*) close together; (*сотру́дничать*) closely ⊳ *как сказ*: **в кварти́ре о́чень те́сно** the flat is very cramped; **мы с ним те́сно знако́мы** he and I know each other very well

т

те́сный *прил* (*проход*) narrow; (*помещение*) cramped; (*одежда*) tight; (*дружба*) close; **мир те́сен** it's a small world

тест (-а) *м* test

тести́ровать (-ую) (*не*)*сов* to test

те́сто (-а) *ср* (*дрожжевое*) dough; (*слоёное, песочное*) pastry (*Brit*), paste (*US*)

тесть (-я) *м* father-in-law, wife's father

тесьм|а́ (-ы́) *ж* tape

тёт|ка (-ки; *gen pl* -ок) *ж* auntie

тетра́д|ь (-и) *ж* exercise book

тёт|я (-и; *gen pl* -ь) *ж* aunt; (*разг*: *женщина*) lady

тёфтел|и (-ей) *мн* meatballs

тех *мест см* **те**

те́хник|а (-и) *ж* technology; (*приёмы*) technique ▷ *собир* (*машины*) machinery; (*Муз*) hi-fi; **те́хника безопа́сности** industrial health and safety

те́хникум (-а) *м* technical college

техни́ческий *прил* technical; **техни́ческий осмо́тр** (*Авт*) ≈ MOT (*Brit*) (*annual roadworthiness check*); **техни́ческое обслу́живание** maintenance, servicing

технологи́ческий *прил* technical

техноло́ги|я (-и) *ж* technology

тече́ни|е (-я) *ср* (*поток*) current; (*в искусстве*) trend; **в тече́ние** +*gen* during

теч|ь (*3sg* -чёт, *pt* тёк, текла́) *несов* to flow; (*крыша, лодка итп*) to leak ▷ (-чи) *ж* leak

тёщ|а (-и) *ж* mother-in-law, wife's mother

тигр (-а) *м* tiger

ти́ка|ть (*3sg* -ет) *несов* to tick

тип (-а) *м* type; **ти́па** +*gen* (*разг*) sort of

типи́чный *прил*: типи́чный (*для* +*gen*) typical (of)

типогра́фи|я (-и) *ж* press, printing house

тир (-а) *м* shooting gallery

тире́ *ср нескл* dash

тиск|и́ (-о́в) *мн*: в тиска́х +*gen* (*перен*) in the grip of

титр (-а) *м* (*обычно мн*) credit (*of film*)

ти́тул (-а) *м* title

ти́тульный *прил*: ти́тульный лист title page

ти́хий *прил* quiet; **ти́хий у́жас!** (*разг*) what a nightmare!; **Ти́хий океа́н** the Pacific (*Ocean*)

ти́хо *нареч* (*говорить, жить*) quietly ▷ *как сказ*: **в до́ме ти́хо** the house is quiet; **ти́хо!** (be) quiet!

ти́ше *сравн прил от* **ти́хий** ▷ *сравн нареч от* **ти́хо** ▷ *как сказ*: **ти́ше!** quiet!, hush!

тишин|а́ (-ы́) *ж* quiet

т.к. *сокр* = **так как**

ткан|ь (-и) *ж* fabric, material; (*Анат*) tissue

тк|ать (-у, -ёшь; *perf* сотка́ть) *несов прич* to weave

тле|ть (*3sg* -ет) *несов* (*дрова, угли*) to smoulder (*Brit*), smolder (*US*)

тмин (-а) *м* (*Кулин*) caraway seeds *мн*

т.н. *сокр* = **так называ́емый**

то[1] (*того́*) (*условный*) *союз*: **е́сли ... то ...** if ... then ...; (*разделительный*): **то ... то ...** sometimes ...; **и то** even; **то есть** that is

то[2] (*того́*) *мест см* **тот**

т.о. *сокр* = **таки́м о́бразом**

-то *част для выделения*: **письмо́-то ты получи́л?** did you (at least) receive the letter?

тобо́й *мест см* **ты**

това́р (-а) м product; (*Экон*) commodity

това́рищ (-а) м (*приятель*) friend; (*по партии*) comrade;

това́рищеский прил comradely; **това́рищеский матч** (*Спорт*) friendly (match)

това́рищество (-а) ср (*Комм*) partnership

това́рный прил (*производство*) goods; (*рынок*) commodity; **това́рная би́ржа** commodity exchange; **това́рный знак** trademark

товарооборо́т (-а) м turnover

тогда́ нареч then; **тогда́ как** (*хотя*) while; (*при противопоставлении*) whereas

того́ мест см **тот**; **то**

то́же нареч (*также*) too, as well, also

той мест см **та**

ток (-а) м (*Элек*) current

толк (-а) м (*в рассуждениях*) sense; (*разг*: *польза*) use; **сбивать** (*perf* **сбить**) **кого́-н с то́лку** to confuse sb

толка́ть (-ю; *perf* **толкну́ть**) несов перех to push; (*перен*): **толка́ть кого́-н на +acc** to force sb into; **толка́ться** несов возв (*в толпе*) to push (one's way)

толкова́ть (-у́ю) несов перех to interpret

толко́вый прил intelligent

толпа́ (-ы́; *nom pl* -ы) ж crowd

толпи́ться (*3sg* -и́тся) несов возв to crowd around

толсте́ть (-ю; *perf* **потолсте́ть**) несов to get fatter

то́лстый прил thick; (*человек*) fat

толчо́к (-ка́) м (*в спину*) shove; (*при торможении*) jolt; (*при землетрясении*) tremor; (*перен*: *к работе*) incentive

то́лще сравн прил от **то́лстый**

толщина́ (-ы́) ж thickness

⬤ **КЛЮЧЕВО́Е СЛО́ВО**

то́лько част 1 only
2 (+*pron*/+*adv*: *усиливает выразительность*): **попро́буй то́лько отказа́ться!** just try to refuse!; **поду́мать то́лько!** imagine that!
▷ союз 1 (*сразу после*) as soon as
2 (*однако, но*) only; **позвони́, то́лько разгова́ривай недо́лго** phone it or call (*US*), only don't talk for long
▷ нареч 1 (*недавно*) (only) just; **ты давно́ здесь?**- **нет, то́лько вошла́** have been here long? — no, I've (only) just come in
2 (*во фразах*): **то́лько лишь** (*разг*) only; **то́лько и всего́** (*разг*) that's all; **как** или **лишь** или **едва́ то́лько** as soon as; **не то́лько ..., но и ...** not only... but also ...; **то́лько бы** if only; **то́лько что** only just

том мест см **тот**; **то** ▷ (-а; *nom pl* -á) м volume

тома́тный прил: **тома́тный сок** tomato juice

тому́ мест см **тот**; **то**

тон (-а) м tone

тонзилли́т (-а) м tonsillitis

тонизи́рующий прил (*напиток*) refreshing; **тонизи́рующее сре́дство** tonic

то́нкий прил thin; (*фигура*) slender; (*черты лица, работа, ум*) fine; (*различия, намёк*) subtle

тонне́ль (-я) м tunnel

тону́ть (-у́, -ешь; *perf* **утону́ть**) несов (*человек*) to drown ▷ (*perf* **затону́ть**) (*корабль*) to sink

тóньше *сравн прил от* **тóнкий**

тóпа|**ть** (**-ю**) *несов*: **тóпать ногáми** to stamp one's feet

топ|**и́ть** (**-лю́, -ишь**) *несов перех* (*печь*) to stoke (up); (*масло, воск*) to melt ▷ (*perf* **утопи́ть** *или* **потопи́ть**) (*корабль*) to sink; (*человека*) to drown; **топи́ться** *несов возв* (*печь*) to burn ▷ (*perf* **утопи́ться**) (*человек*) to drown o.s.

тóпливо (**-а**) *ср* fuel

тóпол|**ь** (**-я**) *м* poplar

топóр (**-á**) *м* axe (*Brit*), ах (*US*)

тóпот (**-а**) *м* clatter

топ|**тáть** (**-чý, -чешь**; *perf* **потоптáть**) *несов перех* (*траву*) to trample; **топтáться** *несов возв* to shift from one foot to the other

тóрг|**и** (**-óв**) *мн* (*аукцион*) auction *ед*; (*состязание*) tender *ед*

торг|**овáть** (**-ýю**) *несов* (*магазин*) to trade; **торговáть** (*impf*) +*instr* (*мясом, мебелью*) to trade in; **торговáться** (*perf* **сторговáться**) *несов возв* to haggle

торгóв|**ец** (**-ца**) *м* merchant; (*мелкий*) trader

торгóвл|**я** (**-и**) *ж* trade

торгóв|**ый** *прил* trade; (*судно, флот*) merchant; **торгóвая сеть** retail network; **торгóвая тóчка** retail outlet; **торгóвое представи́тельство** trade mission; **торгóвый центр** shopping centre (*Brit*), mall (*US*)

торгпрéд (**-а**) *м сокр* (= *торгóвый представи́тель*) head of the trade mission

торгпрéдств|**о** (**-а**) *ср сокр* = **торгóвое представи́тельство**

торжéственн|**ый** *прил* (*день, случай*) special; (*собрание*) celebratory; (*вид, обстановка*) festive; (*обещание*) solemn

торжеств|**ó** (**-á**) *ср* celebration; (*в голосе, в словах*) triumph;

торжеств|**овáть** (**-ýю**) *perf* **восторжествовáть** *несов*: **торжествовáть** (**над** +*instr*) to triumph (over)

тóрмоз (**-а**; *nom pl* **-á**) *м* brake

тормо|**зи́ть** (**-жý, -зи́шь**; *perf* **затормози́ть**) *несов перех* (*машину*) to slow down ▷ *неперех* (*машина*) to brake; **тормози́ться** (*perf* **затормози́ться**) *несов возв* (*работа итп*) to be hindered

тор|**опи́ть** (**-оплю́, -óпишь**; *perf* **поторопи́ть**) *несов перех* to hurry; **торопи́ться** (*perf* **поторопи́ться**) *несов возв* to hurry

торопли́в|**ый** *прил* (*человек*) hasty

торпéд|**а** (**-ы**) *ж* torpedo (*мн* torpedoes)

торт (**-а**) *м* cake

торф (**-а**) *м* peat

торч|**áть** (**-ý, -и́шь**) *несов* (*вверх*) to stick up; (*в стороны*) to stick out; (*разг: на улице*) to hang around

торшéр (**-а**) *м* standard lamp

тоск|**á** (**-и́**) *ж* (*на сердце*) anguish; (*скука*) boredom; **тоскá по рóдине** homesickness; **тоскли́вый** *прил* gloomy; **тоскóв**|**áть** (**-ýю**) *несов* to pine away; **тосковáть** (*impf*) **по** +*dat или* **о** +*prp* to miss

тост (**-а**) *м* toast

 КЛЮЧЕВÓЕ СЛÓВО

то|**т** (**-гó**) *ж* **та**, *nt* **то**, *pl* **те**; *см Table 11*) *мест* **1** that; **тот дом** that house

2 (*о ранее упомянутом*) that; **в тот раз/день** that time/day

3 (*в главных предложениях*): **э́то тот человéк, котóрый приходи́л**

вчера́ it's the man who came yesterday

4 (о последнем из названных лиц): я посмотре́л на дру́га, кто стоя́л мо́лча I looked at my friend, who stood silently

5 (обычно с отрицанием): зашёл не в тот дом I called at the wrong house

6 (об одном из перечисляемых предметов): ни тот ни друго́й neither one nor the other; тем или ины́м спо́собом by some means or other; тот же the same

7 (во фразах): до того́ so; мне не до того́ I have no time for that; к тому́ же moreover; ни с того́ ни с сего́ (разг) out of the blue; тому́ наза́д ago; и тому́ подо́бное et cetera, and so on

тоталита́рный прил totalitarian

тота́льный прил total; (война) all-out

то-то част (разг: вот и́менно) exactly, that's just it; (вот почему́) that's why; (выражает удовлетворе́ние): то-то же pleased to hear it; то-то он уди́вится! he WILL be surprised!

то́тчас нареч immediately

точи́лка (-ки; gen pl -ок) ж pencil sharpener

точи́ть (-у́, -ишь; perf наточи́ть) несов перех to sharpen; (no perf: подлеж: червь, ржавчина) to eat away at

то́чка (-ки; gen pl -ек; как точка; (пятнышко) dot; (Линг) full stop (Brit), period (esp US); то́чка зре́ния point of view; то́чка с запято́й semicolon

точне́е вводн сл to be exact или precise

то́чно нареч exactly; (объясни́ть)

exactly, precisely; (подсчита́ть, перевести́) accurately ▷ част (разг: действи́тельно) exactly, precisely

то́чность (-и) ж accuracy

то́чный прил exact; (часы, перевод, попада́ние) accurate

точь-в-то́чь нареч (разг) just like

тошни́ть (3sg -и́т, perf стошни́ть) несов безл: меня́ тошни́т I feel sick

тошнота́ (-ы́) ж (чу́вство) nausea

то́щий прил (челове́к) skinny

т.п. сокр (= тому́ подо́бное) etc.

трава́ (-ы́; nom pl -ы) ж grass; (лека́рственная) herb

трави́ть (-лю́, -ишь) несов перех (также перен) to poison ▷ (perf затрави́ть) (дичь) to hunt; (перен: разг: притесня́ть) to harass, hound; **трави́ться** (perf отрави́ться) несов возв to poison o.s.

тра́вма (-ы) ж (физи́ческая) injury; (психи́ческая) trauma

травмато́лог (-а) м doctor working in a casualty department

травматологи́ческий прил: травматологи́ческий отде́л casualty; травматологи́ческий пункт first-aid room

травми́ровать (-ую) (не)сов перех to injure; (перен: психи́чески) to traumatize

траге́дия (-и) ж tragedy

траги́ческий прил tragic

традицио́нный прил traditional

тради́ция (-и) ж tradition

тра́ктор (-а) м tractor

тракто́рист (-а) м tractor driver

трамва́й (-я) м tram (Brit), streetcar (US)

транзи́стор (-а) м (приёмник) transistor (radio)

транзи́т (-а) м transit

транс (-а) м (документ) transport document

трансге́нный прил (овощи) genetically modified

трансли́ровать (-ую) (не)сов перех to broadcast

трансля́ци|я (-и) ж (передача) broadcast

транспара́нт (-а) м banner

транспланта́ци|я (-и) ж transplant

тра́нспорт (-а) м transport

транспортёр (-а) м (конвейер) conveyor belt; (Воен) army personnel carrier

транспорти́р|овать (-ую) (не) сов перех to transport

тра́нспортный прил transport

транше́|я (-и) ж trench

тра́сс|а (-ы) ж (лыжная) run; (трубопровода) line; **автомоби́льная тра́сса** motorway (Brit), expressway (US)

тра́|тить (-чу, -тишь; perf **истра́тить** или **потра́тить**) несов перех to spend

тра́ур (-а) м mourning

тре́бовани|е (-я) ср demand; (правило) requirement

тре́бовательный прил demanding

тре́б|овать (-ую; perf **потре́бовать**) несов перех: **тре́бовать что-н**/+infin to demand sth/to do; **тре́боваться** (perf **потре́боваться**) несов возв to be needed или required

трево́г|а (-и) ж (волнение) anxiety; **возду́шная трево́га** air-raid alarm

трево́ж|ить (-у, -ишь; perf **встрево́жить**) несов перех to alarm ▷ (perf **потрево́жить**) (мешать) to disturb

трево́житься (perf **встрево́житься**) несов возв (за детей) to be concerned

трево́жный прил (голос, взгляд) anxious; (сведения) alarming

трезве́|ть (-ю; perf **отрезве́ть**) несов to sober up

тре́звый прил (человек) sober; (перен: идея) sensible

трём etc чис см **три**

трёмста́м etc чис см **три́ста**

тренажёр (-а) м equipment used for physical training

тре́нер (-а) м coach

тре́ни|е (-я) ср friction

трениров|а́ть (-у́ю; perf **натренирова́ть**) несов перех to train; (спортсменов) to coach; **трениро́ваться** (perf **натренирова́ться**) несов возв (спортсмен) to train

трениро́вк|а (-ки; gen pl **-ок**) ж training; (отдельное занятие) training (session)

трениро́вочный прил training; **трениро́вочный костю́м** tracksuit

треп|а́ть (-лю́, -лешь; perf **потрепа́ть**) несов перех (подлеж: ветер) to blow about; (человека: по плечу) to pat ▷ (perf **истрепа́ть** или **потрепа́ть**) (разг: обувь, книги) to wear out; **трепа́ться** (perf **истрепа́ться** или **потрепа́ться**) несов возв (одежда) to wear out

трепе|та́ть (-щу́, -щешь) несов (флаги) to quiver; (от ужаса) to tremble

треск|а́ (-и́) ж cod

тре́ска|ться (3sg **-ется**, perf **потре́скаться**) несов возв to crack

тре́сн|уть (3sg **-ет**) сов (ветка) to snap; (стакан, кожа) to crack

трест (-а) м (Экон) trust

тре́т|ий чис third; **тре́тье лицо́** (Линг) the third person

треть (-и; nom pl -и, gen pl -е́й) ж third

тре́ть|е (-его) ср (Кулин) sweet (Brit), dessert

треуго́льник (-а) м triangle

треуго́льный прил triangular

тре́ф|ы (-) мн (Карты) clubs

трёх чис см **три**

трёхме́рный прил 3-D, three-dimensional

трёхсо́т чис см **три́ста**

трёхсо́тый чис three hundredth

треща́ть (-у́, -и́шь) несов (лёд, доски) to crack; (кузнечик) to chip

тре́щин|а (-ы) ж crack

тр|и (-ёх; см Table 24) чис three ▷ нескл (Просвещ) ≈ C (school mark)

трибу́н|а (-ы) ж platform; (стадиона) stand

трибуна́л (-а) м tribunal; **вое́нный трибуна́л** military court

тридца́тый чис thirtieth

три́дцать (-и́; как **пять**; см Table 26) чис thirty

три́жды нареч three times

трико́ ср нескл leotard

трина́дцатый чис thirteenth

трина́дцать (-и; как **пять**; см Table 26) чис thirteen

три́ста (трёхсо́т; см Table 28) чис three hundred

триу́мф (-а) м triumph

тро́гательный прил touching

тро́га|ть (-ю; perf тро́нуть) несов перех to touch; (подлеж: рассказ, событие) to move

тро́гаться (perf тро́нуться) несов возв (поезд) to move off

тро́|е (-и́х; см Table 30a) чис three

тро́иц|а (-ы) ж (также **Свята́я**

Тро́ица) the Holy Trinity; (праздник) ≈ Trinity Sunday

Тро́ицын прил: **Тро́ицын день** ≈ Trinity Sunday

тро́йк|а (-йки; gen pl -ек) ж (цифра, карта) three; (Просвещ) ≈ C (school mark); (лошадей) troika; (костюм) three-piece suit

тройно́й (-а́) м (Элек) (three-way) adaptor

тройно́й прил triple

тролле́йбус (-а) м trolleybus

тромбо́н (-а) м trombone

трон (-а) м throne

тро́н|уть(ся) (-у(сь)) сов от **тро́гать(ся)**

тро́пик (-а) м: **се́верный/ю́жный тро́пик** the tropic of Cancer/ Capricorn

тропи́нк|а (-и; gen pl -ок) ж footpath

тропи́ческий прил tropical

трос (-а) м cable

тростни́к (-а́) м reed; **са́харный тростни́к** sugar cane

трость (-и) ж walking stick

тротуа́р (-а) м pavement (Brit), sidewalk (US)

трофе́|й (-я) м trophy

трою́родн|ый прил: **трою́родный брат** second cousin (male); **трою́родная сестра́** second cousin (female)

троя́кий прил triple

труб|а́ (-ы́; nom pl -ы) ж pipe; (дымовая) chimney; (Муз) trumpet

труби́ть (-лю́, -и́шь; perf протруби́ть) несов (труба) to sound; (Муз): **труби́ть в +acc** to blow

тру́бк|а (-и; gen pl -ок) ж tube; (курительная) pipe; (телефона) receiver

труд (-а́) м work; (Экон) labour (Brit), labor (US); **без труда́**

without any difficulty; **с (больши́м)
трудо́м** with (great) difficulty;
тру́|ди́ться (-жу́сь, -дишься)
несов возв to work hard

тру́дно *как сказ* it's hard *или*
difficult; **у меня́ тру́дно с
деньга́ми** I've got money
problems; **мне тру́дно поня́ть э́то**
I find it hard to understand; **(мне)
тру́дно бе́гать/стоя́ть** I have
trouble running/standing up;
тру́дно сказа́ть it's hard to say
тру́дност|ь (-и) *ж* difficulty
трудово́й *прил* difficult
трудово́й *прил* working;
трудова́я кни́жка *employment
record book*

● **ТРУДОВА́Я КНИ́ЖКА**
●
● This is a booklet in which all
● employment details are recorded
● e.g. employment dates, position
● and any merits or reprimands
● received in the course of service.
● This is an extremely important
● document, the absence of which
● can make employment almost
● impossible.

трудоёмкий *прил* labour-
intensive (*Brit*), labor-intensive (*US*)
трудолюби́вый *прил*
hard-working, industrious
труп (-а) *м* corpse
тру́пп|а (-ы) *ж* (*Театр*) company
трус (-а) *м* coward
тру́сик|и (-ов) *мн* (*детские*)
knickers (*Brit*), panties (*US*)
тру́|сить (-шу, -сишь); *perf
стру́сить) *несов* to get scared
трусли́вый *прил* cowardly
трус|ы́ (-о́в) *мн* (*белье: обычно
мужские*) (under)pants (*US*);
(*спортивные*) shorts

трущо́б|а (-ы) *ж* slum
трюм (-а) *м* hold (*of ship*)
трюмо́ *ср нескл* (*мебель*) dresser
тря́п|ка (-ки; gen pl -ок) *ж*
(*половая*) cloth; (*лоскут*) rag;
тря́пки (*разг*) clothes *мн*
тряс|ти́ (-у́, -ёшь) *несов перех* to
shake; **трясти́сь** *несов возв*:
трясти́сь пе́ред +instr (*перед
нача́льством*) to tremble before;
трясти́сь (*impf*) **над +instr** (*разг:
над ребёнком*) to fret over *или*
over
тряхн|у́ть (-у́, -ёшь) *сов перех*
to shake
ТУ *м сокр* самолёт констру́кции
А.Н.Ту́полева
туале́т (-а) *м* toilet; (*одежда*)
outfit; **туале́тный** *прил*:
туале́тная бума́га toilet paper;
туале́тное мы́ло toilet soap;
туале́тные принадле́жности
toiletries; **туале́тный сто́лик**
dressing table
туго́й *прил* (*струна, пружина*)
taut; (*узел, одежда*) tight; **он туг на́
у́хо** (*разг*) he's a bit hard of hearing
туда́ *нареч* there; **туда́ и обра́тно**
there and back; **биле́т туда́ и
обра́тно** return (*Brit*) *или*
round-trip (*US*) ticket
туда́-сюда́ *нареч* all over the
place; (*раска́чиваться*) backwards
and forwards
ту́же *сравн прил от* **туго́й**
туз (-а́) *м* (*Ка́рты*) ace
тузе́м|ец (-ца) *м* native
тума́н (-а) *м* mist
тума́нный *прил* misty; (*идеи*)
nebulous
ту́мбочк|а (-ки; gen pl -ек) *ж*,
уменьш от **ту́мба**; (*мебель*)
bedside cabinet
тун|е́ц (-ца́) *м* tuna (fish)
туне́яд|ец (-ца) *м* parasite (*fig*)

тунне́л|ь (-я) м = **тонне́ль**

тупи́к (-á) м (улица) dead end, cul-de-sac; (для поездов) siding; (перен: в переговорах итп) deadlock

туп|и́ть (-лю́, -ишь, perf **затупи́ть**) несов перех to blunt; **тупи́ться** (perf **затупи́ться**) несов возв to become blunt

тупо́й прил (нож, каранда́ш) blunt; (челове́к) stupid; (боль, ум) dull; (поко́рность) blind

тур (-а) м (эта́п) round; (в та́нце) turn

тури́зм (-а) м tourism; **тури́ст** (-а) м tourist; (в похо́де) hiker; **туристи́ческий** прил tourist

турне́ ср нескл (Театр, Спорт) tour

турни́р (-а) м tournament

Ту́рци|я (-и) ж Turkey

ту́склый прил (стекло́) opaque; (кра́ска) mat(t); (свет, взгляд) dull

тус|ова́ться (-у́юсь, perf **потусова́ться**) несов (разг) to hang out

тусо́вк|а (-и) ж (разг: на у́лице) hanging about; (вечери́нка) party

тут нареч here; **и всё тут** (разг) and that's that; **не тут-то бы́ло** (разг) it wasn't to be

ту́фл|я (-и; gen pl -ель) ж shoe

ту́х|нуть (3sg -нет, pt -, -ла, perf **поту́хнуть**) несов (костёр, свет) to go out ▷ (perf **проту́хнуть**) (мя́со) to go off

ту́ч|а (-и) ж rain cloud

туше́нк|а (-ки; gen pl -ок) ж (разг) tinned (Brit) или canned meat

тушь (-и) ж (для ресни́ц) mascara

т/ф м сокр = **телевизио́нный фильм**

ТЦ м сокр (= телевизио́нный центр) television centre (Brit) или center (US)

тща́тельный прил thorough

тщесла́ви|е (-я) ср vanity; **тщесла́вный** прил vain

ты (тебя́; см Table 6а) мест you; **быть** (impf) **с кем-н на ты** to be on familiar terms with sb

ты́|кать (-чу, -чешь, perf **ткнуть**) несов перех (разг: ударя́ть): **ты́кать что-н/кого́-н чем-н** to poke sth/sb with sth

ты́кв|а (-ы) ж pumpkin

тыл (-а; loc sg -ý, nom pl -ы́) м (Воен: террито́рия) the rear; **ты́льный** прил back

тыс. сокр = **ты́сяча**

ты́сяч|а (-и; см Table 29) ж чис thousand

ты́сячный (-е thousandth; (толпа́, а́рмия) of thousands

тьм|а (-ы) ж (мрак) darkness, gloom

ТЭЦ ж сокр = **тепло(электро) центра́ль**

тю́бик (-а) м tube

ТЮЗ м сокр (= теа́тр ю́ного зри́теля) children's theatre (Brit) или theater (US)

тюле́н|ь (-я) м (Зоол) seal

тюльпа́н (-а) м tulip

тюре́мный прил prison; **тюре́мное заключе́ние** imprisonment

тюрьм|а́ (-ы́) ж prison

тя́г|а (-и) ж (в пе́чи) draught (Brit), draft (US); (насоса, пылесо́са) suction; **тя́га к** +dat (перен) attraction to

тяготе́ни|е (-я) ср (Физ) gravity

тя́гот|ы (-) мн hardships

тя́жб|а (-ы) ж dispute

тяжеле́|ть (-ю, perf **отяжеле́ть** или **потяжеле́ть**) несов to get heavier

тяжело́ нареч heavily; (бо́льный) seriously ▷ как сказ (нести́) it's heavy; (*понять*) it's hard; **мне тяжело́ здесь** I find it hard here; **больно́му тяжело́** the patient is suffering

тяжёл|ый *прил* heavy; (*труд, день*) hard; (*сон*) restless; (*запах*) strong; (*воздух*) stale; (*преступление, болезнь, рана*) serious; (*зрелище, мысли, настроение*) grim; (*трудный: человек, характер*) difficult; **тяжёлая атле́тика** weightlifting; **тяжёлая промы́шленность** heavy industry

тя́жкий *прил* (*труд*) arduous; (*преступление*) grave

тян|у́ть (-у́, -ешь) *несов перех* (*канат, сеть итп*) to pull; (*шею, руку*) to stretch out; (*дело*) to drag out ▷ *perf* **протяну́ть** (*кабель*) to lay ▷ *perf* **вы́тянуть** (*жребий*) to draw ▷ *неперех:* **тяну́ть с** +*instr* (*с ответом, с решением*) to delay; **меня́ тя́нет в Петербу́рг** I want to go to Petersburg

тяну́ться *несов возв* to stretch; (*дело, время*) to drag on; (*дым, запах*) to waft; **тяну́ться** (*impf*) **к** +*dat* to be attracted *или* drawn to

У

⊙ **КЛЮЧЕВО́Е СЛО́ВО**

у *предл* +*gen* **1** (*около*) by; **у окна́** by the window

2 (*обозначает обладателя чего-н*): **у меня́ есть дом/де́ти** I have a house/children

3 (*обозначает объект, с которым соотносится действие*): **я живу́ у друзе́й** I live with friends; **я учи́лся у него́** I was taught by him

4 (*указывает на источник получения чего-н*) from; **я попроси́л у дру́га де́нег** I asked for money from a friend

▷ *межд* (*выражает испуг; восторг*) oh

убега́|ть (-ю) *несов от* **убежа́ть**

убеди́тельный *прил* (*пример*) convincing; (*про́сьба*) urgent

убедить (2sg -**ишь**, 3sg -**ит**, impf **убеждать**) сов перех: **убедить кого-н** +infin to persuade sb to do; **убеждать** (perf **убедить**) **кого-н в чём-н** to convince sb of sth; **убедиться** (impf **убеждаться**) сов возв: **убедиться в чём-н** to be convinced of sth

убежать (как **бежать**; см Table 20; impf **убегать**) сов to run away

убеждение (-**я**) ср (взгляд) conviction

убежище (-**а**) ср (от дождя, от бомб) shelter; **политическое убежище** political asylum

уберечь (-**егу́**, -**ежёшь** итп, -**егу́т**; pt -**ёг**, -**егла́**, impf **уберегать**) сов перех to protect; **уберечься** (impf **уберегаться**) сов возв (от опасности итп) to protect o.s.

убивать (-**ю**) несов от **убить**

убийство (-**а**) ср murder

убийца (-**ы**) м/ж murderer

убирать (-**ю**) несов от **убрать**

убитый (-**ого**) м dead man (мн men)

убить (-**ью**, -**ьёшь**; impf **убивать**) сов перех to kill; (о преступлении) to murder

убогий прил wretched

убой (-**я**) м slaughter

убор (-**а**) м: **головной убор** hat

уборка (-**и**) ж (помещения) cleaning; **уборка урожая** harvest

уборная (-**ой**) ж (артиста) dressing room; (туалет) lavatory

уборщица (-**ы**) ж cleaner

убрать (**уберу́**, **уберёшь**; impf **убирать**) сов перех (унести: вещи) to take away; (комнату) to tidy; (урожай) to gather (in); **убирать** (perf **убрать**) **со стола́** to clear the table

убыль (-**и**) ж decrease; **идти** (impf) **на убыль** to decrease

убыток (-**ка**) м loss

убью итп сов от **убить**

уважаемый прил respected, esteemed; **уважаемый господин** Dear Sir; **уважаемая госпожа** Dear Madam

уважать (-**ю**) несов перех to respect

уважение (-**я**) ср respect

УВД ср сокр (= Управление внутренних дел) administration of internal affairs within a town or region

уведомить (-**лю**, -**ишь**; impf **уведомлять**) сов перех to notify

увезти (-**у́**, -**ёшь**; pt **увёз**, -**ла́**, impf **увозить**) сов перех to take away

увеличительный прил: **увеличительное стекло** magnifying glass

увеличить (-**у**, -**ишь**; impf **увеличивать**) сов перех to increase; (фотографию) to enlarge; **увеличиться** (impf **увеличиваться**) сов возв to increase

уверенность (-**и**) ж confidence

уверенный прил confident

уверять (-**ю**) несов перех: **уверять кого-н/что-н** (в чём-н) to assure sb/sth (of sth)

увести (-**еду́**, -**едёшь**; pt -**ёл**, -**ела**, impf **уводить**) сов перех to lead off

увидеть(ся) (-**жу(сь)**, -**дишь(ся)**) сов от **видеть(ся)**

увлекательный прил (рассказ) absorbing; (поездка) entertaining

увлечение (-**я**) ср passion

увлечь (-**еку́**, -**ечёшь** итп, -**еку́т**; pt -**ёк**, -**екла́**, impf **увлекать**) сов перех to lead away; (перен: захвати́ть) to captivate; **увле́чься** (impf **увлека́ться** сов возв: увле́чься +instr to get carried away with; (влюби́ться) to fall for; (ша́хматами итп) to become keen on

уво|ди́ть (-ожу́, -о́дишь) несов от **увести́**

уво|зи́ть (-ожу́, -о́зишь) несов от **увезти́**

уво́л|ить (-ю, -ишь) сов перех (с рабо́ты) to dismiss, sack; **уво́литься** (impf **увольня́ться**) сов возв: **уво́литься (с рабо́ты)** to leave one's job

увольне́ни|е (-я) ср (со слу́жбы) dismissal; (Воен) leave

увя́н|уть (-у) сов от **вя́нуть**

угада́|ть (-ю; impf **уга́дывать**) сов перех to guess

уга́рный прил: **уга́рный газ** carbon monoxide

угаса́|ть (-ю; perf **уга́снуть**) несов (ого́нь) to die down

угла́ итп сущ см **у́гол**

углево́д (-а) м carbohydrate

углеки́слый прил: **углеки́слый газ** carbon dioxide

углеро́д (-а) м (Хим) carbon

углово́й прил corner; (также **углово́й уда́р**: Спорт) corner

углуб|и́ть (-лю́, -и́шь; impf **углубля́ть**) сов перех to deepen; **углуби́ться** (impf **углубля́ться**) сов возв to deepen

угля́ итп сущ см **у́гол**

угн|а́ть (-оню́, -о́нишь; impf **угоня́ть**) сов перех to drive off; (самолёт) to hijack

угнета́|ть (-ю) несов перех to oppress; (тяготи́ть) to depress

уговор|и́ть (-ю́, -и́шь; impf **угова́ривать**) сов перех to persuade

уго|ди́ть (-жу́, -ди́шь; impf **угожда́ть**) сов (попа́сть) to end up; **угожда́ть** (perf **угоди́ть**) +dat to please

уго́дно част: **что уго́дно** whatever you like ▶ как сказ: **что Вам уго́дно?** what can I do for you?; **кто уго́дно** anyone; **когда́/како́й уго́дно** whenever/whichever you like; **от них мо́жно ожида́ть чего́ уго́дно** they might do anything

уго́дный прил +dat pleasing to

угожда́|ть (-ю) несов от **угоди́ть**

у́гол (-ла́; loc sg -лу́) м corner; (Геом) angle; **у́гол зре́ния** perspective

уголо́вник (-а) м criminal

уголо́вный прил criminal; **уголо́вное преступле́ние** felony; **уголо́вный престу́пник** criminal; **уголо́вный ро́зыск** Criminal Investigation Department

у́гол|ь (-ля́) м coal

угоня́|ть (-ю) несов от **угна́ть**

угости́ть (-щу́, -сти́шь; impf **угоща́ть**) сов перех: **угости́ть кого́-н** (чем-н) (пирого́м, вино́м) to offer sb sth

угоща́|ться (-юсь) несов возв: **угоща́йтесь!** help yourself!

угрожа́|ть (-ю) несов перех: **угрожа́ть кому́-н** (чем-н) to threaten sb (with sth)

угро́з|а (-ы) ж (обы́чно мн) threat

угрызе́ни|е (-я) ср: **угрызе́ния со́вести** pangs of conscience

удава́|ться (3sg -ётся) несов от **уда́ться**

удал|и́ть (-ю́, -и́шь; impf **удаля́ть**) сов перех (отосла́ть) to send away; (игрока́) to send off; (пятно́, зано́зу, о́рган) to remove

уда́р (-а) м blow; (ного́й) kick; (инсу́льт) stroke; (се́рдца) beat

ударе́ни|е (-я) *ср* stress

уда́р|ить (-ю, -ишь; *impf* **ударя́ть**) *сов перех* to hit; (*ного́й*) to kick; (*подлеж: часы́*) to strike; **уда́риться** (*impf* **ударя́ться**) *сов возв*: **уда́риться о** +*acc* to bang (o.s.) against

уда́рный *прил* (*инструме́нт*) percussion; (*слог*) stressed

уда́ться (*как* **дать**; *см* Table 16; *impf* **удава́ться**) *сов возв* (*о́пыт, де́ло*) to be successful, work; (*пиро́г*) to turn out well; **нам удало́сь поговори́ть/зако́нчить рабо́ту** we managed to talk to each other/finish the work

уда́ч|а (-и) *ж* (good) luck; **жела́ю уда́чи!** good luck!

уда́чный *прил* successful; (*слова́*) apt

удво́|ить (-ю, -ишь; *impf* **удва́ивать**) *сов перех* to double

удел|и́ть (-ю́, -и́шь; *impf* **уделя́ть**) *сов перех*: **удели́ть что-н кому́-н/чему́-н** to devote sth to sb/sth

удерж|а́ть (-у́, -ержу, -е́ржишь; *impf* **уде́рживать**) *сов перех* to restrain; (*де́ньги*) to deduct; **уде́рживать** (*perf* **удержа́ть**) (**за собо́й**) to retain; **уде́рживать** (*perf* **удержа́ть**) **кого́-н от пое́здки** to keep sb from going on a journey; **удержа́ться** (*impf* **уде́рживаться**) *сов возв* to stop *или* restrain o.s.

удиви́тельный *прил* amazing

удив|и́ть (-лю́, -и́шь; *impf* **удивля́ть**) *сов перех* to surprise; **удиви́ться** (*impf* **удивля́ться**) *сов возв*: **удиви́ться** *dat* to be surprised at *или* by

удивле́ни|е (-я) *ср* surprise

уд|и́ть (**ужу́, у́дишь**) *несов* to angle

удо́бно *нареч* (*сесть*) comfortably ▷ *как сказ* it's comfortable; (*прили́чно*) it's proper; **не удо́бно так говори́ть/де́лать** it is not proper to say so/do so; **мне не удо́бно** I feel awkward; **мне здесь удо́бно** I'm comfortable here; **мне удо́бно прийти́ ве́чером** it's convenient for me to come in the evening

удо́бный *прил* comfortable; (*вре́мя, ме́сто*) convenient

удобре́ни|е (-я) *ср* fertilizer

удо́бств|о (-а) *ср* comfort; **кварти́ра со все́ми удо́бствами** a flat with all (modern) conveniences

удовлетвори́тельный *прил* satisfactory

удовлетвор|и́ть (-ю́, -и́шь; *impf* **удовлетворя́ть**) *сов перех* to satisfy; (*потре́бности, про́сьбу*) to meet; (*жа́лобу*) to respond to; **удовлетвори́ться** (*impf* **удовлетворя́ться**) *сов возв*: **удовлетвори́ться** +*instr* to be satisfied with

удово́льстви|е (-я) *ср* pleasure

удостовере́ни|е (-я) *ср* identification (card); **удостовере́ние ли́чности** identity card

удочер|и́ть (-ю́, -и́шь; *impf* **удочеря́ть**) *сов перех* to adopt (daughter)

у́доч|ка (-ки; *gen pl* -ек) *ж* (fishing-)rod

уе́|хать (*как* **е́хать**; *см* Table 19; *impf* **уезжа́ть**) *сов* to leave, go away

уж (-а́) *част* (*при усиле́нии*): **здесь не так уж пло́хо** it's not as bad as all that here

ужа́л|ить (-ю, -ишь) *сов от* **жа́лить**

у́жас (-а) *м* horror; (*страх*) terror

у

▷ **как сказ** (*разг*): (**э́то**) **у́жас!** it's awful *или* terrible!; **ти́хий у́жас** (*разг*) what a nightmare!; **до у́жаса** (*разг*) terribly

ужа́сно *нареч* (*разг*: *очень*) awfully, terribly ▷ **как сказ**: **э́то ужа́сно** it's awful *или* terrible

ужа́сный *прил* terrible, horrible, awful

у́же *сравн прил от* **у́зкий**

уже́ *нареч*, *част* already; **ты уже́ не ма́ленький** you're not a child any more

ужива́ться (**-юсь**) *несов от* **ужи́ться**

у́жин (**-а**) *м* supper

у́жина|ть (**-ю**; *perf* **поу́жинать**) *несов* to have supper

ужи́|ться (**-ву́сь**, **-вёшься**; *impf* **ужива́ться**) *сов возв*: **ужи́ться с кем-н** to get on with sb

узако́н|ить (**-ю**, **-ишь**; *impf* **узако́нивать**) *сов перех* to legalize

у́з|ел (**-ла́**) *м* knot; (*мешок*) bundle; **телефо́нный у́зел** telephone exchange; **железнодоро́жный у́зел** railway junction; **санита́рный у́зел** bathroom and toilet

у́зкий *прил* narrow; (*те́сный*) tight; (*перен*: *человек*) narrow-minded

узна́|ть (**-ю**; *impf* **узнава́ть**) *сов перех* to recognize; (*но́вости*) to learn

у́зок *прил см* **у́зкий**

узо́р (**-а**) *м* pattern

уйти́ (*как* **идти́**; *см Table 18*; *impf* **уходи́ть**) *сов* (*челове́к*) to go away, leave; (*автобус, поезд*) to go, leave; (*избежа́ть*): **уйти́ от** +*gen* (*от опа́сности итп*) to get away from; (*потре́боваться*): **уйти́ на** +*асс* (*де́ньги, вре́мя*) to be

spent on

ука́з (**-а**) *м* (*президе́нта*) decree

указа́ни|е (**-я**) *ср* indication; (*разъясне́ние*) instruction; (*прика́з*) directive

указа́тель (**-я**) *м* (*доро́жный*) sign; (*кни́ги*) guide; (*спи́сок в кни́ге*) index; (*прибо́р*) indicator

указа́тельн|ый *прил*; **указа́тельное местоиме́ние** demonstrative pronoun; **указа́тельный па́лец** index finger

ука|за́ть (**-ажу́**, **-а́жешь**; *impf* **ука́зывать**) *сов перех* to point out; (*сообщи́ть*) to indicate

укача́|ть (**-ю**; *impf* **ука́чивать**) *сов перех* (*усыпи́ть*) to rock to sleep; **его́ укача́ло** (*в маши́не/на парохо́де*) he got (car-/sea-)sick

укла́дыва|ть (**-ю**) *несов от* **уложи́ть** ▷ **укла́дываться** *несов от* **уложи́ться** ▷ *возв*: **э́то не укла́дывается в обы́чные ра́мки** this is out of the ordinary; **э́то не укла́дывается в голове́** *или* **в созна́нии** it's beyond me

укло́н (**-а**) *м* slant; **под укло́н** downhill

уко́л (**-а**) *м* prick; (*Мед*) injection

уко|ло́ть (**-олю́**, **-о́лешь**) *сов от* **коло́ть**

укра́|сить (**-шу**, **-сишь**; *impf* **украша́ть**) *сов перех* to decorate; (*жизнь итп*) to brighten (up)

укра́|сть (**-ду́**, **-дёшь**) *сов от* **красть**

украша́|ть (**-ю**) *несов от* **укра́сить**

украше́ни|е (**-я**) *ср* decoration; (*колле́кции*) jewel; (*также* **ювели́рное украше́ние**) jewellery (*Brit*), jewelry (*US*)

укреп|и́ть (**-лю́**, **-и́шь**; *impf*

укрепля́ть *сов перех* to strengthen; *(стену)* to reinforce; **укрепи́ться** *(impf* **укрепля́ться)** *сов возв* to become stronger

укроти́ть (-щу́, -ти́шь), *impf* **укроща́ть** *сов перех* to tame

укры́тие (-я) *ср* shelter

укры́ть (-о́ю, -о́ешь), *impf* **укрыва́ть** *сов перех (закрыть)* to cover; *(беженца)* to shelter; **укры́ться** *(impf* **укрыва́ться)** *сов возв* to cover o.s.; *(от дождя)* to take cover

ул. *сокр* (= у́лица) St (= street)

ула́вливать (-ю) *несов от* **улови́ть**

ула́дить (-жу, -дишь), *impf* **ула́живать** *сов перех* to settle

у́лей (-ья) *м* bee-hive

улете́ть (-чу́, -ти́шь), *impf* **улета́ть** *сов (птица)* to fly away; *(самолёт)* to leave

ули́ка (-и) *ж* (piece of) evidence *(мн* evidence)

ули́тка (-ки; *gen pl* -ок) *ж* snail

у́лица (-ы) *ж* street; **на у́лице** outside

у́личный *прил* street; **у́личное движе́ние** traffic

уло́в (-а) *м* catch (of fish)

улови́мый *прил*: **едва́ и́ли чуть** *или* **е́ле улови́мый** barely perceptible

улови́ть (-овлю́, -о́вишь), *impf* **ула́вливать** *сов перех* to detect; *(мысль, связь)* to grasp

уложи́ть (-ожу́, -о́жишь); *impf*

укла́дывать *сов перех (ребёнка)* to put to bed; *(вещи, чемодан)* to pack; **уложи́ться** *(impf* **укла́дываться)** *сов (сложить вещи)* to pack; **укла́дываться** *(perf* **уложи́ться)** **в сро́ки** to keep to the time limit

улу́чшить (-у, -ишь); *impf* **улучша́ть** *сов перех* to improve

улыба́ться (-юсь, *perf* **улыбну́ться)** *несов возв*: **улыба́ться** (+*dat*) to smile (at)

улы́бка (-ки; *gen pl* -ок) *ж* smile

ультрафиоле́товый *прил*: **ультрафиоле́товые лучи́** ultraviolet rays *мн*

ум (-а́) *м* mind; **быть** *(impf)* **без ума́ от кого́-н/чего́-н** to be wild about sb/sth; **в уме́** *(считать)* in one's head; *(браться)* **за ум** to see sense; **сходи́ть** *(perf* **сойти́) с ума́** to go mad; **своди́ть** *(perf* **свести́) кого́-н с ума́** to drive sb mad; *(перен: увлечь)* to drive sb wild; **ума́ не приложу́, куда́/ско́лько/кто ...** I can't think where/how much/who ...

ума́лчивать (-ю) *несов от* **умолча́ть**

уме́лый *прил* skilful (*Brit*), skillful (*US*)

уме́ние (-я) *ср* ability, skill

уме́ньшить (-у, -ишь); *impf* **уменьша́ть** *сов перех* to reduce; **уме́ньшиться** *(impf* **уменьша́ться)** *сов возв* to diminish

умере́ть (-ру́, -рёшь); *impf* **умира́ть** *сов* to die

уме́рить (-ю, -ишь); *impf* **умеря́ть** *сов перех* to moderate

умести́ть (-щу́, -сти́шь); *impf* **умеща́ть** *сов перех* to fit; **умести́ться** *(impf* **умеща́ться)** *сов возв* to fit

умéть (-ю) *несов* can, to be able to; (*иметь способность*) to know how to; **он умéет плáвать/читáть** he can swim/read

умещáть(ся) (-ю(сь)) *несов от* **уместить(ся)**

умирáть (-ю) *несов от* **умерéть** ▷ *неперех* (*перен*): **умирáю, как хочу есть/спать** I'm dying for something to eat/to go to sleep; **я умирáю от скýки** I'm bored to death

умнéть (-ю), *perf* **поумнéть** *несов* (*человек*) to grow wiser

умница (-ы) *м/ж*: **он/она умница** he's/she's a clever one; (*разг*): **вот умница!** good for you!, well done!

умно *нареч* (*сделанный*) cleverly; (*вести себя*) sensibly; (*говорить*) intelligently

умножáть (-ю) *несов от* **умножить**

умножéние (-я) *ср* (*см глаг*) multiplication; increase

умножить (-у, -ишь; *impf* **мнóжить** *или* **умножáть**) *сов перех* (*Мат*) to multiply

умный *прил* clever, intelligent

умозаключéние (-я) *ср* (*вывод*) deduction

умолить (-ю, -ишь; *impf* **умолять**) *сов перех*: **умолить когó-н** (+infin) to prevail upon sb (to do)

умóлкнуть (-у; *impf* **умолкáть**) *сов* to fall silent

умолчáть (-ý, -ишь; *impf* **умáлчивать**) *сов*: **умолчáть о чём-н** to keep quiet about sth

умолять (-ю) *несов от* **умолить** ▷ *перех* to implore

умрý *итп сов см* **умерéть**

умóю(сь) *сов см* **умыть(ся)**

ýмственно *нареч*: **ýмственно отстáлый** mentally retarded

ýмственный *прил* (*способности*) mental; **ýмственный труд** intellectual work

умудриться (-юсь, -ишься; *impf* **умудряться**) *сов возв* to manage

умчáть (-ý, -ишь) *сов перех* to whisk off *или* away; **умчáться** *сов возв* to dash off

умыть (умóю, умóешь; *impf* **умывáть**) *сов перех* to wash; **умыться** (*impf* **умывáться**) *сов возв* to wash

унести́ (-есý, -есёшь, *pt* -ёс, -еслá, *impf* **уносить**) *сов перех* to take away; **унести́сь** (*impf* **уноси́ться**) *сов возв* to speed off

универмáг (-а) *м* = **универсáльный магазин**

универсáльный *прил* universal; (*образование*) all-round; (*машина*) versatile; **универсáльный магазин** department store

универсáм (-а) *м* supermarket

университéт (-а) *м* university

унижáть(ся) (-ю(сь)) *несов от* **унизить(ся)**

унижéние (-я) *ср* humiliation

унизить (-жу, -зишь; *impf* **унижáть**) *сов перех* to humiliate; **унизить** (*perf*) **себя** to abase o.s.; **унизиться** (*impf* **унижáться**) *сов возв* to abase o.s. (before)

уникáльный *прил* unique

унитáз (-а) *м* toilet

уничтóжить (-у, -ишь; *impf* **уничтожáть**) *сов перех* to destroy

уносить(ся) (-ошý(сь), -óсишь(ся)) *несов от* **унести́(сь)**

унывáть (-ю) *несов* (*человек*) to be downcast *или* despondent

унять (уйму, уймёшь; *pt* -л,

-ла́, -ло, *impf* **унима́ть** *сов перех (волнение)* to suppress

упа́д|ок (-ка) *м* decline

упак|ова́ть (-у́ю) *сов от* **пакова́ть**

упако́вк|а (-и) *ж* packing; *(материал)* packaging

упасти́ *сов перех*: упаси́ Бог или Бо́же или Го́споди! God forbid!

упа́|сть (-ду́, -дёшь) *сов от* **па́дать**

упере́ть (упру́, упрёшь; *pt* **упёр, упёрла, упёрло**, *impf* **упира́ть)** *сов перех*: **что-н в** *+acc (в стену итп)* to prop sth against; **упере́ться** *сов возв*: **упере́ться чем-н в** *+acc (в землю)* to dig into; *(натолкнуться)*: **упере́ться в** *+acc (в стену)* to come up against

упива́|ться (-юсь) *несов возв* *(+instr. перен: счастьем)* to be intoxicated by

упира́|ть (-ю) *несов от* **упере́ть**; **упира́ться** *несов от* **упере́ться** ▷ *возв (иметь причиной)*: **упира́ться в** *+prp* to be down to

упла́т|а (-ы) *ж* payment

упла|ти́ть (-чу́, -́тишь) *сов от* **плати́ть**

уплы́|ть (-ву́, -вёшь; *impf* **уплыва́ть)** *(человек, рыба итп)* to swim away или off; *(корабль)* to sail away или off

уподо́б|ить (-лю, -ишь; *impf* **уподобля́ть)** *сов перех*: **уподо́бить что-н/кого-н** *+dat* to compare sth/sb to; **уподо́биться** *(impf* **уподобля́ться)** *сов возв*: **уподо́биться** *+dat* to become like

уполз|ти́ (-у́, -ёшь; *pt-*, **-ла́)** *сов (змея)* to slither away

уполномо́чи|е (-я) *ср*: по **уполномо́чию** *+gen* on behalf of

уполномо́ч|ить (-у, -ишь

уполномо́чивать) *сов перех*: **уполномо́чить кого-н** *+infin* to authorize sb to do

упом|яну́ть (-яну́, -я́нешь; *impf* **упомина́ть)** *сов (не)перех (назвать)*: **упомяну́ть** *+acc* или *(o +prp)* to mention

упо́р (-а) *м (для ног)* rest; **в упо́р** *(стрелять)* point-blank; *(смотреть)* intently; **де́лать** *(perf* **сде́лать)* **упо́р на** *+prp* to put emphasis on

упо́рный *прил* persistent

употреби́тельный *прил* frequently used

употреб|и́ть (-лю́, -и́шь; *impf* **употребля́ть)** *сов перех* to use

употребле́ни|е (-я) *ср (слова)* usage; *(лекарства)* taking; *(алкоголя, пищи)* consumption

управле́ни|е (-я) *ср (делами)* administration; *(фирмой)* management; *(учреждение)* office; *(система приборов)* controls *мн*

управля́|ть (-ю) *несов* *+instr.* *(автомобилем)* to drive; *(судном)* to navigate; *(государством)* to govern; *(учреждением, фирмой)* to manage; *(оркестром)* to conduct

управля́ющий (-его) *м (хозяйством)* manager; *(имением)* bailiff

упражне́ни|е (-я) *ср* exercise

упражня́|ть (-ю) *несов перех* to exercise; **упражня́ться** *несов возв* to practise

упраздн|и́ть (-ю́, -и́шь; *impf* **упраздня́ть)** *сов перех* to abolish

упра́шива|ть (-ю) *несов от* **упроси́ть**

упрека́|ть (-ю; *perf* **упрекну́ть)** *несов перех*: **упрека́ть кого-н в** *+prp* to reproach sb (for)

упро|си́ть (-шу́, -́сишь; *impf* **упра́шивать)** *сов*

упроси́ть кого́-н +infin to persuade sb to do

упро|сти́ть (-щу́, -сти́шь) impf **упроща́ть** сов перех to simplify

упро́ч|ить (-у, -ишь) impf **упро́чивать** сов перех to consolidate; **упро́читься** (impf **упро́чиваться**) сов возв (положение, позиции) to be consolidated

упроща́|ть (-ю) несов от **упрости́ть**

упря́ж|ка (-ки; gen pl -ек) ж team (of horses, dogs etc); (упряжь) harness

у́пряжь (-и) ж no pl harness

упря́мый прил obstinate, stubborn

упуска́|ть (-ю; perf **упусти́ть**) несов перех (мяч) to let go of; (момент) to miss; **упуска́ть** (perf **упусти́ть**) из ви́ду to overlook

упуще́ни|е (-я) cp error, mistake

ура́ межд hooray, hurrah

уравне́ни|е (-я) cp (Мат) equation

ура́внива|ть (-ю) несов от **уравня́ть**

уравнове́|сить (-шу, -сишь) impf **уравнове́шивать** сов перех to balance;

уравнове́|ситься (impf **уравнове́шиваться**) сов возв (силы) to be counterbalanced

уравнове́шенный прил balanced

уравня́|ть (-ю; impf **ура́внивать**) сов перех to make equal

урага́н (-а) м hurricane

урага́нный прил: **урага́нный ве́тер** gale

ура́н (-а) м uranium

урегули́р|овать (-ую) сов перех to settle

у́рн|а (-ы) ж (погреба́льная) urn; (для му́сора) bin; **избира́тельная у́рна** ballot box

у́ров|ень (-ня) м level; (техники) standard; (зарплаты) rate; **встре́ча на вы́сшем у́ровне** summit meeting; **у́ровень жи́зни** standard of living

уро́д (-а) м person with a deformity

урожа́|й (-я) м harvest

уро́к (-а) м lesson; (зада́ние) task; (обычно мн: дома́шняя рабо́та) homework; **де́лать** (perf **сде́лать**) **уро́ки** to do one's homework

урон|и́ть (-ю́, -ишь) сов перех от **роня́ть**

уса́|дить (-жу́, -дишь) impf **уса́живать** сов перех (заста́вить де́лать): **усади́ть** кого́-н за что́-н/+infin to sit sb down to sth/to do

уса́жива|ть (-ю) несов от **усади́ть**; **уса́живаться** несов от **усе́сться**

уса́тый прил: **уса́тый мужчи́на** man with a moustache (Brit) или mustache (US)

усе́|сться (-я́дусь, -я́дешься; pt **-е́лся, -е́лась**) impf **уса́живаться** сов возв to settle down; (приня́ться) (perf **усе́сться**) за +acc (за рабо́ту) to sit down to

уси́лива|ть (-ю) несов от **уси́лить**

уси́ли|е (-я) cp effort

уси́л|ить (-ю, -ишь) impf **уси́ливать** сов перех to intensify; (охра́ну) to heighten; (внима́ние) to increase;

уси́литься (impf **уси́ливаться**) сов возв (ве́тер) to get stronger; (волне́ние) to increase

ускользн|у́ть (-у́, -ёшь; impf **ускольза́ть**) сов to slip away

усло́ви|е (-я) *ср* condition; (*договора*) term; (*обычно мн: правила*) requirement; *см также* **усло́вия**

усло́виться (-лю́сь, -ишься) *impf* усла́вливаться *или* усло́вливаться *сов*: **усло́виться о** +*prp* (*договори́ться*) to agree on

усло́ви|я (-й) *мн* (*природные*) conditions *мн*; (*задачи*) factors *мн*; **жили́щные усло́вия** housing; **усло́вия труда́** working conditions; **в усло́виях** +*gen* in an atmosphere of; **по усло́виям догово́ра** on the terms of the agreement; **на льго́тных усло́виях** on special terms

усло́вный *прил* conditional; (*сигнал*) code

усложн|и́ть (-ю́, -и́шь; *impf* **усложня́ть**) *сов перех* to complicate; **усложни́ться** (*impf* **усложня́ться**) *сов возв* to get more complicated

услу́г|а (-и) *ж* (*одолжение*) favour (*Brit*), favor (*US*); (*обычно мн: обслуживания*) service; **к Ва́шим услу́гам!** at your service!

услы́ш|ать (-у, -ишь) *сов от* **слы́шать**

усма́трива|ть (-ю) *несов от* **усмотре́ть**

усмехн|у́ться (-у́сь, -ёшься; *impf* **усмеха́ться**) *сов возв* to smile slightly

усме́шк|а (-и) *ж* slight smile; **зла́я усме́шка** sneer

усмир|и́ть (-ю́, -и́шь; *impf* **усмиря́ть**) *сов перех* (*зверя*) to tame

усмотре́ни|е (-я) *ср* discretion

усм|отре́ть (-отрю́, -о́тришь; *impf* **усма́тривать**) *сов перех* (*счесть*): **усмотре́ть что-н в** +*prp* to see sth in

усн|у́ть (-у́, -ёшь) *сов* to fall asleep, to go to sleep

усоверше́нствовани|е (-я) *ср* improvement

усомн|и́ться (-ю́сь, -и́шься) *сов возв*: **усомни́ться в** +*prp* to doubt

успева́емост|ь (-и) *ж* performance (*in studies*)

успе́|ть (-ю; *impf* **успева́ть**) *сов* (*о работе*) to manage; (*прийти вовремя*) to be in time *или* make it in time

успе́х (-а) *м* success; (*обычно мн: в спорте, в учёбе*) achievement; **как Ва́ши успе́хи?** how are you getting on?

успе́шный *прил* successful

успоко́|ить (-ю, -ишь; *impf* **успока́ивать**) *сов перех* to calm (down); **успоко́иться** (*impf* **успока́иваться**) *сов возв* (*человек*) to calm down

уста́в (-а) *м* (*партийный*) rules *мн*; (*воинский*) regulations *мн*; (*фирмы*) statute

уста|ва́ть (-ю́, -ёшь) *несов от* **уста́ть**

уста́в|ить (-лю, -ишь; *impf* **уставля́ть**) *сов перех* (*занять*): **уста́вить что-н чем-н** to cover sth with sth; (*разг: устремить*): **уста́вить что-н в** +*acc* to fix sth on; **уста́виться** (*impf* **уставля́ться**) *сов возв* (*разг*): **уста́виться на/в** +*acc* to stare at

уста́лост|ь (-и) *ж* tiredness, fatigue

уста́лый *прил* tired

устан|ови́ть (-овлю́, -о́вишь; *impf* **устана́вливать**) *сов перех* to establish; (*сроки*) to set; (*прибор*) to install; **установи́ться** (*impf* **устана́вливаться**) *сов возв* to be established

устано́вк|а (-и) *ж* installation

устаре́|ть (-ю) *сов от* **старе́ть**

▷ (*impf* устава́ть) неперех
(*оборудование*) to become
obsolete

уста́|ть (-ну, -нешь) *impf*
устава́ть *сов* to get tired

у́стн|ый *прил* (*экзамен*) oral;
(*обещание, приказ*) verbal;
у́стная речь spoken language

усто́йчив|ый *прил* stable;
усто́йчивое (слово)сочета́ние
set phrase

усто|я́ть (-ю́, -и́шь) *сов* (*не
упасть*) to remain standing; (*в
борьбе́ против*) to stand one's ground;
(*перед соблазном*) to resist

устра́ива|ть(ся) (-ю(сь)) *несов
от* устро́ить(ся)

устран|и́ть (-ю́, -и́шь; *impf*
устраня́ть) *сов перех* to remove

устрем|и́ть (-лю́, -и́шь; *impf*
устремля́ть) *сов перех* to direct;
устреми́ться (*impf*
устремля́ться) *сов возв*:
устреми́ться на +*acc* (*толпа*) to
charge at

у́стриц|а (-ы) *ж* oyster

устро́|ить (-ю, -ишь; *impf*
устра́ивать) *сов перех* to
organize; (*подлеж: цена*) to suit;
э́то меня́ устро́ит that suits me;
устро́иться (*impf*
устра́иваться) *сов возв*
(*расположиться*) to settle down;
(*прийти в порядок*) to work out;
устра́иваться (*perf* устро́иться) на
рабо́ту to get a job

устро́йств|о (-а) *ср* (*прибора*)
construction; (*техническое*) device,
mechanism

усту́п (-а) *м* foothold

усту|пи́ть (-плю́, -у́пишь; *impf*
уступа́ть) *сов перех*:
уступи́ть что-н кому́-н to give sth up for sb;
(*победу*) to concede sth to sb
▷ неперех уступи́ть кому́-н/

чему́-н (*силе, желанию*) to yield to
sb/sth; уступа́ть (*perf* уступи́ть) в
+*prp* (*в силе, уме*) to be inferior in

усту́п|ка (-ки; *gen pl* -ок) *ж*
conciliation; (*скидка*) discount;
пойти́ (*perf*) на усту́пку to
compromise

у́сть|е (-я) *ср* (*реки́*) mouth

ус|ы́ (-о́в) *мн* (*у челове́ка*)
moustache *ед* (*Brit*), mustache *ед*
(*US*); (*у живо́тных*) whiskers

усынов|и́ть (-лю́, -и́шь; *impf*
усыновля́ть) *сов перех* to adopt
(*son*)

усып|и́ть (-лю́, -и́шь; *impf*
усыпля́ть) *сов перех* (*больно́го*)
to anaesthetize (*Brit*), anesthetize
(*US*); (*ребёнка*) to lull to sleep

ута́щ|ить (-а́щу, -а́щишь) *impf*
ута́скивать *сов перех* (*унести́*)
to drag away into off

утверд|и́ть (-жу́, -ди́шь; *impf*
утвержда́ть) *сов перех* (*закон*)
to pass; (*договор*) to ratify; (*план*)
to approve; (*порядок*) to establish;
утверди́ться (*impf*
утвержда́ться) *сов возв* to be
established

утвержда́|ть (-ю) *несов от*
утверди́ть ▷ перех (*настаивать*)
to maintain; утвержда́ться
несов от утверди́ться

утвержде́ни|е (-я) *ср* (*см глаг*)
passing; ratification; approval;
establishment; (*мысль*) statement

утёс (-а) *м* cliff

уте́чк|а (-и) *ж* (*также перен*) leak;
(*кадров*) turnover; **уте́чка
мозго́в** brain drain

уте́чь (3sg -ечёт, pt -ёк, -екла́,
-екло́, *impf* утека́ть) *сов* (*вода́*)
to leak out

уте́ш|ить (-у, -ишь; *impf*
утеша́ть) *сов перех* to comfort,
console

утихн|уть (-у; *impf* **утиха́ть**) *сов* (*спор*) to calm down; (*звук*) to die away; (*вьюга*) to die down

у́т|ка (-ки; *gen pl* -ок) *ж* duck

уткн|у́ть (-у́, -ёшь) *сов перех* (*разг: лицо*) to bury; **уткну́ться** *сов возв* (*разг*): **уткну́ться в** +*acc* (*в книгу*) to bury one's nose in

утол|и́ть (-ю́, -и́шь; *impf* **утоля́ть**) *сов перех* to satisfy; (*жажду*) to quench

утоми́тельный *прил* tiring

утом|и́ть (-лю́, -и́шь; *impf* **утомля́ть**) *сов перех* to tire; **утоми́ться** (*impf* **утомля́ться**) *сов возв* to get tired

ут|ону́ть (-ону́, -о́нешь) *сов от* **тону́ть**

утопа́|ть (-ю) *несов* (*тону́ть*) to drown

ут|опи́ть(ся) (-оплю́(сь), -о́пишь(ся)) *сов от* **топи́ть(ся)**

уточн|и́ть (-ю́, -и́шь; *impf* **уточня́ть**) *сов перех* to clarify

утра́т|а (-ы) *ж* loss

утра́|тить (-чу, -тишь; *impf* **утра́чивать**) *сов перех* (*потеря́ть*) to lose; **утра́чивать** (*perf* **утра́тить**) си́лу (*докуме́нт*) to become invalid

у́тренний *прил* morning; (*собы́тие*) this morning's

у́тренник (-а) *м* matinée; (*для дете́й*) children's party

у́тр|о (-а́; *nom pl* -а, *gen pl* -, *dat pl* -ам) *ср* morning; **до́брое у́тро!**, **с до́брым у́тром!** good morning!; **на у́тро** next morning; **под у́тро**, **к утру́** in the early hours of the morning

утро́б|а (-ы) *ж* (*ма́тери*) womb

утро́|ить (-ю, -ишь) *сов перех* to treble, triple; **утро́иться** *сов возв* to treble, triple

у́тром *нареч* in the morning

утружда́|ть (-ю) *несов перех*: **утружда́ть кого́-н чем-н** to trouble sb with sth; **утружда́ться** *несов возв* to trouble o.s.

утю́г (-а́) *м* iron (*appliance*)

утю́ж|ить (-у, -ишь; *perf* **вы́утюжить** *или* **отутю́жить**) *несов перех* to iron

уф *межд*: **уф!** phew!

ух *межд*: **ух!** ooh!

ух|а́ (-и́) *ж* fish broth

ужа́жива|ть (-ю) *несов*: **ужа́живать за** +*instr* (*за больны́м*) to nurse; (*за са́дом*) to tend; (*за же́нщиной*) to court

ухва|ти́ть (-чу́, -а́тишь; *impf* **ухва́тывать**) *сов перех* (*челове́ка: за руку*) to get hold of; (*перен: иде́ю, смысл*) to grasp; **ухвати́ться** (*impf* **ухва́тываться**) *сов возв*: **ухвати́ться за** +*acc* to grab hold of; (*за иде́ю*) to jump at

у́х|о (-а; *nom pl* у́ши, *gen pl* уше́й) *ср* ear; (*у ша́пки*) flap

ухо́д (-а) *м* departure; (*из семьи́*) desertion; (*со сце́ны*) exit; (*за больны́м, за ребёнком*) care; **ухо́д в отста́вку** resignation; **ухо́д на пе́нсию** retirement

ух|оди́ть (-ожу́, -о́дишь) *несов от* **уйти́**

уху́дш|ить (-у, -ишь; *impf* **уху́дшать**) *сов перех* to make worse; **уху́дшиться** (*impf* **уху́дшаться**) *сов возв* to deteriorate

уцеле́|ть (-ю) *сов* to survive

уцен|и́ть (-ю́, -ишь; *impf* **уце́нивать**) *сов перех* to reduce (the price of)

уце́н|ка (-ки; *gen pl* -ок) *ж* reduction

участв|овать (-ую) *сов*: **уча́ствовать в** +*prp* to take part in

участко́вый прил local ▷ **(-ого)**
м (разг: также **участко́вый
инспе́ктор**) local policeman;
(: также **участко́вый врач**) local
GP или doctor

уча́стник (-а) м (участник:
(экспеди́ции) member

уча́сток (-ка) м (земли, ко́жи
итп) area; (реки, фро́нта) stretch;
(враче́бный) catchment area;
(земе́льный) plot; (строи́тельный)
site; (рабо́ты) field; садо́вый
уча́сток allotment

у́часть (-и) ж lot

уча́ща|ть(ся) (-ю) несов от
участи́ть(ся)

уча́щийся (-егося) м (шко́лы)
pupil; (учи́лища) student

учёб|а (-ы) ж studies мн

уче́бник (-а) м textbook

уче́бный прил (рабо́та)
academic; (фильм) educational;
(бой) mock; (су́дно) training;
(ме́тоды) teaching; **уче́бная
програ́мма** curriculum; **уче́бное
заведе́ние** educational
establishment; **уче́бный год**
academic year

уче́ни|е (-я) ср (тео́рия) teachings
мн; (про́цесс) уче́ния

учени́к (-а́) м (шко́лы) pupil;
(учи́лища) student; (ма́стера)
apprentice

учени́ческий прил (тетра́ди)
school

учени́я (-й) мн exercises мн

учёный прил academic; (труды́)
scholarly; (челове́к) learned,
scholarly ▷ **(-ого)** м academic,
scholar; **в о́бласти то́чных и
есте́ственных нау́к** scientist

уче́сть (-ту́, -тёшь; pt **-ёл, -ла́,**
impf **учи́тывать)** сов перех to
take into account; **учти́те, что ...**
bear in mind that ...

учёт (-а) м (фа́кторов)
consideration; (вое́нный,
медици́нский) registration;
(затра́т) record; **брать (perf взять)
на учёт** to register; **вести́ (impf)
учёт** to keep a record

учётный прил: **учётная
ка́рточка** registration form

учи́лищ|е (-а) ср college

учи́тель (-я; nom pl **-я́)** м
teacher

учи́тельск|ая (-ой) ж staffroom

учи́тыва|ть (-ю) несов от **уче́сть**

учи́ть (-у́, -ишь; perf **вы́учить)**
несов перех (уро́к, роль) to learn
▷ (perf **обучи́ть** или **научи́ть**)
учи́ть кого́-н чему́-н/+infin to
teach sb sth/to do; **учи́ться** несов
возв (в шко́ле, в учи́лище) to
study ▷ (perf **вы́учить** или
научи́ться): учи́ться
чему́-н/+infin to learn sth/to do

учреди́тель (-я) м founder

учреди́тельный прил:
учреди́тельное собра́ние
inaugural meeting

учре|ди́ть (-жу́, -ди́шь; impf
учрежда́ть) сов перех
(организа́цию) to set up;
(контро́ль, поря́док) to introduce

учрежде́ни|е (-я) ср
(организа́ции итп) setting up;
(нау́чное) establishment;
(фина́нсовое, обще́ственное)
institution

уша́нк|а (-ки; gen pl **-ок)** ж cap
with ear-flaps

ушёл сов см **уйти́**

у́ши etc сущ см **у́хо**

уши́б (-а) м bruise

ушиб|и́ть (-у́, -ёшь; pt **-, -ла,**
impf **ушиба́ть)** сов перех to
bang; **ушиби́ться** сов возв to
bruise

уши́ть (-ью, -ьёшь; impf

ушива́ть *сов перех (одежду)* to take in

у́ш|ко (**-ка**; *nom pl* **-ки**, *gen pl* **-ек**) *ср, уменьш от* **у́хо**; *(иголки)* eye

ушла́ *etc сов см* **уйти́**

ушн|о́й *прил* ear; **ушна́я боль** earache

уще́л|ье (**-ья**; *gen pl* **-ий**) *ср* gorge, ravine

ущем|и́ть (**-лю́, -и́шь**; *impf* **ущемля́ть**) *сов перех (палец)* to trap; *(права)* to limit

ущипну́|ть (**-у́, -ёшь**) *сов перех* to nip, pinch

ую́тно *нареч (расположиться)* comfortably ▷ *как сказ*: **здесь ую́тно** it's cosy here; **мне здесь ую́тно** I feel comfortable here

ую́тный *прил* cosy

уязви́мый *прил* vulnerable

уязв|и́ть (**-лю́, -и́шь**) *сов перех* to wound, hurt

уясн|и́ть (**-ю́, -и́шь**; *impf* **уясня́ть**) *сов перех (значение)* to comprehend

фа́брик|а (**-и**) *ж* factory; *(ткацкая, бумажная)* mill

фабри́чный *прил* factory

фа́з|а (**-ы**) *ж* phase

фаза́н (**-а**) *м* pheasant

файл (**-а**) *м (Комп)* file

фа́кел (**-а**) *м* torch

факс (**-а**) *м* fax

факт (**-а**) *м* fact

факти́чески *нареч* actually, in fact

факти́ческий *прил* factual

фа́ктор (**-а**) *м* factor

факту́р|а (**-ы**) *ж* texture; *(Комм)* invoice

факультати́вный *прил* optional

факульте́т (**-а**) *м* faculty

фами́ли|я (**-и**) *ж* surname; **де́вичья фами́лия** maiden name

фан (**-а**) *м* fan

фана́т|ик (**-а**) *м* fanatic

фантази́р|овать (**-ую**) *несов (мечтать)* to dream; *(выдумывать)* to make up stories

фанта́ст (-а) м writer of fantasy; (*научный*) science-fiction writer

фанта́стик|а (-и) ж; (*Литература*) fantasy; **нау́чная фанта́стика** science fiction

фантасти́ческий прил fantastic

фа́р|а (-ы) ж (*Авт, Авиа*) light

фармаце́вт (-а) м chemist, pharmacist

фа́ртук (-а) м apron

фарширова́ть (-у́ю; perf **зафарширова́ть**) несов перех to stuff

фаса́д (-а) м (*передняя сторона*) facade, front; **за́дний фаса́д** back

фасо́л|ь (-и) ж (*растение*) bean plant ▷ собир (*семена*) beans мн

фасо́н (-а) м style

фат|а́ (-ы́) ж veil

ФБР ср сокр (= Федера́льное бюро́ рассле́дований (США)) FBI (= Federal Bureau of Investigation)

февра́л|ь (-я́) м February

23 Февраля́: День ЗАЩИ́ТНИКА ОТЕ́ЧЕСТВА

● This is an official celebration of
● the Russian army, though various
● sections of the armed forces
● have their own special holidays.
● Men of all ages and walks of life
● receive gifts and greetings,
● mainly from women.

федера́льный прил federal

федерати́вный прил federal

федера́ци|я (-и) ж federation

фе́льдшер (-а) м (*в поликли́нике*) ≈ practice nurse; **фе́льдшер ско́рой по́мощи** ≈ paramedic

фельето́н (-а) м satirical article

фемини́ст|ка (-ки; gen pl -ок) ж

feminist

фен (-а) м hairdryer

ферзь (-я́) м (*Ша́хматы*) queen

фе́рм|а (-ы) ж farm

фе́рмер (-а) м farmer

фе́рмерский прил: **фе́рмерское хозя́йство** farm

фестива́л|ь (-я) м festival

фетр (-а) м felt

фехтова́ни|е (-я) ср (*Спорт*) fencing

фе́|я (-и) ж fairy

фиа́лк|а (-и; gen pl -ок) ж violet

фиа́ско ср нескл fiasco

фи́г|а (-и) ж (*Бот*) fig; (*разг*) fig (*gesture of refusal*); **иди́ на́ фиг!** get lost!; **ни фига́** nothing at all

фигу́р|а (-ы) ж figure; (*Ша́хматы*) (chess)piece

фигури́ровать (-ую) несов to be present; (*имя, тема*) to feature

фигури́ст (-а) м figure skater

фи́зик (-а) м physicist

фи́зик|а (-и) ж physics

физиотерапи́|я (-и) ж physiotherapy

физи́ческий прил physical; (*труд*) manual; **физи́ческая культу́ра** physical education

физкульту́р|а (-ы) ж сокр (= физи́ческая культу́ра) PE (= physical education)

фикси́ровать (-ую; perf **зафикси́ровать**) несов перех to fix; (*отмеча́ть*) to record

филармо́ни|я (-и) ж (*зал*) concert hall; (*организа́ция*) philharmonic society

филе́ ср нескл fillet

фило́лог (-а) м specialist in language and literature

филоло́ги|я (-и) ж language and literature

филологи́ческий прил philological; **филологи́ческий**

факульте́т department of language and literature

фило́соф (-а) м philosopher

филосо́фия (-и) ж philosophy

фильм (-а) м film

фильтр (-а) м filter

фильтр|ова́ть (-у́ю; perf **профильтрова́ть**) несов перех to filter

фина́л (-а) м finale; (Спорт) final

фина́льный прил final

финанси́р|овать (-ую) несов перех to finance

фина́нсовый прил financial; (год) fiscal; (отдел, инспектор) finance

фина́нс|ы (-ов) мн finances; **Министе́рство фина́нсов** ≈ the Treasury (Brit), ≈ the Treasury Department или Department of the Treasury (US)

фи́ник (-а) м (плод) date

фи́ниш (-а) м (Спорт) finish

финиши́р|овать (-ую) (не)сов to finish

Финля́нди|я (-и) ж Finland

финн (-а) м Finn

фи́нский прил Finnish; **фи́нский язы́к** Finnish; **фи́нский зали́в** Gulf of Finland

Ф.И.О. сокр (= фами́лия, и́мя, о́тчество) surname, first name, patronymic

фиоле́товый прил purple

фи́рм|а (-ы) ж firm

фи́рменный прил (магазин) chain; (разг: товар) quality; **фи́рменный знак** brand name

фи́шк|а (-ки; gen pl -ек) ж counter, chip

флаг (-а) м flag

флако́н (-а) м bottle

фланг (-а) м flank

флане́л|ь (-и) ж flannel

фле́йт|а (-ы) ж flute

фли́гел|ь (-я) м (Архит) wing

флома́стер (-а) м felt-tip (pen)

флот (-а) м (Воен) navy; (Мор) fleet; **возду́шный флот** air force

фойе́ ср нескл foyer

фо́кус (-а) м trick; (Тех: перен) focus

фольга́ (-и́) ж foil

фолькло́р (-а) м folklore

фон (-а) м background

фона́р|ь (-я́) м (уличный) lamp; (карманный) torch

фо́ндовый прил: **фо́ндовая би́ржа** stock exchange

фоне́тик|а (-и) ж phonetics

фоноте́к|а (-и) ж music collection

фонта́н (-а) м fountain

форе́л|ь (-и) ж trout

фо́рм|а (-ы) ж form; (одежда) uniform; (Тех) mould (Brit), mold (US); (Кулин) (cake) tin (Brit) или pan (US)

форма́льность (-и) ж formality

форма́т (-а) м format

форма́ци|я (-и) ж (общественная) system

фо́рменный прил: **фо́рменный бланк** standard form; **фо́рменная оде́жда** uniform

формирова́ни|е (-я) ср formation; **вое́нное формирова́ние** military unit

формир|ова́ть (-у́ю; perf **сформирова́ть**) несов перех to form; **формирова́ться** (perf **сформирова́ться**) несов возв to form

фо́рмул|а (-ы) ж formula

формули́р|овать (-ую; perf **сформули́ровать**) несов перех to formulate

формулиро́в|ка (-ки; gen pl -ок) ж (определение) definition

фортепья́но ср нескл (grand) piano

фо́рточ|ка (-ки; *gen pl* -ек) *ж*
hinged, upper pane in window for
ventilation

фо́рум (-а) *м* forum

фо́то-: **фотоаппара́т** (-а) *м*
camera; **фото́граф** (-а) *м*
photographer;
фотографи́р|овать (-ую; *perf*
сфотографи́ровать) *несов*
перех to photograph;
фотографи́роваться (*perf*
сфотографи́роваться) *несов*
возв to have one's photo(graph)
taken; **фотогра́фи|я** (-и) *ж*
photography; (*снимок*)
photograph; **фотока́рточ|ка**
(-ки; *gen pl* -ек) *ж* photo

фра́з|а (-ы) *ж* phrase

фрак (-а) *м* tail coat, tails *мн*

фра́кци|я (-и) *ж* faction

Фра́нци|я (-и) *ж* France

францу́жен|ка (-ки) *ж*
Frenchwoman (*мн* Frenchwomen)

францу́з (-а) *м* Frenchman (*мн*
Frenchmen)

францу́зский *прил* French;
францу́зский язы́к French

фрахт (-а) *м* freight

фрахт|ова́ть (-у́ю; *perf*
зафрахтова́ть) *несов перех* to
charter

фрикаде́л|ька (-ьки; *gen pl* -ек)
ж meatball

фронт (-а; *nom pl* -ы́) *м* front

фронтови́к (-а́) *м* front line
soldier; (*ветеран*) war veteran

фрукт (-а) *м* (*Бот*) fruit;
фрукто́вый *прил* fruit

ФСБ *ж нескл сокр* (= Федера́льная
слу́жба безопа́сности) Department
of State Security

ФСК *ж нескл сокр* (= Федера́льная
слу́жба контрразве́дки)
counterespionage intelligence
service

фтор (-а) *м* fluorin(e)

фу *межд* fу! ugh!

фундаме́нт (-а) *м* (*Строит*)
foundations *мн*, base; (*перен:
семьи, науки*) foundation, basis

фундамента́льный *прил*
(*здание*) sound, solid; (*перен:
знания*) profound

функционе́р (-а) *м* official

функциони́р|овать (-ую) *несов*
to function

фу́нкци|я (-и) *ж* function

фунт (-а) *м* pound

фура́ж|ка (-ки; *gen pl* -ек) *ж*
cap; (*Воен*) forage cap

фурго́н (-а) *м* (*Авт*) van;
(*повозка*) (covered) wagon

фуру́нкул (-а) *м* boil

футбо́л (-а) *м* football (*Brit*),
soccer; **футболи́ст** (-а) *м*
football (*Brit*) *или* soccer player;
футбо́л|ка (-ки; *gen pl* -ок) *ж*
T-shirt, tee shirt; **футбо́льный**
прил football (*Brit*); soccer;
футбо́льный мяч football

футля́р (-а) *м* case

фы́ркн|уть (-у) *сов* (*животное*)
to give a snort

хва́ста|ться (-юсь; *perf*
похва́статься) *несов возв*:
хва́статься (+*instr*) to boast (about)

хвата́|ть (-ю; *perf* **схвати́ть**)
несов перех to grab (hold of),
snatch; (*преступника*) to arrest
▷ (*perf* **хвати́ть**) *безл* (+*gen*):
денег, времени) to have enough;
мне хвата́ет де́нег на еду́ I've got
enough to buy food; **э́того ещё не
хвата́ло!** (*разг*) I'm not having
this!; **не хвата́ет то́лько, что́бы он
отказа́лся** (*разг*) now all we want
is for him to refuse; **хвата́ться**
(*perf* **схвати́ться**) *несов возв*:
хвата́ться за +*acc* (*за ру́чку, за
ору́жие*) to grab

хва|ти́ть (-чу́, -тишь) *сов от*
хвата́ть ▷ *безл* (*разг*): **хва́тит!**
that's enough!; **с меня́ хва́тит!** I've
had enough!

хва́т|ка (-ки; *gen pl* **-ок**) *ж* grip;
делова́я хва́тка business acumen

хво́рост (-а) *м собир* firewood

хвост (-а́) *м* tail; (*поезда*) tail end;
(*причёска*) ponytail

хво́стик (-а) *м* (*мыши, реди́ски*)
tail; (*причёска*) pigtail

хек (-а) *м* whiting

хе́рес (-а) *м* sherry

хи́жин|а (-ы) *ж* hut

хи́лый *прил* sickly

хи́мик (-а) *м* chemist; **химика́т**
(-а) *м* chemical; **хими́ческий**
прил chemical; (*факульте́т,
кабине́т*) chemistry; **хими́ческая
чи́стка** (*процесс*) dry-cleaning;
(*пункт приёма*) dry-cleaner's

хи́ми|я (-и) *ж* chemistry

химчи́ст|ка (-ки; *gen pl* **-ок**) *ж*
сокр = **хими́ческая чи́стка**

хиру́рг (-а) *м* surgeon;
хирурги́|я (-и) *ж* surgery

хитр|и́ть (-ю́, -и́шь; *perf*
схитри́ть) *несов* to act slyly;

ха́кер (-а) *м* (*Комп*) hacker

хала́т (-а) *м* (*домашний*) dressing
gown; (*врача*) gown

ха́мств|о (-а) *ср* rudeness

ха́ос (-а) *м* chaos

хаоти́чный *прил* chaotic

хара́ктер (-а) *м* character, nature;
(*человека*) personality;

характеризова́ть (-у́ю) *несов
перех* to be typical of ▷ (*perf*
охарактеризова́ть) (*человека,
ситуа́цию*) to characterize;

характери́стик|а (-и) *ж*
(*документ*) (character) reference;
(*описание*) description;

характе́рный *прил*
(*свойственный*): **характе́рный
(для** +*gen*) characteristic (of);
(*случай*) typical

хвале́бный *прил* complimentary

хвал|и́ть (-ю́, -ишь; *perf*
похвали́ть) *несов перех* to praise

хи́трост|ь (-и) ж cunning;
хи́трый прил cunning
хихи́ка|ть (-ю) несов (разг) to
giggle
хи́щник (-а) м predator
хлам (-а) м собир junk
хлеб (-а) м bread; (зерно) grain
хле́бниц|а (-ы) ж bread basket;
(для хранения) breadbin (Brit),
breadbox (US)
хлебн|у́ть (-у́, -ёшь) сов перех
(разг: чай итп) to take a gulp of
хлебозаво́д (-а) м bakery
хлестн|у́ть (-у́, -ёшь) сов перех
to whip; (по щеке) to slap
хло́па|ть (-ю) несов перех
(ладонью) to slap ▷ неперех
(+instr: дверью, крышкой) to slam;
(+dat: артисту) to clap
хло́пковый прил cotton
хло́пн|уть (-у) сов перех (по
спине) to slap ▷ неперех (в
ладони) to clap; (дверь) to slam
shut
хло́п|ок (-ка) м cotton
хлоп|о́к (-ка́) м (удар в ладоши)
clap
хлоп|ота́ть (-очу́, -о́чешь) несов
(по дому) to busy o.s.; **хлопота́ть**
(impf) **о** +prp (о разрешении) to
request
хлопотли́вый прил (человек)
busy; (работа) troublesome
хло́п|оты (-о́т; dat pl -о́там) мн
(по дому) chores; (прося
чего-н) efforts
хлопу́ш|ка (-ки; gen pl -ек) ж
(игрушка) (Christmas) cracker
хлопчатобума́жный прил
cotton
хло́пь|я (-ев) мн (снега, мыла)
flakes мн; **кукуру́зные хло́пья**
cornflakes
хлор (-а) м chlorine; **хло́рк|а**
(-и) ж (разг) bleaching powder;

хло́рн|ый прил: хло́,
и́звесть bleaching powₐ
хлын|уть (3sg -ет) сов t
хмеле|ть (-ю; perf захме́
несов to be drunk
хны́ка|ть (-ю) несов (разг:
плакать) to whimper
хо́бби ср нескл hobby
хо́бот (-а) м (слона) trunk
ход (-а; part gen -у, loc sg -у́) м
(машины, поршня) movement;
(событий, дела) course; (часов,
двигателя) working; (Карты) go;
(маневр: также Шахматы) move;
(возможность) chance; (вход)
entrance; **в хо́де** +gen in the course
of; **ход мы́слей** train of thought;
идти́ (perf **пойти́**) **в ход** to come
into use; **быть** (impf) **в** (большо́м)
ходу́ to be (very) popular; **на ходу́**
(есть, разговаривать) on the
move; (пошути́ть) in passing; **с**
ходу́ straight off; **дава́ть** (perf
дать) **ход де́лу** to set things in
motion
хода́тайств|о (-а) ср petition;
хода́тайствова|ть (-ю; perf
походата́йствовать) несов:
хода́тайствовать о чём-н/за
кого́-н to petition for sth/on sb's
behalf
хо|ди́ть (-жу́, -дишь) несов to
walk; (по магазинам, в гости) to go
(on foot); (поезд, автобус итп) to
go; (слухи) to go round; (часы) to
work; (носить): **ходи́ть в** +prp (в
пальто, в сапога́х итп) to wear;
(+instr: тузом итп) to play; (конём,
пешко́й итп) to move
хожу́ несов см **ходи́ть**
хоздогово́р (-а) м сокр
(= хозяйственный догово́р)
business deal (between companies)
хозрасчёт (-а) м
(= хозяйственный расчёт) system

of management based on self-financing and self-governing principles

хозрасчётн|ый прил.: **хозрасчётное предприя́тие** self-financing, self-governing enterprise

хозя́|ин (-ина, nom pl **-ева,** gen pl **-ев)** м (владелец) owner; (сдающий жильё) landlord; (принимающий) host; (перен: распорядитель) master; **хозя́|йка (-йки,** gen pl **-ек)** ж (владелица) owner; (сдающая жильё) landlady; (принимающая гостей) hostess; (в доме) housewife; **хозя́йнича|ть (-ю)** несов (распоряжаться) to be in charge; (командовать) to be bossy; **хозя́йственн|ый** прил (деятельность) economic; (постройка, инвентарь) domestic; (человек) thrifty; **хозя́йственные това́ры** hardware; **хозя́йственный магази́н** hardware shop

хозя́йств|о (-а) ср (Экон) economy; (фермерское) enterprise; (предметы быта) household goods мн; (домашнее) **хозя́йство** housekeeping; **хозя́йствен|овать (-ую)** несов.: **хозя́йствовать на предприя́тии** to manage a business

хоккеи́ст (-а) м hockey player
хокке́|й (-я) м hockey
холл (-а) м (театра, гостиницы) lobby; (в квартире, в доме) hall
холм (-а́) м hill; **холми́стый** прил hilly
хо́лод (-а; nom pl **-а́)** м cold; (погода) cold weather; **холода́|ть (3sg -ет,** perf **похолода́ть)** несов безл to turn cold; **холоде́|ть (-ю;** perf **похолоде́ть)** несов to get

cold; (от страха) to go cold
холоди́льник (-а) м (домашний) fridge; (промышленный) refrigerator
хо́лодно нареч coldly ▷ как сказ it's cold; **мне/ей хо́лодно** I'm/she's cold
холо́дный прил cold
холосто́й прил (мужчина) single, unmarried; (выстрел, патрон) blank; **холостя́к (-а́)** м bachelor
холст (-а́) м canvas
хомя́к (-а́) м hamster
хор (-а) м choir; (насмешек) chorus
Хорва́ти|я (-и) ж Croatia
хо́ром нареч in unison
хоро́н|ить (-оню́, -о́нишь; perf **похорони́ть)** несов перех to bury
хоро́шенький прил (лицо) cute
хороше́нько нареч (разг) properly
хороше́|ть (-ю; perf **похороше́ть)** несов to become more attractive
хоро́ш|ий прил good; **он хоро́ш (собо́ю)** he's good-looking; **всего́ хоро́шего!** all the best!
хорошо́ нареч well ▷ как сказ it's good; **мне хорошо́** I feel good ▷ част, вводн it's O.K., all right ▷ ср нескл (Просвещ) ≈ good (school mark); **мне здесь хорошо́** I like it here; **ну, хорошо́!** (разг: угроза) right then!; **хорошо́ бы поесть/поспа́ть** (разг) I wouldn't mind a bite to eat/getting some sleep
хот|е́ть (см Table 14) несов перех +infin to want to do; **как хоти́те** (как вам угодно) as you wish; (а всё-таки) no matter what you say; **хо́чешь не хо́чешь** whether you like it or not; **хоте́ть** (impf) **есть/**

пить ю быть hungry/thirsty;
хоте́ться *несов безл*: мне
хо́чется пла́кать/есть I feel like
crying/something to eat
хот-спо́т (**-а**) *м* (wireless) hotspot

○ **КЛЮЧЕВОЕ СЛОВО**

хоть *союз* **1** (несмотря́ на то,
что) (al)though; хоть я и оби́жен, я
помогу́ тебе́ although I am hurt, I
will help you
2 (до тако́й сте́пени, что) even if;
не соглаша́ется, хоть до утра́
проси́ he won't agree, even if you
ask all night; хоть убе́й, не могу́
пойти́ на э́то I couldn't do that to
save my life; хоть..., хоть...,
either..., or...; езжа́й хоть сего́дня,
хоть че́рез ме́сяц go either today,
or in a month's time
▷ *част* **1** (служит для усиления)
at least; подвези́ его́ хоть до
ста́нции take him to the station at
least; пойми́ хоть ты you of all
people should understand
2 (во фразах): хоть бы at least;
хоть бы ты ему́ позвони́л you
could at least phone him!; хоть бы
мы могли́ зако́нчить сего́дня! if only we
could get finished today!; хоть кто́
anyone; хоть како́й *or* any; хоть
бы что́ it doesn't bother him; хоть
куда́! (*разг*) excellent!; хоть бы и
так! so what!

хотя́ *союз* although; хотя́ и even
though; хотя́ бы at least
хо́хот (**-а**) *м* loud laughter
хох|ота́ть (**-очу́, -о́чешь**) *несов*
to guffaw; **хохота́ть** (*impf*) (над
+*instr*) to laugh (at)
хочу́ *etc несов см* хоте́ть
хра́брост|ь (**-и**) *ж* courage,
bravery

хра́брый *прил* courageous, brave
храм (**-а**) *м* (*Рел*) temple
хране́ни|е (**-я**) *ср* (денег)
keeping; **хране́ние ору́жия**
possession of firearms; **ка́мера
хране́ния** (на вокза́ле) left-luggage
office (*Brit*) *или* checkroom (*US*)
храни́лищ|е (**-а**) *ср* store
хран|и́ть (**-ю́, -и́шь**) *несов перех*
to keep; (досто́инство) to protect;
(тради́ции) to preserve;
храни́ться *несов возв* to be kept
храп|е́ть (**-лю́, -и́шь**) *несов* to
snore
хреб|е́т (**-та́**) *м* (*Анат*) spine; (*Гео*)
ridge; **го́рный хребе́т** mountain
range
хрен (**-а**) *м* horseradish
хрип|е́ть (**-лю́, -и́шь**) *несов* to
wheeze
хри́плый *прил* (голос) hoarse
хри́п|нуть (**-у**; *perf* **охри́пнуть**)
несов to become *или* grow hoarse
христиа́н|ин (**-и́на**; *nom pl*
-а́не, *gen pl* **-а́н**) *м* Christian;
христиа́нский *прил* Christian;
христиа́нств|о (**-а**) *ср*
Christianity
Христ|о́с (**-а́**) *м* Christ
хром (**-а**) *м* (*Хим*) chrome
хрома́|ть (**-ю**) *несов* to limp
хромо́й *прил* lame
хро́ник|а (**-и**) *ж* chronicle; (в
газе́ты) news items
хрони́ческий *прил* chronic
хру́пкий *прил* fragile; (пече́нье,
ко́сти) brittle; (перен: фигу́ра)
delicate; (: здоро́вье, органи́зм)
frail
хруст (**-а**) *м* crunch
хруста́лик (**-а**) *м* (*Анат*) lens
хруста́л|ь (**-я́**) *м, собир* crystal
хруста́льный *прил* crystal
хру|сте́ть (**-щу́, -сти́шь**) *несов*
to crunch; **хру́стящий** *прил*

crunchy, crisp

хрю́ка|ть (-ю) *несов* to grunt

худе́|ть (-ю) *несов* to grow thin;
(*быть на дие́те*) to slim

худо́жественн|ый *прил* artistic;
(*шко́ла, вы́ставка*) art;
худо́жественная литерату́ра
fiction; **худо́жественная**
самоде́ятельность *amateur*
performing arts;
худо́жественный сало́н
(*вы́ставка*) art exhibition; (*магази́н*)
art gallery and craft shop;
худо́жественный фильм
feature film

худо́жник (-а) *м* artist

худо́й *прил* thin

ху́дший *превос прил* the worst

ху́же *сравн прил, нареч* worse

хулига́н (-а) *м* hooligan;
хулига́н|ить (-ю, -ишь; *perf*
нахулига́нить) *несов* to act like a
hooligan

цара́па|ть (-ю; *perf* **оцара́пать**)
несов перех (*ру́ку*) to scratch;
цара́паться (*perf* **оцара́паться**)
несов возв to scratch

цара́пин|а (-ы) *ж* scratch

цари́ц|а (-ы) *ж* tsarina (*wife of*
tsar)

ца́рский *прил* tsar's, royal;
(*режи́м, прави́тельство*) tsarist

ца́рств|о (-а) *ср* reign

ца́рств|овать (-ую) *несов* to
reign

цар|ь (-я́) *м* tsar

цве|сти́ (-ту́, -тёшь) *несов* (*Бот*)
to blossom, flower

цвет (-а; *nom pl* **-а́**) *м* (*окра́ска*)
colour (*Brit*), color (*US*) ▷ (*prep sg*
-у́) (*Бот*) blossom

цветно́й *прил* (*каранда́ш*)
coloured (*Brit*), colored (*US*);
(*фо́то, фильм*) colour (*Brit*), color
(*US*)

цвет|о́к (-ка́; *nom pl* -ы́) *м* flower (*bloom*); (*комнатный*) plant

цвето́чный *прил* flower

це|ди́ть (-жу́, -дишь; *perf* **процеди́ть**) *несов перех* (*жидкость*) to strain; (*перен: слова*) to force out

це́др|а (-ы) *ж* (dried) peel *ед*

целе́бный *прил* medicinal; (*воздух*) healthy

целенапра́вленный *прил* single-minded; (*политика*) consistent

целико́м *нареч* (*без ограничений*) wholly, entirely; (*сварить*) whole

це́л|иться (-юсь, -ишься; *perf* **наце́литься**) *несов возв*: **це́литься в** +*acc* to (take) aim at

целлофа́н (-а) *м* cellophane

цел|ова́ть (-у́ю; *perf* **поцелова́ть**) *несов перех* to kiss; **целова́ться** (*perf* **поцелова́ться**) *несов возв* to kiss (each other)

це́л|ое (-ого) *ср* whole

це́лый *прил* whole, entire; (*неповреждённый*) intact; **в це́лом** (*полностью*) as a whole; (*в общем*) on the whole

це́л|ь (-и) *ж* (*при стрельбе́*) target; (*перен*) aim, goal; **с це́лью** +*infin* with the object *или* aim of doing; **це́лью** +*gen* for; **в це́лях** +*gen* for the purpose of

це́льный *прил* (*кусок*) solid; (*характер*) integrated

цеме́нт (-а) *м* cement; **цементи́р|овать** (-ую; *perf* **зацементи́ровать**) *несов перех* to cement

цен|а́ (-ы́; *acc sg* -у, *dat sg* -е́, *nom pl* -ы) *ж* price; (*перен: человека*) value; **цено́ю** +*gen* at the expense of

цензу́р|а (-ы) *ж* censorship

цен|и́ть (-ю́, -ишь; *несов перех* (*вещь*) to value; (*помощь*) to appreciate

це́нност|ь (-и) *ж* value; **це́нности** valuables; **материа́льные це́нности** commodities

це́нный *прил* valuable; (*письмо*) registered

це́нтнер (-а) *м* centner (*100kg*)

центр (-а) *м* centre (*Brit*), center (*US*); **в це́нтре внима́ния** in the limelight; **торго́вый центр** shopping centre (*Brit*) *или* mall (*US*)

центра́льный *прил* central

⚫ **ЦЕНТРА́ЛЬНОЕ ОТОПЛЕ́НИЕ**
⚫
⚫ The vast majority of Russians live
⚫ in flats for which hot water and
⚫ central heating are provided by
⚫ huge communal boiler systems.
⚫ Each city borough has a boiler
⚫ system of its own. These systems
⚫ distribute hot water for domestic
⚫ use all year round and radiators
⚫ are heated during the cold
⚫ months. The heating is controlled
⚫ centrally and individual home
⚫ owners do not have any say over
⚫ it. See also note at
⚫ **отопи́тельный сезо́н**.

Центроба́нк *м сокр* = **Центра́льный банк (Росси́и)**

цепл|я́ться (-я́юсь) *несов возв*: **цепля́ться за** +*acc* to cling *или* hang on to

цепно́й *прил* chain

цепо́ч|ка (-ки; *gen pl* -ек) *ж* (*тонкая цепь*) chain; (*машин, людей*) line

цеп|ь (-и; *loc sg* -и́) *ж* chain; (*Элек*) circuit; **го́рная цепь**

mountain range

церемо́ни|я (-и) ж ceremony

церко́вный прил church

це́рк|овь (-ви; instr sg -овью, nom pl -ви, gen pl -ве́й) ж church

цех (-а; loc sg -у́, nom pl -а́) м (work)shop (in factory)

цивилиза́ци|я (-и) ж civilization;
цивилизо́ванный прил civilized

цикл (-а) м cycle; (лекций) series

цикл|ева́ть (-ю́ю; perf отциклева́ть) несов перех to sand

цикло́н (-а) м cyclone

цили́ндр (-а) м cylinder; (шляпа) top hat

цини́чный прил cynical

цирк (-а) м circus

циркули́р|овать (3sg -ует) несов to circulate

ци́ркул|ь (-я) м (a pair of) compasses

циркуля́р (-а) м decree

цита́т|а (-ы) ж quote, quotation;
цити́р|овать (-ую; perf процити́ровать) несов перех to quote

цифербла́т (-а) м dial; (на часах) face

ци́фр|а (-ы) ж number; (арабские, римские) numeral; (обычно мн: расчёт) figure

ЦРУ ср сокр (= Центра́льное разве́дывательное управле́ние (США)) CIA (= Central Intelligence Agency)

ЦСУ ср сокр = Центра́льное статисти́ческое управле́ние

ЦТ ср сокр = Центра́льное телеви́дение

цыга́н (-а; nom pl -е) м gypsy

цыпл|ёнок (-ёнка; nom pl -я́та, gen pl -я́т) м chick

цы́почк|и (-ек) мн: на цы́почках on tiptoe

чади́ть (-жу́, -ди́шь; perf начади́ть) несов to give off fumes

чаев|ы́е (-ы́х) мн tip ед

ча|й (-я; part gen -ю, nom pl -и́) м tea; **зава́ривать** (perf завари́ть) **чай** to make tea; **дава́ть** (perf дать) кому́-н на **чай** to give sb a tip

ча́йк|а (-йки; gen pl -ек) ж (sea) gull

ча́йник (-а) м kettle; (для заварки) teapot

ча́йный прил: ча́йная ло́жка teaspoon

час (-а; nom pl -ы́) м hour; академи́ческий **час** (Просвещ) ≈ period; кото́рый **час**? what time is it?; сейча́с 3 часа́ но́чи/дня it's 3 o'clock in the morning/afternoon; см также часы́

часо́вн|я (-ни; gen pl -ен) ж chapel

Ч

часов|о́й прил (лекция)
one-hour; (механизм: ручных
часов) watch; (: стенных часов)
clock ▷ (-о́го) м sentry; **часова́я
стре́лка** the small hand; **часово́й
по́яс** time zone

части́ц|а (-ы) ж (стекла)
fragment; (желания) bit;
(количества) fraction; (Физ, Линг)
particle

части́чный прил partial

ча́стник (-а) м (собственник)
(private) owner

ча́стность (-и) ж (деталь) detail;
(подробность) particular; **в
ча́стности** for instance

ча́стн|ый прил private; (случай)
isolated; **ча́стная
со́бственность** private property

ча́сто нареч (много раз) often;
(тесно) close together

частот|а́ (-о́ты; nom pl -о́ты) ж
(Тех) frequency

ча́стый прил frequent

часть (-и; gen pl -е́й) ж part;
(отдел) department; (симфонии)
movement; (Воен) unit; **часть
ре́чи** part of speech; **часть све́та**
continent

час|ы́ (-о́в) мн (карманные) watch
ед; (стенные) clock ед

чат (-а) м (Интернет) chat;
чат-ко́мната (-ы) ж chat room

ча́шк|а (-и; gen pl -ек) ж cup

ча́ще сравн прил от **ча́стый**
▷ сравн нареч от **ча́сто**

чего́ мест см **что**

чей (чьего́; см Table 5; f чья́, nt
чьё, pl чьи) мест whose; **чей бы
то ни́ был** no matter whose it is

чей-ли́бо (чьего́-либо; как чей;
см Table 5; f чья́-либо, nt
чьё-либо, pl чьи-либо) мест
= **чей-нибудь**

чей-нибудь (чьего́-нибудь; как

чей; см Table 5; f чья́-нибудь, nt
чьё-нибудь, pl чьи-нибудь) мест
anyone's

чей-то (чьего́-то; как чей; см
Table 5; f чья́-то, nt чьё-то, pl
чьи-то) мест someone's,
somebody's

чек (-а) м (банковский) cheque
(Brit), check (US); (товарный,
кассовый) receipt

че́ковый прил cheque (Brit),
check (US)

чёлк|а (-и; gen pl -ок) ж
(человека) fringe (Brit), bangs мн
(US)

челно́к (-ка́) м shuttle;
(торговец) small trader buying
goods abroad and selling them on
local markets

челове́к (-а; nom pl лю́ди, gen
pl люде́й) м human (being); (некто,
личность) person (мн people)

челове́ческий прил human;
(человечный) humane

челове́честв|о (-а) ср humanity,
mankind

челове́чный прил humane

че́люст|ь (-и) ж (Анат) jaw

чем мест см **что** ▷ союз than;
(разг: вместо того чтобы) instead
of; **чем бо́льше/ра́ньше, тем
лу́чше** the bigger/earlier, the better

чемода́н (-а) м suitcase

чемпио́н (-а) м champion;
чемпиона́т (-а) м championship

чему́ мест см **что**

чепух|а́ (-и́) ж nonsense

че́рв|и (-е́й) мн (Карты) hearts мн

черв|ь (-я́; nom pl -и, gen pl -е́й)
м worm; (личинка) maggot

червя́к (-а́) м worm

черда́к (-а́) м attic, loft

черед|ова́ть (-у́ю) несов перех:
чередова́ть что-н с +instr to
alternate sth with

○ **КЛЮЧЕВОЕ СЛОВО**

че́рез *предл +асс* **1** *(поперёк)* across, over; **перехо́ди́ть** *(perf* **перейти́) че́рез доро́гу** to cross the road

2 *(сквозь)* through; **че́рез окно́** through the window

3 *(поверх)* over; **че́рез забо́р** over the fence

4 *(спустя)* in; **че́рез час** in an hour('s time)

5 *(минуя какое-н пространство)* **че́рез три кварта́ла — ста́нция** the station is three blocks away

6 *(при помощи)* via; **он переда́л письмо́ че́рез знако́мого** he sent the letter via a friend

7 *(при повторении действия)* every; **принима́йте табле́тки че́рез ка́ждый час** take the tablets every hour

че́реп (-а) *м* skull

черепа́х|а (-и) *ж* tortoise; *(морская)* turtle

черепи́ц|а (-ы) *ж собир* tiles *мн*

чере́ш|ня (-ни; *gen pl* -ен) *ж* cherry

черне́|ть (-ю; *perf* **почерне́ть)** *несов (становиться чёрным)* to turn black

черни́л|а (-) *мн* ink *ед*

чернови́к (-а́) *м* draft

чёрный (-ен, -на́, -но́) *прил* black; *(ход)* back

черпа́|ть (-ю) *несов перех (жидкость)* to ladle

черстве́|ть (-ю; *perf* **зачерстве́ть)** *несов (хлеб)* to go stale

чёрствый *прил (хлеб)* stale; *(человек)* callous

чёрт (-а; *nom pl* **че́рти,** *gen pl* **черте́й)** *м (дьявол)* devil; **иди́ к**

че́рту! *(разг)* go to hell!

черта́ (-ы́) *ж (линия)* line; *(признак)* trait; **в о́бщих черта́х** in general terms; *см также* **черты́**

чертёж (-а́) *м* draft

чер|ти́ть (-чу́, -тишь; *perf* **начерти́ть)** *несов перех (линию)* to draw; *(график)* to draw up

черт|ы́ (-) *мн (также* **черты́ лица́)** features

че|са́ть (-шу́, -шешь; *perf* **почеса́ть)** *несов перех (спину)* to scratch; **чеса́ться** *(perf* **почеса́ться)** *несов возв* to scratch o.s.; *(no perf: зудеть)* to itch

чесно́к (-а́) *м* garlic

че́стно *нареч (сказать)* honestly; *(решить)* fairly ▷ *как сказ:* **так бу́дет че́стно** that'll be fair

че́стность (-и) *ж* honesty; **че́стное сло́во** honestly

че́стный *прил* honest; **че́стное сло́во** honestly

честолюби́вый *прил* ambitious

честь (-и) *ж (уважение)* honour *(Brit)*, honor *(US)* ▷ *(loc sg* -и́) *(почёт)* glory; **к че́сти кого́-н** to sb's credit; **отдава́ть** *(perf* **отда́ть) кому́-н честь** to salute sb

четве́рг (-а́) *м* Thursday

четвере́ньки (-ек) *мн:* **на четвере́ньках** on all fours

четвёр|ка (-ки; *gen pl* -ок) *ж (цифра, карта)* four; *(Просвещ* ≈ B *(school mark)*

че́тверо *(см Table 30a;* -ы́х) *чис* four

четвёртый *чис* fourth; **сейча́с четвёртый час** it's after three

че́тверт|ь (-и) *ж* quarter; *(Просвещ)* term

четвертьфина́л (-а) *м (Спорт)* quarter final

чёткий *прил* clear; *(движения)* precise

ч

чётный *прил (число)* even
четы́ре (*-ёх*; *instr sg* **-ьмя́**; *см
Table 24*) *чис (цифра, число)* four;
(*Просвещ*) ≈ B (*school mark*)
четы́реста (*-ёхсо́т*; *см Table 28*)
чис four hundred
четы́рнадцатый *чис* fourteenth
четы́рнадцать (*-и*; *как* **пять**; *см
Table 26*) *чис* fourteen
Че́хия (*-и*) *ж* the Czech Republic
чехо́л (*-ла́*) *м (для мебели)*
cover; (*для гитары, для оружия*)
case
чешуя́ (*-и́*) *ж собир* scales *мн*
чин (*-а*; *nom pl* **-ы́**) *м* rank
чини́ть (*-ю́, -ишь*; *perf*
почини́ть) *несов перех* to mend,
repair ▷ (*perf* **очини́ть**)
(*каранда́ш*) to sharpen
чино́вник (*-а*) *м (служащий)*
official
чи́псы (*-ов*) *мн* crisps
чи́сленность (*-и*) *ж (армии)*
numbers *мн*; (*учащихся*) number;
чи́сленность населе́ния
population
число́ (*-а́*; *nom pl* **-а**, *gen pl*
-ел) *ср* number; (*день ме́сяца*)
date; **быть** (*impf*) **в числе́** *+gen* to
be among(st)
чи́стить (*-щу, -стишь*; *perf*
вы́чистить *или* **почи́стить**)
несов перех to clean; (*зу́бы*) to
brush, clean ▷ (*perf* **почи́стить**)
(*я́блоко, карто́шку*) to peel; (*ры́бу*)
to scale
чи́сто *нареч (только)* purely;
(*у́бранный, сде́ланный*) neatly
▷ *как сказ*: **в до́ме чи́сто** the
house is clean
чистови́к (*-а*) *м* fair copy
чистосерде́чный *прил* sincere
чистота́ (*-ы́*) *ж* purity; **у него́ в
до́ме всегда́ чистота́** his house is
always clean

чи́стый *прил (одежда, комната)*
clean; (*со́весть, не́бо*) clear;
(*зо́лото, спирт, случа́йность*) pure;
(*при́быль, вес*) net; **экологи́чески
чи́стый** organic
чита́льный *прил*: **чита́льный
зал** reading room
чита́тель (*-я*) *м* reader
чита́ть (*-ю*; *perf* **прочесть** *или*
прочита́ть) *несов перех* to read;
(*ле́кцию*) to give
чиха́ть (*-ю*; *perf* **чихну́ть**) *несов*
to sneeze
член (*-а*) *м* member; (*обычно мн:
коне́чности*) limb; **полово́й член**
penis; **член предложе́ния** part of a
sentence
чо́каться (*-юсь*; *perf*
чо́кнуться) *несов возв* to clink
glasses (*during toast*)
чрева́тый *прил* +*instr* fraught with
чрезвыча́йно *нареч* extremely
чрезвыча́йный *прил*
(*исключи́тельный*) extraordinary;
(*экстренный*) emergency;
чрезвыча́йное положе́ние state of
emergency
чрезме́рный *прил* excessive
чте́ние (*-я*) *ср* reading

 КЛЮЧЕВО́Е СЛО́ВО

что (*чего́*; *см Table 7*) *мест*
1 (*вопроси́тельное*) what; **что ты
сказа́л?** what did you say?; **что Вы
говори́те!** you don't say!
2 (*относи́тельное*) which; **она́ не
поздоро́валась, что мне бы́ло
неприя́тно** she did not say hello,
which was unpleasant for me; **что
ни говори́ ...** whatever you say ...
3 (*сто́лько ско́лько*): **она́
закрича́ла что бы́ло сил** she
shouted with her all might
4 (*разг: что-нибудь*) anything;

е́сли что случи́тся if anything happens, should anything happen; **в слу́чае чего́** if anything happens; **чуть что — сра́зу скажи́ мне** get in touch at the slightest thing

▷ *нареч* (*почему*) **что ты грусти́шь?** why are you sad?

▷ *союз* **1** (*при сообщении, высказывании*): **я зна́ю, что на́до де́лать** I know what must be done; **я зна́ю, что он прие́дет** I know that he will come

2 (*во фразах*): **что я?** (*разг*) (do you ask?); **к чему́** (*зачем*) why; **не́ за что!** not at all! (*Brit*), you're welcome! (*US*); **ни за что!** (*разг*) no way!; **ни за что ни про что** (*разг*) reason at all; **что ты!** (*при возражении*) what!; **я здесь ни при чём** it has nothing to do with me; **что к чему́** (*разг*) what's what

чтоб *союз* = **чтобы**

○ **КЛЮЧЕВОЕ СЛОВО**

чтобы *союз* (+*infin*: *выражает цель*) in order *или* so as to do

▷ *союз* +*pt* **1** (*выражает цель*) so that

2 (*выражает желательность*): **я хочу́, чтобы она́ пришла́** I want her to come

3 (*выражает возможность*): **не мо́жет быть, чтобы он так поступи́л** it can't be possible that he could have acted like that

▷ *част* **1** (*выражает пожелание*): **чтобы она́ заболе́ла!** I hope she gets ill!

2 (*выражает требование*): **чтобы я его́ здесь бо́льше не ви́дел!** I hope (that) I never see him here again!

что-либо (*чего-либо*; *как что*; см *Table 7*) *мест* = **что-нибудь**

что-нибудь (*чего-нибудь*; *как что*; см *Table 7*) *мест* (*в утверждении*) something; (*в вопросе*) anything

что-то (*чего-то*; *как что*; см *Table 7*) *мест* something; (*приблизительно*) something like

▷ *нареч* (*разг: почему-то*) somehow

чувстви́тельный *прил* sensitive

чу́вство (-а) *ср* feeling; (+*gen*: *юмора, долга*) sense of

чу́вствовать (-ую; *perf* **почу́вствовать**) *несов перех* to feel; (*присутствие, опасность*) to sense; **чу́вствовать** (*impf*) **себя́ хорошо́/непло́хо** to feel good/ awkward; **чу́вствоваться** *несов возв* (*жара, усталость*) to be felt

чугу́н (-а́) *м* cast iron

чуда́к (-а́) *м* eccentric

чудеса́ *итп сущ* см **чу́до**

чуде́сный *прил* (*очень хороший*) marvellous (*Brit*), marvelous (*US*), wonderful; (*необычный*) miraculous

чу́до (-а; *nom pl* **-еса́**, *gen pl* **-е́с**, *dat pl* **-еса́м**) *ср* miracle

чудо́вище (-а) *ср* monster

чу́дом *нареч* by a miracle

чу́ждый *прил* alien

чужо́й *прил* (*вещь*) someone *или* somebody else's; (*речь, обычай*) foreign; (*человек*) strange

чуло́к (-ка́; *gen pl* **-о́к**, *dat pl* **-ка́м**) *м* (*обычно мн*) stocking

чума́ (-ы́) *ж* plague

чу́ткий *прил* sensitive; (*добрый*) sympathetic

чу́точку *нареч* (*разг*) a tiny bit

чуть *нареч* (*разг: едва*) hardly; (*немного*) a little ▷ *союз* (*как только*) as soon as; **чуть (бы́ло) не**

almost, nearly; **чуть что** (*разг*) at the slightest thing

чуть-чу́ть *нареч* (*разг*) a little

чу́чел|о (-а) *ср* scarecrow

чушь (-и) *ж* (*разг*) rubbish (*Brit*), garbage (*US*), nonsense

чу́|ять (-ю) *несов перех* (*собака*) to scent; (*предвидеть*) to sense

чьё (**чьего́**) *мест см* **чей**

чьи (**чьих**) *мест см* **чей**

чья (**чьей**) *мест см* **чей**

шаг (-а; *nom pl* -**и́**) *м* step

шага́|ть (-ю) *несов* to march

шагн|у́ть (-у́, -ёшь) *сов* to step, take a step

ша́|йка (-йки; *gen pl* -**ек**) *ж* gang

шаль (-и) *ж* shawl

шампа́нск|ое (-ого) *ср* champagne

шампиньо́н (-а) *м* (*Бот*) (field) mushroom

шампу́н|ь (-я) *м* shampoo

шанс (-а) *м* chance

шанта́ж (-а́) *м* blackmail

шантажи́р|овать (-ую) *несов перех* to blackmail

ша́п|ка (-ки; *gen pl* -**ок**) *ж* hat

шар (-а; *nom pl* -**ы́**) *м* (*Геом*) sphere ▷ (*gen sg* -**а́**) (*бильярдный итп*) ball; **возду́шный шар** balloon

ша́рик (-а) *м* (*детский*) balloon

ша́риков|ый *прил*: **ша́риковая ру́чка** ballpoint pen

ша́рка|ть (-ю) *несов +instr* to shuffle

шарф (-а) *м* scarf

шата́|ть (-ю) *несов перех (раскачивать)* to rock; **шата́ться** *несов возв (зуб)* to be loose and wobbly; *(стол)* to be wobbly; *(от ветра)* to shake; *(от усталости)* to reel; *(по улицам)* to hang around

шах (-а) *м (в ша́хматах)* check

ша́хматный *прил* chess

ша́хмат|ы (-) *мн (игра)* chess *ед*; *(фигуры)* chessmen

ша́хт|а (-ы) *ж* mine; *(ли́фта)* shaft

шахтёр (-а) *м* miner

ша́шк|и (-ек) *мн (игра)* draughts *ед (Brit)*, checkers *ед (US)*

шашлы́к (-а́) *м* shashlik, kebab

швабр|а (-ы) *ж* mop

швартова́|ть (-ю), *perf* **пришвартова́ть** *несов перех* to moor

швед (-а) *м* Swede

шве́дский *прил* Swedish

шве́йный *прил* sewing

швейца́р|ец (-ца) *м* Swiss

Швейца́ри|я (-и) *ж* Switzerland

швейца́рский *прил* Swiss

Шве́ци|я (-и) *ж* Sweden

шевел|и́ть (-ю́, -и́шь), *perf* **пошевели́ть** *несов перех (се́но)* to turn over; *(подлеж: ве́тер)* to stir ▷ *неперех (+instr): па́льцами, губа́ми)* to move; **шевели́ться** *(perf* **пошевели́ться)** *несов возв* to stir

шеде́вр (-а) *м* masterpiece

шёл *несов см* **идти́**

шёлк (-а; *nom pl* -á) *м* silk

шёлковый *прил* silk

шелуш|и́ться (-у́сь, -и́шься) *несов возв* to peel

шепн|у́ть (-у́, -ёшь) *сов перех* to whisper

шёпот (-а) *м* whisper

шёпотом *нареч* in a whisper

шеп|та́ть (-чу́, -чешь) *несов перех* to whisper; **шепта́ться** *несов возв* to whisper to each other

шере́нг|а (-и) *ж (солда́т)* rank

шерст|ь (-и) *ж (живо́тного)* hair; *(пря́жа, ткань)* wool

шерстяно́й *прил (пря́жа, ткань)* woollen *(Brit)*, woolen *(US)*

шерша́вый *прил* rough

ше́стер|о (-ы́х; см Table 30b) *чис* six

шестидеся́тый *чис* sixtieth

шестна́дцатый *чис* sixteenth

шестна́дцат|ь (-и; *как* **пять**; см Table 26) *чис* sixteen

шесто́й *чис* sixth

шест|ь (-и́; *как* **пять**; см Table 26) *чис* six

шест|ьдеся́т (-и́десяти; *как* **пятьдеся́т**; см Table 26) *чис* sixty

шест|ьсо́т (-исо́т; *как* **пятьсо́т**; см Table 28) *чис* six hundred

шеф (-а) *м (поли́ции)* chief; *(разг: нача́льник)* boss; *(благотвори́тель: лицо́)* patron; *(организа́ция)* sponsor

ше́фств|о (-а) *ср:* **ше́фство над** *+instr (лица́)* patronage of; *(организа́ции)* sponsorship of

ше́фств|овать (-ую) *несов:* **ше́фствовать над** *+instr (лицо́)* to be patron of; *(организа́цию)* to sponsor

ше́|я (-и) *ж (Анат)* neck

ши́ворот (-а) *м (разг):* **за ши́ворот** by the collar

шизофре́ник (-а) *м* schizophrenic

шика́рный *прил (разг)* glamorous, chic

шимпанзе́ *м нескл* chimpanzee

ши́н|а (-ы) *ж (Авт)* tyre *(Brit)*, tire *(US)*

шине́л|ь (-и) ж overcoat

шинк|ова́ть (-у́ю; perf **нашинкова́ть**) несов перех (овощи) to shred

шип (-а́) м (растения) thorn; (на колесе) stud; (на ботинке) spike

шипу́чий прил fizzy

ши́ре сравн прил от **широ́кий** ▷ сравн нареч от **широко́**

ширин|а́ (-ы́) ж width; доро́жка метр ширино́й или в ширину́ a path a metre (Brit) или meter (US) wide

ши́рм|а (-ы) ж screen

широ́к|ий прил wide; (степи, планы) extensive; (перен: общественность) general; (: смысл) broad; (: натура, жест) generous; това́ры широ́кого потребле́ния (Экон) consumer goods

широко́ нареч (раскинуться) widely; (улыбаться) broadly

широкополо́сный прил broadband; **широкополо́сная связь** broadband connection; **широкополо́сный до́ступ** broadband access

широкоэкра́нный прил (фильм) widescreen

широт|а́ (-оты́) ж breadth ▷ (nom pl -о́ты) (Гео) latitude

ширпотре́б (-а) м сокр (= широ́кое потребле́ние) (разг: о товарах) consumer goods мн; (: о плохом товаре) shoddy goods мн

ши|ть (шью, шьёшь; perf **сшить**) несов перех (платье итп) to sew

ши́фер (-а) м slate

шиш (-а́) м (разг) gesture of refusal; **(ни) шиша́** (разг: ничего) nothing at all

ши́ш|ка (-ки; gen pl -ек) ж (Бот) cone; (на лбу) bump, lump

шкал|а́ (-ы́; nom pl -ы) ж scale

шкаф (-а; loc sg -у́, nom pl -ы) м (для одежды) wardrobe; (для посуды) cupboard; **кни́жный шкаф** bookcase

шки́пер (-а) м (Мор) skipper

шко́л|а (-ы) ж school; (милиции) academy; **сре́дняя шко́ла** secondary (Brit) или high (US) school

шко́ла-интерна́т (-ы, -а) ж boarding school

шко́льник (-а) м schoolboy; **шко́льница** (-ы) ж schoolgirl

шко́льный прил (здание) school

шку́р|а (-ы) ж (животного) fur; (убитого животного) skin; (: обработанная) hide

шла несов см **идти́**

шлагба́ум (-а) м barrier

шланг (-а) м hose

шлем (-а) м helmet

шли несов см **идти́**

шлиф|ова́ть (-у́ю; perf **отшлифова́ть**) несов перех (Тех) to grind

шло несов см **идти́**

шлю́п|ка (-ки; gen pl -ок) ж (Мор) dinghy; **спаса́тельная шлю́пка** lifeboat

шля́п|а (-ы) ж hat

шля́п|ка (-ки; gen pl -ок) ж hat; (гвоздя) head; (гриба) cap

шмель (-я́) м bumblebee

шмы́га|ть (-ю) несов: **шмы́гать но́сом** to sniff

шнур (-а́) (верёвка) cord; (телефонный, лампы) cable

шнур|ова́ть (-у́ю; perf **зашнурова́ть**) несов перех (ботинки) to lace up

шнур|о́к (-ка́) м (ботинка) lace

шок (-а) м (Мед: перен) shock

шоки́р|овать (-ую) (не)сов перех to shock

шокола́д (-а) м chocolate

шокола́дный прил chocolate

шо́рты (-) мн shorts

шоссе́ ср нескл highway

шотла́нд|ец (-ца) м Scotsman (мн Scotsmen)

Шотла́нди|я (-и) ж Scotland

шотла́ндский прил Scottish, Scots

шо́у ср нескл (также перен) show

шофёр (-а) м driver

шпа́г|а (-и) ж sword

шпага́т (-а) м (бечёвка) string

шпакл|ева́ть (-ю́ю; perf **зашпаклева́ть**) несов перех to fill

шпа́л|а (-ы) ж sleeper (Rail)

шпиль (-я) м spire

шпи́ль|ка (-ки; gen pl -ек) ж (для волос) hairpin; (каблук) stiletto (heel)

шпина́т (-а) м spinach

шпио́н (-а) м spy

шпиона́ж (-а) м espionage

шпио́н|ить (-ю, -ишь) несов (разг) to spy

шприц (-а) м syringe

шпро́ты (-ов) мн sprats

шрам (-а) м (на теле) scar

шрифт (-а; nom pl -ы́) м type

штаб (-а) м headquarters (мн)

штамп (-а) м (печать) stamp

штамп|ова́ть (-у́ю; perf **проштампова́ть**) несов перех (документы) to stamp ▷ (perf **отштампова́ть**) (детали) to punch, press

штанг|а (-и) ж (Спорт: в тяжёлой атлетике) weight; (: ворот) post

штан|ы́ (-о́в) мн trousers

штат (-а) м (государства) state; (работники) staff

шта́тный прил (сотрудник) permanent

шта́тск|ий прил (одежда) civilian ▷ (-ого) м civilian

ште́псел|ь (-я) м (Элек) plug

што́пор (-а) м corkscrew

шторм (-а) м gale

штормов|о́й прил stormy; **штормово́е предупрежде́ние** storm warning

штраф (-а) м (денежный) fine; (Спорт) punishment; **штрафн|о́й** прил penal ▷ (-о́го) м (Спорт: также **штрафно́й уда́р**) penalty (kick)

штраф|ова́ть (-у́ю; perf **оштрафова́ть**) несов перех to fine; (Спорт) to penalize

штрих (-а́) м (черта) stroke

штрихово́й прил: **штрихово́й код** bar code

шту́к|а (-и) ж (предмет) item

штукату́р|ить (-ю, -ишь; perf **оштукату́рить** или **отштукату́рить**) несов перех to plaster

штукату́рк|а (-и) ж plaster

штурм (-а) м (Воен) storm

штурм|ова́ть (-у́ю) несов перех (Воен) to storm

шу́б|а (-ы) ж (меховая) fur coat

шум (-а; part gen -у) м (звук) noise

шум|е́ть (-лю́, -и́шь) несов to make a noise

шу́мный прил noisy; (разговор, компания) loud; (оживлённый: улица) bustling

шу́рин (-а) м brother-in-law (wife's brother)

шуру́п (-а) м (Тех) screw

шу|ти́ть (-чу́, -тишь; perf **пошути́ть**) несов to joke; (смеяться): **шути́ть над** +instr to make fun of; (no perf, +instr пренебрегать: здоровьем) to disregard

Ш

шýт|ка (**-ки;** *gen pl* **-ок**) ж joke;
без шýток joking apart, seriously
шутлúвый *прил* humourous
(*Brit*), humorous (*US*)
шýточный *прил* (*рассказ*) comic,
funny
шучý *несов см* **шутúть**
шью *итп несов см* **шить**

щавéл|ь (**-я́**) м sorrel
ща|дúть (**-жý, -дúшь;** *perf*
пощадúть) *несов перех* to spare
щéдрост|ь (**-и**) ж generosity
щéдрый *прил* generous
щек|á (щеки́; *nom pl* щёки, *gen*
pl щёк, *dat pl* щека́м) ж cheek
щек|отáть (**-очý, -о́чешь;** *perf*
пощекотáть) *несов перех* to
tickle
щекотлúвый *прил* (*вопрос итп*)
delicate
щёлк|а (**-и**) ж small hole
щёлка|ть (**-ю**) *несов* (+*instr:*
языком) to click; (*кнутом*) to crack
щёлкн|уть (**-у**) *сов от* **щёлкать**
щёлоч|ь (**-и**) ж alkali
щелч|о́к (**-ка́**) м flick; (*звук*) click
щел|ь (**-и;** *loc sg* **-и́,** *gen pl* **-éй**) ж
(*в полу*) crack; **смотровáя щель**
peephole
щен|о́к (**-ка́;** *nom pl* **-я́та,** *gen pl*

-я́т) м (собаки) pup; (лисы, волчицы) cub

щепети́льный прил scrupulous

ще́п|ка (-ки; gen pl **-ок)** ж splinter; (для расто́пки): **ще́пки** chippings

щепо́т|ка (-ки; gen pl **-ок)** ж pinch

щети́н|а (-ы) ж (живо́тных, щётки) bristle; (у мужчи́ны) stubble

щёт|ка (-ки; gen pl **-ок)** ж brush; **щётка для воло́с** hairbrush

щи (щей; dat pl **щам)** мн cabbage soup ед

щи́|колот|ка (-ки; gen pl **-ок)** ж ankle

щип|а́ть (-лю́, -лешь) несов перех (до бо́ли) to nip, pinch; (по perf: подлеж: моро́з) to bite ▷ (perf **ощипа́ть)** (во́лосы, ку́рицу) to pluck; **щипа́ться** несов возв (разг) to nip, pinch

щипц|ы́ (-о́в) мн: хирурги́ческие щипцы́ forceps; щипцы́ для са́хара sugar-tongs

щи́пчик|и (-ов) мн: для ногте́й tweezers

щит (-а́) м shield; (рекла́мный, баскетбо́льный) board; (Тех) panel

щитови́дн|ый прил: щитови́дная железа́ thyroid gland

щу́к|а (-и) ж pike (мн pike)

щу́пальц|е (-а; nom pl **-а,** gen pl **-ец)** ср (осьмино́га) tentacle; (насеко́мых) feeler

щу́па|ть (-ю; perf **пощу́пать)** несов перех to feel for

щу́р|ить (-ю, -ишь; perf **сощу́рить)** несов перех: **щу́рить глаза́** to screw up one's eyes; **щу́риться** (perf **сощу́риться)** несов возв (от со́лнца) to squint

Э

эвакуа́ци|я (-и) ж evacuation

эвакуи́р|овать (-ую) (не)сов перех to evacuate

ЭВМ ж сокр (= электро́нная вычисли́тельная маши́на) computer

эволю́ци|я (-и) ж evolution

эгои́ст (-а) м egoist

эгоисти́чный прил egotistic(al)

эква́тор (-а) м equator

эквивале́нт (-а) м equivalent

экза́мен (-а) м: **экза́мен (по** +dat) (по исто́рии) exam(ination) (in); **выпускны́е экза́мены** Finals; **сдава́ть** (impf) **экза́мен** to sit (Brit) или take an exam(ination); **сдать** (perf) **экза́мен** to pass an exam(ination); **экзамена́тор (-а)** м examiner; **экзаменацио́нный** прил: **экзаменацио́нный (вопро́с)** exam

экземпля́р (-а) м copy

экзоти́ческий прил exotic

экипа́ж (-а) м crew

экологи́ческий прил ecological

эколо́ги|я (-и) ж ecology

эконо́мик|а (-и) ж economy; (наука) economics

экономи́ст (-а) м economist

эконо́м|ить (-лю, -ишь; perf сэконо́мить) несов перех (энергию, деньги) to save; (выгадывать): эконо́мить на +prp to economize или save on

экономи́ческий прил economic

эконо́ми|я (-и) ж economy

эконо́мный прил (хозяин) thrifty; (метод) economical

экра́н (-а) м screen

экскава́тор (-а) м excavator, digger

экску́рси|я (-и) ж excursion

экскурсово́д (-а) м guide

экспеди́ци|я (-и) ж (научная) field work; (группа людей) expedition

экспериме́нт (-а) м experiment

эксперименти́р|овать (-ую) несов: эксперименти́ровать (над или с +instr) to experiment (on или with)

экспе́рт (-а) м expert

эксплуата́ци|я (-и) ж exploitation; (машин) utilization

эксплуати́р|овать (-ую) несов перех to exploit; (машины) to use

экспона́т (-а) м exhibit

э́кспорт (-а) м export; **экспортёр** (-а) м exporter; **экспорти́р|овать** (-ую) несов перех to export

экстрема́льный прил extreme

э́кстренный прил urgent; (заседание) emergency

ЭКЮ сокр ECU (= European Currency Unit)

эласти́чный прил stretchy

элева́тор (-а) м (С.-х.) grain store или elevator (US)

элега́нтный прил elegant

эле́ктрик (-а) м electrician

электри́ческий прил electric

электри́честв|о (-а) ср electricity

электри́ч|ка (-ки; gen pl -ек) ж (разг) electric train

электробытово́й прил: электробытовы́е прибо́ры electrical appliances мн

электрогита́р|а (-ы) ж electric guitar

электромонтёр (-а) м electrician

электро́н (-а) м electron

электро́ник|а (-и) ж electronics

электро́нный прил electronic; электро́нный микроско́п electron microscope; электро́нная по́чта (Комп) email, electronic mail; электро́нный а́дрес email address; электро́нная страни́ца webpage

электропереда́ч|а (-и) ж power transmission; ли́ния электропереда́чи power line

электропо́езд (-а) м electric train

электроприбо́р (-а) м electrical device

электропрово́дк|а (-и) ж (electrical) wiring

электроста́нци|я (-и) ж (electric) power station

электроте́хник (-а) м electrical engineer

электроэне́рги|я (-и) ж electric power

элеме́нт (-а) м element; **элемента́рный** прил elementary; (правила) basic

эли́т|а (-ы) ж собир élite

эли́тный прил (лучший) élite; (дом, школа) exclusive

эма́левый *прил* enamel

эмалиро́ванный *прил* enamelled

эма́л|ь (-и) *ж* enamel

эмба́рго *ср нескл* embargo

эмбле́м|а (-ы) *ж* emblem

эмбрио́н (-а) *м* embryo

эмигра́нт (-а) *м* emigrant

эмиграцио́нный *прил* emigration

эмигра́ци|я (-и) *ж* emigration

эмигри́р|овать (-ую) *(не)сов* to emigrate

эмоциона́льный *прил* emotional

эмо́ци|я (-и) *ж* emotion

эму́льси|я (-и) *ж* emulsion

энерге́тик|а (-и) *ж* power industry; **энергети́ческий** *прил* energy

энерги́чный *прил* energetic

эне́рги|я (-и) *ж* energy

э́нн|ый *прил*: **э́нное число́/ коли́чество** X number/amount; **в э́нный раз** yet again

энтузиа́зм (-а) *м* enthusiasm

энциклопе́ди|я (-и) *ж* encyclopaedia (*Brit*), encyclopedia (*US*)

эпигра́ф (-а) *м* epigraph

эпиде́ми|я (-и) *ж* epidemic

эпизо́д (-а) *м* episode

эпизоди́ческий *прил (явление)* random

эпиле́пси|я (-и) *ж* epilepsy

эпило́г (-а) *м* epilogue (*Brit*), epilog (*US*)

эпице́нтр (-а) *м* epicentre (*Brit*), epicenter (*US*)

эпопе́|я (-и) *ж* epic

э́пос (-а) *м* epic literature

эпо́х|а (-и) *ж* epoch

э́р|а (-ы) *ж* era; **пе́рвый век на́шей э́ры/до на́шей э́ры** the first century AD/BC

эро́зи|я (-и) *ж* erosion

эроти́ческий *прил* erotic

эскала́тор (-а) *м* escalator

эскала́ци|я (-и) *ж* escalation

эски́з (-а) *м (к карти́не)* sketch; *(к прое́кту)* draft

эскимо́ *ср нескл* choc-ice, Eskimo (*US*)

эско́рт (-а) *м* escort

эссе́нци|я (-и) *ж (Кулин)* essence

эстака́д|а (-ы) *ж (на доро́ге)* flyover (*Brit*), overpass

эстафе́т|а (-ы) *ж (Спорт)* relay (race)

эсте́тик|а (-и) *ж* aesthetics (*Brit*), esthetics (*US*); **эстети́ческий** *прил* aesthetic (*Brit*), esthetic (*US*)

эсто́н|ец (-ца) *м* Estonian

Эсто́ни|я (-и) *ж* Estonia

эстра́д|а (-ы) *ж (для орке́стра)* platform; *(вид иску́сства)* variety; **эстра́дный** *прил*: **эстра́дный конце́рт** variety show

э́т|а (-ой) *мест см* **э́тот**

эта́ж (-а́) *м* floor, storey (*Brit*), story (*US*); **пе́рвый/второ́й/ тре́тий эта́ж** ground/first/second floor (*Brit*), first/second/third floor (*US*)

этаже́р|ка (-ки; *gen pl* **-ок)** *ж* stack of shelves

этало́н (-а) *м (ме́ры)* standard; *(перен: красоты́)* model

эта́п (-а) *м (рабо́ты)* stage; *(го́нки)* lap

э́т|и (-их) *мест см* **э́тот**

э́тик|а (-и) *ж* ethics

этике́т (-а) *м* etiquette

этике́т|ка (-ки; *gen pl* **-ок)** *ж* label

э́тим *мест см* **э́тот**

э́тими *мест см* **э́ти**

этимоло́ги|я (-и) *ж* etymology

эти́чный *прил* ethical

○ **КЛЮЧЕВОЕ СЛОВО**

э́т|о (**-ого**; см *Table 10*) мест
1 (*указательное*) this; **это бу́дет
тру́дно** this will be difficult; **он на
всё соглаша́ется — э́то о́чень
стра́нно** he is agreeing to
everything, this is most strange
2 (*связка в сказуемом*) любо́вь
— э́то проще́ние love is
forgiveness
3 (*как подлежащее*): **с кем ты
разгова́ривал? — э́то была́ моя́
сестра́** who were you talking to?
— that was my sister; **как э́то
произошло́?** how did it happen?
4 (*для усиления*): **э́то он во всём
винова́т** he is the one who is to
blame for everything
▷ част **1** (*служит для усиления*):
кто э́то звони́л? who was it who
phoned (*Brit*) или called (*US*)?

○ **КЛЮЧЕВОЕ СЛОВО**

э́т|от (**-ого**; f **э́та**, nt **э́то**, pl **э́ти**;
см *Table 10*) мест
1 (*указательное: о близком
предмете*) this; (: *о близких
предметах*) these; **э́тот дом** this
house; **э́ти кни́ги** these books
2 (*о данном времени*) this; **э́тот
год осо́бенно тру́дный** this year is
particularly hard; **в э́ти дни я
при́нял реше́ние** in the last few
days I have come to a decision;
э́тот са́мый that very
3 (*о чём-то то́лько что
упомя́нутом*) this; **он ложи́лся в
10 часо́в ве́чера — э́та привы́чка
меня́ всегда́ удивля́ла** he used to
go to bed at 10 p.m., this habit
always amazed me
▷ ср (*как сущ: об одном

предмете) this one; (: *о многих
предметах*) these ones; **дай мне
вот э́ти** give me these ones; **э́тот
на всё спосо́бен** this one is
capable of anything; **при э́том** at
that

этю́д (**-а**) m sketch

эфи́р (**-а**) m (*Хим*) ether;
(*возду́шное простра́нство*) air;
выходи́ть (*perf* **вы́йти**) **в эфи́р** to
go on the air; **прямо́й эфи́р** live
broadcast

эффе́кт (**-а**) m effect

эффекти́вный прил effective

эффе́ктный прил (*оде́жда*)
striking; (*речь*) impressive

э́х|о (**-а**) ср echo (*pl* echoes)

эшело́н (**-а**) m echelon; (*по́езд*)
special train

Ю

прил youthful; (*организация*)
youth

ю́ный *прил* (*молодой*) young

юриди́ческий *прил* (*сила*)
juridical; (*образование*) legal;
юриди́ческий факульте́т law
faculty; **юриди́ческая
консульта́ция** ≈ legal advice
office

юрисди́кци|я (**-и**) *ж* jurisdiction

юриско́нсульт (**-а**) *м* ≈ solicitor,
≈ lawyer

юри́ст (**-а**) *м* lawyer

ю. *сокр* (= *юг*) S (= *South*);
(= *южный*) S (= *South*)

ю́б|ка (**-ки**; *gen pl* **-ок**) *ж* skirt

ювели́р (**-а**) *м* jeweller (*Brit*),
jeweler (*US*); **ювели́рный** *прил*
jewellery (*Brit*), jewelery (*US*)

юг (**-а**) *м* south

южа́нин (**-а**) *м* southerner

ю́жный *прил* southern

ю́мор (**-а**) *м* humour (*Brit*), humor
(*US*)

юмори́ст (**-а**) *м* comedian;
юмористи́ческий *прил*
humorous

ЮНЕ́СКО *ср сокр* UNESCO
(= *United Nations Educational
Scientific and Cultural
Organization*)

юнио́р (**-а**) *м* (*Спорт*) junior

ю́ность (**-и**) *ж* youth

ю́нош|а (**-и**; *nom pl* **-и**, *gen pl* **-ей**)
м young man; **ю́ношеский**

Я

я (меня; см *Table 6a*) *мест I*
▷ *сущ нескл* (*личность*) the self,
the ego

я́бед|а (-ы) *м/ж* sneak;
я́бедничать (-ю; *perf*
наябедничать); *несов*:
я́бедничать на +*acc* (*разг*) to tell
tales about

я́блок|о (-а; *nom pl* -и) *ср* apple;
я́блон|я (-и) *ж* apple tree;
я́блочный *прил* apple

яв|и́ться (-лю́сь, -ишься; *impf*
явля́ться) *сов возв* to appear;
(*домой, в гости*) to arrive;
явля́ться (*perf* **яви́ться**) +*instr*
(*причиной*) to be

я́в|ка (-ки; *gen pl* -ок) *ж*
appearance

явле́ни|е (-я) *ср* phenomenon
(*мн* phenomena); (*Рел*)
manifestation

явля́|ться (-юсь) *несов от*
яви́ться ▷ *возв* +*instr* to be

я́вно *нареч* (*очевидно*) obviously

я́вный *прил* (*вражда*) overt;
(*ложь*) obvious

явь (-и) *ж* reality

ягн|ёнок (-ёнка; *nom pl* -я́та,
gen pl -я́т) *м* lamb

я́год|а (-ы) *ж* berry

ягоди́ц|а (-ы) *ж* (*обычно мн*)
buttock

яд (-а) *м* poison

я́дерный *прил* nuclear

ядови́тый *прил* poisonous

ядр|о́ (-а́; *nom pl* -а, *gen pl* -ер)
ср nucleus; (*Земли, древесины*)
core; (*Спорт*) shot

я́зв|а (-ы) *ж* (*Мед*) ulcer

язв|и́ть (-лю́, -ишь; *perf*
съязви́ть) *несов* +*dat* to sneer at

язы́|к (-а́) *м* tongue; (*русский,
разговорный*) language; **владе́ть**
(*impf*) **языко́м** to speak a language

языково́й *прил* language

язы́ч|ок (-ка́) *м* (*ботинка*) tongue

яи́чниц|а (-ы) *ж* fried eggs *мн*

яи́чный *прил*: **яи́чный бело́к**
egg white; **яи́чная скорлупа́**
eggshell

яйц|о́ (яйца́; *nom pl* я́йца, *gen pl*
яи́ц, *dat pl* я́йцам) *ср* egg; **яйцо́
всмя́тку/вкруту́ю** soft-boiled/
hard-boiled egg

ЯК (-а) *м сокр* самолёт
конструкции А.С. Яковлева

я́кобы *союз* (*будто бы*) that
▷ *част* supposedly

я́кор|ь (-я; *nom pl* -я́) *м* (*Мор*)
anchor

я́м|а (-ы) *ж* (*в земле*) pit

я́моч|ка (-ки; *gen pl* -ек) *ж*
dimple

янва́р|ь (-я́) *м* January

янта́р|ь (-я́) *м* amber

Япо́ни|я (-и) *ж* Japan

я́ркий *прил* bright; (*перен*:

человек, речь) brilliant

ярлы́к (**-á**) *м* label

я́рмар|ка (**-ки**; *gen pl* **-ок**) *ж* fair; **междунаро́дная я́рмарка** international trade fair

я́ростный *прил (взгляд, слова)* furious; *(атака, критика)* fierce

я́рост|ь (**-и**) *ж* fury

я́рус (**-а**) *м (в театре)* circle

я́сл|и (**-ей**) *мн (также* **де́тские я́сли**) crèche *ед*, day nursery *ед* (*Brit*)

я́сно *нареч* clearly ▷ *как сказ (о погоде)* it's fine; *(понятно)* it's clear

я́сност|ь (**-и**) *ж* clarity

я́сный *прил* clear

я́стреб (**-а**) *м* hawk

я́хт|а (**-ы**) *ж* yacht

яхтсме́н (**-а**) *м* yachtsman (*мн* yachtsmen)

ячме́нный *прил* barley

ячме́н|ь (**-я́**) *м* barley

я́щериц|а (**-ы**) *ж* lizard

я́щик (**-а**) *м (вместилище: большой)* chest; (*: маленький*) box; *(в письменном столе итп)* drawer; **му́сорный я́щик** dustbin (*Brit*), garbage can (*US*); **почто́вый я́щик** (*на улице*) postbox; *(дома)* letter box

я́щур (**-а**) *м* foot-and-mouth disease

А, а
Б, б
В, в
Г, г
Д, д
Е, е
Ё, ё
Ж, ж
З, з
И, и
Й, й
К, к
Л, л
М, м
Н, н
О, о
П, п
Р, р
С, с
Т, т
У, у
Ф, ф
Х, х
Ц, ц
Ч, ч
Ш, ш
Щ, щ
Ъ, ъ
Ы, ы
Ь, ь
Э, э
Ю, ю
Я, я

A, a
B, b
C, c
D, d
E, e
F, f
G, g
H, h
I, i
J, j
K, k
L, l
M, m
N, n
O, o
P, p
Q, q
R, r
S, s
T, t
U, u
V, v
W, w
X, x
Y, y
Z, z

a

Association) америка́нская автомоби́льная ассоциа́ция

aback [ə'bæk] *adv*: **I was taken aback** я был поражён

abandon [ə'bændən] *vt* (*person*) покида́ть (*perf* поки́нуть); (*search*) прекраща́ть (*perf* прекрати́ть); (*hope*) оставля́ть (*perf* оста́вить); (*idea*) отка́зываться (*perf* отказа́ться) от +*gen*

abbey ['æbɪ] *n* абба́тство

abbreviation [əbriːvɪ'eɪʃən] *n* сокраще́ние

abdomen ['æbdəmen] *n* брюшна́я по́лость *f*, живо́т

abide [ə'baɪd] *vt*: **I can't abide it/ him** я э́того/его́ не выношу́; **abide by** *vt fus* соблюда́ть (*perf* соблюсти́)

ability [ə'bɪlɪtɪ] *n* (*capacity*) спосо́бность *f*; (*talent, skill*) спосо́бности *fpl*

A [eɪ] *n* (*Mus*) ля *nt ind*

KEYWORD

a [ə] (*before vowel or silent h*: **an**) *indef art* **1**: **a book** кни́га; **an apple** я́блоко; **she's a student** она́ студе́нтка

2 (*instead of the number "one"*): **a week ago** неде́лю наза́д; **a hundred pounds** сто фу́нтов

3 (*in expressing time*) в +*acc*; **3 a day** 3 в день; **10 km an hour** 10 км в час

4 (*in expressing prices*): **30p a kilo** 30 пе́нсов за килогра́мм; **£5 a person** £5 с ка́ждого

able ['eɪbl] *adj* (*capable*) спосо́бный; (*skilled*) уме́лый; **he is able to ...** он спосо́бен +*infin* ...

abnormal [æb'nɔːml] *adj* ненорма́льный

aboard [ə'bɔːd] *prep* (*position*: *Naut, Aviat*) на борту́ +*gen*; (: *train, bus*) в +*prep*; (*motion*: *Naut, Aviat*) на борт +*acc*; (: *train, bus*) в +*acc* ▷ *adv*: **to climb aboard** (*train*) сади́ться (*perf* сесть) в по́езд

abolish [ə'bɔlɪʃ] *vt* отменя́ть (*perf* отмени́ть)

abolition [æbə'lɪʃən] *n* отме́на

abortion [ə'bɔːʃən] *n* або́рт; **to have an abortion** де́лать (*perf* сде́лать) або́рт

AA *n abbr* (*Brit*) (= Automobile Association) автомоби́льная ассоциа́ция

AAA *n abbr* (= American Automobile

KEYWORD

about [ə'baut] *adv* **1** (*approximately*: *referring to time, price etc*) о́коло +*gen*,

примерно +*acc*; **at about two
(o'clock)** примерно в два (часа́),
о́коло двух (часов); **I've just about
finished** я почти зако́нчил
2 (*approximately: referring to
height, size etc*) о́коло +*gen*,
примерно +*nom*; **the room is
about 10 metres wide** ко́мната
примерно 10 ме́тров в ширину́;
she is about your age она́
примерно Ва́шего во́зраста
3 (*referring to place*) повсю́ду; **to
leave things lying about**
разбра́сывать (*perf* разброса́ть)
ве́щи повсю́ду; **to run/walk about**
бе́гать (*impf*)/ходи́ть (*impf*)
вокру́г
4: **to be about to do** собира́ться
(*perf* собра́ться) +*infin*; **he was
about to go to bed** он собра́лся
лечь спать
▷ *prep* **1** (*relating to*) о(б) +*prp*; **a
book about London** кни́га о
Ло́ндоне; **what is it about?** о чём
э́то?; **what or how about doing ...?**
как насчёт того́, что́бы +*infin* ...?
2 (*referring to place*) по +*dat*; **to
walk about the town** ходи́ть
(*impf*) по го́роду; **her clothes were
scattered about the room** её
оде́жда была́ разбро́сана по
ко́мнате

above [ə'bʌv] *adv* (*higher up*)
наверху́ ▷ *prep* (*higher than*) над
+*instr*; (*in rank etc*) вы́ше +*gen*;
from above све́рху; **mentioned
above** вышеупомя́нутый; **above all**
пре́жде всего́

abroad [ə'brɔːd] *adv* (*to be*) за
грани́цей *or* рубежо́м; (*to go*) за
грани́цу *or* рубе́ж; (*to come from*)
из-за грани́цы *or* рубежа́

abrupt [ə'brʌpt] *adj* (*action,
ending*) внеза́пный; (*person,*

manner) ре́зкий

absence ['æbsəns] *n* отсу́тствие

absent ['æbsənt] *adj*
отсу́тствующий

absolute ['æbsəluːt] *adj*
абсолю́тный; **absolutely**
[æbsə'luːtlɪ] *adv* абсолю́тно,
соверше́нно; (*certainly*)
безусло́вно

absorb [əb'zɔːb] *vt* (*liquid,
information*) впи́тывать (*perf*
впита́ть); (*light, firm*) поглоща́ть
(*perf* поглоти́ть); **he is absorbed in
a book** он поглощён кни́гой;
absorbent cotton *n* (*US*)
гигроскопи́ческая ва́та;
absorbing *adj* увлека́тельный

abstract ['æbstrækt] *adj*
абстра́ктный

absurd [əb'səːd] *adj* абсу́рдный,
неле́пый

abundant [ə'bʌndənt] *adj*
оби́льный

abuse [*n* ə'bjuːs, *vb* ə'bjuːz] *n*
(*insults*) брань *f*; (*ill-treatment*)
жесто́кое обраще́ние; (*misuse*)
злоупотребле́ние ▷ *vt* (*see n*)
оскорбля́ть (*perf* оскорби́ть);
жесто́ко обраща́ться (*impf*) с
+*instr*; злоупотребля́ть (*perf*
злоупотреби́ть) +*instr*

abusive [ə'bjuːsɪv] *adj* (*person*)
гру́бый, жесто́кий

academic [ækə'dɛmɪk] *adj*
(*system*) академи́ческий;
(*qualifications*) учёный; (*work,
books*) нау́чный; (*person*)
интеллектуа́льный ▷ *adj*
учёный(-ая) *m(f)*

academy [ə'kædəmɪ] *n* (*learned
body*) акаде́мия; (*college*)
учи́лище; (*in Scotland*) сре́дняя
шко́ла; **academy of music**
консервато́рия

accelerate [æk'sɛləreɪt] *vi* (*Aut*)

разгоня́ться (*perf* разогна́ться)
acceleration [ækselə'reɪʃən] *n*
(*Aut*) разго́н
accelerator [æk'seləreɪtə^r] *n*
акселера́тор
accent ['æksent] *n* акце́нт;
(*stress mark*) знак ударе́ния
accept [ək'sept] *vt* принима́ть
(*perf* приня́ть); (*fact, situation*)
мири́ться (*perf* примири́ться) с
+*instr*; (*responsibility, blame*)
принима́ть (*perf* приня́ть) на себя́;
acceptable *adj* приéмлемый;
acceptance *n* приня́тие; (*of fact*)
приня́тие
access ['ækses] *n* до́ступ;
accessible [æk'sesəbl] *adj*
досту́пный
accessory [æk'sesərɪ] *n*
принадле́жность *f*; **accessories**
npl (*Dress*) аксессуа́ры *mpl*
accident ['æksɪdənt] *n* (*disaster*)
несча́стный слу́чай; (*in car etc*)
ава́рия; **by accident** случа́йно;
accidental [æksɪ'dentl] *adj*
случа́йный; **accidentally**
[æksɪ'dentlɪ] *adv* случа́йно
acclaim [ə'kleɪm] *n* призна́ние
accommodate [ə'kɔmədeɪt] *vt*
(*subj: person*) предоставля́ть
(*perf* предоста́вить) жильё +*dat*; (: *car,
hotel etc*) вмеща́ть (*perf* вмести́ть)
accommodation
[əkɔmə'deɪʃən]
n (*to live in*) жильё; (*to work in*)
помеще́ние; **accommodations**
npl (*US: lodgings*) жильё *ntsg*
accompaniment [ə'kʌmpənɪmənt]
n сопровожде́ние; (*Mus*)
аккомпанеме́нт
accompany [ə'kʌmpənɪ] *vt*
сопровожда́ть (*perf* сопроводи́ть);
(*Mus*) аккомпани́ровать (*impf*)
+*dat*
accomplice [ə'kʌmplɪs] *n*
соо́бщник(-ица)

accomplish [ə'kʌmplɪʃ] *vt* (*task*)
заверша́ть (*perf* заверши́ть);
(*goal*) достига́ть (дости́гнуть *or*
дости́чь *perf*) +*gen*
accord [ə'kɔːd] *n*: **of his own**
accord по со́бственному
жела́нию; **of its own accord** сам по
себе́; **accordance** *n*: **in**
accordance with в согла́сии *or*
соотве́тствии с +*instr*; **according**
prep: **according to** согла́сно +*dat*;
accordingly *adv*
соотве́тствующим о́бразом; (*as a*
result) соотве́тственно
account [ə'kaunt] *n* (*bill*) счёт;
(*in bank*) (расчётный) счёт;
(*report*) отчёт; **accounts** *npl*
(*Comm*) счета́ *mpl*; (*books*)
бухга́лтерские кни́ги *fpl*; **to keep**
an account of вести́ (*impf*) счёт
+*gen* *or* +*dat*; **to bring sb to**
account for sth призыва́ть (*perf*
призва́ть) кого́-н к отве́ту за
что-н; **by all accounts** по всем
сведе́ниям; **it is of no account** э́то
не ва́жно; **on account** в креди́т; **on**
no account ни в ко́ем слу́чае; **on**
account of по причи́не +*gen*; **to**
take into account, take account of
принима́ть (*perf* приня́ть) в
расчёт; **account for** *vt fus*
(*expenses*) отчи́тываться (*perf*
отчита́ться) за +*acc*; (*absence,*
failure) объясня́ть (*perf*
объясни́ть); **accountable** *adj*
отчётный; **to be accountable to sb**
for sth отвеча́ть (*impf*) за что-н
пе́ред кем-н; **accountancy** *n*
бухгалте́рия, бухга́лтерское де́ло;
accountant *n* бухга́лтер
accumulate [ə'kjuːmjuleɪt] *vt*
нака́пливать (*perf* накопи́ть) ▷ *vi*
нака́пливаться (*perf* накопи́ться)
accuracy ['ækjurəsɪ] *n*
то́чность *f*

accurate ['ækjurɪt] *adj* тóчный; (*person, device*) аккурáтный;
 accurately *adv* тóчно

accusation [ækju'zeɪʃən] *n* обвинéние

accuse [ə'kjuːz] *vt*: to accuse sb (of sth) обвинять (*perf* обвинить) когó-н (в чём-н); **accused** (*Law*): the accused обвиняемый(-ая) *m(f) adj*

accustomed [ə'kʌstəmd] *adj*: I'm accustomed to working late/to the heat я привык рабóтать пóздно/к жарé

ace [eɪs] *n* (*Cards*) туз; (*Tennis*) выигрыш с подáчи, эйс

ache [eɪk] *n* боль *f* ▷ *vi* болéть (*impf*); my head aches у меня болит головá

achieve [ə'tʃiːv] *vt* (*result*) достигáть (достигнуть *или* достичь *perf*) +*gen*; (*success*) добивáться (*perf* добиться) +*gen*; **achievement** *n* достижéние

acid ['æsɪd] *adj* (*Chem*) кислóтный; (*taste*) кислый ▷ *n* (*Chem*) кислотá

acknowledge [ək'nɔlɪdʒ] *vt* (*letter etc: also* **acknowledge receipt of**) подтверждáть (*perf* подтвердить) получéние +*gen*; (*fact*) признавáть (*perf* признáть); **acknowledgement** *n* (*of letter etc*) подтверждéние получéния

acne ['ækni] *n* угри *mpl*, прыщи *mpl*

acorn ['eɪkɔːn] *n* жёлудь *m*

acquaintance *n* знакóмый(-ая) *m(f) adj*

acquire [ə'kwaɪə'] *vt* приобретáть (*perf* приобрести)

acquisition [ækwɪ'zɪʃən] *n* приобретéние

acre ['eɪkə'] *n* акр

across [ə'krɔs] *prep* (*over*) чéрез

+*acc*; (*on the other side of*) на другóй сторонé +*gen*, по ту сторону +*gen*; (*crosswise over*) чéрез +*acc*, поперёк +*gen* ▷ *adv* на ту *или* другую сторону; (*measurement: width*) ширинóй; to walk across the road переходить (*perf* перейти) дорóгу; to take sb across the road переводить (*perf* перевести) когó-н чéрез дорóгу; the lake is 12 km across ширинá óзера — 12 км; across from напротив +*gen*

act [ækt] *n* (*also Law*) акт; (*deed*) посту́пок; (*of play*) дéйствие, акт ▷ *vi* (*do sth*) поступáть (*perf* поступить), дéйствовать (*impf*); (*behave*) вести (*perf* повести) себя; (*have effect*) дéйствовать (*perf* подéйствовать); (*Theat*) игрáть (*perf* сыгрáть); in the act of в процéссе +*gen*; to act as дéйствовать (*impf*) в кáчестве +*gen*; **acting** *adj*: acting director исполняющий обязанности дирéктора ▷ *n* (*profession*) актёрская профéссия

action ['ækʃən] *n* (*deed*) посту́пок, дéйствие; (*motion*) движéние; (*Mil*) воéнные дéйствия *ntpl*; (*Law*) иск; the machine was out of action машина вышла из стрóя; to take action принимáть (*perf* принять) мéры

active ['æktɪv] *adj* активный; (*volcano*) дéйствующий; **actively** *adv* активно; (*participate*) активно; (*discourage, dislike*) сильно

activist ['æktɪvɪst] *n* активист(ка)

activity [æk'tɪvɪtɪ] *n* (*being active*) активность *f*; (*action*) дéятельность *f*; (*pastime*) заня́тие

actor ['æktə'] *n* актёр

actress ['æktrɪs] *n* актриса

actual ['æktjuəl] *adj* (*real*)

действи́тельный; **the actual work
hasn't begun yet** сама́ рабо́та ещё
не начала́сь; **actually** *adv*
(*really*) действи́тельно; (*in fact*) на
са́мом де́ле, факти́чески; (*even*)
да́же

acupuncture ['ækjupʌŋktʃəʳ] *n*
иглоука́лывание, акупункту́ра

acute [ə'kju:t] *adj* о́стрый;
(*anxiety*) си́льный; **acute accent**
аку́т

AD *adv abbr* (= *Anno Domini*) н.э.
(= на́шей э́ры)

ad [æd] *n abbr* (*inf*)
= **advertisement**

adamant ['ædəmənt] *adj*
непрекло́нный

adapt [ə'dæpt] *vt* (*alter*)
приспоса́бливать (*perf*
приспосо́бить) ▷ *vi*: **to adapt (to)**
приспоса́бливаться (*perf*
приспосо́биться) (к +*dat*),
адапти́роваться (*impf/perf*) (к
+*dat*)

add [æd] *vt* (*to collection etc*)
прибавля́ть (*perf* приба́вить);
(*comment*) добавля́ть (*perf*
доба́вить); (*figures: also* **add up**)
скла́дывать (*perf* сложи́ть) ▷ *vi*:
to add to (*workload*) увели́чивать
(*perf* увели́чить); (*problems*)
усугубля́ть (*perf* усугуби́ть)

addict ['ædɪkt] *n* (*also* **drug
addict**) наркома́н; **addicted**
[ə'dɪktɪd] *adj*: **to be addicted to**
(*drugs etc*) пристрасти́ться (*perf*) к
+*dat*; (*fig*): **he's addicted to football**
он зая́длый люби́тель футбо́ла;
addiction [ə'dɪkʃən] *n*
пристра́стие; **drug addiction**
наркома́ния; **addictive** [ə'dɪktɪv]
adj (*drug*) вызыва́ющий
привыка́ние

addition [ə'dɪʃən] *n* (*sum*)
сложе́ние; (*thing added*)

добавле́ние; (*to collection*)
пополне́ние; **in addition** вдоба́вок,
дополни́тельно; **in addition to** в
дополне́ние к +*dat*; **additional**
adj дополни́тельный

address [ə'drɛs] *n* а́дрес;
(*speech*) речь *f* ▷ *vt* адресова́ть
(*impf/perf*); (*person*) обраща́ться
(*perf* обрати́ться) к +*dat*; (*problem*)
занима́ться (*perf* заня́ться) +*instr*;
address book *n* записна́я
кни́жка

adequate ['ædɪkwɪt] *adj*
(*sufficient*) доста́точный;
(*satisfactory*) адеква́тный

adhere [əd'hɪəʳ] *vi*: **to adhere to**
(*fig*) приде́рживаться (*impf*) +*gen*

adhesive [əd'hi:zɪv] *adj* кле́йкий
▷ *n* клей

adjacent [ə'dʒeɪsənt] *adj*:
adjacent (to) сме́жный (с +*instr*)

adjective ['ædʒɛktɪv] *n*
прилага́тельное *nt adj*

adjust [ə'dʒʌst] *vt* (*plans, views*)
приспоса́бливать (*perf*
приспосо́бить); (*clothing*)
поправля́ть (*perf* попра́вить);
(*mechanism*) регули́ровать (*perf*
отрегули́ровать) ▷ *vi*: **to adjust
(to)** приспоса́бливаться (*perf*
приспосо́биться) (к +*dat*);
adjustable *adj* регули́руемый;
adjustment *n* (*to surroundings*)
адапта́ция; (*of prices, wages*)
регули́рование; **to make
adjustments to** вноси́ть (*perf*
внести́) измене́ния в +*acc*

administer [əd'mɪnɪstəʳ] *vt*
(*country, department*) управля́ть
(*impf*) +*instr*, руководи́ть (*impf*)
+*instr*; (*justice*) отправля́ть (*impf*);
(*test*) проводи́ть (*perf* провести́)

administration [ədmɪnɪs'treɪʃən]
n (*management*) администра́ция

administrative [əd'mɪnɪstrətɪv]

adj администрати́вный

admiration [ædmə'reɪʃən] *n*
восхище́ние

admire [əd'maɪə'] *vt*
восхища́ться (*perf* восхити́ться)
+*instr*; (*gaze at*) любова́ться (*impf*)
+*instr*; **admirer** *n*
покло́нник-ица

admission [əd'mɪʃən] *n*
(*admittance*) до́пуск; (*entry fee*)
входна́я пла́та; "admission free",
"free admission" "вход
свобо́дный"

admit [əd'mɪt] *vt* (*confess,
accept*) признава́ть (*perf*
призна́ть); (*permit to enter*)
впуска́ть (*perf* впусти́ть); (*to
hospital*) госпитализи́ровать
(*impf/perf*); **admit to** *vt fus*
(*crime*) сознава́ться (*perf*
созна́ться) в +*prp*; **admittedly**
[əd'mɪtɪdlɪ] *adv* на́до призна́ть, э́то не легко́
not easy призна́ться,

adolescent [ædəu'lesnt] *adj*
подро́стковый ▷ *n* подро́сток

adopt [ə'dɔpt] *vt* (*son*)
усыновля́ть (*perf* усынови́ть);
(*daughter*) удочеря́ть (*perf*
удочери́ть); (*policy*) принима́ть
(*perf* приня́ть); **adopted** *adj*
(*child*) приёмный; **adoption**
[ə'dɔpʃən] *n* (*see vt*)
усыновле́ние; удочере́ние;
приня́тие

adore [ə'dɔ:'] *vt* обожа́ть (*impf*)

Adriatic [eɪdrɪ'ætɪk] *n*: **the
Adriatic** Адриа́тика

ADSL *abbr* (= *Asymmetric Digital
Subscriber Line*) АЦАЛ *f*
(= аси́мметри́чная цифрова́я
абоне́нтская ли́ния)

adult ['ædʌlt] *n* взро́слый(-ая)
m(f) ▷ *adj* (*grown-up*)
взро́слый; **adult film** фильм для
взро́слых

adultery [ə'dʌltərɪ] *n*
супру́жеская неве́рность *f*

advance [əd'vɑ:ns] *n* (*progress*)
успе́х; (*Mil*) наступле́ние; (*money*)
ава́нс ▷ *adj* (*booking*)
предвари́тельный ▷ *vt* (*theory,
idea*) выдвига́ть (*perf* вы́двинуть)
▷ *vi* продвига́ться (*perf*
продви́нуться вперёд; (*Mil*)
наступа́ть (*impf*); **in advance**
зара́нее, предвари́тельно; **to
advance sb money** плати́ть
(*perf* заплати́ть) кому́-н ава́нсом;
advanced *adj* (*studies*) для
продви́нутого у́ровня; (*course*)
продви́нутый; (*child, country*)
ра́звитый; **advanced maths**
вы́сшая матема́тика

advantage [əd'vɑ:ntɪdʒ] *n*
преиму́щество; **to take advantage
of** (*person*) испо́льзовать (*perf*); **to
our advantage** в на́ших интере́сах

adventure [əd'ventʃə'] *n*
приключе́ние

adventurous [əd'ventʃərəs] *adj*
(*person*) сме́лый

adverb ['ædvə:b] *n* наре́чие

adversary ['ædvəsərɪ] *n*
проти́вник-ица

adverse ['ædvə:s] *adj*
неблагоприя́тный

advert ['ædvə:t] *n abbr* (*Brit*)
= **advertisement**

advertise ['ædvətaɪz] *vt, vi*
реклами́ровать (*impf*); **to
advertise on television/in a
newspaper** дава́ть (*perf* дать)
объявле́ние по телеви́дению/в
газе́ту; **to advertise a job**
объявля́ть (*perf* объяви́ть)
ко́нкурс на ме́сто; **to advertise for
staff** дава́ть (*perf* дать)
объявле́ние, что тре́буются
рабо́тники; **advertisement**
[əd'və:tɪsmənt] *n* рекла́ма;

(classified) объявление

advice [əd'vaɪs] n совет; **a piece of advice** совет; **to take legal advice** обращаться (perf обратиться) (за советом) к юристу

advisable [əd'vaɪzəbl] adj целесообразный

advise [əd'vaɪz] vt советовать (perf посоветовать) +dat; (professionally) консультировать (perf проконсультировать) +gen; **to advise sb of sth** извещать (perf известить) кого-н о чём-н; **to advise (sb) against doing** отсоветовать (perf) (кому-н) +impf infin; **adviser** (US **advisor**) n советник, консультант; **legal adviser** юрисконсульт

advisory [əd'vaɪzərɪ] adj консультативный

advocate [vb 'ædvəkeɪt, n 'ædvəkɪt] vt выступать (perf выступить) за +acc ▷ n (Law) защитник, адвокат; (supporter): **advocate of** сторонник(-ица) +gen

Aegean [iː'dʒiːən] n: **the Aegean** Эгейское море

aerial ['ɛərɪəl] n антенна ▷ adj воздушный; **aerial photography** аэрофотосъёмка

aerobics [ɛə'rəʊbɪks] n аэробика

aeroplane ['ɛərəpleɪn] n (Brit) самолёт

aerosol ['ɛərəsɒl] n аэрозоль m

affair [ə'fɛər] n (matter) дело; (also love affair) роман

affect [ə'fɛkt] vt (influence) действовать (perf подействовать) or влиять (perf повлиять) на +acc; (afflict) поражать (perf поразить); (move deeply) трогать (perf тронуть)

affection [ə'fɛkʃən] n привязанность f; **affectionate** adj нежный

affluent ['æfluənt] adj благополучный

afford [ə'fɔːd] vt позволять (perf позволить) себе; **I can't afford it** мне это не по карману; **I can't afford the time** мне время не позволяет; **affordable** adj доступный

Afghanistan [æf'gænɪstæn] n Афганистан

afraid [ə'freɪd] adj испуганный; **to be afraid of sth/of doing** бояться (impf) чего-н/ кого-н/+infin; **to be afraid to** бояться (perf побояться) +infin; **I am afraid that** (apology) боюсь, что; **I am afraid so/not** боюсь, что да/нет

Africa ['æfrɪkə] n Африка; **African** adj африканский

after ['ɑːftər] prep (time) после +gen, спустя +acc, через +acc; (place, order) за +instr ▷ adv потом, после ▷ conj после того как; **after three years they divorced** спустя or через три года они развелись; **who are you after?** кто Вам нужен?; **to name sb after sb** называть (perf назвать) кого-н в честь кого-н; **it's twenty after eight** (US) сейчас двадцать минут девятого; **to ask after sb** справляться (perf справиться) о ком-н; **after all** в конце концов; **after he left** после того как он ушёл; **after having done this** сделав это; **aftermath** n последствия ntpl; **afternoon** n вторая половина дня; **in the afternoon** днём; **after-shave (lotion)** n одеколон после бритья; **afterwards** (US **afterward**) adv впоследствии, потом

again [ə'gɛn] adv (once more)

ещё раз, снóва; (*repeatedly*)
опя́ть; **I won't go there again** я
бо́льше не пойду́ туда́; **again and
again** снóва и снóва

against [əˈgɛnst] *prep* (*lean*) к
+*dat*; (*hit, rub*) о +*acc*; (*stand*) у
+*gen*; (*in opposition to*) прóтив
+*gen*; (*at odds with*) вопреки́ +*dat*;
(*compared to*) по сравне́нию с
+*instr*

age [eɪdʒ] *n* вóзраст; (*period in
history*) век; **aged** [ˈeɪdʒd] *adj*: **a
boy aged ten** ма́льчик десяти́ лет

agency [ˈeɪdʒənsɪ] *n* (*Comm*)
бюрó *nt ind*, аге́нтство; (*Pol*)
управле́ние

agenda [əˈdʒɛndə] *n* (*of meeting*)
повéстка (дня)

agent [ˈeɪdʒənt] *n* аге́нт; (*Comm*)
посре́дник; (*Chem*) реакти́в

aggression [əˈgrɛʃən] *n* агре́ссия

aggressive [əˈgrɛsɪv] *adj*
(*belligerent*) агресси́вный

AGM *n abbr* = **annual general
meeting**

ago [əˈgəu] *adv*: **two days ago** два
дня назáд; **not long ago** недáвно;
how long ago? как давнó?

agony [ˈægənɪ] *n* мучи́тельная
боль *f*; **to be in agony** му́читься
(*impf*) от бóли

agree [əˈgriː] *vt* соглас́овывать
(*perf* согласовáть) ▷ *vi*: **to agree
with** (*have same opinion*)
соглашáться (*perf* согласи́ться) с
+*instr*; (*correspond*) соглас́овываться
(*impf/perf*) с +*instr*; **to agree that**
соглашáться (*perf* согласи́ться)
что; **garlic doesn't agree with me**
я не переношу́ чеснокá; **to agree to
sth/to do** соглашáться (*perf*
согласи́ться) на что-н/+*infin*

agreeable [əˈgriːəbl] *adj* (*pleasant*)
прия́тный; (*willing*) **I am agreeable**
я соглáсен; **agreement** *n*

(*consent*) соглáсие; (*arrangement*)
соглаше́ние, договóр; **in
agreement with** в соглáсии с
+*instr*; **we are in complete
agreement** между нáми пóлное
соглáсие

agricultural [ˌægrɪˈkʌltʃərəl] *adj*
сельскохозя́йственный;
agricultural land земéльные
угóдья

agriculture [ˈægrɪkʌltʃə(r)] *n*
сéльское хозя́йство

ahead [əˈhɛd] *adv* вперед́и;
(*direction*) вперед́; **ahead of**
вперед́и +*gen*; (*earlier than*)
рáньше +*gen*; **ahead of time** *or*
schedule досрóчно; **go right** *or*
straight ahead идти́ вперед́ *or*
прямо; **go ahead!** (*giving
permission*) приступáйте,
давáйте!

aid [eɪd] *n* (*assistance*) пóмощь *f*;
(*device*) приспособле́ние *nt*; **vt**
помогáть (*perf* помóчь) +*dat*; **in
aid of** в пóмощь +*dat*; *see also*
hearing

aide [eɪd] *n* помóщник

AIDS [eɪdz] *n abbr* = *acquired
immune deficiency syndrome*
СПИД (= синдрóм
приобретённого
иммунодефици́та)

aim [eɪm] *n* (*objective*) цель *f* ▷ *vi*
(*also* **take aim**) цéлиться (*perf*
нацéлиться) ▷ *vt*: **to aim (at)**
(*gun, camera*) навод́ить (*perf*
навести́) (на +*acc*); (*missile, blow*)
цéлить (*perf* нацéлить) (на +*acc*);
(*remark*) направля́ть (*perf*
напрáвить) (на +*acc*); **to aim to do**
стáвить (*perf* постáвить) своéй
цéлью +*infin*; **he has a good aim**
он мéткий стрелóк

ain't [eɪnt] (*inf*) = **am not**; **are not**;
is not

air [ɛəʳ] *n* воздух; (*appearance*) вид ▷ *vt* (*room, bedclothes*) проветривать (*perf* проветрить); (*views*) обнародовать (*perf*) ▷ *cpd* воздушный; **by air** по воздуху; **on the air** (*be*) в эфире; (*go*) в эфир; **airborne** *adj* (*attack*) воздушный; **air conditioning** *n* кондиционирование; **aircraft** *n inv* самолёт; **Air Force** *n* Военно-Воздушные Силы *fpl*; **air hostess** *n* (*Brit*) бортпроводница, стюардесса; **airline** *n* авиакомпания; **airmail** *n*: **by airmail** авиапочтой; **airplane** *n* (*US*) самолёт; **airport** *n* аэропорт; **air raid** *n* воздушный налёт

airy [ˈɛərɪ] *adj* (*room*) просторный

aisle [aɪl] *n* проход

alarm [əˈlɑːm] *n* (*anxiety*) тревога; (*device*) сигнализация ▷ *vt* тревожить (*perf* встревожить); **alarm clock** *n* будильник

Albania [ælˈbeɪnɪə] *n* Албания

album [ˈælbəm] *n* альбом

alcohol [ˈælkəhɔl] *n* алкоголь *m*; **alcoholic** [ælkəˈhɔlɪk] *adj* алкогольный ▷ *n* алкоголик(-ичка)

alcove [ˈælkəuv] *n* альков

alert [əˈləːt] *adj* внимательный; (*to danger*) бдительный ▷ *vt* (*police etc*) предупреждать (*perf* предупредить); **to be on the alert** (*also Mil*) быть (*impf*) начеку

▶ **A LEVELS**

● **A levels** — квалификационные экзамены. Школьники сдают их в возрасте 17-18 лет.
● Полученные результаты определяют приём в

● университет. Экзамены сдаются
● по трём предметам. Выбор
● предметов диктуется
● специальностью, которую
● выпускники планируют изучать
● в университете.

Algeria [ælˈdʒɪərɪə] *n* Алжир

alias [ˈeɪlɪəs] *n* вымышленное имя *nt* ▷ *adv*: **alias John** он же Джон

alibi [ˈælɪbaɪ] *n* алиби *nt ind*

alien [ˈeɪlɪən] *n* (*extraterrestrial*) инопланетянин(-янка) ▷ *adj*: **alien (to)** чуждый (+*dat*); **alienate** [ˈeɪlɪəneɪt] *vt* отчуждать (*impf*), отталкивать (*perf* оттолкнуть)

alight [əˈlaɪt] *adj*: **to be alight** гореть (*impf*); (*eyes, face*) сиять (*impf*)

alike [əˈlaɪk] *adj* одинаковый ▷ *adv* одинаково; **they look alike** они похожи друг на друга

alive [əˈlaɪv] *adj* (*place*) оживлённый; **he is alive** он жив

KEYWORD

all [ɔːl] *adj* весь (*f* вся, *nt* всё, *pl* все); **all day** весь день; **all night** всю ночь; **all five stayed** все пятеро остались; **all the books** все книги; **all the time** всё время ▷ *pron* 1 всё; **I ate it all, I ate all of it** я всё съел; **all of us stayed** мы все остались; **we all sat down** мы все сели; **is that all?** это всё? 2 (*in phrases*): **above all** прежде всего; **after all** в конце концов; **in all** в целом *или* общем; **not at all** (*in answer to question*) совсем *или* вовсе нет; (*in answer to thanks*) не за что; **I'm not at all tired** я совсем не устал ▷ *adv* совсем; **I am all alone** я совсе́м оди́н; I did it all by myself я всё сде́лал сам; it's not as hard as all that э́то во́все не так уж тру́дно; all the more/better тем бо́лее/лу́чше; I have all but finished он зако́нчил почти́ всё; the score is two all счёт 2:2

allegation [ælɪˈɡeɪʃən] *n* обвине́ние

allegedly [əˈlɛdʒɪdlɪ] *adv* я́кобы

allegiance [əˈliːdʒəns] *n* ве́рность *f*; (*to idea*) приве́рженность *f*

allergic [əˈlɜːdʒɪk] *adj*: he is allergic to ... у него́ аллерги́я на +*acc* ...

allergy [ˈælədʒɪ] *n* (*Med*) аллерги́я

alleviate [əˈliːvɪeɪt] *vt* облегча́ть (*perf* облегчи́ть)

alley [ˈælɪ] *n* переу́лок

alliance [əˈlaɪəns] *n* сою́з; (*Pol*) алья́нс

allied [ˈælaɪd] *adj* сою́зный

alligator [ˈælɪɡeɪtə*] *n* аллига́тор

all-in [ˈɔːlɪn] *adj* (*Brit*): it cost me £100 all-in в о́бщей сло́жности мне э́то сто́ило £100

allocate [ˈæləkeɪt] *vt* выделя́ть (*perf* вы́делить); (*tasks*) поруча́ть (*perf* поручи́ть)

all-out [ˈɔːlaut] *adj* (*effort*) максима́льный; (*attack*) масси́рованный

allow [əˈlau] *vt* (*permit*) разреша́ть (*perf* разреши́ть); (: *claim, goal*) признава́ть (*perf* призна́ть) действи́тельным; (*set aside*: *sum*) выделя́ть (*perf* вы́делить); (*concede*): to allow that допуска́ть (*perf* допусти́ть), что; to allow sb to do разреша́ть (*perf* разреши́ть) *или* позволя́ть (*perf* позво́лить) кому́-н +*infin*;

allow for *vt fus* учи́тывать (*perf* уче́сть), принима́ть (*perf* приня́ть) в расчёт; **allowance** *n* (*Comm*) де́ньги *pl* на расхо́ды; (*pocket money*) карма́нные де́ньги; (*welfare payment*) посо́бие; to make allowances for де́лать (*perf* сде́лать) ски́дку для +*gen*

all right *adv* хорошо́, норма́льно; (*positive response*) хорошо́, ла́дно ⊳ *adj* непло́хой, норма́льный; is everything all right? всё норма́льно *или* в поря́дке?; are you all right? как ты?, ты в поря́дке? (*разг*); do you like him? — he's all right он Вам нра́вится? — ничего́

ally [ˈælaɪ] *n* сою́зник

almighty [ɔːlˈmaɪtɪ] *adj* (*tremendous*) колосса́льный

almond [ˈɑːmənd] *n* минда́ль *m*

almost [ˈɔːlməust] *adv* почти́; (*but*) чуть *и*ли́ едва́ не

alone [əˈləun] *adj*, *adv* оди́н (*f* одна́); to leave sb/sth alone оставля́ть (*perf* оста́вить) кого́-н/ что-н в поко́е; let alone ... не говоря́ уже́ о +*prp* ...

along [əˈlɔŋ] *prep* (*motion*) по +*dat*, вдоль +*gen*; (*position*) вдоль +*gen* ⊳ *adv*: is he coming along (with us)? он идёт с на́ми?; he was limping along он шёл хрома́я; along with вме́сте с +*instr*; along с са́мого нача́ла; **alongside** *prep* (*position*) ря́дом с +*instr*, вдоль +*gen*; (*motion*) к +*dat* ⊳ *adv* ря́дом

aloud [əˈlaud] *adv* (*read, speak*) вслух

alphabet [ˈælfəbɛt] *n* алфави́т

Alps [ælps] *npl*: the Alps А́льпы *pl*

already [ɔːlˈrɛdɪ] *adv* уже́

alright [ˈɔːlraɪt] *adv* (*Brit*) = all right

also ['ɔːlsəu] adv (about subject) также, тоже; (about object) также; (moreover) кроме того, к тому же; **he also likes apples** он также or тоже любит яблоки; **he likes apples also** он любит также яблоки

altar ['ɔːltə'] n алтарь m

alter ['ɔːltə'] vt изменить (perf изменить) ▷ vi изменяться (perf изменяться); **alteration** [ɔːltə'reɪʃən] n изменение

alternate [adj ɔl'tɜːnɪt, vb 'ɔːltɜːneɪt] adj (US: alternative) альтернативный ▷ vi: **to alternate (with)** чередоваться (impf) (c +instr); **on alternate days** через день

alternative [ɔl'tɜːnətɪv] adj альтернативный ▷ n альтернатива; **alternatively** adv: **alternatively one could ...** кроме того можно ...

although [ɔːl'ðəu] conj хотя

altitude ['æltɪtjuːd] n (of plane) высота; (of place) высота над уровнем моря

altogether [ɔːltə'gɛðə'] adv (completely) совершенно; (in all) в общем, в общей сложности

aluminium [ælju'mɪnɪəm] (US **aluminum** [ə'luːmɪnəm]) n алюминий

always ['ɔːlweɪz] adv всегда

am [æm] vb see **be**

a.m. adv abbr (= ante meridiem) до полудня

amateur ['æmətə'] n любитель m; **amateur dramatics** любительский театр; **amateur photographer** фотограф-любитель m

amazement [ə'meɪzmənt] n изумление

amazing [ə'meɪzɪŋ] adj

(surprising) поразительный; (fantastic) изумительный, замечательный

ambassador [æm'bæsədə'] n посол

ambiguous [æm'bɪgjuəs] adj неясный, двусмысленный

ambition [æm'bɪʃən] n (see adj) честолюбие; амбиция; (aim) цель f

ambitious [æm'bɪʃəs] adj (positive) честолюбивый; (negative) амбициозный

ambulance ['æmbjuləns] n скорая помощь f

ambush ['æmbuʃ] n засада ▷ vt устраивать (perf устроить) засаду +dat

amend [ə'mɛnd] vt (law, text) пересматривать (perf пересмотреть) ▷ n: **to make amends** заглаживать (perf загладить) (свою) вину; **amendment** n поправка

amenities [ə'miːnɪtɪz] npl удобства ntpl

America [ə'mɛrɪkə] n Америка; **American** adj американский ▷ n американец(-нка)

amicable ['æmɪkəbl] adj (relationship) дружеский

amid(st) [ə'mɪd(st)] prep посреди +gen

ammunition [æmju'nɪʃən] n (for gun) патроны mpl

amnesty ['æmnɪstɪ] n амнистия

among(st) [ə'mʌŋ(st)] prep среди +gen

amount [ə'maunt] n количество ▷ vi: **to amount to** (total) составлять (perf составить)

amp(ère) ['æmp(ɛə')] n ампер

ample ['æmpl] adj (large) солидный; (abundant) обильный; (enough) достаточный; **to have**

ample time/room иметь (*impf*) достаточно времени/места

amuse [ə'mju:z] *vt* развлекать (*perf* развлечь); **amusement** *n* (*mirth*) удовольствие; (*pastime*) развлечение; **amusement arcade** *n* павильон с игровыми аппаратами

an [æn] *indef art see* **a**

anaemia [ə'ni:mɪə] (*US* **anemia**) *n* анемия, малокровие

anaesthetic [ænɪs'θetɪk] (*US* **anesthetic**) *n* наркоз

analyse ['ænəlaɪz] (*US* **analyze**) *vt* анализировать (*perf* проанализировать)

analysis [ə'næləsɪs] (*pl* **analyses**) *n* анализ

analyst ['ænəlɪst] *n* (*political*) аналитик, комментатор; (*financial, economic*) эксперт; (*US: psychiatrist*) психиатр

analyze ['ænəlaɪz] *vt* (*US*) = **analyse**

anarchy ['ænəkɪ] *n* анархия

anatomy [ə'nætəmɪ] *n* анатомия; (*body*) организм

ancestor ['ænsɪstə'] *n* предок

anchor ['æŋkə'] *n* якорь *m*

anchovy ['æntʃəvɪ] *n* анчоус

ancient ['eɪnʃənt] *adj* (*civilization, person*) древний; (*monument*) старинный

and [ænd] *conj* и; **my father and I** я и мой отец, мы с отцом; **bread and butter** хлеб с маслом; **and so on** и так далее; **try and come** постарайтесь прийти; **he talked and talked** он всё говорил и говорил

anemia [ə'ni:mɪə] *n* (*US*) = **anaemia**

anesthetic [ænɪs'θetɪk] *n* (*US*) = **anaesthetic**

angel ['eɪndʒəl] *n* ангел

anger ['æŋgə'] *n* гнев, возмущение

angle ['æŋgl] *n* (*corner*) угол

angler ['æŋglə'] *n* рыболов

Anglican ['æŋglɪkən] *adj* англиканский ▷ *n* англиканец(-анка)

angling ['æŋglɪŋ] *n* рыбная ловля

angrily ['æŋgrɪlɪ] *adv* сердито, гневно

angry ['æŋgrɪ] *adj* сердитый, гневный; (*wound*) воспалённый; **to be angry with sb/at sth** сердиться (*impf*) на кого-н/что-н; **to get angry** сердиться (*perf* рассердиться)

anguish ['æŋgwɪʃ] *n* мука

animal ['ænɪməl] *n* животное *nt adj*; (*wild animal*) зверь *m*; (*pej: person*) зверь, животное ▷ *adj* животный

animated *adj* оживлённый, живой; (*film*) мультипликационный

animation [ænɪ'meɪʃən] *n* (*enthusiasm*) оживление

ankle ['æŋkl] *n* лодыжка

anniversary [ænɪ'və:sərɪ] *n* годовщина

announce [ə'nauns] *vt* (*engagement, decision*) объявлять (*perf* объявить) (о +*prp*); (*birth, death*) извещать (*perf* известить) о +*prp*; **announcement** *n* объявление; (*in newspaper etc*) сообщение

annoy [ə'nɔɪ] *vt* раздражать (*perf* раздражить); **annoying** *adj* (*noise*) раздражающий; (*mistake, event*) досадный

annual ['ænjuəl] *adj* (*meeting*) ежегодный; (*income*) годовой; **annually** *adv* ежегодно

annum ['ænəm] *n see* **per**

anonymous [əˈnɒnɪməs] *adj* анони́мный

anorak [ˈænəræk] *n* ку́ртка

anorexia [ænəˈrɛksɪə] *n* анорекси́я

another [əˈnʌðə] *pron* друго́й ▷ *adj*: **another book** (*additional*) ещё одна́ кни́га; (*different*) друга́я кни́га; *see also* **one**

answer [ˈɑːnsə] *n* отве́т; (*to problem*) реше́ние ▷ *vi* отвеча́ть (*perf* отве́тить) ▷ *vt* (*letter, question*) отвеча́ть (*perf* отве́тить) на +*acc*; (*person*) отвеча́ть (*perf* отве́тить) +*dat*; **in answer to your letter** в отве́т на Ва́ше письмо́; **to answer the phone** подходи́ть (*perf* подойти́) к телефо́ну; **to answer the bell** *or* **the door** открыва́ть (*perf* откры́ть) дверь; **answering machine** *n* автоотве́тчик

ant [ænt] *n* мураве́й

Antarctic [æntˈɑːktɪk] *n*: **the Antarctic** Анта́рктика

antelope [ˈæntɪləʊp] *n* антило́па

anthem [ˈænθəm] *n*: **national anthem** госуда́рственный гимн

antibiotic [æntɪbaɪˈɒtɪk] *n* антибио́тик

antibody [ˈæntɪbɒdɪ] *n* антите́ло

anticipate [ænˈtɪsɪpeɪt] *vt* (*expect*) ожида́ть (*impf*) +*gen*; (*foresee*) предугада́ть (*perf*) преугада́ть (*impf*); (*forestall*) предвосхища́ть (*perf* предвосхити́ть)

anticipation [æntɪsɪˈpeɪʃən] *n* (*expectation*) ожида́ние; (*eagerness*) предвкуше́ние

antics [ˈæntɪks] *npl* (*of child*) ша́лости *fpl*

antidote [ˈæntɪdəʊt] *n* противоя́дие

antifreeze [ˈæntɪfriːz] *n* антифри́з

antique [ænˈtiːk] *n* антиква́рная вещь *f*, предме́т старины́ ▷ *adj* антиква́рный

antiseptic [æntɪˈsɛptɪk] *n* антисе́птик

antivirus [ˈæntɪˌvaɪrəs] *adj* (*Comput*) антивиру́сный; **antivirus software** антивиру́сное програ́ммное обеспе́чение

anxiety [æŋˈzaɪətɪ] *n* трево́га

anxious [ˈæŋkʃəs] *adj* (*person, look*) беспоко́йный, озабо́ченный; (*time*) трево́жный; **she is anxious to do** она́ о́чень хо́чет +*infin*; **to be anxious about** беспоко́иться (*impf*) о +*prp*

KEYWORD

any [ˈɛnɪ] *adj* **1** (*in questions etc*): **have you any butter/children?** у Вас есть ма́сло/де́ти?; **do you have any questions?** у Вас есть каки́е-нибудь вопро́сы?; **if there are any tickets left** е́сли ещё оста́лись биле́ты

2 (*with negative*): **I haven't any bread/books** у меня́ нет хле́ба/ книг; **I didn't buy any newspapers** я не купи́л газе́т

3 (*no matter which*): **any colour will do** любо́й цвет подойдёт

4 (*in phrases*): **in any case** в любо́м слу́чае; **any day now** в любо́й день; **at any moment** в любо́й моме́нт; **at any rate** во вся́ком слу́чае; **any time** (*at any moment*) в любо́й моме́нт; (*whenever*) в любо́е вре́мя; (*as response*) не́ за что

▷ *pron* **1** (*in questions etc*): **I need some money, have you got any?** мне нужны́ де́ньги, у Вас есть?;

can any of you sing? кто-нибудь из вас умеет петь?

2 (with negative) ни один (f одна, nt одно, pl одни); **I haven't any** (of those) у меня таких нет

3 (no matter which one(s)) любой; **take any you like** возьмите то, что Вам нравится

▷ adv **1** (in questions etc): **do you want any more soup?** хотите ещё супу?; **are you feeling any better?** Вам лучше?

2 (with negative): **I can't hear him any more** я больше его не слышу; **don't wait any longer** не ждите больше; **he isn't any better** ему не лучше

anybody ['ɛnɪbɔdɪ] pron
= anyone

anyhow ['ɛnɪhau] adv (at any rate) так или иначе; **the work is done anyhow** (haphazardly) работа сделана кое-как; **I shall go anyhow** я так или иначе пойду

anyone ['ɛnɪwʌn] pron (in questions etc) кто-нибудь; (with negative) никто; (no matter who) любой, всякий; **can you see anyone?** Вы видите кого-нибудь?; **I can't see anyone** я никого не вижу; **anyone could do it** любой or всякий может это сделать; **you can invite anyone** Вы можете пригласить кого угодно

anything ['ɛnɪθɪŋ] pron (in questions etc) что-нибудь; (with negative) ничего; (no matter what) (всё,) что угодно; **can you see anything?** Вы видите что-нибудь?; **I can't see anything** я ничего не вижу; **anything (at all) will do** всё, что угодно подойдёт

anyway ['ɛnɪweɪ] adv всё равно; (in brief): **anyway, I didn't want to**

go в общем, я не хотел идти; **I will be there anyway** я всё равно там буду; **anyway, I couldn't stay even if I wanted to** в любом случае, я не мог остаться, даже если бы я хотел; **why are you phoning, anyway?** а всё-таки, почему Вы звоните?

 KEYWORD

anywhere ['ɛnɪwɛəʳ] adv **1** (in questions etc: position) где-нибудь; (: motion) куда-нибудь; **can you see him anywhere?** Вы его где-нибудь видите?; **did you go anywhere yesterday?** Вы вчера куда-нибудь ходили?

2 (with negative: position) нигде; (: motion) никуда; **I can't see him anywhere** я нигде его не вижу; **I'm not going anywhere today** сегодня я никуда не иду

3 (no matter where: position) где угодно; (: motion) куда угодно; **anywhere in the world** где угодно в мире; **put the books down anywhere** положите книги куда угодно

apart [ə'pɑ:t] adv (position) в стороне; (motion) в сторону; (separately) раздельно, врозь; **they are ten miles apart** они находятся на расстоянии десяти миль друг от друга; **to take apart** разбирать (perf разобрать) (на части); **apart from** кроме +gen

apartment [ə'pɑ:tmənt] n (US) квартира; (room) комната

apathy ['æpəθɪ] n апатия

ape [eɪp] n человекообразная обезьяна ▷ vt копировать (perf скопировать)

aperitif [əˈpɛrɪtiːf] n аперити́в

apologize [əˈpɒlədʒaɪz] vi: **to apologize (for sth to sb)** извиня́ться (perf извини́ться) (за что-н пе́ред кем-н)

apology [əˈpɒlədʒɪ] n извине́ние

appalling [əˈpɔːlɪŋ] adj (awful) ужа́сный; (shocking) возмути́тельный

apparatus [æpəˈreɪtəs] n аппарату́ра f; (in gym) (гимнасти́ческий) снаря́д; (of organization) аппара́т

apparent [əˈpærənt] adj (seeming) ви́димый; (obvious) очеви́дный; **apparently** adv по всей ви́димости

appeal [əˈpiːl] vi (Law) апелли́ровать (impf/perf), подава́ть (perf пода́ть) апелля́цию ⊳ n (attraction) привлека́тельность f; (plea) призы́в; (Law) обжа́лование; **to appeal (to sb) for** (help, funds) обраща́ться (perf обрати́ться) (к кому́-н) за +instr; (calm, order) призыва́ть (perf призва́ть) (кого́-н) к +dat; **to appeal to** (attract) привлека́ть (perf привле́чь), нра́виться (perf понра́виться) +dat; **appealing** adj привлека́тельный; (pleading) умоля́ющий

appear [əˈpɪə] vi появля́ться (perf появи́ться); (seem) каза́ться (perf показа́ться); **to appear in court** представа́ть (perf предста́ть) пе́ред судо́м; **to appear on TV** выступа́ть (perf вы́ступить) по телеви́дению; **it would appear that ...** похо́же (на то), что ...;

appearance n (arrival) появле́ние; (look, aspect) вне́шность f; (in public, on TV) выступле́ние

appendices [əˈpɛndɪsiːz] npl of **appendix**

appendicitis [əpɛndɪˈsaɪtɪs] n аппендици́т

appendix [əˈpɛndɪks] (pl **appendices**) n приложе́ние; (Anat) аппе́ндикс

appetite [ˈæpɪtaɪt] n аппети́т

applaud [əˈplɔːd] vi аплоди́ровать (impf), рукоплеска́ть (impf) ⊳ vt аплоди́ровать (impf) +dat, рукоплеска́ть (impf) +dat; (praise) одобря́ть (perf одо́брить)

applause [əˈplɔːz] n аплодисме́нты pl

apple [ˈæpl] n я́блоко

applicable [əˈplɪkəbl] adj: **applicable (to)** примени́мый (к +dat)

applicant [ˈæplɪkənt] n (for job, scholarship) кандида́т; (for college) абитурие́нт

application [æplɪˈkeɪʃən] n (for job, grant etc) заявле́ние; **application form** n заявле́ние-анке́та

apply [əˈplaɪ] vt (paint, make-up) наноси́ть (perf нанести́) ⊳ vi: **to apply to** (be relevant) относи́ться (impf) к +dat; (ask) обраща́ться (perf обрати́ться) (с про́сьбой) к +dat; **to apply o.s.** to сосредото́чиваться (perf сосредото́читься) на +prp; **to apply for a grant/job** подава́ть (perf пода́ть) заявле́ние на стипе́ндию/приёме на рабо́ту

appoint [əˈpɔɪnt] vt назнача́ть (perf назна́чить); **appointment** n (of person) назначе́ние; (post) до́лжность f; (arranged meeting) приём; **to make an appointment (with sb)** назнача́ть (perf назна́чить) (кому́-н) встре́чу; **I have an appointment with the**

doctor я записа́лся (на приём) к врачу́

appraisal [ə'preɪzl] *n* оце́нка

appreciate [ə'pri:ʃɪeɪt] *vt* (value) цени́ть (*impf*); (understand) оце́нивать (*perf* оцени́ть) ▷ *vi* (Comm) повыша́ться (*perf* повыси́ться) в цене́

appreciation [əpri:ʃɪ'eɪʃən] *n* (understanding) понима́ние; (gratitude) призна́тельность *f*

apprehensive [æprɪ'hɛnsɪv] *adj* (glance etc) опа́сливый

apprentice [ə'prɛntɪs] *n* учени́к, подмасте́рье

approach [ə'prəʊtʃ] *vi* приближа́ться (*perf* прибли́зиться) ▷ *vt* (ask, apply to) обраща́ться (*perf* обрати́ться) к +dat; (come to) приближа́ться (*perf* прибли́зиться) к +dat; (consider) подходи́ть (*perf* подойти́) к +dat ▷ *n* подхо́д; (advance: also fig) приближе́ние

appropriate [ə'prəʊprɪət] *adj* (behaviour) подоба́ющий; (remarks) уме́стный; (tools) подходя́щий

approval [ə'pru:vəl] *n* одобре́ние; (permission) согла́сие; **on approval** (Comm) на про́бу

approve [ə'pru:v] *vt* (motion, decision) одобря́ть (*perf* одо́брить); (product, publication) утвержда́ть (*perf* утверди́ть)

approve of *vt fus* одобря́ть (*perf* одо́брить)

approximate [ə'prɔksɪmɪt] *adj* приблизи́тельный;

approximately *adv* приблизи́тельно

apricot ['eɪprɪkɔt] *n* абрико́с

April ['eɪprəl] *n* апре́ль *m*

apron ['eɪprən] *n* фа́ртук

apt [æpt] *adj* уда́чный, уме́стный;

apt to do скло́нный +infin

aquarium [ə'kwɛərɪəm] *n* аква́риум

Aquarius [ə'kwɛərɪəs] *n* Водоле́й

Arab ['ærəb] *adj* ара́бский ▷ *n* ара́б(ка); **Arabian** [ə'reɪbɪən] *adj* ара́бский; **Arabic** *adj* ара́бский

arbitrary ['ɑ:bɪtrərɪ] *adj* произво́льный

arbitration [ɑ:bɪ'treɪʃən] *n* трете́йский суд; (Industry) арбитра́ж; **the dispute went to arbitration** спор пе́редан на арбитра́ж

arc [ɑ:k] *n* (also Math) дуга́

arch [ɑ:tʃ] *n* а́рка, свод; (of foot) свод ▷ *vt* (back) выгиба́ть (*perf* вы́гнуть)

archaeology [ɑ:kɪ'ɔlədʒɪ] (US **archeology**) *n* археоло́гия

archbishop [ɑ:tʃ'bɪʃəp] *n* архиепи́скоп

archeology [ɑ:kɪ'ɔlədʒɪ] *n* (US) = archaeology

architect ['ɑ:kɪtɛkt] *n* (of building) архите́ктор;

architecture *n* архитекту́ра

archive ['ɑ:kaɪv] *n* архи́в;

archives *npl* (documents) архи́в *msg*

Arctic ['ɑ:ktɪk] *adj* аркти́ческий ▷ *n*: **the Arctic** А́рктика

are [ɑ:ᵣ] *vb see* **be**

area ['ɛərɪə] *n* о́бласть *f*; (part: of place) уча́сток; (: of room) часть *f*

arena [ə'ri:nə] *n* (also fig) аре́на

aren't [ɑ:nt] = **are not**

Argentina [ɑ:dʒən'ti:nə] *n* Аргенти́на

arguably [ɑ:gjʊəblɪ] *adv* возмо́жно

argue [ɑ:gju:] *vi* (quarrel) ссо́риться (*perf* поссо́риться); (reason) дока́зывать (*perf* доказа́ть)

argument ['ɑːgjumənt] n
(quarrel) ссо́ра; (reasons)
аргуме́нт, до́вод

Aries ['ɛərɪz] n Ове́н

arise [ə'raɪz] (pt arose, pp arisen)
vi (occur) возника́ть (perf
возни́кнуть)

arithmetic [ə'rɪθmətɪk] n (Math)
арифме́тика; (calculation) подсчёт

arm [ɑːm] n рука́; (of chair) ру́чка;
(of clothing) рука́в ▷ vt
вооружа́ть (perf вооружи́ть);
arms npl (Mil) вооруже́ние ntsg;
(Heraldry) герб; **arm in arm** по́д
руку; **armchair** n кре́сло;
armed adj вооружённый

armour ['ɑːmə] (US **armor**) n
(also suit of armour) доспе́хи
mpl

army ['ɑːmɪ] n (also fig) а́рмия

aroma [ə'rəumə] n арома́т;
aromatherapy [ərəumə'θɛrəpɪ] n
ароматерапия

arose [ə'rəuz] pt of **arise**

around [ə'raund] adv вокру́г
▷ prep (encircling) вокру́г +gen;
(near, about) о́коло +gen

arouse [ə'rauz] vt (interest,
passions) возбужда́ть (perf
возбуди́ть)

arrange [ə'reɪndʒ] vt (organize)
устра́ивать (perf устро́ить); (put in
order) расставля́ть (perf
расста́вить) ▷ vi: **we have
arranged for a car to pick you up**
мы договори́лись, что́бы за Ва́ми
зае́хала маши́на; **to arrange to do**
догова́риваться (perf
договори́ться) +infin;
arrangement n (agreement)
договорённость f; (order, layout)
расположе́ние; **arrangements**
npl (plans) приготовле́ния ntpl

array [ə'reɪ] n: **array of** ряд +gen

arrears [ə'rɪəz] npl

задо́лженность fsg; **to be in
arrears with one's rent** име́ть
(impf) задо́лженность по
квартпла́те

arrest [ə'rɛst] vt (Law)
аресто́вывать (perf арестова́ть)
▷ n аре́ст; **under arrest** под
аре́стом

arrival [ə'raɪvl] n (of person,
vehicle) прибы́тие; **new arrival**
новичо́к; (baby)
новорождённый(-ая) m(f) adj

arrive [ə'raɪv] vi (traveller)
прибыва́ть (perf прибы́ть); (letter,
news) приходи́ть (perf прийти́);
(baby) рожда́ться (perf роди́ться)

arrogance ['ærəgəns] n
высокоме́рие

arrogant ['ærəgənt] adj
высокоме́рный

arrow ['ærəu] n (weapon) стрела́;
(sign) стре́лка

arse [ɑːs] n (Brit: infl) жо́па (!)

arson ['ɑːsn] n поджо́г

art [ɑːt] n иску́сство; **Arts** npl
(Scol) гуманита́рные нау́ки fpl

artery ['ɑːtərɪ] n (also fig)
арте́рия

art gallery n (national)
карти́нная галере́я; (private) (арт-)
галере́я

arthritis [ɑː'θraɪtɪs] n артри́т

artichoke ['ɑːtɪtʃəuk] n (also
globe artichoke) артишо́к; (also
Jerusalem artichoke) земляна́я
гру́ша

article ['ɑːtɪkl] n (object)
предме́т; (Ling) арти́кль m; (in
newspaper, document) статья́

articulate [vb ɑː'tɪkjuleɪt, adj
ɑː'tɪkjulɪt] vt (ideas) выража́ть
(perf вы́разить) ▷ adj: **she is very
articulate** она́ чётко выража́ет
свои́ мы́сли

artificial [ɑːtɪ'fɪʃəl] adj

искусственный; (affected) неестéственный

artist [ˈɑːtɪst] n художник(-ица); (performer) артист(ка); **artistic** [ɑːˈtɪstɪk] adj художественный

KEYWORD

as [æz, əz] conj 1 (referring to time) когда; he came in as I was leaving он вошёл, когда я уходил; as the years went by с годами; as from tomorrow с завтрашнего дня
2 (in comparisons): as big as такой же большой, как; twice as big as в два раза больше, чем; as white as snow белый, как снег; as much money/many books as столько же денег/книг, сколько; as soon as как только; as soon as possible как можно скорее
3 (since, because) поскольку, так как
4 (referring with manner, way) как; do as you wish делайте, как хотите; as she said как она сказала
5 (concerning): as for or to что касается +gen
6: as if or though как будто; he looked as if he had been ill он выглядел так, как будто он был болен
▷ prep (in the capacity of): he works as a waiter он работает официантом; as chairman of the company, he ... как глава компании он ...; see also long; same; such; well

a.s.a.p. adv abbr = **as soon as possible**

ascent [əˈsɛnt] n (slope) подъём; (climb) восхождение

ash [æʃ] n (of fire) зола, пепел; (of cigarette) пепел; (wood, tree) ясень m

ashamed [əˈʃeɪmd] adj: **to be ashamed** (of) стыдиться (impf) (+gen); **I'm ashamed of ...** мне стыдно за +acc ...

ashore [əˈʃɔː] adv (be) на берегу; (swim, go) на берег

ashtray [ˈæʃtreɪ] n пепельница

Asia [ˈeɪʃə] n Азия; **Asian** adj азиатский ▷ n азиат(ка)

aside [əˈsaɪd] adv в сторону ▷ n реплика

ask [ɑːsk] vt (inquire) спрашивать (perf спросить); (invite) звать (perf позвать); **to ask for sth/sb to do** просить (perf попросить) что-н у кого-н/кого-н +infin; **to ask sb about** спрашивать (perf спросить) кого-н о +prp; **to ask (sb) a question** задавать (perf задать) (кому-н) вопрос; **to ask sb out to dinner** пригласить (perf пригласить) кого-н в ресторан; **ask for** vt fus спрашивать (perf попросить); (trouble) напрашиваться (perf напроситься) на +acc

asleep [əˈsliːp] adj: **to be asleep** спать (impf); **to fall asleep** засыпать (perf заснуть)

asparagus [əsˈpærəgəs] n спаржа

aspect [ˈæspɛkt] n (element) аспект, сторона; (quality, air) вид

aspirin [ˈæsprɪn] n аспирин

ass [æs] n (also fig) осёл; (US: infl) жопа (!)

assassin [əˈsæsɪn] n (политический) убийца m/f

assault [əˈsɔːlt] n (Mil, fig) атака ▷ vt нападать (perf напасть) на +acc; (sexually) насиловать (perf изнасиловать)

assemble [əˈsɛmbl] vt собирать

(*perf* собрáть) ▷ *vi* собирáться
(*perf* собрáться)

assembly [ə'sɛmblı] *n* (*meeting*)
собрáние; (*institution*) ассамблéя,
законодáтельное собрáние;
(*construction*) сбóрка

assert [ə'sə:t] *vt* (*opinion,
authority*) утверждáть (*perf*
утвердúть); (*rights, innocence*)
отстáивать (*perf* отстоять);
assertion [ə'sə:ʃən] *n* (*claim*)
утверждéние

assess [ə'sɛs] *vt* оцéнивать (*perf*
оценúть); **assessment** *n*:
assessment (of) оцéнка (+*gen*)

asset [ˈæsɛt] *n* (*quality*)
достóинство; **assets** *npl*
(*property, funds*) актúвы *mpl*;
(*Comm*) актúв *msg* балáнса

assignment [ə'sainmənt] *n*
задáние

assist [ə'sɪst] *vt* помогáть (*perf*
помóчь) +*dat*; (*financially*)
содéйствовать (*perf*
посодéйствовать) +*dat*;
assistance *n* (*see vt*) пóмощь *f*;
содéйствие; **assistant** *n*
помóщник(-ица); (*in office etc*)
ассистéнт(ка); (*Brit: also* **shop
assistant**) продавéц(-щúца)

associate [*n* ə'səuʃɪɪt, *vb* ə'səuʃɪeɪt]
n (*colleague*) коллéга *m/f*
▷ *adj* (*member, professor*)
ассоциúрованный ▷ *vt* (*mentally*)
ассоциúровать (*impf/perf*); **to
associate with sb** общáться (*impf*)
с кем-н

association [əsəusɪ'eɪʃən] *n*
ассоциáция; (*involvement*) связь *f*

assorted [ə'sɔ:tɪd] *adj*
разнообрáзный

assortment [ə'sɔ:tmənt] *n* (*of
clothes, colours*) ассортимéнт; (*of
books, people*) подбóр

assume [ə'sju:m] *vt* (*suppose*)

предполагáть (*perf*
предположúть), допускáть (*perf*
допустúть); (*responsibility*)
принимáть (*perf* принять) (на
себя); (*air*) напускáть (*perf*
напустúть) на себя; (*power*) брать
(*perf* взять)

assumption [ə'sʌmpʃən] *n*
предположéние; (*of responsibility*)
принятие на себя; **assumption of
power** прихóд к влáсти

assurance [ə'ʃuərəns] *n*
(*promise*) заверéние; (*confidence*)
увéренность *f*; (*insurance*)
страховáние

assure [ə'ʃuə'] *vt* (*reassure*)
заверять (*perf* заверúть);
(*guarantee*) обеспéчивать (*perf*
обеспéчить)

asthma [ˈæsmə] *n* áстма

astonishment [ə'stɔnɪʃmənt] *n*
изумлéние

astrology [əs'trɔlədʒɪ] *n*
астролóгия

astronomical [æstrə'nɔmɪkl] *adj*
(*also fig*) астрономúческий

astronomy [əs'trɔnəmɪ] *n*
астронóмия

astute [əs'tju:t] *adj* (*person*)
проницáтельный

 KEYWORD

at [æt] *prep* **1** (*referring to
position*) в/на +*prp*; **at school** в
шкóле; **at the theatre** в теáтре; **at
a concert** на концéрте; **at the
station** на стáнции; **at the top**
наверхý; **at home** дóма; **they are
sitting at the table** онú сидят за
столóм; **at my friend's (house)** у
моегó дрýга; **at the doctor's** у
врачá
2 (*referring to direction*) в/на +*acc*;
to look at смотрéть (*perf*

посмотре́ть) на +*acc*; **to throw sth
at sb** (*stone*) броса́ть (*perf*
бро́сить) что-н *от* чем-н в кого́-н
3 (*referring to time*): **at four
o'clock** в четы́ре часа́; **at half past
two** в полови́не тре́тьего; **at a
quarter to two** без че́тверти два;
at a quarter past two в че́тверть
тре́тьего; **at dawn** на заре́; **at
night** но́чью; **at Christmas** на
Рождество́; **at lunch** за обе́дом; **at
times** времена́ми
4 (*referring to rates*): **at one pound
a kilo** за фунт за кило́гра́мм; **two
at a time** по́ двое; **at fifty km/h** на
ско́рости пятьдеся́т км/ч; **at full
speed** на по́лной ско́рости
5 (*referring to manner*): **at a
stroke** одни́м ма́хом; **at peace** в
ми́ре
6 (*referring to activity*): **to be at
home/work** быть (*impf*) до́ма/на
рабо́те; **to play at cowboys** игра́ть
(*impf*) в ковбо́и; **to be good at
doing** хорошо́ уме́ть (*impf*) +*infin*
7 (*referring to cause*): **he is
surprised/annoyed at sth** он
удивлён/раздражён чем-н; **I am
surprised at you** Вы меня́
удивля́ете; **I stayed at his
suggestion** я оста́лся по его́
предложе́нию
8 (@ *symbol*) соба́ка

ate [eɪt] *pt of* **eat**
atheist ['eɪθɪɪst] *n* атеи́ст(ка)
Athens ['æθɪnz] *n* Афи́ны *pl*
athlete ['æθliːt] *n* спортсме́н(ка)
athletic [æθ'letɪk] *adj*
спорти́вный; **athletics**
[æθ'letɪks] *n* лёгкая атле́тика
Atlantic [ət'læntɪk] *n*: **the
Atlantic (Ocean)** Атланти́ческий
океа́н
atlas ['ætləs] *n* а́тлас

atmosphere ['ætməsfɪəʳ] *n*
атмосфе́ра
atom ['ætəm] *n* а́том; **atomic**
[ə'tɒmɪk] *adj* а́томный
attach [ə'tætʃ] *vt* прикрепля́ть
(*perf* прикрепи́ть); (*document,
letter*) прилага́ть (*perf* приложи́ть);
he is attached to (*fond of*) он
привя́зан к +*dat*; **to attach
importance to sb)** придава́ть (*perf*
прида́ть) значе́ние +*dat*
attachment *n* (*device*)
приспособле́ние, наса́дка;
(*affection*) (*love*)
привя́занность *f* (к кому́-н)
attack [ə'tæk] *vt* (*Mil, fig*)
атакова́ть (*impf/perf*); (*assault*)
напада́ть (*perf* напа́сть) на +*acc*
▷ *n* (*Mil, fig*) ата́ка; (*assault*)
нападе́ние; (*of illness*) при́ступ;
attacker *n*: **his/her attacker**
напа́вший(-ая) *m(f) adj* на него́/
неё
attain [ə'teɪn] *vt* (*happiness,
success*) достига́ть (*дости́гнуть от
дости́чь perf*) +*gen*, добива́ться
(*perf* доби́ться) +*gen*
attempt [ə'tempt] *n* попы́тка
▷ *vt*: **to attempt to do** пыта́ться
(*perf* попыта́ться) +*infin*; **to make
an attempt on sb's life** соверша́ть
(*perf* соверши́ть) покуше́ние на
кого́-н
attend [ə'tend] *vt* (*school, church*)
посеща́ть (*impf*); **attend to** *vt fus*
(*needs, patient*) занима́ться (*perf*
заня́ться) +*instr*; (*customer*)
обслу́живать (*perf* обслужи́ть);
attendance *n* прису́тствие;
(*Scol*) посеща́емость *f*; **attendant**
n сопровожда́ющий(-ая) *m(f) adj*;
(*in garage*) служи́тель(ница) *m(f)*
attention [ə'tenʃən] *n* внима́ние;
(*care*) ухо́д; **for the attention of**
(*Admin*) к све́дению +*gen* ...

attic ['ætɪk] n (living space) мансáрда; (storage space) чердáк

attitude ['ætɪtjuːd] n: attitude (to or towards) отношéние (к +dat)

attorney [ə'tɜːnɪ] n (US: lawyer) юрист; **Attorney General** n (Brit) министр юстиции; (US) Генерáльный прокурóр

attract [ə'trækt] vt привлекáть (perf привлéчь); **attraction** [ə'trækʃən] n (appeal) привлекáтельность f; **attractive** adj привлекáтельный

attribute [n 'ætrɪbjuːt, vb ə'trɪbjuːt] n признак, атрибýт ▷ vt: to attribute sth to (cause) относить (perf отнести) что-н за счёт +gen; (painting, quality) приписывать (perf приписáть) что-н +dat

aubergine ['əʊbəʒiːn] n баклажáн

auction ['ɔːkʃən] n (also sale by auction) аукциóн ▷ vt продавáть (perf продáть) на аукциóне

audible ['ɔːdɪbl] adj слышный

audience ['ɔːdɪəns] n аудитóрия, пýблика

audit ['ɔːdɪt] vt (Comm) проводить (perf провести) ревизию +gen

audition [ɔː'dɪʃən] n прослýшивание

auditor ['ɔːdɪtə'] n ревизóр, аудитор

auditorium [ɔːdɪ'tɔːrɪəm] n зал

August ['ɔːɡəst] n áвгуст

aunt [ɑːnt] n тётя; **auntie** ['ɑːntɪ] n dimin of aunt

au pair ['əʊ'pɛə'] n (also au pair girl) молодáя нáня-инострáнка, живýщая в семьé

aura ['ɔːrə] n (fig: air) орéол

Australia [ɔs'treɪlɪə] n Австрáлия

Austria ['ɔstrɪə] n Австрия

authentic [ɔː'θentɪk] adj пóдлинный

author ['ɔːθə'] n (of text, plan) áвтор; (profession) писáтель(ница) m(f)

authority [ɔː'θɔrɪtɪ] n (power) власть f; (Pol) управлéние; (expert) авторитéт; (official permission) полномóчие; **authorities** npl (ruling body) влáсти fpl

autobiography [ɔːtəbaɪ'ɔɡrəfɪ] n автобиогрáфия

autograph ['ɔːtəɡrɑːf] n автóграф ▷ vt надписывать (perf надписáть)

automatic [ɔːtə'mætɪk] adj автоматический ▷ n (US: gun) (самозарядный) пистолéт; (car) автомобиль m с автоматическим переключéнием скоростéй; **automatically** adv автоматически

automobile ['ɔːtəməbiːl] n (US) автомобиль m

autonomous [ɔː'tɔnəməs] adj (region) автонóмный; (person, organization) самостоятельный

autonomy [ɔː'tɔnəmɪ] n автонóмия, самостоятельность f

autumn ['ɔːtəm] n óсень f; in autumn óсенью

auxiliary [ɔːɡ'zɪlɪərɪ] adj вспомогáтельный ▷ n помóщник

avail [ə'veɪl] n: to no avail напрáсно

availability [əveɪlə'bɪlɪtɪ] n наличие

available [ə'veɪləbl] adj достýпный; (person) свобóдный

avalanche ['ævəlɑːnʃ] n лавина

avenue ['ævənjuː] n (street) ýлица; (drive) аллéя

average ['ævərɪdʒ] n срéднее nt

adj ▷ *adj* сре́дний ▷ *vt* достига́ть (*perf* дости́чь) в сре́днем +*gen*; (*sum*) составля́ть (*perf* соста́вить) в сре́днем; **on average** в сре́днем

avert [ə'vɜːt] *vt* предотвраща́ть (*perf* предотврати́ть); (*blow, eyes*) отводи́ть (*perf* отвести́)

avid ['ævɪd] *adj* (*keen*) стра́стный

avocado [ævə'kɑːdəʊ] *n* авока́до *nt ind*

avoid [ə'vɔɪd] *vt* избега́ть (*perf* избежа́ть)

await [ə'weɪt] *vt* ожида́ть (*impf*) +*gen*

awake [ə'weɪk] (*pt* **awoke**, *pp* **awoken** *or* **awaked**) *adj*: **he is awake** он просну́лся; **he was still awake** он ещё не спал

award [ə'wɔːd] *n* награ́да ▷ *vt* награжда́ть (*perf* награди́ть); (*Law*) присужда́ть (*perf* присуди́ть)

aware [ə'wɛəʳ] *adj*: **to be aware (of)** (*realize*) сознава́ть (*impf*) (+*acc*); **to become aware of sth/ that** осознава́ть (*perf* осозна́ть) что-н/, что; **awareness** *n* осозна́ние

away [ə'weɪ] *adv* (*movement*) в сто́рону; (*position*) в стороне́; (*far away*) далеко́; **the holidays are two weeks away** до кани́кул (оста́лось) две неде́ли; **away from** (*movement*) в сто́рону от +*gen*; (*position*) в стороне́ от +*gen*; **two kilometres away from the town** в двух киломе́трах от го́рода; **two hours away by car** в двух часа́х езды́ на маши́не; **he's away for a week** он в отъе́зде на неде́лю; **to take away (from)** (*remove*) забира́ть (*perf* забра́ть) (у +*gen*); (*subtract*) отнима́ть (*perf* отня́ть) (от +*gen*); **he is working away** (*continuously*) он продолжа́ет рабо́тать

awe [ɔː] *n* благогове́ние

awful ['ɔːfəl] *adj* ужа́сный; **an awful lot (of)** ужа́сно мно́го (+*gen*); **awfully** *adv* ужа́сно

awkward ['ɔːkwəd] *adj* (*clumsy*) неуклю́жий; (*inconvenient*) неудо́бный; (*embarrassing*) нело́вкий

awoke [ə'wəʊk] *pt of* **awake**; **awoken** *pp of* **awake**

axe [æks] (*US* **ax**) *n* топо́р ▷ *vt* (*project*) отменя́ть (*perf* отмени́ть); (*jobs*) сокраща́ть (*perf* сократи́ть)

b

B [bi:] *n* (*Mus*) си *nt ind*

BA *n abbr* = **Bachelor of Arts**

baby ['beɪbɪ] *n* ребёнок; (*newborn*) младе́нец; **baby carriage** *n* (*US*) коля́ска; **baby-sit** *vi* смотре́ть (*impf*) за детьми́; **baby-sitter** *n* приходя́щая ня́ня

bachelor ['bætʃələʳ] *n* холостя́к; **Bachelor of Arts/Science** ≈ бакала́вр гуманита́рных/ есте́ственных нау́к

 KEYWORD

back [bæk] *n* **1** (*of person, animal*) спина́; **the back of the hand** ты́льная сторона́ ладо́ни **2** (*of house, car etc*) за́дняя часть *f*; (*of chair*) спи́нка; (*of page, book*) оборо́т **3** (*Football*) защи́тник

▷ *vt* **1** (*candidate: also* **back up**) подде́рживать (*perf* поддержа́ть) **2** (*financially: horse*) ста́вить (*perf* поста́вить) на +*acc*; (*: person*) финанси́ровать (*impf*) **3**: **he backed the car into the garage** он дал за́дний ход и поста́вил маши́ну в гара́ж

▷ *vi* (*car etc: also* **back up**) дава́ть (*perf* дать) за́дний ход

▷ *adv* **1** (*not forward*) обра́тно, наза́д; **he ran back** он побежа́л обра́тно *or* наза́д **2** (*returned*): **he's back** он верну́лся **3** (*restitution*): **to throw the ball back** кида́ть (*perf* ки́нуть) мяч обра́тно **4** (*again*): **to call back** (*visit again*) заходи́ть (*perf* зайти́) ещё раз; (*Tel*) перезва́нивать (*perf* перезвони́ть)

▷ *cpd* **1** (*payment*) за́дним число́м **2** (*Aut: seat, wheels*) за́дний

back down *vi* отступа́ть (*perf* отступи́ть)

back out *vi* (*of promise*) отступа́ться (*perf* отступи́ться)

back up *vt* (*person, theory etc*) подде́рживать (*perf* поддержа́ть)

back: **backache** *n* простре́л, боль *f* в поясни́це; **backbencher** *n* (*Brit*) заднескаме́ечник; **backbone** *n* позвоно́чник; **he's the backbone of the organization** на нём де́ржится вся организа́ция; **background** *n* (*of picture*) за́дний план; (*of events*) предысто́рия; (*experience*) о́пыт; **he's from a working class background** он из рабо́чей семьи́; **against a background of ...** на фо́не +*gen* ...; **backing** *n*

bacon | 382

(*support*) поддéржка; **backlog** *n*:
backlog of work невы́полненная
рабóта; **backpack** *n* рюкзáк;
backstage *adv* за кули́сами;
backward *adj* (*movement*)
обрáтный; (*person, country*)
отстáлый; **backwards** *adv*
назáд; (*list*) наоборóт; (*fall*)
нáвзничь; **to walk backwards**
пя́титься (*perf* попя́титься);
backyard *n* (*of house*) зáдний
двор

bacon [ˈbeɪkən] *n* бекóн

bacteria [bækˈtɪərɪə] *npl*
бактéрии *fpl*

bad [bæd] *adj* плохóй; (*mistake*)
серьёзный; (*injury, crash*)
тяжёлый; (*food*) тýхлый; **his bad
leg** егó больнáя ногá; **to go bad**
(*food*) тýхнуть (*perf* протýхнуть),
пóртиться (*perf* испóртиться)

badge [bædʒ] *n* значóк

badger [ˈbædʒə*] *n* барсýк

badly [ˈbædlɪ] *adv* плóхо; **badly
wounded** тяжелó рáненый; **he
needs it badly** он си́льно в э́том
нуждáется; **to be badly off (for
money)** нуждáться (*impf*) (в
деньгáх)

badminton [ˈbædmɪntən] *n*
бадминтóн

bag [bæg] *n* сýмка; (*paper, plastic*)
пакéт; (*handbag*) сýмочка;
(*satchel*) рáнец; (*case*) портфéль
m; **bags of** (*inf*) ýйма +*gen*

baggage [ˈbægɪdʒ] *n* (*US*) багáж

baggy [ˈbægɪ] *adj* мешковáтый

bail [beɪl] *n* (*money*) залóг ▷ *vt*
(*also* **to grant bail to**) выпускáть
(*perf* вы́пустить) под залóг; **he
was released on bail** он был
вы́пущен под залóг; **bail out** *vt*
(*Law*) платить (*perf* заплатить)
залóговую сýмму за +*acc*; (*boat*)
вычéрпывать (*perf* вы́черпать)

вóду из +*gen*

bait [beɪt] *n* (*for fish*) нажи́вка;
(*for animal, criminal*) примáнка
▷ *vt* (*hook, trap*) нажи́вить (*perf*
нажи́вить)

bake [beɪk] *vt* печь (*perf* испéчь)
▷ *vi* (*bread etc*) пéчься (*perf*
испéчься); (*make cakes etc*) печь
(*impf*); **baked beans** *npl*
консерви́рованная фасóль *fsg* (в
томáте); **baker** *n* пéкарь *m*; (*also*
the baker's) бýлочная *f adj*;
bakery *n* пекáрня; (*shop*)
бýлочная *f adj*

baking [ˈbeɪkɪŋ] *n* вы́печка; **she
does her baking once a week** онá
печёт раз в недéлю; **baking
powder** *n* разрыхли́тель *m*

balance [ˈbæləns] *n* (*equilibrium*)
равновéсие; (*Comm: in account*)
балáнс; (: *remainder*) остáток;
(*scales*) весы́ *pl* ▷ *vt* (*budget,
account*) баланси́ровать (*perf*
сбаланси́ровать); (*make equal*)
уравновéшивать (*perf*
уравновéсить); **balance of
payments/trade** платёжный/
торгóвый балáнс; **balanced** *adj*
(*diet*) сбаланси́рованный

balcony [ˈbælkənɪ] *n* балкóн

bald [bɔːld] *adj* (*head*) лы́сый;
(*tyre*) стёртый

ball [bɔːl] *n* (*for football, tennis*)
мяч; (*for golf*) мя́чик; (*of wool,
string*) клубóк; (*dance*) бал

ballerina [bæləˈriːnə] *n* балери́на

ballet [ˈbæleɪ] *n* балéт

balloon [bəˈluːn] *n* возду́шный
шар; (*also* **hot air balloon**)
аэростáт

ballot [ˈbælət] *n* голосовáние,
баллоти́ровка

ballroom [ˈbɔːlrum] *n* бáльный
зал

Baltic [ˈbɔːltɪk] *n*: **the Baltic**

Балти́йское мо́ре ▷ adj: **the Baltic States** стра́ны fpl Ба́лтии, прибалти́йские госуда́рства ntpl

bamboo [bæm'buː] n бамбу́к

ban [bæn] vt (prohibit) запреща́ть (perf запрети́ть); (suspend, exclude) отстраня́ть (perf отстрани́ть) ▷ n (prohibition) запре́т

banana [bə'nɑːnə] n бана́н

band [bænd] n (group: of people, rock musicians) гру́ппа; (: of jazz, military musicians) орке́стр

bandage [bændɪdʒ] n повя́зка ▷ vt бинтова́ть (perf забинтова́ть)

B & B n abbr = **bed and breakfast**

bang [bæŋ] n стук; (explosion) вы́стрел; (blow) уда́р ▷ excl бах ▷ vt (door) хло́пать (perf хло́пнуть) +instr, (head etc) ударя́ть (perf уда́рить) ▷ vi (door) захло́пываться (perf захло́пнуться)

bangs [bæŋz] npl (US) чёлка fsg

banish [bænɪʃ] vt высыла́ть (perf вы́слать)

bank [bæŋk] n банк; (of river, lake) бе́рег; (of earth) на́сыпь f; **bank on** vt fus полага́ться (perf положи́ться) на +acc; **bank account** n ба́нковский счёт; **bank card** n ба́нковская ка́рточка; **bank holiday** n (Brit) нерабо́чий день m (обы́чно понеде́льник); **banknote** n банкно́т

bankrupt [bæŋkrʌpt] adj обанкро́тившийся; **to go bankrupt** обанкро́титься (perf); **I am bankrupt** я – банкро́т, я обанкро́тился; **bankruptcy** n банкро́тство, несостоя́тельность f

banner [bænə'] n транспара́нт

bannister [bænɪstə'] n (usu pl)

пери́ла pl

banquet [bæŋkwɪt] n банке́т

baptism [bæptɪzəm] n креще́ние

bar [bɑː'] n (pub) бар; (counter) сто́йка; (rod) прут; (of soap) брусо́к; (of chocolate) пли́тка; (Mus) такт ▷ vt (door, way) загора́живать (perf загороди́ть); (person) не допуска́ть (perf допусти́ть); **bars** npl (on window) решётка fsg; **behind bars** за решёткой; **the Bar** адвокату́ра; **bar none** без исключе́ния

barbaric [bɑː'bærɪk] adj ва́рварский

barbecue [bɑːbɪkjuː] n барбекю́ nt ind

barbed wire [bɑːbd-] n колю́чая про́волока

barber [bɑːbə'] n парикма́хер

bare [bεə'] adj (body) го́лый, обнажённый; (trees) оголённый ▷ vt (one's body) оголя́ть (perf оголи́ть), обнажа́ть (perf обнажи́ть); (teeth) ска́лить (perf оска́лить); **in or with bare feet** босико́м; **barefoot** adj босо́й ▷ adv босико́м; **barely** adv едва́

bargain [bɑːgɪn] n сде́лка; (good buy) вы́годная поку́пка

barge [bɑːdʒ] n ба́ржа

bark [bɑːk] n (of tree) кора́ ▷ vi (dog) ла́ять (impf)

barley [bɑːlɪ] n ячме́нь m

barman [bɑːmæn] irreg n ба́рмен

barn [bɑːn] n амба́р

barometer [bə'rɔmɪtə'] n баро́метр

baron [bærən] n баро́н; (of press, industry) магна́т

barracks [bæræks] npl каза́рма fsg

barrage [bæraːʒ] n (fig) лави́на

barrel [bærəl] n (of wine, beer)

бо́чка; (of oil) барре́ль m; (of gun) ствол

barren ['bærən] adj (land) беспло́дный

barricade [bærɪ'keɪd] n баррика́да ▷ vt баррикади́ровать (perf забаррикади́ровать); **to barricade o.s. in** баррикади́роваться (perf забаррикади́роваться)

barrier ['bærɪə] n (at entrance) барье́р; (at frontier) шлагба́ум; (fig: to progress) препя́тствие

barring ['bɑːrɪŋ] prep за исключе́нием +gen

barrister ['bærɪstə] n (Brit) адвока́т

barrow ['bærəʊ] n (also **wheelbarrow**) та́чка

base [beɪs] n основа́ние; (of monument etc) ба́за, постаме́нт; (Mil) ба́за; (for organization) местонахожде́ние ▷ adj ни́зкий ▷ vt: **to base sth on** опира́ться (impf) что-н на +prp; **baseball** n бейсбо́л; **basement** n подва́л

basic ['beɪsɪk] adj (fundamental) фундамента́льный; (elementary) нача́льный; (primitive) элемента́рный; **basically** adv по существу́; (on the whole) в основно́м; **basics** npl: **the basics** осно́вы fpl

basil ['bæzl] n базили́к

basin ['beɪsn] n (also **washbasin**) ра́ковина; (Geo) бассе́йн

basis ['beɪsɪs] (pl **bases**) n основа́ние; **on a part-time basis** на непо́лной ста́вке; **on a trial basis** на испыта́тельный срок

basket ['bɑːskɪt] n корзи́на; **basketball** n баскетбо́л

bass [beɪs] n бас ▷ adj ба́ссовый

bastard ['bɑːstəd] n внебра́чный ребёнок; (infl) ублю́док (l)

bat [bæt] n (Zool) лету́чая мышь f; (Sport) бита́; (Brit: Table Tennis) раке́тка

batch [bætʃ] n (of bread) вы́печка; (of papers) па́чка

bath [bɑːθ] n ва́нна ▷ vt купа́ть (perf вы́купать); **to have a bath** принима́ть (perf приня́ть) ва́нну; **bathe** [beɪð] vi (swim) купа́ться (impf); (US: have a bath) принима́ть (perf приня́ть) ва́нну ▷ vt (wound) промыва́ть (perf промы́ть); **bathroom** ['bɑːθrʊm] n ва́нная f adj; **baths** [bɑːðz] npl (also **swimming baths**) пла́вательный бассе́йн msg; **bath towel** n ба́нное полоте́нце

baton ['bætən] n (Mus) дирижёрская па́лочка; (Police) дуби́нка; (Sport) эстафе́тная па́лочка

batter ['bætə] vt (person) бить (perf изби́ть); (subj: wind, sea) бить (perf поби́ть) ▷ n (Culin) жи́дкое те́сто

battery ['bætərɪ] n (of torch etc) батаре́йка; (Aut) аккумуля́тор

battle ['bætl] n би́тва, бой

bay [beɪ] n зали́в; (smaller) бу́хта; **loading bay** погру́зочная площа́дка; **to hold sb at bay** держа́ть (impf) кого́-н на расстоя́нии

bazaar [bə'zɑː] n база́р, ры́нок; (fete) благотвори́тельный база́р

BBC n abbr (= British Broadcasting Corporation) Би-Би-Си n ind

BC adv abbr (= before Christ) до рождества́ Христо́ва

KEYWORD

be [biː] (pt **was**, **were**, pp **been**) aux vb **1** (with present participle: forming continuous tenses): **what**

are you doing? что Вы де́лаете?; **it is raining** идёт дождь; **they're working tomorrow** они́ рабо́тают за́втра; **the house is being built** дом стро́ится; **I've been waiting for you for ages** я жду Вас уже́ це́лую ве́чность

2 (*with pp: forming passives*): **he was killed** он был уби́т; **the box had been opened** я́щик откры́ли; **the thief was nowhere to be seen** во́ра нигде́ не́ было ви́дно

3 (*in tag questions*) не так *or* пра́вда ли, да; **she's back again, is she?** она́ верну́лась, да *or* не так *or* пра́вда ли?; **she is pretty, isn't she?** она́ хоро́шенькая, не пра́вда ли *or* да?

4 (*to +infin*): **the house is to be sold** дом до́лжны прода́ть; **you're to be congratulated for all your work** Вас сле́дует поздра́вить за всю Ва́шу рабо́ту; **he's not to open it** он не до́лжен открыва́ть э́то

▷ *vb* **1** (*+ complement: in present tense*): **he is English** он англича́нин; (*in past/future tense*) быть (*impf*) *+instr*; **he was a doctor** он был врачо́м; **she is going to be very tall** она́ бу́дет о́чень высо́кой; **I'm tired** я уста́л; **I was hot/cold** мне бы́ло жа́рко/хо́лодно; **two and two are four** два́жды два — четы́ре; **she's tall** она́ высо́кая; **be careful!** бу́дьте осторо́жны!; **be quiet!** ти́хо!, ти́ше!

2 (*of health*): **how are you feeling?** как Вы себя́ чу́вствуете?; **he's very ill** он о́чень бо́лен; **I'm better now** мне сейча́с лу́чше

3 (*of age*): **how old are you?** ско́лько Вам лет?; **I'm sixteen (years old)** мне шестна́дцать (лет)

4 (*cost*): **how much is the wine?** ско́лько сто́ит вино́?; **that'll be**

£5.75, please с Вас £5,75, пожа́луйста

▷ *vi* **1** (*exist*) быть (*impf*); **there are people who …** есть лю́ди, кото́рые …; **there is one drug that …** есть одно́ лека́рство, кото́рое …; **is there a God?** Бог есть?

2 (*occur*) быва́ть (*impf*); **there are frequent accidents on this road** на э́той доро́ге ча́сто быва́ют ава́рии; **be that as it may** как бы то ни́ было; **so be it** так и быть, быть по сему́

3 (*referring to place*): **I won't be here tomorrow** меня́ здесь за́втра не бу́дет; **the book is on the table** кни́га на столе́; **there are pictures on the wall** на стене́ карти́ны; **is there a God?** Бог есть?; **Edinburgh is in Scotland** Эдинбу́рг нахо́дится в Шотла́ндии; **there is someone in the house** в до́ме кто́-то есть; **we've been here for ages** мы здесь уже́ це́лую ве́чность

4 (*referring to movement*) быть (*impf*); **where have you been?** где Вы бы́ли?; **I've been to the post office** я был на по́чте

▷ *impers vb* **1** (*referring to time*): **it's five o'clock (now)** сейча́с пять часо́в; **it's the 28th of April (today)** сего́дня 28-ое апре́ля

2 (*referring to distance, weather: in present tense*): **it's 10 km to the village** до дере́вни 10 км; (*in past/future tense*) быть (*impf*); **it's hot/cold (today)** сего́дня жа́рко/хо́лодно; **it was very windy yesterday** вчера́ бы́ло о́чень ве́трено; **it will be sunny tomorrow** за́втра бу́дет со́лнечно

3 (*emphatic*): **it's (only) me/the postman** э́то я/почтальо́н; **it was Maria who paid the bill** и́менно Мари́я оплати́ла счёт

beach [biːtʃ] n пляж

beacon ['biːkən] n (marker)
сигнальный огонь m

bead [biːd] n бусина; (of sweat)
капля

beak [biːk] n клюв

beam [biːm] n (Archit) балка,
стропило; (of light) луч

bean [biːn] n (of bob); **French bean**
фасоль f no pl; **runner bean**
фасоль f огненная; **coffee bean**
кофейное зерно

bear [bɛəʳ] (pt bore, pp borne) n
медведь(-едица) m(f) ▷ vt (cost,
responsibility) нести (perf
понести); (weight) нести (impf)
▷ vi: **to bear right/left** (Aut)
держаться правого/левого
поворота; **bear out** vt
поддерживать (perf поддержать)

beard [biəd] n борода

bearing ['bɛərɪŋ] n (connection)
отношение; **bearings** npl (also
ball bearings) шарики mpl
подшипника; **to take a bearing**
ориентироваться (impf/perf)

beast [biːst] n (also inf) зверь m

beat [biːt] (pt beat, pp beaten) n
(of heart) биение; (Mus: rhythm)
ритм; (Police) участок ▷ vt (wife,
child) бить (perf побить); (eggs
etc) взбивать (perf взбить);
(opponent, record) побивать (perf
побить); (drum) бить (impf) в +acc
▷ vi (heart) биться (impf); (rain,
wind) стучать (impf); **beat it!**
(inf)
катись!; **off the beaten track** по
непротоптанному пути; **beat up**
vt (person) избивать (perf
избить); **beating** n избиение;
(thrashing) порка

beautiful ['bjuːtɪful] adj
красивый; (day, experience)
прекрасный; **beautifully**
['bjuːtɪflɪ] adv (play, sing etc)

красиво, прекрасно

beauty ['bjuːtɪ] n красота;
(woman) красавица

beaver ['biːvəʳ] n (Zool) бобр

became [bɪ'keɪm] pt of **become**

because [bɪ'kɔz] conj потому
что; (since) так как; **because of**
+gen из-за

become [bɪ'kʌm] (irreg like
come) vi становиться (perf стать)
+instr; **to become fat** толстеть (perf
потолстеть); **to become thin**
худеть (perf похудеть)

bed [bɛd] n кровать f; (of river,
sea) дно; (of flowers) клумба; **to
go to bed** ложиться (perf лечь)
спать; **bed and breakfast** n
маленькая частная гостиница с
завтраком; (terms) ночлег и
завтрак; **bedclothes** npl
постельное бельё ntsg; **bedding**
n постельные принадлежности
fpl; **bedroom** n спальня;
bedside n: **at sb's bedside** у
постели кого-н; **bedspread** n
покрывало; **bedtime** n время nt
ложиться спать

bee [biː] n пчела

beech [biːtʃ] n бук

beef [biːf] n говядина; **roast beef**
ростбиф

been [biːn] pp of **be**

beer [biəʳ] n пиво

beet [biːt] n (vegetable) кормовая
свёкла; (US: also **red beet**) свёкла

beetle ['biːtl] n жук

beetroot [ˈbiːtruːt] n (Brit)
свёкла

before [bɪ'fɔːʳ] prep перед +instr,
до +gen ▷ conj до того как перед
тем, как ▷ adv (time) раньше,
прежде; **the day before yesterday**
позавчера; **do this before you
forget** сделайте это, пока Вы не
забыли; **before going** перед

уходом; **before she goes** до того́ *or* пе́ред тем, как она́ уйдёт; **the week before** неде́лю наза́д, на про́шлой неде́ле; **I've never seen it before** я никогда́ э́того ра́ньше не ви́дел; **beforehand** *adv* зара́нее

beg [bɛg] *vi* попроша́йничать (*impf*), ни́щенствовать (*impf*) ▷ *vt* (*also* **beg for:** *food, money*) проси́ть (*impf*); (*mercy, forgiveness*) умоля́ть (*perf* умоли́ть) *o* +*prp*; **to beg sb to do** умоля́ть (*perf* умоли́ть) кого́-н +*infin*

began [bɪ'gæn] *pt of* **begin**

beggar ['bɛgə'] *n* попроша́йка, ни́щий(-ая) *m(f) adj*

begin [bɪ'gɪn] (*pt* **began**, *pp* **begun**) *vt* начина́ть (*perf* нача́ть) ▷ *vi* начина́ться (*perf* нача́ться); **to begin doing** *or* **to do** начина́ть (*perf* нача́ть) +*impf infin*; **beginner** *n* начина́ющий(-ая) *m(f) adj*; **beginning** *n* нача́ло

begun [bɪ'gʌn] *pp of* **begin**

behalf [bɪ'hɑːf] *n*: **on** *or* (*US*) **in behalf of** от и́мени +*gen*; (*for benefit of*) в по́льзу +*gen*, в интере́сах +*gen*; **on my/his behalf** от моего́/его́ и́мени

behave [bɪ'heɪv] *vi* вести́ (*impf*) себя́; (*also* **behave o.s.**) вести́ (*impf*) себя́ хорошо́

behaviour [bɪ'heɪvjə'] (*US* **behavior**) *n* поведе́ние

behind [bɪ'haɪnd] *prep* (*at the back of*) за +*instr*, позади́ +*gen*; (*supporting*) за +*instr*; (*lower in rank etc*) ни́же +*gen* ▷ *adv* сза́ди, позади́ ▷ *n* (*buttocks*) зад; **to be behind schedule** отстава́ть (*perf* отста́ть) от гра́фика

beige [beɪʒ] *adj* бе́жевый

Beijing ['beɪ'dʒɪŋ] *n* Пеки́н

Belarus [bɛlə'rus] *n* Белору́сь *f*

belated [bɪ'leɪtɪd] *adj* запозда́лый

Belgian ['bɛldʒən] *n* белги́ец(-и́йка)

Belgium ['bɛldʒəm] *n* Бе́льгия

belief [bɪ'liːf] *n* (*conviction*) убежде́ние; (*trust, faith*) ве́ра; **it's beyond belief** э́то невероя́тно; **in the belief that** полага́я, что

believe [bɪ'liːv] *vt* ве́рить (*perf* пове́рить) +*dat or* в +*acc* ▷ *vi* ве́рить (*impf*); **to believe in** ве́рить (*perf* пове́рить) в +*acc*

bell [bɛl] *n* ко́локол; (*small*) колоко́льчик; (*on door*) звоно́к

belly ['bɛlɪ] *n* (*of animal*) брю́хо; (*of person*) живо́т

belong [bɪ'lɔŋ] *vi*: **to belong to** принадлежа́ть (*impf*) +*dat*; (*club*) состоя́ть (*impf*) в +*prp*; **this book belongs here** ме́сто э́той кни́ги здесь; **belongings** *npl* ве́щи *fpl*

beloved [bɪ'lʌvɪd] *adj* люби́мый

below [bɪ'ləu] *prep* (*position*) под +*instr*; (*motion*) под +*acc*; (*less than*) ни́же +*gen* ▷ *adv* (*position*) внизу́; (*motion*) вниз; *see* **below** смотри́ ни́же

belt [bɛlt] *n* (*leather*) реме́нь *m*; (*cloth*) по́яс; (*of land*) по́яс, зо́на; (*Tech*) приводно́й реме́нь

bemused [bɪ'mjuːzd] *adj* озада́ченный

bench [bɛntʃ] *n* скамья́; (*Brit: Pol*) места́ *ntpl* па́ртий в парла́менте; (*in workshop*) верста́к; (*in laboratory*) лаборато́рный стол; **the Bench** (*Law*) суде́йская колле́гия

bend [bɛnd] (*pt, pp* **bent**) *vt* гнуть (*perf* согну́ть), сгиба́ть (*impf*) ▷ *vi* (*person*) гну́ться (*perf* согну́ться) ▷ *n* (*Brit: in road*) поворо́т; (*in pipe*) изги́б; (*in river*) излучи́на

bend down vi наклоня́ться (perf наклони́ться), нагиба́ться (perf нагну́ться)

beneath [bɪ'niːθ] prep (position) под +instr; (motion) под +acc; (unworthy of) ни́же +gen ▷ adv внизу́

beneficial [bɛnɪ'fɪʃəl] adj: **beneficial (to)** благотво́рный (для +gen)

benefit ['bɛnɪfɪt] n (advantage) вы́года; (money) посо́бие ▷ vt приноси́ть (perf принести́) по́льзу +dat ▷ vi: **he'll benefit from it** он полу́чит от э́того вы́году

benign [bɪ'naɪn] adj доброserdéчный; (Med) доброка́чественный

bent [bɛnt] pt, pp of **bend** ▷ adj (wire, pipe) погну́тый; **he is bent on doing** он настро́ился +infin

bereaved [bɪ'riːvd] adj поне́сший тяжёлую утра́ту ▷ n: **the bereaved** друзья́ mpl и ро́дственники mpl поко́йного

Berlin [bəː'lɪn] n Берли́н

Bermuda [bəː'mjuːdə] n Берму́дские острова́ mpl

berry ['bɛrɪ] n я́года

berth [bəːθ] n (in caravan, on ship) ко́йка; (on train) по́лка; (mooring) прича́л

beside [bɪ'saɪd] prep ря́дом с +instr, о́коло +gen, у +gen; **to be beside o.s. (with)** быть (impf) вне себя́ (от +gen); **that's beside the point** э́то к де́лу не отно́сится

besides [bɪ'saɪdz] adv кро́ме того́ ▷ prep кро́ме +gen, помимо́ +gen

best [bɛst] adj лу́чший ▷ adv лу́чше всего́; **the best part of** (quantity) бо́льшая часть +gen; **at best** в лу́чшем слу́чае; **to make the best of sth** испо́льзовать (impf) что-н наилу́чшим о́бразом;

to do one's best де́лать (perf сде́лать) всё возмо́жное; **to the best of my knowledge** наско́лько мне изве́стно; **to the best of my ability** в ме́ру мои́х спосо́бностей; **best man** n ша́фер; **bestseller** n бестсе́ллер

bet [bɛt] (pt, pp bet or betted) n (wager) пари́ nt ind; (in gambling) ста́вка ▷ vi (wager) держа́ть (impf) пари́; (expect, guess) би́ться (impf) об закла́д ▷ vt: **to bet sb sth** спо́рить (perf поспо́рить) с кем-н на что-н; **to bet money on sth** ста́вить (perf поста́вить) де́ньги на что-н

betray [bɪ'treɪ] vt (friends) предава́ть (perf преда́ть); (trust) обма́нывать (perf обману́ть)

better ['bɛtə'] adj лу́чший ▷ adv лу́чше ▷ vt (score) улучша́ть (perf улу́чшить) ▷ n: **to get the better of** бра́ть (perf взять) верх над +instr; **I feel better** я чу́вствую себя́ лу́чше; **to get better** (Med) поправля́ться (perf попра́виться); **I had better go** мне лу́чше уйти́; **he thought better of it** он переду́мал

betting ['bɛtɪŋ] n пари́ nt ind

between [bɪ'twiːn] prep ме́жду +instr ▷ adv: **in between** ме́жду тем

beware [bɪ'wɛə'] vi: **to beware (of)** остерега́ться (perf остере́чься) (+gen)

bewildered [bɪ'wɪldəd] adj изумлённый

beyond [bɪ'jɔnd] prep (position) за +instr; (motion) за +acc; (understanding) вы́ше +gen; (expectations) сверх +gen; (doubt) вне +gen; (age) бо́льше +gen; (date) по́сле +gen; (position) вдали́ +gen; (motion) вдаль; **it's beyond**

repair э́то невозмо́жно почини́ть

bias ['baɪəs] n
предубежде́ние; (towards)
пристра́стие

bib [bɪb] n (child's) нагру́дник

Bible ['baɪbl] n Би́блия

bicycle ['baɪsɪkl] n велосипе́д

bid [bɪd] (pt **bade** or **bid**, pp
bid(den)) n (at auction)
предложе́ние цены́; (attempt)
попы́тка ▷ vt (offer) предлага́ть
(perf предложи́ть) ▷ vi: **to bid for**
(at auction) предлага́ть (perf
предложи́ть) це́ну за +acc;
bidder n: **the highest bidder**
лицо́, предлага́ющее наивы́сшую
це́ну

big [bɪg] adj большо́й; (important)
ва́жный; (bulky) кру́пный; (older:
brother, sister) ста́рший

bike [baɪk] n (inf: bicycle) ве́лик

bikini [bɪˈkiːnɪ] n бики́ни nt ind

bilateral [baɪˈlætərl] adj
двусторо́нний

bilingual [baɪˈlɪŋgwəl] adj
двуязы́чный

bill [bɪl] n (invoice) счёт; (Pol)
законопрое́кт; (US: banknote)
казначе́йский биле́т, банкно́т;
(beak) клюв; **billboard** n доска́
объявле́ний

billion ['bɪljən] n (Brit) биллио́н;
(US) миллиа́рд

bin [bɪn] n (Brit: also **rubbish
bin**) мусорное ведро́; (container)
я́щик

bind [baɪnd] (pt, pp **bound**) vt
(tie) привя́зывать (perf
привяза́ть); (hands, feet)
свя́зывать (perf связа́ть); (oblige)
обя́зывать (perf обяза́ть); (book)
переплета́ть (perf переплести́)

bingo ['bɪŋgəu] n лото́ nt ind

binoculars [bɪˈnɔkjuləz] npl
бино́кль msg

biography [baɪˈɔgrəfɪ] n
биогра́фия

biological [baɪəˈlɔdʒɪkl] adj
(science) биологи́ческий; (warfare)
бактериологи́ческий; (washing
powder) содержа́щий
биопрепара́ты

biology [baɪˈɔlədʒɪ] n биоло́гия

birch [bəːtʃ] n берёза

bird [bəːd] n пти́ца

Biro ['baɪərəu] n ша́риковая
ру́чка

birth [bəːθ] n рожде́ние; **to give
birth to** рожа́ть (perf роди́ть);
birth certificate n
свиде́тельство о рожде́нии; **birth
control** n (policy) контро́ль m
рожда́емости; (methods)
противозача́точные ме́ры fpl;
birthday n день m рожде́ния
▷ cpd: **birthday card** откры́тка ко
дню рожде́ния; see also **happy**;
birthplace n ро́дина

biscuit ['bɪskɪt] n (Brit) пече́нье;
(US) ≈ кекс

bishop ['bɪʃəp] n (Rel) епи́скоп;
(Chess) слон

bit [bɪt] n pt of **bite** ▷ n (piece)
кусо́к, кусо́чек; (Comput) бит; **a bit
of** немно́го +gen; **a bit dangerous**
слегка́ опа́сный; **bit by bit**
ма́ло-пома́лу, понемно́гу

bitch [bɪtʃ] n (also inf!) су́ка (also !)

bite [baɪt] (pt **bit**, pp **bitten**) vt
куса́ть (perf укуси́ть) ▷ vi
куса́ться (impf); (insect bite)
куса́ть; **to bite one's nails** куса́ть
(impf) но́гти; **let's have a bite (to
eat)** (inf) дава́йте переку́сим; **he
had a bite of cake** он откуси́л
кусо́к пирога́

bitter ['bɪtə*] adj го́рький; (wind)
прони́зывающий; (struggle)
ожесточённая

bizarre [bɪˈzɑː] adj стра́нный,

причу́дливый

black [blæk] *adj* чёрный; *(tea)* без молока́; *(person)* черноко́жий ▷ *n (colour)* чёрный цвет, чёрное *nt adj; (person):* **Black** негр(итя́нка) *m*; **black and blue** в синяка́х; **to be in the black** име́ть *(impf)* де́ньги в ба́нке;

blackberry *n* ежеви́ка *f no pl;*

blackbird *n* (чёрный) дрозд;

blackboard *n* кла́ссная доска́;

black coffee *n* чёрный ко́фе *m ind;* **blackcurrant** *n* чёрная сморо́дина; **blackmail** *n* шанта́ж ▷ *vt* шантажи́ровать *(impf);* **black market** *n (Elec)* ры́нок; **blackout** *n (Elec)* обесто́чить приостановле́ние переда́ч); *(TV, Radio)* обмо́рок; **black pepper** *n* чёрный пе́рец; **Black Sea** *n:* **the Black Sea** Чёрное мо́ре

bladder [ˈblædəʳ] *n* мочево́й пузы́рь *m*

blade [bleid] *n* ле́звие; *(of propeller, oar)* ло́пасть *f;* **a blade of grass** трави́нка

blame [bleim] *n* вина́ ▷ *vt:* **to blame sb for sth** вини́ть *(impf)* кого́-н в чём-н; **he is to blame (for sth)** он винова́т (в чём-н)

bland [blænd] *adj (food)* пре́сный

blank [blæŋk] *adj (paper)* чи́стый; *(look)* пусто́й ▷ *n (of memory)* прова́л; *(on form)* про́пуск; *(for gun)* холосто́й патро́н

blanket [ˈblæŋkit] *n* одея́ло; *(of snow)* покро́в; *(of fog)* пелена́

blast [blɑːst] *n (explosion)* взрыв ▷ *vt (blow up)* взрыва́ть *(perf* взорва́ть)

blatant [ˈbleitənt] *adj* я́вный

blaze [bleiz] *n (fire)* пла́мя *nt; (of colour)* полыха́ние

blazer [ˈbleizəʳ] *n* фо́рменный пиджа́к

bleach [bliːtʃ] *n (also* **household bleach)** отбелива́тель *m* ▷ *vt (fabric)* отбе́ливать *(perf* отбели́ть)

bleak [bliːk] *adj (day, face)* уны́лый; *(prospect)* мра́чный

bleed [bliːd] *(pt, pp* **bled)** *vi* кровото́чить *(impf);* **my nose is bleeding** у меня́ из но́са идёт кровь

blend [blɛnd] *n (of tea, whisky)* буке́т; *(Culin)* смешивать *(perf* смеша́ть) ▷ *vi (also* **blend in)** сочета́ться *(impf)*

bless [blɛs] *(pt, pp* **blessed** *or* **blest)** *vt* благословля́ть *(perf* благослови́ть); **bless you!** бу́дьте здоро́вы!; **blessing** *n* благослове́ние; *(godsend)* Бо́жий дар

blew [bluː] *pt of* **blow**

blind [blaind] *adj* слепо́й ▷ *n* што́ра; *(also* **Venetian blind)** жалюзи́ *pl ind* ▷ *vt* ослепля́ть *(perf* ослепи́ть) ▷ *npl:* **the blind** *(blind people)* слепы́е *pl adj;* **to be blind (to)** *(fig)* не ви́деть *(impf)* (+acc)

blink [bliŋk] *vi* морга́ть *(impf);* *(light)* мига́ть *(impf)*

bliss [blis] *n* блаже́нство

blizzard [ˈblizəd] *n* вью́га

bloated [ˈbləutid] *adj (face, stomach)* взду́тый; **I feel bloated** я весь разду́лся

blob [blɔb] *n (of glue, paint)* сгу́сток; *(shape)* сму́тное очерта́ние

bloc [blɔk] *n* блок

block [blɔk] *n (of buildings)* кварта́л; *(of stone etc)* плита́ ▷ *vt (barricade)* блоки́ровать *(perf* заблоки́ровать), загора́живать *(perf* загороди́ть); *(progress)*

препятствовать (*impf*); **block of
flats** (*Brit*) многоквартирный дом;
mental block провал памяти;
blockade [blɔ'keɪd] *n* блокада;
blockage ['blɔkɪdʒ] *n*
блокирование

blog [blɔg] *n* блог *m* ▷ *vi* писать
(*perf* написать) в блог

bloke [bləʊk] *n* (*Brit: inf*)
парень *m*

blond(e) [blɔnd] *adj* белокурый
▷ *n*: **blonde** (*woman*) блондинка

blood [blʌd] *n* кровь *f*; **blood
donor** *n* донор; **blood pressure**
n кровяное давление;
bloodshed *n* кровопролитие;
bloodstream *n*
кровообращение; **bloody** *adj*
(*battle*) кровавый; (*Brit: infl*): **this
bloody weather** эта проклятая
погода; **bloody good** (*inf*!)
чертовски хороший

blossom ['blɔsəm] *n* цвет,
цветение

blot [blɔt] *n* (*on text*) клякса

blow [bləʊ] (*pt* **blew**, *pp* **blown**) *n*
удар *m* ▷ *vi* (*wind, person*) дуть
(*perf* подуть); (*fuse*) перегорать
(*perf* перегореть) ▷ *vt* (*subj:
wind*) гнать (*impf*); (*instrument*)
дуть (*impf*) в +*acc*; **to blow one's
nose** сморкаться (*perf*
высморкаться); **blow away** *vt*
сдувать (*perf* сдуть); **blow up** *vi*
(*storm, crisis*) разражаться (*perf*
разразиться) ▷ *vt* (*bridge*)
взрывать (*perf* взорвать); (*tyre*)
надувать (*perf* надуть)

blue [bluː] *adj* (*colour: light*)
голубой; (: *dark*) синий; (*unhappy*)
грустный; **blues** *npl* (*Mus*) блюз
msg; **out of the blue** (*fig*) как гром
среди ясного неба; **bluebell** *n*
колокольчик

bluff [blʌf] *n*: **to call sb's bluff**

заставлять (*perf* заставить) кого-н
раскрыть карты

blunder ['blʌndər] *n* грубая
ошибка

blunt [blʌnt] *adj* тупой; (*person*)
прямолинейный

blur [blɜːr] *n* (*shape*) смутное
очертание ▷ *vt* (*vision*)
затуманивать (*perf* затуманить);
(*distinction*) стирать (*perf* стереть)

blush [blʌʃ] *vi* краснеть (*perf*
покраснеть)

board [bɔːd] *n* доска; (*card*)
картон; (*committee*) комитет; (*in
firm*) правление *nt*; (*for chess*)
садиться (*perf* сесть) на +*acc*; **train**
board (*Naut, Aviat*) на борту; **full
board** (*Brit*) полный пансион; **half
board** (*Brit*) пансион с завтраком
и ужином; **board and lodging**
проживание и питание; **boarding
card** *n* (*Aviat, Naut*) посадочный
талон; **boarding school** *n*
школа-интернат

boast [bəʊst] *vi*: **to boast** (*about
or of*) хвастаться (*perf*
похвастаться) (+*instr*)

boat [bəʊt] *n* (*small*) лодка;
(*large*) корабль *m*

bob [bɔb] *n* (*boat: also* **bob up
and down**) покачиваться (*impf*)

body ['bɔdɪ] *n* тело; (*of car*)
корпус; (*torso*) туловище; (*fig:
group*) группа; (: *organization*)
орган; **bodyguard** *n*
телохранитель *m*; **bodywork** *n*
корпус

bog [bɔg] *n* (*Geo*) болото,
трясина

bogus ['bəʊgəs] *adj* (*claim*)
фиктивный

boil [bɔɪl] *vt* (*water*) кипятить
(*perf* вскипятить); (*eggs, potatoes*)
варить (*perf* сварить) ▷ *vi* кипеть
(*perf* вскипеть) ▷ *n* фурункул; **to**

come to the (Brit) **or a** (US) **boil**
вскипеть (perf); **boiled egg** n
варёное яйцо; **boiler** n (device)
паровой котёл, бойлер

bold [bəuld] adj (brave) смелый;
(pej: cheeky) наглый; (pattern,
colours) броский

bolt [bəult] n (lock) засов; (with
nut) болт ▷ adv: **bolt upright**
вытянувшись в струнку

bomb [bɔm] n бомба ▷ vt
бомбить (impf)

bomber ['bɔmə*] n (Aviat)
бомбардировщик

bond [bɔnd] n узы pl; (Finance)
облигация

bone [bəun] n кость f ▷ vt
отделять (perf отделить) от
костей

bonfire ['bɔnfaɪə*] n костёр

bonnet ['bɔnɪt] n (hat) капор;
(Brit: of car) капот

bonus ['bəunəs] n (payment)
премия; (fig) дополнительное
преимущество

boo [bu:] excl фу ▷ vt
освистывать (perf освистать)

book [buk] n книга; (of stamps,
tickets) книжечка ▷ vt (ticket,
table) заказывать (perf заказать);
(seat, room) бронировать (perf
забронировать); (subj: policeman,
referee) штрафовать (perf
оштрафовать); **books** npl
(accounts) бухгалтерские книги
fpl; **bookcase** n книжный шкаф;
booklet n брошюра; **bookmark**
n закладка; **bookshop** n
книжный магазин

boom [bu:m] n (noise) рокот;
(growth) бум

boost [bu:st] n (to confidence)
стимул ▷ vt стимулировать
(impf)

boot [bu:t] n (for winter) сапог;

(for football) бутса; (for walking)
ботинок; (Brit: of car) багажник

booth [bu:ð] n (at fair) ларёк; (Tel,
for voting) будка

booze [bu:z] (inf) n выпивка

border ['bɔ:də*] n (of country)
граница; (for flowers) бордюр; (on
cloth etc) кайма ▷ vt (road, river
etc) окаймлять (perf окаймить);
(country: also **border on**)
граничить (impf) c +instr;
borderline n: **on the borderline**
на грани

bore [bɔ:*] pt of **bear** ▷ vt (hole)
сверлить (perf просверлить);
(person) наскучить (perf) +dat ▷ n
(person) зануда m/f; **to be bored**
скучать (impf); **boredom** n
(condition) скука; (boring quality)
занудство

boring ['bɔ:rɪŋ] adj скучный

born [bɔ:n] adj рождённый; **to be
born** рождаться (perf родиться)

borne [bɔ:n] pp of **bear**

borough ['bʌrə] n
административный округ

borrow ['bɔrəu] vt: **to borrow sth
from sb** занимать (perf занять)
что-н у кого-н

Bosnia ['bɔznɪə] n Босния;
Bosnia-Herzegovina
[-hɜːtsəgəuˈviːnə] n Босния-
Герцеговина

bosom ['buzəm] n (Anat) грудь f

boss [bɔs] n (employer)
хозяин(-яйка), босс ▷ vt (also
boss around, boss about)
распоряжаться (impf),
командовать (impf) +instr; **bossy**
adj властный

both [bəuθ] adj, pron оба (f обе)
▷ adv: **both A and B** и А, и Б; **both of
us went, we both went** мы оба
пошли

bother ['bɔðə*] vt (worry)

беспоко́ить (*perf* обеспоко́ить); (*disturb*) беспоко́ить (*perf* побеспоко́ить) ▷ *vi* (*also* **bother o.s.**) беспоко́иться (*impf*) ▷ *n* (*trouble*) беспоко́йство; (*nuisance*) хло́поты *pl*; **to bother doing** брать (*perf* взять) на себя́ труд +*infin*

bottle ['bɒtl] *n* буты́лка; **bottle-opener** *n* што́пор

bottom ['bɒtəm] *n* (*of container, sea*) дно; (*Anat*) зад; (*of page, list*) низ; (*of class*) отста́ющий(-ая) *m(f)* ▷ *adj* ▷ *adj* (*lowest*) ни́жний; (*last*) после́дний

bought [bɔːt] *pt, pp of* **buy**

boulder ['bəʊldə] *n* валу́н

bounce [baʊns] *vi* (*ball*) отска́кивать (*perf* отскочи́ть); (*cheque*) верну́ться (*perf*) (*ввиду́ отсу́тствия де́нег на счету́*) ▷ *vt* (*ball*) ударя́ть (*perf* уда́рить); **bouncer** *n* (*inf*) вышиба́ла *m*

bound [baʊnd] *pt, pp of* **bind** ▷ *vi* (*leap*) пры́гать (*perf* пры́гнуть) ▷ *adj*: **he is bound by law to** ... : его́ обя́зывает зако́н +*infin* ... ▷ *npl*: **bounds** (*limits*) преде́лы *mpl*

boundary ['baʊndrɪ] *n* грани́ца

bouquet ['bʊkeɪ] *n* буке́т

bout [baʊt] *n* (*of illness*) при́ступ; (*of activity*) всплеск

boutique [buːˈtiːk] *n* ла́вка

bow¹ [bəʊ] *n* (*knot*) бант; (*weapon*) лук; (*Mus*) смычо́к

bow² [baʊ] *n* (*of body*) покло́н; (*Naut: also* **bows**) нос ▷ *vi* (*with head, body*) кла́няться (*perf* поклони́ться); (*yield*): **to bow to** *or* **before** поддава́ться (*perf* подда́ться) +*dat or* на +*acc*

bowels ['baʊəlz] *npl* кише́чник *msg*

bowl [baʊl] *n* (*plate, food*) ми́ска, ча́ша; (*ball*) шар

bowling ['baʊlɪŋ] *n* (*game*) ке́гельбан

bowls [baʊlz] *n* (*game*) игра́ в шары́

box [bɒks] *n* я́щик, коро́бка; (*also* **cardboard box**) карто́нная коро́бка; (*Theat*) ло́жа; (*inf: TV*) я́щик; **boxer** *n* боксёр; **boxing** *n* бокс; **Boxing Day** *n* (*Brit*) день по́сле Рождества́

⬛ Boxing Day

- Boxing Day — пе́рвый день
- по́сле Рождества́. Буква́льно
- «День боксёра». Э́тот день
- явля́ется пра́здничным. Его́
- назва́ние свя́зано с обы́чаем
- де́лать пода́рки, упако́ванные
- ж жде́ственские коро́бки,
- почтальо́нам, разно́счикам
- газе́т и други́м рабо́тникам,
- ока́зывающим услу́ги на дому́.

box office *n* театра́льная ка́сса

boy [bɔɪ] *n* ма́льчик; (*son*) сыно́к

boycott ['bɔɪkɒt] *vt* бойкоти́ровать (*impf/perf*)

boyfriend ['bɔɪfrɛnd] *n* друг

bra [brɑː] *n* ли́фчик

brace [breɪs] *n* (*on leg*) ши́на; (*on teeth*) пласти́нка ▷ *vt* (*knees, shoulders*) напряга́ть (*perf* напря́чь); **braces** *npl* (*Brit: for trousers*) подтя́жки *pl*; **to brace o.s.** (*for shock*) собира́ться (*perf* собра́ться) с ду́хом

bracelet ['breɪslɪt] *n* брасле́т

bracket ['brækɪt] *n* (*Tech*) кронште́йн; (*group, range*) катего́рия; (*also* **brace bracket**) ско́бка; (*also* **round bracket**) кру́глая ско́бка; (*also* **square bracket**) квадра́тная ско́бка ▷ *vt* (*word, phrase*) заключа́ть (*perf* заключи́ть) в ско́бки

brain [breɪn] *n* мозг; **brains** *npl*

(*also* Culin) мозги́ *mpl*

brake [breɪk] *n* тормоз ▷ *vi*
тормози́ть (*perf* затормози́ть)

bran [bræn] *n* о́труби *pl*

branch [brɑːntʃ] *n* (*of tree*) ве́тка,
ветвь *f*; (*of bank, firm etc*) филиа́л

brand [brænd] *n* (*also* **brand
name**) фи́рменная ма́рка ▷ *vt*
(*cattle*) клейми́ть (*perf*
заклейми́ть)

brand-new ['brænd'njuː] *adj*
соверше́нно но́вый

brandy ['brændɪ] *n* бре́нди *nt*
ind, конья́к

brash [bræʃ] *adj* наха́льный

brass [brɑːs] *n* (*metal*) лату́нь *f*;
the brass (*Mus*) духовы́е
инструме́нты *mpl*

brat [bræt] *n* (*pej*) озо́рник

brave [breɪv] *adj* сме́лый,
хра́брый ▷ *vt* сме́ло *or* хра́бро
встреча́ть (*perf* встре́тить);

bravery ['breɪvərɪ] *n* сме́лость *f*,
хра́брость *f*

brawl [brɔːl] *n* дра́ка

Brazil [brə'zɪl] *n* Брази́лия

breach [briːtʃ] *vt* (*defence, wall*)
пробива́ть (*perf* проби́ть) ▷ *n*
(*gap*) брешь *f*; **breach of contract/
of the peace** наруше́ние догово́ра/
обще́ственного поря́дка

bread [bred] *n* (*food*) хлеб;
breadbin *n* (*Brit*) хле́бница;
breadbox *n* (*US*) = **breadbin**;
breadcrumbs *npl* (*Culin*)
паниро́вочные сухари́ *mpl*

breadth [brɛtθ] *n* ширина́ *f*; (*fig: of
knowledge, subject*) широта́

break [breɪk] (*pt* **broke**, *pp*
broken) *vt* (*crockery*) разбива́ть
(*perf* разби́ть); (*leg, arm*) лома́ть
(*perf* слома́ть); (*law, promise*)
наруша́ть (*perf* нару́шить);
(*record*) побива́ть (*perf* поби́ть) ▷
vi (*crockery*) разбива́ться (*perf*

разби́ться); (*storm*) разража́ться
(*perf* разрази́ться); (*weather*)
по́ртиться (*perf* испо́ртиться);
(*dawn*) забре́зжить (*perf*
забре́зжить); (*story, news*)
сообща́ть (*perf* сообщи́ть) ▷ *n*
(*gap*) пробе́л; (*chance*) шанс;
(*fracture*) перело́м; (*playtime*)
переме́на; **to break even** (*Comm*)
зака́нчивать (*perf* зако́нчить) без
убы́тка; **to break free** *or* **loose**
вырыва́ться (*perf* вы́рваться) на
свобо́ду; **break down** *vt* (*figures
etc*) разбива́ть (*perf* разби́ть) по
статья́м ▷ *vi* (*machine, car*)
лома́ться (*perf* слома́ться);
(*person*) сломи́ться (*perf*); (*talks*)
срыва́ться (*perf* сорва́ться);

break in *vi* (*burglar*) вла́мываться
(*perf* вломи́ться); (*interrupt*)
вме́шиваться (*perf* вмеша́ться);

break into *vt fus* (*house*)
вла́мываться (*perf* вломи́ться) в
+*acc*; **break off** *vi* (*branch*)
отла́мываться (*perf* отломи́ться);
(*speaker*) прерыва́ть (*perf*
прерва́ть) речь ▷ *vt*
(*engagement*) расторга́ть (*perf*
расто́ргнуть); **break out** *vi*
(*begin*) разража́ться (*perf*
разрази́ться); (*escape*) сбега́ть
(*perf* сбежа́ть); **to break out in
spots/a rash** покрыва́ться (*perf*
покры́ться) прыща́ми/сы́пью;

break up *vi* (*ship*) разбива́ться
(*perf* разби́ться); (*crowd, meeting*)
расходи́ться (*perf* разойти́сь);
(*marriage, partnership*)
распада́ться (*perf* распа́сться);
(*Scol*) закрыва́ться (*perf*
закрыва́ться) на кани́кулы ▷ *vt*
разла́мывать (*perf* разломи́ть);
(*journey*) прерыва́ть (*perf*
прерва́ть); (*fight*) прекраща́ть
(*perf* прекрати́ть); **breakdown**

(in communications) наруше́ние; срыв; (of marriage) распа́д; (also **nervous breakdown**) не́рвный срыв

breakfast ['brɛkfəst] n за́втрак

breakthrough ['breɪkθruː] n (in technology) перело́мное откры́тие

breast [brɛst] n грудь f; (of meat) гру́динка; (of poultry) бе́лое мя́со; **breast-feed** (irreg like **feed**) vt корми́ть (perf покорми́ть) гру́дью ▷ vi корми́ть (impf) (гру́дью)

breath [brɛθ] n (breathing) дыха́ние; **to be out of breath** запыха́ться (perf запыха́ться)

breathe [briːð] vi дыша́ть (impf); **breathe in** vt вдыха́ть (perf вдохну́ть) ▷ vi де́лать (perf сде́лать) вдох; **breathe out** vi де́лать (perf сде́лать) вы́дох

breathing ['briːðɪŋ] n дыха́ние

breathless ['brɛθlɪs] adj (from exertion) запыха́вшийся

breathtaking ['brɛθteɪkɪŋ] adj захва́тывающий дух

bred [brɛd] pt, pp of **breed**

breed [briːd] (pt, pp **bred**) vt (animals, plants) разводи́ть (perf развести́) ▷ vi размножа́ться (impf) ▷ n (Zool) поро́да

breeze [briːz] n бриз

breezy ['briːzɪ] adj (manner, tone) оживлённый; (weather) прохла́дный

brew [bruː] vt (tea) зава́ривать (perf завари́ть); (beer) вари́ть (perf свари́ть) ▷ vi (storm) надвига́ться (perf надви́нуться); (fig: trouble) назрева́ть (perf назре́ть);

brewery n пивова́ренный заво́д

bribe [braɪb] n взя́тка, по́дкуп ▷ vt (person) подкупа́ть (perf подкупи́ть), дава́ть (perf дать) взя́тку; **bribery** ['braɪbərɪ] n по́дкуп

brick [brɪk] n (for building) кирпи́ч

bride [braɪd] n неве́ста; **bridegroom** n жени́х; **bridesmaid** n подру́жка неве́сты

bridge [brɪdʒ] n мост; (Naut) капита́нский мо́стик; (Cards) бридж; (of nose) перено́сица ▷ vt (fig: gap) преодолева́ть (perf преодоле́ть)

bridle ['braɪdl] n узде́чка, узда́

brief [briːf] adj (period of time) коро́ткий; (description) кра́ткий ▷ n (task) зада́ние ▷ vt знако́мить (perf ознако́мить) с +instr; **briefs** npl (for men) трусы́ pl; (for women) тру́сики pl; **briefcase** n портфе́ль m; (attaché case) диплома́т; (Press) бри́финг; **briefly** adv (glance, smile) бе́гло; (explain) вкра́тце

bright [braɪt] adj (light, colour) я́ркий; (room, future) све́тлый; (clever: person, idea) блестя́щий; (lively: person) живо́й, весёлый

brilliant ['brɪljənt] adj блестя́щий; (sunshine) я́ркий; (inf: holiday etc) великоле́пный

brim [brɪm] n (of cup) край; (of hat) поля́ pl

bring [brɪŋ] (pt, pp **brought**) vt (thing) приноси́ть (perf принести́); (person: on foot) приводи́ть (perf привести́); (: by transport) привози́ть (perf привезти́); (satisfaction, trouble) доставля́ть (perf доста́вить); **bring about** vt (cause: unintentionally) вызыва́ть (perf вы́звать); (: intentionally) осуществля́ть (perf осуществи́ть); **bring back** vt (restore) возрожда́ть (perf возроди́ть); (return) возвраща́ть (perf возврати́ть), верну́ть (perf);

bring down vt (government)
сверга́ть; (perf свергну́ть); (plane)
сбива́ть; (perf сбить); (price)
снижа́ть; (perf сни́зить); **bring
forward** vt (meeting) переноси́ть
(perf перенести́) на бо́лее ра́нний
срок; **bring out** vt вынима́ть
(perf вы́нуть); (publish) выпуска́ть
(perf вы́пустить); **bring up** vt
(carry up) приноси́ть (perf
принести́) наве́рх; (child)
воспи́тывать (perf воспита́ть);
(subject) поднима́ть (perf
подня́ть); **he brought up his food**
его́ сотшни́ло

brink [brɪŋk] n: **on the brink of**
(fig) на гра́ни +gen

brisk [brɪsk] adj (tone)
отры́вистый; (person, trade)
оживлённый; **business is brisk**
дела́ иду́т по́лным хо́дом

Britain ['brɪtən] n (also **Great
Britain**) Брита́ния

British ['brɪtɪʃ] adj брита́нский
▷ npl: **the British** брита́нцы mpl;
British Isles npl: **the British Isles**
Брита́нские острова́ mpl

Briton ['brɪtən] n брита́нец(-нка)

brittle ['brɪtl] adj хру́пкий,
ло́мкий

расши́риться); **broadly** adv
вообще́

broccoli ['brɔkəlɪ] n бро́кколи nt
ind

brochure ['brəʊʒuə*] n брошю́ра

broke [brəʊk] pt of **break** ▷ adj: **I
am broke** (inf) я на мели́; **broken**
pp of **break** ▷ adj (window, cup
etc) разби́тый; (machine, leg)
сло́манный; **in broken Russian** на
ло́маном ру́сском

broker ['brəʊkə*] n (in shares)
бро́кер; (in insurance) страхово́й
аге́нт

bronchitis [brɔŋ'kaɪtɪs] n
бронхи́т

bronze [brɔnz] n (metal) бро́нза;
(sculpture) бро́нзовая скульпту́ра

brooch [brəʊtʃ] n брошь f

Bros. abbr (Comm) (= brothers)
бра́тья mpl

broth [brɔθ] n похлёбка

brothel ['brɔθl] n публи́чный
дом, борде́ль m

brother ['brʌðə*] n брат;
brother-in-law n (sister's
husband) зять m; (wife's brother)
шу́рин; (husband's brother)
де́верь m

brought [brɔːt] pt, pp of **bring**

brow [braʊ] n лоб, чело́; (also
eyebrow) бровь f; (of hill)
гре́бень m

brown [braʊn] adj кори́чневый;
(hair) тёмно-ру́сый; (eyes) ка́рий;
(tanned) загоре́лый ▷ n (colour)
кори́чневый цвет ▷ vt (Culin)
подрумя́нивать (perf
подрумя́нить); **brown bread** n
чёрный хлеб; **brown sugar** n
неочи́щенный са́хар

browse [braʊz] vi осма́триваться
(perf осмотре́ться); **to browse
through a book** проли́стывать
(perf пролиста́ть) кни́гу; **browser**

n (*Comput*) бра́узер

bruise [bru:z] *n* (*on face etc*) синя́к ▷ *vt* ушиба́ть (*perf* ушиби́ть)

brunette [bru:'nɛt] *n* брюне́тка

brush [brʌʃ] *n* (*for cleaning*) щётка; (*for painting*) кисть *f*; (*for shaving*) помазо́к ▷ *vt* (*sweep*) подмета́ть (*perf* подмести́); (*groom*) чи́стить (*perf* почи́стить) щёткой; (*also* **brush against**) задева́ть (*perf* заде́ть)

Brussels ['brʌslz] *n* Брюссе́ль *m*; **Brussels sprout** *n* брюссе́льская капу́ста

brutal ['bru:tl] *adj* (*person, action*) жесто́кий, зве́рский; (*honesty*) жёсткий

bubble ['bʌbl] *n* пузы́рь *m*; **bubble bath** *n* пе́нистая ва́нна

bucket ['bʌkɪt] *n* ведро́

buckle ['bʌkl] *n* пря́жка

bud [bʌd] *n* (*of tree*) по́чка; (*of flower*) буто́н

Buddhism ['budizəm] *n* будди́зм

buddy ['bʌdɪ] *n* (*US*) прия́тель *m*, дружо́к

budge [bʌdʒ] *vt* (*fig: person*) заставля́ть (*perf* заста́вить) уступи́ть ▷ *vi* сдвига́ться (*perf* сдви́нуться) с ме́ста

budgerigar ['bʌdʒərɪgɑ:ʳ] *n* волни́стый попуга́йчик

budget ['bʌdʒɪt] *n* бюдже́т

budgie ['bʌdʒɪ] *n* = **budgerigar**

buff [bʌf] *adj* кори́чневый ▷ *n* (*inf: enthusiast*) спец, знато́к

buffalo ['bʌfələu] *n* (*pl* **buffalo** or **buffaloes**) *n* (*Brit*) бу́йвол; (*US: bison*) бизо́н

buffer ['bʌfəʳ] *n* бу́фер

buffet ['bufeɪ] *n* (*Brit: in station*) буфе́т; (*food*) шве́дский стол

bug [bʌg] *n* (*insect*) насеко́мое *nt adj*; (*Comput: glitch*) оши́бка;

(*virus*) ви́рус; (*fig: germ*) ви́рус; (*hidden microphone*) подслу́шивающее устро́йство ▷ *vt* (*room etc*) устана́вливать (*impf*) подслу́шивающее устро́йство; (*inf: annoy*): **to bug sb** де́йствовать (*impf*) кому́-н на не́рвы

buggy ['bʌgɪ] *n* (*also* **baby buggy**) складна́я (де́тская) коля́ска

build [bɪld] (*pt, pp* **built**) *n* (*of person*) (те́ло)сложе́ние ▷ *vt* стро́ить (*perf* постро́ить); **build up** *vt* (*forces, production*) нара́щивать (*impf*); (*stocks*) нака́пливать (*perf* накопи́ть); **builder** *n* строи́тель *m*; **building** *n* строе́ние *nt*; **building society** *n* (*Brit*) ≈ "строи́тельное о́бщество"

● **BUILDING SOCIETY**
●
● **Building society —**
● строи́тельные о́бщества и́ли
● ипоте́чные ба́нки. Они́ бы́ли
● со́зданы для предоставле́ния
● ипоте́чного жили́щного
● кредитова́ния. Одновреме́нно
● строи́тельные о́бщества
● функциони́ровали как
● сберега́тельные ба́нки. В
● после́дние го́ды они́ ста́ли
● предоставля́ть бо́лее широ́кий
● объём ба́нковских услу́г.

built [bɪlt] *pt, pp* of **build** ▷ *adj*: **built-in** встро́енный

bulb [bʌlb] *n* (*Bot*) лу́ковица; (*Elec*) ла́мпа, ла́мпочка

Bulgaria [bʌl'gɛərɪə] *n* Болга́рия

bulimia [bə'lɪmɪə] *n* були́мия

bulk [bʌlk] *n* грома́да; **in bulk** о́птом; **the bulk of** бо́льшая часть +*gen*; **bulky** *adj* громо́здкий

bull [bul] *n* (*Zool*) бык

bulldozer ['bʊldəʊzəʳ] n
бульдо́зер

bullet ['bʊlɪt] n пу́ля

bulletin ['bʊlɪtɪn] n (journal)
бюллете́нь m; **news bulletin**
сво́дка новосте́й; **bulletin board**
n (Comput) доска́ объявле́ний

bully ['bʊlɪ] n задира m/f,
пресле́дователь m ▷ vt трави́ть
(perf затрави́ть)

bum [bʌm] n (inf: backside)
за́дница; (esp US: tramp) бродя́га
m/f; (: good-for-nothing)
безде́льник

bumblebee ['bʌmblbiː] n шмель m

bump [bʌmp] n (minor accident)
столкнове́ние; (jolt) толчо́к;
(swelling) ши́шка ▷ vt (strike)
ударя́ть (perf уда́рить); **bump
into** vt fus наталкиваться (perf
натолкну́ться) на +acc; **bumper** n
(Aut) ба́мпер ▷ adj: **bumper crop
or harvest** небыва́лый урожа́й;
bumpy adj (road) ухаби́стый

bun [bʌn] n (Culin) сдо́бная
бу́лка; (of hair) у́зел

bunch [bʌntʃ] n (of flowers)
буке́т; (of keys) свя́зка; (of
bananas) гроздь f; (of people)
компа́ния; **bunches** npl (in hair)
хво́стики mpl

bundle ['bʌndl] n (of clothes)
у́зел; (of sticks) вяза́нка; (of
papers) па́чка ▷ vt (also **bundle
up**) связывать (perf связа́ть) в
у́зел; **to bundle sth/sb into**
зата́лкивать (perf затолкну́ть)
что-н/кого́-н в +acc

bungalow ['bʌŋɡələʊ] n бунга́ло
nt ind

bunk [bʌŋk] n (bed) ко́йка; **bunk
beds** npl двухъя́русная крова́ть
fsg

bunker ['bʌŋkəʳ] n бу́нкер

bunny ['bʌnɪ] n (also **bunny**

rabbit) за́йчик

buoy [bɔɪ] n буй, ба́кен

buoyant ['bɔɪənt] adj (fig:
economy, market) оживлённый;
(: person) жизнера́достный

burden ['bəːdn] n (responsibility)
бре́мя nt; (load) но́ша ▷ vt: **to
burden sb with** обременя́ть (perf
обремени́ть) кого́-н +instr

bureau ['bjʊərəʊ] n (pl **bureaux**) n
(Brit) бюро́ nt ind; (US) комо́д

bureaucracy [bjʊəˈrɔkrəsɪ] n
(Pol, Comm) бюрокра́тия; (system)
бюрократи́зм

bureaucrat ['bjʊərəkræt] n
бюрокра́т

bureaux ['bjʊərəʊz] npl of **bureau**

burger ['bəːɡəʳ] n бу́ргер

burglar ['bəːɡləʳ] n взло́мщик;
burglar alarm n сигнализа́ция;
burglary n (crime) кра́жа со
взло́мом, кварти́рный разбо́й

burial ['bɛrɪəl] n погребе́ние,
по́хороны pl

burn [bəːn] n (pt, pp **burned** or
burnt) vt жечь (perf сжечь),
сжига́ть (perf сжечь);
(intentionally) поджига́ть (perf
подже́чь) ▷ vi (house, wood)
горе́ть (perf сгоре́ть), сгора́ть
(perf сгоре́ть); (cakes) подгора́ть
(perf подгоре́ть) ▷ n ожо́г;
burning adj (building, forest)
горя́щий; (issue, ambition) жгу́чий

burst [bəːst] n (pt, pp **burst**) vt (bag
etc) разрыва́ть (perf разорва́ть)
▷ vi (tyre, balloon, pipe) ло́паться
(perf ло́пнуть) ▷ n (of gunfire)
залп; (of energy) прили́в; (also
burst pipe) проры́в; **to burst into
flames** вспы́хивать (perf
вспы́хнуть); **to burst into tears**
распла́каться (perf); **to burst out
laughing** расхохота́ться (perf); **to
be bursting with** (pride, anger)

раздува́ться (*perf* разду́ться) от +*gen*; **burst into** *vt fus* (*room*) врыва́ться (*perf* ворва́ться)

bury ['bɛrɪ] *vt* (*object*) зарыва́ть (*perf* зары́ть), зака́пывать (*perf* закопа́ть); (*person*) хорони́ть (*perf* похорони́ть); **many people were buried in the rubble** мно́го люде́й бы́ло погребено́ под обло́мками

bus [bʌs] *n* автобус; (*double decker*) (двухэта́жный) автобус

bush [buʃ] *n* куст; **to beat about the bush** ходи́ть (*impf*) вокру́г да о́коло

business ['bɪznɪs] *n* (*matter*) де́ло; (*trading*) би́знес, де́ло; (*firm*) предприя́тие; (*occupation*) заня́тие; **to be away on business** быть (*impf*) в командиро́вке; **it's none of my business** это не моё де́ло; **he means business** он настро́ен серьёзно; **businesslike** *adj* делови́тый; **businessman** *irreg n* бизнесме́н; **businesswoman** *irreg n* бизнесме́нка

bus-stop ['bʌsstɔp] *n* автобусная остано́вка

bust [bʌst] *n* бюст, грудь *f*; (*measurement*) объём груди́; (*sculpture*) бюст ▷ *adj*: **to go bust** (*firm*) прогоре́ть (*perf* прогоре́ть)

bustling ['bʌslɪŋ] *adj* оживлённый, шу́мный

busy ['bɪzɪ] *adj* (*person*) занято́й; (*street*) оживлённый, шу́мный; (*Tel*): **the line is busy** ли́ния занята́ ▷ *vt*: **to busy o.s. with** занима́ться (*perf* заня́ться) +*instr*

KEYWORD

but [bʌt] *conj* **1** (*yet*) но; (: *in contrast*) а; **he's not very bright, but he's hard-working** он не о́чень

умён, но усе́рден; **I'm tired but Paul isn't** я уста́л, а Па́вел нет

2 (*however*) но; **I'd love to come, but I'm busy** я бы с удово́льствием пришёл, но я за́нят

3 (*showing disagreement, surprise etc*) но; **but that's fantastic!** но это же потряса́юще!

▷ *prep* (*apart from, except*): **no-one but him can do it** никто́, кро́ме него́, не мо́жет это сде́лать; **nothing but trouble** спло́шные беды́ *или* одни́ неприя́тности; **but for you/ your help** е́сли бы не Вы/Ва́ша по́мощь; **I'll do anything but that** я сде́лаю всё, что уго́дно, но то́лько не это

▷ *adv* (*just, only*): **she's but a child** она́ всего́ лишь ребёнок; **had I but known** е́сли бы то́лько знал; **I can but try** коне́чно, я могу́ попро́бовать; **the work is all but finished** рабо́та почти́ зако́нчена

butcher ['butʃə'] *n* мясни́к; (*also* **butcher's (shop)**) мясно́й магази́н

butt [bʌt] *n* (*large barrel*) бо́чка; (*of rifle*) прикла́д; (*of pistol*) рукоя́тка; (*of cigarette*) оку́рок; (*Brit: of teasing*) предме́т

butter ['bʌtə'] *n* (сли́вочное) ма́сло ▷ *vt* нама́зывать (*perf* нама́зать) (сли́вочным) ма́слом; **buttercup** *n* лю́тик

butterfly ['bʌtəflaɪ] *n* ба́бочка; (*also* **butterfly stroke**) баттерфля́й

buttocks ['bʌtəks] *npl* я́годицы *fpl*

button ['bʌtn] *n* (*on clothes*) пу́говица; (*on machine*) кно́пка; (*US: badge*) значо́к ▷ *vt* (*also* **button up**) застёгивать (*perf* застегну́ть)

buy [baɪ] (*pt, pp* **bought**) *vt*
покупа́ть (*perf* купи́ть) ▷ *n*
поку́пка; **to buy sb sth/sth from sb**
покупа́ть (*perf* купи́ть) что-н/что-н у кого́-н; **to buy sb a
drink** (*perf* купи́ть)
кому́-н вы́пить; **buyer** *n*
покупа́тель(ница)

buzz [bʌz] *n* жужжа́ние; **buzzer**
n зу́ммер, звоно́к

  KEYWORD

by [baɪ] *prep* **1** (*referring to cause,
agent*): **he was killed by lightning**
его́ уби́ло мо́лнией; **a painting by
Van Gogh** карти́на Ван Го́га; **it's by
Shakespeare** э́то Шекспи́р
2 (*referring to manner, means*): **by
bus/train** автобусом/по́ездом; **by
car** на маши́не; **by phone** по
телефо́ну; **to pay by cheque**
плати́ть (*perf* заплати́ть) че́ком;
by moonlight при све́те луны́; **by
candlelight** при свеча́х; **by
working constantly, he ...**
благодаря́ тому́, что он рабо́тал
без остано́вки, он ...
3 (*via, through*) че́рез +*acc*; **by the
back door** че́рез за́днюю дверь;
by land/sea по су́ше/мо́рю
4 (*close to*) у +*gen*, о́коло +*gen*:
the house is by the river дом
нахо́дится у *or* о́коло реки́; **a
holiday by the sea** о́тпуск на мо́ре
5 (*past*) ми́мо +*gen*; **she rushed
by me** она́ пронесла́сь ми́мо меня́
6 (*not later than*) к +*dat*; **by four
o'clock** к четырём часа́м; **by the
time I got here ...** к тому́ вре́мени,
когда́ я добра́лся сюда́ ...
7 (*during*): **by day** днём; **by night**
но́чью
8 (*amount*): **to sell by the metre/
kilo** продава́ть (*perf* прода́ть) в

ме́трами/килогра́ммами; **she is
paid by the hour** у неё почасова́я
опла́та
9 (*Math, measure*) на +*acc*; **to
multiply/divide by three** умножа́ть
(*perf* умно́жить)/дели́ть (*perf*
раздели́ть) на три; **a room three
metres by four** ко́мната разме́ром
три ме́тра на четы́ре
10 (*according to*) по +*dat*; **to play
by the rules** игра́ть (*impf*) по
пра́вилам; **it's all right by me** я не
возража́ю; **by law** по зако́ну
11: (all) by oneself (*alone*)
(соверше́нно) оди́н (*f* одна́, *pl*
одни́) (*unaided*) сам (*f* сама́, *pl*
са́ми); **I did it all by myself** я
сде́лал всё оди́н *or* сам; **he was
standing by himself** он стоя́л оди́н
12: by the way кста́ти, ме́жду
про́чим
▷ *adv* **1** *see* **pass** *etc*
2: by and by вско́ре; **by and large**
в це́лом

bye(-bye) ['baɪ('baɪ)] *excl* пока́

bypass ['baɪpɑːs] *n* (*Aut*) объе́зд,
окружна́я доро́га; (*Med*)
обходно́е шунти́рование ▷ *vt*
(*town*) объезжа́ть (*perf* объе́хать)

by-product ['baɪprɔdʌkt] *n*
(*Industry*) побо́чный проду́кт

byte [baɪt] *n* (*Comput*) байт

C

C [siː] n (*Mus*) до nt ind

C abbr = **Celsius**; **centigrade**

cab [kæb] n такси nt ind; (*of truck etc*) кабина

cabaret ['kæbəreɪ] n кабаре nt ind

cabbage ['kæbɪdʒ] n капуста

cabin ['kæbɪn] n (*on ship*) каюта; (*on plane*) кабина

cabinet ['kæbɪnɪt] n шкаф; (*also* **display cabinet**) гóрка; (*Pol*) кабинет министров

cable ['keɪbl] n кабель m; (*rope*) канат; (*metal*) трос ▷ vt (*message*) телеграфировать (*impf/perf*); **cable television** n кабельное телевидение

cactus ['kæktəs] n (*pl* **cacti**) кáктус

café ['kæfeɪ] n кафе nt ind

caffein(e) ['kæfiːn] n кофеин

cage [keɪdʒ] n (*for animal*) клетка

cagoule [kə'guːl] n дождевик

cake [keɪk] n (*large*) торт; (*small*) пирóжное nt adj

calcium ['kælsɪəm] n кáльций

calculate ['kælkjuleɪt] vt (*figures, cost*) подсчитывать (*perf* подсчитáть); (*distance*) вычислять (*perf* вычислить); (*estimate*) рассчитывать (*perf* рассчитáть)

calculation [kælkju'leɪʃən] n (*see vb*) подсчёт; вычислéние; расчёт

calculator ['kælkjuleɪtə'] n калькулятор

calendar ['kæləndə'] n календáрь m

calf [kɑːf] n (*pl* **calves**) (*of cow*) телёнок; (*Anat*) икрá

calibre ['kælɪbə'] (*US* **caliber**) n калибр

call [kɔːl] vt называть (*perf* назвáть); (*Tel*) звонить (*perf* позвонить) +dat; (*summon*) вызывáть (*perf* вызвать); (*arrange*) созывáть (*perf* созвáть) ▷ vi (*shout*) кричáть (*perf* крикнуть); (*Tel*) звонить (*perf* позвонить); (*visit: also* **call in**, **call round**) заходить (*perf* зайти) ▷ n (*shout*) крик; (*Tel*) звонóк; **she is called Suzanne** её зовут Сюзáнна; **the mountain is called Ben Nevis** горá называется Бен Нéвис; **to be on call** дежурить (*impf*); **call back** vi (*return*) заходить (*perf* зайти) опять; (*Tel*) перезвáнивать (*perf* перезвонить) ▷ vt (*Tel*) перезвáнивать (*perf* перезвонить) +dat; **call for** vt fus (*demand*) призывáть (*perf* призвáть) к +dat; (*fetch*) заходить (*perf* зайти) за +instr; **call off** vt отменять (*perf* отменить); **call on** vt fus (*visit*) заходить (*perf* зайти) к +dat; (*appeal to*) призывáть (*perf* призва́ть к +dat; **call out** vi крича́ть (perf кри́кнуть); **call centre** n центр приёма комме́рческих итп звонко́в в большо́м объёме

callous ['kæləs] adj безду́шный

calm [kɑːm] adj споко́йный; (place) ти́хий; (weather) безве́тренный ▷ n тишина́, поко́й ▷ vt успока́ивать (perf успоко́ить); **calm down** vt успока́ивать (perf успоко́ить) ▷ vi успока́иваться (perf успоко́иться)

calorie ['kælərɪ] n кало́рия

calves [kɑːvz] npl of **calf**

Cambodia [kæm'bəudɪə] n Камбо́джа

camcorder ['kæmkɔːdə'] n видеока́мера

came [keɪm] pt of **come**

camel ['kæməl] n верблю́д

camera ['kæmərə] n фотоаппара́т; (also **cine camera**, **movie camera**) кинока́мера; (TV) телека́мера; **cameraman** irreg n (Cinema) (кино)опера́тор; (TV) (теле)опера́тор; **camera phone** n камерафо́н n (мобильный телефо́н со встро́енной фотовидеока́мерой)

camouflage ['kæməflɑːʒ] n камуфля́ж, маскиро́вка ▷ vt маскирова́ть (perf замаскирова́ть)

camp [kæmp] n ла́герь m; (Mil) вое́нный городо́к ▷ vi разбива́ть (perf разби́ть) ла́герь; (go camping) жить (impf) в пала́тках

campaign [kæm'peɪn] n кампа́ния ▷ vi: **to campaign (for/ against)** вести́ (impf) кампа́нию (за +acc/про́тив +gen)

camping ['kæmpɪŋ] n ке́мпинг; **to go camping** отправля́ться (perf отпра́виться) в похо́д

camp site n ке́мпинг

campus ['kæmpəs] n студе́нческий городо́к

can[1] [kæn] n (for food) консе́рвная ба́нка ▷ vt консерви́ровать (perf законсерви́ровать)

KEYWORD

can[2] [kæn] (negative **cannot**, **can't**, conditional, pt **could**) aux vb **1** (be able to) мочь (perf смочь); **you can do it** Вы смо́жете э́то сде́лать; **I'll help you all I can** я помогу́ Вам всем, чем смогу́; **I can't go on any longer** я бо́льше не могу́; **I can't see you** я не ви́жу Вас; **she couldn't sleep that night** в ту ночь она́ не могла́ спать

2 (know how to) уме́ть (impf); **I can swim** я уме́ю пла́вать; **can you speak Russian?** Вы уме́ете говори́ть по-ру́сски?

3 (may) мо́жно; **can I use your phone?** мо́жно от Вас позвони́ть?; **could I have a word with you?** мо́жно с Ва́ми поговори́ть?; **you can smoke if you like** Вы мо́жете кури́ть, е́сли хоти́те; **can I help you with that?** я могу́ Вам в э́том помо́чь?

4 (expressing disbelief, puzzlement): **it can't be true!** (э́того) не мо́жет быть!; **what CAN he want?** что же ему́ ну́жно?

5 (expressing possibility, suggestion): **he could be in the library** он, мо́жет быть или возмо́жно, в библиоте́ке; **she could have been delayed** возмо́жно, что её задержа́ли

Canada ['kænədə] n Кана́да

canal [kə'næl] n кана́л

canary [kə'nɛərɪ] n канаре́йка

cancel ['kænsəl] *vt* отменя́ть (*perf* отмени́ть); (*contract, cheque, visa*) аннули́ровать (*impf/perf*); **cancellation** [kænsə'leɪʃən] *n* (*see vb*) отме́на; аннули́рование

cancer ['kænsə'] *n* (*Med*) рак; **Cancer** Рак

candidate ['kændɪdeɪt] *n* претенде́нт; (*in exam*) экзамену́емый(-ая) *m(f) adj*; (*Pol*) кандида́т

candle ['kændl] *n* свеча́; **candlestick** *n* подсве́чник

candy ['kændɪ] *n* (*US*) конфе́та

cane [keɪn] *n* (*Bot*) тростни́к; (*stick*) ро́зга ▷ *vt* (*Brit*) нака́зывать (*perf* наказа́ть) ро́згами

cannabis ['kænəbɪs] *n* (*drug*) гаши́ш

canned [kænd] *adj* (*fruit etc*) консерви́рованный

cannon ['kænən] *n* (*pl* **cannon** *or* **cannons**) *n* пу́шка

cannot ['kænɔt] = **can not**

canoe [kə'nuː] *n* кано́э *nt ind*

canon ['kænən] *n* (*Rel*) кано́ник

can't [kænt] = **can not**

canteen [kæn'tiːn] *n* (*in school etc*) столо́вая *f adj*

canter ['kæntə'] *vi* галопи́ровать (*impf*)

canvas ['kænvəs] *n* (*also Art*) холст; (*for tents*) брезе́нт; (*Naut*) паруси́на ▷ *adj* паруси́новый

canyon ['kænjən] *n* каньо́н

cap [kæp] *n* ке́пка; (*of uniform*) фура́жка; (*of pen*) колпачо́к; (*of bottle*) кры́шка ▷ *vt* (*outdo*) превосходи́ть (*perf* превзойти́)

capability [keɪpə'bɪlɪtɪ] *n* спосо́бность *f*

capable ['keɪpəbl] *adj* (*person*) спосо́бный; **capable of sth/doing** спосо́бный на что-н/+infin

capacity [kə'pæsɪtɪ] *n* ёмкость *f*; (*of ship, theatre etc*) вмести́тельность *f*; (*of person: capability*) спосо́бность *f*; (*: role*) роль *f*

cape [keɪp] *n* (*Geo*) мыс; (*cloak*) плащ

capital ['kæpɪtl] *n* (*also capital city*) столи́ца; (*money*) капита́л; (*also capital letter*) загла́вная бу́ква; **capitalism** *n* капитали́зм; **capitalist** *adj* капиталисти́ческий ▷ *n* капитали́ст; **capital punishment** *n* сме́ртная казнь *f*

Capricorn ['kæprɪkɔːn] *n* Козеро́г

capsule ['kæpsjuːl] *n* ка́псула

captain ['kæptɪn] *n* команди́р; (*of team, in army*) капита́н

caption ['kæpʃən] *n* по́дпись *f*

captivity [kæp'tɪvɪtɪ] *n* плен

capture ['kæptʃə'] *vt* захва́тывать (*perf* захвати́ть); (*animal*) лови́ть (*perf* пойма́ть); (*attention*) прико́вывать (*perf* прикова́ть) ▷ *n* (*of person, town*) захва́т; (*of animal*) пойма́

car [kɑː'] *n* автомоби́ль *m*, маши́на; (*Rail*) ваго́н

caramel ['kærəməl] *n* (*sweet*) караме́ль *f*

carat ['kærət] *n* кара́т

caravan ['kærəvæn] *n* (*Brit*) жило́й автоприце́п; **caravan site** *n* (*Brit*) площа́дка для стоя́нки жилы́х автоприце́пов

carbohydrate [kɑːbəu'haɪdreɪt] *n* углево́д

carbon ['kɑːbən] *n* углеро́д; **carbon footprint** показа́тель эми́ссии парнико́вых га́зов; **carbon dioxide** [-daɪ'ɔksaɪd] *n* двуо́кись *f* углеро́да

● **CAR BOOT SALE**
● **Car boot sale** — буква́льно
● "прода́жа с бага́жника".
● Э́тим поня́тием обознача́ется
● прода́жа поде́ржанных веще́й.
● Това́ры выставля́ются в
● бага́жниках маши́н и́ли на
● стола́х. Прода́жи прово́дятся на
● автостоя́нках, в поля́х и́ли
● любы́х други́х откры́тых
● простра́нствах.

card [kɑːd] n карто́н; (also
playing card) (игра́льная ка́рта);
(also **greetings card**) откры́тка;
(also **visiting card, business
card**) визи́тная ка́рточка;
cardboard n карто́н
cardigan ['kɑːdɪɡən] n жаке́т
(вя́заный)
cardinal ['kɑːdɪnl] adj
(importance, principle)
кардина́льный; (number)
коли́чественный ▷ n кардина́л
care [kɛəʳ] n (worry) забо́та; (of
patient) ухо́д; (attention)
внима́ние ▷ vt: **to care about**
люби́ть (impf); **in sb's care** на
чьём-л попече́нии; **to take care (to
do)** позабо́титься (perf) (+infin); **to
take care of** забо́титься (perf
позабо́титься) о +prp; (problem)
занима́ться (perf заня́ться) +instr;
care of для переда́чи +dat; **I don't
care** мне всё равно́; **I couldn't care
less** мне наплева́ть (perf); **care for** vt
fus забо́титься (perf
позабо́титься) о +prp; **he cares for
her** (like) он неравноду́шен к ней
career [kəˈrɪəʳ] n карье́ра
carefree ['kɛəfriː] adj
беззабо́тный
careful ['kɛəful] adj осторо́жный;
(thorough) тща́тельный; **(be)**

careful! осторо́жно!, береги́сь!;
carefully ['kɛəfəlɪ] adv (see adj)
осторо́жно; тща́тельно
careless ['kɛəlɪs] adj
невнима́тельный; (casual)
небре́жный; (untroubled)
беззабо́тный
caretaker ['kɛəteɪkəʳ] n завхо́з
cargo ['kɑːɡəu] n (pl **cargoes**) n
груз
car hire n (Brit) прока́т
автомоби́лей
Caribbean [kærɪˈbiːən] n: **the
Caribbean (Sea)** Кари́бское мо́ре
caring ['kɛərɪŋ] adj забо́тливый
carnation [kɑːˈneɪʃən] n
гвозди́ка
carnival ['kɑːnɪvl] n карнава́л;
(US: funfair) аттракцио́нный
городо́к
carol ['kærəl] n (also **Christmas
carol**) рожде́ственский гимн
car park n (Brit) автостоя́нка
carpenter ['kɑːpɪntəʳ] n пло́тник
carpet ['kɑːpɪt] n ковёр ▷ vt
устила́ть (perf устла́ть) ковра́ми
carriage ['kærɪdʒ] n (Brit: Rail)
(пассажи́рский) ваго́н;
(horse-drawn) экипа́ж; (costs)
сто́имость f перево́зки;
carriageway n (Brit) прое́зжая
часть f доро́ги
carrier ['kærɪəʳ] n (Med)
носи́тель m; (Comm)
транспортиро́вщик; **carrier bag**
n (Brit) паке́т (для поку́пок)
carrot ['kærət] n морко́вь f
carry ['kærɪ] vt (take) носи́ть/
нести́ (impf); (transport) вози́ть/
везти́ (impf); (involve) влечь (perf
повле́чь) (за собо́й); (Med)
переноси́ть (impf) ▷ vi (sound)
передава́ться (impf); **to get
carried away (by)** (fig) увлека́ться
(perf увле́чься) (+instr); **carry on**

vi продолжа́ться (*perf* продо́лжиться) ▷ *vt* продолжа́ть (*perf* продо́лжить); **carry out** *vt* (*orders*) выполня́ть (*perf* вы́полнить); (*investigation*) проводи́ть (*perf* провести́)

cart [kɑːt] *n* теле́га, пово́зка ▷ *vt* (*inf*) таска́ть/тащи́ть (*impf*)

carton ['kɑːtən] *n* карто́нная коро́бка; (*container*) паке́т

cartoon [kɑː'tuːn] *n* (*drawing*) карикату́ра; (*Brit: comic strip*) ко́микс; (*TV*) мультфи́льм

cartridge ['kɑːtrɪdʒ] *n* (*in gun*) ги́льза; (*of pen*) (черни́льный) балло́нчик

carve [kɑːv] *vt* (*meat*) нареза́ть (*perf* наре́зать); (*wood, stone*) ре́зать (*impf*) по +*dat*

carving ['kɑːvɪŋ] *n* резно́е изде́лие

car wash *n* мо́йка автомоби́лей

case [keɪs] *n* слу́чай; (*Med: patient*) больно́й(-а́я) *m(f)* *adj*; (*Law*) (суде́бное) де́ло; (*investigation*) рассле́дование; (*for spectacles*) футля́р; (*Brit: also* **suitcase**) чемода́н; (*of wine*) я́щик (*содержа́щий 12 буты́лок*); **in case (of)** в слу́чае (+*gen*); **in any case** во вся́ком слу́чае; **just in case** на вся́кий слу́чай

cash [kæʃ] *n* нали́чные *pl adj* (де́ньги) ▷ *vt*: **to cash a cheque** обна́личивать (*perf* обнали́чить); **to pay (in) cash** плати́ть (*perf* заплати́ть) нали́чными; **cash on delivery** нало́женный платёж; **cash card** *n* ба́нковская ка́рточка; **cash desk** *n* (*Brit*) ка́сса; **cash dispenser** *n* (*Brit*) банкома́т; **cashier** [kæ'ʃɪə] *n* касси́р

cashmere ['kæʃmɪə] *n* кашеми́р

casino [kə'siːnəu] *n* казино́ *nt ind*

casserole ['kæsərəul] *n* рагу́ *nt ind*; (*also* **casserole dish**) ля́тка

cassette [kæ'sɛt] *n* кассе́та

cast [kɑːst] (*pt, pp* **cast**) *vt* (*light, shadow, glance*) броса́ть (*perf* бро́сить); (*Fishing*) забра́сывать (*perf* забро́сить); (*doubts*) се́ять (*perf* посе́ять) ▷ *n* (*Theat*) соста́в (исполни́телей); (*Med: also* **plaster cast**) гипс; **to cast one's vote** отдава́ть (*perf* отда́ть) свой го́лос

caster sugar ['kɑːstə-] *n* (*Brit*) са́харная пу́дра

castle ['kɑːsl] *n* за́мок; (*fortified*) кре́пость *f*; (*Chess*) ладья́, тура́

casual ['kæʒjul] *adj* (*meeting*) случа́йный; (*attitude*) небре́жный; (*clothes*) повседне́вный

casualty ['kæʒjultɪ] *n* (*sb injured*) пострада́вший(-ая) *m(f)* *adj*; (*sb killed*) же́ртва; (*department*) травматоло́гия

cat [kæt] *n* (*pet*) ко́шка; (*tomcat*) кот; **big cats** (*Zool*) коша́чьи *pl adj*

catalogue ['kætəlɔg] (*US* **catalog**) *n* катало́г

catarrh [kə'tɑː] *n* ката́р

catastrophe [kə'tæstrəfɪ] *n* катастро́фа

catch [kætʃ] (*pt, pp* **caught**) *vt* лови́ть (*perf* пойма́ть); (*bus etc*) сади́ться (*perf* сесть) на +*acc*; (*breath: in shock*) зата́ивать (*perf* затаи́ть); *: after running* передохну́ть (*perf*); (*attention*) привлека́ть (*perf* привле́чь); (*hear*) ула́вливать (*perf* улови́ть); (*illness*) подхва́тывать (*perf* подхвати́ть) ▷ *vi* (*become trapped*) застрева́ть (*perf* застря́ть) ▷ *n* (*of fish*) уло́в; (*of ball*) захва́т; (*hidden problem*) подво́х; (*of lock*) защёлка; **to catch sight of** уви́деть *perf*; **to catch fire** загора́ться (*perf* загоре́ться)

catch on vi приживáться (*perf* прижи́ться); **catch up** vi (*fig*) нагонять (*perf* нагнáть) ▷ vt (*also* **catch up with**) догонять (*perf* догнáть); **catching** adj (*Med*) зарáзный

category ['kætɪgərɪ] n категóрия

cater ['keɪtə'] vi: **to cater (for)** организовáть (*impf/perf*) питáние (для +gen); **cater for** vt fus (*Brit*: needs, tastes) удовлетворять (*perf* удовлетвори́ть); (: readers etc) обслу́живать (*perf* обслужи́ть)

cathedral [kə'θi:drəl] n собóр

Catholic ['kæθəlɪk] adj католи́ческий ▷ n католик(-и́чка)

cattle ['kætl] npl скот msg

catwalk ['kætwɔ:k] n помóст (для показа мод)

caught [kɔ:t] pt, pp of **catch**

cauliflower ['kɔlɪflauə'] n цветнáя капýста

cause [kɔ:z] n (reason) причи́на; (aim) дéло ▷ vt являться (*perf* яви́ться) причи́ной +gen

caution ['kɔ:ʃən] n осторóжность f; (warning) предупреждéние, предостережéние ▷ vt предупреждáть (*perf* предупреди́ть)

cautious ['kɔ:ʃəs] adj осторóжный

cave [keɪv] n пещéра; **cave in** vi (roof) обвáливаться (*perf* обвали́ться)

caviar(e) ['kævɪɑ:'] n икрá

cavity ['kævɪtɪ] n (in tooth) дуплó

cc abbr (= cubic centimetre) куби́ческий сантимéтр

CCTV n abbr = closed-circuit television) зáмкнутая телевизио́нная систéма

CD n abbr = compact disc; **CD player** n прои́грыватель m для компáкт-ди́сков; **CD-ROM** n

компáкт-ди́ск ПЗУ

cease [si:s] vi прекращáться (*perf* прекрати́ться); **cease-fire** n прекращéние огня́

cedar ['si:də'] n кедр

ceiling ['si:lɪŋ] n (also fig) потолóк

celebrate ['sɛlɪbreɪt] vt прáздновать (*perf* отпрáздновать) ▷ vi весели́ться (*perf* повесели́ться); **to celebrate Mass** соверша́ть (*perf* соверши́ть) причáстие

celebration [sɛlɪ'breɪʃən] n (event) прáздник; (of anniversary etc) прáзднование

celebrity [sɪ'lɛbrɪtɪ] n знамени́тость f

celery ['sɛlərɪ] n сельдерéй

cell [sɛl] n (in prison) кáмера; (Bio) клéтка

cellar ['sɛlə'] n подвáл; (also **wine cellar**) ви́нный пóгреб

cello ['tʃɛləu] n виолончéль f

cellphone ['sɛlfəun] n моби́льный телефóн

Celsius ['sɛlsɪəs] adj: **30 degrees Celsius** 30 грáдусов по Цéльсию

Celtic ['kɛltɪk] adj кéльтский

cement [sə'mɛnt] n цемéнт

cemetery ['sɛmɪtrɪ] n клáдбище

censor ['sɛnsə'] n цéнзор ▷ vt подвергáть (*perf* подвéргнуть) цензýре; **censorship** n цензýра

census ['sɛnsəs] n пéрепись f

cent [sɛnt] n цент; see also **per cent**

centenary [sɛn'ti:nərɪ] n столéтие

center [sɛntə'] n, vb (US) see **centre**

centigrade ['sɛntɪgreɪd] adj: **30 degrees centigrade** 30 грáдусов по Цéльсию

centimetre ['sɛntɪmi:tə'] (US

centimeter n сантиметр

centipede ['sɛntɪpiːd] n многоножка

central ['sɛntrəl] adj центральный; **this flat is very central** эта квартира расположена близко к центру; **Central America** n Центральная Америка; **central heating** n центральное отопление

centre ['sɛntə'] (US **center**) n центр ▷ vt (Phot, Typ) центрировать (impf/perf)

century ['sɛntjʊrɪ] n век

ceramic [sɪ'ræmɪk] adj керамический

cereal ['siːrɪəl] n: **cereals** зерновые pl adj; (also **breakfast cereal**) хлопья pl к завтраку

ceremony ['sɛrɪmənɪ] n церемония; (behaviour) церемонии fpl; **with ceremony** со всеми формальностями

certain ['sɜːtən] adj определённый; **I'm certain (that)** я уверен, что; **certain days** определённые дни; **certain pleasure** некоторое удовольствие; **it's certain (that)** несомненно, что; **in certain circumstances** при определённых обстоятельствах; **a certain Mr Smith** некий Мистер Смит; **for certain** наверняка; **certainly** adv (undoubtedly) несомненно; (of course) конечно; **certainty** n (assurance) уверенность f; (inevitability) несомненность f

certificate [sə'tɪfɪkɪt] n свидетельство; (doctor's etc) справка; (diploma) диплом

cf. abbr = **compare**

CFC n abbr (= chlorofluorocarbon) хлорфторуглерод

chain [tʃeɪn] n цепь f; (decorative,

on bicycle) цепочка; (of shops, hotels) сеть f; (of events, ideas) вереница ▷ vt (also **chain up**: person) приковывать (perf приковать); (: dog) сажать (perf посадить) на цепь; **a chain of mountains** горная цепь

chair [tʃɛə'] n стул; (also **armchair**) кресло; (of university) кафедра; (also **chairperson**) председатель m ▷ vt председательствовать (impf) на +prp; **chairlift** n канатный подъёмник; **chairman** irreg n председатель m; (Brit: Comm) президент

chalet ['ʃæleɪ] n шале m ind

chalk [tʃɔːk] n мел

challenge ['tʃælɪndʒ] n вызов; (task) испытание ▷ vt (also Sport) бросать (perf бросить) вызов +dat; (authority, right etc) оспаривать (perf оспорить); **to challenge sb to** вызывать (perf вызвать) кого-н на +acc

challenging ['tʃælɪndʒɪŋ] adj (tone, look) вызывающий; (task) трудный

chamber ['tʃeɪmbə'] n камера; (Pol) палата; **chamber of commerce** Торговая Палата

champagne [ʃæm'peɪn] n шампанское nt adj

champion ['tʃæmpɪən] n чемпион; (of cause) поборник-(ица); (of person) защитник-(ица); **championship** n (contest) чемпионат; (title) звание чемпиона

chance [tʃɑːns] n шанс; (opportunity) возможность f; (risk) риск ▷ vt рисковать (impf) +instr ▷ adj случайный; **to take a chance** рискнуть (perf); **by chance** случайно; **to leave to chance**

оставля́ть (*perf* оста́вить) на во́лю слу́чая

chancellor ['tʃɑːnsələ'] *n* (*Pol*) ка́нцлер; **Chancellor of the Exchequer** *n* (*Brit*) Ка́нцлер казначе́йства

● **CHANCELLOR OF THE**
● **EXCHEQUER**

● Chancellor of the Exchequer —
● ка́нцлер казначе́йства. В
● Великобрита́нии он выполня́ет
● фу́нкции мини́стра фина́нсов.

chandelier [ʃændə'lɪə'] *n* лю́стра
change [tʃeɪndʒ] *vt* меня́ть (*perf* поменя́ть); (*money: to other currency*) обме́нивать (*perf* обменя́ть); (*: for smaller currency*) разме́нивать (*perf* разменя́ть) ▷ *vi* (*alter*) меня́ться (*impf*), изменя́ться (*perf* измени́ться); (*one's clothes*) переодева́ться (*perf* переоде́ться); (*change trains etc*) де́лать (*perf* сде́лать) переса́дку ▷ *n* (*alteration*) измене́ние; (*difference*) переме́на; (*replacement*) сме́на; (*also* **small** *or* **loose change**) ме́лочь *f*; (*money returned*) сда́ча; **to change sb into** превраща́ть (*perf* преврати́ть) кого́-н в +*acc*; **to change one's mind** передумывать (*perf* переду́мать); **to change gear** переключа́ть (*perf* переключи́ть) ско́рость; **for a change** для разнообра́зия

channel ['tʃænl] *n* кана́л; (*Naut*) тра́сса ▷ *vt*: **to channel into** направля́ть (*perf* напра́вить) на +*acc* ▷ *adj*: **the Channel Islands** Норма́ндские острова́ *mpl*; **the (English) Channel** Ла-Ма́нш; **the Channel Tunnel** тунне́ль *m* под

Ла-Ма́ншем

chant [tʃɑːnt] *n* сканди́рование; (*Rel*) пе́ние

chaos ['keɪɔs] *n* хаос

chaotic [keɪ'ɔtɪk] *adj* хаоти́чный

chap [tʃæp] *n* (*Brit: inf*) па́рень *m*

chapel ['tʃæpl] *n* (*in church*) приде́л; (*in prison etc*) часо́вня; (*Brit: also* **non-conformist chapel**) протеста́нтская нон-конформи́стская це́рковь

chapter ['tʃæptə'] *n* глава́; (*in life, history*) страни́ца

character ['kærɪktə'] *n* (*personality*) ли́чность *f*; (*nature*) хара́ктер; (*in novel, film*) персона́ж; (*letter, symbol*) знак;
characteristic ['kærɪktə'rɪstɪk] *n* характе́рная черта́ ▷ *adj*: **characteristic (of)** характе́рный (для +*gen*)

charcoal ['tʃɑːkəul] *n* (*fuel*) древе́сный у́голь *m*

charge [tʃɑːdʒ] *n* (*fee*) пла́та; (*Law*) обвине́ние; (*responsibility*) отве́тственность *f*; (*Mil*) ата́ка ▷ *vi* атакова́ть (*impf/perf*) ▷ *vt* (*battery, gun*) заряжа́ть (*perf* заряди́ть); (*Law*): **to charge sb with** предъявля́ть кому́-н обвине́ние в +*prp*; **charges** *npl* (*Comm*) де́нежный сбор *msg*; (*Tel*) телефо́нный тари́ф *msg*; **to reverse the charges** звони́ть (*perf* позвони́ть) по колле́кту; **to take charge of** (*child*) брать (*perf* взять) на попече́ние; (*company*) брать (*perf* взять) на себя́ руково́дство +*instr*; **to be in charge of** отвеча́ть (*impf*) за +*acc*; **who's in charge here?** кто здесь гла́вный?; **to charge (sb) for** проси́ть (*perf* попроси́ть) (у кого́-н) пла́ту (за +*acc*); **how much do you charge for**

...? ско́лько Вы про́сите за +*acc*?;
charge card *n* креди́тная
ка́рточка (*определённого
магази́на*)

charity ['tʃærɪtɪ] *n*
благотвори́тельная организа́ция;
(*kindness*) милосе́рдие; (*money,
gifts*) ми́лостыня

● **CHARITY SHOP**
●
● **Charity shop —**
● благотвори́тельный магази́н.
● В э́тих магази́нах рабо́тают
● волонтёры, продаю́щие
● поде́ржанную оде́жду, ста́рые
● кни́ги, предме́ты дома́шнего
● обихо́да. Получа́емая при́быль
● направля́ется в
● благотвори́тельные о́бщества,
● кото́рые э́ти магази́ны
● подде́рживают.

charm [tʃɑːm] *n* очарова́ние,
обая́ние; (*on bracelet etc*) брело́к
▷ *vt* очаро́вывать (*perf*
очарова́ть); **charming** *adj*
очарова́тельный

chart [tʃɑːt] *n* гра́фик; (*of sea*)
навигацио́нная ка́рта; (*of stars*)
ка́рта звёздного не́ба ▷ *vt*
наноси́ть (*perf* нанести́) на ка́рту;
(*progress*) следи́ть (*impf*) за +*instr*;
charts *npl* (*Mus*) хит-пара́д *msg*

charter ['tʃɑːtə'] *vt* фрахтова́ть
(*perf* зафрахтова́ть) ▷ *n* ха́ртия;
(*Comm*) уста́в; **chartered
accountant** *n* (*Brit*) бухга́лтер
вы́сшей квалифика́ции; **charter
flight** *n* ча́ртерный рейс

chase [tʃeɪs] *vt* гоня́ться (*impf*) *or*
гна́ться *impf* за (+*instr*) ▷ *n*
пого́ня; **to chase away** *or* **off**
прогоня́ть (*perf* прогна́ть)

chat [tʃæt] *vi* болта́ть (*perf*

поболта́ть); (*Comput*) обща́ться
(*perf* пообща́ться) в ча́те, писа́ть
(*perf* написа́ть) в ча́те ▷ *n*
бесе́да; (*Comput*) чат; **chat room**
n (*Internet*) чат-ко́мната; **chat
show** *n* (*Brit*) шо́у с уча́стием
знамени́тостей

chatter ['tʃætə'] *n* (*gossip*)
болтовня́

chauffeur ['ʃəʊfə'] *n*
(персона́льный) шофёр

cheap [tʃiːp] *adj* дешёвый ▷ *adv*
дёшево; **cheaply** *adv* дёшево

cheat [tʃiːt] *vi* (*at cards*)
жу́льничать (*impf*); (*in exam*)
спи́сывать (*perf* списа́ть) ▷ *vt*: **to
cheat sb** (**out of £10**) надува́ть
(*perf* наду́ть) кого́-н (на £10) ▷ *n*
жу́лик

check [tʃɛk] *vt* проверя́ть (*perf*
прове́рить); (*halt*) уде́рживать
(*perf* удержа́ть); (*curb*) сде́рживать
(*perf* сдержа́ть); (*US: items*)
отмеча́ть (*perf* отме́тить) ▷ *n*
(*inspection*) прове́рка; (*US: bill*)
счёт; (: *Comm*) = **cheque**; (*pattern*)
кле́тка ▷ *adj* кле́тчатый; **check
in** *vi* регистри́роваться (*perf*
зарегистри́роваться) ▷ *vt*
(*luggage*) сдава́ть (*perf* сдать);
check out *vi* выпи́сываться (*perf*
вы́писаться); **check up** *vi*: **to
check up on** наводи́ть (*perf*
навести́) спра́вки о +*prp*;
checking account *n* (*US*)
теку́щий счёт; **checkout** *n*
контро́ль *m*, ка́сса; **checkroom**
n (*US*) ка́мера хране́ния;
checkup *n* осмо́тр

cheek [tʃiːk] *n* щека́; (*impudence*)
на́глость *f*; (*nerve*) де́рзость *f*;
cheeky *adj* наха́льный, на́глый

cheer [tʃɪə'] *vt* приве́тствовать
(*perf* попри́ветствовать) ▷ *vi*
одобри́тельно восклица́ть (*impf*);

cheers npl (of welcome)
приветственные возгласы mpl; (of approval) одобрительные возгласы mpl; **cheers!** (за) Ваше здоровье!; **cheer up** vi развеселиться (perf), повеселеть (perf) ▷ vt развеселить (perf); **cheer up!** не грустите!; **cheerful** adj весёлый

cheese [tʃiːz] n сыр

chef [ʃef] n шеф-повар

chemical ['kemɪkl] adj химический ▷ n химикат; (in laboratory) реактив

chemist ['kemɪst] n (Brit: pharmacist) фармацевт; (scientist) химик; **chemistry** n химия

cheque [tʃek] n (Brit) чек; **chequebook** n (Brit) чековая книжка; **cheque card** n (Brit) карточка, подтверждающая платёжеспособность владельца

cherry ['tʃerɪ] n черешня; (sour variety) вишня

chess [tʃes] n шахматы pl

chest [tʃest] n грудь f; (box) сундук

chestnut ['tʃesnʌt] n каштан

chest of drawers n комод

chew [tʃuː] vt жевать (impf); **chewing gum** n жевательная резинка

chic [ʃiːk] adj шикарный, элегантный

chick [tʃɪk] n цыплёнок; (of wild bird) птенец

chicken ['tʃɪkɪn] n курица; (inf: coward) трусишка m/f; **chickenpox** n ветрянка

chief [tʃiːf] n (of organization etc) начальник ▷ adj главный, основной; **chief executive** (US **chief executive officer**) n главный исполнительный директор; **chiefly** adv главным

образом

child [tʃaɪld] (pl **children**) n ребёнок; **do you have any children?** у Вас есть дети?; **childbirth** n роды pl; **childhood** n детство; **childish** adj (games, attitude) ребячий; (person) ребячливый; **child minder** n (Brit) няня; **children** ['tʃɪldrən] npl of **child**

Chile ['tʃɪlɪ] n Чили ind

chill [tʃɪl] n (Med) простуда ▷ vt охлаждать (perf охладить); **to catch a chill** простудиться (perf простудиться)

chil(l)i ['tʃɪlɪ] (US **chili**) n красный стручковый перец

chilly ['tʃɪlɪ] adj холодный

chimney ['tʃɪmnɪ] n (дымовая) труба

chimpanzee [tʃɪmpæn'ziː] n шимпанзе m ind

chin [tʃɪn] n подбородок

China ['tʃaɪnə] n Китай

china ['tʃaɪnə] n фарфор

Chinese [tʃaɪ'niːz] adj китайский ▷ n inv китаец(-аянка)

chip [tʃɪp] n (of wood) щепка; (of stone) осколок; (also **microchip**) микросхема; ▷ vt отбивать (perf отбить); **chips** npl (Brit) картофель фри (US: also **potato chips**) чипсы mpl

chiropodist [kɪ'rɔpədɪst] n (Brit) мозольный оператор m/f

chisel ['tʃɪzl] n (for wood) долото; (for stone) зубило

chives [tʃaɪvz] npl лук-резанец msg

chlorine ['klɔːriːn] n хлор

chocolate ['tʃɔklɪt] n шоколад; (sweet) шоколадная конфета

choice [tʃɔɪs] n выбор

choir ['kwaɪə] n хор; (area) хоры pl

choke [tʃəuk] *vi* дави́ться (*perf* подави́ться); (*with smoke, anger*) задыха́ться (*perf* задохну́ться) ▷ *vt* (*strangle*) души́ть (задуши́ть *or* удуши́ть *perf*)

cholesterol [kə'lɛstərɔl] *n* холестери́н; **high cholesterol** с высо́ким содержа́нием холестери́на

choose [tʃuːz] (*pt* **chose**, *pp* **chosen**) *vt* выбира́ть (*perf* вы́брать); **to choose to do** реша́ть (*perf* реши́ть) +*infin*

chop [tʃɔp] *vt* (*wood*) руби́ть (*perf* наруби́ть); (*also* **chop up**: *vegetables, meat*) ре́зать (наре́зать *or* поре́зать *perf*) ▷ *n* (*Culin*) отбивна́я (котле́та f)

chord [kɔːd] *n* (*Mus*) акко́рд

chore [tʃɔː] *n* (*burden*) повседне́вная обя́занность f; **household chores** дома́шние хло́поты

chorus ['kɔːrəs] *n* хор; (*refrain*) припе́в

chose [tʃəuz] *pt of* **choose**; **chosen** ['tʃəuzn] *pp of* **choose**

Christ [kraɪst] *n* Христо́с

Christian ['krɪstɪən] *adj* христиа́нский ▷ *n* христиани́н(-а́нка); **Christianity** [krɪstɪ'ænɪtɪ] *n* христиа́нство; **Christian name** *n* и́мя *nt*

Christmas ['krɪsməs] *n* Рождество́; **Happy** *or* **Merry Christmas!** Счастли́вого Рождества́!; **Christmas card** *n* рождественская откры́тка

● **CHRISTMAS CRACKER**
●
● **Christmas cracker** — рожде́ственская хлопу́шка. В отли́чие от обы́чной хлопу́шки в неё завора́чиваются бума́жная коро́на, шу́тка и ма́ленький пода́рок. Механи́зм хлопу́шки приво́дится в де́йствие, е́сли дёрнуть за о́ба её конца́ одновре́менно. Раздаётся хлопо́к и пода́рок выпада́ет.

Christmas Day *n* день *m* Рождества́

Christmas Eve *n* Соче́льник

● **CHRISTMAS PUDDING**
●
● **Christmas pudding** — рожде́ственский пу́динг. Кекс, пригото́вленный на пару́ и содержа́щий большо́е коли́чество сушёных фру́ктов.

Christmas tree *n* (рожде́ственская) ёлка

chrome [krəum] *n* хром

chronic ['krɔnɪk] *adj* хрони́ческий

chubby ['tʃʌbɪ] *adj* пу́хлый

chuck [tʃʌk] *vt* (*inf*) швыря́ть (*perf* швырну́ть)

chuckle ['tʃʌkl] *vi* посме́иваться (*impf*)

chunk [tʃʌŋk] *n* (*of meat*) кусо́к

church [tʃəːtʃ] *n* це́рковь f; **churchyard** *n* пого́ст

CIA *n abbr* (*US*) (= *Central Intelligence Agency*) ЦРУ

CID *n abbr* (*Brit*) (= *Criminal Investigation Department*) уголо́вный ро́зыск

cider ['saɪdə] *n* сидр

cigar [sɪ'gɑː] *n* сига́ра

cigarette [sɪgə'rɛt] *n* сигаре́та

cinema ['sɪnəmə] *n* кинотеа́тр

cinnamon ['sɪnəmən] *n* кори́ца

circle ['səːkl] *n* круг; (*Theat*) балко́н

circuit ['sɜːkɪt] *n* (*Elec*) цепь *f*; (*tour*) турне *nt ind*; (*track*) трек

circular ['sɜːkjʊlə] *adj* (*plate, pond etc*) круглый ▷ *n* циркуля́р

circulate ['sɜːkjʊleɪt] *vi* циркули́ровать (*impf*) ▷ *vt* передава́ть (*perf* переда́ть)

circulation [sɜːkjʊ'leɪʃən] *n* (*Press*) тира́ж; (*Med*) кровообраще́ние; (*Comm*) обраще́ние; (*of air, traffic*) циркуля́ция

circumstances ['sɜːkəmstənsɪz] *npl* обстоя́тельства *ntpl*

circus ['sɜːkəs] *n* (*show*) цирк

cite [saɪt] *vt* цити́ровать (*perf* процити́ровать); (*Law*) вызыва́ть (*perf* вы́звать) в суд

citizen ['sɪtɪzn] *n* (*of country*) граждани́н(-а́нка); (*of town*) жи́тель(ница) *m(f)*; **citizenship** *n* гражда́нство

city ['sɪtɪ] *n* го́род; **the City** Си́ти *nt ind*

● **CITY**
●
● Этот райо́н Ло́ндона явля́ется
● его́ фина́нсовым це́нтром.

civic ['sɪvɪk] *adj* муниципа́льный; (*duties, pride*) гражда́нский

civil ['sɪvɪl] *adj* гражда́нский; (*authorities*) госуда́рственный; (*polite*) учти́вый; **civilian** [sɪ'vɪlɪən] *adj* (*life*) обще́ственный ▷ *n* ми́рный (-ая) жи́тель(ница) *m(f)*; **civilian casualties** же́ртвы среди́ ми́рного населе́ния

civilization [sɪvɪlaɪ'zeɪʃən] *n* цивилиза́ция

civilized ['sɪvɪlaɪzd] *adj* культу́рный; (*society*) цивилизо́ванный

civil: civil servant *n*

госуда́рственный служащий *m adj*; **Civil Service** *n* госуда́рственная служба; **civil war** *n* гражда́нская война

claim [kleɪm] *vt* (*responsibility*) брать (*perf* взять) на себя́; (*credit*) припи́сывать (*perf* приписа́ть) себе́; (*rights, inheritance*) претендова́ть (*impf*) и притяза́ть *impf* на (+*acc*) ▷ *vi* (*for insurance*) де́лать (*perf* сде́лать) страхову́ю зая́вку ▷ *n* (*assertion*) утвержде́ние; (*for compensation, pension*) зая́вка; (*to inheritance, land*) прете́нзия, притяза́ние; **to claim (that)** *or* **to be** утвержда́ть (*impf*), что

clamp [klæmp] *n* зажи́м ▷ *vt* зажима́ть (*perf* зажа́ть)

clan [klæn] *n* клан

clap [klæp] *vi* хло́пать (*impf*)

claret ['klærət] *n* бордо́ *nt ind*

clarify ['klærɪfaɪ] *vt* (*fig*) разъясня́ть (*perf* разъясни́ть)

clarinet [klærɪ'nɛt] *n* кларне́т

clarity ['klærɪtɪ] *n* (*fig*) я́сность *f*

clash [klæʃ] *n* столкнове́ние; (*of events etc*) совпаде́ние; (*of metal objects*) звяка́нье ▷ *vi* ста́лкиваться (*perf* столкну́ться); (*colours*) не совмеща́ться (*impf*); (*events etc*) совпада́ть (*perf* совпа́сть) (по вре́мени); (*metal objects*) звяка́ть (*impf*)

class [klɑːs] *n* класс; (*lesson*) уро́к; (*of goods: type*) разря́д; (: *quality*) сорт ▷ *vt* классифици́ровать (*impf/perf*)

classic ['klæsɪk] *adj* класси́ческое; ▷ *n* класси́ческое произведе́ние; **classical** *adj* класси́ческий

classification [klæsɪfɪ'keɪʃən] *n* классифика́ция; (*category*) разря́д

classroom ['klɑːsrum] *n* класс

clatter ['klætə^r] n звяканье; (of hooves) цоканье

clause [klɔːz] n (Law) пункт

claustrophobic [klɔːstrə'fəʊbɪk] adj: she is claustrophobic она страдает клаустрофобией

claw [klɔː] n коготь m; (of lobster) клешня

clay [kleɪ] n глина

clean [kliːn] adj чистый; (edge, fracture) ровный ▷ vt (hands, face) мыть (perf вымыть); (car, cooker) чистить (perf почистить); **clean out** vt (tidy) вычищать (perf вычистить); **clean up** vt (room) убирать (perf убрать); (child) мыть (perf помыть); **cleaner** n уборщик(-ица); (substance) моющее средство

cleanser [klenzə^r] n очищающий лосьон

clear [klɪə^r] adj ясный; (footprint, writing) чёткий; (glass, water) прозрачный; (road) свободный; (conscience, profit) чистый ▷ vt (space, room) освобождать (perf освободить); (suspect) оправдывать (perf оправдать); (fence etc) брать (perf взять) ▷ vi (sky) проясняться (perf проясниться); (fog, smoke) рассеиваться (perf рассеяться) ▷ adv: **clear of** подальше от +gen; **to make it clear to sb that ...** давать (perf дать) кому-либо понять, что ...; **to clear the table** убирать (perf убрать) со стола; **clear up** vt убирать (perf убрать); (mystery, problem) разрешать (perf разрешить); **clearance** n расчистка; (permission) разрешение; **clearing** n поляна; **clearly** adv ясно; (obviously) явно, очевидно

clergy ['klɜːdʒɪ] n духовенство

clerk [klɑːk, (US) klɜːrk] n (Brit) клерк, делопроизводитель(ница) m(f); (US: sales person) продавец-(вщица)

clever ['klevə^r] adj (intelligent) умный

cliché ['kliːʃeɪ] n клише nt ind, штамп

click [klɪk] vt (tongue, heels) щёлкать (perf щёлкнуть) +instr ▷ vi (device, switch) щёлкать (perf щёлкнуть); **click on** vi (Comput) щёлкать (perf щёлкнуть)

client ['klaɪənt] n клиент

cliff [klɪf] n скала, утёс

climate ['klaɪmɪt] n климат

climax ['klaɪmæks] n кульминация

climb [klaɪm] vi подниматься (perf подняться); (plant) ползти (impf); (plane) набирать (perf набрать) высоту ▷ vt (stairs) взбираться (perf взобраться) по +prp; (tree, hill) взбираться (perf взобраться) +acc ▷ n подъём; **to climb over a wall** перелезать (perf перелезть) через стену; **climber** n альпинист(ка)

clinch [klɪntʃ] vt (deal) заключать (perf заключить); (argument) разрешать (perf разрешить)

cling [klɪŋ] (pt, pp **clung**) vi (clothes) прилегать (impf); **to cling to** вцепляться (perf вцепиться) в +acc; (fig) цепляться (impf) за +acc

clinic ['klɪnɪk] n клиника

clip [klɪp] n (also **paper clip**) скрепка; (for hair) заколка; (TV, Cinema) клип ▷ vt (fasten) прикреплять (perf прикрепить); (cut) подстригать (perf подстричь); **clipping** n (Press) вырезка

cloak [kləuk] n (cape) плащ;
cloakroom n гардероб; (Brit:
WC) уборная f adj

clock [klɔk] n (timepiece) часы
pl; **clockwise** adv по часовой
стрелке; **clockwork** adj (toy)
заводной

clone [kləun] n (Bio) клон

close[1] [kləus] adj близкий;
(writing) убористый; (contact, ties)
тесный; (watch, attention)
пристальный; (weather, room)
душный ▷ adv близко; **close to**
(near) близко к +dat; **close to** or
on (almost) близко к +dat; **close by**
or **at hand** рядом

close[2] [kləuz] vt закрывать (perf
закрыть); (finalize) заключать (perf
заключить); (end) завершать (perf
завершить) ▷ vi закрываться (perf
закрыться); (end)
завершаться (perf завершиться)
▷ n конец; **close down** vi
закрываться (perf закрыть); ▷ vi
закрываться (perf
закрыться); **closed** adj закрытый;
closely ['kləuslɪ] adv
пристально; (connected, related)
тесно

closet ['klɔzɪt] n (cupboard)
шкаф

closure ['kləuʒə[r]] n (of factory,
road) закрытие

clot [klɔt] n сгусток; (in vein)
тромб

cloth [klɔθ] n ткань f; (for
cleaning etc) тряпка

clothes [kləuðz] npl одежда fsg;
clothes peg (US **clothes pin**) n
прищепка

clothing ['kləuðɪŋ] n = **clothes**

cloud [klaud] n облако; **cloudy**
adj (sky) облачный; (liquid)
мутный

clove [kləuv] n гвоздика; **clove of**

garlic долька чеснока

clown [klaun] n клоун

club [klʌb] n клуб; (weapon)
дубинка; (also **golf club**) клюшка;
clubs npl (Cards) трефы fpl

clue [kluː] n ключ; (for police)
улика; **I haven't a clue** (я) понятия
не имею

clump [klʌmp] n заросли fpl

clumsy ['klʌmzɪ] adj неуклюжий;
(object) неудобный

clung [klʌŋ] pt, pp of **cling**

cluster ['klʌstə[r]] n скопление

clutch [klʌtʃ] n хватка; (Aut)
сцепление ▷ vt сжимать (perf
сжать)

cm abbr (= centimetre) см
(= сантиметр)

Co abbr = **company**; **county**

coach [kəutʃ] n (bus) автобус;
(horse-drawn) экипаж; (of train)
вагон; (Sport) тренер; (Scol)
репетитор ▷ vt (Sport)
тренировать (perf
натренировать); (Scol): **to coach**
sb for готовить (perf подготовить)
кого-н к +dat

coal [kəul] n уголь m

coalition [kəuə'lɪʃən] n коалиция

coarse [kɔːs] adj грубый

coast [kəust] n берег; (area)
побережье; **coastal** adj
прибрежный; **coastguard** n
офицер береговой службы;
coastline n береговая линия

coat [kəut] n пальто nt ind; (on
animal: fur, wool) шерсть f;
(of paint) слой ▷ vt покрывать
(perf покрыть); **coat hanger** n
вешалка

cobweb ['kɔbweb] n паутина

cocaine [kə'keɪn] n кокаин

cock [kɔk] n петух ▷ vt (gun)
взводить (perf взвести); **cockerel**
['kɔkərl] n петух

Cockney ['kɔknɪ] n ко́кни

● **COCKNEY**

●
● Так называ́ют вы́ходцев из
● восто́чного райо́на Ло́ндона.
● Они́ говоря́т на осо́бом
● диале́кте англи́йского языка́.
● Ко́кни та́кже обознача́ет э́тот
● диале́кт.

cockpit ['kɔkpɪt] n каби́на
cockroach ['kɔkrəutʃ] n тарака́н
cocktail ['kɔkteɪl] n кокте́йль m;
  (with fruit, prawns) сала́т
cocoa ['kəukəu] n кака́о nt ind
coconut ['kəukənʌt] n
  коко́совый оре́х; (flesh) коко́с
COD abbr = **cash on delivery**;
  (US) (= collect on delivery)
  нало́женный платёж
cod [kɔd] n треска́ f no pl
code [kəud] n код; (of behaviour)
  ко́декс; **post code** почто́вый
  и́ндекс
coffee ['kɔfɪ] n ко́фе m ind;
  coffee table n кофе́йный
  сто́лик
coffin ['kɔfɪn] n гроб
cognac ['kɔnjæk] n конья́к
coherent [kəu'hɪərənt] adj
  свя́зный, стро́йный; **she was very
  coherent** её речь была́ о́чень
  свя́зной
coil [kɔɪl] n мото́к ▷ vt
  сма́тывать (perf смота́ть)
coin [kɔɪn] n моне́та ▷ vt
  приду́мывать (perf приду́мать)
coincide [kəuɪn'saɪd] vi
  совпада́ть (perf совпа́сть)
  coincidence [kəu'ɪnsɪdəns] n
  совпаде́ние
coke [kəuk] n кокс
colander ['kɔləndə*] n дуршла́г
cold [kəuld] adj холо́дный ▷ n
  хо́лод; (Med) просту́да; **it's cold**

холо́дно; **I am** or **feel cold** мне
хо́лодно; **to catch cold** or **a cold**
простужа́ться (perf простуди́ться);
in cold blood хладнокро́вно; **cold
sore** n лихора́дка (на губе́ и́ли
носу́)
colic ['kɔlɪk] n ко́лики pl
collapse [kə'læps] vi (building,
  system, plans) ру́шиться (perf
  ру́хнуть); (table etc) скла́дываться
  (perf сложи́ться); (company)
  разоря́ться (perf разори́ться);
  (government) развали́ваться (perf
  развали́ться); (Med: person)
  сва́ливаться (perf) ▷ n (of building)
  обва́л; (of system, plans)
  круше́ние; (of company)
  разоре́ние; (of government)
  паде́ние; (Med) упа́док сил,
  колла́пс
collar ['kɔlə*] n воротни́к; (for
  dog etc) оше́йник; **collarbone** n
  ключи́ца
colleague ['kɔliːg] n колле́га m/f
collect [kə'lɛkt] vt собира́ть (perf
  собра́ть); (stamps etc)
  коллекциони́ровать (impf); (Brit:
  fetch) забира́ть (perf забра́ть);
  (debts etc) взы́скивать (perf
  взыска́ть) ▷ vi (crowd)
  собира́ться (perf собра́ться); **to
  call collect** (US) звони́ть (impf) по
  колле́кту; **collection** [kə'lɛkʃən]
  n (of stamps etc) колле́кция; (for
  charity, also Rel) поже́ртвования
  ntpl; (of mail) вы́емка; **collective**
  adj коллекти́вный; **collector**
  n (of stamps etc) коллекционе́р; (of
  taxes etc) сбо́рщик
college ['kɔlɪdʒ] n учи́лище; (of
  university) ко́лледж; (of technology
  etc) институ́т
collision [kə'lɪʒən] n
  столкнове́ние
colon ['kəulən] n (Ling)

двоето́чие; (*Anat*) пряма́я кишка́

colonel ['kɜːnl] *n* полко́вник

colony ['kɒlənɪ] *n* коло́ния

colour ['kʌlə'] (*US color*) *n* цвет
▷ *vt* раскра́шивать (*perf*
раскра́сить); (*dye*) кра́сить (*perf*
покра́сить); (*fig: opinion*)
окра́шивать (*perf* окра́сить) ▷ *vi*
красне́ть (*perf* покрасне́ть); **skin
colour** цвет ко́жи; **in colour** в
цве́те; **colour in** *vt*
раскра́шивать (*perf*
раскра́сить); **coloured** *adj* цветно́й;
(*character*) кра́сочный;
**colour
film** *n* цветна́я плёнка;
colourful *adj* кра́сочный;
(*character*) кра́сочный; **colouring** *n*
(*of skin*) цвет лица́; (*in food*)
краси́тель *m*; **colour television**
n цветно́й телеви́зор

column ['kɒləm] *n* коло́нна; (*of
smoke*) столб; (*Press*) ру́брика

coma ['kəʊmə] *n*: **to be in a coma**
находи́ться (*impf*) в ко́ме

comb [kəʊm] *n* расчёска;
(*ornamental*) гребень *n*;
расчёсывать (*perf* расчеса́ть); (*fig*)
прочёсывать (*perf* прочеса́ть)

combat [kɒmbæt] *n* бой; (*battle*)
би́тва ▷ *vt* боро́ться (*impf*)
про́тив +*gen*

combination [kɒmbɪ'neɪʃən] *n*
сочета́ние, комбина́ция; (*code*)
код

combine [kəm'baɪn] *vt*
комбини́ровать (*perf*
скомбини́ровать) ▷ *vi* (*groups*)
объединя́ть (*perf*
объедини́ться)

 KEYWORD

come [kʌm] (*pt* came, *pp* come)
vi **1** (*move towards: on foot*)
подходи́ть (*perf* подойти́); (*: by
transport*) подъезжа́ть (*perf*

подъе́хать); **to come running**
подбега́ть (*perf* подбежа́ть)
2 (*arrive: on foot*) приходи́ть
(*perf* прийти́); (*: by transport*)
приезжа́ть (*perf* прие́хать); **he
came running to tell us** он
прибежа́л, сказа́ть нам; **are you
coming to my party?** Вы придёте
ко мне на вечери́нку?; **I've only
come for an hour** я зашёл то́лько
на час
3 (*reach*) доходи́ть (*perf* дойти́)
до +*gen*; **to come to** (*power,
decision*) приходи́ть (*perf* прийти́)
к +*dat*
4 (*occur*): **an idea came to me** мне
в го́лову пришла́ иде́я
5 (*be, become*): **to come into
being** возника́ть (*perf*
возни́кнуть); **to come loose**
отходи́ть (*perf* отойти́); **I've come
to like him** он стал мне нра́виться
come about *vi*: **how did it come
about?** каки́м о́бразом э́то
произошло́?; **it came to pass**;
it came about through … э́то
получи́лось из-за +*gen* …
come across *vt fus*
натáлкиваться (*perf* натолкну́ться)
на +*acc*
come away *vi* уходи́ть (*perf*
уйти́); (*come off*) отходи́ть (*perf*
отойти́)
come back *vi* возвраща́ться
(*perf* возврати́ться), верну́ться
(*perf*)
come by *vt fus* достава́ть (*perf*
доста́ть)
come down *vi* (*price*)
понижа́ться (*perf* пони́зиться); **the
tree came down in the storm**
де́рево снесло́ бу́рей; **the building
will have to come down soon**
зда́ние должно́ ско́ро снести́
come forward *vi* (*volunteer*)

вызыва́ться (*perf* вы́зваться)
come from *vt fus*: **she comes
from India** она́ из Инди́и
come in *vi* (*person*) входи́ть (*perf*
войти́); **to come in on** (*deal*)
вступа́ть (*perf* вступи́ть) в +*acc*;
where does he come in? в чём его́
роль?
come in for *vt fus* подверга́ться
(*perf* подве́ргнуться) +*dat*
come into *vt fus* (*fashion*) входи́ть
(*perf* войти́) в +*acc*; (*money*)
насле́довать (*perf* унасле́довать)
come off *vi* (*button*) отрыва́ться
(*perf* оторва́ться); (*handle*)
отла́мываться (*perf* отломи́ться);
(*can be removed*) снима́ться
(*impf*); (*attempt*) удава́ться (*perf*
уда́ться)
come on *vi* (*pupil*) де́лать (*perf*
сде́лать) успе́хи; (*work*)
продвига́ться (*perf*
продви́нуться); (*lights etc*)
включа́ться (*perf* включи́ться);
come on! ну!, дава́й!
come out *vi* выходи́ть (*perf*
вы́йти); (*stain*) сходи́ть (*perf*
сойти́)
come round *vi* очну́ться (*perf*),
приходи́ть (*perf* прийти́) в себя́
come to *vi* = **come round**
come up *vi* (*sun*) восходи́ть (*perf*
взойти́); (*event*) приближа́ться
(*perf* прибли́зиться); (*questions*)
возника́ть (*perf* возни́кнуть);
something important has come up
случи́лось что-то ва́жное
come up against *vt fus*
ста́лкиваться (*perf* столкну́ться) с
+*instr*
come up with *vt fus* (*idea,
solution*) предлага́ть (*perf*
предложи́ть)
come upon *vt fus* ната́лкиваться
(*perf* натолкну́ться) на +*acc*

comeback ['kʌmbæk] *n*: **to make
a comeback** (*actor etc*) обрета́ть
(*perf* обрести́) но́вую
популя́рность
comedian [kə'miːdɪən] *n* ко́мик
comedy ['kɒmɪdɪ] *n* коме́дия
comet ['kɒmɪt] *n* коме́та
comfort ['kʌmfət] *n* комфо́рт;
(*relief*) утеше́ние ▷ *vt* утеша́ть
(*perf* уте́шить); **comforts** *npl*
(*luxuries*) удо́бства *ntpl*;
comfortable *adj*
комфорта́бельный, удо́бный; **to
be comfortable** (*physically*)
чу́вствовать (*impf*) себя́ удо́бно;
(*financially*) жить (*impf*) в
доста́тке; (*patient*) чу́вствовать
(*impf*) себя́ норма́льно
comic ['kɒmɪk] *adj* коми́ческий,
смешно́й ▷ *n* (*comedian*) ко́мик;
(*Brit: magazine*) ко́микс
comma ['kɒmə] *n* запята́я *f*
command [kə'mɑːnd] *n*
кома́нда; (*control*) контро́ль *m*;
(*mastery*) владе́ние ▷ *vt* (*Mil*)
кома́ндовать (*impf*) +*instr*
commemorate [kə'meməreɪt] *vt*
(*with statue etc*) увекове́чивать
(*perf* увекове́чить); (*with event etc*)
отмеча́ть (*perf* отме́тить)
commence [kə'mɛns] *vt*
приступа́ть (*perf* приступи́ть) к
+*dat* ▷ *vi* начина́ться (*perf*
нача́ться)
commend [kə'mɛnd] *vt* хвали́ть
(*perf* похвали́ть); (*recommend*): **to
commend sth to sb**
рекомендова́ть (*perf*
порекомендова́ть) что-н кому́-н
comment ['kɒmɛnt] *n*
замеча́ние ▷ *vi*: **to comment (on)**
комменти́ровать (*perf*
прокомменти́ровать); **"no
comment"** "возде́рживаюсь от
комента́риев"; **commentary**

['kɔmətərɪ] n (*Sport*) репортáж;
commentator ['kɔmənteɪtər] n
коммента́тор

commerce ['kɔmə:s] n комме́рция
commercial [kə'mə:ʃəl] adj
комме́рческий ⊳ n рекла́ма
commission [kə'mɪʃən] n зака́з;
(*Comm*) комиссио́нные pl adj;
(*committee*) коми́ссия ⊳ vt
зака́зывать (*perf* заказа́ть); **out of
commission** неиспра́вный
commit [kə'mɪt] vt (*crime*)
соверша́ть (*perf* соверши́ть);
(*money*) выделя́ть (*perf*
вы́делить); (*entrust*) вверя́ть (*perf*
вве́рить); **to commit o.s.**
принима́ть (*perf* приня́ть) на себя́
обяза́тельства; **to commit suicide**
поко́нчить (*perf*) жизнь
самоуби́йством; **commitment** n
(*belief*) пре́данность f; (*obligation*)
обяза́тельство
committee [kə'mɪtɪ] n комите́т
commodity [kə'mɔdɪtɪ] n това́р
common ['kɔmən] adj о́бщий;
(*usual*) обы́чный; (*vulgar*)
вульга́рный ⊳ n pl: **the Commons**
(*also* **the House of Commons**:
Brit) Пала́та fsg о́бщин; **to have
sth in common (with sb)** име́ть
(*impf*) что-н о́бщее (с кем-н); **it's
common knowledge that**
общеизве́стно, что; **to** или **for the
common good** для всео́бщего
бла́га; **commonly** adv обы́чно;
commonplace adj обы́чный,
обы́денный

Commonwealth n (*Brit*): **the
Commonwealth** Содру́жество
communal ['kɔmju:nl] adj
(*shared*) о́бщий; (*flat*)
коммуна́льный
commune ['kɔmju:n] n
комму́на
communicate [kə'mju:nɪkeɪt] vt
передава́ть (*perf* переда́ть) ⊳ vi:
to communicate (with) обща́ться
(*impf*) (с +instr)
communication [kəmju:nɪ'keɪʃən]
n коммуника́ция
communion [kə'mju:nɪən] n
(*also* **Holy Communion**) Свято́е
Прича́стие
communism ['kɔmjunɪzəm] n
коммуни́зм
communist ['kɔmjunɪst] adj
коммунисти́ческий ⊳ n
коммуни́ст(ка)
community [kə'mju:nɪtɪ] n
обще́ственность f; (*within larger
group*) общи́на; **the business
community** деловы́е круги́;
community centre n
≈ обще́ственный центр

commuter [kə'mju:tər] n
челове́к, кото́рый е́здит на рабо́ту
из при́города в го́род
compact [kəm'pækt] adj
компа́ктный; **compact disc** n
компа́кт-диск
companion [kəm'pænjən] n
спу́тник(-ица)

company ['kʌmpənɪ] n компа́ния; (Theat) тру́ппа; (companionship) компа́ния, о́бщество; **to keep sb company** составля́ть (perf соста́вить) кому́-н компа́нию

comparable ['kɒmpərəbl] adj (size) сопостави́мый

comparative [kəm'pærətɪv] adj (also Ling) сравни́тельный; **comparatively** adv сравни́тельно

compare [kəm'pɛəʳ] vt: **to compare sb/sth with** or **to** сра́внивать (perf сравни́ть) кого́-н/ что-н с +instr; (set side by side) сопоставля́ть (perf сопоста́вить) кого́-н/что-н с +instr ▷ vi: **to compare (with)** соотноси́ться (impf) (с +instr)

comparison [kəm'pærɪsn] n (also vt) сравне́ние; сопоставле́ние; **in comparison (with)** по сравне́нию or в сравне́нии (с +instr)

compartment [kəm'pɑ:tmənt] n купе́ nt ind; (section) отделе́ние

compass ['kʌmpəs] n ко́мпас; **compasses** npl (also **pair of compasses**) ци́ркуль msg

compassion [kəm'pæʃən] n сострада́ние

compatible [kəm'pætɪbl] adj совмести́мый

compel [kəm'pɛl] vt вынужда́ть (perf вы́нудить); **compelling** adj (argument) убеди́тельный; (reason) настоя́тельный

compensate ['kɒmpənseɪt] vt: **to compensate sb for sth** компенси́ровать (impf/perf) кому́-н что-н ▷ vi: **to compensate for** (distress, loss) компенси́ровать (impf/perf)

compensation [kɒmpən'seɪʃən] n компенса́ция

compete [kəm'pi:t] vi (in contest etc) соrevноsorать (impf); **to compete (with)** (companies) конкури́ровать (impf) (с +instr); (rivals) сопе́рничать (impf) (с +instr)

competent ['kɒmpɪtənt] adj (person) компете́нтный

competition [kɒmpɪ'tɪʃən] n соревнова́ние; (between firms) конкуре́нция; (between rivals) сопе́рничество

competitive [kəm'pɛtɪtɪv] adj (person) честолюби́вый; (price) конкурентоспосо́бный

competitor [kəm'pɛtɪtəʳ] n (rival) сопе́рник, конкуре́нт; (participant) уча́стник(-ица) соревнова́ния

complacent [kəm'pleɪsnt] adj безразли́чие

complain [kəm'pleɪn] vi: **to complain (about)** жа́ловаться (perf пожа́ловаться) (на +acc)

complaint n жа́лоба; **to make a complaint against** подава́ть (perf пода́ть) жа́лобу на +acc

complement ['kɒmplɪmənt] vt дополня́ть (perf допо́лнить)

complete [kəm'pli:t] adj по́лный; (finished) завершённый ▷ vt (building, task) заверша́ть (perf заверши́ть); (set) комплектова́ть (perf укомплектова́ть); (form) заполня́ть (perf запо́лнить); **completely** adv по́лностью, соверше́нно

completion [kəm'pli:ʃən] n (of building, task) заверше́ние

complex ['kɒmplɛks] adj сло́жный ▷ n ко́мплекс

complexion [kəm'plɛkʃən] n (of face) цвет лица́

compliance [kəm'plaɪəns] n

(*submission*) послушáние;
compliance with следование +*dat*
complicate ['kɒmplɪkeɪt] *vt*
усложнять (*perf* усложнить);
complicated *adj* сложный
complication [kɒmplɪ'keɪʃən] *n*
осложнéние
compliment [*n* 'kɒmplɪmənt, *vb*
'kɒmplɪment] *n* комплимéнт,
хвалá ▷ *vt* хвалить (*perf*
похвалить); **compliments** *npl*
(*regards*) наилучшие пожелáния
ntpl; **to compliment sb, pay sb a**
compliment дéлать (*perf* сдéлать)
комý-н комплимéнт;
complimentary [kɒmplɪ'mentərɪ]
adj (*remark*) лéстный; (*ticket etc*)
дарственный
comply [kəm'plaɪ] *vi*: **to comply**
(with) подчиняться (*perf*
подчиниться) (+*dat*)
component [kəm'pəunənt] *adj*
составной ▷ *n* компонéнт
compose [kəm'pəuz] *vt*
сочинять (*perf* сочинить); **to be**
composed of состоять (*impf*) из
+*gen*; **to compose o.s.**
успокáиваться (*perf* успокóиться);
composer *n* композитор
composition [kɒmpə'zɪʃən] *n*
(*structure*) состáв; (*essay*)
сочинéние; (*Mus*) композиция
composure [kəm'pəuʒə^r] *n*
самооблáдание
compound ['kɒmpaund] *n*
(*Chem*) соединéние; (*Ling*)
сложное слóво; (*enclosure*)
кóмплекс
comprehension [kɒmprɪ'henʃən]
n понимáние
comprehensive
[kɒmprɪ'hensɪv] *adj*
исчéрпывающий ▷ *n* (*Brit*: *also*
comprehensive school)
общеобразовáтельная школа

▷ **COMPREHENSIVE SCHOOL**

● **Comprehensive school** —
● общеобразовáтельная школа.
● В Великобритáнии это
● госудáрственная школа для
● детéй в вóзрасте 11-18 лет.

comprise [kəm'praɪz] *vt* (*also*
be comprised of) включáть
(*impf*) в себя, состоять (*impf*) из
+*gen*; (*constitute*) составлять
(*perf* составить)
compromise ['kɒmprəmaɪz] *n*
компромисс ▷ *vt*
компрометировать (*perf*
скомпрометировать) ▷ *vi* идти
(*perf* пойти) на компромисс
compulsive [kəm'pʌlsɪv] *adj*
патологический; (*reading etc*)
захвáтывающий
compulsory [kəm'pʌlsərɪ] *adj*
(*attendance*) обязáтельный;
(*redundancy*) принудительный
computer [kəm'pju:tə^r] *n*
компьютер; **computer game** *n*
компьютерная игрá
computing [kəm'pju:tɪŋ] *n* (*as*
subject) компьютерное дéло
comrade ['kɒmrɪd] *n* товáрищ
con [kɒn] *vt* надувáть (*perf*
надуть) ▷ *n* (*trick*) обмáн,
надувáтельство
conceal [kən'si:l] *vt* укрывáть
(*perf* укрыть); (*keep back*)
скрывáть (*perf* скрыть)
concede [kən'si:d] *vt* признавáть
(*perf* признáть)
conceited [kən'si:tɪd] *adj*
высокомéрный
conceive [kən'si:v] *vt* (*idea*)
задýмывать (*perf* задýмать) ▷ *vi*
забеременеть (*perf*)
concentrate ['kɒnsəntreɪt] *vi*
сосредотóчиваться (*perf*

сосредоточиться),
концентрироваться (*perf*
сконцентрироваться) ▷ *vt*: to
concentrate (on) (*energies*)
сосредоточивать (*perf*
сосредоточить) *or*
концентрировать
(сконцентрировать *perf*) (+*prp* на)

concentration [kɒnsənˈtreɪʃən]
n сосредоточение, концентрация;
(*attention*) сосредоточенность *f*;
(*Chem*) концентрация

concept [ˈkɒnsept] *n* понятие

concern [kənˈsəːn] *n* (*affair*)
дело; (*worry*) тревога,
озабоченность *f*; (*care*) участие;
(*Comm*) предприятие ▷ *vt*
(*worry*) беспокоить (*impf*),
тревожить (*impf*); (*involve*)
вовлекать (*perf* вовлечь); **to be
concerned (about)** беспокоиться
(*impf*) (о +*prp*); **concerning** *prep*
относительно +*gen*

concert [ˈkɒnsət] *n* концерт

concession [kənˈsɛʃən] *n*
(*compromise*) уступка; (*right*)
концессия; (*reduction*) льгота

concise [kənˈsaɪs] *adj* краткий

conclude [kənˈkluːd] *vt*
заканчивать (*perf* закончить),
(*treaty, deal etc*) заключать (*perf*
заключить); (*decide*) приходить
(*perf* прийти) к заключению *or*
выводу

conclusion [kənˈkluːʒən] *n*
заключение; (*of speech*)
окончание; (*of events*)
завершение

concrete [ˈkɒnkriːt] *n* бетон
▷ *adj* бетонный; (*fig*) конкретный

concussion [kənˈkʌʃən] *n*
сотрясение мозга

condemn [kənˈdɛm] *vt* осуждать
(*perf* осудить); (*building*)
браковать (*perf* забраковать)

condensation [kɒndənˈseɪʃən] *n*
конденсация

condition [kənˈdɪʃən] *n*
состояние; (*requirement*) условие
▷ *vt* формировать (*perf*
сформировать); (*hair, skin*)
обрабатывать (*perf* обработать);
conditions *npl* (*circumstances*)
условия *ntpl*; **on condition that**
при условии, что; **conditional**
adj условный; **conditioner** *n*
(*for hair*) бальзам; (*for fabrics*)
смягчающий раствор

condom [ˈkɒndəm] *n*
презерватив

condone [kənˈdəun] *vt*
потворствовать (*impf*) +*dat*

conduct [*n* ˈkɒndʌkt, *vb* kənˈdʌkt]
n (*of person*) поведение ▷ *vt*
(*survey etc*) проводить (*perf*
провести); (*Mus*) дирижировать
(*impf*); (*Phys*) проводить (*impf*); **to
conduct o.s.** вести (*perf* повести)
себя; **conductor** *n* (*Mus*) дирижёр;
(*US: Rail*)
контролёр; (*on bus*) кондуктор

cone [kəun] *n* конус; (*also* **traffic
cone**) конусобразное дорожное
заграждение; (*Bot*) шишка;
(*ice-cream*) мороженое *nt adj*
(трубочка)

confectionery [kənˈfɛkʃənərˈ] *n*
кондитерские изделия *ntpl*

confer [kənˈfəː] *vi* совещаться
(*impf*) ▷ *vt*: **to confer sth (on sb)**
(*honour*) оказывать (*perf* оказать)
что-н (кому-н); (*degree*)
присуждать (*perf* присудить)
что-н (кому-н)

conference [ˈkɒnfərəns] *n*
конференция

confess [kənˈfɛs] *vt* (*guilt,
ignorance*) признавать (*perf*
признать); (*sin*) исповедоваться
(*perf* исповедаться) в +*prp* ▷ *vi*

(*to crime*) признаваться (*perf* признаться); **confession** [kən'feʃən] *n* признание; (*Rel*) исповедь *f*

confide [kən'faɪd] *vi*: **to confide in** доверяться (*perf* довериться) +*dat*

confidence ['kɔnfɪdns] *n* уверенность *f*; (*in self*) уверенность в себе; **in confidence** конфиденциально

confident ['kɔnfɪdənt] *adj* (*see n*) уверенный; уверенный в себе

confidential [kɔnfɪ'denʃəl] *adj* конфиденциальный; (*tone*) доверительный

confine [kən'faɪn] *vt* (*lock up*) запирать (*perf* запереть); (*limit*): **to confine (to)** ограничивать (*perf* ограничить) (+*instr*); **confined** *adj* закрытый

confirm [kən'fəːm] *vt* подтверждать (*perf* подтвердить); **confirmation** [kɔnfə'meɪʃən] *n* подтверждение

conflict ['kɔnflɪkt] *n* конфликт; (*of interests*) столкновение

conform [kən'fɔːm] *vi*: **to conform (to)** подчиняться (*perf* подчиниться) (+*dat*)

confront [kən'frʌnt] *vt* (*problems*) сталкиваться (*perf* столкнуться) с +*instr*, (*enemy*) противостоять (*impf*) +*dat*; **confrontation** [kɔnfrən'teɪʃən] *n* конфронтация

confuse [kən'fjuːz] *vt* запутывать (*perf* запутать); (*mix up*) путать (*perf* спутать); **confused** *adj* (*person*) озадаченный

confusing [kən'fjuːzɪŋ] *adj* запутанный

confusion [kən'fjuːʒən] *n* (*perplexity*) замешательство;

(*mix-up*) путаница; (*disorder*) беспорядок

congestion [kən'dʒɛstʃən] *n* (*on road*) перегруженность *f*; (*in area*) перенаселённость *f*

congratulate [kən'grætjuleɪt] *vt*: **to congratulate sb (on)** поздравлять (*perf* поздравить) кого-н (с +*instr*)

congratulations [kəngrætju'leɪʃənz] *npl* поздравления *ntpl*; **congratulations (on)** (*from one person*) поздравляю (с +*instr*); (*from several people*) поздравляем (с +*instr*)

congregation [kɔŋgrɪ'geɪʃən] *n* прихожане *mpl*, приход

congress ['kɔŋgres] *n* конгресс; (*US*): **Congress** конгресс США; **congressman** *irreg n* (*US*) конгрессмен

conjunction [kən'dʒʌŋkʃən] *n* (*Ling*) союз

conjure ['kʌndʒəʳ] *vt* (*fig*) соображать (*perf* сообразить); **conjure up** *vt* (*memories*) пробуждать (*perf* пробудить)

connect [kə'nɛkt] *vt* (*Elec*) подсоединять (*perf* подсоединить), подключать (*perf* подключить); (*fig: associate*) связывать (*perf* связать) ▷ *vi*: **to connect with** согласовываться (*perf* согласоваться) по расписанию с +*instr*; **to connect sb/sth (to)** соединять (*perf* соединить) кого-н/что-н (с +*instr*); **he is connected with ...** он связан с +*instr* ...; **I am trying to connect you** (*Tel*) я пытаюсь подключить Вас; **connection** [kə'nɛkʃən] *n* связь *f*; (*train etc*) пересадка

conquer ['kɔŋkəʳ] *vt* (*Mil*) завоёвывать (*perf* завоевать);

(overcome) поборо́ть (perf)

conquest ['kɒŋkwɛst] n (Mil)
завоева́ние

cons [kɒnz] npl see **convenience**;
pro

conscience ['kɒnʃəns] n
со́весть f

conscientious [kɒnʃɪ'ɛnʃəs] adj
добросо́вестный

conscious ['kɒnʃəs] adj
(deliberate) созна́тельный;
(aware): **to be conscious of sth/
that** сознава́ть что-н/, что;
the patient was conscious пацие́нт
находи́лся в созна́нии;
consciousness n созна́ние; (of
group) самосозна́ние

consecutive [kən'sɛkjutɪv] adj:
on three consecutive occasions в
трёх слу́чаях подря́д; **on three
consecutive days** три дня подря́д

consensus [kən'sɛnsəs] n
еди́ное мне́ние; **consensus (of
opinion)** консе́нсус

consent [kən'sɛnt] n согла́сие

consequence ['kɒnsɪkwəns] n
сле́дствие; **of consequence**
(significant) значи́тельный; **it's of
little consequence** э́то не име́ет
большо́го значе́ния; **in
consequence** (consequently)
сле́довательно, всле́дствие э́того

consequently ['kɒnsɪkwəntlɪ]
adv сле́довательно

conservation [kɒnsə'veɪʃən] n
(also nature conservation)
охра́на приро́ды, природоохра́на

conservative [kən'sə:vətɪv] adj
консервати́вный; (estimate)
скро́мный; (Brit: Pol): **Conservative**
консервати́вный ⊳ n (Brit):
Conservative консерва́тор

conservatory [kən'sə:vətrɪ] n
застеклённая вера́нда

conserve [kən'sə:v] vt сохраня́ть

(perf сохрани́ть); (energy)
сберега́ть (perf сбере́чь) ⊳ n
варе́нье

consider [kən'sɪdə*] vt (believe)
счита́ть (perf посчита́ть); (study)
рассма́тривать (perf рассмотре́ть);
(take into account) учи́тывать (perf
уче́сть); (regard): **to consider that
...** полага́ть (impf) or счита́ть
(impf), что ...; **to consider sth**
(think about) ду́мать (impf) о
чём-н; **considerable** adj
значи́тельный; **considerably** adv
значи́тельно; **considerate** adj
(person) забо́тливый; (action)
внима́тельный; **consideration**
[kənsɪdə'reɪʃən] n рассмотре́ние,
обду́мывание; (factor)
соображе́ние; (thoughtfulness)
внима́ние; **considering** prep
учи́тывая +acc

consignment [kən'saɪnmənt] n
(Comm) па́ртия

consist [kən'sɪst] vi: **to consist of**
состоя́ть (impf) из +gen

consistency [kən'sɪstənsɪ] n
после́довательность f; (of yoghurt
etc) консисте́нция

consistent [kən'sɪstənt] adj
после́довательный

consolation [kɒnsə'leɪʃən] n
утеше́ние

console [kən'səul] vt утеша́ть
(perf уте́шить)

consonant ['kɒnsənənt] n
согла́сный m adj

conspicuous [kən'spɪkjuəs] adj
заме́тный

conspiracy [kən'spɪrəsɪ] n
за́говор

constable ['kʌnstəbl] (Brit: also
police constable) n
(участко́вый) полице́йский m adj

constant ['kɒnstənt] adj
постоя́нный; (fixed) неизме́нный;

constantly adv постоянно
constipation [kɔnstɪ'peɪʃən] n
запор
constituency [kən'stɪtjuənsɪ] n
(area) избирательный округ
constitute ['kɔnstɪtjuːt] vt
(represent) являться (perf
явиться) +instr; (make up)
составлять (perf составить)
constitution [kɔnstɪ'tjuːʃən] n
(of country, person) конституция;
(of organization) устав
constraint [kən'streɪnt] n
(restriction) ограничение
construct [kən'strʌkt] vt
сооружать (perf соорудить)
construction [kən'strʌkʃən] n
(of building etc) сооружение;
(structure) конструкция
constructive adj
конструктивный
consul ['kɔnsl] n консул;
consulate ['kɔnsjulɪt] n
консульство
consult [kən'sʌlt] vt (friend)
советоваться (perf
посоветоваться) с +instr; (book,
map) справляться (perf
справиться) в +prp; **to consult sb
(about)** (expert)
консультироваться (perf
проконсультироваться) с кем-н
(о +prp); **consultant** n
консультант; (Med) врач-
консультант; **consultation**
[kɔnsəl'teɪʃən] n (Med)
консультация; (discussion)
совещание
consume [kən'sjuːm] vt
потреблять (perf потребить) n
consumer n потребитель m
consumption [kən'sʌmpʃən] n
потребление; (amount) расход
cont. abbr (= continued) n; **cont. on**
продолжение на +prp

contact ['kɔntækt] n
(communication) контакт; (touch)
соприкосновение; (person)
деловой(-ая) знакомый(-ая) m(f)
▷ vt связываться (perf
связаться) с +instr; **contact
lenses** npl контактные линзы fpl
contagious [kən'teɪdʒəs] adj
заразный; (fig) заразительный
contain [kən'teɪn] vt (hold)
вмещать (perf вместить); (include)
содержать (impf); (curb)
сдерживать (perf сдержать); **to
contain o.s.** сдерживаться (perf
сдержаться); **container** n
контейнер
contemplate ['kɔntəmpleɪt] vt
(consider) размышлять (impf) о
+prp; (look at) созерцать (impf)
contemporary [kən'tempərərɪ]
adj современный ▷
современник(-ица)
contempt [kən'tempt] n
презрение; **contempt of court**
оскорбление суда
contend [kən'tend] vt: **to
contend that** утверждать (impf),
что ▷ vi: **to contend with**
(problem etc) бороться (impf) с
+instr; **to contend for** (power)
бороться (impf) за +acc
content [n 'kɔntent, adj, vb
kən'tent] n содержание ▷ adj
довольный ▷ vt (satisfy)
удовлетворять (perf
удовлетворить); **contents** npl
(of bottle etc) содержимое ntsg;
adj (of book) содержание ntsg;
(table of) contents оглавление;
contented adj довольный
contest [n 'kɔntest, vb kən'test] n
(sport) соревнование; (beauty)
конкурс; (for power etc) борьба
▷ vt оспаривать (perf оспорить);
(election, competition) бороться

(*impf*) на +*prp*; **contestant**
[kən'testənt] *n* участник(-ница)

context ['kɔntekst] *n* контекст

continent ['kɔntɪnənt] *n*
континент, материк; **the Continent**
(*Brit*) Европа (*кроме британских
островов*)

continental [kɔntɪ'nentl] *adj*
(*Brit*) европейский

● **CONTINENTAL BREAKFAST**
●
● **Continental breakfast** —
● европейский завтрак. В
● европейский завтрак входят
● хлеб, масло и джем. Его подают
● в гостиницах вместо
● традиционного завтрака из
● бекона и яичницы.

continental quilt *n* (*Brit*)
стёганое одеяло

continual [kən'tɪnjuəl] *adj*
непрерывный, постоянный;
continually *adv* непрерывно,
постоянно

continue [kən'tɪnjuː] *vi* (*carry
on*) продолжаться (*impf*); (*after
interruption: talk*) продолжаться
(*perf* продолжиться); (: *person*)
продолжать (*perf* продолжить)
▷ *vt* продолжать (*perf*
продолжить)

continuity [kɔntɪ'njuːɪtɪ] *n*
преемственность *f*

continuous [kən'tɪnjuəs] *adj*
непрерывный; (*line*) сплошной

contraception [kɔntrə'sepʃən] *n*
предупреждение беременности

contraceptive [kɔntrə'septɪv] *n*
противозачаточное средство,
контрацептив

contract [*n* 'kɔntrækt, *vb*
kən'trækt] *n* договор, контракт
▷ *vi* сжиматься (*perf* сжаться)

▷ *vt* (*Med*) заболевать (*perf*
заболеть) +*instr*; **contractor**
[kən'træktər] *n* подрядчик

contradict [kɔntrə'dɪkt] *vt*
(*person*) возражать (*perf*
возразить) +*dat*; (*statement*)
возражать (*perf* возразить) на
+*acc*; **contradiction**
[kɔntrə'dɪkʃən] *n* противоречие

contrary ['kɔntrərɪ] *adj*
противоположный ▷ *n*
противоположность *f*; **on the
contrary** напротив, наоборот;
unless you hear to the contrary
если не будет других инструкций

contrast [*n* 'kɔntraːst, *vb*
kən'traːst] *n* контраст ▷ *vt*
сопоставлять (*perf* сопоставить);
in contrast to *or* **with** по контрасту
с +*instr*

contribute [kən'trɪbjuːt] *vi* (*give*)
делать (*perf* сделать) вклад ▷ *vt*
(*money, an article*) вносить (*perf*
внести); **to contribute to** (*to
charity*) жертвовать (*perf*
пожертвовать) на +*acc* or для
+*gen*; (*to paper*) писать (*perf*
написать) для +*gen*; (*to
discussion*) вносить (*perf* внести)
вклад в +*prp*; (*to problem*)
усугублять (*perf* усугубить)

contribution [kɔntrɪ'bjuːʃən] *n*
(*donation*) пожертвование, вклад;
(*to debate, campaign*) вклад; (*to
journal*) публикация

contributor [kən'trɪbjuːtər] *n* (*to
appeal*) жертвователь *m*; (*to
newspaper*) автор

control [kən'trəul] *vt*
контролировать (*impf*) ▷ *n* (*of
country, organization*) контроль *m*;
(*of o.s.*) самообладание; **controls**
npl (*of vehicle*) управление; (*on
radio etc*) ручки *fpl* настройки; **to
control o.s.** сохранять (*perf*

сохрани́ть самооблада́ние; **to be in control of** контроли́ровать (*impf*); **everything is under control** всё под контро́лем; **out of control** неуправля́емый

controversial [kɔntrə'vəːʃl] *adj* спо́рный; (*person, writer*) неоднозна́чный

controversy ['kɔntrəvəːsɪ] *n* диску́ссия, спор

convenience [kən'viːnɪəns] *n* удо́бство; **at your convenience** когда́ Вам бу́дет удо́бно; **a flat with all modern conveniences** *or* (*Brit*) **all mod cons** кварти́ра со все́ми удо́бствами

convenient [kən'viːnɪənt] *adj* удо́бный

convent ['kɔnvənt] *n* (*Rel*) (же́нский) монасты́рь *m*

convention [kən'vɛnʃən] *n* (*custom*) усло́вность *f*; (*conference*) конфере́нция; (*agreement*) конве́нция; **conventional** *adj* традицио́нный; (*methods, weapons*) обы́чный

conversation [kɔnvə'seɪʃən] *n* бесе́да, разгово́р; **to have a conversation with sb** разгова́ривать (*impf*) *or* бесе́довать (побесе́довать *perf*) с кем-н

conversely [kɔn'vəːslɪ] *adv* наоборо́т

conversion [kən'vəːʃən] *n* обраще́ние; (*of weights*) перево́д; (*of substances*) превраще́ние

convert [*vb* kən'vəːt, *n* 'kɔnvəːt] *vt* (*person*) обраща́ть (обрати́ть *perf*) в новообращённый(-ая)*m(f) adj*; **to convert sth into** превраща́ть (преврати́ть *perf*) что-н в +*acc*

convey [kən'veɪ] *vt* передава́ть

(*perf* переда́ть); (*cargo, person*) перевози́ть (*perf* перевезти́)

convict [*vb* kən'vɪkt, *n* 'kɔnvɪkt] *vt* осужда́ть (*perf* осуди́ть) ⊳ *n* ка́торжник; **conviction** [kən'vɪkʃən] *n* (*belief*) убежде́ние; (*certainty*) убеждённость *f*; (*Law*) осужде́ние; (*: previous*) суди́мость *f*

convince [kən'vɪns] *vt* (*assure*) уверя́ть (*perf* уве́рить); (*persuade*) убежда́ть (*perf* убеди́ть); **convinced** *adj*: **convinced of/that** убеждённый в +*prp*/, что; **convincing** [kən'vɪnsɪŋ] *adj* убеди́тельный

convoy ['kɔnvɔɪ] *n* (*of trucks*) коло́нна; (*of ships*) конво́й

cook [kuk] *vt* гото́вить (*perf* пригото́вить) ⊳ *vi* (*person*) гото́вить (*impf*); (*food*) гото́виться (*impf*) ⊳ *n* по́вар; **cooker** *n* плита́; **cookery** *n* кулинари́я; **cookery book** *n* (*Brit*) пова́ренная *or* кулина́рная кни́га; **cookie** *n* (*esp US*) пече́нье; **cooking** *n* гото́вка; **I like cooking** я люблю́ гото́вить

cool [kuːl] *adj* прохла́дный; (*dress, clothes*) лёгкий; (*person: calm*) невозмути́мый; (*: hostile*) холо́дный; (*inf: great*) круто́й ⊳ *vi* (*water, air*) остыва́ть (*perf* осты́ть); **cool!** (*inf*) здо́рово!

cooperate [kəu'ɔpəreɪt] *vi* (*collaborate*) сотру́дничать (*impf*); (*assist*) соде́йствовать (*impf*)

cooperation [kəuɔpə'reɪʃən] *n* (*see vi*) коопера́ция, сотру́дничество; соде́йствие

cop [kɔp] *n* (*Brit: inf*) мент

cope [kəup] *vi*: **to cope with** справля́ться (*perf* спра́виться) с +*instr*

copper ['kɔpəʳ] *n* (*metal*) медь *f*

copy ['kɔpɪ] n (duplicate) ко́пия; (of book etc) экземпля́р ▷ vt копи́ровать (perf скопи́ровать); **copyright** n а́вторское пра́во, копира́йт

coral ['kɔrəl] n кора́лл

cord [kɔːd] n (string) верёвка; (Elec) шнур; (fabric) вельве́т; (Elec) шнур; (fabric) вельве́т

corduroy ['kɔːdərɔɪ] n вельве́т

core [kɔːʳ] n сердцеви́на; (of problem) суть f ▷ vt выреза́ть (perf вы́резать) сердцеви́ну +gen

coriander [kɔrɪ'ændəʳ] n (spice) кинза́, кориа́ндр

cork [kɔːk] n про́бка; **corkscrew** n што́пор

corn [kɔːn] n (Brit) зерно́; (US: maize) кукуру́за; (on foot) мозо́ль f; **corn on the cob** поча́ток кукуру́зы

corner ['kɔːnəʳ] n у́гол; (Sport. also **corner kick**) углово́й m adj (уда́р)

cornflour ['kɔːnflauəʳ] n (Brit) кукуру́зная мука́

coronary ['kɔrənərɪ] n (also **coronary thrombosis**) корона́рный тромбо́з

coronation [kɔrə'neɪʃən] n корона́ция

coroner ['kɔrənəʳ] n (Law) ко́ронер (судья́, рассле́дующий причи́ны сме́рти, происше́дшей при подозри́тельных обстоя́тельствах)

corporal ['kɔːpərl] adj: **corporal punishment** теле́сное наказа́ние

corporate ['kɔːpərɪt] adj (ownership) о́бщий; (identity) корпорати́вный

corporation [kɔːpə'reɪʃən] n (Comm) корпора́ция

corps [kɔːʳ] n (pl **corps**) n (also Mil) ко́рпус

corpse [kɔːps] n труп

correct [kə'rɛkt] adj пра́вильный; (proper) соотве́тствующий ▷ vt исправля́ть (perf испра́вить); (exam) проверя́ть (perf прове́рить); **correction** [kə'rɛkʃən] n исправле́ние; (mistake corrected) попра́вка

correspond [kɔrɪs'pɔnd] vi: to **correspond (with)** (write) перепи́сываться (impf) (c +instr); (tally) согласо́вываться (impf) (c +instr); (equate) to **correspond (to)** соотве́тствовать (impf) (+dat); **correspondence** n (letters) перепи́ска; (: in business) корреспонде́нция; (relationship) соотноше́ние; **correspondent** n (Press) корреспонде́нт(ка)

corridor ['kɔrɪdɔːʳ] n коридо́р; (in train) прохо́д

corrupt [kə'rʌpt] adj прода́жный, коррумпи́рованный ▷ vt развраща́ть (perf разврати́ть); **corruption** [kə'rʌpʃən] n корру́пция, прода́жность f

cosmetic [kɔz'mɛtɪk] n (usu pl) косме́тика

cosmopolitan [kɔzmə'pɔlɪtn] adj (place) космополити́ческий

cost [kɔst] (pt, pp **cost**) n (price) сто́имость f ▷ vt сто́ить (impf) ▷ (pt, pp **costed**) (find out cost of) рассчи́тывать (perf рассчита́ть) сто́имость +gen; **costs** npl (Comm) расхо́ды mpl; (Law) суде́бные изде́ржки fpl; **how much does it cost?** ско́лько э́то сто́ит?; to **cost sb sth** (time, job) сто́ить (impf) кому́-н чего́-н; **at all costs** любо́й цено́й; **costly** adj (expensive) дорогосто́ящий; **cost of living** n сто́имость f жи́зни

costume ['kɔstjuːm] n костю́м; (Brit: also **swimming costume**)

cosy ['kəʊzɪ] (*US* **cozy**) *adj* (*room, atmosphere*) уютный

cot [kɒt] *n* (*Brit*) детская кроватка; (*US: camp bed*) койка

cottage ['kɒtɪdʒ] *n* коттедж

cotton ['kɒtn] *n* (*fabric*) хлопок, хлопчатобумажная ткань *f*; (*thread*) (швейная) нитка; **cotton wool** *n* (*Brit*) вата

couch [kaʊtʃ] *n* тахта, диван

cough [kɒf] *vi* кашлять (*impf*) ⊳ *n* кашель *m*

could [kʊd] *pt of* **can²**; **couldn't** ['kʊdnt] = **could not**

council ['kaʊnsl] *n* совет; **city or town council** муниципалитет, городской совет; **council house** *n* (*Brit*) дом, принадлежащий муниципалитету; **councillor** *n* член муниципалитета; **council tax** *n* (*Brit*) муниципальный налог

counsel ['kaʊnsl] *n* (*advice*) совет; (*lawyer*) адвокат ⊳ *vt*: **to counsel sth/sb to do** советовать (*perf* посоветовать) что-н/кому-н +*infin*; **counsellor** *n* (*advisor*) советник; (*US: lawyer*) адвокат

count [kaʊnt] *vt* считать (*perf* посчитать); (*include*) считать (*impf*) ⊳ *vi* считать (*perf* сосчитать); (*qualify*) считаться (*impf*); (*matter*) иметь (*impf*) значение ⊳ *n* подсчёт; (*level*) уровень *m*; **count on** *vt fus* рассчитывать (*impf*) на +*acc*; **countdown** *n* обратный счёт

counter ['kaʊntə] *n* (*in shop, café*) прилавок; (*in bank, post office*) стойка; (*in game*) фишка ⊳ *vt* (*oppose*) опровергать (*perf* опровергнуть) ⊳ *adv*: **counter to** в противовес +*dat*

counterpart ['kaʊntəpɑːt] *n* (*of person*) коллега *m/f*

countless ['kaʊntlɪs] *adj* несчётный, бесчисленный

country ['kʌntrɪ] *n* страна; (*native land*) родина; (*rural area*) деревня; **countryside** *n* деревня, сельская местность *f*

county ['kaʊntɪ] *n* графство

coup [kuː] (*pl* **coups**) *n* (*also* **coup d'état**) государственный переворот

couple ['kʌpl] *n* (*married couple*) (супружеская) пара; (*of people, things*) пара; **a couple of** (*some*) пара +*gen*

coupon ['kuːpɒn] *n* (*voucher*) купон; (*form*) талон

courage ['kʌrɪdʒ] *n* смелость *f*, храбрость *f*; **courageous** [kə'reɪdʒəs] *adj* смелый, храбрый

courgette [kʊə'ʒet] *n* (*Brit*)

молодо́й кабачо́к

courier ['kuərɪə] *n* курье́р; (*for tourists*) руководи́тель *m* гру́ппы

course [kɔːs] *n* курс; (*of events, time*) ход; (*of action*) направле́ние; (*of river*) тече́ние; (*of action*) first/last course пе́рвое/сла́дкое блю́до; **of course** коне́чно

court [kɔːt] *n* (*Law*) суд; (*Sport*) корт; (*royal*) двор; **to take sb to court** подава́ть (*perf* пода́ть) на кого́-н в суд

courtesy ['kɜːtəsɪ] *n* ве́жливость *f*; **(by) courtesy of** благодаря́ любе́зности +*gen*

courtroom ['kɔːtruːm] *n* зал суда́

courtyard ['kɔːtjɑːd] *n* вну́тренний двор

cousin ['kʌzn] *n* (*also* **first cousin**: *male*) двою́родный брат; (: *female*) двою́родная сестра́

cover ['kʌvə'] *vt* закрыва́ть (*perf* закры́ть); (*with cloth*) укрыва́ть (*perf* укры́ть); (*distance*) покрыва́ть (*perf* покры́ть); (*topic*) рассма́тривать (*perf* рассмотре́ть); (*include*) охва́тывать (*perf* охвати́ть); (*Press*) освеща́ть (*perf* освети́ть) ▷ *n* (*for furniture, machinery*) чехо́л; (*of book etc*) обло́жка; (*shelter*) укры́тие; **covers** *npl* (*on bed*) посте́льное бельё *ntsg*; **he was covered in** *or* **with** (*mud*) он был покры́т +*instr*; **to take cover** укрыва́ться (*perf* укры́ться); **under cover** в укры́тии; **under cover of darkness** под покро́вом темноты́; **cover up** *vt* закрыва́ть (*perf* закры́ть) ▷ *vi* (*fig*): **to cover up for sb** покрыва́ть (*perf* покры́ть) кого́-н; **coverage** *n* освеще́ние

cow [kau] *n* (*also infl*) коро́ва (*also f*)

coward ['kauəd] *n* трус(и́ха);

cowardly *adj* трусли́вый

cowboy ['kaubɔɪ] *n* ковбо́й

cozy ['kəuzɪ] *adj* (*US*) = **cosy**

crab [kræb] *n* краб

crack [kræk] *n* (*noise*) треск; (*gap*) щель *f*; (*in dish, wall*) тре́щина ▷ *vt* (*whip, twig*) щёлкать (*perf* щёлкнуть) +*instr*; (*dish etc*) раска́лывать (*perf* расколо́ть); (*nut*) коло́ть (*perf* расколо́ть); (*problem*) реша́ть (*perf* реши́ть); (*code*) разга́дывать (*perf* разгада́ть); (*joke*) отпуска́ть (*perf* отпусти́ть)

crackle ['krækl] *vi* потре́скивать (*impf*)

cradle ['kreɪdl] *n* (*crib*) колыбе́ль *f*

craft [krɑːft] *n* (*trade*) ремесло́; (*boat*: *pl inv*) кора́бль *f*

craftsman *irreg n* реме́сленник;

craftsmanship *n* (*quality*) вы́делка; (*skill*) мастерство́

cram [kræm] *vt*: **to cram sth with** набива́ть (*perf* наби́ть) что-н +*instr*; **to cram sth into** вти́скивать (*perf* вти́снуть) что-н в +*acc*

cramp [kræmp] *n* су́дорога

cramped *adj* те́сный

crane [kreɪn] *n* (*Tech*) (подъёмный) кран

crash [kræʃ] *n* (*noise*) гро́хот; (*of car*) ава́рия; (*of plane, train*) круше́ние ▷ *vt* разбива́ть (*perf* разби́ть) ▷ *vi* разбива́ться (*perf* разби́ться); (*two cars*) ста́лкиваться (*perf* столкну́ться)

crash course *n* интенси́вный курс; **crash helmet** *n* защи́тный шлем

crate [kreɪt] *n* деревя́нный я́щик; (*for bottles*) упако́вочный я́щик

crave [kreɪv] *vt*, *vi*: **to crave sth** *or* **for sth** жа́ждать (*impf*) чего́-н

crawl [krɔːl] *vi* (*move*) по́лзать/

полэтй (*impf*) ▷ *n* (*Sport*) кроль *f*

craze [kreɪz] *n* повальное увлечение

crazy ['kreɪzɪ] *adj* сумасшедший; **he's crazy about skiing** (*inf*) он помешан на лыжах; **to go crazy** помешаться (*perf*)

cream [kri:m] *n* сливки *pl*; (*cosmetic*) крем ▷ *adj* (*colour*) кремовый; **creamy** *adj* (*taste*) сливочный

crease [kri:s] *n* (*fold*) складка; (: *in trousers*) стрелка; (*in dress, on brow*) морщина

create [kri:'eɪt] *vt* (*impression*) создавать (создать *perf*); (*invent*) творить (*impf*), создавать (*perf* создать)

creation [kri:'eɪʃən] *n* создание; (*Rel*) сотворение

creative [kri:'eɪtɪv] *adj* творческий

creature ['kri:tʃə*r*] *n* (*animal*) существо; (*person*) создание

crèche [krɛʃ] *n* (детские) ясли *pl*

credentials [krɪ'dɛnʃlz] *npl* (*references*) квалификация *fsg*; (*for identity*) рекомендательное письмо *ntsg*, рекомендация *fsg*

credibility [krɛdɪ'bɪlɪtɪ] *n* (*see adj*) правдоподобность *f*; авторитет

credible ['krɛdɪbl] *adj* вероятный, правдоподобный; (*person*) авторитетный

credit ['krɛdɪt] *n* (*Comm*) кредит; (*recognition*) должное *nt adj* ▷ *vt* (*Comm*) кредитовать (*impf/perf*); **to credit sb with sth** (*sense etc*) приписывать (*perf* приписать) кому-н что-н; **credits** *npl* (*Cinema, TV*) титры *mpl*; **credit card** *n* кредитная карточка; **credit crunch** *n* кредитный кризис

creek [kri:k] *n* узкий залив; (*US: stream*) ручей

creep [kri:p] (*pt, pp* **crept**) *vi* (*person, animal*) красться (*impf*) ▷ *n* (*inf*) подхалим(ка)

crept [krɛpt] *pt, pp of* **creep**

crescent ['krɛsnt] *n* полумесяц

cress [krɛs] *n* кресс-салат

crest [krɛst] *n* (*of hill*) гребень *f*; (*of bird*) хохолок, гребешок; (*coat of arms*) герб

crew [kru:] *n* экипаж; (*TV, Cinema*) съёмочная группа

cricket ['krɪkɪt] *n* (*game*) крикет; (*insect*) сверчок

crime [kraɪm] *n* преступление; (*illegal activity*) преступность *f*

criminal ['krɪmɪnl] *n* преступник(-ица) ▷ *adj* (*illegal*) преступный

crimson ['krɪmzn] *adj* малиновый, тёмно-красный

cripple ['krɪpl] *n* калека *m/f* ▷ *vt* (*person*) калечить (*perf* искалечить)

crisis ['kraɪsɪs] (*pl* **crises**) *n* кризис

crisp [krɪsp] *adj* (*food*) хрустящий; (*weather*) свежий; (*reply*) чёткий; **crisps** *npl* (*Brit*) чипсы *pl*

criterion [kraɪ'tɪərɪən] (*pl* **criteria**) *n* критерий

critic ['krɪtɪk] *n* критик; **critical** *adj* критический; (*person, opinion*) критичный; **he is critical** (*Med*) он в критическом состоянии; **criticism** ['krɪtɪsɪzəm] *n* критика; (*of book*) критический разбор; **criticize** ['krɪtɪsaɪz] *vt* критиковать (*impf*)

Croatia [krəu'eɪʃə] *n* Хорватия

crockery ['krɔkərɪ] *n* посуда

crocodile ['krɔkədaɪl] *n* крокодил

crocus ['krəʊkəs] n шафра́н
crook [krʊk] n (criminal) жу́лик;
crooked ['krʊkɪd] adj криво́й;
(dishonest) жулика́ватый;
(business) жульни́ческий
crop [krɒp] n
(сельскохозя́йственная) культу́ра;
(harvest) урожа́й; (also **riding
crop**) плеть f
cross [krɒs] n крест; (mark)
кре́стик; (Bio) по́месь f ▷ vt
пересека́ть (perf пересе́чь),
переходи́ть (perf перейти́);
(cheque) кросси́ровать (impf/perf);
(arms etc) скре́щивать (perf
скрести́ть) ▷ vi серди́ться (perf
рассерди́ться); **cross out** vt вычёркивать (perf
вы́черкнуть); **crossing** n
перепра́ва; (also **pedestrian
crossing**) перехо́д; **crossroads**
n перекрёсток; **crossword** n
кроссво́рд
crotch [krɒtʃ] n проме́жность f;
the trousers are tight in the crotch
брю́ки жмут в шагу́
crouch [kraʊtʃ] vi приседа́ть
(perf присе́сть)
crow [krəʊ] n (bird) воро́на
crowd [kraʊd] n толпа́;
crowded adj (area)
перенаселённый; **the room was
crowded** ко́мната была́ полна́
люде́й
crown [kraʊn] n коро́на; (of
head) маку́шка; (of hill) верши́на;
(of tooth) коро́нка ▷ vt
коронова́ть (impf/perf); **the Crown**
(Брита́нская) Коро́на
crucial ['kru:ʃl] adj реша́ющий;
(work) ва́жный
crude [kru:d] adj (materials)
сыро́й; (fig: basic) примити́вный;
(: vulgar) гру́бый
cruel ['kru:əl] adj жесто́кий;
cruelty n жесто́кость f

cruise [kru:z] n круи́з ▷ vi
крейси́ровать (impf)
crumb [krʌm] n (of cake etc)
кро́шка
crumble ['krʌmbl] vt кроши́ть
(perf раскроши́ть) ▷ vi осыпа́ться
(perf осы́паться); (fig) ру́шиться
(perf ру́хнуть)
crunch [krʌntʃ] vt (food etc)
грызть (perf разгры́зть) ▷ n (fig):
the crunch крити́ческий or
реша́ющий моме́нт; **crunchy** adj
хрустя́щий
crush [krʌʃ] vt (squash)
выжима́ть (perf вы́жать);
(crumple) мять (perf смять);
(defeat) сокруша́ть (perf
сокруши́ть); (upset) уничтожа́ть
(perf уничто́жить) ▷ n (crowd)
да́вка; **to have a crush on sb**
сходи́ть (impf) с ума́ по кому́-н
crust [krʌst] n ко́рка; (of earth)
кора́
crutch [krʌtʃ] n (Med) косты́ль m
cry [kraɪ] vi пла́кать (impf); (also
cry out) крича́ть (perf кри́кнуть)
▷ n крик
crystal ['krɪstl] n (glass)
хруста́ль; (Chem) криста́лл
cub [kʌb] n детёныш
Cuba ['kju:bə] n Ку́ба
cube [kju:b] n (also Math) куб
▷ vt возводи́ть (perf возвести́) в
куб
cubicle ['kju:bɪkl] n (at pool)
каби́нка
cuckoo ['kʊku:] n куку́шка
cucumber ['kju:kʌmbə*] n
огуре́ц
cuddle ['kʌdl] vt обнима́ть (perf
обня́ть) ▷ vi обнима́ться (perf
обня́ться) ▷ n ла́ска
cue [kju:] n кий; (Theat) ре́плика
cuff [kʌf] n (of sleeve) манже́та;
(US: of trousers) отворо́т; (blow)

шлепо́к; **off the cuff** экспро́мтом

cuisine [kwɪ'zi:n] *n* ку́хня (*куша́нья*)

cul-de-sac ['kʌldəsæk] *n* тупи́к

culprit ['kʌlprɪt] *n* (*person*) вино́вник(-ница)

cult [kʌlt] *n* (*also Rel*) культ

cultivate ['kʌltɪveɪt] *vt* (*crop, feeling*) культиви́ровать (*impf*); (*land*) возде́лывать (*impf*)

cultural ['kʌltʃərəl] *adj* культу́рный

culture ['kʌltʃə] *n* культу́ра

cunning ['kʌnɪŋ] *n* хи́трость *f* ⊳ *adj* (*crafty*) хи́трый

cup [kʌp] *n* ча́шка; (*as prize*) ку́бок; (*of bra*) ча́шечка

cupboard ['kʌbəd] *n* шкаф

curator [kjuə'reɪtə] *n* храни́тель *m*

curb [kə:b] *vt* (*powers etc*) обу́здывать (*perf* обузда́ть) ⊳ *n* (*US: kerb*) бордю́р

cure [kjuə] *vt* вы́лечивать (*perf* вы́лечить); (*Culin*) обраба́тывать (*perf* обрабо́тать) ⊳ *n* лека́рство; (*solution*) сре́дство

curfew ['kə:fju:] *n* коменда́нтский час

curiosity [kjuərɪ'ɔsɪtɪ] *n* (*see adj*) любопы́тство; любозна́тельность *f*

curious ['kjuərɪəs] *adj* любопы́тный; (*interested*) любозна́тельный

curl [kə:l] *n* (*of hair*) ло́кон, зави́ток ⊳ *vt* (*hair*) завива́ть (*perf* зави́ть); (: *tightly*) закру́чивать (*perf* закрути́ть) ⊳ *vi* ви́ться (*impf*); **curly** *adj* выю́щийся

currant ['kʌrnt] *n* (*dried grape*) изю́минка; **currants** (*dried grapes*) кишми́ш

currency ['kʌrnsɪ] *n* валю́та

current ['kʌrnt] *n* (*of air, water*) пото́к; (*Elec*) ток ⊳ *adj* (*present*) теку́щий, совреме́нный; (*accepted*) общепри́нятый; **current account** (*Brit*) теку́щий счёт; **current affairs** *npl* теку́щие собы́тия *ntpl*; **currently** *adv* в да́нный *or* настоя́щий моме́нт

curriculum [kə'rɪkjuləm] (*pl* **curriculums** *or* **curricula**) *n* (*Scol*) (уче́бная) програ́мма; **curriculum vitae** [kərɪkjuləm'vi:taɪ] *n* автобиогра́фия

curry ['kʌrɪ] *n* блю́до с ка́рри

curse [kə:s] *n* прокля́тие; (*swearword*) руга́тельство

curt [kə:t] *adj* ре́зкий

curtain ['kə:tn] *n* за́навес; (*light*) занаве́ска

curve [kə:v] *n* изги́б

cushion ['kuʃən] *n* поду́шка ⊳ *vt* смягча́ть (*perf* смягчи́ть)

custard ['kʌstəd] *n* заварно́й крем

custody ['kʌstədɪ] *n* опе́ка; **to take into custody** брать (*perf* взять) под стра́жу

custom ['kʌstəm] *n* (*traditional*) тради́ция; (*convention*) обы́чай; (*habit*) привы́чка

customer ['kʌstəmə] *n* (*of shop*) покупа́тель(ница) *m(f)*; (*of business*) клие́нт, зака́зчик

customs ['kʌstəmz] *npl* тамо́жня *fsg*

cut [kʌt] (*pt, pp* **cut**) *vt* (*bread, meat*) ре́зать (*perf* разре́зать); (*hand, knee*) ре́зать (*perf* поре́зать); (*grass, hair*) стричь (*perf* постри́чь); (*text*) сокраща́ть (*perf* сократи́ть); (*spending, supply*) уреза́ть (*perf* уре́зать); (*prices*) снижа́ть (*perf* сни́зить) ⊳ *vi* ре́зать (*impf*) ⊳ *n* (*in skin*) поре́з; (*in salary, spending*) снижение; (of meat) кусок; **cut down** vt (tree) срубать (perf срубить); (consumption) сокращать (perf сократить); **cut off** vt отрезать (perf отрезать); (electricity, water) отключать (perf отключить); (Tel) разъединять (perf разъединить); **cut out** vt (remove) вырезать (perf вырезать); (stop) прекращать (perf прекратить); **cut up** vt разрезать (perf разрезать)

cute [kju:t] adj (sweet) милый, прелестный

cutlery ['kʌtləri] n столовый прибор

cut-price (US **cut-rate**) adj по сниженной цене

cut-rate adj (US) = **cut-price**

cutting ['kʌtɪŋ] adj (edge) острый; (remark etc) язвительный ▷ n (Brit: Press) вырезка; (from plant) черенок

CV n abbr = **curriculum vitae**

cyberspace ['saibəspeis] n киберпространство

cycle ['saikl] n цикл; (bicycle) велосипед

cyclone ['saikləun] n циклон

cylinder ['silində] n цилиндр; (of gas) баллон

cymbals ['simblz] npl тарелки fpl

cynical ['sinikl] adj циничный

Cyprus ['saiprəs] n Кипр

cystitis [sis'taitis] n цистит

Czech [tʃɛk] adj чешский ▷ n чех (чешка); **Czech Republic** n: **the Czech Republic** Чешская Республика

D [di:] n (Mus) ре

dab [dæb] vt (eyes, wound) промокнуть (perf); (paint, cream) наносить (perf нанести)

dad [dæd] n (inf) папа m, папочка m; **daddy** n (inf) = **dad**

daffodil ['dæfədil] n нарцисс

daft [dɑ:ft] adj (ideas) дурацкий; (person) чокнутый

dagger ['dægə] n кинжал

daily ['deili] adj (dose) суточный; (routine) повседневный; (wages) дневной ▷ n (also **daily paper**) ежедневная газета ▷ adv ежедневно

dairy ['deəri] n (Brit: shop) молочный магазин; (for making butter) маслодельня; (for making cheese) сыроварня; **dairy farm** молочная ферма; **dairy products** молочные продукты mpl

daisy ['deizi] n маргаритка

dam [dæm] n да́мба ▷ vt
перекрыва́ть (perf перекры́ть)
да́мбой

damage ['dæmɪdʒ] n (harm)
уще́рб; (dents etc) повреждёние;
(fig) вред ▷ vt повреждáть (perf
повреди́ть); (fig) вреди́ть (perf
повреди́ть) +dat; **damages** npl
(Law) компенса́ция fsg

damn [dæm] vt осуждáть (perf
осуди́ть) ▷ adj (inf: also **damned**)
прокля́тый ▷ n (inf): **I don't give a
damn** мне плева́ть; **damn (it)!** чёрт
возьми́ or побери́!

damp [dæmp] adj (building, wall)
сыро́й; (cloth) вла́жный ▷ n
сы́рость f ▷ vt (also **dampen**)
сма́чивать (perf смочи́ть); (: fig)
охлаждáть (perf охлади́ть)

dance [dɑːns] n та́нец; (social
event) та́нцы mpl ▷ vi танцевáть
(impf); **dancer** n
танцо́вщик(-ица); (for fun) танцо́р

dandelion ['dændɪlaɪən] n
одува́нчик

danger ['deɪndʒəʳ] n опа́сность f;
"danger!" "опа́сно!"; **in/out of
danger** вне/вне опа́сности; **he is in
danger of losing his job** ему́ грози́т
поте́ря рабо́ты; **dangerous** adj
опа́сный

Danish ['deɪnɪʃ] adj да́тский
▷ npl: **the Danish** датча́не

dare [dɛəʳ] vt: **to dare sb to do**
вызывáть (perf вы́звать) кого́-н
+infin ▷ vi: **to dare (to) do** сметь
(perf посме́ть) +infin; **I dare say** я
сме́ю заме́тить

daring ['dɛərɪŋ] adj (audacious)
де́рзкий; (bold) сме́лый

dark [dɑːk] adj тёмный;
(complexion) сму́глый ▷ n: **in the
dark** в темноте́; **dark blue** etc
тёмно-си́ний etc; **after dark** по́сле
наступле́ния темноты́; **darkness**

n темнота́; **darkroom** n тёмная
ко́мната, прояви́тельная
лаборато́рия

darling ['dɑːlɪŋ] adj дорого́й(-áя)
m(f) adj

dart [dɑːt] n (in game) дро́тик
(для игры́ в дарт); (in sewing)
вы́тачка; **darts** n дарт

dash [dæʃ] n (drop) ка́пелька;
(sign) тире́ nt ind ▷ vt (throw)
швыря́ть (perf швырну́ть);
(shatter: hopes) разруша́ть (perf
разру́шить), разбивáть (perf
разби́ть) ▷ vi: **to dash towards**
рвану́ться (perf) к +dat

dashboard ['dæʃbɔːd] n (Aut)
прибо́рная пане́ль f

data ['deɪtə] npl да́нные pl adj;
database n ба́за да́нных

date [deɪt] n (day) число́, да́та;
(with friend) свида́ние; (fruit)
фи́ник ▷ vt дати́ровать (impf/
perf); (person) встречáться (impf)
с +instr; **date of birth** да́та
рождéния; **to date** на
сего́дняшний день; **out of date**
устаре́лый; (expired)
просро́ченный; **up to date**
совреме́нный; **dated** adj
устаре́лый

daughter ['dɔːtəʳ] n дочь f;
daughter-in-law n сноха́

daunting ['dɔːntɪŋ] adj
устраша́ющий

dawn [dɔːn] n (of day) рассве́т

day [deɪ] n (period) су́тки pl, день
m; (daylight: hours) день m;
(heyday) вре́мя nt; **the day before**
накану́не; **the day before
yesterday** позавчера́; **the day
after** на сле́дующий день; **the day
after tomorrow** послеза́втра; **the
day before yesterday**
позавчера́; **the following day** на
сле́дующий день; **by day** днём;
daylight n дневно́й свет; **day
return** n (Brit) обра́тный биле́т

(действительный в течение одного дня); **daytime** *n* день *m*

dazzle ['dæzl] *vt (blind)* ослеплять *(perf* ослепить)

DC *abbr (= direct current)* постоянный ток

dead [dɛd] *adj* мёртвый; *(arm, leg)* онемелый ⊳ *adv (inf: completely)* абсолютно; *(inf: directly)* прямо ⊳ *npl*: **the dead** мёртвые *pl adj*; *(in accident, war)* погибшие *pl adj*; **the battery is dead** батарейка села; **the telephone is dead** телефон отключился; **to shoot sb dead** застрелить *(perf)* кого-н; **dead tired** смертельно усталый *or* уставший; **dead end** *n* тупик; **deadline** *n* последний *or* предельный срок; **deadly** *adj (lethal)* смертоносный; **Dead Sea** *n*: **the Dead Sea** Мёртвое море

deaf [dɛf] *adj (totally)* глухой

deal [diːl] *(pt, pp* dealt*) n (agreement)* сделка ⊳ *vt (blow)* наносить *(perf* нанести); *(cards)* сдавать *(perf* сдать); **a great deal (of)** очень много *(+gen)*; **deal in** *vt fus (Comm, drugs)* торговать *(impf)* +*instr*; **deal with** *vt fus (problem)* решить *(perf)*; *(subject)* заниматься *(perf* заняться) +*instr*; **dealt** [dɛlt] *pt, pp of* **deal**

dean [diːn] *n (Scol)* декан

dear [dɪəˣ] *adj* дорогой ⊳ *n*: **(my) dear** *(to man, boy)* дорогой (мой); *(to woman, girl)* дорогая (моя) ⊳ *excl*: **dear me!** о, Господи!; **Dear Sir** уважаемый господин; **Dear Mrs Smith** дорогая *or* уважаемая миссис Смит; **dearly** *adv (love)* очень; *(pay)* дорого

death [dɛθ] *n* смерть *f*; **death**

penalty *n* смертная казнь *f*

debate [dɪ'beɪt] *n* дебаты *pl* ⊳ *vt (topic)* обсуждать *(perf* обсудить)

debit ['dɛbɪt] *vt*: **to debit a sum to sb** *or* **to sb's account** дебетовать *(impf/perf)* сумму с кого-н *or* с чьего-н счёта; *see also* **direct debit**

debris ['dɛbriː] *n* обломки *mpl*, развалины *fpl*

debt [dɛt] *n (sum)* долг; **to be in debt** быть *(impf)* в долгу

debug [diː'bʌg] *vt (Comput)* отлаживать *(perf* отладить) +*gen*

decade ['dɛkeɪd] *n* десятилетие *nt*

decaffeinated [dɪ'kæfineɪtɪd] *adj*: **decaffeinated coffee** кофе без кофеина

decay [dɪ'keɪ] *n* разрушение

deceased [dɪ'siːst] *n*: **the deceased** покойн(-ая) *m(f) adj*

deceit [dɪ'siːt] *n* обман

deceive [dɪ'siːv] *vt* обманывать *(perf* обмануть)

December [dɪ'sɛmbəˣ] *n* декабрь *m*

decency ['diːsənsɪ] *n (propriety)* благопристойность *f*

decent ['diːsənt] *adj (wages, meal)* приличный; *(behaviour, person)* порядочный

deception [dɪ'sɛpʃən] *n* обман

deceptive [dɪ'sɛptɪv] *adj* обманчивый

decide [dɪ'saɪd] *vt (settle)* решать *(perf* решить) ⊳ *vi*: **to decide to do/that** решить *(perf)* +*infin*, что; **to decide on** останавливаться *(perf* остановиться) на +*prp*

deciduous [dɪ'sɪdjuəs] *adj* листопадный

decision [dɪ'sɪʒən] *n* решение

decisive [dɪ'saɪsɪv] *adj* решительный

deck [dɛk] *n (Naut)* палуба; *(of*

cards) колода; (*also* **record deck**) проигрыватель *m*; **top deck** (*of bus*) верхний этаж; **deckchair** *n* шезлонг

declaration [dεklə'reɪʃən] *n* (*statement*) декларация; (*of war*) объявление

declare [dɪ'klεəʳ] *vt* (*state*) объявлять (*perf* объявить); (*for tax*) декларировать (*impf/perf*)

decline [dɪ'klaɪn] *n* (*drop*) падение; (*in strength*) упадок; (*lessening*) уменьшение; **to be in** *or* **on the decline** быть (*impf*) в упадке

decorate ['dεkəreɪt] *vt* (*room etc*) отделывать (*perf* отделать); (*adorn*): **to decorate (with)** украшать (*perf* украсить) +*instr*

decoration [dεkə'reɪʃən] *n* (*on tree, dress*) украшение; (*medal*) награда

decorator ['dεkəreɪtəʳ] *n* обойщик

decrease ['di:kri:s] *vt* уменьшать (*perf* уменьшить) ▷ *vi* уменьшаться (*perf* уменьшиться) ▷ *n*: **decrease (in)** уменьшение (+*gen*)

decree [dɪ'kri:] *n* постановление

dedicate ['dεdɪkeɪt] *vt*: **to dedicate to** посвящать (*perf* посвятить) +*dat*

dedication [dεdɪ'keɪʃən] *n* (*devotion*) преданность *f*; (*in book etc*) посвящение

deduction [dɪ'dʌkʃən] *n* (*conclusion*) умозаключение; (*subtraction*) вычитание; (*amount*) вычет

deed [di:d] *n* (*feat*) деяние, поступок; (*Law*) акт

deep [di:p] *adj* глубокий; (*voice*) низкий *n* ▷ *adv*: **the spectators**

stood 20 deep зрители стояли в 20 рядов; **the lake is 4 metres deep** глубина озера — 4 метра; **deep blue** *etc* тёмно-синий *etc*; **deeply** *adv* глубоко

deer [dɪəʳ] *n inv* олень *m*

defeat [dɪ'fi:t] *n* поражение ▷ *vt* наносить (*perf* нанести) поражение +*dat*

defect ['di:fεkt] *n* (*in product*) дефект; (*of plan*) недостаток; **defective** [dɪ'fεktɪv] *adj* (*goods*) дефектный

defence [dɪ'fεns] (*US* **defense**) *n* защита; (*Mil*) оборона

defend [dɪ'fεnd] *vt* защищать (*perf* защитить); (*Law*) защищать (*impf*); **defendant** *n* подсудимый(-ая) *m(f) adj*, обвиняемый(-ая) *m(f) adj*; (*in civil case*) ответчик(-ица) *m(f)*; **defender** *n* защитник

defense (*US*) = **defence**

defensive [dɪ'fεnsɪv] *adj* (*weapons, measures*) оборонительный; (*behaviour, manner*) вызывающий ▷ *n*: **he was on the defensive** он был готов к обороне

defer [dɪ'fə:ʳ] *vt* отсрочивать (*perf* отсрочить)

defiance [dɪ'faɪəns] *n* вызов; **in defiance of** вопреки +*dat*

defiant [dɪ'faɪənt] *adj* (*person, reply*) дерзкий; (*tone*) вызывающий

deficiency [dɪ'fɪʃənsɪ] *n* (*lack*) нехватка

deficient [dɪ'fɪʃənt] *adj*: **to be deficient in** (*lack*) испытывать (*impf*) недостаток в +*prp*

deficit ['dεfɪsɪt] *n* (*Comm*) дефицит

define [dɪ'faɪn] *vt* определять (*perf* определить); (*word etc*) давать (*perf* дать) определение +*dat*

definite ['dɛfɪnɪt] *adj* определённый; he was definite about it его мнение на этот счёт было определённым; **definitely** *adv* определённо; (*certainly*) несомненно

definition [dɛfɪ'nɪʃən] *n* (*of word*) определение

deflate [di:'fleɪt] *vt* (*tyre, balloon*) спускать (*perf* спустить)

deflect [dɪ'flɛkt] *vt* (*shot*) отражать (*perf* отразить); (*criticism*) отклонять (*perf* отклонить); (*attention*) отвлекать (*perf* отвлечь)

defuse [di:'fju:z] *vt* разряжать (*perf* разрядить)

defy [dɪ'faɪ] *vt* (*resist*) оспаривать (*perf* оспорить); (*fig: description etc*) не поддаваться (*impf*) +*dat*; **to defy sb to do** (*challenge*) призывать (*perf* призвать) кого-н +*infin*

degree [dɪ'gri:] *n* (*extent*) степень *f*; (*unit of measurement*) градус; (*Scol*) (учёная) степень; **by degrees** постепенно; **to some degree, to a certain degree** до некоторой степени

delay [dɪ'leɪ] *vt* (*decision, event*) откладывать (*perf* отложить); (*person, plane etc*) задерживать (*perf* задержать) ▷ *vi* медлить (*impf*) ▷ *n* задержка; **to be delayed** задерживаться (*impf*); **without delay** незамедлительно

delegate [*n* 'dɛlɪgɪt, *vb* 'dɛlɪgeɪt] *n* делегат ▷ *vt* (*task*) поручать (*perf* поручить)

deliberate [*adj* dɪ'lɪbərɪt, *vb* dɪ'lɪbəreɪt] *adj* (*intentional*) намеренный; (*slow*) неторопливый ▷ *vi* совещаться

(*impf*); (*person*) раздумывать (*impf*); **deliberately** *adv* (*see adj*) намеренно, нарочно; неторопливо

delicacy ['dɛlɪkəsɪ] *n* тонкость *f*; (*food*) деликатес

delicate ['dɛlɪkɪt] *adj* тонкий; (*problem*) деликатный; (*health*) хрупкий

delicatessen [dɛlɪkə'tɛsn] *n* гастрономия, магазин деликатесов

delicious [dɪ'lɪʃəs] *adj* очень вкусный; (*smell*) восхитительный

delight [dɪ'laɪt] *n* (*feeling*) восторг ▷ *vt* радовать (*perf* порадовать); **to take (a) delight in** находить (*impf*) удовольствие в +*prp*; **delighted** *adj*: **(to be) delighted (at or with)** (*быть* (*impf*) в восторге (от +*gen*); he was delighted to see her он был рад видеть её

delightful *adj* восхитительный

delinquent [dɪ'lɪŋkwənt] *adj* преступный

deliver [dɪ'lɪvər] *vt* (*goods*) доставлять (*perf* доставить); (*letter*) вручать (*perf* вручить); (*message*) передавать (*perf* передать); (*speech*) произносить (*perf* произнести); (*baby*) принимать (*perf* принять); **delivery** *n* (*of goods*) доставка; (*of baby*) роды *pl*; **to take delivery of** получать (*perf* получить)

delusion [dɪ'lu:ʒən] *n* заблуждение

demand [dɪ'mɑ:nd] *vt* требовать (*perf* потребовать) +*gen* ▷ *n* (*request, claim*) требование; (*Econ*): **demand (for)** спрос (на +*acc*); **to be in demand** (*commodity*) пользоваться (*impf*) спросом; **on demand** по требованию; **demanding** adj (boss) требовательный; (child) трудный; (work: requiring effort) тяжёлый

demise [dɪˈmaɪz] n (fig) упадок

demo [ˈdɛməu] n abbr (inf) = **demonstration**

democracy [dɪˈmɔkrəsɪ] n (system) демократия; (country) демократическая страна

democrat [ˈdɛməkræt] n демократ; **Democrat** (US) член партии демократов; **democratic** [dɛməˈkrætɪk] adj демократический; **Democratic Party** (US) партия демократов

demolish [dɪˈmɔlɪʃ] vt сносить (perf снести); (argument) разгромить (perf)

demolition [dɛməˈlɪʃən] n (see vb) снос; разгром

demon [ˈdiːmən] n демон

demonstrate [ˈdɛmənstreɪt] vt демонстрировать (perf продемонстрировать) ▷ vi: to **demonstrate** (for/against) демонстрировать (impf) (за +acc/ против +gen)

demonstration [dɛmənˈstreɪʃən] n демонстрация

den [dɛn] n (of animal, person) логово

denial [dɪˈnaɪəl] n отрицание; (refusal) отказ

denim [ˈdɛnɪm] n джинсовая ткань n; **denims** npl (jeans) джинсы pl

Denmark [ˈdɛnmɑːk] n Дания

denounce [dɪˈnauns] vt (condemn) осуждать (perf осудить); (inform on) доносить (perf донести) на +acc

dense [dɛns] adj (smoke, foliage etc) густой; (inf: person) тупой

density [ˈdɛnsɪtɪ] n плотность f;

single/double-density disk диск с одинарной/двойной плотностью

dent [dɛnt] n (in metal) вмятина ▷ vt (also **make a dent in**: car etc) оставлять (perf оставить) вмятину на +acc

dental [ˈdɛntl] adj зубной

dentist [ˈdɛntɪst] n зубной врач, стоматолог

dentures [ˈdɛntʃəz] npl зубной протез msg

deny [dɪˈnaɪ] vt отрицать (impf); (allegation) отвергать (perf отвергнуть); (refuse): to **deny sb sth** отказывать (perf отказать) кому-н в чём-н

deodorant [diːˈəudərənt] n дезодорант

depart [dɪˈpɑːt] vi (person) отбывать (perf отбыть); (bus, train) отправляться (perf отправиться); (plane) улетать (perf улететь); to **depart from** (fig) отклоняться (perf отклониться) от +gen

department [dɪˈpɑːtmənt] n (in shop) отдел; (Scol) отделение; (Pol) ведомство, департамент; **department store** n универсальный магазин, универмаг

departure [dɪˈpɑːtʃəʳ] n (see vi) отъезд; отправление; вылет; **departure lounge** n зал вылета

depend [dɪˈpɛnd] vi: to **depend on** зависеть (impf) от +gen; (trust) полагаться (perf положиться) на +acc; **it depends** смотря по обстоятельствам, как получится; **depending on ...** в зависимости от +gen ...; **dependent** adj; **dependent (on)** зависимый (от +gen) ▷ n иждивенец(-нка)

depict [dɪˈpɪkt] vt изображать (perf изобразить)

deport [dɪ'pɔːt] *vt* депортировать (*impf/perf*); (*criminal*) высылать

deposit [dɪ'pɔzɪt] *n* (*in account*) депозит, вклад; (*down payment*) первый взнос, задаток; (*of ore, oil*) залежь *f* ▷ *vt* (*money*) помещать (*perf* поместить); (*bag*) сдавать (*perf* сдать); **deposit account** *n* депозитный счёт

depot ['depəu] *n* (*storehouse*) склад; (*for buses*) парк; (*for trains*) депо *nt ind*; (*US: station*) станция

depress [dɪ'prɛs] *vt* (*Psych*) подавлять (*impf*), угнетать (*impf*); **depressed** *adj* (*person*) подавленный, угнетённый; (*prices*) сниженный; **depressed area** район, переживающий экономический упадок; **depressing** *adj* (*news, outlook*) удручающий; **depression** [dɪ'prɛʃən] *n* депрессия; (*Meteorology*) область *f* низкого давления

deprive [dɪ'praɪv] *vt*: **to deprive sb of** лишать (*perf* лишить) кого-н +*gen*; **deprived** *adj* бедный; (*family, child*) обездоленный

depth [dɛpθ] *n* глубина́; **in the depths of despair** в глубоком отчаянии; **to be out of one's depth** (*in water*) не доставать (*impf*) до дна

deputy ['dɛpjutɪ] *n* заместитель *m*; (*Pol*) депутат ▷ *cpd*: **deputy chairman** заместитель председателя; **deputy head** (*Brit: Scol*) заместитель директора

derelict ['dɛrɪlɪkt] *adj* заброшенный

derive [dɪ'raɪv] *vt*: **to derive (from)** (*pleasure*) получать (*perf* получить) (от +*gen*); (*benefit*) извлекать (*perf* извлечь) (из +*gen*)

descend [dɪ'sɛnd] *vt* (*stairs*) спускаться (*perf* спуститься) по +*dat*; (*hill*) спускаться (*perf* спуститься) с +*gen* ▷ *vi* (*go down*) спускаться (*perf* спуститься); **descendant** *n* потомок

descent [dɪ'sɛnt] *n* спуск; (*Aviat*) снижение; (*origin*) происхождение

describe [dɪs'kraɪb] *vt* описывать (*perf* описать)

description [dɪs'krɪpʃən] *n* описание; (*sort*) род

desert *n* ['dɛzət, *vb* dɪ'zəːt] *n* пустыня ▷ *vt* покидать (*perf* покинуть) ▷ *vi* (*Mil*) дезертировать (*impf/perf*)

deserve [dɪ'zəːv] *vt* заслуживать (*perf* заслужить)

design [dɪ'zaɪn] *n* дизайн; (*process: of designs*) моделирование; (*sketch: of building*) проект; (*pattern*) рисунок ▷ *vt* (*house, kitchen*) проектировать (*perf* спроектировать); (*product, test*) разрабатывать (*perf* разработать)

designate ['dɛzɪgneɪt] *vt* (*nominate*) назначать (*perf* назначить); (*indicate*) обозначать (*perf* обозначить)

designer [dɪ'zaɪnər] *n* (*also* **fashion designer**) модельер; (*Art*) дизайнер; (*of machine*) конструктор

desirable [dɪ'zaɪərəbl] *adj* (*proper*) желательный

desire [dɪ'zaɪər] *n* желание ▷ *vt* (*want*) желать (*impf*)

desk [dɛsk] *n* (*in office, study*) (письменный) стол; (*for pupil*) парта; (*in hotel, at airport*) стойка; (*Brit: cash desk*) касса

despair [dɪs'pɛər] *n* отчаяние ▷ *vi*: **to despair of sth/doing** отчаиваться (*perf* отчаяться) в чём-н/+*infin*

despatch [dɪsˈpætʃ] n, vt
= dispatch

desperate [ˈdɛspərɪt] adj (action,
situation) отчаянный; (criminal)
отъявленный; **to be desperate**
(person) быть (impf) в отчаянии;
to be desperate to do жаждать
(impf) +infin; **to be desperate for
money** крайне нуждаться (impf) в
деньгах; **desperately** adv
отчаянно; (very) чрезвычайно

desperation [dɛspəˈreɪʃən] n
·отчаяние

despise [dɪsˈpaɪz] vt презирать
(impf)

despite [dɪsˈpaɪt] prep несмотря
на +acc

dessert [dɪˈzəːt] n десерт

destination [dɛstɪˈneɪʃən] n (of
person) цель f; (of mail) место
назначения

destined [ˈdɛstɪnd] adj: **he is
destined to do** ему суждено +infin;
to be destined for
предназначаться (impf) для +gen

destiny [ˈdɛstɪnɪ] n судьба

destroy [dɪsˈtrɔɪ] vt уничтожать
(perf уничтожить), разрушать
(perf разрушить)

destruction [dɪsˈtrʌkʃən] n
уничтожение, разрушение

destructive [dɪsˈtrʌktɪv] adj
(capacity, force) разрушительный;
(criticism) сокрушительный;
(emotion) губительный

detached [dɪˈtætʃt] adj
беспристрастный; **detached house**
особняк

detail [ˈdiːteɪl] n подробность f,
деталь f ⊳ vt перечислять (perf
перечислить); **in detail** подробно,
в деталях; **detailed** adj
детальный, подробный

detain [dɪˈteɪn] vt задерживать
(perf задержать); (in hospital)

detect [dɪˈtɛkt] vt обнаруживать
(perf обнаружить); (sense)
чувствовать (perf почувствовать);
detection [dɪˈtɛkʃən] n
(discovery) обнаружение;
detective n сыщик, детектив;
detention [dɪˈtɛnʃən] n
(imprisonment) содержание под
стражей; (arrest) задержание;
(Scol): **to give sb detention** кого-н
оставлять (perf оставить) после
уроков

⊳ **DETENTION**

⊳
• В британских школах детей,
• нарушающих дисциплину, в
• качестве наказания могут
• оставить после уроков в школе.

deter [dɪˈtəː] vt удерживать (perf
удержать)

detergent [dɪˈtəːdʒənt] n
моющее средство

deteriorate [dɪˈtɪərɪəreɪt] vi
ухудшаться (perf ухудшиться)

determination [dɪtəːmɪˈneɪʃən]
n (resolve) решимость f;
(establishment) установление

determine [dɪˈtəːmɪn] vt (find
out) устанавливать (perf
установить); (establish, dictate)
определять (perf определить);
determined adj решительный,
волевой; **determined to do**
полный решимости +infin

deterrent [dɪˈtɛrənt] n средство
сдерживания, сдерживающее
средство; **nuclear deterrent**
средство ядерного сдерживания

detour [ˈdiːtuə] n (also US)
объезд

detract [dɪˈtrækt] vi: **to detract
from** умалять (perf умалить)

detrimental [dɛtrɪ'mɛntl] *adj*:
detrimental to вре́дный для +*gen*

devastating ['dɛvəsteɪtɪŋ] *adj*
(*weapon, storm*) разруши́тельный;
(*news, effect*) ошеломля́ющий

develop [dɪ'vɛləp] *vt* (*idea,
industry*) развива́ть (*perf* разви́ть);
(*plan, resource*) разраба́тывать
(*perf* разрабо́тать); (*land*)
застра́ивать (*perf* застро́ить);
(*Phot*) проявля́ть (*perf* прояви́ть)
▷ *vi* (*evolve, advance*)
развива́ться (*perf* разви́ться);
(*appear*) проявля́ться (*perf*
прояви́ться); **development** *n*
разви́тие; (*of resources*)
разрабо́тка; (*of land*) застро́йка

device [dɪ'vaɪs] *n* (*apparatus*)
устро́йство, прибо́р

devil ['dɛvl] *n* дья́вол, чёрт

devious ['di:vɪəs] *adj* (*person*)
лука́вый

devise [dɪ'vaɪz] *vt* разраба́тывать
(*perf* разрабо́тать)

devote [dɪ'vəut] *vt*: **to devote sth
to** посвяща́ть (*perf* посвяти́ть)
что-н +*dat*; **devoted** *adj* (*admirer,
partner*) пре́данный; **his book is
devoted to Scotland** его́ кни́га
посвящена́ Шотла́ндии

devotion [dɪ'vəuʃən] *n*
пре́данность *f*; (*Rel*) поклоне́ние

devout [dɪ'vaut] *adj* (*Rel*)
благочести́вый

dew [dju:] *n* роса́

diabetes [daɪə'bi:ti:z] *n* диабе́т

diabetic [daɪə'bɛtɪk] *n* диабе́тик

diagnose [daɪəg'nəuz] *vt* (*illness*)
диагности́ровать (*impf/perf*);
(*problem*) определя́ть (*perf*
определи́ть)

diagnosis [daɪəg'nəusɪs] (*pl*
diagnoses) *n* диа́гноз

diagonal [daɪ'ægənl] *adj*
диагона́льный

diagram ['daɪəgræm] *n* схе́ма

dial ['daɪəl] *n* (*of clock*)
цифербла́т; (*of radio*) регуля́тор
настро́йки ▷ *vt* (*number*)
набира́ть (*perf* набра́ть)

dialect ['daɪəlɛkt] *n* диале́кт

dialling tone ['daɪəlɪŋ-] (*US* **dial
tone**) *n* непреры́вный гудо́к

dialogue ['daɪəlɔg] (*US* **dialog**) *n*
диало́г

diameter [daɪ'æmɪtə']*n* диа́метр

diamond ['daɪəmənd] *n* алма́з;
(*cut diamond*) бриллиа́нт; (*shape*)
ромб; **diamonds** *npl* (*Cards*)
бу́бны *fpl*

diaper ['daɪəpə'] *n* (*US*)
подгу́зник

diarrhoea [daɪə'ri:ə] (*US*
diarrhea) *n* поно́с

diary ['daɪərɪ] *n* (*journal*)
дневни́к; (*engagements book*)
ежедне́вник

dice [daɪs] *npl inv* (*in game*) ку́бик
▷ *vt* ре́зать (*perf* наре́зать)
ку́биками

dictate [dɪk'teɪt] *vt* диктова́ть
(*perf* продиктова́ть)

dictator [dɪk'teɪtə'] *n* дикта́тор

dictionary ['dɪkʃənrɪ] *n*
словарь *m*

did [dɪd] *pt of* **do**

didn't ['dɪdnt] = **did not**

die [daɪ] *vi* (*person, emotion*)
умира́ть (*perf* умере́ть); (*smile,
light*) угаса́ть (*perf* угасну́ть); **to be
dying for sth/to do** до́ сме́рти
хоте́ть (*impf*) чего-н/+*infin*

diesel ['di:zl] *n* ди́зель *m*; (*also
diesel oil*) ди́зельное то́пливо

diet ['daɪət] *n* дие́та

differ ['dɪfə'] *vi*: **to differ (from)**
отлича́ться (*impf* +*gen*);
(*disagree*): **to differ about**
расходи́ться (*perf* разойти́сь) в
вопро́се +*gen*; **difference** *n*

разли́чие; (*in size, age*) ра́зница; (*disagreement*) разногла́сие;
different *adj* друго́й, ино́й; (*various*) разли́чный; **to be different from** отлича́ться (*impf*) от +*gen*; **differentiate** [dɪfə'renʃɪeɪt] *vi*: **to differentiate (between)** проводи́ть (*perf* провести́) разли́чие (ме́жду +*instr*); **differently** *adv* (*otherwise*) ина́че, по-друго́му; (*in different ways*) по-ра́зному

difficult ['dɪfɪkəlt] *adj* тру́дный, тяжёлый; **difficulty** *n* тру́дность *f*, затрудне́ние

dig [dɪg] (*pt, pp* **dug**) *vt* (*hole*) копа́ть (*perf* вы́копать), рыть (*perf* вы́рыть); (*garden*) копа́ть (*perf* вскопа́ть) ▷ *n* (*prod*) толчо́к; (*excavation*) раско́пки *fpl*; **to dig one's nails into** впива́ться (*perf* впи́ться) ногтя́ми в +*acc*; **dig up** *vt* (*plant*) выка́пывать (*perf* вы́копать); (*information*) раска́пывать (*perf* раскопа́ть)

digest [daɪ'dʒest] *vt* (*food*) перева́ривать (*perf* перевари́ть); (*facts*) усва́ивать (*perf* усво́ить); **digestion** [dɪ'dʒestʃən] *n* пищеваре́ние

digit ['dɪdʒɪt] *n* (*number*) ци́фра; **digital** *adj*: **digital watch** электро́нные часы́ *mpl*

dignified ['dɪgnɪfaɪd] *adj* по́лный досто́инства

dignity ['dɪgnɪtɪ] *n* досто́инство

dilemma [daɪ'lemə] *n* диле́мма

dilute [daɪ'lu:t] *vt* (*liquid*) разбавля́ть (*perf* разба́вить)

dim [dɪm] *adj* (*outline, memory*) сму́тный; (*light*) ту́склый; (*room*) пло́хо освещённый ▷ *vt* (*light*) приглуша́ть (*perf* приглуши́ть)

dimension [daɪ'menʃən] *n* (*measurement*) измере́ние; (*also*

pl: scale, size) разме́ры *mpl*; (*aspect*) аспе́кт

diminish [dɪ'mɪnɪʃ] *vi* уменьша́ться (*perf* уме́ньшиться)

din [dɪn] *n* гро́хот

dine [daɪn] *vi* обе́дать (*perf* пообе́дать); **diner** *n* (*person*) обе́дающий(-ая) *m(f) adj*; (*US*) дешёвый рестора́н

dinghy ['dɪŋgɪ] *n* (*also* **sailing dinghy**) шлю́пка; (*also* **rubber dinghy**) надувна́я ло́дка

dingy ['dɪndʒɪ] *adj* (*streets, room*) мра́чный; (*clothes, curtains etc*) замы́занный

dining room ['daɪnɪŋ-] *n* столо́вая *f adj*

dinner ['dɪnə'] *n* (*evening meal*) у́жин; (*lunch, banquet*) обе́д; **dinner jacket** *n* смо́кинг; **dinner party** *n* зва́ный обе́д

dinosaur ['daɪnəsɔ:'] *n* диноза́вр

dip [dɪp] *n* (*depression*) впа́дина; (*Culin*) со́ус ▷ *vt* (*immerse*) погружа́ть (*perf* погрузи́ть), окуна́ть (*perf* окуну́ть); (: *in liquid*) мака́ть (*perf* макну́ть), обма́кивать (*perf* обмакну́ть); (*Brit: Aut: lights*) приглуша́ть (*perf* приглуши́ть) ▷ *vi* (*ground, road*) идти́ (*perf* пойти́) под укло́н; **to go for a dip** окуна́ться (*perf* окуну́ться)

diploma [dɪ'pləumə] *n* дипло́м

diplomacy [dɪ'pləuməsɪ] *n* диплома́тия

diplomat ['dɪpləmæt] *n* диплома́т; **diplomatic** [dɪplə'mætɪk] *adj* (*Pol*) дипломати́ческий; (*tactful*) дипломати́чный

dire [daɪə'] *adj* (*consequences*) злове́щий; (*poverty, situation*) жу́ткий

direct [daɪ'rekt] *adj* прямо́й ▷ *adv* пря́мо ▷ *vt* (*company,*

project etc) руководи́ть *(impf)*
+instr; (play, film) ста́вить *(perf*
поста́вить); **to direct (towards** or
at) *(attention, remark)* направля́ть
(perf напра́вить) (на *+acc);* **to**
direct sb to do *(order)* веле́ть
(impf) кому́-н *+infin;* **can you direct**
me to ...? Вы не ука́жете, где
нахо́дится ...?; **direct debit** n
(Brit: Comm) прямо́е дебети́рование

direction [dɪˈrɛkʃən] n *(way)*
направле́ние; **directions** npl
(instructions) указа́ния ntpl; **to**
have a good sense of direction
хорошо́ ориенти́роваться *(perf);*
directions for use инстру́кция

directly [dɪˈrɛktlɪ] adv пря́мо; *(at*
once) сейча́с же; *(as soon as)* как
то́лько

director [dɪˈrɛktə^r] n *(Comm)*
дире́ктор; *(of project)*
руководи́тель m; *(TV, Cinema)*
режиссёр

directory [dɪˈrɛktərɪ] n
спра́вочник

dirt [dəːt] n грязь f; **dirty** adj
гря́зный ▷ vt па́чкать *(perf*
испа́чкать)

disability [dɪsəˈbɪlɪtɪ] n:
(physical) disability инвали́дность
f no pl; **mental disability**
у́мственная неполноце́нность f

disabled [dɪsˈeɪbld] adj *(mentally)*
у́мственно неполноце́нный;
(physically): **disabled person**
инвали́д ▷ npl: **the disabled**
инвали́ды mpl

disadvantage [dɪsədˈvɑːntɪdʒ] n
недоста́ток

disagree [dɪsəˈgriː] vi *(differ)*
расходи́ться *(perf* разойти́сь); **to**
disagree (with) *(oppose)* не
соглаша́ться *(perf* согласи́ться) (с
+instr); **I disagree with you** я с
Ва́ми не согла́сен; **disagreement**

n разногла́сие; *(opposition):*
disagreement with несогла́сие с
+instr

disappear [dɪsəˈpɪə^r] vi исчеза́ть
(perf исче́знуть); **disappearance**
n исчезнове́ние

disappoint [dɪsəˈpɔɪnt] vt
разочаро́вывать *(perf*
разочарова́ть); **disappointed** adj
разочаро́ванный; **disappointing**
adj: **the film is rather**
disappointing э́тот фильм
не́сколько разочаро́вывает;
disappointment n
разочарова́ние

disapproval [dɪsəˈpruːvəl] n
неодобре́ние

disapprove [dɪsəˈpruːv] vi: **to**
disapprove (of) не одобря́ть *(impf)*
(+acc)

disarm [dɪsˈɑːm] vt *(Mil)*
разоружа́ть *(perf* разоружи́ть);
disarmament n разоруже́ние

disaster [dɪˈzɑːstə^r] n *(natural)*
бе́дствие; *(man-made, also fig)*
катастро́фа

disastrous [dɪˈzɑːstrəs] adj
губи́тельный

disbelief [dɪsbəˈliːf] n неве́рие

disc [dɪsk] n *(Anat)*
межпозвоно́чный хрящ; *(Comput)*
= disk

discard [dɪsˈkɑːd] vt *(object)*
выбра́сывать *(perf* вы́бросить);
(idea, plan) отбра́сывать *(perf*
отбро́сить)

discharge [vb dɪsˈtʃɑːdʒ, n
ˈdɪstʃɑːdʒ] vt *(waste)*
выбра́сывать *(perf* вы́бросить);
(patient) выпи́сывать *(perf*
вы́писать); *(employee)* увольня́ть
(perf уво́лить); *(soldier)*
демобилизова́ть *(impf/perf)* ▷ n
(Med) выделе́ние; *(of patient)*
вы́писка; *(of employee)*

увольне́ние; (of soldier)
демобилиза́ция
discipline ['dɪsɪplɪn] n
дисципли́на ⊳ vt
дисциплини́ровать (impf/perf);
(punish) налага́ть (perf наложи́ть)
дисциплина́рное взыска́ние на
+acc
disclose [dɪs'kləuz] vt
раскрыва́ть (perf раскры́ть)
disco ['dɪskəu] n abbr
(= discotheque) дискоте́ка
discomfort [dɪs'kʌmfət] n
(unease) нело́вкость f; (pain)
недомога́ние
discontent [dɪskən'tɛnt] n
недово́льство
discount [n 'dɪskaunt, vb
dɪs'kaunt] n ски́дка ⊳ vt (Comm)
снижа́ть (perf сни́зить) це́ну на
+acc; (idea, fact) не принима́ть
(perf приня́ть) в расчёт
discourage [dɪs'kʌrɪdʒ] vt
(dishearten) препя́тствовать (perf
воспрепя́тствовать); to discourage
sb from doing отгова́ривать (perf
отговори́ть) кого́-н +infinitive
discover [dɪs'kʌvə^r] vt
обнару́живать (perf обнару́жить);
discovery n откры́тие
discredit [dɪs'krɛdɪt] vt
дискредити́ровать (impf/perf)
discreet [dɪs'kri:t] adj (tactful)
такти́чный; (careful)
осмотри́тельный; (barely
noticeable) неприме́тный
discrepancy [dɪs'krɛpənsɪ] n
расхожде́ние
discretion [dɪs'krɛʃən] n (tact)
такти́чность f; use your (own)
discretion поступа́йте по своему́
усмотре́нию
discriminate [dɪs'krɪmɪneɪt] vi:
to discriminate between
различа́ть (perf различи́ть); to

discriminate against
дискримини́ровать (impf/perf)
discrimination [dɪskrɪmɪ'neɪʃən]
n (bias) дискримина́ция;
(discernment) разбо́рчивость f
discuss [dɪs'kʌs] vt обсужда́ть
(perf обсуди́ть); **discussion**
[dɪs'kʌʃən] n (talk) обсужде́ние;
(debate) диску́ссия
disease [dɪ'zi:z] n боле́знь f
disgrace [dɪs'greɪs] n позо́р ⊳ vt
(perf опозо́рить);
disgraceful adj позо́рный
disguise [dɪs'gaɪz] n маскиро́вка
⊳ vt (object) маскирова́ть (perf
замаскирова́ть); in disguise
(person) переоде́тый; to disguise
(as) (dress up) переодева́ть (perf
переоде́ть) (+instr); (make up)
гримирова́ть (perf
загримирова́ть) (под +acc)
disgust [dɪs'gʌst] n отвраще́ние
⊳ vt внуша́ть (perf внуши́ть)
отвраще́ние +dat; **disgusting** adj
отврати́тельный
dish [dɪʃ] n блю́до; to do or wash
the dishes мыть (perf вы́мыть)
посу́ду
dishonest [dɪs'ɔnɪst] adj
нече́стный
dishwasher ['dɪʃwɔʃə^r] n
посудомо́ечная маши́на
disillusion [dɪsɪ'lu:ʒən] vt
разочаро́вывать (perf
разочарова́ть)
disinfectant [dɪsɪn'fɛktənt] n
дезинфици́рующее сре́дство
disintegrate [dɪs'ɪntɪgreɪt] vi
(break up) распада́ться (perf
распа́сться)
disk [dɪsk] n диск
dislike [dɪs'laɪk] n (feeling)
неприя́знь f ⊳ vt не люби́ть

(*impf*); **I dislike the idea** мне не
нра́вится э́та иде́я; **he dislikes
cooking** он не лю́бит гото́вить

dismal ['dɪzml] *adj* уны́лый,
мра́чный; (*failure, performance*)
жа́лкий

dismantle [dɪs'mæntl] *vt*
разбира́ть (*perf* разобра́ть)

dismay [dɪs'meɪ] *n* трево́га,
смяте́ние ▷ *vt* приводи́ть (*perf*
привести́) в смяте́ние

dismiss [dɪs'mɪs] *vt* (*worker*)
увольня́ть (*perf* уво́лить); (*pupils,
soldiers*) распуска́ть (*perf*
распусти́ть); (*Law*) прекраща́ть
(*perf* прекрати́ть); (*possibility,
idea*) отбра́сывать (*perf*
отбро́сить); **dismissal** *n*
(*sacking*) увольне́ние

disorder [dɪs'ɔːdə] *n* беспоря́док;
(*Med*) расстро́йство; **civil disorder**
социа́льные беспоря́дки

dispatch [dɪs'pætʃ] *vt* (*send*)
отправля́ть (*perf* отпра́вить) ▷ *n*
(*sending*) отпра́вка; (*Press*)
сообще́ние; (*Mil*) донесе́ние

dispel [dɪs'pel] *vt* рассе́ивать
(*perf* рассе́ять)

dispense [dɪs'pens] *vt*
(*medicines*) приготовля́ть (*perf*
пригото́вить); **dispense with** *vt
fus* обходи́ться (*perf* обойти́сь)
без +*gen*; **dispenser** *n* торго́вый
автома́т

disperse [dɪs'pəːs] *vt* (*objects*)
рассе́ивать (*perf* рассе́ять);
(*crowd*) разгоня́ть (*perf*
разогна́ть) ▷ *vi* рассе́иваться
(*perf* рассе́яться)

display [dɪs'pleɪ] *n*
демонстра́ция; (*exhibition*)
вы́ставка ▷ *vt* (*emotion, quality*)
выка́зывать (*perf* вы́казать);
(*goods, exhibits*) выставля́ть (*perf*
вы́ставить)

disposable [dɪs'pəuzəbl] *adj*
однора́зовый

disposal [dɪs'pəuzl] *n* (*of goods*)
реализа́ция; (*of rubbish*)
удале́ние; **to have sth at one's
disposal** распоряга́ться (*impf*) чем-н

dispose [dɪs'pəuz] *vi*: **dispose of**
избавля́ться (*perf* изба́виться) от
+*gen*; (*problem, task*) справля́ться
(*perf* спра́виться) с +*instr*

disposition [dɪspə'zɪʃən] *n*
(*nature*) нрав

disproportionate
[dɪsprə'pɔːʃənət] *adj* (*excessive*)
неоправда́нно большо́й;
disproportionate to
несоизмери́мый с +*instr*

dispute [dɪs'pjuːt] *n* спор;
(*domestic*) ссо́ра; (*Law*) тя́жба
▷ *vt* оспа́ривать (*perf* оспо́рить)

disregard [dɪsrɪ'ɡɑːd] *vt*
пренебрега́ть (*perf* пренебре́чь)

disrupt [dɪs'rʌpt] *vt* наруша́ть
(*perf* нару́шить); **disruption**
[dɪs'rʌpʃən] *n* (*interruption*)
наруше́ние

dissatisfaction [dɪssætɪs'fækʃən]
n недово́льство,
неудовлетворённость *f*

dissatisfied [dɪs'sætɪsfaɪd] *adj*
неудовлетворённый; **dissatisfied
(with)** недово́льный (+*instr*)

dissent [dɪ'sent] *n* инакомы́слие

dissolve [dɪ'zɔlv] *vt* (*substance*)
растворя́ть (*perf* раствори́ть);
(*organization, parliament*)
распуска́ть (*perf* распусти́ть);
(*marriage*) расторга́ть (*perf*
расто́ргнуть) ▷ *vi* растворя́ться
(*perf* раствори́ться); **to dissolve
in(to) tears** залива́ться (*perf*
зали́ться) слеза́ми

distance ['dɪstns] *n* (*in space*)
расстоя́ние; (*in sport*) диста́нция;
(*in time*) отдалённость *f*; **in the**

distance вдалеке, вдали; **from a distance** издалека, йздали

distant ['dɪstnt] adj (place, time) далёкий; (relative) дальний; (manner) отчуждённый

distinct [dɪs'tɪŋkt] adj (clear) отчётливый; (unmistakable) определённый; (different): **distinct (from)** отличный (от +gen); **as distinct from** в отличие от +gen; **distinction** [dɪs'tɪŋkʃən] n (difference) отличие; (honour) честь f; (Scol) ≈ "отлично"; **distinctive** adj своеобразный, характерный; (feature) отличительный

distinguish [dɪs'tɪŋgwɪʃ] vt различать (perf различить); **to distinguish o.s.** отличаться (perf отличиться); **distinguished** adj видный

distort [dɪs'tɔːt] vt искажать (perf исказить)

distract [dɪs'trækt] vt отвлекать (perf отвлечь); **distracted** adj (dreaming) невнимательный; (anxious) встревоженный; **distraction** [dɪs'trækʃən] n (diversion) отвлечение; (amusement) развлечение

distraught [dɪs'trɔːt] adj: **distraught (with)** обезумевший (от +gen)

distress [dɪs'tres] n отчаяние; (through pain) страдание ⊳ vt расстраивать (perf расстроить), приводить (perf привести) в отчаяние

distribute [dɪs'trɪbjuːt] vt (prizes) раздавать (perf раздать); (leaflets) распространять (perf распространить); (profits, weight) распределять (perf распределить)

distribution [dɪstrɪ'bjuːʃən] n (of goods) распространение; (of profits, weight) распределение

distributor [dɪs'trɪbjutə] n (Comm) дистрибьютер

district ['dɪstrɪkt] n район

distrust [dɪs'trʌst] n недоверие ⊳ vt не доверять (impf) +dat

disturb [dɪs'tɜːb] vt (person) беспокоить (perf побеспокоить); (thoughts, peace) мешать (perf помешать) +dat; (disorganize) нарушать (perf нарушить); **disturbance** n расстройство; (violent event) беспорядки mpl; **disturbed** adj (person: upset) расстроенный; **emotionally disturbed** психически неуравновешенный; **disturbing** adj тревожный

ditch [dɪtʃ] n ров, канава; (for irrigation) канал ⊳ vt (inf: person, car) бросать (perf бросить); (: plan) забрасывать (perf забросить)

dive [daɪv] n (from board) прыжок (в воду); (underwater) ныряние ⊳ vi нырять (impf); **to dive into** (bag, drawer etc) запускать (perf запустить) руку в +acc; (shop, car etc) нырять (perf нырнуть) в +acc; **diver** n водолаз

diverse [daɪ'vɜːs] adj разнообразный

diversion [daɪ'vɜːʃən] n (Brit: Aut) объезд; (of attention, funds) отвлечение

diversity [daɪ'vɜːsɪtɪ] n разнообразие, многообразие

divert [daɪ'vɜːt] vt (traffic) отводить (perf отвести); (funds, attention) отвлекать (perf отвлечь)

divide [dɪ'vaɪd] vt (split) разделять (perf разделить); (Math) делить (perf разделить); (share out) делить (perf поделить) ⊳ vi

дели́ться (*perf* раздели́ться); (*road*) разделя́ться (*perf* раздели́ться); **divided highway** *n* (*US*) автотра́сса

divine [dɪˈvaɪn] *adj* боже́ственный

diving [ˈdaɪvɪŋ] *n* ныря́ние; (*Sport*) прыжки́ *mpl* в во́ду; **diving board** *n* вы́шка (*для прыжко́в в во́ду*)

division [dɪˈvɪʒən] *n* (*also Math*) деле́ние; (*sharing out*) разделе́ние; (*disagreement*) разногла́сие; (*Comm*) подразделе́ние; (*Mil*) диви́зия; (*Sport*) ли́га

divorce [dɪˈvɔːs] *n* разво́д ▷ *vt* (*Law*) разводи́ться *f* развести́сь с +*instr*; **divorced** *adj* разведённый; **divorcee** [dɪvɔːˈsiː] *n* разведённый(-ая) *m(f) adj*

DIY *n abbr* (*Brit*) (= **do-it-yourself**) сде́лай сам

dizzy [ˈdɪzɪ] *adj*: **dizzy turn** *or* **spell** при́ступ головокруже́ния

DJ *n abbr* (= **disc jockey**) диск-жоке́й

KEYWORD

do [duː] (*pt* **did**, *pp* **done**) *aux vb*
1 (*in negative constructions and questions*): **I don't understand** я не понима́ю; **she doesn't want it** она́ не хо́чет э́того; **didn't you know?** ра́зве Вы не зна́ли?; **what do you think?** что Вы ду́маете?

2 (*for emphasis*) действи́тельно; **she does look rather pale** она́ действи́тельно вы́глядит о́чень бле́дной; **oh do shut up!** да, замолчи́ же!

3 (*in polite expressions*) пожа́луйста; **do sit down**

пожа́луйста, сади́тесь; **do take care!** пожа́луйста, береги́ себя́!

4 (*used to avoid repeating vb*): **she swims better than I do** она́ пла́вает лу́чше меня́ *or*, чем я; **do you read newspapers? — yes, I do/ no, I don't** Вы чита́ете газе́ты? — да, чита́ю/нет, не чита́ю; **she lives in Glasgow — so do I** она́ живёт в Гла́зго — и я то́же; **he didn't like it and neither did we** ему́ э́то не понра́вилось, и нам то́же; **who made this mess? — I did** кто здесь насори́л? — я; **he asked me to help him and I did** он попроси́л меня́ помо́чь ему́, что я и сде́лал

5 (*in tag questions*) не так *or* пра́вда ли; **you like him, don't you?** он Вам нра́вится, не так *or* пра́вда ли?; **I don't know him, do I?** я его́ не зна́ю, не так *or* пра́вда ли?
▷ *vt* **1** де́лать *(perf* сде́лать*)*; **what are you doing tonight?** что Вы де́лаете сего́дня ве́чером?; **I've got nothing to do** мне не́чего де́лать; **what can I do for you?** чем могу́ быть поле́зен?; **we're doing "Othello" at school** (*studying*) мы прохо́дим "Оте́лло" в шко́ле; (*performing*) мы ста́вим "Оте́лло" в шко́ле; **to do one's teeth** чи́стить *(perf* почи́стить*)* зу́бы; **to do one's hair** причёсываться *(perf* причеса́ться*)*; **to do the washing-up** мыть *(perf* помы́ть*)* посу́ду

2 (*Aut etc*): **the car was doing 100 (km/h)** маши́на шла со ско́ростью 100 км/ч; **we've done 200 km already** мы уже́ прое́хали 200 км; **he can do 100 km/h in that car** на э́той маши́не он мо́жет е́хать со ско́ростью 100 км/ч
▷ *vi* **1** (*act, behave*) де́лать *(perf* сде́лать*)*; **do as I do** де́лайте, как я;

you did well to react so quickly ты
молодец, что так быстро
среагировал

2 (get on, fare): **he's doing well/
badly at school** он хорошо/плохо
учится; **the firm is doing well** дела
в фирме идут успешно; **how do
you do?** очень приятно

3 (be suitable) подходить (perf
подойти); **will it do?** это
подойдёт?

4 (be sufficient) хватать (perf
хватить) +gen; **will ten pounds do?**
десяти фунтов хватит?; **that'll do**
этого достаточно; **that'll do!** (in
annoyance) довольно!, хватит!; **to
make do (with)** удовлетворяться
(perf удовлетвориться) (+instr)
▷ n (inf): **we're having a bit of a do
on Saturday** у нас будет
вечеринка в субботу; **it was a
formal do** это был официальный
приём

do away with vt fus (abolish)
покончить (perf) с +instr

do up vt (laces) завязывать (perf
завязать); (dress, buttons)
застёгивать (perf застегнуть);
(room, house) ремонтировать
(perf отремонтировать)

do with vt fus: **I could do with a
drink** я бы выпил что-нибудь; **I
could do with some help** помощь
мне бы не помешала; **what has it
got to do with you?** какое это
имеет к Вам отношение?; **I won't
have anything to do with it** я не
желаю иметь к этому никакого
отношения; **it has to do with
money** это касается денег

do without vt fus обходиться
(perf обойтись) без +gen

dock [dɔk] n (Naut) док; (Law)
скамья подсудимых; **docks** npl

(Naut) док msg, верфь fsg

doctor ['dɔktə*] n (Med) врач; (Scol) доктор

document ['dɔkjumənt] n
документ; **documentary** n
[dɔkju'mɛntəri] n
документальный фильм;
documentation
[dɔkjumən'teɪʃən] n
документация

dodge [dɔdʒ] vt увёртываться
(perf увернуться) от +gen

dodgy ['dɔdʒɪ] adj (inf): **dodgy
character** подозрительный тип

does [dʌz] vb see **do**; **doesn't**
['dʌznt] = **does not**

dog [dɔg] n собака ▷ vt
преследовать (impf)

dole [dəul] n (Brit) пособие по
безработице; **to be on the dole**
получать (impf) пособие по
безработице

doll [dɔl] n (also US: inf) кукла

dollar ['dɔlə*] n доллар

dolphin ['dɔlfɪn] n дельфин

dome [dəum] n купол

domestic [də'mɛstɪk] adj
домашний; (trade, politics)
внутренний; (happiness)
семейный

dominant ['dɔmɪnənt] adj
(share, role) преобладающий,
доминирующий; (partner)
властный

dominate ['dɔmɪneɪt] vt
доминировать (impf) над +instr

dominoes ['dɔmɪnəuz] n (game)
домино nt ind

donate [də'neɪt] vt: **to donate (to)**
жертвовать (perf пожертвовать)
(+dat or на +acc)

donation [də'neɪʃən] n
пожертвование

done [dʌn] pp of **do**

donkey ['dɔŋkɪ] n осёл

donor ['dəʊnə^r] *n* (*Med*) до́нор;
(*to charity*) же́ртвователь(ница) *m(f)*

don't [dəʊnt] = **do not**

donut ['dəʊnʌt] *n* (*US*)
= **doughnut**

doom [duːm] *n* рок ▷ *vt*: **the
plan was doomed to failure** план
был обречён на прова́л

door [dɔː^r] *n* дверь *f*; **doorbell** *n*
(дверно́й) звоно́к; **door handle**
n две́рная ру́чка; (*of car*) ру́чка
две́ри; **doorstep** *n* поро́г;
doorway *n* дверно́й проём

dope [dəʊp] *n* (*inf: drug*) гаши́ш;
(: *person*) приду́рок ▷ *vt* вводи́ть
(*perf* ввести́) нарко́тик +*dat*

dormitory ['dɔːmɪtrɪ] *n* (*room*)
о́бщая спа́льня; (*US: building*)
общежи́тие

DOS [dɒs] *n abbr* (*Comput*) (= *disk
operating system*) ДОС
(= ди́сковая операцио́нная
систе́ма), DOS

dosage ['dəʊsɪdʒ] *n* до́за

dose [dəʊs] *n* (*of medicine*) до́за

dot [dɒt] *n* то́чка; (*speck*)
кра́пинка, пятны́шко ▷ *vt*: **dotted
with** усе́янный +*instr*; **on the dot**
мину́та в мину́ту

double ['dʌbl] *adj* двойно́й
▷ *adv*: **to cost double** сто́ить
(*impf*) вдво́е доро́же ▷ *n*
двойни́к ▷ *vt* удва́ивать (*perf*
удво́ить) ▷ *vi* (*increase*)
удва́иваться (*perf* удво́иться); **on
the double, at the double** (*Brit*)
бего́м; **double bass** *n*
контраба́с; **double bed** *n*
двуспа́льная крова́ть *f*;
double-decker *n* (*also*
double-decker bus) двухэта́жный
авто́бус; **double glazing** *n* (*Brit*)
двойны́е ра́мы *fpl*; **double room** *n*
(*in hotel*) двухме́стный но́мер;
doubles (*Tennis*) па́ры *fpl*

doubt [daʊt] *n* сомне́ние ▷ *vt*
сомнева́ться (*impf*); (*mistrust*)
сомнева́ться (*impf*) в +*prp*, не
доверя́ть (*impf*) +*dat*; **I doubt
whether** *or* **if she'll come** я
сомнева́юсь, что она́ придёт;
doubtful *adj* сомни́тельный;
doubtless *adv* несомне́нно

dough [dəʊ] *n* (*Culin*) те́сто;
doughnut (*US* **donut**) *n* по́нчик

dove [dʌv] *n* го́лубь *m*

down [daʊn] *n* (*feathers*) пух
▷ *adv* (*motion*) вниз; (*position*)
внизу́ ▷ *prep* (*towards lower
level*) (вниз) с +*gen* или по +*dat*;
(*along*) (вдоль) по +*dat* ▷ *vt* (*inf:
drink*) прогла́тывать (*perf*
проглоти́ть); **down with the
government!** доло́й
прави́тельство!; **downfall** *n*
паде́ние; (*from drinking etc*)
ги́бель *f*; **downhill** *adv* (*face,
look*) вниз; **to go downhill** (*person,
business*) идти́ (*perf* пойти́) под
го́ру; (*road*) идти́ (*perf* пойти́) под
укло́н; **download** ['daʊnləʊd] *n*
загру́зка ▷ *vt* загружа́ть (*perf*
загрузи́ть) +*gen*; **downloadable**
[daʊn'ləʊdəbl] *adj* (*Comput*)
загружа́емый; **downright** *adj*
я́вный; (*refusal*) по́лный ▷ *adv*
соверше́нно

Down's syndrome *n* синдро́м
Да́уна

down: downstairs *adv* (*position*)
внизу́; (*motion*) вниз; **downtown**
adv (*position*) в це́нтре; (*motion*) в
центр; **downward** *adj*
напра́вленный вниз ▷ *adv*;
downward trend тенде́нция на
пониже́ние; **downwards** *adv*
= **downward**

dozen ['dʌzn] *n* дю́жина; **a dozen
books** дю́жина книг; **dozens of**
деся́тки +*gen*

Dr *abbr* = **doctor**

drab [dræb] *adj* уны́лый

draft [drɑːft] *n* (*first version*)
черновик; (*US: Mil*) призы́в ▷ *vt*
набра́сывать (*perf* набро́сать);
(*proposal*) составля́ть (*perf*
соста́вить); *see also* **draught**

drag [dræg] *vt* тащи́ть (*impf*);
(*lake, pond*) прочёсывать (*perf*
прочеса́ть) ▷ *vi* (*time, event etc*)
тяну́ться (*impf*)

dragon ['drægn] *n* драко́н;
dragonfly *n* стрекоза́

drain [dreɪn] *n* водосто́к,
водоотво́д; (*fig*): **drain on** (*on*
resources) уте́чка +gen; (*on health,*
energy) расхо́д +gen ▷ *vt* (*land,*
glass) осуша́ть (*perf* осуши́ть);
(*vegetables*) сливáть (*perf* слить);
(*wear out*) утомля́ть (*perf*
утоми́ть) ▷ *vi* (*liquid*) стека́ть
(*perf* стечь); **drainage**
['dreɪnɪdʒ] *n* (*system*) канализа́ция; (*process*)
дрена́ж, осуше́ние; **draining**
board (*US* **drainboard**) *n* су́шка

drama ['drɑːmə] *n* (*also fig*)
дра́ма; **dramatic** [drə'mætɪk]
adj драмати́ческий; (*increase etc*)
ре́зкий; (*change*) рази́тельный;
dramatist *n* драмату́рг

drank [dræŋk] *pt of* **drink**

drastic ['dræstɪk] *adj* (*measure*)
реши́тельный; (*change*) коренно́й

draught [drɑːft] (*US* **draft**) *n* (*of*
air) сквозня́к; **on draught** (*beer*)
бочко́вое; **draughts** (*Brit*)
ша́шки *pl*

draw [drɔː] (*pt* **drew**, *pp* **drawn**)
vt (*Art*) рисова́ть (*perf*
нарисова́ть); (*Tech*) черти́ть (*perf*
начерти́ть); (*pull: cart*) тащи́ть
(*impf*); (*curtains*) заде́ргивать
(*perf* заде́рнуть); (*gun, tooth*)
вырыва́ть (*perf* вы́рвать);
(*attention*) привлека́ть (*perf*

привле́чь); (*crowd*) собира́ть (*perf*
собра́ть); (*money*) снима́ть (*perf*
снять); (*wages*) получа́ть (*perf*
получи́ть) ▷ *vi* (*Sport*) игра́ть
(*perf* сыгра́ть) в ничью́ ▷ *n*
(*Sport*) ничья́; (*lottery*) лотере́я; **to**
draw near приближа́ться (*perf*
прибли́зиться); **draw up** *vi* (*train,*
bus etc) подъезжа́ть (*perf*
подъе́хать) ▷ *vt* (*chair etc*)
придвига́ть (*perf* придви́нуть);
(*document*) составля́ть (*perf*
соста́вить); **drawback** *n*
недоста́ток; **drawer** *n* я́щик;
drawing *n* (*picture*) рису́нок;
drawing pin *n* (*Brit*)
(канцеля́рская) кно́пка; **drawing**
room *n* гости́ная *f adj*

drawn [drɔːn] *pp of* **draw**

dread [drɛd] *n* у́жас ▷ *vt*
страши́ться (*impf*) +gen; **dreadful**
adj ужа́сный, стра́шный

dream [driːm] (*pt, pp* **dreamed** *or*
dreamt) *n* сон; (*ambition*) мечта́
▷ *vt*: **I must have dreamt it** мне
э́то, наве́рное, присни́лось ▷ *vi*
ви́деть (*impf*) сон; (*wish*) мечта́ть
(*impf*)

dreary ['drɪərɪ] *adj* тоскли́вый

dress [drɛs] *n* (*frock*) пла́тье; (*no*
pl: clothing) оде́жда ▷ *vt* одева́ть
(*perf* оде́ть); (*wound*)
перевя́зывать (*perf* перевяза́ть)
▷ *vi* одева́ться (*perf* оде́ться); **to**
get dressed одева́ться (*perf*
оде́ться); **dress up** *vi*
наряжа́ться (*perf* наряди́ться);
dresser *n* (*Brit*) буфе́т; (*US: chest*
of drawers) туале́тный сто́лик;
dressing *n* (*Med*) повя́зка;
(*Culin*) запра́вка; **dressing gown**
n (*Brit*) хала́т; **dressing room** *n*
(*Theat*) (артисти́ческая) убо́рная *f*
adj; (*Sport*) раздева́лка; **dressing**
table *n* туале́тный сто́лик

drew [druː] pt of **draw**

dried [draɪd] adj (fruit) сушёный; (milk) сухой

drift [drɪft] n (of current) скорость f; (of snow) занос, сугроб; (meaning) смысл ⊳ vi (boat) дрейфовать (impf); **snow had drifted over the road** дорогу занесло снегом

drill [drɪl] n (drill bit) сверло f; (machine) дрель f; (: for mining etc) бурав; (Mil) учение ⊳ vt (hole) сверлить (perf просверлить) ⊳ vi (for oil) бурить (impf)

drink [drɪŋk] (pt **drank**, pp **drunk**) n напиток; (alcohol) (спиртной) напиток; (sip) глоток ⊳ vt пить (perf выпить) ⊳ vi пить (impf); **to have a drink** попить (perf); (alcoholic) выпить (perf); **I had a drink of water** я выпил воды; **drink-driving** n вождение в нетрезвом состоянии; **drinker** n пьющий(-ая) m(f) adj; **drinking water** n питьевая вода

drip [drɪp] n капанье; (one drip) капля; (Med) капельница ⊳ vi (water, rain) капать (impf); **the tap is dripping** кран течёт

drive [draɪv] (pt **drove**, pp **driven**) n (journey) поездка; (also **driveway**) подъезд; (energy) напор; (campaign) кампания; (Comput: also **disk drive**) дисковод ⊳ vt (vehicle) водить/ вести; (motor, wheel) приводить (perf привести) в движение ⊳ vi водить (perf вести); (travel) ездить/ ехать (impf); **right-/left-hand drive** право-/левостороннее управление; **to drive sb to the airport** отвозить (perf отвезти) кого-н в аэропорт; **to drive sth into** (nail, stake) вбивать (perf вбить) что-н в +acc;

to drive sb mad сводить (perf свести) кого-н с ума; **driven** ['drɪvn] pp of **drive**; **driver** n водитель m; (of train) машинист; **driver's license** n (US) (водительские) права ntpl; **driveway** n подъезд

driving ['draɪvɪŋ] n вождение; **driving licence** n (Brit) (водительские) права ntpl

drizzle ['drɪzl] n изморось f ⊳ vi моросить (impf)

drop [drɒp] n (of water) капля; (reduction) падение; (fall: distance) расстояние (сверху вниз) ⊳ vt (object) ронять (perf уронить); (eyes) опускать (perf опустить); (voice, price) понижать (perf понизить); (also **drop off**: passenger) высаживать (perf высадить) ⊳ vi (object) падать (perf упасть); (wind) стихать (perf стихнуть); **drops** npl (Med) капли fpl; **drop off** vi (go to sleep) засыпать (perf заснуть); **drop out** vi (of game, deal) выходить (perf выйти)

drought [draʊt] n засуха

drove [drəʊv] pt of **drive**

drown [draʊn] vt топить (perf утопить); (also **drown out**: sound) заглушать (perf заглушить) ⊳ vi тонуть (perf утонуть)

drug [drʌg] n (Med) лекарство; (narcotic) наркотик ⊳ vt (person, animal) вводить (perf ввести) наркотик +dat; **to be on drugs** быть (impf) на наркотиках; **hard/ soft drugs** сильные/слабые наркотики

● **DRUGSTORE**

● Drugstore — аптека.

● Американские аптеки сочетают

● в себе апте́ки и кафе́. В них
● продаю́т не то́лько лека́рства,
● но и космети́ческие това́ры,
● напи́тки и заку́ски.

drum [drʌm] n бараба́н; (for oil)
бо́чка; **drums** npl (kit) уда́рные
инструме́нты mpl; **drummer** n
(in rock group) уда́рник

drunk [drʌŋk] pp of **drink** ▷ adj
пья́ный ▷ n пья́ный(-ая) m(f) adj;
(also **drunkard**) пья́ница m/f;
drunken adj пья́ный

dry [draɪ] adj сухо́й; (lake,
riverbed) вы́сохший; (humour)
сде́ржанный; (lecture, subject)
ску́чный ▷ vt (clothes, ground)
суши́ть (perf вы́сушить); (surface)
вытира́ть (perf вы́тереть) ▷ vi
со́хнуть (perf вы́сохнуть);
dry-cleaner's n химчи́стка

DSS n abbr (Brit) (= Department of
Social Security) Министе́рство
социа́льного обеспе́чения

dual ['djuəl] adj двойно́й;
(function) двойственный; **dual
carriageway** n (Brit) автотра́сса

dubious ['dju:bɪəs] adj
сомни́тельный

Dublin ['dʌblɪn] n Ду́блин

duck [dʌk] n у́тка ▷ vi (also
duck down) пригиба́ться (perf
пригну́ться)

due [dju:] adj (expected)
предполага́емый; (attention,
consideration) до́лжный; **I am due
£20** мне должны́ £20 ▷ adj
£20 ▷ n: **to give sb his** (or **her**) **due**
отдава́ть (perf отда́ть) кому́-н
до́лжное ▷ adv: **due north** пря́мо
на се́вер; **dues** npl (for club etc)
взно́сы mpl; **in due course** в своё
вре́мя; **due to** из-за +gen; **he is
due to** go он до́лжен идти́

duel ['djuəl] n дуэ́ль f

duet [dju:'ɛt] n дуэ́т

dug [dʌg] pt, pp of **dig**

duke [dju:k] n ге́рцог

dull [dʌl] adj (light, colour)
ту́склый, мра́чный; (sound)
глухо́й; (pain, wit) тупо́й; (event)
ску́чный ▷ vt притупля́ть (perf
притупи́ть)

dumb [dʌm] adj (mute) немо́й;
(inf, pej: person) тупо́й; (: idea)
дура́цкий

dummy ['dʌmɪ] n (tailor's model)
манеке́н; (Brit: for baby) со́ска,
пусты́шка ▷ adj (bullet) холосто́й

dump [dʌmp] n (also **rubbish
dump**) сва́лка; (inf, pej: place)
дыра́ ▷ vt (put down) сва́ливать
(perf свали́ть), выбра́сывать (perf
вы́бросить); (car) броса́ть (perf
бро́сить)

dungarees [dʌŋgə'ri:z] npl
комбинезо́н msg

duplicate [n, adj'dju:plɪkət, vb
'dju:plɪkeɪt] n дублика́т, ко́пия
▷ adj запасно́й ▷ vt копи́ровать
(perf скопи́ровать); (repeat)
дубли́ровать (perf
продубли́ровать); **in duplicate** в
двойно́м экземпля́ре

durable ['djuərəbl] adj про́чный

duration [djuə'reɪʃən] n
продолжи́тельность f

during ['djuərɪŋ] prep (in the
course of) во вре́мя +gen; (from
beginning to
end) в тече́ние +gen

dusk [dʌsk] n су́мерки pl

dust [dʌst] n пыль f ▷ vt
вытира́ть (perf вы́тереть) пыль с
+gen; **to dust with** (cake etc)
посыпа́ть (perf посы́пать) +instr;
dustbin n (Brit) му́сорное ведро́;
dusty adj пы́льный

Dutch [dʌtʃ] adj голла́ндский
▷ npl: **the Dutch** голла́ндцы mpl;

they decided to go Dutch (*inf*) они́ реши́ли, что ка́ждый бу́дет плати́ть за себя́

duty ['dju:tɪ] *n* (*responsibility*) обя́занность *f*; (*obligation*) долг; (*tax*) по́шлина; **on duty** на дежу́рстве; **off duty** вне слу́жбы; **duty-free** *adj* (*drink etc*) беспо́шлинный

duvet ['du:veɪ] *n* (*Brit*) одея́ло

dwarf [dwɔ:f] (*pl* **dwarves**) *n* ка́рлик ▷ *vt* де́лать (*perf* сде́лать) кро́хотным; (*achievement*) умаля́ть (*perf* умали́ть)

dwell [dwel] (*pt, pp* **dwelt**) *vi* прожива́ть (*impf*); **dwell on** *vt fus* заде́рживаться (*perf* заде́ржаться) на +*prp*

dye [daɪ] *n* краси́тель *m*, кра́ска ▷ *vt* кра́сить (*perf* покра́сить)

dying ['daɪɪŋ] *adj* (*person, animal*) умира́ющий

dynamic [daɪ'næmɪk] *adj* (*leader, force*) динами́чный

dynamite ['daɪnəmaɪt] *n* динами́т

e

E [i:] *n* (*Mus*) ми *nt ind*

each [i:tʃ] *adj, pron* ка́ждый; **each other** друг дру́га; **they hate each other** они́ ненави́дят друг дру́га; **they think about each other** они́ ду́мают друг о дру́ге; **they have two books each** у ка́ждого из них по две кни́ги

eager ['i:gər] *adj* (*keen*) увлечённый; (*excited*) возбуждённый; **to be eager for/to do** жа́ждать (*impf*) +*gen*/+*infin*

eagle ['i:gl] *n* орёл

ear [ɪər] *n* (*Anat*) у́хо; (*of corn*) ко́лос; **earache** *n* ушна́я боль *f*; **I have earache** у меня́ боли́т у́хо

earl [ə:l] *n* (*Brit*) граф

earlier ['ə:lɪər] *adj* бо́лее ра́нний ▷ *adv* ра́ньше, ра́нее

early ['ə:lɪ] *adv* ра́но ▷ *adj* ра́нний; (*quick: reply*) незамедли́тельный; (*settlers*) пе́рвый; **early in the morning** ра́но у́тром; **to have an early night** ра́но ложи́ться (*perf* лечь) спать; **in the early spring, early in the spring** ра́нней весно́й; **in the early 19th century, early in the 19th century** в нача́ле 19-го ве́ка; **early retirement** *n*: **to take early retirement** ра́но уходи́ть (*perf* уйти́) на пе́нсию

earn [ə:n] *vt* (*salary*) зараба́тывать (*perf* зарабо́тать); (*interest*) приноси́ть (*perf* принести́); (*praise*) заслу́живать (*perf* заслужи́ть)

earnest ['ə:nɪst] *adj* (*person, manner*) серьёзный; (*wish, desire*) и́скренний; **in earnest** всерьёз

earnings ['ə:nɪŋz] *npl* за́работок *msg*

earring ['ɪərɪŋ] *n* серьга́

earth [ə:θ] *n* земля́; (*Brit: Elec*) заземле́ние ⊳ *vt* (*Brit: Elec*) заземля́ть (*perf* заземли́ть); **Earth** (*planet*) Земля́; **earthquake** *n* землетрясе́ние

ease [i:z] *n* лёгкость *f*; (*comfort*) поко́й ⊳ *vt* (*pain, problem*) облегча́ть (*perf* облегчи́ть); (*tension*) ослабля́ть (*perf* осла́бить); **to ease sth into** +*acc*; **to ease sth out of** вынима́ть (*perf* вы́нуть) что-н из +*gen*; **to ease o.s. into** опуска́ться (*perf* опусти́ться) в +*acc*; **at ease!** (*Mil*) во́льно!

easily ['i:zɪlɪ] *adv* (*see adj*) легко́; непринуждённо; (*without doubt*) несомне́нно

east [i:st] *n* восто́к ⊳ *adj* восто́чный ⊳ *adv* на восто́к; **the East** Восто́к

Easter ['i:stə*] *n* Па́сха; **Easter egg** *n* (*chocolate*) пасха́льное яйцо́

eastern ['i:stən] *adj* восто́чный

East Germany *n* (*formerly*) Восто́чная Герма́ния

easy ['i:zɪ] *adj* лёгкий; (*manner*) непринуждённый ⊳ *adv*: **to take it** *or* **things easy** не напряга́ться (*impf*); **easy-going** *adj* (*person*) ужи́вчивый, покла́дистый

eat [i:t] (*pt* **ate**, *pp* **eaten**) *vt* есть (*perf* съесть) ⊳ *vi* есть (*impf*)

EC *n abbr* (= *European Community*) ЕС (= *Европе́йское соо́бщество*)

ECB *n abbr* (= *European Central Bank*) Центра́льный банк Евро́пы

eccentric [ɪk'sɛntrɪk] *adj* эксцентри́чный

echo ['ɛkəʊ] (*pl* **echoes**) *n* э́хо ⊳ *vt* (*repeat*) вто́рить (*impf*) ⊳ *dat* ⊳ *vi* (*sound*) отдава́ться (*perf* отда́ться); **the room echoed with her laughter** в ко́мнате раздава́лся её смех

eclipse [ɪ'klɪps] *n* затме́ние

ecological [i:kə'lɔdʒɪkəl] *adj* экологи́ческий

ecology [ɪ'kɔlədʒɪ] *n* эколо́гия

economic [i:kə'nɔmɪk] *adj* экономи́ческий; (*profitable*) рента́бельный; **economical** *adj* экономи́ческий; (*thrifty*) эконо́мный; **economics** *n* (*Scol*) эконо́мика

economist [ɪ'kɔnəmɪst] *n* экономи́ст

economy [ɪ'kɔnəmɪ] *n* эконо́мика, хозя́йство; (*financial prudence*) эконо́мия; **economy class** *n* (*Aviat*) дешёвые поса́дочные места́

ecstasy ['ɛkstəsɪ] *n* (*rapture*) экста́з

ecstatic [ɛks'tætɪk] *adj* восто́рженный

eczema ['ɛksɪmə] *n* экзе́ма

edge [ɛdʒ] *n* край; (*of knife etc*) остриё ⊳ *vt* (*trim*) окаймля́ть

(perf окаймить); **on edge** (fig)
нервозный; **to edge away from**
отходить (perf отойти) бочком от
+gen

edgy ['ɛdʒɪ] adj нервозный

edible ['ɛdɪbl] adj съедобный

Edinburgh ['ɛdɪnbərə] n
Эдинбург

edit ['ɛdɪt] vt редактировать (perf
отредактировать); (broadcast,
film) монтировать (perf
смонтировать); **edition** [ɪ'dɪʃən]
n (of book) издание; (of
newspaper, programme) выпуск;
editor n редактор; (Press, TV)
обозреватель m; **editorial**
[ɛdɪ'tɔːrɪəl] adj редакционный
▷ n редакционная статья

educate ['ɛdjukeɪt] vt (teach)
давать (perf дать) образование
+dat; (instruct) просвещать (perf
просветить)

education [ɛdju'keɪʃən] n
(schooling) просвещение,
образование; (teaching)
обучение; (knowledge)
образование; **educational** adj
(institution) учебный; (staff)
преподавательский; **educational
policy** политика в области
просвещения; **educational
system** система образования or
просвещения

eel [iːl] n угорь m

eerie ['ɪərɪ] adj жуткий

effect [ɪ'fɛkt] n (result) эффект;
to take effect (drug) действовать
(perf подействовать); (law)
вступать (perf вступить) в силу; **in
effect** в сущности; **effective** adj
(successful) эффективный;
(actual) действительный;
effectively adv (successfully)
эффективно; (in reality) в
сущности, фактически

efficiency [ɪ'fɪʃənsɪ] n
эффективность f; дельность f

efficient [ɪ'fɪʃənt] adj
эффективный; (person) дельный

effort ['ɛfət] n усилие; (attempt)
попытка; **effortless** adj
(achievement) лёгкий

e.g. adv abbr (for example)
(= exempli gratia) например

egg [ɛg] n яйцо; **hard-boiled/
soft-boiled egg** яйцо вкрутую/
всмятку; **egg cup** n рюмка для
яйца

ego ['iːgəu] n самолюбие

Egypt ['iːdʒɪpt] n Египет

eight [eɪt] n восемь; **eighteen**
[eɪ'tiːn] n восемнадцать; **eighteenth**
[eɪ'tiːnθ] adj восемнадцатый;
eighth [eɪtθ] adj восьмой;
eightieth [eɪtɪəθ] adj восьмидесятый;
eighty n восемьдесят

Eire ['ɛərə] n Эйре int ind

either ['aɪðər] adj (one or other)
любой (из двух); (both, each)
каждый ▷ adv также ▷ pron:
either (of them) любой (из них)
▷ conj: **either yes or no** либо да,
либо нет; **on either side** на обеих
сторонах; **I don't smoke — I
don't either** я не курю — я тоже; **I
don't like either** мне не нравится ни тот,
ни другой; **there was no sound
from either of the flats** ни из
одной из квартир не доносилось
ни звука

elaborate [adj ɪ'læbərɪt, vb ɪ'læbə
reɪt] adj сложный ▷ vt (expand)
развивать (perf развить); (refine)
разрабатывать (perf разработать)
▷ vi: **to elaborate on** (idea, plan)
рассматривать (perf рассмотреть)
в деталях

elastic [ɪ'læstɪk] n резинка ▷ adj
(stretchy) эластичный

elbow ['ɛlbəu] n локоть m

elder [ˈɛldə] adj старший ▷ n (tree) бузина́; (older person): **elders** ста́рше pl adj; **elderly** adj пожило́й ▷ npl: **the elderly** престаре́лые pl adj

eldest [ˈɛldɪst] adj (самый) ста́рший ▷ n ста́рший(-ая) m(f) adj

elect [ɪˈlɛkt] vt избира́ть (perf избра́ть) ▷ adj: **the president elect** и́збранный президе́нт; **to elect to do** предпочита́ть (perf предпоче́сть) +infin; **electoral** adj избира́тельный; **electorate** n: **the electorate** электора́т, избира́тели mpl

electric [ɪˈlɛktrɪk] adj электри́ческий; **electrical** adj электри́ческий; **electrician** [ɪlɛkˈtrɪʃən] n электромонтёр, эле́ктрик; **electricity** [ɪlɛkˈtrɪsɪtɪ] n электри́чество

electronic [ɪlɛkˈtrɒnɪk] adj электро́нный; **electronics** n электро́ника

elegance [ˈɛlɪgəns] n элега́нтность f

elegant [ˈɛlɪgənt] adj элега́нтный

element [ˈɛlɪmənt] n (also Chem) элеме́нт; (of heater, kettle etc) (электронагрева́тельный) элеме́нт; **the elements** стихия fsg; **he is in his element** он в свое́й стихи́и; **elementary** [ɛlɪˈmɛntərɪ] adj элемента́рный; (school, education) нача́льный

elephant [ˈɛlɪfənt] n слон(и́ха)

elevator [ˈɛlɪveɪtə] n (US) лифт

eleven [ɪˈlɛvn] n оди́ннадцать; **eleventh** adj оди́ннадцатый

eligible [ˈɛlɪdʒəbl] adj (for marriage) подходя́щий; **to be eligible for** (qualified) име́ть (impf) пра́во на +acc; (suitable) подходи́ть (perf подойти́)

eliminate [ɪˈlɪmɪneɪt] vt исключа́ть (perf исключи́ть); (team, contestant) выбива́ть (perf вы́бить)

elm [ɛlm] n вяз

eloquent [ˈɛləkwənt] adj (description, person) красноречи́вый; (speech) я́ркий

else [ɛls] adv (other) ещё; **nothing else** бо́льше ничего́; **somewhere else** (be) где́-нибудь ещё; (go) куда́-нибудь ещё; (come from) отку́да-нибудь ещё; **everywhere else** везде́; **where else?** (position) где ещё?; (motion) куда́ ещё?; **everyone else** все остальны́е; **nobody else spoke** бо́льше никто́ не говори́л; **or else ... а не то ...**; **elsewhere** adv (be) в друго́м or ино́м ме́сте; (go) в друго́е or ино́е ме́сто

elusive [ɪˈluːsɪv] adj неулови́мый

email [ˈiːmeɪl] n электро́нная по́чта ▷ vt (message) посыла́ть (perf посла́ть) по электро́нной по́чте; **to email sb** писа́ть (perf написа́ть) кому́-н по электро́нной по́чте; **email address** а́дрес электро́нной по́чты, электро́нный а́дрес

embankment [ɪmˈbæŋkmənt] n (of road, railway) на́сыпь f; (of river) на́бережная f adj

embargo [ɪmˈbɑːgəu] (pl **embargoes**) n эмба́рго nt ind

embark [ɪmˈbɑːk] vi: **to embark on** (journey) отправля́ться (perf отпра́виться) в +acc; (task) бра́ться (perf взя́ться) за; (course of action) предпринима́ть (perf предприня́ть)

embarrass [ɪmˈbærəs] vt смуща́ть (perf смути́ть); (Pol) ста́вить (perf поста́вить) в затрудни́тельное положе́ние;

embarrassed adj смущённый;
embarrassing adj (position)
неловкий, неудобный;
embarrassment n (feeling)
смущение; (problem) затруднение
embassy ['embəsɪ] n посольство
embrace [ɪm'breɪs] vt обнимать
(perf обнять); (include) охватывать
(perf охватить) ▷ vi обниматься
(impf)
embroidery n (stitching)
вышивка; (activity) вышивание
embryo ['embrɪəʊ] n (Bio)
эмбрион
emerald ['emərəld] n изумруд
emerge [ɪ'mɜːdʒ] vi (fact)
всплывать (perf всплыть); (from
industry, society) появляться (perf
появиться); **to emerge from** (from
room, imprisonment) выходить
(perf выйти) из +gen
emergency [ɪ'mɜːdʒənsɪ] n
экстремальная ситуация; **in an
emergency** в экстремальной
ситуации; **state of emergency**
чрезвычайное положение;
emergency talks экстренные
переговоры; **emergency exit** n
аварийный выход
emigrate ['emɪɡreɪt] vi
эмигрировать (impf/perf)
emigration [emɪ'ɡreɪʃən] n
эмиграция
eminent ['emɪnənt] adj видный,
знатный
emission [ɪ'mɪʃən] n (of gas)
выброс; (of radiation) излучение
emoticon ['eməʊtɪkən] n
(Comput) смайл m
emotion [ɪ'məʊʃən] n (feeling)
чувство; **emotional** adj
эмоциональный; (issue)
волнующий
emphasis ['emfəsɪs] (pl
emphases) n значение; (in

speaking) ударение, акцент
emphasize ['emfəsaɪz] vt
подчёркивать (perf подчеркнуть)
empire ['empaɪə²] n империя
employ [ɪm'plɔɪ] vt нанимать
(perf нанять); (tool, weapon)
применять (perf применить);
employee [ɪmplɔɪ'iː] n
работник; **employer** n
работодатель m; **employment** n
работа; (availability of jobs)
занятость f
emptiness ['emptɪnɪs] n пустота
empty ['emptɪ] adj пустой ▷ vt
(container) опорожнять (perf
опорожнить); (place, house etc)
опустошать (perf опустошить)
▷ vi (house) пустеть (perf
опустеть); **empty-handed** adj c
пустыми руками
EMU n abbr = **European
monetary union**
emulsion [ɪ'mʌlʃən] n (also
emulsion paint) эмульсия,
эмульсионная краска
enable [ɪ'neɪbl] vt (make possible)
способствовать (impf) +dat; **to
enable sb to do** (allow) давать
(perf дать) возможность кому-н
+infin
enamel [ɪ'næməl] n эмаль f
enchanting [ɪn'tʃɑːntɪŋ] adj
обворожительный
encl. abbr (on letters etc) (= enclosed,
enclosure) приложение
enclose [ɪn'kləʊz] vt (land,
space) огораживать (perf
огородить); (object) заключать
(perf заключить); **to enclose (with)**
(letter) прилагать (perf
приложить) (к +dat); **please find
enclosed a cheque for £100** здесь
прилагается чек на £100
enclosure [ɪn'kləʊʒə²] n
огороженное место

encore [ɒŋ'kɔː^r] *excl* бис ▷ *n*:
as an encore на бис

encounter [ɪn'kaʊntə^r] *n*
встреча ▷ *vt* встречаться (*perf*
встретиться) с +*instr*; (*problem*)
сталкиваться (*perf* столкнуться) с
+*instr*

encourage [ɪn'kʌrɪdʒ] *vt*
поощрять (*perf* поощрить);
(*growth*) способствовать (*impf*)
+*dat*; to encourage sb to do
убеждать (*impf*) кого-н +*infin*;
encouragement *n* (*see vt*)
поощрение; поддержка

encyclop(a)edia
[ɛnsaɪkləʊ'piːdɪə] *n*
энциклопедия

end [ɛnd] *n* конец; (*aim*) цель *f*
▷ *vt* (*also* bring to an end, put
an end to) класть (*perf* положить)
конец +*dat*; прекращать (*perf*
прекратить) ▷ *vi* (*situation,
activity, period*) кончаться (*perf*
кончиться); in the end в конце
концов; on end (*object*) стоймя;
for hours on end часами; end up
vi: to end up in (*place*)
оказываться (*perf* оказаться) в
+*prp*; (*in prison*) угождать (*perf*
угодить) в +*prp*; we ended up
taking a taxi в конце концов мы
взяли такси

endanger [ɪn'deɪndʒə^r] *vt*
подвергать (*perf* подвергнуть)
опасности; an endangered species
вымирающий вид

endearing [ɪn'dɪərɪŋ] *adj* (*smile*)
покоряющий; (*person, behaviour*)
располагающий

endeavour [ɪn'dɛvə^r] (*US*
endeavor) *n* (*attempt*) попытка

ending ['ɛndɪŋ] *n* (*of book etc*)
конец

endless ['ɛndlɪs] *adj*
бесконечный; (*forest, beach*)

бескрайний

endorse [ɪn'dɔːs] *vt* (*cheque*)
расписываться (*perf* расписаться)
на +*prp*; (*document*) делать (*perf*
сделать) отметку на +*prp*;
(*proposal, candidate*)
поддерживать (*perf* поддержать);
endorsement *n* (*approval*)
поддержка; (*Brit: Aut*) отметка

endurance [ɪn'djuərəns] *n*
выносливость *f*

endure [ɪn'djuə^r] *vt* переносить
(*perf* перенести) ▷ *vi* выстоять
(*perf*)

enemy ['ɛnəmɪ] *adj* вражеский,
неприятельский ▷ *n* враг;
(*opponent*) противник

energetic [ɛnə'dʒɛtɪk] *adj*
энергичный

energy ['ɛnədʒɪ] *n* энергия

enforce [ɪn'fɔːs] *vt* (*law*) следить
(*impf*) *or* проследить *perf* за
соблюдением +*gen*)

engaged *adj* (*couple*)
обручённый; (*Brit: busy*): the line
is engaged линия занята; he is
engaged to он обручён с +*instr*; to
get engaged обручиться (*perf*
обручиться)

engaged tone *n* (*Brit: Tel*) гудки
pl "занято"

engagement *n* (*appointment*)
договорённость *f*; (*to marry*)
обручение

engagement ring *n*
обручальное кольцо

engine ['ɛndʒɪn] *n* (*Aut*)
двигатель *m*, мотор; (*Rail*)
локомотив

engineer [ɛndʒɪ'nɪə^r] *n* (*designer*)
инженер; (*for repairs*) механик;
(*US: Rail*) машинист;
engineering *n* (*Scol*)
инженерное дело; (*design*)
технический дизайн

England ['ɪŋglənd] n Англия

English ['ɪŋglɪʃ] adj английский
▷ n (Ling) английский язык;
▷ npl: **the English** (people)
англичáне mpl; **Englishman** irreg
n англичáнин

enhance [ɪn'hɑːns] vt
(enjoyment, beauty) усиливать
(perf усилить); (reputation)
повышáть (perf повысить)

enjoy [ɪn'dʒɔɪ] vt любить (impf);
(have benefit of) обладáть (impf)
+instr; **to enjoy o.s.** хорошó
проводить (perf провести) врéмя;
to enjoy doing любить (impf)
+infin; **enjoyable** adj приятный;
enjoyment n удовóльствие

enlarge [ɪn'lɑːdʒ] vt увеличивать
(perf увеличить) ▷ vi: **to enlarge
on** распространяться (impf) о
+prp; **enlargement** n (Phot)
увеличéние

enlist [ɪn'lɪst] vt (person)
вербовáть (perf завербовáть);
(support) заручáться (perf
заручиться) +instr ▷ vi: **to enlist
in** (Mil) вербовáться (perf
завербовáться) в +acc

enormous [ɪ'nɔːməs] adj
громáдный

enough [ɪ'nʌf] adj достáточно
+gen ▷ pron достáточно ▷ adv:
big enough достáточно большóй;
I've had enough! с меня
достáточно or хвáтит!; **have you
got enough work to do?** у Вас
достáточно рабóты?; **have you
had enough to eat?** Вы наéлись?;
that's enough, thanks достáточно,
спасибо; **I've had enough of him**
он мне надоéл; **enough!**
довóльно!; **strangely** or **oddly
enough** ... как éто ни стрáнно ...

enquire [ɪn'kwaɪər] vt, vi
= **inquire**

enrich [ɪn'rɪtʃ] vt обогащáть (perf
обогатить)

en route [ɔn'ruːt] adv по пути

ensure [ɪn'ʃuər] vt обеспéчивать
(perf обеспéчить)

entail [ɪn'teɪl] vt влечь (perf
повлéчь) за собóй

enter ['entər] vt (room, building)
входить (perf войти) в +acc;
(university, college) поступáть
(perf поступить) в +acc; (club,
profession, contest) вступáть (perf
вступить) в +acc; (in book)
заносить (perf занести); (Comput)
вводить (perf ввести) ▷ vi
входить (perf войти); **to enter sb in**
(competition) записывать (perf
записáть) когó-н в +acc; **enter
into** vt fus (discussion, deal)
вступáть (perf вступить) в +acc

enterprise ['entəpraɪz] n
(company, undertaking)
предприятие; (initiative)
предприимчивость f; **free/private
enterprise** свобóдное/чáстное
предпринимáтельство

enterprising ['entəpraɪzɪŋ] adj
(person) предприимчивый;
(scheme) предпринимáтельский

entertain [entə'teɪn] vt (amuse)
развлекáть (perf развлéчь); (play
host to) принимáть (perf принять);
(idea) раздýмывать (impf) над
+instr; **entertainer** n эстрáдный
артист; **entertaining** adj
занимáтельный,
развлекáтельный;
entertainment n (amusement)
развлечéние; (show)
представлéние

enthusiasm [ɪn'θuːzɪæzəm] n
энтузиáзм

enthusiastic [ɪnθuːzɪ'æstɪk] adj:
enthusiastic (about) пóлный
энтузиáзма (по повóду +gen)

entire [ɪn'taɪə] *adj* весь;
entirely *adv* по́лностью; (*for emphasis*) соверше́нно

entitled [ɪn'taɪtld] *adj*: **to be entitled to sth/to do** име́ть (*impf*) пра́во на что-н/+infin

entrance [*n* 'entrns, *vb* ɪn'trɑːns] *n* (*way in*) вход; (*arrival*) появле́ние ▷ *vt* обвора́живать (*perf* обворожи́ть); **to gain entrance to** (*university*) поступа́ть (*perf* поступи́ть) в +*acc*; (*profession*) вступа́ть (*perf* вступи́ть) в +*acc*; **to make an entrance** появля́ться (*perf* появи́ться)

entrepreneur ['ɔntrəprə'nəː'] *n* предпринима́тель(ница) *m(f)*

entry ['entri] *n* вход; (*in register, accounts*) за́пись *f*; (*in reference book*) статья́; (*arrival: in country*) въезд; **"no entry"** "нет вхо́да"; (*Aut*) "нет въе́зда"

envelope ['envələup] *n* конве́рт

envious ['enviəs] *adj* зави́стливый

environment [ɪn'vaɪərnmənt] *n* среда́; **the environment** окружа́ющая среда́;
environmental [ɪnvaɪərn'mentl] *adj* экологи́ческий

envisage [ɪn'vɪzɪdʒ] *vt* предви́деть (*impf*)

envoy ['envɔɪ] *n* посла́нник

envy ['envi] *n* за́висть *f* ▷ *vt* зави́довать (*perf* позави́довать) +*dat*; **to envy sb sth** зави́довать (*perf* позави́довать) кому́-н из-за чего́-н

epic ['epɪk] *n* эпопе́я; (*poem*) эпи́ческая поэ́ма ▷ *adj* эпоха́льный

epidemic [epɪ'demɪk] *n* эпиде́мия

epilepsy ['epɪlepsi] *n* эпиле́псия

episode ['epɪsəud] *n* эпизо́д

equal ['iːkwl] *adj* ра́вный; (*intensity, quality*) одина́ковый ▷ *n* ра́вный(ая) *m(f) adj* ▷ *vt* (*number*) равня́ться (*impf*) +*dat*; **he is equal to** (*task*) ему́ по си́лам *or* по плечу́; **equality** [iː'kwɔlɪtɪ] *n* ра́венство, равнопра́вие; **equally** *adv* одина́ково; (*share*) по́ровну

equation [ɪ'kweɪʃən] *n* (*Math*) уравне́ние

equator [ɪ'kweɪtə'] *n* эква́тор

equip [ɪ'kwɪp] *vt*: **to equip (with)** (*person, army*) снаряжа́ть (*impf*) (+*instr*); (*room, car*) обору́довать (*impf/perf*) (+*instr*); **to equip sb for** (*prepare*) подгото́вить (*perf*) кого́-н к +*dat*; **equipment** *n* обору́дование

equivalent [ɪ'kwɪvələnt] *n* эквивале́нт ▷ *adj*: **equivalent (to)** эквивале́нтный (+*dat*)

era ['ɪərə] *n* э́ра

erase [ɪ'reɪz] *vt* стира́ть (*perf* стере́ть); **eraser** *n* рези́нка, ла́стик

erect [ɪ'rekt] *adj* (*posture*) прямо́й ▷ *vt* (*build*) воздвига́ть (*perf* воздви́гнуть), возводи́ть (*perf* возвести́); (*assemble*) ста́вить (*perf* поста́вить); **erection** [ɪ'rekʃən] *n* (*see vt*) возведе́ние; устано́вка; (*Physiol*) эре́кция

erosion [ɪ'rəuʒən] *n* эро́зия

erotic [ɪ'rɔtɪk] *adj* эроти́ческий

erratic [ɪ'rætɪk] *adj* (*attempts*) беспоря́дочный; (*behaviour*) сумасбро́дный

error ['erə'] *n* оши́бка

erupt [ɪ'rʌpt] *vi* (*war, crisis*) разража́ться (*perf* разрази́ться); **the volcano erupted** произошло́ изверже́ние вулка́на; **eruption** [ɪ'rʌpʃən] *n* (*of volcano*)

escalator ['eskəleɪtə] *n*
эскалатор

escape [ɪs'keɪp] *n* (*from prison*)
побег; (*from person*) бегство; (*of
gas*) утечка *f*; (*from jail*) бежать (*impf,
perf*); (*leak*) утекать (*perf* утечь)
▷ *vt* (*consequences etc*) избегать
(*perf* избежать) +*gen*; **his name
escapes me** его имя вылетело у
меня из памяти; **to escape from**
(*place*) сбегать (*perf* сбежать) из/с
+*gen*; (*person*) сбегать (*perf*
сбежать) от +*gen*; **he escaped with
minor injuries** он отделался
лёгкими ушибами

escort [*n* 'eskɔːt, *vb* ɪs'kɔːt] *n*
сопровождение; (*Mil, Police*)
конвой; (: *one person*) конвоир
▷ *vt* сопровождать (*perf*
сопроводить)

especially [ɪs'peʃlɪ] *adv*
особенно

espionage ['espɪənɑːʒ] *n*
шпионаж

essay ['eseɪ] *n* (*Scol*) сочинение

essence ['esns] *n* сущность *f*;
(*Culin*) эссенция

essential [ɪ'senʃl] *adj*
обязательный, необходимый;
(*basic*) существенный ▷ *n*
необходимое *nt adj*; **essentials**
npl (*of subject*) основы *fpl*; **it is
essential to ...** необходимо +*infin*
...; **essentially** *adv* в сущности

establish [ɪs'tæblɪʃ] *vt*
(*organization*) учреждать (*perf*
учредить); (*facts, contact*)
устанавливать (*perf* установить);
(*reputation*) утверждать (*perf*
утвердить) за собой;
establishment *n* (*see vb*)
учреждение; установление;
утверждение; (*shop etc*)

заведение; **the Establishment**
истеблишмент

estate [ɪs'teɪt] *n* (*land*) поместье;
(*Brit: also housing estate*) жилой
комплекс; **estate agent** *n* (*Brit*)
агент по продаже недвижимости,
риэлтер

estimate [*vb* 'estɪmeɪt, *n* 'estɪmət]
vt (*reckon*) предварительно
подсчитывать (*perf* подсчитать);
(: *cost*) оценивать (*perf* оценить)
▷ *n* (*calculation*) подсчёт;
(*assessment*) оценка; (*builder's
etc*) смета

etc *abbr* (= *et cetera*) и т.д. (= и так
далее)

eternal [ɪ'təːnl] *adj* вечный

eternity [ɪ'təːnɪtɪ] *n* вечность *f*

ethical ['eθɪkl] *adj* (*relating to
ethics*) этический; (*morally right*)
этичный

ethics ['eθɪks] *n, npl* этика *fsg*

Ethiopia [iːθɪ'əupɪə] *n* Эфиопия

ethnic ['eθnɪk] *adj* этнический

etiquette ['etɪket] *n* этикет

EU *n abbr* (= *European Union*) ЕС,
Евросоюз (= Европейский союз)

euro ['juərəu] *n* евро *m ind*

Europe ['juərəp] *n* Европа;
European [juərə'piːən] *adj*
европейский; **European
Community** *n* Европейское
сообщество; **European Union** *n*
Европейский Союз

evacuate [ɪ'vækjueɪt] *vt* (*people*)
эвакуировать (*impf/perf*); (*place*)
освобождать (*perf* освободить)

evade [ɪ'veɪd] *vt* (*duties, question*)
уклоняться (*perf* уклониться) от
+*gen*; (*person*) избегать (*impf*)
+*gen*

evaluate [ɪ'væljueɪt] *vt*
оценивать (*perf* оценить)

eve [iːv] *n*: **on the eve of** накануне
+*gen*

even ['i:vn] *adj* (*level, smooth*)
ро́вный; (*equal*) ра́вный; (*number*)
чётный ▷ *adv* да́же; **even if** да́же
е́сли; **even though** хотя́ и; **even
more** ещё бо́льше; (+*adj*) ещё
бо́лее; **even so** и) всё же; **not
even** да́же не; **I am even more
likely to leave now** тепе́рь ещё
бо́лее вероя́тно, что я уе́ду; **to
break even** зака́нчивать (*perf*
зако́нчить) без убы́тка; **to get
even with sb** (*inf*) расква́титься
(*perf*) с кем-н

evening ['i:vnɪŋ] *n* ве́чер; **in the
evening** ве́чером; **evening dress**
n (*no pl: formal clothes*) вече́рний
туале́т

event ['ivent] *n* (*occurrence*)
собы́тие; (*Sport*) вид
(соревнова́ния); **in the event of** в
слу́чае +*gen*

eventual [i'ventʃuəl] *adj*
коне́чный; **eventually** *adv* в
конце́ концо́в

ever ['evəʳ] *adv* (*always*) всегда́;
(*at any time*) когда́-либо,
когда́-нибудь; **why not?** почему́
же нет?; **the best ever** са́мый
лу́чший; **have you ever
been to Russia?** Вы когда́-нибудь
бы́ли в Росси́и?; **better than ever**
лу́чше, чем когда́-либо; **ever since**
с тех пор; **ever since our meeting**
со дня на́шей встре́чи; **ever since
we met** с тех пор как мы
встре́тились; **ever since that day** с
того́ дня; **evergreen** *adj*
вечнозелёный

KEYWORD

every ['evrɪ] *adj* **1** (*each*) ка́ждый;
(*all*) все; **every one of them**
ка́ждый из них; **every shop in the
town was closed** все магази́ны

го́рода бы́ли закры́ты
2 (*all possible*) вся́кий, вся́ческий;
we wish you every success мы
жела́ем Вам вся́ческих успе́хов; **I
gave you every assistance** я помо́г
Вам всем, чем то́лько возмо́жно; **I
tried every option** я испро́бовал
все вариа́нты; **I have every
confidence in him** я в нём
соверше́нно уве́рен; **he's every bit
as clever as his brother** он столь
же умён, как и его́ брат
3 (*showing recurrence*) ка́ждый;
every week ка́ждую неде́лю; **every
other car** ка́ждая втора́я маши́на;
she visits me every other/third day
она́ прихо́дит ко мне че́рез день/
ка́ждые два дня; **every now and
then** вре́мя от вре́мени

everybody ['evrɪbɒdɪ] *pron*
(*each*) ка́ждый; (*all*) все *pl*
everyday ['evrɪdeɪ] *adj* (*daily*)
ежедне́вный; (*common*)
повседне́вный
everyone ['evrɪwʌn] *pron*
= **everybody**
everything ['evrɪθɪŋ] *pron* всё
everywhere ['evrɪweəʳ] *adv*
везде́, повсю́ду
evidence ['evɪdns] *n* (*proof*)
доказа́тельство; (*testimony*)
показа́ние; (*indication*) при́знаки
mpl; **to give evidence** дава́ть (*perf*
дать) (свиде́тельские) показа́ния
evident ['evɪdnt] *adj* очеви́дный;
evidently *adv* очеви́дно
evil ['i:vl] *adj* (*person, spirit*) злой;
(*influence*) дурно́й; (*system*)
ги́бельный ▷ *n* зло
evoke [ɪ'vəuk] *vt* вызыва́ть (*perf*
вы́звать)
evolution [i:və'lu:ʃən] *n*
эволю́ция
evolve [ɪ'vɒlv] *vi* (*animal, plant*)

эволюциони́ровать (*impf/perf*)
| (*plan, idea*) развива́ться (*perf* развива́ться)

ex- [eks] *prefix* (*former*) экс-, бы́вший

exact [ɪgˈzækt] *adj* то́чный ▷ *vt*: **to exact sth from** (*payment*) взы́скивать (*perf* взыска́ть) что-н с +*gen*; **exactly** *adv* то́чно

exaggerate [ɪgˈzædʒəreɪt] *vt, vi* преувели́чивать (*perf* преувели́чить)

exaggeration [ɪgzædʒəˈreɪʃən] *n* преувеличе́ние

exam [ɪgˈzæm] *n abbr* = **examination**

examination [ɪgzæmɪˈneɪʃən] *n* (*inspection*) изуче́ние; (*consideration*) рассмотре́ние; (*Scol*) экза́мен; (*Med*) осмо́тр

examine [ɪgˈzæmɪn] *vt* (*scrutinize*) рассма́тривать (*perf* рассмотре́ть), изуча́ть (*perf* изучи́ть); (*inspect*) осма́тривать (*perf* осмотре́ть); (*Scol*) экзаменова́ть (*perf* проэкзаменова́ть); (*Med*) осма́тривать (*perf* осмотре́ть)

examiner [ɪgˈzæmɪnə] *n* (*Scol*) экзамена́тор

example [ɪgˈzɑːmpl] *n* приме́р; **for example** наприме́р

exceed [ɪkˈsiːd] *vt* превыша́ть (*perf* превы́сить); **exceedingly** *adv* весьма́, чрезвыча́йно

excel [ɪkˈsɛl] *vi*: **to excel (in** *or* **at)** отлича́ться (*perf* отличи́ться в +*prp*); **excellence** [ˈeksələns] *n* (*in sport, business*) мастерство́; (*superiority*) превосхо́дство; **excellent** [ˈeksələnt] *adj* отли́чный, превосхо́дный

except [ɪkˈsept] *prep* (*also* **except for**) кро́ме +*gen* ▷ *vt*: **to except sb (from)** исключа́ть (*perf* исключи́ть) кого́-н (из +*gen*);

except if/when кро́ме тех слу́чаев, е́сли/когда́; **except that** кро́ме того́, что; **exception** [ɪkˈsepʃən] *n* исключе́ние; **to take exception to** обижа́ться (*perf* оби́деться) на +*acc*; **exceptional** [ɪkˈsepʃənl] *adj* исключи́тельный

excess [ɪkˈses] *n* избы́ток; **excess baggage** *n* изли́шек багажа́; **excessive** *adj* чрезме́рный

exchange [ɪksˈtʃeɪndʒ] *n* (*argument*) перепа́лка ▷ *vt*: **to exchange (for)** (*goods etc*) обме́нивать (*perf* обменя́ть) (на +*acc*); **exchange (of)** обме́н (+*instr*); **exchange rate** *n* валю́тный *or* обме́нный курс

excite [ɪkˈsaɪt] *vt* возбужда́ть (*perf* возбуди́ть); (*move*) взволнова́ть (*perf* взволнова́ть); **to get excited** возбужда́ться (*perf* возбуди́ться), волнова́ться (*perf* взволнова́ться); **excitement** *n* (*agitation*) возбужде́ние; (*exhilaration*) волне́ние

exciting [ɪkˈsaɪtɪŋ] *adj* (*news, opportunity*) волну́ющий

exclude [ɪksˈkluːd] *vt* исключа́ть (*perf* исключи́ть)

exclusion [ɪksˈkluːʒən] *n* исключе́ние

exclusive [ɪksˈkluːsɪv] *adj* (*hotel, interview*) эксклюзи́вный; (*use, right*) исключи́тельный; **exclusive of** исключа́я +*acc*; **exclusively** *adv* исключи́тельно

excruciating [ɪksˈkruːʃieɪtɪŋ] *adj* мучи́тельный

excursion [ɪksˈkəːʃən] *n* экску́рсия

excuse [*n* ɪksˈkjuːs, *vb* ɪksˈkjuːz] *n* оправда́ние ▷ *vt* (*justify*) опра́вдывать (*perf* оправда́ть); (*forgive*) проща́ть (*perf* прости́ть);

to make excuses for sb
опра́вдываться (*impf*) за кого́-н;
that's no excuse! э́то не
оправда́ние!; **to excuse sb from sth**
освобожда́ть (*perf* освободи́ть)
кого́-н от чего́-н; **excuse me!**
извини́те!, прости́те!; (*as apology*)
извини́те *or* прости́те (меня́)!; **if
you will excuse me, I have to** ... с
Ва́шего разреше́ния я до́лжен ...

execute [ˈɛksɪkjuːt] *vt* (*kill*)
казни́ть (*impf/perf*); (*carry out*)
выполня́ть (*perf* вы́полнить)

execution [ɛksɪˈkjuːʃən] *n* (*see
vb*) казнь *f*; выполне́ние

executive [ɪgˈzɛkjutɪv] *n*
(*person*) руководи́тель *m*;
(*committee*) исполни́тельный
о́рган *m* ⊳ *adj* (*board, role*)
руководя́щий

exempt [ɪgˈzɛmpt] *adj*: **exempt
from** освобождённый от +*gen*
⊳ *vt*: **to exempt sb from**
освобожда́ть (*perf* освободи́ть)
кого́-н от

exercise [ˈɛksəsaɪz] *n* (*Sport*)
заря́дка, гимна́стика; (*: for legs,
stomach etc*) (*физи́ческое*)
упражне́ние; (*also Scol, Mus*)
упражне́ние; (*keep-fit*) заря́дка;
(*physical*) гимна́стика ⊳ *vt*
(*patience*) проявля́ть (*perf*
прояви́ть); (*authority, right*)
применя́ть (*perf* примени́ть);
(*dog*) выгу́ливать (*impf*) ⊳ *vi* (*also*
to take exercise) упражня́ться
(*impf*); **military exercises** вое́нные
уче́ния

exert [ɪgˈzəːt] *vt* (*influence,
pressure*) ока́зывать (*perf*
оказа́ть); (*authority*) применя́ть
(*perf* примени́ть); **to exert o.s.**
напряга́ться (*perf* напря́чься);
exertion [ɪgˈzəːʃən] *n* (*effort*)
уси́лие

exhaust [ɪgˈzɔːst] *n* (*also*
exhaust pipe) выхлопна́я труба́;
(*fumes*) выхлопны́е га́зы *mpl* ⊳ *vt*
(*person*) изнуря́ть (*perf* изнури́ть);
(*money, resources*) истоща́ть (*perf*
истощи́ть); (*topic*) исче́рпывать
(*perf* исче́рпать); **exhausted** *adj*
изнурённый, изможённый;
exhaustion [ɪgˈzɔːstʃən] *n*
изможе́ние; **nervous exhaustion**
не́рвное истоще́ние

exhibit [ɪgˈzɪbɪt] *n* экспона́т ⊳ *vt*
(*paintings*) экспони́ровать (*impf/
perf*), выставля́ть (*perf* вы́ставить);
(*quality, emotion*) проявля́ть (*perf*
прояви́ть);

exhibition [ɛksɪˈbɪʃən] *n* (*of
paintings etc*) вы́ставка

exhilarating [ɪgˈzɪləreɪtɪŋ] *adj*
волну́ющий

exile [ˈɛksaɪl] *n* (*banishment*)
ссы́лка, изгна́ние; (*person*)
ссы́льный(-ая) *m(f) adj*, изгна́нник
⊳ *vt* (*abroad*) высыла́ть (*perf*
вы́слать)

exist [ɪgˈzɪst] *vi* существова́ть
(*impf*); **existence** *n*
существова́ние; **existing** *adj*
существу́ющий

exit [ˈɛksɪt] *n* (*way out*) вы́ход;
(*on motorway*) вы́езд; (*departure*)
ухо́д

exotic [ɪgˈzɔtɪk] *adj* экзоти́ческий

expand [ɪksˈpænd] *vt* (*area,
business, influence*) расширя́ть
(*perf* расши́рить) ⊳ *vi* (*gas, metal,
business*) расширя́ться (*perf*
расши́риться)

expansion [ɪksˈpænʃən] *n*
расшире́ние; (*of economy*) рост

expect [ɪksˈpɛkt] *vt* ожида́ть
(*impf*); (*baby*) ждать (*impf*);
(*suppose*) полага́ть (*impf*) ⊳ *vi*: **to
be expecting** (*be pregnant*) ждать
(*impf*) ребёнка; **expectation**

[ɛkspek'teɪʃən] n (hope)
ожидание

expedition [ɛkspə'dɪʃən] n
экспеди́ция; (for pleasure) похо́д

expel [ɪks'pɛl] vt (from school etc)
исключа́ть (perf исключи́ть); (from
place) изгоня́ть (perf изгна́ть)

expenditure [ɪks'pɛndɪtʃə] n
(money spent) затра́ты fpl; (of
energy, time, money) затра́та,
расхо́д

expense [ɪks'pɛns] n (cost)
сто́имость f; **expenses** npl
(travelling etc costs) расхо́ды
mpl; (expenditure) затра́ты fpl; **at
the expense of** за счёт +gen

expensive [ɪks'pɛnsɪv] adj
дорого́й

experience [ɪks'pɪərɪəns] n (in
job, of situation) о́пыт; (event,
activity) слу́чай; (: difficult, painful)
испыта́ние ▷ vt испы́тывать (perf
испыта́ть), пережива́ть (perf
пережи́ть); **experienced** adj
о́пытный

experiment [ɪks'pɛrɪmənt] n
экспериме́нт, о́пыт ▷ vi: **to
experiment (with/on)**
эксперименти́ровать (impf) (с
+instr/на +prp); **experimental**
[ɪksperɪ'mɛntl] adj (methods,
ideas) эксперимента́льный; (tests)
про́бный

expert ['ɛkspə:t] n экспе́рт,
специали́ст; **expert opinion/advice**
мне́ние/сове́т экспе́рта or
специали́ста; **expertise**
[ɛkspə:'ti:z] n зна́ния ntpl и о́пыт

expire [ɪks'paɪə] vi (run out)
истека́ть (perf исте́чь); **my
passport expires in January** срок
де́йствия моего́ па́спорта
истека́ет в январе́

explain [ɪks'pleɪn] vt объясня́ть
(perf объясни́ть)

explanation [ɛksplə'neɪʃən] n
объясне́ние

explicit [ɪks'plɪsɪt] adj я́вный,
очеви́дный; (sex, violence)
открове́нный

explode [ɪks'pləud] vi (bomb,
person) взрыва́ться (perf
взорва́ться); (population) ре́зко
возраста́ть (perf возрасти́)

exploit [vb ɪks'plɔɪt, n 'ɛksplɔɪt]
vt эксплуати́ровать (impf);
(opportunity) испо́льзовать (impf/
perf) ▷ n де́йствие; **exploitation**
[ɛksplɔɪ'teɪʃən] n эксплуата́ция; использование

explore [ɪks'plɔ:ʳ] vt (place)
иссле́довать (impf/perf); (idea,
suggestion) изуча́ть (perf
изучи́ть); **explorer** n
иссле́дователь(ница) m(f)

explosion [ɪks'pləuʒən] n взрыв;
population explosion
демографи́ческий взрыв

explosive [ɪks'pləusɪv] adj
(device, effect) взрывно́й;
(situation) взрывоопа́сный;
(person) вспы́льчивый ▷ n
(substance) взрывча́тое вещество́;
(device) взрывно́е устро́йство

export [n, cpd 'ɛkspɔ:t, vb ɛks'pɔ:t]
n (process) э́кспорт, вы́воз;
(product) предме́т э́кспорта ▷ vt
экспорти́ровать (impf/perf),
вывози́ть (perf вы́везти) ▷ cpd
(duty, licence) э́кспортный

expose [ɪks'pəuz] vt (object)
обнажа́ть (perf обнажи́ть); (truth,
plot) раскрыва́ть (perf раскры́ть);
(person) разоблача́ть (perf
разоблачи́ть); **to expose sb to sth**
подверга́ть (perf подве́ргнуть)
кого́-н чему́-н; **exposed** adj
(place): **exposed (to)** откры́тый
(+dat)

exposure [ɪks'pəuʒəʳ] n (of

culprit) разоблачение; (*Phot*) выдержка, экспозиция; **to suffer from exposure** (*Med*) страдать (*perf* пострадать) от переохлаждения

express [ɪks'prɛs] *adj* (*clear*) чёткий; (*Brit: service*) срочный ▷ n экспресс ▷ vt выражать (*perf* выразить); **expression** [ɪks'prɛʃən] n выражение

exquisite [ɛks'kwɪzɪt] *adj* (*perfect*) изысканный

extend [ɪks'tɛnd] vt (*visit, deadline*) продлевать (*perf* продлить); (*building*) расширять (*perf* расширить); (*hand*) протягивать (*perf* протянуть); (*welcome*) оказывать (*perf* оказать) ▷ vi (*land, road*) простираться (*impf*); (*period*) продолжаться (*perf* продолжиться); **to extend an invitation to sb** приглашать (*perf* пригласить) кого-н

extension [ɪks'tɛnʃən] n (*of building*) пристройка; (*of time*) продление; (*Elec*) удлинитель m; (*Tel: in house*) параллельный телефон; (: *in office*) добавочный телефон

extensive [ɪks'tɛnsɪv] *adj* обширный; (*damage*) значительный

extent [ɪks'tɛnt] n (*of area etc*) протяжённость f; (*of problem etc*) масштаб; **to some extent** до некоторой степени; **to go to the extent of ...** доходить (*perf* дойти) до того, что ...; **to such an extent that ...** до такой степени, что ...

exterior [ɛks'tɪərɪə] *adj* наружный ▷ n (*outside*) внешняя сторона

external [ɛks'tə:nl] *adj* внешний

extinct [ɪks'tɪŋkt] *adj* (*animal*) вымерший; (*plant*) исчезнувший; **to become extinct** (*animal*) вымирать (*perf* вымереть); (*plant*) исчезать (*perf* исчезнуть); **extinction** [ɪks'tɪŋkʃən] n (*of animal*) вымирание; (*of plant*) исчезновение

extra ['ɛkstrə] *adj* (*additional*) дополнительный; (*spare*) лишний ▷ adv (*in addition*) дополнительно; (*especially*) особенно ▷ n (*luxury*) излишество; (*surcharge*) доплата

extract [vb ɪks'trækt, n 'ɛkstrækt] vt извлекать (*perf* извлечь); (*tooth*) удалять (*perf* удалить); (*mineral*) добывать (*perf* добыть); (*money, promise*) вытягивать (*perf* вытянуть) ▷ n (*from novel, recording*) отрывок

extraordinary [ɪks'trɔ:dnrɪ] *adj* незаурядный, необычайный

extravagance [ɪks'trævəgəns] n (*with money*) расточительство

extravagant [ɪks'trævəgənt] *adj* (*lavish*) экстравагантный; (*wasteful: person*) расточительный

extreme [ɪks'tri:m] *adj* крайний; (*situation*) экстремальный; (*heat, cold*) сильнейший ▷ n (*of behaviour*) крайность f; **extremely** adv крайне

extrovert ['ɛkstrəvə:t] n экстроверт

eye [aɪ] n (*Anat*) глаз; (*of needle*) ушко ▷ vt разглядывать (*perf* разглядеть); **to keep an eye on** (*person, object*) присматривать (*perf* присмотреть) за +instr; (*person*) следить (*impf*) за +instr; **eyebrow** n бровь f; **eyelash** n ресница; **eyelid** n веко; **eyeliner** n карандаш для век; **eye shadow** n тени fpl (для век); **eyesight** n зрение

f

F [ɛf] n (Mus) фа

F abbr = **Fahrenheit**

fabric ['fæbrɪk] n (cloth) ткань f

fabulous ['fæbjʊləs] adj (inf) сказочный; (extraordinary) невероятный

face [feɪs] n (of person, organization) лицо; (of clock) циферблат; (of mountain, cliff) склон ▷ vt (fact) признавать (perf признать); **the house faces the sea** дом обращён к морю; **he was facing the door** он был обращён лицом к двери; **we are facing difficulties** нам предстоят трудности; **face down** лицом вниз; **to lose/save face** терять (perf потерять)/спасать (perf спасти) репутацию or лицо; **to make** or **pull a face** делать (perf сделать) гримасу; **in the face of** (difficulties etc) перед лицом +gen; **on the**

face of it на первый взгляд; **face to face (with)** лицом к лицу (с +instr); **face up to** vt fus признавать (perf признать) (difficulties) справляться (perf справиться) с +instr; **face cloth** n (Brit) махровая салфетка (для лица)

facial ['feɪʃl] adj; facial expression выражение лица; facial hair волосы, растущие на лице

facilitate [fə'sɪlɪteɪt] vt способствовать (impf/perf) +dat

facilities [fə'sɪlɪtɪz] npl условия ntpl; (buildings) помещение ntsg; (equipment) оборудование ntsg; **cooking facilities** условия для приготовления пищи

fact [fækt] n факт; **in fact** фактически

faction ['fækʃən] n (group) фракция

factor ['fæktə^r] n (of problem) фактор

factory ['fæktərɪ] n (for textiles) фабрика; (for machinery) завод

factual ['fæktjuəl] adj фактический

faculty ['fækltɪ] n способность f; (of university) факультет

fad [fæd] n причуда

fade [feɪd] vi (colour) выцветать (perf выцвести); (light, hope, smile) угасать (perf угаснуть); (sound) замирать (perf замереть); (memory) тускнеть (perf потускнеть)

fag [fæg] n (Brit: inf) сигарета

Fahrenheit ['færənhaɪt] n Фаренгейт

fail [feɪl] vt (exam, candidate) проваливать (perf провалить); (subj: memory) изменять (perf изменить) +dat; (: person) подводить (perf подвести); (: courage) покидать (perf

покинуть) ▷ vi (*candidate,
attempt*) провáливаться (*perf*
провалиться); (*brakes*) откáзывать
(*perf* отказáть); **my eyesight/
health is failing** у меня слабéет
зрéние/здорóвье; **to fail to do** (be
unable) не мочь (*perf* смочь)
+infin; **without fail** обязáтельно,
непремéнно; **failing** n
недостáток ▷ prep за неимéнием
+gen; **failure** n провáл, неудáча;
(*Tech*) авáрия, выход m из стрóя;
(*person*) неудáчник(-ица)

faint [feɪnt] adj слáбый;
(*recollection*) смýтный; (*mark*)
едвá замéтный ▷ vi (*Med*) пáдать
(*perf* упáсть) в обмóрок; **to feel faint**
чýвствовать (*perf* почýвствовать)
слáбость; **faintest** adj: **I haven't
the faintest idea** я не имéю ни
малéйшего понятия

fair [fɛə] adj (*person, decision*)
справедливый; (*size, number*)
изрядный; (*chance, guess*)
хорóший; (*skin, hair*) свéтлый;
(*weather*) хорóший, ясный ▷ n
(*also* **trade fair**) ярмарка; (*Brit:
also* **funfair**) аттракциóны mpl
▷ adv: **to play fair** вести (*impf*)
делá чéстно; **fairground** n
ярмарочная плóщадь f; **fairly**
adv (*justly*) справедливо; (*quite*)
довóльно

fairy [ˈfɛərɪ] n фéя; **fairy tale** n
скáзка

faith [feɪθ] n (*also Rel*) вéра;
faithful adj: **faithful (to)** вéрный
(+dat); **faithfully** adv вéрно

fake [feɪk] n (*painting, document*)
поддéлка ▷ adj фальшивый,
поддéльный ▷ vt (*forge*)
поддéлывать (*perf* поддéлать);
(*feign*) симулировать (*impf*)

fall [fɔːl] (pt **fell**, pp **fallen**) n
падéние; (*US: autumn*) óсень f

▷ vi пáдать (*perf* упáсть); (*price*)
(*government*) пáсть (*perf*); (*rain,
snow*) пáдать (*impf*), выпадáть
(*perf* выпасть); **a fall of
snow** снегопáд msg; **a fall of**
snow снегопáд msg; **to fall flat** (*plan*)
провáливаться (*perf*
провалиться); **to fall flat** (on one's
face) пáдать (*perf* упáсть) ничкóм;
fall back on vt fus прибегáть
(*perf* прибéгнуть) к +dat; **fall
down** vi (*person*) пáдать (*perf*
упáсть); (*building*) рýшиться (*perf*
рýхнуть); **fall for** vt fus (*trick,
story*) вéрить (*perf* повéрить) +dat;
(*person*) влюбляться (*perf*
влюбиться) в +acc; **fall in** vi
(*roof*) обвáливаться (*perf*
обвалиться); **fall off** vi пáдать
(*perf* упáсть); (*handle, button*)
отвáливаться (*perf* отвалиться);
fall out vi (*hair, teeth*) выпадáть
(*perf* выпасть); **to fall out with sb**
ссóриться (*perf* поссóриться) с
кем-н

fallen [ˈfɔːlən] pp of **fall**

false [fɔːls] adj (*untrue, wrong*)
лóжный; (*insincere, artificial*)
фальшивый; **false teeth** npl
(*Brit*) искýсственные зýбы mpl

fame [feɪm] n слáва

familiar [fəˈmɪlɪə] adj
(*well-known*) знакóмый; (*intimate*)
дрýжеский; **he is familiar with**
(*subject*) он знакóм с +instr

family [ˈfæmɪlɪ] n семья;
(*children*) дéти pl

famine [ˈfæmɪn] n гóлод

famous [ˈfeɪməs] adj
знаменитый

fan [fæn] n (*folding*) вéер; (*Elec*)
вентилятор; (*of famous person*)
поклóнник(-ица); (*of sports team*)
болéльщик(-ица); (: *inf*) фан ▷ vt
(*face*) обмáхивать (*perf*

обмахну́ть); (*fire*) раздува́ть (*perf* раздуть)

fanatic [fə'nætɪk] n (*extremist*) фана́тик

fancy ['fænsɪ] n (*whim*) при́хоть f ▷ adj шика́рный ▷ vt (*want*) хоте́ть (*perf* захоте́ть); (*imagine*) вообража́ть (*perf* вообрази́ть); **to take a fancy to** увлека́ться (*perf* увле́чься) +instr; **he fancies her** (inf) она́ ему́ нра́вится; **fancy that!** представля́ете!; **fancy dress** n маскара́дный костю́м

fantastic [fæn'tæstɪk] adj фантасти́ческий; **that's fantastic!** замеча́тельно, потряса́юще!

fantasy ['fæntəsɪ] n фанта́зия

far [fɑ:ʳ] adj (*distant*) да́льний ▷ adv (*a long way*) далеко́; (*much*) гора́здо; **at the far end** в да́льнем конце́; **at the far side** на друго́й стороне́; **the far left/right** (Pol) кра́йне ле́вый/пра́вый; **far away**, **far off** далеко́; **he was far from poor** он был далеко́ *or* отню́дь не бе́ден; **by far** намно́го; **go as far as the post office** дойди́те до по́чты; **as far as I know** наско́лько мне изве́стно; **how far?** (*distance*) как далеко́?

farce [fɑ:s] n фарс

fare [fɛəʳ] n (*in taxi, train, bus*) сто́имость f прое́зда; **half/full fare** полсто́имости/по́лная сто́имость прое́зда

Far East n: **the Far East** Да́льний Восто́к

farm [fɑ:m] n фе́рма ▷ vt (*land*) обраба́тывать (*perf* обрабо́тать); **farmer** n фе́рмер; **farmhouse** n фе́рмерская уса́дьба; **farming** n (*agriculture*) се́льское хозя́йство; (*of crops*) выра́щивание; (*of animals*) разведе́ние; **farmyard** n фе́рмерский двор

farther ['fɑ:ðəʳ] adv дале́е

fascinating ['fæsɪneɪtɪŋ] adj (*story*) захва́тывающий; (*person*) очарова́тельный

fascination [fæsɪ'neɪʃən] n очарова́ние

fashion ['fæʃən] n (*trend*) мо́да; **in/out of fashion** в/не в мо́де; **in a friendly fashion** по-дру́жески; **fashionable** adj мо́дный; **fashion show** n пока́з *or* демонстра́ция мод

fast [fɑ:st] adv (*quickly*) бы́стро; (*firmly: stick*) про́чно; (: *hold*) кре́пко ▷ n (Rel) пост ▷ adj бы́стрый; (*progress*) стреми́тельный; (*car*) скоростно́й; (*colour*) про́чный; **to be fast** (*clock*) спеши́ть (*impf*); **he is fast asleep** он кре́пко спит

fasten ['fɑ:sn] vt закрепля́ть (*perf* закрепи́ть); (*door*) запира́ть (*perf* запере́ть); (*shoe*) завя́зывать (*perf* завяза́ть); (*coat, dress*) застёгивать (*perf* застегну́ть); (*seat belt*) пристёгивать (*perf* пристегну́ть) ▷ vi (*coat, belt*) застёгиваться (*perf* застегну́ться); (*door*) запира́ться (*perf* запере́ться)

fast food n бы́стро приготовле́нная еда́

fat [fæt] adj то́лстый ▷ n жир

fatal ['feɪtl] adj (*mistake*) фата́льный, роково́й; (*injury, illness*) смерте́льный; **fatally** adv (*injured*) смерте́льно

fatigue [fə'ti:g] n утомле́ние

fatty ['fætɪ] adj (*food*) жи́рный

father ['fɑ:ðəʳ] n оте́ц; **father-in-law** n (*wife's father*) тесть; (*husband's father*) свёкор ▷ m

fault [fɔ:lt] n (*blame*) вина́; (*defect: in person*) недоста́ток; (: in

machine) дефект; (*Geo*) разлом
▷ *vt* (*criticize*) придираться (*impf*)
к +*dat*; **it's my fault** это моя вина!;
to find fault with придираться
(*perf* придраться) к +*dat*; **I am at
fault** я виноват; **faulty** *adj*
(*goods*) испорченный; (*machine*)
повреждённый

fauna ['fɔːnə] *n* фауна
favour ['feɪvə*] (US **favor**) *n*
(*approval*) расположение; (*help*)
одолжение ▷ *vt* (*prefer: solution*)
оказывать (*perf* оказать)
предпочтение +*dat*; (: *pupil etc*)
выделять (*perf* выделить); (*assist*)
благоприятствовать (*impf*) +*dat*;
to do sb a favour оказывать (*perf*
оказать) кому-н услугу; **in favour
of** в пользу +*gen*; **favourable** *adj*
благоприятный ▷ *n* любимец (*Sport*)
фаворит
fawn [fɔːn] *n* молодой олень *m*
fax [fæks] *n* факс ▷ *vt* посылать
(*perf* послать) факсом
FBI *n abbr* (*US*) (= *Federal Bureau
of Investigation*) ФБР
(= Федеральное бюро
расследований)
fear [fɪə*] *n* страх; (*less strong*)
боязнь *f*; (*worry*) опасение ▷ *vt*
бояться (*impf*) +*gen*; **for fear of
missing my flight** боясь опоздать
на самолёт; **fearful** *adj* (*person*):
to be fearful of бояться (*impf*) или
страшиться *impf* (+*gen*); **fearless**
adj бесстрашный
feasible ['fiːzəbl] *adj*
осуществимый
feast [fiːst] *n* (*banquet*) пир; (*Rel:
also* **feast day**) праздник
feat [fiːt] *n* подвиг
feather ['fɛðə*] *n* перо
feature ['fiːtʃə*] *n* особенность *f*,
черта; (*Press*) очерк; (*TV, Radio*)

передача ▷ *vi*: **to feature in**
фигурировать (*impf*) в +*prp*;
features *npl* (*of face*) черты *fpl*
(лица); **feature film** *n*
художественный фильм
February ['fɛbruərɪ] *n*
февраль *m*
fed [fɛd] *pt, pp of* **feed**
federal ['fɛdərəl] *adj*
федеральный
federation [fɛdə'reɪʃən] *n*
федерация
fee [fiː] *n* плата; **school fees** плата
за обучение
feeble ['fiːbl] *adj* хилый; (*excuse*)
слабый
feed [fiːd] (*pt, pp* **fed**) *n* (*fodder*)
корм ▷ *vt* кормить (*perf*
накормить); **to feed sth into** (*data*)
загружать (*perf* загрузить) что-н в
+*acc*; (*paper*) подавать (*perf*
подать) что-н в +*acc*; **feed on** *vt
fus* питаться (*impf*) +*instr*
feel [fiːl] (*pt, pp* **felt**) *vt* (*touch*)
трогать (*perf* потрогать);
(*experience*) чувствовать (*impf*),
ощущать (*perf* ощутить); **to feel
(that)** (*believe*) считать (*impf*), что;
he feels hungry он голоден; **she
feels cold** ей холодно; **to feel
lonely/better** чувствовать (*impf*)
себя одиноко/лучше; **I don't feel
well** я плохо себя чувствую; **the
material feels like velvet** этот
материал на ощупь как бархат; **I
feel like ...** (*want*) мне хочется ...;
feel about *vi*: **to feel about for sth**
искать (*impf*) что-н ощупью;
feeling *n* чувство; (*physical*)
ощущение
feet [fiːt] *npl of* **foot**
fell [fɛl] *pt of* **fall**
fellow ['fɛləu] *n* (*man*) парень *m*;
(*of society*) действительный член
▷ *cpd*: **their fellow prisoners/**

students их сока́мертники/ сока́курсники; **fellowship** n (Scol) стипе́ндия (для иссле́довательской рабо́ты)

felt [fɛlt] pt, pp of **feel** ⊳ n фетр

female ['fiːmeɪl] n са́мка ⊳ adj же́нский; (child) же́нского по́ла

feminine ['fɛmɪnɪn] adj (clothes, behaviour) же́нственный; (Ling) же́нского ро́да

feminist ['fɛmɪnɪst] n феминист(ка)

fence [fɛns] n (barrier) забо́р, и́згородь f

fencing ['fɛnsɪŋ] n (Sport) фехтова́ние

fend [fɛnd] vi: **to fend for o.s.** забо́титься (perf позабо́титься) о себе́; **fend off** vt отража́ть (perf отрази́ть)

fender ['fɛndər] n (US: of car) крыло́

fern [fəːn] n па́поротник

ferocious [fə'rəuʃəs] adj (animal, attack) свире́пый; (behaviour, heat) ди́кий

ferry ['fɛrɪ] n (also **ferryboat**) паро́м ⊳ vt перевози́ть (perf перевезти́)

fertile ['fəːtaɪl] adj (land, soil) плодоро́дный; (imagination) бога́тый; (woman) спосо́бный к зача́тию

fertilizer ['fəːtɪlaɪzər] n удобре́ние

festival ['fɛstɪvəl] n (Rel) пра́здник; (Art, Mus) фестива́ль m

festive ['fɛstɪv] adj (mood) пра́здничный; **the festive season** (Brit) ≈ Свя́тки pl

fetch [fɛtʃ] vt (object) приноси́ть (perf принести́); (person) приводи́ть (perf привести́); (by car) привози́ть (perf привезти́)

fête [feɪt] n благотвори́тельный база́р

fetus ['fiːtəs] n (US) = **foetus**

feud [fjuːd] n вражда́

fever ['fiːvər] n (temperature) жар; (disease) лихора́дка; **feverish** adj лихора́дочный; (person: with excitement) возбуждённый; **he is feverish** у него́ жар, его́ лихора́дит

few [fjuː] adj (not many) немно́гие; (some) не́которые pl adj ⊳ pron: **(a) few** немно́гие pl adj; **a few** (several) не́сколько +gen; **fewer** adj ме́ньше +gen

fiancé [fɪ'ɑːnseɪ] n жени́х

fiancée n неве́ста

fiasco [fɪ'æskəu] n фиа́ско nt ind

fibre ['faɪbər] (US **fiber**) n волокно́; (dietary) клетча́тка

fickle ['fɪkl] adj непостоя́нный

fiction ['fɪkʃən] n (Literature) худо́жественная литерату́ра; **fictional** (event, character) вы́мышленный

fiddle ['fɪdl] n (Mus) скри́пка; (swindle) надува́тельство ⊳ vt (Brit: accounts) подде́лывать (perf подде́лать)

fidelity [fɪ'dɛlɪtɪ] n (loyalty) ве́рность f

field [fiːld] n по́ле; (fig) о́бласть f

fierce [fɪəs] adj свире́пый; (fighting) я́ростный

fifteen [fɪf'tiːn] n пятна́дцать; **fifteenth** adj пятна́дцатый

fifth [fɪfθ] adj пя́тый ⊳ n (fraction) пя́тая f adj; (Aut: also **fifth gear**) пя́тая ско́рость f

fiftieth ['fɪftɪɪθ] adj пятидеся́тый

fifty ['fɪftɪ] n пятьдеся́т

fig [fɪg] n инжи́р

fight [faɪt] (pt, pp **fought**) n дра́ка; (campaign, struggle) борьба́ f ⊳ vt (person) дра́ться (perf подра́ться) с +instr; (Mil) воева́ть (impf) с +instr; (illness,

figure | 472

problem, emotion) боро́ться
(impf) с +*instr* ▷ *vi (people)*
дра́ться *(impf)*; *(Mil)* воева́ть
(impf); **to fight an election**
уча́ствовать *(impf)* в
предвы́борной борьбе́; **fighting**
n (battle) бой; *(brawl)* дра́ка

figure ['fɪɡə*r*] *n* фигу́ра; *(number)*
ци́фра ▷ *vt (think)* счита́ть *(impf)*
▷ *vi (appear)* фигури́ровать
(impf); **figure out** *vt* понима́ть
(perf поня́ть*)*

file [faɪl] *n (dossier)* де́ло; *(folder)*
скоросшива́тель *m*; *(Comput)*
файл ▷ *vt (papers, document)*
подшива́ть *(perf* подши́ть*)*; *(Law:*
claim) подава́ть *(perf* пода́ть*)*;
(wood, fingernails) шлифова́ть
(perf отшлифова́ть*)* ▷ *vi*: **to file**
in/past входи́ть *(perf* войти́*)/*
проходи́ть *(perf* пройти́*)*
коло́нной; **in single file** в коло́нну
по одному́

fill [fɪl] *vi (room etc)* наполня́ться
(perf напо́лниться*)* ▷ *vt (vacancy)*
заполня́ть *(perf* запо́лнить*)*;
(need) удовлетворя́ть *(perf*
удовлетвори́ть*)* ▷ *n*: **to eat one's**
fill наеда́ться *(perf* нае́сться*)*; **to**
fill (with) *(container)* наполня́ть
(perf напо́лнить*)* (+*instr*); *(space,*
area) заполня́ть *(perf* запо́лнить*)*
(+*instr*); **fill in** *vt* заполня́ть
(perf запо́лнить*)*; **fill up** *vt (container)*
наполня́ть *(perf* напо́лнить*)*;
(space) заполня́ть *(perf*
запо́лнить*)* ▷ *vi (Aut)*
заправля́ться *(perf* запра́виться*)*

fillet ['fɪlɪt] *n* в филе́ *nt ind*

filling ['fɪlɪŋ] *n (for tooth)*
пло́мба; *(of pie)* начи́нка; *(of cake)*
просло́йка

film [fɪlm] *n (Cinema)* фильм;
(Phot) плёнка; *(of powder, liquid*
etc) то́нкий слой ▷ *vt, vi* снима́ть

(perf снять*)*; **film star** *n*
кинозвезда́ *m/f*

filter ['fɪltə*r*] *n* фильтр ▷ *vt*
фильтрова́ть *(perf*
профильтрова́ть*)*

filth [fɪlθ] *n* грязь *f*; **filthy** *adj*
гря́зный

fin [fɪn] *n (of fish)* плавни́к

final ['faɪnl] *adj (last)* после́дний;
(Sport) фина́льный; *(ultimate)*
заключи́тельный; *(definitive)*
оконча́тельный ▷ *n (Sport)*
фина́л; **finals** *npl (Scol)*
выпускны́е экза́мены *mpl*; **finale**
[fɪ'nɑːlɪ] *n* в фина́л; **finalist** *n*
финали́ст; **finally** *adv*
(eventually) в конце́ концо́в;
(lastly) наконе́ц

finance [faɪ'næns] *n* фина́нсы *pl*
▷ *vt* финанси́ровать *(impf/perf)*;
finances *npl (personal)* фина́нсы *pl*

financial [faɪ'nænʃəl] *adj*
фина́нсовый

find [faɪnd] *(pt, pp* **found***)* *vt*
находи́ть *(perf* найти́*)*; *(discover)*
обнару́живать *(perf* обнару́жить*)*
▷ *n* нахо́дка; **to find sb at home**
застава́ть *(perf* заста́ть*)* кого́-н
до́ма; **to find sb guilty** *(Law)*
признава́ть *(perf* призна́ть*)* кого́-н
вино́вным(-ой); **find out** *vt (fact,*
truth) узнава́ть *(perf* узна́ть*)*;
(person) разоблача́ть *(perf*
разоблачи́ть*)* ▷ *vi*: **to find out**
about узнава́ть *(perf* узна́ть*)* о
+*prp*; **findings** *npl (Law)*
заключе́ния *ntsg*; *(in research)*
результа́ты *mpl*

fine [faɪn] *adj* прекра́сный;
(delicate: hair, features) то́нкий;
(sand, powder, detail) ме́лкий;
(adjustment) то́чный ▷ *adv (well)*
прекра́сно ▷ *n* штраф ▷ *vt*
штрафова́ть *(perf* оштрафова́ть*)*;
he's fine *(well)* он чу́вствует себя́

хорошо; (happy) у него́ всё в
поря́дке; the weather is fine
пого́да хоро́шая; to cut it fine (of
time) оста́вить (perf) себе́
сли́шком ма́ло вре́мени

finger ['fɪŋgəʳ] n па́лец ▷ vt
тро́гать (perf потро́гать); **little
finger** мизи́нец

finish ['fɪnɪʃ] n коне́ц; (Sport)
фи́ниш; (polish etc) отде́лка ▷ vt
зака́нчивать (perf зако́нчить),
конча́ть (perf ко́нчить) ▷ vi
зака́нчиваться (perf
зако́нчиться); (person) зака́нчивать (perf
зако́нчить); to finish doing
конча́ть (perf ко́нчить) +infin; he
finished third (in race etc) он
зако́нчил тре́тьим; finish off vt
зака́нчивать (perf зако́нчить);
(kill) прика́нчивать (perf прико́нчить);
finish up vt (food) доеда́ть (perf
дое́сть); (drink) допива́ть (perf
допи́ть) ▷ vi (end up) конча́ть
(perf ко́нчить)

Finland ['fɪnlənd] n Финля́ндия;
Gulf of Finland Фи́нский зали́в

Finn [fɪn] n финн; **Finnish** adj
фи́нский

fir [fəːʳ] n ель f

fire ['faɪəʳ] n (flames) ого́нь m,
пла́мя nt; (in hearth) ого́нь m;
(accidental) пожа́р; (bonfire)
костёр ▷ vt (gun etc) вы́стрелить
(perf) из +gen; (arrow) выпуска́ть
(perf вы́пустить); (stimulate)
разжига́ть (perf разже́чь); (inf:
dismiss) увольня́ть (perf уво́лить)
▷ vi (shoot) вы́стрелить (perf); the
house is on fire дом гори́т ог в
огне́; fire alarm n пожа́рная
сигнализа́ция; firearm n
огнестре́льное ору́жие nt no pl;
fire brigade n пожа́рная
кома́нда; fire engine n
пожа́рная маши́на; fire escape

n пожа́рная ле́стница;
fire-extinguisher n
огнетуши́тель m; **fireman** irreg n
пожа́рный m adj, пожа́рник;
fireplace n ками́н; **fire station**
n пожа́рное депо́ nt ind;
firewood n дрова́ pl; **fireworks**
npl фейерве́рк msg

firm [fəːm] adj (ground, decision,
faith) твёрдый; (mattress) жёсткий;
(grasp, body, muscles) кре́пкий
▷ n фи́рма; **firmly** adv (believe,
stand) твёрдо; (grasp, shake
hands) кре́пко

first [fəːst] adj пе́рвый ▷ adv
(before all others) пе́рвый; (firstly)
во-пе́рвых ▷ n (Aut: also first
gear) пе́рвая ско́рость f; (Brit:
Scol: degree) дипло́м пе́рвой
сте́пени; at first снача́ла; first of all
пре́жде всего́; first aid n пе́рвая
по́мощь f; first-aid kit n паке́т
пе́рвой по́мощи; first-class adj
(excellent) первокла́ссный;
first-class ticket биле́т пе́рвого
кла́сса; **first-class stamp** ма́рка
пе́рвого кла́сса

● **FIRST-CLASS POSTAGE**

● В Великобрита́нии мо́жно
● приобрести́ почто́вые ма́рки
● пе́рвого и второ́го кла́сса.
● Пи́сьма с ма́ркой пе́рвого
● кла́сса доставля́ются по ме́сту
● назначе́ния на сле́дующий
● день.

first: first-hand adj
непосре́дственный; a first-hand
account расска́з очеви́дца; first
lady n (US) пе́рвая ле́ди f ind;
firstly adv во-пе́рвых; first
name n и́мя nt; first-rate adj
первокла́ссный

fiscal ['fɪskl] *adj* фиска́льный

fish [fɪʃ] *n inv* ры́ба ▷ *vt* (*river, area*) лови́ть (*impf*) ры́бу в +*prp*, ры́ба́чить (*impf*) в +*prp* ▷ *vi* (*commercially*) занима́ться (*impf*) рыболо́вством; (*as sport, hobby*) занима́ться (*impf*) ры́бной ло́влей; **to go fishing** ходи́ть/идти́ (*impf*) на рыба́лку; (*perf* пойти́) на рыба́лку;

fisherman *irreg n* рыба́к

■ **FISH AND CHIPS**

● **Fish and chips** — жа́реная ры́ба
● и карто́фель фри. Э́та
● традицио́нная брита́нская
● бы́страя еда́ продаётся в
● специа́льных магази́нах. Её
● мо́жно съесть тут же в магази́не
● и́ли купи́ть на вы́нос в
● пла́стиковой коро́бке и́ли
● завёрнутую в бума́жный паке́т.

fist [fɪst] *n* кула́к

fit [fɪt] *adj* (*suitable*) приго́дный; (*healthy*) в хоро́шей фо́рме ▷ *vt* (*subj: clothes etc*) подходи́ть (*perf* подойти́) по разме́ру +*dat*, быть (*impf*) впо́ру +*dat* ▷ *vi* (*clothes*) подходи́ть (*perf* подойти́) по разме́ру, быть (*impf*) впо́ру; (*parts*) подходи́ть (*perf* подойти́) ▷ *n* (*Med*) припа́док; (*of coughing, giggles*) при́ступ; **fit to do** гото́вый +*infin*; **fit for** (*suitable for*) приго́дный для +*gen*; **a fit of anger** при́ступ гне́ва; **this dress is a good fit** э́то пла́тье хорошо́ сиди́т; **by fits and starts** уры́вками; **fit in** *vi* (*person, object*) вписа́ться (*perf* вписа́ться); **fitness** *n* (*Med*) состоя́ние здоро́вья; **fitting** *adj* (*thanks*) надлежа́щий; **fittings** *npl*: **fixtures and fittings** обору́дование *ntsg*

five [faɪv] *n* пять; **fiver** *n* (*inf: Brit*) пять фу́нтов; (*: US*) пять до́лларов

fix [fɪks] *vt* (*arrange: date*) назнача́ть (*perf* назна́чить); (*: amount*) устана́вливать (*perf* установи́ть); (*mend*) нала́живать (*perf* нала́дить) ▷ *n* (*inf*): **to be in a fix** влипа́ть (*perf* вли́пнуть); **fixed** *adj* (*price*) твёрдый; (*ideas*) навя́зчивый; (*smile*) засты́вший

fixture ['fɪkstʃə*] *n see* **fittings**

fizzy ['fɪzɪ] *adj* шипу́чий, газиро́ванный

flag [flæg] *n* флаг

flair [flɛə*] *n* (*style*) стиль *m*; **a flair for** (*talent*) дар *или* тала́нт к +*dat*; **political flair** полити́ческий тала́нт

flak [flæk] *n* (*inf*) нахлобу́чка

flake [fleɪk] *n* (*of snow, soap powder*) хло́пья *pl*; (*of rust, paint*) слой

flamboyant [flæm'bɔɪənt] *adj* я́ркий, бро́ский; (*person*) колори́тный

flame [fleɪm] *n* (*of fire*) пла́мя *nt*

flank [flæŋk] *n* (*of animal*) бок; (*Mil*) фланг ▷ *vt*: **flanked by** ме́жду +*instr*

flannel ['flænl] *n* (*fabric*) флане́ль *f*; (*Brit: also* **face flannel**) махро́вая салфе́тка (*для лица́*)

flap [flæp] *n* (*of envelope*) отворо́т; (*of pocket*) кла́пан ▷ *vt* (*wings*) хло́пать *impf* +*instr*

flare [flɛə*] *n* (*signal*) сигна́льная раке́та; **flare up** *vi* вспы́хивать (*perf* вспы́хнуть)

flash [flæʃ] *n* вспы́шка; (*also* **news flash**) мо́лния ▷ *vt* (*light*) (*внеза́пно*) освеща́ть (*perf* освети́ть); (*news, message*) посыла́ть (*perf* посла́ть) мо́лнией (*look*) метать (*perf* метнуть) ▷ *vi* (*lightning, light, eyes*) сверкать (*perf* сверкнуть); (*light on ambulance etc*) мигать (*impf*); **in a flash** мгновенно; **to flash by** or **past** (*sth*) (*person*) мчаться (*perf* промчаться) мимо (+*gen*); **flashlight** *n* фонарь *m*, прожектор

flask [flɑːsk] *n* (*also* **vacuum flask**) термос

flat [flæt] *adj* (*surface*) плоский; (*tyre*) спущенный; (*battery*) севший; (*beer*) выдохшийся; (*refusal, denial*) категорический; (*Mus: note*) бемольный; (*rate, fee*) единый ▷ *n* (*Brit: apartment*) квартира; (*Aut: also* **flat tyre**) спущенная шина; (*Mus*) бемоль *m*; **to work flat out** выкладываться (*perf* выложиться) полностью

flatter ['flætər] *vt* льстить (*perf* польстить) +*dat*

flavour ['fleɪvər] (*US* **flavor**) *vt* (*soup*) приправлять (*perf* приправить) ▷ *n* (*taste*) вкус; (*of ice-cream etc*) привкус; **strawberry-flavoured** с клубничным привкусом

flaw [flɔː] *n* (*in argument, character*) недостаток, изъян; (*in cloth, glass*) дефект; **flawless** *adj* безупречный

flea [fliː] *n* блоха

flee [fliː] (*pt, pp* **fled**) *vt* (*danger, famine*) бежать (*impf*) от +*gen*; (*country*) бежать (*impf*/*perf*) из +*gen* ▷ *vi* спасаться (*impf*) бегством

fleece [fliːs] *n* (*sheep's coat*) (овечья) шкура; (*sheep's wool*) овечья шерсть *f*

fleet [fliːt] *n* (*of ships*) флот; (*of lorries, cars*) парк

fleeting ['fliːtɪŋ] *adj* мимолётный

Flemish ['flemɪʃ] *adj* фламандский

flesh [fleʃ] *n* (*Anat*) плоть *f*; (*of fruit*) мякоть *f*

flew [fluː] *pt* of **fly**

flex [fleks] *n* гибкий шнур ▷ *vt* (*leg, muscles*) разминать (*perf* размять); **flexibility** [fleksɪ'bɪlɪtɪ] *n* гибкость *f*; **flexible** ['fleksɪbl] *adj* гибкий

flick [flɪk] *vt* (*with finger*) смахивать (*perf* смахнуть); (*ash*) стряхивать (*perf* стряхнуть); (*whip*) хлестнуть (*perf*) +*instr*; (*switch*) щёлкать (*perf* щёлкнуть) +*instr*

flicker ['flɪkər] *vi* (*light, flame*) мерцать (*impf*)

flight [flaɪt] *n* (*of steps*) пролёт (*лестницы*)

flimsy ['flɪmzɪ] *adj* (*shoes, clothes*) лёгкий; (*structure*) непрочный; (*excuse, evidence*) слабый

fling [flɪŋ] (*pt, pp* **flung**) *vt* (*throw*) швырять (*perf* швырнуть)

flip [flɪp] *vt* (*coin*) подбрасывать (*perf* подбросить) щелчком

float [fləʊt] *n* (*for fishing*) поплавок; (*for swimming*) пенопластовая доска для обучающихся плавать; (*money*) разменные деньги *pl* ▷ *vi* (*object, person: on water*) плавать (*impf*); (*sound, cloud*) плыть (*impf*) ▷ *vt* (*idea, plan*) пускать (*perf* пустить) в ход; **to float a company** выпускать (*perf* выпустить) акции компании на рынок

flock [flɒk] *n* (*of sheep*) стадо; (*of birds*) стая ▷ *vi*: **to flock to** стекаться (*perf* стечься) в +*prp*

flood [flʌd] *n* (*of water*) наводнение; (*of letters, imports etc*) поток ▷ *vt* (*subj: water*)

заливать (*perf* залить); (: *people*)
наводнять (*perf* наводнить) ⊳ *vi*
(*place*) наполняться (*perf*
наполниться) водой; **to flood** (*in*
people, goods) хлынуть (*perf*) в/
на +*acc*; **flooding** *n* наводнение
floor [flɔː'] *n* (*of room*) пол;
(*storey*) этаж; (*of sea, valley*) дно
⊳ *vt* (*subj: question, remark*)
сражать (*perf* сразить); **ground** *or*
US) **first floor** первый этаж;
floorboard *n* половица
flop [flɔp] *n* (*failure*) провал
floppy ['flɔpɪ] *adj* (*also* **floppy**
disk) дискета, гибкий диск
flora ['flɔːrə] *n* флора; **floral**
['flɔːrl] *adj* (*pattern*) цветистый
flour ['flauə'] *n* мука
flourish ['flʌrɪʃ] *vi* (*business*)
процветать (*impf*); (*plant*) пышно
расти (*impf*) ⊳ *vt* (*bold gesture*):
with a flourish демонстративно
flow [fləu] *n* (*also* Elec) поток; (*of*
blood, river) течение ⊳ *vi* течь
(*impf*)
flower ['flauə'] *n* цветок ⊳ *vi*
(*plant, tree*) цвести (*impf*); **flowers**
цветы; **flowerpot** *n* цветочный
горшок
flown [fləun] *pp of* **fly**
flu [fluː] *n* (*Med*) грипп
fluent ['fluːənt] *adj* (*linguist*)
свободно говорящий; (*speech*)
беглый; (*writing*) свободный; **he**
speaks fluent Russian, he's fluent
in Russian он свободно говорит
по-русски
fluff [flʌf] *n* (*on jacket, carpet*)
ворс; **fluffy** *adj* (*soft*) пушистый
fluid ['fluːɪd] *adj* (*movement*)
текучий; (*situation*) переменчивый
⊳ *n* жидкость *f*
fluke [fluːk] *n* (*inf*) удача,
везение
flung [flʌŋ] *pt, pp of* **fling**

fluorescent [fluə'rɛsnt] *adj* (*dial,*
light) флюоресцирующий
fluoride ['fluəraɪd] *n* фторид
flurry ['flʌrɪ] *n* (*of snow*) вихрь *m*;
a flurry of activity бурная
деятельность *f*
flush [flʌʃ] *n* (*on face*) румянец
⊳ *vt* (*drains, pipe*) промывать
(*perf* промыть) ⊳ *vi* (*redden*)
зардеться (*perf*) ⊳ *adj*: **flush with**
(*level*) на одном уровне с +*instr*;
to flush the toilet спускать (*perf*
спустить) воду в туалете
flute [fluːt] *n* флейта
flutter ['flʌtə'] *n* (*of wings*) взмах
fly [flaɪ] (*pt* **flew**, *pp* **flown**) *n*
(*insect*) муха; (*on trousers: also*
flies) ширинка ⊳ *vt* (*plane*)
летать (*impf*) на +*prp*; (*passengers,*
cargo) перевозить (*perf*
перевезти); (*distances*) пролетать
(*perf* пролететь), преодолевать
(*perf* преодолеть) ⊳ *vi* (*also fig*)
летать/лететь (*impf*); (*flag*)
развеваться (*impf*) ⊳ *adj*: **a**
flying visit краткий визит; **with a**
flying colours блестяще
foal [fəul] *n* жеребёнок
foam [fəum] *n* пена; (*also* **foam**
rubber) поролон
focus ['fəukəs] (*pl* **focuses**) *n*
(*Phot*) фокус; (*of attention,*
argument) средоточие ⊳ *vt*
(*camera*) настраивать (*perf*
настроить) ⊳ *vi*: **to focus (on)**
(*Phot*) настраиваться (*perf*
настроиться) (на +*acc*); **to focus on**
(*fig*) сосредотачиваться (*perf*
сосредоточиться) на +*prp*; **in focus**
в фокусе
foetus ['fiːtəs] (*US* **fetus**) *n* плод,
зародыш
fog [fɔg] *n* туман; **foggy** *adj*
туманный; **it's foggy** туманно

foil [foɪl] vt срыва́ть (perf сорва́ть) ▷ n (metal) фольга́

fold [fəuld] n (crease) скла́дка; (: in paper) сгиб ▷ vt (clothes, paper) скла́дывать (perf сложи́ть); (arms) скрести́ть (perf скрести́ть); **folder** n па́пка; (ring-binder) скоросшива́тель m; **folding** adj складно́й

foliage ['fəulɪdʒ] n листва́

folk [fəuk] npl лю́ди pl, наро́д msg ▷ cpd (art, music) наро́дный; **folks** npl (inf. relatives) бли́зкие pl adj; **folklore** ['fəuklɔː] n фолькло́р

follow ['fɔləu] vt (leader, person) сле́довать (perf после́довать) за +instr; (example, advice) сле́довать (perf после́довать) +dat; (event, story) следи́ть (impf) за +instr; (route, path) держа́ться (impf) +gen ▷ vi сле́довать (perf после́довать); **to follow suit** (fig) сле́довать (perf после́довать) приме́ру; **follow up** vt (letter, offer) рассма́тривать (impf); (case) рассле́довать (impf); **follower** n (of person, belief) после́дователь(ница) m(f); **following** adj сле́дующий ▷ n (followers) после́дователи mpl

fond [fɔnd] adj (smile, look, parents) ла́сковый; (memory) прия́тный; **to be fond of** люби́ть (impf)

food [fuːd] n еда́, пи́ща; **food poisoning** n пищево́е отравле́ние; **food processor** n ку́хонный комба́йн

fool [fuːl] n дура́к ▷ vt (deceive) обма́нывать (perf обману́ть), одура́чивать (perf одура́чить); **foolish** adj глу́пый; (rash) неосмотри́тельный

foot [fut] (pl **feet**) n (of person)

нога́, ступня́; (of animal) нога́; (of bed) коне́ц; (of cliff) подно́жие; (measure) фут ▷ vt: **to foot the bill** плати́ть (perf заплати́ть); **on foot** пешко́м

○ **FOOT**

○ **Foot** — ме́ра длины́ ра́вная 30.4
○ см.

foot: footage n (Cinema: material) ка́дры mpl; **football** n футбо́льный мяч; (game: Brit) футбо́л; (: US) америка́нский футбо́л; **footballer** n (Brit) футболи́ст; **foothills** npl предго́рья ntpl; **foothold** n (on rock etc) опо́ра; **footing** n (fig) осно́ва; **to lose one's footing** (fall) теря́ть (perf потеря́ть) опо́ру; **footnote** n (in book) сно́ска; **footpath** n тропи́нка, доро́жка; **footprint** n след; **footwear** n о́бувь f

 KEYWORD

for [fɔː] prep **1** (indicating destination) в/на +acc; (indicating intention) в/на +instr; **the train for London** по́езд в or на Ло́ндон; **he left for work** он уе́хал на рабо́ту; **he went for the paper/the doctor** он пошёл за газе́той/врачо́м; **is this for me?** это мне or для меня́?; **there's a letter for you** Вам письмо́; **it's time for lunch/bed** пора́ обе́дать/спать

2 (indicating purpose) для +gen; **what's it for?** для чего́ это?; **give it to me — what for?** да́йте мне это — заче́м or для чего́?; **to pray for peace** моли́ться (impf) за мир

3 (on behalf of, representing): **to speak for sb** говори́ть (impf) от лица́ кого́-н; **MP for Brighton** член парла́мента от Бра́йтона; **he works for the government** он на госуда́рственной слу́жбе; **he works for a local firm** он рабо́тает на ме́стную фи́рму; **I'll ask him for you** я спрошу́ его́ от Ва́шего и́мени; **to do sth for sb** (*on behalf of*) де́лать (*perf* сде́лать) что-л за кого́-л

4 (*because of*) из-за *+gen*; **for lack of funds** из-за отсу́тствия средств; **for this reason** по э́той причи́не; **for some reason, for whatever reason** по како́й-то причи́не; **for fear of being criticized** боя́сь кри́тики; **to be famous for sth** изве́стный чем-н

5 (*with regard to*) для *+gen*; **it's cold for July** для ию́ля сейча́с хо́лодно; **he's tall for his age** для своего́ во́зраста он высо́кий; **a gift for languages** спосо́бности к языка́м; **for everyone who voted yes, 50 voted no** на ка́ждый го́лос "за", прихо́дится 50 голосо́в "про́тив"

6 (*in exchange for, in favour of*) за *+acc*; **I sold it for £5** я про́дал э́то за £5; **I'm all for it** я целико́м и по́лностью за э́то

7 (*referring to distance*): **there are roadworks for five miles** на протяже́нии пяти́ миль произво́дятся доро́жные рабо́ты; **to stretch for miles** простира́ться (*impf*) на мно́го миль; **we walked for miles/for ten miles** мы прошли́ мно́го миль/де́сять миль

8 (*referring to time*) на *+acc*; (: *in past*): **he was away for 2 years** он был в отъе́зде 2 го́да, его́ не́ бы́ло 2 го́да; (: *in future*): **she will be away for a month** она́ уезжа́ет на ме́сяц; **can you do it for tomorrow?** Вы мо́жете сде́лать э́то к за́втрашнему дню?; **it hasn't rained for 3 weeks** уже́ 3 неде́ли не́ было дождя́; **for hours** часа́ми

9 (*with infinite clause*): **it is not for me to decide** не мне реша́ть; **there is still time for you to do it** у Вас ещё есть вре́мя сде́лать э́то; **for this to be possible ...** что́бы э́то осуществи́ть, ...

10 (*in spite of*) несмотря́ на *+acc*; **for all his complaints** несмотря́ на все его́ жа́лобы

11 (*in phrases*): **for the first/last time** в пе́рвый/после́дний раз; **for the time being** пока́

▷ *conj* (*rather formal*) и́бо

forbid [fə'bɪd] (*pt* **forbad(e)**, *pp* **forbidden**) *vt* запреща́ть (*perf* запрети́ть); **to forbid sb to do** запреща́ть (*perf* запрети́ть) кому́-н *+infin*

force [fɔːs] *n* (*also Phys*) си́ла ▷ *vt* (*compel*) вынужда́ть (*perf* вы́нудить), принужда́ть (*perf* прину́дить); (*push*) толка́ть (*perf* толкну́ть); (*break open*) взла́мывать (*perf* взлома́ть); **the Forces** (*Brit: Mil*) вооружённые си́лы *fpl*; **in force** в большо́м коли́честве; **to force o.s. to do** заставля́ть (*perf* заста́вить) себя́ *+infin*; **forced** *adj* (*landing*) вы́нужденный; (*smile*) принуждённый; **forceful** *adj* си́льный

ford [fɔːd] *n* (*in river*) брод

fore [fɔː] *n*: **to come to the fore** выдвига́ться (*perf* вы́двинуться)

forecast ['fɔːkɑːst] *n* прогно́з ▷ *vt* (*irreg like* **cast**) предска́зывать (*perf* предсказа́ть)

forecourt ['fɔːkɔːt] *n* (*of garage*) пере́дняя площа́дка

forefinger ['fɔːfɪŋɡə] *n* указа́тельный па́лец

forefront ['fɔːfrʌnt] *n*: **in or at the forefront of** (*movement*) в аванга́рде +*gen*

foreground ['fɔːɡraʊnd] *n* пере́дний план

forehead ['fɔrɪd] *n* лоб

foreign ['fɔrɪn] *adj* (*language, tourist, firm*) иностра́нный; (*trade*) вне́шний; (*country*) зарубе́жный; **foreign person** иностра́нец(-нка); **foreigner** *n* иностра́нец(-нка); **foreign exchange** *n* (*system*) обме́н валю́ты; **Foreign Office** *n* (*Brit*) министе́рство иностра́нных дел; **Foreign Secretary** *n* (*Brit*) мини́стр иностра́нных дел

foreman ['fɔːmən] *irreg n* (*Industry*) ма́стер

foremost ['fɔːməʊst] *adj* (*most important*) важне́йший ⊳ *adv*: **first and foremost** в пе́рвую о́чередь, пре́жде всего́

forensic [fə'rɛnsɪk] *adj* (*medicine, test*) суде́бный

foresee [fɔː'siː] (*irreg like* **see**) *vt* предви́деть (*impf/perf*); **foreseeable** *adj*: **in the foreseeable future** в обозри́мом бу́дущем

forest ['fɔrɪst] *n* лес; **forestry** *n* лесово́дство, лесни́чество

forever [fə'rɛvə*] *adv* (*for good*) навсегда́, наве́чно; (*endlessly*) ве́чно

foreword ['fɔːwəːd] *n* предисло́вие

forgave [fə'ɡeɪv] *pt of* **forgive**

forge [fɔːdʒ] *vt* (*signature, money*) подде́лать (*perf* подде́лать); **forgery** *n* подде́лка

forget [fə'ɡɛt] (*pt* **forgot**, *pp* **forgotten**) *vt* забыва́ть (*perf* забы́ть); (*appointment*) забыва́ть

(*perf* забы́ть) о +*prp* ⊳ *vi* забыва́ть (*perf* забы́ть); **forgetful** *adj* забы́вчивый

forgive [fə'ɡɪv] (*pt* **forgave**, *pp* **forgiven**) *vt* (*pardon*) проща́ть (*perf* прости́ть); **to forgive sb sth** проща́ть (*perf* прости́ть) кому́-н что-н; **to forgive sb for sth** (*excuse*) проща́ть (*perf* прости́ть) кого́-н за что-н; **I forgave him for doing it** я прости́л его́ за то, что он сде́лал э́то

forgot [fə'ɡɔt] *pt of* **forget**; **forgotten** *pp of* **forget**

fork [fɔːk] *n* (*for eating*) ви́лка; (*for gardening*) ви́лы *pl*; (*in road, river, tree*) развётвление

forlorn [fə'lɔːn] *adj* поки́нутый; (*hope, attempt*) тще́тный

form [fɔːm] *n* (*type*) вид; (*shape*) фо́рма; (*Scol*) класс; (*also: questionnaire*) анке́та ⊳ *vt* (*make*) образо́вывать (*perf* образова́ть); (*organization, group*) формирова́ть (*perf* сформирова́ть); (*idea, habit*) выраба́тывать (*perf* вы́работать); **in top form** в прекра́сной фо́рме

formal ['fɔːməl] *adj* форма́льный; (*person, behaviour*) церемо́нный; (*occasion*) официа́льный; **formal clothes** официа́льная фо́рма оде́жды; **formality** [fɔː'mælɪtɪ] *n* форма́льность *f*; (*of person, behaviour*) церемо́нность *f*; (*of occasion*) официа́льность *f*

format ['fɔːmæt] *n* форма́т

formation [fɔː'meɪʃən] *n* формирова́ние

former ['fɔːmə*] *adj* бы́вший; (*earlier*) пре́жний ⊳ *n*: **the former ... the latter ...** пе́рвый ... после́дний ...; **formerly** *adv* ра́нее, ра́ньше

formidable ['fɔ:mɪdəbl] *adj*
(*opponent*) гро́зный; (*task*)
серьёзнейший

formula ['fɔ:mjulə] (*pl* **formulae**
or **formulas**) *n* (*Math, Chem*)
фо́рмула; (*plan*) схе́ма

fort [fɔ:t] *n* кре́пость f, форт

forthcoming *adj* предстоя́щий;
(*person*) общи́тельный

fortieth ['fɔ:tɪɪθ] *adj* сороково́й

fortnight ['fɔ:tnaɪt] (*Brit*) *n* две
неде́ли; **fortnightly** *adj* раз в
две неде́ли ▷ *adj*: **fortnightly**
magazine журна́л, выходя́щий раз
в две неде́ли

fortress ['fɔ:trɪs] *n* кре́пость f

fortunate ['fɔ:tʃənɪt] *adj* (*event*,
choice) счастли́вый; (*person*)
уда́чливый; **he was fortunate to**
get a job на его́ сча́стье, он
получи́л рабо́ту; **it is fortunate**
that ... к сча́стью ...; **fortunately**
adv к сча́стью; **fortunately for him**
на его́ сча́стье

fortune ['fɔ:tʃən] *n* (*wealth*)
состоя́ние; (*also* **good fortune**)
сча́стье, уда́ча; **ill fortune**
невезе́ние, неуда́ча

forty ['fɔ:tɪ] *n* со́рок

forum ['fɔ:rəm] *n* фо́рум

forward ['fɔ:wəd] *adv* вперёд
▷ *n* (*Sport*) напада́ющий(-ая) *m(f)*
adj, фо́рвард ▷ *vt* (*letter, parcel*)
пересыла́ть (*perf* пересла́ть)
▷ *adj* (*position*) пере́дний; (*not*
shy) де́рзкий; **to move forward**
(*progress*) продвига́ться (*perf*
продви́нуться)

fossil ['fɔsl] *n* окамене́лость f,
ископа́емое *nt adj*

foster ['fɔstə*r*] *vt* (*child*) брать
(*perf* взять) на воспита́ние

fought [fɔ:t] *pt, pp of* **fight**

foul [faul] *adj* ря́дкий, ме́рзкий;

(*language*) непристо́йный;
(*temper*) жу́ткий ▷ *n* (*Sport*)
наруше́ние ▷ *vt* (*dirty*) га́дить
(*perf* зага́дить)

found [faund] *pt, pp of* **find** ▷ *vt*
(*establish*) осно́вывать (*perf*
основа́ть); **foundation** *n* (*base*)
осно́ва; (*organization*) о́бщество,
фонд; (*also* **foundation cream**)
крем под макия́ж; **foundations**
npl (*of building*) фунда́мент *msg*;
founder *n* основа́тель(ница) *m(f)*

fountain [fauntɪn] *n* фонта́н

four [fɔ:*r*] *n* четы́ре; **on all fours**
на четвере́ньках

fourteen [fɔ:'ti:n] *n*
четы́рнадцать; **fourteenth** *adj*
четы́рнадцатый

fourth ['fɔ:θ] *adj* четвёртый ▷ *n*
(*Aut: also* **fourth gear**) четвёртая
ско́рость f

fowl [faul] *n* пти́ца

fox [fɔks] *n* лиса́ ▷ *vt*
озада́чивать (*perf* озада́чить)

foyer ['fɔɪeɪ] *n* фойе́ *nt ind*

fraction ['frækʃən] *n* (*portion*)
части́ца; (*Math*) дробь f; **a fraction**
of a second до́ля секу́нды

fracture ['fræktʃə*r*] *n* перело́м
▷ *vt* (*bone*) лома́ть (*perf* слома́ть)

fragile ['frædʒaɪl] *adj* хру́пкий

fragment ['frægmənt] *n*
фрагме́нт; (*of glass*) оско́лок,
обло́мок

fragrance ['freɪɡrəns] *n*
благоуха́ние

frail [freɪl] *adj* (*person*) сла́бый,
немощны́й; (*structure*) хру́пкий

frame [freɪm] *n* (*of building*,
structure) карка́с, о́стов; (*of*
person) сложе́ние; (*of picture*,
window) ра́ма; (*of spectacles: also*
frames) опра́ва ▷ *vt* обрамля́ть
(*perf* обра́мить); **frame of mind**
настрое́ние; **framework** *n*

каркас; (fig) рамки fpl
France [frɑːns] n Франция
franchise ['fræntʃaɪz] n (Pol)
право голоса; (Comm) франшиза
frank [fræŋk] adj (discussion,
person) открытый; (look)
откровенный; **frankly** adv
откровенно
frantic ['fræntɪk] adj
исступлённый; (hectic)
лихорадочный
fraud [frɔːd] n (person)
мошенник; (crime)
мошенничество
fraught [frɔːt] adj: fraught with
чреватый +instr
fray [freɪ] vi трепаться (perf
истрепаться); tempers were frayed
все были на грани срыва
freak [friːk] adj свободный,
ненормальный ⊳ n: he is a freak
он со странностями
freckle ['frekl] n (usu pl)
веснушка
free [friː] adj свободный; (costing
nothing) бесплатный ⊳ vt
(prisoner etc) освобождать (perf
освободить), выпускать (perf
выпустить) (на свободу); (object)
высвобождать (perf
высвободить); free (of charge), for
free бесплатно; **freedom** n
свобода; **free kick** n (Football)
свободный удар; **freelance** adj
внештатный, работающий по
договорам; **freely** adv (without
restriction) свободно; (liberally)
обильно; **free-range** adj:
free-range eggs яйца от кур на
свободном выгуле; **free will** n:
of one's own free will по (своей)
доброй воле
freeze [friːz] (pt froze, pp frozen)
vi (weather) холодать (perf
похолодать); (liquid, pipe, person)
замерзать (perf замёрзнуть);
(person: stop moving) застывать
(perf застыть) ⊳ vt замораживать
(perf заморозить); n (on arms,
wages) замораживание; **freezer** n
морозильник
freezing ['friːzɪŋ] adj: freezing
(cold) ледяной ⊳ n: **3 degrees
below freezing** 3 градуса мороза
or ниже нуля; **I'm freezing** я
замёрз; **it's freezing** очень
холодно
freight [freɪt] n фрахт
French [frentʃ] adj французский
⊳ npl: the French (people)
французы mpl; **French fries** npl
(US) картофель msg фри;
Frenchman irreg n француз
frenzy ['frenzɪ] n (of violence)
остервенение, бешенство
frequency ['friːkwənsɪ] n
частота
frequent [adj 'friːkwənt, vb
frɪ'kwent] adj частый ⊳ vt
посещать (impf); **frequently**
adv часто
fresh [freʃ] adj свежий,
(instructions, approach) новый; to
make a fresh start начинать (perf
начать) заново; fresh in one's
mind свежо в памяти; **fresher** n
(Brit: inf) первокурсник; **freshly**
adv: freshly made
свежеприготовленный; freshly
painted свежевыкрашенный;
freshwater adj (lake) пресный;
(fish) пресноводный
fret [fret] vi волноваться (impf)
friction ['frɪkʃən] n трение; (fig)
трения ntpl
Friday ['fraɪdɪ] n пятница
fridge [frɪdʒ] n (Brit)
холодильник
fried [fraɪd] pt, pp of fry ⊳ adj
жареный

friend [frend] n (male) друг; (female) подру́га; **friendly** adj (person, smile etc) дружелю́бный; (government, country) дру́жественный; (place, restaurant) прия́тный ▷ n (also **friendly match**) това́рищеский матч; **to be friendly with** дружи́ть (impf) с +instr; **to be friendly to sb** относи́ться (perf отнести́сь) к кому́-н дружелю́бно; **friendship** n дру́жба

fright [fraɪt] n испу́г; **to take fright** испуга́ться (perf); **frighten** vt пуга́ть (perf испуга́ть); **frightened** adj испу́ганный; **to be frightened (of)** боя́ться (impf) (+gen); **he is frightened by change** его́ пуга́ют измене́ния; **frightening** adj стра́шный, устраша́ющий

fringe [frɪndʒ] n (Brit: of hair) чёлка; (on shawl, lampshade etc) бахрома́; (of forest etc) край, окра́ина

frivolous ['frɪvələs] adj (conduct, person) легкомы́сленный; (object, activity) пустя́чный

fro [frəʊ] adv: **to and fro** туда́-сюда́

frog [frɒɡ] n лягу́шка

KEYWORD

from [frɒm] prep **1** (indicating starting place, origin etc) из +gen; (from a person) от +gen; **he is from Cyprus** он с Ки́пра; **from London to Glasgow** из Ло́ндона в Гла́зго; **a letter from my sister** письмо́ от мое́й сестры́; **a quotation from Dickens** цита́та из Ди́ккенса; **to drink from the bottle** пить (impf) из буты́лки; **where do you come from?** Вы отку́да?

2 (indicating movement: from inside) из +gen; (: away from) от +gen; (: off) с +gen; (: from behind) из-за +gen; **she ran from the house** она́ вы́бежала из до́ма; **the car drove away from the house** маши́на отъе́хала от до́ма; **he took the magazine from the table** он взял журна́л со стола́; **they got up from the table** они́ вста́ли из-за стола́

3 (indicating time) с +gen; **from two o'clock to** или **until** или **till three (o'clock)** с двух часо́в до трёх (часо́в); **from January (to August)** с января́ (по а́вгуст)

4 (indicating distance: position) от +gen; (: motion) до +gen; **the hotel is one kilometre from the beach** гости́ница нахо́дится в киломе́тре от пля́жа; **we're still a long way from home** мы ещё далеко́ от до́ма

5 (indicating price, number etc: range) от +gen; (: change) с +gen; **prices range from £10 to £50** це́ны колеблются от £10 до £50; **the interest rate was increased from nine per cent to ten per cent** проце́нтные ста́вки повы́сились с девяти́ до десяти́ проце́нтов

6 (indicating difference) от +gen; **to be different from sb/sth** отлича́ться (impf) от кого́-н/чего́-н

7 (because of, on the basis of): **from what he says** су́дя по тому́, что он говори́т; **from what I understand** как я понима́ю; **to act from conviction** де́йствовать (impf) по убежде́нию; **he is weak from hunger** он слаб от го́лода

front [frʌnt] n (of house, also fig) фаса́д; (of dress) перёд; (of train, car) пере́дняя часть f; (also **sea**

front) на́бережная f adj; (Mil,
Meteorology) фронт m adj
пере́дний; **in front** вперёд; **in front
of** пе́ред +instr; **front door** n
входна́я дверь f; **frontier**
['frʌntɪə] n грани́ца; **front page**
n пе́рвая страни́ца (газе́ты)

frost [frɒst] n моро́з; (also
hoarfrost) и́ней; **frostbite** n
обмороже́ние; **frosty** adj
(weather, night) моро́зный;
(welcome, look) ледяно́й

froth ['frɒθ] n (on liquid) пе́на

frown [fraun] n нахму́ренный
взгляд

froze [frəuz] pt of **freeze**; **frozen**
pp of **freeze**

fruit [fruːt] n inv фрукт; (fig)
плод; **fruit machine** n (Brit)
игрово́й автома́т

frustrate [frʌs'treɪt] vt (person,
plan) расстра́ивать (perf
расстро́ить)

fry [fraɪ] (pt, pp **fried**) vt жа́рить
(perf пожа́рить); **frying pan** (US
fry-pan) n сковорода́

ft abbr = **feet**; **foot**

fudge [fʌdʒ] n ≈ сли́вочная
пома́дка

fuel ['fjuːəl] n (for heating)
то́пливо; (for plane, car) горю́чее
nt adj

fulfil [ful'fɪl] (US **fulfill**) vt
(function, desire, promise)
исполня́ть (perf испо́лнить);
(ambition) осуществля́ть (perf
осуществи́ть)

full [ful] adj по́лный; (skirt)
широ́кий ▷ adv: **to know full well
that** прекра́сно знать (impf), что;
at full volume/power на по́лную
гро́мкость/мо́щность; **I'm full (up)**
я сыт; **he is full of enthusiasm/
hope** он по́лон энтузиа́зма/
наде́жды; **full details** все дета́ли;

at full speed на по́лной ско́рости;
a full two hours це́лых два часа́; **in
full** по́лностью; **full-length** adj
(film, novel) полнометра́жный;
(coat) дли́нный; (mirror) высо́кий;
full moon n по́лная луна́;
full-scale adj (attack, war, search
etc) широкомасшта́бный;
full-time adj adv (study) на
дневно́м отделе́нии; (work) на
по́лной ста́вке; **fully** adv
(completely) по́лностью, вполне́;
fully as big as по кра́йней ме́ре
тако́й же величины́, как

fumes [fjuːmz] npl испаре́ния
ntpl, пары́ mpl

fun [fʌn] n: **what fun!** как
ве́село!; **to have fun** весели́ться
(perf повесели́ться); **he's good fun
(to be with)** с ним ве́село; **for fun**
для заба́вы; **to make fun of**
подшу́чивать (perf подшути́ть)
над +instr

function ['fʌŋkʃən] n фу́нкция;
(product) производна́я f adj;
(social occasion) приём ▷ vi
(operate) функциони́ровать (impf)

fund [fʌnd] n фонд; (of
knowledge etc) запа́с; **funds**
(money) (де́нежные) сре́дства
ntpl, фо́нды mpl

fundamental [fʌndə'mɛntl] adj
фундамента́льный

funeral ['fjuːnərəl] n по́хороны
pl

fungus ['fʌŋɡəs] n (pl **fungi**) n
(plant) гриб; (mould) пле́сень f

funnel ['fʌnl] n (for pouring)
воро́нка; (of ship) труба́

funny ['fʌnɪ] adj (amusing)
заба́вный; (strange) стра́нный,
чудно́й

fur [fəː] n мех

furious ['fjuərɪəs] adj (person)
взбешённый; (exchange,

argument) бу́рный; (*effort, speed*) нейсто́вый

furnish ['fɜːnɪʃ] *vt* (*room, building*) обста́вить (*perf* обста́вить); **to furnish sb with sth** (*supply*) предоставля́ть (*perf* предоста́вить) что-н кому́-н; **furnishings** *npl* обстано́вка *fsg*

furniture ['fɜːnɪtʃə] *n* ме́бель f; **piece of furniture** предме́т ме́бели

furry ['fɜːrɪ] *adj* пуши́стый

further ['fɜːðə] *adj* дополни́тельный ⊳ *adv* (*farther*) да́льше; (*moreover*) бо́лее того́ ⊳ *vt* (*career, project*) продвига́ть (*perf* продви́нуть); соде́йствовать (*impf/perf*) +*dat*; **further education** (*Brit*) профессиона́льно-техни́ческое образова́ние

● **FURTHER EDUCATION**
●
● Further education — сре́днее
● специа́льное образова́ние. Его́
● мо́жно получи́ть в ко́лледжах.
● Обуче́ние прово́дится на
● осно́ве по́лного дневно́го
● ку́рса, почасово́го или
● вече́рнего ку́рса.

furthermore *adv* бо́лее того́
furthest ['fɜːðɪst] *superl of* **far**
fury ['fjʊərɪ] *n* я́рость f, бе́шенство

fuse [fjuːz] (*US* **fuze**) *n* (*Elec*) предохрани́тель *m*; (*on bomb*) фити́ль *m*

fusion ['fjuːʒən] *n* (*of ideas, qualities*) слия́ние; (*also* **nuclear fusion**) я́дерный си́нтез

fuss [fʌs] *n* (*excitement*) суматоха; (*anxiety*) суета́; (*trouble*) шум; **to make** *or* **kick up a fuss** (*perf* подня́ть) шум; **to**

make a fuss of sb носи́ться (*impf*) с кем-н; **fussy** *adj* (*nervous*) суетли́вый; (*choosy*) ме́лочный, су́етный; (*elaborate*) вы́чурный

future ['fjuːtʃə] *adj* бу́дущий ⊳ *n* бу́дущее *nt adj*; (*Ling: also* **future tense**) бу́дущее вре́мя *nt*; **in (the) future** в бу́дущем; **in the near/ immediate future** в недалёком/ ближа́йшем бу́дущем

fuze [fjuːz] *n* (*US*) = **fuse**

fuzzy ['fʌzɪ] *adj* (*thoughts, picture*) расплы́вчатый; (*hair*) пуши́стый

g

g _abbr_ (= gram) г (= грамм)

gadget ['gædʒɪt] _n_ приспособление

Gaelic ['geɪlɪk] _n_ (Ling) гэльский язык

gag [gæg] _n_ (on mouth) кляп ▷ _vt_ вставлять (_perf_ вставить) кляп +dat

gain [geɪn] _n_ (increase) прирост ▷ _vt_ (confidence, experience) приобретать (_perf_ приобрести); (speed) набирать (_perf_ набрать) ▷ _vi_ (benefit): **to gain from sth** извлекать (_perf_ извлечь) выгоду из чего-н; **to gain 3 pounds (in weight)** поправляться (_perf_ поправиться) на 3 фунта; **to gain on sb** догонять (_perf_ догнать) кого-н

gala ['gɑːlə] _n_ (festival) празднество

galaxy ['gæləksɪ] _n_ галактика

gale [geɪl] _n_ (wind) сильный ветер; (at sea) штормовой ветер

gallery ['gælərɪ] _n_ (also **art gallery**) галерея; (in hall, church) балкон; (in theatre) галёрка

gallon ['gælən] _n_ галлон (4,5 литра)

gallop ['gæləp] _vi_ (horse) скакать (_impf_) (галопом), галопировать (_impf_)

gamble ['gæmbl] _n_ рискованное предприятие, риск ▷ _vt_ (money) ставить (_perf_ поставить) ▷ _vi_ (take a risk) рисковать (_perf_ рискнуть); (bet) играть (_impf_) в азартные игры; **to gamble on sth** (also fig) делать (_perf_ сделать) ставку на что-н; **gambler** _n_ игрок; **gambling** ['gæmblɪŋ] _n_ азартные игры fpl

game [geɪm] _n_ игра; (match) матч; (esp Tennis) гейм; (Culin) дичь f ▷ _adj_ (willing): **board game** настольная игра; (for) готовый (на +acc); **big game** крупный зверь

gammon ['gæmən] _n_ (bacon) окорок; (ham) ветчина

gang [gæŋ] _n_ (of criminals) банда; (of friends) компания

gangster ['gæŋstə'] _n_ гангстер

gap [gæp] _n_ (space) промежуток; (: between teeth) щербина; (: in time) интервал; (difference) расхождение; **generation gap** разногласия между поколениями

garage ['gærɑːʒ] _n_ гараж; (petrol station) заправочная станция, бензоколонка

garbage ['gɑːbɪdʒ] _n_ (US: rubbish) мусор; (inf: nonsense) ерунда; **garbage can** _n_ (US) помойный ящик

garden ['gɑːdn] _n_ сад;

gardens npl (park) парк msg;
gardener n садовод; (employee)
садовник(-ица); **gardening** n
садоводство
garlic ['gɑ:lɪk] n чеснок
garment ['gɑ:mənt] n наряд
garnish ['gɑ:nɪʃ] vt украшать
(perf украсить)
garrison ['gærɪsn] n гарнизон
gas [gæs] n газ; (US: gasoline)
бензин ▷ vt (kill) удушать (perf
удушить) (газом)
gasoline ['gæsəli:n] n (US)
бензин
gasp [gɑ:sp] n (breath) вдох
gas station n (US) заправочная
станция, бензоколонка
gate [geɪt] n калитка; (at airport)
выход; **gates** npl ворота;
gateway n ворота pl
gather ['gæðə*] vt собирать (perf
собрать); (understand) полагать
(impf) ▷ vi собираться (perf
собраться); **to gather speed**
набирать (perf набрать) скорость;
gathering n собрание
gauge [geɪdʒ] n (instrument)
измерительный прибор ▷ vt
(amount, quantity) измерять (perf
измерить); (fig) оценивать (perf
оценить)
gave [geɪv] pt of **give**
gay [geɪ] adj (cheerful) весёлый;
(homosexual): **gay bar** бар для
голубых или гомосексуалистов /n
гомосексуалист, голубой m adj; **he
is gay** он гомосексуалист или
голубой
gaze [geɪz] n (pристальный)
взгляд ▷ vi: **to gaze at sth**
разглядывать (impf) что-н
GB abbr = **Great Britain**
GCSE n abbr (Brit) (= General
Certificate of Secondary
Education)

● **GCSE**

● GCSE — аттестат о среднем
● образовании. Школьники
● сдают экзамены для получения
● этого аттестата в возрасте 15-16
● лет. Часть предметов, по
● которым сдаются экзамены
● обязательна, часть - по выбору.
● Однако этого аттестата не
● достаточно для поступления в
● университет.

gear [gɪə*] n (equipment,
belongings etc) принадлежности
fpl; (Aut) скорость f; (: mechanism)
передача ▷ vt (fig): **to gear sth to**
приспосабливать (perf
приспособить) что-н к +dat; **top** or
(US) **high/low gear** высшая/низкая
скорость; **in gear** в зацеплении;
gearbox n коробка передач или
скоростей; **gear lever** (US **gear
shift**) n переключатель m
скоростей
geese [gi:s] npl of **goose**
gem [dʒem] n (stone)
драгоценный камень m, самоцвет
Gemini ['dʒemɪnaɪ] n Близнецы
mpl
gender ['dʒendə*] n (sex) пол;
(Ling) род
gene [dʒi:n] n ген
general ['dʒenərl] n (Mil) генерал
▷ adj общий; (movement, interest)
всеобщий; **in general** в общем;
general election n всеобщие
выборы mpl; **generally** adv
вообще; (+vb) обычно; **to become
generally available** становиться
(perf стать) общедоступным(-ой);
it is generally accepted that …
общепризнанно, что …
generate ['dʒenəreɪt] vt (power,
electricity) генерировать (impf),

вырабатывать (*perf* выработать); (*excitement, interest*) вызывать (*perf* вызвать); (*jobs*) создавать (*perf* создать)

generation [dʒɛnə'reɪʃən] *n* поколение; (*of power*) генерирование; **for generations** из поколения в поколение

generator [dʒɛnəreɪtə] *n* генератор

generosity [dʒɛnə'rɒsɪtɪ] *n* щедрость *f*

generous ['dʒɛnərəs] *adj* (*person: lavish*) щедрый; (: *unselfish*) великодушный; (*amount of money*) значительный

genetics [dʒɪ'nɛtɪks] *n* генетика

Geneva [dʒɪ'niːvə] *n* Женева

genitals ['dʒɛnɪtlz] *npl* половые органы *mpl*

genius ['dʒiːnɪəs] *n* (*skill*) талант; (*person*) гений

gent [dʒɛnt] *n abbr* (*Brit: inf*) = **gentleman**

gentle ['dʒɛntl] *adj* нежный, ласковый; (*nature, movement, landscape*) мягкий

gentleman ['dʒɛntlmən] *irreg n* (*man*) джентльмен

gently ['dʒɛntlɪ] *adv* (*smile, treat, speak*) нежно, ласково; (*curve, slope, move*) мягко

gents [dʒɛnts] *n*: **the gents** мужской туалет

genuine ['dʒɛnjuɪn] *adj* (*sincere*) искренний; (*real*) подлинный

geographic(al) [dʒɪə'græfɪk(l)] *adj* географический

geography [dʒɪ'ɒɡrəfɪ] *n* география

geology [dʒɪ'ɒlədʒɪ] *n* геология

geometry [dʒɪ'ɒmətrɪ] *n* геометрия

Georgia ['dʒɔːdʒə] *n* Грузия; **Georgian** *adj* грузинский

geranium [dʒɪ'reɪnɪəm] *n* герань *f*

geriatric [dʒɛrɪ'ætrɪk] *adj* гериатрический

germ [dʒɜːm] *n* (*Med*) микроб

German ['dʒɜːmən] *adj* немецкий ▷ *n* немец(-мка); **German measles** (*Brit*) краснуха

Germany ['dʒɜːmənɪ] *n* Германия

gesture ['dʒɛstʃə] *n* жест

KEYWORD

get [ɡɛt] (*pt, pp* **got**) (*US*) ▷ (*pp* **gotten**) *vi* **1** (*become*) становиться (*perf* стать); **it's getting late** становится поздно; **to get old** стареть (*perf* постареть); **to get tired** уставать (*perf* устать); **to get cold** мёрзнуть (*perf* замёрзнуть); **to get annoyed easily** легко раздражаться (*impf*); **he was getting bored** ему стало скучно; **he gets drunk every weekend** он напивается каждый выходной

2 (*be*): **he got killed** его убили; **when do I get paid?** когда мне заплатят?

3 (*go*): **to get to/from** добираться (*perf* добраться) до +*gen*/из +*gen*/с +*gen*; **how did you get here?** как Вы сюда добрались?

4 (*begin*): **to get to know sb** узнавать (*perf* узнать) кого-н; **I'm getting to like him** он мне начинает мне нравиться; **let's get started** давайте начнём

▷ *modal aux vb*: **you've got to do it** Вы должны это сделать

▷ *vt* **1**: **to get sth done** сделать (*perf*) что-н; **to get the washing done** стирать (*perf* постирать); **to get the dishes done** мыть (помыть *or* вымыть *perf*) посуду; **to get the** car started *or* to start заводить (*perf* завести) машину; **to get sb to do** заставлять (*perf* заставить) кого-н +*infin*; **to get sth ready** собирать (*perf* собрать) кого-н; **to get sth ready** напаивать (*perf* напоить) что-н; **to get sb drunk** напаивать (*perf* напоить) кого-н; **she got me into trouble** она вовлекла меня в неприятности

2 (*obtain: permission, results*) получать (*perf* получить); (*find: job, flat*) находить (*perf* найти); (*person: call*) звать (*perf* позвать); (*: pick up*) забирать (*perf* забрать); (*call out: doctor, plumber etc*) вызывать (*perf* вызвать); (*object: carry*) приносить (*perf* принести); (*: buy*) покупать (*perf* купить); (*: deliver*) доставлять (*perf* доставить); **we must get him to hospital** мы должны доставить его в больницу; **do you think we'll get the piano through the door?** как Вы думаете, мы протащим пианино через дверь?; **I'll get the car** я схожу за машиной; **can I get you something to drink?** Позвольте предложить Вам что-нибудь выпить?

3 (*receive*) получать (*perf* получить); (*acquire: reputation*) приобретать (*perf* приобрести) дурную репутацию +*instr*; **what did you get for your birthday?** что Вам подарили на день рождения?

4 (*grab*) хватать (*perf* схватить); (*hit*): **the bullet got him in the leg** пуля попала ему в ногу

5 (*catch, take*): **we got a taxi** мы взяли такси; **did she get her plane?** она успела на самолёт?; **what train are you getting?** каким поездом Вы едете?; **where do I get the train?** где мне сесть на поезд?

6 (*understand*) понимать (*perf* понять); (*hear*) расслышать (*perf*); **(do you) get it?** (*inf*) (тебе) понятно?; **I'm sorry, I didn't get your name** простите, я не расслышал Ваше имя

7 (*have, possess*): **how many children have you got?** сколько у Вас детей?; **I've got very little time** у меня очень мало времени

get about *vi* (*news*) распространяться (*perf* распространиться); **I don't get about much now** (*go places*) теперь я мало где бываю

get along *vi*: **get along with** ладить (*impf*) с +*instr*; (*manage*) = **get by**; **I'd better be getting along** мне, пожалуй, пора (идти)

get at *vt fus* (*criticize*) придираться (*perf* придраться) к +*dat*; (*reach*) дотягиваться (*perf* дотянуться) до +*gen*

get away *vi* (*leave*) уходить (*perf* уйти); (*escape*) убегать (*perf* убежать)

get away with *vt fus*: **he gets away with everything** ему всё сходит с рук

get back *vi* (*return*) возвращаться (*perf* возвратиться), вернуться (*perf*) ▷ *vt* получать (*perf* получить) назад *или* обратно

get by *vi* (*pass*) проходить (*perf* пройти); (*manage*): **to get by without** обходиться (*perf* обойтись) без +*gen*; **I will get by** (*manage*) я справлюсь

get down *vi* (*depress*) угнетать (*impf*) ▷ *vi*: **to get down from** слезать (*perf* слезть) с +*gen*

get down to *vt fus* садиться (*perf* сесть) *или* браться (*perf* взяться) за +*acc*

get in vi (train) прибыва́ть (perf прибы́ть), приходи́ть (perf прийти́); (arrive home) приходи́ть (perf прийти́); (to concert, building) попада́ть (perf попа́сть), проходи́ть (perf пройти́); **he got in by ten votes** он прошёл с большинство́м в де́сять голосо́в; **as soon as the bus arrived we all got in** как то́лько авто́бус подошёл, мы се́ли в него́

get into vt fus (building) входи́ть (perf войти́) в +acc; (vehicle) сади́ться (perf сесть) в +acc; (clothes) влеза́ть (perf влезть) в +acc; (fight, argument) вступа́ть (perf вступи́ть) в +acc; (university, college) поступа́ть (perf поступи́ть) в +acc; (subj: train) прибыва́ть (perf прибы́ть) в/на +acc; **to get into bed** ложи́ться (perf лечь) в посте́ль

get off vi (escape): **to get off lightly/with sth** легко́/чем-н (perf отде́латься) ▷ vt (clothes) снима́ть (perf снять) ▷ vt fus (train, bus) сходи́ть (perf сойти́) с +gen; (horse, bicycle) слеза́ть (perf слезть) с +gen

get on vi (age) старе́ть (impf); **how are you getting on?** как Ва́ши успе́хи?

get out vi (leave) выбира́ться (perf вы́браться); (socialize) выбира́ться (perf вы́браться) из до́ма

get out of vt fus (duty) отде́лываться (perf отде́латься) от +gen

get over vt fus (illness) преодолева́ть (perf преодоле́ть)

get round vt fus (law, rule) обходи́ть (perf обойти́); (fig:

person) угова́ривать (perf уговори́ть)

get through vi (Tel) дозва́ниваться (perf дозвони́ться)

get through to vt fus (Tel) дозва́ниваться (perf дозвони́ться) до +gen

get together vi (several people) собира́ться (perf собра́ться) ▷ vt (people) собира́ть (perf собра́ть)

get up vi встава́ть (perf встать)

get up to vt fus (Brit) затева́ть (perf зате́ять); **they're always getting up to mischief** они́ всегда́ прока́зничают

ghastly ['gɑːstlɪ] adj ме́рзкий, омерзи́тельный

ghetto ['getəu] n ге́тто nt ind

ghost [gəust] n (spirit) привиде́ние, при́зрак

giant ['dʒaɪənt] n (in myths) велика́н; (fig: Comm) гига́нт ▷ adj огро́мный

gift [gɪft] n (present) пода́рок; (ability) дар, тала́нт; **gifted** adj одарённый

gigantic [dʒaɪˈgæntɪk] adj гига́нтский

giggle ['gɪgl] vi хихи́кать (impf)

gills [gɪlz] npl (of fish) жа́бры fpl

gilt [gɪlt] adj позоло́ченный

gimmick ['gɪmɪk] n уло́вка, трюк

gin [dʒɪn] n джин

ginger ['dʒɪndʒə'] n (spice) имби́рь m

giraffe [dʒɪˈrɑːf] n жира́ф

girl [gəːl] n (child) де́вочка; (young unmarried woman) де́вушка; (daughter) до́чка; **an English girl** молода́я англича́нка; **girlfriend** n подру́га

gist [dʒɪst] n суть f

○ **KEYWORD**

give [gɪv] (pt **gave**, pt **given**) vt
1 (hand over): **to give sb sth** or **sth
to sb** давáть (perf дать) комý-н
что-н; **they gave her a book for her
birthday** они подарили ей книгу
на день рождéния
2 (used with noun to replace verb):
to give a sigh вздыхáть (perf
вздохнýть); **to give a shrug**
передёргивать (perf передёрнуть)
плечáми; **to give a speech**
выступáть (perf выступить) с
рéчью; **to give a lecture** читáть
(perf прочитáть) лéкцию; **to give
three cheers** трижды прокричáть
(perf) "урá"
3 (tell: news) сообщáть (perf
сообщить); (advice) давáть (perf
дать); **could you give him a
message for me please? tell him
that ...** передáйте емý,
пожáлуйста, от меня, что ...;
**I've got a message to give you
from your brother** я дóлжен
передáть тебé что-то от твоегó
брáта
4: to give sb sth (clothing, food,
right) давáть (perf дать) комý-н
что-н; (title) присвáивать (perf
присвóить) комý-н что-н; (honour,
responsibility) возлагáть (perf
возложить) на когó-н что-н; **to
give sb a surprise** удивлять (perf
удивить) когó-н; (advice) **that's given me
an idea** это навелó меня на мысль
5 (dedicate: one's life) отдавáть
(perf отдáть); **you'll need to give
me more time** Вы должны дать
мне бóльше врéмени; **she gave it
all her attention** онá отнеслáсь к
этому с большим внимáнием
6 (organize: dinner etc) давáть
(perf дать)

▷ vi **1** (stretch: fabric)
растягиваться (perf растянýться)
2 (break, collapse) = **give way**
give away vt (money, object)
отдавáть (perf отдáть); (bride)
отдавáть (perf отдáть) зáмуж
give back vt отдавáть (perf
отдáть) обрáтно
give in vi (yield) сдавáться (perf
сдáться); ▷ vt (essay etc) сдавáть
(perf сдать)
give off vt fus (smoke, heat)
выделять (impf)
give out vt (distribute) раздавáть
(perf раздáть)
give up vi (stop trying) сдавáться
(perf сдáться); ▷ vt (job,
boyfriend) бросáть (perf брóсить);
(idea, hope) оставлять (perf
остáвить); **to give up smoking**
бросáть (perf брóсить) курить;
to give o.s. up сдавáться (perf
сдáться)
give way vi (rope, ladder) не
выдéрживать (perf выдержать);
(wall, roof) обвáливаться (perf
обвалиться); (floor)
провáливаться (perf
провалиться); (chair) рýхнуть
(perf); (Brit: Aut) уступáть (perf
уступить) дорóгу; **his legs gave
way beneath him** у негó
подкосились нóги

glacier ['glæsɪə¹] n ледник
glad [glæd] adj: **I am glad** я рад;
gladly adv (willingly) с рáдостью
glamorous ['glæmərəs] adj
шикáрный, роскóшный
glance [glɑːns] n (look) взгляд
▷ vi: **to glance at** взгля́дывать
(perf взгля́нуть) на +acc
gland [glænd] n железá
glare [glɛə¹] n (of light)
сияние

glaring ['glɛərɪŋ] *adj* я́вный, вопию́щий

glass [glɑːs] *n* (*substance*) стекло́; (*container, contents*) стака́н; **glasses** *npl* (*spectacles*) очки́ *ntpl*

glaze [gleɪz] *n* (*on pottery*) глазу́рь *f*

gleam [gliːm] *vi* мерца́ть (*impf*)

glen [glɛn] *n* речна́я доли́на

glide [glaɪd] *vi* скользи́ть (*impf*); (*Aviat*) плани́ровать (*impf*); (*bird*) пари́ть (*impf*); **glider** *n* планёр

glimmer ['glɪmə] *n* (*of interest, hope*) про́блеск; (*of light*) мерца́ние

glimpse [glɪmps] *n*: **glimpse of** взгляд на +*acc* ▷ *vt* ви́деть (*perf* уви́деть) мелько́м, взгляну́ть (*perf*) на +*acc*

glint [glɪnt] *vi* блесте́ть (*perf* блесну́ть), мерца́ть (*impf*)

glitter ['glɪtə] *vi* сверка́ть (*perf* сверкну́ть)

global ['gləʊbl] *adj* (*interest, attention*) глоба́льный; **global warming** *n* глоба́льное потепле́ние

globe [gləʊb] *n* (*world*) земно́й шар; (*model of world*) гло́бус

gloom [gluːm] *n* мрак; (*fig*) уны́ние

glorious ['glɔːrɪəs] *adj* (*sunshine, flowers*) великоле́пный

glory ['glɔːrɪ] *n* (*prestige*) сла́ва

gloss [glɔs] *n* (*shine*) гля́нец, лоск; (*also* **gloss paint**) гля́нцевая кра́ска

glossary ['glɔsərɪ] *n* глосса́рий

glossy ['glɔsɪ] *adj* (*photograph, magazine*) гля́нцевый; (*hair*) блестя́щий

glove [glʌv] *n* перча́тка; **glove compartment** *n* перча́точный я́щик, бардачо́к (*inf*)

glow [gləʊ] *vi* свети́ться (*impf*)

glucose ['gluːkəʊs] *n* глюко́за

glue [gluː] *n* клей ▷ *vt*: **to glue sth onto sth** прикле́ивать (*perf* прикле́ить) что-н на что-н

 KEYWORD

go [gəʊ] (*pt* **went**, *pp* **gone**, *pl* **goes**) *vi* **1** (*move: on foot*) ходи́ть/идти́ (*perf* пойти́); (*travel: by transport*) е́здить/е́хать (*perf* пое́хать); **she went into the kitchen** она́ пошла́ на ку́хню; **he often goes to China** он ча́сто е́здит в Кита́й; **they are going to the theatre tonight** сего́дня ве́чером они́ иду́т в теа́тр

2 (*depart: on foot*) уходи́ть (*perf* уйти́); (*: by plane*) улета́ть (*perf* улете́ть); (*: by train, car*) уезжа́ть (*perf* уе́хать); **the plane goes at 6am** самолёт улета́ет в 6 часо́в утра́; **the train/bus goes at 6pm** по́езд/авто́бус ухо́дит в 6 часо́в; **I must go now** мне на́до идти́

3 (*attend*): **to go to** ходи́ть (*impf*) в/на +*acc*; **she doesn't go to lectures/school** она́ не хо́дит на ле́кции/в шко́лу; **she went to university** она́ учи́лась в университе́те

4 (*take part in activity*): **to go dancing** ходи́ть/идти́ (*perf* пойти́) танцева́ть

5 (*work*): **is your watch going?** Ва́ши часы́ иду́т?; **the bell went** прозвене́л звоно́к; **the tape recorder was still going** магнитофо́н всё ещё рабо́тал

6 (*become*): **to go pale** бледне́ть (*perf* побледне́ть); **to go mouldy** плесневе́ть (*perf* заплесневе́ть)

7 (*be sold*): **the books went for £10** кни́ги разошли́сь по £10

8 (*fit, suit*): **to go with** подходи́ть

go | 492

(perf подойти) к +dat
9 (be about to, intend to): **to go to do** собираться (perf собраться) +infin
10 (time) идти (impf)
11 (event, activity) проходить (perf пройти); **how did it go?** как всё прошло?
12 (be given) идти (perf пойти); **the proceeds will go to charity** прибыль пойдёт на благотворительные цели; **the job is to go to someone else** работу дадут кому-то другому
13 (break etc): **the fuse went** предохранитель перегорел; **the leg of the chair went** ножка стула сломалась
14 (be placed): **the milk goes in the fridge** молоко бывает в холодильнике
▷ n **1** (try) попытка; **to have a go (at doing)** делать (perf сделать) попытку (+infin)
2 (turn): **whose go is it?** (in board games) чей ход?
3 (move): **to be on the go** быть (impf) на ногах
go about vi (also **go around**: rumour) ходить (impf)
go ahead vi (event) продолжаться (perf продолжиться); **to go ahead with** (project) приступать (perf приступить) к +dat; **may I begin?** — **yes, go ahead!** можно начинать? — да, давайте!
go along vi идти (perf пойти); **to go along with sb** (accompany) идти (perf пойти) с кем-н; (agree) соглашаться (perf согласиться) с кем-н
go away vi (leave: on foot) уходить (perf уйти); (: by transport) уезжать (perf уехать)

go away and think about it for a while идите и подумайте об этом
go back vi (return, go again) возвращаться (perf возвратиться), вернуться (perf вернуться); **we went back into the house** мы вернулись в дом; **I am never going back to our house again** я никогда больше не пойду к ней
go for vt fus (fetch: paper, doctor) идти (perf пойти) за +instr; (choose, like) выбирать (perf выбрать); (attack) набрасываться (perf +acc; **that goes for me too** ко мне это тоже относится
go in vi (enter) входить (perf войти), заходить (perf зайти)
go in for vt fus (enter) принимать (perf принять) участие в +prp; (take up) заняться (perf) +instr
go into vt fus (enter) входить (perf войти) в +acc; (take up) заняться (perf) +instr; **to go into details** вдаваться (impf) в подробности
go off vi (leave: on foot) уходить (perf уйти); (: by transport) уезжать (perf уехать); (food) портиться (perf испортиться); (bomb) взрываться (perf взорваться); (gun) выстреливать (perf выстрелить); (alarm) звонить (perf зазвонить); (event) проходить (perf пройти); (lights) выключаться (perf выключиться)
▷ vt fus разлюбить (perf)
go on vi (discussion) продолжаться (impf); (continue): **to go on (doing)** продолжать (impf) (+infin); **life goes on** жизнь продолжается; **what's going on here?** что здесь происходит?; **we don't have enough information to go on** у нас недостаточно

информа́ции

go on with vt fus продолжа́ть
(perf продо́лжить)

go out vi (fire, light) га́снуть (perf
пога́снуть); (leave): **to go out of**
выходи́ть (perf вы́йти) из +gen;
are you going out tonight? Вы
сего́дня ве́чером куда́-нибудь
идёте?

go over vi идти́ (perf пойти́)
▷ vt fus просма́тривать (perf
просмотре́ть)

go through vt fus (town etc: by
transport) проезжа́ть (perf
прое́хать) че́рез +acc; (files,
papers) просма́тривать (perf
просмотре́ть)

go up vi (ascend) поднима́ться
(perf подня́ться); (price, level,
buildings) расти́ (perf вы́расти)

go without vt fus обходи́ться
(perf обойти́сь) без +gen

goal [gəʊl] n (Sport) гол; (aim)
цель f; **goalkeeper** n вратарь m,
голки́пер; **goalpost** n боковая
шта́нга, сто́йка воро́т

goat [gəʊt] n (billy) козёл;
(nanny) коза́

god [gɔd] n (fig) божество́, бог;
God Бог; **godchild** n
кре́стник(-ица); **goddaughter** n
кре́стница; **goddess** n боги́ня;
godfather n кре́стный оте́ц;
godmother n кре́стная мать f;
godson n кре́стник

goggles ['gɔglz] npl защи́тные
очки́ ntpl

going ['gəʊɪŋ] adj: **the going rate**
теку́щие расце́нки fpl

gold [gəʊld] n (metal) зо́лото
▷ adj золото́й; **gold reserves**
золото́й запа́с; **goldfish** n
серебряный кара́сь m

golf [gɔlf] n гольф; **golf club** n

(stick) клю́шка (в го́льфе); **golf
course** n по́ле для игры́ в гольф

gone [gɔn] pp of **go**

gong [gɔŋ] n гонг

good [gʊd] adj хоро́ший;
(pleasant) прия́тный; (kind)
до́брый; (in virtue) добро́;
(benefit) по́льза; **goods** npl
(Comm) това́ры mpl; **good!**
хорошо́!; **to be good at** име́ть
(impf) спосо́бности к +dat; **it's
good for you** э́то поле́зно (для
здоро́вья); **would you be good
enough to ...?** не бу́дете ли Вы так
добры́; **a good deal
(of)** большо́е коли́чество (+gen); **a
good many** мно́го +gen; **good
afternoon/evening!** до́брый день/
ве́чер!; **good morning!** до́брое
у́тро!; **good night!** (on leaving) до
свида́ния; (on going to bed)
споко́йной ог до́брой но́чи; **it's
no good complaining** жа́ловаться
бесполе́зно; **for good** навсегда́;
goodbye excl до свида́ния; **to
say goodbye (to)** проща́ться (perf
попроща́ться) (с +instr); **Good
Friday** n Страстна́я пя́тница;
good-looking adj краси́вый;
good-natured adj
добро́душный; (pet) послу́шный;
goodness n доброта́; **for
goodness sake!** ра́ди Бо́га!;
goodness gracious! Бо́же!,
Го́споди!; **goodwill** n (of person)
до́брая во́ля

goose [guːs] n (pl **geese**) n
гусь-сы́ня m(f)

gooseberry ['guzbərɪ] n
крыжо́вник m no pl

gorge [gɔːdʒ] n тесни́на, (у́зкое)
уще́лье ▷ vt: **to gorge o.s. (on)**
наеда́ться (perf нае́сться) (+gen)

gorgeous ['gɔːdʒəs] adj
преле́стный

gorilla [gəˈrɪlə] n горилла

gospel [ˈgɔspl] n (Rel) Евангелие

gossip [ˈgɔsɪp] n (rumours) сплётня; (chat) разговоры mpl; (person) сплётник(-ица)

got [gɔt] pt, pp of **get**; **gotten** pp (US) of **get**

govern [ˈgʌvən] vt (country) управлять (impf) +instr; (event, conduct) руководить (impf) +instr

government [ˈgʌvnmənt] n правительство; (act) управление

governor [ˈgʌvənə] n (of state, colony) губернатор; (of school etc) член правления

gown [gaun] n (dress) платье; (of teacher, judge) мантия

GP n abbr (= general practitioner) участковый терапевт

grab [græb] vt хватать (perf схватить) ⊳ vi: **to grab at** хвататься (perf схватиться) за +acc

grace [greɪs] n грация; изящество; (Rel) молитва (перед едой); **5 days' grace** 5 дней отсрочки; **graceful** adj (animal, person) грациозный

gracious [ˈgreɪʃəs] adj (person, smile) любезный ⊳ excl: **(good) gracious!** Боже правый!

grade [greɪd] n (Comm: quality) сорт; (Scol: mark) оценка; (US: school year) класс ⊳ vt (rank, class) распределять (perf распределить); (products) сортировать (perf рассортировать); **grade crossing** n (US) железнодорожный переезд; **grade school** n (US) начальная школа

gradient [ˈgreɪdɪənt] n (of hill) уклон

gradual [ˈgrædjuəl] adj постепенный; **gradually** adv

постепенно

graduate [n ˈgrædjuɪt, vb ˈgrædjueɪt] n выпускник(-ица) ⊳ vi: **to graduate from** заканчивать (perf закончить); **I graduated last year** я закончил университет в прошлом году

graduation [grædjuˈeɪʃən] n (ceremony) выпускной вечер

graffiti [grəˈfiːtɪ] n, npl граффити nt ind

grain [greɪn] n (seed) зерно; (no pl: cereals) хлебные злаки mpl; (of sand) песчинка; (of salt) крупинка; (of wood) волокно

gram [græm] n грамм

grammar [ˈgræmə] n грамматика; **grammar school** n (Brit) = гимназия

● **GRAMMAR SCHOOL**
●
● В Великобритании гимназии
● дают среднее образование на
● конкурсной основе. Число их
● невелико. Однако в США
● **grammar school** называются
● начальные школы.

gramme [græm] n = **gram**

grand [grænd] adj грандиозный; (gesture) величественный; **grandchild** (pl **grandchildren**) n внук(-учка); **granddad** n (inf) дедушка m; **granddaughter** n внучка f; **grandfather** n дед; **grandma** n (inf) бабуля, бабушка; **grandmother** n бабушка; **grandparents** npl дедушка m и бабушка f; **grandson** n внук

granite [ˈgrænɪt] n гранит

granny [ˈgrænɪ] n (inf) = **grandma**

grant [grɑːnt] vt (money, visa)
выдавать (perf выдать); (request)
удовлетворять (perf
удовлетворить); (admit)
признавать (perf признать) ▷ n
(Scol) стипендия; (Admin) грант;
to take sb/sth for granted
принимать (perf принять) кого-н/
что-н как должное

grape [greɪp] n виноград m no pl;

grapefruit (pl **grapefruit** or
grapefruits) n грейпфрут

graph [grɑːf] n (diagram) график;
graphic ['græfɪk] adj (explicit)
выразительный; (design)
изобразительный; **graphics** n
графика

grasp [grɑːsp] vt хватать (perf
схватить) ▷ n (grip) хватка;
(understanding) понимание

grass [grɑːs] n трава; (lawn)
газон; **grasshopper** n кузнечик

grate [greɪt] n каминная решётка
▷ vt (Culin) тереть (perf натереть)
▷ vi (metal, chalk): **to grate (on)**
скрежетать (impf) (no +dat)

grateful ['greɪtful] adj
благодарный

grater ['greɪtə*] n тёрка

gratitude ['grætɪtjuːd] n
благодарность f

grave [greɪv] n могила ▷ adj
серьёзный

gravel ['grævl] n гравий

gravestone ['greɪvstəun] n
надгробие

graveyard ['greɪvjɑːd] n кладбище

gravity ['grævɪtɪ] n тяготение,
притяжение; (seriousness)
серьёзность f

gravy ['greɪvɪ] n (sauce) соус

gray [greɪ] adj (US) = **grey**

graze [greɪz] vi пастись (impf)
▷ vt (scrape) царапать (perf
оцарапать)

grease [griːs] n (lubricant)
смазка; (fat) жир ▷ vt смазывать
(perf смазать)

greasy ['griːsɪ] adj жирный

great [greɪt] adj (large) большой;
(heat, pain) сильный; (city, man)
великий; (inf: terrific)
замечательный

Great Britain n Великобритания

greatly adv очень; (influenced)
весьма, в значительной степени

Greece [griːs] n Греция

greed [griːd] n жадность f; (for
power, wealth) жажда; **greedy**
adj жадный

Greek [griːk] adj греческий

green [griːn] adj зелёный ▷ n
(colour) зелёный цвет; (grass)
лужайка; **greens** npl (vegetables)
зелень fsg; **greengrocer** n (Brit)
зеленщик; (shop) овощной
магазин; **greenhouse** n
теплица; **greenhouse effect** n
парниковый эффект

Greenland ['griːnlənd] n
Гренландия

greet [griːt] vt приветствовать
(perf поприветствовать),
здороваться (perf поздороваться);
(news) встречать (perf встретить);
greeting n приветствие

grew [gruː] pt of **grow**

grey [greɪ] (US **gray**) adj серый;
(hair) седой; **greyhound** n
борзая f adj

grid [grɪd] n (pattern) сéтка; (grating) решётка; (Elec) едúная энергосистéма

grief [griːf] n rópe

grievance ['griːvəns] n жáлоба

grieve [griːv] vi горевáть (impf); **to grieve for** горевáть (impf) о +prp

grill [grɪl] n (on cooker) гриль m; (grilled food: also **mixed grill**) жáренные на грúле mpl ▷ vt (Brit) жáрить (perf пожáрить) (на грúле)

grim [grɪm] adj (place, person) мрáчный, угрюмый; (situation) тяжёлый

grime [graɪm] n (from soot, smoke) кóпоть f; (from mud) грязь f

grin [grɪn] n широкáя улыбка ▷ vi: **to grin (at)** широко улыбáться (perf улыбнуться) (+dat)

grind [graɪnd] (pt, pp **ground**) vt (coffee, pepper) молóть (perf смолóть); (US: meat) прокрýчивать (perf прокрутить); (knife) точить (perf наточить)

grip [grɪp] n хвáтка; (of tyre) сцеплéние ▷ vt (object) схвáтывать (perf схватить); (audience, attention) захвáтывать (perf захватить); **to come to grips with** занимáться (perf занáться) +instr; **gripping** adj захвáтывающий

grit [grɪt] n (stone) щéбень m ▷ vt (road) посыпáть (perf посыпáть) щéбнем; **to grit one's teeth** стискивать (perf стиснуть) зубы

groan [grəun] n (of person) стон

grocer ['grəusə] n бакáлейщик; **groceries** npl бакалея fsg; **grocer's (shop)** n бакáлейный

магазин, бакалея

groin [grɔɪn] n пах

groom [gruːm] n (for horse) кóнюх; (also **bridegroom**) женúх ▷ vt (horse) ухáживать (impf) за +instr; **to groom sb for** (job) готóвить (perf подготóвить) когó-н к +dat

groove [gruːv] n канáвка

gross [grəus] adj вульгáрный; (neglect, injustice) вопиющий; (Comm: income) валовóй; **grossly** adv чрезмéрно

grotesque [grə'tɛsk] adj гротéскный

ground [graund] pt, pp of **grind** ▷ n (earth, land) земля; (floor) пол; (US: also **ground wire**) заземлéние ▷ vt (US: Elec) заземлáть (perf заземлить); **grounds** npl (of coffee) гýща fsg; **school grounds** школьная площáдка; **sports ground** спортивная площáдка; **on the ground** на землé; **to the ground** (burnt) дотлá; **the plane was grounded by the fog** самолёт не мог поднáться в вóздух из-за тумáна; **groundwork** n (preparation) фундáмент, оснóва; **to do the groundwork** заклáдывать (perf заложить) фундáмент

group [gruːp] n грýппа

grouse [graus] n inv (bird) (шотлáндская) куропáтка

grow [grəu] (pt **grew**, pp **grown**) vi растú (perf вырасти); (become) становиться (perf стать) ▷ vt (roses, vegetables) вырáщивать (perf вырастить); (beard, hair) отрáщивать (perf отрастить); **grow up** vi (child) растú (perf вырасти), взрослéть (perf повзросле́ть)

growl [graul] vi (dog) рыча́ть (impf)

grown [grəun] pp of **grow**; **grown-up** n (adult) взро́слый(-ая) m(f) adj ▷ adj (son, daughter) взро́слый

growth [grəuθ] n рост; (increase) прирост; (Med) о́пухоль f

grub [grʌb] n (larva) личи́нка; (inf: food) жратва́

grubby ['grʌbɪ] adj гря́зный

grudge [grʌdʒ] n недово́льство; **to bear sb a grudge** зата́ивать (perf зата́ить) на кого́-н оби́ду

gruelling ['gruəlɪŋ] (US **grueling**) adj изнури́тельный, тя́жкий

gruesome ['gru:səm] adj жу́ткий

grumble ['grʌmbl] vi ворча́ть (impf)

grumpy ['grʌmpɪ] adj сварли́вый

grunt [grʌnt] vi (pig) хрю́кать (perf хрю́кнуть); (person) бурча́ть (perf бу́ркнуть)

guarantee [gærən'ti:] n (assurance) поручи́тель; (warranty) гара́нтия ▷ vt гаранти́ровать (impf/perf); **he can't guarantee that he'll come** он не мо́жет поручи́ться, что он придёт

guard [gɑːd] n (one person) охра́нник; (squad) охра́на; (Brit: Rail) конду́ктор; (Tech) предохрани́тельное устройство; (also **fireguard**) предохрани́тельная решётка (пе́ред ками́ном) ▷ vt (prisoner) охраня́ть (impf); (secret) храни́ть (impf); **to guard (against)** (protect) охраня́ть (impf) от +gen); **to be on one's guard** быть наготове или начеку́; **guard against** vt fus (prevent) предохраня́ть (impf) от +gen;

guardian n (Law) опеку́н

guerrilla [gə'rɪlə] n партиза́н(ка)

guess [gɛs] vt (estimate) счита́ть (perf сосчита́ть) приблизи́тельно; (correct answer) уга́дывать (perf угада́ть); n дога́дываться (perf догада́ться) ▷ n дога́дка; **to take** или **have a guess** отга́дывать (perf отгада́ть)

guest [gɛst] n (visitor) гость(я) m(f); (in hotel) постоя́лец(-лица) m(f); **guesthouse** n гости́ница

guidance ['gaɪdəns] n (advice) сове́т

guide [gaɪd] n (in museum, on tour) гид, экскурсово́д; (also **guidebook**) путеводи́тель m; (handbook) руково́дство ▷ vt (show around) води́ть (impf); (direct) направля́ть (impf perf напра́вить); **guidebook** n путеводи́тель m; **guide dog** n соба́ка-поводы́рь f; **guidelines** npl руково́дство ntsg

guild [gɪld] n ги́льдия

guilt [gɪlt] n (remorse) вина́; (culpability) вино́вность f; **guilty** adj (person, expression) винова́тый; (of crime) вино́вный

guinea pig ['gɪnɪ-] n морска́я сви́нка; (fig) подо́пытный кро́лик

guitar [gɪ'tɑ:'] n гита́ра

gulf [gʌlf] n (Geo) зали́в; (fig) про́пасть f

gull [gʌl] n ча́йка

gulp [gʌlp] vi не́рвно сгла́тывать (perf сглотну́ть) ▷ vt (also **gulp down**) прогла́тывать (perf проглоти́ть)

gum [gʌm] n (Anat) десна́; (glue) клей; (also **chewing-gum**) жва́чка (inf), жева́тельная рези́нка

gun [gʌn] n (rifle, airgun) ружьё; пистоле́т; (rifle, airgun) ружьё; **gunfire** n стрельба́; **gunman** irreg n

вооружённый банди́т;
gunpoint n: **at gunpoint** под ду́лом
пистоле́та; **gunshot** n вы́стрел

gust [gʌst] n (of wind) поры́в

gut [gʌt] n (Anat) кишка́; **guts**
npl (Anat) кишки́ fpl,
вну́тренности fpl; (inf: courage)
му́жество ntsg

gutter ['gʌtəʳ] n (in street)
сто́чная кана́ва; (of roof)
водосто́чный жёлоб

guy [gaɪ] n (inf: man) па́рень m;
(also **guyrope**) пала́точный шнур

gym [dʒɪm] n (also **gymnasium**)
гимнасти́ческий зал; (also
gymnastics) гимна́стика;
gymnastics [dʒɪm'næstɪks] n
гимна́стика

gynaecologist [gaɪnɪ'kɔlədʒɪst]
(US **gynecologist**) n гинеко́лог

gypsy ['dʒɪpsɪ] n цыга́н(ка)

h

habit ['hæbɪt] n (custom)
привы́чка; (addiction)
пристра́стие; (Rel) облаче́ние

habitat ['hæbɪtæt] n среда́
обита́ния

hack [hæk] vt отруба́ть (perf
отруби́ть) ▷ n (pej: writer) писа́ка
m/f

had [hæd] pt, pp of **have**

haddock ['hædək] (pl **haddock**
or **haddocks**) n треска́

hadn't ['hædnt] = **had not**

haemorrhage ['hɛmərɪdʒ] (US
hemorrhage) n кровотече́ние;
brain haemorrhage
кровоизлия́ние (в мозг)

Hague [heɪg] n: **The Hague** Гаа́га

hail [heɪl] n град ▷ vt (flag down)
подзыва́ть (perf подозва́ть) ▷ vi:
it's hailing идёт град; **hailstone** n
гра́дина

hair [hɛəʳ] n во́лосы pl; (of animal)

волосяно́й покро́в; **to do one's hair**
причёсываться (*perf* причеса́ться);
hairbrush *n* щётка для воло́с;
haircut *n* стри́жка; **hairdresser**
n парикма́хер; **hair dryer**
[-draɪə^r] *n* фен; **hair spray** *n*
лак для воло́с; **hairstyle** *n*
причёска; **hairy** *adj* (*person*)
волоса́тый; (*animal*) мохна́тый

half [hɑːf] (*pl* **halves**) *n*
полови́на; (*also* **half pint:** of beer
etc) полпи́нты f; (on train, bus)
биле́т за полцены́ ▷ *adv*
наполови́ну; **one and a half** (*with
m/nt nouns*) полтора́ +*gen sg*;
(*with f nouns*) полторы́ +*gen sg*;
three and a half три с полови́ной;
half a pound (of) полфу́нта *m*
(+*gen*); **a week and a half**
полторы́ неде́ли; **half (of)**
полови́на (+*gen*); **the amount of**
полови́на +*gen*; **to cut sth in
half** разреза́ть (*perf* разре́зать)
что́-н попола́м; **half-hearted** *adj*
лени́вый; **half-hour** *n*
полчаса́ *m*; **half-price** *adj, adv*
за полцены́; **half-time** *n*
переры́в ме́жду та́ймами;
halfway *adv* на полпути́

● HALF TERM
●
● **Half term** — коро́ткие кани́кулы.
● В середи́не триме́стров
● шко́льникам даю́т коро́ткий
● переры́в в 3-4 дня.

hall [hɔːl] *n* (*in house*) прихо́жая *f
adj*, холл; (*for concerts, meetings
etc*) зал
hallmark [ˈhɔːlmɑːk] *n* про́ба;
(*fig*) отличи́тельная черта́
Hallowe'en [ˈhæluˈiːn] *n* кану́н
Дня́ всех святы́х

● HALLOWE'EN
●
● Э́тот пра́здник отмеча́ют
● ве́чером 31 октября́. По
● тради́ции э́то день ведьм и
● ду́хов. Де́ти наряжа́ются в
● костю́мы ведьм и вампи́ров,
● де́лают ла́мпы из тыкв. С
● наступле́нием темноты́ они́
● хо́дят по дома́м, игра́я в игру́
● подо́бную ру́сским
● Коробе́йникам. Е́сли хозя́ева не
● даю́т де́тям конфе́т, они́ мо́гут
● сыгра́ть над ни́ми шу́тку.

hallucination [həluːsɪˈneɪʃən] *n*
галлюцина́ция
hallway [ˈhɔːlweɪ] *n* прихо́жая *f
adj*, холл
halo [ˈheɪləu] *n* (*Rel*) нимб
halt [hɔːlt] *n* остано́вка ▷ *vt*
остана́вливать (*perf* останови́ть)
▷ *vi* остана́вливаться (*perf*
останови́ться)
halve [hɑːv] *vt* (*reduce*)
сокраща́ть (*perf* сократи́ть)
наполови́ну; (*divide*) дели́ть (*perf*
раздели́ть) попола́м
halves [hɑːvz] *pl of* **half**
ham [hæm] *n* (*meat*) ветчина́;
hamburger *n* га́мбургер
hammer [ˈhæmə^r] *n* молото́к
▷ *vi* (on door etc) колоти́ть (*impf*)
▷ *vt* (*nail*): **to hammer in** забива́ть
(*perf* заби́ть), вбива́ть (*perf*
вбить); **to hammer sth into sb**
вда́лбливать (*perf* вдолби́ть) что́-н
кому́-н
hamper [ˈhæmpə^r] *vt* меша́ть
(*perf* помеша́ть) +*dat* ▷ *n* (*basket*)
больша́я корзи́на с кры́шкой
hamster [ˈhæmstə^r] *n* хомя́к
hand [hænd] *n* (*Anat*) рука́, кисть
f; (of clock) стре́лка; (*worker*)
рабо́чий *m adj* ▷ *vt* (*give*)

вручать (perf вручить); **to give** or
lend sb a hand протягивать (perf
протянуть) кому-н руку (помощи);
at hand под руками; **in hand**
(situation) под контролем; (time) в
распоряжении; **on hand** (person,
services etc) в распоряжении; **I
have the information to hand** я
располагаю информацией; **on the
one hand ..., on the other hand ...**
с одной стороны ..., с другой
стороны ...; **hand in** vt (work)
сдавать (perf сдать); **hand out** vt
раздавать (perf раздать); **hand
over** vt передавать (perf
передать), вручать (perf вручить);
handbag n (дамская) сумочка;
handbrake n ручной тормоз;
handcuffs npl наручники mpl;
handful n (fig: of people) горстка;
hand-held adj ручной
handicap ['hændɪkæp] n
(disability) физическая
неполноценность f, (disadvantage)
препятствие ⊳ vt препятствовать
(perf воспрепятствовать) +dat;
mentally/physically handicapped
умственно/физически
неполноценный
handkerchief ['hæŋkətʃɪf] n
носовой платок
handle ['hændl] n ручка ⊳ vt
(touch) держать (impf) в руках;
(deal with someone) справляться (impf
+instr; (: successfully) справляться
(perf справиться) с +instr; (treat:
people) обращаться (impf) с
+instr; **to fly off the handle** (inf)
срываться (perf сорваться);
"handle with care" "обращаться
осторожно"
hand luggage n ручная кладь f
handmade ['hænd'meɪd] adj
ручной работы; **it's handmade** это
ручная работа

handsome ['hænsəm] adj (man)
красивый; (woman) интересный;
(building, profit) внушительный
handwriting ['hændraɪtɪŋ] n
почерк
handy ['hændɪ] adj (useful)
удобный; (close at hand)
поблизости
hang [hæŋ] (pt, pp hung) vt
вешать (perf повесить) ⊳ (pt, pp
hanged) (execute) вешать (perf
повесить) ⊳ vi висеть (impf) ⊳ n:
to get the hang of sth (inf)
разбираться (perf разобраться) в
чём-н; **hang around** vi
слоняться (impf), болтаться
(impf); **hang on** vi (wait)
подождать (perf); **hang on to** vt
(Tel) вешать (perf повесить)
трубку ⊳ vt вешать (perf
повесить)
hangover ['hæŋəʊvə*] n (after
drinking) похмелье
happen ['hæpən] vi случаться
(perf случиться), происходить (perf
произойти); **I happened to
meet him in the park** я случайно
встретил его в парке; **as it
happens** кстати
happily ['hæpɪlɪ] adv (luckily) со
счастью; (cheerfully) радостно
happiness ['hæpɪnɪs] n счастье
happy ['hæpɪ] adj (pleased)
счастливый; (cheerful) весёлый; **I
am happy with** (content) я
доволен (этим); **he is always
happy to help** он всегда рад
помочь; **happy birthday!** с днём
рождения!
harassment ['hærəsmənt] n
преследование
harbour ['hɑːbə*] (US harbor) n
гавань f ⊳ vt (hope, fear)
затаивать (perf затаить); (criminal,
fugitive) укрывать (perf укрыть)

hard [hɑːd] *adj* (*surface, object*) твёрдый; (*question, problem*) трудный; (*work, life*) тяжёлый; (*person*) суровый; (*facts, evidence*) неопровержимый ▷ *adv*: **to work hard** много и усердно работать (*impf*); **I don't have any hard feelings** я не держу зла; **he is hard of hearing** он туг на ухо; **to think hard** хорошо подумать (*perf*); **to try hard to win** упорно добиваться (*impf*) победы; **to look hard at** смотреть (*perf*) пристально на +*acc*;
hardback *n* книга в твёрдом переплёте; **hard disk** *n* жёсткий диск; **harden** *vt* (*substance*) делать (*perf* сделать) твёрдым(-ой); (*attitude, person*) ожесточать (*perf* ожесточить) ▷ *vi* (*see vt*) твердеть (*perf* затвердеть); ожесточаться (*perf* ожесточиться)
hardly [ˈhɑːdlɪ] *adv* едва; **hardly ever/anywhere** почти никогда/нигде
hardship [ˈhɑːdʃɪp] *n* тяготы *pl*, трудности *fpl*
hard up *adj* (*inf*) нуждающийся; **I am hard up** я нуждаюсь
hardware [ˈhɑːdwɛəʳ] *n* (*tools*) скобяные изделия *ntpl*
hard-working [hɑːdˈwəːkɪŋ] *adj* усердный
hardy [ˈhɑːdɪ] *adj* выносливый; (*plant*) морозоустойчивый
hare [hɛəʳ] *n* заяц
harm [hɑːm] *n* (*injury*) телесное повреждение, травма; (*damage*) ущерб ▷ *vt* (*thing*) повреждать (*perf* повредить); (*person*) наносить (*perf* нанести) вред +*dat*; **harmful** *adj* вредный; **harmless** *adj* безобидный
harmony [ˈhɑːmənɪ] *n* гармония

harness [ˈhɑːnɪs] *n* (*for horse*) упряжь *f*; (*for child*) постромки *fpl*; (*safety harness*) привязные ремни *mpl* ▷ *vt* (*horse*) запрягать (*perf* запрячь); (*resources, energy*) ставить (*perf* поставить) себе на службу
harp [hɑːp] *n* арфа
harsh [hɑːʃ] *adj* (*sound, light, criticism*) резкий; (*person, remark*) жёсткий; (*life, winter*) суровый
harvest [ˈhɑːvɪst] *n* (*time*) жатва; (*of barley, fruit*) урожай ▷ *vt* собирать (*perf* собрать) урожай +*gen*
has [hæz] *vb see* **have**
hasn't [ˈhæznt] = **has not**
hassle [ˈhæsl] (*inf*) *n* морока
haste [heɪst] *n* спешка; **hasten** [ˈheɪsn] *vt* торопить (*perf* поторопить) ▷ *vi*: **to hasten to do** торопиться (*perf* поторопиться) +*infin*
hastily [ˈheɪstɪlɪ] *adv* (*see adj*) поспешно; опрометчиво
hasty [ˈheɪstɪ] *adj* поспешный; (*rash*) опрометчивый
hat [hæt] *n* шляпа; (*woolly*) шапка
hatch [hætʃ] *n Naut: also* **hatchway** люк; (*also* **service hatch**) раздаточное окно ▷ *vi* (*also* **hatch out**) вылупляться (*perf* вылупиться)
hate [heɪt] *vt* ненавидеть (*impf*)
hatred [ˈheɪtrɪd] *n* ненависть *f*
haul [hɔːl] *vt* (*pull*) таскать/тащить (*impf*) ▷ *n* (*of stolen goods etc*) добыча
haunt [hɔːnt] *vt* (*fig*) преследовать (*impf*); **to haunt sb/a house** являться (*perf* явиться) кому-н в доме; **haunted** *adj*: **this house is haunted** в этом доме есть привидения

○ **KEYWORD**

have [hæv] (pt, pp **had**) aux vb
1 to have arrived приéхать (perf); **have you already eaten?** ты ужé поéл?; **he has been kind to me** он был добр ко мне; **he has been promoted** он получи́л повышéние по слýжбе; **has he told you?** он Вам сказáл?; **having finished** or **when he had finished …** закóнчив or когдá он закóнчил …
2 (in tag questions) не так ли; **you've done it, haven't you?** Вы сдéлали э́то, не так ли?
3 (in short answers and questions): **you've made a mistake — no I haven't** нет, не оши́бся/да, оши́бся; **we haven't paid — yes we have!** мы не заплати́ли — нет, заплати́ли!; **I've been there before, have you?** я там ужé был, а Вы?
▷ modal aux vb (be obliged): **I have (got) to finish this work** я дóлжен закóнчить э́ту рабóту; **I haven't got** or **I don't have to wear glasses** мне не нáдо носи́ть очки́; **this has to be a mistake** э́то, наверняка́, оши́бка
▷ vt **1** (possess): **I etc have** у меня́ (есть) +nom; **he has (got) blue eyes/dark hair** у негó голубы́е глазá/тёмные вóлосы; **do you have** or **have you got a car?** у Вас есть маши́на?
2 (referring to meals etc): **to have dinner** обéдать (perf пообéдать); **to have breakfast** зáвтракать (perf позáвтракать); **to have a cigarette** выкýривать (perf выкýрить) сигарéту; **to have a glass of wine** выпивáть (perf вы́пить) бокáл винá
3 (receive, obtain etc): **may I have**

your address? Вы мóжете дать мне свой áдрес?; **you can have the book for £5** бери́те кни́гу за £5; **I must have the report by tomorrow** доклáд дóлжен быть у меня́ к зáвтрашнему дню; **she is having a baby in March** онá бýдет рожáть в мáрте
4 (allow) допускáть (perf допусти́ть); **I won't have it!** я э́того не допущý!
5: **I am having my television repaired** мне дóлжны почини́ть телеви́зор; **to have sb do** проси́ть (perf попроси́ть) когó-н +infin; **he soon had them all laughing** вскóре он застáвил всех смея́ться
6 (experience, suffer): **I have flu/a headache** у меня́ грипп/боли́т головá; **to have a cold** простужáться (perf простуди́ться); **she had her bag stolen** у неё укрáли сýмку; **he had an operation** емý сдéлали опера́цию
7 (+n): **to have a swim** плáвать (perf поплáвать); **to have a rest** отдыхáть (perf отдохнýть); **let's have a look** давáйте посмóтрим; **we are having a meeting tomorrow** зáвтра у нас собрáние; **let me have a try** дáйте мне попрóбовать

have out vt: **to have it out with sb** объясня́ться (perf объясни́ться) с кем-н; **she had her tooth out** ей удали́ли зуб; **she had her tonsils out** ей вы́резали глáнды

haven ['heɪvn] n (fig) убéжище
haven't ['hævnt] = **have not**
havoc ['hævək] n (chaos) хáос
hawk [hɔːk] n я́стреб
hay [heɪ] n сéно; **hay fever** n сеннáя лихорáдка; **haystack** n стог сéна

hazard ['hæzəd] n опа́сность f
▷ vt: **to hazard a guess**
осме́ливаться (perf осме́литься)
предположи́ть; **hazardous** adj
опа́сный

haze [heɪz] n ды́мка; **heat haze**
ма́рево

hazy ['heɪzɪ] adj тума́нный

he [hiː] pron он

head [hɛd] n (Anat) голова́ f;
(mind) ум; (of list, queue) нача́ло;
(of table) глава́ f; (Comm)
руководи́тель(ница) m(f); (Scol)
дире́ктор ▷ vt возглавля́ть (perf
возгла́вить); **heads or tails** ≈ орёл
или ре́шка; **he is head over heels
in love** он влюблён по́ уши; **head
for** vt fus (place) направля́ться
(perf напра́виться) в/на +acc or к
+dat; (disaster) обрека́ть (perf
обре́чь) себя́ на +acc; **headache**
n (Med) головна́я боль f;
heading n заголо́вок; **headlight**
n фа́ра; **headline** n заголо́вок;
head office n управле́ние;
headphones npl нау́шники mpl;
headquarters npl штаб-
кварти́ра fsg; **headscarf** n
косы́нка, (головно́й) плато́к; **head
teacher** n дире́ктор шко́лы

heal [hiːl] vt выле́чивать (perf
вы́лечить); (damage) поправля́ть
(perf попра́вить) ▷ vi (injury)
зажива́ть (perf зажи́ть); (damage)
восстана́вливаться (perf
восстанови́ться)

health [hɛlθ] n здоро́вье; **health
care** n здравоохране́ние;
Health Service n (Brit): **the
Health Service** слу́жба
здравоохране́ния; **healthy** adj
здоро́вый; (pursuit) поле́зный;
(profit) доста́точно хоро́ший

heap [hiːp] n (small) ку́ча; (large)
гру́да ▷ vt: **to heap (up)** (stones,

sand) сва́ливать (perf свали́ть) в
ку́чу; **to heap with sth** (plate, sink)
наполня́ть (perf напо́лнить)
чем-н; **heaps of** (inf) ку́ча fsg +gen

hear [hɪər] (pt, pp **heard**) vt
слы́шать (perf услы́шать); (lecture,
concert, case) слу́шать (impf); **to
hear about** услы́шать о +prp; **to
hear from sb** слы́шать (perf услы́шать) от
кого́-н; **I can't hear you** Вас не
слы́шно; **heard** [hɜːd] pt, pp of
hear; **hearing** n (sense) слух;
(Law, Pol) слу́шание; **hearing aid**
n слухово́й аппара́т

heart [hɑːt] n се́рдце; (of
problem, matter) суть f; **hearts**
npl (Cards) че́рви fpl; **to lose/take
heart** пасть (perf)/не па́дать (impf)
ду́хом; **at heart** в глубине́ души́;
(off) **by heart** наизу́сть; **heart
attack** n серде́чный при́ступ,
инфа́ркт; **heartbeat** n (rhythm)
сердцебие́ние; **heartbroken** adj:
he is heartbroken он уби́т го́рем

hearth [hɑːθ] n оча́г

heartless ['hɑːtlɪs] adj
бессерде́чный

hearty ['hɑːtɪ] adj (person, laugh)
задо́рный, весёлый; (welcome,
support) серде́чный; (appetite)
здоро́вый

heat [hiːt] n тепло́; (extreme)
жар; (of weather) жара́;
(excitement) пыл; (also **qualifying
heat**: in race) забе́г; (: in
swimming) заплы́в ▷ vt (water,
food) греть (perf нагре́ть); (house)
отопля́ть (perf отопи́ть); **heat
up** vi (water, house) согрева́ться
(perf согре́ться) ▷ vt (food, water)
подогрева́ть (perf подогре́ть);
(room) обогрева́ть (perf
обогре́ть); **heated** adj
(argument) горя́чий; (pool)

обогрева́емый; **heater** n обогрева́тель m

heather ['hɛðə^r] n ве́реск

heating ['hi:tɪŋ] n отопле́ние

heat wave n пери́од си́льной жары́

heaven ['hɛvn] n рай; **heavenly** adj (fig) ра́йский

heavily ['hɛvɪlɪ] adv (fall, sigh) тяжело́; (drink, smoke, depend) си́льно; (sleep) кре́пко

heavy ['hɛvɪ] adj тяжёлый; (rain, blow, fall) си́льный; (build: of person) гру́зный; **he is a heavy drinker/smoker** он мно́го пьёт/ку́рит

Hebrew ['hi:bru:] adj древнееврейский

Hebrides ['hɛbrɪdɪz] npl: the **Hebrides** Гебри́дские острова́ mpl

hectic ['hɛktɪk] adj (day) сумато́шный; (activities) лихора́дочный

he'd [hi:d] = **he would**; **he had**

hedge [hɛdʒ] n жива́я и́згородь f

hedgehog ['hɛdʒhɔg] n ёж

heed [hi:d] vt (also **take heed of**) принима́ть (perf приня́ть) во внима́ние

heel [hi:l] n (of foot) пя́тка; (of shoe) каблу́к

hefty ['hɛftɪ] adj (person, object) здорове́нный; (profit, fine) изря́дный

height [haɪt] n (of tree, of plane) высота́; (of person) рост; (of power) верши́на; (of season) разга́р; (of luxury, taste) верх; **heighten** vt уси́ливать (perf уси́лить)

heir [ɛə^r] n насле́дник; **heiress** n насле́дница

held [hɛld] pt, pp of **hold**

helicopter ['hɛlɪkɔptə^r] n вертолёт

hell [hɛl] n (also fig) ад; **hell!** (inf) чёрт!

he'll [hi:l] = **he will**; **he shall**

hello [hə'ləu] excl здра́вствуйте; (informal) приве́т; (Tel) алло́

helmet ['hɛlmɪt] n (of policeman, miner) ка́ска; (also **crash helmet**) шлем

help [hɛlp] n по́мощь f ▷ vt помога́ть (perf помо́чь) +dat; **help!** на по́мощь!, помоги́те!; **help yourself** угоща́йтесь; **he can't help it** он ничего́ не мо́жет поде́лать с э́тим; **helper** n помо́щник(-ица); **helpful** adj поле́зный; **helpless** adj беспо́мощный; **helpline** n телефо́н дове́рия

hem [hɛm] n (of dress) подо́л

hemorrhage ['hɛmərɪdʒ] n (US) = **haemorrhage**

hen [hɛn] n (chicken) ку́рица

hence [hɛns] adv (therefore) сле́довательно, вследствие э́того; **2 years hence** (from now) по истече́нии двух лет

hepatitis [hɛpə'taɪtɪs] n гепати́т, боле́знь Бо́ткина

her [hə:^r] pron (direct) её; (indirect) ей; (after prep: +gen) неё; (: +instr, +dat, +prp) ней; see also **me** ▷ adj её; (referring to subject of sentence) свой; see also **my**

herb [hə:b] n (as medicine) лека́рственная трава́; **herbs** npl (Culin) зе́лень fsg

herd [hə:d] n ста́до

here [hɪə^r] adv (location) здесь; (destination) сюда́; (at this point: in past) тут; **from here** отсю́да; **"here!"** (present) "здесь!"; **here is ...**, **here are ...** вот ...

hereditary [hɪ'rɛdɪtrɪ] adj насле́дственный

heritage ['hɛrɪtɪdʒ] n насле́дие

hernia ['hə:nɪə] n гры́жа

hero ['hɪərəʊ] (pl **heroes**) n геро́й; **heroic** [hɪ'rəʊɪk] adj герои́ческий

heroin ['herəʊɪn] n герои́н

heroine ['herəʊɪn] n герои́ня

heron ['herən] n ца́пля

herring ['herɪŋ] n (Zool) сельдь f; (Culin) селёдка

hers [hɜːz] pron её; (referring to subject of sentence) свой; see also **mine¹**

herself [hə'self] pron (reflexive, after prep: +acc, +gen) себя́; (: +dat, +prp) себе́; (: +instr) собо́й; (emphatic) сама́; (alone): **by herself** одна́; see also **myself**

he's [hiːz] = **he is**; **he has**

hesitant ['hezɪtənt] adj нереши́тельный; **to be hesitant to do** не реша́ться + infin

hesitate ['hezɪteɪt] vi колеба́ться (perf поколеба́ться); (be unwilling) не реша́ться (impf)

hesitation [hezɪ'teɪʃən] n колеба́ние

heterosexual ['hetərəʊ'seksjuəl] adj гетеросексуа́льный

heyday ['heɪdeɪ] n: **the heyday of** расцве́т +gen

hi [haɪ] excl (as greeting) приве́т

hiccoughs ['hɪkʌps] npl = **hiccups**

hiccups ['hɪkʌps] npl: **she's got (the) hiccups** у неё ико́та

hide [haɪd] (pt **hid**, pp **hidden**) n (skin) шку́ра ▷ vt (object, person) пря́тать (perf спря́тать); (feeling, information) скрыва́ть (perf скрыть); (sun, view) закрыва́ть (perf закры́ть) ▷ vi: **to hide (from sb)** пря́таться (perf спря́таться) (от кого́-н)

hideous ['hɪdɪəs] adj жу́ткий; (face) омерзи́тельный

hiding ['haɪdɪŋ] n (beating)

по́рка; **to be in hiding** скрыва́ться (impf)

hi-fi ['haɪfaɪ] n стереосисте́ма

high [haɪ] adj высо́кий; (wind) си́льный ▷ adv высоко́; **the building is 20 m high** высота́ зда́ния — 20 м; **to be high** (inf: on drugs etc) кайфова́ть (impf); **high risk** высо́кая сте́пень ри́ска; **high in the air** (position) высо́ко в во́здухе; **highchair** n высо́кий сту́льчик (для ма́леньких дете́й); **higher education** n вы́сшее образова́ние; **high jump** n прыжо́к в высоту́; **Highlands** npl: **the Highlands** Высокого́рья ntpl (Шотла́ндии); **highlight** n (of event) кульмина́ция ▷ vt (problem, need) выявля́ть (perf вы́явить); **highly** adv о́чень; (paid) высоко́; **to speak highly of** высоко́ отзыва́ться (perf отозва́ться) о +prp; **to think highly of** быть (impf) высо́кого мне́ния о +prp; **highness** n: **Her/His Highness** Её/Его́ Высо́чество; **high-rise** adj высо́тный; **high school** n (Brit) сре́дняя шко́ла (для 11-18ти ле́тних); (US) сре́дняя шко́ла (для 14-18ти ле́тних)

● **HIGH SCHOOL**

● В Брита́нии де́ти посеща́ют
● сре́днюю шко́лу в во́зрасте от
● 11 до 18 лет. В США шко́льники
● внача́ле посеща́ют мла́дшую
● сре́днюю шко́лу, а зате́м, в
● во́зрасте от 14 до 18 лет,
● сре́днюю шко́лу. Шко́льное
● образова́ние обяза́тельно до
● 16 лет.

high: high season n (Brit) разга́р

сезо́на; **high street** n (*Brit*)
центра́льная у́лица; **highway** n
(*US*) тра́сса, автостра́да; (*main road*) автостра́да

hijack ['haɪdʒæk] vt (*plane, bus*)
угоня́ть (*perf* угна́ть)

hike [haɪk] n: **to go for a hike**
идти́ (*perf* пойти́) в похо́д

hilarious [hɪ'lɛərɪəs] adj
чрезвыча́йно смешно́й

hill [hɪl] n (*small*) холм; (*fairly high*) гора́; (*slope*) склон; **hillside**
n склон; **hilly** adj холми́стый

him [hɪm] pron (*direct*) его́;
(*indirect*) ему́; (*after prep: +gen*)
него́; (: *+dat*) нему́; (: *+instr*) ним;
(: *+prp*) нём; see also **me**; **himself**
pron (*reflexive, after prep: +acc,
+gen*) себя́; (: *+dat, +prp*) себе́;
(: *+instr*) собо́й; (*emphatic*) сам;
(*alone*): **by himself** оди́н; see also
myself

hinder ['hɪndə'] vt
препя́тствовать (*perf
воспрепя́тствовать*) *or* меша́ть
(*perf* помеша́ть) +dat

hindsight ['haɪndsaɪt] n: **with
hindsight** ретроспекти́вным
взгля́дом

Hindu ['hɪnduː] adj инду́сский

hinge [hɪndʒ] n (*on door*) петля́ ▷
vt: **to hinge on** зави́сеть от +gen

hint [hɪnt] n (*suggestion*) намёк;
(*tip*) сове́т; (*sign, glimmer*)
подо́бие ▷ vt: **to hint that**
намека́ть (*perf* намекну́ть), что ▷ vi:
to hint at намека́ть (*perf* намекну́ть)
на +acc

hip [hɪp] n бедро́

hippopotamus [hɪpə'pɔtəməs] n
(*pl* **hippopotamuses** *or*
hippopotami) гиппопота́м

hire ['haɪə'] vt (*Brit: car,
equipment*) брать (*perf* взять)
напрока́т; (*venue*) снима́ть (*perf*
снять), арендова́ть (*impf/perf*);
(*worker*) нанима́ть (*perf* наня́ть)
▷ n (*Brit: of car*) прока́т; **for hire**
напрока́т; **hire-purchase** n

(*Brit*): **to buy sth on hire-purchase**
покупа́ть (*perf* купи́ть) что-н в
рассро́чку

his [hɪz] adj его́; (*referring to
subject of sentence*) свой; see also
my ▷ pron его́; see also **mine¹**

hiss [hɪs] vi (*snake, gas*) шипе́ть
(*impf*)

historian [hɪ'stɔːrɪən] n исто́рик

historic(al) [hɪ'stɔrɪk(l)] adj
истори́ческий

history ['hɪstərɪ] n (*of town,
country*) исто́рия

hit [hɪt] (*pt hit*) vt ударя́ть (*perf
уда́рить*), попада́ть (*perf
попа́сть*) в +acc; (*collide with: car*)
ста́лкиваться (*perf* столкну́ться) с
+instr; (*affect: person, services*)
ударя́ть (*perf* уда́рить) по +dat
▷ n (*Comput*) попада́ние;
(*success*): **the play was a big hit**
пье́са по́льзовалась больши́м
успе́хом; **to hit it off (with sb)** (*inf*)
находи́ть (*perf* найти́) о́бщий язы́к
(с кем-н)

hitch [hɪtʃ] vt (*also* **hitch up**:
trousers, skirt) подтя́гивать (*perf*
подтяну́ть) ▷ n (*difficulty*)
поме́ха; **to hitch sth to** (*fasten*)
привя́зывать (*perf* привяза́ть)
что-н к +dat; (*hook*) прицепля́ть
(*perf* прицепи́ть) что-н к +dat; **to
hitch (a lift)** лови́ть (*perf* пойма́ть)
попу́тку

hi-tech ['haɪ'tɛk] adj
высокотехни́чный

HIV n abbr (= **human
immunodeficiency virus**) ВИЧ
(= **ви́рус иммунодефици́та
челове́ка**); **HIV-negative/positive** с
отрица́тельной/положи́тельной
реа́кцией на ВИЧ

hive [haɪv] n (*of bees*) у́лей

hoard [hɔːd] n (*of food*) (та́йный)
запа́с; (*of treasure*) клад ▷ vt

(*provisions*) запаса́ть (*perf* запасти́); (*money*) копи́ть (*perf* скопи́ть)

hoarse [hɔːs] *adj* (*voice*) хри́плый

hoax [həʊks] *n* (*false alarm*) ло́жная трево́га

hob [hɒb] *n* ве́рхняя часть плиты́ с конфо́рками

hobby ['hɒbɪ] *n* хо́бби *nt ind*

hockey ['hɒkɪ] *n* хокке́й (на траве́)

hog [hɒg] *vt* (*inf*) завладева́ть (*perf* завладе́ть) +*instr*

hoist [hɔɪst] *n* подъёмник, лебёдка ▷ *vt* поднима́ть (*perf* подня́ть); **to hoist sth on to one's shoulders** взва́ливать (*perf* взвали́ть) что-н на плечи

hold [həʊld] (*pt, pp* **held**) *vt* (*grip*) держа́ть (*impf*); (*contain*) вмеща́ть (*impf*); (*detain*) содержа́ть (*impf*); (*power, qualification*) облада́ть (*impf*) +*instr*; (*post*) занима́ть (*impf*); (*conversation, meeting*) вести́ (*perf* провести́); (*party*) устра́ивать (*perf* устро́ить) ▷ *vi* (*withstand pressure*) держа́ться (*perf* вы́держать); (*be valid*) остава́ться (*perf* оста́ться) в си́ле ▷ *n* (*grasp*) захва́т; (*Naut*) трюм; (*Aviat*) грузово́й отсе́к; **to hold one's head up high** высоко́ держа́ть (*impf*) го́лову; **to hold sb hostage** держа́ть (*impf*) кого́-н в ка́честве зало́жника; **hold the line!** (*Tel*) не кладите́ *or* ве́шайте тру́бку!; **he holds you responsible for her death** он счита́ет Вас вино́вным в её сме́рти; **to catch** *or* **grab hold of** хвата́ться (*perf* схвати́ться) за +*acc*; **to have a hold over sb** держа́ть (*impf*) кого́-н в рука́х;

hold back *vt* (*thing*) приде́рживать (*perf* придержа́ть); (*person*) уде́рживать (*perf*

удержа́ть); (*information*) скрыва́ть (*perf* скрыть); **hold down** *vt* (*person*) уде́рживать (*perf* удержа́ть); **to hold down a job** уде́рживаться (*perf* удержа́ться) на рабо́те; **hold on** *vi* (*grip*) держа́ться (*impf*); (*wait*) ждать (*perf* подожда́ть); **hold on!** (*Tel*) не кладите́ *or* ве́шайте тру́бку! **hold on to** *vt fus* (*for support*) держа́ться за +*acc*; (*keep: object*) приде́рживать (*perf* придержа́ть); (: *beliefs*) сохраня́ть (*perf* сохрани́ть); **hold out** *vt* (*hand*) протя́гивать (*perf* протяну́ть); (*hope, prospect*) сохраня́ть (*perf* сохрани́ть) ▷ *vi* (*resist*) держа́ться (*perf* продержа́ться); **hold up** *vt* (*raise*) поднима́ть (*perf* подня́ть); (*support*) подде́рживать (*perf* поддержа́ть); (*delay*) заде́рживать (*perf* задержа́ть); (*rob*) гра́бить (*perf* огра́бить); **holder** *n* (*container*) держа́тель *m*; (*of ticket, record*) облада́тель(ница) *m(f)*; **title holder** нося́щий(-ая) *m(f) adj* ти́тул

hole [həʊl] *n* (*in wall*) дыра́; (*in road*) я́ма; (*burrow*) нора́; (*in clothing*) ды́рка; (*in argument*) брешь *f*

holiday ['hɒlɪdeɪ] *n* (*Brit: from school*) кани́кулы *pl*; (: *from work*) о́тпуск; (*day off*) выходно́й день *m*; (*also* **public holiday**) пра́здник; **on holiday** (*from school*) на кани́кулах; (*from work*) в о́тпуске

Holland ['hɒlənd] *n* Голла́ндия

hollow ['hɒləʊ] *adj* (*container*) по́лый; (*log, tree*) дупли́стый; (*cheeks*) впа́лый; (*laugh*) неи́скренний; (*claim, sound*) пусто́й ▷ *n* (*in ground*) впа́дина;

h

(*in tree*) дупло ▷ *vt*: **to hollow out** выка́лывать (*perf* вы́колоть)

holly ['hɔlɪ] *n* остроли́ст

holocaust ['hɔləkɔːst] *n* (*nuclear*) истребле́ние; (*Jewish*) холоко́ст

holy ['həʊlɪ] *adj* свято́й

home [həʊm] *n* дом; (*area, country*) ро́дина ▷ *cpd* дома́шний; (*Econ, Pol*) вну́тренний; (*Sport*): **home team** хозя́ева *mpl* по́ля ▷ *adv* (*go, come*) домо́й; (*hammer etc*) в то́чку; **at home** до́ма; (*in country*) на ро́дине; (*in situation*) как у себя́ до́ма; **make yourself at home** чу́вствовать себя́ как до́ма;
homeland *n* ро́дина; **homeless** *adj* бездо́мный ▷ *npl*: **the homeless** бездо́мные *pl adj*;
homely *adj* ую́тный;
home-made *adj* (*food*) дома́шний; (*bomb*) самоде́льный;
Home Office *n* (*Brit*): **the Home Office** ≈ Министе́рство вну́тренних дел; **home page** *n* электро́нная страни́ца или страни́чка; **Home Secretary** *n* (*Brit*) мини́стр вну́тренних дел;
homesick *adj*: **to be homesick** (*for family*) скуча́ть (*impf*) по до́му; (*for country*) скуча́ть (*impf*) по ро́дине; **homework** *n* дома́шняя рабо́та, дома́шнее зада́ние

homicide ['hɔmɪsaɪd] *n* (*esp US*) уби́йство

homosexual [hɔməu'sɛksjuəl] *adj* гомосексуа́льный ▷ *n* гомосексуали́ст(ка)

honest ['ɔnɪst] *adj* че́стный; **honestly** *adv* че́стно; **honesty** *n* че́стность *f*

honey ['hʌnɪ] *n* (*food*) мёд; **honeymoon** *n* медо́вый ме́сяц; **honeysuckle** *n* жи́молость *f*

honorary ['ɔnərərɪ] *adj* почётный

honour ['ɔnə*] (*US* **honor**) *vt* (*person*) почита́ть (*impf*), чтить (*impf*); (*commitment*) выполня́ть (*perf* вы́полнить) ▷ *n* (*pride*) честь *f*; (*tribute, distinction*) по́честь *f*; **honourable** *adj* (*person, action*) благоро́дный

⊳ **HONOURS DEGREE**

⊳ **Honours degree** — (учёная) сте́пень. Большинство́ студе́нтов университе́та получа́ют учёную сте́пень. Така́я сте́пень вы́ше по у́ровню, чем так называ́емая "обы́чная сте́пень" или "зачёт".

hood [hud] *n* капюшо́н; (*US: Aut*) капо́т; (*of cooker*) вытяжно́й колпа́к

hoof [huːf] (*pl* **hooves**) *n* копы́то

hook [huk] *n* крючо́к ▷ *vt* прицепля́ть (*perf* прицепи́ть)

hooligan ['huːlɪgən] *n* хулига́н

hoop [huːp] *n* о́бруч

hoover ['huːvə*] (*Brit*) *n* пылесо́с ▷ *vt* пылесо́сить (*perf* пропылесо́сить)

hooves [huːvz] *npl of* **hoof**

hop [hɔp] *vi* скака́ть (*impf*) на одно́й ноге́

hope [həʊp] *vt, vi* наде́яться (*impf*) ▷ *n* наде́жда; **to hope that/to do** наде́яться (*impf*), что/+infin; **I hope so/not** наде́юсь, что да/нет; **hopeful** *adj* (*person*) по́лный наде́жд; (*situation*) обнадёживающий; **to be hopeful of sth** наде́яться (*impf*) на что-н; **hopefully** *adv* (*expectantly*) с наде́ждой; **hopefully, he'll come back** бу́дем наде́яться, что он вернётся; **hopeless** *adj*

(situation, person) безнадёжный;
I'm hopeless at names я не в
состоянии запоминать имена

hops [hɔps] npl хмель msg

horizon [hə'raɪzn] n горизонт;

horizontal [hɔrɪ'zɔntl] adj
горизонтальный

hormone ['hɔːməʊn] n гормон

horn [hɔːn] n (of animal) рог;
(also **French horn**) валторна;
(Aut) гудок

horoscope ['hɔrəskəʊp] n
гороскоп

horrendous [hə'rendəs] adj
ужасающий

horrible ['hɔrɪbl] adj ужасный

horrid ['hɔrɪd] adj противный,
мерзкий

horror ['hɔrəʳ] n (alarm) ужас;
(dislike) отвращение; (of war)
ужасы mpl

horse [hɔːs] n лошадь f;
horseback adv: **on horseback**
верхом; **horsepower** n
лошадиная сила; **horse racing** n
скачки fpl; **horseradish** n хрен

hose [həʊz] n (also **hosepipe**)
шланг

hospital ['hɔspɪtl] n больница

hospitality [hɔspɪ'tælɪtɪ] n
гостеприимство

host [həʊst] n (at party, dinner)
хозяин; (TV, Radio) ведущий m
adj; **a host of** масса +gen,
множество +gen

hostage ['hɔstɪdʒ] n
заложник(-ица)

hostel ['hɔstl] n общежитие; (for
homeless) приют; (also **youth
hostel**) молодёжная гостиница

hostess ['hɔstɪs] n (at party,
dinner etc) хозяйка; (TV, Radio)
ведущая f adj; (Brit: also **air
hostess**) стюардесса

hostile ['hɔstaɪl] adj (person,

attitude) враждебный; (conditions,
environment) неблагоприятный;
(troops) вражеский

hostility [hɔ'stɪlɪtɪ] n
враждебность f

hot [hɔt] adj (object, temper,
argument) горячий; (weather)
жаркий; (spicy: food) острый; **she
is hot** ей жарко; **it's hot** (weather)
жарко

hotel [həʊ'tel] n гостиница,
отель m

hotspot ['hɔtspɔt] n (Comput:
also **wireless hotspot**) хот-спот n

hot-water bottle [hɔt'wɔːtə-] n
грелка

hound [haʊnd] vt травить (perf
затравить) ▷ n гончая f adj

hour ['aʊəʳ] n час; **hourly** adj
(rate) почасовой; (service)
ежечасный

house [n haʊs, vb haʊz] n дом;
(Theat) зал ▷ vt (person) селить
(perf поселить); (collection)
размещать (perf разместить); **at
my house** у меня дома; **the House
of Commons/Lords** (Brit) Палата
общин/лордов; **on the house** (fig)
бесплатно; **household** n
(inhabitants) обитатели mpl;
(home) дом; **housekeeper** n
экономка; **housewife** irreg n
домашняя хозяйка, домохозяйка;
housework n домашние дела
ntpl

• **HOUSE OF LORDS**

• **House of Lords** — Палата
• лордов. Британский парламент
• состоит из двух палат: из
• Палаты общин, члены которой
• избираются и Палаты лордов,
• которая в настоящее время

● пережива́ет пери́од рефо́рм. До
● неда́внего вре́мени её чле́ны не
● избира́лись.

housing ['hauzɪŋ] n жильё;
housing estate (US **housing
project**) n жили́щный ко́мплекс;
(larger) жило́й масси́в

hover ['hɒvə] vi (bird, insect)
пари́ть (impf); **hovercraft** n
су́дно на возду́шной поду́шке

how [hau] adv 1 (in what way)
как; **to know how to do** уме́ть
(impf) +infin, знать (impf), как
+infin; **how did you like the film?**
как Вам понра́вился фильм?; **how
are you?** как дела́ or Вы?
2 ско́лько; **how much milk/many
people?** ско́лько молока́/челове́к?;
how long? как до́лго?, ско́лько
вре́мени?; **how old are you?**
ско́лько Вам лет?; **how tall is he?**
како́го он ро́ста?; **how lovely/
awful!** как чуде́сно/ужа́сно!

howl [haul] n (animal, wind)
вытьё (impf); (baby, person) реве́ть
(impf)

HP n abbr (Brit) = **hire-purchase**

h.p. abbr (Aut) (= horsepower) л.с.
(= лошади́ная си́ла)

HQ abbr = **headquarters**

HTML abbr (= hypertext markup
language) ги́пертекст

hug [hʌg] vt обнима́ть (perf
обня́ть); (object) обхва́тывать
(perf обхвати́ть)

huge [hju:dʒ] adj огро́мный,
грома́дный

hull [hʌl] n (Naut) ко́рпус

hum [hʌm] vt напева́ть (impf)
(без слов) ⊳ vi (person) напева́ть

(impf); (machine) гуде́ть (perf
прогуде́ть)

human ['hju:mən] adj
челове́ческий ⊳ n (also **human
being**) челове́к

humane [hju:'meɪn] adj
(treatment) челове́чный

humanitarian [hju:mænɪ'teərɪən]
adj (aid) гуманита́рный;
(principles) гума́нный

humanity [hju:'mænɪtɪ] n
(mankind) челове́чество;
(humaneness) челове́чность f,
гума́нность f

human rights npl права́ ntpl
челове́ка

humble ['hʌmbl] adj скро́мный
⊳ vt сбива́ть (perf сбить) спесь с
+gen

humidity [hju:'mɪdɪtɪ] n
вла́жность f

humiliate [hju:'mɪlɪeɪt] vt
унижа́ть (perf уни́зить)

humiliation [hju:mɪlɪ'eɪʃən] n
униже́ние

humorous ['hju:mərəs] adj
(book) юмористи́ческий; (remark)
шутли́вый; **humorous person**
челове́к с ю́мором

humour ['hju:mə] (US **humor**) n
ю́мор; (mood) настрое́ние ⊳ vt
ублажа́ть (perf ублажи́ть)

hump [hʌmp] n (in ground)
буго́р; (on back) горб

hunch [hʌntʃ] n дога́дка

hundred ['hʌndrəd] n сто;
hundredth adj со́тый

hung [hʌŋ] pt, pp of **hang**

Hungarian [hʌŋ'gɛərɪən] adj
венге́рский

Hungary ['hʌŋgərɪ] n Ве́нгрия

hunger ['hʌŋgə] n го́лод

hungry ['hʌŋgrɪ] adj голо́дный;
(keen): **hungry for** жа́ждущий
+gen; **he is hungry** он го́лоден

hunt [hʌnt] vt (animal) охотиться (impf) на +acc; (criminal) охотиться (impf) за +instr ▷ vi (Sport) охотиться (impf) ▷ n охота; (for criminal) розыск; **to hunt (for)** (search) искать (impf); **hunter** n охотник(-ица); **hunting** n охота

hurdle ['həːdl] n препятствие; (Sport) барьер

hurricane ['hʌrɪkən] n ураган

hurry ['hʌrɪ] n спешка ▷ vi спешить (perf поспешить), торопиться (perf поторопиться) ▷ vt (person) подгонять (perf подогнать), торопить (perf поторопить); **to be in a hurry** спешить (impf), торопиться (impf); **hurry up** vt (person) подгонять (perf подогнать), торопить (perf поторопить); (process) ускорять (perf ускорить) ▷ vi торопиться (perf поторопиться); **hurry up!** торопитесь!, скорее!

hurt [həːt] (pt, pp hurt) vt причинять (perf причинить) боль +dat; (injure) ушибать (perf ушибить); (feelings) задевать (perf задеть) ▷ vi (be painful) болеть (impf) ▷ adj (offended) обиженный; (injured) ушибленный; **to hurt o.s.** ушибаться (perf ушибиться)

husband ['hʌzbənd] n муж

hush [hʌʃ] n тишина; **hush!** тихо!, тише!

husky ['hʌskɪ] adj (voice) хриплый ▷ n ездовая собака

hut [hʌt] n (house) избушка, хижина; (shed) сарай

hyacinth ['haɪəsɪnθ] n гиацинт

hydrogen ['haɪdrədʒən] n водород

hygiene ['haɪdʒiːn] n гигиена

hygienic [haɪ'dʒiːnɪk] adj (product) гигиенический

hymn [hɪm] n церковный гимн

hype [haɪp] n (inf) ажиотаж

hyperlink ['haɪpəlɪŋk] n гиперссылка

hypocritical [hɪpə'krɪtɪkl] adj лицемерный

hypothesis [haɪ'pɔθɪsɪs] (pl hypotheses) n гипотеза

h

n определе́ние, идентифика́ция;
(*of person, body*) опозна́ние;
(means of) identification
удостовере́ние ли́чности
identify [aɪˈdentɪfaɪ] *vt*
определя́ть (*perf* определи́ть);
(*person*) узнава́ть (*perf* узна́ть);
(*body*) опознава́ть (*perf*
опозна́ть); (*distinguish*) выявля́ть
(*perf* вы́явить)
identity [aɪˈdentɪtɪ] *n* (*of person*)
ли́чность *f*; (*of group, nation*)
самосозна́ние
ideology [aɪdɪˈɔlədʒɪ] *n* идеоло́гия
idiom [ˈɪdɪəm] *n* (*phrase*) идио́ма
idiot [ˈɪdɪət] *n* идио́т(ка)
idle [ˈaɪdl] *adj* пра́здный; (*lazy*)
лени́вый; (*unemployed*)
безрабо́тный; (*machinery, factory*)
безде́йствующий; **to be idle**
безде́йствовать (*impf*)
idol [ˈaɪdl] *n* куми́р; (*Rel*) и́дол
idyllic [ɪˈdɪlɪk] *adj* идилли́ческий
i.e. *abbr* (*that is*) (= *id est*) т.е. (= *то*
есть)

KEYWORD

if [ɪf] *conj* **1** (*conditional use*)
е́сли; **if I finish early, I will ring you**
е́сли я зако́нчу ра́но, я тебе́
позвоню́; **if I were you (I would ...)**
на Ва́шем ме́сте (я бы ...)
2 (*whenever*) когда́
3 (*although*): **(even) if** да́же е́сли;
**I'll get it done, (even) if it takes all
night** я сде́лаю э́то, да́же е́сли э́то
займёт у меня́ всю ночь
4 (*whether*) ли; **I don't know if he
is here** я не зна́ю, здесь ли он; **ask
him if he can stay** спроси́те,
смо́жет ли он оста́ться
5: if so/not е́сли да/нет; **if only**
е́сли бы то́лько; **if only I could** е́сли
бы я то́лько мог; *see also* **as**

I [aɪ] *pron* я
ice [aɪs] *n* лёд; (*ice cream*)
моро́женое *nt adj* ▷ *vt* покрыва́ть
(*perf* покры́ть) глазу́рью; **iceberg**
n а́йсберг; **ice cream** *n*
моро́женое *nt adj*; **ice hockey** *n*
хокке́й (*на льду*)
Iceland [ˈaɪslənd] *n* Исла́ндия
icing [ˈaɪsɪŋ] *n* глазу́рь *f*; **icing
sugar** *n* (*Brit*) са́харная пу́дра
(*для приготовле́ния глазу́ри*)
icon [ˈaɪkɔn] *n* (*Rel*) ико́на;
(*Comput*) ико́нка
icy [ˈaɪsɪ] *adj* (*cold*) ледяно́й;
(*road*) обледене́лый
I'd [aɪd] = **I would**; **I had**
idea [aɪˈdɪə] *n* иде́я
ideal [aɪˈdɪəl] *n* идеа́л ▷ *adj*
идеа́льный
identical [aɪˈdentɪkl] *adj*
иденти́чный
identification [aɪdentɪfɪˈkeɪʃən]

ignite [ɪg'naɪt] vt (set fire to)
зажигать (perf зажечь) ▷ vi
загораться (perf загореться)

ignition [ɪg'nɪʃən] n (Aut)
зажигание

ignorance ['ɪgnərəns] n
невежество

ignorant ['ɪgnərənt] adj
невежественный; **ignorant of** (a
subject) несведущий в +prp;
(unaware of): **he is ignorant of that
fact** он не знает об этом

ignore [ɪg'nɔ:] vt игнорировать
(impf/perf); (disregard)
пренебрегать (perf пренебречь)

I'll [aɪl] = I will; I shall

ill [ɪl] adj больной; (effects)
дурной ▷ adv: **to speak ill (of sb)**
дурно говорить (impf) (о ком-н);
he is ill он болен; **to be taken ill**
заболевать (perf заболеть)

illegal [ɪ'li:gl] adj незаконный;
(organization) нелегальный

illegible [ɪ'lɛdʒɪbl] adj
неразборчивый

illegitimate [ɪlɪ'dʒɪtɪmət] adj
(child) внебрачный; (activities)
незаконный, нелегитимный

ill health [ɪl'hɛlθ] n плохое
здоровье

illiterate [ɪ'lɪtərət] adj
неграмотный

illness ['ɪlnɪs] n болезнь f

illuminate [ɪ'lu:mɪneɪt] vt (light
up) освещать (perf осветить)

illusion [ɪ'lu:ʒən] n (false idea)
иллюзия; (trick) фокус

illustrate ['ɪləstreɪt] vt
иллюстрировать (perf
проиллюстрировать)

illustration [ɪlə'streɪʃən] n
иллюстрация

I'm [aɪm] = I am

image ['ɪmɪdʒ] n (picture) образ;
(public face) имидж; (reflection)
изображение

imaginary [ɪ'mædʒɪnərɪ] adj
(creature, land) воображаемый

imagination [ɪmædʒɪ'neɪʃən] n
воображение

imaginative [ɪ'mædʒɪnətɪv] adj
(solution) изобретательный;
imaginative он обладает богатым
воображением

imagine [ɪ'mædʒɪn] vt (visualize)
представлять (perf представить)
(себе), воображать (perf
вообразить); (dream) воображать
(perf вообразить); (suppose)
предполагать (perf
предположить)

imitate ['ɪmɪteɪt] vt подражать
(impf) +dat, имитировать (impf)

imitation [ɪmɪ'teɪʃən] n
подражание, имитация

immaculate [ɪ'mækjulət] adj
безупречный

immature [ɪmə'tjuər] adj
незрелый

immediate [ɪ'mi:dɪət] adj
(reaction, answer) немедленный;
(need) безотлагательный; (family)
ближайший; **immediately** adv
(at once) немедленно; (directly)
сразу

immense [ɪ'mɛns] adj огромный,
громадный

immigrant ['ɪmɪgrənt] n
иммигрант(ка)

immigration [ɪmɪ'greɪʃən] n
иммиграция; (also **immigration
control**) иммиграционный
контроль

imminent ['ɪmɪnənt] adj (arrival,
departure) неминуемый

immoral [ɪ'mɔrl] adj
аморальный, безнравственный

immortal [ɪ'mɔ:tl] adj
бессмертный

immune [ɪ'mju:n] adj: **he is**

immune to (*disease*) у него́
иммуните́т про́тив +*gen*; (*flattery,
criticism etc*) он невосприи́мчив к
+*dat*; **immune system** *n*
имму́нная систе́ма
immunize ['ɪmjunaɪz] *vt*: **to
immunize sb (against)** де́лать (*perf*
сде́лать) кому́-н приви́вку (про́тив
+*gen*)
impact ['ɪmpækt] *n* (*of crash*)
уда́р; (*force*) уда́рная си́ла; (*of law,
measure*) возде́йствие
impartial [ɪm'pɑːʃl] *adj*
беспристра́стный
impatience [ɪm'peɪʃəns] *n*
нетерпе́ние
impatient [ɪm'peɪʃənt] *adj*
нетерпели́вый; **to get or grow
impatient** теря́ть (*perf* потеря́ть)
терпе́ние; **she was impatient to
leave** ей не терпе́лось уйти́
impeccable [ɪm'pɛkəbl] *adj*
безупре́чный
impending [ɪm'pɛndɪŋ] *adj*
гряду́щий
imperative [ɪm'pɛrətɪv] *adj*: **it is
imperative that ...** необходи́мо,
что́бы ...
imperfect [ɪm'pəːfɪkt] *adj*
(*system*) несоверше́нный; (*goods*)
дефе́ктный
imperial [ɪm'pɪərɪəl] *adj* (*history,
power*) импе́рский; (*Brit: measure*):
imperial system брита́нская
систе́ма едини́ц измере́ния и ве́са
impersonal [ɪm'pəːsənl] *adj*
(*organization, place*) безли́чный
impersonate [ɪm'pəːsəneɪt] *vt*
выдава́ть (*perf* вы́дать) себя́ за
+*acc*
implement [*vb* 'ɪmplɪmɛnt, *n*
'ɪmplɪmənt] *vt* (*plan*) проводи́ть (*perf*
провести́) в жизнь ⊳ *n* (*for
gardening*) ору́дие
implication [ɪmplɪ'keɪʃən] *n*

(*inference*) сле́дствие
implicit [ɪm'plɪsɪt] *adj* (*inferred*)
невы́раженный, имплици́тный;
(*unquestioning*) безогово́рочный
imply [ɪm'plaɪ] *vt* (*hint*) намека́ть
(*perf* намекну́ть); (*mean*) означа́ть
(*impf*)
import [*vb* ɪm'pɔːt, *n, cpd* 'ɪmpɔːt]
vt импорти́ровать (*impf/perf*),
ввози́ть (*perf* ввезти́) ⊳ *n* (*article*)
импорти́руемый това́р; (*importation*)
и́мпорт ⊳ *cpd*:
import duty/licence по́шлина/
лице́нзия на ввоз
importance [ɪm'pɔːtns] *n*
ва́жность *f*
important [ɪm'pɔːtnt] *adj*
ва́жный; **it's not important** э́то
нева́жно
impose [ɪm'pəuz] *vt* (*restrictions,
fine*) налага́ть (*perf* наложи́ть);
(*discipline, rules*) вводи́ть (*perf*
ввести́) ⊳ *vi* навя́зываться (*perf*
навяза́ться)
imposing [ɪm'pəuzɪŋ] *adj*
вели́чественный
impossible [ɪm'pɔsɪbl] *adj* (*task,
demand*) невыполни́мый;
(*situation, person*) невыноси́мый
impotent ['ɪmpətnt] *adj*
бесси́льный
impractical [ɪm'præktɪkl] *adj*
(*plan etc*) нереа́льный; (*person*)
непракти́чный
impress [ɪm'prɛs] *vt* (*person*)
производи́ть (*perf* произвести́)
впечатле́ние на +*acc*; **to impress
sth on sb** внуша́ть (*perf* внуши́ть)
что́-н кому́-н
impression [ɪm'prɛʃən] *n*
впечатле́ние; (*of stamp, seal*)
отпеча́ток; (*imitation*) имита́ция;
he is under the impression that ...
у него́ созда́лось впечатле́ние,
что ...

impressive [ɪmˈprɛsɪv] *adj*
впечатляющий

imprison [ɪmˈprɪzn] *vt*
заключа́ть (*perf* заключи́ть) в
тюрьму́; **imprisonment** *n*
(тюре́мное) заключе́ние

improbable [ɪmˈprɔbəbl] *adj*
невероя́тный

improve [ɪmˈpruːv] *vt* улучша́ть
(*perf* улу́чшить) ▷ *vi* улучша́ться
(*perf* улу́чшиться); (*pupil*)
станови́ться (*perf* стать) лу́чше;
the patient improved больно́му
ста́ло лу́чше; **improvement** *n*:
improvement (in) улучше́ние
(+*gen*)

improvise [ˈɪmprəvaɪz] *vt, vi*
импровизи́ровать (*impf/perf*)

impulse [ˈɪmpʌls] *n* (*urge*)
поры́в; **to act on impulse**
поддава́ться (*perf* подда́ться)
поры́ву

impulsive [ɪmˈpʌlsɪv] *adj*
(*person*) импульси́вный; (*gesture*)
поры́вистый

○ **KEYWORD**

in [ɪn] *prep* **1** (*indicating position*)
в/на +*prp*; **in the house/garden** в
до́ме/саду́; **in the street/Ukraine**
на у́лице/Украи́не; **in London/
Canada** в Ло́ндоне/Кана́де; **in the
country** в дере́вне; **in town** в
го́роде; **in here** здесь; **in there** там
2 (*indicating motion*) в +*acc*; **in
the house/room** в дом/ко́мнату
3 (*indicating time: during*): **in
spring/summer/autumn/winter**
весно́й/ле́том/о́сенью/зимо́й; **in
the morning/afternoon/evening**
у́тром/днём/ве́чером; **in the
evenings** по вечера́м; **at 4 o'clock
in the afternoon** в 4 часа́ дня
4 (*indicating time: in the space of*)

за +*acc*; (: *after a period of time*)
че́рез +*acc*; **I did it in 3 hours** я сде́лал
э́то за 3 часа́; **I'll see you in 2
weeks** уви́димся че́рез 2 неде́ли
5 (*indicating manner etc*): **in a
loud/quiet voice** гро́мким/ти́хим
го́лосом; **in English/Russian**
по-англи́йски/по-ру́сски, на
англи́йском/ру́сском языке́
6 (*wearing*) в +*prp*; **the boy in the
blue shirt** ма́льчик в голубо́й
руба́шке
7 (*indicating circumstances*): **in
the sun** на со́лнце; **in the rain** под
дождём; **in the shade** в тени́; **a rise
in prices** повыше́ние цен
8 (*indicating mood, state*) в +*prp*;
in despair в отча́янии
9 (*with ratios, numbers*): **one in
ten households** одна́ из десяти́
семе́й; **20 pence in the pound** 20
пе́нсов с ка́ждого фу́нта; **they
lined up in twos** они́ вы́строились
по́ дво́е; **a gradient of one in five**
укло́н оди́н к пяти́
10 (*referring to people, works*) у
+*gen*; **the disease is common in
children** э́то заболева́ние ча́сто
встреча́ется у дете́й; **in Dickens** у
Ди́ккенса; **you have a good friend
in him** он тебе́ хоро́ший друг
11 (*indicating profession etc*): **to
be in publishing/advertising**
занима́ться (*impf*) изда́тельским
де́лом/рекла́мным би́знесом; **to
be in teaching** рабо́тать (*impf*)
учи́телем; **to be in the army** быть
(*impf*) в а́рмии
12 (*with present participle*): **in
saying this** говоря́ э́то; **in behaving
like this, she ...** поступа́я таки́м
о́бразом, она́ ...
▷ *adv*: **to be in** (*train, ship, plane*)
прибыва́ть (*perf* прибы́ть); (*in
fashion*) быть (*impf*) в мо́де; **is he**

in today? он сегодня здесь?; **he is not in today** его сегодня нет; **he wasn't in yesterday** его вчера не было; **he'll be in later today** он будет позже сегодня; **to ask sb in** предлагать (*perf* предложить) кому-н войти; **to walk/run in** вбегать (*perf* вбежать)/входить (*perf* войти)
▷ *n*: **to know all the ins and outs** знать (*impf*) все ходы и выходы

in. *abbr* = **inch**

inability [ɪnə'bɪlɪtɪ] *n*: **inability (to do)** неспособность *f* (+*infin*)

inaccurate [ɪn'ækjurət] *adj* неточный

inadequate [ɪn'ædɪkwət] *adj* недостаточный; (*work*) неудовлетворительный; (*person*) некомпетентный; **to feel inadequate** чувствовать (*impf*) себя не на уровне

inadvertently [ɪnəd'və:tntlɪ] *adv* нечаянно, неумышленно

inappropriate [ɪnə'prəuprɪət] *adj* (*unsuitable*) неподходящий; (*improper*) неуместный

Inc. *abbr* = **incorporated**

incapable [ɪn'keɪpəbl] *adj* (*helpless*) беспомощный; **incapable of sth/doing** неспособный на что-н/+*infin*

incense [*n* 'ɪnsɛns, *vb* ɪn'sɛns] *n* ладан ▷ *vt* приводить (*perf* привести) в ярость

incentive [ɪn'sɛntɪv] *n* стимул

inch [ɪntʃ] *n* (*measurement*) дюйм

● INCH
●
● inch — мера длины равная 2.54
● см.

incidence ['ɪnsɪdns] *n* число; **high incidence** высокий уровень

incident ['ɪnsɪdnt] *n* (*event*) случай; **without incident** без происшествий; **incidentally** [ɪnsɪ'dɛntəlɪ] *adv* (*by the way*) кстати, между прочим

inclination [ɪnklɪ'neɪʃən] *n* (*desire*) расположенность *f*; (*tendency*) склонность *f*

incline [ɪn'klaɪn, *vb* ɪn'klaɪn] *n* (*slope*) уклон, наклон ▷ *vi*: **he is inclined to ...** он склонен к+*infin* ....; **he is inclined to depression** он склонен к депрессиям

include [ɪn'klu:d] *vt* включать (*perf* включить)

including [ɪn'klu:dɪŋ] *prep* включая +*acc*

inclusion [ɪn'klu:ʒən] *n* включение

inclusive [ɪn'klu:sɪv] *adj*: **inclusive of** включая +*acc*; **the price is fully inclusive** цена включает в себя всё; **from March 1st to 5th inclusive** с 1-ого до 5-ого марта включительно

income ['ɪnkʌm] *n* доход; **income support** *n* денежное пособие (семьям с низким доходом); **income tax** *n* подоходный налог

incompatible [ɪnkəm'pætɪbl] *adj* несовместимый

incompetence [ɪn'kɔmpɪtns] *n* некомпетентность *f*

incompetent [ɪn'kɔmpɪtnt] *adj* (*person*) некомпетентный; (*work*) неумелый

incomplete [ɪnkəm'pli:t] *adj* (*unfinished*) незавершённый; (*partial*) неполный

inconsistent [ɪnkən'sɪstnt] *adj* (*actions*) непоследовательный; (*statement*) противоречивый;

(work) неровный; **inconsistent with** (beliefs, values) несовместимый с +instr

inconvenience [ɪnkən'viːnjəns] n (problem) неудобство ▷ vt причинять (perf причинить) беспокойство +dat

inconvenient [ɪnkən'viːnjənt] adj неудобный

incorporate [ɪn'kɔːpəreɪt] vt (contain) включать (impf) в себя, содержать (impf); **to incorporate (into)** включать (perf включить) (в +acc)

incorrect [ɪnkə'rɛkt] adj неверный, неправильный

increase [n 'ɪnkriːs, vb ɪn'kriːs] n: **increase (in)**, **increase (of)** увеличение (+gen) ▷ vi увеличиваться (perf увеличиться) ▷ vt увеличивать (perf увеличить); (price) поднимать (perf поднять)

increasingly adv (with comparative) всё; (more intensely) всё более; (more often) всё чаще

incredible [ɪn'krɛdɪbl] adj невероятный

incur [ɪn'kəːʳ] vt (expenses, loss) нести (perf понести); (debt) накопить (perf); (disapproval, anger) навлекать (perf навлечь) на себя

indecent [ɪn'diːsnt] adj непристойный

indeed [ɪn'diːd] adv (certainly) действительно, в самом деле; (in fact, furthermore) более того; **this book is very interesting indeed** эта книга весьма интересная; **thank you very much indeed** большое Вам спасибо; **he is indeed very talented** он на самом деле очень талантлив; **yes indeed!** да, действительно или конечно!

indefinitely adv (continue, wait) бесконечно; (be closed, delayed) на неопределённое время

independence [ɪndɪ'pɛndns] n независимость f

independent [ɪndɪ'pɛndnt] adj независимый

index ['ɪndɛks] (pl indexes) n (in book) указатель m; (in library etc) каталог; **price index** индекс цен

India ['ɪndɪə] n Индия; **Indian** adj индийский ▷ n индиец; **Red Indian** индеец

indicate ['ɪndɪkeɪt] vt указывать (perf указать) на +acc; (mention) указывать (perf указать)

indication [ɪndɪ'keɪʃən] n знак; **all the indications are that ...** всё указывает на то, что ...

indicative [ɪn'dɪkətɪv] adj: **to be indicative of** свидетельствовать (impf) о +prp, указывать (impf) на +acc

indicator ['ɪndɪkeɪtəʳ] n (Aut) указатель m поворота; (fig) показатель m

indifference [ɪn'dɪfrəns] n безразличие, равнодушие

indifferent [ɪn'dɪfrənt] adj безразличный, равнодушный; (mediocre) посредственный

indigestion [ɪndɪ'dʒɛstʃən] n несварение желудка

indignant [ɪn'dɪgnənt] adj: **indignant at sth/with sb** возмущённый чем-н/кем-н

indirect [ɪndɪ'rɛkt] adj (way) окольный, обходный; (answer) уклончивый; (effect) побочный; **indirect object** (Ling) косвенное дополнение

indispensable [ɪndɪs'pɛnsəbl] adj (object) необходимый; (person) незаменимый

individual [ɪndɪ'vɪdjuəl] n

ли́чность f, индиви́дуум ▷ adj
индивидуа́льный; **certain
individuals** отде́льные ли́чности;
individually в отде́льности;
(responsible) ли́чно

indoor ['ɪndɔː] adj (plant)
ко́мнатный; (pool) закры́тый;
indoors adv (go) в помеще́ние;
(be) в помеще́нии; **he stayed
indoors all morning** он проси́дел
до́ма всё у́тро

induce [ɪn'djuːs] vt (cause)
вызыва́ть (perf вы́звать);
(persuade) побужда́ть (perf
побуди́ть); (Med: birth)
стимули́ровать (impf/perf)

indulge [ɪn'dʌldʒ] vt (desire,
whim etc) потво́рствовать (impf)
+dat, потака́ть (impf) +dat;
(person, child) балова́ть (perf
избалова́ть) ▷ vi: **to indulge in**
ба́ловаться (perf поба́ловаться)
+instr

industrial [ɪn'dʌstrɪəl] adj
индустриа́льный,
промы́шленный; **industrial
accident** несча́стный слу́чай на
произво́дстве; **industrial estate**
n (Brit) индустриа́льный парк

industry ['ɪndəstrɪ] n
(manufacturing) индустри́я,
промы́шленность f no pl;
industries npl о́трасли pl
промы́шленности; **tourist/fashion
industry** инду́стрия тури́зма/мо́ды

inefficient [ɪnɪ'fɪʃənt] adj
неэффекти́вный; (machine)
непроизводи́тельный

inequality [ɪnɪ'kwɔlɪtɪ] n (of
system) нера́венство

inevitable [ɪn'ɛvɪtəbl] adj
неизбе́жный, неотврати́мый

inevitably [ɪn'ɛvɪtəblɪ] adv
неизбе́жно

inexpensive [ɪnɪk'spɛnsɪv] adj
недорого́й

inexperienced [ɪnɪk'spɪərɪənst]
adj нео́пытный

inexplicable [ɪnɪk'splɪkəbl] adj
необъясни́мый

infamous ['ɪnfəməs] adj (person)
бесче́стный

infant ['ɪnfənt] n (baby)
младе́нец; (young child) ребёнок

infantry ['ɪnfəntrɪ] n пехо́та

⊛ **INFANT SCHOOL**
⊛
⊛ Infant school —
⊛ подготови́тельная шко́ла. В
⊛ Великобрита́нии таку́ю шко́лу
⊛ посеща́ют де́ти в во́зрасте от 5
⊛ (иногда́ 4) до 7 лет.

infect [ɪn'fɛkt] vt заража́ть (perf
зарази́ть); **infection** [ɪn'fɛkʃən]
n зара́за, инфе́кция; **infectious**
[ɪn'fɛkʃəs] adj (disease)
инфекцио́нный; (fig)
зараз**и́**тельный

inferior [ɪn'fɪərɪə] adj (position,
status) подчинённый; (goods)
ни́зкого ка́чества

infertile [ɪn'fəːtaɪl] adj
беспло́дный

infertility [ɪnfəˈtɪlɪtɪ] n
беспло́дие

infested [ɪn'fɛstɪd] adj: **the house
is infested with rats** дом киши́т
кры́сами

infinite ['ɪnfɪnɪt] adj
бесконе́чный

infirmary [ɪn'fəːmərɪ] n
больни́ца

inflammation [ɪnflə'meɪʃən] n
воспале́ние

inflation [ɪn'fleɪʃən] n инфля́ция

inflexible [ɪn'flɛksɪbl] adj (rule,
timetable) жёсткий; (person)
неги́бкий

inflict [ɪnˈflɪkt] vt: to inflict sth on sb причинять (perf причинить) что-н кому-н

influence [ˈɪnfluəns] n (power) влияние; (effect) воздействие ▷ vt влиять (perf повлиять) на +acc; **under the influence of alcohol** под воздействием алкоголя

influential [ɪnfluˈɛnʃl] adj влиятельный

influx [ˈɪnflʌks] n приток

inform [ɪnˈfɔːm] vt: to inform sb of sth сообщать (perf сообщить) кому-н о чём-н ▷ vi: to inform on sb доносить (perf донести) на кого-н

informal [ɪnˈfɔːml] adj (visit, invitation) неофициальный; (discussion, manner) непринуждённый; (clothes) будничный

information [ɪnfəˈmeɪʃən] n информация, сообщение; **a piece of information** сообщение

informative [ɪnˈfɔːmətɪv] adj содержательный

infrastructure [ˈɪnfrəstrʌktʃəʳ] n инфраструктура

infuriating [ɪnˈfjuərɪeɪtɪŋ] adj возмутительный

ingenious [ɪnˈdʒiːnjəs] adj хитроумный; (person) изобретательный

ingredient [ɪnˈɡriːdɪənt] n ингредиент; (fig) составная часть n

inhabit [ɪnˈhæbɪt] vt населять (impf); **inhabitant** n житель(ница) m(f)

inhale [ɪnˈheɪl] vt вдыхать (perf вдохнуть) ▷ vi делать (perf сделать) вдох; (when smoking) затягиваться (perf затянуться)

inherent [ɪnˈhɪərənt] adj: **inherent in** or **to** присущий +dat

inherit [ɪnˈhɛrɪt] vt наследовать (impf/perf), унаследовать (perf); **inheritance** n наследство

inhibit [ɪnˈhɪbɪt] vt сковывать (perf сковать); (growth) задерживать (perf задержать); **inhibition** [ɪnhɪˈbɪʃən] n скованность f no pl

initial [ɪˈnɪʃl] adj первоначальный, начальный ▷ n (also **initial letter**) начальная буква n ▷ vt ставить (perf поставить) инициалы на +prp; **initials** npl (of name) инициалы mpl; **initially** adv (at first) вначале, сначала

initiate [ɪˈnɪʃɪeɪt] vt (talks etc) класть (perf положить) начало +dat; (enterprise) зачинать (impf); (new member) посвящать (perf посвятить)

initiative [ɪˈnɪʃətɪv] n инициатива, начинание; (enterprise) инициативность f; **to take the initiative** брать (perf взять) на себя инициативу

inject [ɪnˈdʒɛkt] vt (drugs, poison) вводить (perf ввести); (patient): **to inject sb with sth** делать (perf сделать) укол чего-н кому-н; **to inject into** (money) вливать (perf влить) в +acc; **injection** [ɪnˈdʒɛkʃən] n укол; (of money) вливание

injure [ˈɪndʒəʳ] vt (person, limb, feelings) ранить (impf/perf); **injured** adj раненый

injury [ˈɪndʒərɪ] n рана; (industrial, sports) травма

injustice [ɪnˈdʒʌstɪs] n несправедливость f

ink [ɪŋk] n (in pen) чернила pl

inland [ˈɪnlənd] adv (travel) вглубь; **Inland Revenue** n (Brit) ≈ Главное налоговое управление

in-laws [ˈɪnlɔːz] npl (of woman)

родня́ со стороны́ му́жа; (of man)
родня́ со стороны́ жены́

inmate ['ɪnmeɪt] n (of prison)
заключённый(-ая) m(f) adj; (of
asylum) пацие́нт(ка)

inn [ɪn] n тракти́р

inner ['ɪnə^r] adj вну́тренний;
inner city n центра́льная часть f
го́рода

innocence ['ɪnəsns] n
невино́вность f; (naivety)
неви́нность f

innocent ['ɪnəsnt] adj
невино́вный; (naive) неви́нный

innovation [ɪnəu'veɪʃən] n
но́вшество

input ['ɪnput] n (resources,
money) вложе́ние

inquest ['ɪnkwest] n (into death)
(суде́бное) рассле́дование

inquire [ɪn'kwaɪə^r] vi: to inquire
(about) наводи́ть (perf навести́)
спра́вки о (+prp); справля́ться
(perf справиться) о +prp; to
inquire when/where (perf
осведоми́ться) когда́/где; inquire
into vt fus рассле́довать (impf/
perf)

ins. abbr = **inches**

insane [ɪn'seɪn] adj безу́мный,
сумасше́дший

insect ['ɪnsekt] n насеко́мое nt
adj

insecure [ɪnsɪ'kjuə^r] adj (person)
неуве́ренный в себе́

insecurity [ɪnsɪ'kjuərɪtɪ] n
неуве́ренность f в себе́

insensitive [ɪn'sensɪtɪv] adj
бесчу́вственный

insert [ɪn'səːt] vt: to insert (into)
вставля́ть (perf вста́вить) (в +acc);
(piece of paper) вкла́дывать (perf
вложи́ть) (в +acc)

inside ['ɪn'saɪd] n вну́тренняя

часть f ▷ adj вну́тренний ▷ adv
(be) внутри́; (go) внутрь ▷ prep
(position) внутри́ +gen; (motion)
внутрь +gen; **inside ten minutes** в
преде́лах десяти́ мину́т; **insides**
npl (inf: stomach) вну́тренности
fpl; **inside out** adv наизна́нку;
(know) вдоль и поперёк

insight ['ɪnsaɪt] n: insight (into)
понима́ние (+gen)

insignificant [ɪnsɪg'nɪfɪknt] adj
незначи́тельный

insist [ɪn'sɪst] vi: to insist (on)
наста́ивать (perf насто́ять) (на
+prp); he insisted that I came он
настоя́л на том, что́бы я пришёл;
he insisted that all was well он
утвержда́л, что всё в поря́дке;
insistent adj насто́йчивый

insomnia [ɪn'sɔmnɪə] n
бессо́нница

inspect [ɪn'spekt] vt (equipment,
premises) осма́тривать (perf
осмотре́ть); **inspection**
[ɪn'spekʃən] n осмо́тр; **inspector**
n (Admin, Police) инспе́ктор; (Brit:
on buses, trains) контролёр

inspiration [ɪnspə'reɪʃən] n
вдохнове́ние

inspire [ɪn'spaɪə^r] vt (workers,
troops) вдохновля́ть (perf
вдохнови́ть); to inspire sth (in sb)
внуша́ть (perf внуши́ть) что-н
(кому́-н)

instability [ɪnstə'bɪlɪtɪ] n
нестаби́льность f

install [ɪn'stɔːl] vt (machine)
устана́вливать (perf установи́ть);
(official) ста́вить (perf поста́вить);
installation [ɪnstə'leɪʃən] n (of
machine, plant) устано́вка

instalment [ɪn'stɔːlmənt] (US
installment) n (of payment)
взнос; (of story) часть f; to pay in
instalments плати́ть (perf

заплати́ть) в рассро́чку

instance ['ɪnstəns] *n* приме́р; **for instance** наприме́р; **in the first instance** в пе́рвую о́чередь

instant ['ɪnstənt] *n* мгнове́ние, миг ▷ *adj (reaction, success)* мгнове́нный; *(coffee)* раствори́мый; **come here this instant!** иди́ сюда́ сию́ же мину́ту!; **instantly** *adv* неме́дленно, сра́зу

instead [ɪn'stɛd] *adv* взаме́н ▷ *prep*: **instead of** вме́сто *or* взаме́н +*gen*

instinct ['ɪnstɪŋkt] *n* инсти́нкт; **by instinct** инсти́нктивно; **instinctive** [ɪn'stɪŋktɪv] *adj* инсти́нктивный

institute ['ɪnstɪtjuːt] *n (for research, teaching)* институ́т; *(professional body)* ассоциа́ция ▷ *vt (system, rule)* учрежда́ть *(perf* учреди́ть)

institution [ɪnstɪ'tjuːʃən] *n* учрежде́ние; *(custom, tradition)* институ́т

instruct [ɪn'strʌkt] *vt*: **to instruct sb in sth** обуча́ть *(perf* обучи́ть) кого́-н чему́-н; **to instruct sb to do** поруча́ть *(perf* поручи́ть) кому́-н +*infin*; **instruction** [ɪn'strʌkʃən] *n (teaching)* обуче́ние; **instructions** *npl (orders)* указа́ния *ntpl*; **instructions (for use)** инстру́кция *or* руково́дство (по примене́нию); **instructor** *n (for driving etc)* инстру́ктор

instrument ['ɪnstrumənt] *n* инструме́нт; **instrumental** [ɪnstru'mɛntl] *adj*: **to be instrumental in** игра́ть *(perf* сыгра́ть) суще́ственную роль в +*prp*

insufficient [ɪnsə'fɪʃənt] *adj* недоста́точный

insulation [ɪnsju'leɪʃən] *n (against cold)* (тепло)изоля́ция

insulin ['ɪnsjulɪn] *n* инсули́н

insult [*vb* ɪn'sʌlt, *n* 'ɪnsʌlt] *vt* оскорбля́ть *(perf* оскорби́ть) ▷ *n* оскорбле́ние; **insulting** [ɪn'sʌltɪŋ] *adj* оскорби́тельный

insurance [ɪn'ʃuərəns] *n* страхова́ние; **insurance policy** *n* страхово́й по́лис

insure [ɪn'ʃuəᵊ] *vt*: **to insure (against)** страхова́ть *(perf* застрахова́ть) (от +*gen*); **to insure (o.s.) against** страхова́ться *(perf* застрахова́ться) от +*gen*

intact [ɪn'tækt] *adj (unharmed)* неповреждённый; *(whole)* нетро́нутый

intake ['ɪnteɪk] *n (of food, drink)* потребле́ние; *(Brit: of pupils, recruits)* набо́р

integral ['ɪntɪɡrəl] *adj* неотъе́млемый

integrate ['ɪntɪɡreɪt] *vt* интегри́ровать *(impf/perf)* ▷ *vi (groups, individuals)* объединя́ться *(perf* объедини́ться)

integrity [ɪn'tɛɡrɪtɪ] *n (morality)* че́стность *f*, поря́дочность *f*

intellect ['ɪntəlɛkt] *n* интелле́кт; **intellectual** [ɪntə'lɛktjuəl] *adj* интеллектуа́льный ▷ *n* интеллектуа́л

intelligence [ɪn'tɛlɪdʒəns] *n* ум; *(thinking power)* у́мственные спосо́бности *fpl*; *(Mil etc)* разве́дка

intelligent [ɪn'tɛlɪdʒənt] *adj* у́мный; *(animal)* разу́мный

intend [ɪn'tɛnd] *vt*: **to intend sth for** предназнача́ть *(perf* предназна́чить) что-н для +*gen*; **to intend to do** намерева́ться *(impf)* +*infin*

intense [ɪn'tɛns] *adj (heat,*

emotion) си́льный; (noise, activity)
интенси́вный

intensify [ɪn'tensɪfaɪ] vt
уси́ливать (perf уси́лить)

intensity [ɪn'tensɪtɪ] n (of effort,
sun) интенси́вность f

intensive [ɪn'tensɪv] adj
интенси́вный; **intensive care**
интенси́вная терапи́я

intent [ɪn'tent] adj: **intent (on)**
сосредото́ченный (на +prp); **to be
intent on doing** (determined)
стреми́ться (impf) +infin

intention [ɪn'tenʃən] n
наме́рение; **intentional** adj
наме́ренный

interact [ɪntər'ækt] vi: **to interact
(with)** взаимоде́йствовать (impf)
(с +instr); **interaction**
[ɪntər'ækʃən] n взаимоде́йствие

intercom [ɪn'təkɔm] n селе́ктор

intercourse [ɪn'təkɔ:s] n (sexual)
полово́е сноше́ние

interest [ɪn'trɪst] n: **interest (in)**
интере́с (к +dat); (Comm: sum of
money) проце́нты mpl ▷ vt
интересова́ть (impf); **to interest sb
in sth** заинтересо́вывать (perf
заинтересова́ть) кого́-н в чем-н;
interested adj
заинтересо́ванный; **to be
interested (in sth)** (music etc)
интересова́ться (impf) (чем-н);
interesting adj интере́сный

interfere [ɪntə'fɪər] vi: **to
interfere in** вме́шиваться (perf
вмеша́ться) в +acc; **to interfere
with** (hinder) меша́ть (perf
помеша́ть) +dat; **interference** n
вмеша́тельство

interim [ɪn'tərɪm] adj
(government) вре́менный; (report)
промежу́точный ▷ n: **in the
interim** тем вре́менем

interior [ɪn'tɪərɪər] n (of building)

интерье́р; (of car, box etc)
вну́тренность f ▷ adj (door, room
etc) вну́тренний; **interior
department**; **Interior Minister**
департа́мент/
мини́стр вну́тренних дел

intermediate [ɪntə'mi:dɪət] adj
(stage) промежу́точный

internal [ɪn'tə:nl] adj
вну́тренний

international [ɪntə'næʃənl] adj
междунаро́дный

Internet [ɪn'tənet] n Интерне́т;
Internet café n интерне́т-кафе́
nt ind; **Internet Service Provider**
n интерне́т-прова́йдер

interpret [ɪn'tə:prɪt] vt (explain)
интерпрети́ровать (impf/perf),
толкова́ть (impf); (translate)
переводи́ть (perf перевести́)
(у́стно) ▷ vi переводи́ть (perf
перевести́) (у́стно);
interpretation [ɪntə:prɪ'teɪʃən] n
интерпрета́ция, толкова́ние;
interpreter n перево́дчик(-ица)
(у́стный)

interrogation [ɪnterəu'geɪʃən] n
допро́с

interrupt [ɪntə'rʌpt] vt, vi
прерыва́ть (perf прерва́ть);
interruption [ɪntə'rʌpʃən] n
(act) прерыва́ние

interval [ɪn'təvl] n интерва́л;
(Brit: Sport) переры́в; (: Theat)
антра́кт; **at intervals** вре́мя от
вре́мени

intervene [ɪntə'vi:n] vi (in
conversation, situation)
вме́шиваться (perf вмеша́ться);
(event) меша́ть (perf помеша́ть)

interview [ɪn'tərvju:] n (see vt)
собесе́дование; интервью́ nt ind
▷ vt (for job) проводи́ть (perf
провести́) собесе́дование с +instr;
(Radio, TV etc) интервьюи́ровать
(impf/perf), брать (perf взять)

интервью у +gen

intimate ['ɪntɪmət] adj (friend, relationship) бли́зкий; (conversation, atmosphere) инти́мный; (knowledge) глубо́кий, непосре́дственный

intimidate [ɪn'tɪmɪdeɪt] vt запу́гивать (perf запуга́ть)

KEYWORD

into ['ɪntu] prep **1** (indicating motion) в/на +acc; **into the house/garden** в дом/сад; **into the post office/factory** на по́чту/фа́брику; **research into cancer** иссле́дования в о́бласти ра́ковых заболева́ний; **he worked late into the night** он рабо́тал до по́здней но́чи **2** (indicating condition, result): **she has translated the letter into Russian** она́ перевела́ письмо́ на ру́сский язы́к; **the vase broke into pieces** ва́за разби́лась на ме́лкие кусо́чки; **they got into trouble for it** им попа́ло за э́то; **he lapsed into silence** он погрузи́лся в молча́ние; **to burst into tears** распла́каться (perf); **to burst into flames** вспы́хивать (perf вспы́хнуть)

intolerant [ɪn'tɔlərnt] adj нетерпи́мый

intranet ['ɪntrənet] n интране́т, лока́льная вычисли́тельная сеть

intricate ['ɪntrɪkət] adj (pattern) замыслова́тый; (relationship) сло́жный

intriguing [ɪn'triːɡɪŋ] adj (fascinating) интригу́ющий

introduce [ɪntrə'djuːs] vt (new idea, measure etc) вводи́ть (perf ввести́); (speaker, programme) представля́ть (perf предста́вить);

to introduce sb (to sb) представля́ть (perf предста́вить) кого́-н (кому́-н); **to introduce sb to (pastime etc)** знако́мить (perf познако́мить) кого́-н с +instr

introduction [ɪntrə'dʌkʃən] n введе́ние; (to person, new experience) знако́мство

introductory [ɪntrə'dʌktərɪ] adj (lesson) вступи́тельный

intrude [ɪn'truːd] vi: **to intrude (on)** вторга́ться (perf вто́ргнуться) (в/на +acc); **intruder** n: **there is an intruder in our house** к нам в дом кто-то вто́ргся

intuition [ɪntjuː'ɪʃən] n интуи́ция

inundate ['ɪnʌndeɪt] vt: **to inundate with** (calls etc) засыпа́ть (perf засы́пать) +instr

invade [ɪn'veɪd] vt (Mil) вторга́ться (perf вто́ргнуться) в +acc

invalid [n 'ɪnvəlɪd, adj ɪn'vælɪd] n инвали́д ▷ adj недействи́тельный

invaluable [ɪn'væljuəbl] adj неоцени́мый

invariably [ɪn'veərɪəblɪ] adv неизме́нно

invasion [ɪn'veɪʒən] n (Mil) вторже́ние

invent [ɪn'vent] vt изобрета́ть (perf изобрести́); (fabricate) выду́мывать (perf вы́думать); **invention** [ɪn'venʃən] n изобрете́ние; вы́думка; **inventor** n изобрета́тель m

inventory ['ɪnvəntrɪ] n (of house etc) (инвентариза́ционная) о́пись f

inverted commas [ɪn'vəːtɪd-] npl (Brit: Ling) кавы́чки fpl

invest [ɪn'vest] vt вкла́дывать (perf вложи́ть) ▷ vi: **to invest in** вкла́дывать (perf вложи́ть) де́ньги в +acc

investigate [ɪnˈvɛstɪgeɪt] vt
(accident, crime) рассле́довать
(impf/perf)

investigation [ɪnvɛstɪˈgeɪʃən] n
рассле́дование

investment [ɪnˈvɛstmənt] n
(activity) инвести́рование;
(amount of money) инвести́ция,
вклад

investor [ɪnˈvɛstə*] n инве́стор,
вкла́дчик

invigilator [ɪnˈvɪdʒɪleɪtə*] n
экзамена́тор, следя́щий за тем,
что́бы студе́нты не спи́сывали во
вре́мя экза́менов

invisible [ɪnˈvɪzɪbl] adj
невиди́мый

invitation [ɪnvɪˈteɪʃən] n
приглаше́ние

invite [ɪnˈvaɪt] vt (person)
приглаша́ть (perf пригласи́ть);
(discussion, criticism) побужда́ть
(perf побуди́ть) к +dat; **to invite
sb to do** предлага́ть (perf
предложи́ть) кому́-н +infin

inviting [ɪnˈvaɪtɪŋ] adj
соблазни́тельный

invoice [ˈɪnvɔɪs] n счёт, факту́ра
▷ vt выпи́сывать (perf вы́писать)
счёт or факту́ру +dat

involve [ɪnˈvɔlv] vt (include)
вовлека́ть (perf вовле́чь);
(concern, affect) каса́ться (impf)
+gen; **to involve sb (in sth)**
вовлека́ть (perf вовле́чь) кого́-н
(во что-н); **involvement** n
(participation) прича́стность f;
(enthusiasm) увлече́ние

iPod [ˈaɪpɔd] n MP3-пле́ер m

IQ n abbr (= intelligence quotient)
коэффицие́нт у́мственного
разви́тия

IRA n abbr (= Irish Republican
Army) ИРА (= Ирла́ндская
республика́нская а́рмия)

Iran [ɪˈrɑːn] n Ира́н; **Iranian**
[ɪˈreɪnɪən] adj ира́нский

Iraq [ɪˈrɑːk] n Ира́к; **Iraqi** adj
ира́кский

Ireland [ˈaɪələnd] n Ирла́ндия

iris [ˈaɪrɪs] n (pl **irises**) (Anat)
ра́дужная оболо́чка (гла́за)

Irish [ˈaɪrɪʃ] adj ирла́ндский
▷ npl: **the Irish** ирла́ндцы;
Irishman irreg n ирла́ндец

iron [ˈaɪən] n (metal) желе́зо; (for
clothes) утю́г ▷ cpd желе́зный
▷ vt (clothes) гла́дить (perf
погла́дить); **iron out** vt (fig:
problems) ула́живать (perf
ула́дить)

ironic(al) [aɪˈrɔnɪk(l)] adj
ирони́ческий

ironing board n гла́дильная
доска́

irony [ˈaɪrənɪ] n иро́ния

irrational [ɪˈræʃənl] adj
неразу́мный, рациона́льный

irregular [ɪˈrɛgjulə*] adj (pattern)
непра́вильной фо́рмы; (surface)
неро́вный; (Ling) непра́вильный

irrelevant [ɪˈrɛləvənt] adj: **this
fact is irrelevant** э́тот факт к де́лу
не отно́сится

irresistible [ɪrɪˈzɪstɪbl] adj (urge,
desire) непреодоли́мый; (person,
thing) неотрази́мый

irresponsible [ɪrɪˈspɔnsɪbl] adj
безотве́тственный

irrigation [ɪrɪˈgeɪʃən] n
ороше́ние, иррига́ция

irritable [ˈɪrɪtəbl] adj
раздражи́тельный

irritate [ˈɪrɪteɪt] vt раздража́ть
(perf раздражи́ть)

irritating [ˈɪrɪteɪtɪŋ] adj (sound
etc) доса́дный; (person)
неприя́тный

irritation [ɪrɪˈteɪʃən] n
раздраже́ние

is [ɪz] *vb see* **be**

Islam ['ɪzlɑ:m] *n* (*Rel*) ислáм;
Islamic [ɪz'læmɪk] *adj*
ислáмский, мусульмáнский

island ['aɪlənd] *n* (*Geo*) óстров

isn't ['ɪznt] = **is not**

isolated *adj* (*place, person*)
изоли́рованный; (*incident*)
отдéльный

isolation [aɪsə'leɪʃən] *n* изоляция

ISP *n abbr* = **Internet Service
Provider**

Israel ['ɪzreɪl] *n* Изрáиль *m*;
Israeli [ɪz'reɪlɪ] *adj* изрáильский

issue ['ɪʃu:] *n* (*problem, subject*)
вопрóс, проблéма; (*of book,
stamps etc*) вы́пуск; (*most
important part*): **the issue** суть *f*
▷ *vt* (*newspaper*) выпускáть (*perf*
вы́пустить); (*statement*) дéлать
(*perf* сдéлать); (*equipment,
documents*) выдавáть (*perf*
вы́дать); **to be an issue** быть (*impf*)
предмéтом обсуждéния; **to make
an issue of sth** дéлать (*perf*
сдéлать) проблéму из чегó-н

KEYWORD

it [ɪt] *pron* **1** (*specific subject*) он
(*f* онá, *nt* онó); (*direct object*) егó (*f*
её); (*indirect object*) ему́ (*f* ей)
(*after prep*; *+gen*) негó (*f* неё)
(; *+dat*) нему́ (*f* ней) (; *+instr*)
(*f* ней) (; *+prp*) нём (*f* ней); **where
is your car? — it's in the garage** где
Вáша маши́на? — онá в гаражé; **I
like this hat, whose is it?** мне
нрáвится эта шля́па, чья онá?
2 это; (; *indirect object*) этому;
what kind of car is it? — it's a Lada
какáя это маши́на? — это Лáда;
who is it? — it's me кто это? — это я
3 (*after prep*; *+gen*) этого; (; *+dat*)
этому; (; *+instr*) этим; (; *+prp*) этом;

I spoke to him about it я говори́л с
ним об этом; **why is it that ...?**
отчегó ...?; **what is it?** (*what's
wrong*) что такóе?
4 (*impersonal*): **it's raining** идёт
дождь; **it's cold today** сегóдня
хóлодно; **it's interesting that ...**
интерéсно, что ...; **it's 6 o'clock**
сейчáс 6 часóв; **it's the 10th of
August** сегóдня 10-ое áвгуста

Italian [ɪ'tæljən] *adj* италья́нский

italics [ɪ'tælɪks] *npl* (*Typ*) курси́в
msg

Italy ['ɪtəlɪ] *n* Итáлия

itch [ɪtʃ] *n* чесáться (*impf*); **he
was itching to know our secret** ему́
не терпéлось узнáть наш секрéт;
itchy *adj*: **I feel all itchy** у меня́
всё чешется

item ['aɪtəm] *n* предмéт; (*on
agenda*) пункт; (*also* **news item**)
сообщéние

itinerary [aɪ'tɪnərərɪ] *n* маршрýт

it'll ['ɪtl] = **it shall; it will**

its [ɪts] *adj, pron* егó (*f* её)
(*referring to subject of sentence*)
свой (*f* своя́, *nt* своё) *see also* **my;
mine¹**

it's [ɪts] = **it has; it is**

itself [ɪt'self] *pron* (*reflexive*)
себя́; (*emphatic*; *masculine*) сам по
себé; (; *feminine*) самá по себé; (;
neuter) самó по себé

ITV *n abbr* (*Brit*: *TV*)
= **Independent Television**

I've [aɪv] = **I have**

ivory ['aɪvərɪ] *n* (*substance*)
слонóвая кость *f*

ivy ['aɪvɪ] *n* (*Bot*) плющ

j

японец(-нка)

jab [dʒæb] n (Brit. inf: Med) укол

jack [dʒæk] n (Aut) домкрат; (Cards) валёт

jacket ['dʒækɪt] n куртка; (of suit) пиджак; (of book) суперобложка

jackpot ['dʒækpɔt] n джэк-пот, куш

jagged ['dʒægɪd] adj зубчатый

jail [dʒeɪl] n тюрьма ▷ vt сажать (perf посадить) (в тюрьму)

jam [dʒæm] n (preserve) джем; (also traffic jam) пробка ▷ vt (passage) забивать (perf забить); (mechanism) заклинивать (perf заклинить) ▷ vi (drawer) застревать (perf застрять); to jam sth into запихивать (perf запихнуть) что-н в +acc

janitor ['dʒænɪtə'] n вахтёр

January ['dʒænjuərɪ] n январь m

Japan [dʒə'pæn] n Япония

Japanese [dʒæpə'niːz] n

jar [dʒɑː'] n банка

jargon ['dʒɑːgən] n жаргон

javelin ['dʒævlɪn] n копьё

jaw [dʒɔː] n челюсть f

jazz [dʒæz] n джаз

jealous ['dʒeləs] adj ревнивый; to be jealous of (possessive) ревновать (impf) к +dat; (envious) завидовать (impf) +dat; **jealousy** n (resentment) ревность f; (envy) зависть f

jeans [dʒiːnz] npl джинсы pl

jelly ['dʒelɪ] n желе nt ind; (US) джем; **jellyfish** n медуза

jerk [dʒəːk] n (jolt) рывок ▷ vt дёргать (perf дёрнуть), рвануть (perf) ▷ vi дёргаться (perf дёрнуться); the car jerked to a halt машина резко затормозила

jersey ['dʒəːzɪ] n (pullover) свитер

Jesus ['dʒiːzəs] n (Rel) Иисус

jet [dʒet] n (of gas, liquid) струя; (Aviat) реактивный самолёт; **jet lag** n нарушение суточного режима организма после длительного полёта

jetty ['dʒetɪ] n причал

Jew [dʒuː] n еврей(ка)

jewel ['dʒuːəl] n драгоценный камень m; **jeweller** (US **jeweler**) n ювелир; **jewellery** (US **jewelry**) n драгоценности fpl, ювелирные изделия ntpl

Jewish ['dʒuːɪʃ] adj еврейский

jigsaw ['dʒɪgsɔː] n (also **jigsaw puzzle**) головоломка

job [dʒɔb] n работа; (task) дело; (inf: difficulty): I had a job getting here! я с трудом добрался сюда!; it's not my job это не моё дело; it's a good job that ... хорошо ещё, что ...; **jobless** adj безработный

jockey ['dʒɔkɪ] n жокей

jog [dʒɒg] vt толка́ть (perf толкну́ть) ⊳ vi бе́гать (impf) труско́й; **to jog sb's memory** подстёгивать (perf подстегну́ть) чью-н па́мять; **jogging** n бег труско́й

join [dʒɔɪn] vt (organization) вступа́ть (perf вступи́ть) в +acc; (put together) соединя́ть (perf соедини́ть); (group, queue) присоединя́ться (perf присоедини́ться) к +dat ⊳ vi (rivers) слива́ться (perf сли́ться); (roads) сходи́ться (perf сойти́сь); **join in** vi присоединя́ться (perf присоедини́ться) ⊳ vt fus (work, discussion etc) принима́ть (perf приня́ть) уча́стие в +prp; **join up** vi (meet) соединя́ться (perf соедини́ться); (Mil) поступа́ть (perf поступи́ть) на вое́нную слу́жбу

joiner ['dʒɔɪnə'] n (Brit) столя́р

joint [dʒɔɪnt] n (Tech) стык; (Anat) суста́в; (Brit: Culin) кусо́к (мя́са); (inf: place) прито́н; (: of cannabis) скру́тка с марихуа́ной, коса́к ⊳ adj совме́стный

joke [dʒəuk] n (gag) шу́тка, анекдо́т; (also **practical joke**) ро́зыгрыш ⊳ vi шути́ть (perf пошути́ть); **to play a joke on** шути́ть (perf пошути́ть) над +instr, сыгра́ть (perf) шу́тку с +instr; **joker** n шутни́к; (Cards) джо́кер

jolly ['dʒɔlɪ] adj весёлый ⊳ adv (Brit: inf) о́чень

jolt [dʒəult] n (jerk) рыво́к ⊳ vt встря́хивать (perf встряхну́ть); (emotionally) потряса́ть (perf потрясти́)

journal ['dʒə:nl] n журна́л; (diary) дневни́к; **journalism** n журнали́стика; **journalist** n журнали́ст(ка)

journey ['dʒə:nɪ] n пое́здка; (distance covered) путь m, доро́га

joy [dʒɔɪ] n ра́дость f; **joyrider** n челове́к, угоня́ющий маши́ну ра́ди развлече́ния

Jr abbr (in names) = **junior**

judge [dʒʌdʒ] n судья́ m ⊳ vt (competition, person etc) суди́ть (impf); (consider, estimate) оце́нивать (perf оцени́ть)

judo ['dʒu:dəu] n дзюдо́ nt ind

jug [dʒʌg] n кувши́н

juggle ['dʒʌgl] vi жонгли́ровать (impf) ⊳ vt (fig) жонгли́ровать (impf) +instr

juice [dʒu:s] n сок; **juicy** ['dʒu:sɪ] adj со́чный

July [dʒu:'laɪ] n ию́ль m

jumble ['dʒʌmbl] n (muddle) нагроможде́ние ⊳ vt (also **jumble up**) переме́шивать (perf переме́шать); **jumble sale** n (Brit) благотвори́тельная распрода́жа поде́ржанных веще́й

jumbo ['dʒʌmbəu] n (also **jumbo jet**) реакти́вный аэро́бус

jump [dʒʌmp] vi пры́гать (perf пры́гнуть); (start) подпры́гивать (perf подпры́гнуть); (increase) подска́кивать (perf подскочи́ть) ⊳ vt (fence) перепры́гивать (perf перепры́гнуть); (через +acc), переска́кивать (perf перескочи́ть); (через +acc) ⊳ n прыжо́к; (increase) скачо́к; **to jump the queue** (Brit) идти́ (perf пойти́) без о́череди

jumper ['dʒʌmpə'] n (Brit) сви́тер, джéмпер; (US: dress) сарафа́н

junction ['dʒʌŋkʃən] n (Brit: of roads) перекрёсток; (: Rail) у́зел

June [dʒu:n] n ию́нь m

jungle ['dʒʌŋgl] n джу́нгли pl

junior ['dʒu:nɪə'] adj мла́дший

▷ n мла́дший(-ая) m(f) adj; **he's junior to me (by 2 years)**; **he's my junior (by 2 years)** он мла́дше меня́ (на 2 го́да)

junk [dʒʌŋk] n барахло́, хлам; **junk food** n еда́, содержа́щая ма́ло пита́тельных веще́ств; **junkie** n (inf) наркома́н; **junk mail** n незапро́шенная почто́вая рекла́ма

jurisdiction [dʒuərɪs'dɪkʃən] n (Law) юрисди́кция; (Admin) сфе́ра полномо́чий

jury ['dʒuərɪ] n прися́жные pl adj (заседа́тели)

just [dʒʌst] adj справедли́вый ▷ adv (exactly) как раз, и́менно; (only) то́лько; (barely) едва́; **he's just left** он то́лько что ушёл; **it's just right** э́то как раз то, что на́до; **just two o'clock** ро́вно два часа́; **she's just as clever as you** она́ столь же умна́, как и ты; **it's just as well (that)** ... и хорошо́, (что) ...; **just as he was leaving** как раз когда́ он собра́лся уходи́ть; **just before Christmas** пе́ред са́мым Рождество́м; **there was just enough petrol** бензи́на едва́ хвати́ло; **just here** вот здесь; **he (only) just missed** он чуть не попа́л; **just listen!** ты то́лько послу́шай!

justice ['dʒʌstɪs] n (Law: system) правосу́дие; (fairness) справедли́вость f; (US: judge) судья́ m; **to do justice to** (fig) отдава́ть (perf отда́ть) до́лжное +dat

justification [dʒʌstɪfɪ'keɪʃən] n основа́ние; (of action) оправда́ние

justify ['dʒʌstɪfaɪ] vt опра́вдывать (perf оправда́ть); **to justify o.s.** опра́вдываться (perf оправда́ться)

juvenile ['dʒuːvənaɪl] n несовершенноле́тний(-яя) m(f) adj, подро́сток ▷ adj де́тский

k

K *abbr* = **one thousand**; (*Comput*)
(= *kilobyte*) К (= килобáйт)

kangaroo [kæŋgə'ru:] *n* кенгурý
m ind

karaoke [kɑ:rə'əʊki] *n* кариóки
ind

karate [kə'rɑ:tɪ] *n* каратé *nt ind*

kebab [kə'bæb] *n* ≈ шашлы́к

keel [ki:l] *n* киль *m*

keen [ki:n] *adj* óстрый; (*eager*)
стрáстный, увлечённый;
(*competition*) напряжённый; **to be
keen to do** или **on doing** óчень
хотéть (*impf*) +*infin*; **to be keen on
sth** увлекáться (*impf*) чем-н

keep [ki:p] (*pt, pp* **kept**) *vt*
(*receipt, money*) оставлять
(*оставить*) себé; (*store*) храни́ть
(*impf*); (*preserve*) сохраня́ть (*perf*
сохрани́ть); (*house, shop, family*)
содержáть (*impf*); (*prisoner,
chickens*) держáть (*impf*);
(*accounts, diary*) вести́ (*impf*);
(*promise*) сдéрживать (*perf*
сдержáть) ▷ *vi* (*in certain state or
place*) оставáться (*perf* остáться);
(*food*) сохраня́ться (*impf*);
(*continue*): **to keep doing**
продолжáть (*impf*) +*impf infin*
▷ *n*: **he has enough for his keep**
емý достáточно на прожи́тие;
where do you keep the salt? где у
вас соль?; **he tries to keep her
happy** он дéлает всё для тогó,
чтóбы онá былá довóльна; **to
keep the house tidy** содержáть
(*impf*) дом в порáдке; **to keep sth
to o.s.** держáть (*impf*) что-н при
себé; **to keep sth (back) from sb**
скрывáть (*perf* скрыть) что-н от
когó-н; **to keep sth from happening**
не давáть (*perf* дать) чемý-н
случи́ться; **to keep time** (*clock*)
идти́ (*impf*) тóчно; **keep on** *vi*: **to
keep on doing** продолжáть (*impf*)
+*impf infin*; **to keep on (about)** не
перестáвая говори́ть (*impf*) (о
+*prp*); **keep out** *vt* не впускáть
(*perf* впусти́ть); **"keep out"**
"посторóнним вход воспрещён";
keep up *vt* (*payments, standards*)
поддéрживать (*impf*) ▷ *vi*: **to
keep up (with)** поспевáть (*perf*
поспéть) (за +*instr*), идти́ (*impf*) в
нóгу (с +*instr*); **keep fit** *n*
аэрóбика

kennel ['kɛnl] *n* конурá

Kenya ['kɛnjə] *n* Кéния

kept [kɛpt] *pt, pp of* **keep**

kerb [kɜ:b] *n* (*Brit*) бордю́р

kettle ['kɛtl] *n* чáйник

key [ki:] *n* ключ; (*of piano,
computer*) клáвиша ▷ *cpd*
ключевóй ▷ *vt* (*also* **key in**)
набирáть (*perf* набрáть) (на
клавиатýре); **keyboard** *n*
клавиатýра; **keyring** *n* брелóк

khaki ['kɑːkɪ] n, adj ха́ки nt, adj
ind

kick [kɪk] vt (person, table)
ударя́ть (perf уда́рить); (ball) ударя́ть
(perf уда́рить) ного́й по +dat; (inf: habit,
addiction) поборо́ть (perf) ▷ vi
(horse) ляга́ться (impf) ▷ n уда́р;
kick off vi: **the match kicks off at
3pm** матч начина́ется в 3 часа́ (в
футбо́ле)

kid [kɪd] n (inf: child) ребёнок;
(goat) козлёнок

kidnap ['kɪdnæp] vt похища́ть
(perf похи́тить)

kidney ['kɪdnɪ] n (Med) по́чка;
(Culin) по́чки fpl

kill [kɪl] vt убива́ть (perf уби́ть);
to kill o.s. поко́нчить (perf) с
собо́й; **to be killed** (in war,
accident) погиба́ть (perf
поги́бнуть); **killer** n уби́йца m/f

kilo ['kiːləu] n килогра́мм,
кило́ nt ind (inf); **kilogram(me)**
['kɪləugræm] n килогра́мм;
kilometre ['kɪləmiːtə'] (US
kilometer) n киломе́тр

kind [kaɪnd] adj до́брый ▷ n
тип, род; **in kind** (Comm) нату́рой;
a kind of род +gen; **two of a kind**
две ве́щи одного́ ти́па; **what kind
of ...?** како́й ...?

kindergarten ['kɪndəgɑːtn] n
де́тский сад

kindly ['kaɪndlɪ] adj (smile)
до́брый; (person, tone)
доброжела́тельный ▷ adv (smile,
behave) любе́зно;
доброжела́тельно; **will you kindly
give me his address** бу́дьте добры́,
да́йте мне его́ а́дрес

kindness ['kaɪndnɪs] n (quality)
доброта́

king [kɪŋ] n коро́ль m; **kingdom**
n короле́вство; **the animal/plant**

kingdom живо́тное/расти́тельное
ца́рство; **kingfisher** n
зимородо́к

kiosk ['kiːɔsk] n кио́ск; (Brit: Tel)
телефо́нная бу́дка

kipper ['kɪpə'] n ~ ко́пчёная
селёдка

kiss [kɪs] n поцелу́й ▷ vt
целова́ть (perf поцелова́ть) ▷ vi
целова́ться (perf поцелова́ться)

kit [kɪt] n (also **sports kit**)
(спорти́вный) костю́м;
(equipment) снаряже́ние; (set of
tools) набо́р; (for assembly)
компле́кт

kitchen ['kɪtʃɪn] n ку́хня

kite [kaɪt] n (toy) возду́шный
змей

kitten ['kɪtn] n котёнок

kitty ['kɪtɪ] n (pool of money)
о́бщая ка́сса

kiwi ['kiːwiː] n ки́ви f ind

km abbr (= kilometre) км
(= киломе́тр)

knack [næk] n спосо́бность f

knee [niː] n коле́но

kneel [niːl] (pt, pp knelt) vi (also
kneel down: action) встава́ть
(perf встать) на коле́ни; (: state)
стоя́ть (impf) на коле́нях

knew [njuː] pt of know

knickers ['nɪkəz] npl (Brit)
(же́нские) тру́сики mpl

knife [naɪf] (pl knives) n нож
▷ vt ра́нить (impf) ножо́м

knight [naɪt] n ры́царь m;
(Chess) конь m

knit [nɪt] vt (garment) вяза́ть
(perf связа́ть) ▷ vi вяза́ть (impf);
(bones) сраста́ться (perf срасти́сь);
to knit one's brows хму́рить (perf
нахму́рить) бро́ви; **knitting** n
вяза́нье; **knitting needle** n
вяза́льная спи́ца

knives [naɪvz] npl of knife

knob [nɔb] n (on door) ру́чка; (on radio etc) кно́пка

knock [nɔk] vt (strike) ударя́ть (perf уда́рить); (bump into) ста́лкиваться (perf столкну́ться) с +instr; (inf: criticize) критикова́ть (impf) ▷ n (blow, bump) уда́р, толчо́к; (on door) стук; **to knock some sense into sb** учи́ть (perf научи́ть) кого́-н уму́-ра́зуму; **he knocked at** or **on the door** он постуча́л в дверь; **knock down** vt (person, price) сбива́ть (perf сбить); **knock out** vt (subj: person, drug) оглуша́ть (perf оглуши́ть); (Boxing) нокаути́ровать (perf); (defeat) выбива́ть (perf вы́бить); **knock over** vt сбива́ть (perf сбить)

knot [nɔt] n (also Naut) у́зел; (in wood) сучо́к ▷ vt завя́зывать (perf завяза́ть) узло́м

know [nəu] (pt **knew**, pp **known**) vt (facts, people) знать (impf); **to know how to do** уме́ть (impf) +infin; **to know about** or **of** знать (impf) о +prp; **know-all** n (Brit: inf: pej) всезна́йка m/f

know-how n ноу-ха́у nt ind;

knowingly adv (purposely) созна́тельно; (smile, look) понима́юще

knowledge ['nɔlɪdʒ] n зна́ние; (things learnt) зна́ния ntpl; (awareness) представле́ние;

knowledgeable adj зна́ющий; **he is very knowledgeable about art** он большо́й знато́к иску́сства

known [nəun] pp of **know**

knuckle ['nʌkl] n костя́шка

Korea [kə'rɪə] n Коре́я

Kosovan ['kɔsəvən] n косова́р

Kosovar ['kɔsəvɑːʳ] n косова́р

Kosovo ['kɔsəvəu] n Ко́сово

L abbr (Brit: Aut) (= learner) учени́к

l abbr (= litre) л (= ли́тр)

lab [læb] n abbr = **laboratory**

label ['leɪbl] n этике́тка, ярлы́к; (on suitcase) би́рка ▷ vt (see n) прикрепля́ть (perf прикрепи́ть) ярлы́к на +acc; прикрепля́ть (perf прикрепи́ть) би́рку к +dat

labor ['leɪbəʳ] n (US) = **labour**

laboratory [lə'bɔrətərɪ] n лаборато́рия

labour ['leɪbəʳ] (US **labor**) n (work) труд; (workforce) рабо́чая си́ла; (Med) ро́ды mpl; **to be in labour** рожа́ть (impf); **labourer** n неквалифици́рованный рабо́чий m adj

lace [leɪs] n (fabric) кру́жево; (of shoe) шнуро́к ▷ vt (shoe: also **lace up**) шнурова́ть (perf зашнурова́ть)

lack [læk] n (absence) отсу́тствие;

(*shortage*) недостаток, нехватка
▷ *vt*: **she lacked self-confidence** ей не хватало *or* не доставало уверенности в себе; **through** *or* **for lack of** из-за недостатка +*gen*

lacquer ['lækə*r*] *n* лак

lad [læd] *n* парень *m*

ladder ['lædə*r*] *n* лестница; (*Brit: in tights*) спустившиеся петли *fpl*

ladle ['leɪdl] *n* поповник

lady ['leɪdɪ] *n* (*woman*) дама; **ladies and gentlemen ...** дамы и господа ...; **young/old lady** молодая/пожилая женщина; **the ladies' (room)** женский туалет; **ladybird** (*US* **ladybug**) *n* божья коровка

lag [læg] *n* (*period of time*) задержка

lager ['lɑːgə*r*] *n* светлое пиво

laid [leɪd] *pt, pp of* **lay**

lain [leɪn] *pp of* **lie**

lake [leɪk] *n* озеро

lamb [læm] *n* (*Zool*) ягнёнок; (*Culin*) (молодая) баранина

lame [leɪm] *adj* (*person, animal*) хромой; (*excuse, argument*) слабый

lament [lə'ment] *n* плач ▷ *vt* оплакивать (*perf* оплакать)

lamp [læmp] *n* лампа; (*street lamp*) фонарь *m*; **lamppost** *n* (*Brit*) фонарный столб; **lampshade** *n* абажур

land [lænd] *n* земля ▷ *vi* (*from ship*) высаживаться (*perf* высадиться); (*Aviat*) приземляться (*perf* приземлиться) ▷ *vt* (*plane*) сажать (*perf* посадить); (*goods*) выгружать (*perf* выгрузить); **to land sb with sth** (*inf*) наваливать (*perf* навалить) что-н на кого-н; **landing** *n* (*of house*) лестничная площадка; (*of plane*) посадка;

(*of house, flat*) домовладелица, хозяйка; (*of pub*) хозяйка;

landlord *n* (*of house, flat*) домовладелец, хозяин; (*of pub*) хозяин; **landmark** *n* (назе́мный) ориентир; (*fig*) веха; **landowner** *n* землевладелец(-лица)

landscape *n* (*view, painting*) пейзаж; (*terrain*) ландшафт;

landslide *n* (*Geo*) оползень *m*; (*Pol: also* **landslide victory**) решительная победа

lane [leɪn] *n* (*in country*) тропинка; (*of road*) полоса; (*Sport*) дорожка

language ['læŋgwɪdʒ] *n* язык; **bad language** сквернословие

lantern ['læntən] *n* фонарь *m*

lap [læp] *n* колени *ntpl*; (*Sport*) круг

lapel [lə'pel] *n* лацкан

lapse [læps] *n* (*bad behaviour*) промах; (*of time*) промежуток; (*of concentration*) потеря

laptop ['læptɔp] *n* (*also* **laptop computer**) портативный компьютер, ноутбук *m*

lard [lɑːd] *n* свиной жир

larder ['lɑːdə*r*] *n* кладовая *f adj*

large [lɑːdʒ] *adj* большой; (*major*) крупный; (*as a whole*) в целом; (*at liberty*) на воле; **largely** *adv* по большей части; **largely because ...** в основном, потому что ...; **large-scale** *adj* крупномасштабный

lark [lɑːk] *n* (*bird*) жаворонок

laryngitis [lærɪn'dʒaɪtɪs] *n* ларингит

laser ['leɪzə*r*] *n* лазер; **laser printer** *n* лазерный принтер

lash [læʃ] *n* (*eyelash*) ресница; (*of whip*) удар (хлыста) ▷ *vt* (*also* **lash against**: *subj: rain, wind*)

хлеста́ть (*impf*) о +*acc*; (*tie*): to
lash to привя́зывать (*perf*
привяза́ть) к +*dat*

last [lɑːst] *adj* (*most recent*)
про́шлый; (*final*) после́дний
▷ *adv* в после́дний раз; (*finally*) в
конце́ ▷ *vi* (*continue*) дли́ться
(*perf* продли́ться), продолжа́ться
(*impf*); (*keep: thing*) сохраня́ться
(*perf* сохрани́ться); (: *person*)
держа́ться (*perf* продержа́ться);
(*suffice*): we had enough money to
last us нам хвати́ло де́нег; last
year в про́шлом году́; last week на
про́шлой неде́ле; last night (*early*)
вчера́ ве́чером; (*late*) про́шлой
но́чью; at last наконе́ц; last but
one предпосле́дний; lastly *adv*
наконе́ц; last-minute *adj*
после́дний

latch [lætʃ] *n* (*on gate*) задви́жка;
(*on front door*) замо́к *m*

late [leɪt] *adj* (*hour*) по́здний; (*dead*)
поко́йный ▷ *adv* по́здно; (*behind
time*) с опозда́нием; to be late
опа́здывать (*perf* опозда́ть); of
late в после́днее вре́мя; in late
May в конце́ ма́я; latecomer *n*
опозда́вший(-ая) *m(f) adj*; lately
adv в после́днее вре́мя

later [ˈleɪtə] *adj* (*time, date*)
бо́лее по́здний; (*meeting, version*)
после́дующий ▷ *adv* по́зже,
поздне́е; later on впосле́дствии,
по́зже; he arrived later than me он
пришёл по́зже меня́

latest [ˈleɪtɪst] *adj* (*most recent*) (са́мый
после́дний; (*news*) са́мый по́здний;
at the latest са́мое поздне́е

lather [ˈlɑːðə] *n* (мы́льная) пе́на

Latin [ˈlætɪn] *n* (*Ling*) лати́нский
язы́к ▷ *adj*: Latin languages
рома́нские языки́; Latin countries
стра́ны Ю́жной Евро́пы; Latin

America *n* Лати́нская Аме́рика

latitude [ˈlætɪtjuːd] *n* (*Geo*)
широта́

latter [ˈlætə] *adj* после́дний ▷ *n*:
the latter после́дний(-яя) *m(f) adj*

Latvia [ˈlætvɪə] *n* Ла́твия;
Latvian *adj* латви́йский ▷ *n*
(*Ling*) латы́шский язы́к

laugh [lɑːf] *n* смех ▷ *vi* смея́ться
(*impf*); for a laugh (*inf*) для сме́ха;
laugh at *vt fus* смея́ться (*perf*
посмея́ться) над +*instr*; laughter
n смех

launch [lɔːntʃ] *n* (*of rocket,
product*) за́пуск ▷ *vt* (*ship*)
спуска́ть (*perf* спусти́ть) на́ во́ду;
(*rocket*) запуска́ть (*perf*
запусти́ть); (*attack, campaign*)
начина́ть (*perf* нача́ть); (*product*)
пуска́ть (*perf* пусти́ть) в прода́жу,
запуска́ть (*perf* запусти́ть)

laundry [ˈlɔːndrɪ] *n* (*washing*)
сти́рка

lava [ˈlɑːvə] *n* ла́ва

lavatory [ˈlævətərɪ] *n* туале́т

lavender [ˈlævəndə] *n* лава́нда

lavish [ˈlævɪʃ] *adj* (*amount,
hospitality*) ще́дрый ▷ *vt*: to lavish
sth on sb осыпа́ть (*perf* осы́пать)
кого́-н чем-н

law [lɔː] *n* (*rule*) зако́н; (*profession*):
(the) law юриспруде́нция; (*Scol*)
пра́во; it's against the law э́то
противозако́нно; lawful *adj*
зако́нный

lawn [lɔːn] *n* газо́н; lawn
mower *n* газонокоси́лка

lawsuit [ˈlɔːsuːt] *n* суде́бный иск

lawyer [ˈlɔːjə] *n* (*solicitor,
barrister*) юри́ст

lax [læks] *adj* (*discipline*) сла́бый;
(*standards*) ни́зкий; (*morals,
behaviour*) распу́щенный

laxative [ˈlæksətɪv] *n*
слаби́тельное *nt adj*

lay [leɪ] *pt of* **lie** ▷ *adj* (*not expert*)
непрофессиона́льный; (*Rel*)
мирско́й ▷ (*pt, pp* **laid**) *vt* (*place*)
класть (*perf* положи́ть); (*table*)
накрыва́ть (*perf* накры́ть) (на
+*acc*); (*carpet*) стлать (*perf*
постели́ть); (*cable*) прокла́дывать
(*perf* проложи́ть); (*egg*)
откла́дывать (*perf* отложи́ть); **lay
down** *vt* (*object*) класть (*perf*
положи́ть); (*rules etc*)
устана́вливать (*perf* установи́ть);
(*weapons*) скла́дывать (*perf*
сложи́ть); **to lay down the law**
прика́зывать (*perf* приказа́ть); **lay
off** *vt* (*workers*) увольня́ть (*perf*
уво́лить); **lay on** *vt* (*meal etc*)
устра́ивать (*perf* устро́ить); **lay
out** *vt* раскла́дывать (*perf*
разложи́ть)

lay-by [ˈleɪbaɪ] *n* (*Brit*) площа́дка
для вре́менной стоя́нки (на
автодоро́ге)

layer [ˈleɪə*] *n* слой

layout [ˈleɪaut] *n* (*of garden,
building*) планиро́вка

lazy [ˈleɪzɪ] *adj* лени́вый

lb *abbr* (= *pound*) (*weight*) фунт

● LB

● **Pound** — ме́ра ве́са ра́вная
● 0.454 кг.

lead¹ [liːd] (*pt, pp* **led**) *n* (*front
position*) пе́рвенство, ли́дерство;
(*clue*) нить *f*; (*in play, film*) гла́вная
роль *f*; (*for dog*) поводо́к; (*Elec*)
про́вод ▷ *vt* (*competition, market*)
лиди́ровать (*impf*) в +*prp*;
(*opponent*) опережа́ть (*impf*);
(*person, group: guide*) вести́ (*perf*
повести́); (*activity, organization
etc*) руководи́ть (*impf*) +*instr* ▷ *vi*
(*road, pipe*) вести́ (*impf*); (*Sport*)

лиди́ровать (*impf*); **to lead the
way** ука́зывать (*perf* указа́ть)
путь; **lead away** *vt* уводи́ть (*perf*
увести́); **lead on** *vt* води́ть (*impf*)
за́ нос; **lead to** *vt fus* вести́ (*perf*
привести́) к +*dat*; **lead up to** *vt
fus* (*events*) приводи́ть (*perf*
привести́) к +*dat*; (*topic*)
подводи́ть (*perf* подвести́) к +*dat*

lead² [lɛd] *n* (*metal*) свине́ц; (*in
pencil*) графи́т

leader [ˈliːdə*] *n* (*of group, Sport*)
ли́дер; **leadership** *n*
руково́дство; (*quality*) ли́дерские
ка́чества *ntpl*

lead-free [ˈlɛdfriː] *adj* не
содержа́щий свинца́

leading [ˈliːdɪŋ] *adj* (*most
important*) веду́щий; (*first, front*)
пере́дний

lead singer [liːd-] *n* соли́ст(ка)

leaf [liːf] (*pl* **leaves**) *n* лист

leaflet [ˈliːflɪt] *n* листо́вка

league [liːg] *n* ли́га; **to be in
league with sb** быть (*impf*) в
сго́воре с кем-н

leak [liːk] *n* уте́чка; (*hole*) течь *f*
▷ *vi* протека́ть (*perf* проте́чь);
(*liquid, gas*) проса́чиваться (*perf*
просочи́ться) ▷ *vt* (*information*)
разглаша́ть (*perf* разгласи́ть)

lean [liːn] (*pt, pp* **leaned** *or* **leant**)
adj (*person*) сухоща́вый; (*meat*)
по́стный ▷ *vt*: **to lean sth on** *or*
against прислоня́ть (*perf*
прислони́ть) что-н к +*dat* ▷ *vi*: **to
lean forward/back** наклоня́ться
(*perf* наклони́ться) вперёд/наза́д;
to lean against (*wall*)
прислоня́ться (*perf* прислони́ться)
к +*dat*; (*person*) опира́ться (*perf*
опере́ться) на +*acc*; **to lean on**
(*chair*) опира́ться (*perf* опере́ться)
о +*acc*; (*rely on*) опира́ться (*perf*
опере́ться) на +*acc*; **leant** [lɛnt]

pt, pp of **lean**

leap [li:p] (*pt, pp* **leaped** *or* **leapt**) *n* скачо́к ⊳ *vi* пры́гать (*perf* пры́гнуть); (*price, number*) подска́кивать (*perf* подскочи́ть); **leapt** [lɛpt] *pp, pt of* **leap**; **leap year** *n* високо́сный год

learn [lə:n] (*pt, pp* **learned** *or* **learnt**) *vt* (*skill*) учи́ться (*perf* научи́ться) +*dat*; (*facts, poem*) учи́ть (*perf* вы́учить) ⊳ *vi* учи́ться (*impf*); **to learn about** *or* **of/that** ... (*hear, read*) узнава́ть (*perf* узна́ть) о +*prp*, что ...; **to learn about sth** (*study*) изуча́ть (*perf* изучи́ть) что-н; **to learn (how) to do** учи́ться (*perf* научи́ться) +*impf infin*; **learnt** [lə:nt] *pt, pp of* **learn**

lease [li:s] *n* аре́ндный догово́р, аре́нда ⊳ *vt*: **to lease sth (to sb)** сдава́ть (*perf* сдать) что-н в аре́нду (кому́-н); **to lease sth from sb** арендова́ть (*impf/perf*) *or* брать (взять *perf*) в аре́нду у кого́-н

leash [li:ʃ] *n* поводо́к

least [li:st] *adj*: **the least** (+*noun: smallest*) наиме́ньший; (: *slightest: difficulty*) мале́йший ⊳ *adv* (+*vb*) ме́ньше всего́; (+*adj*) наиме́нее; **at least** по кра́йней ме́ре; **not in the least** (*as response*) отню́дь нет; (+*vb, +adj*) нисколько *or* во́все не

leather [ˈlɛðər] *n* ко́жа

leave [li:v] (*pt, pp* **left**) *vt* оставля́ть (*perf* оста́вить), покида́ть (*perf* поки́нуть); (*go away from: on foot*) уходи́ть (*perf* уйти́) из +*gen*; (: *by transport*) уезжа́ть (*perf* уе́хать) из +*gen*; (*party, committee*) выходи́ть (*perf* вы́йти) из +*gen* ⊳ *vi* (*on foot*) уходи́ть (*perf* уйти́); (*by transport*) уезжа́ть (*perf* уе́хать) ⊳ *n* о́тпуск; **to**

leave sth to sb (*money, property*) оставля́ть (*perf* оста́вить) что-н кому́-н; **to be left (over)** остава́ться (*perf* оста́ться); **on leave** в о́тпуске; **leave behind** *vt* оставля́ть (*perf* оста́вить); **leave out** *vt* (*omit*) пропуска́ть (*perf* пропусти́ть); **he was left out** его́ пропусти́ли

leaves [li:vz] *npl of* **leaf**

lecture [ˈlɛktʃər] *n* ле́кция ⊳ *vi* чита́ть (*impf*) ле́кции ⊳ *vt* (*scold*) чита́ть (*perf* прочита́ть) кому́-н ле́кцию по по́воду +*gen*; **to lecture sb on** *or* **about** чита́ть (*perf* прочита́ть) кому́-н ле́кцию о чём-н +*prp*; **to give a lecture on** чита́ть (*perf* прочита́ть) ле́кцию о +*prp*; **lecturer** *n* (*Brit: Scol*) преподава́тель(ница) *m(f)*

led [lɛd] *pt, pp of* **lead¹**

ledge [lɛdʒ] *n* вы́ступ; (*of window*) подоко́нник

leek [li:k] *n* лук-поре́й *no pl*

left [lɛft] *pt, pp of* **leave** ⊳ *adj* (*of direction, position*) ле́вый ⊳ *n* ле́вая сторона́ ⊳ *adv* (*motion*): **(to the) left** нале́во; (*position*): **(on the) left** сле́ва; **the Left** (*Pol*) ле́вые *pl adj*; **left-handed** *adj*: **he/she is left-handed** он/она́ левша́; **left-wing** *adj* (*Pol*) ле́вый

leg [lɛg] *n* (*Anat*) нога́; (*of insect, furniture*) но́жка; (*also* **trouser leg**) штани́на; (*of journey, race*) эта́п

legacy [ˈlɛgəsɪ] *n* (*in will*) насле́дство; (*fig*) насле́дие

legal [ˈli:gl] *adj* (*advice, requirement*) юриди́ческий; (*system, action*) суде́бный; (*lawful*) зако́нный; **legalize** (*perf* узако́нить); **legally** *adv* юриди́чески; (*by law*) по зако́ну

legend [ˈlɛdʒənd] *n* (*story*) леге́нда; (*person*) легенда́рная ли́чность *f*; **legendary** *adj* легенда́рный

legislation [ˌlɛdʒɪsˈleɪʃən] n
законода́тельство

legislative [ˈlɛdʒɪslətɪv] adj (Pol)
законода́тельный

legitimate [lɪˈdʒɪtɪmət] adj
зако́нный, легити́мный

leisure [ˈlɛʒəʳ] n (also leisure
time) досу́г, свобо́дное вре́мя nt;
at (one's) leisure не спеша́;
leisure centre n спорти́вно-
оздорови́тельный ко́мплекс;
leisurely adj неторопли́вый

lemon [ˈlɛmən] n (fruit) лимо́н;
lemonade [lɛməˈneɪd] n
лимона́д

lend [lɛnd] (pt, pp lent) vt:
to lend sth to sb, lend sb sth
ода́лживать (perf одолжи́ть)
что-н кому́-н

length [lɛŋθ] n (measurement)
длина́; (distance) протяжённость
f; (piece: of wood, cloth etc)
отре́зок; (duration)
продолжи́тельность f; at length
(for a long time) простра́нно;
lengthy adj (text) дли́нный;
(meeting) продолжи́тельный;
(explanation) простра́нный

lens [lɛnz] n (of glasses, camera)
ли́нза

Lent [lɛnt] n Вели́кий Пост

lent [lɛnt] pt, pp of lend

lentil [ˈlɛntl] n чечеви́ца no pl

Leo [ˈliːəu] n Лев

leopard [ˈlɛpəd] n леопа́рд

leotard [ˈliːətɑːd] n трико́ nt ind

lesbian [ˈlɛzbɪən] adj лесби́йский
▷ n лесбия́нка

less [lɛs] adj (attention, money)
ме́ньше +gen ▷ adv (beautiful,
clever) ме́нее ▷ prep ми́нус
+nom; less than ме́ньше or ме́нее
+gen; less than half ме́ньше
полови́ны; less than ever ме́ньше,

чем когда́-либо; less and less всё
ме́ньше и ме́ньше; (+adj) всё
ме́нее и ме́нее; the less ... the
more ... чем ме́ньше ..., тем
бо́льше ...; lesser adj: to a lesser
extent в ме́ньшей сте́пени

lesson [ˈlɛsn] n уро́к; to teach sb
a lesson (fig) проучи́ть (perf)
кого́-н

let [lɛt] (pt, pp let) vt (Brit: lease)
сдава́ть (perf сдать) (внаём);
(allow): to let sb do разреша́ть
(perf разреши́ть) или позволя́ть
(perf позво́лить) кому́-н +infin; let
me try да́йте я попро́бую; to let sb
know about ... дава́ть (perf дать)
кому́-н знать о +prp ...; let's go
there дава́й(те) пойдём туда́; let's
do it! дава́й(те) сде́лаем э́то; "to
let" "сдаётся внаём"; to let go
отпуска́ть (perf отпусти́ть); let
down vt (tyre etc) спуска́ть (perf
спусти́ть); (fig: person) подводи́ть
(perf подвести́); let in vt (water,
air) пропуска́ть (perf пропусти́ть);
(person) впуска́ть (perf впусти́ть);
let off vt (culprit, child) отпуска́ть
(perf отпусти́ть); (bomb) взрыва́ть
(perf взорва́ть); let out vt
выпуска́ть (perf вы́пустить);
(sound) издава́ть (perf изда́ть)

lethal [ˈliːθl] adj (weapon,
chemical) смертоно́сный; (dose)
смерте́льный

letter [ˈlɛtəʳ] n письмо́; (of
alphabet) бу́ква; letter box n
(Brit) почто́вый я́щик

❖ LETTER BOX

● Поми́мо почто́вого я́щика
● да́нное сло́во та́кже обознача́ет
● про́резь во входно́й две́ри, в
● кото́рую опуска́ется
● корреспонде́нция.

lettuce ['lɛtɪs] n салáт латýк

leukaemia [lu:'ki:mɪə] (US **leukemia**) n белокрóвие, лейкемия

level ['lɛvl] adj (flat) рóвный ▷ n ýровень m ▷ adv: **to draw level with** (person, vehicle) поравняться (perf) c +instr; **to be level with** быть (impf) на однóм ýровне c +instr

lever ['li:və'] n рычáг; (bar) лом; **leverage** n (fig: influence) влияние

levy ['lɛvɪ] n налóг ▷ vt налагáть (perf наложить)

liability [laɪə'bɪlətɪ] n (responsibility) отвéтственность f; (person, thing) обýза m/f; **liabilities** npl (Comm) обязáтельства ntpl

liable ['laɪəbl] adj: **liable for** (legally responsible) подсýдный за +acc; **to be liable to** подлежáть (impf) +dat; **he's liable to take offence** возмóжно, что он обидится

liar ['laɪə'] n лжец, лгýн(ья)

libel ['laɪbl] n клеветá

liberal ['lɪbərl] adj (also Pol) либерáльный; (large, generous) щéдрый; **Liberal Democrat** n либерáл-демокрáт m; **the Liberal Democrats** (party) пáртия либерáл-демокрáтов

liberate ['lɪbəreɪt] vt освобождáть (perf освободить)

liberation [lɪbə'reɪʃən] n освобождéние

liberty ['lɪbətɪ] n свобóда; **to be at liberty** (criminal) быть (impf) на свобóде; **I'm not at liberty to comment** я не вóлен комментировать; **to take the liberty of doing** позволять (perf позвóлить) себé +infin

Libra ['li:brə] n Весы pl

librarian [laɪ'brɛərɪən] n библиотéкарь m

library ['laɪbrərɪ] n библиотéка

lice [laɪs] npl of **louse**

licence ['laɪsns] (US **license**) n (permit) лицéнзия; (Aut: also **driving licence**) (водительские) правá ntpl

license ['laɪsns] n (US) = **licence** ▷ vt выдавáть (perf выдать) лицéнзию на +acc; **licensed** adj (restaurant) с лицéнзией на продáжу спиртных напитков

lick [lɪk] vt (stamp, fingers etc) лизáть (impf), облизывать (perf облизáть); **to lick one's lips** облизываться (perf облизáться)

lid [lɪd] n крышка; (also **eyelid**) вéко

lie [laɪ] (pt **lay**, pp **lain**) vi (be horizontal) лежáть (impf); (be situated) лежáть (impf), находиться (impf); (problem, cause) заключáться (impf) ▷ (pt, pp **lied**) (be untruthful) лгать (perf солгáть), врать (perf соврáть) ▷ n (untrue statement) ложь f no pl; **to lie or be lying in first/last place** занимáть (impf) пéрвое/ послéднее мéсто; **lie down** vi (motion) ложиться (perf лечь); (position) лежáть (impf); **lie-in** n (Brit): **to have a lie-in** вставáть (perf встать) попóзже

lieutenant [lɛf'tɛnənt, (US) lu:'tɛnənt] n лейтенáнт

life [laɪf] (pl **lives**) n жизнь f; **lifeboat** n спасáтельное сýдно; (on ship) спасáтельная шлюпка; **lifeguard** n спасáтель m; **life jacket** n спасáтельный жилéт; **life preserver** n (US) = **life jacket**; **lifestyle** n óбраз жизни; **lifetime** n (of person) жизнь f; (of *institution*) вре́мя *nt* существова́ния

lift [lɪft] *vt* поднима́ть (*perf* подня́ть); (*ban, sanctions*) снима́ть (*perf* снять) ▷ *vi* (*fog*) рассе́иваться (*perf* рассе́яться) ▷ *n* (*Brit*) лифт; **to give sb a lift** (*Brit: Aut*) подвози́ть (*perf* подвезти́) кого́-н

light [laɪt] (*pt, pp* **lit**) *n* свет; (*Aut*) фа́ра ▷ *vt* (*candle, fire*) зажига́ть (*perf* заже́чь); (*place*) освеща́ть (*perf* освети́ть) ▷ *adj* (*pale, bright*) све́тлый; (*not heavy*) лёгкий; **lights** *npl* (*also* **traffic lights**) светофо́р *msg*; **have you got a light?** (*for cigarette*) мо́жно у Вас прикури́ть?; **to come to light** выясня́ться (*perf* вы́ясниться); **in the light of** (*discussions etc*) в све́те +*gen*; **light up** *vi* (*face*) светле́ть (*perf* просветле́ть) ▷ *vt* (*illuminate*) освеща́ть (*perf* освети́ть); **light-hearted** *adj* (*person*) беспе́чный; (*question, remark*) несерьёзный; **lighthouse** *n* мая́к; **lighting** *n* освеще́ние; **lightly** *adv* (*touch, kiss*) слегка́; (*eat, treat*) легко́; (*sleep*) чу́тко; **to get off lightly** легко́ отде́лываться (*perf* отде́латься)

lightning ['laɪtnɪŋ] *n* мо́лния

like [laɪk] *prep* как +*acc*; (*similar to*) похо́жий на +*acc* ▷ *vt* (*sweets, reading*) люби́ть (*impf*) ▷ *n*: **and the like** и тому́ подо́бное; **he looks like his father** он похо́ж на своего́ отца́; **what does he look like?** как она́ вы́глядит?; **what's he like?** что он за челове́к?; **there's nothing like ...** ничто́ не мо́жет сравни́ться с +*instr* ...; **do it like this** де́лайте э́то так; **that's just like him** (*typical*) э́то на него́ похо́же; **it is nothing like ...** э́то совсе́м не то, что ...;

I like/liked him он мне нра́вится/ понра́вился; **I would like, I'd like** мне хоте́лось бы, я бы хоте́л; **would you like a coffee?** хоти́те ко́фе?; **his likes and dislikes** его́ вку́сы; **likeable** *adj* симпати́чный

likelihood ['laɪklɪhud] *n* вероя́тность *f*

likely ['laɪklɪ] *adj* вероя́тный; **she is likely to agree** она́, вероя́тно, согласи́тся; **not likely!** (*inf*) ни за что!

likewise ['laɪkwaɪz] *adv* та́кже; **to do likewise** поступа́ть (*perf* поступи́ть) таки́м же о́бразом

lilac ['laɪlæk] *n* сире́нь *f no pl*

lily ['lɪlɪ] *n* ли́лия

limb [lɪm] *n* (*Anat*) коне́чность *f*

lime [laɪm] *n* (*fruit*) лайм; (*tree*) ли́па; (*chemical*) и́звесть *f*

limelight ['laɪmlaɪt] *n*: **to be in the limelight** быть (*impf*) в це́нтре внима́ния

limestone ['laɪmstəun] *n* известня́к

limit ['lɪmɪt] *n* преде́л; (*restriction*) лими́т, ограниче́ние ▷ *vt* (*production, expense etc*) лимити́ровать (*impf/perf*), ограни́чивать (*perf* ограни́чить); **limited** *adj* ограни́ченный

limousine ['lɪməziːn] *n* лимузи́н

limp [lɪmp] *vi* хрома́ть (*impf*) ▷ *adj* (*person, limb*) бесси́льный; (*material*) мя́гкий

line [laɪn] *n* ли́ния; (*row*) ряд *m*; (*of writing, song*) строка́, стро́чка; (*wrinkle*) морщи́на; (*wire*) про́вод; (*fig: of thought*) ход; (*of business, work*) о́бласть *f* ▷ *vt* (*road*) выстра́иваться (*perf* вы́строиться) вдоль +*gen*; (*clothing*) подбива́ть (*perf* подби́ть); (*container*) выкла́дывать (*perf* вы́ложить) изнутри; **hold the line please!** (*Tel*) пожалуйста, не кладите трубку!; **to cut in line** (*US*) идти (*perf* пойти) без очереди; **line up** *vi* выстраиваться (*perf* выстроиться) ▷ *vt* (*order*) выстраивать (*perf* выстроить)

linen ['lɪnɪn] *n* (*sheets etc*) бельё

liner ['laɪnə*r*] *n* (*ship*) лайнер; (*also* **bin liner**) целофановый мешок для мусорного ведра

linger ['lɪŋɡə*r*] *vi* удерживаться (*perf* удержаться); (*person*) задерживаться (*perf* задержаться)

lingerie ['lænʒəri:] *n* женское (нижнее) бельё

linguist ['lɪŋɡwɪst] *n* (*language specialist*) лингвист; **linguistics** [lɪŋ'ɡwɪstɪks] *n* языкознание, лингвистика

lining ['laɪnɪŋ] *n* (*cloth*) подкладка

link [lɪŋk] *n* связь *f*; (*of chain*) звено ▷ *vt* (*join*) соединять (*perf* соединить); (*associate*): **to link with** *or* **to** связывать (*perf* связать) с +*instr*; **link up** *vt* (*systems*) соединять (*perf* соединить) ▷ *vi* соединяться (*perf* соединиться)

lion ['laɪən] *n* лев

lip [lɪp] *n* (*Anat*) губа; **lip-read** *vi* читать с губ; **lipstick** *n* (губная) помада

liqueur [lɪ'kjuə*r*] *n* ликёр

liquid ['lɪkwɪd] *n* жидкость *f* ▷ *adj* жидкий

liquor ['lɪkə*r*] *n* (*esp US*) спиртное *nt adj*, спиртной напиток

Lisbon ['lɪzbən] *n* Лиссабон

lisp [lɪsp] *n* шепелявость *f*

list [lɪst] *n* список ▷ *vt* (*enumerate*) перечислять (*perf* перечислить); (*write down*) составлять (*perf* составить) список +*gen*

listen ['lɪsn] *vi*: **to listen (to sb/ sth)** слушать (*impf*) (кого-н/что-н)

lit [lɪt] *pt, pp of* **light**

liter ['li:tə*r*] *n* (*US*) = **litre**

literacy ['lɪtərəsɪ] *n* грамотность *f*

literal ['lɪtərl] *adj* буквальный; **literally** *adv* буквально

literary ['lɪtərərɪ] *adj* литературный

literate ['lɪtərət] *adj* (*able to read and write*) грамотный

literature ['lɪtrɪtʃə*r*] *n* литература

Lithuania [lɪθju'eɪnɪə] *n* Литва; **Lithuanian** *adj* литовский

litre ['li:tə*r*] *n* (*US* **liter**) *n* литр

litter ['lɪtə*r*] *n* (*rubbish*) мусор; (*Zool*) помёт, выводок

little ['lɪtl] *adj* маленький; (*younger*) младший; (*short*) короткий ▷ *adv* мало; **a little (bit)** немного; **little by little** понемногу

live [*vb* lɪv, *adj* laɪv] *vi* жить (*impf*) ▷ *adj* (*animal, plant*) живой; (*broadcast*) прямой; (*performance*) перед публикой; (*bullet*) боевой; (*Elec*) под напряжением; **to live with sb** жить (*impf*) с кем-н; **he lived to be a hundred** он дожил до ста лет; **live on** *vt fus* (*food*) жить (*impf*) на +*prp*; (*salary*) жить (*impf*) на +*acc*; **live up to** *vt fus* оправдывать (*perf* оправдать)

livelihood ['laɪvlɪhud] *n* средства *ntpl* к существованию

lively ['laɪvlɪ] *adj* живой; (*place, event*) оживлённый

liver ['lɪvə*r*] *n* (*Anat*) печень *f*; (*Culin*) печёнка

lives [laɪvz] *npl of* **life**

livestock ['laɪvstɔk] *n* скот

living ['lɪvɪŋ] *adj* живой ▷ *n*: **to earn** *or* **make a living** зарабатывать (*perf* заработать) на

жизнь; **living room** n гости́ная f
adj

lizard ['lɪzəd] n я́щерица

load [ləud] n (of person, animal)
но́ша; (of vehicle) груз; (weight)
нагру́зка ▷ vt (also **load up**
(with): goods) грузи́ть (perf
погрузи́ть); (gun, camera)
заряжа́ть (perf заряди́ть); **to load**
(with) (also **load up**: vehicle, ship)
загружа́ть (perf загрузи́ть) (+instr);
loads of, a load of (inf) ку́ча +gen;
a load of rubbish (inf) спло́шная
чепуха́; **loaded** adj (gun)
заря́женный; **loaded question**
вопро́с с подтёкстом or подво́хом

loaf [ləuf] (pl **loaves**) n (bread)
бу́ханка

loan [ləun] n заём; (money) ссу́да
▷ vt дава́ть (perf дать) взаймы́;
(money) ссужа́ть (perf ссуди́ть);
to take sth on loan брать (perf взять)
что-н на вре́мя

loathe [ləuð] vt ненави́деть
(impf)

loaves [ləuvz] npl of **loaf**

lobby ['lɒbɪ] n (of building)
вестибю́ль m; (pressure group)
ло́бби nt ind ▷ vt склоня́ть (perf
склони́ть) на свою́ сто́рону

lobster ['lɒbstəʳ] n ома́р

local ['ləukl] adj ме́стный; **locals**
npl ме́стные pl adj (жи́тели);
local authorities npl ме́стные
вла́сти fpl; **local government** n
ме́стное управле́ние; **locally** adv
(live, work) на ме́сте

locate [ləu'keɪt] vt определя́ть
(perf определи́ть) расположе́ние
or местонахожде́ние +gen; **to be
located in** (situated) располага́ться
(impf), находи́ться (impf) в/на
+prp

location [ləu'keɪʃən] n (place)
расположе́ние, местонахожде́ние;

on location (Cinema) на нату́ре

loch [lɒx] n (Scottish) о́зеро

lock [lɒk] n (on door etc) замо́к;
(on canal) шлюз; (of hair) ло́кон
▷ vt запира́ть (perf запере́ть) ▷ vi
(door) запира́ться (perf
запере́ться); (wheels) тормози́ть
(perf затормози́ть); **lock in** vt: **to
lock sb in** запира́ть (perf запере́ть)
кого́-н; **lock up** vt (criminal etc)
упря́тывать (perf упря́тать);
(house) запира́ть (perf запере́ть)
▷ vi запира́ться (perf запере́ться)

locker ['lɒkəʳ] n шка́фчик

locomotive [ləukə'məutɪv] n
локомоти́в

lodge [lɒdʒ] n привра́тницкая f
adj; **lodger** n квартира́нт(ка)

loft [lɒft] n черда́к

log [lɒg] n (of wood): (for fire)
поле́но; (account) журна́л ▷ vt
(event, fact) регистри́ровать (perf
зарегистри́ровать); **log in** vi
(Comput) входи́ть (perf войти́) в
(Comput); **log off** vi (Comput)
выходи́ть (perf вы́йти) из систе́мы;
log on vi (Comput) входи́ть (perf войти́)
в систе́му

logic ['lɒdʒɪk] n ло́гика; **logical**
adj (based on logic) логи́ческий;
(reasonable) логи́чный

login ['lɒgɪn] n (Comput) и́мя (nt)
по́льзователя

logo ['ləugəu] n эмбле́ма

London ['lʌndən] n Ло́ндон

lone [ləun] adj (person) одино́кий

loneliness ['ləunlɪnɪs] n
одино́чество

lonely ['ləunlɪ] adj (person,
childhood) одино́кий; (place)
уединённый

long [lɒŋ] adj дли́нный; (in time)
до́лгий ▷ adv (see adj) дли́нно;
до́лго ▷ vi: **to long for sth/to**
жда́ть (impf) чего́-н/+infin; **so or**

as long as you don't mind éсли только Вы не возражáете; **don't be long!** не задéрживайтесь!; **how long is the street?** какова длинá э́той у́лицы?; **how long is the lesson?** ско́лько дли́тся уро́к?; **6 metres long** длино́й в 6 ме́тров; **6 months long** продолжи́тельностью в 6 ме́сяцев; **all night (long)** всю ночь (напролёт); **he no longer comes** он бо́льше не прихо́дит; **long before** задо́лго до +gen; **long after** до́лгое вре́мя по́сле +gen; **before long** вско́ре; **at long last** наконе́ц; **long-distance** adj (travel) да́льний

longitude ['lɔŋgɪtju:d] n долготá

long: long jump n прыжо́к в длину́; **long-life** adj консерви́рованный; (battery) продлённого де́йствия; **long-standing** adj долголе́тний; **long-term** adj долгосро́чный

look [luk] vi (see) смотре́ть (perf посмотре́ть); (glance) взгляну́ть (perf); (seem, appear) вы́глядеть (impf) ▷ n (glance) взгляд; (appearance) вид; (expression) выраже́ние; **looks** npl (also good looks) краси́вая вне́шность fsg; **to look south/(out) onto the sea** (face) выходи́ть (impf) на юг/на мо́ре; **look after** vt fus (care for) уха́живать (impf) за +instr; (deal with) забо́титься (impf) о +prp; **look around** vt fus = **look round**; **look at** vt fus (perf посмотре́ть) на +acc; (read quickly) просма́тривать (perf просмотре́ть); **look back** vi (turn around) to look back (at) огля́дываться (perf огляну́ться) (на +acc); **look down on** vt fus (fig) смотре́ть (impf) свысокá на +acc; **look for** vt fus искáть

(impf); **look forward to** vt fus: **to look forward to sth** ждать чего́-н с нетерпе́нием; **we look forward to hearing from you** (с нетерпе́нием) ждём Вáшего отве́та; **look into** vt fus рассле́довать (impf/perf); **look on** vi (watch) наблюдáть (impf); **look out** vi (beware): **look out (for)** остерегáться (impf) (+gen); **to look out (of)** (glance out) выгля́дывать (perf вы́глянуть) (в +acc); **look out for** vt fus (search for) старáться (perf постарáться) найти́; **look round** vt fus (museum etc) осмáтривать (perf осмотре́ть); **look through** vt fus (papers) просмáтривать (perf просмотре́ть); (window) смотре́ть (impf) в +acc; **look up to** vt fus (rely on) ждать (impf) от +gen; **look up** vi поднимáть (perf подня́ть) глазá; (situation) идти́ (perf пойти́) к лу́чшему ▷ vt (fact) смотре́ть (perf посмотре́ть);

lookout n (person) наблюдáтель(ница) m(f); (point) наблюдáтельный пункт; **to be on the lookout for sth** присмáтривать (impf) что-н

loop [lu:p] n пе́тля ▷ vt: **to loop sth round sth** завя́зывать (perf завязáть) что-н пе́тлей вокру́г чего́-н

loose [lu:s] adj свобо́дный; (knot, grip, connection) слáбый; (hair) распу́щенный ▷ n: **to be on the loose** быть (impf) в бегáх; **the handle is loose** ру́чка расшатáлась; **to set loose** (prisoner) освобождáть (perf освободи́ть); **loosen** vt (belt, screw, grip) ослабля́ть (perf ослáбить)

loot [lu:t] n (inf) награ́бленное nt

adj ▷ *vt* (*shops, homes*)
разграблять (*perf* разграбить)

lord [lɔːd] *n* (*Brit: peer*) лорд;
(*Rel*): **the Lord** Господь *m*; **my Lord**
милорд; **good Lord!** Боже правый!

lorry ['lɒrɪ] *n* (*Brit*) грузовик

lose [luːz] (*pt, pp* **lost**) *vt* терять
(*perf* потерять); (*contest,
argument*) проигрывать (*perf*
проиграть) ▷ *vi* (*in contest,
argument*) проигрывать (*perf*
проиграть); **loser** *n* (*in contest*)
проигравший(-ая) *m(f)* *adj*

loss [lɒs] *n* потеря; (*sense of
bereavement*) утрата; (*Comm*)
убыток; **heavy losses** тяжёлые
потери *fpl*; **to be at a loss** теряться
(*perf* растеряться)

lost [lɒst] *pt, pp of* **lose** ▷ *adj*
пропавший; **to get lost**
заблудиться (*perf*)

lot [lɒt] *n* (*of people, goods*)
партия; (*at auction*) лот; **a lot (of)**
(*many*) много (*+gen*); **the lot**
(*everything*) всё; **lots of ...** много
+gen ...; **I see a lot of him** мы с ним
часто видимся; **I read/don't read a
lot** я много/мало читаю; **a lot
bigger/more expensive** намного *or*
гораздо больше/дороже; **to draw
lots (for sth)** тянуть (*impf*) жребий
(для чего-н)

lotion ['ləuʃən] *n* лосьон

lottery ['lɒtərɪ] *n* лотерея

loud [laud] *adj* (*noise, voice,
laugh*) громкий; (*support,
condemnation*) громогласный;
(*clothes*) кричащий ▷ *adv* громко;
out loud вслух; **loudly** *adv*
(*speak, laugh*) громко; (*support*)
громогласно; **loudspeaker** *n*
громкоговоритель *m*

lounge [laundʒ] *n* (*in house,
hotel*) гостиная *f adj*; (*at airport*)
зал ожидания

louse [laus] (*pl* **lice**) *n* (*insect*)
вошь *f*

love [lʌv] *vt* любить (*impf*)
▷ *n*: **love (for)** любовь *f* (к *+dat*);
to love to do любить (*impf*) +*infin*;
I'd love to come я бы с
удовольствием пришёл; **"love
(from) Anne"** "любящая Вас
Анна"; **to fall in love with**
влюбляться (*perf* влюбиться) в
+acc; **he is in love with her** он в
неё влюблён; **to make love**
заниматься (*perf* заняться)
любовью; **"fifteen love"** (*Tennis*)
"пятнадцать — ноль"; **love affair**
n роман; **love life** *n* интимная
жизнь *f*

lovely ['lʌvlɪ] *adj* (*beautiful*)
красивый; (*delightful*) чудесный

lover ['lʌvə'] *n* любовник(-ица);
(*of art etc*) любитель(ница) *m(f)*

loving ['lʌvɪŋ] *adj* нежный

low [ləu] *adj* низкий; (*quiet*)
тихий; (*depressed*) подавленный
▷ *adv* (*fly*) низко; (*sing: quietly*)
тихо ▷ *n* (*Meteorology*) низкое
давление; **we are (running) low on
milk** у нас осталось мало молока;
an all-time low небывало низкий
уровень

lower ['ləuə'] *adj* (*bottom: of two
things*) нижний; (*less important*)
низший ▷ *vt* (*object*) спускать
(*perf* спустить); (*level, price*)
снижать (*perf* снизить); (*voice*)
понижать (*perf* понизить); (*eyes*)
опускать (*perf* опустить)

● **LOWER SIXTH**

● **Lower sixth** — нижняя ступень
● школьного квалификационного
● курса. Этот курс длится два
● года, в течение которых
● школьники готовятся к

квалификацио́нным экза́менам, даю́щим пра́во поступле́ния в университе́т.

low-fat ['ləu'fæt] *adj* обезжи́ренный

loyal ['lɔɪəl] *adj* ве́рный; (Pol) лоя́льный; **loyalty** *n* ве́рность *f*; (Pol) лоя́льность *f*; **loyalty card** *n* = диско́нтная ка́рта

LP *n abbr* (= long-playing record) долгоигра́ющая пласти́нка

● **L-PLATES**

● L-plates — бе́лая табли́чка, на
● кото́рую нанесена́ кра́сная
● бу́ква L, обознача́ющая Learner
● — Учени́к. Таки́е табли́чки
● помеща́ются на за́днем или
● ветрово́м стекле́ автомоби́лей,
● води́тели кото́рых прохо́дят
● курс по вожде́нию.

Ltd *abbr* (Comm) (= limited (liability) company) компа́ния с ограни́ченной отве́тственностью

luck [lʌk] *n* (also good luck) уда́ча; **bad luck** неуда́ча; **good luck!** уда́чи (Вам)!; **hard or tough luck!** не повезло́!; **luckily** *adv* к сча́стью; **lucky** *adj* (situation, object) счастли́вый; (person) уда́чливый; **he is lucky at cards/in love** ему́ везёт в ка́ртах/любви́

lucrative ['lu:krətɪv] *adj* прибыльный, дохо́дный; (job) высокоопла́чиваемый

ludicrous ['lu:dɪkrəs] *adj* смехотво́рный

luggage ['lʌgɪdʒ] *n* бага́ж

lukewarm ['lu:kwɔ:m] *adj* слегка́ тёплый; (fig) прохла́дный

lull [lʌl] *n* зати́шье ▷ *vt*: to lull sb to sleep убаю́кивать (perf

убаю́кать) кого́-н; **to lull sb into a false sense of security** усыпля́ть (perf усыпи́ть) чью-н бди́тельность

lullaby ['lʌləbaɪ] *n* колыбе́льная *f*

luminous ['lu:mɪnəs] *adj* (digit, star) светя́щийся

lump [lʌmp] *n* (of clay, snow) ком; (of butter, sugar) кусо́к; (bump) ши́шка; (growth) о́пухоль *f* ▷ *vt*: **to lump together** меша́ть (perf смеша́ть) в (одну́) ку́чу; **a lump sum** единовре́менно выпла́чиваемая су́мма; **lumpy** *adj* (sauce) комкова́тый

lunatic ['lu:nətɪk] *adj* (behaviour) безу́мный

lunch [lʌntʃ] *n* обе́д; **lunch time** *n* обе́денное вре́мя *nt*, обе́д

lung [lʌŋ] *n* лёгкое *nt adj*; **lung cancer** рак лёгких

lure [luə'] *vt* зама́нивать (perf замани́ть); **to lure sb away from** отвлека́ть (perf отвле́чь) кого́-н от +gen

lush [lʌʃ] *adj* (healthy) пы́шный

lust [lʌst] *n* (sexual desire) по́хоть *f*; (greed) жа́жда (к +dat); **lust (for)** жа́жда (+gen)

Luxembourg ['lʌksəmbə:g] *n* Люксембу́рг

luxurious [lʌg'zjuərɪəs] *adj* роско́шный

luxury ['lʌkʃərɪ] *n* (great comfort) ро́скошь *f*; (treat) роско́шество

lyrics ['lɪrɪks] *npl* текст *msg* (пе́сни)

m

m *abbr* (= metre) м (= метр); = **mile**; **million**

MA *n abbr* = **Master of Arts**

mac [mæk] *n* (*Brit: inf*) макинтош

macaroni [mækə'rəunɪ] *n* макароны *pl*

Macedonia [mæsɪ'dəunɪə] *n* Македония

machine [mə'ʃiːn] *n* машина; (*also* **sewing machine**) машинка; **machine gun** *n* пулемёт; **machinery** [mə'ʃiːnərɪ] *n* оборудование; (*Pol*) механизм

mackerel ['mækrl] *n inv* скумбрия

mackintosh ['mækɪntɔʃ] *n* = **mac**

mad [mæd] *adj* сумасшедший, помешанный; (*angry*) бешеный; (*keen*): **he is mad about** он помешан на +*prp*

madam ['mædəm] *n* (*form of address*) мадам *f ind*, госпожа

made [meɪd] *pt, pp of* **make**

madman ['mædmən] *irreg n* сумасшедший *m adj*

madness ['mædnɪs] *n* безумие

Madrid [mə'drɪd] *n* Мадрид

Mafia ['mæfɪə] *n*: **the Mafia** мафия

magazine [mægə'ziːn] *n* журнал

maggot ['mægət] *n* личинка (насекомых)

magic ['mædʒɪk] *n* магия; **magical** *adj* магический; (*experience, evening*) волшебный; **magician** [mə'dʒɪʃən] *n* (*conjurer*) фокусник

magistrate ['mædʒɪstreɪt] *n* (*Law*) мировой судья *m*

magnet ['mægnɪt] *n* магнит; **magnetic** [mæg'netɪk] *adj* магнитный; (*personality*) притягательный

magnificent [mæg'nɪfɪsnt] *adj* великолепный

magnify ['mægnɪfaɪ] *vt* увеличивать (*perf* увеличить); (*sound*) усиливать (*perf* усилить); **magnifying glass** *n* увеличительное стекло, лупа

mahogany [mə'hɔgənɪ] *n* красное дерево

maid [meɪd] *n* (*in house*) служанка; (*in hotel*) горничная *f adj*

maiden name *n* девичья фамилия

mail [meɪl] *n* почта ▷ *vt* отправлять (*perf* отправить) по почте; (*Comput*): **to mail sb** писать (*perf* написать) кому-н по электронной почте; **mailbox** (*US: letter box*) *n* почтовый ящик; **mail order** *n* заказ товаров по почте

main [meɪn] *adj* главный ▷ *n*: **gas/water main** газопроводная/

водопрово́дная магистра́ль f; **mains** npl сеть fsg; **main meal** обе́д; **mainland** n: the mainland матери́к; **mainly** adv гла́вным о́бразом; **mainstream** n госпо́дствующая направле́ние

maintain [meɪnˈteɪn] vt (friendship, system, momentum) подде́рживать (perf поддержа́ть); (building) обслу́живать (impf); (affirm: belief, opinion) утвержда́ть (impf)

maintenance [ˈmeɪntənəns] n (of friendship, system) подде́ржание; (of building) обслу́живание; (Law: alimony) алиме́нты pl

maize [meɪz] n кукуру́за, маис

majesty [ˈmædʒɪstɪ] n: Your Majesty Ва́ше Вели́чество

major [ˈmeɪdʒə] adj (important) суще́ственный

majority [məˈdʒɔrɪtɪ] n большинство́

make [meɪk] (pt, pp made) vt де́лать (perf сде́лать); (clothes) шить (perf сшить); (manufacture) изготовля́ть (perf изгото́вить); (meal) гото́вить (perf пригото́вить); (money) зараба́тывать (perf зарабо́тать); (profit) получа́ть (perf получи́ть) ⊳ n (brand) ма́рка; to make sb do (force) заставля́ть (perf заста́вить) кого́-н +infin; 2 and 2 make 4 (equal) 2 плюс 2 равня́ется четырём; to make sb unhappy расстра́ивать (perf расстро́ить) кого́-н; to make a noise (impf); to make the bed стели́ть (perf постели́ть) посте́ль; to make a fool of sb де́лать (perf сде́лать) из кого́-н дурака́; to make a profit получа́ть (perf получи́ть) при́быль; to make a loss нести́ (perf понести́)

убы́ток; **to make it** (arrive) успева́ть (perf успе́ть); **let's make it Monday** дава́йте договори́мся на понеде́льник; **to make do with/without** обходи́ться (perf обойти́сь) ⊳ instr/без +gen; **make for** vt fus (place) направля́ться (perf напра́виться) к +dat/в +acc; **make out** vt (decipher) разбира́ть (perf разобра́ть); (see) различа́ть (perf различи́ть); (write out) выпи́сывать (perf вы́писать); (understand) разбира́ться (perf разобра́ться) в +prp; **make up** vt fus (constitute) составля́ть (perf соста́вить) ⊳ vt (invent) выду́мывать (perf вы́думать) ⊳ vi (after quarrel) мири́ться (perf помири́ться); (with cosmetics): to make (o.s.) up де́лать (perf сде́лать) макия́ж; **make up for** vt fus (mistake) загла́живать (perf загла́дить); (loss) восполня́ть (perf воспо́лнить); **maker** n (of goods) изготови́тель m; **makeshift** adj вре́менный; **make-up** n косме́тика, макия́ж; (Theat) грим

making [ˈmeɪkɪŋ] n (of programme) созда́ние; **to have the makings of** име́ть (impf) зада́тки +gen

malaria [məˈlɛərɪə] n маляри́я

male [meɪl] n (human) мужчи́на m; (animal) саме́ц ⊳ adj мужско́й; (child) мужско́го по́ла

malicious [məˈlɪʃəs] adj зло́бный, злой

malignant [məˈlɪgnənt] adj (Med) злока́чественный

mall [mɔːl] n (also shopping mall) ⊳ торго́вый центр

mallet [ˈmælɪt] n деревя́нный молото́к

malnutrition [mælnjuːˈtrɪʃən] n недоеда́ние

m

malt [mɔːlt] n (grain) со́лод; (also **malt whisky**) со́лодовое ви́ски nt ind

mammal ['mæml] n млекопита́ющее nt adj

mammoth ['mæməθ] adj (task) колосса́льный

man [mæn] (pl **men**) n мужчи́на m; (person, mankind) челове́к ▷ vt (machine) обслу́живать (impf); (post) занима́ть (perf заня́ть); **an old man** стари́к; **man and wife** муж и жена́

manage ['mænɪdʒ] vi (get by) обходи́ться (perf обойти́сь) ▷ vt (business, organization) руководи́ть (impf) +instr, управля́ть (impf) +instr; (shop, restaurant) заве́довать (impf) +instr; (economy) управля́ть (impf) +instr; (workload, task) справля́ться (справиться (impf)) с +instr; **I managed to convince him** мне удало́сь убеди́ть его́; **management** n (body) руково́дство; (act): **management (of)** управле́ние (+instr); **manager** n (of business, organization) управля́ющий m adj, ме́неджер; (of shop) заве́дующий m adj; (of pop star) ме́неджер; (Sport) гла́вный тре́нер; **manageress** [mænɪdʒə'res] n (of shop) заве́дующая f adj; **managerial** [mænɪ'dʒɪərɪəl] adj (role) руководя́щий; **managerial staff** руководя́щий аппара́т **managing director** ['mænɪdʒɪŋ-] n управля́ющий дире́ктор

mandarin ['mændərɪn] n (also **mandarin orange**) мандари́н

mandate ['mændeɪt] n (Pol) полномо́чие

mandatory ['mændətərɪ] adj обяза́тельный

mane [meɪn] n гри́ва

maneuver [mə'nuːvəʳ] n, vb (US) = **manoeuvre**

mango ['mæŋɡəʊ] (pl **mangoes**) n ма́нго nt ind

mania ['meɪnɪə] n (also Psych) ма́ния

maniac ['meɪnɪæk] n манья́к

manic ['mænɪk] adj безу́мный, маниака́льный

manifest ['mænɪfest] vt проявля́ть (perf прояви́ть) ▷ adj очеви́дный, я́вный

manifesto [mænɪ'festəʊ] n манифе́ст

manipulate [mə'nɪpjʊleɪt] vt манипули́ровать (impf) +instr

mankind [mæn'kaɪnd] n челове́чество

manly ['mænlɪ] adj му́жественный

man-made ['mæn'meɪd] adj иску́сственный

manner ['mænəʳ] n (way) о́браз; (behaviour) мане́ра; **manners** npl (conduct) мане́ры fpl; **all manner of things/people** всевозмо́жные ве́щи/лю́ди; **in a manner of speaking** в не́котором ро́де

manoeuvre [mə'nuːvəʳ] (US **maneuver**) vt передвига́ть (perf передви́нуть); (manipulate) маневри́ровать (impf) +instr ▷ vi маневри́ровать (impf) ▷ n манёвр

manpower ['mænpauəʳ] n рабо́чая си́ла

mansion ['mænʃən] n особня́к

manslaughter ['mænslɔːtəʳ] n непредумы́шленное уби́йство

mantelpiece ['mæntlpiːs] n ками́нная доска́

manual ['mænjuəl] adj ручно́й ▷ n посо́бие; **manual worker**

чернорабо́чий(-ая) *m(f) adj*

manufacture [mænjuˈfæktʃəʳ] *vt* (goods) изготовля́ть (perf изгото́вить), производи́ть (perf произвести́) ▷ *n* изготовле́ние, произво́дство; **manufacturer** *n* изготови́тель *m*, производи́тель *m*

manure [məˈnjuəʳ] *n* наво́з

manuscript [ˈmænjuskrɪpt] *n* (old text) манускри́пт; (before printing) ру́копись *f*

many [ˈmɛnɪ] *adj* (a lot of) мно́го +gen ▷ *pron* (several) мно́гие *pl adj*; **a great many** о́чень мно́го +gen, мно́жество +gen; **how many?** ско́лько?; **many a time** мно́го раз; **in many cases** во мно́гих слу́чаях; **many of us** мно́гие из нас

map [mæp] *n* ка́рта; (of town) план

maple [ˈmeɪpl] *n* клён

mar [mɑːʳ] *vt* по́ртить (perf испо́ртить)

marathon [ˈmærəθən] *n* марафо́н

marble [ˈmɑːbl] *n* (stone) мра́мор

March [mɑːtʃ] *n* март

march [mɑːtʃ] *vi* марширова́ть (perf промарширова́ть) ▷ *n* марш

mare [mɛəʳ] *n* кобы́ла

margarine [mɑːdʒəˈriːn] *n* маргари́н

margin [ˈmɑːdʒɪn] *n* (on page) поля́ *ntpl*; (of victory) преиму́щество; (of defeat) меньшинство́; (also **profit margin**) ма́ржа, чи́стая при́быль *f no pl*; **marginal** *adj* незначи́тельный

marigold [ˈmærɪɡəuld] *n* ного́тки *mpl*

marijuana [mærɪˈwɑːnə] *n* марихуа́на

marina [məˈriːnə] *n* мари́на, при́стань *f* для яхт

marine [məˈriːn] *adj* морско́й; (engineer) судово́й ▷ *n* (Brit) слу́жащий *m adj* вое́нно-морско́го фло́та; (US) морско́й пехоти́нец

marital [ˈmærɪtl] *adj* супру́жеский; **marital status** семе́йное положе́ние

maritime [ˈmærɪtaɪm] *adj* морско́й

mark [mɑːk] *n* (symbol) значо́к, поме́тка; (stain) пятно́; (of shoes etc) след; (token) знак; (Brit: Scol) отме́тка, оце́нка ▷ *vt* (occasion) отмеча́ть (perf отме́тить); (with pen) помеча́ть (perf поме́тить); (subj: shoes, tyres) оставля́ть (perf оста́вить) след на +prp; (furniture) поврежда́ть (perf повреди́ть); (clothes, carpet) ста́вить (perf поста́вить) пятно́ на +prp; (place, time) ука́зывать (perf указа́ть); (Brit: Scol) проверя́ть (perf прове́рить); **marked** *adj* заме́тный; **marker** *n* (sign) знак; (bookmark) закла́дка; (pen) флома́стер

market [ˈmɑːkɪt] *n* ры́нок ▷ *vt* (promote) реклами́ровать (impf); (sell) выпуска́ть (perf вы́пустить) в прода́жу; **marketing** *n* ма́ркетинг; **market research** *n* ма́ркетинговые иссле́дования *ntpl*

marmalade [ˈmɑːməleɪd] *n* джем (цитрусовый)

maroon [məˈruːn] *vt*: **we were marooned** мы бы́ли отре́заны от вне́шнего ми́ра

marquee [mɑːˈkiː] *n* марки́за, пала́точный павильо́н

marriage [ˈmærɪdʒ] *n* брак; (wedding) сва́дьба; **marriage certificate** *n* свиде́тельство о бра́ке

married ['mærɪd] *adj* (man)
жена́тый; (woman) замужняя;
(couple) жена́тые; (life)
супру́жеский

marrow ['mærəʊ] *n* (Bot)
кабачо́к; (also **bone marrow**)
костный мозг

marry ['mærɪ] *vt* (subj: man)
жени́ться (impf/perf) на +prp;
(: woman) выходи́ть (perf вы́йти)
за́муж за +acc; (: priest) венча́ть
(perf обвенча́ть); (also **marry off**:
son) жени́ть (impf/perf);
(: daughter) выдава́ть (perf
вы́дать) за́муж ▷ vi: **to get
married** (man) жени́ться (impf);
(woman) выходи́ть (perf вы́йти)
за́муж; (couple) жени́ться (perf
пожени́ться)

Mars [mɑːz] *n* Марс

marsh [mɑːʃ] *n* боло́то

marshal ['mɑːʃl] *n* (at public
event) распоряди́тель(ница) m(f)
▷ vt (support) упоря́дочивать
(perf упоря́дочить); **police marshal**
(US) нача́льник полице́йского
уча́стка

martyr ['mɑːtə*r*] *n* му́ченик(-ица)

marvellous (US **marvelous**)
['mɑːvləs] *adj* восхити́тельный,
изуми́тельный

Marxist ['mɑːksɪst] *adj*
маркси́стский ▷ n маркси́ст(ка)

marzipan ['mɑːzɪpæn] *n*
марципа́н

mascara [mæs'kɑːrə] *n* тушь f
для ресни́ц

mascot ['mæskət] *n* талисма́н

masculine ['mæskjʊlɪn] *adj*
мужско́й; (Ling) мужско́го ро́да

mash [mæʃ] *vt* де́лать (perf
сде́лать) пюре́ из +gen

mask [mɑːsk] *n* ма́ска ▷ vt
(feelings) маскирова́ть (impf)

mason ['meɪsn] *n* (also **stone**
mason) ка́менщик; (also
freemason) масо́н, во́льный
ка́менщик; **masonry** *n*
(ка́менная) кла́дка

mass [mæs] *n* (also Phys) ма́сса;
(Rel): **Mass** прича́стие ▷ cpd
ма́ссовый; **masses** npl
(наро́дные) ма́ссы fpl; **masses of**
(inf) ма́сса fsg +gen, у́йма fsg +gen

massacre ['mæsəkə*r*] *n* ма́ссовое
уби́йство, резня́

massage ['mæsɑːʒ] *n* масса́ж
▷ vt (rub) масси́ровать (impf)

massive ['mæsɪv] *adj*
масси́вный; (support, changes)
огро́мный

mass media *n inv* сре́дства ntpl
ма́ссовой информа́ции

mast [mɑːst] *n* ма́чта

master ['mɑːstə*r*] *n* (also fig)
хозя́ин ▷ vt (control) владе́ть
(perf овладе́ть) +instr; (learn,
understand) овладева́ть (perf
овладе́ть) +instr; **Master Smith**
(title) господи́н or ма́стер Смит;
Master of Arts/Science ≈ маги́стр
гуманита́рных/есте́ственных
нау́к; **masterpiece** *n* шеде́вр

masturbation [mæstə'beɪʃən] *n*
мастурба́ция

mat [mæt] *n* ко́врик; (also
doormat) дверно́й ко́врик; (also
table mat) подста́вка ▷ adj
= **matt**

match [mætʃ] *n* спи́чка; (Sport)
матч; (equal) ро́вня m/f ▷ vt
(subj: colours) сочета́ться (impf) с
+instr; (correspond to)
соотве́тствовать (impf) +dat ▷ vi
(colours, materials) сочета́ться
(impf); **to be a good match**
(colours, clothes) хорошо́
сочета́ться (impf); **they make** or
are a good match они́ хоро́шая
па́ра; **matching** *adj*

сочета́ющийся

mate [meɪt] n (inf: friend) друг; (animal) саме́ц(-мка); (Naut) помо́щник капита́на ▷ vi спа́риваться (perf спа́риться)

material [məˈtɪərɪəl] n материа́л ▷ adj материа́льный; **materials** npl (equipment) принадле́жности fpl; building materials строи́тельные материа́лы; **materialize** vi материализова́ться (impf/perf), осуществля́ться (perf осуществи́ться)

maternal [məˈtəːnl] adj матери́нский

maternity [məˈtəːnɪtɪ] n матери́нство

mathematics [mæθəˈmætɪks] n матема́тика

maths [mæθs] n abbr = **mathematics**

matron [ˈmeɪtrən] n (in hospital) ста́ршая медсестра́; (in school) (шко́льная) медсестра́

matt [mæt] adj ма́товый

matter [ˈmætəʳ] n де́ло, вопро́с; (substance, material) вещество́ ▷ vi име́ть (impf) значе́ние; **matters** npl (affairs, situation) дела́ ntpl; reading matter (Brit) материа́л для чте́ния; what's the matter? в чём де́ло?; no matter what несмотря́ ни на что́; as a matter of course как сами́ собо́й разуме́ющееся; as a matter of fact со́бственно говоря́; it doesn't matter э́то не ва́жно

mattress [ˈmætrɪs] n матра́с

mature [məˈtjuəʳ] adj (person) зре́лый; (cheese, wine) вы́держанный ▷ vi (develop) развива́ться (perf разви́ться); (grow up) взросле́ть (perf повзросле́ть); (cheese) зреть (perf созре́ть); (wine)

выста́иваться (perf вы́стояться)

maturity [məˈtjuərɪtɪ] n зре́лость f

maximum [ˈmæksɪməm] (pl maxima or maximums) adj максима́льный ▷ n ма́ксимум

May [meɪ] n май

may [meɪ] (conditional **might**) vi (to show possibility): **I may go to Russia** я, мо́жет быть, пое́ду в Росси́ю; (to show permission): **may I smoke/come?** мо́жно закури́ть/ мне прийти́?; **it may or might rain** мо́жет пойти́ дождь; **you may or might as well go now** Вы, пожа́луй, мо́жете уйти́ сейча́с; **come what may** будь что бу́дет

maybe [ˈmeɪbiː] adv мо́жет быть

mayhem [ˈmeɪhɛm] n погро́м

mayonnaise [meɪəˈneɪz] n майоне́з

mayor [mɛəʳ] n мэр

 KEYWORD

me [miː] pron 1 (direct) меня́; **he loves me** он лю́бит меня́; **it's me** э́то я

2 (indirect) мне; **give me them** or **them to me** да́йте их мне

3 (after prep: +gen) меня́; (: +dat, +prp) мне; (: +instr) мной; **it's for me** (on answering phone) э́то мне

4 (referring to subject of sentence: after prep: +gen) себя́; (: +dat) себе́; (: +instr) собо́й; (: +prp) себе́; **I took him with me** я взял его́ с собо́й

m

meadow ['mɛdəu] n луг

meagre ['miːgə] (US **meager**)
adj скудный

meal [miːl] n еда no pl;
(afternoon) обед; (evening) ужин;
during meals во время еды, за
едой

mean [miːn] (pt, pp **meant**)
adj (miserly) скупой; (unkind)
вредный; (vicious) подлый
▷ vt (signify) значить (impf),
означать (impf); (refer to) иметь
(impf) в виду ▷ n (average)
середина; **means** npl (way)
способ msg, средство ntsg;
(money) средства ntpl; **by means
of** посредством +gen, с помощью
+gen; **by all means!** пожалуйста!;
do you mean it? Вы это серьёзно?;
to mean to do (intend)
намереваться (impf) +infin;
to be meant for предназначаться
(impf) для +gen; **meaning** n
(purpose, value) смысл;
(definition) значение;
meaningful adj (result,
occasion) значительный;
(glance, remark)
многозначительный;
meaningless adj
бессмысленный; **meant** [mɛnt]
pt, pp of **mean**; **meantime** adv
(also **in the meantime**) тем
временем, между тем

meanwhile adv = **meantime**

measles ['miːzlz] n корь f

measure ['mɛʒə] vt измерять
(perf измерить) ▷ n мера; (of
whisky etc) порция; (also **tape
measure**) рулетка, сантиметр
▷ vi: **the room measures 10 feet by
20** площадь комнаты 10 футов на
20; **measurements** npl мерки
fpl, размеры mpl

meat [miːt] n мясо; **cold meats**

(Brit) холодные мясные закуски
fpl

mechanic [mɪ'kænɪk] n
механик; **mechanical** adj
механический

mechanism ['mɛkənɪzəm] n
механизм

medal ['mɛdl] n медаль f;
medallist (US **medalist**) n
медалист(ка)

meddle ['mɛdl] vi: **to meddle in**
вмешиваться (perf вмешаться) в
+acc; **to meddle with sth**
вторгаться (perf вторгнуться) во
что-н

media ['miːdɪə] n or npl: **the
media** средства ntpl массовой
информации, медиа ▷ npl see
medium

mediaeval [mɛdɪ'iːvl] adj
= **medieval**

mediate ['miːdɪeɪt] vi (arbitrate)
посредничать (impf)

medical ['mɛdɪkl] adj
медицинский ▷ n медосмотр

medication [mɛdɪ'keɪʃən] n
лекарство, лекарственный
препарат

medicine ['mɛdsɪn] n (science)
медицина; (drug) лекарство

medieval [mɛdɪ'iːvl] adj
средневековый

mediocre [miːdɪ'əukə] adj
заурядный, посредственный

meditation [mɛdɪ'teɪʃən] n (Rel)
медитация

Mediterranean [mɛdɪtə'reɪnɪən]
adj: **the Mediterranean (Sea)**
Средиземное море

medium ['miːdɪəm] (pl **media** or
mediums) adj средний ▷ n
(means) средство

meek [miːk] adj кроткий

meet [miːt] (pt, pp **met**) vt
встречать (perf встретить)

(*obligations*) выполня́ть (*perf* вы́полнить); (*problem*) ста́лкиваться (*perf* столкну́ться) с +*instr*; (*need*) удовлетворя́ть (*perf* удовлетвори́ть) ▷ *vi* (*people*) встреча́ться (*perf* встре́титься); (*lines, roads*) пересека́ться (*perf* пересе́чься); **meet with** *vt fus* (*difficulty*) ста́лкиваться (*perf* столкну́ться) с +*instr*; (*success*) по́льзоваться (*impf*) +*instr*; (*approval*) находи́ть (*perf* найти́);

meeting *n* встре́ча; (*at work, of committee etc*) заседа́ние, собра́ние; (*Pol: also* **mass meeting**) ми́тинг; **she's at a meeting** она́ на заседа́нии

melancholy [ˈmɛlənkəlɪ] *adj* (*smile*) меланхоли́ческий

melody [ˈmɛlədɪ] *n* мело́дия

melon [ˈmɛlən] *n* ды́ня

melt [mɛlt] *vi* та́ять (*perf* раста́ять) ▷ *vt* (*snow, butter*) топи́ть (*perf* растопи́ть)

member [ˈmɛmbəʳ] *n* (*also Anat*) член; **Member of Parliament** (*Brit*) член парла́мента; **membership** *n* (*members*) чле́ны *mpl*; (*status*) чле́нство; **membership card** *n* чле́нский биле́т

memento [məˈmɛntəu] *n* сувени́р

memo [ˈmɛməu] *n* (*Admin: instruction*) директи́ва

memorable [ˈmɛmərəbl] *adj* па́мятный

memorial [mɪˈmɔːrɪəl] *n* па́мятник ▷ *cpd* (*service*) мемориа́льный

memorize [ˈmɛməraɪz] *vt* зау́чивать (*perf* заучи́ть) (наизу́сть)

memory [ˈmɛmərɪ] *n* (*recollection*) воспомина́ние *f*; **in memory of** в па́мять о +*prp*;

memory card *n* (*Comput*) ка́рта па́мяти

men [mɛn] *npl of* **man**

menace [ˈmɛnɪs] *n* (*threat*) угро́за

mend [mɛnd] *vt* ремонти́ровать (*perf* отремонти́ровать), чини́ть (*perf* почини́ть); (*clothes*) чини́ть (*perf* почини́ть) ▷ *n*: **to be on the mend** идти́ (*impf*) на попра́вку; **to mend one's ways** исправля́ться (*perf* испра́виться)

meningitis [mɛnɪnˈdʒaɪtɪs] *n* менинги́т

menopause [ˈmɛnəupɔːz] *n* климактери́ческий пери́од, кли́макс

menstruation [mɛnstruˈeɪʃən] *n* менструа́ция

menswear [ˈmɛnzwɛəʳ] *n* мужска́я оде́жда

mental [ˈmɛntl] *adj* (*ability, exhaustion*) у́мственный; (*image*) мы́сленный; (*illness*) душе́вный, психи́ческий; (*arithmetic, calculation*) в уме́; **mentality** [mɛnˈtælɪtɪ] *n* ментали́тет, умонастрое́ние

mention [ˈmɛnʃən] *n* упомина́ние ▷ *vt* упомина́ть (*perf* упомяну́ть); **don't mention it!** не́ за что!

menu [ˈmɛnjuː] *n* (*also Comput*) меню́ *nt ind*

MEP *n abbr* (*Brit*) (= *Member of the European Parliament*) член Европе́йского парла́мента

mercenary [ˈməːsɪnərɪ] *adj* коры́стный ▷ *n* наёмник

merchant [ˈməːtʃənt] *n* торго́вец

merciless [ˈməːsɪlɪs] *adj* беспоща́дный

mercury [ˈməːkjurɪ] *n* (*metal*) ртуть *f*

mercy [ˈməːsɪ] *n* милосе́рдие; **to**

m

be at sb's mercy быть (*impf*) во власти кого́-н

mere [mɪə] *adj*: **she's a mere child** она́ всего́ лишь ребёнок; **his mere presence irritates her** само́ его́ прису́тствие раздража́ет её; **merely** *adv* (*simply*) про́сто; (*just*) то́лько

merge [mɜːdʒ] *vt* слива́ть (*perf* слить), объединя́ть (*perf* объедини́ть) ▷ *vi* (*also Comm*) слива́ться (*perf* сли́ться); (*roads*) сходи́ться (*perf* сойти́сь); **merger** *n* (*Comm*) слия́ние

meringue [məˈræŋ] *n* безе́ *nt ind*

merit [ˈmɛrɪt] *n* досто́инство ▷ *vt* заслу́живать (*perf* заслужи́ть)

merry [ˈmɛrɪ] *adj* весёлый; **Merry Christmas!** С Рождество́м!, Счастли́вого Рождества́!

mesh [mɛʃ] *n* (*net*) сеть *f*

mess [mɛs] *n* (*in room*) беспоря́док; (*of situation*) неразбери́ха; (*Mil*) столо́вая *f adj*; **to be in a mess** (*untidy*) быть (*impf*) в беспоря́дке; **mess up** *vt* (*spoil*) по́ртить (*perf* испо́ртить)

message [ˈmɛsɪdʒ] *n* сообще́ние; (*note*) запи́ска; (*of play, book*) иде́я; **to leave sb a message** (*note*) оставля́ть (*perf* оста́вить) кому́-н запи́ску; **can I give him a message?** ему́ что́-нибудь переда́ть?

messenger [ˈmɛsɪndʒə[r]] *n* курье́р, посы́льный *m adj*

Messrs *abbr* (*on letters*) (= *messieurs*) гг. (= господа́)

messy [ˈmɛsɪ] *adj* (*untidy*) неубра́нный

met [mɛt] *pt, pp of* **meet**

metabolism [mɛˈtæbəlɪzm] *n* метаболи́зм, обме́н веще́ств

metal [ˈmɛtl] *n* мета́лл

metaphor [ˈmɛtəfə[r]] *n* мета́фора

meteor [ˈmiːtɪə[r]] *n* метео́р

meteorology [miːtɪəˈrɔlədʒɪ] *n* метеороло́гия

meter [ˈmiːtə[r]] *n* (*instrument*) счётчик; (*US: unit*) = **metre**

method [ˈmɛθəd] *n* (*way*) ме́тод, спо́соб; **methodical** [mɪˈθɔdɪkl] *adj* методи́ческий

meticulous [mɪˈtɪkjuləs] *adj* тща́тельный

metre [ˈmiːtə[r]] (*US* **meter**) *n* метр

metric [ˈmɛtrɪk] *adj* метри́ческий

metropolitan [mɛtrəˈpɔlɪtn] *adj* столи́чный

Mexico [ˈmɛksɪkəu] *n* Ме́ксика

mice [maɪs] *npl of* **mouse**

micro: **microphone** *n* микрофо́н; **microscope** *n* микроско́п; **microwave** *n* (*also* **microwave oven**) микроволно́вая печь *f*

mid [mɪd] *adj*: **in mid May/afternoon** в середи́не ма́я/дня; **in mid air** в во́здухе; **midday** *n* по́лдень *m*

middle [ˈmɪdl] *n* середи́на ▷ *adj* сре́дний; **in the middle of** посреди́ +*gen*; **middle-aged** *adj* сре́дних лет; **Middle Ages** *npl*: **the Middle Ages** сре́дние века́ *mpl*; **middle-class** *adj*: **middle-class people/values** лю́ди/це́нности сре́днего кла́сса; **Middle East** *n*: **the Middle East** Бли́жний Восто́к

midge [mɪdʒ] *n* мо́шка

midnight [ˈmɪdnaɪt] *n* по́лночь *f*

midst [mɪdst] *n*: **in the midst of** посреди́ +*gen*

midway [mɪdˈweɪ] *adv*: **midway (between)** на полпути́ (ме́жду +*instr*); **midway through** в середи́не +*gen*

midweek [mɪdˈwiːk] *adv* в середи́не неде́ли

midwife [ˈmɪdwaɪf] (*pl*

midwives) *n* акушёрка

might [maɪt] *vb see* **may**

mighty [maɪtɪ] *adj* мо́щный

migraine [ˈmiːɡreɪn] *n* мигре́нь *f*

migrant [ˈmaɪɡrənt] *adj:* **migrant worker** рабо́чий-мигра́нт

migration [maɪˈɡreɪʃən] *n* мигра́ция

mike [maɪk] *n abbr* = **microphone**

mild [maɪld] *adj* мя́гкий; (*interest*) сла́бый; (*infection*) лёгкий; **mildly** [ˈmaɪldlɪ] *adv* (*see adj*) мя́гко; слегка́; легко́; **to put it mildly** мя́гко говоря́

mile [maɪl] *n* ми́ля; **mileage** *n* коли́чество миль; **milestone** *n* ≈ киломе́тровый столб; (*fig*) ве́ха

● **MILE**
●
● В Великобрита́нии и Аме́рике
● расстоя́ние измеря́ется в
● ми́лях, а не в киломе́трах. Одна́
● ми́ля равня́ется 1,609 ме́трам.

military [ˈmɪlɪtərɪ] *adj* вое́нный ▷ *n:* **the military** вое́нные *pl adj*

militia [mɪˈlɪʃə] *n* (наро́дное) ополче́ние

milk [mɪlk] *n* молоко́ ▷ *vt* (*cow*) дои́ть (*perf* подои́ть); (*fig*) эксплуати́ровать (*impf*); **milky** *adj* моло́чный

mill [mɪl] *n* (*factory: making cloth*) фа́брика; (*: making steel*) заво́д; (*for coffee, pepper*) ме́льница

millimetre (*US* **millimeter**) [ˈmɪlɪmiːtə*r*] *n* миллиме́тр

million [ˈmɪljən] *n* миллио́н; **millionaire** [mɪljəˈnɛə*r*] *n* миллионе́р

mime [maɪm] *n* пантоми́ма ▷ *vt* изобража́ть (*perf* изобрази́ть) же́стами

mimic [ˈmɪmɪk] *vt* (*subj: comedian*) пароди́ровать (*impf/perf*)

min. *abbr* (= *minute*) мин.(= мину́та)

mince [mɪns] *vt* (*meat*) пропуска́ть (*perf* пропусти́ть) че́рез мясору́бку ▷ *n* (*Brit*) (мясно́й) фарш

● **MINCE PIE**
●
● **Mince pie** — пирожо́к с
● сухофру́ктами. Хотя́ это
● выраже́ние буква́льно означа́ет
● "пирожо́к с фа́ршем", начи́нка
● тако́го пирожка́ состои́т из
● сухофру́ктов, а не из мя́са.

mind [maɪnd] *n* (*intellect*) ум ▷ *vt* (*look after*) смотре́ть (*impf*) за *+instr*; **I don't mind the noise** шум меня́ не беспоко́ит; **it's always on my mind** это не выхо́дит у меня́ из головы́; **to keep** *or* **bear sth in mind** име́ть (*impf*) что-н в виду́; **to make up one's mind** реша́ться (*perf* реши́ться); **to my mind** по моему́ мне́нию ...; **I don't mind** мне всё равно́; **I don't mind you, ...** име́йте в виду́ ...; **never mind!** ничего́!; **mindless** *adj* (*violence*) безду́мный; (*job*) механи́ческий

● **KEYWORD**

mine¹ [maɪn] *pron* мой (*f* моя́, *nt* моё, *pl* мои́); **that book is mine** эта кни́га мой; **that house is mine** этот дом мой; **this is mine** это моё; **an uncle of mine** мой дя́дя

2 (*referring back to subject*) свой (*f* своя́, *nt* своё, *pl* свой); **may I borrow your pen? I have forgotten mine** мо́жно взять Ва́шу ру́чку? я забы́л свою́

mine² [maɪn] n (for coal) шáхта;
(explosive) мина ▷ vt (coal)
добывáть (perf добыть);
minefield n минное пóле;
miner n шахтёр

mineral ['mɪnərəl] n минерáл;
(ore) полéзное ископáемое nt adj;
mineral water n минерáльная
водá

miniature ['mɪnətʃər] adj
миниатюрный

minibus ['mɪnɪbʌs] n
микроавтобус

● **MINICAB**
●
● **Minicab** — таксú. Этот тип
● таксú регулúруется закóном в
● мéньшей стéпени. В отлúчие от
● традициóнного чёрного таксú
● его вызывáют по телефóну, а не
● останáвливают на улице.

minimal ['mɪnɪml] adj
минимáльный

minimize ['mɪnɪmaɪz] vt (reduce)
сводúть (perf свестú) к минимуму;
(play down) преуменьшáть (perf
преумéньшить)

minimum ['mɪnɪməm] (pl
minima) n минимум ▷ adj
минимáльный

mining ['maɪnɪŋ] n (industry)
угóльная промышленность f

minister ['mɪnɪstər] n (Brit)
минúстр; (Rel) свящéнник

ministry ['mɪnɪstrɪ] n (Brit: Pol)
министéрство

minor ['maɪnər] adj (injuries)
незначúтельный; (repairs) мéлкий
▷ adj (Law) несовершеннолéтн(-яя)
m(f) adj; **minority** [maɪˈnɔrɪtɪ] n
меньшинствó

mint [mɪnt] n (Bot) мята; (sweet)
мятная конфéта ▷ vt чекáнить

(perf отчекáнить); **in mint
condition** в прекрáсном состоянии

minus ['maɪnəs] n (also **minus
sign**) минус ▷ prep: **12 minus 6
equals 6** 12 минус 6 равняется 6;
minus 24 (degrees) минус 24
грáдуса

minute¹ [maɪˈnjuːt] adj (tiny)
тщáтельный

minute² ['mɪnɪt] n минута;
minutes npl (of meeting)
протокóл msg; **at the last minute** в
послéднюю минуту

miracle ['mɪrəkl] n чудо

miraculous [mɪˈrækjuləs] adj
чудéсный

mirror ['mɪrər] n зéркало

misbehave [mɪsbɪˈheɪv] vi плóхо
себя вестú (impf)

miscarriage ['mɪskærɪdʒ] n
(Med) выкидыш; **miscarriage of
justice** судéбная ошúбка

miscellaneous [mɪsɪˈleɪnɪəs] adj
(subjects, items) разнообрáзный

mischief ['mɪstʃɪf] n озорствó;
(maliciousness) зло

mischievous ['mɪstʃɪvəs] adj
(naughty, playful) озорнóй

misconception ['mɪskənˈsepʃən]
n заблуждéние, лóжное
представлéние

misconduct [mɪsˈkɔndʌkt] n
дурнóе поведéние; **professional
misconduct** нарушéние
служéбной дисциплúны

miserable ['mɪzərəbl] adj
(unhappy) несчáстный;
(unpleasant) сквéрный; (donation,
conditions) жáлкий; (failure)
позóрный

misery ['mɪzərɪ] n (unhappiness)
невзгóда; (wretchedness) жáлкое
существовáние

misfortune [mɪsˈfɔːtʃən] n
несчáстье

misguided [mɪsˈgaɪdɪd] *adj* (person) неверно ориентированный; (ideas) ошибочный

misinterpret [mɪsɪnˈtəːprɪt] *vt* неверно интерпретировать (impf/perf) или толковать (истолковать perf)

mislead [mɪsˈliːd] (irreg like lead¹) *vt* вводить (perf ввести) в заблуждение; **misleading** adj обманчивый

misprint [ˈmɪsprɪnt] *n* опечатка

Miss [mɪs] *n* мисс f ind

miss [mɪs] *vt* (train, bus etc) пропускать (perf пропустить); (target) не попадать (perf попасть) в +асс; (chance, opportunity) упускать (perf упустить) ▷ *vi* (person) промахиваться (perf промахнуться) ▷ *n* промах; **you can't miss my house** мой дом невозможно не заметить; **miss out** *vt* (Brit) пропускать (perf пропустить)

missile [ˈmɪsaɪl] *n* (Mil) ракета

missing [ˈmɪsɪŋ] *adj* пропавший; (tooth, wheel) недостающий; **to be missing** (absent) отсутствовать (impf); **to be missing, go missing** пропадать (perf пропасть) без вести

mission [ˈmɪʃən] *n* (also Pol, Rel) миссия; **missionary** *n* миссионер(ка)

mist [mɪst] *n* (light) дымка

mistake [mɪsˈteɪk] (irreg like take) *n* ошибка ▷ *vt* (be wrong about) ошибаться (perf ошибиться) в +prp; **by mistake** по ошибке; **to make a mistake** ошибаться (perf ошибиться), делать (perf сделать) ошибку; **to**

mistake A for B принимать (perf принять) А за Б; **mistaken** pp of **mistake** ▷ *adj*: **to be mistaken** ошибаться (perf ошибиться)

mistletoe [ˈmɪsltəu] *n* омела

● **MISTLETOE**
●
● В Великобритании и США это
● растение используется как
● рождественское украшение. По
● обычаю под омелой полагается
● целоваться.

mistook [mɪsˈtuk] *pt of* **mistake**

mistress [ˈmɪstrɪs] *n* хозяйка; (lover) любовница

mistrust [mɪsˈtrʌst] *vt* не доверять (impf) +dat ▷ *n*: **mistrust (of)** недоверие (к +dat)

misty [ˈmɪstɪ] *adj* (day) туманный

misunderstand [mɪsʌndəˈstænd] (irreg like stand) *vt* неправильно понимать (perf понять) ▷ *vi* не понимать (perf понять); **misunderstanding** *n* недоразумение

misuse [*n* mɪsˈjuːs, *vb* mɪsˈjuːz] *n* (of power, funds) злоупотребление ▷ *vt* злоупотреблять (perf злоупотребить) +instr

mix [mɪks] *vt* (cake, cement) замешивать (perf замесить) ▷ *n* смесь f ▷ *vi* (people): **to mix (with)** общаться (impf) (с +instr); **to mix sth (with sth)** смешивать (perf смешать) что-н (с чем-н); **mix up** *vt* (combine) перемешивать (perf перемешать); (confuse: people) путать (perf спутать); (: things) путать (perf перепутать); **mixer** *n* (for food) миксер; **mixture** [ˈmɪkstʃə²] *n* смесь f; **mix-up** *n* путаница

mm *abbr* (= *millimetre*) мм
(= миллиме́тр)

moan [məun] *n* (*cry*) стон ▷ *vi*
(*inf: complain*): **to moan (about)**
ныть (*impf*) (o +*prp*)

moat [məut] *n* ров

mob [mɔb] *n* (*crowd*) толпа́

mobile ['məubaɪl] *adj*
подвижный ▷ *n* (*toy*) подвесно́е
декорати́вное украше́ние; (*phone*)
моби́льный телефо́н, моби́льник
(*inf*); **mobile phone** *n*
моби́льный телефо́н

mobility [məu'bɪlɪtɪ] *n*
подвижность *f*

mobilize ['məubɪlaɪz] *vt*
мобилизова́ть (*impf/perf*)

mock [mɔk] *vt* (*ridicule*)
издева́ться (*impf*) над +*instr* ▷ *adj*
(*fake*) ло́жный; **mockery** *n*
издева́тельство; **to make a**
mockery of sb/sth выставля́ть
(*perf* вы́ставить) кого́-н/что-н на
посме́шище

mod cons *npl abbr* (*Brit*)
= **modern conveniences**

mode [məud] *n* (*of life*) о́браз; (*of*
transport) вид

model ['mɔdl] *n* моде́ль *f*, маке́т;
(*also* **fashion model**) моде́ль,
манеке́нщик(-ица); (*also* **artist's**
model) нату́рщик(-ица) ▷ *adj*
(*ideal*) образцо́вый

modem ['məudɛm] *n* (*Comput*)
моде́м

moderate [*adj* 'mɔdərət, *vb* 'mɔdə-
reɪt] *adj* (*views, amount*)
уме́ренный; (*change*)
незначи́тельный ▷ *vt* умеря́ть
(*perf* уме́рить)

moderation [mɔdə'reɪʃən] *n*
уме́ренность *f*

modern ['mɔdən] *adj*
совреме́нный

modest ['mɔdɪst] *adj* скро́мный;

modesty *n* скро́мность *f*

modification [mɔdɪfɪ'keɪʃən] *n*
модифика́ция;
видоизмене́ние

modify ['mɔdɪfaɪ] *vt* (*vehicle,*
engine) модифици́ровать (*impf/*
perf); (*plan*) видоизменя́ть (*perf*
видоизмени́ть)

moist [mɔɪst] *adj* вла́жный;
moisture *n* вла́га

mold [məuld] *n*, *vb* (*US*) = **mould**

mole [məul] *n* (*spot*) ро́динка;
(*Zool*) крот

molecule ['mɔlɪkjuːl] *n*
моле́кула

mom [mɔm] *n* (*US*) = **mum**

moment ['məumənt] *n* моме́нт,
мгнове́ние; **for a moment** на
мгнове́ние; **at that moment** в э́тот
моме́нт; **at the moment** в
настоя́щий моме́нт; **momentary**
adj мгнове́нный

momentous [məu'mɛntəs] *adj*
знамена́тельный

momentum [məu'mɛntəm] *n*
(*fig*) дви́жущая си́ла; **to gather** *or*
gain momentum набира́ть (*perf*
набра́ть) си́лу

mommy ['mɔmɪ] *n* (*US*)
= **mummy**

monarch ['mɔnək] *n* мона́рх;
monarchy *n* мона́рхия

monastery ['mɔnəstərɪ] *n*
монасты́рь *m*

Monday ['mʌndɪ] *n* понеде́льник

monetary ['mʌnɪtərɪ] *adj*
де́нежный

money ['mʌnɪ] *n* де́ньги *pl*; **to**
make money (*person*)
зараба́тывать (*perf* зарабо́тать)
де́ньги; (*make a profit*) де́лать
(*perf* сде́лать) де́ньги

mongrel ['mʌŋɡrəl] *n* дворня́га

monitor ['mɔnɪtə*] *n* монито́р;
(*Comput*) монито́р ▷ *vt*

(broadcasts, pulse) следи́ть (impf) за +instr

monk [mʌŋk] n мона́х

monkey ['mʌŋkɪ] n обезья́на

monopoly [mə'nɔpəlɪ] n монопо́лия

monotonous [mə'nɔtənəs] adj одноообра́зный, моното́нный

monster ['mɔnstə'] n чудо́вище, монстр

month [mʌnθ] n ме́сяц; **monthly** adj ежеме́сячный; (ticket) ме́сячный ▷ adv ежеме́сячно

monument ['mɔnjumənt] n (memorial) па́мятник, монуме́нт

mood [mu:d] n настрое́ние; (of crowd) настро́й; **to be in a good/ bad mood** быть (impf) в хоро́шем/ плохо́м настрое́нии; **moody** adj (temperamental): **she is a very moody person** у неё о́чень переме́нчивое настрое́ние

moon [mu:n] n луна́; **moonlight** n лу́нный свет

moor [muə'] n ве́ресковая пу́стошь f

moose [mu:s] n inv лось m

mop [mɔp] n (for floor) шва́бра; (of hair) копна́ ▷ vt (floor) мыть (вы́мыть or помы́ть perf) (шва́брой); (eyes, face) вытира́ть (perf вы́тереть)

moped ['məupɛd] n мопе́д

moral ['mɔrl] adj мора́льный; (person) нра́вственный ▷ n (of story) мора́ль f; **morals** npl (values) нра́вы mpl

morale [mɔ'ra:l] n мора́льный дух

morality [mə'rælɪtɪ] n нра́вственность f

morbid ['mɔ:bɪd] adj (imagination) ненорма́льный; (ideas) жу́ткий

more [mɔ:'] adj 1 (greater in number etc) бо́льше +gen; **I have more friends than enemies** у меня́ бо́льше друзе́й, чем враго́в

2 (additional) ещё; **do you want some more tea?** хоти́те ещё ча́ю?; **is there any more wine?** вино́ ещё есть?; **I have no** or **I don't have any more money** у меня́ бо́льше нет де́нег; **it'll take a few more weeks** это займёт ещё не́сколько неде́ль

▷ pron 1 (greater amount): **more than ten** бо́льше десяти́; **we've sold more than a hundred tickets** мы про́дали бо́лее ста биле́тов; **it costs more than we expected** это сто́ит бо́льше, чем мы ожида́ли

2 (further or additional amount): **is there any more?** ещё есть?; **there's no more** бо́льше ничего́ нет; **a little more** ещё немно́го or чуть-чу́ть; **many/much more** намно́го/гора́здо бо́льше

▷ adv 1 (+vb) бо́льше; **I like this picture more** эта карти́на мне нра́вится бо́льше

2: **more dangerous/difficult (than)** бо́лее опа́сный/тру́дный, (чем)

3: **more economically (than)** бо́лее экономи́чно(, чем); **more easily/quickly (than)** ле́гче/ быстре́е(, чем); **more and more** всё бо́лее и бо́лее; **he grew to like her more and more** она́ нра́вилась ему́ всё бо́льше и бо́льше; **more or less** бо́лее или ме́нее; **she is more beautiful than ever** она́ прекра́сна, как никогда́-либо; **he loved her more than ever** он люби́л её бо́льше, чем

m

когда́-либо; **the more ..., the better** чем бо́льше ..., тем лу́чше; **once more еще раз; I'd like to see more of you** мне хоте́лось бы ви́деть тебя́ ча́ще

moreover [mɔːˈrəuvəʳ] *adv* бо́лее того́

morgue [mɔːg] *n* морг

morning [ˈmɔːnɪŋ] *n* у́тро; *(between midnight and 3 a.m.)* ночь *f* ▷ *cpd* у́тренний; **in the morning** у́тром; **3 o'clock in the morning** 3 часа́ но́чи; **7 o'clock in the morning** 7 часо́в утра́

Morse [mɔːs] *n* (*also* **Morse code**) а́збука Мо́рзе

mortal [ˈmɔːtl] *adj* (*man, sin*) сме́ртный; (*deadly*) смерте́льный

mortar [ˈmɔːtəʳ] *n* (*cement*) цеме́нтный раство́р

mortgage [ˈmɔːgɪdʒ] *n* ипоте́чный креди́т ▷ *vt* закла́дывать (*perf* заложи́ть)

Moscow [ˈmɔskəu] *n* Москва́

Moslem [ˈmɔzləm] *adj, n* = **Muslim**

mosque [mɔsk] *n* мече́ть *f*

mosquito [mɔsˈkiːtəu] (*pl* **mosquitoes**) *n* комар

moss [mɔs] *n* мох

 KEYWORD

most [məust] *adj* **1** (*almost all: countable nouns*) большинство́ +*gen*; (*: uncountable and collective nouns*) бо́льшая часть +*gen*; **most cars** большинство́ маши́н; **most milk** бо́льшая часть молока́; **in most cases** в большинстве́ слу́чаев

2 (*largest, greatest*): **who has the most money?** у кого́ бо́льше всего́ де́нег?; **this book has attracted the**

most interest among the critics э́та кни́га вы́звала наибо́льший интере́с у кри́тиков

▷ *pron* (*greatest quantity, number: countable nouns*) большинство́; (*: uncountable and collective nouns*) бо́льшая часть *f*; **most of the houses** большинство́ домо́в; **most of the cake** бо́льшая часть то́рта; **do the most you can** де́лайте всё, что Вы мо́жете; **I ate the most** я съел бо́льше всех; **to make the most of sth** максима́льно испо́льзовать (*impf*, *perf*) что-н; **at the (very) most** са́мое бо́льшее

▷ *adv* (+*vb: with inanimate objects*) бо́льше всего́; (*: with animate objects*) бо́льше всех; (+*adv*) исключи́тельно; (+*adj*) са́мый, наибо́лее; **I liked him the most** он понра́вился мне бо́льше всех; **what do you value most, wealth or health?** что Вы бо́льше всего́ це́ните, бога́тство и́ли здоро́вье?

mostly [ˈməustlɪ] *adv* бо́льшей ча́стью, в основно́м

MOT *n abbr* (*Brit*) = **Ministry of Transport**; **MOT (test)** техосмо́тр

● **MOT**

● По зако́ну автомоби́ли,
● кото́рым бо́льше трёх лет,
● должны́ ежего́дно проходи́ть
● техосмо́тр.

motel [məuˈtɛl] *n* моте́ль *m*

moth [mɔθ] *n* мотылёк

mother [ˈmʌðəʳ] *n* мать *f* ▷ *vt* (*pamper*) ня́нчиться (*impf*) с +*instr* ▷ *adj*: **mother country** ро́дина, родна́я страна́; **motherhood** *n* материнство; **mother-in-law** n (wife's mother) тёща; (husband's mother) свекровь f; **mother tongue** n родной язык

● **MOTHER'S DAY**

● **Mother's Day** — День Матери.
● Отмечается в четвёртое
● воскресенье Великого Поста. В
● этот день поздравления и
● подарки получают только
● мамы.

motif [məʊˈtiːf] n (design) орнамент

motion ['məʊʃən] n (movement, gesture) движение; (proposal) предложение; **motionless** adj неподвижный

motivation [məʊtɪˈveɪʃən] n (drive) целеустремлённость f

motive ['məʊtɪv] n мотив, побуждение

motor ['məʊtə^r] n мотор ▷ cpd (trade) автомобильный; **motorbike** n мотоцикл; **motorcycle** n мотоцикл; **motorist** n автомобилист; **motorway** n (Brit) автомагистраль f, автострада

motto ['mɒtəʊ] n (pl **mottoes**) девиз

mould [məʊld] (US **mold**) n (cast) форма; (mildew) плесень f ▷ vt (substance) лепить; (perf вылепить); (fig: opinion, character) формировать (perf сформировать); **mouldy** adj (food) заплесневелый

mound [maʊnd] n (heap) куча

mount [maʊnt] vt (horse) садиться (perf сесть) на +acc; (display) устраивать (perf устроить); (jewel) оправлять (perf

оправить); (picture) обрамлять (perf обрамить); (stair) всходить (perf взойти) по +dat ▷ vi (increase) расти (impf) ▷ n: **Mount Ararat** гора Арарат; **mount up** vi накапливаться (perf накопиться)

mountain ['maʊntɪn] n гора ▷ cpd горный; **mountain bike** n велосипед, для езды по пересечённой местности; **mountaineer** n альпинист; **mountaineering** n альпинизм; **mountainous** adj горный, гористый

mourn [mɔːn] vt (death) оплакивать (impf) ▷ vi: **to mourn for** скорбеть (impf) по +dat or о +prp; **mourning** n траур; **in mourning** в трауре

mouse [maʊs] (pl **mice**) n (also Comput) мышь f; **mouse mat** n коврик для мыши; **mouse pad** n = **mouse mat**

moustache [məsˈtɑːʃ] (US **mustache**) n усы mpl

mouth [maʊθ] n рот; (of cave, hole) вход; (of river) устье; **mouthful** n (of food) кусочек; (of drink) глоток; **mouth organ** n губная гармошка; **mouthpiece** n (Mus) мундштук; (Tel) микрофон

move [muːv] n (movement) движение; (in game) ход; (of house) переезд; (of job) переход ▷ vt передвигать (perf передвинуть); (piece: in game) ходить (perf пойти) +instr; (arm etc) двигать (perf двинуть) +instr; (person: emotionally) трогать (perf тронуть), растрогать (perf); ▷ vi двигаться (perf двинуться); (things) двигаться (impf); (also **move house**) переезжать (perf переехать); **get a move on!** поторапливайтесь!; **move about** vi (change position)

передвига́ться (*perf*
передви́нуться); перемеща́ться
(*perf* перемести́ться); (*travel*)
переезжа́ть (*impf*) с ме́ста на
ме́сто; **move around** *vi* = **move
about**; **move away** *vi*: **to move
away (from)** (*leave*) уезжа́ть (*perf*
уе́хать) (из +*gen*); (*step away*)
отходи́ть (*perf* отойти́) (от +*gen*);
move in *vi* (*police, soldiers*)
входи́ть (*perf* войти́); **to move
in(to)** (*house*) въезжа́ть (*perf*
въе́хать) (в +*acc*); **move out** *vi*
(*of house*) выезжа́ть (*perf*
вы́ехать); **move over** *vi* (*to make
room*) подвига́ться (*perf*
подви́нуться); **move up** *vi* (*be
promoted*) продвига́ться (*perf*
продви́нуться) по слу́жбе
movement *n* движе́ние;
(*between fixed points*)
передвиже́ние; (*in attitude,
policy*) сдвиг
movie ['muːvɪ] *n* (кино)фи́льм;
to go to the movies ходи́ть/идти́
(*perf* пойти́) в кино́
moving ['muːvɪŋ] *adj*
(*emotional*) тро́гательный;
(*mobile*) подви́жный
mow [məu] (*pt* **mowed**, *pp*
mowed *or* **mown**) *vt* (*grass*)
подстрига́ть (*perf* подстри́чь)
MP *n abbr* = **Member of
Parliament**
MP3 *abbr* MP3; **MP3 player** *n*
MP3-пле́ер *n*
mph *abbr* = **miles per hour**
Mr ['mɪstə'] *n*: **Mr Smith**
(*informal*) ми́стер Смит; (*formal*)
г-н Смит (= *господи́н* Смит)
Mrs ['mɪsɪz] *n*: **Mrs Smith**
(*informal*) ми́ссис Смит; (*formal*)
г-жа Смит (= *госпожа́* Смит)
Ms [mɪz] *n* = **Miss; Mrs**

○ **Ms**

Да́нное сокраще́ние
употребля́ется гла́вным
о́бразом в пи́сьменном языке́ и
заменя́ет Miss и Mrs.
Употребля́я его́, вы не
ука́зываете, за́мужем же́нщина
и́ли нет.

MSP *n abbr* (= **Member of the
Scottish Parliament**) член
шотла́ндского парла́мента

 KEYWORD

much [mʌtʃ] *adj* мно́го +*gen*; **we
haven't got much time** у нас не так
мно́го вре́мени; **how much**
ско́лько +*gen*; **how much money
do you need?** ско́лько де́нег Вам
ну́жно?; **he's spent so much
money today** он сего́дня потра́тил
так мно́го де́нег; **I have as much
money as you (do)** у меня́ сто́лько
же де́нег, ско́лько у Вас; **I don't
have as much time as you (do)** у
меня́ нет сто́лько вре́мени,
ско́лько у Вас
▷ *pron* мно́го, мно́гое; **much is
still unclear** мно́гое ещё нея́сно;
there isn't much to do here здесь
не́чего де́лать; **how much does it
cost?** — **too much** ско́лько э́то
сто́ит? — сли́шком до́рого; **how
much is it?** ско́лько э́то сто́ит?,
почём э́то? (*разг*)
▷ *adv* **1** (*greatly, a great deal*)
о́чень; **thank you very much**
большо́е спаси́бо; **we are very
much looking forward to your visit**
мы о́чень ждём Ва́шего прие́зда;
he is very much a gentleman он
настоя́щий джентльме́н;
however much he tries ско́лько бы

он ни стара́лся; **I try to help as much as possible** *or* **as I can** я стара́юсь помога́ть как мо́жно бо́льше *or* ско́лько могу́; **I read as much as ever** я чита́ю сто́лько же, ско́лько пре́жде; **he is as much a member of the family as you** он тако́й же член семьи́, как и Вы **2** (*by far*) намно́го, гора́здо; **I'm much better now** мне сейча́с намно́го *or* гора́здо лу́чше; **it's much the biggest publishing company in Europe** э́то са́мое кру́пное изда́тельство в Евро́пе **3** (*almost*) почти́; **the view today is much as it was 10 years ago** вид сего́дня почти́ тако́й же, как и 10 лет наза́д; **how are you feeling? — much the same** как Вы себя́ чу́вствуете? — всё так же

muck [mʌk] *n* (*dirt*) грязь *f*

mud [mʌd] *n* грязь *f*

muddle ['mʌdl] *n* (*mix-up*) пу́таница, неразбери́ха; (*mess*) беспоря́док ▷ *vt* (*also* **muddle up**: *person*) запу́тать (*perf* запу́тать); (: *things*) переме́шивать (*perf* перемеша́ть)

muddy ['mʌdɪ] *adj* гря́зный

muffled ['mʌfld] *adj* приглушённый

mug [mʌg] *n* кру́жка *f*; (*inf: face*) мо́рда; (: *fool*) дурень *m* ▷ *vt* гра́бить (*perf* огра́бить) (*на у́лице*)

mule [mjuːl] *n* (*Zool*) мул

multinational [mʌltɪ'næʃənl] *adj* междунаро́дный

multiple ['mʌltɪpl] *adj* (*injuries*) многочи́сленный ▷ *n* (*Math*) кра́тное число́; **multiple collision** столкнове́ние не́скольких автомоби́лей; **multiple sclerosis** *n* рассе́янный склеро́з

multiplication [mʌltɪplɪ'keɪʃən] *n*

n умноже́ние

multiply ['mʌltɪplaɪ] *vt* умножа́ть (*perf* умно́жить) ▷ *vi* размножа́ться (*perf* размно́житься)

multistorey [mʌltɪ'stɔːrɪ] *adj* (*Brit*) многоэта́жный

mum [mʌm] (*Brit: inf*) *n* ма́ма ▷ *adj*: **to keep mum about sth** пома́лкивать (*impf*) о чём-н

mumble ['mʌmbl] *vt* бормота́ть (*perf* пробормота́ть) ▷ *vi* бормота́ть (*impf*)

mummy ['mʌmɪ] *n* (*Brit: inf*) ма́мУля, ма́ма; (*corpse*) му́мия

mumps [mʌmps] *n* сви́нка

munch [mʌntʃ] *vt, vi* жева́ть (*impf*)

municipal [mjuːˈnɪsɪpl] *adj* муниципа́льный

mural ['mjuərl] *n* фре́ска, насте́нная ро́спись *f*

murder ['mɜːdə] *n* уби́йство (*умы́шленное*) ▷ *vt* убива́ть (*perf* уби́ть) (*умы́шленно*); **murderer** *n* уби́йца *m/f*

murky ['mɜːkɪ] *adj* (*street, night*) мра́чный; (*water*) му́тный

murmur ['mɜːmə] *n* (*of voices, waves*) ро́пот ▷ *vt, vi* шепта́ть (*impf*)

muscle ['mʌsl] *n* мы́шца, му́скул

muscular ['mʌskjulə] *adj* (*pain, injury*) мы́шечный; (*person*) му́скулистый

museum [mjuː'zɪəm] *n* музе́й

mushroom ['mʌʃrum] *n* гриб

music ['mjuːzɪk] *n* му́зыка; **musical** *adj* музыка́льный; (*sound, tune*) мелоди́чный ▷ *n* мю́зикл; **musician** [mjuːˈzɪʃən] *n* музыка́нт

Muslim ['mʌzlɪm] *n* мусульма́нин(-нка) ▷ *adj* мусульма́нский

m

mussel ['mʌsl] n мидия

must [mʌst] n (need)
необходимость f ▷ aux vb
(necessity): **I must go** мне надо or
нужно идти; (obligation): **I must do
it** я должен это сделать;
(probability): **he must be there by
now** он должен уже быть там; **you
must come and see me soon** Вы
обязательно должны скоро ко
мне зайти; **why must he behave so
badly?** отчего он так плохо себя
ведёт?

mustache ['mʌstæʃ] n (US)
= **moustache**

mustard ['mʌstəd] n горчица

mustn't ['mʌsnt] = **must not**

mute [mjuːt] adj (silent)
безмолвный

mutilate ['mjuːtɪleɪt] vt (person)
увечить (perf изувечить); (thing)
уродовать (perf изуродовать)

mutiny ['mjuːtɪnɪ] n мятеж, бунт

mutter ['mʌtər] vt, vi бормотать
(impf)

mutton ['mʌtn] n баранина

mutual ['mjuːtʃuəl] adj (feeling,
help) взаимный; (friend, interest)
общий; **mutual understanding**
взаимопонимание

muzzle ['mʌzl] n (of dog) морда;
(of gun) дуло; (for dog) намордник
▷ vt (dog) надевать (perf надеть)
намордник на +acc

my [maɪ] adj **1** мой; (referring
back to subject of sentence) свой;
this is my house/car это мой дом/
моя машина; **is this my pen or
yours?** это моя ручка или Ваша?;
I've lost my key я потерял свой
ключ
2 (with parts of the body etc): **I've**
washed my hair/cut my finger я
помыл голову/порезал палец

myself [maɪ'self] pron
1 (reflexive): **I've hurt myself** я
ушибся; **I consider myself clever** я
считаю себя умным; **I am
ashamed of myself** мне стыдно за
моё поведение
2 (complement): **she's the same
age as myself** она одного
возраста со мной
3 (after prep: +gen) себя; (: +dat,
+prp) себе; (: +instr) собой; **I
wanted to keep the book for
myself** я хотел оставить книгу
себе; **I sometimes talk to myself**
иногда я сам с собой
разговариваю; **all by myself**
(alone) сам; **I made it all by myself**
я всё это сделал сам
4 (emphatic) сам; **I myself chose
the flowers** я сам выбирал цветы

mysterious [mɪs'tɪərɪəs] adj
таинственный

mystery ['mɪstərɪ] n (puzzle)
загадка

mystical ['mɪstɪkl] adj
мистический

myth [mɪθ] n миф; **mythology**
[mɪ'θɔlədʒɪ] n мифология

n

n/a *abbr* (= not applicable) не применяется

nag [næg] *vt* (scold) пилить (impf)

nail [neɪl] *n* ноготь *m*; (Tech) гвоздь *m* ▷ *vt*: **to nail sth to** прибивать (perf прибить) что-н к +dat; **nail polish** *n* лак для ногтей

naive [naɪˈiːv] *adj* наивный

naked [ˈneɪkɪd] *adj* голый

name [neɪm] *n* (of person) имя *nt*; (of place, object) название; (of pet) кличка ▷ *vt* называть (perf назвать); **what's your name?** как Вас зовут?; **my name is Peter** меня зовут Питер; **what's the name of this place?** как называется это место?; **by name** по имени; **in the name of** (for the sake of) во имя +gen; (representing) от имени +gen; **namely** *adv* а именно

nanny [ˈnænɪ] *n* няня

nap [næp] *n* (sleep) короткий сон

napkin [ˈnæpkɪn] *n* (also **table napkin**) салфетка

nappy [ˈnæpɪ] *n* (Brit) подгузник

narrative [ˈnærətɪv] *n* история, повесть *f*

narrator [nəˈreɪtə*] *n* (in book) рассказчик(-ица); (in film) диктор

narrow [ˈnærəu] *adj* узкий; (majority, advantage) незначительный ▷ *vi* (road) сужаться (perf сузиться); (gap, difference) уменьшаться (perf уменьшиться) ▷ *vt*: **to narrow sth down to** сводить (perf свести) что-н к +dat; **to have a narrow escape** едва спастись (perf)

nasal [ˈneɪzl] *adj* (voice) гнусавый

nasty [ˈnɑːstɪ] *adj* (unpleasant) противный; (malicious) злобный; (situation, wound) скверный

nation [ˈneɪʃən] *n* народ; (state) страна; (native population) нация

national [ˈnæʃənl] *adj* национальный; **National Health Service** *n* (Brit) государственная служба здравоохранения; **National Insurance** *n* (Brit) государственное страхование; **nationalist** *adj* националистический; **nationality** [næʃəˈnælɪtɪ] *n* (status) гражданство; (ethnic group) народность *f*

nationwide [ˈneɪʃənwaɪd] *adj* общенародный ▷ *adv* по всей стране

native [ˈneɪtɪv] *n* (local inhabitant) местный(-ая) житель(ница) *m(f)* ▷ *adj* (indigenous) коренной, исконный; (of one's birth) родной; (innate) врождённый; **a native of Russia** уроженец(-нка) России; **a native**

speaker of Russian носи́тель(ница) *m(f)* ру́сского языка́

NATO ['neɪtəu] *n abbr* (= North Atlantic Treaty Organization) НАТО

natural ['nætʃrəl] *adj* (*behaviour*) есте́ственный; (*aptitude, materials*) приро́дный; (*disaster*) стихи́йный; **naturally** *adv* есте́ственно; (*innately*) от приро́ды; (*in nature*) есте́ственным о́бразом; **naturally, I refused** есте́ственно, я отказа́лся

nature ['neɪtʃə*] *n* (*also* Nature) приро́да; (*character*) нату́ра; (*sort*) хара́ктер; **by nature** (*person*) по нату́ре; (*event, thing*) по приро́де

naughty ['nɔːtɪ] *adj* (*child*) непослу́шный, озорно́й

nausea ['nɔːzɪə] *n* тошнота́

naval ['neɪvl] *adj* вое́нно-морско́й

navel ['neɪvl] *n* пупо́к

navigate ['nævɪgeɪt] *vt* (*Naut, Aviat*) управля́ть (*impf*) +*instr* ▷ *vi* определя́ть (*perf* определи́ть) маршру́т

navigation [nævɪ'geɪʃən] *n* (*science*) навига́ция; (*action*) **navigation (of)** управле́ние (+*instr*)

navy ['neɪvɪ] *n* вое́нно-морско́й флот; **navy(-blue)** *adj* тёмно-си́ний

Nazi ['nɑːtsɪ] *n* наци́ст(ка)

NB *abbr* (*note well*) (= *nota bene*) нотабе́не

near [nɪə*] *adj* бли́зкий ▷ *adv* бли́зко ▷ *prep* (*of space*) во́зле +*gen*, о́коло +*gen*; (: *time*) к +*dat*, о́коло +*gen*; **nearby** *adj* близлежа́щий ▷ *adv* побли́зости; **nearly** *adv* почти́; **I nearly fell** я чуть (бы́ло) не упа́л

neat [niːt] *adj* (*person, place*) опря́тный; (*work*) аккура́тный; (*clear: categories*) чёткий; (*esp US: inf*) кла́ссный; **neatly** *adv* (*dress*) опря́тно; (*work*) аккура́тно; (*sum*

up) чётко

necessarily ['nesɪsrɪlɪ] *adv* неизбе́жно

necessary ['nesɪsrɪ] *adj* необходи́мый; (*inevitable*) обяза́тельный, неизбе́жный; **it's not necessary** э́то не обяза́тельно; **it is necessary to/that ...** необходи́мо +*infin*/что́бы ...

necessity [nɪ'sesɪtɪ] *n* необходи́мость *f*; **necessities** *npl* (*essentials*) предме́ты *mpl* пе́рвой необходи́мости

neck [nek] *n* (*Anat*) ше́я; (*of garment*) во́рот; (*of bottle*) го́рлышко; **necklace** ['neklɪs] *n* ожере́лье

need [niːd] *n* потре́бность *f*; (*deprivation*) нужда́; (*necessity*) **need (for)** нужда́ (в +*prp*) ▷ *vt*: **I need time/money** мне ну́жно вре́мя/нужны́ де́ньги; **there's no need to worry** не́зачем волнова́ться; **I need to see him** мне на́до и/ну́жно с ним уви́деться; **you don't need to leave yet** Вам ещё не пора́ уходи́ть

needle ['niːdl] *n* игла́, иго́лка; (*for knitting*) спи́ца ▷ *vt* (*fig: inf*) подка́лывать (*perf* подколо́ть)

needless ['niːdlɪs] *adj* изли́шний; **needless to say** само́ собо́й разуме́ется

needn't ['niːdnt] = **need not**

needy ['niːdɪ] *adj* нужда́ющийся

negative ['negətɪv] *adj* (*also* Elec) отрица́тельный ▷ *n* (*Phot*) негати́в

neglect [nɪ'glekt] *vt* (*child, work*) забра́сывать (*perf* забро́сить); (*garden, health*) запуска́ть (*perf* запусти́ть); (*duty*) пренебрега́ть (*perf* пренебре́чь) ▷ *n*: **neglect (of)** невнима́ние (к +*dat*); **in a state of neglect** в запусте́нии

negotiate [nɪˈɡəʊʃɪeɪt] vt (treaty, deal) заключа́ть (perf заключи́ть); (obstacle) преодолева́ть (perf преодоле́ть); (corner) огиба́ть (perf обогну́ть) ▷ vi: **to negotiate (with sb for sth)** вести́ (impf) перегово́ры (с кем-н о чём-н)

negotiation [nɪɡəʊʃɪˈeɪʃən] n (of treaty, deal) заключе́ние; (of obstacle) преодоле́ние; **negotiations** перегово́ры mpl

negotiator [nɪˈɡəʊʃɪeɪtəʳ] n уча́стник перегово́ров

neighbour [ˈneɪbəʳ] (US **neighbor**) n сосе́д(ка); **neighbourhood** n (place) райо́н; (people) сосе́ди mpl; **neighbouring** adj сосе́дний

neither [ˈnaɪðəʳ] adj ни тот, ни друго́й ▷ conj: **I didn't move and neither did John** я и, ни Джон не дви́нулись с ме́ста ▷ pron: **neither of them came** ни тот ни друго́й не пришёл, ни оди́н из них не пришёл; **neither version is true** ни та ни друга́я ве́рсия не верна́; **neither ... nor ...** ни ..., ни ...; **neither good nor bad** ни хорошо́, ни пло́хо

neon [ˈniːɔn] n нео́н

nephew [ˈnevjuː] n племя́нник

nerve [nəːv] n (Anat) нерв; (courage) вы́держка; (impudence) на́глость f; **nervous** adj не́рвный; **to be** or **feel nervous** не́рвничать (impf); **nervous breakdown** n не́рвный срыв

nest [nɛst] n гнездо́

net [nɛt] n (also fig) сеть f; (Sport) се́тка; (Comput): **the Net** Сеть f ▷ adj (Comm) чи́стый ▷ vt (fish) лови́ть (perf пойма́ть) в сеть; (profit) приноси́ть (perf принести́)

Netherlands [ˈneðələndz] npl:

the Netherlands Нидерла́нды pl

nett [nɛt] adj = **net**

nettle [ˈnɛtl] n крапи́ва

network [ˈnetwəːk] n сеть f

neurotic [njuəˈrɔtɪk] adj невроти́чный

neutral [ˈnjuːtrəl] adj нейтра́льный ▷ n (Aut) холосто́й ход

never [ˈnevəʳ] adv никогда́; **never in my life** никогда́ в жи́зни; **nevertheless** adv тем не ме́нее

new [njuː] adj (brand new) но́вый; (recent) све́жий; **newborn** adj новорождённый; **newcomer** n новичо́к; **newly** adv неда́вно

news [njuːz] n (good, bad) но́вость f, изве́стие; **a piece of news** но́вость; **the news** (Radio, TV) но́вости fpl; **news agency** n информацио́нное аге́нтство; **newsletter** n информацио́нный бюллете́нь m; **newsreader** n ди́ктор (програ́ммы новосте́й)

New Year n Но́вый год; **Happy New Year!** С Но́вым го́дом!; **New Year's Day** n пе́рвое января́; **New Year's Eve** n кану́н Но́вого го́да

New Zealand [njuːˈziːlənd] n Но́вая Зела́ндия

next [nɛkst] adj сле́дующий; (adjacent) сосе́дний ▷ adv пото́м, зате́м ▷ prep: **next to** ря́дом с +instr, во́зле +gen; **next time** в сле́дующий раз; **the next day** сле́дующий день; **next year** в бу́дущем or сле́дующем году́; **in the next 15 minutes** в ближа́йшие 15 мину́т; **next to nothing** почти́ ничего́; **next please!** сле́дующий, пожа́луйста!; **next door** adv по сосе́дству, ря́дом ▷ adj (neighbour) ближа́йший; **next of**

kin n ближайший родственник

NHS n abbr (Brit) = **National Health Service**

nibble ['nɪbl] vt надкусывать (perf надкусить)

nice [naɪs] adj приятный, хороший; (attractive) симпатичный; **to look nice** хорошо выглядеть (impf); **that's very nice of you** очень мило с Вашей стороны

nick [nɪk] n (in skin) порез; (in surface) зарубка ▷ vt (inf: steal) утаскивать (perf утащить); **in the nick of time** как раз вовремя

nickel ['nɪkl] n никель m; (US: coin) монета в 5 центов

nickname ['nɪkneɪm] n кличка, прозвище ▷ vt прозывать (perf прозвать)

nicotine ['nɪkətiːn] n никотин

niece [niːs] n племянница

night [naɪt] n ночь f; (evening) вечер; **at night, by night** ночью; **all night long** всю ночь напролёт; **in** or **during the night** ночью; **last night** вчера ночью; (evening) вчера вечером; **the night before last** позапрошлой ночью; (evening) позавчера вечером; **nightdress** n ночная рубашка

nightlife ['naɪtlaɪf] n ночная жизнь f

nightly ['naɪtlɪ] adj (every night) еженощный ▷ adv еженощно

nightmare ['naɪtmɛə*] n кошмар

nil [nɪl] n нуль m; (Brit: score) ноль m

nine [naɪn] n девять; **nineteen** n девятнадцать; **nineteenth** adj девятнадцатый; **ninetieth** adj девяностый; **ninety** n девяносто; **ninth** [naɪnθ] adj девятый

nip [nɪp] vt (pinch) щипать (perf

щипнуть); (bite) кусать (perf укусить) ▷ vi (Brit: inf): **to nip out** выскакивать (perf выскочить)

nipple ['nɪpl] n (Anat) сосок

nitrogen ['naɪtrədʒən] n азот

⊙ **KEYWORD**

no [nəu] (pl **noes**) adv (opposite of "yes") нет; **are you coming? — no (I'm not)** Вы придёте? — нет, (не приду); **no thank you** нет, спасибо

▷ adj (not any): **I have no money/books** у меня нет денег/книг; **it is of no importance at all** это не имеет никакого значения; **no system is totally valid** никакая система не является полностью справедливой; "**no entry**" "вход воспрещён"; "**no smoking**" "не курить"

▷ n: **there were twenty noes** двадцать голосов было "против"

nobility [nəu'bɪlɪtɪ] n (class) знать f, дворянство

noble ['nəubl] adj (aristocratic) дворянский, знатный; (high-minded) благородный

nobody ['nəubədɪ] pron никто; **there is nobody here** здесь никого нет

nod [nɔd] vi кивать (impf) ▷ vt: **to nod one's head** кивать (perf кивнуть) головой; **nod off** vi задремать (perf)

noise [nɔɪz] n шум

noisy ['nɔɪzɪ] adj шумный

nominal ['nɔmɪnl] adj номинальный

nominate ['nɔmɪneɪt] vt (propose): **to nominate sb (for)** выставлять (perf выставить) кандидатуру кого-н (на +acc)

(appoint): **to nominate sb (to/as)**
назнача́ть (perf назна́чить) кого́-н
(на +acc/+instr)

nomination [nɒmɪ'neɪʃən] n (see
vb) выставле́ние; назначе́ние

nominee [nɒmɪ'niː] n кандида́т

non- [nɒn] prefix не-

none [nʌn] pron (person) никто́,
ни оди́н; (thing: countable) ничто́,
ни оди́н; (: uncountable) ничего́;
none of you никто́ or ни оди́н из
вас; **I've none left** у меня́ ничего́
не оста́лось

nonetheless ['nʌnðə'les] adv
тем не ме́нее, всё же

nonfiction [nɒn'fɪkʃən] n
документа́льная литерату́ра

nonsense ['nɒnsəns] n ерунда́,
чепуха́

non-smoker ['nɒn'sməukə'] n
некуря́щий m adj

noodles ['nuːdlz] npl вермише́ль
fsg

noon [nuːn] n по́лдень m

no-one ['nəuwʌn] pron = **nobody**

nor [nɔː'] conj = **neither** ▷ adv see
neither

norm [nɔːm] n но́рма

normal ['nɔːml] adj норма́льный;
normally adv (usually) обы́чно;
(properly) норма́льно

north [nɔːθ] n се́вер ▷ adj
се́верный ▷ adv (go) на се́вер;
(be) к се́веру; **North Africa** n
Се́верная А́фрика; **North
America** n Се́верная Аме́рика;
northeast n се́веро-восто́к;
northern ['nɔːðən] adj
се́верный; **Northern Ireland** n
Се́верная Ирла́ндия; **North Pole**
n Се́верный по́люс; **North Sea**
n Се́верное мо́ре; **northwest** n
се́веро-за́пад

Norway ['nɔːweɪ] n Норве́гия

Norwegian [nɔː'wiːdʒən] adj

норве́жский

nose [nəuz] n нос; (sense of
smell) нюх, чутьё; **nosebleed** n
носово́е кровотече́ние; **nosey**
['nəuzɪ] adj (inf) = **nosy**

nostalgia [nɒs'tældʒɪə] n
ностальги́я

nostalgic [nɒs'tældʒɪk] adj
(memory, film) ностальги́ческий;
to be nostalgic (for) испы́тывать
(impf) ностальги́ю (по +dat),
тоскова́ть (impf) по +dat

nostril ['nɒstrɪl] n ноздря́

nosy ['nəuzɪ] adj (inf): **to be nosy**
сова́ть (impf) нос в чужи́е дела́

not [nɒt] adv нет; (before verbs)
не; **he is not** or **isn't at home** его́
нет до́ма; **he asked me not to do it**
он попроси́л меня́ не де́лать
э́того; **you must not** or **you mustn't
do that** (forbidden) э́того нельзя́
де́лать; **it's too late, isn't it?** уже́
сли́шком по́здно, не пра́вда ли?;
not that ... не то, что́бы ...;
not yet
нет ещё, ещё нет; **not now** не
сейча́с; see also **all**; **only**

notably ['nəutəblɪ] adv
(particularly) осо́бенно; (markedly)
заме́тно

notch [nɒtʃ] n насе́чка

note [nəut] n (record) за́пись f;
(letter) запи́ска; (also footnote)
сно́ска; (also banknote) банкно́та;
(Mus) но́та; (tone) тон ▷ vt
(observe) замеча́ть (perf
заме́тить); (also write down)
запи́сывать (perf записа́ть);
notebook n записна́я кни́жка;
noted adj изве́стный; **notepad**
n блокно́т; **notepaper** n писча́я
бума́га

nothing ['nʌθɪŋ] n ничто́; (zero)
ноль m; **he does nothing** он ничего́
не де́лает; **there is nothing to do/
be said** де́лать/сказа́ть не́чего;

nothing new/much/of the sort ничего нового/особенного/подобного; **for nothing** даром

notice ['nəʊtɪs] n (announcement) объявление; (warning) предупреждение ▷ vt замечать (perf заметить); **to take notice of** обращать (perf обратить) внимание на +acc; **at short notice** без предупреждения; **until further notice** впредь до дальнейшего уведомления; **noticeable** adj заметный; **notice board** n доска объявлений

notify ['nəʊtɪfaɪ] vt: **to notify sb (of sth)** уведомлять (perf уведомить) кого-н (о чём-н)

notion ['nəʊʃən] n (idea) понятие; (opinion) представление

notorious [nəʊ'tɔːrɪəs] adj печально известный

noun [naʊn] n (имя nt) существительное nt adj

nourish ['nʌrɪʃ] vt питать (impf); (fig) взращивать (perf взрастить); **nourishment** n (food) питание

novel ['nɔvl] n роман ▷ adj оригинальный; **novelist** n романист(ка); **novelty** n (newness) новизна; (object) новинка

November [nəʊ'vɛmbə'] n ноябрь m

novice ['nɔvɪs] n (in job) новичок

now [naʊ] adv теперь, сейчас ▷ conj: **now (that)** ... теперь, когда ...; **right now** прямо сейчас; **by now** к настоящему времени; **now and then** или **again** время от времени; **from now on** теперь, впредь; **until now** до сих пор; **nowadays** adv в наши дни

nowhere ['nəʊwɛə'] adv (be) нигде; (go) никуда

nuclear ['njuːklɪə'] adj ядерный

nucleus ['njuːklɪəs] (pl nuclei) n ядро

nude [njuːd] adj обнажённый, нагой ▷ n: **in the nude** в обнажённом виде

nudge [nʌdʒ] vt подталкивать (perf подтолкнуть)

nudity ['njuːdɪtɪ] n нагота

nuisance ['njuːsns] n досада; (person) зануда; **what a nuisance!** какая досада!

numb [nʌm] adj: numb (with) онемелый (от +gen); **to go numb** неметь (perf онеметь)

number ['nʌmbə'] n номер; (Math) число; (written figure) цифра; (quantity) количество ▷ vt (pages etc) нумеровать (perf пронумеровать); (amount to) насчитывать (impf); **a number of** несколько +gen, ряд +gen; **numberplate** n (Brit) номерной знак

numerical [njuː'mɛrɪkl] adj (value) числовой; **in numerical order** по номерам

numerous ['njuːmərəs] adj многочисленный; **on numerous occasions** многократно

nun [nʌn] n монахиня

nurse [nəːs] n медсестра; (also **male nurse**) медбрат ▷ vt (patient) ухаживать (impf) за +instr

nursery ['nəːsərɪ] n (institution) ясли pl; (room) детская f adj; (for plants) питомник; **nursery rhyme** n детская песенка; **nursery school** n детский сад

nursing ['nəːsɪŋ] n (profession) профессия медсестры; **nursing home** n частный дом для престарелых

nurture ['nəːtʃə'] vt (child, plant)

выра́щивать (*perf* вы́растить)
nut [nʌt] *n* (*Bot*) оре́х; (*Tech*)
га́йка; **nutmeg** *n* муска́тный
оре́х
nutrient ['njuːtrɪənt] *n*
пита́тельное вещество́
nutrition [njuːˈtrɪʃən] *n*
(*nourishment*) пита́тельность *f*;
(*diet*) пита́ние
nutritious [njuːˈtrɪʃəs] *adj*
пита́тельный
nylon ['naɪlɒn] *n* нейло́н ▷ *adj*
нейло́новый

oak [əuk] *n* дуб ▷ *adj* дубо́вый
OAP *n abbr* (*Brit*) = **old age
pensioner**
oar [ɔːr] *n* весло́
oasis [əuˈeɪsɪs] (*pl* **oases**) *n* оа́зис
oath [əuθ] *n* (*promise*) кля́тва;
(*: Law*) прися́га; (*swear word*)
прокля́тие; **on** (*Brit*) *or* **under oath**
под прися́гой
oats [əuts] *npl* овёс *msg*
obedience [əˈbiːdɪəns] *n*
повинове́ние, послуша́ние
obedient [əˈbiːdɪənt] *adj*
послу́шный
obese [əuˈbiːs] *adj* ту́чный
obey [əˈbeɪ] *vt* подчиня́ться (*perf*
подчини́ться) +*dat*, повинова́ться
(*impf/perf*) +*dat*
obituary [əˈbɪtjuərɪ] *n* некроло́г
object [*n* ˈɒbdʒɪkt, *vb* əbˈdʒɛkt] *n*
(*thing*) предме́т; (*aim, purpose*)
цель *f*; (*of affection, desires*)

объе́кт; (*Ling*) дополне́ние ▷ *vi*: **to object (to)** возража́ть (*perf* возрази́ть) (про́тив +*gen*); **money is no object** де́ньги — не пробле́ма; **objection** [əbˈdʒɛkʃən] *n* возраже́ние; **I have no objection to ...** я не име́ю никаки́х возраже́ний про́тив +*gen* ...; **objective** [əbˈdʒɛktɪv] *adj* объекти́вный ▷ *n* цель *f*

obligation [ɔblɪˈɡeɪʃən] *n* обяза́тельство

obligatory [əˈblɪɡətərɪ] *adj* обяза́тельный

oblige [əˈblaɪdʒ] *vt* обя́зывать (*perf* обяза́ть); (*force*): **to oblige sb to do** обя́зывать (*perf* обяза́ть) кого́-н +*infin*; **I'm much obliged to you for your help** (*grateful*) я о́чень обя́зан Вам за Ва́шу по́мощь

oblivious [əˈblɪvɪəs] *adj*: **to be oblivious of or to** не сознава́ть (*impf*) +*gen*

obnoxious [əbˈnɔkʃəs] *adj* отврати́тельный

oboe [ˈəubəu] *n* гобо́й

obscene [əbˈsiːn] *adj* непристо́йный

obscure [əbˈskjuəʳ] *adj* (*little known*) неприме́тный; (*incomprehensible*) сму́тный ▷ *vt* (*view etc*) загора́живать (*perf* загороди́ть); (*truth etc*) затемня́ть (*perf* затемни́ть)

observant [əbˈzəːvnt] *adj* наблюда́тельный

observation [ɔbzəˈveɪʃən] *n* наблюде́ние; (*remark*) замеча́ние

observe [əbˈzəːv] *vt* (*watch*) наблюда́ть (*impf*) за +*instr*; (*comment*) замеча́ть (*perf* заме́тить); (*abide by*) соблюда́ть (*perf* соблюсти́); **observer** *n* наблюда́тель *m*

obsession [əbˈsɛʃən] *n* страсть *f*, одержи́мость *f*

obsessive [əbˈsɛsɪv] *adj* стра́стный, одержи́мый

obsolete [ˈɔbsəliːt] *adj* устаре́вший

obstacle [ˈɔbstəkl] *n* препя́тствие

obstinate [ˈɔbstɪnɪt] *adj* упря́мый

obstruct [əbˈstrʌkt] *vt* (*road, path*) загора́живать (*perf* загороди́ть); (*traffic, progress*) препя́тствовать (*perf* воспрепя́тствовать) +*dat*; **obstruction** [əbˈstrʌkʃən] *n* (*of law*) обстру́кция; (*object*) препя́тствие

obtain [əbˈteɪn] *vt* приобрета́ть (*perf* приобрести́)

obvious [ˈɔbvɪəs] *adj* очеви́дный; **obviously** *adv* очеви́дно; (*of course*) разуме́ется; **obviously not** разуме́ется, нет

occasion [əˈkeɪʒən] *n* (*time*) раз; (*case, opportunity*) слу́чай; (*event*) собы́тие; **occasional** *adj* ре́дкий, неча́стый; **occasionally** *adv* и́зредка

occupant [ˈɔkjupənt] *n* (*long-term*) обита́тель(ница) *m(f)*

occupation [ɔkjuˈpeɪʃən] *n* заня́тие; (*Mil*) оккупа́ция

occupy [ˈɔkjupaɪ] *vt* занима́ть (*perf* заня́ть); (*country, attention*) захва́тывать (*perf* захвати́ть); **to occupy o.s. with sth** занима́ться (*perf* заня́ться) чем-н

occur [əˈkəːʳ] *vi* происходи́ть (*perf* произойти́), случа́ться (*perf* случи́ться); (*exist*) встреча́ться (*perf* встре́титься); **to occur to sb** приходи́ть (*perf* прийти́) кому́-н в го́лову; **occurrence** *n* (*event*) происше́ствие

ocean ['əʊʃən] *n* океан

o'clock [ə'klɒk] *adv*: **it is five o'clock** сейчас пять часов

October [ɒk'təʊbəʳ] *n* октябрь *m*

octopus ['ɒktəpəs] *n* осьминог

odd [ɒd] *adj* (*strange*) странный, необычный; (*uneven*) нечётный; (*not paired*) непарный; **60-odd** шестьдесят с лишним; **at odd times** временами; **I was the odd one out** я был лишний; **oddly** *adv* (*behave, dress*) странно; *see also* **enough**; **odds** *fpl* (*in betting*) ставки *fpl*; **to be at odds (with)** быть (*impf*) не в ладах (с +*instr*)

odour ['əʊdəʳ] (*US* **odor**) *n* запах

of [ɒv, əv] *prep* **1** (*expressing belonging*): **the history of Russia** история России; **a friend of ours** наш друг; **a boy of 10** мальчик десяти лет; **that was kind of you** это было очень любезно с Вашей стороны; **a man of great ability** человек больших способностей; **the city of New York** город Нью-Йорк; **south of London** к югу от Лондона

2 (*expressing quantity, amount, dates etc*): **a kilo of flour** килограмм муки; **how much of this material do you need?** сколько такой ткани Вам нужно?; **there were three of them** (*people*) их было трое; (*objects*) их было три; **three of us stayed** трое из нас остались; **the 5th of July** 5-ое июля; **on the 5th of July** 5-ого июля

3 (*from*) из +*gen*; **the house is made of wood** дом сделан из дерева

off [ɒf] *adv* **1** (*referring to distance, time*): **it's a long way off** это далеко отсюда; **the city is 5 miles off** до города 5 миль; **the game is 3 days off** до игры осталось 3 дня

2 (*departure*): **to go off to Paris/Italy** уезжать (*perf* уехать) в Париж/Италию; **I must be off** мне пора (идти)

3 (*removal*): **to take off one's hat/clothes** снимать (*perf* снять) шляпу/одежду; **the button came off** пуговица оторвалась; **ten per cent of** (*Comm*) скидка в десять процентов

4: to be off (*on holiday*) быть (*impf*) в отпуске; **I'm off on Fridays** (*day off*) у меня выходной по пятницам; **he was off on Friday** (*absent*) в пятницу его не было на работе; **I have a day off** у меня отгул; **to be off sick** не работать (*impf*) по болезни

▷ *adj* **1** (*not on*) выключенный; (: *tap*) закрытый; (*disconnected*) отключённый

2 (*cancelled: meeting, match*) отменённый; (: *agreement*) расторгнутый

3 (*Brit*): **to go off** (*milk*) прокисать (*perf* прокиснуть); (*cheese, meat*) портиться (*perf* испортиться)

4: on the off chance на всякий случай; **to have an off day** вставать (*perf* встать) с левой ноги

▷ *prep* **1** (*indicating motion*) с +*gen*; **to fall off a cliff** упасть (*perf*) со скалы

2 (*distant from*) от +*gen*; **it's just off the M1** это недалеко от автострады M1; **it's five km off the main road** это в пяти км от шоссе

3: to be off meat (*dislike*)
разлюби́ть (*perf*) мя́со

offence [ə'fɛns] (*US* **offense**) *n*
(*crime*) правонаруше́ние; **to take
offence at** обижа́ться (*perf*
оби́деться) на +*acc*

offend [ə'fɛnd] *vt* (*person*)
обижа́ть (*perf* оби́деть); **offender**
n правонаруши́тель(ница) *m(f)*

offense [ə'fɛns] *n* (*US*) = **offence**

offensive [ə'fɛnsɪv] *adj* (*remark,
behaviour*) оскорби́тельный ▷ *n*
(*Mil*) наступле́ние; **offensive
weapon** ору́дие нападе́ния

offer [ˈɔfəʳ] *n* предложе́ние ▷ *vt*
предлага́ть (*perf* предложи́ть)

office [ˈɔfɪs] *n* о́фис; (*room*)
кабине́т; **doctor's office** (*US*)
кабине́т врача́; **to take office**
(*person*) вступа́ть (*perf* вступи́ть) в
до́лжность

officer [ˈɔfɪsəʳ] *n* (*Mil*) офице́р;
(*also* **police officer**) полице́йский
m adj; (: *in Russia*) милиционе́р

official [əˈfɪʃl] *adj* официа́льный
▷ *n* (*of organization*) должностно́е
лицо́; **government official**
официа́льное лицо́

off-licence [ˈɔflaɪsns] *n* (*Brit*)
ви́нный магази́н

off-line [ˈɔflaɪn] *adj* (*Comput*) в
оффла́йн (*n ind*), оффла́йновый
(: *работа́ть*) автоно́мный;
(*switched off*) отключённый

off-peak [ˈɔfˈpiːk] *adj* (*heating,
electricity*) непико́вый

offset [ˈɔfsɛt] *irreg vt*
уравнове́шивать (*perf*
уравнове́сить)

offshore [ˈɔfˈʃɔːʳ] *adj* (*oilrig,
fishing*) морско́й; (*wind*)
оффшо́рный; **offshore wind** ве́тер
с бе́рега

offspring [ˈɔfsprɪŋ] *n inv*

о́тпрыск

often [ˈɔfn] *adv* ча́сто; **how often
...?** как ча́сто ...?; **more often than
not** ча́ще всего́; **as often as** не
дово́льно ча́сто; **every so often**
вре́мя от вре́мени

oil [ɔɪl] *n* ма́сло; (*petroleum*)
нефть *f*; (*for heating*) печно́е
то́пливо ▷ *vt* сма́зывать (*perf*
сма́зать); **oily** *adj* (*rag*)
промасленный; (*skin*) жи́рный

ointment [ˈɔɪntmənt] *n* мазь *f*

O.K. [ˈəuˈkeɪ] *excl* (*inf*) хорошо́,
ла́дно

old [əuld] *adj* ста́рый; **how old are
you?** ско́лько Вам лет?; **he's 10
years old** ему́ 10 лет; **old man**
стари́к; **old woman** стару́ха; **old
brother** ста́рший брат; **old age**
n ста́рость *f*; **old-fashioned** *adj*
старомо́дный

olive [ˈɔlɪv] *n* (*fruit*) масли́на,
оли́вка ▷ *adj* оли́вковый; **olive
oil** *n* оли́вковое ма́сло

Olympic Games *npl* (*also the
Olympics*) Олимпи́йские и́гры *fpl*

omelet(te) [ˈɔmlɪt] *n* омле́т

omen [ˈəumən] *n*
предзнаменова́ние

ominous [ˈɔmɪnəs] *adj* злове́щий

omit [əuˈmɪt] *vt* пропуска́ть (*perf*
пропусти́ть)

⬤ **KEYWORD**

on [ɔn] *prep* **1** (*position*) на +*prp*;
(*motion*) на +*acc*; **the book is on
the table** кни́га на столе́; **to put
the book on the table** класть (*perf*
положи́ть) кни́гу на стол; **on the
left** сле́ва; **the house is on the
main road** дом стои́т у шоссе́
2 (*indicating means, method,
condition etc*): **on foot** пешко́м; **on
the plane/train** (*go*) на самолёте/

поезде; (be) в самолёте/поезде; **on the radio/television** по ра́дио/ телеви́зору; **she's on the telephone** она́ разгова́ривает по телефо́ну; **to be on medication** принима́ть (impf) лека́рства; **to be on holiday/business** быть (impf) в о́тпуске/командиро́вке

3 (referring to time): **on Friday** в пя́тницу; **on Fridays** по пя́тницам; **on June 20th** 20-ого ию́ня; **a week on Friday** че́рез неде́лю, счита́я с пя́тницы; **on arrival** по прие́зде; **on seeing this** уви́дев э́то

4 (about, concerning) +prp; **information on train services** информа́ция о расписа́нии поездо́в; **a book on physics** кни́га по фи́зике

▷ adv **1** (referring to dress) в +prp; **to have one's coat on** быть (impf) в пальто́; **what's she got on?** во что она́ была́ оде́та?; **she put her boots/hat on** она́ наде́ла сапоги́/ шля́пу

2 (further, continuously) да́льше, да́лее; **to walk on** идти́ (impf) да́льше

▷ adj **1** (functioning, engine) включённый; (: tap) откры́тый; **is the meeting still on?** (not cancelled) собра́ние состои́тся?; **there's a good film on at the cinema** в кинотеа́тре идёт хоро́ший фильм

2: **that's not on!** (inf: of behaviour) так не пойдёт or не годи́тся!

once [wʌns] adv (один) раз; (formerly) когда́-то, одна́жды

▷ conj как то́лько; **at once** сра́зу же; (simultaneously) вме́сте; **once a week** (оди́н) раз в неде́лю; **once more** ещё раз; **once and for all** раз и навсегда́

---

oncoming ['ɔnkʌmɪŋ] adj встре́чный

🔵 **KEYWORD**

one [wʌn] n оди́н (f одна́, nt одно́, pl одни́); **one hundred and fifty** сто пятьдеся́т; **one day there was a knock at the door** одна́жды разда́лся стук в дверь; **one by one** оди́н за други́м

▷ adj **1** (sole) еди́нственный; **the one book which …** еди́нственная кни́га, кото́рая …

2 (same) оди́н; **they all belong to the one family** они́ все из одно́й семьи́

▷ pron **1**: **I'm the one who told him** э́то я сказа́л ему́; **this one** э́тот (f э́та, nt э́то); **that one** тот (f та, nt то); **I've already got one** у меня́ уже́ есть

2: **one another** друг дру́га; **do you ever see one another?** Вы когда́-нибудь ви́дитесь? **they didn't dare look at one another** они́ не сме́ли взгляну́ть друг на дру́га

3 (impersonal): **one never knows** никогда́ не зна́ешь; **one has to do it** на́до сде́лать э́то; **to cut one's finger** поре́зать (perf) (себе́) па́лец

one: one-off n (Brit: inf) едини́чный слу́чай; **oneself** pron (reflexive) себя́; (emphatic) сам; (after prep: +acc, +gen) себя́; (: +dat) себе́; (: +instr) собо́й; (: +prp) себе́; **to hurt oneself** ушиба́ться (perf ушиби́ться); **to keep sth for oneself** держа́ть (impf) что-н при себе́; **to talk to oneself** разгова́ривать (impf) с (сами́м) собо́й; **one-sided** adj односторо́нний; (contest)

нера́вный; **one-way** adj;
one-way street у́лица с
односторо́нним движе́нием
ongoing [ˈɔnɡəʊɪŋ] adj
продолжа́ющийся
onion [ˈʌnjən] n лук
on-line [ɔnˈlaɪn] adj онла́йновый;
to go on-line включа́ться (perf
включи́ться) в сеть
only [ˈəʊnlɪ] adv то́лько ▷ adj
еди́нственный ▷ conj то́лько;
not only ... but also ... не то́лько
..., но и ...
onset [ˈɔnsɛt] n наступле́ние
onward(s) [ˈɔnwəd(z)] adv
вперёд, да́льше; **from that time
onward(s)** с тех пор
opaque [əʊˈpeɪk] adj ма́товый
open [ˈəʊpn] adj откры́тый ▷ vt
открыва́ть (perf откры́ть) ▷ vi
открыва́ться (perf откры́ться)
(book, debate etc) начина́ться (perf
нача́ться); **in the open (air)** на
откры́том во́здухе; **open up** vt
открыва́ть (perf откры́ть) ▷ vi
открыва́ться (perf откры́ться)
opening adj (speech, remarks
etc) вступи́тельный ▷ n (gap,
hole) отве́рстие; (job) вака́нсия
openly adv откры́то;
open-minded adj (person)
откры́тый; **open-plan** adj;
open-plan office о́фис с откры́той
планиро́вкой
opera [ˈɔpərə] n о́пера
operate [ˈɔpəreɪt] vt управля́ть
(impf) +instr ▷ vi де́йствовать
(impf); (Med): **to operate (on sb)**
опери́ровать (perf
проопери́ровать) (кого́-н)
operation [ɔpəˈreɪʃən] n
опера́ция; (of machine:
functioning) рабо́та; (: controlling)
управле́ние; **to be in operation**
де́йствовать (impf); **he had an**

operation (Med) ему́ сде́лали
опера́цию; **operational**
[ɔpəˈreɪʃənl] adj; **the machine
was operational** маши́на
функциони́ровала
operative [ˈɔpərətɪv] adj (law etc)
де́йствующий
operator [ˈɔpəreɪtə] n (Tel)
телефони́ст(ка); (Tech) опера́тор
opinion [əˈpɪnjən] n мне́ние; **in
my opinion** по моему́ мне́нию,
по-мо́ему; **opinion poll** n опро́с
обще́ственного мне́ния
opponent [əˈpəʊnənt] n
оппоне́нт, проти́вник-(ница);
(Sport) проти́вник
opportunity [ɔpəˈtjuːnɪtɪ] n
возмо́жность f; **to take the
opportunity of doing** по́льзоваться
(perf воспо́льзоваться) слу́чаем,
что́бы +infin
oppose [əˈpəʊz] vt проти́виться
(perf воспроти́виться) +dat; **to be
opposed to sth** проти́виться (impf)
чему́-н; **as opposed to** в
противополо́жность +dat
opposite [ˈɔpəzɪt] adj
противополо́жный ▷ adv
напро́тив ▷ prep напро́тив +gen
▷ n: **the opposite** (say, think, do
etc) противополо́жное nt adj
opposition [ɔpəˈzɪʃən] n
оппози́ция; **the Opposition** (Pol)
оппозицио́нная па́ртия
oppress [əˈprɛs] vt угнета́ть
(impf)
opt [ɔpt] vi: **to opt for** избира́ть
(perf избра́ть); **to opt to do**
реша́ть (perf реши́ть) +infin; **opt
out** vi: **to opt out of** выходи́ть
(perf вы́йти) из +gen
optician [ɔpˈtɪʃən] n окули́ст
optimism [ˈɔptɪmɪzəm] n
оптими́зм
optimistic [ɔptɪˈmɪstɪk] adj

оптимисти́чный

optimum ['ɔptɪməm] *adj* оптима́льный

option ['ɔpʃən] *n* (*choice*) возмо́жность *f*, вариа́нт;
optional *adj* необяза́тельный

or [ɔːʳ] *conj* и́ли; (*otherwise*): **or (else)** а то, ина́че; (*with negative*): **he hasn't seen or heard anything** он ничего́ не ви́дел и не слы́шал

oral ['ɔːrəl] *adj* (*medicine*) ора́льный ▷ *n* у́стный экза́мен

orange ['ɔrɪndʒ] *n* апельси́н ▷ *adj* (*colour*) оранжевый

orbit ['ɔːbɪt] *n* орби́та ▷ *vt* обраща́ться (*perf* обрати́ться) вокру́г +*gen*

orchard ['ɔːtʃəd] *n* сад (*фрукто́вый*)

orchestra ['ɔːkɪstrə] *n* орке́стр

orchid ['ɔːkɪd] *n* орхиде́я

ordeal [ɔːˈdiːl] *n* испыта́ние

order ['ɔːdəʳ] *n* зака́з; (*command*) прика́з; (*sequence, discipline*) поря́док ▷ *vt* зака́зывать (*perf* заказа́ть); (*command*) прика́зывать (*perf* приказа́ть) +*dat*; (*also* **put in order**) располага́ть (*perf* расположи́ть) по поря́дку; **in order** в поря́дке; **in order to do** для того́ чтобы +*infin*; **out of order** (*not in sequence*) не по поря́дку; (*not working*) неиспра́вный; **to order sb to do** прика́зывать (*perf* приказа́ть) кому́-н +*infin*; **order form** бланк зака́за; **orderly** *n* (*Med*) санита́р ▷ *adj* (*room*) опря́тный; (*system*) организо́ванный

ordinary ['ɔːdnrɪ] *adj* обы́чный, обыкнове́нный; (*mediocre*) зауря́дный; **out of the ordinary** необыкнове́нный

ore [ɔːʳ] *n* руда́

organ ['ɔːgən] *n* (*Anat*) о́рган;

(*Mus*) орга́н; **organic** [ɔːˈgænɪk] *adj* (*fertilizer*) органи́ческий; (*food*) экологи́чески чи́стый; **organism** *n* органи́зм

organization [ɔːgənaɪˈzeɪʃən] *n* организа́ция

organize ['ɔːgənaɪz] *vt* организо́вывать (*impf/perf*), устра́ивать (*perf* устро́ить)

orgasm ['ɔːgæzəm] *n* орга́зм

oriental [ɔːrɪˈɛntl] *adj* восто́чный

origin ['ɔrɪdʒɪn] *n* происхожде́ние; **original** [əˈrɪdʒɪnl] *adj* первонача́льный; (*new*) оригина́льный; (*genuine*) по́длинный; (*imaginative*) самобы́тный ▷ *n* по́длинник, оригина́л; **originally** [əˈrɪdʒɪnəlɪ] *adv* первонача́льно; **originate** [əˈrɪdʒɪneɪt] *vi*: **to originate from** происходи́ть (*perf* произойти́) от/ из +*gen*; **to originate in** зарожда́ться (*perf* зароди́ться) в +*prp*

ornament ['ɔːnəmənt] *n* (*decorative object*) украше́ние; **ornamental** [ɔːnəˈmɛntl] *adj* декорати́вный

ornate [ɔːˈneɪt] *adj* декорати́вный

orphan ['ɔːfn] *n* сирота́ *m/f*

orthodox ['ɔːθədɔks] *adj* ортодокса́льный; **the Russian Orthodox Church** Ру́сская правосла́вная це́рковь

orthopaedic [ɔːθəˈpiːdɪk] (*US* **orthopedic**) *adj* ортопеди́ческий

ostrich ['ɔstrɪtʃ] *n* стра́ус

other ['ʌðəʳ] *adj* друго́й ▷ *pron*: **the other (one)** друго́й(-а́я) *m(f) adj*, друго́е *nt adj* ▷ *adv*: **other than** кро́ме +*gen*; **others** *npl* (*other people*) други́е *pl adj*; **the others** остальны́е *pl adj*; **the other day** на днях; **otherwise** *adv* (*differently*) ина́че, по-друго́му;

(*apart from that*) в остально́м
▷ *conj* а то, ина́че

otter [ˈɔtəʳ] *n* вы́дра

ought [ɔːt] (*pt* **ought**) *aux vb*: **I
ought to do it** мне сле́дует э́то
сде́лать; **this ought to have been
corrected** э́то сле́довало
испра́вить; **he ought to win** он
до́лжен вы́играть

ounce [auns] *n* у́нция

● **OUNCE**
●
● **Ounce** — ме́ра ве́са ра́вная
● 28.349 гр.

our [ˈauəʳ] *adj* наш; *see also* **my**;
ours *pron* наш; (*referring to
subject of sentence*) свой; *see also*
mine¹; **ourselves** *pl pron* себя́;
(*reflexive, complement*) себя́;
(*after prep*: +*acc, +gen*) себя́;
(: +*dat, +prp*) себе́; (: +*instr*) собо́й;
(*emphatic*) са́ми; (*alone*) **(all) by
ourselves** са́ми; **let's keep it
between ourselves** дава́йте
оста́вим э́то ме́жду на́ми; *see also*
myself

oust [aust] *vt* изгоня́ть (*perf*
изгна́ть)

● **KEYWORD**

out [aut] *adv* **1** (*not in*): **they're
out in the garden** они́ в саду́; **out
in the rain/snow** под дождём/
сне́гом; **out here** здесь; **out there**
там; **to go out** выходи́ть (*perf*
вы́йти); **out loud** гро́мко
2 (*not at home, absent*): **he is out
at the moment** его́ сейча́с нет
(до́ма); **let's have a night out on
Friday** дава́йте пойдём
куда́-нибудь в пя́тницу ве́чером!
3 (*indicating distance*) в +*prp*; **the**

boat was ten km out (*from the
shore*) кора́бль находи́лся в
десяти́ км от бе́рега
4 (*Sport*): **the ball is out** мяч за
преде́лами по́ля
▷ *adj* **1**: **to be out** (*unconscious*)
быть (*impf*) без созна́ния; (*out of
game*) выбыва́ть (*perf* вы́быть);
(*flowers*) распуска́ться (*perf*
распусти́ться); (*news, secret*)
станови́ться (*perf* стать)
изве́стным(-ой); (*fire, light, gas*)
ту́хнуть (*perf* поту́хнуть), га́снуть
(*perf* пога́снуть); **to go out of
fashion** выходи́ть (*perf* вы́йти) из
мо́ды
2 (*finished*): **before the week was
out** до оконча́ния неде́ли
3: **to be out to do** (*intend*)
намерева́ться (*impf*) +*infin*; **to be
out in one's calculations** (*wrong*)
ошиба́ться (*perf* ошиби́ться) в
расчётах
▷ *prep* **1** (*outside, beyond*) из
+*gen*; **to go out of the house**
выходи́ть (*perf* вы́йти) из до́ма; **to
be out of danger** (*safe*) быть (*impf*)
вне опа́сности
2 (*cause, motive*): **out of curiosity**
из любопы́тства; **out of fear/joy/
boredom** от стра́ха/ра́дости/ску́ки;
out of grief с го́ря; **out of necessity**
по необходи́мости
3 (*from, from among*) из +*gen*
4 (*without*): **we are out of sugar/
petrol** у нас ко́нчился са́хар/
бензи́н

outbreak [ˈautbreɪk] *n* (*of disease,
violence*) вспы́шка; (*of war*) нача́ло
outburst [ˈautbəːst] *n* взрыв
outcast [ˈautkɑːst] *n* изго́й
outcome [ˈautkʌm] *n* исхо́д
outcry [ˈautkraɪ] *n* негодова́ние,
проте́ст

outdated [aʊt'deɪtɪd] adj
(customs, ideas) отживший;
(technology) устарелый

outdoor [aʊt'dɔː] adj на
открытом воздухе; (pool)
открытый; **outdoors** adv на
улице, на открытом воздухе

outer ['aʊtə] adj наружный;
outer space n космическое
пространство

outfit ['aʊtfɪt] n (clothes) костюм

outgoing ['aʊtgəʊɪŋ] adj
(extrovert) общительный;
(president, mayor etc) уходящий

outing ['aʊtɪŋ] n поход

outlaw ['aʊtlɔː] vt объявлять
(perf объявить) вне закона

outlay ['aʊtleɪ] n затраты fpl

outlet ['aʊtlet] n (hole) выходное
отверстие; (pipe) сток; (Comm:
also **retail outlet**) торговая точка;
(for emotions) выход

outline ['aʊtlaɪn] n (shape)
контур, очертания ntpl; (sketch,
explanation) набросок ▷ vt (fig)
описывать (perf описать)

outlook ['aʊtlʊk] n (attitude)
взгляды mpl, воззрения ntpl;
(prospects) перспективы fpl

outnumber [aʊt'nʌmbə] vt
численно превосходить (perf
превзойти)

out-of-date [aʊtəv'deɪt] adj
(clothes) немодный; (equipment)
устарелый

out-of-the-way ['aʊtəvðə'weɪ]
adj (place) глубинный

outpatient ['aʊtpeɪʃənt] n
амбулаторный(-ая) пациент(ка)

output ['aʊtpʊt] n выработка,
продукция; (Comput) выходные
данные pl

outrage ['aʊtreɪdʒ] n (emotion)
возмущение ▷ vt возмущать
(perf возмутить); **outrageous**

[aʊt'reɪdʒəs] adj возмутительный

outright [adv aʊt'raɪt, adj 'aʊtraɪt]
adv (win, own) абсолютно;
(refuse, deny) наотрез; (ask)
прямо ▷ adj (winner, victory)
абсолютный; (refusal, hostility)
открытый; **to be killed outright**
погибнуть (perf погибнуть) сразу

outset ['aʊtset] n начало

outside [aʊt'saɪd] n наружная
сторона ▷ adj наружный,
внешний ▷ adv (be) снаружи;
(go) наружу ▷ prep вне +gen, за
пределами +gen; (building) у
+gen; (city) под +instr; **outsider**
(stranger) посторонний(-яя) m(f)
adj

outskirts ['aʊtskəːts] npl
окраины fpl

outspoken [aʊt'spəʊkən] adj
откровенный

outstanding [aʊt'stændɪŋ] adj
(exceptional) выдающийся;
(unfinished) незаконченный;
(debt) неоплаченный

outward ['aʊtwəd] adj внешний;
the outward journey поездка туда

outweigh [aʊt'weɪ] vt
перевешивать (perf перевесить)

oval ['əʊvl] adj овальный

ovary ['əʊvərɪ] n яичник

oven ['ʌvn] n (domestic) духовка

🅞 **KEYWORD**

over ['əʊvə] adv **1** (across):
to cross over переходить (perf
перейти); **over here** здесь; **over
there** там; **to ask sb over** (to one's
house) приглашать (perf
пригласить) кого-н в гости или к
себе
2 (indicating movement from
upright): **to knock/turn sth over**
сбивать (perf сбить)/

переворáчивать (*perf*
переверну́ть) что-н; **to fall over**
пáдать (*perf* упáсть); **to bend over**
нагибáться (*perf* нагну́ться)
3 (*finished*): **the game is over** игрá
окóнчена; **his life is over** егó
закóнчилась жизнь
4 (*excessively*) сли́шком,
чересчу́р
5 (*remaining*: *money, food etc*):
there are 3 over остáлось 3
6: **all over** (*everywhere*) вездé,
повсю́ду; **over and over** (*again*)
снóва и снóва
▷ *prep* **1** (*on top of*) на +*prp*;
(*above, in control of*) над +*instr*
2 (*on(to) the other side of*) чéрез
+*acc*; **the pub over the road** паб
чéрез дорóгу
3 (*more than*) свы́ше +*gen*,
бóльше +*gen*; **she is over 40** ей
бóльше 40; **over and above**
намнóго бóльше, чем
4 (*in the course of*) в течéние
+*gen*, за +*acc*; **over the winter** зá
зиму, в течéние зимы́; **let's discuss
it over dinner** давáйте обсуди́м
э́то за обéдом; **the work is spread
over two weeks** рабóта
рассчи́тана на две недéли

overall [*adj, n* 'əuvərɔːl, *adv*
əuvə'rɔːl] *adj* óбщий ▷ *adv* (*in
general*) в цéлом *or* óбщем;
(*altogether*) целикóм ▷ *n* (*Brit*)
халáт; **overalls** *npl* (*clothing*)
комбинезóн *msg*; **overall majority**
подавля́ющее большинствó
overboard ['əuvəbɔːd] *adv*: **to fall
overboard** пáдать (*perf* упáсть) зá
борт
overcast ['əuvəkɑːst] *adj*
хму́рый, пáсмурный
overcoat ['əuvəkəut] *n* пальтó *nt*
ind

overcome [əuvə'kʌm] (*irreg like*
come) *vt* (*problems*)
преодолевáть (*perf* преодолéть)
overcrowded [əuvə'kraudɪd] *adj*
перепóлненный
overdo [əuvə'duː] (*irreg like do*)
vt (*work, exercise*) перестарáться
(*perf*) в +*prp*; (*interest, concern*)
утри́ровать (*impf*)
overdose ['əuvədəus] *n*
передозирóвка
overdraft ['əuvədrɑːft] *n*
перерасхóд, овердрáфт
overdrawn [əuvə'drɔːn] *adj*: **he is
overdrawn** он превы́сил креди́т
своегó текýщего счёта
overdue [əuvə'djuː] *adj* (*change,
reform etc*) запоздáлый
overgrown [əuvə'grəun] *adj*
(*garden*) зарóсший
overhead [*adv* əuvə'hɛd, *adj,
n* 'əuvəhɛd] *adv* наверхý, над
головóй; (*in the sky*) в нéбе ▷ *adj*
(*lighting*) вéрхний; (*cable, railway*)
надзéмный ▷ *n* (*US*)
= **overheads**; **overheads** *npl*
(*expenses*) накладны́е расхóды
mpl
overhear [əuvə'hɪə] (*irreg like
hear*) *vt* (*случáйно*) подслýшать
(*perf*)
overlap [əuvə'læp] *vi* находи́ть
(*impf*) оди́н на другóй; (*fig*)
части́чно совпадáть (*perf*
совпáсть)
overleaf [əuvə'liːf] *adv* на
оборóте
overload [əuvə'ləud] *vt* (*also
Elec, fig*) перегружáть (*perf*
перегрузи́ть)
overlook [əuvə'luk] *vt* (*place*)
выходи́ть (*impf*) на +*acc*;
(*problem*) упускáть (*perf* упусти́ть)
из ви́ду; (*behaviour*) закрывáть
(*perf* закры́ть) глазá на +*acc*

overnight [əuvə'naɪt] *adv*
(*during the night*) за́ ночь; (*fig*) в
одноча́сье, сра́зу; **to stay**
overnight ночева́ть (*perf*
переночева́ть)

overpowering [əuvə'pauərɪŋ]
adj (*heat, stench*) невыноси́мый

overrun [əuvə'rʌn] *irreg vi*
(*meeting*) затя́гиваться (*perf*
затяну́ться)

overseas [əuvə'siːz] *adv* (*live,*
work) за рубежо́м *or* грани́цей;
(*go*) за рубе́ж *or* грани́цу ▷ *adj*
(*market, trade*) вне́шний; (*student,*
visitor) иностра́нный

oversee [əuvə'siː] (*irreg like* **see**)
vt следи́ть (*impf*) за +*instr*

overshadow [əuvə'ʃædəu] *vt*
(*place, building etc*) возвыша́ться
(*impf*) над +*instr* ▷ (*fig*) затмева́ть
(*perf* затми́ть)

oversight ['əuvəsaɪt] *n*
недосмо́тр

overt [əu'vəːt] *adj* откры́тый

overtake [əuvə'teɪk] (*irreg like*
take) *vt* (*Aut*) обгоня́ть (*perf*
обогна́ть)

overthrow [əuvə'θrəu] (*irreg like*
throw) *vt* сверга́ть (*perf*
све́ргнуть)

overtime ['əuvətaɪm] *n*
сверхуро́чное вре́мя *nt*

overturn [əuvə'təːn] *vt* (*car, chair*)
перевора́чивать (*perf*
переверну́ть); (*decision, plan*)
отверга́ть (*perf* отве́ргнуть);
(*government, system*) сверга́ть
(*perf* све́ргнуть)

overweight [əuvə'weɪt] *adj*
ту́чный

overwhelm [əuvə'wɛlm] *vt* (*subj:*
feelings, emotions) переполня́ть
(*perf* перепо́лнить)

overwhelming *adj* (*victory,*
defeat) по́лный; (*majority*)

подавля́ющий; (*feeling, desire*)
всепобежда́ющий

owe [əu] *vt*: **she owes me £500**
она́ должна́ мне £500; **he owes his**
life to that man он обя́зан свое́й
жи́знью э́тому челове́ку

owing to ['əuɪŋ-] *prep*
всле́дствие +*gen*

owl [aul] *n* сова́

own [əun] *vt* владе́ть (*impf*)
+*instr* ▷ *adj* со́бственный; **he lives**
on his own он живёт оди́н; **to get**
one's own back отыгра́ться
(*perf* отыгра́ться); **own up** *vi*: **to**
own up to sth признава́ться (*perf*
призна́ться) в чём-н; **owner** *n*
владе́лец(-лица); **ownership** *n*:
ownership (of) владе́ние (+*instr*)

ox [ɔks] (*pl* **oxen**) *n* бык

oxygen ['ɔksɪdʒən] *n* кислоро́д

oyster ['ɔɪstə*] *n* у́стрица

oz. *abbr* = **ounce**

ozone ['əuzəun] *n* озо́н

p

(also **package deal**: *Comm*) пакéт предложéний; **package holiday** *n* (*Brit*) организóванный óтдых по путёвке

packet ['pækɪt] *n* (*of cigarettes etc*) пáчка; (*of crisps*) пакéт

packing ['pækɪŋ] *n* проклáдочный материáл; (*act*) упакóвка

pact [pækt] *n* пакт

pad [pæd] *n* (*of paper*) блокнóт; (*soft material*) проклáдка ▷ *vt* (*cushion, soft toy etc*) набивáть (*perf* набить)

paddle ['pædl] *n* (*oar*) байдáрочное веслó; (*US: bat*) ракéтка ▷ *vt* управлять (*impf*) +*instr* ▷ *vi* (*in sea*) шлёпать (*impf*)

paddock ['pædək] *n* (*field*) вы́гон

padlock ['pædlɔk] *n* (вися́чий) замóк

paedophile ['piːdəufaɪl] (*US* **pedophile**) *n* педофи́л

page [peɪdʒ] *n* страни́ца; (*also* **pageboy**) паж ▷ *vt* (*in hotel etc*) вызывáть (*perf* вы́звать) (по селéктору)

paid [peɪd] *pt, pp of* **pay**

pain [peɪn] *n* боль *f*; **to be in pain** страдáть (*impf*) от бóли; **to take pains to do** старáться (*perf* постарáться) изо всех сил +*infin*

painful *adj* мучи́тельный; **my back is painful** у меня́ боли́т спинá; **painkiller** *n* болеутоля́ющее *nt adj* (срéдство); **painstaking** *adj* кропотли́вый

paint [peɪnt] *n* крáска ▷ *vt* крáсить (*perf* покрáсить); (*picture, portrait*) рисовáть (*perf* нарисовáть), писáть (*perf* написáть); **to paint the door blue** крáсить (*perf* покрáсить) дверь в

pace [peɪs] *n* (*step*) шаг; (*speed*) темп ▷ *vi*: **to pace up and down** ходи́ть (*impf*) взад вперёд; **to keep pace with** идти́ (*impf*) в нóгу с +*instr*; **pacemaker** *n* (*Med*) ритмизáтор сéрдца

Pacific [pə'sɪfɪk] *n*: **the Pacific (Ocean)** Ти́хий океáн

pack [pæk] *n* (*packet*) пáчка; (*of wolves*) стáя; (*also* **backpack**) рюкзáк; (*of cards*) колóда ▷ *vt* (*fill*) паковáть (*perf* упаковáть); (*cram*): **to pack into** набивáть (*perf* наби́ть) в +*acc* ▷ *vi*: **to pack (one's bags)** уклáдываться (*perf* уложи́ться)

package ['pækɪdʒ] *n* пакéт

голубо́й цвет; **painter** n (artist)
худо́жник(-ица); (decorator)
маля́р; **painting** n карти́на;
(activity: of artist) жи́вопись f;
(: of decorator) маля́рное де́ло

pair [peə^r] n па́ра

pajamas [pə'dʒɑːməz] npl
(US) = **pyjamas**

pal [pæl] n (inf) дружо́к

palace ['pæləs] n дворе́ц

pale [peil] adj бле́дный

Palestine ['pælistaɪn] n
Палести́на

palm [pɑːm] n (also **palm tree**)
па́льма; (of hand) ладо́нь f ▷ vt:
to palm sth off on sb (inf)
подсо́вывать (perf подсу́нуть)
что-н кому́-н

pamphlet ['pæmflət] n
брошю́ра; (political, literary etc)
памфле́т

pan [pæn] n (also **saucepan**)
кастрю́ля; (also **frying pan**)
сковорода́

pancake ['pænkeɪk] n (thin)
блин; (thick) ола́дья

panda ['pændə] n па́нда,
бамбу́ковый медве́дь m

pane [peɪn] n: **pane (of glass)**
(in window) око́нное стекло́

panel ['pænl] n (of wood, glass
etc) пане́ль f; (of experts)
коми́ссия; **panel of judges** жюри́
nt ind

panic ['pænɪk] n па́ника ▷ vi
паникова́ть (impf)

panorama [pænə'rɑːmə] n
панора́ма

pansy ['pænzɪ] n аню́тины
гла́зки pl

panther ['pænθə^r] n панте́ра

pantomime ['pæntəmaɪm] n
(Brit) рожде́ственское
театрализо́ванное
представле́ние

▶ PANTOMIME

Pantomime — рожде́ственское
представле́ние. Коме́дии с
бога́тым музыка́льным
оформле́нием, напи́санные по
моти́вам изве́стных ска́зок,
таки́х как "Зо́лушка", "Кот в
сапога́х" и др. Спе́кли
предназна́чены гла́вным
о́бразом для дете́й. Теа́тры
ста́вят их в Рождество́.

pants [pænts] npl (Brit:
underwear) трусы́ pl; (US:
trousers) брю́ки pl

paper ['peɪpə^r] n бума́га; (also
newspaper) газе́та; (exam)
пи́сьменный экза́мен; (essay: at
conference) докла́д; (: in journal)
статья́; (also **wallpaper**) обо́и pl
▷ adj бума́жный ▷ vt окле́ивать
(perf окле́ить) обо́ями; **papers**
npl (also **identity papers**)
докуме́нты mpl; **paperback** n
кни́га в мя́гкой обло́жке;
paperclip n (канцеля́рская)
скре́пка; **paperwork** n
бума́жная волоки́та

paprika ['pæprɪkə] n кра́сный
мо́лотый пе́рец

par [pɑː^r] n: **to be on a par with**
быть (impf) на ра́вных с +instr

parachute ['pærəʃuːt] n
парашю́т

parade [pə'reɪd] n ше́ствие; (Mil)
пара́д ▷ vi (Mil) идти́ (impf)
стро́ем

paradise ['pærədaɪs] n (also fig)
рай

paradox ['pærədɔks] n парадо́кс

paraffin ['pærəfɪn] n (Brit: also
paraffin oil) кероси́н

paragraph ['pærəgrɑːf] n абза́ц

parallel ['pærəlɛl] adj

параллéльный; (fig: similar)
аналогúчный ▷ n параллéль f
paralysis [pə'ræılısıs] n (Med)
паралúч
paranoid ['pærənɔıd] adj
(person) паранóидный
parasite ['pærəsaıt] n паразúт m
parcel ['pɑːsl] n (package)
свёрток; (sent by post) посúлка
pardon ['pɑːdn] n (Law)
помúлование ▷ vt (Law)
мúловать (perf помúловать);
pardon me!, I beg your pardon!
прошý прощéния!; **(I beg your
pardon?, (US) pardon me?** (what
did you say?) простúте, не
расслúшал
parent ['pɛərənt] n
родúтель(ница) m(f); **parents** npl
(mother and father) родúтели mpl;
parental [pə'rɛntl] adj
родúтельский
Paris ['pærıs] n Парúж
parish ['pærıʃ] n (Rel) прихóд
park [pɑːk] n парк ▷ vt стáвить
(perf постáвить), парковáть (perf
припарковáть) ▷ vi парковáться
(perf припарковáться)
parking ['pɑːkıŋ] n (of vehicle)
паркóвка; (space to park) стоúнка;
"no parking" "стоúнка
запрещенá"; **parking lot** n (US)
(авто)стоúнка
parliament ['pɑːləmənt] n
парлáмент; **parliamentary**
[pɑːlə'mɛntəri] adj
парлáментский
parole [pə'rəʊl] n: he was
released on parole (Law) он был
освобождён под чéстное слóво
parrot ['pærət] n попугáй
parsley ['pɑːslı] n петрýшка
parsnip ['pɑːsnıp] n пастернáк
(посевнóй)
part [pɑːt] n (section, division)

часть f; (component) детáль f;
(role) роль f; (episode) сéрия; (US:
in hair) пробóр ▷ adv = **partly**
▷ vt разделúть (perf разделúть);
(hair) расчёсывать (perf
расчесáть) на пробóр ▷ vi
(people) расставáться (perf
расстáться); (crowd) расступáться
(perf расступúться); **to take part in**
принимáть (perf принúть) учáстие
в +prp; **to take sb's part** (support)
становúться (perf стать) на чью-н
стóрону; **for my part** с моéй
стороны́; **for the most part**
бóльшей чáстью; **part with** vt fus
расставáться (perf расстáться) с
+instr
partial ['pɑːʃl] adj (incomplete)
частúчный; **I am partial to
chocolate** (like) у меня́
пристрáстие к шоколáду
participant [pɑː'tısıpənt] n
учáстник(-ица)
participate [pɑː'tısıpeıt] vi: **to
participate in** учáствовать (impf) в
+prp
particle ['pɑːtıkl] n частúца
particular [pə'tıkjulə*] adj
(distinct, special) осóбый; (fussy)
привередлúвый; **particulars** npl
(personal details) дáнные pl adj;
in particular в чáстности;
particularly adv осóбенно
parting ['pɑːtıŋ] n разделéние;
(farewell) прощáние; (Brit: in hair)
пробóр ▷ adj прощáльный
partition [pɑː'tıʃən] n (wall,
screen) перегорóдка
partly ['pɑːtlı] adv частúчно
partner ['pɑːtnə*] n партнёр(ша);
(spouse) супрýг(а); (Comm, Sport,
Cards) партнёр; **partnership** n
(Comm: company) товáрищество;
(: with person) партнёрство; (Pol)
сою́з

part-time ['pɑːt'taɪm] *adj* (*work*)
почасовой; (*staff*) на почасовой
ставке ▷ *adv*: **to work part-time**
быть (*impf*) на почасовой ставке;
to study part-time обучаться
(*impf*) по неполной программе

party ['pɑːtɪ] *n* партия; (*celebration: formal*) вечер; (*: informal*) вечеринка; (*group: rescue*) отряд; (*: of tourists etc*)
группа ▷ *cpd* (*Pol*) партийный;
birthday party празднование дня
рождения, день рождения

pass [pɑːs] *vt* (*time*) проводить
(*perf* провести); (*hand over*)
передавать (*perf* передать); (*go past: on foot*) проходить (*perf*
пройти); (*by transport*)
проезжать (*perf* проехать);
(*overtake: vehicle*) обгонять (*perf*
обогнать); (*exam*) сдавать (*perf*
сдать); (*law, proposal*) принимать
(*perf* принять) ▷ *vi* (*go past: on foot*) проходить (*perf* пройти);
(*: by transport*) проезжать (*perf*
проехать); (*in exam*) сдавать (*perf*
сдать) экзамен ▷ *n* (*permit*)
пропуск; (*Geo*) перевал; (*Sport*)
пас, передача; (*Scol: also* **pass
mark**): **to get a pass** получать
(*perf* получить) зачёт; **pass by** *vi*
(*on foot*) проходить (*perf* пройти);
(*by transport*) проезжать (*perf*
проехать); **pass on** *vt*
передавать (*perf* передать)

passage ['pæsɪdʒ] *n* (*also Anat*)
проход; (*in book*) отрывок;
(*journey*) путешествие

passenger ['pæsɪndʒə^r] *n*
пассажир(ка)

passer-by [pɑːsə'baɪ] (*pl*
passers-by) *n* прохожий(-ая) *m(f)
adj*

passion ['pæʃən] *n* страсть *f*;
passionate *adj* страстный

passive ['pæsɪv] *adj* пассивный

passport ['pɑːspɔːt] *n* паспорт

password ['pɑːswəːd] *n*
пароль *m*

past [pɑːst] *prep* мимо +*gen*;
(*beyond*) за +*instr*; (*later than*)
после +*gen* ▷ *adj* (*government
etc*) прежний; (*week, month etc*)
прошлый ▷ *n* прошлое *nt adj*;
(*Ling*): **the past (tense)** прошедшее
время ▷ *adv*: **to run past**
пробегать (*perf* пробежать) мимо;
ten/quarter past eight десять
минут/четверть девятого; **for the
past few days** за последние
несколько дней

pasta ['pæstə] *n* макаронные
изделия *ntpl*

paste [peɪst] *n* (*wet mixture*)
паста; (*glue*) клейстер; (*Culin*)
паштет ▷ *vt* (*paper etc*) наносить
(*perf* нанести) клей на +*acc*

pastel ['pæstl] *adj* пастельный

pastime ['pɑːstaɪm] *n*
времяпрепровождение

pastry ['peɪstrɪ] *n* (*dough*) тесто

pasture ['pɑːstʃə^r] *n* пастбище

pat [pæt] *vt* (*dog*) ласкать (*perf*
приласкать); (*child*) гладить (*perf*
погладить); (*hand*) похлопывать
(*perf* похлопать) по +*dat*

patch [pætʃ] *n* (*of material*)
заплата; (*also* **eye patch**)
повязка; (*area*) пятно; (*repair*)
заплата ▷ *vt* (*clothes*) латать (*perf*
залатать); **to go through a bad
patch** переживать (*impf*) трудные
времена; **bald patch** лысина;
patchy *adj* (*colour*) пятнистый;
(*information, knowledge etc*)
отрывочный

pâté ['pæteɪ] *n* (*Culin*) паштет

patent ['peɪtnt] *n* патент ▷ *vt*
(*Comm*) патентовать (*perf*
запатентовать)

paternal [pə'tə:nl] adj (love, duty) отцовский

path [pɑ:θ] n (trail, track) тропа, тропинка; (concrete, gravel etc) дорожка; (trajectory) линия движения

pathetic [pə'θetik] adj жалостный; (very bad) жалкий

patience ['peɪʃns] n (quality) терпение

patient ['peɪʃnt] n пациент(ка)
▷ adj терпеливый

patio ['pætɪəu] n патио m ind, внутренний дворик

patriotic [pætrɪ'ɔtik] adj патриотичный; (song etc) патриотический

patrol [pə'trəul] n патруль m
▷ vt патрулировать (impf)

patron ['peɪtrən] n (client) (постоянный) клиент; (benefactor: of charity) шеф, покровитель m;
patron of the arts покровитель(ница) m(f) искусств

pattern ['pætən] n (design) узор; (Sewing) выкройка

pause [pɔ:z] n перерыв; (in speech) пауза ▷ vi делать (perf сделать) перерыв; (in speech) делать (perf сделать) паузу

pave [peɪv] vt мостить (perf вымостить); **to pave the way for** (fig) прокладывать (perf проложить) путь для +gen; **pavement** n (Brit) тротуар

pavilion [pə'vɪlɪən] n (Sport) павильон

paw [pɔ:] n (of animal) лапа

pawn [pɔ:n] n (Chess, fig) пешка
▷ vt закладывать (perf заложить);
pawnbroker n ростовщик(-ица)

pay [peɪ] (pt, pp **paid**) n зарплата
▷ vt (sum of money, wage) платить (perf заплатить); (debt, bill) платить (perf уплатить) ▷ vi

(be profitable) окупаться (perf окупиться); **to pay attention (to)** обращать (perf обратить) внимание (на +acc); **to pay sb a visit** наносить (perf нанести) кому-н визит; **pay back** vt возвращать (perf возвратить), вернуть (perf); (person) отплачивать (perf отплатить);
pay for vt fus платить (perf заплатить) за +acc; (fig) поплатиться (perf) за +acc; **pay in** vt вносить (perf внести); **pay off** vt (debt) выплачивать (perf выплатить); (creditor) рассчитываться (perf рассчитаться) с +instr; (person) рассчитывать (perf рассчитать) ▷ vi окупаться (perf окупиться);
pay up vi рассчитываться (perf рассчитаться) (сполна); **payable** adj (cheque): **payable to** подлежащий уплате на имя +gen;
payment n (act) платёж, уплата; (amount) выплата

PC n abbr (= personal computer) ПК (= персональный компьютер); (Brit) = police constable; politically correct

pc abbr = per cent

pea [pi:] n (Bot, Culin) горох m no pl

peace [pi:s] n (not war) мир; (calm) покой; **peaceful** adj (calm) мирный

peach [pi:tʃ] n персик

peacock ['pi:kɔk] n павлин

peak [pi:k] n вершина, пик; (of cap) козырёк

peanut ['pi:nʌt] n арахис

pear [pɛəʳ] n груша

pearl [pə:l] n жемчужина; **pearls** npl жемчуг

peasant ['pɛznt] n крестьянин(-нка)

peat [pi:t] *n* торф

pebble ['pɛbl] *n* га́лька *no pl*

peck [pɛk] *vt* (*subj: bird*) клева́ть (*impf*); (*: once*) клю́нуть (*perf*); (*kiss*) поцелу́й

peculiar [pɪ'kju:lɪə'] *adj* (*strange*) своеобра́зный; (*unique*): **peculiar to** сво́йственный +*dat*

pedal ['pɛdl] *n* педа́ль *b* *vi* крути́ть (*impf*) педа́ли

pedestal ['pɛdəstl] *n* пьедеста́л

pedestrian [pɪ'dɛstrɪən] *n* пешехо́д

pedigree ['pɛdɪgri:] *n* родосло́вная *f adj* *adj* *cpd* поро́дистый

pedophile ['pi:dəufail] *n* (*US*) = **paedophile**

pee [pi:] *vi* (*inf*) пи́сать (*perf* попи́сать)

peel [pi:l] *n* кожура́ *b* *vt* (*vegetables, fruit*) чи́стить (*perf* почи́стить); (*vi* (*paint*) лупи́ться (*perf* облупи́ться); (*wallpaper*) отстава́ть (*perf* отста́ть); (*skin*) шелуши́ться (*impf*)

peep [pi:p] *n* (*look*) взгляд украдкой *b* *vi* взгля́дывать (*perf* взгляну́ть)

peer [pɪə'] *n* (*Brit: noble*) пэр; (*equal*) ро́вня *m/f*; (*contemporary*) рове́сник(-ица) *b* *vi*: **to peer at** всма́триваться (*perf* всмотре́ться) в +*acc*

peg [pɛg] *n* (*for coat etc*) крючо́к; (*Brit: also* **clothes peg**) прище́пка

pejorative [pɪ'dʒɔrətɪv] *adj* уничижи́тельный

pelvis ['pɛlvɪs] *n* таз

pen [pɛn] *n* ру́чка; (*felt-tip*) фломастер; (*enclosure*) заго́н

penalty ['pɛnltɪ] *n* наказа́ние; (*fine*) штраф; (*Sport*) пена́льти *m ind*

pence [pɛns] *npl of* **penny**

pencil ['pɛnsl] *n* каранда́ш

pending ['pɛndɪŋ] *prep* впредь до +*gen*, в ожида́нии +*gen* *b* *adj* (*lawsuit, exam etc*) предстоя́щий

penetrate ['pɛnɪtreɪt] *vt* (*subj: person, light*) проника́ть (*perf* прони́кнуть) в/на +*acc*

penguin ['pɛŋgwɪn] *n* пингви́н

penicillin [pɛnɪ'sɪlɪn] *n* пеницилли́н

peninsula [pə'nɪnsjulə'] *n* полуо́стров

penis ['pi:nɪs] *n* пе́нис, половой член

penknife ['pɛnnaɪf] *n* перочи́нный нож

penniless ['pɛnɪlɪs] *adj* без гроша́

penny ['pɛnɪ] (*pl* **pennies** *or* **pence**) *n* (*Brit*) пе́нни *nt ind*, пенс

pension ['pɛnʃən] *n* пе́нсия; **pensioner** *n* (*Brit*) **old age pensioner** пенсионе́р(ка)

pentagon ['pɛntəgən] *n* (*US*): **the Pentagon** Пентаго́н

penultimate [pɛ'nʌltɪmət] *adj* предпосле́дний

people ['pi:pl] *npl* (*persons*) лю́ди *pl*; (*nation, race*) наро́д; **several people** пришло́ не́сколько челове́к; **people say that ...** говоря́т, что ...

pepper ['pɛpə'] *n* пе́рец *b* *vt* (*fig*): **to pepper with** забра́сывать (*perf* заброса́ть) +*instr*; **peppermint** *n* (*sweet*) мя́тная конфе́та

per [pə:'] *prep* (*of amounts*) на +*acc*; (*of price*) за +*acc*; (*of charge*) с +*gen*; **per annum/day** в год/день; **per person** на челове́ка

perceive [pə'si:v] *vt* (*realize*) осознава́ть (*perf* осозна́ть)

per cent *n* проце́нт

percentage [pə'sɛntɪdʒ] *n*

процент

perception [pəˈsɛpʃən] n
(insight) понимание

perch [pəːtʃ] vi: to perch (on)
(bird) садиться (perf сесть) (на
+acc); (person) присаживаться
(perf присесть) (на +acc)

percussion [pəˈkʌʃən] n ударные
инструменты mpl

perennial [pəˈrɛnɪəl] adj (fig)
вечный

perfect [adj ˈpəːfɪkt, vb pəˈfɛkt]
adj совершенный, безупречный;
(weather) прекрасный; (utter:
nonsense etc) совершенный ▷ vt
(technique) совершенствовать
(perf усовершенствовать);
perfection [pəˈfɛkʃən] n
совершенство; **perfectly**
[ˈpəːfɪktlɪ] adv (well, all right)
вполне

perform [pəˈfɔːm] vt (task,
operation) выполнять (perf
выполнить); (piece of music)
исполнять (perf исполнить); (play)
играть (perf сыграть) ▷ vi (well,
badly) справляться (perf
справиться; **performance** n (of
actor, athlete etc) выступление; (of
musical work) исполнение; (of
play, show) представление; (of car,
engine, company) работа;
performer n исполнитель(ница)
m(f)

perfume [ˈpəːfjuːm] n духи pl

perhaps [pəˈhæps] adv может
быть, возможно

perimeter [pəˈrɪmɪtəʳ] n
периметр

period [ˈpɪərɪəd] n (length of
time) период; (Scol) урок; (esp
US: full stop) точка; (Med)
менструация ▷ adj (costume,
furniture) старинный; **periodical**
[pɪərɪˈɔdɪkl] n (magazine)

периодическое издание ▷ adj
периодический

perish [ˈpɛrɪʃ] vi (person)
погибать (perf погибнуть)

perk [pəːk] n (inf)
дополнительное преимущество

perm [pəːm] n перманент,
химическая завивка

permanent [ˈpəːmənənt] adj
постоянный; (dye, ink) стойкий

permission [pəˈmɪʃən] n
позволение, разрешение

permit [vb pəˈmɪt, n ˈpəːmɪt] vt
позволять (perf позволить) ▷ n
разрешение

persecute [ˈpəːsɪkjuːt] vt
преследовать (impf)

persecution [pəːsɪˈkjuːʃən] n
преследование

persevere [pəːsɪˈvɪəʳ] vi
упорствовать (impf)

persist [pəˈsɪst] vi: to persist (in
doing) настаивать (perf настоять)
(на том, чтобы +infinit); **persistent**
adj непрекращающийся; (smell)
стойкий; (person) упорный

person [ˈpəːsn] n человек; in
person лично; **personal** adj
личный; **personal computer** n
персональный компьютер;
personality [pəːsəˈnælɪtɪ] n
характер; (famous person)
знаменитость f; **personally** adv
лично; to take sth personally
принимать (perf принять) что-н
на свой счёт

personnel [pəːsəˈnɛl] n
персонал, штат; (Mil) личный
состав

perspective [pəˈspɛktɪv] n
(Archit, Art) перспектива; (way of
thinking) видение; to get sth into
perspective (fig) смотреть (perf
посмотреть) на что-н в истинном
свете

perspiration [pə:spɪ'reɪʃən] *n*
пот

persuade [pə'sweɪd] *vt*: to
persuade sb to do убеждать (*perf*
убедить) *or* уговаривать (*perf*
уговорить) кого-н +*infin*

persuasion [pə'sweɪʒən] *n*
убеждение

persuasive [pə'sweɪsɪv] *adj*
(*argument*) убедительный;
(*person*) настойчивый

perverse [pə'və:s] *adj* (*contrary*)
вредный

pervert [*vb* pə'və:t, *n* 'pə:və:t] *vt*
(*person, mind*) развращать (*perf*
развратить), растлевать (*perf*
растлить); (*truth, sb's words*)
извращать (*perf* извратить) ⊳ *n*
(*also* **sexual pervert**) (половой)
извращенец

pessimism ['pɛsɪmɪzəm] *n*
пессимизм

pessimistic [pɛsɪ'mɪstɪk] *adj*
пессимистичный

pest [pɛst] *n* (*insect*) вредитель
m; (*fig*: *nuisance*) зануда *m/f*

pester ['pɛstə'] *vt* приставать
(*perf* пристать) к +*dat*

pesticide ['pɛstɪsaɪd] *n* пестицид

pet [pɛt] *n* домашнее животное
nt adj

petal ['pɛtl] *n* лепесток

petite [pə'ti:t] *adj* миниатюрный

petition [pə'tɪʃən] *n* (*signed
document*) петиция

petrified ['pɛtrɪfaɪd] *adj* (*fig*)
оцепеневший; **I was petrified** я
оцепенел

petrol ['pɛtrəl] *n* (*Brit*) бензин;
two/four-star petrol
низкооктановый/
высокооктановый бензин

petroleum [pə'trəʊlɪəm] *n*
нефть *f*

petty ['pɛtɪ] *adj* (*trivial*) мелкий;

(*small-minded*) ограниченный

pew [pju:] *n* скамья (*в церкви*)

phantom ['fæntəm] *n* фантом

pharmacist ['fɑ:məsɪst] *n*
фармацевт

pharmacy ['fɑ:məsɪ] *n* (*shop*)
аптека

phase [feɪz] *n* фаза ⊳ *vt*: to
phase sth in поэтапно вводить
(*perf* ввести) что-н; to **phase sth
out** поэтапно ликвидировать
(*impf/perf*) что-н

PhD *n abbr* (= *Doctor of
Philosophy*) доктор философии

pheasant ['fɛznt] *n* фазан

phenomena [fə'nɔmɪnə] *npl of*
phenomenon

phenomenal [fə'nɔmɪnl] *adj*
феноменальный

phenomenon [fə'nɔmɪnən] (*pl*
phenomena) *n* явление,
феномен

philosopher [fɪ'lɔsəfə'] *n*
философ

philosophical [fɪlə'sɔfɪkl] *adj*
философский

philosophy [fɪ'lɔsəfɪ] *n*
философия

phobia ['fəʊbjə] *n* фобия, страх

phone [fəʊn] *n* телефон ⊳ *vt*
звонить (*perf* позвонить) +*dat*; to
be on the phone говорить (*impf*)
по телефону; (*possess phone*)
иметь (*impf*) телефон; **phone
back** *vt* перезванивать (*perf*
перезвонить) +*dat* ⊳ *vi*
перезванивать (*perf*
перезвонить); **phone up** *vt*
звонить (*perf* позвонить) +*dat*;
phone book *n* телефонная
книга; **phone box** *n* (*Brit*)
телефонная будка; **phone call** *n*
телефонный звонок; **phonecard**
n телефонная карта

phonetics [fə'nɛtɪks] *n*

фоне́тика

phoney ['fəunɪ] adj фальши́вый

photo ['fəutəu] n фотогра́фия;

photocopier ['fəutəukɔpɪə'] n (machine) ксе́рокс, копирова́льная маши́на; **photocopy** n ксероко́пия, фотоко́пия ▷ vt фотокопи́ровать (perf сфотокопи́ровать), ксероко́пировать (impf/perf);

photograph n фотогра́фия ▷ vt фотографи́ровать (perf сфотографи́ровать);

photographer [fə'tɔgrəfə'] n фото́граф; **photography** [fə'tɔgrəfɪ] n фотогра́фия

phrase [freɪz] n фра́за ▷ vt формули́ровать (perf сформули́ровать)

physical ['fɪzɪkl] adj физи́ческий; (world, object) материа́льный; **physically** adv физи́чески

physician [fɪ'zɪʃən] n (esp US) врач

physicist ['fɪzɪsɪst] n фи́зик

physics ['fɪzɪks] n фи́зика

physiotherapy [fɪzɪəu'θerəpɪ] n физиотерапи́я

physique [fɪ'zi:k] n телосложе́ние

pianist ['pi:ənɪst] n пиани́ст(ка)

piano [pɪ'ænəu] n пиани́но, фортепья́но nt ind

pick [pɪk] n (also **pickaxe**) кирка́ ▷ vt (select) выбира́ть (perf вы́брать); (gather: fruit, flowers) собира́ть (perf собра́ть); (remove) рвать (impf); (lock) взла́мывать (perf взлома́ть); **take your pick** выбира́йте; **to pick one's nose/ teeth** ковыря́ть (impf) в носу́/ зуба́х; **to pick a quarrel (with sb)** иска́ть (impf) по́вод для ссо́ры (с кем-н); **pick out** vt (distinguish) разгляде́ть (perf); (select)

отбира́ть (perf отобра́ть); **pick up** vi (improve) улучша́ться (perf улучши́ться) ▷ vt (lift) поднима́ть (perf подня́ть); (arrest) забира́ть (perf забра́ть); (collect: person: by car) заезжа́ть (perf зае́хать за +instr; (passenger) подбира́ть (perf подобра́ть); (language, skill etc) усва́ивать (perf усво́ить); (Radio) лови́ть (perf пойма́ть); **to pick up speed** набира́ть (perf набра́ть) ско́рость; **to pick o.s. up** (after falling) поднима́ться (perf подня́ться)

pickle ['pɪkl] n (also **pickles**) солёная ntpl ▷ vt (in vinegar) маринова́ть (perf замаринова́ть); (in salt water) соли́ть (perf засоли́ть)

pickpocket ['pɪkpɔkɪt] n вор-карма́нник

picnic ['pɪknɪk] n пикни́к

picture ['pɪktʃə'] n карти́на; (photo) фотогра́фия; (TV) изображе́ние; (imagine) рисова́ть (perf нарисова́ть) карти́ну +gen; **pictures** npl: **the pictures** (Brit: inf) кино́ nt ind

picturesque [pɪktʃə'resk] adj живопи́сный

pie [paɪ] n пиро́г; (small) пирожо́к

piece [pi:s] n (portion, part) кусо́к; (component) дета́ль f ▷ vt: **to piece together** (information) свя́зывать (perf связа́ть); (object) соединя́ть (perf соедини́ть); **a piece of clothing** вещь, предме́т оде́жды; **a piece of advice** сове́т; **to take to pieces** (dismantle) разбира́ть (perf разобра́ть)

pier [pɪə'] n пирс

pierce [pɪəs] vt протыка́ть (perf проткну́ть), прока́лывать (perf проколо́ть)

pig [pɪɡ] n (also fig) свинья́

pigeon ['pɪdʒən] n го́лубь m

pigtail ['pɪɡteɪl] n коси́чка

pike [paɪk] n inv (fish) щу́ка

pile [paɪl] n (large heap) ку́ча, гру́да; (neat stack) сто́пка ▷ vi: **to pile into** (vehicle) набива́ться (perf наби́ться) в +acc; **to pile out of** (vehicle) выва́ливаться (perf вы́валиться) из +gen; **pile up** vt (objects) сва́ливать (perf свали́ть) в ку́чу ▷ vi громозди́ться (impf); (problems, work) нака́пливаться (perf накопи́ться)

piles [paɪlz] npl (Med) геморро́й msg

pilgrimage ['pɪlɡrɪmɪdʒ] n пало́мничество

pill [pɪl] n табле́тка; **the pill** (contraceptive) противозача́точные pl adj (табле́тки)

pillar ['pɪlə^r] n (Archit) столб, коло́нна

pillow ['pɪləu] n поду́шка; **pillowcase** n на́волочка

pilot ['paɪlət] n (Aviat) пило́т, лётчик ▷ cpd (scheme, study etc) эксперимента́льный ▷ vt (aircraft) управля́ть (impf) +instr

pimple ['pɪmpl] n прыщ, прыщик

PIN [pɪn] n (= personal identification number) (also **PIN number**) персона́льный идентификацио́нный но́мер

pin [pɪn] n (for clothes, papers) була́вка ▷ vt прика́лывать (perf приколо́ть); **pins and needles** (fig) колотьё; **to pin sth on sb** (fig) возлага́ть (perf возложи́ть) что-н на кого́-н; **pin down** vt: **to pin sb down** (fig) принужда́ть (perf прину́дить) кого́-н

pinch [pɪntʃ] n (small amount)

щепо́тка ▷ vt щипа́ть (perf ущипну́ть); (inf: steal) стащи́ть (perf); **at a pinch** в кра́йнем слу́чае

pine [paɪn] n (tree, wood) сосна́

pineapple ['paɪnæpl] n анана́с

pink [pɪŋk] adj ро́зовый

pint [paɪnt] n пи́нта

○ **PINT**

○ Одна́ пи́нта равна́ 0.568 л.

pioneer [paɪə'nɪə^r] n (of science, method) первооткрыва́тель m, нова́тор

pious ['paɪəs] adj на́божный

pip [pɪp] n (of grape, melon) ко́сточка; (of apple, orange) зёрнышко

pipe [paɪp] n (for water, gas) труба́; (for smoking) тру́бка ▷ vt (water, gas, oil) подава́ть (perf пода́ть); **pipes** npl (also bagpipes) волы́нка fsg

pirate ['paɪərət] n (sailor) пира́т ▷ vt (video tape, cassette) незако́нно распространя́ть (perf распространи́ть)

Pisces ['paɪsi:z] n Ры́бы fpl

pistol ['pɪstl] n пистоле́т

pit [pɪt] n (in ground) я́ма; (also **coal pit**) ша́хта; (quarry) карье́р ▷ vt: **to pit one's wits against sb** состяза́ться (impf) в уме́ с кем-н

pitch [pɪtʃ] n (Brit: Sport) по́ле; (Mus) высота́; (level) у́ровень m

pitiful ['pɪtɪful] adj жа́лкий

pity ['pɪtɪ] n жа́лость f ▷ vt жале́ть (perf пожале́ть)

pizza ['pi:tsə] n пи́цца

placard ['plækɑ:d] n плака́т

place [pleɪs] n (put) помеща́ть (perf помести́ть); (identify: person) вспомина́ть (perf вспо́мнить) ▷ n ме́сто; (home): **at his place** у него́ (до́ма); **to place an order with sb for sth** (*Comm*) зака́зывать (*perf* заказа́ть) что-н у кого́-н; **to take place** происходи́ть (*perf* произойти́); **out of place** (*inappropriate*) неуме́стный; **in the first place** (*first of all*) во-пе́рвых; **to change places with sb** меня́ться (*perf* поменя́ться) места́ми с кем-н

placid ['plæsɪd] *adj* (*person*) ти́хий

plague [pleɪg] *n* (*Med*) чума́; (*fig: of locusts etc*) наше́ствие ▷ *vt* (*fig: subj: problems*) осажда́ть (*perf* осади́ть)

plaice [pleɪs] *n inv* ка́мбала

plain [pleɪn] *adj* просто́й; (*unpatterned*) гла́дкий; (*clear*) я́сный, поня́тный ▷ *adv* (*wrong, stupid etc*) я́вно ▷ *n* (*Geo*) равни́на; **plainly** *adv* я́сно

plan [plæn] *n* план ▷ *vt* плани́ровать (*perf* заплани́ровать); (*draw up plans for*) плани́ровать (*impf*) ▷ *vi* плани́ровать (*impf*)

plane [pleɪn] *n* (*Aviat*) самолёт; (*fig: level*) план

planet ['plænɪt] *n* плане́та

plank [plæŋk] *n* (*of wood*) доска́

planning ['plænɪŋ] *n* (*of future, event*) плани́рование; (*also* **town planning**) планиро́вка

plant [plɑːnt] *n* (*Bot*) расте́ние; (*factory*) заво́д; (*machinery*) устано́вка ▷ *vt* (*seed, garden*) сажа́ть (*perf* посади́ть); (*field*) засе́ивать (*perf* засе́ять); (*bomb, evidence*) подкла́дывать (*perf* подложи́ть); **plantation** [plæn'teɪʃən] *n* (*of tea, sugar etc*) планта́ция; (*of trees*) лесонасажде́ние

plaque [plæk] *n* (*on teeth*) налёт; (*on building*) мемориа́льная доска́

plaster ['plɑːstəʳ] *n* (*for walls*) штукату́рка; (*also* **plaster of Paris**) гипс; (*Brit: also* **sticking plaster**) пла́стырь *m* ▷ *vt* (*wall, ceiling*) штукату́рить (*perf* оштукату́рить); (*cover*): **to plaster with** зашту́катуривать (*perf* зашту́катурить) +*instr*

plastic ['plæstɪk] *n* пластма́сса ▷ *adj* (*made of plastic*) пластма́ссовый

plate [pleɪt] *n* (*dish*) таре́лка

plateau ['plætəu] *n* (*pl* **plateaus** *or* **plateaux**) плато́ *nt ind*

platform ['plætfɔːm] *n* (*at meeting*) трибу́на; (*at concert*) помо́ст; (*for landing, loading on etc*) площа́дка; (*Rail, Pol*) платфо́рма

plausible ['plɔːzɪbl] *adj* убеди́тельный

play [pleɪ] *n* пье́са ▷ *vt* (*subj: children: game*) игра́ть (*impf*) +*acc*; (*sport, cards*) игра́ть (*perf* сыгра́ть) +*acc*; (*opponent*) игра́ть (*perf* сыгра́ть) с +*instr*; (*part, piece of music*) игра́ть (*perf* сыгра́ть); (*instrument*) игра́ть (*impf*) на +*prp*; (*tape, record*) ста́вить (*perf* поста́вить) ▷ *vi* игра́ть (*impf*); **play down** *vt* не заостря́ть (*impf*) внима́ние на +*prp*; **player** *n* (*Sport*) игро́к; **playful** *adj* (*person*) игри́вый; **playground** *n* (*in park*) де́тская площа́дка; (*in school*) игрова́я площа́дка; **playgroup** *n* де́тская гру́ппа; **playtime** *n* (*Scol*) переме́на; **playwright** *n* драмату́рг

plc *abbr* (*Brit*) (= *public limited company*) публи́чная компа́ния с ограни́ченной отве́тственностью

plea [pliː] *n* (*personal request*) мольба́; (*public request*) призы́в;

(*Law*) заявление

plead [pliːd] *vt* (*ignorance, ill health etc*) ссылаться (*perf* сослаться) на +*acc* ▷ *vi* (*Law*): **to plead guilty/not guilty** признавать (*perf* признать) себя виновным(-ой)/невиновным(-ой); (*beg*): **to plead with sb** умолять (*impf*) кого-н

pleasant ['plɛznt] *adj* приятный

please [pliːz] *excl* пожалуйста ▷ *vt* угождать (*perf* угодить) +*dat*; **please yourself!** (*inf*) как Вам угодно!; **do as you please** делайте как хотите; **he is difficult/easy to please** ему трудно/легко угодить; **pleased** *adj*: **pleased (with)** довольный (+*instr*); **pleased to meet you** очень приятно

pleasure ['plɛʒə] *n* удовольствие; **it's a pleasure** не стоит; **to take pleasure in** получать (*perf* получить) удовольствие от +*gen*

pleat [pliːt] *n* складка

pledge [plɛdʒ] *n* обязательство ▷ *vt* (*money*) обязываться (*perf* обязаться) дать; (*support*) обязываться (*perf* обязаться) оказать

plentiful ['plɛntɪful] *adj* обильный

plenty ['plɛntɪ] *n* (*enough*) изобилие; **plenty of** (*food, money etc*) много +*gen*; (*jobs, people, houses*) множество +*gen*; **we've got plenty of time to get there** у нас достаточно времени, чтобы туда добраться

pliers ['plaɪəz] *npl* плоскогубцы *pl*

plight [plaɪt] *n* муки *fpl*

plot [plɔt] *n* (*conspiracy*) заговор; (*of story*) сюжет; (*of land*) участок; (*of plan*) замыслить (замыслить

impf); (*Math*) наносить (*perf* нанести); составлять (*perf* составить) заговор

plough [plaʊ] (*US* **plow**) *n* плуг ▷ *vt* пахать (*perf* вспахать)

ploy [plɔɪ] *n* уловка

pluck [plʌk] *vt* (*eyebrows*) выщипывать (*perf* выщипать); (*instrument*) перебирать (*impf*) струны +*gen*; **to pluck up courage** набираться (*perf* набраться) храбрости *or* мужества

plug [plʌg] *n* (*Elec*) вилка, штепсель *m*; (*in sink, bath*) пробка ▷ *vt* (*hole*) затыкать (*perf* заткнуть); (*inf: advertise*) рекламировать (*perf* разрекламировать); **plug in** *vt* (*Elec*) включать (*perf* включить) в розетку

plum [plʌm] *n* слива

plumber ['plʌmə] *n* водопроводчик, слесарь-сантехник

plumbing ['plʌmɪŋ] *n* (*piping*) водопровод и канализация; (*trade, work*) слесарное дело

plummet ['plʌmɪt] *vi*: **to plummet (down)** (*price, amount*) резко падать (*perf* упасть)

plump [plʌmp] *adj* полный, пухлый ▷ *vi*: **to plump for** (*inf*) выбирать (*perf* выбрать)

plunge [plʌndʒ] *n* (*fig: of prices etc*) резкое падение ▷ *vt* (*knife*) метать (*perf* метнуть); (*hand*) выбрасывать (*perf* выбросить) ▷ *vi* (*fall*) рухнуть (*perf*); (*dive*) бросаться (*perf* броситься); (*fig: prices etc*) резко падать (*perf* упасть); **to take the plunge** (*fig*) отваживаться (*perf* отважиться)

plural ['pluərl] *n* множественное число

p

plus [plʌs] *n, adj* плюс *ind*
▷ *prep:* **ten plus ten** is twenty
де́сять плюс де́сять — два́дцать;
ten/twenty plus (*more than*)
де́сять/два́дцать с ли́шним

plywood ['plaiwud] *n* фане́ра

PM *abbr* (*Brit*) = **Prime Minister**

p.m. *adv abbr* (= *post meridiem*)
по́сле полу́дня

pneumonia [nju:'məuniə] *n*
воспале́ние лёгких, пневмони́я

PO Box *n abbr* (= *Post Office Box*)
абоне́нтский *or* почто́вый я́щик

pocket ['pɔkit] *n* карма́н; (*fig:
small area*) уголо́к ▷ *vt* класть
(*perf* положи́ть) себе́ в карма́н; **to
be out of pocket** (*Brit*) быть (*impf*)
в убы́тке

pod [pɔd] *n* (*Bot*) стручо́к

podcast ['pɔdkæst] *n* по́дкаст
▷ *vi* выпуска́ть (*perf* вы́пустить)
по́дкаст

poem ['pəuim] *n* (*long*) поэ́ма;
(*short*) стихотворе́ние

poet ['pəuit] *n* (*male*) поэ́т;
(*female*) поэте́сса; **poetic**
[pəu'ɛtik] *adj* поэти́ческий;
poetry *n* поэ́зия

poignant ['pɔinjənt] *adj*
пронзи́тельный

point [pɔint] *n* (*of needle, knife
etc*) остриё, ко́нчик; (*purpose*)
смысл; (*significant part*) суть *f*;
(*particular position*) то́чка; (*detail,
moment*) моме́нт; (*stage in
development*) ста́дия; (*score*) очко́;
(*Elec: also* **power point**) розе́тка
▷ *vt* (*show, mark*) ука́зывать (*perf*
указа́ть) ▷ *vi:* **to point at**
ука́зывать (*perf* указа́ть) на +*acc*;
points *npl* (*Rail*) стре́лка *fsg*; **to
be on the point of doing**
собира́ться (*impf*) +*infin*; **I made a
point of visiting him** я счёл
необходи́мым посети́ть его́; **to**

get/miss the point понима́ть (*perf*
поня́ть)/не понима́ть (*perf* поня́ть)
суть; **to come to the point**
доходи́ть (*perf* дойти́) до су́ти;
there's no point in doing нет
смы́сла +*infin*; **to point sth at sb**
(*gun etc*) наце́ливать (*perf*
наце́лить) что-н на кого́-н; **point
out** *vt* ука́зывать (*perf* указа́ть) на
+*acc*; **point to** *t fus* ука́зывать
(*perf* указа́ть) на +*acc*;
point-blank *adv* (*refuse*)
наотре́з; (*say, ask*) напрями́к
▷ *adj:* **at point-blank range** в упо́р;
pointed *adj* о́стрый; (*fig: remark*)
язви́тельный; **pointless** *adj*
бессмы́сленный; **point of view**
n то́чка зре́ния

poison ['pɔizn] *n* яд ▷ *vt*
отравля́ть (*perf* отрави́ть);
poisonous *adj* (*toxic*) ядови́тый

poke [pəuk] *vt* (*with stick etc*)
тыка́ть (*perf* ткнуть); **to poke sth
in(to)** (*put*) втыка́ть (*perf* воткну́ть)
что-н в +*acc*

poker ['pəukəʳ] *n* кочерга́; (*Cards*)
по́кер

Poland ['pəulənd] *n* По́льша

polar ['pəuləʳ] *adj* поля́рный;
polar bear *n* бе́лый медве́дь *m*

pole [pəul] *n* (*stick*) шест;
(*telegraph pole*) столб; (*Geo*)
по́люс; **pole vault** *n* прыжки́
mpl с шесто́м

police [pə'li:s] *npl* поли́ция *fsg*;
(*in Russia*) мили́ция *fsg* ▷ *vt*
патрули́ровать (*impf*); **policeman**
irreg n полице́йский *m adj*;
police station *n* полице́йский
уча́сток; (*in Russia*) отделе́ние
мили́ции; **policewoman** *irreg n*
(же́нщина-)полице́йский *m adj*

policy ['pɔlisi] *n* поли́тика; (*also
insurance policy) по́лис

polio ['pəuliəu] *n* полиомиели́т

Polish ['pəʊlɪʃ] *adj* по́льский

polish ['pɒlɪʃ] *n* (*for furniture*)
(полирова́льная) па́ста; (*for shoes*)
гутали́н; (*for floor*) масти́ка; (*shine,
also fig*) лоск ▷ *vt* (*furniture etc*)
полирова́ть (*perf* отполирова́ть);
(*floors, shoes*) натира́ть (*perf*
натере́ть); **polished** *adj* (*style*)
отто́ченный

polite [pə'laɪt] *adj* ве́жливый

political [pə'lɪtɪkl] *adj*
полити́ческий; (*person*)
полити́чески акти́вный,
политизи́рованный; **politically**
adv полити́чески; **politically
correct** полити́чески корре́ктный

politician [pɒlɪ'tɪʃən] *n* поли́тик,
полити́ческий де́ятель *m*

politics ['pɒlɪtɪks] *n* поли́тика;
(*Scol*) политоло́гия

poll [pəʊl] *n* (*also* **opinion poll**)
опро́с; (*usu pl: election*) вы́боры
mpl ▷ *vt* (*number of votes*)
набира́ть (*perf* набра́ть)

pollen ['pɒlən] *n* пыльца́

pollute [pə'luːt] *vt* загрязня́ть
(*perf* загрязни́ть)

pollution [pə'luːʃən] *n*
загрязне́ние; (*substances*)
загрязни́тель *m*

polo neck ['pəʊləʊ-] *n* (*also*
polo neck sweater *or* **jumper**)
сви́тер с кру́глым воротнико́м

polyester [pɒlɪ'estə'] *n* (*fabric*)
полиэфи́рное волокно́

polystyrene [pɒlɪ'staɪriːn] *n*
пенопла́ст

polythene ['pɒlɪθiːn] *n*
полиэтиле́н

pomegranate ['pɒmɪɡrænɪt] *n*
(*Bot*) грана́т

pompous ['pɒmpəs] *adj* (*pej:
person, style*) напы́щенный,
чва́нный

pond [pɒnd] *n* пруд

ponder ['pɒndə'] *vt* обду́мывать
(*perf* обду́мать)

pony ['pəʊnɪ] *n* по́ни *m ind*;
ponytail *n* (*hairstyle*) хвост,
хво́стик

poodle ['puːdl] *n* пу́дель *m*

pool [puːl] *n* (*puddle*) лу́жа;
(*pond*) пруд; (*also* **swimming
pool**) бассе́йн; (*fig: of light, paint*)
пятно́; (*Sport, Comm*) пул *n* ▷ *vt*
объединя́ть (*perf* объедини́ть);
pools *npl* (*also* **football pools**)
футбо́льный тотализа́тор; **typing
pool**, (*US*) **secretary pool**
машинопи́сное бюро́ *nt ind*

poor [pʊə'] *adj* (*not rich*) бе́дный;
(*bad*) плохо́й ▷ *npl*: **the poor**
(*people*) беднота́ *fsg*, бе́дные *pl*
adj; **poor in** (*resources etc*) бе́дный
+*instr*; **poorly** *adv* пло́хо ▷ *adj*:
she is feeling poorly она́ пло́хо
себя́ чу́вствует

pop [pɒp] *n* (*also* **pop music**)
поп-му́зыка; (*inf: US: father*) па́па
m; (*sound*) хлопо́к ▷ *vi* (*balloon*)
ло́паться (*perf* ло́пнуть) ▷ *vt* (*put
quickly*): **to pop sth into/onto**
забра́сывать (*perf* забро́сить)
что-н в +*acc*/на +*acc*; **pop in** *vi*
загля́дывать (*perf* загляну́ть),
заска́кивать (*perf* заскочи́ть); **pop
up** *vi* вылеза́ть (*perf* вы́лезти);
popcorn *n* возду́шная кукуру́за,
попко́рн

pope [pəʊp] *n*: **the Pope** Па́па *m*
ри́мский

poplar ['pɒplə'] *n* то́поль *m*

poppy ['pɒpɪ] *n* мак

pop star *n* поп-звезда́ *m/f*

popular ['pɒpjʊlə'] *adj*
популя́рный; **popularity**
[pɒpjʊ'lærɪtɪ] *n* популя́рность *f*

population [pɒpjʊ'leɪʃən] *n* (*of
town, country*) населе́ние

porcelain ['pɔːslɪn] *n* фарфо́р

porch [pɔːtʃ] n крыльцо́; (US) вера́нда

pore [pɔːʳ] n по́ра

pork [pɔːk] n свини́на

porn [pɔːn] n (inf) порногра́фия

pornographic [pɔːnə'græfɪk] adj порнографи́ческий

pornography [pɔː'nɔgrəfɪ] n порногра́фия

porridge ['pɔrɪdʒ] n овся́ная ка́ша

port [pɔːt] n (harbour) порт; (wine) портве́йн; **port of call** порт захо́да

portable ['pɔːtəbl] adj портати́вный

porter ['pɔːtəʳ] n (doorkeeper) портье́ m ind, швейца́р; (for luggage) носи́льщик

portfolio [pɔːt'fəʊlɪəʊ] n (Art) па́пка

portion ['pɔːʃən] n (part) часть f; (equal part) до́ля; (of food) по́рция

portrait ['pɔːtreɪt] n портре́т

portray [pɔː'treɪ] vt изобража́ть (perf изобрази́ть)

Portugal ['pɔːtjʊgl] n Португа́лия

Portuguese [pɔːtjʊ'giːz] adj португа́льский

pose [pəʊz] n по́за ▷ vt (question) ста́вить (perf поста́вить); (problem, danger) создава́ть (perf созда́ть) ▷ vi (pretend): **to pose as** выдава́ть (perf вы́дать) себя́ за +acc; **to pose for** пози́ровать (impf) для +gen

posh [pɔʃ] adj (inf: hotel etc) фешене́бельный; (: person, behaviour) великосве́тский

position [pə'zɪʃən] n положе́ние; (of house, thing) расположе́ние, ме́сто; (job) до́лжность f; (in competition, race) ме́сто; (attitude) пози́ция ▷ vt располага́ть (perf расположи́ть)

positive ['pɔzɪtɪv] adj (affirmative) положи́тельный; (certain) уве́ренный, убеждённый; (definite: decision, policy) определённый

possess [pə'zes] vt владе́ть (impf) +instr, (quality, ability) облада́ть (impf) +instr

possession [pə'zeʃən] n (state of possessing) владе́ние

possessions npl (belongings) ве́щи fpl; **to take possession of** вступа́ть (perf вступи́ть) во владе́ние +instr, **possessive** adj (quality) со́бственнический; (person) ревни́вый; (Ling) притяжа́тельный

possibility [pɔsɪ'bɪlɪtɪ] n возмо́жность f

possible ['pɔsɪbl] adj возмо́жный; **it's possible** э́то возмо́жно; **as soon as possible** как мо́жно скоре́е

possibly ['pɔsɪblɪ] adv (perhaps) возмо́жно; **if you possibly can** е́сли то́лько Вы мо́жете; **I cannot possibly come** я ника́к не смогу́ прийти́

post [pəʊst] n (Brit: mail) по́чта; (pole) столб; (job, situation) пост ▷ vt (Brit: mail) посыла́ть (perf посла́ть), отправля́ть (perf отпра́вить) (по по́чте); **postage** n почто́вые расхо́ды mpl; **postal** adj почто́вый; **postcard** n (почто́вая) откры́тка; **postcode** n (Brit) почто́вый и́ндекс

poster ['pəʊstəʳ] n афи́ша, плака́т; (for advertising) по́стер

postgraduate [pəʊst'grædjʊət] n аспира́нт(ка) ▷ adj: **postgraduate study** аспиранту́ра

postman ['pəʊstmən] irreg n

почтальо́н

post office n почто́вое отделе́ние, отделе́ние свя́зи; (organization): **the Post Office** ≈ Министе́рство свя́зи

postpone [pəʊsˈpəʊn] vt откла́дывать

posture [ˈpɔstʃəᵊ] n (of body) оса́нка

pot [pɔt] n (for cooking, flowers) горшо́к; (also **teapot**) (зава́рочный) ча́йник; (also **coffeepot**) кофе́йник; (bowl, container) ба́нка ▷ vt (plant) сажа́ть (perf посади́ть); **a pot of tea** ча́йник ча́я

potato [pəˈteɪtəʊ] (pl **potatoes**) n карто́фель m no pl, карто́шка (inf); (single potato) картофе́лина

potent [ˈpəʊtnt] adj мо́щный; (drink) кре́пкий

potential [pəˈtɛnʃl] adj потенциа́льный ▷ n потенциа́л

pottery [ˈpɔtərɪ] n кера́мика; (factory) фа́брика керами́ческих изде́лий; (small) керами́ческий цех

potty [ˈpɔtɪ] adj (inf: mad) чо́кнутый ▷ n (for child) горшо́к

pouch [pautʃ] n (for tobacco) кисе́т; (for coins) кошелёк; (Zool) су́мка

poultry [ˈpəʊltrɪ] n (birds) дома́шняя пти́ца; (meat) пти́ца

pounce [pauns] vi: **to pounce on** набра́сываться (perf набро́ситься) на +acc

pound [paund] n (money, weight) фунт; **pound sterling** фунт сте́рлингов

● POUND
●
● **Pound** — ме́ра ве́са равная
● 0.454 кг

pour [pɔːᵊ] vt (liquid) налива́ть (perf нали́ть); (dry substance) насыпа́ть (perf насы́пать) ▷ vi (water etc) ли́ться (impf); (rain) лить (impf); **to pour sb some tea** налива́ть (perf нали́ть) кому́-н чай; **pour in** vi (people) вали́ть (perf повали́ть); (news, letters etc) сы́паться (perf посы́паться); **pour out** vi (people) вали́ть (perf повали́ть) ▷ vt (drink) налива́ть (perf нали́ть); (fig: thoughts etc) излива́ть (perf изли́ть)

pout [paut] vi надува́ть (perf наду́ть) гу́бы, ду́ться (perf наду́ться)

poverty [ˈpɔvətɪ] n бе́дность f

powder [ˈpaudəᵊ] n порошо́к; (also **face powder**) пу́дра

power [ˈpauəᵊ] n (authority) власть f; (ability, opportunity) возмо́жность f; (legal right) полномо́чие; (of engine) мо́щность f; (electricity) (электро)эне́ргия; **to be in power** находи́ться (impf) у вла́сти

powerful adj могу́чий; (person, organization) могу́щественный; (argument, engine) мо́щный

powerless adj бесси́льный

power station n электроста́нция

pp abbr = **pages**

PR n abbr = **public relations**

practical [ˈpræktɪkl] adj (not theoretical) практи́ческий; (sensible, viable) практи́чный; (good with hands) уме́лый

practically adv практи́чески

practice [ˈpræktɪs] n пра́ктика; (custom) привы́чка ▷ vt, vi (US) = **practise**; **in practice** на пра́ктике; **I am out of practice** я разучи́лся

practise [ˈpræktɪs] (US **practice**) vt (piano etc) упражня́ться (impf)

на +acc; (sport, language)
отрабáтывать (perf отработáть);
(custom) придéрживаться (impf)
+gen; (craft) занимáться (impf)
+instr; (religion) исповéдовать
(impf) ▷ vi (Mus) упражняться
(impf); (lawyer, doctor)
практиковáть (impf); **to practise
law/medicine** занимáться (impf)
адвокáтской/врачéбной
прáктикой

practising ['præktɪsɪŋ] adj
(Christian etc) набóжный; (doctor,
lawyer) практикýющий

practitioner [præk'tɪʃənəʳ] n
терапéвт

pragmatic [præg'mætɪk] adj
(reason etc) прагматúческий

praise [preɪz] n (approval)
похвалá ▷ vt хвалúть (perf
похвалúть)

pram [præm] n (Brit) дéтская
коляска

prawn [prɔ:n] n кревéтка

pray [preɪ] vi молúться (perf
помолúться); **to pray for/that**
молúться (impf) за +acc/, чтóбы;
prayer [prɛəʳ] n молúтва

preach [pri:tʃ] vi проповéдовать
(impf) ▷ vt (sermon) произносúть
(perf произнестú); **preacher** n
проповéдник(-ица)

precarious [prɪ'kɛərɪəs] adj
рискóванный

precaution [prɪ'kɔ:ʃən] n
предосторóжность f

precede [prɪ'si:d] vt
предшéствовать (impf) +dat;
precedent ['prɛsɪdənt] n
прецедéнт

preceding [prɪ'si:dɪŋ] adj
предшéствующий

precinct ['pri:sɪŋkt] n (US: in
city) райóн, префектýра;

pedestrian precinct (Brit)
пешехóдная зóна; **shopping
precinct** (Brit) торгóвый центр

precious ['prɛʃəs] adj цéнный;
(stone) драгоцéнный

precise [prɪ'saɪs] adj тóчный;
precisely adv (accurately) тóчно;
(exactly) рóвно

precision [prɪ'sɪʒən] n тóчность f

predator ['prɛdətəʳ] n хúщник

predecessor ['pri:dɪsɛsəʳ] n
предшéственник(-ица)

predicament [prɪ'dɪkəmənt] n
затруднúтельное положéние

predict [prɪ'dɪkt] vt
предскáзывать (perf предскáзать);
predictable adj предскáзуемый;
prediction [prɪ'dɪkʃən] n
предсказáние

predominantly [prɪ'dɔmɪnəntlɪ]
adv преимýщественно

preface ['prɛfəs] n предислóвие

● **PREFECT**
●
● Prefect — стáроста шкóлы.
● Стáростами мóгут быть тóлько
● старшеклáссники. Онú
● помогáют учителям и
● поддéрживать в шкóле
● дисциплúну.

---

prefer [prɪ'fə:ʳ] vt предпочитáть
(perf предпочéсть); **preferable**
['prɛfrəbl] adj
предпочтúтельный; **preferably**
['prɛfrəblɪ] adv предпочтúтельно;
preference ['prɛfrəns] n (liking):
to have a preference for
предпочитáть (impf)

prefix ['pri:fɪks] n пристáвка

pregnancy ['prɛgnənsɪ] n
берéменность f

pregnant ['prɛgnənt] adj
берéменная; (remark, pause)

многозначительный; **she is 3 months pregnant** она на четвёртом месяце беременности

prehistoric [ˈpriːhɪˈstɔrɪk] *adj* доисторический

prejudice [ˈprɛdʒʊdɪs] *n* (*dislike*) предрассудок; (*preference*) предвзятость *f*, предубеждение

preliminary [prɪˈlɪmɪnərɪ] *adj* предварительный

prelude [ˈprɛljuːd] *n* прелюдия

premature [ˈprɛmətʃʊə] *adj* преждевременный; (*baby*) недоношенный

premier [ˈprɛmɪə] *adj* лучший ▷ *n* премьер-министр

première [ˈprɛmɪeə] *n* премьера

premises [ˈprɛmɪsɪz] *npl* (*of business*) помещение *ntsg*; **on the premises** в помещении

premium [ˈpriːmɪəm] *n* премия; **to be at a premium** пользоваться (*impf*) большим спросом

premonition [prɛməˈnɪʃən] *n* предчувствие

preoccupied [priːˈɔkjʊpaɪd] *adj* озабоченный

preparation [prɛpəˈreɪʃən] *n* (*activity*) подготовка; (*of food*) приготовление; **preparations** *npl* (*arrangements*) приготовления *ntpl*

prepare [prɪˈpɛə] *vt* подготавливать (*perf* подготовить); (*meal*) готовить (*perf* приготовить) ▷ *vi*: **to prepare for** готовиться (*perf* подготовиться) к +*dat*; **prepared** *adj* готовый; **prepared for** (*ready*) готовый к +*dat*

preposition [prɛpəˈzɪʃən] *n* предлог

prescribe [prɪˈskraɪb] *vt* (*Med*) прописывать (*perf* прописать)

prescription [prɪˈskrɪpʃən] *n*

(*Med: slip of paper*) рецепт; (: *medicine*) лекарство (*назначенное врачом*)

presence [ˈprɛzns] *n* присутствие; (*fig*) наружность *f*; **in sb's presence** в присутствии кого-н

present [*adj, n* ˈprɛznt, *vb* prɪˈzɛnt] *adj* (*current*) нынешний, настоящий; (*in attendance*) присутствующий ▷ *n* (*gift*) подарок ▷ *vt* представлять (*perf* представить); (*Radio, TV*) вести (*impf*); **the present** (*time*) настоящее *nt adj*; **at present** в настоящее время; **to give sb a present** дарить (*perf* подарить) кому-н; **to present sth to sb, present sb with sth** (*prize etc*) вручать (*perf* вручить) что-н кому-н; (*gift*) преподносить (*perf* преподнести) что-н кому-н; **to present sb (to)** (*introduce*) представлять (*perf* представить) кого-н (+*dat*)

presentation [prɛznˈteɪʃən] *n* (*of report etc*) изложение; (*appearance*) внешний вид; (*also* **presentation ceremony**) презентация

present-day *adj* сегодняшний, нынешний

presenter [prɪˈzɛntə] *n* (*Radio, TV*) ведущий(-ая) *m(f) adj*; (: *of news*) диктор

presently *adv* вскоре; (*now*) в настоящее время

preservation [prɛzəˈveɪʃən] *n* (*act of building, democracy*) сохранение

preservative [prɪˈzəːvətɪv] *n* (*for food*) консервант; (*for wood*) пропиточный состав

preserve [prɪˈzəːv] *vt* сохранять (*perf* сохранить); (*food*)

консерви́ровать (*perf* законсерви́ровать) ▷ *n* (*usu pl*: *jam*) варе́нье
preside [prɪ'zaɪd] *vi*: to preside (over) председа́тельствовать (*impf*) (на +*prp*)
president ['prezɪdənt] *n* (*Pol*, *Comm*) президе́нт; **presidential** [prezɪ'dɛnʃl] *adj* президе́нтский; **presidential candidate** кандида́т в президе́нты; **presidential adviser** сове́тник президе́нта
press [pres] *n* (*also* **printing press**) печа́тный стано́к ▷ *vt* (*hold together*) прижима́ть (*perf* прижа́ть); (*push*) нажима́ть (*perf* нажа́ть); (*iron*) гла́дить (*perf* погла́дить); (*pressurize*: *person*) вынужда́ть (*perf* вы́нудить); **the press** (*newspapers*, *journalists*) пре́сса; **to press sth on sb** (*insist*) навя́зывать (*perf* навяза́ть) что-л кому́-н; **to press sb to do** *or* **into doing** вынужда́ть (*perf* вы́нудить) кого́-н +*infin*; **to press for** (*change etc*) наста́ивать (*perf* настоя́ть) на +*prp*; **press ahead** *vi*: **press ahead with** продолжа́ть (*perf* продо́лжить); **press on** *vi* продолжа́ть (*impf*); **press conference** *n* пресс-конфере́нция; **pressing** *adj* (*urgent*) неотло́жный
pressure ['prɛʃə] *n* давле́ние; (*stress*) напряже́ние; **to put pressure on sb (to do)** ока́зывать (*perf* оказа́ть) давле́ние или нажи́м на кого́-н (+*infin*); **pressure group** *n* инициати́вная гру́ппа
prestige [prɛs'tiːʒ] *n* прести́ж
prestigious [prɛs'tɪdʒəs] *adj* прести́жный
presumably [prɪ'zjuːməblɪ] *adv* на́до полага́ть
presume [prɪ'zjuːm] *vt*: to

presume (that) (*suppose*) предполага́ть (*perf* предположи́ть), что
pretence [prɪ'tɛns] (*US* **pretense**) *n* притво́рство; **under false pretences** под ло́жным предло́гом
pretend [prɪ'tɛnd] *vi*: to pretend that притворя́ться (*perf* притвори́ться), что; **he pretended to help** он сде́лал вид, что помога́ет; **he pretended to be asleep** он притвори́лся, что спит
pretense [prɪ'tɛns] *n* (*US*) = **pretence**
pretentious [prɪ'tɛnʃəs] *adj* претенцио́зный
pretext ['priːtɛkst] *n* предло́г
pretty ['prɪtɪ] *adj* (*person*) хоро́шенький; (*thing*) краси́вый ▷ *adv* (*quite*) дово́льно
prevail [prɪ'veɪl] *vi* (*be current*) преоблада́ть (*impf*), превали́ровать (*impf*); (*gain influence*) оде́рживать (*perf* одержа́ть) верх; **prevailing** *adj* (*wind*) преоблада́ющий
prevent [prɪ'vɛnt] *vt* (*accident etc*) предотвраща́ть (*perf* предотврати́ть), предупрежда́ть (*perf* предупреди́ть); **to prevent sb from doing** меша́ть (*perf* помеша́ть) кому́-н +*infin*; **prevention** [prɪ'vɛnʃən] *n* предотвраще́ние, предупрежде́ние; **preventive** *adj* (*Pol*: *measures*) превенти́вный; (*medicine*) профилакти́ческий
preview ['priːvjuː] *n* (*of film*) (закры́тый) просмо́тр; (*of exhibition*) верниса́ж
previous ['priːvɪəs] *adj* преды́дущий; **previous to** до +*gen*; **previously** *adv* (*before*) ра́нее; (*in the past*) пре́жде
prey [preɪ] *n* добы́ча

price [praɪs] n цена́ ⊳ vt
оце́нивать (perf оцени́ть);
priceless adj (diamond, painting
etc) бесце́нный; **price list** n
прейскура́нт

prick [prɪk] n (pain) уко́л ⊳ vt
(make hole in) прока́лывать (perf
проколо́ть); (finger) коло́ть (perf
уколо́ть); **to prick up one's ears**
навостри́ть (perf) у́ши

prickly ['prɪklɪ] adj колю́чий

pride [praɪd] n го́рдость f; (pej:
arrogance) горды́ня f ⊳ vt: **to pride
o.s. on** горди́ться (impf) +instr

priest [priːst] n свяще́нник

primarily ['praɪmərɪlɪ] adv в
пе́рвую о́чередь

primary ['praɪmərɪ] adj (task)
первостепе́нный,
первоочередно́й ⊳ n (US: Pol)
предвари́тельные вы́боры mpl;
primary school n (Brit)
нача́льная шко́ла

prime [praɪm] adj (most
important) гла́вный, основно́й;
(best quality) первосо́ртный;
(example) я́ркий ⊳ n расцве́т
⊳ vt (fig: person) подгота́вливать
(perf подгото́вить); **Prime
Minister** n премье́р-мини́стр

primitive ['prɪmɪtɪv] adj (early)
первобы́тный; (unsophisticated)
примити́вный

primrose ['prɪmrəʊz] n
первоцве́т

prince [prɪns] n принц; (Russian)
князь m; **princess** [prɪnˈsɛs] n
принце́сса; (Russian: wife)
княги́ня; (: daughter) княжна́

principal ['prɪnsɪpl] adj гла́вный,
основно́й ⊳ n (of school, college)
дире́ктор; (of university) ре́ктор

principle ['prɪnsɪpl] n при́нцип;
(scientific law) зако́н; **in principle** в
при́нципе; **on principle** из
при́нципа

print [prɪnt] n (Typ) шрифт; (Art)
эста́мп, гравю́ра; (Phot,
fingerprint) отпеча́ток; (footprint)
след ⊳ vt (book etc) печа́тать
(perf напеча́тать); (cloth) набива́ть
(perf наби́ть); (write in capitals)
писа́ть (perf написа́ть) печа́тными
бу́квами; **this book is out of print**
э́та кни́га бо́льше не издаётся;
printer n (machine) при́нтер;
(firm: also **printer's**) типогра́фия

prior ['praɪə*] adj (previous)
пре́жний; (more important)
главне́йший; **to have prior
knowledge of sth** знать (impf) о
чём-н зара́нее; **prior to** до +gen

priority [praɪˈɔrɪtɪ] n (most
urgent task) первоочередна́я
зада́ча; (most important thing,
task) приорите́т; **to have priority
(over)** име́ть (impf) преиму́щество
(пе́ред +instr)

prison ['prɪzn] n тюрьма́ ⊳ cpd
тюре́мный; **prisoner** n (in
prison) заключённый(-ая) m(f) adj;
(captured person) пле́нный(-ая)
m(f) adj; **prisoner of war** n
военнопле́нный m adj

privacy ['prɪvəsɪ] n уедине́ние

private ['praɪvɪt] adj (property,
industry) ча́стный; (discussion,
club) закры́тый; (belongings, life)
ли́чный; (thoughts, plans)
скры́тый; (secluded) уединённый;
(secretive, reserved) за́мкнутый;
(confidential) конфиденциа́льный;
"private" (on door) "посторо́нним
вход воспрещён"; **in private**
конфиденциа́льно

privatize ['praɪvɪtaɪz] vt
приватизи́ровать (impf/perf)

privilege ['prɪvɪlɪdʒ] n
привиле́гия

prize [praɪz] n приз ⊳ adj

первокла́ссный ▷ vt (высоко́)
цени́ть (impf)

pro [prəʊ] prep (in favour of) за
+acc ▷ n: **the pros and cons** за и
про́тив

probability [prɒbə'bɪlɪtɪ] n:
probability of/that вероя́тность f
+gen/того́, что; **in all probability** по
всей вероя́тности

probable ['prɒbəbl] adj
вероя́тный

probably ['prɒbəblɪ] adv
вероя́тно

probation [prə'beɪʃən] n (Law)
усло́вное осужде́ние; (employee)
испыта́тельный срок

probe [prəʊb] vt (investigate)
рассле́довать (impf/perf); (poke)
прощу́пывать (perf прощу́пать)

problem ['prɒbləm] n пробле́ма

procedure [prə'si:dʒəʳ] n
процеду́ра

proceed [prə'si:d] vi (activity,
event, process) продолжа́ться
(perf продо́лжиться); (person)
продвига́ться (perf
продви́нуться); **to proceed with**
(continue) продолжа́ть (perf
продо́лжить); **to proceed to do**
продолжа́ть (perf продо́лжить)
+infin; **proceedings** npl (events)
мероприя́тия ntpl; (Law) суде́бное
разбира́тельство ntsg; **proceeds**
['prəʊsi:dz] npl поступле́ния ntpl

process ['prəʊses] n проце́сс
▷ vt обраба́тывать (perf
обрабо́тать); **in the process** в
проце́ссе

procession [prə'seʃən] n
проце́ссия

proclaim [prə'kleɪm] vt
провозглаша́ть (perf
провозгласи́ть)

prod [prɒd] vt (push) ты́кать (perf
ткнуть) ▷ n тычо́к

produce [vb prə'dju:s, n 'prɒdju:s]
vt произво́дить (perf произвести́);
(Chem) выраба́тывать (perf
вы́работать); (evidence, argument)
представля́ть (perf предста́вить);
(bring or take out) предъявля́ть
(perf предъяви́ть); (play, film)
ста́вить (perf поста́вить) ▷ n (Agr)
(сельскохозя́йственная
проду́кция; **producer** [prə'dju:səʳ]
n (of film, play) режиссёр-
постано́вщик, продю́сер; (of
record) продю́сер

product ['prɒdʌkt] n (thing)
изде́лие; (food, result) проду́кт

production [prə'dʌkʃən] n
(process) произво́дство; (amount
produced) проду́кция; (Theat)
постано́вка

productive [prə'dʌktɪv] adj
производи́тельный,
продукти́вный

productivity [prɒdʌk'tɪvɪtɪ] n
производи́тельность f,
продукти́вность f

profession [prə'feʃən] n
профе́ссия; **professional** adj
профессиона́льный

professor [prə'fesəʳ] n (Brit)
профе́ссор; (US)
преподава́тель(ница) m(f)

profile ['prəʊfaɪl] n (of face)
про́филь m; (article) о́черк

profit ['prɒfɪt] n при́быль f,
дохо́д ▷ vi: **to profit by** or **from**
(fig) извлека́ть (perf извле́чь)
вы́году из +gen; **profitable** adj
при́быльный; (fig) вы́годный

profound [prə'faʊnd] adj
глубо́кий

program(me) ['prəʊgræm] n
програ́мма ▷ vt
программи́ровать (perf
запрограмми́ровать);
programmer n программи́ст(ка)

progress [n ˈprəʊgrɛs, vb prəˈgrɛs]
n (advances, changes) прогре́сс;
(development) разви́тие ▷ vi
прогресси́ровать (impf); (continue) продолжа́ться (perf
продо́лжиться); **the match is in
progress** матч идёт; **progressive**
[prəˈgrɛsɪv] adj прогресси́вный;
(gradual) постепе́нный

prohibit [prəˈhɪbɪt] vt запреща́ть
(perf запрети́ть)

project [n ˈprɒdʒɛkt, vb prəˈdʒɛkt]
n прое́кт ▷ vt (plan, estimate)
проекти́ровать (perf
запроекти́ровать) ▷ vi (jut out)
выступа́ть (perf вы́ступить);
projection [prəˈdʒɛkʃən] n
(estimate) перспекти́вная оце́нка;
projector [prəˈdʒɛktəʳ] n
(Cinema) кинопрое́ктор; (also
slide projector) прое́ктор

prolific [prəˈlɪfɪk] adj
плодови́тый

prolong [prəˈlɒŋ] vt продлева́ть
(perf продли́ть)

promenade [prɒməˈnɑːd] n
промена́д

prominent [ˈprɒmɪnənt] adj
выдаю́щийся

promiscuous [prəˈmɪskjuəs] adj
развра́тный

promise [ˈprɒmɪs] n (vow)
обеща́ние; (talent) потенциа́л;
(hope) наде́жда ▷ vi (vow) дава́ть
(perf дать) обеща́ние ▷ vt: to
promise sb sth, promise sth to sb
обеща́ть (perf пообеща́ть) что-н
кому́-н; **to promise (sb) to do/that**
обеща́ть (perf пообеща́ть)
(кому́-н) +infin, что; **to promise
well** подава́ть (impf) больши́е
наде́жды; **promising** [ˈprɒmɪsɪŋ]
adj многообеща́ющий

promote [prəˈməut] vt
(employee) повыша́ть (perf

повы́сить) (в до́лжности);
(product, pop star) реклами́ровать
(impf/perf); (ideas) подде́рживать
(perf поддержа́ть); **promotion**
[prəˈməuʃən] n (at work)
повыше́ние (в до́лжности); (of
product, event) рекла́ма

prompt [prɒmpt] adj
незамедли́тельный ▷ vt (cause)
побужда́ть (perf побуди́ть); (when
talking) подска́зывать (perf
подсказа́ть) ▷ adv: **at 8 o'clock
prompt** ро́вно в 8 часо́в; **to
prompt sb to do** побужда́ть (perf
побуди́ть) кого́-н +infin;
promptly adv (immediately)
незамедли́тельно; (exactly) то́чно

prone [prəun] adj: **prone to**
(inclined to) скло́нный к +dat

pronoun [ˈprəunaun] n
местоиме́ние

pronounce [prəˈnauns] vt
(word) произноси́ть (perf
произнести́); (declaration, verdict)
объявля́ть (perf объяви́ть);
(opinion) выска́зывать (perf
вы́сказать)

pronunciation [prənʌnsɪˈeɪʃən]
n (of word) произноше́ние

proof [pruːf] n (evidence)
доказа́тельство ▷ adj: **this vodka
is 70% proof** э́то
семидесятигра́дусная во́дка

prop [prɒp] n (support) подпо́рка
▷ vt (also **prop up**) подпира́ть
(perf подпере́ть); **to prop sth
against** прислоня́ть (perf
прислони́ть) что-н к +dat; **props**
npl (Theat) реквизи́т msg

propaganda [prɒpəˈgændə] n
пропага́нда

propeller [prəˈpɛləʳ] n пропе́ллер

proper [ˈprɒpəʳ] adj (real)
настоя́щий; (correct) до́лжный,
надле́жащий; (socially acceptable)

приличный; **properly** adv (eat, study) как следует; (behave) прилично, должным образом

property ['prɔpətɪ] n (possessions) собственность f; (building and land) недвижимость f; (quality) свойство

prophecy ['prɔfɪsɪ] n пророчество

proportion [prə'pɔ:ʃən] n (part) часть f, доля; (ratio) пропорция, соотношение; **proportional** adj: пропорциональный (+dat)

proposal [prə'pəuzl] n предложение

propose [prə'pəuz] vt (plan, toast) предлагать (perf предложить); (motion) выдвигать (perf выдвинуть) ▷ vi (offer marriage) делать (perf сделать) предложение (кому́-н); **to propose sth/to do** or **doing** предполагать (impf) что-н/+infin

proposition [prɔpə'zɪʃən] n (statement) утверждение; (offer) предложение

proprietor [prə'praɪətər] n владелец(-лица)

prose [prəuz] n (not poetry) проза

prosecute ['prɔsɪkju:t] vt: **to prosecute sb** преследовать (impf) кого́-н в судебном порядке

prosecution [prɔsɪ'kju:ʃən] n (Law: action) судебное преследование; (: accusing side) обвинение

prosecutor ['prɔsɪkju:tər] n обвинитель m

prospect ['prɔspekt] n перспектива; **prospects** npl (for work etc) перспективы fpl; **prospective** [prə'spektɪv] adj

(future) будущий; (potential) возможный; **prospectus** [prə'spektəs] n проспект

prosper ['prɔspər] vi преуспевать (perf преуспеть); **prosperity** [prɔ'sperɪtɪ] n процветание; **prosperous** adj преуспевающий

prostitute ['prɔstɪtju:t] n проститутка

protect [prə'tekt] vt защищать (perf защитить); **protection** [prə'tekʃən] n защита; **protective** adj защитный; (person) заботливый, бережный

protein ['prəuti:n] n белок, протеин

protest [n 'prəutest, vb prə'test] n протест ▷ vi: **to protest about/against** протестовать (impf) по поводу +gen/против +gen ▷ vt (insist): **to protest that** заявлять (perf заявить), что

Protestant ['prɔtɪstənt] n протестант(ка)

proud [praud] adj: **proud (of)** гордый (+instr)

prove [pru:v] vt доказывать (perf доказать) ▷ vi: **to prove (to be)** оказаться (impf/perf) +instr; **to prove o.s.** проявлять (perf проявить) себя

proverb ['prɔvə:b] n пословица

provide [prə'vaɪd] vt обеспечивать (perf обеспечить) +instr; **to provide sb with sth** кого́-н чем-н; **provide for** vt fus (person) обеспечивать (perf обеспечить); **provided (that)** conj при условии, что

providing [prə'vaɪdɪŋ] conj = **provided (that)**

province ['prɔvɪns] n область f

provincial [prə'vɪnʃəl] adj провинциальный

provision [prə'vɪʒən] *n*
(*supplying*) обеспе́чение; (*of
contract, agreement*) положе́ние;
provisions *npl* (*food*) прови́зия
fsg; **provisional** *adj* вре́менный

provocative [prə'vɔkətɪv] *adj*
(*remark, gesture*) провокацио́нный

provoke [prə'vəuk] *vt*
провоци́ровать (*perf*
спровоци́ровать)

proximity [prɔk'sɪmɪtɪ] *n*
бли́зость *f*

proxy ['prɔksɪ] *n*: **by proxy** по
дове́ренности

prudent ['pru:dnt] *adj*
благоразу́мный

prune [pru:n] *n* черносли́в *m no
pl* ▷ *vt* подреза́ть (*perf*
подре́зать)

PS *abbr* = postscript

pseudonym ['sju:dənɪm] *n*
псевдони́м

psychiatric [saɪkɪ'ætrɪk] *adj*
психиатри́ческий

psychiatrist [saɪ'kaɪətrɪst] *n*
психиа́тр

psychic ['saɪkɪk] *adj* (*person*)
яснови́дящий

psychological [saɪkə'lɔdʒɪkl] *adj*
психологи́ческий

psychologist [saɪ'kɔlədʒɪst] *n*
психо́лог

psychology [saɪ'kɔlədʒɪ] *n*
психоло́гия

PTO *abbr* (= please turn over)
смотри́ на оборо́те

pub [pʌb] *n* паб, пивна́я *f adj*

puberty ['pju:bətɪ] *n* полова́я
зре́лость *f*

public ['pʌblɪk] *adj*
обще́ственный; (*statement, action
etc*) публи́чный; **the public**
(*everyone*) обще́ственность *f*,
наро́д; **to make public** предава́ть
(*perf* преда́ть) гла́сности; **in public**

публи́чно

publication [pʌblɪ'keɪʃən] *n*
публика́ция, изда́ние

publicity [pʌb'lɪsɪtɪ] *n*
(*information*) рекла́ма, па́блисити
nt ind; (*attention*) шуми́ха

publicize ['pʌblɪsaɪz] *vt*
предава́ть (*perf* преда́ть)
гла́сности

public: **publicly** *adv* публи́чно;
public opinion *n* обще́ственное
мне́ние; **public relations** *npl*
вне́шние свя́зи *fpl*, свя́зи с
обще́ственностью; **public school**
n (*Brit*) ча́стная шко́ла; (*US*)
госуда́рственная шко́ла

publish ['pʌblɪʃ] *vt* издава́ть (*perf*
изда́ть); (*Press: letter, article*)
публикова́ть (*perf* опубликова́ть);
publisher *n* (*company*)
изда́тельство; **publishing** *n*
(*profession*) изда́тельское де́ло

pudding ['pudɪŋ] *n* пу́динг; (*Brit:
dessert*) сла́дкое *nt adj*; **black
pudding**, (*US*) **blood pudding**
кровяна́я колбаса́

puddle ['pʌdl] *n* лу́жа

puff [pʌf] *n* (*of wind*) дунове́ние;
(*of cigarette, pipe*) затя́жка; (*of
smoke*) клуб

pull [pul] *vt* тяну́ть (*perf*
потяну́ть); (*trigger*) нажима́ть (*perf*
нажа́ть) на *+acc*; (*curtains etc*)
заде́ргивать (*perf* заде́рнуть) ▷ *vi*
(*tug*) тяну́ть (*impf*) ▷ *n*: **to give
sth a pull** (*tug*) тяну́ть что-н;
to pull to pieces разрыва́ть (*perf* разорва́ть) на
ча́сти; **to pull o.s. together** брать
(*perf* взять) себя́ в ру́ки; **to pull
sb's leg** (*fig*) разы́грывать (*perf*
разыгра́ть) кого́-н; **pull down** *vt*
(*building*) сноси́ть (*perf* снести́);
pull in *vt* (*crowds, people*)
привлека́ть (*perf* привле́чь); **pull**

out vt (extract) выта́скивать (perf вы́тащить); **to pull out (from)** (Aut: from kerb) отъезжа́ть (perf отъе́хать) (от +gen); **pull up** vi (stop) остана́вливаться (perf останови́ться) ▷ vt (plant) вырыва́ть (perf вы́рвать) (с ко́рнем)

pulley ['pulɪ] n шкив

pullover ['puləuvə*] n сви́тер, пуло́вер

pulpit ['pulpɪt] n ка́федра

pulse [pʌls] n (Anat) пульс

puma ['pju:mə] n пу́ма

pump [pʌmp] n насо́с; (also **petrol pump**) бензоколо́нка ▷ vt (extract: oil, water, gas) выка́чивать (perf качáть (perf накачáть); выка́чать)

pumpkin ['pʌmpkɪn] n ты́ква

pun [pʌn] n каламбу́р

punch [pʌntʃ] n уда́р; (for making holes) дыроко́л; (drink) пунш ▷ vt (hit): **to punch sb/sth** уда́рить (perf уда́рить) кого́-н/что-н кулако́м

punctual ['pʌŋktjuəl] adj пунктуа́льный

punctuation [pʌŋktju'eɪʃən] n пунктуа́ция

puncture ['pʌŋktʃə*] n (Aut) проко́л ▷ vt прока́лывать (perf проколо́ть)

punish ['pʌnɪʃ] vt: **to punish sb (for sth)** нака́зывать (perf наказáть) кого́-н (за что-н); **punishment** n наказáние

pupil ['pju:pl] n (Scol) учени́к(-и́ца); (of eye) зрачо́к

puppet ['pʌpɪt] n марионе́тка

puppy ['pʌpɪ] n (young dog) щено́к

purchase ['pə:tʃɪs] n поку́пка ▷ vt покупа́ть (perf купи́ть)

pure [pjuə*] adj чи́стый; **purely** adv чи́сто; **purify** ['pjuərɪfaɪ]

очища́ть (perf очи́стить); **purity** ['pjuərɪtɪ] n чистота́

purple ['pə:pl] adj фиоле́товый

purpose ['pə:pəs] n цель f; **on purpose** наме́ренно

purr [pə:*] vi мурлы́кать (impf)

purse [pə:s] n (Brit) кошелёк; (US: handbag) су́мка ▷ vt: **to purse one's lips** поджима́ть (perf поджа́ть) гу́бы

pursue [pə'sju:] vt преследовать (impf); (fig: policy) проводи́ть (impf); (: interest) проявля́ть (impf)

pursuit [pə'sju:t] n (of person, thing) преследование; (of happiness, wealth etc) по́иски mpl; (pastime) заня́тие

push [puʃ] n (shove) толчо́к ▷ vt (press) нажима́ть (perf нажа́ть); (shove) толка́ть (perf толкну́ть); (promote) прота́лкивать (perf прота́лкивать) ▷ vi (press) нажима́ть (perf нажа́ть); (shove) толка́ться (impf); (fig): **to push for** тре́бовать (perf потре́бовать) +acc or +gen; **push through** vt (measure, scheme) прота́лкивать (perf протолкну́ть); **push up** vt (prices) повыша́ть (perf повы́сить)

put [put] (pt, pp **put**) vt ста́вить (perf поста́вить); (thing: horizontally) класть (perf положи́ть); (person: in institution) помеща́ть (perf помести́ть); (: in prison) сажáть (perf посади́ть); (idea, feeling) выража́ть (perf вы́разить); (case, view) излага́ть (perf изложи́ть); **I put it to you that ...** я говорю́ Вам, что ...; **put across** vt (ideas etc) объясня́ть (perf объясни́ть); **put away** vt (store) убира́ть (perf убра́ть); **put back** vt (replace) класть (perf положи́ть) на ме́сто; (postpone) откла́дывать (*perf* отложи́ть); (*delay*) заде́рживать (*perf* задержа́ть); **put by** *vt* откла́дывать (*perf* отложи́ть); **put down** *vt* (*place*) ста́вить (*perf* поста́вить); (: *horizontally*) класть (*perf* положи́ть); (*note down*) запи́сывать (*perf* записа́ть); (*suppress, humiliate*) подавля́ть (*perf* подави́ть); (*animal: kill*) умерщвля́ть (*perf* умертви́ть); **to put sth down to** (*attribute*) объясня́ть (*perf* объясни́ть) что-н +*instr*; **put forward** *vt* (*ideas*) выдвига́ть (*perf* вы́двинуть); **put in** *vt* (*application, complaint*) подава́ть (*perf* пода́ть); (*time, effort*) вкла́дывать (*perf* вложи́ть); **put off** *vt* (*delay*) откла́дывать (*perf* отложи́ть); (*discourage*) отта́лкивать (*perf* оттолкну́ть); (*switch off*) выключа́ть (*perf* вы́ключить); **put on** *vt* (*clothes*) надева́ть (*perf* наде́ть); (*make-up, ointment etc*) накла́дывать (*perf* наложи́ть); (*light etc*) включа́ть (*perf* включи́ть); (*kettle, record, dinner*) ста́вить (*perf* поста́вить); (*assume: look*) напуска́ть (*perf* напусти́ть) на себя́; (*behaviour*) принима́ть (*perf* приня́ть); **to put on weight** поправля́ться (*perf* попра́виться); **put out** *vt* (*fire*) туши́ть (*perf* потуши́ть); (*candle, cigarette, light*) гаси́ть (*perf* погаси́ть); (*rubbish*) выноси́ть (*perf* вы́нести); (*one's hand*) вытя́гивать (*perf* вы́тянуть); **put through** *vt* (*person, call*) соединя́ть (*perf* соедини́ть); (*plan, agreement*) выполня́ть (*perf* вы́полнить); **put up** *vt* (*building, tent*) ста́вить (*perf* поста́вить); (*umbrella*) раскрыва́ть (*perf* раскры́ть); (*hood*) надева́ть (*perf*

наде́ть); (*poster, sign*) выве́шивать (*perf* вы́весить); (*price, cost*) поднима́ть (*perf* подня́ть); (*guest*) помеща́ть (*perf* помести́ть); **put up with** *vt fus* мири́ться (*impf*) с +*instr*
puzzle ['pʌzl] *n* (*game, toy*) головоло́мка
puzzling ['pʌzlɪŋ] *adj* запу́танный
pyjamas [pɪ'dʒɑːməz] (*US* **pajamas**) *npl*: (*a pair of*) **pyjamas** пижа́ма *fsg*
pylon ['paɪlən] *n* пило́н, опо́ра
pyramid ['pɪrəmɪd] *n* (*Geom*) пирами́да

q

quadruple [kwɔ'dru:pl] vt увеличивать (perf увеличить) в четыре раза ▷ vi увеличиваться (perf увеличиться) в четыре раза

quaint [kweɪnt] adj чудной

quake [kweɪk] vi трепетать (impf)

qualification [kwɔlɪfɪ'keɪʃən] n (usu pl: academic, vocational) квалификация; (skill, quality) качество; **what are your qualifications?** какая у Вас квалификация?

qualified [kwɔlɪfaɪd] adj (trained) квалифицированный; **I'm not qualified to judge that** я не компетентен судить об этом

qualify [kwɔlɪfaɪ] vt (modify: make more specific) уточнять (perf уточнить); (: express reservation) оговаривать (perf оговорить) ▷ vi: **to qualify as an engineer** получать (perf получить) квалификацию инженера; **to qualify (for)** (benefit etc) иметь (impf) право (на +acc); (in competition) выходить (perf выйти) в +acc

quality [kwɔlɪtɪ] n качество; (property: of wood, stone) свойство

quantity [kwɔntɪtɪ] n количество

quarantine [kwɔrnti:n] n карантин

quarrel [kwɔrl] n ссора ▷ vi: **to quarrel (with)** ссориться (perf поссориться) (с +instr)

quarry [kwɔrɪ] n карьер; (for stone) каменоломня

quarter [kwɔ:tə'] n четверть f; (of year, town) квартал; (US: coin) двадцать пять центов ▷ vt делить (perf разделить) на четыре части; **quarters** npl (living) помещение ntsg; (: Mil) казармы fpl; **a quarter of an hour** четверть f часа; **quarterly** adj (meeting) (еже)квартальный; (payment) (по) квартальный ▷ adv (see adj) ежеквартально; поквартально

quartz [kwɔ:ts] n кварц

quay [ki:] n (also **quayside**) пристань f

queasy [kwi:zɪ] adj: **I feel a bit queasy** меня немного мутит

queen [kwi:n] n королёва; (Cards) дама; (Chess) ферзь m

queer [kwɪə'] adj (odd) странный ▷ n (pej: homosexual) гомик, голубой m

quench [kwentʃ] vt: **to quench one's thirst** утолять (perf утолить) жажду

query [kwɪərɪ] n вопрос ▷ vt подвергать (perf подвергнуть) сомнению

quest [kwɛst] n поиск

question ['kwɛstʃən] n вопрос; (doubt) сомнение ▷ vt (interrogate) допрашивать (perf допросить); (doubt) усомниться (perf) в +prp; **beyond question** бесспорно; **that's out of the question** об этом не может быть и речи; **questionable** adj сомнительный; **question mark** n вопросительный знак; **questionnaire** [kwɛstʃə'nɛəʳ] n анкета

queue [kju:] (Brit) n очередь f ▷ vi (also **queue up**) стоять (impf) в очереди

quick [kwɪk] adj быстрый; (clever: person) сообразительный; (: mind) живой; (brief) краткий; **be quick!** быстро!; **quickly** adv быстро

quid [kwɪd] n inv (Brit: inf) фунт (стерлингов)

quiet ['kwaɪət] adj тихий; (peaceful, not busy) спокойный; (without fuss) сдержанный ▷ n (silence) тишина; (peace) покой; **quietly** adv тихо; (calmly) спокойно

quilt [kwɪlt] n (also **continental quilt**) стёганое одеяло

quit [kwɪt] (pt, pp **quit** or **quitted**) vt бросать (perf бросить) ▷ vi (give up) сдаваться (perf сдаться); (resign) увольняться (perf уволиться)

quite [kwaɪt] adv (rather) довольно; (entirely) совершенно; (almost): **the flat's not quite big enough** квартира недостаточно большая; **quite a few** довольно много; **quite (so)!** верно!, (вот) именно!

quits [kwɪts] adj: **let's call it quits** будем квиты

quiver ['kwɪvəʳ] vi трепетать (impf)

quiz [kwɪz] n (game) викторина ▷ vt расспрашивать (perf расспросить)

quota ['kwəutə] n квота

quotation [kwəu'teɪʃən] n цитата; (estimate) цена (продавца)

quote [kwəut] n цитата; (estimate) цена ▷ vt цитировать (perf процитировать); (figure, example) приводить (perf привести); (price) назначать (perf назначить); **quotes** npl (quotation marks) кавычки fpl

q

r

rabbi ['ræbaɪ] *n* равви́н

rabbit ['ræbɪt] *n* (*male*) кро́лик; (*female*) крольчи́ха

rabies ['reɪbiːz] *n* бе́шенство, водобоя́знь *f*

RAC *n abbr* (*Brit*) (= *Royal Automobile Club*) Короле́вская автомоби́льная ассоциа́ция

race [reɪs] *n* (*species*) ра́са; (*competition*) го́нки *fpl*; (: *running*) забе́г ⊳ *vi* (*swimming*) заплы́в; (: *horse race*) ска́чки *fpl*; (*for power, control*) борьба́ ⊳ *vt* (*horse*) гнать (*impf*) ⊳ *vi* (*compete*) принима́ть (*perf* приня́ть) уча́стие в соревнова́нии; (*hurry*) мча́ться (*impf*); (*pulse*) учаща́ться (*perf* участи́ться); **racecourse** *n* ипподро́м; **racehorse** *n* скакова́я ло́шадь *f*

racial ['reɪʃl] *adj* ра́совый

racing ['reɪsɪŋ] *n* (*horse racing*)

скачки́ *fpl*; (*motor racing*) го́нки *fpl*

racism ['reɪsɪzm] *n* раси́зм

racist ['reɪsɪst] *adj* раси́стский ⊳ *n* раси́ст(ка)

rack [ræk] *n* (*shelf*) по́лка; (*also* **luggage rack**) бага́жная по́лка; (*also* **roof rack**) бага́жник (*на крыше автомобиля*); (*for dishes*) суши́лка для посу́ды ⊳ *vt*: **she was racked by pain** её терза́ла боль; **to rack one's brains** лома́ть (*impf*) го́лову

racket ['rækɪt] *n* (*Sport*) раке́тка; (*noise*) гвалт; (*con*) жу́льничество; (*extortion*) рэ́кет

radar ['reɪdɑːʳ] *n* рада́р

radiation [reɪdɪ'eɪʃn] *n* (*radioactive*) радиа́ция, радиоакти́вное излуче́ние; (*of heat, light*) излуче́ние

radiator ['reɪdɪeɪtəʳ] *n* радиа́тор, батаре́я; (*Aut*) радиа́тор

radical ['rædɪkl] *adj* радика́льный

radio ['reɪdɪəu] *n* (*broadcasting*) ра́дио *nt ind*; (*for transmitting and receiving*) радиопередатчик ⊳ *vt* (*person*) свя́зываться (*perf* связа́ться) по ра́дио с +*instr*; **on the radio** по ра́дио; **radioactive** *adj* радиоакти́вный; **radio station** *n* радиоста́нция

radish ['rædɪʃ] *n* реди́ска; **radishes** *pl* реди́с *msg*

RAF *n abbr* (*Brit*) (= *Royal Air Force*) ≈ ВВС (= *Вое́нно-возду́шные си́лы Великобрита́нии*)

raffle ['ræfl] *n* (*вещевая*) лотере́я

raft [rɑːft] *n* плот

rag [ræg] *n* тря́пка; (*pej: newspaper*) газете́нка; **rags** *npl* (*clothes*) лохмо́тья *pl*

rage [reɪdʒ] *n* (*fury*) бе́шенство, я́рость *f* ⊳ *vi* (*person*)

voice повышать (*perf* повысить) голос

raisin ['reɪzn] *n* изюминка;
raisins *npl* изюм *m* no pl

rake [reɪk] *n* (*tool*) грабли pl ▷ *vt*
(*garden*) разравнивать (*perf*
разровнять) (граблями); (*leaves,
hay*) сгребать (*perf* сгрести)

rally ['rælɪ] *n* (*Pol etc*)
манифестация; (*Aut*) (авто)ралли
nt indt; (*Tennis*) ралли *nt ind* ▷ *vt*
(*supporters*) сплачивать (*perf*
сплотить) ▷ *vi* (*supporters*)
сплачиваться (*perf* сплотиться)

ram [ræm] *n* баран ▷ *vt* (*crash
into*) таранить (*perf* протаранить);
(*push: bolt*) задвигать (*perf*
задвинуть); (: *fist*) двинуть (*perf*)
+*instr*

RAM *n abbr* (*Comput*) (= *random
access memory*) ЗУПВ
(= запоминающее устройство с
произвольной выборкой)

ramble ['ræmbl] *vi* (*walk*)
бродить (*impf*); (*talk: also* **ramble
on**) занудствовать (*impf*)

rambling ['ræmblɪŋ] *adj* (*speech*)
несвязный

ramp [ræmp] *n* скат, уклон; **on
ramp** (*US: Aut*) въезд на
автостраду; **off ramp** (*US: Aut*)
съезд с автострады

rampage [ræm'peɪdʒ] *n*: **to be on
the rampage** буйствовать (*impf*)

ran [ræn] *pt of* **run**

ranch [rɑːntʃ] *n* ранчо *nt indt*

random ['rændəm] *adj*
случайный ▷ *n*: **at random** наугад

rang [ræŋ] *pt of* **ring**

range [reɪndʒ] *n* (*series: of
proposals*) ряд; (: *of products*)
ассортимент *m* no pl; (: *of colours*)
гамма; (*of mountains*) цепь f; (*of
missile*) дальность f, радиус
действия; (*of voice*) диапазон;

---

ragged ['rægɪd] *adj* (*edge*)
зазубренный; (*clothes*)
потрёпанный

raid [reɪd] *n* (*Mil*) рейд; (*criminal*)
налёт; (*by police*) облава, рейд
▷ *vt* (*see n*) совершать (*perf*
совершить) рейд на +*acc*;
совершать (*perf* совершить) налёт
на +*acc*

rail [reɪl] *n* (*on stairs, bridge etc*)
перила pl; **rails** npl (*Rail*) рельсы
mpl; **by rail** поездом; **railing(s)**
n(pl) (*iron fence*) решётка fsg;
railroad n (*US*) = **railway**;
railway n (*Brit*) железная дорога
▷ *cpd* железнодорожный;
railway line (*Brit*)
железнодорожная линия;
railway station (*Brit: large*)
железнодорожный вокзал;
(: *small*) железнодорожная
станция

rain [reɪn] *n* дождь *m* ▷ *vi*: **it's
raining** идёт дождь; **in the rain** под
дождём, в дождь; **rainbow** n
радуга; **raincoat** n плащ;
rainfall n (*measurement*)
уровень *m* осадков; **rainy** *adj*
(*day*) дождливый

raise [reɪz] *n* (*esp US*)
повышение ▷ *vt* (*lift, produce*)
поднимать (*perf* поднять);
(*increase, improve*) повышать
(*perf* повысить); (*doubts: subj:
person*) высказывать (*perf*
высказать); (: *results*) вызывать
(*perf* вызвать); (*rear: family*)
воспитывать (*perf* воспитать); (*get
together: army, funds*) собирать
(*perf* собрать); (: *loan*) изыскивать
(*perf* изыскать); **to raise one's**

(Mil: also **shooting range**)
стрельбище ▷ vt (place in a line)
выстраивать (perf выстроить)
▷ vi: to range over (extend)
простираться (impf); (extend)
from ... to ... колебаться (impf) от
+gen ... до +gen ...

ranger ['reɪndʒəʳ] n (in forest)
лесник; (in park) смотритель(ница)
m(f)

rank [ræŋk] n (row) ряд; (Mil)
шеренга; (status) чин, ранг; (Brit
also **taxi rank**) стоянка такси
▷ vi: to rank among числиться
(impf) среди +gen ▷ vt: I rank him
sixth я ставлю его на шестое
место; **the rank and file** (fig)
рядовые члены mpl

ransom ['rænsəm] n выкуп; to
hold to ransom (fig) держать
(impf) в заложниках

rant [rænt] vi: to rant and rave
рвать (impf) и метать (impf)

rap [ræp] vi: to rap on a door/
table стучать (perf постучать) в
дверь/по столу

rape [reɪp] n изнасилование ▷ vt
насиловать (perf изнасиловать)

rapid ['ræpɪd] adj
стремительный; **rapidly** adv
стремительно

rapist ['reɪpɪst] n насильник

rapport [ræ'pɔːʳ] n
взаимопонимание

rare [reəʳ] adj редкий; (steak)
кровавый; **rarely** adv редко,
нечасто

rash [ræʃ] adj опрометчивый ▷ n
(Med) сыпь f no pl

raspberry ['rɑːzbərɪ] n малина f
no pl

rat [ræt] n (also fig) крыса

rate [reɪt] n (speed) скорость f;
(: of change, inflation) темп; (of
interest) ставка; (ratio) уровень m;

(price: at hotel etc) расценка ▷ vt
(value) оценивать (perf оценить);
(estimate) расценивать (perf
расценить); **rates** npl (Brit:
property tax) налог msg на
недвижимость; **to rate sb** as
считать (impf) кого-н +instr; **to
rate sth** as расценивать (perf
расценить) что-н как

rather ['rɑːðəʳ] adv (quite,
somewhat) довольно; (to some
extent) несколько; (more
accurately): **or rather** вернее
сказать; **it's rather expensive**
(quite) это довольно дорого;
there's rather a lot довольно
много; **I would rather go** я,
пожалуй, пойду; **I'd rather not
leave** я бы не хотел уходить;
rather than (+n) а не +nom, вместо
+gen; **rather than go to the park, I
went to the cinema** вместо того
чтобы идти в парк, я пошёл в
кино

rating ['reɪtɪŋ] n оценка,
рейтинг; **ratings** npl (Radio, TV)
рейтинг msg

ratio ['reɪʃɪəʊ] n соотношение; **in
the ratio of one hundred to one** в
соотношении сто к одному

ration ['ræʃən] n (allowance: of
food) рацион, паёк; (: of petrol)
норма ▷ vt нормировать (impf/
perf); **rations** npl (Mil) рацион
msg

rational ['ræʃənl] adj разумный,
рациональный

rattle ['rætl] n дребезжание; (of
train, car) громыхание; (for baby)
погремушка ▷ vi (small objects)
дребезжать (impf) ▷ vt (shake
noisily) греметь (perf сотрясти);
(fig: unsettle) нервировать (impf);
to rattle along (car, bus)
громыхать (impf); **the wind**

rattled the windows óкна
дребезжáли от вéтра
rave [reɪv] vi (in anger)
беснова́ться (impf), бушева́ть
(impf); (Med) бре́дить (impf);
(with enthusiasm): **to rave about**
восторга́ться (impf) +instr
raven [ˈreɪvən] n во́рон
ravine [rəˈviːn] n уще́лье
raw [rɔː] adj сыро́й; (unrefined:
sugar) нерафини́рованный; (sore)
све́жий; (inexperienced) зелёный;
(weather, day) промёрзлый; **raw
material** n сырьё nt pl

ray [reɪ] n луч; (of heat) пото́к
razor [ˈreɪzəʳ] n бри́тва; **safety
razor** безопа́сная бри́тва; **electric
razor** электробри́тва
Rd abbr = **road**
re [riː] prep относи́тельно +gen
reach [riːtʃ] vt (place, end,
agreement) достига́ть (достигну́ть
or дости́чь perf) +gen; (conclusion,
decision) приходи́ть (прийти́ perf)
к +dat; (be able to touch) достава́ть
(perf доста́ть); (by telephone)
свя́зываться (perf связа́ться) с
+instr ▷ vi: **to reach into**
запуска́ть (perf запусти́ть) ру́ку в
+acc; **out of/within reach** вне́/в
преде́лах досяга́емости; **within
reach of the shops** недалеко́ от
магази́нов; **"keep out of the reach
of children"** "бере́чь от дете́й"; **to
reach for** протя́гивать (perf
протяну́ть) ру́ку к +dat; **to reach
up** протя́гивать (perf протяну́ть)
ру́ку вверх; **reach out** vt
протя́гивать (perf протяну́ть) ▷ vi:
to reach out for sth протя́гивать
(perf протяну́ть) ру́ку за чем-н
react [riːˈækt] vi (Chem): **to react
(with)** вступа́ть (perf вступи́ть) в
реа́кцию (с +instr); (Med): **to react
(to)** реаги́ровать (perf) (на +acc);

(respond) реаги́ровать (perf
отреаги́ровать) (на +acc); (rebel):
to react (against) восстава́ть (perf
восста́ть) (про́тив +gen); **reaction**
[riːˈækʃən] n (Chem) реа́кция;
(also Med, Pol): **reaction (to/
against)** реа́кция (на +acc/про́тив
+gen); **reactions** npl (reflexes)
реа́кции fsg; **reactor** n (also
nuclear reactor) реа́ктор
read¹ [red] pt, pp read²
read² [riːd] (pt, pp read) vt чита́ть
(прочита́ть or проче́сть perf);
(mood) определя́ть (perf
определи́ть); (thermometer etc)
снима́ть (perf снять) показа́ния с
+gen; (Scol) изуча́ть (impf) ▷ vi
(person) чита́ть (impf); (text etc)
чита́ться (impf); **read out** vt
зачи́тывать (perf зачита́ть);
reader n (of book, newspaper etc)
чита́тель(ница) m(f)
readily [ˈrɛdɪlɪ] adv (willingly) с
гото́вностью; (easily) легко́
reading [ˈriːdɪŋ] n (of books etc)
чте́ние; (on thermometer etc)
показа́ние
ready [ˈrɛdɪ] adj гото́вый ▷ vt: **to
get sb/sth ready** гото́вить (perf
подгото́вить) кого́-н/что-н; **to get
ready** гото́виться (perf
пригото́виться)
real [rɪəl] adj настоя́щий; (leather)
натура́льный; **in real terms**
реа́льно; **real estate** n
недви́жимость f; **realistic**
[rɪəˈlɪstɪk] adj реалисти́ческий;
reality [riːˈælɪtɪ] n реа́льность f,
действи́тельность f; **in reality** на
са́мом де́ле, в реа́льности
realization [rɪəlaɪˈzeɪʃən] n (see
vt) осозна́ние; осуществле́ние
realize [ˈrɪəlaɪz] vt (understand)
осознава́ть (perf осозна́ть); (fulfil)
осуществля́ть (perf осуществи́ть)

really ['rɪəlɪ] *adv* (*very*) о́чень;
(*actually*): **what really happened?**
что произошло́ в
действи́тельности *or* на са́мом
де́ле?; **really?** (*with interest*)
действи́тельно?, пра́вда?;
(*expressing surprise*) неуже́ли?

realm [relm] *n* (*fig: of activity,
study*) о́бласть *f*, сфе́ра

reappear [riːə'pɪə^r] *vi* сно́ва
появля́ться (*perf* появи́ться)

rear [rɪə^r] *adj* за́дний ▷ *n* (*back*)
за́дняя часть *f* ▷ *vt* (*cattle, family*)
выра́щивать (*perf* вы́растить) ▷ *vi*
(*also* **rear up**) станови́ться (*perf*
стать) на дыбы́

rearrange [riːə'reɪndʒ] *vt*
(*objects*) переставля́ть (*perf*
переста́вить); (*order*) изменя́ть
(*perf* измени́ть)

reason ['riːzn] *n* (*cause*) причи́на;
(*ability to think*) ра́зум, рассу́док;
(*sense*) смысл ▷ *vi*: **to reason with
sb** убежда́ть (*impf* кого́-н; **it
stands to reason that ...** разуме́ется, что ...; **reasonable**
adj разу́мный; (*quality*) неплохо́й;
(*price*) уме́ренный; **reasonably**
adv (*sensibly*) разу́мно; (*fairly*)
дово́льно; **reasoning** *n*
рассужде́ние

reassurance [riːə'ʃʊərəns] *n*
(*comfort*) подде́ржка

reassure [riːə'ʃʊə^r] *vt* (*comfort*)
утеша́ть (*perf* уте́шить); **to
reassure sb of** заверя́ть (*perf*
заве́рить) кого́-н в +*prp*

rebate ['riːbeɪt] *n* обра́тная
вы́плата

rebel [*n* 'rɛbl, *vb* rɪ'bɛl] *n*
бунта́рь(-рка) *m(f)* ▷ *vi*
восстава́ть (*perf* восста́ть);
rebellion [rɪ'bɛljən] *n* восста́ние;
rebellious [rɪ'bɛljəs] *adj* (*child,
behaviour*) стропти́вый; (*troops*)

мяте́жный

rebuild [riː'bɪld] (*irreg like* **build**)
vt (*town, building*) перестра́ивать
(*perf* перестро́ить); (*fig*)
восстана́вливать (*perf*
восстанови́ть)

recall [rɪ'kɔːl] *vt* вспомина́ть (*perf*
вспо́мнить); (*parliament,
ambassador etc*) отзыва́ть (*perf*
отозва́ть)

receipt [rɪ'siːt] *n* (*document*)
квита́нция; (*act of receiving*)
получе́ние; **receipts** *npl* (*Comm*)
де́нежные поступле́ния *ntpl*,
платежи́ *mpl*

receive [rɪ'siːv] *vt* получа́ть (*perf*
получи́ть); (*criticism*) встреча́ть
(*perf* встре́тить); (*visitor, guest*)
принима́ть (*perf* приня́ть)

receiver [rɪ'siːvə^r] *n* (*Tel*) телефо́нная
тру́бка; (*Comm*) ликвида́тор
(*неплатёжеспосо́бной компа́нии*)

recent [rɪ'sɛnt] *adj* неда́вний;
recently *adv* неда́вно

reception [rɪ'sɛpʃən] *n* (*in hotel*)
регистра́ция; (*in office, hospital*)
приёмная *f adj*; (*in health centre*)
регистрату́ра; (*party, also Radio,
TV*) приём; **receptionist** *n* (*in
hotel, hospital*) регистра́тор; (*in
office*) секрета́рь *m*

recession [rɪ'sɛʃən] *n* (*Econ*) спад

recipe ['rɛsɪpɪ] *n* (*also fig*) реце́пт

recipient [rɪ'sɪpɪənt] *n*
получа́тель *m*

recital [rɪ'saɪtl] *n* (*concert*)
со́льный конце́рт

recite [rɪ'saɪt] *vt* (*poem*)
деклами́ровать (*perf*
продеклами́ровать)

reckless ['rɛkləs] *adj*
безотве́тственный

reckon ['rɛkən] *vt* (*calculate*)
счита́ть (посчита́ть *or* сосчита́ть
perf); (*think*): **I reckon that ... я**

счита́ю, что ...

reclaim [rɪˈkleɪm] vt (demand back) тре́бовать (perf потре́бовать) обра́тно; (land: from sea) отвоёвывать (perf отвоева́ть)

recognition [rekəgˈnɪʃən] n призна́ние; (of person, place) узнава́ние; **he has changed beyond recognition** он измени́лся до неузнава́емости

recognize [ˈrekəgnaɪz] vt признава́ть (perf призна́ть); (symptom) распознава́ть (perf распозна́ть); **to recognize (by)** (person, place) узнава́ть (perf узна́ть) (по +dat)

recollection [rekəˈlekʃən] n воспомина́ние, па́мять f

recommend [rekəˈmend] vt рекомендова́ть (perf порекомендова́ть); **recommendation** [rekəmenˈdeɪʃən] n рекоменда́ция

reconcile [ˈrekənsaɪl] vt (people) мири́ть (perf помири́ть); (facts, beliefs) примиря́ть (perf примири́ть); **to reconcile o.s. to sth** смиря́ться (perf смири́ться) с чем-н

reconsider [riːkənˈsɪdəʳ] vt пересма́тривать (perf пересмотре́ть)

reconstruct [riːkənˈstrʌkt] vt перестра́ивать (perf перестро́ить); (event, crime) воспроизводи́ть (perf воспроизвести́), реконструи́ровать (impf/perf)

record [vb rɪˈkɔːd, n adj ˈrekɔːd] vt (in writing, on tape) запи́сывать (perf записа́ть); (register: temperature, speed etc) регистри́ровать (perf зарегистри́ровать) ⊳ n (written account) за́пись f; (of meeting)

протоко́л; (of attendance) учёт; (Mus) пласти́нка; (history: of person, company) репута́ция; (also **criminal record**) суди́мость f; (Sport) реко́рд ⊳ adj: **in record time** в реко́рдное вре́мя; **off the record** (speak) неофициа́льно; **recorder** [rɪˈkɔːdəʳ] n (Mus) англи́йская фле́йта; **recording** [rɪˈkɔːdɪŋ] n за́пись f; **record player** [-ˈpleɪəʳ] n прои́грыватель m

recount [rɪˈkaunt] vt (story) пове́дать (perf); (event) пове́дать (perf) o +prp

recover [rɪˈkʌvəʳ] vt получа́ть (perf получи́ть) обра́тно; (Comm) возмеща́ть (perf возмести́ть) ⊳ vi (get better): **to recover (from)** поправля́ться (perf попра́виться) (по́сле +gen); **recovery** n (Med) выздоровле́ние; (Comm) подъём; (of stolen items) возвраще́ние; (of lost items) обнаруже́ние

recreation [rekrɪˈeɪʃən] n (leisure activities) развлече́ние

recruit [rɪˈkruːt] n (Mil) новобра́нец, призывни́к ⊳ vt (into organization, army) вербова́ть (perf завербова́ть); (into company) нанима́ть (perf наня́ть); **(new) recruit** (in company) но́вый сотру́дник; (in organization) но́вый член; **recruitment** n (Mil) вербо́вка; (by company) набо́р (на рабо́ту)

rectangle [ˈrektæŋgl] n прямоуго́льник

rectangular [rekˈtæŋgjuləʳ] adj прямоуго́льный

rectify [ˈrektɪfaɪ] vt исправля́ть (perf испра́вить)

recur [rɪˈkəːʳ] vi повторя́ться (perf повтори́ться)

recycle [riːˈsaɪkl] vt

red [rɛd] n красный цвет; (*pej: Pol*) красный(-ая) m(f) ⊳ adj красный; (*hair*) рыжий; **to be in the red** иметь (*impf*) задолженность; **Red Cross** n Красный Крест; **redcurrant** n красная смородина f no pl

redeem [rɪˈdiːm] vt (*situation, reputation*) спасать (*perf* спасти); (*debt*) выплачивать (*perf* выплатить)

redhead [ˈrɛdhɛd] n рыжий(-ая) m(f)

reduce [rɪˈdjuːs] vt сокращать (*perf* сократить); **to reduce sb to tears** доводить (*perf* довести) кого-н до слёз; **to reduce sb to silence** заставлять (*perf* заставить) кого-н замолчать; **he was reduced to stealing** он дошёл до того, что стал воровать

reduction [rɪˈdʌkʃən] n (*in price*) скидка; (*in numbers*) сокращение

redundancy [rɪˈdʌndənsɪ] (*Brit*) n сокращение (штатов)

redundant [rɪˈdʌndnt] adj (*Brit: unemployed*) уволенный; (*useless*) излишний; **he was made redundant** его сократили

reed [riːd] n (*Bot*) тростник

reef [riːf] n риф

reel [riːl] n катушка; (*of film, tape*) бобина

ref [rɛf] n abbr (*Sport: inf*) = **referee**

refer [rɪˈfəː] vt: **to refer sb to** (*book etc*) отсылать (*perf* отослать) кого-н к +dat; (*doctor*) направлять (*perf* направить) кого-н к +dat; **refer to** vt fus упоминать (*perf* упомянуть) о +prp; (*relate to*) относиться (*impf*) к +dat; (*consult*) обращаться (*perf*

обратиться) к +dat

referee [rɛfəˈriː] n (*Sport*) рефери m ind, судья m; (*Brit: for job*) лицо, дающее рекомендацию ⊳ vt судить (*impf*)

reference [ˈrɛfrəns] n (*mention*) упоминание; (*in book, paper*) ссылка; (*for job: letter*) рекомендация; **with reference to** (*in letter*) ссылаясь на +acc

refine [rɪˈfaɪn] vt (*sugar*) рафинировать (*impf/perf*); (*oil*) очищать (*perf* очистить); (*theory, task*) совершенствовать (*perf* усовершенствовать); **refined** adj (*person, taste*) утончённый

reflect [rɪˈflɛkt] vt отражать (*perf* отразить) ⊳ vi (*think*) раздумывать (*impf*); **reflect on** vt (*discredit*) отражаться (*perf* отразиться) на +acc; **reflection** [rɪˈflɛkʃən] n отражение; (*thought*) раздумье; (*comment*) суждение о +prp; **on reflection** взвесив все обстоятельства

reflex [ˈriːflɛks] n рефлекс

reform [rɪˈfɔːm] n (*of law, system*) реформа ⊳ vt (*character*) преобразовать (*impf/perf*); (*system*) реформировать (*impf/ perf*)

refrain [rɪˈfreɪn] n (*of song*) припев ⊳ vi: **to refrain from commenting** воздерживаться (*perf* воздержаться) от комментариев

refresh [rɪˈfrɛʃ] vt освежать (*perf* освежить); **refreshing** adj (*sleep*) освежающий; (*drink*) тонизирующий; **refreshments** npl закуски fpl и напитки mpl

refrigerator [rɪˈfrɪdʒəreɪtə] n холодильник

refuge [ˈrɛfjuːdʒ] n (*shelter*) убежище, прибежище; **to take**

refuge in находи́ть (perf найти́) прибе́жище в +prp

refugee [rɛfjuːˈdʒiː] n бе́женец(-нка)

refund [n ˈriːfʌnd, vb rɪˈfʌnd] n возмеще́ние ▷ vt возмеща́ть (perf возмести́ть)

refurbish [riːˈfəːbɪʃ] vt ремонти́ровать (perf отремонти́ровать)

refusal [rɪˈfjuːzəl] n отка́з

refuse¹ [rɪˈfjuːz] vt (offer, gift) отка́зываться (perf отказа́ться) от +gen; (permission) отка́зывать (perf отказа́ть) в +prp ▷ vi отка́зываться (perf отказа́ться); **to refuse to do** отка́зываться (perf отказа́ться) +infin

refuse² [ˈrɛfjuːs] n му́сор

regain [rɪˈɡeɪn] vt (power, position) вновь обрета́ть (perf обрести́)

regard [rɪˈɡɑːd] n (esteem) уваже́ние ▷ vt (consider) счита́ть (impf); (view, look on): **to regard with** относи́ться (perf отнести́сь) к +instr; **to give one's regards to** передава́ть (perf переда́ть) покло́ны +dat; **as regards, with regard to** что каса́ется +gen, относи́тельно +gen; **regarding** prep относи́тельно +gen; **regardless** adv (continue) несмотря́ ни на что; **regardless of** несмотря́ на +acc, не счита́ясь с +instr

reggae [ˈrɛɡeɪ] n ра́гги m ind

regiment [ˈrɛdʒɪmənt] n полк

region [ˈriːdʒən] n (area of country) регио́н; (: smaller) райо́н; (Admin, Anat) о́бласть f; **in the region of** (fig) в райо́не +gen;

regional adj (organization) областно́й, региона́льный; (accent) ме́стный

register [ˈrɛdʒɪstəʳ] n (census, record) за́пись f; (Scol) журна́л; (also **electoral register**) спи́сок избира́телей ▷ vt регистри́ровать (perf зарегистри́ровать); (subj: meter etc) пока́зывать (perf показа́ть) ▷ vi регистри́роваться (perf зарегистри́роваться); (as student) запи́сываться (perf записа́ться); (make impression) запечатлева́ться (perf запечатле́ться) в па́мяти; **registered** adj (letter) заказно́й; **Registered Trademark** n зарегистри́рованный това́рный знак

registrar [ˈrɛdʒɪstrɑːʳ] n регистра́тор

registration [rɛdʒɪsˈtreɪʃən] n регистра́ция; (Aut: also **registration number**) (регистрацио́нный) но́мер автомоби́ля

registry office [ˈrɛdʒɪstrɪ-] n (Brit) ≈ ЗАГС (отде́л за́писей гражда́нского состоя́ния)

regret [rɪˈɡrɛt] n сожале́ние ▷ vt сожале́ть (impf) о +prp; (death) скорбе́ть (impf) о +prp; **regrettable** adj приско́рбный, досто́йный сожале́ния

regular [ˈrɛɡjuləʳ] adj регуля́рный; (even) ро́вный; (symmetrical) пра́вильный; (usual: time) обы́чный ▷ n (in café, restaurant) завсегда́тай; (in shop) клие́нт; **regularly** adv регуля́рно; (symmetrically: shaped etc) пра́вильно

regulate [ˈrɛɡjuleɪt] vt регули́ровать (perf отрегули́ровать)

regulation [rɛɡjuˈleɪʃən] n регули́рование; (rule) пра́вило

r

rehabilitation [ˌriːəbɪlɪˈteɪʃən] n
(of addict) реабилита́ция; (of
criminal) интегра́ция

rehearsal [rɪˈhɜːsəl] n репети́ция

rehearse [rɪˈhɜːs] vt
репети́ровать (perf
отрепети́ровать)

reign [reɪn] n ца́рствование ▷ vi
(monarch) ца́рствовать (impf);
(fig) цари́ть (impf)

reimburse [riːɪmˈbɜːs] vt
возмеща́ть (perf возмести́ть)

rein [reɪn] n (for horse) вожжа́

reincarnation [ˌriːɪnkɑːˈneɪʃən] n
(belief) переселе́ние душ

reindeer [ˈreɪndɪə] n inv
се́верный оле́нь m

reinforce [ˌriːɪnˈfɔːs] vt
(strengthen) укрепля́ть (perf
укрепи́ть); (back up) подкрепля́ть
(perf подкрепи́ть)

reinstate [ˌriːɪnˈsteɪt] vt
восстана́вливать (perf
восстанови́ть) в пре́жнем
положе́нии

reject [vb rɪˈdʒɛkt, n ˈriːdʒɛkt] vt
отклоня́ть (perf отклони́ть),
отверга́ть (perf отве́ргнуть);
(political system) отверга́ть (perf
отве́ргнуть); (candidate)
отклоня́ть (perf отклони́ть);
(goods) бракова́ть (perf
забракова́ть) ▷ n (product)
некондицио́нное изде́лие;
rejection [rɪˈdʒɛkʃən] n
отклоне́ние

rejoice [rɪˈdʒɔɪs] vi: to rejoice at
or over ликова́ть (impf) по по́воду
+gen

relate [rɪˈleɪt] vt (tell)
переска́зывать (perf пересказа́ть);
(connect): to relate sth to относи́ть
(perf отнести́) что-н к +dat ▷ vi: to
relate to (person) сходи́ться (perf
сойти́сь) с +instr; (subject, thing)

относи́ться (perf отнести́сь) к
+dat; related adj: related (to)
(person) состоя́щий в родстве́ (с
+instr); (animal, language)
ро́дственный (с +instr); they are
related они́ состоя́т в родстве́;
relating to [rɪˈleɪtɪŋ-] prep
относи́тельно +gen

relation [rɪˈleɪʃən] n (member of
family) ро́дственник(-ица);
(connection) отноше́ние;
relations npl (dealings) сноше́ния
ntpl; (relatives) ро́дственники mpl,
родня́ fsg; **relationship** n
(between two people, countries)
(взаимо)отноше́ния ntpl;
(between two things, affair) связь f

relative [ˈrɛlətɪv] n (family
member) ро́дственник(-ица) ▷ adj
(comparative) относи́тельный;
relative to (in relation to)
относя́щийся к +dat; **relatively**
adv относи́тельно

relax [rɪˈlæks] vi расслабля́ться
(perf рассла́биться) ▷ vt (grip,
rule, control) ослабля́ть (perf
осла́бить); (person) расслабля́ть
(perf рассла́бить); **relaxation**
[riːlækˈseɪʃən] n о́тдых; (of
muscle) расслабле́ние; (of grip,
rule, control) ослабле́ние;
relaxed adj непринуждённый,
рассла́бленный; **relaxing** adj
(holiday) расслабля́ющий

relay [n ˈriːleɪ, vb rɪˈleɪ] n (race)
эстафе́та ▷ vt передава́ть (perf
переда́ть)

release [rɪˈliːs] n (from prison)
освобожде́ние; (of gas, book, film)
вы́пуск ▷ vt (see n) освобожда́ть
(perf освободи́ть); (news)
выпуска́ть (perf вы́пустить); (Tech: catch, spring
etc) отпуска́ть (perf отпусти́ть)

relentless [rɪˈlɛntlɪs] adj (effort)
неосла́бный; (rain)

продолжи́тельный; (determined)
неуста́нный

relevant [ˈrɛləvənt] adj
актуа́льный; **relevant to**
относя́щийся к +dat

reliable [rɪˈlaɪəbl] adj надёжный;
(information) достове́рный

relic [ˈrɛlɪk] n (of past etc)
рели́квия

relief [rɪˈliːf] n облегче́ние; (aid)
по́мощь f

relieve [rɪˈliːv] vt (pain, suffering)
облегча́ть (perf облегчи́ть); (fear,
worry) уменьша́ть (perf
уме́ньшить); (colleague, guard)
сменя́ть (perf смени́ть); **to relieve
sb of sth** освобожда́ть (perf
освободи́ть) кого́-н от чего́-н;
relieved adj; **to feel relieved**
чу́вствовать (perf почу́вствовать)
облегче́ние

religion [rɪˈlɪdʒən] n рели́гия

religious [rɪˈlɪdʒəs] adj
религио́зный

relish [ˈrɛlɪʃ] n (Culin) припра́ва;
(enjoyment) наслажде́ние ▷ vt
наслажда́ться (perf наслади́ться)
+instr, смакова́ть (impf)

reluctance [rɪˈlʌktəns] n
нежела́ние

reluctant [rɪˈlʌktənt] adj
неохо́тный; (person): **he is
reluctant to go there** он идёт туда́
неохо́тно; **reluctantly** adv
неохо́тно

rely on [rɪˈlaɪ-] vt fus (count on)
рассчи́тывать (impf) на +acc; (trust)
полага́ться (perf положи́ться) на
+acc

remain [rɪˈmeɪn] vi остав́ться
(perf остáться); **remainder** n
остáток; **remaining** adj
сохрани́вшийся, остáвшийся;
remains npl (of meal) остáтки
mpl; (of building) развáлины fpl;

(of body) остáнки mpl

remand [rɪˈmɑːnd] n: **on remand**
взя́тый под стрáжу ▷ vt: **he was
remanded in custody** он был взят
под стрáжу

remark [rɪˈmɑːk] n замечáние
▷ vt замечáть (perf замéтить);
remarkable adj замечáтельный

remedy [ˈrɛmədɪ] n (cure)
срéдство ▷ vt исправля́ть (perf
испрáвить)

remember [rɪˈmɛmbəʳ] vt (recall)
вспоминáть (perf вспóмнить);
(bear in mind) пóмнить (impf)

● **REMEMBRANCE DAY**
●
● **Remembrance Day** — День
● пáмяти. Отмечáется в
● ближáйшее к 11 ноября́
● воскресéнье. В э́тот день лю́ди
● чтят пáмять тех, кто поги́б в
● двух мировы́х во́йнах. Они́
● покупáют крáсные бумáжные
● мáки и но́сят их в петли́цах.
● Дéньги, вы́рученные от
● продáжи мáков иду́т на
● благотвори́тельные цéли.

remind [rɪˈmaɪnd] vt: **to remind
sb to do** напоминáть (perf
напóмнить) комý-н +infin; **to
remind sb of sth** напоминáть (perf
напóмнить) комý-о чём-н; **she
reminds me of her mother** онá
напоминáет мне свою́ мать;
reminder n напоминáние

reminiscent [rɛmɪˈnɪsənt] adj:
to be reminiscent of sth
напоминáть (perf напóмнить)
что-н

remnant [ˈrɛmnənt] n остáток

remorse [rɪˈmɔːs] n раскáяние

remote [rɪˈməut] adj (place, time)
отдалённый; **remote control**

дистанцио́нное управле́ние;
remotely *adv* отдалённо; **I'm not
remotely interested** я ниско́лько
не заинтересо́ван

removal [rɪ'muːvəl] *n* удале́ние;
(*Brit: of furniture*) перево́зка

remove [rɪ'muːv] *vt* (*take away*)
убира́ть (*perf* убра́ть); (*clothing,
employee*) снима́ть (*perf* снять);
(*stain*) удаля́ть (*perf* удали́ть);
(*problem, doubt*) устраня́ть (*perf*
устрани́ть)

Renaissance [rɪ'neɪsɑːs] *n*: **the
Renaissance** (*History*)
Возрожде́ние

render ['rendə*r*] *vt* (*assistance*)
ока́зывать (*perf* оказа́ть);
(*harmless, useless*) де́лать (*perf*
сде́лать) +*instr*

rendezvous ['rɒndɪvuː] *n*
(*meeting*) свида́ние; (*place*) ме́сто
свида́ния

renew [rɪ'njuː] *vt* возобновля́ть
(*perf* возобнови́ть); **renewable**
[rɪ'njuːəbl] *adj* (*energy*)
возобновля́емый

renovate ['renəveɪt] *vt*
модернизи́ровать (*impf/perf*);
(*building*) де́лать (*perf* сде́лать)
капита́льный ремо́нт в +*prp*

renowned [rɪ'naund] *adj*
просла́вленный

rent [rent] *n* кварти́рная пла́та
▷ *vt* (*take for rent: house*) снима́ть
(*perf* снять); (*: television, car*)
брать (*perf* взять) напрока́т; (*also
rent out: house*) сдава́ть (*perf*
сдать) (внаём); (*: television, car*)
дава́ть (*perf* дать) напрока́т;
rental *n* (*charge*) пла́та за прока́т

rep [rep] *n abbr* (*Comm*)
= **representative**

repair [rɪ'peə*r*] *n* ремо́нт ▷ *vt*
(*clothes, shoes*) чини́ть (*perf*
почини́ть); (*car*) ремонти́ровать

(*perf* отремонти́ровать); **in good/
bad repair** в хоро́шем/плохо́м
состоя́нии

repay [riː'peɪ] (*irreg like* **pay**) *vt*
(*money, debt*) выпла́чивать (*perf*
вы́платить); (*person*) упла́чивать
(*perf* уплати́ть) +*dat*; **to repay sb
(for sth)** (*favour*) отпла́чивать
(*perf* отплати́ть) кому́-н (за что-н);
repayment *n* вы́плата

repeat [rɪ'piːt] *vt* повторя́ть (*perf*
повтори́ть) ▷ *vi* повторя́ться
(*perf* повтори́ться) ▷ *n* (*Radio,
TV*) повторе́ние; **repeatedly** *adv*
неоднокра́тно

repellent [rɪ'pelənt] *n*: **insect
repellent** репелле́нт

repercussions [riːpə'kʌʃənz] *npl*
после́дствия *ntpl*

repetition [repɪ'tɪʃən] *n* (*repeat*)
повторе́ние

repetitive [rɪ'petɪtɪv] *adj*
повторя́ющийся

replace [rɪ'pleɪs] *vt* (*put back*)
класть (*perf* положи́ть) обра́тно;
(*: vertically*) ста́вить (*perf*
поста́вить) обра́тно; (*take the
place of*) заменя́ть (*perf*
замени́ть); **replacement** *n*
заме́на

replay [*n* 'riːpleɪ, *vb* riː'pleɪ] *n* (*of
match*) переигро́вка; (*of film*)
повто́рный пока́з ▷ *vt* (*match,
game*) переи́грывать (*perf*
переигра́ть); (*part of tape*)
повто́рно про´и́грывать (*perf*
проигра́ть)

replica ['replɪkə] *n* (*copy*) ко́пия

reply [rɪ'plaɪ] *n* отве́т ▷ *vi*
отвеча́ть (*perf* отве́тить)

report [rɪ'pɔːt] *n* (*account*)
докла́д, отчёт; (*Press, TV etc*)
репорта́ж; (*statement*)
сообще́ние; (*Brit: also* **school
report**) отчёт об успева́емости

▷ vt сообщать (perf сообщить) о +prp; (event, meeting) докладывать (perf доложить) о +prp; (person) доносить (perf донести) на +acc ▷ vi (make a report) докладывать (perf доложить); **to report to sb** (present o.s.) являться (perf явиться) к кому-н; (be responsible for) быть (impf) под началом кого-н; **to report that** сообщать (perf сообщить), что; **reportedly** adv как сообщают; **reporter** n репортёр

represent [rɛprɪˈzɛnt] vt (person, nation) представлять (perf представить) (view, belief) излагать (perf изложить); (constitute) представлять (impf) собой; (idea, emotion) символизировать (impf/perf); (describe): **to represent sth as** изображать (perf изобразить) что-н как; **representation** [rɛprɪzɛnˈteɪʃən] n (state) представительство; (picture, statue) изображение; **representative** n представитель m ▷ adj представительный

repress [rɪˈprɛs] vt подавлять (perf подавить); **repression** [rɪˈprɛʃən] n

reprimand [ˈrɛprɪmɑːnd] n выговор ▷ vt: сделать (perf выговор +dat

reproduce [riːprəˈdjuːs] vt воспроизводить (perf воспроизвести) ▷ vi размножаться (perf размножиться)

reproduction [riːprəˈdʌkʃən] n воспроизведение; (Art) репродукция

reptile [ˈrɛptaɪl] n пресмыкающееся nt adj (животное)

republic [rɪˈpʌblɪk] n республика; **Republican** n (US: Pol) республиканец(-нка)

reputable [ˈrɛpjutəbl] adj (person) уважаемый; **reputable company** компания с хорошей репутацией

reputation [rɛpjuˈteɪʃən] n репутация

request [rɪˈkwɛst] n (polite demand) просьба; (formal demand) заявка ▷ vt: **to request sth of or from sb** просить (perf попросить) что-н у кого-н

require [rɪˈkwaɪə*] vt (subj: person) нуждаться (impf) в +prp; (: thing, situation) требовать (impf); (order): **to require sth of sb** требовать (perf потребовать) что-н от кого-н; **we require you to complete the task** нам требуют, чтобы Вы завершили работу; **requirement** n (need, want) потребность f

rescue [ˈrɛskjuː] n спасение ▷ vt: **to rescue (from)** спасать (perf спасти) от +gen); **to come to sb's rescue** приходить (perf прийти) кому-н на помощь

research [rɪˈsəːtʃ] n исследование ▷ vt исследовать (impf/perf)

resemblance [rɪˈzɛmbləns] n сходство

resemble [rɪˈzɛmbl] vt походить (impf) на +acc

resent [rɪˈzɛnt] vt (fact) негодовать (impf) против +gen; (person) негодовать (impf) на +acc; **resentful** adj негодующий; **I am resentful of his behaviour** его поведение приводит меня в негодование; **resentment** n негодование

reservation [rɛzəˈveɪʃən] n

r

(*booking*) предвари́тельный зака́з; (*doubt*) сомне́ние; (*for tribe*) резерва́ция

reserve [rɪˈzəːv] *n* (*store*) резе́рв, запа́с; (*also* **nature reserve**) запове́дник; (*Sport*) запасно́й игро́к; (*restraint*) сде́ржанность *f* ▷ *vt* (*look, tone*) сохраня́ть (*perf* сохрани́ть); (*seats, table etc*) зака́зывать (*perf* заказа́ть); **in reserve** в резе́рве *or* запа́се; **reserved** *adj* (*restrained*) сде́ржанный

reservoir [ˈrɛzəvwɑː] *n* (*of water*) водохрани́лище

reshuffle [riːˈʃʌfl] *n*: **Cabinet reshuffle** перета́совка *or* переста́новка *fpl* в кабине́те мини́стров

residence [ˈrɛzɪdəns] *n* (*home*) резиде́нция; (*length of stay*) пребыва́ние

resident [ˈrɛzɪdənt] *n* (*of country, town*) (постоя́нный(-ая)) жи́тель(ница) *m(f)*; (*in hotel*) прожива́ющий(-ая) *m(f)* ▷ *adj* (*population*) постоя́нный

residential [rɛzɪˈdɛnʃəl] *adj* (*area*) жило́й; (*course, college*) с прожива́нием

resign [rɪˈzaɪn] *vi* (*from post*) уходи́ть (*perf* уйти́) в отста́вку ▷ *vt* (*one's post*) оставля́ть (*perf* оста́вить) с +*gen*; **to resign o.s. to** смиря́ться (*perf* смири́ться) с +*instr*; **resignation** [rɛzɪɡˈneɪʃən] *n* отста́вка; (*acceptance*) поко́рность *f*, смире́ние

resin [ˈrɛzɪn] *n* смола́

resist [rɪˈzɪst] *vt* сопротивля́ться (*impf*) +*dat*; (*temptation*) устоя́ть (*perf*) пе́ред +*instr*; **resistance** *n* (*opposition*) сопротивле́ние; (*to illness*) сопротивля́емость *f*

resolution [rɛzəˈluːʃən] *n*

(*decision*) реше́ние; (*: formal*) резолю́ция; (*determination*) реши́мость *f*; (*of problem, difficulty*) разреше́ние

resolve [rɪˈzɔlv] *n* реши́тельность *f* ▷ *vt* (*problem, difficulty*) разреша́ть (*perf* разреши́ть) ▷ *vi*: **to resolve to do** реша́ть (*perf* реши́ть) +*infin*

resort [rɪˈzɔːt] *n* (*town*) куро́рт; (*recourse*) прибега́ние ▷ *vi*: **to resort to** прибега́ть (*perf* прибе́гнуть) к +*dat*; **the last resort** после́дняя наде́жда; **in the last resort** в кра́йнем слу́чае

resource [rɪˈzɔːs] *n* ресу́рс; **resourceful** *adj* изобрета́тельный, нахо́дчивый

respect [rɪsˈpɛkt] *n* уваже́ние ▷ *vt* уважа́ть (*impf*); **respects** *npl* (*greetings*) почте́ние *ntsg*; **with respect to, in respect of** в отноше́нии +*gen*; **in this respect** в э́том отноше́нии; **respectable** *adj* прили́чный; (*morally correct*) респекта́бельный; **respectful** *adj* почти́тельный

respective [rɪsˈpɛktɪv] *adj*: **he drove them to their respective homes** он отвёз их обо́их по дома́м; **respectively** *adv* соотве́тственно

respond [rɪsˈpɔnd] *vi* (*answer*) отвеча́ть (*perf* отве́тить); (*react*): **to respond to** (*pressure, criticism*) реаги́ровать (*perf* отреаги́ровать) на +*acc*

response [rɪsˈpɔns] *n* (*answer*) отве́т; (*reaction*) резона́нс, о́тклик

responsibility [rɪspɔnsɪˈbɪlɪtɪ] *n* (*liability*) отве́тственность *f*; (*duty*) обя́занность *f*

responsible [rɪsˈpɔnsɪbl] *adj*: **responsible (for)** отве́тственный (за +*acc*)

responsive [rɪsˈpɒnsɪv] *adj*
(*child, nature*) отзывчивый;
responsive to (*demand, treatment*)
восприимчивый к +*dat*

rest [rest] *n* (*relaxation, pause*)
отдых; (*stand, support*) подставка
▷ *vi* (*relax, stop*) отдыхать (*perf*
отдохнуть) ▷ *vt* (*head, eyes etc*)
давать (*perf* дать) отдых +*dat*;
(*lean*): **to rest sth against**
прислонять (*perf* прислонить)
что-н к +*dat*; **the rest** (*remainder*)
остальное *nt adj*; **the rest of them**
остальные (из них); **to rest on**
(*person*) опираться (*perf*
опереться) на +*acc*; (*idea*)
опираться (*impf*) на +*acc*; (*object*)
лежать (*impf*) на +*prp*; **rest**
assured that ... будьте уверены,
что ...; **it rests with him to ...**
на нём лежит обязанность +*infin* ...;
to rest one's eyes *or* **gaze on**
останавливать (*perf* остановить)
(свой) взгляд на +*acc*

restaurant [ˈrestərɒn] *n*
ресторан

restless [ˈrestlɪs] *adj*
беспокойный

restoration [restəˈreɪʃən] *n* (*of
building etc*) реставрация; (*of
order, health*) восстановление

restore [rɪsˈtɔːʳ] *vt* (*see n*)
реставрировать (*perf*
отреставрировать);
восстанавливать (*perf*
восстановить); (*stolen property*)
возвращать (*perf* возвратить); (*to
power*) вернуть (*perf*)

restrain [rɪsˈtreɪn] *vt* сдерживать
(*perf* сдержать); (*person*): **to
restrain sb from doing** не давать
(*perf* дать) кому-н +*infin*;
restraint *n* (*moderation*)
сдержанность *f*; (*restriction*)
ограничение

restrict [rɪsˈtrɪkt] *vt*
ограничивать (*perf* ограничить);
restriction [rɪsˈtrɪkʃən] *n*:
restriction (*on*) ограничение (на
+*acc*)

result [rɪˈzʌlt] *n* результат ▷ *vi*:
to result in заканчиваться (*perf*
закончиться) +*instr*; **as a result of**
в результате +*gen*

resume [rɪˈzjuːm] *vt* (*work,
journey*) возобновлять (*perf*
возобновить) ▷ *vi* продолжать
(*perf* продолжить)

résumé [ˈreɪzjuːmeɪ] *n* резюме *nt
ind*; (*US: for job*) автобиография

retail [ˈriːteɪl] *adj* розничный
▷ *adv* в розницу; **retailer** *n*
розничный торговец

retain [rɪˈteɪn] *vt* (*keep*)
сохранять (*perf* сохранить)

retaliation [rɪtælɪˈeɪʃən] *n*
(*against attack*) ответный удар;
(*against ill-treatment*) возмездие

retarded [rɪˈtɑːdɪd] *adj*
(*development, growth*)
замедленный

retire [rɪˈtaɪəʳ] *vi* (*give up work*)
уходить (*perf* уйти) на пенсию;
(*withdraw*) удаляться (*perf*
удалиться); (*go to bed*) удаляться
(*perf* удалиться) на покой;
retired *adj*: **he is retired** он на
пенсии; **retirement** *n* выход *or*
уход на пенсию

retreat [rɪˈtriːt] *n* (*place*)
убежище; (*withdrawal*) уход; (*Mil*)
отступление ▷ *vi* отступать (*perf*
отступить)

retrieve [rɪˈtriːv] *vt* (*object*)
получать (*perf* получить) обратно;
(*honour*) восстанавливать (*perf*
восстановить); (*situation*) спасать
(*perf* спасти)

retrospect [ˈretrəspekt] *n*: **in
retrospect** в ретроспекции;

retrospective [rɛtrə'spɛktɪv] adj (law, tax) имеющий обратную силу

return [rɪ'tɜːn] n (from, to place) возвращение; возврат, возврат; (Comm) доход ⊳ cpd (journey, ticket) обратный ⊳ vi возвращаться (perf возвратиться), вернуться (perf) ⊳ vt возвращать (perf возвратить), вернуть (perf); (Law: verdict) выносить (perf вынести); (Pol: candidate) избирать (perf избрать); (ball) отбивать (perf отбить); **in return (for)** в ответ (на +acc); **many happy returns (of the day)!** с днём рождения!; **to return to** (consciousness) приходить (perf прийти) в +acc; (power) вернуться (perf) к +dat

reunion [riː'juːnɪən] n (reuniting) воссоединение; (party) встреча

revamp [riː'væmp] vt обновлять (perf обновить)

reveal [rɪ'viːl] vt (make known) обнаруживать (perf обнаружить); (make visible) открывать (perf открыть); **revealing** adj (action, statement) показательный; (dress) открытый

revelation [rɛvə'leɪʃən] n (fact) открытие

revenge [rɪ'vɛndʒ] n месть f; **to take revenge on, revenge o.s. on** мстить (perf отомстить) +dat

revenue [ˈrɛvənjuː] n доходы mpl

Reverend [ˈrɛvərənd] adj: **the Reverend** его преподобие

reversal [rɪ'vɜːsl] n радикальное изменение; (of roles) перемена

reverse [rɪ'vɜːs] n (opposite) противоположность f; (of coin, medal) оборотная сторона; (of paper) оборот; (Aut: also **reverse gear**) обратный ⊳ adj (opposite) обратный ⊳ vt (order, position, decision) изменять (perf изменить); (process, policy) поворачивать (perf повернуть); (Brit: Aut) давать (perf дать) задний ход; **in reverse order** в обратном порядке; **to reverse a car** давать (perf дать) задний ход; **to reverse roles** меняться (perf поменяться) ролями

revert [rɪ'vɜːt] vi: **to revert to** (to former state) возвращаться (perf возвратиться) к +dat; (Law: money, property) переходить (perf перейти) к +dat

review [rɪ'vjuː] n (of situation, policy etc) пересмотр; (of book, film etc) рецензия; (magazine) обозрение ⊳ vt (situation, policy etc) пересматривать (perf пересмотреть); (book, film etc) рецензировать (perf отрецензировать)

revise [rɪ'vaɪz] vt (manuscript) перерабатывать (perf переработать); (opinion, law) пересматривать (perf пересмотреть) ⊳ vi (Scol) повторять (perf повторить)

revision [rɪ'vɪʒən] n (see vb) переработка; пересмотр; повторение

revival [rɪ'vaɪvəl] n (recovery) оживление; (of interest, faith) возрождение

revive [rɪ'vaɪv] vt (person) возвращать (perf возвратить) к жизни; (economy, industry) оживлять (perf оживить); (tradition, interest etc) возрождать

(*perf* возроди́ть) ▷ *vi* (*see vt*)
приходи́ть (*perf* прийти́) в
созна́ние; оживля́ться (*perf*
ожи́виться); возрожда́ться (*perf*
возроди́ться)

revolt [rɪˈvəult] *n* (rebellion)
восста́ние ▷ *vi* (rebel) восстава́ть
(*perf* восста́ть) ▷ *vt* вызыва́ть
(*perf* вы́звать) отвраще́ние у +*gen*;
revolting *adj* отврати́тельный

revolution [revəˈluːʃən] *n*
револю́ция; (of wheel, earth etc)
оборо́т; **revolutionary** *adj*
революцио́нный ▷ *n*
революционе́р(ка)

revolve [rɪˈvɔlv] *vi* (turn)
враща́ться (*impf*); (fig): **to revolve
(a)round** враща́ться (*impf*) вокру́г
+*gen*

revolver [rɪˈvɔlvə*] *n* револьве́р

reward [rɪˈwɔːd] *n* награ́да ▷ *vt*:
to reward (for) (effort)
вознагражда́ть (*perf*
вознагради́ть) (за +*acc*);
rewarding *adj*: **this work is
rewarding** э́та рабо́та прино́сит
удовлетворе́ние

rewind [riːˈwaɪnd] (irreg like
wind) *vt* перема́тывать (*perf*
перемота́ть)

rewrite [riːˈraɪt] (irreg like **write**)
vt (rework) перепи́сывать (*perf*
переписа́ть)

rheumatism [ˈruːmətɪzəm] *n*
ревмати́зм

rhinoceros [raɪˈnɔsərəs] *n*
носоро́г

rhubarb [ˈruːbɑːb] *n* реве́нь *m*

rhyme [raɪm] *n* ри́фма; (in
poetry) разме́р

rhythm [ˈrɪðm] *n* ритм

rib [rɪb] *n* (Anat) ребро́

ribbon [ˈrɪbən] *n* ле́нта; **in
ribbons** (torn) в кло́чья

rice [raɪs] *n* рис

rich [rɪtʃ] *adj* бога́тый; (clothes,
jewels) роско́шный; (food, colour,
life) насы́щенный; (abundant): **rich
in** бога́тый +*instr* ▷ *npl*: **the rich**
(rich people) бога́тые *pl adj*

rid [rɪd] (pt, pp **rid**) *vt*: **to rid sb of
sth** избавля́ть
кого́-н от чего́-н; **to get rid of**
(*perf* изба́виться) от
отде́лываться (*perf* отде́латься) от
+*gen*

ridden [ˈrɪdn] pp of **ride**

riddle [ˈrɪdl] *n* (conundrum)
зага́дка ▷ *vt*: **riddled with** (holes,
bullets) изрешечённый +*instr*;
(guilt, doubts) по́лный +*gen*;
(corruption) прони́занный +*instr*

ride [raɪd] (pt **rode**, pp **ridden**) *n*
пое́здка ▷ *vi* (as sport) е́здить
(*impf*) верхо́м; (go somewhere,
travel) е́здить/е́хать (пое́хать
perf) ▷ *vt* (horse) е́здить/е́хать
(*impf*) верхо́м на +*prp*; (bicycle,
motorcycle) е́здить/е́хать (*impf*)
на +*prp*; (distance) проезжа́ть (*perf*
прое́хать); **a 5 mile ride** пое́здка в
5 миль; **to take sb for a ride** (fig)
прокати́ть (*perf*) кого́-н; **rider** *n*
(on horse) наез́дник(-ица); (on
bicycle) велосипеди́ст(ка); (on
motorcycle) мотоцикли́ст(ка)

ridge [rɪdʒ] *n* (of hill) гре́бень *m*

ridicule [ˈrɪdɪkjuːl] *vt*
высме́ивать (*perf* вы́смеять)

ridiculous [rɪˈdɪkjuləs] *adj*
смехотво́рный; **it's ridiculous** э́то
смешно́

riding [ˈraɪdɪŋ] *n* верхова́я езда́

rife [raɪf] *adj*: **to be rife**
(corruption) процвета́ть (*impf*); **to
be rife with** (rumours, panic) быть
изоби́ловать (*impf*) +*instr*

rifle [ˈraɪfl] *n* (Mil) винто́вка; (for
hunting) ружьё

rift [rɪft] *n* (also fig) тре́щина

r

rig [rɪg] n (also **oil rig**) бурова́я устано́вка ▷ vt подтасо́вывать (perf подтасова́ть) результа́ты +gen

right [raɪt] adj пра́вильный; (person, time, place) ну́жный; (fair, just) справедли́вый; (not left) пра́вый ▷ n (entitlement) пра́во; (not left) пра́вая сторона́ ▷ adv (correctly) пра́вильно; (not to the left) напра́во ▷ vt (ship) выра́внивать (perf вы́ровнить); (car) ста́вить (perf поста́вить) на колёса; (fault, situation) исправля́ть (perf испра́вить); (wrong) устраня́ть (perf устрани́ть) ▷ excl так, хорошо́!; **she's right** она́ права́; **that's right!** (answer) пра́вильно!; **is that clock right?** э́ти часы́ пра́вильно иду́т?; **on the right** спра́ва; **you are in the right** пра́вда за Ва́ми; **by rights** по справедли́вости; **right and wrong** хоро́шее и дурно́е; **right now** сейча́с же; **right away** сра́зу же; **rightful** adj зако́нный; **rightly** adv (with reason) справедли́во; **right of way** n (path etc) пра́во прохо́да; (Aut) пра́во прое́зда; **right-wing** adj (Pol) пра́вый

rigid ['rɪdʒɪd] adj (structure, control) жёсткий; (fig: attitude etc) ко́сный

rigorous ['rɪɡərəs] adj жёсткий; (training) серьёзный

rim [rɪm] n (of glass, dish) край; (of spectacles) обо́док; (of wheel) о́бод

rind [raɪnd] n (of bacon, cheese) ко́рка; (of lemon, orange etc) кожура́

ring [rɪŋ] (pt **rang**, pp **rung**) n (of metal, smoke) кольцо́; (of people, objects, light) круг; (of spies, drug dealers) сеть f; (for boxing)

ринг; (of circus) аре́на; (of doorbell, telephone) звоно́к ▷ vi звони́ть (perf позвони́ть); (doorbell, telephone) звони́ть (perf позвони́ть ▷ vi (also **ring out**: voice, shot) раздава́ться (perf разда́ться) ▷ vt (Brit: Tel) звони́ть (perf позвони́ть +dat; **to give sb a ring** (Brit: Tel) звони́ть (perf позвони́ть) кому́-н; **my ears are ringing** у меня́ звени́т в уша́х; **to ring the bell** звони́ть (perf) в звоно́к; **ring up** vt (Brit) звони́ть (perf позвони́ть) +dat; **ringtone** ['rɪŋtəun] n (on mobile) мело́дия для моби́льного телефо́на

rink [rɪŋk] n (for skating) като́к

rinse [rɪns] vt полоска́ть (perf прополоска́ть) ▷ n: **to give sth a rinse** ополаскивать (perf ополосну́ть) что-н

riot ['raɪət] n (disturbance) беспоря́дки mpl, бесчи́нства ntpl ▷ vi бесчи́нствовать (impf); **to run riot** бу́йствовать (impf)

rip [rɪp] n разры́в ▷ vt (paper, cloth) разрыва́ть (perf разорва́ть) ▷ vi разрыва́ться (perf разорва́ться

ripe [raɪp] adj спе́лый, зре́лый

ripple ['rɪpl] n рябь f no pl, зыбь f no pl; (of laughter, applause) волна́

rise [raɪz] (pt **rose**, pp **risen**) n (slope) подъём; (increase) повыше́ние; (of state, leader) возвыше́ние ▷ vi (person) поднима́ться (perf подня́ться); (prices, numbers, voice) повыша́ться (perf повы́ситься); (sun, moon) восходи́ть (perf взойти́); (also **rise up**: rebels) восстава́ть (perf восста́ть); (in rank) продвига́ться (perf продви́нуться); **rise to power** прихо́д к вла́сти; **to give rise to** вызыва́ть (perf вы́звать); **to rise to the occasion** ока́зываться (perf

risen [rɪzn] *pp of* **rise**

rising ['raɪzɪŋ] *adj* (number, prices) расту́щий; (sun, moon) восходя́щий

risk [rɪsk] *n* риск ⊳ *vt* (endanger) рискова́ть (*impf*) +*instr*; (chance) рискова́ть (*perf* рискну́ть) +*instr*; **to take a risk** рискну́ть (*perf*), идти́ (*perf* пойти́) на риск; **to run the risk of doing** рискова́ть (*impf*) +*infin*; **at risk** в опа́сной ситуа́ции; **to put sb/sth at risk** подве́ргнуть кого́-н/что́-н ри́ску; **at one's own risk** на свой страх и риск; **risky** *adj* риско́ванный

rite [raɪt] *n* обря́д; **last rites** после́днее прича́стие

ritual ['rɪtjuəl] *adj* ритуа́льный ⊳ *n* (Rel) обря́д; (procedure) ритуа́л

rival ['raɪvl] *n* (competitor) сопе́рник(-ица); (in business) конкуре́нт ⊳ *adj* (business) конкури́рующий ⊳ *vt* сопе́рничать (*impf*) с +*instr*; **rival team** кома́нда сопе́рника; **rivalry** *n* (in sport, love) сопе́рничество; (in business) конкуре́нция

river ['rɪvə'] *n* река́ ⊳ *cpd* (port, traffic) речно́й; **up/down river** вверх/вниз по реке́

road [rəud] *n* доро́га, путь *m*; (in town) доро́га; (motorway etc) доро́га, шоссе́ *nt ind* ⊳ *cpd* (accident) доро́жный; **major/minor road** гла́вная/второстепе́нная доро́га; **road sense** чу́вство доро́ги; **road junction** пересече́ние доро́г, перекрёсток; **roadblock** *n* доро́жное загражде́ние; **road rage** *n* хулига́нское поведе́ние на автодоро́гах; **roadside** *n* обо́чина; **roam** [rəum] *vi* скита́ться (*impf*)

roar [rɔː'] *n* рёв *m*; (of laughter) взрыв *m* ⊳ *vi* реве́ть (*impf*); **to roar with laughter** хохота́ть (*impf*)

roast [rəust] *n* жарко́е *nt adj* ⊳ *vt* (meat, potatoes) жа́рить (*perf* зажа́рить)

rob [rɔb] *vt* (person) гра́бить (*perf* огра́бить); **to rob sb of sth** красть (*perf* укра́сть) что-н у кого́-н; (fig) лиша́ть (*perf* лиши́ть) кого́-н чего́-н; **robber** *n* граби́тель *m*; **robbery** *n* ограбле́ние, грабёж

robe [rəub] *n* (for ceremony etc) ма́нтия; (also **bath robe**) ба́нный хала́т; (US) плед

robin ['rɔbɪn] *n* (Zool) заря́нка

robot ['rəubɔt] *n* ро́бот

robust [rəu'bʌst] *adj* (person) кре́пкий

rock [rɔk] *n* (substance) (го́рная) поро́да; (boulder) валу́н; (US: small stone) ка́мешек; (Mus: also **rock music**) рок ⊳ *vt* (swing) кача́ть (*impf*); (shake) шата́ть (*impf*) ⊳ *vi* (object) кача́ться (*impf*), шата́ться (*impf*); (person) кача́ться (*impf*); **on the rocks** (drink) со льдом; (marriage etc) на гра́ни распа́да; **rock and roll** *n* рок-н-ро́лл

rocket ['rɔkɪt] *n* раке́та

rocky ['rɔkɪ] *adj* (hill) скали́стый; (path, soil) камени́стый; (unstable) ша́ткий

rod [rɔd] *n* прут; (also **fishing rod**) у́дочка

rode [rəud] *pt of* **ride**

rodent ['rəudnt] *n* грызу́н

rogue [rəug] *n* плут

role [rəul] *n* роль *f*; **role model** *n* приме́р (для подража́ния)

roll [rəul] *n* (of paper, cloth etc) руло́н; (of banknotes) свёрток; (also **bread roll**) бу́лочка; (register, list) спи́сок; (of drums) бой; (of *thunder*) раскат ▷ *vt* (*ball, stone etc*) катать/катить (*impf*); (*also* **roll up**: *string*) скручивать (*perf* скрутить); (: *sleeves, eyes*) закатывать (*perf* закатать); (*cigarette*) свёртывать (*perf* свернуть); (*also* **roll out**: *pastry*) раскатывать (*perf* раскатать) ▷ *vi* (*also* **roll along**: *ball, car etc*) катиться (*impf*); (*ship*) качаться (*impf*); **roll up** *vt* (*carpet, newspaper*) сворачивать (*perf* свернуть); **roller** *n* (*for hair*) бигуди *pl ind*; **roller skates** *npl* ролики *mpl*, роликовые коньки *mpl*; **rolling pin** *n* скалка

ROM [rɔm] *n abbr* (*Comput*) (= *read-only memory*) ПЗУ (= *постоянное запоминающее устройство*)

Roman ['rəumən] *adj* римский; **Roman Catholic** *adj* (римско-)католический ▷ *n* католик(-ичка)

romance [rə'mæns] *n* (*love affair, novel*) роман; (*charm*) романтика

Romania [rəu'meɪnɪə] *n* Румыния; **Romanian** *adj* румынский

romantic [rə'mæntɪk] *adj* романтичный; (*play, story etc*) романтический

Rome [rəum] *n* Рим

roof [ru:f] (*pl* **roofs**) *n* крыша; **the roof of the mouth** нёбо

room [ru:m] *n* (*in house*) комната; (*in school*) класс; (*in hotel*) номер; (*space*) место; **rooms** *npl* (*lodging*) квартира *fsg*; **"rooms to let"**, (*US*) **"rooms for rent"** "сдаются комнаты"; **single/ double room** (*in hotel*) одноместный/двухместный номер

root [ru:t] *n* корень *m*; **roots** *npl* (*family origins*) корни *mpl*

rope [rəup] *n* верёвка ▷ *vt* (*also* **rope off**: *area*) отгораживать (*perf* отгородить) верёвкой; **to know the ropes** (*fig*) знать (*impf*), что к чему; **to rope to** привязывать (*perf* привязать) верёвкой к +*dat*; **rope together** связывать (*perf* связать) верёвкой

rose [rəuz] *pt of* **rise** ▷ *n* роза

rosemary ['rəuzmərɪ] *n* розмарин

rosy ['rəuzɪ] *adj* (*face, cheeks*) румяный; (*situation*) радостный; (*future*) радужный

rot [rɔt] *n* (*result*) гниль *f* ▷ *vt* гноить (*perf* сгноить) ▷ *vi* гнить (*perf* сгнить)

rota ['rəutə] *n* расписание дежурств

rotate [rəu'teɪt] *vt* вращать (*impf*); (*crops, jobs*) чередовать (*impf*) ▷ *vi* вращаться (*impf*)

rotten ['rɔtn] *adj* (*meat, eggs*) тухлый; (*fig: unpleasant*) мерзкий; (*inf: bad*) поганый; **to feel rotten** (*ill*) чувствовать (*impf*) себя погано

rouble ['ru:bl] (*US* **ruble**) *n* рубль *m*

rough [rʌf] *adj* грубый; (*surface*) шероховатый; (*terrain*) пересечённый; (*person, manner*) резкий; (*sea*) бурный; (*town, area*) опасный; (*plan, work*) черновой; (*guess*) приблизительный ▷ *vt*: **to rough it** ограничивать (*perf* ограничить) себя ▷ *adv*: **to sleep rough** (*Brit*) ночевать (*impf*) где придётся; **roughly** *adv* грубо; (*approximately*) приблизительно

Roumania *etc* = **Romania** *etc*

round [raund] *adj* круглый ▷ *n* (*duty: of policeman, doctor*) обход; (*game: of cards, golf*) партия; (*in competition*) тур; (*of ammunition*) комплéкт; (of talks, also Boxing) ра́унд ▷ vt огиба́ть (perf обогну́ть) ▷ prep (surrounding) вокру́г +gen; (approximately): **round about three hundred** где́-то о́коло трёхсот ▷ adv: **all round** круго́м, вокру́г; **a round of applause** взрыв аплодисме́нтов; **a round of drinks** по бока́лу на ка́ждого; **round his neck/the table** вокру́г его́ ше́и/стола́; **the shop is just round the corner** (fig) до магази́на руко́й пода́ть; **to go round the back** обходи́ть (perf обойти́) сза́ди; **to walk round the room** ходи́ть (impf) по ко́мнате; **to go round to sb's (house)** ходи́ть/ идти́ (impf) к кому́-н; **there's enough to go round** хва́тит на всех; **round off** vt (speech etc) заверша́ть (perf заверши́ть); **round up** vt (cattle, people) сгоня́ть (perf согна́ть); (price, figure) округля́ть (perf округли́ть);

roundabout n (Brit: Aut) кольцева́я тра́нспортная развя́зка; (: at fair) карусе́ль f ▷ adj: **in a roundabout way** око́льным путём; **roundup** n (of information) обзо́р

rouse [rauz] vt (wake up) буди́ть (perf разбуди́ть); (stir up) возбужда́ть (perf возбуди́ть);

route [ru:t] n (way) путь m, доро́га; (of bus, train etc) маршру́т

routine [ru:'ti:n] adj (work) повседне́вный; (procedure) обы́чный ▷ n (habits) распоря́док; (drudgery) рути́на; (Theat) но́мер

row[1] [rəu] n ряд ▷ vi грести́ (impf) ▷ vt управля́ть (impf) +instr; **in a row** (fig) подря́д

row[2] [rau] n (noise) шум; (dispute) сканда́л; (inf: scolding)

нагоня́й ▷ vi сканда́лить (perf посканда́лить)

rowing ['rəuɪŋ] n гребля́

royal ['rɔɪəl] adj короле́вский; **royalty** n (royal persons) чле́ны mpl короле́вской семьи́; (payment) (а́вторский) гонора́р

rpm abbr (= revolutions per minute) оборо́ты в мину́ту

RSVP abbr (= répondez s'il vous plaît) про́сим отве́тить на приглаше́ние

rub [rʌb] vt (part of body) тере́ть (perf потере́ть); (object: to clean) тере́ть (impf); (: to dry) вытира́ть (perf вы́тереть); (hands: also **rub together**) потира́ть (perf потере́ть) ▷ n: **to give sth a rub** (polish) натира́ть (perf натере́ть) что-н; **to rub sb up** or (US) **rub sb the wrong way** раздража́ть (perf раздражи́ть) кого́-н

rubber ['rʌbə[r]] n (substance) рези́на, каучу́к; (Brit: eraser) рези́нка, ла́стик

rubbish ['rʌbɪʃ] n му́сор; (junk) хлам; (fig: nonsense) ерунда́, чушь f; (: goods) дрянь f

rubble ['rʌbl] n обло́мки mpl

ruble ['ru:bl] n (US) = **rouble**

ruby ['ru:bɪ] n руби́н

rucksack ['rʌksæk] n рюкза́к

rudder ['rʌdə[r]] n руль m

rude [ru:d] adj (impolite) гру́бый; (unexpected) жесто́кий

rug [rʌg] n ко́врик; (Brit: blanket) плед

rugby ['rʌgbɪ] n (also **rugby football**) ре́гби nt ind

rugged ['rʌgɪd] adj (landscape) скали́стый; (features) гру́бый; (character) прямо́й

ruin ['ruːɪn] n (destruction: of building, plans) разруше́ние; (downfall) ги́бель f; (bankruptcy) разоре́ние ▷ vt (building, hopes, plans) разруша́ть (perf разру́шить); (future, health, reputation) губи́ть (perf погуби́ть); (person: financially) разори́ть (perf разори́ть); (spoil: clothes) по́ртить (perf испо́ртить); ruins npl (of building) разва́лины fpl, руи́ны fpl

rule [ru:l] n (norm, regulation) пра́вило; (government) правле́ние ▷ vt (country, people) пра́вить (impf) ▷ vi (leader, monarch etc) пра́вить (impf); **as a rule** как пра́вило; **rule out** vt (exclude) исключи́ть (perf исключи́ть); **ruler** n прави́тель(ница) m(f); (instrument) лине́йка

ruling ['ru:lɪŋ] adj (party) пра́вящий ▷ n (Law) постановле́ние

rum [rʌm] n ром

Rumania etc = **Romania** etc

rumble ['rʌmbl] n (of traffic, thunder) гул

rumour ['ru:mə'] (US rumor) n слух ▷ vt: **it is rumoured that** ... хо́дят слу́хи, что ...

run [rʌn] (pt ran, pp run) n (fast pace) бег; (journey) пое́здка; (Skiing) тра́сса; (Cricket, Baseball) очко́; (in tights etc) спусти́вшиеся пе́тли fpl ▷ vi бе́гать/бежа́ть (impf); (flee) бежа́ть (impf/perf), сбега́ть (perf сбежа́ть); (work: machine) рабо́тать (impf); (bus, train) ходи́ть (impf); (play, show) идти́ (impf); (in election) баллоти́роваться (perf) ▷ vt (race, distance) пробега́ть (perf пробежа́ть); (business, hotel) управля́ть (impf) +instr; (competition, course) организова́ть (impf/perf); (house, program) вести́ (impf); (Comput: program)

выполня́ть (perf вы́полнить); (water) пуска́ть (perf пусти́ть); (bath) наполня́ть (perf напо́лнить); (Press: feature) печа́тать (perf напеча́тать); **in the long run** в коне́чном ито́ге; **to be on the run** скрыва́ться (impf); **to run sth along** or **over** (hand, fingers) проводи́ть (perf провести́) чем-н по +dat; **I'll run you to the station** я подвезу́ Вас до ста́нции; **run about** vi бе́гать (impf); **run around** vi = **run about**; **run away** vi убега́ть (perf убежа́ть); **run down** vt (production, industry) свора́чивать (perf сверну́ть); (Aut: hit) сбива́ть (perf сбить); (criticize) поноси́ть (impf); **to be run down** (person) выбива́ться (perf вы́биться) из сил; **run in** vt (Brit: car) обка́тывать (perf обката́ть); **run into** vt fus (meet: person) ста́лкиваться (perf столкну́ться) с +instr; (: trouble) натыка́ться (perf наткну́ться) на +acc; (collide with) вреза́ться (perf вре́заться) в +acc; **run off** vt (copies) де́лать (perf сде́лать), отсня́ть (perf) ▷ vi (person, animal) сбега́ть (perf сбежа́ть); **run out** vi (person) выбега́ть (perf вы́бежать); (liquid) вытека́ть (perf вы́течь); (lease, visa) истека́ть (perf исте́чь); (money) исся́кать (perf исся́кнуть); **my passport runs out in July** срок де́йствия моего́ па́спорта истека́ет в ию́ле; **run out of** vt fus: **I've run out of money/petrol** or **(US) gas** у меня́ ко́нчились де́ньги/ко́нчился бензи́н; **run over** vt (Aut) дави́ть (perf задави́ть); **run through** vt fus пробега́ть (perf пробежа́ть); (rehearse) прогоня́ть (perf прогна́ть); **run up** vt: **to run up a**

debt аккумули́ровать (*impf/perf*) долги́; **to run up against** (*difficulties*) ста́лкиваться (*perf* столкну́ться) с +*instr*; **runaway** *adj* (*truck, horse etc*) потеря́вший управле́ние

rung [rʌŋ] *pp of* **ring** ▷ *n* (*of ladder*) ступе́нька

runner ['rʌnə*] *n* (*in race: person*) бегу́н(ья); (: *horse*) скаку́н; (*on sledge, for drawer etc*) по́лоз; **runner-up** *n* финали́ст (*заня́вший второ́е ме́сто*)

running ['rʌnɪŋ] *n* (*sport*) бег; (*of business*) руково́дство ▷ *adj* (*water: to house*) водопрово́дный; **he is in/out of the running for sth** ему́ сули́т/не сули́т что-н; **6 days running** 6 дней подря́д

runny ['rʌnɪ] *adj* (*honey, egg*) жи́дкий; (*nose*) сопли́вый

run-up ['rʌnʌp] *n* (*to event*) преддве́рие

runway ['rʌnweɪ] *n* взлётно-поса́дочная полоса́

rupture ['rʌptʃə*] *n* (*Med*) гры́жа

rural ['ruərl] *adj* се́льский

rush [rʌʃ] *n* (*hurry*) спе́шка; (*Comm: sudden demand*) большо́й спрос; (*of water*) пото́к; (*of emotion*) прили́в ▷ *vt*: **to rush one's meal/work** второпя́х съеда́ть (*perf* съесть)/де́лать (*perf* сде́лать) рабо́ту ▷ *vi* (*person*) бежа́ть (*impf*); (*air, water*) хлы́нуть (*perf*); **rushes** *npl* (*Bot*) камы́ш *mpl*; **rush hour** *n* час пик

Russia ['rʌʃə] *n* Росси́я; **Russian** *adj* (*native Russian*) ру́сский; (*belonging to Russian Federation*) росси́йский ▷ *n* ру́сский(-ая) *m(f) adj*; (*Ling*) ру́сский язы́к

rust [rʌst] *n* ржа́вчина ▷ *vi* ржа́веть (*perf* заржа́веть)

rusty ['rʌstɪ] *adj* ржа́вый; (*fig:*

skill) подзабы́тый

ruthless ['ru:θlɪs] *adj* беспоща́дный

rye [raɪ] *n* рожь *f*

S

Sabbath ['sæbəθ] *n* (*Christian*) воскресе́нье

sabotage ['sæbətɑːʒ] *n* сабота́ж ⊳ *vt* (*machine, building*) выводи́ть (*perf* вы́вести) из стро́я; (*plan, meeting*) саботи́ровать (*impf/perf*)

sachet ['sæfeɪ] *n* паке́тик

sack [sæk] *n* (*bag*) мешо́к ⊳ *vt* (*dismiss*) увольня́ть (*perf* уво́лить); **to give sb the sack** увольня́ть (*perf* уво́лить) кого́-н (с рабо́ты); **I got the sack** меня́ уво́лили (с рабо́ты)

sacred ['seɪkrɪd] *adj* свяще́нный; (*place*) свято́й

sacrifice ['sækrɪfaɪs] *n* же́ртва; (*Rel*) жертвоприноше́ние ⊳ *vt* (*fig*) же́ртвовать (*perf* поже́ртвовать) +*instr*

sad [sæd] *adj* печа́льный

saddle ['sædl] *n* седло́

sadistic [sə'dɪstɪk] *adj* сади́стский

sadly ['sædlɪ] *adv* (*unhappily*) печа́льно, гру́стно; (*unfortunately*) к сожале́нию; (*seriously: mistaken, neglected*) серьёзно

sadness ['sædnɪs] *n* печа́ль *f*, грусть *f*

s.a.e. *abbr* (*Brit*) (= *stamped addressed envelope*) надпи́санный конве́рт с ма́ркой

safari [sə'fɑːrɪ] *n*: **to go on safari** проводи́ть (*perf* провести́) о́тпуск в сафа́ри

safe [seɪf] *adj* (*place, subject*) безопа́сный; (*return, journey*) благополу́чный; (*bet*) надёжный ⊳ *n* сейф; **to be safe** находи́ться (*impf*) в безопа́сности; **safe from** (*attack*) защищённый от +*gen*; **safe and sound** цел и невреди́м; (*just) to be on the safe side** на вся́кий слу́чай; **safely** *adv* (*assume, say*) с уве́ренностью; (*drive, arrive*) благополу́чно; **safety** *n* безопа́сность *f*; **safety pin** англи́йская була́вка

sage [seɪdʒ] *n* (*herb*) шалфе́й

Sagittarius [sædʒɪ'tɛərɪəs] *n* Стреле́ц

said [sɛd] *pt, pp of* **say**

sail [seɪl] *n* па́рус ⊳ *vt* (*boat*) пла́вать/плыть (*impf*) на +*prp* ⊳ *vi* (*passenger, ship*) пла́вать/плыть (*impf*); (*also* **set sail**) отплыва́ть (*perf* отплы́ть); **to go for a sail** е́хать (*perf* пое́хать) ката́ться на ло́дке; **sailing** *n* (*Sport*) па́русный спорт; **sailor** *n* моря́к, матро́с

saint [seɪnt] *n* свято́й(-а́я) *m(f) adj*

sake [seɪk] *n*: **for the sake of sb/ sth, for sb's/sth's sake** ра́ди кого́-н/ чего́-н

salad ['sæləd] *n* сала́т

salami [sə'lɑːmɪ] *n* саля́ми *f ind*

salary ['sælərɪ] n зарплáта
(= зáработная плáта)

sale [seɪl] n (act) продáжа; (with discount) распродáжа; (auction) тóрги mpl; **sales** npl (amount sold) объём msg продáжи; **"for sale"** "продаётся"; **on sale** в продáже; **salesman** irreg n (also **travelling salesman**) торгóвый агéнт

saliva [sə'laɪvə] n слюнá

salmon ['sæmən] n inv (Zool) лосóсь m; (Culin) лососи́на

salon ['sælɒn] n салóн; **beauty salon** космети́ческий салóн

salt [sɔːlt] n соль f; **salty** adj ⊳ солёный

salute [sə'luːt] n (Mil) салю́т ⊳ vt (Mil) отдавáть (perf отдáть) честь +dat; (fig) приве́тствовать (impf)

salvage ['sælvɪdʒ] n (saving) спасéние ⊳ vt (also fig) спасáть (perf спасти́)

same [seɪm] adj такóй же; (identical) одинáковый ⊳ pron: **the same** тот же (сáмый) (f та же (сáмая), nt то же (сáмое), pl те же (сáмые)); **the same book as** та же (сáмая) кни́га, что и; **at the same time** (simultaneously) в это же врéмя; (yet) в то же врéмя; **all or just the same** всё равнó; **to do the same (as sb)** дéлать (perf сдéлать) то же сáмое (, что и кто-н); **Happy New Year! — the same to you!** С Нóвым гóдом! — Вас тáкже!

sample ['sɑːmpl] n (of work, goods) образéц ⊳ n (food, wine) прóбовать (perf попрóбовать); **to take a blood/urine sample** брать (perf взять) кровь/мочý на анáлиз

sanction ['sæŋkʃən] n (approval) сáнкция ⊳ vt (approve) санкциони́ровать (impf/perf);

sanctions npl (severe measures) сáнкции fpl

sanctuary ['sæŋktjuərɪ] n (for animals) запове́дник; (for people) убéжище

sand [sænd] n песóк ⊳ vt (also **sand down**) ошку́ривать (perf ошку́рить)

sandal ['sændl] n сандáлия

sandpaper ['sændpeɪpə'] n нажда́чная бумáга

sandstone ['sændstəun] n песчáник

sandwich ['sændwɪtʃ] n бутербрóд ⊳ vt: **sandwiched between** зажáтый мéжду +instr; **cheese/ham sandwich** бутербрóд с сы́ром/ветчинóй

sandy ['sændɪ] adj песчáный

sane [seɪn] adj разýмный

sang [sæŋ] pt of **sing**

sanity ['sænɪtɪ] n (of person) рассýдок; (sense) разýмность f

sank [sæŋk] pt of **sink**

Santa Claus [sæntə'klɔːz] n (in Britain etc) Сáнта-Клáус; (in Russia) ≈ Дед Морóз

sap [sæp] n (Bot) сок ⊳ vt (strength) высáсывать (perf вы́сосать); (confidence) отбирáть (perf отобрáть)

sapphire ['sæfaɪə'] n сапфи́р

sarcasm ['sɑːkæzm] n сарказм

sarcastic [sɑː'kæstɪk] adj сарка́стичный

sardine [sɑː'diːn] n сарди́на

sat [sæt] pt, pp of **sit**

satellite ['sætəlaɪt] n спу́тник; (Pol: country) сателли́т; **satellite dish** n спу́тниковая анте́нна

satin ['sætɪn] adj атла́сный

satire ['sætaɪə'] n сати́ра

satisfaction [sætɪs'fækʃən] n (pleasure) удовлетворéние; (refund, apology etc) возмещéние

S

satisfactory [sætɪsˈfæktərɪ] adj
удовлетвори́тельный

satisfy [ˈsætɪsfaɪ] vt
удовлетворя́ть (perf
удовлетвори́ть); (convince)
убежда́ть (perf убеди́ть); **to satisfy
sb (that)** убежда́ть (perf убеди́ть)
кого́-н (в том, что)

Saturday [ˈsætədɪ] n суббо́та

● **SATURDAY JOB**

● Saturday job — суббо́тняя
● рабо́та. Брита́нские шко́льники
● в суббо́ту не у́чатся, поэ́тому
● мно́гие подро́стки
● устра́иваются на суббо́тнюю
● рабо́ту в кафе́ и́ли магази́н.

sauce [sɔːs] n со́ус; **saucepan** n
кастрю́ля

saucer [ˈsɔːsəʳ] n блю́дце

Saudi Arabia [saudɪəˈreɪbɪə] n
Сау́довская Ара́вия

sauna [ˈsɔːnə] n са́уна, фи́нская
ба́ня

sausage [ˈsɔsɪdʒ] n (for cooking)
сарде́лька, соси́ска

savage [ˈsævɪdʒ] adj свире́пый

save [seɪv] vt (rescue) спаса́ть
(perf спасти́); (economize on)
эконо́мить (perf сэконо́мить); (put
by) сберега́ть (perf сбере́чь);
(keep: receipts, file) сохраня́ть
(perf сохрани́ть); (: seat, place)
занима́ть (perf заня́ть); (work,
trouble) избавля́ть (perf изба́вить)
от +gen; (Sport) отбива́ть (perf
отби́ть), отража́ть (perf отрази́ть)
▷ vi (also **save up**) копи́ть (perf
скопи́ть) де́ньги ▷ prep помимо
+gen

savings [ˈseɪvɪŋz] npl (money)
сбереже́ния ntpl

savour [ˈseɪvəʳ] (US **savor**) vt

(food, drink) смакова́ть (impf);
(experience) наслажда́ться (perf
наслади́ться) +instr; **savoury** adj
несла́дкий

saw [sɔː] (pt **sawed**, pp **sawed** or
sawn) vt пили́ть (impf) ▷ n пила́
▷ pt of **see**; **sawdust** n опи́лки
pl

saxophone [ˈsæksəfəun] n
саксофо́н

say [seɪ] (pt, pp **said**) vt говори́ть
(perf сказа́ть) ▷ n: **to have one's
say** выража́ть (perf вы́разить)
своё мне́ние; **to say yes**
соглаша́ться (perf согласи́ться); **to
say no** отка́зываться (perf
отказа́ться); **could you say that
again?** повтори́те, пожа́луйста;
that is to say то есть; **it goes
without saying** э́то само́ собо́й
разуме́ется; **saying** n погово́рка

scab [skæb] n (on wound) струп

scaffolding [ˈskæfəldɪŋ] n леса́
mpl

scald [skɔːld] vt ▷ vt
ошпа́ривать (perf ошпа́рить)

scale [skeɪl] n шкала́; (usu pl: of
fish) чешуя́ f no pl; (Mus) га́мма;
(of map, project etc) масшта́б ▷ vt
взбира́ться (perf взобра́ться) на
+acc; **scales** npl (for weighing)
весы́ pl; **on a large scale** в
широ́ком масшта́бе

scalp [skælp] n скальп

scalpel [ˈskælpl] n ска́льпель m

scampi [ˈskæmpɪ] npl (Brit)
паниро́ванные креве́тки fpl

scan [skæn] vt (examine)
обсле́довать (perf); (read quickly)
просма́тривать (perf
просмотре́ть); (Radar)
скани́ровать (impf) ▷ n (Med)
скани́рование; **ultrasound scan**
ультразву́к

scandal [ˈskændl] n сканда́л;

(*gossip*) спле́тни *fpl*; (*disgrace*)
позо́р

Scandinavia [skændɪˈneɪvɪə] *n*
Скандина́вия

scapegoat [ˈskeɪpgəʊt] *n* козёл
отпуще́ния

scar [skɑ:] *n* шрам; (*fig*) тра́вма
▷ *vt* трави́ровать (*impf/perf*); **his
face is scarred** у него́ на лице́
шрам

scarce [skɛəs] *adj* ре́дкий; **to
make o.s. scarce** (*inf*) исчеза́ть
(*perf* исче́знуть); **scarcely** *adv*
(*hardly*) едва́ ли; (*with numbers*)
то́лько

scare [skɛə] *n* (*fright*) испу́г;
(*public fear*) трево́га, па́ника ▷ *vt*
пуга́ть (*perf* испуга́ть); **there was a
bomb scare at the station**
опаса́лись, что на ста́нции
подло́жена бо́мба; **scarecrow** *n*
(огоро́дное) чу́чело; **scared** *adj*
испу́ганный, напу́ганный; **he was
scared** он испуга́лся *or* был
испу́ган

scarf [skɑ:f] (*pl* **scarfs** *or*
scarves) *n* шарф; (*also*
headscarf) плато́к

scarves [skɑ:vz] *npl of* **scarf**

scary [ˈskɛərɪ] *adj* (*inf*) стра́шный

scatter [ˈskætə] *vt* (*papers,
seeds*) разбра́сывать (*perf*
разброса́ть) ▷ *vi* рассыпа́ться
(*perf* рассы́паться)

scenario [sɪˈnɑ:rɪəʊ] *n* сцена́рий

scene [si:n] *n* (*Theat, fig*) сце́на;
(*of crime, accident*) ме́сто; (*sight,
view*) карти́на; **scenery** *n* (*Theat*)
декора́ции *fpl*; (*landscape*) пейза́ж

scenic [ˈsi:nɪk] *adj* живопи́сный

scent [sɛnt] *n* (*smell*) за́пах;
(*track, also fig*) след; (*perfume*)
духи́ *pl*

sceptical [ˈskɛptɪkl] (*US*
skeptical) *adj* (*person*)

скепти́чный; (*remarks*)
скепти́ческий

schedule [ˈʃɛdju:l, (*US*) ˈskɛdju:l]
n (*timetable*) расписа́ние *nt*;
(*list of prices, details etc*) пе́речень
m ▷ *vt* (*timetable*) (*perf* распи́сать); (*visit*) назнача́ть
(*perf* назна́чить); **on schedule** по
расписа́нию *or* гра́фику; **to be
ahead of schedule** опережа́ть (*perf*
опереди́ть) гра́фик; **to be behind
schedule** отстава́ть (*perf* отста́ть)
от гра́фика

scheme [ski:m] *n* (*plan, idea*)
за́мысел; (*plot*) про́иски *pl*, ко́зни
pl; (*pension plan etc*) план

schizophrenic [skɪtsəˈfrɛnɪk] *adj*
шизофрени́ческий

scholar [ˈskɔlə] *n* (*learned
person*) учёный *m adj*;
scholarship *n* (*grant*) стипе́ндия

school [sku:l] *n* шко́ла; (*US: inf*)
университе́т; (*Brit: college*)
институ́т ▷ *cpd* шко́льный;
schoolboy *n* шко́льник;
schoolchildren *npl* шко́льники
mpl; **schoolgirl** *n* шко́льница;
schooling *n* шко́льное
образова́ние

science [ˈsaɪəns] *n* нау́ка; (*in
school*) естествозна́ние; **science
fiction** *n* нау́чная фанта́стика

scientific [saɪənˈtɪfɪk] *adj* нау́чный

scientist [ˈsaɪəntɪst] *n* учёный *m
adj*

scissors [ˈsɪzəz] *npl*: **(a pair of)
scissors** но́жницы *pl*

scold [skəʊld] *vt* брани́ть (*perf*
вы́бранить), руга́ть (*perf* отруга́ть)

scone [skɔn] *n* (*Culin*) кекс

scooter [ˈsku:tə] *n* (*also* **motor
scooter**) мопе́д; (*toy*) самока́т

scope [skəʊp] *n* (*opportunity*)
просто́р; (*of plan, undertaking*)
масшта́б

score [skɔːʳ] n (in game, test)
счёт ▷ vt (goal) забива́ть
(perf заби́ть); (point) набира́ть
(perf набра́ть); (in test) получа́ть
(perf получи́ть) ▷ vi (in game)
набира́ть (perf набра́ть) очки́;
(Football) забива́ть (perf заби́ть)
гол; **scores of** деся́тки +gen; **on
that score** на э́тот счёт; **to score
six out of ten** набира́ть (perf
набра́ть) шесть ба́ллов из десяти́;
score out vt вычёркивать (perf
вы́черкнуть); **scoreboard** n
табло́ nt ind

scorn [skɔːn] n презре́ние ▷ vt
презира́ть (impf)

Scorpio ['skɔːpɪəu] n Скорпио́н

scorpion ['skɔːpɪən] n скорпио́н

Scot [skɒt] n шотла́ндец(-дка)

Scotch [skɒtʃ] n (шотла́ндское)
ви́ски nt ind

Scotland ['skɒtlənd] n
Шотла́ндия

Scots [skɒts] adj шотла́ндский

Scottish ['skɒtɪʃ] adj
шотла́ндский

scout [skaut] n (Mil) разве́дчик;
(also **boy scout**) (бой)ска́ут

scramble ['skræmbl] vi: **to
scramble out of** выкара́бкиваться
(perf вы́карабкаться) из +gen;
to scramble for дра́ться (perf
подра́ться) за +acc; **scrambled
eggs** npl яи́чница-болту́нья

scrap [skræp] n (of paper)
клочо́к; (of information) обры́вок;
(of material) лоску́т; (also **scrap
metal**) металлоло́м,
металли́ческий лом ▷ vt
(machines etc) отдава́ть (perf
отда́ть) на слом; (plans etc)
отка́зываться (perf отказа́ться) от
+gen; **scraps** npl (of food)
объе́дки mpl

scrape [skreɪp] vt (remove)

соска́бливать (perf соскобли́ть);
(rub against) цара́пать (perf
поцара́пать), обдира́ть (perf
ободра́ть) ▷ vi: **to scrape through**
(exam etc) пролеза́ть (perf
проле́зть) на +prp

scratch [skrætʃ] n цара́пина
▷ vt цара́пать (perf поцара́пать);
(an itch) чеса́ть (perf почеса́ть)
▷ vi чеса́ться (perf почеса́ться);
from scratch с нуля́; **to be up to
scratch** быть (impf) на до́лжном
у́ровне

scream [skriːm] n вопль m, крик
▷ vi вопи́ть (impf), крича́ть (impf)

screen [skriːn] n экра́н; (barrier,
also fig) ши́рма ▷ vt (protect,
conceal) заслоня́ть (perf
заслони́ть); (show: film etc)
выпуска́ть (perf вы́пустить) на
экра́н; (check: candidates etc)
проверя́ть (perf прове́рить);
screening n (Med)
профилакти́ческий осмо́тр;
screenplay n сцена́рий; **screen
saver** n скрин́сейвер

screw [skruː] n винт ▷ vt
(fasten) приви́нчивать (perf
привинти́ть); **to screw sth in**
зави́нчивать (perf завинти́ть)
что-н; **screwdriver** n отвёртка

scribble ['skrɪbl] vt черкну́ть
(perf) ▷ vi исчёркивать (perf
исчёркать)

script [skrɪpt] n (Cinema etc)
сцена́рий; (Arabic etc) шрифт

scroll [skrəul] n сви́ток ▷ vt: **to
scroll up/down** перемеща́ть (perf
перемести́ть) наве́рх/вниз

scrub [skrʌb] vt скрести́ (impf)

scruffy ['skrʌfɪ] adj потрёпанный

scrutiny ['skruːtɪnɪ] n
тща́тельное изуче́ние or
рассмотре́ние

sculptor ['skʌlptəʳ] n ску́льптор

sculpture ['skʌlptʃə*r*] *n*
скульпту́ра

scum [skʌm] *n* пе́на; (*inf: pej: people*) подо́нки *mpl*

sea [si:] *n* мо́ре ▷ *cpd* морско́й;
by sea (*travel*) мо́рем; **on the sea** (*town*) на мо́ре; **out to sea**, **out at sea** в мо́ре; **seafood** *n* ры́бные блю́да *ntpl*; **seafront** *n* на́бережная *f adj*; **seagull** *n* ча́йка

seal [si:l] *n* (*Zool*) тюле́нь *m*; (*stamp*) печа́ть *f* ▷ *vt* (*envelope*) запеча́тывать (*perf* запеча́тать); (*opening*) заде́лывать (*perf* заде́лать)

sea level *n* у́ровень *m* мо́ря

seam [si:m] *n* (*of garment*) шов

search [sə:tʃ] *n* по́иск; (*for criminal*) ро́зыск; (*of sb's home etc*) о́быск ▷ *vt* обы́скивать (*perf* обыска́ть) ▷ *vi*: **to search for** иска́ть (*impf*); **in search of** в по́исках +*gen*

seasick ['si:sɪk] *adj*: **to be seasick** страда́ть (*impf*) морско́й боле́знью

seaside ['si:saɪd] *n* взмо́рье

season ['si:zn] *n* вре́мя *nt* го́да; (*for football, of films etc*) сезо́н ▷ *vt* (*food*) заправля́ть (*perf* запра́вить); **seasonal** *adj* сезо́нный; **seasoning** *n* припра́ва

seat [si:t] *n* (*chair, place*) сиде́нье *n*; (*in theatre, parliament*) ме́сто; (*of trousers*) зад ▷ *vt* (*subj: venue*) вмеща́ть (*perf* вмести́ть); **to be seated** сиде́ть (*impf*); **seat belt** *n* привязно́й реме́нь *m*

seaweed ['si:wi:d] *n* во́доросли *fpl*

sec. *abbr* = **second²**

secluded [sɪ'klu:dɪd] *adj* уединённый

second¹ [sɪ'kɔnd] *vt* (*Brit: employee*) командирова́ть (*impf*)

second² ['sɛkənd] *adj* второ́й ▷ *adv* (*come*) вторы́м; (*when listing*) во-вторы́х ▷ *n* (*unit of time*) секу́нда; (*Aut: also* **second gear**) втора́я ско́рость *f*; (*Comm*) некондицио́нный това́р; (*Brit: Scol*) дипло́м второ́го кла́сса ▷ *vt* (*motion*) подде́рживать (*perf* поддержа́ть); **secondary** *adj* втори́чный; **secondary school** *n* сре́дняя шко́ла; **second-class** *adj* второразря́дный;
second-class stamp ма́рка второ́го кла́сса

● **SECOND-CLASS POSTAGE**

● В Великобрита́нии мо́жно
● приобрести́ почто́вые ма́рки
● пе́рвого и второ́го кла́сса.
● Ма́рки второ́го кла́сса деше́вле.
● Пи́сьма с таки́ми ма́рками
● доставля́ются по ме́сту
● назначе́ния че́рез 2-3 дня.

second: **second-hand** *adj* поде́ржанный, сэ́конд-хэ́нд *ind*; **secondly** *adv* во-вторы́х; **second-rate** *adj* (*film*) посре́дственный; (*restaurant*) второразря́дный; **second thoughts** *npl*: **to have second thoughts (about doing)** сомнева́ться (*impf*) (сле́дует ли +*infin*); **on second thoughts** *or* (*US*) **thought** по зре́лом размышле́нии

secrecy ['si:krəsɪ] *n* секре́тность *f*

secret ['si:krɪt] *adj* секре́тный, та́йный; (*admirer*) та́йный ▷ *n* секре́т, та́йна; **in secret** (*do, meet*) секре́тно, та́йно

secretary ['sɛkrətərɪ] *n*

секретарь *m*; **Secretary of State (for)** ≈ (*Brit*) министр (+*gen*)

secretive [sɪˈkriːtɪv] *adj* (*pej*: *person*) скрытный; **he is secretive about his plans** он держит свои планы в секрете

secret service *n* секретная служба

sect [sɛkt] *n* секта

section [ˈsɛkʃən] *n* (*part*) часть *f*; (*of population, company*) сектор; (*of document, book*) раздел

sector [ˈsɛktəʳ] *n* (*part*) сектор

secular [ˈsɛkjulə] *adj* светский

secure [sɪˈkjuəʳ] *adj* (*safe*: *person, money, job*) надёжный; (*firmly fixed*: *rope, shelf*) прочный ▷ *vt* (*fix*: *rope, shelf etc*) прочно закреплять (*perf* закрепить); (*get*: *job, loan etc*) обеспечивать (*perf* обеспечить)

security [sɪˈkjuərɪtɪ] *n* (*protection*) безопасность *f*; (*for one's future*) обеспеченность *f*

sedate [sɪˈdeɪt] *adj* (*person*) степенный; (*pace*) размеренный ▷ *vt* давать (*perf* дать) седативное *or* успокоительное средство

sedative [ˈsɛdɪtɪv] *n* седативное *or* успокоительное средство

seduce [sɪˈdjuːs] *vt* соблазнять (*perf* соблазнить)

seductive [sɪˈdʌktɪv] *adj* (*look, voice*) обольстительный; (*offer*) соблазнительный

see [siː] (*pt* **saw**, *pp* **seen**) *vt* видеть (*perf* увидеть) ▷ *vi* видеть (*impf*); (*find out*) выяснять (*perf* выяснить); **to see that** (*ensure*) следить (*perf* проследить), чтобы; **see you soon!** пока!, до скорого!; **see off** *vt* провожать (*perf* проводить); **see through** *vt* доводить (*perf* довести) до конца

▷ *vt fus* видеть (*impf*) насквозь +*acc*; **see to** *vt fus* позаботиться (*perf*) о +*prp*

seed [siːd] *n* семя *nt*; **to go to seed** (*fig*) сдать (*perf*)

seeing [ˈsiːɪŋ] *conj*: **seeing (that)** поскольку, так как

seek [siːk] (*pt*, *pp* **sought**) *vt* искать (*impf*)

seem [siːm] *vi* казаться (*perf* показаться); **there seems to be ...** кажется, тут имеется ...; **he seems to be tired** он кажется усталым; **seemingly** *adv* по-видимому; (*important*) как представляется

seen [siːn] *pp of* **see**

segment [ˈsɛgmənt] *n* (*of population*) сектор; (*of orange*) долька

seize [siːz] *vt* хватать (*perf* схватить); (*power, hostage, territory*) захватывать (*perf* захватить); (*opportunity*) пользоваться (*perf* воспользоваться) +*instr*

seizure [ˈsiːʒəʳ] *n* (*Med*) приступ; (*of power*) захват; (*of goods*) конфискация

seldom [ˈsɛldəm] *adv* редко

select [sɪˈlɛkt] *adj* (*school, area*) элитный ▷ *vt* (*choose*) выбирать (*perf* выбрать); **selection** [sɪˈlɛkʃən] *n* (*process*) отбор; (*range*) выбор; (*medley*) подборка; **selective** *adj* (*person*) разборчивый; (*not general*) избирательный

self [sɛlf] (*pl* **selves**) *n*: **he became his usual self again** он стал опять самим собой ▷ *prefix* само-; **self-assured** *adj* самоуверенный; **self-catering** *adj* (*Brit*): **self-catering holiday** туристическая путёвка, в которую включены проезд и жильё;

self-centred (*US* **self-centered**) *adj* эгоцентри́чный;
self-confidence *n* уве́ренность *f* в себе́; **self-conscious** *adj* (*nervous*) засте́нчивый;
self-control *n* самооблада́ние;
self-defence (*US* **self-defense**) *n* самозащи́та, самооборо́на; **in self-defence** защища́я себя́;
self-employed *adj* рабо́тающий на себя́; **self-interest** *n* коры́сть *f*; **selfish** *adj* эгоисти́ческий; **self-pity** *n* жа́лость *f* к (самому́) себе́;
self-respect *n* самоуваже́ние;
self-service *adj*: **self-service restaurant** кафе́ *nt ind* с самообслу́живанием

sell [sɛl] (*pt, pp* **sold**) *vt* продава́ть (*perf* прода́ть) ▷ *vi* продава́ться (*impf*); **to sell at** or **for 10 pounds** продава́ться (*impf*) по 10 фу́нтов; **sell off** *vt* распродава́ть (*perf* распрода́ть); **sell out** *vi* (*book etc*) расходи́ться (*perf* разойти́сь); (*shop*): **to sell out of sth** что-н; **the tickets are sold out** все биле́ты про́даны;
Sellotape ['sɛləʊteɪp] *n* (*Brit*) кле́йкая ле́нта
selves [sɛlvz] *pl of* **self**
semester [sɪ'mɛstə*ʳ*] *n* (*esp US*) семе́стр
semi- ['sɛmɪ] *prefix* полу-

⬥ SEMI
⬥
⬥ Semi — полуособня́к. В
⬥ Великобрита́нии мно́гие се́мьи
⬥ живу́т в полуособняка́х - два
⬥ двухэта́жных до́ма име́ют одну́
⬥ о́бщую сте́ну, но отде́льные
⬥ вход и сад.

semi: semicircle *n* полукру́г;
semicolon *n* то́чка с запято́й;
semifinal *n* полуфина́л
seminar ['sɛmɪnɑː*ʳ*] *n* семина́р
senate ['sɛnɪt] *n* сена́т
senator ['sɛnɪtə*ʳ*] *n* (*US etc*) сена́тор
send [sɛnd] (*pt, pp* **sent**) *vt* посыла́ть (*perf* посла́ть); **send away** *vt* (*letter, goods*) отсыла́ть (*perf* отосла́ть); (*visitor*) прогоня́ть (*perf* прогна́ть); **send back** *vt* посыла́ть (*perf* посла́ть) обра́тно; **send for** *vt fus* (*by post*) зака́зывать (*perf* заказа́ть); (*person*) посыла́ть (*perf* посла́ть) за +*instr*; **send off** *vt* (*letter*) отправля́ть (*perf* отпра́вить); (*Brit: Sport*) удаля́ть (*perf* удали́ть); **send out** *vt* (*invitation*) рассыла́ть (*perf* разосла́ть); (*signal*) посыла́ть (*perf* посла́ть); **sender** *n* отправи́тель *m*
senile ['siːnaɪl] *adj* маразмати́ческий
senior ['siːnɪə*ʳ*] *adj* (*staff, officer*) ста́рший; (*manager, consultant*) гла́вный; **to be senior to sb** (*in rank*) быть (*impf*) вы́ше кого́-н по положе́нию; **she is 15 years his senior** она́ ста́рше его́ на 15 лет; **senior citizen** *n* (*esp Brit*) пожило́й челове́к, челове́к пенсио́нного во́зраста
sensation [sɛn'seɪʃən] *n* (*feeling*) ощуще́ние; (*great success*) сенса́ция; **sensational** *adj* (*wonderful*) потряса́ющий; (*dramatic*) сенсацио́нный
sense [sɛns] *vt* чу́вствовать (*perf* почу́вствовать), ощуща́ть (*perf* ощути́ть) ▷ *n* (*feeling*) чу́вство, ощуще́ние; **it makes sense** в э́том есть смысл; **the senses** пять чувств; **senseless** *adj*

S

бессмы́сленный; (unconscious)
бесчу́вственный; **sense of
humour** (US **sense of humor**) n
чу́вство ю́мора
sensible ['sɛnsɪbl] adj разу́мный;
(shoes) практи́чный
sensitive ['sɛnsɪtɪv] adj
чувстви́тельный; (understanding)
чу́ткий; (issue) щекотли́вый
sensual ['sɛnsjuəl] adj
чу́вственный
sensuous ['sɛnsjuəs] adj (lips)
чу́вственный; (material) не́жный
sent [sɛnt] pt, pp of **send**
sentence ['sɛntns] n (Ling)
предложе́ние; (Law) пригово́р
▷ vt: **to sentence sb to**
пригова́ривать (perf приговори́ть)
кого́-н к +dat
sentiment ['sɛntɪmənt] n (tender
feelings) чу́вство; (opinion)
настрое́ние; **sentimental**
[sɛntɪ'mɛntl] adj
сентимента́льный
separate [adj'sɛprɪt, vb 'sɛpəreɪt]
adj отде́льный; (ways) ра́зный
▷ vt (split up: people) разлуча́ть
(perf разлучи́ть); (: things)
разделя́ть (perf раздели́ть);
(distinguish) различа́ть (perf
различи́ть) ▷ vi расходи́ться
(perf разойти́сь); **separately**
['sɛprɪtlɪ] adv отде́льно, по
отде́льности; **separation**
[sɛpə'reɪʃən] n (being apart)
разлу́ка; (Law) разде́льное
прожива́ние
September [sɛp'tɛmbəʳ] n
сентя́брь m
septic ['sɛptɪk] adj заражённый
sequel ['siːkwl] n продолже́ние
sequence ['siːkwəns] n
после́довательность f
Serbia ['səːbɪə] n Се́рбия
Serbo-Croat ['səːbəu'krəuæt] adj

се́рбо-хорва́тский
sergeant ['sɑːdʒənt] n сержа́нт
serial ['sɪərɪəl] n (TV, Radio)
сериа́л; (Press) произведе́ние в
не́скольких частя́х
series ['sɪərɪz] n inv се́рия
serious ['sɪərɪəs] adj серьёзный;
are you serious (about it)? Вы (э́то)
серьёзно?; **seriously** adv
серьёзно
sermon ['səːmən] n про́поведь f
servant ['səːvənt] n
слуга́(-ужа́нка) m(f)
serve [səːv] vt (company, country)
служи́ть (impf) +dat; (customer)
обслу́живать (perf обслужи́ть);
(subj: train etc) обслу́живать
(impf); (apprenticeship) проходи́ть
(perf пройти́); (prison term)
отбыва́ть (perf отбы́ть) ▷ vi
(Tennis) подава́ть (perf пода́ть);
(Tennis) пода́ча; **it serves him
right** поде́лом ему́; **to serve on**
(jury, committee) состоя́ть (impf) в
+prp; **to serve as/for** служи́ть (perf
послужи́ть) +instr/вме́сто +gen
service ['səːvɪs] n (help) услу́га;
(in hotel) обслу́живание, се́рвис;
(Rel) слу́жба; (Aut)
техобслу́живание; (Tennis) пода́ча
▷ vt (car) проводи́ть (perf
провести́) техобслу́живание +gen;
services npl: **the Services** (Mil)
Вооружённые си́лы fpl; **military or
national service** вое́нная слу́жба;
train service железнодоро́жное
сообще́ние; **postal service**
почто́вая связь
serviette [səːvɪ'ɛt] n (Brit)
салфе́тка
session ['sɛʃən] n (of treatment)
сеа́нс; **recording session** за́пись f;
to be in session (court etc)
заседа́ть (impf)
set [sɛt] (pt, pp **set**) n (collection)

набóр; (of pans, clothes) комплéкт; (also **television set**) телевизор; (Tennis) сет; (Math) мнóжество; (Cinema, Theat: stage) сцéна ▷ adj (fixed) устанóвленный; (ready) готóвый ▷ vt (place: vertically) стáвить (perf постáвить); (: horizontally) класть (perf положить); (table) накрывáть (perf накрыть); (time) назначáть (perf назнáчить); (price, record) устанáвливать (perf установить); (alarm, task) стáвить (perf постáвить); (exam) составлять (perf состáвить) ▷ vi (sun) садиться (perf сесть), заходить (perf зайти); (jam) густéть (perf загустéть); (jelly, concrete) застывáть (perf застыть); **to set to music** класть (perf положить) на мýзыку; **to set on fire** поджигáть (perf поджéчь); **to set free** освобождáть (perf освободить); **set about** vt fus (task) приступáть (perf приступить) к +dat; **set aside** vt (money) откладывать (perf отложить); (time) выделять (perf выделить); **set back** vt (progress) задéрживать (perf задержáть); **to set sb back £5** обходиться (perf обойтись) комý-н в £5; **set off** vi отправляться (perf отпрáвиться) ▷ vt (bomb) взрывáть (perf взорвáть); (alarm) приводить (perf привести) в дéйствие; (events) повлекáть (perf повлéчь) (за собóй); **set out** vt выставлять (perf выставить) ▷ vi (depart): **to set out (from)** отправляться (perf отпрáвиться) (из +gen); **to set out to do** намéреваться (impf) +infin; **set up** vt (organization) учреждáть (perf учредить); **setback** n неудáча

settee [sɛ'tiː] n дивáн

setting ['sɛtɪŋ] n (background) обстанóвка; (position: of controls) положéние

settle ['sɛtl] vt (argument, problem) разрешáть (perf разрешить); (matter) улáживать (perf улáдить); (bill) рассчитываться рассчитáться с +instr ▷ vi (dust, sediment) оседáть (perf осéсть); (also **settle down**) обоснóвываться (perf обосновáться); (: live sensibly) остепеняться (perf остепениться); (: calm down) успокáиваться (perf успокóиться); **to settle for sth** соглашáться (perf согласиться) на что-н; **to settle on sth** останáвливаться (perf остановиться) на чём-н; **settle in** vi освáиваться (perf освóиться)

settlement n (payment) уплáта; (agreement) соглашéние; (village, colony) поселéние; (of conflict) урегулировáние

seven ['sɛvn] n семь; **seventeen** n семнáдцать; **seventeenth** adj семнáдцатый; **seventh** adj седьмóй; **seventieth** adj семидесятый; **seventy** n сéмьдесят

sever ['sɛvə] vt (artery, pipe) перерезáть (perf перерéзать); (relations) прерывáть (perf прервáть)

several ['sɛvərl] adj нéсколько +gen ▷ pron нéкоторые pl adj; **several of us** нéкоторые из нас

severe [sɪ'vɪə] adj (shortage, pain, winter) жестóкий; (damage) серьёзный; (stern) жёсткий

sew [səu] (pt sewed, pp sewn) vt, vi шить (impf)

sewage ['suːɪdʒ] n стóчные вóды

fpl; **sewage system** канализа́ция

sewer [ʃuːəʳ] *n* канализацио́нная труба́

sewing [ʃəʊɪŋ] *n* шитьё; **sewing machine** *n* шве́йная маши́нка

sewn [ʃəʊn] *pp of* **sew**

sex [sɛks] *n* (*gender*) пол; (*lovemaking*) секс; **to have sex with sb** переспа́ть (*perf*) с кем-н; **sexist** *adj* секси́стский; **he is sexist** он — сексист; **sexual** *adj* полово́й; **sexual equality** ра́венство поло́в; **sexual harassment** сексуа́льное пресле́дование; **sexy** *adj* сексуа́льный; (*woman*) сексопи́льная

shabby [ʃæbɪ] *adj* потрёпанный; (*treatment*) недосто́йный

shack [ʃæk] *n* лачу́га

shade [ʃeɪd] *n* (*shelter*) тень *f*; (*for lamp*) абажу́р; (*of colour*) отте́нок ▷ *vt* (*shelter*) затени́ть (*perf* затени́ть); (*eyes*) заслони́ть (*perf* заслони́ть); **in the shade** в тени́

shadow [ʃædəʊ] *n* тень *f* ▷ *vt* (*follow*) сле́довать (*impf*) как тень за +*instr*; **shadow cabinet** *n* (*Brit*) тенево́й кабине́т

shady [ʃeɪdɪ] *adj* (*place, trees*) тени́стый; (*fig: dishonest*) тёмный

shaft [ʃɑːft] *n* (*of mine, lift*) ша́хта; (*of light*) сноп

shake [ʃeɪk] (*pt* **shook**, *pp* **shaken**) *vt* трясти́ (*impf*); (*bottle*) взба́лтывать (*perf* взболта́ть); (*building*) сотряса́ть (*perf* сотрясти́); (*weaken: beliefs, resolve*) пошатну́ть (*perf*); (*upset, surprise*) потрясти́ (*perf* потрясти́) ▷ *vi* (*voice*) дрожа́ть (*impf*); **to shake one's head** кача́ть (*perf* покача́ть) голово́й; **to shake hands with sb** жать (*perf* пожа́ть)

кому́-н ру́ку; **to shake with** трясти́сь (*impf*) от +*gen*; **shake off** *vt* стря́хивать (*perf* стряхну́ть); (*fig: pursuer*) избавля́ться (*perf* изба́виться) от +*gen*; **shake up** *vt* (*fig: organization*) встря́хивать (*perf* встряхну́ть)

shaky [ʃeɪkɪ] *adj* (*hand, voice*) дрожа́щий

shall [ʃæl] *aux vb*: **I shall go** я пойду́; **shall I open the door?** (мне) откры́ть дверь?; **I'll get some water, shall I?** я принесу́ воды́, да?

shallow [ʃæləʊ] *adj* (*water*) ме́лкий; (*box*) неглубо́кий; (*breathing, also fig*) пове́рхностный

sham [ʃæm] *n* притво́рство

shambles [ʃæmblz] *n* неразбери́ха

shame [ʃeɪm] *n* (*embarrassment*) стыд; (*disgrace*) позо́р ▷ *vt* позо́рить (*perf* опозо́рить); **it is a shame that/to do** жаль, что/+*infin*; **what a shame!** кака́я жа́лость!, как жаль!; **shameful** *adj* позо́рный; **shameless** *adj* бессты́дный

shampoo [ʃæmˈpuː] *n* шампу́нь *m* ▷ *vt* мыть (помы́ть *or* вы́мыть *perf*) шампу́нем

shan't [ʃɑːnt] = **shall not**

shape [ʃeɪp] *n* фо́рма ▷ *vt* (*ideas, events*) формирова́ть (*perf* сформирова́ть); (*clay*) лепи́ть (*perf* слепи́ть); **to take shape** обрета́ть (*perf* обрести́) фо́рму

share [ʃɛəʳ] *n* до́ля; (*Comm*) а́кция ▷ *vt* (*books, cost*) дели́ть (*perf* подели́ть); (*toys*) дели́ться (*perf* подели́ться) +*instr*; (*features, qualities*) разделя́ть (*perf* раздели́ть); (*opinion, concern*) разделя́ть (*perf* раздели́ть); **share out** *vt* дели́ть (*perf* раздели́ть); **shareholder** *n* акционéр

shark [ʃɑːk] n акýла

sharp [ʃɑːp] adj óстрый; (sound) рéзкий; (Mus) диéз ind ⊳ adv (precisely): **at 2 o'clock sharp** рóвно в два часá; **he is very sharp** у негó óчень óстрый ум; **sharpen** vt (pencil, knife) точи́ть (perf поточи́ть); **sharpener** n (also **pencil sharpener**) точи́лка; **sharply** adv рéзко

shatter [ˈʃætəʳ] vt (vase, hopes) разбива́ть (perf разби́ть); (upset: person) потряса́ть (perf потрясти́) ⊳ vi би́ться (perf разби́ться)

shave [ʃeɪv] vt брить (perf побри́ть) ⊳ vi бри́ться (perf побри́ться) ⊳ n: **to have a shave** бри́ться (perf побри́ться)

shawl [ʃɔːl] n шаль f

she [ʃiː] pron онá

shed [ʃed] (pt, pp **shed**) n (in garden) сарáй ⊳ vt (skin, load) сбрáсывать (perf сбрóсить); (tears) лить (impf)

she'd [ʃiːd] = **she had; she would**

sheep [ʃiːp] n inv овцá f; **sheepdog** n овчáрка

sheer [ʃɪəʳ] adj (utter) сýщий; (steep) отвéсный

sheet [ʃiːt] n (on bed) простыня́; (of paper, glass etc) лист; (of ice) полосá

sheik(h) [ʃeɪk] n шейх

shelf [ʃelf] (pl **shelves**) n пóлка

shell [ʃel] n (of mollusc) рáковина; (of egg, nut) скорлупá; (explosive) снарáд; (of building) каркáс; (of ship) кóрпус ⊳ vt (peas) лущи́ть (perf облущи́ть); (Mil) обстрéливать (perf обстреля́ть)

she'll [ʃiːl] = **she will; she shall**

shellfish [ˈʃelfɪʃ] n inv (crab) рачки́ pl; (scallop) моллю́ски mpl

shelter [ˈʃeltəʳ] n (refuge) укры́тие; (protection) укры́тие; приют ⊳ vt (protect) укрывáть (perf укрыть); (hide) дава́ть (perf дать) приют +dat ⊳ vi укрывáться (perf укры́ться); **sheltered** adj (life) беззабóтный; (spot) защищённый

shelves [ʃelvz] npl of **shelf**

shepherd [ˈʃepəd] n пастýх

sheriff [ˈʃerɪf] n (US) шери́ф

sherry [ˈʃerɪ] n хéрес

she's [ʃiːz] = **she is; she has**

shield [ʃiːld] n (trophy) трофéй ⊳ vt: **to shield (from)** заслоня́ть (perf заслони́ть) (от +gen)

shift [ʃɪft] n (in direction, conversation) перемéна; (in policy, emphasis) сдвиг; (at work) смéна ⊳ vt передвигáть (perf передви́нуть), перемещáть (perf перемести́ть) ⊳ vi перемещáться (perf перемести́ться)

shin [ʃɪn] n гóлень f

shine [ʃaɪn] (pt, pp **shone**) n блеск ⊳ vi (sun, light) свети́ть (impf); (eyes, hair) блестéть (impf) ⊳ vt: **to shine a torch on sth** направля́ть (perf напрáвить) фонáрь на что-н

shiny [ˈʃaɪnɪ] adj блестя́щий

ship [ʃɪp] n корáбль m ⊳ vt (by ship) перевози́ть (perf перевезти́) по мóрю; (send) отправля́ть (perf отпрáвить), экспеди́ровать (impf/perf); **shipment** n (goods) пáртия; **shipping** n (of cargo) перевóзка; **shipwreck** n (ship) сýдно, потерпéвшее (perf претерпéвшее) кораблекрушéние; **shipyard** n (судострои́тельная) верфь f

shirt [ʃəːt] n (man's) рубáшка; (woman's) блýзка; **in (one's) shirt**

S

sleeves в одно́й руба́шке

shit [ʃɪt] *excl* (*infl*) чёрт!, блин! ▷ *vi* дрожа́ть (*impf*)

shiver ['ʃɪvə'] *n* дрожь *f* ▷ *vi* дрожа́ть (*impf*)

shock [ʃɔk] *n* (*start, impact*) толчо́к; (*Elec, Med*) уда́р; (*emotional*) потрясе́ние ▷ *vt* (*upset*) потряса́ть (*perf* потрясти́); (*offend*) возмуща́ть (*perf* возмути́ть), шоки́ровать (*impf/ perf*); **shocking** *adj* (*outrageous*) возмути́тельный; (*dreadful*) кошма́рный

shoe [ʃuː] *n* (*for person*) ту́фля; (*for horse*) подко́ва; **shoes** (*footwear*) о́бувь *fsg*; **shoelace** *n* шнуро́к

shone [ʃɔn] *pt, pp of* **shine**

shook [ʃuk] *pt of* **shake**

shoot [ʃuːt] (*pt, pp* **shot**) *n* (*Bot*) росто́к, побе́г ▷ *vt* (*gun*) стреля́ть (*impf*) из +gen; (*bird, robber etc*: *kill*) застре́ливать (*perf* застрели́ть); (: *wound*) выстре́лить (*perf*) в +acc; (*film*) снима́ть (*perf* снять) ▷ *vi*: to **shoot (at)** стреля́ть (*perf* вы́стрелить) (в +acc); (*Football etc*) бить (*impf*) (по +dat); **shoot down** *vt* (*plane*) сбива́ть (*perf* сбить); **shooting** *n* (*shots, attack*) стрельба́; (*Hunting*) охо́та

shop [ʃɔp] *n* магази́н (*also* **workshop**) мастерска́я *f adj* ▷ *vi* (*also* **go shopping**) ходи́ть (*impf*) по магази́нам, де́лать (*perf* сде́лать) поку́пки; **shopkeeper** *n* владе́лец(-лица) магази́на; **shoplifting** *n* кра́жа това́ров (*из магази́нов*); **shopping** *n* (*goods*) поку́пки *fpl*; **shopping centre** (*US* **shopping center**) *n* торго́вый центр; **shopping mall** *n* (*esp US*) = **shopping centre**

shore [ʃɔː'] *n* бе́рег

short [ʃɔːt] *adj* коро́ткий; (*in height*) невысо́кий; (*curt*) ре́зкий; (*insufficient*) ску́дный; **we are short of milk** у нас ма́ло молока́; **in short** коро́че говоря́; **it is short for ...** э́то сокраще́ние от +gen ...; **to cut short** (*speech, visit*) прерыва́ть (*perf* прерва́ть); **everything short of ...** всё, кро́ме +gen ...; **short of doing** кро́ме как +infin; **to fall short of** не выполня́ть (*perf* вы́полнить); **we're running short of time** у нас зака́нчивается вре́мя; **to stop short** застыва́ть (*perf* засты́ть) на ме́сте; **to stop short of doing** не осме́ливаться (*perf* осме́литься) +infin; **shortage** *n*: a **shortage of** нехва́тка +gen, дефици́т +gen; **short cut** *n* (*on journey*) коро́ткий путь *m*; **shortfall** *n* недоста́ток; **shorthand** *n* (*Brit*) стеногра́фия; **short-lived** *adj* кратковре́менный, недо́лгий; **shortly** *adv* вско́ре; **shorts** *npl*: (a pair of) **shorts** шо́рты *pl*; **short-sighted** *adj* (*Brit*) близору́кий; **short story** *n* расска́з; **short-term** *adj* (*effect*) кратковре́менный

shot [ʃɔt] *pt, pp of* **shoot** ▷ *n* (*of gun*) вы́стрел; (*Football*) уда́р; (*injection*) уко́л; (*Phot*) сни́мок; a **good/poor shot** (*person*) ме́ткий/ плохо́й стрело́к; **like a shot** ми́гом; **shotgun** *n* дробови́к

should [ʃud] *aux vb*: **I should go now** я до́лжен идти́; **I should go if I were you** на Ва́шем ме́сте я бы пошёл; **I should like to** я бы хоте́л

shoulder ['ʃəuldə'] *n* (*Anat*) плечо́ ▷ *vt* (*fig*) принима́ть (*perf* приня́ть) на себя́; **shoulder blade** *n* лопа́тка

shouldn't ['ʃudnt] = **should not**

shout [ʃaut] n крик ▷ vt выкрикивать (perf выкрикнуть) ▷ vi (also **shout out**) кричать (impf)

shove [ʃʌv] vt толкать (perf толкнуть); (inf: put): **to shove sth in** запихивать (запихать or запихнуть perf) что-н в +acc

shovel ['ʃʌvl] n лопата ▷ vt (snow, coal) грести (impf) (лопатой)

show [ʃəu] (pt **showed**, pp **shown**) n (of emotion) проявление; (semblance) подобие; (exhibition) выставка; (Theat) спектакль m; (TV) программа, шоу nt ind ▷ vt показывать (perf показать); (courage etc) проявлять (perf проявить) ▷ vi (be evident) проявляться (perf проявиться); **for show** для виду; **to be on show** (exhibits etc) выставляться (impf); **show in** vt (person) проводить (perf провести); **show off** vi (pej) хвастаться (impf) ▷ vt (display) хвастаться (perf похвастаться) +instr; **show out** vt (person) провожать (perf проводить) к выходу; **show up** vi (against background) виднеться (impf); (fig) обнаруживаться (perf обнаружиться); (inf: turn up) являться (perf явиться) ▷ vt (uncover) выявлять (perf выявить); **show business** n шоу-бизнес

shower ['ʃauə'] n (also **shower bath**) душ; (of rain) кратковременный дождь m ▷ vi принимать (perf принять) душ ▷ vt: **to shower sb with** (gifts, abuse etc) осыпать (perf осыпать) кого-н +instr; **to have** or **take a shower** принимать (perf принять)

душ; **shower gel** n гель m для душа

show: **showing** n (of film) показ, демонстрация; **show jumping** n конкур; **shown** pp of **show**

show-off n (inf) хвастун(ья)

showroom n демонстрационный зал

shrank [ʃræŋk] pt of **shrink**

shred [ʃrɛd] n (usu pl) клочок ▷ vt крошить (perf накрошить)

shrewd [ʃru:d] adj проницательный

shriek [ʃri:k] n визг ▷ vi визжать (impf)

shrimp [ʃrimp] n (мелкая) креветка

shrine [ʃrain] n святыня; (tomb) рака

shrink [ʃriŋk] (pt **shrank**, pp **shrunk**) vi (cloth) садиться (perf сесть); (profits, audiences) сокращаться (perf сократиться); (also **shrink away**) отпрянуть (perf)

shrivel ['ʃrivl] (also **shrivel up**) vt высушивать (perf высушить) ▷ vi высыхать (perf высохнуть)

shroud [ʃraud] vt: **shrouded in mystery** окутанный тайной

● **Shrove Tuesday**

● Shrove Tuesday — Масленица.
● За Масленицей следует первый
● день Великого Поста. По
● традиции на Масленицу пекут
● блины.

shrub [ʃrʌb] n куст

shrug [ʃrʌg] vi: **to shrug (one's shoulders)** пожимать (perf пожать) плечами; **shrug off** vt отмахиваться (perf отмахнуться) от +gen

shrunk [ʃrʌŋk] *pp of* **shrink**

shudder [ʃʌdə*] *vi* содрога́ться (*perf* содрогну́ться)

shuffle [ʃʌfl] *vt* тасова́ть (*perf* стасова́ть) ▷ *vi*: **to shuffle (one's feet)** волочи́ть (*impf*) но́ги

shun [ʃʌn] *vt* избега́ть (*impf*) +*gen*

shut [ʃʌt] (*pt, pp* **shut**) *vt* закрыва́ть (*perf* закры́ть) ▷ *vi* (*factory*) закрыва́ться (*perf* закры́ться); **shut down** *vt* (*factory etc*) закрыва́ть (*perf* закры́ть) ▷ *vi* (*factory*) закрыва́ться (*perf* закры́ться); **shut off** *vt* (*supply etc*) перекрыва́ть (*perf* перекры́ть); **shut up** *vi* (*keep quiet*) заткну́ться (*perf*) ▷ *vt* (*keep quiet*) затыка́ть (*perf* заткну́ть) рот +*dat*; **shutter** *n* (*on window*) ста́вень *m*; (*Phot*) затво́р

shuttle [ʃʌtl] *n* (*plane*) самолёт-челно́к; (*also* **space shuttle**) шатл; (*also* **shuttle service**) регуля́рное сообще́ние

shy [ʃaɪ] *adj* (*timid*) засте́нчивый, стесни́тельный; (*reserved*) осторо́жный

Siberia [saɪˈbɪərɪə] *n* Сиби́рь *f*

sick [sɪk] *adj* (*ill*) больно́й; (*humour*) скве́рный; **he is/was sick** (*vomiting*) его́ рвёт/вы́рвало; **I feel sick** меня́ тошни́т; **I'm sick of arguing/school** меня́ тошни́т от спо́ров/шко́лы; **sickening** *adj* проти́вный, тошнотво́рный

sickly [ˈsɪklɪ] *adj* (*child*) хи́лый; (*smell*) тошнотво́рный

sickness [ˈsɪknɪs] *n* (*illness*) боле́знь *f*; (*vomiting*) рво́та

side [saɪd] *n* сторона́; (*of body*) бок; (*team*) кома́нда, сторона́; (*of hill*) склон; (*of door etc*) боково́й; **sideboard** *n* буфе́т

side effect *n* побо́чное де́йствие; **side street** *n* переу́лок; **sidewalk** *n* (*US*) тротуа́р; **sideways** *adv* (*go in, lean*) бо́ком; (*look*) и́скоса

siege [siːdʒ] *n* оса́да

sieve [sɪv] *n* (*Culin*) си́то ▷ *vt* просе́ивать (*perf* просе́ять)

sift [sɪft] *vt* просе́ивать (*perf* просе́ять)

sigh [saɪ] *n* вздох ▷ *vi* вздыха́ть (*perf* вздохну́ть)

sight [saɪt] *n* (*faculty*) зре́ние; (*spectacle*) зре́лище, вид; (*on gun*) прице́л; **in sight** в по́ле зре́ния; **out of sight** из ви́да; **sightseeing** *n*: **to go sightseeing** осма́тривать (*perf* осмотре́ть) достопримеча́тельности

sign [saɪn] *n* (*notice*) вы́веска; (*with hand*) знак; (*indication, evidence*) при́знак ▷ *vt* (*document*) подпи́сывать (*perf* подписа́ть); **to sign sth over to sb** передава́ть (*perf* переда́ть) что-н кому́-н; **sign on** *vi* (*Brit: as unemployed*) отмеча́ться (*perf* отме́титься) как безрабо́тный; (*for course*) регистри́роваться (*perf* зарегистри́роваться); **sign up** *vi* (*Mil*) нанима́ться (*perf* наня́ться); (*for course*) регистри́роваться (*perf* зарегистри́роваться) ▷ *vt* нанима́ть (*perf* наня́ть)

signal [ˈsɪɡnl] *n* сигна́л ▷ *vi* сигнализи́ровать (*impf/perf*); **to signal to** подава́ть (*perf* пода́ть) знак +*dat*

signature [ˈsɪɡnətʃə*] *n* по́дпись *f*

significance [sɪɡˈnɪfɪkəns] *n* значе́ние

significant [sɪɡˈnɪfɪkənt] *adj* (*amount, discovery*) значи́тельный

signify [ˈsɪɡnɪfaɪ] *vt* (*represent*) означа́ть (*impf*)

silence ['saɪləns] n тишина ⊳ vt заставля́ть (perf заста́вить) замолча́ть

silent ['saɪlənt] adj безмо́лвный; (taciturn) молчали́вый; (film) немо́й; **to remain silent** молча́ть (impf)

silhouette [sɪlu:'et] n силуэ́т

silk [sɪlk] n шёлк ⊳ adj шёлковый

silly ['sɪlɪ] adj глу́пый

silver ['sɪlvə^r] n серебро́ ⊳ adj серебри́стый

SIM card ['sɪm-] n (Tel) СИМ-ка́рта

similar ['sɪmɪlə^r] adj: **similar (to)** схо́дный (с +instr), подо́бный (+dat); **similarity** [sɪmɪ'lærɪtɪ] n схо́дство; **similarly** adv (in a similar way) подо́бным о́бразом

simmer ['sɪmə^r] vi (Culin) туши́ться (impf)

simple ['sɪmpl] adj просто́й; (foolish) недалёкий

simplicity [sɪm'plɪsɪtɪ] n (see adj) простота́; недалёкость f

simplify ['sɪmplɪfaɪ] vt упроща́ть (perf упрости́ть)

simply ['sɪmplɪ] adv про́сто

simulate ['sɪmjuleɪt] vt изобража́ть (perf изобрази́ть)

simultaneous [sɪməl'teɪnɪəs] adj одновреме́нный; **simultaneously** adv одновреме́нно

sin [sɪn] n грех ⊳ vi греши́ть (perf согреши́ть)

since [sɪns] adv с тех пор ⊳ conj (time) с тех пор как; (because) так как ⊳ prep: **since July** с июля; **since then, ever since** с тех пор; **it's two weeks since I wrote** уже́ две неде́ли с тех пор как я написа́л; **since our last meeting** со вре́мени на́шей после́дней

встре́чи

sincere [sɪn'sɪə^r] adj и́скренний

sing [sɪŋ] (pt **sang**, pp **sung**) vt, vi петь (perf спеть)

singer ['sɪŋə^r] n певе́ц (-ви́ца)

singing ['sɪŋɪŋ] n пе́ние

single ['sɪŋgl] adj (person) одино́кий; (individual) одино́чный; (not double) одина́рный ⊳ n (Brit: also **single ticket**) биле́т в оди́н коне́ц; (record) сингл; **not a single person** ни одного́ челове́ка; **single out** vt (choose) выделя́ть (perf вы́делить); **single-minded** adj целеустремлённый; **single room** n (in hotel) одноме́стный но́мер

singular ['sɪŋgjulə^r] adj необыкнове́нный ⊳ n (Ling) еди́нственное число́

sinister ['sɪnɪstə^r] adj злове́щий

sink [sɪŋk] (pt **sank**, pp **sunk**) n ра́ковина ⊳ vt (ship) топи́ть (perf потопи́ть); (well) рыть (perf вы́рыть); (foundations) врыва́ть (perf врыть) ⊳ vi (ship) тону́ть (потону́ть perf или затону́ть perf); (heart, spirits) па́дать (perf упа́сть); (also **sink back, sink down**) отки́дываться (perf отки́нуться); **to sink sth into** (teeth, claws etc) вонза́ть (perf вонзи́ть) что-н в +acc; **sink in** vi (fig): **it took a long time for her words to sink in** её слова́ дошли́ до меня́ нескоро

sinus ['saɪnəs] n (Anat) па́зуха

sip [sɪp] n ма́ленький глото́к ⊳ vt потя́гивать impf

sir [sə^r] n сэр, господи́н; **Sir John Smith** Сэр Джон Смит

siren ['saɪərn] n сире́на

sister ['sɪstə^r] n сестра́; (Brit: Med) (медици́нская или мед.) сестра́; **sister-in-law** n (brother's wife) неве́стка; (husband's sister) золовка; (wife's sister) своя́ченица

sit [sɪt] (pt, pp **sat**) vi (sit down)
сади́ться (perf сесть); (be sitting)
сиде́ть (impf); (assembly)
заседа́ть (impf) ▷ vt (exam)
сдава́ть (perf сдать); **sit down** vi
сади́ться (perf сесть); **sit up** vi
(after lying) сади́ться (perf сесть)

sitcom ['sɪtkɔm] n abbr (TV)
(= situation comedy) коме́дия
положе́ний

site [saɪt] n (place) ме́сто; (also
building site) строи́тельная
площа́дка

sitting ['sɪtɪŋ] n (of assembly etc)
заседа́ние; (in canteen) сме́на;
sitting room n гости́ная f adj

situated ['sɪtjueɪtɪd] adj: to be
situated находи́ться (impf),
располага́ться (impf)

situation [sɪtju'eɪʃən] n
ситуа́ция, положе́ние; (job) ме́сто;
(location) положе́ние; "**situations
vacant**" (Brit) "вака́нтные места́"

six [sɪks] n шесть; (number)
шестна́дцать; **sixteenth** adj
шестна́дцатый; **sixth** adj
шесто́й; **sixtieth** adj
шестиде́сятый; **sixty** n
шестьдеся́т

● **SIXTH FORM**

● Sixth form —
● квалификацио́нный курс. Э́тот
● курс состои́т из двух ступе́ней
● — ни́жней и ве́рхней. Курс
● дли́тся два го́да и предлага́ется
● на вы́бор шко́льникам, кото́рые
● к 16 года́м заверши́ли
● обяза́тельную шко́льную
● програ́мму. В тече́ние двух лет
● учени́к гото́вятся к выпускны́м
● экза́менам, даю́щим пра́во на
● поступле́ние в университе́т.

size [saɪz] n разме́р; (extent)
величина́, масшта́б; **sizeable** adj
поря́дочный

skate [skeɪt] n (also **ice skate**)
конёк; (also **roller skate**)
ро́ликовый конёк, ро́лик ▷ vi
ката́ться (impf) на конька́х

skating ['skeɪtɪŋ] n (for pleasure)
ката́ние на конька́х

skeleton ['skɛlɪtn] n (Anat)
скеле́т; (outline) схе́ма

sketch [skɛtʃ] n эски́з, набро́сок;
(outline) набро́сок; (Theat, TV)
сце́нка, скетч ▷ vt (draw)
набро́сить (impf); (also **sketch
out**) обрисо́вывать (perf
обрисова́ть) в о́бщих черта́х

ski [skiː] n лы́жа ▷ vi ката́ться
(impf) на лы́жах

skid [skɪd] vi (Aut) идти́ (perf
пойти́) ю́зом

skier ['skiːə] n лы́жник(-и́ца)

skiing ['skiːɪŋ] n (for pleasure)
ката́ние на лы́жах

skilful ['skɪlful] (US **skillful**) adj
иску́сный, уме́лый; (player)
техни́чный

skill [skɪl] n (ability, dexterity)
мастерство́; (in computing etc)
на́вык; **skilled** adj (able)
иску́сный; (worker)
квалифици́рованный

skim [skɪm] vt (milk) снима́ть
(perf снять) сли́вки с +gen; (glide
over) скользи́ть (impf) над +instr
▷ vi: to skim through пробега́ть
(perf пробежа́ть)

skin [skɪn] n (of person) ко́жа; (of
animal) шку́ра; (of fruit, vegetable)
кожура́; (of grape, tomato) ко́жица
▷ vt (animal) снима́ть (perf снять)
шку́ру с +gen; **skinny** adj то́щий

skip [skɪp] n (Brit: container) скип
▷ vi подпры́гивать (perf
подпры́гнуть); (with rope) скака́ть

(*impf*) ▷ *vt* (*miss out*) пропуска́ть (*perf* пропусти́ть)

skipper ['skɪpə'] *n* (*Naut*) шки́пер, капита́н; (*Sport*) капита́н

skirt [skɜːt] *n* ю́бка ▷ *vt* обходи́ть (*perf* обойти́)

skull [skʌl] *n* че́реп

skunk [skʌŋk] *n* (*animal*) скунс

sky [skaɪ] *n* не́бо; **skyscraper** *n* небоскрёб

slab [slæb] *n* плита́

slack [slæk] *adj* (*rope*) прови́сший; (*discipline*) сла́бый; (*security*) плохо́й

slam [slæm] *vt* (*door*) хло́пать (*perf* хло́пнуть) +*instr* ▷ *vi* (*door*) захло́пываться (*perf* захло́пнуться)

slang [slæŋ] *n* (*informal language*) сленг; (*jargon*) жарго́н

slant [slɑːnt] *n* накло́н; (*fig: approach*) укло́н

slap [slæp] *n* шлепо́к ▷ *vt* шлёпать (*perf* шлёпнуть); **to slap sb across the face** дава́ть (*perf* дать) кому́-н пощёчину; **to slap sth on sth** (*paint etc*) ляпать (*perf* наляпать) что-н на что-н

slash [slæʃ] *vt* ре́зать (*perf* поре́зать); (*fig: prices*) уреза́ть (*perf* уре́зать)

slate [sleɪt] *n* (*material*) сла́нец; (*tile*) кро́вельная пли́тка (*из гли́нистого сла́нца*) ▷ *vt* (*fig*) разноси́ть (*perf* разнести́) в пух и прах

slaughter ['slɔːtə'] *n* (*of animals*) убо́й; (*of people*) резня́, бо́йня ▷ *vt* (*see n*) забива́ть (*perf* заби́ть); истребля́ть (*perf* истреби́ть)

slave [sleɪv] *n* раб(ы́ня); **slavery** *n* ра́бство

Slavonic [slə'vɔnɪk] *adj* славя́нский

sleazy ['sliːzɪ] *adj* (*place*) запу́щенный

sledge [slɛdʒ] *n* са́ни *pl*; (*for children*) са́нки *pl*

sleek [sliːk] *adj* (*fur*) лосня́щийся; (*hair*) блестя́щий

sleep [sliːp] (*pt, pp* **slept**) *n* сон ▷ *vi* спать (*impf*); (*spend night*) ночева́ть (*perf* переночева́ть); **to go to sleep** засыпа́ть (*perf* засну́ть); **sleep in** *vi* просыпа́ть (*perf* проспа́ть); **sleeper** *n* (*Rail: train*) по́езд со спа́льными ваго́нами; (*: berth*) спа́льное ме́сто; **sleeping bag** *n* спа́льный мешо́к; **sleepy** *adj* со́нный

sleet [sliːt] *n* мо́крый снег

sleeve [sliːv] *n* (*of jacket etc*) рука́в; (*of record*) конве́рт

slender ['slɛndə'] *adj* (*figure*) стро́йный; (*majority*) небольшо́й

slept [slɛpt] *pt, pp of* **sleep**

slice [slaɪs] *n* (*of meat*) кусо́к; (*of bread, lemon*) ло́мтик ▷ *vt* (*bread, meat etc*) нареза́ть (*perf* наре́зать)

slick [slɪk] *adj* (*performance*) гла́дкий; (*salesman, answer*) бо́йкий ▷ *n* (*also* **oil slick**) плёнка не́фти

slide [slaɪd] (*pt, pp* **slid**) *n* (*in playground*) де́тская го́рка; (*Phot*) слайд; (*Brit: also* **hair slide**) зако́лка ▷ *vt* задвига́ть (*perf* задви́нуть) ▷ *vi* скользи́ть (*impf*)

slight [slaɪt] *adj* хру́пкий; (*small*) незначи́тельный; (*: error*) ме́лкий; (*accent, pain*) сла́бый ▷ *n* униже́ние; **not in the slightest** ниско́лько; **slightly** *adv* (*rather*) слегка́

slim [slɪm] *adj* (*figure*) стро́йный; (*chance*) сла́бый ▷ *vi* худе́ть (*perf* похуде́ть)

slimy ['slaɪmɪ] *adj* (*pond*) и́листый

sling [slɪŋ] (pt, pp **slung**) n (Med)
перевязь f ▷ vt (throw) швырять
(perf швырнуть)

slip [slɪp] n (mistake) промах;
(underskirt) нижняя юбка; (of
paper) полоска f ▷ vt (slide) (perf
сунуть) ▷ vi (slide) скользить
(скользнуть f); (lose balance)
поскользнуться (perf); (decline)
снижаться (perf снизиться); to
give sb the slip ускользать (perf
ускользнуть) от кого-н; a slip of
the tongue оговорка f; to slip sth
on/off надевать (perf надеть)/
сбрасывать (perf сбросить) что-н;
to slip into (room etc) скользнуть
(perf) в +acc; to slip out of (room
etc) выскальзывать (perf
выскользнуть) из +gen; **slip
away** vi ускользать (perf
ускользнуть); **slip in** vt совать
(perf сунуть) ▷ vi (errors)
закрадываться (perf закрасться)

slipper [ˈslɪpəʳ] n тапочка f

slippery [ˈslɪpərɪ] adj скользкий

slit [slɪt] (pt, pp **slit**) n (cut)
разрез; (in skirt) шлица; (opening)
щель f ▷ vt разрезать (perf
разрезать)

slog [slɒg] n: it was a hard slog
это была тяжёлая работа

slogan [ˈsləʊgən] n лозунг

slope [sləʊp] n склон; (gentle hill)
уклон; (slant) наклон

sloppy [ˈslɒpɪ] adj (work)
халтурный

slot [slɒt] n (in machine) прорезь
f, паз ▷ vt: to slot sth into
опускать (perf опустить) что-н в
+acc

Slovakia [sləʊˈvækɪə] n
Словакия

slow [sləʊ] adj медленный;
(stupid) тупой ▷ adv медленно
▷ vt (also **slow down**, **slow up**;

vehicle) замедлять (perf
замедлить); ▷ vi (traffic)
замедляться (perf замедлиться);
(car, train etc) сбавлять (perf
сбавить) ход; **my watch is (20
minutes) slow** мои часы отстают
(на 20 минут); **slowly** adv
медленно; **slow motion** n: in
slow motion в замедленном
действии

slug [slʌg] n (Zool) слизень m

sluggish [ˈslʌgɪʃ] adj вялый

slum [slʌm] n трущоба

slump [slʌmp] n (economic)
спад; (in profits, sales) падение

slung [slʌŋ] pt, pp of **sling**

slur [slɜːʳ] vt (words) мямлить
(perf промямлить) ▷ n (fig): **slur
(on)** пятно (на +prp)

sly [slaɪ] adj лукавый

smack [smæk] n (slap) шлепок
▷ vt хлопать (perf хлопнуть);
(child) шлёпать (perf отшлёпать)
▷ vi: to smack of отдавать (impf)
+instr

small [smɔːl] adj маленький;
(quantity, amount) небольшой,
малый

smart [smɑːt] adj (neat, tidy)
опрятный; (clever) толковый
▷ vi (also fig) жечь (impf); **smart
phone** n смартфон

smash [smæʃ] n (collision: also
smash-up) авария ▷ vt
разбивать (perf разбить); (Sport:
record) побивать (perf побить)
▷ vi (break) разбиваться (perf
разбиться); **to smash against** or
into (collide) врезаться (perf
врезаться) в +acc; **smashing** adj
(inf) потрясающий

smear [smɪəʳ] n (trace) след;
(Med: also **smear test**) мазок
▷ vt (spread) мазать (perf
намазать)

smell [smɛl] (*pt, pp* **smelt** or
smelled) *n* обоняние ▷ *vt* чувствовать (*perf*
почувствовать), запах *+gen* (*sense*)
обоняние ▷ *vt* чувствовать (*perf*
почувствовать), запах *+gen* (*food etc*) пахнуть (*impf*); **to smell**
(**of**) (*unpleasant*) пахнуть (*impf*)
(+*instr*); **smelly** *adj* вонючий,
зловонный

smelt [smɛlt] *pt, pp of* **smell**

smile [smaɪl] *n* улыбка ▷ *vi*
улыбаться (*perf* улыбнуться)

smirk [smɜːk] *n* (*pej*) ухмылка

smog [smɒg] *n* смог

smoke [sməʊk] *n* дым ▷ *vi*
(*person*) курить (*impf*); (*chimney*)
дымиться (*impf*) ▷ *vt* (*cigarettes*)
курить (*perf* выкурить); **smoked**
adj (*bacon, fish*) копчёный; (*glass*)
дымчатый; **smoker** *n* (*person*)
курящий(-ая) *m(f) adj*,
курильщик(-щица)

smoking ['sməʊkɪŋ] *n* (*act*)
курение; "**no smoking**" "не
курить"

smoky ['sməʊkɪ] *adj* (*room*)
дымный

smooth [smuːð] *adj* гладкий;
(*sauce*) однородный; (*flavour*)
мягкий; (*movement*) плавный

smother ['smʌðər] *vt* (*fire*)
тушить (*perf* потушить); (*person*)
душить (*perf* задушить);
(*emotions*) подавлять (*perf*
подавить)

smudge [smʌdʒ] *n* пятно ▷ *vt*
размазывать (*perf* размазать)

smug [smʌg] *adj* довольный

smuggle ['smʌgl] *vt* (*goods*)
провозить (*perf* провезти)
(контрабандой)

smuggling ['smʌglɪŋ] *n*
контрабанда

snack [snæk] *n* закуска

snag [snæg] *n* помеха

snail [sneɪl] *n* улитка

snake [sneɪk] *n* змея

snap [snæp] *adj* (*decision etc*)
моментальный ▷ *vt* (*break*)
разламывать (*perf* разломить);
(*fingers*) щёлкать (*perf* щёлкнуть)
+*instr* ▷ *vi* (*break*) разламываться
(*perf* разломиться); (*speak sharply*)
кричать (*impf*); **to snap shut** (*trap,
jaws etc*) защёлкиваться (*perf*
защёлкнуться); **snap up** *vt*
расхватывать (*perf* расхватать);
snapshot *n* снимок

snarl [snɑːl] *vi* рычать (*impf*)

snatch [snætʃ] *n* обрывок ▷ *vt*
(*grab*) хватать (*perf* схватить);
(*handbag*) вырывать (*perf*
вырвать); (*child*) похищать (*perf*
похитить); (*opportunity*) урывать
(*perf* урвать)

sneak [sniːk] *vi*: **to sneak into**
проскальзывать (*perf*
проскользнуть) в *+acc*; **to sneak
out of** выскальзывать (*perf*
выскользнуть) из *+gen*; **to sneak
up on** áбеднячить (*perf*
наибеднячить) на *+acc*; **sneakers**
npl кроссовки *fpl*

sneer [snɪər] *vi* (*mock*): **to sneer
at** глумиться (*impf*) над *+instr*

sneeze [sniːz] *vi* чихать (*perf*
чихнуть)

sniff [snɪf] *n* (*sound*) сопение
▷ *vi* шмыгать (*perf* шмыгнуть)
носом; (*when crying*) всхлипывать
(*impf*) ▷ *vt* нюхать (*impf*)

snip [snɪp] *vt* резать (*perf*
порезать)

sniper ['snaɪpər] *n* снайпер

snob [snɒb] *n* сноб

snooker ['snuːkər] *n* снукер

snore [snɔːr] *vi* храпеть (*impf*)

snorkel ['snɔːkl] *n* трубка
(ныряльщика)

snow [snəʊ] *n* снег ▷ *vi*: **it's
snowing** идёт снег; **snowball** *n*

снежо́к; **snowdrift** n сугро́б;
snowman n irreg снегови́к,
сне́жная ба́ба
SNP n abbr = **Scottish National
Party**

snub [snʌb] vt
пренебрежи́тельно обходи́ться
(perf обойти́сь) c +instr

snug [snʌg] adj (place) ую́тный;
(well-fitting) облега́ющий

KEYWORD

so [səu] adv 1 (thus, likewise) так;
if this is so е́сли э́то так; **if so** е́сли
так; **while she was so doing, he ...**
пока́ она́ э́то де́лала, он ...; **I
didn't do it — you did so!** я не
де́лал э́того — а вот и сде́лал!;
you weren't there — I was so! тебя́
там не́ было — а вот и был!; **I like
him — so do I** он мне
нра́вится — мне то́же; **I'm still at
school — so is he** я ещё учу́сь в
шко́ле — он то́же; **so it is!** и
действи́тельно!, и пра́вда!; **I
hope/think so** наде́юсь/ду́маю,
что так; **so far** пока́; **how do you
like the book so far?** ну, как Вам
кни́га?
2 (in comparisons: +adv)
насто́лько, так; (: +adj) насто́лько,
тако́й; **so quickly (that)** насто́лько
от так бы́стро(, что); **so big (that)**
тако́й большо́й(, что); **she's not so
clever as her brother** она́ не так
умна́, как её брат
3 (describing degree, extent) так;
I've got so much work у меня́ так
мно́го рабо́ты; **I love you so much**
я тебя́ так люблю́; **so much** спаси́бо
Вам большо́е; **I'm
so glad to see you** я так рад Вас
ви́деть; **there are so many books I
would like to read** есть так мно́го

книг, кото́рые я бы хоте́л
проче́сть; **so ... that ...** так ... что ...
4 (about) о́коло +gen; **ten or so**
о́коло десяти́; **I only have an hour
or so** у меня́ есть о́коло ча́са
5 (phrases): **so long!** (inf:
goodbye) пока́!
▷ conj **1** (expressing purpose): **so
as to do** что́бы +infin; **I brought
this wine so that you could try it** я
принёс э́то вино́, что́бы Вы могли́
его́ попро́бовать
2 (expressing result) так что; **so I
was right** так что, я был прав; **so
you see, I could have stayed** так
что, ви́дите, я мог бы оста́ться

soak [səuk] vt (drench)
промочи́ть (perf); (steep)
зама́чивать (perf замочи́ть) ▷ vi
(steep) отмока́ть (impf); **soak up**
vt впи́тывать (perf впита́ть) (в
себя́)

soap [səup] n мы́ло; **soap opera**
n (TV) мы́льная о́пера

soar [sɔːʳ] vi (price, temperature)
подска́кивать (perf подскочи́ть)

sob [sɔb] n рыда́ние ▷ vi рыда́ть
(impf)

sober ['səubəʳ] adj тре́звый;
(colour, style) сде́ржанный

soccer ['sɔkəʳ] n футбо́л

sociable ['səuʃəbl] adj
общи́тельный

social ['səuʃl] adj (history,
structure etc) обще́ственный,
социа́льный; **he has a good social
life** он мно́го обща́ется с людьми́;
socialism n социали́зм;
socialist n социали́ст ▷ adj
социалисти́ческий; **socialize** vi:
to socialize (with) обща́ться (impf)
(c +instr); **socially** adv: **to visit sb
socially** заходи́ть (perf зайти́) к
кому́-н по-дру́жески; **socially**

acceptable социа́льно
прие́млемый; **social networking**
[-'netwɜːkɪŋ] n взаимоде́йствие
посре́дством социа́льных сете́й с
други́ми их уча́стниками; **social
security** (Brit) n социа́льная
защи́та; **social work** n
социа́льная рабо́та

society [sə'saɪətɪ] n о́бщество

sociology [səʊsɪ'ɒlədʒɪ] n
социоло́гия

sock [sɒk] n носо́к

socket ['sɒkɪt] n глазни́ца; (Brit;
Elec: in wall) розе́тка

soda ['səʊdə] n (also **soda water**)
со́довая f adj; (US: also **soda pop**)
газиро́вка

sodium ['səʊdɪəm] n на́трий

sofa ['səʊfə] n дива́н

soft [sɒft] adj мя́гкий; **soft drink**
n безалкого́льный напи́ток;
softly adv (gently) мя́гко;
(quietly) ти́хо; **software** n
програ́мма, програ́ммное
обеспе́чение

soggy ['sɒgɪ] adj (ground) сыро́й

soil [sɔɪl] n (earth) по́чва;
(territory) земля́ ▷ vt па́чкать
(perf запа́чкать)

solar ['səʊlə'] adj со́лнечный

sold [səʊld] pt, pp of **sell**

soldier ['səʊldʒə'] n (Mil) солда́т

sole [səʊl] n (of foot) подо́шва;
(of shoe) подо́шва, подмётка ▷ n
inv (fish) па́лтус ▷ adj (unique)
еди́нственный; **solely** adv
то́лько

solemn ['sɒləm] adj
торже́ственный

solicitor [sə'lɪsɪtə'] n (Brit)
адвока́т

solid ['sɒlɪd] adj (not hollow)
це́льный; (not liquid) твёрдый;
(reliable) про́чный; (entire) це́лый;
(gold) чи́стый ▷ n твёрдое те́ло;

solids npl (food) твёрдая пи́ща
fsg

solitary ['sɒlɪtərɪ] adj одино́кий;
(empty) уединённый; (single)
едини́чный

solitude ['sɒlɪtjuːd] n уедине́ние,
одино́чество

solo ['səʊləʊ] n со́ло nt ind ▷ adv
(fly) в одино́чку; (play) со́ло;
soloist n соли́ст(ка)

soluble ['sɒljʊbl] adj
раствори́мый

solution [sə'luːʃən] n (answer)
реше́ние; (liquid) раство́р

solve [sɒlv] vt (problem)
разреша́ть (perf разреши́ть);
(mystery) раскрыва́ть (perf
раскры́ть)

solvent ['sɒlvənt] adj
платёжеспосо́бный ▷ n
раствори́тель m

sombre ['sɒmbə'] (US **somber**)
adj мра́чный

🔵 **KEYWORD**

some [sʌm] adj **1** (a certain
amount or number of): **would you
like some tea/biscuits?** хоти́те
ча́ю/пече́нья?; **there's some milk
in the fridge** в холоди́льнике есть
молоко́; **he asked me some
questions** он за́дал мне не́сколько
вопро́сов; **there are some people
waiting to see you** Вас ждут каки́е-
то лю́ди

2 (certain: in contrasts)
не́который; **some people say that
...** не́которые говоря́т, что ...

3 (unspecified) како́й-то; **some
woman phoned you** Вам звони́ла
кака́я-то же́нщина; **we'll meet
again some day** мы когда́-нибудь
опя́ть встре́тимся; **shall we meet
some day next week?** дава́йте

встре́тимся ка́к-нибудь на
сле́дующей неде́ле!
▷ pron (a certain number: people)
не́которые pl, оди́н pf; **some took
the bus, and some walked**
не́которые пое́хали на авто́бусе, а
не́которые пошли́ пешко́м; **I've
got some** (books etc) у меня́ есть
не́сколько; **who would like a piece
of cake? — I'd like some** кто хо́чет
кусо́к то́рта? — я хочу́; **I've read
some of the book** я прочёл часть
кни́ги
▷ adv о́коло: **some ten people**
о́коло десяти́ челове́к

somebody ['sʌmbədɪ] pron
= **someone**
somehow ['sʌmhau] adv (in
some way: in future) ка́к-нибудь;
(: in past) ка́к-то; (for some reason)
почему́-то, каки́м-то о́бразом
someone ['sʌmwʌn] pron
(specific person) кто́-то;
(unspecified person) кто́-нибудь; **I
saw someone in the garden** я
ви́дел кого́-то в саду́; **someone
will help you** Вам кто́-нибудь
помо́жет
something ['sʌmθɪŋ] pron
(something specific) что́-то;
(something unspecified)
что́-нибудь; **there's something
wrong with my car** что́-то
случи́лось с мое́й маши́ной;
**would you like something to eat/
drink?** хоти́те чего́-нибудь пое́сть/
вы́пить?; **I have something for you**
у меня́ ко́е-что для Вас есть
sometime ['sʌmtaɪm] adv (in
future) когда́-нибудь; (in past)
когда́-то, ка́к-то
sometimes ['sʌmtaɪmz] adv
иногда́
somewhat ['sʌmwɔt] adv

не́сколько

somewhere ['sʌmwɛəʳ] adv (be:
somewhere specific) где́-то;
(: anywhere) где́-нибудь; (go:
somewhere specific) куда́-то;
(: anywhere) куда́-нибудь; (come
from) отку́да-то; **it's somewhere or
other in Scotland** э́то где́-то в
Шотла́ндии; **is there a post office
somewhere around here?** здесь
где́-нибудь есть по́чта?; **let's go
somewhere else** дава́йте пое́дем
куда́-нибудь в друго́е ме́сто

son [sʌn] n сын
song [sɔŋ] n пе́сня
son-in-law ['sʌnɪnlɔː] n зять m
soon [suːn] adv (in a short time)
ско́ро; (early) ра́но; **soon**
(afterwards) вско́ре; see also **as**;
sooner adv скоре́е; **I would
sooner do that** я бы скоре́е сде́лал
э́то; **sooner or later** ра́но и́ли
по́здно
soothe [suːð] vt успока́ивать
(perf успоко́ить)
sophisticated [sə'fɪstɪkeɪtɪd] adj
изощрённый; (refined)
изы́сканный
soprano [sə'prɑːnəu] n сопра́но f
ind
sordid ['sɔːdɪd] adj (place)
убо́гий; (story etc) гну́сный
sore [sɔːʳ] n я́зва, боля́чка ▷ adj
(esp US: offended) оби́женный;
(painful): **my arm is sore, I've got a
sore arm** у меня́ боли́т рука́; **it's a
sore point** (fig) э́то больно́е ме́сто
sorrow ['sɔrəu] n печа́ль f,
грусть f
sorry ['sɔrɪ] adj плаче́вный; **I'm
sorry** мне жаль; **sorry!** извини́те,
пожа́луйста; **sorry?** (pardon)
прости́те?; **I feel sorry for him** мне
его́ жаль ог жа́лко
sort [sɔːt] n (type) сорт ▷ vt

(*mail*) сортирова́ть (*perf* рассортирова́ть); (*also* **sort out**: *papers, belongings etc*) разбира́ть (*perf* разобра́ть); (: *problems*) разбира́ться (*perf* разобра́ться) в ▷ *prp*

so-so ['səusəu] *adv* так себе́

sought [sɔːt] *pt, pp of* **seek**

soul [səul] *n* (*spirit, person*) душа́

sound [saund] *adj* (*healthy*) здоро́вый; (*safe, not damaged*) це́лый; (*secure: investment*) надёжный; (*reliable, thorough*) соли́дный; (*sensible: advice*) разу́мный ▷ *n* звук ▷ *vt* (*alarm*) поднима́ть (*perf* подня́ть) ▷ *vi* звуча́ть (*impf*) ▷ *adv*: **he is sound asleep** он кре́пко спит; **I don't like the sound of it** мне э́то не нра́вится; **soundtrack** *n* му́зыка (*из кинофи́льма*)

soup [suːp] *n* суп

sour ['sauə] *adj* ки́слый; (*fig: bad-tempered*) угрю́мый

source [sɔːs] *n* (*also fig*) исто́чник

south [sauθ] *n* юг ▷ *adj* ю́жный ▷ *adv* (*go*) на юг; (*be*) на ю́ге; **South America** *n* Ю́жная Аме́рика; **southeast** *n* ю́го-восто́к; **southern** ['sʌðən] *adj* ю́жный; **South Pole** *n*: **the South Pole** Ю́жный по́люс; **southwest** *n* ю́го-за́пад

souvenir [suːvə'nɪə] *n* сувени́р

sovereign ['sɔvrɪn] *n* (*ruler*) госуда́рь(-рыня) *m(f)*

Soviet ['səuviət] *adj* сове́тский; **the Soviet Union** (*formerly*) Сове́тский Сою́з

sow[1] [sau] *n* (*pig*) свинья́

sow[2] [səu] (*pt* **sowed**, *pp* **sown**) *vt* (*also fig*) се́ять (*perf* посе́ять)

soya ['sɔɪə] (*US* **soy**) *adj* со́евый

spa [spaː] *n* (*US*: *health spa*) во́ды *fpl*

space [speɪs] *n* простра́нство; (*small place, room*) ме́сто; (*beyond Earth*) ко́смос; (*interval, period*) промежу́ток ▷ *cpd* косми́ческий ▷ *vt* (*also*: **space out**: *payments, visits*) распределя́ть (*perf* распредели́ть); **spacecraft** *n* косми́ческий кора́бль *m*; **spaceship** *n* = **spacecraft**

spacious ['speɪʃəs] *adj* просто́рный

spade [speɪd] *n* (*tool*) лопа́та; (*child's*) лопа́тка; **spades** *npl* (*Cards*) пи́ки *fpl*

spaghetti [spə'gɛtɪ] *n* спаге́тти *pl ind*

Spain [speɪn] *n* Испа́ния

spam [spæm] *vt* (*Comput*) спам (*бесполе́зная информа́ция, обы́чно рекла́ма, по электро́нной по́чте, по Интерне́те*)

span [spæn] *pt of* **spin** ▷ *n* (*of hand, wings*) разма́х; (*in time*) промежу́ток ▷ *vt* охва́тывать (*perf* охвати́ть)

Spanish ['spænɪʃ] *adj* испа́нский ▷ *npl*: **the Spanish** испа́нцы *mpl*

spank [spæŋk] *vt* шлёпать (*perf* отшлёпать)

spanner ['spænə] *n* (*Brit*) га́ечный ключ

spare [spɛə] *adj* (*free: time, seat*) свобо́дный; (*surplus*) ли́шний; (*reserve*) запасно́й ▷ *vt* (*trouble, expense*) избавля́ть (*perf* изба́вить) от +*gen*; (*make available*) выделя́ть (*perf* вы́делить); (*refrain from hurting*) щади́ть (*perf* пощади́ть); **I have some time to spare** у меня́ есть немно́го свобо́дного вре́мени; **to have money to spare** име́ть (*impf*) ли́шние де́ньги; **spare time** *nt* свобо́дное вре́мя *nt*

spark [spaːk] *n* (*also fig*) и́скра

S

sparkle ['spɑːkl] n блеск ⊳ vi (diamonds, water, eyes) сверкать (impf)

sparkling ['spɑːklɪŋ] adj (wine) игристый

sparrow ['spærəu] n воробей

sparse [spɑːs] adj редкий

spasm ['spæzəm] n (Med) спазм

spat [spæt] pt, pp of **spit**

speak [spiːk] (pt **spoke**, pp **spoken**) vi говорить (impf); (make a speech) выступать (perf выступить) ⊳ vt (truth) говорить (perf сказать); **to speak to sb** разговаривать (impf) or говорить (impf) с кем-н; **to speak of** or **about** говорить (impf) о +prp

speaker n (in public) оратор; (also **loudspeaker**) громкоговоритель m

spear [spɪə'] n копьё

special ['spɛʃl] adj (important) особый, особенный; (edition, adviser, school) специальный; **specialist** n специалист; **speciality** [spɛʃɪ'ælɪtɪ] n (dish) фирменное блюдо; (subject) специализация; **specialize** vi: **to specialize (in)** специализироваться (impf/perf) (в/на +prp); **specially** adv (especially) особенно

species ['spiːʃiːz] n inv вид

specific [spə'sɪfɪk] adj специфический, определённый; **specifically** adv (exactly) точнее, (specially) специально

specify ['spɛsɪfaɪ] vt уточнять (perf уточнить)

specimen ['spɛsɪmən] n (example) экземпляр; (sample) образец; **a specimen of urine** моча для анализа

speck [spɛk] n (of dirt) пятнышко; (of dust) крупица, крупинка

spectacle ['spɛktəkl] n (scene, event) зрелище; **spectacles** npl (glasses) очки pl

spectacular [spɛk'tækjulə'] adj впечатляющий, поразительный

spectator [spɛk'teɪtə'] n зритель(ница) m(f)

spectrum ['spɛktrəm] (pl **spectra**) n спектр

speculate ['spɛkjuleɪt] vi (Comm) спекулировать (impf); (guess): **to speculate about** строить (impf) предположения о +prp

sped [spɛd] pt, pp of **speed**

speech [spiːtʃ] n форма f; **speechless** adj: **I was speechless with anger** от гнева я лишился дара речи; **she looked at him, speechless** она посмотрела на него в онемении

speed [spiːd] (pt, pp **sped**) n (rate) скорость f; (promptness) быстрота ⊳ vi (move): **to speed along/by** мчаться (impf) промчаться) по +dat/мимо +gen; **at full** or **top speed** на полной or предельной скорости; **speed up** ⊳ (pt, pp **speeded up**) vi ускоряться (perf ускориться) ⊳ vt ускорять (perf ускорить); **speeding** n превышение скорости; **speed limit** n предел скорости; **speedometer** [spɪ'dɔmɪtə'] n спидометр; **speedy** adj (prompt) скорый

spell [spɛl] (pt, pp **spelt** or **spelled**) n (also **magic spell**) колдовство; (period of time) период ⊳ vt (also **spell out**) произносить (perf произнести) по буквам; (fig: explain) разъяснять (perf разъяснить) ⊳ vi: **he can't**

spell у него плохая орфография;
spelling n орфография,
правописание

spend [spɛnd] (pt, pp spent) vt
(money) тратить (perf потратить);
(time, life) проводить (perf
провести)

sperm [spəːm] n сперма

sphere [sfɪəʳ] n сфера

spice [spaɪs] n (pepper, salt etc)
специя

spicy ['spaɪsɪ] adj (food) острый;
(: with a strong flavour) пряный

spider ['spaɪdəʳ] n паук

spike [spaɪk] n (point) остриё

spill [spɪl] (pt, pp spilt or spilled)
vt (liquid) проливать (perf
пролить), разливать (perf
разлить) ▷ vi (liquid)
проливаться (perf пролиться),
разливаться (perf разлиться)

spin [spɪn] (pt spun or span, pp
spun) n (trip in car) виток;
(Aviat) штопор; (Pol) уклон,
тенденция ▷ vt (Brit: clothes)
выжимать (perf выжать) (в
стиральной машине); (wool etc:
also: **spin a thread**) прясть (impf) ▷ vi (person,
head) кружиться (impf)

spinach ['spɪnɪtʃ] n шпинат

spinal ['spaɪnl] adj (relating to the
spine) позвоночный; (relating to
the spinal cord) спинномозговой;
spinal injury n повреждение
позвоночника; **spinal cord** n
спинной мозг

spine [spaɪn] n (Anat)
позвоночник; (thorn) колючка,
игла

spiral ['spaɪərl] n спираль f

spire ['spaɪəʳ] n шпиль m

spirit ['spɪrɪt] n дух; (soul) душа;
spirits npl (alcohol) спиртные
напитки mpl, спиртное ntsg adj; **in
good/low spirits** в хорошем/

подавленном настроении

spiritual ['spɪrɪtjuəl] adj
духовный

spit [spɪt] (pt, pp spat) n вертел;
(saliva) слюна ▷ vi (person)
плевать (perf плюнуть); (fire, hot
oil) брызгать (impf); (inf: rain)
моросить (impf)

spite [spaɪt] n злоба, злость f
▷ vt досаждать (perf досадить)
+dat; **in spite of** несмотря на +acc;
spiteful adj злобный

splash [splæʃ] n всплеск
▷ vt брызгать (perf брызнуть)
▷ vi (also **splash about**)
плескаться (impf)

splendid ['splɛndɪd] adj
великолепный

splinter ['splɪntəʳ] n (of wood)
щепка; (of glass) осколок; (in
finger) заноза

split [splɪt] (pt, pp split) n (crack,
tear) трещина; (Pol, fig) раскол
▷ vt (atom, piece of wood)
расщеплять (perf расщепить);
(Pol, fig) раскалывать (perf
расколоть); (work, profits) делить
(perf разделить); (: divide)
расщеплять (perf расщепить),
разделять (perf разделить) ▷ vi,
разделяться (perf разделиться);
split up vi (couple) расходиться
(perf разойтись); (group)
разделяться (perf разделиться)

spoil [spɔɪl] (pt, pp spoilt or
spoiled) vt портить (perf
испортить)

spoke [spəuk] pt of **speak** ▷ n
(of wheel) спица; **spoken** pp of
speak

spokesman ['spəuksmən] irreg n
представитель m

spokeswoman ['spəukswumən]
irreg n представительница

sponge [spʌndʒ] n губка; (also
sponge cake) бисквит

sponsor ['spɒnsə^r] n спóнсор
▷ vt финанси́ровать (impf/perf),
спонси́ровать (impf/perf);
(applicant) поручáться (perf
поручи́ться) за +acc;
sponsorship n спóнсорство

spontaneous [spɒn'teɪnɪəs] adj
(gesture) спонтáнный,
непосрéдственный;
(demonstration) стихи́йный
spoon [spu:n] n лóжка;
spoonful n (пóлная) лóжка
sport [spɔ:t] n (game) спорт m no
pl; **sportsman** irreg n спортсмéн;
sportswoman irreg n
спортсмéнка; **sporty** adj
спорти́вный
spot [spɒt] n (mark) пятнó; (dot:
on pattern) крáпинка; (on skin)
пры́щик; (place) мéсто ▷ vt

замечáть (perf замéтить); **a spot of**
bother мéлкая неприя́тность f;
spots of rain кáпли дождя́; **on the**
spot (in that place) на мéсте;
(immediately) в тот же момéнт;
spotless adj чисте́йший;
spotlight n прожéктор
spouse [spaus] n супрýг(а)
sprang [spræŋ] pt of **spring**
sprawl [sprɔ:l] vi (person)
развáливаться (perf развали́ться);
(place) раски́дываться (perf
раски́нуться)
spray [spreɪ] n (drops of water)
брызги pl; (hair spray) аэрозóль m
▷ vt опры́скивать (perf
опры́скать)
spread [spred] (pt, pp spread) n
(range) спектр; (distribution)
распространéние; (Culin: butter)
бутербрóдный маргари́н; (inf:
food) пир ▷ vt (lay out)
расстилáть (perf расстели́ть);
(scatter) разбрáсывать (perf
разброса́ть); (butter) намáзывать
(perf намáзать); (wings)
расправля́ть (perf распрáвить);
(arms) раскрывáть (perf
раскры́ть); (workload, wealth)
распределя́ть (perf распредели́ть)
▷ vi (disease, news)
распространя́ться (perf
распространи́ться); **spread out**
vi (move apart) рассыпáться (perf
рассы́паться); **spreadsheet** n
(крупноформáтная) электрóнная
таблица
spree [spri:] n разгýл
spring [sprɪŋ] (pt sprang, pp
sprung) n (coiled metal)
пружи́на; (season) веснá; (of
water) истóчник, роднúк ▷ vi
(leap) прыгáть (perf пры́гнуть); **in**
spring веснóй; **to spring from**
(stem from) происходи́ть (perf

произойти) из +gen

sprinkle ['sprɪŋkl] vt (salt, sugar) посыпать (perf посыпать) +instr; **to sprinkle water on sth, sprinkle sth with water** опрыскивать (perf опрыскать) что-н водой

sprint [sprɪnt] n (race) спринт ▷ vi (run fast) стремительно бегать/бежать (impf)

sprung [sprʌŋ] pp of **spring**

spun [spʌn] pt, pp of **spin**

spur [spə:ʳ] n (fig) стимул ▷ vt (also **spur on**) пришпоривать (perf пришпорить); **to spur sb on to** побуждать (perf побудить) кого-н к +dat; **on the spur of the moment** вдруг, не раздумывая

spy [spaɪ] n шпион ▷ vi: **to spy on** шпионить (impf) за +instr

Sq. abbr = **square**

squabble ['skwɔbl] vi вздорить (perf повздорить)

squad [skwɔd] n (Mil, Police) отряд; (Sport) команда

squadron ['skwɔdrn] n (Aviat) эскадрилья

square [skwɛəʳ] n (shape) квадрат; (in town) площадь f ▷ adj квадратный ▷ vt (reconcile, settle) улаживать (perf уладить); **a square meal** солидный обед; **2 metres square** 2 метра в ширину, 2 метра в длину; **2 square metres** 2 квадратных метра

squash [skwɔʃ] n (Brit: drink) напиток; (Sport) сквош ▷ vt давить (perf раздавить)

squat [skwɔt] adj приземистый ▷ vi (also **squat down**: position) сидеть (impf) на корточках; (: motion) садиться (perf сесть) на корточки

squeak [skwi:k] vi (door) скрипеть (perf скрипнуть); (mouse) пищать (perf пискнуть)

squeal [skwi:l] vi визжать (impf)

squeeze [skwi:z] n (of hand) пожатие; (Econ) ограничение ▷ vt сжимать (perf сжать); (juice) выжимать (perf выжать)

squid [skwɪd] n кальмар

squint [skwɪnt] n (Med) косоглазие

squirrel ['skwɪrəl] n белка

squirt [skwə:t] vi брызгать (perf брызнуть); ▷ vt брызгать (perf брызнуть) +instr

Sr abbr (in names) = **senior**

St abbr (= saint) св.; (= street) ул. (= улица)

stab [stæb] vt наносить (perf нанести) удар +dat; (kill): **to stab sb** (**to death**) зарезать (perf кого-н) (of pain): укол; (inf: try): **to have a stab at doing** пытаться (perf попытаться) +infin

stability [stə'bɪlɪtɪ] n устойчивость f, стабильность f

stable ['steɪbl] adj стабильный, устойчивый ▷ n (for horse) конюшня

stack [stæk] n (of wood, plates) штабель m; (of papers) кипа ▷ vt (also **stack up**: chairs etc) складывать (perf сложить)

stadium ['steɪdɪəm] n (pl **stadia** or **stadiums**) n (Sport) стадион

staff [sta:f] n (workforce) штат, сотрудники mpl; (Brit: Scol: also **teaching staff**) преподавательский состав or коллектив ▷ vt: **the firm is staffed by 5 people** на фирму работает 5 человек

stag [stæg] n (Zool) самец оленя

stage [steɪdʒ] n (in theatre) сцена; (platform) подмостки pl; (point, period) стадия ▷ vt (play) ставить (perf поставить); (demonstration) устраивать (perf устро́ить); **in stages** поэта́пно, по эта́пам

stagger ['stægəʳ] vt (amaze) потряса́ть (perf потрясти́); (holidays etc) распи́сывать (perf расписа́ть) ▷ vi: **he staggered along the road** он шёл по доро́ге шата́ясь; **staggering** adj потряса́ющий, порази́тельный

stagnant ['stægnənt] adj (water) сто́ячий; (economy) засто́йный

stain [stein] n пятно́ ▷ vt (mark) ста́вить (perf поста́вить) пятно́ на +acc; **stainless steel** n нержаве́ющая сталь f

stair [stɛəʳ] n (step) ступе́нь f, ступе́нька; **stairs** npl (steps) ле́стница fsg; **staircase** n ле́стница; **stairway = staircase**

stake [steik] n (post) кол; (investment) до́ля ▷ vt (money, reputation) рискова́ть (perf рискну́ть) +instr; **his reputation was at stake** его́ репута́ция была́ поста́влена на ка́рту; **to stake a claim (to)** притяза́ть (impf) (на +acc)

stale [steil] adj (bread) чёрствый; (food) несве́жий; (air) за́тхлый

stalk [stɔːk] n (of flower) сте́бель m; (of fruit) черешо́к

stall [stɔːl] n (in market) прила́вок; (in stable) сто́йло ▷ vi: **I stalled (the car)** у меня́ загло́хла маши́на; **stalls** npl (Brit: Theat) парте́р msg

stamina ['stæminə] n сто́йкость f, вы́держка

stammer ['stæməʳ] n заика́ние

stamp [stæmp] n (Post) ма́рка; (rubber stamp) печа́ть f, штамп; (mark, also fig) печа́ть f ▷ vt (also **stamp one's foot**) то́пать (perf то́пнуть) (ного́й) ▷ vt (mark) клейми́ть (perf заклейми́ть);

(: with rubber stamp) штампова́ть (perf проштампова́ть)

stampede [stæmˈpiːd] n да́вка

stance [stæns] n (also fig) пози́ция

stand [stænd] (pt, pp **stood**) n (stall) ларёк, кио́ск; (at exhibition) стенд; (Sport) трибу́на; (for umbrellas) сто́йка; (for coats, hats) ве́шалка ▷ vi (be upright) стоя́ть (impf); (rise) встава́ть (perf встать); (remain: decision, offer) остава́ться (perf оста́ться) в си́ле; (in election etc) баллоти́роваться (impf) ▷ vt (place: object) поста́вить; (tolerate, withstand) терпе́ть (perf стерпе́ть), выноси́ть (perf вы́нести); **to make a stand against sth** выступа́ть (perf вы́ступить) про́тив чего́-н; **stand for parliament** (Brit) баллоти́роваться (impf) в парла́мент; **to stand at** (value, score etc) составля́ть (perf соста́вить) в +prg; **stand by** vi (be ready) быть (impf) наготове ▷ vt fus не отступа́ть (perf отступи́ть) от +gen; **stand for** vt fus (signify) обознача́ть (impf); (represent) представля́ть (impf); **I won't stand for it** я э́того не потерплю́; **stand out** vi (be obvious) выделя́ться (perf вы́делиться); **stand up** vi (rise) встава́ть (perf встать); **stand up for** vt fus (defend) стоя́ть (impf) за +acc; **stand up to** vt fus ока́зывать (perf оказа́ть) сопротивле́ние +dat

standard ['stændəd] n (level) у́ровень m; (norm, criterion) станда́рт ▷ adj (normal: size etc) станда́ртный; **standards** npl (morals) нра́вы mpl; **standard of living** n у́ровень m жи́зни

standpoint ['stændpɔɪnt] *n*
позиция

standstill ['stændstɪl] *n*: **to be at a standstill** (*negotiations*)
(*impf*) в тупике; **to come to a standstill** (*negotiations*) заходить
(*perf* зайти) в тупик; (*traffic*) стать
(*perf*)

stank [stæŋk] *pt of* **stink**

staple ['steɪpl] *n* (*for papers*)
скоба ▷ *adj* (*food etc*) основной
▷ *vt* (*fasten*) сшивать (*perf* сшить)

star [stɑːʳ] *n* звезда ▷ *vi*: **to star
in** играть (*perf* сыграть) главную
роль в +*prp* ▷ *vt*: **the film stars
my brother** главную роль в
фильме играет мой брат;
stars *npl*: **the stars** (*horoscope*)
звёзды *fpl*

starch [stɑːtʃ] *n* (*also Culin*)
крахмал

stare [steəʳ] *vi*: **to stare at** (*deep
in thought*) пристально смотреть
(*impf*) на +*acc*; (*amazed*)
таращиться (*impf*) на +*acc*

stark [stɑːk] *adj* (*bleak*) голый
▷ *adv*: **stark naked** совершенно
голый

start [stɑːt] *n* начало; (*Sport*)
старт; (*in fright*) вздрагивание;
(*advantage*) преимущество ▷ *vt*
(*begin, found*) начинать (*perf*
начать); (*cause*) вызывать (*perf*
вызвать); (*engine*) заводить (*perf*
завести) ▷ *vi* (*begin*) начинаться
(*perf* начаться); (*begin moving*)
отправляться (*perf* отправиться);
(*engine, car*) заводиться (*perf*
завестись); (*jump: in fright*)
вздрагивать (*perf* вздрогнуть); **to
start doing** *or* **to do** начинать (*perf*
начать) +*impf infin*; **start off** *vi*
(*begin*) начинаться (*perf*
начаться); (*begin moving*)
трогаться (*perf* тронуться); (*leave*)

отправляться (*perf* отправиться);
start out *vi* (*leave*) отправляться
(*perf* отправиться); **start up** *vi*
(*engine, car*) заводиться (*perf*
завестись) ▷ *vt* (*business*)
начинать (*perf* начать); (*car,
engine*) заводить (*perf* завести)
starter *n* (*Brit: Culin*) закуска;
starting point *n* (*for journey*)
отправной пункт

startle ['stɑːtl] *vt* вспугивать
(*perf* вспугнуть)

startling ['stɑːtlɪŋ] *adj*
поразительный

starvation [stɑːˈveɪʃən] *n* голод

starve [stɑːv] *vi* (*to death*)
умирать (*perf* умереть) от голода;
(*be very hungry*) голодать (*impf*)
▷ *vt* (*person, animal*) морить (*impf*
заморить) голодом

state [steɪt] *n* (*condition*)
состояние; (*government*)
государство ▷ *vt* (*say, declare*)
констатировать (*impf/perf*); **the
States** (*Geo*) Соединённые Штаты
mpl; **to be in a state** быть (*impf*) в
панике

statement ['steɪtmənt] *n*
(*declaration*) заявление

statesman ['steɪtsmən] *irreg n*
государственный деятель *m*

static ['stætɪk] *adj* (*not moving*)
статичный, неподвижный

station ['steɪʃən] *n* станция; (*for
larger railway station*) вокзал;
(*also* **police station**)
полицейский участок ▷ *vt*
(*position: guards etc*) выставлять
(*perf* выставить)

stationary ['steɪʃnərɪ] *adj*
(*vehicle*) неподвижный

stationery ['steɪʃnərɪ] *n*
канцелярские принадлежности
fpl

statistic [stəˈtɪstɪk] *n* статистик;

statistics n (*science*) статистика

statue ['stætju:] n статуя

stature ['stætʃəʳ] n (*size*) рост

status ['steɪtəs] n статус; (*importance*) значение; **the status quo** статус-кво m ind

statutory ['stætjutrɪ] adj установленный законом

staunch [stɔ:ntʃ] adj преданный, непоколебимый

stay [steɪ] n пребывание ▷ vi (*remain*) оставаться (*perf* остаться); (*with sb, as guest*) гостить (*impf*); (*in place*) останавливаться (*perf* остановиться); **to stay at home** оставаться (*perf* остаться) дома; **to stay put** не двигаться (*perf* двинуться) с места; **to stay the night** переночевать (*perf*); **stay in** vi (*at home*) оставаться (*perf* остаться) дома; **stay on** vi оставаться (*perf* остаться); **stay out** vi (*of house*) отсутствовать (*impf*); **stay up** vi (*at night*) не ложиться (*impf*) (спать)

steadily ['stɛdɪlɪ] adv (*firmly*) прочно; (*constantly, fixedly*) постоянно

steady ['stɛdɪ] adj (*constant*) стабильный; (*boyfriend, speed*) постоянный; (*person*) уравновешенный; (*firm: hand etc*) твёрдый; (*look, voice*) ровный ▷ vt (*object*) придавать (*perf* придать) устойчивость +dat; (*nerves, voice*) совладать (*perf*) с +instr

steak [steɪk] n филе nt ind; (*fried beef*) бифштекс

steal [sti:l] n (*pt* **stole**, *pp* **stolen**) vt воровать (*perf* своровать), красть (*perf* украсть) ▷ vi воровать (*impf*), красть (*impf*); (*creep*)

красться (*impf*)

steam [sti:m] n пар ▷ vt (*Culin*) парить (*impf*) ▷ vi (*give off steam*) выделять (*impf*) пар

steel [sti:l] n сталь f ▷ adj стальной

steep [sti:p] adj крутой; (*price*) высокий ▷ vt (*food*) вымачивать (*perf* вымочить); (*clothes*) замачивать (*perf* замочить)

steeple ['sti:pl] n шпиль m

steer [stɪəʳ] vt (*vehicle, person*) направлять (*perf* направить) ▷ vi маневрировать (*impf*); **steering wheel** n руль m

stem [stɛm] n (*of plant*) стебель m; (*of glass*) ножка ▷ vt (*stop*) останавливать (*perf* остановить); **stem from** vt fus проистекать (*perf* произрасти) из +gen

step [stɛp] n (*also fig*) шаг; (*of stairs*) ступень f, ступенька ▷ vi (*forward, back*) ступать (*perf* ступить); **steps** npl (*Brit*) = **stepladder; to be in/out of step (with)** идти (*impf*) в ногу/не в ногу (с +instr); **step down** vi (*fig: resign*) уходить (*perf* уйти) в отставку; **step on** vt fus (*walk on*) наступать (*perf* наступить) на +acc; **step up** vt (*increase*) усиливать (*perf* усилить)

stepbrother n сводный брат; **stepdaughter** n падчерица; **stepfather** n отчим; **stepladder** n (*Brit*) стремянка; **stepmother** n мачеха; **stepsister** n сводная сестра; **stepson** n пасынок

stereo ['stɛrɪəu] n (*system*) стереосистема

stereotype ['stɪərɪətaɪp] n стереотип

sterile ['stɛraɪl] adj бесплодный; (*clean*) стерильный

sterilize ['stɛrɪlaɪz] vt

стерилизова́ть (*impf/perf*)
sterling ['stɜːlɪŋ] *n* (*Econ*) фунт
сте́рлингов; **sterling silver** серебро́
925-ой про́бы
stern [stɜːn] *adj* суро́вый
stew [stjuː] *n* (*meat*) тушёное
мя́со ▷ *vt* туши́ть (*perf* потуши́ть)
steward ['stjuːəd] *n* (*on plane*)
бортпроводни́к; **stewardess** *n*
(*on plane*) стюарде́сса,
бортпроводни́ца
stick [stɪk] (*pt, pp* **stuck**) *n* (*of
wood*) па́лка; (*walking stick*)
трость *f* ▷ *vt* (*with glue etc*)
кле́ить (*perf* прикле́ить); (*inf: put*)
сова́ть (*perf* су́нуть); (*thrust*)
втыка́ть (*perf* воткну́ть) ▷ *vi*
(*become attached*) прикле́иваться
(*perf* прикле́иться); (*in mind*)
засе́сть (*perf*); **stick out** *vi* (*ears*)
торча́ть (*impf*); **stick up for** *vt*
fus (*person*) заступа́ться (*perf*
заступи́ться) за *+acc*; (*principle*)
отста́ивать (*perf* отстоя́ть);
sticker *n* накле́йка; **sticky** *adj*
(*hands etc*) ли́пкий; (*label*)
кле́йкий; (*situation*) щеко́тливый
stiff [stɪf] *adj* (*brush*) жёсткий;
(*person*) деревя́нный; (*zip*) туго́й;
(*manner, smile*) натя́нутый;
(*competition*) жёсткий; (*severe:
sentence*) суро́вый; (*strong: drink*)
кре́пкий; (: *breeze*) си́льный ▷ *adv*
до сме́рти
stifling ['staɪflɪŋ] *adj* (*heat*)
удуша́ющий
stigma ['stɪɡmə] *n* (*fig*) клеймо́
still [stɪl] *adj* ти́хий ▷ *adv* (*up to
this time*) ещё; (*even*) ещё; (*even*) ещё;
(*nonetheless*) всё-таки, тем не
ме́нее
stimulate ['stɪmjuleɪt] *vt*
стимули́ровать (*impf*)
stimulus ['stɪmjuləs] (*pl* **stimuli**)
n (*encouragement*) сти́мул

sting [stɪŋ] (*pt, pp* **stung**) *n* (*from
insect*) уку́с; (*from plant*) ожо́г;
(*organ: of wasp etc*) жа́ло ▷ *vt*
(*also fig*) уязвля́ть (*perf* уязви́ть)
▷ *vi* (*insect, animal*) жа́литься
(*impf*); (*plant*) жёчься (*impf*);
(*eyes, ointment etc*) жечь (*impf*)
stink [stɪŋk] (*pt stank, pp* **stunk**)
vi смерде́ть (*impf*), воня́ть (*impf*)
(*inf*)
stir [stɜː*] *n* (*fig*) шум, сенса́ция
▷ *vt* (*tea etc*) меша́ть (*perf*
помеша́ть); (*fig: emotions*)
волнова́ть (*perf* взволнова́ть) ▷ *vi*
(*move*) шевели́ться (*perf*
пошевели́ться); **stir up** *vt*
(*trouble*) вызыва́ть (*perf* вы́звать);
stir-fry *vt* бы́стро обжа́ривать
(*perf* обжа́рить)
stitch [stɪtʃ] *n* (*Sewing*) стежо́к;
(*Knitting*) петля́; (*Med*) шов ▷ *vt*
(*sew*) шить (*perf* сшить); (*Med*)
зашива́ть (*perf* заши́ть); **I have a
stitch in my side** у меня́ ко́лет в
боку́
stock [stɔk] *n* (*supply*) запа́с;
(*Agr*) поголо́вье; (*Culin*) бульо́н;
(*Finance: usu pl*) це́нные бума́ги
fpl ▷ *adj* (*reply, excuse etc*)
дежу́рный ▷ *vt* (*have in stock*)
име́ть (*impf*) в нали́чии; **stocks
and shares** а́кции и це́нные
бума́ги; **to be in/out of stock**
име́ться (*impf*)/не име́ться (*impf*)
в нали́чии; **to take stock of** (*fig*)
оце́нивать (*perf* оцени́ть);
stockbroker *n* (*Comm*)
фо́ндовый бро́кер; **stock
exchange** *n* фо́ндовая би́ржа
stocking ['stɔkɪŋ] *n* чуло́к
stock market *n* (*Brit*) фо́ндовая
би́ржа
stole [stəul] *pt of* **steal**; **stolen**
pp of **steal**
stomach ['stʌmək] *n* (*Anat*)

желу́док (*belly*) живо́т ▷ *vt* (*fig*) переноси́ть (*perf* перенести́)
stone [stəun] *n* (*also Med*) ка́мень *m*; (*pebble*) ка́мешек; (*in fruit*) ко́сточка; (*Brit: weight*) стоун (14 фу́нтов) ▷ *adj* ка́менный

● STONE

● Stone — ме́ра ве́са ра́вная
● 6.35 kg.

stood [stud] *pt, pp of* **stand**
stool [stu:l] *n* табуре́т(ка)
stoop [stu:p] *vi* (*also* **stoop down**: *bend*) наклоня́ться (*perf* наклони́ться), нагиба́ться (*perf* нагну́ться)
stop [stɔp] *n* остано́вка; (*Ling: also* **full stop**) то́чка ▷ *vt* остана́вливать (*perf* останови́ть); (*prevent: also* **put a stop to**) прекраща́ть (*perf* прекрати́ть) ▷ *vi* (*person, clock*) остана́вливаться (*perf* останови́ться); (*rain, noise etc*) прекраща́ться (*perf* прекрати́ться); **to stop doing** перестава́ть (*perf* переста́ть) +infin; **stop by** *vi* заходи́ть (*perf* зайти́); **stoppage** ['stɔpɪdʒ] *n* (*strike*) забасто́вка
storage ['stɔ:rɪdʒ] *n* хране́ние
store [stɔ:ʳ] *n* (*stock, reserve*) запа́с; (*depot*) склад; (*Brit: large shop*) универма́г; (*esp US: shop*) магази́н ▷ *vt* храни́ть (*impf*); **in store** в бу́дущем
storey ['stɔ:rɪ] (*US* **story**) *n* эта́ж
storm [stɔ:m] *n* (*also fig*) бу́ря; (*of criticism*) шквал; (*of laughter*) взрыв ▷ *vt* (*attack: place*) штурмова́ть (*impf*); **stormy** *adj* (*fig*) бу́рный; **stormy weather** нена́стье

story ['stɔ:rɪ] *n* исто́рия; (*lie*) вы́думка, ска́зка; (*US*) = **storey**
stout [staut] *adj* (*strong: branch etc*) кре́пкий; (*fat*) доро́дный; (*resolute: friend, supporter*) сто́йкий
stove [stəuv] *n* печь *f*, пе́чка
St Petersburg [sənt'pi:təzbə:g] *n* Санкт-Петербу́рг
straight [streɪt] *adj* прямо́й; (*simple: choice*) я́сный ▷ *adv* прямо; **to put** *or* **get sth straight** (*make clear*) вноси́ть (*perf* внести́) я́сность во что-н; **straight away**, **straight off** (*at once*) сра́зу (же); **straighten** *vt* (*skirt, tie, bed*) поправля́ть (*perf* попра́вить); **straightforward** *adj* (*simple*) просто́й; (*honest*) прямо́й
strain [streɪn] *n* (*pressure*) нагру́зка; (*Med: physical*) растяже́ние; (: *mental*) напряже́ние ▷ *vt* (*back etc*) растя́гивать (*perf* растяну́ть); (*voice*) напряга́ть (*perf* напря́чь); (*stretch: resources*) перенапряга́ть (*perf* перенапря́чь) по +*dat*; (*Culin*) проце́живать (*perf* проце́дить); **strained** *adj* (*muscle*) растя́нутый; (*laugh, relations*) натя́нутый
strand [strænd] *n* нить *f*; (*of hair*) прядь *f*; **stranded** *adj*: **to be stranded** застря́ть (*perf* застря́ть)
strange [streɪndʒ] *adj* стра́нный; (*not known*) незнако́мый; **strangely** *adv* (*act, laugh*) стра́нно; *see also* **enough**; **stranger** *n* (*unknown person*) незнако́мец, посторо́нний(-яя) *m(f) adj*
strangle ['stræŋgl] *vt* (*also fig*) души́ть (*perf* задуши́ть)
strap [stræp] *n* реме́нь *m*; (*of*

dress) брете́лька; *(of watch)* ремешо́к

strategic [strə'ti:dʒɪk] *adj* стратеги́ческий

strategy ['strætɪdʒɪ] *n* страте́гия

straw [strɔ:] *n* соло́ма; *(drinking straw)* соло́минка; **that's the last straw!** э́то после́дняя ка́пля!

strawberry ['strɔ:bərɪ] *n* клубни́ка *f no pl*; *(wild)* земляни́ка *f no pl*

stray [streɪ] *adj (animal)* бродя́чий; *(bullet)* шально́й ▷ *vi* заблуди́ться *(perf)*; *(thoughts)* блужда́ть *(impf)*

streak [stri:k] *n (stripe)* полоса́

stream [stri:m] *n* ручёй; *(of people, vehicles, questions)* пото́к ▷ *vi (liquid)* течь *(impf)*, ли́ться *(impf)*; **to stream in/out** *(people)* вали́ть *(perf* повали́ть*)* толпо́й в +*acc*/из +*gen*

street [stri:t] *n* у́лица

strength [strɛŋθ] *n* си́ла; *(of girder, knot etc)* про́чность *f*; **strengthen** *vt (building, machine)* укрепля́ть *(perf* укрепи́ть*)*; *(fig: group)* пополня́ть *(perf* попо́лнить*)*; *(: argument)* подкрепля́ть *(perf* подкрепи́ть*)*

strenuous ['strɛnjuəs] *adj (exercise)* уси́ленный; *(efforts)* напряжённый

stress [strɛs] *n (pressure)* давле́ние, напряже́ние; *(mental strain)* стресс; *(emphasis)* ударе́ние ▷ *vt (point, need etc)* де́лать *(perf* сде́лать*)* ударе́ние на +*acc*; *(syllable)* ста́вить *(perf* поста́вить*)* ударе́ние на +*acc*

stretch [strɛtʃ] *n (area)* отре́зок, простра́нство ▷ *vt (pull)* натя́гивать *(perf* натяну́ть*)* ▷ *vi (person, animal)* потя́гиваться *(perf* потяну́ться*)*; *(extend)*: **to**

stretch to *or* **as far as** простира́ться *(impf)* до +*gen*; **stretch out** *vi* растя́гиваться *(perf* растяну́ться*)* ▷ *vt (arm etc)* протя́гивать *(perf* протяну́ть*)*

stretcher ['strɛtʃər] *n* носи́лки *pl*

strict [strɪkt] *adj* стро́гий; *(precise: meaning)* то́чный; **strictly** *adv (severely)* стро́го; *(exactly)* то́чно

stride [straɪd] *(pt* strode, *pp* stridden*)* *n (step)* шаг ▷ *vi* шага́ть *(impf)*

strike [straɪk] *(pt, pp* struck*)* *n (of workers)* забасто́вка; *(Mil: attack)* уда́р ▷ *vt (hit: person, thing)* уда́рить *(perf* уда́рить*)*; *(subj: idea, thought)* осени́ть *(perf* осени́ть*)*; *(oil etc)* открыва́ть *(perf* откры́ть*)* месторожде́ние +*gen*; *(bargain, deal)* заключа́ть *(perf* заключи́ть*)* ▷ *vi (workers)* бастова́ть *(impf)*; *(disaster, illness)* обру́шиваться *(perf* обру́шиться*)*; *(clock)* бить *(perf* проби́ть*)*; **to be on strike** *(workers)* бастова́ть *(impf)*; **to strike a match** зажига́ть *(perf* заже́чь*)* спи́чку; **striker** *n* забасто́вщик(-ица); *(Sport)* напада́ющий(-ая) *m(f) adj*

striking ['straɪkɪŋ] *adj* порази́тельный

string [strɪŋ] *(pt, pp* strung*)* *n* верёвка; *(Mus: for guitar etc)* струна́; *(of beads)* ни́тка ▷ *vt*: **string together** свя́зывать *(perf* связа́ть*)*; **strings** *npl (Mus)* стру́нные инструме́нты *mpl*; **to string out** растя́гивать *(perf* растяну́ть*)*

strip [strɪp] *n* полоса́, поло́ска ▷ *vt (undress)* раздева́ть *(perf* разде́ть*)*; *(paint)* обдира́ть *(perf* ободра́ть*)*, сдира́ть *(perf* содра́ть*)*; *(also* **strip down***: machine)*

s

разбира́ть (*perf* разобра́ть) ▷ *vi* раздева́ться (*perf* разде́ться)

stripe [straɪp] *n* поло́ска *f*; (*Police, Mil*) петли́ца; **striped** *adj* полоса́тый

stripper [ˈstrɪpə^r] *n* стриптизёрка

strive [straɪv] (*pt* strove, *pp* striven) *vi*: **to strive for sth/to do** стреми́ться (*impf*) к чему́-н/+infin

strode [strəud] *pt of* **stride**

stroke [strəuk] *n* (*also Med*) уда́р; (*Swimming*) стиль *m* ▷ *vt* гла́дить (*perf* погла́дить); **at a stroke** одни́м ма́хом

stroll [strəul] *n* прогу́лка ▷ *vi* прогу́ливаться (*perf* прогуля́ться), проха́живаться (*perf* пройти́сь)

strong [strɔŋ] *adj* си́льный; **they are 50 strong** их 50; **stronghold** *n* опло́т *m*, тверды́ня

strove [strəuv] *pt of* **strive**

struck [strʌk] *pt, pp of* **strike**

structure [ˈstrʌktʃə^r] *n* структу́ра

struggle [ˈstrʌgl] *n* (*fight*) борьба́ ▷ *vi* (*try hard*) си́литься (*impf*), прилага́ть (*perf* приложи́ть) больши́е уси́лия; (*fight*) боро́ться (*impf*); (: **to free o.s.**) сопротивля́ться (*impf*)

strung [strʌŋ] *pt, pp of* **string**

stub [stʌb] *n* (*of cheque, ticket etc*) корешо́к; (*of cigarette*) окурок ▷ *vt*: **to stub one's toe** бо́льно споткну́ться (*perf* споткну́ться)

stubble [ˈstʌbl] *n* (*on chin*) щети́на

stubborn [ˈstʌbən] *adj* (*determination, child*) упря́мый, упо́рный

stuck [stʌk] *pt, pp of* **stick** ▷ *adj*: **to be stuck** застря́ть (*perf*)

stud [stʌd] *n* (*on clothing etc*) кно́пка, заклёпка; (*earring*) серьга́ со штифто́м; (*on sole of boot*) шип ▷ *vt* (*fig*): **studded with**

усы́панный +*instr*

student [ˈstjuːdənt] *n* (*at university*) студе́нт(ка); (*at school*) уча́щийся(-аяся) *m(f)* *adj* ▷ *adj* студе́нческий; (*at school*) учени́ческий

studio [ˈstjuːdɪəu] *n* сту́дия

study [ˈstʌdɪ] *n* (*activity*) учёба; (*room*) кабине́т ▷ *vt* изуча́ть (*perf* изучи́ть) ▷ *vi* учи́ться (*perf*)

stuff [stʌf] *n* (*things*) ве́щи *fpl*; (*substance*) вещество́ ▷ *vt* набива́ть (*perf* наби́ть); (*Culin*) начиня́ть (*perf* начини́ть), фарширова́ть (*perf* нафарширова́ть); (*inf. push*) запи́хивать (*perf* запиха́ть); **stuffing** *n* наби́вка; (*Culin*) начи́нка, фарш; **stuffy** *adj* (*room*) ду́шный; (*person, ideas*) чо́порный

stumble [ˈstʌmbl] *vi* спотыка́ться (*perf* споткну́ться); **to stumble across** or **on** (*fig*) натыка́ться (*perf* наткну́ться) на +*acc*

stump [stʌmp] *n* (*of tree*) пень *m*; (*of limb*) обру́бок ▷ *vt* озада́чивать (*perf* озада́чить)

stun [stʌn] *vt* (*subj: news*) потряса́ть (*perf* потрясти́), ошеломля́ть (*perf* ошеломи́ть); (: *blow on head*) оглуша́ть (*perf* оглуши́ть)

stung [stʌŋ] *pt, pp of* **sting**

stunk [stʌŋk] *pp of* **stink**

stunning [ˈstʌnɪŋ] *adj* (*fabulous*) потряса́ющий

stupid [ˈstjuːpɪd] *adj* глу́пый; **stupidity** [stjuːˈpɪdɪtɪ] *n* глу́пость *f*

sturdy [ˈstəːdɪ] *adj* кре́пкий

stutter [ˈstʌtə^r] *n* заика́ние ▷ *vi* заика́ться (*impf*)

style [staɪl] *n* стиль *m*

stylish [ˈstaɪlɪʃ] *adj* сти́льный,

элегáнтный

subconscious [sʌb'kɔnʃəs] *adj*
подсознáтельный

subdued [sʌb'dju:d] *adj* (*light*)
приглушённый; (*person*)
подáвленный

subject [*n* 'sʌbdʒɪkt, *vb* səb'dʒɛkt]
n (*topic*) тéма; (*Scol*) предмéт;
(*Ling*) подлежáщее *nt* ▷ *vt*: **to**
subject sb to sth подвергáть (*perf*
подвéргнуть) когó-н чему́-н; **to be**
subject to (*tax*) подлежáть (*impf*)
+*dat*; (*law*) подчиня́ться (*impf*)
+*dat*; **subjective** [səb'dʒɛktɪv]
adj субъектив́ный

submarine [sʌbmə'ri:n] *n*
подвóдная лóдка

submission [səb'mɪʃən] *n* (*state*)
подчинéние, повиновéние; (*of*
plan etc) подáча

submit [səb'mɪt] *vt* (*proposal,*
application etc) представля́ть (*perf*
предстáвить) на рассмотрéние
▷ *vi*: **to submit to sth** подчиня́ться
(*perf* подчинит́ься) чему́-н

subordinate [sə'bɔ:dɪnət] *adj*: **to**
be subordinate to (*in rank*)
подчиня́ться (*impf*) +*dat* ▷ *n*
подчинённый(-ая) *m(f) adj*

subscribe [səb'skraɪb] *vi*: **to**
subscribe to (*opinion, fund*)
подде́рживать (*perf* поддержáть);
(*magazine etc*) подпи́сываться
(*perf* подписáться) на +*acc*

subscription [səb'skrɪpʃən] *n* (*to*
magazine etc) подпи́ска

subsequent [sʌbsɪkwənt] *adj*
послéдующий; **subsequent to**
вслед +*dat*; **subsequently** *adv*
впослéдствии

subside [səb'saɪd] *vi* (*feeling,*
wind) утихáть (*perf* утих́нуть);
(*flood*) убывáть (*perf* убы́ть)

subsidiary [səb'sɪdɪərɪ] *n* (*also*
subsidiary company) дочéрняя

компáния

subsidy ['sʌbsɪdɪ] *n* субси́дия,
дотáция

substance ['sʌbstəns] *n*
(*product, material*) вещество́

substantial [səb'stænʃl] *adj*
(*solid*) прóчный, основáтельный;
(*fig: reward, meal*) соли́дный

substitute ['sʌbstɪtju:t] *n*
(*person*) замéна; (*: Football etc*)
запаснóй *m adj* (игрóк); (*thing*)
замени́тель *m* ▷ *vt*: **to substitute**
A for B заменя́ть (*perf* замени́ть)
А на Б

substitution [sʌbstɪ'tju:ʃən] *n*
(*act*) замéна

subtitle ['sʌbtaɪtl] *n* (*in film*)
субти́тр

subtle ['sʌtl] *adj* (*change*) тóнкий,
едвá улови́мый; (*person*) тóнкий,
иску́сный

subtract [səb'trækt] *vt* вычитáть
(*perf* вы́честь)

suburb ['sʌbə:b] *n* при́город; **the**
suburbs (*area*) при́город *msg*;
suburban [sə'bə:bən] *adj*
при́городный

subway ['sʌbweɪ] *n* (*US*) метрó
nt ind, подзéмка (*inf*); (*Brit:*
underpass) подзéмный перехóд

succeed [sək'si:d] *vi* (*plan etc*)
удавáться (*perf* удáться); (*impf*) успéх; (*person: in career etc*)
преуспевáть (*perf* преуспéть) ▷ *vt*
(*in job, order*) сменя́ть (*perf*
смени́ть); **he succeeded in**
finishing the article ему́ удалóсь
закóнчить статью́

success [sək'sɛs] *n* успéх, удáча;
the book was a success кни́га
имéла успéх; **he was a success** он
доби́лся успéха; **successful** *adj*
(*venture*) успéшный; **he was**
successful in convincing her ему́
удалóсь убеди́ть её;

successfully adv успешно

succession [sək'sɛʃən] n (series) череда, ряд; (to throne etc) наследование; **in succession** подряд

successive [sək'sɛsɪv] adj (governments) следующий один за другим

successor [sək'sɛsəʳ] n преемник(-ица); (to throne) наследник(-ица)

succumb [sə'kʌm] vi (to temptation) поддаться

such [sʌtʃ] adj такой ▷ adv: **such a long trip** такая длинная поездка; **such a book** такая книга; **such books** такие книги; **such a lot of** такое множество +gen; **such as** (like) такие как; **as such** как таковой; **such-and-such** adj такие-то и такие-то

suck [sʌk] vt (bottle, sweet) сосать (impf)

sudden ['sʌdn] adj внезапный; **all of a sudden** внезапно, вдруг; **suddenly** adv внезапно, вдруг

sudoku [su'dəuku:] n судоку nt ind

sue [su:] vt предъявлять (perf предъявить) иск +dat

suede [sweɪd] n замша

suffer ['sʌfəʳ] vt (hardship etc) переносить (perf перенести); (pain) страдать (impf) от +gen ▷ vi (person, results etc) страдать (perf пострадать); **to suffer from** страдать (impf) +instr; **suffering** n (hardship) страдание

suffice [sə'faɪs] vi: **this suffices to ...** этого достаточно, ...

sufficient [sə'fɪʃənt] adj достаточный

suffocate ['sʌfəkeɪt] vi задыхаться (perf задохнуться)

sugar ['ʃugəʳ] n сахар

suggest [sə'dʒɛst] vt (propose) предлагать (perf предложить); (indicate) предполагать (perf предположить); **suggestion** [sə'dʒɛstʃən] n (see vi) предложение; предположение

suicide ['suɪsaɪd] n (death) самоубийство; see also **commit**

suit [su:t] n костюм; (Law) иск; (Cards) масть f ▷ vt (be convenient, appropriate) подходить (perf подойти) +dat; (colour, clothes) идти (impf) +dat; **to suit sth to** (adapt) приспосабливать (perf приспособить) что-н к +dat; **they are well suited** (couple) они хорошо друг другу подходят; **suitable** adj подходящий

suitcase ['su:tkeɪs] n чемодан

suite [swi:t] n (of rooms) апартаменты mpl; (furniture): **bedroom/dining room suite** спальный/столовый гарнитур

sulfur ['sʌlfəʳ] n (US) = **sulphur**

sulk [sʌlk] vi злобствовать (impf), дуться (impf) (inf)

sulphur ['sʌlfəʳ] (US **sulfur**) n сера

sultana [sʌl'tɑ:nə] n кишмиш

sum [sʌm] n (calculation) арифметика, вычисление; (amount) сумма ▷ vt (describe) суммировать (impf/perf); **sum up** vi подводить (perf подвести) итог

summarize ['sʌməraɪz] vt суммировать (impf/perf)

summary ['sʌmərɪ] n (of essay etc) краткое изложение

summer ['sʌməʳ] n лето ▷ adj летний; **in summer** летом; **summertime** n (season) лето, летняя пора

summit ['sʌmɪt] n (of mountain) вершина, пик; (also **summit meeting**) встреча на высшем уровне, саммит

sun [sʌn] n солнце; **sunbathe** vi загорать (impf); **sunburn** n солнечный ожог

Sunday ['sʌndɪ] n воскресенье

sunflower ['sʌnflauər] n (Bot) подсолнечник

sung [sʌn] pp of **sing**

sunglasses ['sʌnglɑːsɪz] npl солнцезащитные очки pl

sunk [sʌnk] pp of **sink**

sun: sunlight n солнечный свет; **sunny** adj (weather, place) солнечный; **sunrise** n восход (солнца); **sunset** n закат, заход (солнца); **sunshine** n солнечный свет; **in the sunshine** на солнце; **sunstroke** n солнечный удар; **suntan** n загар

super ['suːpər] adj мировой, потрясающий

superb [suː'pəːb] adj превосходный, великолепный

superficial [suːpə'fɪʃl] adj поверхностный; (wound) лёгкий

superintendent [suːpərɪn'tɛndənt] n (Police) начальник

superior [suː'pɪərɪər] adj (better) лучший; (more senior) вышестоящий; (smug) высокомерный ▷ n начальник

supermarket ['suːpəmɑːkɪt] n супермаркет, универсам

supernatural [suːpə'nætʃərəl] adj сверхъестественный

superpower ['suːpəpauər] n (Pol) великая держава, сверхдержава

superstition [suːpə'stɪʃən] n суеверие

superstitious [suːpə'stɪʃəs] adj суеверный

supervise ['suːpəvaɪz] vt (person, activity) курировать (impf); (dissertation) руководить (impf)

supervision [suːpə'vɪʒən] n руководство, надзор

supervisor [suːpə'vaɪzər] n (of workers) начальник; (Scol) научный(-ая) руководитель(ница) m(f)

supper ['sʌpər] n ужин

supple ['sʌpl] adj (person, body) гибкий; (leather) упругий

supplement ['sʌplɪmənt] n (of vitamins) добавка, дополнение; (of book, newspaper etc) приложение ▷ vt добавлять (perf добавить) к +dat

supplier [sə'plaɪər] n поставщик

supply [sə'plaɪ] n (see vt) поставка; снабжение; (stock) запас ▷ vt (goods) поставлять (perf поставить); (gas) снабжать (perf снабдить); **to supply sb/sth with sth** (see vt) поставлять (perf поставить) что-н кому-н/чему-н; снабжать (perf снабдить) кого-н/что-н чем-н; **supplies** npl (food) запасы mpl продовольствия

support [sə'pɔːt] n (moral, financial etc) поддержка; (Tech) опора ▷ vt (morally) поддерживать (perf поддержать); (financially: family etc) содержать (impf); (football team etc) болеть (impf) за +acc; (hold up) поддерживать (impf); (theory etc) подтверждать (perf подтвердить); **supporter** n (Pol etc) сторонник(-ица), (Sport) болельщик(-ица)

suppose [sə'pəuz] vt полагать (impf), предполагать (perf предположить); **he was supposed to do it** (duty) он должен был это сделать; **supposedly**

S

[sə'pəuzɪdlɪ] adv я́кобы

supposing [sə'pəuzɪŋ] conj предположим, допустим

suppress [sə'pres] vt (revolt) подавля́ть (perf подави́ть)

supreme [su'pri:m] adj (in titles) Верхо́вный; (effort, achievement) велича́йший

surcharge ['sɜ:tʃɑ:dʒ] n дополни́тельный сбор

sure [ʃuə] adj (certain) уве́ренный; (reliable) ве́рный; **to make sure of sth/that** удостоверя́ться (perf удостове́риться) в чём-н/, что; **sure!** (okay) коне́чно; **sure enough** и пра́вда or впра́вду; **surely** adv (certainly) наверняка́

surf [sɜ:f] vt (Comput) ла́зить (impf) по +dat, сёрфить [impf]

surface ['sɜ:fɪs] n пове́рхность f ⊳ vi всплыва́ть (perf всплыть)

surfing ['sɜ:fɪŋ] n сёрфинг

surge [sɜ:dʒ] n (increase) рост; (fig: of emotion) прили́в

surgeon ['sɜ:dʒən] n (Med) хиру́рг

surgery ['sɜ:dʒərɪ] n (treatment) хирурги́я, хирурги́ческое вмеша́тельство; (Brit: room) кабине́т; (: time) приём; **to undergo surgery** переноси́ть (perf перенести́) опера́цию

surname ['sɜ:neɪm] n фами́лия

surpass [sɜ:'pɑ:s] vt (person, thing) превосходи́ть (perf превзойти́)

surplus ['sɜ:pləs] n избы́ток, изли́шек; (of trade, payments) акти́вное са́льдо nt ind ⊳ adj (stock, grain) избы́точный

surprise [sə'praɪz] n удивле́ние; (unexpected event) неожи́данность f ⊳ vt (astonish) удивля́ть (perf удиви́ть); (catch

unawares) заставать (perf заста́ть) враспло́х

surprising [sə'praɪzɪŋ] adj (situation, announcement) неожи́данный; **surprisingly** adv удиви́тельно

surrender [sə'rendə'] n сда́ча, капитуля́ция ⊳ vi (army, hijackers etc) сдава́ться (perf сда́ться)

surround [sə'raund] vt (subj: walls, hedge etc) окружа́ть (impf); (Mil, Police etc) окружа́ть (perf окружи́ть); **surrounding** adj (countryside) окружа́ющий, окре́стный; **surroundings** npl (place) окре́стности fpl; (conditions) окруже́ние ntsg

surveillance [sə:'veɪləns] n наблюде́ние

survey [vb sə:'veɪ, n 'sə:veɪ] vt (scene, work etc) осма́тривать (perf осмотре́ть) ⊳ n (of land) геодези́ческая съёмка, (of house) инспе́кция; (of habits etc) обзо́р; **surveyor** [sə'veɪə'] n (of land) геодези́ст; (of house) инспе́ктор

survival [sə'vaɪvl] n выжива́ние

survive [sə'vaɪv] vi выжива́ть (perf вы́жить), уцеле́ть (perf); (custom etc) сохраня́ться (perf сохрани́ться) ⊳ vt (person) пережива́ть (perf пережи́ть); (illness) переноси́ть (perf перенести́)

survivor [sə'vaɪvə'] n (of illness, accident) вы́живший(-ая) m(f) adj

suspect [vb səs'pekt, n, adj 'sʌspekt] vt подозрева́ть (impf) ⊳ n подозрева́емый(-ая) m(f) adj ⊳ adj подозри́тельный

suspend [səs'pend] vt (delay) приостана́вливать (perf приостанови́ть); (stop) прерыва́ть (perf прерва́ть); (from employment) отстраня́ть (perf отстранить); **suspenders** *npl* (*Brit*) подвя́зки *fpl*; (*US*) подтя́жки *fpl*

suspense [səs'pɛns] *n* трево́га, напряже́ние; **to keep sb in suspense** держа́ть (*impf*) кого́-н во взве́шенном состоя́нии

suspension [səs'pɛnʃən] *n* (*from job, team*) отстране́ние; (*Aut*) амортиза́тор; (*of payment*) приостановле́ние

suspicion [səs'pɪʃən] *n* подозре́ние

suspicious [səs'pɪʃəs] *adj* подозри́тельный

sustain [səs'teɪn] *vt* подде́рживать (*perf* поддержа́ть); (*losses*) нести́ (*perf* понести́); (*injury*) получа́ть (*perf* получи́ть); **sustainable** *adj* (*development, progress*) стаби́льный, усто́йчивый

swallow ['swɔləu] *n* (*Zool*) ла́сточка ▷ *vt* (*food, pills*) глота́ть (*perf* проглоти́ть); (*fig*) подавля́ть (*perf* подави́ть)

swam [swæm] *pt of* **swim**

swamp [swɔmp] *n* топь *f* ▷ *vt* (*with water*) залива́ть (*perf* зали́ть); (*fig*: *person*) зава́ливать (*perf* завали́ть)

swan [swɔn] *n* ле́бедь *m*

swap [swɔp] *n* обме́н ▷ *vt*: **to swap (for)** (*exchange (for)*) меня́ть (*perf* обменя́ть) (на +*acc*); (*replace (with)*) меня́ть (*perf* поменя́ть) (на +*acc*)

swarm [swɔːm] *n* (*of bees*) рой *m*; (*of people*) толпа́

sway [sweɪ] *vi* кача́ться (*perf* качну́ться) ▷ *vt*: **to be swayed by** поддава́ться (*perf* подда́ться) на +*acc*

swear [swɛəʳ] (*pt* **swore**, *pp* **sworn**) *vi* (*curse*) скверносло́вить

(*impf*), руга́ться (*perf* вы́ругаться) ▷ *vt* кля́сться (*perf* покля́сться)

sweat [swɛt] *n* пот ▷ *vi* поте́ть (*perf* вспоте́ть); **sweater** *n* сви́тер; **sweatshirt** *n* спорти́вный сви́тер; **sweaty** *adj* (*clothes*) пропоте́вший; (*hands*) по́тный

swede [swiːd] *n* (*Brit*) брю́ква

Sweden ['swiːdn] *n* Шве́ция

Swedish ['swiːdɪʃ] *adj* шве́дский ▷ *npl*: **the Swedish** шве́ды

sweep [swiːp] (*pt*, *pp* **swept**) *vt* (*with brush*) мести́ or подмета́ть (*perf* подмести́); (*with arm*) сма́хивать (*perf* смахну́ть); (*subj*: *current*) сноси́ть (*perf* снести́); (*subj*: *wind*) бушева́ть (*impf*)

sweet [swiːt] *n* (*candy*) конфе́та; (*Brit*: *Culin*) сла́дкое *nt adj no pl*, сла́дости *fpl* ▷ *adj* сла́дкий; (*kind, attractive*) ми́лый; **sweet corn** *n* кукуру́за

swell [swɛl] (*pt* **swelled**, *pp* **swollen** or **swelled**) *n* (*of sea*) волне́ние ▷ *adj* (*US*: *inf*) мирово́й ▷ *vi* (*numbers*) расти́ (*perf* вы́расти); (*also* **swell up**: *face, ankle etc*) опуха́ть (*perf* опу́хнуть), вздува́ться (*perf* взду́ться); **swelling** *n* (*Med*) о́пухоль *f*, взду́тие

swept [swɛpt] *pt*, *pp of* **sweep**

swift [swɪft] *adj* стреми́тельный

swim [swɪm] (*pt* **swam**, *pp* **swum**) *vi* пла́вать/плыть (*impf*); (*as sport*) пла́вать (*impf*); (*head*) идти́ (*perf* пойти́) кру́гом; (*room*) плыть (*perf* поплы́ть) ▷ *vt* переплыва́ть (*perf* переплы́ть); (*a length*) проплыва́ть (*perf* проплы́ть); **swimmer** *n* плове́ц-вчи́кха; **swimming** *n* пла́вание; **swimming costume**

n (*Brit*) купа́льный костю́м;
swimming pool *n* пла́вательный
бассе́йн; **swimming trunks** *npl*
пла́вки *pl*; **swimsuit** *n*
купа́льник

swing [swɪŋ] (*pt*, *pp* **swung**) *n* (*in
playground*) каче́ли *pl*; (*change: in
opinions etc*) крен, поворо́т ⊳ *vi*
(*arms*) разма́хивать (*impf*) +*instr*;
(*legs*) болта́ть (*impf*) +*instr*; (*also*
swing round: *vehicle etc*)
развора́чивать (*perf* разверну́ть)
⊳ *vi* кача́ться (*impf*); (*also* **swing
round**: *vehicle etc*)
развора́чиваться (*perf*
разверну́ться); **to be in full swing**
(*party etc*) быть (*impf*) в по́лном
разга́ре

swirl [swə:l] *vi* кружи́ться (*impf*)

Swiss [swɪs] *adj* швейца́рский

switch [swɪtʃ] *n* (*for light, radio
etc*) выключа́тель *m*; (*change*)
переключе́ние ⊳ *vt* (*change*)
переключа́ть (*perf* переключи́ть);
switch off *vt* выключа́ть (*perf*
вы́ключить); **switch on** *vt*
включа́ть (*perf* включи́ть);
switchboard *n* (*Tel*) коммута́тор

Switzerland [ˈswɪtsələnd] *n*
Швейца́рия

swivel [ˈswɪvl] *vi* (*also* **swivel
round**) повора́чиваться (*impf*)

swollen [ˈswəulən] *pp of* **swell**

sword [sɔːd] *n* меч

swore [swɔː] *pt of* **swear**

sworn [swɔːn] *pp of* **swear** ⊳ *adj*
(*statement, evidence*) да́нный под
прися́гой; (*enemy*) закля́тый

swum [swʌm] *pp of* **swim**

swung [swʌŋ] *pt*, *pp of* **swing**

syllable [ˈsɪləbl] *n* слог

syllabus [ˈsɪləbəs] *n* (уче́бная)
програ́мма

symbol [ˈsɪmbl] *n* (*sign*) знак;
(*representation*) си́мвол;

symbolic(al) [sɪmˈbɔlɪk(l)] *adj*
символи́ческий

symmetrical [sɪˈmɛtrɪkl] *adj*
симметри́чный

symmetry [ˈsɪmɪtrɪ] *n*
симме́трия

sympathetic [sɪmpəˈθɛtɪk] *adj*
(*person*) участли́вый; (*remark,
opinion*) сочу́вственный; (*likeable:
character*) прия́тный,
симпати́чный; **to be sympathetic
to(wards)** (*supportive of*)
сочу́вствовать (*impf*) +*dat*

sympathize [ˈsɪmpəθaɪz] *vi*: **to
sympathize with** сочу́вствовать
(*impf*) +*dat*

sympathy [ˈsɪmpəθɪ] *n* (*pity*)
сочу́вствие, уча́стие; **with our
deepest sympathy** с
глубоча́йшими
соболе́знованиями; **to come out
in sympathy** (*workers*) бастова́ть
(*impf*) в знак солида́рности

symphony [ˈsɪmfənɪ] *n*
симфо́ния

symptom [ˈsɪmptəm] *n* симпто́м

synagogue [ˈsɪnəgɔg] *n* синаго́га

syndicate [ˈsɪndɪkɪt] *n* (*of
people, businesses*) синдика́т

syndrome [ˈsɪndrəum] *n*
синдро́м

synonym [ˈsɪnənɪm] *n* сино́ним

synthetic [sɪnˈθɛtɪk] *adj*
(*materials*) синтети́ческий,
иску́сственный

syringe [sɪˈrɪndʒ] *n* шприц

syrup [ˈsɪrəp] *n* (*juice*) сиро́п;
(*also* **golden syrup**) (све́тлая
жёлтая) па́тока

system [ˈsɪstəm] *n* систе́ма;
systematic [sɪstəˈmætɪk] *adj*
системати́ческий

t

скандáльные истóрии, жизнь
звёзд шóу-бúзнеса и
спортúвные нóвости.

taboo [təˈbuː] n табý nt ind ⊳ adj
запрещённый

tack [tæk] n (nail) гвоздь m с
ширóкой шлáпкой ⊳ vt (nail)
прибивáть (perf прибúть); (stitch)
метáть (perf сметáть)

tackle [ˈtækl] n (for fishing etc)
снасть f; (for lifting) слóжный
блок; (Sport) блокирóвка ⊳ vt
(difficulty) справлáться (perf
спрáвиться) c +instr; (fight,
challenge) схватúться (perf) c
+instr; (Sport) блокúровать (impf/
perf)

tacky [ˈtækɪ] adj (sticky) лúпкий;
(pej: cheap) дешёвый

tact [tækt] n такт, тактúчность f;
tactful adj тактúчный

tactics [ˈtæktɪks] npl тáктика fsg

tactless [ˈtæktlɪs] adj
бестáктный

tag [tæg] n (label) этикéтка,
ярлык

tail [teɪl] n (of animal, plane)
хвост; (of shirt) конéц; (of coat)
полá ⊳ vt садúться (perf сесть) на
хвост +dat; **tails** npl (suit) фрак
msg

tailor [ˈteɪləʳ] n (мужскóй)
портнóй m adj

take [teɪk] (pt **took**, pp **taken**) vt
брать (perf взять); (photo,
measures) снимáть (perf снять);
(shower, decision, drug)
принимáть (perf принять); (notes)
дéлать (perf сдéлать); (grab: sb's
arm etc) хватáть (perf схватúть);
(require: courage, time) трéбовать
(perf потрéбовать); (tolerate: pain
etc) переносúть (perf перенестú);
(hold: passengers etc) вмещáть

---

ta [tɑː] excl (Brit: inf) спасúбо

table [ˈteɪbl] n (furniture) стол;
(Math, Chem etc) таблúца; **to lay**
or set the table накрывáть (perf
накрыть) на стол; **table of contents**
оглавлéние; **tablecloth** n
скáтерть f; **table lamp** n
настóльная лáмпа; **tablemat** n
подстáвка (под столовые
приборы); **tablespoon** n
столóвая лóжка; **table tennis** n
настóльный тéннис

tabloid [ˈtæblɔɪd] n таблóид,
малоформáтная газéта

● **TABLOID**

● Так называют популáрные
● малоформáтные газéты. Они
● содéржат мнóго фотогрáфий,
● большúе заголóвки и корóткие
● статьú. Таблóиды освещáют

t

(*perf* вместить); (*on foot: person*) отводить (*perf* отвести); (: *thing*) относить (*perf* отнести); (*by transport: person, thing*) отвозить (*perf* отвезти); (*exam*) сдавать (*perf* сдать); **to take sth from** (*drawer etc*) вынимать (*perf* вынуть) что-н из +*gen*; (*steal from: person*) брать (*perf* взять) что-н у +*gen*; **I take it that ...** как я понимаю, ...; **take apart** *vt* разбирать (*perf* разобрать); **take away** *vt* (*remove*) убирать (*perf* убрать); (*carry off*) забирать (*perf* забрать); (*Math*) отнимать (*perf* отнять); **take back** *vt* (*return: thing*) относить (*perf* отнести) обратно; (: *person*) отводить (*perf* отвести) обратно; (*one's words*) брать (*perf* взять) назад; **take down** *vt* (*building*) сносить (*perf* снести); (*note*) записывать (*perf* записать); **take in** *vt* (*deceive*) обманывать (*perf* обмануть); (*understand*) воспринимать (*perf* воспринять); (*lodger, orphan*) брать (*perf* взять); **take off** *vi* (*Aviat*) взлетать (*perf* взлететь) ⊳ *vt* (*remove*) снимать (*perf* снять); **take on** *vt* (*work, employee*) брать (*perf* взять); (*opponent*) сражаться с +*instr*; **take out** *vt* (*invite*) водить/вести (*perf* повести); (*remove*) вынимать (*perf* вынуть); **to take sth out of** (*drawer, pocket etc*) вынимать (*perf* вынуть) что-н из +*gen*; **don't take your anger out on me!** не вымещай свой гнев на мне!; **take over** *vt* (*business*) поглощать (*perf* поглотить); (*country*) захватывать (*perf* захватить) власть в +*prp* ⊳ *vi*: **to take over from sb** сменять (*perf* сменить)

кого-н; **take to** *vt fus*: **she took to him at once** он ей сразу понравился; **take up** *vt* (*hobby*) заняться (*perf*) +*instr*; (*job*) браться (*perf* взяться) за +*acc*; (*idea, story*) подхватывать (*perf* подхватить); (*time, space*) занимать (*perf* занять); **I'll take you up on that!** ловлю Вас на слове!; **takeaway** *n* (*Brit: food*) еда на вынос; **takeoff** *n* (*Aviat*) взлёт; **takeover** *n* (*Comm*) поглощение

takings ['teıkıŋz] *npl* (*Comm*) выручка *fsg*

tale [teıl] *n* рассказ; **to tell tales** (*fig*) ябедничать (*perf* наябедничать)

talent ['tælnt] *n* талант; **talented** *adj* талантливый

talk [tɔːk] *n* (*speech*) доклад; (*conversation, interview*) беседа, разговор; (*gossip*) разговоры *mpl* ⊳ *vi* (*speak*) говорить (*impf*); (*to sb*) разговаривать (*impf*); **talks** *npl* (*Pol etc*) переговоры *pl*; **to talk about** говорить (*perf* поговорить) *or* разговаривать *impf* о (+*prp*); **to talk sb into doing** уговаривать (*perf* уговорить) кого-н +*infin*; **to talk sb out of sth** отговаривать (*perf* отговорить) кого-н от чего-н; **to talk shop** говорить (*impf*) о делах; **talk over** *vt* (*problem*) обговаривать (*perf* обговорить)

tall [tɔːl] *adj* высокий; **he is 6 feet tall** его рост — 6 футов

tambourine [tæmbə'riːn] *n* (*Mus*) тамбурин, бубен

tame [teım] *adj* ручной; (*fig*) вялый

tampon ['tæmpɔn] *n* тампон

tan [tæn] *n* (*also* **suntan**) загар

tandem ['tændəm] *n* (*cycle*) тандем; **in tandem** (*together*) совме́стно, вме́сте

tangerine [tændʒəˈriːn] *n* мандари́н

tank [tæŋk] *n* (*water tank*) бак; (: *large*) цисте́рна; (*for fish*) аква́риум; (*Mil*) танк

tanker [ˈtæŋkəʳ] *n* (*ship*) та́нкер; (*truck, Rail*) цисте́рна

tanned [tænd] *adj* загоре́лый

tantrum [ˈtæntrəm] *n* исте́рика

tap [tæp] *n* (*водопрово́дный*) кран; (*gentle blow*) стук ▷ *vt* (*hit*) стуча́ть (*perf* постуча́ть) по +*dat*; (*resources*) испо́льзовать (*impf/ perf*); (*telephone, conversation*) прослу́шивать (*impf*)

tape [teɪp] *n* (*also* **magnetic tape**) (*магни́тная*) плёнка; (*cassette*) кассе́та; (*sticky tape*) кле́йкая ле́нта ▷ *vt* (*record*) запи́сывать (*perf* записа́ть); (*stick*) закле́ивать (*perf* закле́ить) кле́йкой ле́нтой; **tape recorder** *n* магнитофо́н

tapestry [ˈtæpɪstrɪ] *n* (*object*) гобеле́н

tar [tɑː] *n* дёготь *m*

target [ˈtɑːgɪt] *n* цель *f*

tariff [ˈtærɪf] *n* (*on goods*) тари́ф; (*Brit: in hotels etc*) прейскура́нт

tarmac [ˈtɑːmæk] *n* (*Brit: on road*) асфа́льт

tart [tɑːt] *n* (*Culin: large*) пиро́г ▷ *adj* (*flavour*) те́рпкий

tartan [ˈtɑːtn] *n* (*rug, scarf etc*) кле́тчатый

task [tɑːsk] *n* зада́ча; **to take sb to task** отчи́тывать (*perf* отчита́ть) кого́-н

taste [teɪst] *n* вкус; (*sample*) про́ба; (*fig: glimpse, idea*) представле́ние ▷ *vt* про́бовать (*perf* попро́бовать) ▷ *vi*: **to taste of** *or* **like** име́ть (*impf*) вкус +*gen*; **you can taste the garlic (in the**

dish) (в блю́де) чу́вствуется чесно́к; **in bad/good taste** в дурно́м/хоро́шем вку́се; **tasteful** *adj* элега́нтный; **tasteless** *adj* безвку́сный

tasty [ˈteɪstɪ] *adj* (*food*) вку́сный

tatters [ˈtætəz] *npl*: **in tatters** (*clothes*) изо́рванный в клочья́

tattoo [təˈtuː] *n* (*on skin*) татуиро́вка

taunt [tɔːnt] *n* издева́тельство ▷ *vt* (*person*) издева́ться (*impf*) над +*instr*

Taurus [ˈtɔːrəs] *n* Теле́ц

taut [tɔːt] *adj* (*skin*) упру́гий

tax [tæks] *n* нало́г ▷ *vt* (*earnings, goods etc*) облага́ть (*perf* обложи́ть) нало́гом; (*fig: memory, patience*) напряга́ть напря́чь); **tax-free** *adj* (*goods, services*) не облага́емый нало́гом

taxi [ˈtæksɪ] *n* такси́ *nt ind*

taxpayer [ˈtækspeɪəʳ] *n* налогоплате́льщик(-щица)

TB *n abbr* = **tuberculosis**

tea [tiː] *n* чай; (*Brit: meal*) у́жин; **high tea** (*Brit*) (по́здний) обе́д

teach [tiːtʃ] (*pt, pp* **taught**) *vi* преподава́ть (*impf*) ▷ *vt*: **to teach sb sth, teach sth to sb** учи́ть (*perf* научи́ть) кого́-н чему́-н; (*in school*) преподава́ть (*impf*) что-н кому́-н; **teacher** *n* учи́тель(ница) *m(f)*; **teaching** *n* (*work*) преподава́ние

team [tiːm] *n* (*of people*) кома́нда

teapot [ˈtiːpɔt] *n* (*зава́рочный*) ча́йник

tear¹ [tɛəʳ] *n* (*pt* **tore**, *pp* **torn**) *n* дыра́, ды́рка ▷ *vt* рвать (*perf* порва́ть) ▷ *vi* (*rip*) рва́ться (*perf* порва́ться)

tear² [tɪəʳ] *n* слеза́; **in tears** в

слезáх; **tearful** adj заплáканный

tease [tiːz] vt дразнúть (impf)

teaspoon ['tiːspuːn] n чáйная лóжка

teatime ['tiːtaɪm] n ýжин

tea towel n (Brit) посýдное полотéнце

technical ['tɛknɪkl] adj (terms, advances) технúческий

technician [tɛk'nɪʃən] n тéхник

technique [tɛk'niːk] n тéхника

technology [tɛk'nɔlədʒɪ] n тéхника; (in particular field) технолóгия

teddy (bear) ['tɛdɪ(-)] n (плюшевый) мúшка

tedious ['tiːdɪəs] adj нýдный

tee [tiː] n подстáвка для мячá (в гóльфе)

teenage ['tiːneɪdʒ] adj (problems) подрóстковый; (fashion) тинéйджеровский; **teenage children** npl подрóстки (pl); **teenager** n подрóсток, тинéйджер

teens [tiːnz] npl: **to be in one's teens** быть (impf) в подрóстковом вóзрасте

teeth [tiːθ] npl of **tooth**

teetotal ['tiː'təutl] adj непьющий, трéзвый

telecommunications ['tɛlɪkəmjuːnɪ'keɪʃənz] n телекоммуникáции fpl

telegram ['tɛlɪɡræm] n телегрáмма

telephone ['tɛlɪfəun] n телефóн ⊳ vt (person) звонúть (perf позвонúть) +dat; **he is on the telephone** (talking) он говорúт по телефóну; **are you on the telephone?** (possessing phone) у Вас есть телефóн?; **telephone call** n телефóнный звонóк; **there is a telephone call for Peter** Пúтера прóсят к телефóну; **telephone**

directory n телефóнный спрáвочник; **telephone number** n нóмер телефóна, телефóн (inf)

telesales ['tɛlɪseɪlz] n телефóнная реклáма

telescope ['tɛlɪskəup] n телескóп

television ['tɛlɪvɪʒən] n телевúдение; (set) телевúзор; **on television** по телевúдению

tell [tɛl] (pt, pp **told**) vt (say) говорúть (perf сказáть); (relate) расскáзывать (perf рассказáть); (distinguish): **to tell sth from** отличáть (perf отличúть) что-н от +gen ⊳ vi (have an effect): **to tell (on)** скáзываться (perf сказáться) (на +prp); **to tell sb to do** говорúть (perf сказáть) комý-н +infin; **tell off** vt: **to tell sb off** отчúтывать (perf отчитáть) когó-н; **teller** n (in bank) кассúр

telly ['tɛlɪ] n abbr (Brit: inf) (= television) тéлик

temper ['tɛmpə*] n (nature) нрав; (mood) настроéние; (fit of anger) гнев; **to be in a temper** быть (impf) в раздражённом состоянии; **to lose one's temper** выходúть (perf выйти) из себя

temperament ['tɛmprəmənt] n темперáмент; **temperamental** [tɛmprə'mɛntl] adj темперáментный; (fig) капрúзный

temperature ['tɛmprətʃə*] n температýра; **he has or is running a temperature** у негó температýра, он температýрит (inf)

temple ['tɛmpl] n (Rel) храм; (Anat) висóк

temporary ['tɛmpərərɪ] adj врéменный

tempt [tɛmpt] vt соблазнять (perf соблазнúть), искушáть

(impf); **to tempt sb into doing** соблазня́ть (perf соблазни́ть) кого́-н +infin; **temptation** [temp'teɪʃən] n собла́зн, искуше́ние; **tempting** adj (offer) соблазни́тельный

ten [ten] n де́сять

tenant ['tenənt] n съёмщик(-мщица)

tend [tend] vt (crops, patient) уха́живать (impf) за +instr ▷ vi: **to tend to do** sth (impf) склоня́ть +infin

tendency ['tendənsɪ] n (habit) скло́нность f; (trend) тенде́нция

tender ['tendə'] adj не́жный; (sore) чувстви́тельный; (Comm: offer) предложе́ние ▷ vt (apology) приноси́ть (perf принести́); **legal tender** (money) зако́нное платёжное сре́дство; **to tender one's resignation** подава́ть (perf пода́ть) в отста́вку

tendon ['tendən] n сухожи́лие

tennis ['tenɪs] n те́ннис

tenor ['tenə'] n (Mus) те́нор

tense [tens] adj напряжённый

tension ['tenʃən] n напряже́ние

tent [tent] n пала́тка

tentative ['tentətɪv] adj (person, smile) осторо́жный; (conclusion, plans) сде́ржанный

tenth [tenθ] adj деся́тый ▷ n (fraction) одна́ деся́тая f adj

tepid ['tepɪd] adj (liquid) теплова́тый

term [tə:m] n (expression) те́рмин; (period in power etc) срок; (Scol: in school) че́тверть f; (: at university) триме́стр ▷ vt (call) называ́ть (perf назва́ть); **terms** npl (conditions) усло́вия ntpl; **in abstract terms** в абстра́ктных выраже́ниях; **in the short term** в ближа́йшем бу́дущем; **in the long**

term в перспекти́ве; **to be on good terms with sb** быть (impf) в хоро́ших отноше́ниях с кем-н; **to come to terms with** примири́ться (perf примири́ться) с +instr

terminal ['tə:mɪnl] adj неизлечи́мый ▷ n (Elec) кле́мма, зажи́м; (Comput) термина́л; (also **air terminal**) аэровокза́л, термина́л; (Brit: also **coach terminal**) авто́бусный вокза́л

terminate ['tə:mɪneɪt] vt прекраща́ть (perf прекрати́ть)

terminology [tə:mɪ'nɔlədʒɪ] n терминоло́гия

terrace ['terəs] n терра́са; **the terraces** (Brit: standing areas) трибу́ны fpl; **terraced** adj (garden) терра́сный; **terraced house** дом в ряду́ примыка́ющих друг к дру́гу одноти́пных домо́в

terrain [te'reɪn] n ландша́фт

terrible ['terɪbl] adj ужа́сный

terribly ['terɪblɪ] adv ужа́сно

terrific [tə'rɪfɪk] adj (thunderstorm, speed etc) колосса́льный; (time, party etc) потряса́ющий

terrify ['terɪfaɪ] vt ужаса́ть (perf ужасну́ть)

territorial [terɪ'tɔ:rɪəl] adj территориа́льный

territory ['terɪtərɪ] n террито́рия; (fig) о́бласть f

terror ['terə'] n у́жас; **terrorism** n террори́зм; **terrorist** n террори́ст

test [test] n (trial, check) прове́рка, тест; (of courage etc) испыта́ние; (Med) ана́лиз; (Chem) о́пыт; (Scol) контро́льная рабо́та, тест; (also **driving test**) экза́мен на води́тельские права́ ▷ vt проверя́ть (perf прове́рить); (courage) испы́тывать (perf

испыта́ть); (*Med*) анализи́ровать
(*perf* проанализи́ровать)

testicle ['tɛstɪkl] *n* яи́чко

testify ['tɛstɪfaɪ] *vi* (*Law*) дава́ть
(*perf* дать) показа́ния; **to testify to
sth** свиде́тельствовать (*impf*) о
чём-н

testimony ['tɛstɪmənɪ] *n* (*Law*)
показа́ние, свиде́тельство; (*clear
proof*): **to be (a) testimony to**
явля́ться (*perf* яви́ться)
свиде́тельством +*gen*

test tube *n* проби́рка

text [tɛkst] *n* текст; (*on mobile
phone*) SMS *nt ind* ▷ *vt* писа́ть (*perf*
написа́ть) SMS; **textbook** *n*
уче́бник; **text message** *n*
тексто́вое сообще́ние, SMS *nt ind*

texture ['tɛkstʃə'] *n* (*structure*)
строе́ние, структу́ра; (*feel*)
факту́ра

than [ðæn] *conj* чем; (*with
numerals*) бо́льше +*gen*, бо́лее
+*gen*; **I have less work than you** у
меня́ ме́ньше рабо́ты, чем у Вас;
more than once не раз; **more than
three times** бо́лее *or* бо́льше трёх
раз

thank [θæŋk] *vt* благодари́ть
(*perf* поблагодари́ть); **thank you
(very much)** (большо́е) спаси́бо;
thank God! сла́ва Бо́гу!; **thanks**
npl благода́рность *fsg* ▷ *excl*
спаси́бо; **many thanks, thanks a
lot** большо́е спаси́бо; **thanks to**
благодаря́ +*dat*

KEYWORD

that [ðæt] (*pl* **those**) *adj*
(*demonstrative*) тот (*f* та, *nt* то);
that man тот мужчи́на; **which
book would you like?** — **that one
over there** каку́ю кни́гу Вы хоти́те?
— вон ту; **I like this film better**

than that one мне э́тот фильм
нра́вится бо́льше, чем тот
▷ *pron* **1** (*demonstrative*) э́то;
who's/what's that? кто/что э́то?; **is
that you?** э́то Вы?; **we talked of
this and that** мы говори́ли об э́том
и о том *or* сём; **that's what he said**
вот что он сказа́л; **what happened
after that?** а что произошло́ по́сле
э́того?; **that is (to say)** то есть
2 (*direct object*) кото́рый (*f*
кото́рую, *nt* кото́рое, *pl* кото́рые)
(*indirect object*) кото́рому (*f*
кото́рой, *pl* кото́рым) (*after prep*:
+*acc*) кото́рый (*f* кото́рую, *nt*
кото́рое, *pl* кото́рые) (: +*gen*)
кото́рого (*f* кото́рой, *pl* кото́рых)
(: +*dat*) кото́рому (*f* кото́рой, *pl*
кото́рым) (: +*instr*) кото́рым (*f*
кото́рой, *pl* кото́рыми) (: +*prp*)
кото́ром (*f* кото́рой, *pl* кото́рых);
the theory that we discussed
тео́рия, кото́рую мы обсужда́ли;
all (that) I have всё, что у меня́ есть
3 (*of time*) когда́; **the day (that) he
died** день, когда́ он у́мер
▷ *conj* (*introducing purpose*)
что́бы; **he thought that I was ill** он
ду́мал, что я был бо́лен; **she
suggested that I phone you** она́
предложи́ла, что́бы я Вам
позвони́л
▷ *adv* (*demonstrative*): **I can't work
that much** я не могу́ так мно́го
рабо́тать; **it can't be that bad** не
так уж всё пло́хо; **the wall's about
that high** стена́ приме́рно вот
тако́й высоты́

thaw [θɔː] *n* о́ттепель *f*

KEYWORD

the [ðiː, ðə] *def art* **1**: **the books/
children are at home** кни́ги/де́ти

дома; **the rich and the poor** богатые pl adj и бедные pl adj; **to attempt the impossible** (perf попытаться) сделать невозможное

2 (in titles): **Elizabeth the First** Елизавета Первая

3 (in comparisons): **the more ... the more ...** чем больше ..., тем больше ...; (+adj) чем более ..., тем более ...

theatre ['θɪətər] (US **theater**) n театр; (Med: also **operating theatre**) операционная f adj

theft [θeft] n кража

their [ðɛər] adj их; (referring to subject of sentence) свой; see also **my**; **theirs** pron их; (referring to subject of sentence) свой; see also **mine**¹

them [ðɛm] pron (direct) их; (indirect) им; (after prep: +gen, +prp) них; (: +dat) ним; (: +instr) ними; **a few of them** некоторые из них; **give me a few of them** дайте мне несколько из них; see also **me**

theme [θi:m] n тема

themselves [ðəm'sɛlvz] pl pron (reflexive) себя; (emphatic) сами; (after prep) себя; (: +dat, +prp) себе; (: +instr) собой; (alone): **(all) by themselves** одни; **they shared the money between themselves** они разделили деньги между собой; see also **myself**

then [ðɛn] adv потом; (at that time) тогда ▷ conj (therefore) тогда ▷ adj (at the time) тогдашний; **from then on** с тех пор; **by then** к тому времени; **if ... then ...** если ... то ...

theology [θɪ'ɒlədʒɪ] n теология, богословие

theory ['θɪərɪ] n теория; **in theory** теоретически

therapist ['θɛrəpɪst] n врач

therapy ['θɛrəpɪ] n терапия

 KEYWORD

there [ðɛər] adv **1: there is some milk in the fridge** в холодильнике есть молоко; **there is someone in the room** в комнате кто-то есть; **there were many problems** было много проблем; **there will be a lot of people at the concert** на концерте будет много людей; **there was a book/there were flowers on the table** на столе лежала книга/стояли цветы; **there has been an accident** произошла авария

2 (referring to place: motion) туда; (: position) там; (: closer) тут; **I agree with you there** тут от в этом я с тобой согласен; **there you go!** (inf) вот!; **there he is!** вот он!; **get out of there!** уходи оттуда!

thereabouts ['ðɛərə'bauts] adv (place) поблизости; (amount) около этого

thereafter [ðɛər'ɑ:ftər] adv с того времени

thereby ['ðɛəbaɪ] adv таким образом

therefore ['ðɛəfɔ:r] adv поэтому

there's ['ðɛəz] = **there is**; **there has**

thermal ['θə:ml] adj (springs) горячий; (underwear) утеплённый

thermometer [θə'mɒmɪtər] n термометр, градусник

these [ði:z] pl adj, pron эти

thesis ['θi:sɪs] (pl **theses**) n (Scol) диссертация

they [ðeɪ] pron они; **they say that**

... говоря́т, что ...; **they'd = they
had; they would; they'll = they
shall; they will; they're = they
are; they've = they have**

thick [θɪk] adj (in shape) то́лстый;
(in consistency) густо́й; (inf:
stupid) тупо́й ▷ n: **in the thick of
the battle** в са́мой гу́ще би́твы;
the wall is 20 cm thick толщина́
стены́ — 20 см; **thicken** vi (plot)
усложня́ться (perf усложни́ться)
▷ vt (sauce etc) де́лать (perf
сде́лать) гу́ще; **thickness** n
(size) толщина́

thief [θiːf] (pl **thieves**) n
вор(о́вка)

thigh [θaɪ] n бедро́

thin [θɪn] adj то́нкий; (person,
animal) худо́й; (soup, sauce)
жи́дкий ▷ vt: **to thin (down)**
(sauce, paint) разбавля́ть (perf
разба́вить)

thing [θɪŋ] n вещь f; **things** npl
(belongings) ве́щи fpl; **poor thing**
бедня́жка m/f; **the best thing
would be to** ... са́мое лу́чшее
бы́ло бы +infin ...; **how are things?**
как дела́?

think [θɪŋk] (pt, pp **thought**) vt
(reflect, believe) ду́мать (impf) vt;
to think of (come up with)
приводи́ть (perf привести́);
(consider) ду́мать (impf) o +prp;
what did you think of them? что Вы о них
ду́маете?; **to think about** ду́мать
(perf поду́мать) o +prp; **I am
thinking of starting a business** я
ду́маю нача́ть би́знес; **I think so/
not** я ду́маю, что да/нет; **to think
well of sb** ду́мать (impf) o ком-н
хорошо́; **think over** vt
обду́мывать (perf обду́мать);
think up vt приду́мывать (perf
приду́мать)

third [θəːd] adj тре́тий ▷ n
(fraction) треть f, одна́ тре́тья f
adj; (Aut: also **third gear**) тре́тья
ско́рость f; (Brit: Scol) дипло́м
тре́тьей сте́пени; **thirdly** adv
в-тре́тьих; **Third World** n: **the
Third World** Тре́тий мир

thirst [θəːst] n жа́жда; **thirsty**
adj: **I am thirsty** я хочу́ or мне
хо́чется пить

thirteen [θəːˈtiːn] n трина́дцать;
thirteenth adj трина́дцатый;
thirtieth [ˈθəːtɪɪθ] adj тридца́тый;
thirty [ˈθəːtɪ] n три́дцать

 KEYWORD

this [ðɪs] (pl **these**) adj
(demonstrative) э́тот (f э́та, nt э́то);
this man э́тот мужчи́на; **which
book would you like? — this one
please** каку́ю кни́гу Вы хоти́те?
— вот э́ту, пожа́луйста
▷ pron (demonstrative) э́тот (f э́та,
nt э́то); **who/what is this?** кто/что
э́то?; **this is where I live** вот здесь
я живу́; **this is what he said** вот то,
что он сказа́л; **this is Mr Brown**
э́то ми́стер Бра́ун
▷ adv (demonstrative): **this high/
long** вот тако́й высоты́/длины́; **the
dog was about this big** соба́ка
была́ вот така́я больша́я; **we can't
stop now we've gone this far**
тепе́рь, когда́ мы так далеко́
зашли́, мы не мо́жем
останови́ться

thistle [ˈθɪsl] n чертополо́х

thorn [θɔːn] n шип, колю́чка

thorough [ˈθʌrə] adj (search,
wash) тща́тельный; (knowledge,
research) основа́тельный; (person)
скрупулёзный; **thoroughly** adv
по́лностью, тща́тельно; (very:

satisfied) соверше́нно вполне́;
(: *ashamed*) соверше́нно

those [ðəʊz] *pl adj, pron* те

though [ðəʊ] *conj* хотя́ ▷ *adv* впро́чем, одна́ко

thought [θɔːt] *pt, pp of* **think** ▷ *n* мысль *f*; (*reflection*) размышле́ние; (*opinion*) соображе́ние;
thoughtful *adj* (*deep in thought*) заду́мчивый; (*serious*) поду́манный, глубо́кий; (*considerate*) внима́тельный;
thoughtless *adj* безду́мный

thousand ['θaʊzənd] *n* ты́сяча;
two thousand две ты́сячи; **five thousand** пять ты́сяч; **thousands of** ты́сячи +*gen*; **thousandth** *adj* ты́сячный

thrash [θræʃ] *vt* поро́ть (*perf* вы́пороть); (*inf: defeat*) громи́ть (*perf* разгроми́ть)

thread [θrɛd] *n* (*yarn*) нить *f*, ни́тка; (*of screw*) резьба́ ▷ *vt* (*needle*) продева́ть (*perf* проде́ть) ни́тку в +*acc*

threat [θrɛt] *n* угро́за; **threaten** *vi* (*storm, danger*) грози́ть (*impf*) ▷ *vt*: **to threaten sb with** угрожа́ть (*impf*) *or* грози́ть (пригрози́ть *perf*) кому́-н +*instr*; **to threaten to do** угрожа́ть (*impf*) *or* грози́ть (пригрози́ть *perf*) +*infin*

three [θriː] *n* три; **three-dimensional** *adj* (*object*) трёхме́рный; **three-piece suite** *n* мя́гкая ме́бель *f*

threshold ['θrɛʃhəʊld] *n* поро́г

threw [θruː] *pt of* **throw**

thrill [θrɪl] *n* (*excitement*) восто́рг; (*fear*) тре́пет ▷ *vt* приводи́ть (*perf* привести́) в тре́пет, восхища́ть (*perf* восхити́ть); **to be thrilled** быть (*impf*) в восто́рге; **thriller** *n* три́ллер; **thrilling** *adj*

захва́тывающий

throat [θrəʊt] *n* го́рло; **I have a sore throat** у меня́ боли́т го́рло

throne [θrəʊn] *n* трон

through [θruː] *prep* (*space*) че́рез +*acc*; (*time*) в тече́ние +*gen*; (*by means of*) че́рез +*acc*, посре́дством +*gen*; (*because of*) из-за +*gen* ▷ *adj* (*ticket, train*) прямо́й ▷ *adv* наскво́зь; **he is absent through illness** он отсу́тствует по боле́зни; **to put sb through to sb** (*Tel*) соединя́ть (*perf* соедини́ть) кого́-н с кем-н; **to be through with** поко́нчить (*perf*) с +*instr*; **"no through road"** (*Brit*) "нет сквозно́го прое́зда"; **throughout** *prep* (*place*) по всей +*dat*; (*time*) в тече́ние +*gen* ▷ *adv* везде́, повсю́ду

throw [θrəʊ] (*pt* **threw**, *pp* **thrown**) *n* бросо́к ▷ *vt* (*object*) броса́ть (*perf* бро́сить); (*fig: person*) сбива́ть (*perf* сбить) с то́лку; **to throw a party** зака́тывать (*perf* закати́ть) ве́чер; **throw away** *vt* (*rubbish*) выбра́сывать (*perf* вы́бросить); (*money*) броса́ть (*impf*) на ве́тер; **throw off** *vt* сбра́сывать (*perf* сбро́сить); **throw out** *vt* (*rubbish, person*) выбра́сывать (*perf* вы́бросить); (*idea*) отверга́ть (*perf* отве́ргнуть); **throw up** *vi* (*vomit*): **he threw up** его́ вы́рвало

thrush [θrʌʃ] *n* (*Zool*) дрозд

thrust [θrʌst] *n* (*Tech*) дви́жущая си́ла *f* ▷ *vt* толка́ть (*perf* толкну́ть)

thud [θʌd] *n* глухо́й стук

thug [θʌɡ] *n* (*criminal*) хулига́н

thumb [θʌm] *n* (*Anat*) большо́й па́лец (*кисти́*) ▷ *vt*: **to thumb a lift** (*inf*) голосова́ть (*impf*) (на доро́ге)

thump [θʌmp] *n* (*blow*) уда́р;

t

(*sound*) глухо́й стук ▷ *vt* (*person*) сту́кнуть (*perf*) ▷ *vi* (*heart etc*) стуча́ть (*impf*)

thunder ['θʌndə'] *n* гром; **thunderstorm** *n* гроза́

Thursday ['θə:zdɪ] *n* четве́рг

thus [ðʌs] *adv* ита́к, таки́м о́бразом

thwart [θwɔ:t] *vt* (*person*) чини́ть (*impf*) препя́тствия +*dat*; (*plans*) расстра́ивать (*perf* расстро́ить)

thyme [taɪm] *n* тимья́н, чабре́ц

tick [tɪk] *n* (*of clock*) ти́канье; (*mark*) га́лочка, пти́чка; (*Zool*) клещ ▷ *vi* (*clock*) ти́кать (*impf*) ▷ *vt* отмеча́ть (*perf* отме́тить) га́лочкой; **in a tick** (*Brit: inf*) ми́гом

ticket ['tɪkɪt] *n* биле́т; (*price tag*) этике́тка; (*also* **parking ticket**) штраф за наруше́ние пра́вил парко́вания

tickle ['tɪkl] *vt* щекота́ть (*perf* пощекота́ть) ▷ *vi* щекота́ть (*impf*)

ticklish ['tɪklɪʃ] *adj* (*problem*) щекотли́вый; (*person*): **to be ticklish** боя́ться (*impf*) щеко́тки

tide [taɪd] *n* прили́в и отли́в; (*fig: of events*) волна́; (*of fashion, opinion*) направле́ние; **high tide** по́лная вода́, вы́сшая то́чка прили́ва; **low tide** ма́лая вода́, ни́зшая то́чка отли́ва ▷ *vt*: **this money will tide me over till Monday** на э́ти де́ньги я смогу́ продержа́ться до понеде́льника

tidy ['taɪdɪ] *adj* опря́тный; (*mind*) аккура́тный ▷ *vt* (*also* **tidy up**) прибира́ть (*perf* прибра́ть)

tie [taɪ] *n* (*string etc*) шнуро́к; (*Brit: also* **necktie**) га́лстук; (*fig: link*) связь *f*; (*Sport*) ничья́ *f* ▷ *vt* завя́зывать (*perf* завяза́ть) ▷ *vi* (*Sport*) игра́ть (*perf* сыгра́ть) вничью́; **to tie sth in a bow** что-н завя́зывать (*perf* завяза́ть)

ба́нтом; **to tie a knot in sth** завя́зывать (*perf* завяза́ть) что-н узло́м; **tie up** *vt* (*dog, boat*) привя́зывать (*perf* привяза́ть); (*prisoner, parcel*) свя́зывать (*perf* связа́ть); **to be tied up** (*busy*) сейча́с я за́нят

tier [tɪə'] *n* (*of stadium etc*) я́рус; (*of cake*) слой

tiger ['taɪgə'] *n* тигр

tight [taɪt] *adj* (*rope*) туго́й; (*shoes, bend, clothes*) у́зкий; (*security*) уси́ленный; (*schedule, budget*) жёсткий ▷ *adv* (*hold, squeeze*) кре́пко; (*shut*) пло́тно; **money is tight** у меня́ ту́го с деньга́ми; **tighten** *vt* (*rope*) натя́гивать (*perf* натяну́ть); (*screw*) затя́гивать (*perf* затяну́ть); (*grip*) сжима́ть (*perf* сжать); (*security*) уси́ливать (*perf* уси́лить) ▷ *vi* (*grip*) сжима́ться (*perf* сжа́ться); (*rope*) натя́гиваться (*perf* натяну́ться); **tightly** *adv* (*grasp*) кре́пко; **tights** *npl* (*Brit*) колго́тки *pl*

tile [taɪl] *n* (*on roof*) черепи́ца; (*on floor*) пли́тка

till [tɪl] *n* ка́сса ▷ *prep, conj* = **until**

tilt [tɪlt] *vt* наклоня́ть (*perf* наклони́ть); (*head*) склоня́ть (*perf* склони́ть) ▷ *vi* наклоня́ться (*perf* наклони́ться)

timber ['tɪmbə'] *n* (*wood*) древеси́на

time [taɪm] *n* вре́мя *nt*; (*occasion*) раз ▷ *vt* (*measure time of*) засека́ть (*perf* засе́чь) вре́мя +*gen*; (*fix moment for*) выбира́ть (*perf* вы́брать) вре́мя для +*gen*; **a long time** до́лго; **a long time ago** давно́; **for the time being** пока́; **four at a time** по четы́ре; **from time to time** вре́мя от вре́мени; **at times**

времена́ми; **in time** (*soon enough*) во́время; (*after some time*) со вре́менем; (*Mus: play*) в такт; **in a week's time** че́рез неде́лю; **in no time** в два счёта; **any time** (*whenever*) в любо́е вре́мя; (*as response*) не́ за что; **on time** во́время; **five times five** пя́тью пять; **what time is it?** кото́рый час?; **to have a good time** хорошо́ проводи́ть (*perf* провести́) вре́мя; **time limit** *n* преде́льный срок; **timely** *adj* своевре́менный; **timer** *n* (*time switch*) та́ймер; **timetable** *n* расписа́ние

timid ['tımıd] *adj* ро́бкий

timing ['taımıŋ] *n*: **the timing of his resignation was unfortunate** вы́бор вре́мени для его́ отста́вки был неуда́чным

tin [tın] *n* (*material*) о́лово; (*container*) (жестяна́я) ба́нка; (: *Brit: can*) консе́рвная ба́нка; **tinfoil** *n* фольга́

tinker ['tıŋkə^r] *n* бродя́чий луди́льщик

tinned *adj* (*Brit*) консерви́рованный

tin-opener ['tınəupnə^r] *n* (*Brit*) консе́рвный нож

tinted ['tıntıd] *adj* (*hair*) подкра́шенный; (*spectacles, glass*) дымча́тый

tiny ['taını] *adj* кро́шечный

tip [tıp] *n* (*of pen etc*) ко́нчик; (*gratuity*) чаевы́е *pl adj*; (*Brit: for rubbish*) сва́лка; (*advice*) сове́т ▷ *vt* (*waiter*) дава́ть (*perf* дать) на чай +*dat*; (*tilt*) наклоня́ть (*perf* наклони́ть); (*also* **tip over**) опроки́дывать (*perf* опроки́нуть); (*also* **tip out**) выва́ливать (*perf* вы́валить)

tiptoe ['tıptəu] *n*: **on tiptoe** на цы́почках

tire ['taıə^r] *n* (*US*) = **tyre** ▷ *vt* утомля́ть (*perf* утоми́ть) ▷ *vi* устава́ть (*perf* уста́ть); **tired** *adj* уста́лый; **to be tired of sth** устава́ть (*perf* уста́ть) от чего́-н

tiring ['taıərıŋ] *adj* утоми́тельный

tissue ['tıʃu:] *n* бума́жная салфе́тка; (*Anat, Bio*) ткань *f*

tit [tıt] *n* (*Zool*) сини́ца; **tit for tat** зуб за зуб

title ['taıtl] *n* (*of book etc*) назва́ние; (*rank, in sport*) ти́тул

🔵 **KEYWORD**

to [tu:, tə] *prep* **1** (*direction*) в/на +*acc*; **to drive to school/the station** е́здить/е́хать (*perf* пое́хать) в шко́лу/на ста́нцию; **to the left** нале́во; **to the right** напра́во

2 (*as far as*) до +*gen*; **from Paris to London** от Пари́жа до Ло́ндона; **to count to ten** счита́ть (*perf* посчита́ть) до десяти́

3 (*with expressions of time*): **a quarter to five** без че́тверти пять

4 (*for, of*) к +*dat*; **the key to the front door** ключ (к) входно́й две́ри; **a letter to his wife** письмо́ жене́; **she is secretary to the director** она́ секрета́рь дире́ктора

5 (*expressing indirect object*): **to give sth to sb** дава́ть (*perf* дать) что-н кому́-н; **to talk to sb** разгова́ривать (*impf*) *or* говори́ть (*impf*) с кем-н; **what have you done to your hair?** Что Вы сде́лали со свои́ми волоса́ми?

6 (*in relation to*): **three goals to two** три: два; **X miles to the gallon** ≈ X ли́тров на киломе́тр; **30 roubles to the dollar** 30 рубле́й за до́ллар

7 (*purpose, result*): **to my surprise** к моему́ удивле́нию; **to**

come to sb's aid приходи́ть (*perf* прийти́) кому́-н на по́мощь
▷ **with vb 1: to want/try to do** хоте́ть (*perf* захоте́ть)/пыта́ться (*perf* попыта́ться) +*infin*; **he has nothing to lose** ему́ не́чего теря́ть; **I am happy to ...** я сча́стлив +*infin* ...; **ready to use** гото́вый к употребле́нию; **too old/young to ...** сли́шком стар/мо́лод, что́бы +*infin* ...

2 (*with vb omitted*): **I don't want to** я не хочу́; **I don't feel like going — you really ought to** мне не хо́чется идти́ — но, Вы должны́

3 (*purpose, result*) что́бы +*infin*; **I did it to help you** я сде́лал э́то, что́бы помо́чь Вам
▷ *adv*: **to push the door to, pull the door to** закрыва́ть (*perf* закры́ть) дверь

toad [təʊd] *n* (*Zool*) жа́ба;
  toadstool *n* (*Bot*) пога́нка

toast [təʊst] *n* тост *n* (*Culin*) поджа́ривать (*perf* поджа́рить); (*drink to*) пить (*perf* вы́пить) за +*acc*; **toaster** *n* то́стер

tobacco [tə'bækəu] *n* таба́к

today [tə'deɪ] *adv, n* сего́дня

toddler ['tɒdlə*r*] *n* малы́ш

toe [təu] *n* (*of foot*) па́лец (ноги́); (*of shoe, sock*) носо́к ▷ *vt*: **to toe the line** (*fig*) соотве́тствовать (*impf*)

toffee ['tɒfɪ] *n* ири́ска, тяну́чка

together [tə'ɡeðə*r*] *adv* вме́сте; (*at same time*) одновреме́нно; **together with** вме́сте с +*instr*

toilet ['tɔɪlət] *n* унита́з; (*Brit: room*) туале́т ▷ *cpd* туале́тный; **toiletries** *npl* туале́тные принадле́жности *fpl*

token ['təukən] *n* (*sign, souvenir*) знак; (*substitute coin*) жето́н ▷ *adj*

(*strike, payment etc*) символи́ческий; **book/gift token** (*Brit*) кни́жный/пода́рочный тало́н на пласти́нку

told [təuld] *pt, pp of* **tell**

tolerant ['tɔlərnt] *adj*: **tolerant (of)** терпи́мый (к +*dat*)

tolerate ['tɔləreɪt] *vt* терпе́ть (*impf*)

toll [təul] *n* (*of casualties etc*) число́; (*tax, charge*) сбор, пла́та

tomato [tə'mɑ:təu] *n* (*pl* **tomatoes**) *n* помидо́р

tomb [tu:m] *n* моги́ла;
  tombstone *n* надгро́бная плита́, надгро́бие

tomorrow [tə'mɔrəu] *adv, n* за́втра; **the day after tomorrow** послеза́втра; **tomorrow morning** за́втра у́тром

ton [tʌn] *n* (*Brit*) дли́нная то́нна; (*US: also* **short ton**) коро́ткая то́нна; (*also* **metric ton**) метри́ческая то́нна; **tons of** (*inf*) у́йма +*gen*

tone [təun] *n* (*of voice, colour*) тон ▷ *vi* (*colours: also* **tone in**) сочета́ться (*impf*); **tone up** (*muscles*) укрепля́ть (*perf* укрепи́ть)

tongue [tʌŋ] *n* язы́к

tonic ['tɔnɪk] *n* (*Med*) тонизи́рующее сре́дство; (*also* **tonic water**) то́ник

tonight [tə'naɪt] *adv* (*this evening*) сего́дня ве́чером; (*this night*) сего́дня но́чью ▷ *n* (*see adv*) сего́дняшний ве́чер; сего́дняшняя ночь *f*

tonsil ['tɔnsl] *n* (*usu pl*) минда́лина; **tonsillitis** [tɔnsɪ'laɪtɪs] *n* тонзилли́т

too [tu:] *adv* (*excessively*) сли́шком; (*also: referring to* subject) также, тоже; (: *referring to object*) также; **too much, too many** слишком много

took [tʊk] *pt of* **take**

tool [tuːl] *n* (*instrument*) инструмент

tooth [tuːθ] (*pl* **teeth**) *n* (*Anat*) зуб; (*Tech*) зубец; **toothache** *n* зубная боль *f*; **toothbrush** *n* зубная щётка; **toothpaste** *n* зубная паста

top [tɒp] *n* (*of mountain*) вершина; (*of tree*) верхушка; (*of head*) макушка; (*of page, list etc*) начало; (*of ladder, cupboard, box*) верх; (*lid: of box, jar*) крышка; (*: of bottle*) пробка; (*also* **spinning top**) юла, волчок ▷ *adj* (*shelf, step*) верхний; (*marks*) высший; (*scientist*) ведущий ▷ *vt* (*poll, vote*) лидировать (*impf*) в +*prp*; (*list*) возглавить (*perf* возглавлять (*perf*); (*exceed: estimate etc*) превысить (*perf* превышать); **on top of** (*above: be*) на +*prp*; (: *put*) на +*acc*; (*in addition to*) сверх +*gen*; **from top to bottom** сверху донизу; **top up** (*US* **top off**) *vt* (*bottle*) доливать (*perf* долить)

topic ['tɒpɪk] *n* тема; **topical** *adj* актуальный

topless ['tɒplɪs] *adj* обнажённый до пояса

topple ['tɒpl] *vt* (*overthrow*) скидывать (*perf* скинуть) ▷ *vi* опрокидываться (*perf* опрокинуться)

torch [tɔːtʃ] *n* (*with flame*) факел; (*Brit: electric*) фонарь *m*

tore [tɔː^r] *pt of* **tear**[1]

torment [*n* 'tɔːmɛnt, *vb* tɔː'mɛnt] *n* мучение ▷ *vt* мучить (*impf*)

torn [tɔːn] *pp of* **tear**[1]

tornado [tɔː'neɪdəʊ] (*pl* **tornadoes**) *n* смерч

torpedo [tɔː'piːdəʊ] (*pl* **torpedoes**) *n* торпеда

torrent ['tɔrnt] *n* поток; **torrential** [tɔ'rɛnʃl] *adj* проливной

tortoise ['tɔːtəs] *n* черепаха

torture ['tɔːtʃə^r] *n* пытка ▷ *vt* пытать (*impf*)

Tory ['tɔːrɪ] (*Brit: Pol*) *adj* консервативный ▷ *n* тори *m/f ind*, консерватор

toss [tɒs] *vt* (*throw*) подкидывать (*perf* подкинуть), подбрасывать (*perf* подбросить); (*head*) откидывать (*perf* откинуть) ▷ *vi*: **to toss and turn** ворочаться (*impf*); **to toss a coin** подбрасывать (*perf* подбросить) монету; **to toss up to do** подбрасывать (*perf* подбросить) монету, чтобы +*infin*

total ['təʊtl] *adj* (*number, workforce etc*) общий; (*failure, wreck etc*) полный ▷ *n* общая сумма ▷ *vt* (*add up*) складывать (*perf* сложить); (*add up to*) составлять (*perf* составить)

totalitarian [təʊtælɪ'tɛərɪən] *adj* (*Pol*) тоталитарный

totally ['təʊtəlɪ] *adv* полностью; (*unprepared*) совершенно

touch [tʌtʃ] *n* (*sense*) осязание; (*approach*) манера; (*detail*) штрих; (*contact*) прикосновение ▷ *vt* (*with hand, foot*) касаться (*perf* коснуться) +*gen*, трогать (*perf* тронуть); (*tamper with*) трогать (*impf*); (*make contact with*) прикасаться (*perf* прикоснуться) к +*dat*, дотрагиваться (*perf* дотронуться) до +*gen*; (*move: emotionally*) трогать (*perf* тронуть); **there's been a touch of** frost подморозило; **to get in touch with sb** связываться (*perf* связа́ться с кем-н; **to lose touch** (*friends*) теря́ть (*perf* потеря́ть) связь; **touch on** *vt fus* каса́ться (*perf* косну́ться) +*gen*; **touched** *adj* (*moved*) тро́нутый; **touching** *adj* тро́гательный; **touchline** *n* боковая́ ли́ния

tough [tʌf] *adj* (*hard-wearing*) кре́пкий, про́чный; (*person: physically*) выно́сливый; (*: mentally*) сто́йкий; (*difficult*) тяжёлый

tour ['tuəʳ] *n* (*journey*) пое́здка; (*of town, factory etc*) экску́рсия; (*by pop group etc*) гастро́ли *pl* ▷ *vt* (*country, city*) объезжа́ть (*perf* объе́хать); (*factory*) обходи́ть (*perf* обойти́)

tourism ['tuərɪzm] *n* тури́зм

tourist ['tuərɪst] *n* тури́ст(ка) ▷ *cpd* (*attractions, season*) туристи́ческий

tournament ['tuənəmənt] *n* турни́р

tow [təu] *vt* вози́ть/везти́ (*impf*) на букси́ре; **"on or (US) in tow"** (*Aut*) "на букси́ре"

toward(s) [tə'wɔːd(z)] *prep* к +*dat*; **toward(s) doing** с тем чтобы +*infin*

towel ['tauəl] *n* (*also hand towel*) полоте́нце для рук; (*also bath towel*) ба́нное полоте́нце

tower ['tauəʳ] *n* ба́шня; **tower block** (*Brit*) ба́шня, высо́тный дом

town [taun] *n* го́род; **to go to town** (*fig*) разори́ться (*perf* разори́ться); **town centre** *n* центр (го́рода); **town hall** *n* ра́туша

toxic ['tɔksɪk] *adj* токси́чный

toy [tɔɪ] *n* игру́шка

trace [treɪs] *n* след ▷ *vt* (*draw*) переводи́ть (*perf* перевести́);

(*follow*) просле́живать (*perf* проследи́ть); (*find*) разы́скивать (*perf* разыска́ть)

track [træk] *n* след; (*path*) тропа́; (*of bullet etc*) траекто́рия; (*Rail*) (железнодоро́жный) путь *m*; (*song, also Sport*) доро́жка ▷ *vt* (*follow*) идти́ (*impf*) по сле́ду +*gen*; **to keep track of** следи́ть (*impf*) за +*instr*; **track down** *vt* (*prey*) высле́живать (*perf* вы́следить); (*person*) оты́скивать (*perf* отыска́ть); **tracksuit** *n* трениро́вочный костю́м

tractor ['træktəʳ] *n* тра́ктор

trade [treɪd] *n* (*activity*) торго́вля; (*skill, job*) ремесло́ ▷ *vi* (*do business*) торгова́ть (*impf*) ▷ *vt*: **to trade sth (for sth)** обме́нивать (*perf* обменя́ть) что-н (на что-н); **trade in** *vt* (*car etc*) предлага́ть (*perf* предложи́ть) для встре́чной прода́жи; **trademark** *n* торго́вый знак; **trader** *n* торго́вец; **tradesman** *irreg n* (*shopkeeper*) торго́вец, ла́вочник; **trade union** *n* профсою́з (= профессиона́льный сою́з)

tradition [trə'dɪʃən] *n* тради́ция; **traditional** *adj* (*also fig*) традицио́нный

traffic ['træfɪk] *n* движе́ние; (*of drugs*) нелега́льная торго́вля; **traffic jam** *n* про́бка, зато́р; **traffic lights** *npl* светофо́р *msg*; **traffic warden** *n* (*Brit*) регулиро́вщик парко́вки маши́н на городски́х у́лицах

tragedy ['trædʒədɪ] *n* траге́дия

tragic ['trædʒɪk] *adj* траги́ческий

trail [treɪl] *n* (*path*) доро́жка, тропи́нка; (*track*) след; (*of smoke, dust*) шлейф ▷ *vt* (*drag*) воло́чить (*impf*); (*follow*) сле́довать (*impf*) по пята́м за +*instr* ▷ *vi* (*hang* *loosely*) волочи́ться (*impf*); (*in game, contest*) волочи́ться (*impf*) в хвосте́, отстава́ть (*impf*); **trailer** *n* (*Aut*) прице́п; (*US: caravan*) автоприце́п; (*Cinema*) рекла́мный ро́лик, ано́нс

train [treɪn] *n* по́езд; (*of dress*) шлейф ▷ *vt* (*apprentice, doctor etc*) обуча́ть (*perf* обучи́ть), гото́вить (*impf*); (*athlete, mind*) тренирова́ть (*impf*); (*dog*) дрессирова́ть (*perf* вы́дрессировать) ▷ *vi* учи́ться (*perf* обучи́ться); (*Sport*) тренирова́ться (*impf*); **one's train of thought** ход чьих-н мы́слей; **to train sb as** учи́ть (*perf* обучи́ть) кого́-н на +*acc*; **to train sth on** (*camera etc*) направля́ть (*perf* напра́вить) что-н на +*acc*; **trainee** *n* (*hairdresser*) учени́к; **trainee teacher** практика́нт(ка); **trainer** *n* (*coach*) тре́нер; (*of animals*) дрессиро́вщик(-щица); **trainers** *npl* (*shoes*) кроссо́вки *fpl*; **training** *n* (*for occupation*) обуче́ние, подгото́вка; (*Sport*) трениро́вка; **to be in training** (*Sport*) тренирова́ться (*impf*)

trait [treɪt] *n* черта́

traitor [ˈtreɪtəʳ] *n* преда́тель(ница) *m(f)*

tram [træm] *n* (*Brit*) трамва́й

tramp [træmp] *n* (*person*) бродя́га *m/f*

trample [ˈtræmpl] *vt*: **to trample (underfoot)** раста́птывать (*perf* растопта́ть)

trampoline [ˈtræmpəliːn] *n* бату́т

tranquil [ˈtræŋkwɪl] *adj* безмяте́жный

transaction [trænˈzækʃən] *n* опера́ция

transatlantic [trænzətˈlæntɪk]

adj трансатланти́ческий

transcript [ˈtrænskrɪpt] *n* (*typed*) распеча́тка; (*hand-written*) ру́копись *f*

transfer [ˈtrænsfəʳ] *n* перево́д; (*Pol: of power*) перехо́д; (*Sport*) перехо́д; (*design*) переводна́я карти́нка ▷ *vt* (*employees, money*) переводи́ть (*perf* перевести́); (*Pol: power*) передава́ть (*perf* переда́ть)

transform [trænsˈfɔːm] *vt* (*completely*) преобразо́вывать (*perf* преобразова́ть); (*alter*) преобража́ть (*perf* преобрази́ть); **transformation** [trænsfəˈmeɪʃən] *n* (*see vt*) преобразова́ние; преображе́ние

transfusion [trænsˈfjuːʒən] *n* (*also* **blood transfusion**) перелива́ние кро́ви

transit [ˈtrænzɪt] *n* транзи́т; **in transit** (*people, things*) при перево́зке, в транзи́те

transition [trænˈzɪʃən] *n* перехо́д

translate [trænzˈleɪt] *vt*: **to translate (from/into)** переводи́ть (*perf* перевести́) (с +*gen*/на +*acc*)

translation [trænzˈleɪʃən] *n* перево́д

translator [trænzˈleɪtəʳ] *n* перево́дчик(-ица)

transmission [trænzˈmɪʃən] *n* переда́ча

transmit [trænzˈmɪt] *vt* передава́ть (*perf* переда́ть); **transmitter** *n* переда́тчик

transparent [trænsˈpærnt] *adj* прозра́чный

transplant [*n* ˈtrænsplɑːnt, *vb* trænsˈplɑːnt] *n* переса́дка ▷ *vt* (*Med, Bot*) переса́живать (*perf* пересади́ть)

transport [*n* ˈtrænspɔːt, *vb*

træns'pɔːt] *n* тра́нспорт; (*of people, goods*) перево́зка ⊳ *vt* (*carry*) перевози́ть (*perf* перевезти́)

transportation ['trænspɔː'teɪʃən] *n* транспортиро́вка; (*means of transport*) тра́нспорт

transvestite [trænz'vɛstaɪt] *n* трансвести́т

trap [træp] *n* лову́шка, западня́ ⊳ *vt* лови́ть (*perf* пойма́ть) в лову́шку; (*confine*) запира́ть (*perf* запере́ть)

trash [træʃ] *n* му́сор; (*pej, fig*) дрянь *f*

trauma ['trɔːmə] *n* тра́вма; **traumatic** [trɔː'mætɪk] *adj* (*fig*) мучи́тельный

travel ['trævl] *n* (*travelling*) путеше́ствия *npl* ⊳ *vi* (*for pleasure*) путеше́ствовать (*impf*); (*commute*) е́здить (*impf*); (*news, sound*) распространя́ться (*perf* распространи́ться) ⊳ *vt* (*distance: by transport*) проезжа́ть (*perf* прое́хать); **travels** *npl* (*journeys*) разъе́зды *mpl*; **travel agent** *n* тураге́нт; **traveller** (*US* **traveler**) *n* путеше́ственник(-ица); **traveller's cheque** (*US* **traveler's check**) *n* доро́жный чек

tray [treɪ] *n* (*for carrying*) подно́с; (*on desk*) корзи́нка

treacherous ['trɛtʃərəs] *adj* (*person*) веролом́ный; (*look, action*) преда́тельский; (*ground, tide*) кова́рный

treacle ['triːkl] *n* па́тока

tread [trɛd] (*pt* **trod**, *pp* **trodden**) *n* (*of stair*) ступе́нь *f*; (*of tyre*) проте́ктор ⊳ *vi* ступа́ть (*impf*)

treason ['triːzn] *n* изме́на

treasure ['trɛʒəʳ] *n* сокро́вище ⊳ *vt* дорожи́ть (*impf*) +*instr*; (*thought*) леле́ять (*impf*);

treasures *npl* (*art treasures etc*) сокро́вища *ntpl*; **treasurer** *n* казначе́й

treasury ['trɛʒərɪ] *n*: **the Treasury**, (*US*) **the Treasury Department** Госуда́рственное Казначе́йство

treat [triːt] *n* (*present*) удово́льствие ⊳ *vt* (*person, object*) обраща́ться (*impf*) с +*instr*; (*patient, illness*) лечи́ть (*impf*); **to treat sb to sth** угоща́ть (*perf* угости́ть) кого́-н чем-н; **treatment** *n* (*attention, handling*) обраще́ние; (*Med*) лече́ние

treaty ['triːtɪ] *n* соглаше́ние

treble ['trɛbl] *vt* утра́ивать (*perf* утро́ить) ⊳ *vi* утра́иваться (*perf* утро́иться)

tree [triː] *n* де́рево

trek [trɛk] *n* (*trip*) похо́д, перехо́д

tremble ['trɛmbl] *vi* дрожа́ть (*impf*)

tremendous [trɪ'mɛndəs] *adj* (*enormous*) грома́дный; (*excellent*) великоле́пный

trench [trɛntʃ] *n* кана́ва; (*Mil*) транше́я, око́п

trend [trɛnd] *n* (*tendency*) тенде́нция; (*of events, fashion*) направле́ние; **trendy** *adj* мо́дный

trespass ['trɛspəs] *vi*: **to trespass on** (*private property*) вторга́ться (*perf* вто́ргнуться) в +*acc*; **"no trespassing"** "прохо́д воспрещён"

trial ['traɪəl] *n* (*Law*) проце́сс, суд; (*of machine etc*) испыта́ние; **trials** *npl* (*bad experiences*) перипети́и *fpl*; **on trial** (*Law*) под судо́м; **by trial and error** ме́тодом проб и оши́бок

triangle ['traɪæŋgl] *n* (*Math, Mus*) треуго́льник

triangular [traɪ'æŋgjʊləʳ] *adj* треуго́льный

tribe [traɪb] n племя nt

tribunal [traɪˈbjuːnl] n трибунал

tribute [ˈtrɪbjuːt] n (compliment) дань f; **to pay tribute to** отдавать (perf отдать) дань +dat

trick [trɪk] n (magic trick) фокус; (prank) подвох; (skill, knack) приём ▷ vt проводить (perf провести); **to play a trick on sb** разыгрывать (perf разыграть) кого-н; **that should do the trick** это должно сработать

trickle [ˈtrɪkl] n (of water etc) струйка ▷ vi (water, rain etc) струиться

tricky [ˈtrɪkɪ] adj (job) непростой; (business) хитрый; (problem) каверзный

trifle [ˈtraɪfl] n (small detail) пустяк ▷ adv: **a trifle long** чуть длинноват

trigger [ˈtrɪɡə] n (of gun) курок

trim [trɪm] adj (house, garden) ухоженный; (figure) подтянутый ▷ vt (cut) подравнивать (perf подровнять); (decorate): **to trim (with)** отделывать (perf отделать) (+instr) ▷ n: **to give sb a trim** подравнивать (perf подровнять) волосы кому-н

trip [trɪp] n (journey) поездка; (outing) экскурсия ▷ vi (stumble) спотыкаться (perf споткнуться); **on a trip** на экскурсии; **trip up** vi (stumble) спотыкаться (perf споткнуться) ▷ vt (person) ставить (perf подставить) подножку +dat

triple [ˈtrɪpl] adj тройной

tripod [ˈtraɪpɔd] n тренога

triumph [ˈtraɪəmf] n (satisfaction) торжество; (achievement) триумф ▷ vi: **to triumph (over)** торжествовать (perf восторжествовать) (над

+instr); **triumphant** [traɪˈʌmfənt] adj (team, wave) торжествующий; (return) победный

trivial [ˈtrɪvɪəl] adj тривиальный

trod [trɔd] pt of **tread**; **trodden** pp of **tread**

trolley [ˈtrɔlɪ] n тележка; (also **trolley bus**) троллейбус

trombone [trɔmˈbəun] n тромбон

troop [truːp] n (of soldiers) отряд; (of people) группа; **troops** npl (Mil) войска ntpl

trophy [ˈtrəufɪ] n трофей

tropical [ˈtrɔpɪkl] adj тропический

trot [trɔt] n рысь f (способ бега)

trouble [ˈtrʌbl] n (difficulty) затруднение; (worry, unrest) беспокойство; (bother, effort) хлопоты pl ▷ vt (worry) беспокоить (impf); (disturb) беспокоить (perf побеспокоить) ▷ vi: **to trouble to do** побеспокоиться (perf) +infin; **troubles** npl (personal) неприятности fpl; **to be in trouble** (ship, climber) быть (impf) в беде; **I am in trouble** у меня неприятности; **to have trouble doing** с трудом +infin; **troubled** adj (person) встревоженный; (times) смутный; (country) многострадальный; **troublemaker** n смутьян; **troublesome** adj (child) озорной

trough [trɔf] n (also **drinking trough**) корыто; (also **feeding trough**) кормушка; (low point) впадина

trousers [ˈtrauzəz] npl брюки pl; **short trousers** шорты

trout [traut] n inv (Zool) форель f

truant [ˈtruənt] n (Brit): **to play**

truant прогу́ливать (*perf* прогуля́ть) уро́ки

truce [truːs] *n* переми́рие

truck [trʌk] *n* (*lorry*) грузови́к; (*Rail*) платфо́рма

true [truː] *adj* и́стинный; (*accurate*: *likeness*) то́чный; (*loyal*) ве́рный; **to come true** сбыва́ться (*perf* сбы́ться); **it is true** это пра́вда *or* ве́рно

truly ['truːlɪ] *adv* по-настоя́щему; (*truthfully*) по пра́вде говоря́; **yours truly** (*in letter*) и́скренне Ваш

trumpet ['trʌmpɪt] *n* (*Mus*) труба́

trunk [trʌŋk] *n* (*of tree*) ствол; (*of elephant*) хо́бот; (*case*) доро́жный сунду́к; (*US*: *Aut*) бага́жник; **trunks** *npl* (*also* **swimming trunks**) пла́вки *pl*

trust [trʌst] *n* (*faith*) дове́рие; (*responsibility*) долг; (*Law*) довери́тельная со́бственность f ▷ *vt* (*rely on, have faith in*) доверя́ть (*impf*) +*dat*; (*hope*): **to trust (that)** полага́ть (*impf*), что; (*entrust*): **to trust sth to sb** доверя́ть (*perf* дове́рить) что-н кому́-н; **to take sth on trust** принима́ть (*perf* приня́ть) что-н на ве́ру; **trusted** *adj* пре́данный; **trustworthy** *adj* надёжный

truth [truːθ] *n* пра́вда; (*principle*) и́стина; **truthful** *adj* правди́вый

try [traɪ] *n* (*attempt*) попы́тка; (*Rugby*) прохо́д с мячо́м ▷ *vt* (*test*) про́бовать (*perf* попро́бовать); (*Law*) суди́ть (*impf*); (*patience*) испы́тывать (*impf*); (*key, door*) про́бовать (*perf* попро́бовать); (*attempt*): **to try to do** стара́ться (*perf* постара́ться) *or* пыта́ться (*perf* попыта́ться) +*infin* ▷ *vi* (*make effort*) стара́ться (*impf*); **to have a try** про́бовать

(*perf* попро́бовать); **try on** *vt* (*dress etc*) приме́рить (*perf* приме́рить); **trying** *adj* утоми́тельный

tsar [zɑː⁽ʳ⁾] *n* царь *m*

T-shirt ['tiːʃəːt] *n* футбо́лка

tub [tʌb] *n* (*container*) бо́чка; (*bath*) ва́нна

tube [tjuːb] *n* (*pipe*) тру́бка; (*container*) тю́бик; (*Brit*: *underground train*) метро́ *nt ind*; (*for tyre*) ка́мера

tuberculosis [tjubəːkjuˈləusɪs] *n* туберкулёз

tuck [tʌk] *vt* (*put*) су́нуть (*perf*)

Tuesday ['tjuːzdɪ] *n* вто́рник

tug [tʌg] *n* (*ship*) букси́р ▷ *vt* дёргать (*perf* дёрнуть)

tuition [tjuːˈɪʃən] *n* (*Brit*) обуче́ние; (*US*: *fees*) пла́та за обуче́ние; **private tuition** ча́стные уро́ки

tulip ['tjuːlɪp] *n* тюльпа́н

tumble ['tʌmbl] *n* паде́ние ▷ *vi* (*fall*: *person*) вали́ться (*perf* свали́ться)

tumbler ['tʌmblə⁽ʳ⁾] *n* бока́л

tummy ['tʌmɪ] *n* (*inf*) живо́т

tumour ['tjuːmə⁽ʳ⁾] (*US* **tumor**) *n* (*Med*) о́пухоль f

tuna ['tjuːnə] *n inv* (*also* **tuna fish**) туне́ц

tune [tjuːn] *n* (*melody*) моти́в ▷ *vt* настра́ивать (*perf* настро́ить); (*Aut*) нала́живать (*perf* нала́дить); **the guitar is in/out of tune** гита́ра настро́ена/расстро́ена; **to sing in tune** петь (*impf*) в лад; **to sing out of tune** фальши́вить (*impf*); **to be in/out of tune with** (*fig*) быть (*impf*) в ладу́/не в ладу́ +*instr*; **tune in** *vi* (*Radio, TV*): **to tune in (to)** настра́иваться (*perf* настро́иться) (на +*acc*)

tunic ['tjuːnɪk] *n* ту́ника

tunnel ['tʌnl] n (passage) туннéль m

turf [tə:f] n (grass) дёрн

Turkey ['tə:kɪ] n Тýрция

turkey ['tə:kɪ] n индéйка

Turkish ['tə:kɪʃ] adj турéцкий

turmoil ['tə:mɔɪl] n смятéние; **in turmoil** в смятéнии

turn [tə:n] n поворóт; (chance) óчередь f; (inf: Med) вывих ▷ vt поворáчивать (perf повернýть) ▷ vi (object) повора́чиваться (perf повернýться); (person: look back) обора́чиваться (perf обернýться); (reverse direction) развора́чиваться (perf развернýться); (become): **he's turned forty** емý испóлнилось сóрок; **a good/bad turn** дóбрая/плоха́я услýга; **"no left turn"** (Aut) "нет лéвого поворóта"; **it's your turn** твоя́ óчередь; **in turn** по óчереди; **to take turns at sth** дéлать (impf) что-н по óчереди; **to turn nasty** озлобля́ться (perf озлóбиться); **turn away** vi отвора́чиваться (perf отвернýться) ▷ vt (business, applicant) отклоня́ть (perf отклонýть); **turn back** vi повора́чивать (perf повернýть) назáд ▷ vt (person) развора́чивать (perf развернýть); (vehicle) развора́чивать (perf развернýть); **to turn back the clock** (fig) повернýть (perf) врéмя вспять; **turn down** vt (request) отклоня́ть (perf отклонýть); (heating) уменьша́ть (perf умéньшить) подáчу +gen; **turn in** vi (inf) идти́ (perf пойти́) на боковýю; **turn off** vi свора́чивать (perf свернýть) ▷ vt выключа́ть (perf выключить); **turn on** vt включáть (perf включить); **turn out** vt (light,

gas) выключáть (perf выключить); (produce) выпускáть (perf выпустить) ▷ vi (troops, voters) прибывáть (perf прибы́ть); **to turn out to be** окáзываться (perf оказáться) +instr; **turn over** vi (person) перевора́чиваться (perf переверну́ться) ▷ vt (object, page) перевора́чивать (perf переверну́ть); **turn round** vi (person, vehicle) развора́чиваться (perf развернýться); **turn up** vi (person) объявля́ться (perf объявиться); (lost object) находи́ться (perf найти́сь) ▷ vt (collar) поднимáть (perf подня́ть); (radio) дéлать (perf сдéлать) грóмче; (heater) увели́чивать (perf увели́чить) подáчу +gen; **turning** n поворóт; **turning point** n (fig) поворóтный пункт, перелóмный момéнт

turnip ['tə:nɪp] n (Bot, Culin) рéпа

turnout ['tə:naut] n: **there was a high turnout for the local elections** в мéстных вы́борах при́няло учáстие мнóго людéй

turnover ['tə:nəuvə*] n (Comm) оборóт; (: of staff) текýчесть f

turquoise ['tə:kwɔɪz] adj (colour) бирюзóвый

turtle ['tə:tl] n черепáха

tutor ['tju:tə*] n преподавáтель(ница) m(f); (private tutor) репети́тор; **tutorial** [tju:'tɔ:rɪəl] n (Scol) семинáр

TV n abbr (= television) ТВ (= телеви́дение)

tweed [twi:d] n твид

twelfth [twelfθ] adj двенáдцатый

twelve [twelv] n двенáдцать; **at twelve (o'clock)** в двенáдцать (часóв)

twentieth ['twɛntɪɪθ] adj двадцáтый

twenty ['twɛntɪ] *n* два́дцать

twice [twaɪs] *adv* два́жды; **twice as much** вдво́е бо́льше

twig [twɪg] *n* сучо́к

twilight ['twaɪlaɪt] *n* (*evening*) су́мерки *mpl*

twin [twɪn] *adj* (*towers*) па́рный ▷ *n* близне́ц ▷ *vt*: **to be twinned with** (*towns etc*) быть (*impf*) побра́тимами с +*instr*; **twin sister** сестра́-близне́ц; **twin brother** брат-близне́ц

twinkle ['twɪŋkl] *vi* мерца́ть (*impf*); (*eyes*) сверка́ть (*impf*)

twist [twɪst] *n* (*action*) закру́чивание; (*in road, coil, flex*) вито́к; (*in story*) поворо́т ▷ *vt* (*turn*) изгиба́ть (*perf* изогну́ть); (*injure: ankle etc*) выви́хивать (*perf* вы́вихнуть); (*fig: meaning, words*) искажа́ть (*perf* искази́ть), коверка́ть (*perf* исковерка́ть) ▷ *vi* (*road, river*) извива́ться (*impf*)

twitch [twɪtʃ] *n* (*nervous*) подёргивание

two [tuː] *n* два *m/nt* (*f* две); **to put two and two together** (*fig*) сообража́ть (*perf* сообрази́ть) что к чему́

type [taɪp] *n* тип; (*Typ*) шрифт ▷ *vt* (*letter etc*) печа́тать (*perf* напеча́тать); **typewriter** *n* пи́шущая маши́нка

typhoid ['taɪfɔɪd] *n* брюшно́й тиф

typhoon [taɪ'fuːn] *n* тайфу́н

typical ['tɪpɪkl] *adj*: **typical (of)** типи́чный (для +*gen*)

typing ['taɪpɪŋ] *n* машинопись *f*

typist ['taɪpɪst] *n* машини́стка

tyre ['taɪə'] (*US* **tire**) *n* ши́на

tzar [zɑː'] *n* = **tsar**

u

UFO *n abbr* (= *unidentified flying object*) НЛО (= неопо́знанный лета́ющий объе́кт)

ugly ['ʌglɪ] *adj* (*person, dress etc*) уро́дливый, безобра́зный; (*dangerous: situation*) скве́рный

UK *n abbr* = **United Kingdom**

Ukraine [juː'kreɪn] *n* Украи́на

Ukrainian [juː'kreɪnɪən] *adj* украи́нский

ulcer ['ʌlsə'] *n* я́зва

ultimate ['ʌltɪmət] *adj* (*final*) оконча́тельный, коне́чный; (*greatest*) преде́льный; **ultimately** *adv* в коне́чном ито́ге; (*basically*) в преде́льном счёте

ultimatum [ʌltɪ'meɪtəm] (*pl* **ultimatums** *or* **ultimata**) *n* ультима́тум

ultraviolet [ʌltrə'vaɪəlɪt] *adj* (*light etc*) ультрафиоле́товый

umbrella [ʌmˈbrɛlə] n (for rain, sun) зонт, зо́нтик

umpire [ˈʌmpaɪəᵗ] n судья́ m, рефери́ m ind

UN n abbr = **United Nations**

unable [ʌnˈeɪbl] adj неспосо́бный; **he is unable to pay** он не спосо́бен заплати́ть

unanimous [juːˈnænɪməs] adj единоду́шный

unarmed [ʌnˈɑːmd] adj безору́жный

unattached [ʌnəˈtætʃt] adj (person) одино́кий

unattractive [ʌnəˈtræktɪv] adj непривлека́тельный

unavoidable [ʌnəˈvɔɪdəbl] adj (delay) неизбе́жный

unaware [ʌnəˈwɛəᵗ] adj: **to be unaware of** не подозрева́ть (impf) о +prp; (fail to notice) не осознава́ть (impf)

unbearable [ʌnˈbɛərəbl] adj невыноси́мый

unbeatable [ʌnˈbiːtəbl] adj (price, quality) непревзойдённый

unbelievable [ʌnbɪˈliːvəbl] adj невероя́тный

uncanny [ʌnˈkænɪ] adj (resemblance, knack) необъясни́мый; (silence) жу́ткий

uncertain [ʌnˈsəːtn] adj (unsure): **uncertain about** неуве́рен относи́тельно +gen; **in no uncertain terms** без обиняко́в, вполне́ определённо; **uncertainty** n (not knowing) неопределённость f; (often pl: doubt) сомне́ние

unchanged [ʌnˈtʃeɪndʒd] adj (orders, habits) неизме́нный

uncle [ˈʌŋkl] n дя́дя m

uncomfortable [ʌnˈkʌmfətəbl] adj неудо́бный; (unpleasant) гнету́щий

uncommon [ʌnˈkɔmən] adj (rare, unusual) необы́чный

unconditional [ʌnkənˈdɪʃənl] adj (acceptance, obedience) безусло́вный; (discharge, surrender) безогово́рочный

unconscious [ʌnˈkɔnʃəs] adj без созна́ния; (unaware): **unconscious of** созна́ющий +gen

uncontrollable [ʌnkənˈtrəuləbl] adj (child, animal) неуправля́емый; (laughter) неуде́ржимый

unconventional [ʌnkənˈvɛnʃənl] adj нетрадицио́нный

uncover [ʌnˈkʌvəᵗ] vt открыва́ть (perf откры́ть); (plot, secret) раскрыва́ть (perf раскры́ть)

undecided [ʌndɪˈsaɪdɪd] adj (person) коле́блющийся; **he is undecided as to whether he will go** он не реши́л пойдёт ли он

undeniable [ʌndɪˈnaɪəbl] adj (fact, evidence) неоспори́мый

under [ˈʌndəᵗ] adv (go, fly etc) вниз ♦ prep (position) под +instr; (motion) под +acc; (less than: cost, pay) ме́ньше +gen; (according to) по +dat; (during) при +prp; **children under 16** де́ти до 16-ти лет; **under there** там внизу́; **under repair** в ремо́нте

undercover [ʌndəˈkʌvəᵗ] adj та́йный

underestimate [ˈʌndərˈɛstɪmeɪt] vt недооце́нивать (perf недооцени́ть)

undergo [ʌndəˈgəu] (irreg like **go**) vt (repair) проходи́ть (perf пройти́); (operation) переноси́ть (perf перенести́); (change) претерпева́ть (perf претерпе́ть)

undergraduate [ʌndəˈgrædjuət] n студе́нт(ка)

underground [ˈʌndəgraund] adv

(*work*) под землёй ▷ *adj* (*car park*)
подзе́мный; (*activities*)
подпо́льный ▷ *n*: **the**
underground (*Brit: Rail*) метро́ *nt*
ind; (*Pol*) подпо́лье

underline [ʌndə'laɪn] *vt*
подчёркивать (*perf* подчеркну́ть)

undermine [ʌndə'maɪn] *vt*
(*authority*) подрыва́ть (*perf*
подорва́ть)

underneath [ʌndə'niːθ] *adv*
внизу́ ▷ *prep* (*position*) под
+*instr*; (*motion*) под +*acc*

underpants ['ʌndəpænts] *npl*
(*men's*) трусы́ *pl*

underprivileged
[ʌndə'prɪvɪlɪdʒd] *adj* (*family*)
неиму́щий

understand [ʌndə'stænd] (*irreg*
like **stand**) *vt* понима́ть (*perf*
поня́ть); (*believe*): **to understand**
that (*impf*), что;
understandable *adj* поня́тный;
understanding *adj* понима́ющий
▷ *n* понима́ние; (*agreement*)
договорённость *f*

understatement ['ʌndəsteɪtmənt]
n: **that's an understatement!** э́то
сли́шком мя́гко ска́зано!

understood [ʌndə'stud] *pt, pp of*
understand ▷ *adj* (*agreed*)
согласо́ванный; (*implied*)
подразумева́емый

undertake [ʌndə'teɪk] (*irreg like*
take) *vt* (*task, duty*) брать (*perf*
взять) на себя́; **to undertake to do**
обя́зываться (*perf* обяза́ться)
+*infin*

undertaker ['ʌndəteɪkə'] *n*
владе́лец похоро́нного бюро́

underwater [ʌndə'wɔːtə'] *adv*
под водо́й ▷ *adj* подво́дный

underwear ['ʌndəwɛə'] *n*
ни́жнее бельё

underworld ['ʌndəwɔːld] *n* (*of*

crime) престу́пный мир

undesirable [ʌndɪ'zaɪərəbl] *adj*
нежела́тельный

undisputed ['ʌndɪs'pjuːtɪd] *adj*
неоспори́мый

undo [ʌn'duː] (*irreg like* do) *vt*
(*laces, strings*) развя́зывать (*perf*
развяза́ть); (*buttons*) расстёгивать
(*perf* расстегну́ть); (*spoil*) губи́ть
(*perf* погуби́ть)

undoubtedly *adv* несомне́нно,
бесспо́рно

undress [ʌn'drɛs] *vt* раздева́ть
(*perf* разде́ть) ▷ *vi* раздева́ться
(*perf* разде́ться)

uneasy [ʌn'iːzɪ] *adj* (*feeling*)
трево́жный; (*peace, truce*)
напряжённый; **he is** or **feels**
uneasy он неспоко́ен

unemployed [ʌnɪm'plɔɪd] *adj*
безрабо́тный ▷ *npl*: **the**
unemployed безрабо́тные *pl adj*

unemployment [ʌnɪm'plɔɪmənt]
n безрабо́тица

uneven [ʌn'iːvn] *adj* неро́вный

unexpected [ʌnɪks'pɛktɪd] *adj*
неожи́данный; **unexpectedly**
adv неожи́данно

unfair [ʌn'fɛə'] *adj*: **unfair: to sb**
несправедли́вый (к +*dat*)

unfaithful [ʌn'feɪθful] *adj*
неве́рный

unfamiliar [ʌnfə'mɪlɪə'] *adj*
незнако́мый

unfashionable [ʌn'fæʃnəbl] *adj*
немо́дный

unfavourable [ʌn'feɪvrəbl] (*US*
unfavorable) *adj*
неблагоприя́тный

unfinished [ʌn'fɪnɪʃt] *adj*
незако́нченный

unfit [ʌn'fɪt] *adj* (*physically*): **she**
is unfit она́ в плохо́й спорти́вной
фо́рме; **he is unfit for the job** он
непригоден для э́той рабо́ты

unfold [ʌnˈfəʊld] vt (sheets, map) разворачивать (perf развернуть) ▷ vi (situation) разворачиваться (perf развернуться)

unforgettable [ʌnfəˈgɛtəbl] adj незабываемый

unfortunate [ʌnˈfɔːtʃənət] adj (unlucky) несчастный; (regrettable) неудачный; **unfortunately** adv к сожалению

unfriendly [ʌnˈfrɛndlɪ] adj недружелюбный

unhappy [ʌnˈhæpɪ] adj несчастный; **unhappy with** (dissatisfied) недовольный +instr

unhealthy [ʌnˈhɛlθɪ] adj нездоровый

unhurt [ʌnˈhəːt] adj невредимый

unidentified [ʌnaɪˈdɛntɪfaɪd] adj (unnamed) анонимный; see also **UFO**

uniform [ˈjuːnɪfɔːm] n форма ▷ adj (length, width) единообразный; (temperature) постоянный

uninhabited [ʌnɪnˈhæbɪtɪd] adj необитаемый

unintentional [ʌnɪnˈtɛnʃənəl] adj неумышленный

union [ˈjuːnjən] n (unification) объединение; (also **trade union**) профсоюз ▷ cpd профсоюзный

unique [juːˈniːk] adj уникальный

unit [ˈjuːnɪt] n (single whole) целое nt adj; (measurement) единица; (section: of furniture etc) секция

unite [juːˈnaɪt] vt объединять (perf объединить) ▷ vi объединяться (perf объединиться); **united** adj объединённый; (effort) совместный; **United Kingdom** n Соединённое Королевство; **United Nations (Organization)** n (Организация) Объединённых Наций; **United States (of America)** n Соединённые Штаты (Америки)

unity [ˈjuːnɪtɪ] n единство

universal [juːnɪˈvəːsl] adj универсальный

universe [ˈjuːnɪvəːs] n вселенная f adj

university [juːnɪˈvəːsɪtɪ] n университет

unjust [ʌnˈdʒʌst] adj несправедливый

unkind [ʌnˈkaɪnd] adj недобрый; (behaviour) злобный

unknown [ʌnˈnəʊn] adj неизвестный

unlawful [ʌnˈlɔːful] adj незаконный

unleash [ʌnˈliːʃ] vt (fig: feeling) давать (perf дать) волю +dat; (: force) развязывать (perf развязать)

unless [ʌnˈlɛs] conj если не; **he won't come, unless we ask** он не придёт, если мы не попросим

unlike [ʌnˈlaɪk] adj (not alike) непохожий ▷ prep (different from) в отличие от +gen; **he is unlike his brother** (not like) он не похож на брата

unlikely [ʌnˈlaɪklɪ] adj (not likely) маловероятный

unlimited [ʌnˈlɪmɪtɪd] adj неограниченный

unload [ʌnˈləʊd] vt (box, car) разгружать (perf разгрузить)

unlucky [ʌnˈlʌkɪ] adj невезучий; (object) несчастливый; **he is unlucky** он невезучий, ему не везёт

unmarried [ʌnˈmærɪd] adj (man) неженатый, холостой; (woman) незамужняя

unmistak(e)able [ʌnmɪsˈteɪkəbl]

adj (*voice, sound*) характе́рный

unnatural [ʌnˈnætʃrəl] *adj*
неесте́ственный

unnecessary [ʌnˈnɛsəsərɪ] *adj*
нену́жный

UNO *n abbr* (= United Nations
Organization) ООН (= *Организа́ция
Объединённых На́ций*)

unofficial [ʌnəˈfɪʃl] *adj*
неофициа́льный

unpack [ʌnˈpæk] *vi*
распако́вываться (*perf*
распакова́ться) ▷ *vt*
распако́вывать (*perf* распакова́ть)

unpleasant [ʌnˈplɛznt] *adj*
неприя́тный

unpopular [ʌnˈpɒpjuləʳ] *adj*
непопуля́рный

unprecedented [ʌnˈprɛsɪdəntɪd]
adj беспрецеде́нтный

unpredictable [ʌnprɪˈdɪktəbl]
adj непредска́зуемый

unqualified [ʌnˈkwɒlɪfaɪd] *adj*
неквалифици́рованный; (*total*)
соверше́нный

unravel [ʌnˈrævl] *vt* (*fig: mystery*)
разга́дывать (*perf* разга́дать)

unreal [ʌnˈrɪəl] *adj* (*not real*)
нереа́льный

unrealistic [ʌnrɪəˈlɪstɪk] *adj*
нереалисти́чный

unreasonable [ʌnˈriːznəbl] *adj*
неразу́мный; (*length of time*)
нереа́льный

unrelated [ʌnrɪˈleɪtɪd] *adj*
(*incident*) изоли́рованный,
отде́льный; **to be unrelated**
(*people*) не состоя́ть (*impf*) в
родстве́

unreliable [ʌnrɪˈlaɪəbl] *adj*
ненадёжный

unrest [ʌnˈrɛst] *n* волне́ния *ntpl*

unruly [ʌnˈruːlɪ] *adj*
неуправля́емый

unsafe [ʌnˈseɪf] *adj* опа́сный

unsatisfactory [ʌnsætɪsˈfæktərɪ]
adj неудовлетвори́тельный

unsettled [ʌnˈsɛtld] *adj* (*person*)
беспоко́йный; **the weather is
unsettled** пого́да не установи́лась

unsightly [ʌnˈsaɪtlɪ] *adj*
непригля́дный

unskilled [ʌnˈskɪld] *adj*
неквалифици́рованный

unstable [ʌnˈsteɪbl] *adj*
(*government*) нестаби́льный;
(*person: mentally*)
неуравнове́шенный

unsteady [ʌnˈstɛdɪ] *adj*
нетвёрдый

unsuccessful [ʌnsəkˈsɛsful] *adj*
(*attempt*) безуспе́шный; (*writer*)
неуда́вшийся; **to be unsuccessful**
(*in sth*) терпе́ть (*perf* потерпе́ть)
неуда́чу (в чём-н); **your application
was unsuccessful** Ва́ше заявле́ние
не при́нято

unsuitable [ʌnˈsuːtəbl] *adj*
неподходя́щий

unsure [ʌnˈʃuəʳ] *adj*
неуве́ренный; **he is unsure of
himself** он неуве́рен в себе́

untidy [ʌnˈtaɪdɪ] *adj* неопря́тный

until [ənˈtɪl] *prep* до +*gen* ▷ *conj*
пока́ не; **until he comes** пока́ он не
придёт; **until now/then** до сих/тех
пор

unused[1] [ʌnˈjuːzd] *adj* (*not used*)
неиспо́льзованный

unused[2] [ʌnˈjuːst] *adj*: **he is
unused to it** он к э́тому не привы́к;
she is unused to flying она́ не
привы́кла лета́ть

unusual [ʌnˈjuːʒuəl] *adj*
необы́чный; (*exceptional*)
необыкнове́нный

unveil [ʌnˈveɪl] *vt* (*statue*)
открыва́ть (*perf* откры́ть)

unwanted [ʌnˈwɒntɪd] *adj* (*child,
pregnancy*) нежела́нный

unwell [ʌnˈwɛl] adj: **to feel unwell** чувствовать (impf) себя плохо; **he is unwell** он плохо себя чувствует, он нездоров

unwilling [ʌnˈwɪlɪŋ] adj: **to be unwilling to do** не хотеть (impf) +infin

unwind [ʌnˈwaɪnd] (irreg like **wind²**) vi (relax) расслабляться (perf расслабиться)

unwise [ʌnˈwaɪz] adj неблагоразумный

KEYWORD

up [ʌp] prep (motion) на +acc; (position) на +prp; **he went up the stairs/the hill** он поднялся по лестнице/на гору; **the cat was up a tree** кошка была на дереве; **they live further up this street** они живут дальше на этой улице; **he has gone up to Scotland** он поехал в Шотландию

▷ adv 1 (upwards, higher): **up in the sky/the mountains** высоко в небе/в горах; **put the picture a bit higher up** повесьте картину повыше; **up there** (up above) там наверху

2: to be up (out of bed) вставать (perf встать); (prices, level) подниматься (perf подняться); **the tent is up** палатка установлена

3: up to (as far as) до +gen; **up to now** до сих пор

4: to be up to (depending on) зависеть (impf) от +gen; **it's not up to me to decide** не мне решать; **it's up to you** это на Ваше усмотрение

5: to be up to (inf: be doing) затевать (impf); (be satisfactory) соответствовать (impf) +dat, отвечать (impf) +dat; **he's not up**
to the job он не справляется с этой работой; **his work is not up to the required standard** его работа не соответствует требуемым стандартам; **what's she up to these days?** а что она теперь поделывает?

▷ n: **ups and downs** (in life, career) взлёты mpl и падения ntpl

upbringing [ˈʌpbrɪŋɪŋ] n воспитание

update [ʌpˈdeɪt] vt (records) обновлять (perf обновить)

upgrade [ʌpˈgreɪd] vt (house, equipment) модернизировать (impf/perf); (employee) повышать (perf повысить) (в должности)

upheaval [ʌpˈhiːvl] n переворот

uphill [ʌpˈhɪl] adj (fig) тяжёлый, напряжённый ▷ adv вверх; **to go uphill** подниматься (perf подняться) в гору

upholstery [ʌpˈhəʊlstərɪ] n обивка

upon [əˈpɔn] prep (position) на +prp; (motion) на +acc

upper [ˈʌpə] adj верхний ▷ n верх

upright [ˈʌpraɪt] adj (vertical) вертикальный; (honest) безупречный

uprising [ˈʌpraɪzɪŋ] n восстание

uproar [ˈʌprɔː] n (protest) возмущение; (shouts) гомон, крики mpl

upset [vb, adj ʌpˈsɛt, n ˈʌpsɛt] (irreg like **set**) vt (glass etc) опрокидывать (perf опрокинуть); (routine) нарушать (perf нарушить); (person, plan) расстраивать (perf расстроить)

▷ adj расстроенный; **I have a stomach upset** (Brit) у меня расстройство желудка

u

upside down [ˈʌpsaɪd-] adv
(hang, hold) вверх нога́ми; (turn)
вверх дном

upstairs [ʌpˈstɛəz] adv (be)
наверху́; (go) наве́рх ▷ adj
ве́рхний ▷ n ве́рхний эта́ж

up-to-date [ˈʌptəˈdeɪt] adj
(information) после́дний;
(equipment) нове́йший

upward [ˈʌpwəd] adj: **upward
movement/glance** движе́ние/
взгляд вверх ▷ adv = **upwards**;
upwards adv вверх; (more than):
upwards of свы́ше +gen

uranium [juəˈreɪnɪəm] n ура́н

urban [ˈəːbən] adj городско́й

urge [əːdʒ] n потре́бность f ▷ vt:
to urge sb to do настоя́тельно
проси́ть (perf попроси́ть) кого́-н
+infin

urgency [ˈəːdʒənsɪ] n (of task etc)
неотло́жность f; (of tone)
насто́йчивость f

urgent [ˈəːdʒənt] adj (message)
сро́чный; (need) насу́щный,
неотло́жный; (voice) насто́йчивый

urinate [ˈjuərɪneɪt] vi мочи́ться
(perf помочи́ться)

urine [ˈjuərɪn] n моча́

US n abbr = United States) США
(= Соединённые Шта́ты Аме́рики)

us [ʌs] pron (direct) нас; (indirect)
нам; (after prep: +gen, +prp) нас;
(: +dat) нам; (: +instr) на́ми; **a few
of us** не́которые из нас; see also
me

USA n abbr (= United States of
America) США (= Соединённые
Шта́ты Аме́рики)

use [vb juːz, n juːs] vt (object,
tool) по́льзоваться (perf +instr),
испо́льзовать (impf/perf); (phrase)
употребля́ть (perf употреби́ть)
▷ n (using) испо́льзование,
употребле́ние; (usefulness)

по́льза; (purpose) примене́ние;
she used to do it она́ когда́-то
занима́лась э́тим; **what's this used
for?** для чего́ э́то испо́льзуется?;
to use привы́кнуть (perf) к
+dat; **to be in use** употребля́ться
(impf), быть (impf) в
употребле́нии; **to be out of use** не
употребля́ться (impf); **of use**
поле́зный; **it's no use** (э́то)
бесполе́зно; **use up** vt (food)
расхо́довать (perf израсхо́довать);
used [juːzd] adj (car)
поде́ржанный; **useful** [ˈjuːsful]
adj поле́зный; **useless** [ˈjuːslɪs]
adj (unusable) непри́годный;
(pointless) бесполе́зный; **user**
[ˈjuːzər] n по́льзователь m;
user-friendly adj просто́й в
испо́льзовании

USSR n abbr (formerly) (= Union
of Soviet Socialist Republics) СССР
(= Сою́з Сове́тских
Социалисти́ческих Респу́блик)

usual [ˈjuːʒuəl] adj (time, place
etc) обы́чный; **as usual** как
обы́чно; **usually** adv обы́чно

utensil [juːˈtɛnsl] n инструме́нт;
(for cooking) принадле́жность f

utility [juːˈtɪlɪtɪ] n: **public utilities**
коммуна́льные услу́ги fpl

utilize [ˈjuːtɪlaɪz] vt
утилизи́ровать (impf/perf)

utmost [ˈʌtməust] adj
велича́йший ▷ n: **to do one's
utmost** де́лать (perf сде́лать) всё
возмо́жное

utter [ˈʌtər] adj (amazement)
по́лный; (conviction) глубо́кий;
(rubbish) соверше́нный ▷ vt
(words) произноси́ть (perf
произнести́); **utterly** adv
соверше́нно

U-turn [ˈjuːˈtəːn] n (Aut)
разворо́т на 180 гра́дусов

V

(*useless*) тщётный; **in vain** тщётно, напрасно

valid ['vælɪd] *adj* (*ticket, document*) действительный; (*reason, argument*) веский

valley ['vælɪ] *n* долина

valuable ['væljuəbl] *adj* ценный; (*time*) драгоценный; **valuables** *npl* (*jewellery etc*) ценности *fpl*

value ['vælju:] *n* ценность *f* ▷ *vt* оценивать (*perf* оценить); (*appreciate*) ценить (*impf*); **values** *npl* (*principles*) ценности *fpl*

valve [vælv] *n* (*also Med*) клапан

vampire ['væmpaɪə^r] *n* вампир

van [væn] *n* (*Aut*) фургон

vandalism ['vændəlɪzəm] *n* вандализм

vanilla [və'nɪlə] *n* ваниль *f*

vanish ['vænɪʃ] *vi* исчезать (*perf* исчезнуть)

vanity ['vænɪtɪ] *n* тщеславие

vapour ['veɪpə^r] (*US* vapor) *n* пар

variable ['vɛərɪəbl] *adj* (*likely to change*) изменчивый; (*able to be changed: speed*) переменный

variation [vɛərɪ'eɪʃən] *n* (*change*) изменение; (*different form*) вариация

varied ['vɛərɪd] *adj* разнообразный

variety [və'raɪətɪ] *n* разнообразие; (*type*) разновидность *f*

various ['vɛərɪəs] *adj* (*different, several*) различный

varnish ['vɑ:nɪʃ] *n* (*product*) лак; (*also nail varnish*) лак для ногтей ▷ *vt* (*wood, table*) лакировать (*perf* отлакировать); (*nails*) красить (*perf* покрасить)

vary ['vɛərɪ] *vt* разнообразить (*impf*) ▷ *vi* (*sizes, colours*) различаться (*impf*); (*become different*): **to vary with** (*weather*

vacancy ['veɪkənsɪ] *n* (*Brit: job*) вакансия; (*room*) свободный номер

vacant ['veɪkənt] *adj* (*room, seat*) свободный; (*look*) пустой

vacation [və'keɪʃən] *n* (*esp US: holiday*) отпуск; (*Brit: Scol*) каникулы *pl*

vaccine ['væksi:n] *n* вакцина

vacuum ['vækjum] *n* (*empty space*) вакуум ▷ *vt* пылесосить (*perf* пропылесосить); **vacuum cleaner** *n* пылесос

vagina [və'dʒaɪnə] *n* влагалище

vague [veɪg] *adj* (*blurred: memory, outline*) смутный; (*look*) рассеянный; (*idea, instructions, answer*) неопределённый; **he was vague about it** он не сказал ничего определённого об этом неопределённо

vain [veɪn] *adj* тщеславный;

etc) меня́ться (*impf*) в зави́симости от +*gen*

vase [vɑːz] *n* ва́за

vast [vɑːst] *adj* (*knowledge, area*) обши́рный; (*expense*) грома́дный

VAT [væt] *n abbr* (*Brit*) (= *value-added tax*) НДС (= *нало́г на доба́вленную сто́имость*)

vault [vɔːlt] *n* (*tomb*) склеп; (*in bank*) сейф, храни́лище ▷ *vt* (*also* **vault over**) перепры́гивать (*perf* перепры́гнуть) че́рез +*acc*

VCR *n abbr* = **video cassette recorder**

VDU *n abbr* (= *visual display unit*) монито́р, диспле́й *m*

veal [viːl] *n* (*Culin*) теля́тина

veer [vɪər] *vi* (*vehicle*) свора́чивать (*perf* сверну́ть); (*wind*) меня́ть (*perf* поменя́ть) направле́ние

vegetable [ˈvɛdʒtəbl] *n* (*Bot*) о́вощ ▷ *adj* (*oil etc*) расти́тельный; (*dish*) овощно́й

vegetarian [vɛdʒɪˈtɛərɪən] *n* вегетариа́нец(-а́нка) ▷ *adj* вегетариа́нский

vegetation [vɛdʒɪˈteɪʃən] *n* (*plants*) расти́тельность *f*

vehicle [ˈviːɪkl] *n* автотра́нспортное сре́дство; (*fig*) сре́дство, ору́дие

veil [veɪl] *n* вуа́ль *f*

vein [veɪn] *n* (*of leaf*) жи́лка; (*Anat*) ве́на; (*of ore*) жи́ла

velvet [ˈvɛlvɪt] *n* ба́рхат ▷ *adj* ба́рхатный

vendor [ˈvɛndər] *n*: **street vendor** у́личный(-ая) торго́вец(-вка)

vengeance [ˈvɛndʒəns] *n* мще́ние, возме́здие; **with a vengeance** (*fig*) отча́янно

venison [ˈvɛnɪsn] *n* оле́нина

venom [ˈvɛnəm] *n* (*also fig*) яд

vent [vɛnt] *n* (*also* **air vent**)

вентиляцио́нное отве́рстие ▷ *vt* (*fig*) дава́ть (*perf* дать) вы́ход +*dat*

ventilation [vɛntɪˈleɪʃən] *n* вентиля́ция

venture [ˈvɛntʃər] *n* предприя́тие ▷ *vt* (*opinion*) осме́ливаться (*perf* осме́литься) на +*acc* ▷ *vi* осме́ливаться (*perf* осме́литься); **business venture** предприя́тие

venue [ˈvɛnjuː] *n* ме́сто проведе́ния

verb [vəːb] *n* глаго́л

verbal [ˈvəːbl] *adj* (*spoken*) у́стный

verdict [ˈvəːdɪkt] *n* (*Law*) верди́кт; (*fig: opinion*) заключе́ние

verge [vəːdʒ] *n* (*Brit: of road*) обо́чина; **to be on the verge of** быть (*impf*) на гра́ни чего́-н

verify [ˈvɛrɪfaɪ] *vt* (*confirm*) подтвержда́ть (*perf* подтверди́ть); (*check*) сверя́ть (*perf* све́рить)

versatile [ˈvəːsətaɪl] *adj* (*person*) разносторо́нний; (*substance, machine*) универса́льный

verse [vəːs] *n* (*poetry, in Bible*) стих; (*part of poem*) строфа́

version [ˈvəːʃən] *n* (*form*) вариа́нт; (*account: of events*) ве́рсия

versus [ˈvəːsəs] *prep* про́тив +*gen*

vertical [ˈvəːtɪkl] *adj* вертика́льный

very [ˈvɛrɪ] *adv* о́чень ▷ *adj* са́мый; **the very book which ...** са́мая кни́га, кото́рая ...; **thank you very much** большо́е (Вам) спаси́бо; **very much better** гора́здо лу́чше; **I very much hope so** я о́чень наде́юсь на э́то; **the very last** са́мый после́дний; **at the very least** как ми́нимум

vessel [ˈvɛsl] *n* су́дно; (*bowl*) сосу́д; **blood vessel** кровено́сный сосу́д

vest [vɛst] *n* (*Brit: underwear*)

майка; (US: waistcoat) жилет

vet [vɛt] n abbr (Brit) (= veterinary surgeon) ветеринар ▷ vt (check) проверять (perf проверить); (approve) одобрять (perf одобрить)

veteran ['vɛtərn] n (of war) ветеран

veterinary ['vɛtrɪnərɪ] adj ветеринарный

veto ['viːtəu] (pl **vetoes**) n вето n ind ▷ vt (Pol, Law) налагать (perf наложить) вето на +acc

via ['vaɪə] prep через +acc

viable ['vaɪəbl] adj жизнеспособный

vibrate [vaɪ'breɪt] vi вибрировать (impf)

vibration [vaɪ'breɪʃən] n вибрация

vicar ['vɪkər] n (Rel) приходский священник

vice [vaɪs] n порок; (Tech) тиски pl

vice-chairman [vaɪs'tʃɛəmən] irreg n заместитель m председателя

vice versa ['vaɪsɪ'vəːsə] adv наоборот

vicinity [vɪ'sɪnɪtɪ] n: **in the vicinity (of)** вблизи (от +gen)

vicious ['vɪʃəs] adj (attack, blow) жестокий; (words, look, dog) злой; **vicious circle** порочный круг

victim ['vɪktɪm] n жертва

victor ['vɪktər] n победитель(ница) m(f)

victorious [vɪk'tɔːrɪəs] adj (team) победоносный; (shout) победный

victory ['vɪktərɪ] n победа

video ['vɪdɪəu] cpd видео n ind ▷ n (also **video film**) видеофильм; (also **video cassette**) видеокассета; (also **video cassette recorder**) видеомагнитофон (also **video**

camera) видеокамера; **video game** n видеоигра; **videophone** n видеотелефон; **video recorder** n видеомагнитофон; **video tape** n видеолента

vie [vaɪ] vi: **to vie with sb/for sth** состязаться (impf) с кем-н/в чём-н

Vienna [vɪ'ɛnə] n Вена

view [vjuː] n (sight, outlook) вид; (opinion) взгляд ▷ vt рассматривать (perf рассмотреть); **in full view (of)** на виду (у +gen); **in view of the bad weather/the fact that** ввиду плохой погоды/того, что; **in my view** на мой взгляд; **viewer** n (person) зритель(ница) m(f); (Phot) видоискатель m; **viewpoint** n (attitude) точка зрения; (place) место обозрения

vigilant ['vɪdʒɪlənt] adj бдительный

vigorous ['vɪgərəs] adj (action, campaign) энергичный

vile [vaɪl] adj гнусный, омерзительный

villa ['vɪlə] n вилла

village ['vɪlɪdʒ] n деревня

villain ['vɪlən] n (in novel etc) злодей; (Brit: criminal) преступник

vine [vaɪn] n (with grapes) (виноградная) лоза

vinegar ['vɪnɪgər] n уксус

vineyard ['vɪnjɑːd] n виноградник

vintage ['vɪntɪdʒ] cpd (comedy, performance etc) классический; (wine) марочный

vinyl ['vaɪnl] n винил

viola [vɪ'əulə] n (Mus) альт

violation [vaɪə'leɪʃən] n (of agreement etc) нарушение

violence ['vaɪələns] n (brutality) насилие

violent ['vaɪələnt] adj (behaviour)

жестóкий; (death)
насúльственный; (debate,
criticism) ожесточённый

violet ['vaɪələt] adj фиолéтовый
▷ n (plant) фиáлка

violin [vaɪə'lɪn] n (Mus) скрúпка

VIP n abbr (= very important
person) óчень вáжное лицó

virgin ['vɜːdʒɪn] n дéвственница
▷ adj (snow, forest etc)
дéвственный

Virgo ['vɜːgəu] n Дéва

virtually ['vɜːtjuəlɪ] adv
фактúчески, практúчески

virtual reality [-tjuəl-] n
(Comput) виртуáльная
реáльность f

virtue ['vɜːtjuː] n (moral
correctness) добродéтель f;
(advantage) преимущество; (good
quality) достóинство; **by virtue of**
благодарá +dat

virus ['vaɪərəs] n (Med) вúрус

visa ['viːzə] n (for travel) вúза

visibility [vɪzɪ'bɪlɪtɪ] n
вúдимость f

visible ['vɪzəbl] adj вúдимый;
(results, growth) очевúдный

vision ['vɪʒən] n (sight) зрéние;
(foresight) провúдение, вúдение

visit ['vɪzɪt] n посещéние, визúт
▷ vt (person, place) посещáть
(perf посетúть); (elderly, disabled)
навещáть (perf навестúть);

visitor n (person visiting) гость(я)
m(f); (in public place)
посетúтель(ница) m(f); (in town
etc) приéзжий(-ая) m(f) adj

visual ['vɪzjuəl] adj (image)
зрúтельный; **visualize** vt
представлáть (perf предстáвить)

vital ['vaɪtl] adj (question)
жúзненный; (problem) насущный;
(full of life: person) деáтельный,
пóлный жúзни; (organization)

жизнедéятельный; **it is vital ...**
необходúмо ...; **vitality**
[vaɪ'tælɪtɪ] n (liveliness) жúвость f

vitamin ['vɪtəmɪn] n витамúн

vivid ['vɪvɪd] adj (description,
colour) áркий; (memory)
отчётливый; (imagination) живóй

vocabulary [vəu'kæbjulərɪ] n
(words known) словáрный
запáс m

vocal ['vəukl] adj (articulate)
речúстый

vocation [vəu'keɪʃən] n
призвáние

vodka ['vɔdkə] n вóдка

vogue [vəug] n мóда; **in vogue** в
мóде

voice [vɔɪs] n гóлос ▷ vt
(opinion) выскáзывать (perf
выскáзать); **voice mail** n
(system) голосовáя пóчта; (device)
автоотвéтчик

void [vɔɪd] n (emptiness) пустотá f;
(hole) провáл ▷ adj (invalid)
недействúтельный

volatile ['vɔlətaɪl] adj (situation)
изменчивый; (person)
неустóйчивый; (liquid) летучий

volcano [vɔl'keɪnəu] n (pl
volcanoes) n вулкáн

volleyball ['vɔlɪbɔ:l] n волейбóл

voltage ['vəultɪdʒ] n (Elec)
напряжéние

volume ['vɔljuːm] n (amount)
объём; (book) том; (sound level)
грóмкость f

voluntarily ['vɔləntrɪlɪ] adv
добровóльно

voluntary ['vɔləntərɪ] adj
(willing) добровóльный; (unpaid)
обществéнный

volunteer [vɔlən'tɪə] n (unpaid
helper) добровóльный(-ая)
помóщник(-ица), волонтёр; (to
army etc) добровóлец ▷ vt
(information) предлагáть (perf

предложи́ть) ⊳ vi (for army etc)
идти́ (perf пойти́) доброво́льцем;
to volunteer to do вызыва́ться
(perf вы́зваться) +infin

vomit ['vɒmɪt] n рво́та ⊳ vi: **he
vomited** его́ вы́рвало

vote [vəut] n (indication of
opinion) голосова́ние; (votes cast)
число́ по́данных голосо́в; (right to
vote) пра́во го́лоса ⊳ vi
голосова́ть (perf проголосова́ть)
⊳ vt (Labour etc) голосова́ть (perf
проголосова́ть) за +acc; (elect): **he
was voted chairman** он был
и́збран председа́телем; **to vote that** предлага́ть (perf
предложи́ть), что́бы; **to put sth to
the vote, take a vote on sth**
ста́вить (perf поста́вить) что-н на
голосова́ние; **vote of thanks**
благода́рственная речь f; **to pass
a vote of confidence/no confidence**
выража́ть (perf вы́разить) во́тум
дове́рия/недове́рия; **to vote for** or
in favour of/against голосова́ть
(perf проголосова́ть) за +acc/
про́тив +gen; **vote for** or
избира́тель(ница) m(f)

voting ['vəutɪŋ] n голосова́ние

voucher ['vautʃə'] n (with petrol,
cigarettes etc) ва́учер

vow [vau] n кля́тва ⊳ vt: **to vow
to do/that** кля́сться (perf
покля́сться) +infin, что; **vows** npl
(Rel) обе́т msg

vowel ['vauəl] n гла́сный m adj

voyage ['vɔɪɪdʒ] n (by ship)
пла́вание; (by spacecraft) полёт

vulgar ['vʌlgə'] adj (rude)
вульга́рный; (tasteless) по́шлый

vulnerable ['vʌlnərəbl] adj
(position) уязви́мый; (person)
рани́мый; **he is vulnerable to ... or**
подве́ржен +dat ...

vulture ['vʌltʃə'] n (Zool) гриф

W

wade [weɪd] vi: **to wade through**
(water) пробира́ться (perf
пробра́ться) че́рез +acc

wage [weɪdʒ] n (also **wages**)
зарпла́та ⊳ vt: **to wage war** вести́
(impf) войну́

wail [weɪl] n (of person) вопль m
⊳ vi (person) вопи́ть (impf); (siren)
выть (impf)

waist [weɪst] n та́лия

waistcoat ['weɪskəut] n (Brit) жиле́т

wait [weɪt] vi ждать (impf) ⊳ n
ожида́ние; **to keep sb waiting**
заставля́ть (perf заста́вить) кого́-н
ждать; **I can't wait to go home** (fig)
мне не те́рпится пойти́ домо́й; **to
wait for sb/sth** ждать (impf)
кого́-н/чего́-н; **we had a long wait
for the bus** мы до́лго жда́ли
авто́буса; **wait on** vt fus (serve)
обслу́живать (perf обслужи́ть);
waiter n официа́нт; **waiting**

list n о́чередь f, спи́сок очередников; **waiting room** n (in surgery) приёмная f adj; (in station) зал ожида́ния; **waitress** n официа́нтка

wake [weɪk] (pt **woke** or **waked**, pp **woken** or **waked**) vt (also **wake up**) буди́ть (perf разбуди́ть) ▷ vi (also **wake up**) просыпа́ться (perf просну́ться) ▷ n бде́ние (у гро́ба); (Naut) кильва́тер; **in the wake of** (fig) всле́дствие +gen

Wales [weɪlz] n Уэ́льс

walk [wɔːk] n (hike) похо́д; (shorter) прогу́лка f; (gait) похо́дка; (path) тропа́ f ▷ vi (go on foot) ходи́ть/идти́ (impf) (пешко́м); (baby) ходи́ть (impf); (for pleasure, exercise) гуля́ть (impf) ▷ vt (distance) проходи́ть (perf пройти́); (dog) выгу́ливать (perf вы́гулять); **10 minutes' walk from here** в 10-ти мину́тах ходьбы́ отсю́да; **walk out** vi (audience) демонстрати́вно покида́ть (perf поки́нуть) зал; (workers) забасто́вка (perf); **walker** n (hiker) тури́ст(ка); **walking stick** n трость f

wall [wɔːl] n стена́

wallet ['wɒlɪt] n бума́жник

wallpaper ['wɔːlpeɪpə'] n обо́и pl ▷ vt окле́ивать (perf окле́ить) обо́ями

walnut ['wɔːlnʌt] n (nut) гре́цкий оре́х; (wood) оре́х

walrus ['wɔːlrəs] (pl **walrus** or **walruses**) n морж

waltz [wɔːlts] n вальс

wander ['wɒndə'] vi (person) броди́ть (impf); (mind, thoughts) блужда́ть (impf) ▷ vt броди́ть (impf) по +dat

want [wɒnt] n (wish for) хоте́ть (impf) +acc or +gen; (need)

нужда́ться (impf) в +prp ▷ n: **for want of** за недоста́тком +gen; **to want to** do хоте́ть (impf) +infin; **I want you to apologize** я хочу́, что́бы Вы извини́лись; **wanted** adj (criminal etc) разы́скиваемый

war [wɔː'] n война́; **to declare war (on)** объявля́ть (perf объяви́ть) войну́ (+dat)

ward [wɔːd] n (Med) пала́та; (Brit: Pol) о́круг; (Law) ребёнок, под опе́кой; **ward off** vt (attack, enemy) отража́ть (perf отрази́ть); (danger, illness) отвраща́ть (perf отврати́ть)

warden ['wɔːdn] n (of park, reserve) смотри́тель(ница) m(f); (of prison) нача́льник; (of youth hostel) коменда́нт

wardrobe ['wɔːdrəub] n шифонье́р, платяно́й шкаф; (clothes) гардеро́б; (Theat) костюме́рная f adj

warehouse ['wɛəhaus] n склад

warfare ['wɔːfɛə'] n вое́нные or боевы́е де́йствия ntpl

warm [wɔːm] adj тёплый; (thanks, supporter) горя́чий; (heart) до́брый; **it's warm today** сего́дня тепло́; **I'm warm** мне тепло́; **warm up** vi (person, room) согрева́ться (perf согре́ться); (water) нагрева́ться (perf нагре́ться); (athlete) размина́ться (perf размя́ться) ▷ vt разогрева́ть (perf разогре́ть); **the weather warmed up** на у́лице потепле́ло; **warmly** adv (applaud) горячо́; (dress, welcome) тепло́; **warmth** n тепло́

warn [wɔːn] vt: **to warn sb (not) to do/of/that** предупрежда́ть (perf предупреди́ть) кого́-н (не) +infin/o +prp/, что; **warning** n предупрежде́ние

warrant ['wɔrənt] n (also **search warrant**) о́рдер на о́быск; **warranty** n гара́нтия

Warsaw ['wɔ:sɔ:] n Варша́ва

warship ['wɔ:ʃɪp] n вое́нный кора́бль m

wart [wɔ:t] n борода́вка

wartime ['wɔ:taɪm] n: **in wartime** в вое́нное вре́мя

wary ['wɛərɪ] adj: **to be wary of sb/sth** относи́ться (impf) к кому́-н/ чему́-н опа́ской

was [wɒz] pt of **be**

wash [wɒʃ] n мытьё; (clothes) сти́рка; (washing programme) режи́м сти́рки (в стира́льной маши́не); (of ship) пе́нистый след ▷ vt (hands, body) мыть (perf помы́ть); (clothes) стира́ть (perf постира́ть); (face) умыва́ть (perf умы́ть) ▷ vi (person) мы́ться (perf помы́ться); (sea etc): **to wash over sth** перека́тываться (perf перекати́ться) че́рез что-н; **to have a wash** помы́ться (perf); **to give sth a wash** помы́ть (perf) что-н; (clothes) постира́ть (perf) что-н; **wash off** vi отмыва́ться (perf отмы́ться); (stain) отсти́рываться (perf отстира́ться); **wash up** vi (Brit) вы́мыть (perf) посу́ду; (US) мы́ться (perf помы́ться); **washer** n ша́йба; **washing** n сти́рка; **washing-up** n (гря́зная) посу́да

wasn't ['wɒznt] = **was not**

wasp [wɒsp] n оса́

waste [weɪst] n (act) тра́та; (rubbish) отхо́ды mpl; (also **waste land**: in city) пусты́рь m ▷ adj (rejected, damaged) брако́ванный; (left over) отрабо́танный ▷ vt растра́чивать (perf растра́тить); (opportunity) упуска́ть (perf упусти́ть); **wastes** npl (area)

пусты́ня fsg; **waste paper** испо́льзованная бума́га; **wastepaper basket** n корзи́на для (нену́жных) бума́г

watch [wɒtʃ] n (also **wristwatch**) (нару́чные) часы́ pl; (act of watching) наблюде́ние ▷ vt (look at) наблюда́ть (impf) за +instr; (match, programme) смотре́ть (perf посмотре́ть); (events, weight, language) следи́ть (impf) за +instr; (be careful of: person) остерега́ться (impf) +gen; (look after) смотре́ть (impf) за +instr ▷ vi (take care) смотре́ть (impf); (keep guard) дежу́рить (impf); **watch out** vi остерега́ться (perf остере́чься)

water ['wɔ:tə] n вода́ ▷ vt полива́ть (perf поли́ть); (eyes) слези́ться (impf); **in British waters** в брита́нских вода́х; **water down** vt разбавля́ть (perf разба́вить) (водо́й); (fig) смягча́ть (perf смягчи́ть); **watercolour** (US **watercolor**) n (picture) акваре́ль f; **waterfall** n водопа́д; **watering can** n ле́йка; **watermelon** n арбу́з; **waterproof** adj непромока́емый

watt [wɒt] n ватт

wave [weɪv] n волна́; (of hand) взмах ▷ vi (signal) маха́ть (impf); (branches) кача́ться (impf); (flag) развева́ться (impf) ▷ vt маха́ть (impf) +instr; (stick, gun) разма́хивать (impf) +instr; **wavelength** n (Radio) длина́ волны́; **they are on the same wavelength** (fig) они́ смо́трят на ве́щи одина́ково

wax [wæks] n (polish) воск; (: for floor) масти́ка; (: for skis) мазь f; (in ear) се́ра ▷ vt (floor) натира́ть (perf натере́ть) масти́кой; (car)

w

натира́ть (perf натере́ть) во́ском; (skis) ма́зать (perf сма́зать) ма́зью

way [weɪ] n (route) путь m, доро́га; (manner, method) спо́соб; (usu pl: habit) привы́чка; **which way?** — сюда́; **is it a long way from here?** э́то далеко́ отсю́да?; **which way do we go now?** куда́ нам тепе́рь идти́?; **on the way** (en route) по пути́ or доро́ге; **to be on one's way** быть (impf) в пути́; **to go out of one's way to** стара́ться (perf постара́ться) изо всех сил +infin; **to be in sb's way** стоя́ть (impf) на чьём-н пути́; **to lose one's way** заблуди́ться (perf); **the plan is under way** план осуществля́ется; **in a way** в изве́стном смы́сле; **in some ways** в не́которых отноше́ниях; **no way!** (inf) ни за что!; **by the way ...** кста́ти, ме́жду про́чим ...; **"way in"** (Brit) "вход"; **"way out"** (Brit) "вы́ход"; **"give way"** (Brit: Aut) "уступи́те доро́гу"

WC n abbr (= water closet) туале́т

we [wiː] pron мы

weak [wiːk] adj сла́бый; **to grow weak** слабе́ть (perf ослабе́ть)

weaken vi (person) смягча́ться (perf смягчи́ться) ▷ vt (government, person) ослабля́ть (perf осла́бить); **weakness** n сла́бость f; **to have a weakness for** име́ть (impf) сла́бость к +dat

wealth [welθ] n (money, resources) бога́тство; (of details, knowledge etc) оби́лие; **wealthy** adj бога́тый

weapon [ˈwɛpən] n ору́жие

wear [wɛəʳ] (pt wore, pp worn) n (use) но́ска; (damage) изно́с ▷ vi (last) носи́ться (impf); (rub through) изна́шиваться (perf

износи́ться) ▷ vt (generally) носи́ть (impf); (put on) надева́ть (perf наде́ть); (damage) изна́шивать (perf износи́ть); **he was wearing his new shirt** на нём была́ его́ но́вая руба́шка; **wear down** vt (resistance) сломи́ть (perf); **wear out** vt (shoes, clothing) изна́шивать (perf износи́ть)

weary [ˈwɪərɪ] adj утомлённый ▷ vi: **to weary of** утомля́ться (perf утоми́ться) от +gen

weasel [ˈwiːzl] n (Zool) ла́ска

weather [ˈwɛðəʳ] n пого́да ▷ vt (crisis) выде́рживать (perf вы́держать); **I am under the weather** мне нездоро́вится; **weather forecast** n прогно́з пого́ды

weave [wiːv] (pt wove, pp woven) vt (cloth) ткать (perf сотка́ть)

web [wɛb] n паути́на; (fig) сеть f; **web address** n а́дрес в Интерне́т, веб-а́дрес; **webcam** n Интерне́т-ка́мера, веб-ка́мера; **web page** n электро́нная страни́ца, страни́ца на интерне́те; **website** n сайт

wed [wɛd] (pt, pp wedded) vi венча́ться (perf обвенча́ться)

we'd [wiːd] = **we had; we would**

wedding [ˈwɛdɪŋ] n сва́дьба; (in church) венча́ние; **silver/golden wedding** сере́бряная/золота́я сва́дьба

wedge [wɛdʒ] n клин ▷ vt закрепля́ть (perf закрепи́ть) кли́ном; (pack tightly): **to wedge in** вти́скивать (perf вти́снуть) в +acc

Wednesday [ˈwɛnzdɪ] n среда́

wee [wiː] adj (Scottish) ма́ленький

weed [wiːd] n сорня́к ▷ vt

полоть (*perf* выполоть)

week [wiːk] *n* неделя; **a week today** через неделю; **a week on Friday** в следующую пятницу;
weekday *n* будний день *m*;
weekend *n* выходные *pl adj*
(дни), суббота и воскресенье;
weekly *adv* еженедельно ▷ *adj*
еженедельный

weep [wiːp] (*pt, pp* **wept**) *vi*
(*person*) плакать (*impf*)

weigh [weɪ] *vt* взвешивать (*perf*
взвесить) ▷ *vi* весить (*impf*);
weigh down *vt* отягощать (*perf*
отяготить); (*fig*) тяготить (*impf*)

weight [weɪt] *n* вес; (*for scales*)
гиря; **to lose weight** худеть (*perf*
похудеть); **to put on weight**
поправляться (*perf* поправиться)

weir [wɪə^r] *n* (*in river*) запруда

weird [wɪəd] *adj* (*strange*)
странный, дикови́нный

welcome [ˈwɛlkəm] *adj*
желанный ▷ *n* (*hospitality*)
приём; (*greeting*) приветствие
▷ *vt* (*also* **bid welcome**)
приветствовать (*impf*); **thank you
— you're welcome!** спасибо —
пожалуйста!

weld [wɛld] *vt* сваривать (*perf*
сварить)

welfare [ˈwɛlfɛə^r] *n* (*well-being*)
благополучие; (*US: social aid*)
социальное пособие; **welfare
state** *n* государство всеобщего
благосостояния

well [wɛl] *n* (*for water*) колодец;
(*also* **oil well**) (нефтяная)
скважина ▷ *adj* хорошо ▷ *excl*
(*anyway*) ну; (*so*) ну вот ▷ *adj*: **he
is well** он здоров; **as well** также;
I woke well before dawn я
проснулся задолго до рассвета;
**I've brought my anorak as well as
a jumper** кроме свитера я взял

ещё и куртку; **well done!**
молодец!; **get well soon!**
поправляйтесь скорее!; **he is
doing well at school** он хорошо
успевает; **the business is doing
well** бизнес процветает; **well up**
vi (*tears*) навернуться (*perf*)

we'll [wiːl] = **we will**; **we shall**

well-dressed [ˈwɛlˈdrɛst] *adj*
хорошо одетый

wellies [ˈwɛlɪz] *npl* = **wellingtons**

wellingtons [ˈwɛlɪŋtənz] *npl*
(*also* **wellington boots**)
резиновые сапоги *mpl*

well-known [ˈwɛlˈnəun] *adj*
известный

well-off [ˈwɛlˈɔf] *adj* обеспеченный

Welsh [wɛlʃ] *adj* уэльский ▷ *npl*:
the Welsh (*people*) уэльсцы *mpl*,
валлийцы *mpl*; **Welshman** *irreg n*
уэльсец, валлиец; **Welshwoman**
n irreg валлийка, жительница
Уэльса

went [wɛnt] *pt of* **go**

wept [wɛpt] *pt, pp of* **weep**

were [wəː^r] *pt of* **be**

we're [wɪə^r] = **we are**

weren't [wəːnt] = **were not**

west [wɛst] *n* запад ▷ *adj*
западный ▷ *adv* на запад; **the
West** (*Pol*) Запад; **western** *adj*
западный ▷ *n* (*Cinema*) вестерн

wet [wɛt] *adj* (*damp, rainy*)
влажный, сырой; (*soaking*)
мокрый; **to get wet** мокнуть (*perf*
промокнуть)

we've [wiːv] = **we have**

whale [weɪl] *n* кит

wharf [wɔːf] (*pl* **wharves**) *n*
пристань *f*

 KEYWORD

what [wɔt] *adj* **1** (*interrogative:
direct, indirect*) какой (*f* какая, *nt*

W

какое, *pl* какие; **what books do you need?** какие книги Вам нужны?; **what size is the dress?** какого размера это платье?

2 (*emphatic*) какой (*f* какая, *nt* какое, *pl* какие; **what a lovely day!** какой чудесный день!; **what a fool I am!** какой же я дурак!

▷ *pron* **1** (*interrogative*) что; **what are you doing?** что Вы делаете?; **what are you talking about?** о чём Вы говорите?; **what is it called?** как это называется?; **what about me?** а как же я?; **what about doing ...?** как насчёт того, чтобы +*infin* ...?

2 (*relative*) что; **I saw what was on the table** я видел, что было на столе; **tell me what you're thinking about** скажите мне, о чём Вы думаете; **what you say is wrong** то, что Вы говорите, неверно

▷ *excl* (*disbelieving*) что!; **I've crashed the car — what!** я разбил машину — что!

whatever [wɒt'evər] *adj* (*any*) любой; **whatever book** любая книга ▷ *pron* (*any*) любой; (*regardless of*) что бы ни; **whatever you do ...** что бы ты ни делал ...; **whatever the reason ...** какова бы ни была причина ...; **do whatever is necessary/you want** делайте всё, что необходимо/хотите; **whatever happens** что бы ни случилось; **there is no reason whatever** нет никакой причины; **nothing whatever** абсолютно ничего

whatsoever [wɒtsəu'evər] *adj*: **there is no reason whatsoever** нет никакой причины

wheat [wiːt] *n* пшеница

wheel [wiːl] *n* (*of car etc*) колесо;

(*also* **steering wheel**) руль *m*;

wheelbarrow *n* тачка;

wheelchair *n* инвалидная коляска

wheeze [wiːz] *vi* хрипеть (*impf*)

when [wɛn] *adv, conj* когда; **when you've read the book ...** когда Вы прочитаете книгу ...

whenever [wɛn'evər] *adv* в любое время ▷ *conj* (*any time*) когда только; (*every time that*) каждый раз, когда

where [wɛər] *adv* (*position*) где; (*motion*) куда ▷ *conj* где; **where ... from?** откуда ...?; **this is where ...** это там, где ...; **whereabouts** [*adv* wɛərə'bauts, *n* 'wɛərəbauts] *adv* (*position*) где; (*motion*) куда ▷ *n* местонахождение; **whereas** *conj* тогда *or* в то время как; **whereby** *adv* (*formal*) посредством чего; **wherever** [wɛər'evər] *conj* (*no matter where*): **wherever he was** где бы он ни был; (*not knowing where*): **wherever that is** где бы то ни было ▷ *adv* (*interrogative*: *emphatic*) где же; (: *motion*) куда же; **wherever he goes** куда бы он ни шёл

whether ['wɛðər] *conj* ли; **I doubt whether she loves me** я сомневаюсь, любит ли она меня; **I don't know whether to accept this proposal** я не знаю, принять ли это предложение; **whether you go or not** пойдёте Вы или нет

 KEYWORD

which [wɪtʃ] *adj* **1** (*interrogative*: *direct, indirect*) какой (*f* какая, *nt* какое, *pl* какие); **which picture would you like?** какую картину Вы хотите?; **which books are yours?** какие книги Ваши?; **which one?**

какой? (f какая, nt какое); I've got
two pens, which one do you want?
у меня есть две ручки, какую Вы
хотите?; which one of you did it?
кто из Вас это сделал?

2: in which case в таком случае;
by which time к тому времени
▷ pron 1 (interrogative) какой (f
какая, nt какое, pl какие); there are
several museums, which shall we
visit first? здесь есть несколько
музеев. В какой мы пойдём
сначала?; which do you want, the
apple or the banana? что Вы хотите
— яблоко или банан?; which of you
are staying? кто из Вас остаётся?

2 (relative) который (f которая, nt
которое, pl которые); the apple
which is on the table яблоко,
которое лежит на столе; the news
was bad, which is what I had
feared вести были плохие, чего я
и опасался; I had lunch, after
which I decided to go home я
пообедал, после чего я решил
пойти домой; I made a speech,
after which nobody spoke я
выступил с речью, после которой
никто ничего не сказал

whichever [wɪtʃˈevəʳ] adj (any)
любой; (regardless of) какой бы
ни; take whichever book you
prefer возьми любую книгу;
whichever book you take какую бы
книгу Вы ни взяли

while [waɪl] n (period of time)
время nt ▷ conj пока, в то время
как; (although) хотя; for a while
ненадолго; while away vt: to
while away the time коротать
(perf скоротать) время

whim [wɪm] n прихоть f

whine [waɪn] vi (person, animal)
скулить (impf); (engine, siren)

выть (impf)

whip [wɪp] n кнут, хлыст; (Pol:
person) организатор
парламентской фракции ▷ vt
(person, animal) хлестать (perf
хлестнуть); (cream, eggs) взбивать (perf
взбить); to whip sth out
выхватывать (perf выхватить)
что-н; to whip sth away вырывать
(perf вырвать) что-н

whirl [wəːl] vi кружиться (impf),
вращаться (impf)

whisk [wɪsk] n (Culin) венчик
▷ vt (Culin) взбивать (perf
взбить); to whisk sb away or off
увозить (perf увезти) кого-н

whiskers ['wɪskəz] npl (of animal)
усы mpl; (of man) бакенбарды fpl

whisky ['wɪskɪ] (US, Ireland
whiskey) n виски nt ind

whisper ['wɪspəʳ] n шёпот ▷ vi
шептаться (impf) ▷ vt шептать
(impf)

whistle ['wɪsl] n (sound) свист;
(object) свисток ▷ vi свистеть
(perf свистнуть)

white [waɪt] adj белый ▷ n
(colour) белый цвет; (person)
белый(-ая) m(f) adj; (of egg, eye)
белок; **whitewash** n (paint)
известковый раствор (для
побелки) ▷ vt (building) белить
(perf побелить); (fig: incident)
обелять (perf обелить)

whiting ['waɪtɪŋ] n inv нёк

whizz [wɪz] n: to whizz past or
by проноситься (perf пронестись)
мимо

○ **KEYWORD**

who [huː] pron 1 (interrogative)
кто; who is it?, who's there? кто
это or там?; who did you see
there? кого Вы там видели?

w

2 (*relative*) который (*f* которая, *nt* которое, *pl* которые); **the woman who spoke to me** женщина, которая говорила со мной

whole [həʊl] *adj* целый ▷ *n* (*entire unit*) целое *nt adj*; (*all*): **the whole of Europe** вся Европа; **on the whole, as a whole** в целом; **wholemeal** *adj* (*Brit*): **wholemeal flour** мука грубого помола; **wholemeal bread** хлеб из муки грубого помола; **wholesale** *adj* (*price*) оптовый; (*destruction*) массовый ▷ *adv* (*buy, sell*) оптом

wholly ['həʊlɪ] *adv* полностью, целиком

KEYWORD

whom [huːm] *pron*
1 (*interrogative*: +*acc*, +*gen*) кого; (: +*dat*) кому; (: +*instr*) кем; (: +*prp*) ком; **whom did you see there?** кого Вы там видели?; **to whom did you give the book?** кому Вы отдали книгу?

2 (*relative*: +*acc*) которого (*f* которую, *pl* которых); (: +*gen*) которого (*f* которой, *pl* которых); (: +*dat*) которому (*f* которой, *pl* которым); (: +*instr*) которым (*f* которой, *pl* которыми); (: +*prp*) котором (*f* которой, *pl* которых); **the man whom I saw/to whom I spoke** человек, которого я видел/с которым я говорил

whore [hɔː] *n* (*inf*: *pej*) шлюха

KEYWORD

whose [huːz] *adj* **1** (*possessive*: *interrogative*) чей (*f* чья, *nt* чьё, *pl* чьи); **whose book is this?, whose is**

this book? чья это книга?

2 (*possessive*: *relative*) который (*f* которая, *nt* которое, *pl* которые); **the woman whose son you rescued** женщина, сына которой Вы спасли ▷ *pron* чей (*f* чья, *nt* чьё, *pl* чьи); **whose is this?** это чьё?; **I know whose it is** я знаю, чьё это

why [waɪ] *adv*, *conj* почему ▷ *excl*: **why, it's you!** как, это Вы?; **why is he always late?** почему он всегда опаздывает?; **I'm not going — why not?** я не пойду — почему?; **why not do it now?** почему бы не сделать это сейчас?; **I wonder why he said that** интересно, почему он это сказал; **that's not why I'm here** я здесь не по этой причине; **that's why** вот почему; **there is a reason why I want to see him** у меня есть причина для встречи с ним; **why, it's obvious/that's impossible!** но ведь это же очевидно/невозможно!

wicked ['wɪkɪd] *adj* злобный, злой; (*mischievous*: *smile*) лукавый

wide [waɪd] *adj* широкий ▷ *adv*: **to open sth wide** широко открывать (*perf* открыть); **to shoot wide** стрелять (*impf*) мимо цели; **the bridge is 3 metres wide** ширина моста — 3 метра; **widely** *adv* (*believed, known*) широко; (*travelled*) много; (*differing*) значительно; **widen** *vt* расширять (*perf* расширить) ▷ *vi* расширяться (*perf* расшириться); **wide open** *adj* широко раскрытый; **widespread** *adj* (*belief etc*) широко распространённый

widow ['wɪdəu] *n* вдова́;
widower *n* вдове́ц
width [wɪdθ] *n* ширина́
wield [wiːld] *vt* (*power*) облада́ть
(*impf*) +*instr*
wife [waɪf] (*pl* **wives**) *n* жена́
Wi-Fi ['waɪfaɪ] *n* беспроводна́я
связь
wig [wɪg] *n* пари́к
wild [waɪld] *adj* (*animal, plant,
guess*) ди́кий; (*weather, sea*)
бу́рный; (*person, behaviour*)
бу́йный; **wilds** *npl*: **the wilds**
(*remote area*) ди́кие места́ *ntpl*; **in
the wilds of** в дебря́х +*gen*;
wilderness ['wɪldənɪs] *n* ди́кая
ме́стность *f*; (*desert*) пусты́ня;
wildlife *n* ди́кая приро́да;
wildly *adv* (*behave*) бу́йно, ди́ко;
(*applaud*) бу́рно; (*hit*) нейстово;
(*guess*) наобу́м

🔵 **KEYWORD**

will [wɪl] *aux vb* **1** (*forming
future tense*): **I will finish it
tomorrow** я зако́нчу э́то за́втра; **I
will be working all morning** я бу́ду
рабо́тать всё у́тро; **I will have
finished it by tomorrow** я зако́нчу
э́то к за́втрашнему дню; **I will
always remember you** я бу́ду
по́мнить тебя́ всегда́; **will you do
it? — yes, I will/no, I won't** Вы
сде́лаете э́то? — да, сде́лаю/нет,
не сде́лаю; **the car won't start**
маши́на ника́к не заво́дится
2 (*in conjectures, predictions*): **he
will** *or* **he'll be there by now** он,
наве́рное, уже́ там; **mistakes will
happen** оши́бки неизбе́жны
3 (*in commands, requests, offers*):
will you be quiet! а ти́ше,
поти́ше!; **will you help me?** Вы
мне не помо́жете?; **will you have a**

cup of tea? не хоти́те ли ча́шку ча́я?
▷ *vt* (*pt, pp* **willed**): **to will o.s. to
do** заставля́ть (*perf* заста́вить)
себя́ +*infin*; **to will sb to do**
заклина́ть (*impf*) кого́-н +*infin*
▷ *n* (*volition*) во́ля; (*testament*)
завеща́ние

willing ['wɪlɪŋ] *adj* (*agreed*)
согла́сный; (*enthusiastic*)
усе́рдный; **he's willing to do it** он
гото́в сде́лать э́то; **willingly** *adv*
с гото́вностью, охо́тно
willow ['wɪləu] *n* (*tree*) и́ва
willpower ['wɪlpauə'] *n* си́ла
во́ли
wilt [wɪlt] *vi* ни́кнуть (*perf*
пони́кнуть)
win [wɪn] (*pt, pp* **won**) *n* побе́да
▷ *vt* выи́грывать (*perf* вы́играть);
(*support, popularity*) завоёвывать
(*perf* завоева́ть) ▷ *vi* побежда́ть
(*perf* победи́ть), выи́грывать (*perf*
вы́играть); **win over** *vt* (*person*)
покоря́ть (*perf* покори́ть)
wind[1] [wɪnd] *n* ве́тер; (*Med*) га́зы
mpl ▷ *vt*: **the blow winded him** от
уда́ра у него́ захвати́ло дух
wind[2] [waɪnd] (*pt, pp* **wound**) *vt*
(*rope, thread*) мота́ть (*perf*
смота́ть); (*toy, clock*) заводи́ть
(*perf* завести́) ▷ *vi* (*road, river*)
ви́ться (*impf*); **wind up** *vt* (*toy,
clock*) заводи́ть (*perf* завести́);
(*debate*) заверша́ть (*perf*
заверши́ть)
windfall ['wɪndfɔːl] *n* (*money*)
неожи́данный дохо́д
wind farm *n* ветряна́я
электроста́нция
windmill ['wɪndmɪl] *n* ветряна́я
ме́льница
window ['wɪndəu] *n* окно́; (*in
shop*) витри́на; **windowsill** [-sɪl]
n подоко́нник

w

windscreen ['wɪndskriːn] n
ветровое стекло

windy ['wɪndɪ] adj ветреный; **it's
windy today** сегодня ветрено

wine [waɪn] n вино

wing [wɪŋ] n (also Aut) крыло;
wings npl (Theat) кулисы fpl

wink [wɪŋk] n подмигивание
▷ vi подмигивать (perf
подмигнуть), (light) мигать (perf
мигнуть)

winner ['wɪnə'] n
победитель(ница) m(f)

winter ['wɪntə'] n (season) зима;
in winter зимой

wipe [waɪp] n: **to give sth a wipe**
протирать (perf протереть) что-н
▷ vt (rub) вытирать (perf
вытереть); (erase) стирать (perf
стереть); **wipe out** vt (city,
population) стирать (perf стереть)
с лица земли

wire ['waɪə'] n проволока; (Elec)
провод; (telegram) телеграмма
▷ vt (person) телеграфировать
(impf/perf) +dat; (Elec: also **wire
up**) подключать (perf
подключить); **to wire a house**
делать (perf сделать) (электро)
проводку в доме

wireless ['waɪəlɪs] adj
беспроводный

wiring ['waɪərɪŋ] n (электро)
проводка

wisdom ['wɪzdəm] n мудрость f

wise [waɪz] adj мудрый

...wise [waɪz] suffix: **timewise** в
смысле времени

wish [wɪʃ] n желание ▷ vt
желать (perf пожелать); **best
wishes** (for birthday etc) всего
наилучшего; **with best wishes** (in
letter) с наилучшими
пожеланиями; **to wish sb goodbye**

прощаться (perf попрощаться) с
кем-н; **he wished me well** он
пожелал мне всего хорошего; **to
wish to do** хотеть (impf) +infin; **I
wish him to come** я хочу, чтобы
он пришёл; **to wish for** желать
(perf пожелать) +acc or +gen

wistful ['wɪstful] adj тоскливый

wit [wɪt] n (wittiness) остроумие;
(intelligence: also **wits**) ум, разум

witch [wɪtʃ] n ведьма

KEYWORD

with [wɪð, wɪθ] prep
1 (accompanying, in the company
of) с +instr; **I spent the day with
him** я провёл с ним день; **we
stayed with friends** мы
остановились у друзей; **I'll be
with you in a minute** я освобожусь
через минуту; **I'm with you** (I
understand) я Вас понимаю; **she is
really with it** (inf: fashionable) она
очень стильная; (: aware) она всё
соображает

2 (descriptive) с +instr; **a girl with
blue eyes** девушка с голубыми
глазами; **a skirt with a silk lining**
юбка на шёлковой подкладке

3 (indicating manner) с +instr;
(indicating cause) от +gen;
(indicating means): **to write with a
pencil** писать (impf) карандашом;
with tears in her eyes со слезами
на глазах; **red with anger** красный
от гнева; **you can open the door
with this key** Вы можете открыть
дверь этим ключом; **to fill sth with
water** наполнять (perf наполнить)
что-н водой

withdraw [wɪθˈdrɔː] (irreg like
draw) vt (object) извлекать (perf
извлечь); (remark) брать (perf

взять) наза́д; (offer) снима́ть (perf снять) ▷ vi (troops, person) уходи́ть (perf уйти́); **to withdraw money from an account** снима́ть (perf снять) де́ньги со счёта

withdrawal n (of offer, remark) отка́з; (of troops) вы́вод; (of money) сня́тие; **withdrawn** pp of **withdraw** ▷ adj за́мкнутый

wither ['wɪðə'] vi (plant) вя́нуть (perf завя́нуть)

withhold [wɪð'həʊld] (irreg like **hold**) vt (money) уде́рживать (perf удержа́ть); (information) ута́ивать (perf утаи́ть)

within [wɪð'ɪn] prep (place, distance, time) внутри́ +gen, в преде́лах +gen ▷ adv внутри́; **within reach** в преде́лах досяга́емости; **within sight (of)** в по́ле зре́ния (+gen); **the finish is within sight** коне́ц не за гора́ми

without [wɪð'aʊt] prep без +gen; **without a hat** без ша́пки; **without saying a word** не говоря́ ни сло́ва; **without looking** не гля́дя; **to go without sth** обходи́ться (perf обойти́сь) без чего́-н

withstand [wɪð'stænd] (irreg like **stand**) vt вы́держивать (perf вы́держать)

witness ['wɪtnɪs] n свиде́тель(ница) m(f) ▷ vt (event) быть (impf) свиде́телем +gen; (document) заверя́ть (perf заве́рить)

witty ['wɪtɪ] adj остроу́мный

wives [waɪvz] npl of **wife**

wobble ['wɔbl] vi (legs) трясти́сь (impf); (chair) шата́ться (impf)

woe [wəʊ] n го́ре

woke [wəʊk] pt of **wake**; **woken** pp of **wake**

wolf [wʊlf] (pl **wolves**) n волк

woman ['wʊmən] (pl **women**) n

же́нщина

womb [wuːm] n ма́тка

women ['wɪmɪn] npl of **woman**

won [wʌn] pt, pp of **win**

wonder ['wʌndə'] n (feeling) изумле́ние ▷ vi: **I wonder whether you could tell me ...** не мо́жете ли Вы сказа́ть мне ...; **I wonder why he is late** интере́сно, почему́ он опозда́л; **to wonder at** удивля́ться (impf) +dat; **to wonder about** разду́мывать (impf) о +prp; **it's no wonder (that)** не удиви́тельно(, что); **wonderful** adj (excellent) чуде́сный

won't [wəʊnt] = **will not**

wood [wʊd] n (timber) де́рево; (forest) лес; **wooden** adj (object) деревя́нный; (fig) дубо́вый; **woodwork** n (skill) столя́рное де́ло

wool [wʊl] n (material, yarn) шерсть f; **to pull the wool over sb's eyes** (fig) пуска́ть (impf) пыль в глаза́ кому́-н; **woollen** (US **woolen**) adj шерстяно́й; **woolly** (US **wooly**) adj шерстяно́й; (fig: ideas) расплы́вчатый; (: person) вя́лый

word [wəːd] n сло́во; (news) слух ▷ vt формули́ровать (perf сформули́ровать); **in other words** други́ми слова́ми; **to break/keep one's word** наруша́ть (perf нару́шить)/сде́рживать (perf сдержа́ть) своё сло́во; **to have words with sb** име́ть (impf) кру́пный разгово́р с кем-н; **wording** n формулиро́вка; **word processor** n те́кстовый проце́ссор

wore [wɔː'] pt of **wear**

work [wəːk] n рабо́та; (Art, Literature) произведе́ние ▷ vi рабо́тать (impf); (medicine etc)

действовать (*perf* подействовать)
▷ *vt* (*clay*) работать (*impf*) с
+*instr*; (*wood, metal*) работать
(*impf*) по +*dat*; (*land*)
обрабатывать (*perf* обработать);
(*mine*) разрабатывать (*perf*
разработать); (*machine*)
управлять (*impf*) +*instr*; (*miracle*)
совершать (*perf* совершить); **he
has been out of work for three
months** он был без работы три
месяца; **to work loose** (*part*)
расшатываться (*perf*
расшататься); (*knot*) слабнуть
(*perf* ослабнуть); **work on** *vt fus*
(*task*) работать (*impf*) над +*instr*;
(*person*) работать (*impf*) с +*instr*;
(*principle*) исходить (*impf*) из
+*gen*; **work out** *vi* (*plans etc*)
удаваться (*perf* удаться) ▷ *vt*
(*problem*) разрешать (*perf*
разрешить); (*plan*) разрабатывать
(*perf* разработать); **it works out at
£100** (*cost*) выходит по £100; **worker**
n (*in factory*) рабочий(-ая) *m(f)*
adj; (*in community etc*)
работник(-ница) *m/f*; **working force**
n рабочая сила; **working-class** *adj*
рабочий; **workman** *irreg n*
(квалифицированный) рабочий *m*
adj; **workshop** *n* мастерская *f*
adj, цех; (*session*) семинар *m* (*Theat,
Mus*) студия

world [wə:ld] *n* мир ▷ *adj*
мировой; **to think the world of sb**
быть (*impf*) высокого
мнения о ком-н; **world champion**
n чемпион мира; **World Wide Web**
n Всемирная Паутина

worm [wə:m] *n* (*Zool*) червь *m*

worn [wə:n] *pp of* **wear** ▷ *adj*
(*carpet*) потёртый; **worn-out** *adj*
(*object*) изношенный; (*person*)
измотанный

worried ['wʌrɪd] *adj*

обеспокоенный, встревоженный

worry ['wʌrɪ] *n* (*anxiety*)
беспокойство, волнение ▷ *vi*
беспокоиться (*impf*), волноваться
(*impf*) ▷ *vt* (*person*) беспокоить
(*perf* обеспокоить), волновать
(*perf* взволновать); **worrying** *adj*
тревожный

worse [wə:s] *adj* худший ▷ *adv*
хуже ▷ *n* худшее *nt adj*; **a change
for the worse** ухудшение; **worsen**
vi ухудшаться (*perf* ухудшиться);
worse off *adj* (*financially*) более
бедный

worship ['wə:ʃɪp] *n* поклонение,
преклонение ▷ *vt* поклоняться
(*impf*) +*dat*, преклоняться (*impf*)
перед +*instr*

worst [wə:st] *adj* наихудший
▷ *adv* хуже всего ▷ *n* наихудшее
nt adj; **at worst** в худшем случае

worth [wə:θ] *adj*: **to be worth**
стоить (*impf*); **it's worth it** это того
стоит; **worthless** *adj*
никчёмный; **worthwhile** *adj*
стоящий

worthy [wə:ðɪ] *adj*: **worthy (of)**
достойный (+*gen*)

 KEYWORD

would [wʊd] *aux vb*

1 (*conditional tense*): **I would tell
you if I could** я бы сказал Вам,
если бы мог; **if you asked him he
would do it** если Вы его
попросите, (то) он сделает это; **if
you had asked him he would have
done it** если бы Вы попросили
его, (то) он бы сделал это

2 (*in offers, invitations, requests*):
would you like a cake? не хотите
(ли) пирога?; **would you ask him
to come in?** пожалуйста,
пригласите его войти!; **would you**

open the window please? откройте, пожалуйста, окно!

3 (*in indirect speech*): **I said I would do it** я сказал, что сделаю это; **he asked me if I would stay with him** он попросил меня остаться с ним; **he asked me if I would resit the exam if I failed** он спросил меня, буду ли я пересдавать экзамен, если я провалюсь

4 (*emphatic*): **it WOULD have to snow today!** именно сегодня должен пойти снег!; **you WOULD say that, wouldn't you!** Вы, конечно, это скажете!

5 (*insistence*): **she wouldn't behave** она никак не хотела хорошо себя вести

6 (*conjecture*): **it would have been midnight** должно быть, была полночь; **it would seem so** должно быть, так; **it would seem that …** похоже, что …

7 (*indicating habit*): **he would come here on Mondays** он (обычно) приходил сюда по понедельникам

wouldn't ['wʊdnt] = **would not**
wound¹ [waʊnd] *pt, pp of* **wind²**
wound² [wuːnd] *n* рана ▷ *vt* ранить (*perf*/*perf*)
wove [wəʊv] *pt of* **weave**, **woven** *pp of* **weave**
wrap [ræp] *vt* (*also* **wrap up**) заворачивать (*perf* завернуть); (*wind*): **to wrap sth round sth** (*tape etc*) оборачивать (*perf* обернуть) что-н вокруг чего-н; **wrapper** *n* (*on chocolate*) обёртка
wreath [riːθ] *n* (*for dead*) венок
wreck [rɛk] *n* (*vehicle, ship*) обломки *mpl* ▷ *vt* (*car*) разбивать (*perf* разбить); (*stereo*) ломать

(*perf* сломать); (*weekend*) портить (*perf* испортить); (*relationship*) разрушать (*perf* разрушить); (*life, health*) губить (*perf* погубить); **wreckage** *n* обломки *mpl*; (*of building*) развалины *fpl*
wren [rɛn] *n* крапивник
wrench [rɛntʃ] *n* (*Tech*) гаечный ключ; (*tug*) рывок; (*fig*) тоска ▷ *vt* (*twist*) выворачивать (*perf* вывернуть); **to wrench sth from sb** вырывать (*perf* вырвать) что-н у кого-н
wrestle ['rɛsl] *vi* (*Sport*): **to wrestle (with sb)** бороться (*impf*) (с кем-н)
wrestling ['rɛslɪŋ] *n* борьба
wretched ['rɛtʃɪd] *adj* несчастный
wriggle ['rɪgl] *vi* (*also* **wriggle about**: *worm*) извиваться (*impf*); (: *person*) ёрзать (*impf*)
wring [rɪŋ] (*pt, pp* **wrung**) *vt* (*hands*) ломать (*impf*); (*also* **wring out**: *clothes*) выжимать (*perf* выжать); (*fig*): **to wring sth out of sb** выжимать (*perf* выжать) что-н из кого-н
wrinkle ['rɪŋkl] *n* (*on face*) морщина ▷ *vt* (*nose etc*) морщить (*perf* сморщить) ▷ *vi* (*skin etc*) морщиться (*perf* сморщиться)
wrist [rɪst] *n* (*Anat*) запястье
write [raɪt] (*pt* **wrote**, *pp* **written**) *vt* (*letter, novel etc*) писать (*perf* написать); (*cheque, receipt*) выписывать (*perf* выписать) ▷ *vi* писать (*impf*); **to write to sb** писать (*perf* написать) кому-н; **write down** *vt* (*note*) писать (*perf* написать); **write off** *vt* (*debt*) списывать (*perf* списать); (*plan*) отменять (*perf* отменить); **writer** *n* писатель *m*

w

writing ['raɪtɪŋ] *n* (*words written*) надпись *f*; (*of letter, article*) (на) писание; (*also* **handwriting**) почерк; **writing is his favourite occupation** больше всего он любит писать; **in writing** в письменном виде

written ['rɪtn] *pp of* **write**

wrong [rɒŋ] *adj* неправильный; (*information*) неверный; (*immoral*) дурной ▷ *adv* неправильно ▷ *n* (*injustice*) несправедливость *f* ▷ *vt* нехорошо поступать с +*instr*; **you are wrong to do it** это нехорошо с Вашей стороны; **you are wrong about that, you've got it wrong** Вы неправы; **who is in the wrong?** чья это вина?; **what's wrong?** в чём дело?; **to go wrong** (*plan*) не удаваться (*perf* удаться); **right and wrong** хорошее и дурное

wrote [rəʊt] *pt of* **write**

wrung [rʌŋ] *pt, pp of* **wring**

WWW *n abbr* = **World Wide Web**

Xmas ['ɛksməs] *n abbr* = **Christmas**

X-ray ['ɛksreɪ] *n* (*ray*) рентгеновские лучи *mpl*; (*photo*) рентгеновский снимок ▷ *vt* просвечивать (*perf* просветить) (рентгеновскими лучами)

xylophone ['zaɪləfəʊn] *n* ксилофон

Y

yacht [jɒt] n я́хта

yard [jɑːd] n (of house etc) двор; (measure) ярд

● **YARD**

● Yard — ме́ра длины́ ра́вная
● 90.14 см.

yawn [jɔːn] n зево́к ▷ vi зева́ть (perf зевну́ть)

year [jɪəʳ] n год; **he is eight years old** ему́ во́семь лет; **an eight-year-old child** восьмиле́тний ребёнок; **yearly** adj ежего́дный ▷ adv ежего́дно

yearn [jəːn] vi: **to yearn for sth** тоскова́ть (impf) по чему́-н; **to yearn to do** жа́ждать (impf) +infin

yeast [jiːst] n дро́жжи pl

yell [jɛl] vi вопи́ть (impf)

yellow [ˈjɛləu] adj жёлтый

yes [jɛs] particle да; (in reply to negative) нет ▷ n проголосова́вший(-ая) m(f) adj "за"; **to say yes** говори́ть (perf сказа́ть) да

yesterday [ˈjɛstədɪ] adv вчера́ ▷ n вчера́шний день m; **yesterday morning/evening** вчера́ у́тром/ве́чером; **all day yesterday** вчера́ весь день

yet [jɛt] adv ещё, до сих пор ▷ conj одна́ко, всё же; **the work is not finished yet** рабо́та ещё не око́нчена; **the best yet** са́мый лу́чший на сего́дняшний день; **as yet** ещё пока́

yew [juː] n (tree) тис

yield [jiːld] n (Agr) урожа́й m ▷ vt (surrender) сдава́ть (perf сдать); (produce) приноси́ть (perf принести́) ▷ vi (surrender) отступа́ть (perf отступи́ть); (US: Aut) уступа́ть (perf уступи́ть) доро́гу

yog(h)ourt [ˈjəugət] n йо́гурт

yog(h)urt [ˈjəugət] n = **yog(h)ourt**

yolk [jəuk] n желто́к

 KEYWORD

you [juː] pron **1** (subject: familiar) ты; (: polite) Вы; (: 2nd person pl) вы; **you English are very polite** вы, англича́не, о́чень ве́жливы; **you and I will stay here** мы с тобо́й/Ва́ми оста́немся здесь

2 (direct: familiar) тебя́; (: polite) Вас; (: 2nd person pl) вас; **I love you** я тебя́/Вас люблю́

3 (indirect: familiar) тебе́; (: polite) Вам; (: 2nd person pl) вам; **I'll give you a present** я тебе́/Вам что-нибудь подарю́

4 (after prep: +gen: familiar) тебя́;

(: *polite*) Вас; (: *2nd person pl*) вас;
(: +*dat. familiar*) тебе́; (: *polite*)
Вам; (: *2nd person pl*) вам;
(: +*instr. familiar*) тобо́й; (: *polite*)
Ва́ми; (: *2nd person pl*) ва́ми;
(: +*prp. familiar*) тебе́; (: *polite*)
(: *2nd person pl*) вас; **they've been
talking about you** они́ говори́ли о
тебе́/Вас

5 (*after prep: referring to subject
of sentence*: +*gen*) себя́; (: +*dat,
+prp*) себе́; (: +*instr*) собо́й; **will
you take the children with you?** Вы
возьмёте дете́й с собо́й?; **she's
younger than you** она́ моло́же
тебя́/Вас

6 (*impersonal: one*): **you never
know what can happen** никогда́ не
зна́ешь, что мо́жет случи́ться; **you
can't do that!** так нельзя́!; **fresh air
does you good** све́жий во́здух
поле́зен для здоро́вья

you'd [juːd] = **you had; you
would**

you'll [juːl] = **you shall; you will**

young [jʌŋ] *adj* молодо́й; (*child*)
ма́ленький ▷ *npl* (*of animal*)
молодня́к *msg*; **the young** (*people*)
молодёжь *f*; **youngster** *n*
ребёнок

your [jɔːʳ] *adj* (*familiar*) твой;
(*polite*) Ваш; (*2nd person pl*) ваш;
see also **my**

you're [juəʳ] = **you are**

yours [jɔːz] *pron* (*familiar*) твой;
(*polite*) Ваш; (*2nd person pl*) ваш;
(*referring to subject of sentence*)
свой; **is this yours?** э́то твоё/
Ва́ше?; **yours sincerely, yours
faithfully** и́скренне Ваш; *see also*
mine¹

yourself [jɔːˈself] *pron* (*reflexive*)
себя́; (*after prep*: +*gen*) себя́;
(: +*dat, +prp*) себе́; (: +*instr*) собо́й;

(*emphatic*) сам (*f* сама́, *pl* са́ми)
(*alone*) сам, оди́н; (**all**) **by yourself**
ты сам *or* оди́н; **you yourself told
me** Вы са́ми сказа́ли мне; *see also*
myself

yourselves [jɔːˈselvz] *pl pron*
(*reflexive*) себя́; (*after prep*: +*gen*)
себя́; (: +*dat, +prp*) себе́; (: +*instr*)
собо́й; (*emphatic*) са́ми; (*alone*)
са́ми, одни́; (**all**) **by yourselves**
са́ми, одни́; **talk amongst
yourselves for a moment**
поговори́те ме́жду собо́й пока́;
see also **myself**

youth [juːθ] *n* (*young days*)
ю́ность *f*, мо́лодость *f*; (*young
people*) молодёжь *f*; (*young man*)
ю́ноша *m*; **youthful** *adj*
ю́ношеский; (*person, looks*) ю́ный

you've [juːv] = **you have**

Z

zeal [ziːl] *n* рвéние

zebra [ˈziːbrə] *n* зéбра; **zebra crossing** *n* (*Brit*) зéбра, пешехóдный перехóд

zero [ˈzɪərəʊ] *n* ноль *m*, нуль *m*

zest [zest] *n* (*for life*) жáжда; (*of orange*) цéдра

zigzag [ˈzɪɡzæɡ] *n* зигзáг

zinc [zɪŋk] *n* цинк

zip [zɪp] *n* (*also* **zip fastener**) мóлния ▷ *vt* (*also* **zip up**) застёгивать (*perf* застегнýть) на мóлнию; **zipper** *n* (*US*) = **zip**

zodiac [ˈzəʊdɪæk] *n* зодиáк

zone [zəʊn] *n* зóна

zoo [zuː] *n* зоопáрк

zoology [zuːˈɔlədʒɪ] *n* зоолóгия

zoom [zuːm] *vi*: **to zoom past** мелькáть (*perf* промелькнýть) мúмо; **zoom lens** *n* объектúв с перемéнным фóкусным расстоянием

Glossary of General Business Terms

account n счёт

account number n номер счёта

accounting n бухгалтерский учёт

accounting period n бюджетный год

accounts payable npl счета, подлежащие уплате

accounts receivable npl ожидаемые поступления

acid-test ratio n отношение текущих активов к текущим пассивам

acquisition n приобретение

active partner n активный партнёр

advertising n реклама

advertising agency n рекламное агентство

affiliate n аффилированное лицо

after-tax adj после уплаты налогов

aftermarket n внебиржевой рынок ценных бумаг

after-sales service n гарантийное обслуживание

AGM n ежегодное общее собрание

agribusiness n агробизнес, сельскохозяйственный бизнес

amortization n амортизация

annual general meeting = AGM

annual percentage rate n годовая процентная ставка

annual report n годовой отчёт

annuity n ежегодная рента

antitrust law n антитрестовский закон

arbitration n арбитраж

arrears n задолженность

asking price n запрашиваемая цена

assets npl активы

asset-stripping n распродажа неприбыльных активов

audit n аудит

audited statement n одобренный аудитором отчёт

auditor n аудитор

authorized capital n уставной капитал

bad debt n списанный долг (по несостоятельности)

balance due n сумма к уплате

balance of trade n торговый баланс

balance sheet n сводный баланс, балансовая ведомость

bank draft, banker's draft n банковская тратта

bank giro n кредитный перевод (жиро)

bankrupt adj обанкротившийся

bankruptcy n банкротство

bargaining unit n сильный аргумент

basic rate n базисный курс, тарифная ставка

basis point n базисный пункт

basket of currencies n валютная корзина

bear market n рынок "медведей"

benchmark n ориентир

bid price n цена покупателя

bidder n покупатель

bill of exchange n переводной вексель

bill of lading n коносамент

bill of sale n купчая

black market n чёрный рынок

bond n облигация

bonded warehouse n таможенный склад

boom-bust cycle n цикл, характеризующийся подъёмом и спадом

borrower n заёмщик

borrowing capacity n заёмная способность

borrowing requirement n потребности в займах

brand n (торговая) марка

brand awareness n знание торговой марки

brand image n имидж торговой марки

brand leader n ведущая марка

brand name n торговая марка, фирменная марка

break-even point n точка "при своих", точка самоокупаемости

bridge loan, bridging loan

промежу́точный креди́т

brokerage *n* бро́керская коми́ссия

budget *n* бюдже́т

budget deficit *n* дефици́т бюдже́та

budget surplus *n* бюдже́тный избы́ток

building society *n* ипоте́чный банк, строи́тельное о́бщество

bull market *n* ры́нок "бы́ков"

business *n* предприя́тие, фи́рма

business card *n* визи́тная ка́рточка

business class *n* би́знес-класс

business man *n* бизнесме́н, предпринима́тель

business plan *n* би́знес-план

business woman *n* бизнесме́нка, делова́я же́нщина

buyer's market *n* ры́нок покупа́теля

by-laws *npl* вну́тренние прави́ла де́ятельности корпора́ции

by-product *n* побо́чный проду́кт

calendar year *n* календа́рный год

capital *n* капита́л

capital account *n* бала́нс движе́ния капита́лов

capital assets *npl* основно́й капита́л

capital call *n* конфере́нц-связь

capital expenditure *n* расхо́ды на приобре́тение основно́го капита́ла

capital gains tax *n* нало́г на реализо́ванный приро́ст капита́ла

capital goods *npl* капита́льные това́ры

capital investment *n* капиталовложе́ние

capitalization *n* капитализа́ция

cartel *n* карте́ль

cash account *n* нали́чный счёт

cash cow *n* би́знес, даю́щий прито́к нали́чных де́нег

cash discount *n* ски́дка с цены́ при поку́пке за нали́чные

cash on delivery *n* нало́женный платёж

CEO *n* гла́вный исполни́тельный дире́ктор

certificate of origin *n* сертифика́т происхожде́ния това́ра

certified public accountant *n* дипломи́рованный бухга́лтер

chamber of commerce *n* торго́вая пала́та

charge account *n* креди́т по

откры́тому счёту

clearing account *n* кли́ринговый счёт

clearing bank *n* кли́ринговый банк

COD *n* нало́женный платёж

collateral *n* фина́нсовое поручи́тельство, гара́нтия

collective bargaining *n* коллекти́вные перегово́ры

command economy *n* администрати́вно-кома́ндная эконо́мика

commercial bank *n* комме́рческий банк

commercial loan *n* краткосро́чная ссу́да

commission *n* комиссио́нное вознагражде́ние, коми́ссия

commodities *npl* това́ры

commodity market *n* това́рный ры́нок

common stock *n* обыкнове́нная а́кция

conference call *n* конфере́нц-связь

conference room *n* конфере́нц-за́л

consortium *n* консо́рциум

consumer *n* потреби́тель

consumer credit *n* потреби́тельский креди́т

consumer durables *npl* долгосро́чные потреби́тельские това́ры

consumer goods *npl* потреби́тельские това́ры

consumer price index *n* = CPI

contract *n* контра́кт

copyright *n* а́вторское пра́во, копира́йт

cooperative *n* кооперати́в

corporate identity *n* корпорати́вное созна́ние

corporate image *n* корпорати́вный и́мидж

corporation *n* корпора́ция

cost of living *n* сто́имость жи́зни

cost, insurance and freight *n* сто́имость, страхова́ние и фрахт

cost-benefit analysis *n* ана́лиз изде́ржек и при́былей

cottage industry *n* куста́рная промы́шленность

counteroffer *n* встре́чное

предложе́ние
cover letter, covering letter *n*
сопроводи́тельное письмо́
CPI *n* и́ндекс потреби́тельских цен
credit *n* креди́т
credit card *n* креди́тная ка́рточка
credit limit *n* креди́тный лими́т
credit note *n* креди́тный биле́т
credit rating *n* показа́тель
кредитоспосо́бности
credit risk *n* креди́тный риск
credit union *n* креди́тный сою́з
creditor *n* креди́тор
crisis management *n* разреше́ние
кри́зиса
currency unit *n* валю́тная едини́ца
current account *n* теку́щий счёт
customs clearance *n* тамо́женная
очи́стка
customs duty *n* тамо́женная
по́шлина

data capture *n* сбор информа́ции
data entry *n* ввод информа́ции
data processing *n* обрабо́тка
информа́ции
daybook *n* журна́л, дневни́к
debit card *n* дебе́товая ка́рточка
debt *n* долг
debtor *n* должни́к
deflation *n* дефля́ция
deposit account *n* депози́тный счёт
depreciation *n* (*of assets*) сниже́ние
сто́имости акти́вов (*of currency*)
девальва́ция
derivatives market *n* ры́нок
дериват́ивов
direct debit *n* прямо́е дебети́рование
discount *n* ски́дка
distribution *n* распределе́ние
distributor *n* дистрибью́тор
down payment *n* взнос нали́чных
де́нег

early retirement *n* ра́нний ухо́д на
пе́нсию
earned income *n* зарабо́танный
дохо́д
earnings *npl* зарабо́ток
e-business *n* би́знес через
Интерне́т
ECB *n* Европе́йский центра́льный

банк
e-commerce *n* би́знес по интерне́ту
Economic and Monetary Union *n* =
EMU
economies of scale *npl* сниже́ние
сто́имости за счёт увеличе́ния
объёма произво́дства
electronic funds transfer *n* систе́ма
электро́нных платеже́й
EMS *n* ЕВС
EMU *n* Экономи́ческий и валю́тный
сою́з
end product *n* коне́чный проду́кт
end user *n* коне́чный по́льзователь
enterprise *n* предприя́тие
entrepreneur *n* предпринима́тель
equities market *n* фо́ндовый ры́нок
escape clause *n* пункт догово́ра,
освобожда́ющий от
отве́тственности
escrow account *n* контра́кт,
депони́рованный у тре́тьего лица́
e-tailer *n* интерне́т-продаве́ц
e-tailing *n* интерне́т-прода́жа
Eurozone *n* еврозо́на
European Central Bank *n* = **ECB**
European Monetary System *n* =
EMS
exchange rate *n* валю́тный курс
excise tax *n* акци́з
expense account *n* счёт
подотчётных сумм
export duty *n* экспо́ртная по́шлина
export licence *n* экспо́ртная
лице́нзия

feasibility study *n* те́хнико-
экономи́ческое обоснова́ние, ТЭО
finance company *n* фина́нсовая
компа́ния
financial advisor *n* фина́нсовый
консульта́нт
financial services *npl* фина́нсовые
услу́ги
financial statement *n* фина́нсовый
отчёт
financial year *n*
(отчётно-)фина́нсовый год
fiscal policy *n* бюдже́тная и
нало́говая поли́тика
fiscal year *n* фина́нсовый год
fixed assets *npl* основно́й капита́л

flat rate n единообра́зная ста́вка

floating capital n оборо́тный капита́л

floating currency n пла́вающая валю́та

foreign exchange n иностра́нная валю́та

foreign trade n вне́шняя торго́вля

forex n иностра́нная валю́та

franchise agreement n франши́зный догово́р

freehold n по́лное пра́во на владе́ние

fringe benefits npl дополни́тельные льго́ты

GDP n ВВП , валово́й вну́тренний проду́кт

global economy n глоба́льная эконо́мика

globalization n глобализа́ция

GNP n ВНП, валово́й национа́льный проду́кт

going concern n де́йствующее предприя́тие

goods on consignment npl па́ртия това́ров к отпра́вке

goodwill n до́брая во́ля

grievance procedure n поря́док рассмотре́ния жа́лоб

gross domestic product n = GDP

gross profit n о́бщая при́быль

gross national product n = GNP

Group of Eight n Больша́я Восьмёрка

guaranteed loan n гаранти́рованный заём

hard currency n твёрдая валю́та

headhunting n по́иск высококвалифици́рованных ка́дров

hedge fund n хе́джевый фонд

hidden reserves npl скры́тые резе́рвы

holding company n хо́лдинговая компа́ния

hostile takeover bid n поглоще́ние компа́нии путём ску́пки её а́кций на ры́нке

HR n отде́л ка́дров

import duty n и́мпортная тамо́женная по́шлина

import licence n и́мпортная лице́нзия

income n дохо́д

income tax n подохо́дный нало́г

indemnity n гара́нтия возмеще́ния убы́тка

indexation n индекса́ция

industrial action n забасто́вка

industrial espionage n промы́шленный шпиона́ж

inflation n инфля́ция

information technology n информацио́нная техноло́гия

insider dealing, insider trading n незако́нные опера́ции с це́нными бума́гами ли́цами, располага́ющими конфиденциа́льной информа́цией

insolvency n неплатежеспосо́бность

insurance n страхова́ние

insurance company n страхова́я компа́ния

insurance policy n страхово́й по́лис

intangible assets npl "неосяза́емые" акти́вы

interest payment n опла́та проце́нтов

interest-free loan n беспроце́нтный займ

interest rate n проце́нтная ста́вка

Internet business n интерне́т-би́знес

Internet Service Provider n = ISP

investment n инвести́рование

investment income n дохо́д от инвести́ций

invoice n счёт-факту́ра

ISP n прова́йдер сетевы́х услу́г

issue price n цена́ эми́ссии

job description n описа́ние служе́бных обя́занностей

job sharing n разделе́ние рабо́чего ме́ста на двои́х или бо́лее сотру́дников

job title n наименова́ние служе́бного положе́ния

joint ownership n совме́стное владе́ние

joint stock company n акционе́рная компа́ния

joint venture *n* совместное предприятие

junk bond *n* бросовая облигация

key account *n* ключевой клиент

labour market *n* рынок рабочей силы

labour relations *npl* трудовые отношения

lead time *n* время реализации заказа

leaseback *n* лиз-бэк

leasehold *n* арендованная собственность

legal fees *npl* судебные издержки

legal tender *n* законное средство платежа

lender *n* кредитор, заимодавец

lending rate *n* ссудный процент

letter of credit *n* аккредитив

letter of intent *n* письмо о намерении совершить сделку

leveraged buyout *n* покупка контрольного пакета акций

liabilities *npl* обязательства

limited liability company *n* компания с ограниченной ответственностью

limited partnership *n* ограниченное товарищество

liquid assets *npl* ликвидные активы

liquidation *n* ликвидация

liquidator *n* ликвидатор

liquidity ratio *n* коэффициент ликвидных активов

listed company *n* официально зарегистрированная компания

list price *n* каталожная цена

loss leader *n* товар, продаваемый в убыток для привлечения покупателей

lump sum *n* паушальная сумма

management buyout *n* = MBO

managing director *n* = MD

man management *n* руководство кадрами

manpower *n* рабочая сила

manufactured goods *npl* произведённые товары

manufacturing industry *n*

production sphere *n* производственная сфера

man-year *n* человеко-год

markdown *n* снижение цены

market *n* рынок

market economy *n* рыночная экономика

market leader *n* ведущий игрок на рынке

market research *n* анализ рынка

market share *n* доля на рынке *or* удельный вес в обороте рынка

marketing *n* маркетинг

marketing strategy *n* маркетинговая стратегия

mark-up *n* надбавка, маржа

mass market *n* массовый спрос

mass production *n* массовое производство

MBO *n* выкуп контрольного пакета акций компании её управляющими

MD *n* директор-распорядитель

merger *n* слияние

middleman *n* посредник

middle management *n* среднее звено управления

mission statement *n* изложение целей

money market *n* денежный рынок

monopoly *n* монополия

mortgage *n* ипотечный кредит

mortgage lender *n* ипотечная компания

mutual fund *n* паевой фонд

natural wastage *n* естественная убыль

net income *n* чистый доход

net profit *n* чистая прибыль

nominal interest rate *n* номинальная процентная ставка

non-cash payment *n* безналичная оплата

non-profit-making organization *n* некоммерческая организация

offer price *n* цена продавца

offshore *n* оффшорная зона, оффшора

offshore bank *n* оффшорный банк

online banking *n* ведение банковских дел через Интернет

online business *n* интернет-бизнес

on-the-job training n обучение по месту работы (без отрыва от производства)
open economy n открытая экономика
open market n открытый рынок
operating costs npl операционные издержки
operating profit n операционная прибыль
order book n книга заказов
order form n бланк заказа
ordinary share n обыкновенная акция
outgoings npl расходы
outsourcing n закупка на стороне
outstanding debt n неуплаченный долг
overcapacity n излишний потенциал
overdraft n перерасход, овердрафт
overhead(s) n(pl) накладные расходы
overproduction n перепроизводство
overstaffing n излишек кадров
own brand, own label n товар, несущий торговую марку самого магазина

paper profit n бумажная прибыль, прибыль на бумаге
par value n номинальная стоимость
parent company n материнская компания
partnership n партнёрство
patent n патент
payment in kind n оплата натурой
penny stock(s) n(pl) акция ценой меньше доллара
pension fund n пенсионный фонд
pension plan, pension scheme n пенсионный план
people management n руководство кадрами
per capita adj на душу (населения)
per diem adj ежедневно, каждый день
performance-related pay n оплата по результатам труда
personal identification number n = PIN
petty cash n небольшая наличность
piece rate n сдельный тариф

piecework n сдельная работа
PIN n ПИН
planned economy n плановая экономика
point of sale n торговая точка
policy statement n изложение политики
PR n связи с общественностью
preference shares npl привилегированная акция
preferred stock n привилегированная акция
price fixing n фиксирование цен
price freeze n замораживание цен
price war n война цен
price-earnings ratio n отношение рыночной цены акции к её чистой прибыли
private company n частная компания
private investor n частный инвестор
private sector n частный сектор
privatization n приватизация
product development n разработка продукта/товара
product launch n запуск продукта/товара
product line n линия товаров
product placement n позиционирование продукта/товара
profit n прибыль
profit margin n размер прибыли
profit sharing n участие в прибылях
profit-making adj прибыльный
profitability n прибыльность
proforma invoice adj счёт-проформа
promissory note n простой вексель
public relations n = PR
public sector n общественный сектор
purchase order n заказ на товары
purchasing power n покупательная способность
pyramid selling n пирамидальная продажа

quality control n контроль качества
quota n квота

rebranding n переименование торговой марки

recommended retail price n = RRP

redundancy n увольнение

redundancy package n выплата при увольнении

relaunch n повторный запуск продукта/товара

relocation expenses n расходы по переезду

remuneration n вознаграждение

replacement value n стоимость замещения

research and development n научно-исследовательские и опытно-конструкторские работы

reserve price n резервная цена

retail n розничная торговля, розница

retail price index n индекс розничных цен

retailer n розничный торговец

retirement plan n пенсионный план

return (on investment) n доход (от инвестиции)

risk management n управление риском

royalty n гонорар

RRP n рекомендуемая розничная цена

salary n оклад, заработная плата

salary scale n шкала окладов

sales npl продажи

sales force n сбытчики

sales tax n налог с продаж

savings account n сберегательный счёт

savings bank n сберегательный банк

second mortgage n дополнительный ипотечный кредит

secondary market n вторичный рынок

securities npl ценные облигации

self-financing adj самофинансируемый

seller's market n рынок продавца

selling point n наиболее привлекательный аспект товара

selling price n цена реализации

service charge n банковская комиссия

service industry n индустрия обслуживания

settlement of accounts n погашение счетов

severance pay n выплата при увольнении

share capital n акционерный капитал

share index n фондовый индекс

share option n предоставление служащим компании права на покупку акции данной компании

shell company n зарегистрированная компания с небольшими активами

sick pay n больничные

silent partner n пассивный член товарищества

single currency n единая валюта

Single Market n общий рынок

sinking fund n фонд погашения

sleeping partner n пассивный член товарищества

soft currency n слабая валюта

spot price n наличная цена

spreadsheet n электронная таблица

stagflation n стагфляция

stakeholder pension n пенсия, получаемая при участии в капитале акционерной компании

stamp duty n гербовый сбор

standing order n постоянное поручение

start-up capital n начальный капитал

start-up cost n стоимость первоначального вложения

statement of account n выписка с банковского счёта

state-owned enterprise n государственное предприятие

stock certificate n сертификат депонирования акции

stock company n акционерная компания

stock exchange n фондовая биржа

stock market n фондовый рынок

stock market index n индекс фондового рынка

stock option n фондовый опцион

subcontractor n субподрядчик

subcontracting n субконтракт

sublease n субаре́нда
subletting n субаре́нда
subsidiary n доче́рняя компа́ния
subsidy n субси́дия
sunrise industry n но́вая о́трасль
эконо́мики
superannuation fund n пенсио́нный
фонд (предприя́тия)
supplier n поставщи́к
supply and demand n спрос и
предложе́ние
suspense account n промежу́точный
счёт

takeover n поглоще́ние
takeover bid n предложе́ние
поглоще́ния
tangible assets, tangibles npl
реа́льные акти́вы
tariff n тари́ф
tariff barrier n тари́фный барье́р
tax n нало́г
taxable income n дохо́д,
подлежа́щий налогообложе́нию
taxation n налогообложе́ние
tax bracket n ме́сто в нало́говой
шкале́
tax evasion n уклоне́ние от упла́ты
нало́гов
tax incentive n нало́говое
стимули́рование
tax loophole n нало́говая лазе́йка
tax shelter n нало́говая защи́та
technology transfer n переда́ча
техноло́гии
telecommuting n рабо́та на дому́
че́рез компью́терную связь
teleconferencing n
телеконфере́нция
telemarketing n телефо́нный
ма́ркетинг
teleworking n рабо́та на дому́ че́рез
компью́терную связь
tender n те́ндер
terms and conditions npl те́рмины и
усло́вия
time management n рациона́льное
испо́льзование вре́мени
trade n торго́вля
trade agreement n торго́вое
соглаше́ние
trade discount n торго́вая ски́дка

trade relations npl торго́вые
отноше́ния
trade secret n торго́вый секре́т
trade surplus n акти́вное са́льдо
trade war n торго́вая война́
trademark n торго́вый знак
trading partner n торго́вый партнёр
treasury bill n казначе́йский ве́ксель
treasury bond n казначе́йская
облига́ция
turnover n оборо́т

underinvestment n
недоинвести́рование
underwriter n гара́нт (размеще́ния
це́нных бума́г)
unique selling point n = USP
unit cost n себесто́имость едини́цы
проду́кции
unit price n сто́имость това́рной
едини́цы
unit sales npl объём прода́ж
едини́цы проду́кции
unsecured loan n необеспе́ченный
заём
upset price n резерви́рованная
цена́, ни́зшая ста́ртовая цена́
USP n УТП, уника́льное торго́вое
предложе́ние
usury n ростовщи́чество

value-added tax n = VAT
VAT n НДС, Нало́г на доба́вленную
сто́имость
venture capital n ри́сковый капита́л
venture capitalist n ри́сковый
капитали́ст
videoconferencing n
телеконфере́нция

wage freeze n замора́живание
зарпла́ты
waybill n коносаме́нт
wholesale price n опто́вая цена́
wholesale price index n и́ндекс
опто́вых цен
wholesaler n опто́вик
wholly-owned subsidiary n
доче́рняя компа́ния, находя́щаяся
в индивидуа́льном владе́нии
windfall profit n неожи́данный
дохо́д

withholding tax *n* налогообложе́ние путём вы́четов
working capital *n* рабо́чий капита́л
World Bank *n* Мирово́й банк, Всеми́рный банк
World Trade Organization *n* = **WTO**
WTO *n* ВТО (Всеми́рная торго́вая организа́ция)

zero growth *n* нулево́й рост

Деловая терминология

ава́нс м advance

ави́зо ср advice, notification

а́вторское пра́во ср copyright

авуа́ры мн assets

администрати́вно-кома́ндная эконо́мика ж command economy

аккредити́в м letter of credit

акти́вное са́льдо ср surplus account, trade surplus

акти́вы мн assets

акци́з м excise tax

акционе́рная компа́ния ж joint stock company, stock company

акционе́рный капита́л м share capital

амортиза́ция ж amortization

ана́лиз ры́нка м market research

арбитра́ж м arbitration

арендо́ванная со́бственность ж leasehold

ассортиме́нт това́ров м product range

ауди́т м audit

ауди́тор м auditor

аукцио́н м auction

ба́зисный курс м basic rate

бала́нс м balance

бала́нс нали́чности м cash balance

бала́нсовая ве́домость ж balance sheet

ба́нковская коми́ссия ж service charge

ба́нковская тра́тта ж bank draft, banker's draft

банкома́т м ATM

банкома́тная ка́рточка ж ATM card

ба́ртер м barter

безнали́чная опла́та ж non-cash payment

беспроце́нтный займ м interest-free loan

би́знес в Сети́ м Internet business

бизнесме́н м business man

бизнесме́нка ж business woman

би́знес-класс м business class

би́знес-пла́н м business plan

би́ржа ж exchange

бланк зака́за м order form

больни́чные мн sick pay

Больша́я Восьмёрка ж Group of Eight

бро́керская коми́ссия ж brokerage

бро́совая облига́ция ж junk bond

бухга́лтерский учёт м accounting

бюдже́т м budget

бюдже́тная и нало́говая поли́тика ж fiscal policy

бюдже́тный избы́ток м budget surplus

валово́й вну́тренний проду́кт м gross domestic product

валово́й национа́льный проду́кт м gross national product

валю́тная едини́ца ж currency unit

валю́тная корзи́на ж basket of currencies

валю́тный курс м exchange rate

ввод информа́ции м data entry

ВВП м GDP

визи́тная ка́рточка ж business card

вне́шняя торго́вля ж foreign trade

ВНП м GNP

Всеми́рная торго́вая организа́ция ж World Trade Organization

Всеми́рный банк м World Bank

встре́чное предложе́ние ср counteroffer

ВТО ж WTO

втори́чный ры́нок м secondary market

вы́писка с ба́нковского счёта ж statement of account

гара́нт м guarantor

гаранти́йный срок м guarantee period

гаранти́йное обслу́живание ср after sales service

гара́нтия ж guarantee

гара́нтия возмеще́ния убы́тка ж indemnity

ГАТТ, Генера́льное соглаше́ние по

тари́фам и торго́вле *ср* GATT

ге́рбовый сбор *м* stamp duty

гла́вный исполни́тельный дире́ктор *м* chief executive, CEO

гла́вный, центра́льный о́фис *м* headquarters

глобализа́ция *ж* globalization

годова́я проце́нтная ста́вка *ж* annual percentage rate

годово́й отчёт *м* annual report

гонора́р *м* royalty

госуда́рственное предприя́тие *ср* state-owned enterprise

дебе́товая за́пись *ж* debit entry

дебе́товая ка́рточка *ж* debit card

девальва́ция *ж* depreciation (*of currency*)

де́йствующее предприя́тие *ср* going concern

делова́я же́нщина *ж* business woman

де́нежный ры́нок *м* money market

депози́тный счёт *м* deposit account

дефици́т бюдже́та *м* budget deficit

дефля́ция *ж* deflation

дефо́лт *м* default

дивиде́нд *м* dividend

дире́ктор-распоряди́тель *м* managing director, MD

диско́нт *м* discount

диско́нтная ка́рта *ж* discount card

дистрибью́тор *м* distributor

долг *м* debt

долгосро́чный контра́кт *м* long-term contract

должни́к *м* debtor

дохо́д *м* income

дохо́д от инвести́ций *м* investment income

доче́рняя компа́ния *ж* subsidiary

Европе́йский валю́тный сою́з *м* European Monetary System, EMD

Европе́йский центра́льный банк *м* European Central Bank, ECB

ЕВС *ср* EMS

еди́ная валю́та *ж* single currency

единообра́зная ста́вка *ж* flat rate

ежего́дное о́бщее собра́ние *ср* annual general meeting

жирорасчёт *м* giro

жирочёк *м* giro (cheque)

забасто́вка *ж* industrial action

задо́лженность *ж* arrears

заёмщик *м* borrower, mortgagor

заём *м* loan

займ с фикси́рованной ста́вкой *м* fixed-rate loan

зака́з на това́ры *м* purchase order

зако́нное сре́дство платежа́ *ср* legal tender

замора́живание цен *ср* price freeze

за́пись в прихо́дной ча́сти *ж* credit entry

запра́шиваемая цена́ *ж* asking price

за́пуск това́ра *м* product launch

зарабо́танный дохо́д *м* earned income

за́работная пла́та *ж* salary

за́работок *м* earnings

застро́йщик *м* developer (*of property*)

защи́та потреби́теля *ж* consumer protection

зо́на свобо́дного предпринима́тельства *ж* free enterprise zone

избежа́ние нало́гов *ср* tax avoidance

избы́ток *м* surplus

и́мпортная лице́нзия *ж* import licence

и́мпортная тамо́женная по́шлина *ж* import duty

инвести́рование *ср* investment

и́ндекс опто́вых цен *м* wholesale price index

и́ндекс потреби́тельских цен *м* consumer price index, CPI

и́ндекс ро́зничных цен *м* retail price index

и́ндекс фо́ндового ры́нка *м* stock market index

индекса́ция *ж* indexation

индосса́мент *м* endorsement

индустри́я обслу́живания *ж* service industry

иностра́нная валю́та *ж* foreign exchange, forex

интеллектуа́льная со́бственность

интеллектуальная собственность ж intellectual property

интернет-бизнес м Internet business

интернет-шопинг м Internet shopping

инфляция ж inflation

информационная технология ж information technology

ипотечная компания ж mortgage lender

ипотечный банк м building society

ипотечный кредит м mortgage

ипотека ж mortgage

казначейская облигация ж treasury bond

казначейский вексель м treasury bill

календарный год м calendar year

капитал м capital

капитализация ж capitalization

капиталовложение ср capital investment

картель м cartel

каталожная цена ж list price

квота ж quota

клиент м client

клиринговый банк м clearing bank

клиринговый счёт м clearing account

ключевой клиент м key account

книга заказов ж order book

коллективные переговоры мн collective bargaining

командная экономика ж command economy

комиссионное вознаграждение ср commission

комиссия ж commission

комитент м consigner

коммерческий банк м commercial bank

компания с ограниченной ответственностью ж limited liability company

конверсия ж conversion

конечный пользователь м end user

конечный потребитель м end consumer

конечный продукт м end product

консалтинг м consultation

коносамент м bill of lading, waybill

консорциум м consortium

контракт м contract

контракт без оговоренного срока действия м open-ended contract

кооператив м cooperative

копирайт м copyright

корпоративная организация ж corporate body

корпоративное сознание ср corporate identity

корпоративный имидж м corporate image

корпорация ж corporation

корреспондент м correspondent

краткосрочная ссуда ж commercial loan

кредит м credit

кредит по открытому счёту м charge account

кредитная карточка ж credit card

кредитный билет м credit note

кредитный лимит м credit limit

кредитный перевод (жиро) м bank giro

кредитный риск м credit risk

кредитор м creditor, lender

купчая ж bill of sale

лиз-бэк м leaseback

лизинг м leasing

ликвидатор м liquidator

ликвидация ж liquidation

ликвидные активы мн liquid assets

линия товаров ж product line

логотип м logo

лот м lot

маржа ж premium, mark-up

маркетинг м marketing

массовое потребление ср mass consumption

массовое производство ср mass production

массовый спрос м mass market

Мировой банк м World Bank

монополия ж monopoly

на душу (населения) прил per capita

надбавка ж mark-up

накладные расходы мн overhead(s)

наличная цена ж spot price

нали́чный счёт м cash account

нало́г м tax

нало́г на доба́вленную сто́имость м value-added tax

нало́г на реализо́ванный прирост капита́ла м capital gains tax

нало́г с прода́ж м sales tax

нало́говая деклара́ция ж tax declaration

нало́говая защи́та ж tax shelter

нало́говая лазе́йка ж tax loophole

нало́говое стимули́рование ср tax incentive

нало́говое убе́жище ср tax haven

налогообложе́ние ср taxation

нало́женный платёж м cash on delivery, COD

нау́чно-иссле́довательские и о́пытно-констру́кторские рабо́ты ср research and development

нача́льный капита́л м start-up capital

НДС м VAT

недоинвести́рование ср underinvestment

недоста́ча ж shortfall

некомме́рческая организа́ция ж non-profit-making organization

необеспе́ченный заём м unsecured loan

неплатёжеспосо́бность ж insolvency

неупла́ченный долг м outstanding debt

неусто́йка ж forfeit

но́вый за́пуск (*проду́кта*) м relaunch

но́мер счёта м account number

номина́л м par value

номина́льная сто́имость ж par value

обанкро́титься сов to go bankrupt

обеспе́чение креди́та ср collateral

облига́ция ж bond

оборо́т м turnover

оборо́тные докуме́нты мн negotiable instruments

оборо́тный капита́л м floating capital

обрабо́тка информа́ции ж data processing

о́бщая при́быль ж gross profit

обще́ственный пра́здник м public holiday

обще́ственный се́ктор м public sector

о́бщий ры́нок м Single Market

обыкнове́нная а́кция ж ordinary share

обяза́тельства мн liabilities

овердра́фт м overdraft

ограни́ченное това́рищество ср limited partnership

окла́д м salary

операцио́нная при́быль ж operating profit

операцио́нные изде́ржки мн operating costs

опера́ция ж transaction

опла́та в рассро́чку ж instalment payment

опла́та нату́рой ж payment in kind

опла́та проце́нтов ж interest payment

о́птовая цена́ ж wholesale price

оптови́к м wholesaler

основно́й капита́л м capital assets, fixed assets

отгру́зка ж shipment

отде́л ка́дров м HR, human resources

откры́тая эконо́мика ж open economy

откры́тый ры́нок м open market

отчётно-фина́нсовый год м financial year

официа́льно зарегистри́рованная компа́ния ж listed company

оффшо́рная зо́на = оффшо́р

оффшо́р м offshore

оффшо́рный банк м offshore bank

оце́нка ж appraisal

паево́й фонд м mutual fund

па́ртия това́ров к отпра́вке ж goods on consignment

партнёрство ср partnership

пате́нт м patent

паушáльная су́мма ж lump sum

пенсио́нный план м pension plan, pension scheme, retirement plan

пенсио́нный фонд м pension fund

переводно́й ве́ксель м bill of exchange

перегово́ры мн negotiations

переда́ча техноло́гии ж technology transfer

переименова́ние торго́вой ма́рки ср rebranding

перепроизво́дство ср overproduction

перерасхо́д м overdraft

персона́льный идентификацио́нный но́мер м personal identification number

ПИН м PIN

пла́вающая валю́та ж floating currency

пла́новая эконо́мика ж planned economy

платёжеспосо́бность ж creditworthiness

платёжный бала́нс м balance of payments

побо́чный проду́кт м by-product

погаше́ние счето́в ср settlement of accounts

поглоще́ние ср takeover

подохо́дный нало́г м income tax

подря́дчик м contractor

покупа́тельная спосо́бность ж purchasing power

посре́дник м middleman

посре́дничество ср mediation

поставщи́к м supplier

постановле́ния и усло́вия мн terms and conditions

постоя́нное поруче́ние ср standing order

поступле́ния мн proceeds

потреби́тель м consumer

потреби́тельские това́ры мн consumer goods

потреби́тельский креди́т м consumer credit

прави́тельственная це́нная бума́га ж government security

предвари́тельный счёт-факту́ра м proforma invoice

предложе́ние поглоще́ния ср takeover bid

предопла́та ж prepayment

предпринима́тель м entrepreneur, businessman

предприя́тие ср enterprise, business

прейскура́нт м price list

при́быль м profit

при́быльность ж profitability

при́быльный прил profit-making

приватиза́ция ж privatization

привилегиро́ванная а́кция ж preference shares, preferred stock

прова́йдер сетевы́х услу́г м Internet service provider, ISP

произво́дственная сфе́ра ж manufacturing industry

промежу́точный креди́т м bridge loan, bridging loan

промы́шленный шпиона́ж м industrial espionage

просто́й ве́ксель м promissory note

проце́нтная ста́вка ж interest rate

прямо́е дебетова́ние ср direct debit

рабо́тник м employee

работода́тель м employer

рабо́чая си́ла ж labour force, manpower

рабо́чее ме́сто ср workplace

рабо́чий капита́л м working capital

разме́р при́были м profit margin

разреше́ние на рабо́ту ср work permit

распределе́ние ср distribution

расхо́ды мн outgoings

реа́льные акти́вы мн tangible assets, tangibles

резе́рвная цена́ ж reserve price

рекоменду́емая ро́зничная цена́ ж recommended retail price, RRP

ре́нта ж annuity

рента́бельность ж cost-effectiveness

рента́бельный прил cost-effective

ри́сковый капита́л м venture capital

ро́зница ж retailing

ро́зничная торго́вля ж retail

ро́зничный торго́вец м retailer

ростовщи́чество ср usury

руково́дство ка́драми ср man management, people management

ры́нок м market

ры́нок деривати́вов м derivatives market

ры́нок недви́жимости м property market

ры́нок облига́ций м bond market

рынок покупателя м buyer's market

рынок рабочей силы м labour market

рынок "быков" м bull market

рынок "медведей" м bear market

рыночная цена ж market price

рыночная экономика ж market economy

рэкет м racketeering

самофинансируемый прил self-financing

сберегательный банк м savings bank

сберегательный счёт м savings account

сбережения мн savings

сборочная линия ж assembly line

сводный баланс м balance sheet

связи с общественностью мн PR

сдельная работа ж piecework

сдельный тариф м piece rate

себестоимость единицы продукции ж unit cost

сельскохозяйственный бизнес м agribusiness

сертификат происхождения товара м certificate of origin

система электронных платежей ж electronic funds transfer

скидка ж discount

слабая валюта ж soft currency

слияние ср merger

снижение стоимости активов ср depreciation (of assets)

совместное владение ср joint ownership

совместное предприятие ср joint venture

сопроводительное письмо ср cover letter, covering letter

социальная защита ж social security

со-директор м co-manager

спад м recession

спрос и предложение м supply and demand

срок годности м shelf life

ссудный процент м lending rate

стагфляция ж stagflation

стоимость жизни ж cost of living

стоимость, страхование и фрахт ж cost, insurance and freight

стоимость товарной единицы ж unit price

страхование ср insurance

страховая компания ж insurance company

страховой агент м insurance agent

страховой полис м insurance policy

строительное общество ср building society

субаренда ж sublease, subletting

субконтракт м subcontracting

субподрядчик м subcontractor

субсидия ж subsidy

судебные издержки мн legal fees

сумма к уплате ж balance due

суммарная выписка с банковского счёта ж summary statement

счёт м account

счёт подотчётных сумм м expense account

счёт-фактура ж invoice

таможенная очистка ж customs clearance

таможенная пошлина ж customs duty

тариф м tariff

тарифная ставка ж basic rate

тарифный барьер м tariff barrier

твёрдая валюта ж hard currency

текущий счёт м current account

телеконференция ж teleconferencing

телефонный маркетинг м telemarketing

тендер м tender

теневая экономика ж underground economy

техника безопасности на производстве ж occupational health and safety

технико-экономическое обоснование ср feasibility study

товарные запасы мн inventory

товарный рынок м commodity market

торговая война ж trade war

торговая марка ж brand name

торговая палата ж chamber of commerce

торговая скидка ж trade discount

торго́вая то́чка ж point of sale

торго́вая я́рмарка ж trade show

торго́вля ж trade

торго́вое соглаше́ние ср trade agreement

торго́вое эмба́рго ср trade embargo

торго́вые отноше́ния мн trade relations

торго́вые са́нкции мн trade sanctions

торго́вый бала́нс м balance of trade

торго́вый знак м trademark

торго́вый партнёр м trading partner

торго́вый секре́т м trade secret

то́чка "при свои́х" ж break-even point

то́чка самоокупа́емости ж break-even point

тра́тта ж draft

трудовы́е отноше́ния мн labour relations

увольне́ние ср redundancy

уде́льный вес в оборо́те ры́нка м market share

уклоне́ние от нало́гов ср tax evasion

уника́льная характери́стика това́ра ж unique selling point

усло́вия труда́ мн working conditions

уставно́й капита́л м authorized capital

уча́стие в при́былях ср profit sharing

уча́стник перегово́ров м negotiator

ФАС FAS, free alongside ship

фина́нсовая компа́ния ж finance company

фина́нсовые услу́ги мн financial services

фина́нсовый год м financial year, fiscal year

фина́нсовый консульта́нт м financial advisor

фина́нсовый отчёт м financial statement

фи́рма ж business, firm

фи́рменная компа́ния ж brand name

фи́рменное наименова́ние ср proprietary name

ФОБ FOB, free on board

фо́ндовая би́ржа ж stock exchange

фо́ндовый и́ндекс м share index

фо́ндовый ры́нок м equities market, stock market

ФОР FOR, free on rail

фра́нко прил free

франши́зный догово́р м franchise agreement

хе́джевый фонд м hedge fund

хо́лдинговая компа́ния ж holding company

цена́ покупа́теля ж bid price

цена́ продавца́ ж offer price

це́нник м price tag

це́нные облига́ции мн securities

це́новый контро́ль ж price control

ча́ртер м charter

ча́стная компа́ния ж private company

ча́стный инве́стор м private investor

ча́стный се́ктор м private sector

челове́ко-год м man-year

челове́ко-час м man-hour

чёрный ры́нок м black market

чи́стая при́быль ж net profit

чи́стый дохо́д м net income

шкала́ окла́дов ж salary scale

шта́тное расписа́ние ср payroll

Экономи́ческий и валю́тный сою́з м Economic and Monetary Union, EMU

э́кспортная по́шлина ж export duty

э́кспортная лице́нзия ж export licence

электро́нная связь для соверше́ния платеже́й ж wire transfer (system)

электро́нная табли́ца ж spreadsheet

ярлы́к м price tag

APPENDICES

Английские Неправильные Глаголы

present	pt	pp	present	pt	pp
arise	arose	arisen	dwell	dwelt	dwelt
awake	awoke	awoken	eat	ate	eaten
be (am, is, are; being)	was, were	been	fall	fell	fallen
			feed	fed	fed
bear	bore	born(e)	feel	felt	felt
beat	beat	beaten	fight	fought	fought
behold	beheld	beheld	find	found	found
become	became	become	flee	fled	fled
begin	began	begun	fling	flung	flung
bend	bent	bent	fly (flies)	flew	flown
beseech	besought	besought	forbid	forbade	forbidden
beset	beset	beset	forecast	forecast	forecast
bet	bet, betted	bet, betted	forget	forgot	forgotten
bid	bid, bade	bid, bidden	forgive	forgave	forgiven
bind	bound	bound	forsake	forsook	forsaken
bite	bit	bitten	freeze	froze	frozen
bleed	bled	bled	get	got	got, (US) gotten
blow	blew	blown	give	gave	given
break	broke	broken	go (goes)	went	gone
breed	bred	bred	grind	ground	ground
bring	brought	brought	grow	grew	grown
build	built	built	hang	hung, hanged	hung, hanged
burn	burnt, burned	burnt, burned	have (has; having)	had	had
burst	burst	burst	hear	heard	heard
buy	bought	bought	hide	hid	hidden
can	could	(been able)	hit	hit	hit
cast	cast	cast	hold	held	held
catch	caught	caught	hurt	hurt	hurt
choose	chose	chosen	keep	kept	kept
cling	clung	clung	kneel	knelt, kneeled	knelt, kneeled
come	came	come	know	knew	known
cost	cost	cost	lay	laid	laid
creep	crept	crept	lead	led	led
cut	cut	cut	lean	leant, leaned	leant, leaned
deal	dealt	dealt	leap	leapt, leaped	leapt, leaped
dig	dug	dug	learn	learnt, learned	learnt, learned
do (3rd person he/she/it does)	did	done	leave	left	left
draw	drew	drawn	lend	lent	lent
dream	dreamed, dreamt	dreamed, dreamt	let	let	let
drink	drank	drunk	lie (lying)	lay	lain
drive	drove	driven			

2

present	pt	pp	present	pt	pp
light	lit, lighted	lit, lighted	**spell**	spelt, spelled	spelt, spelled
lose	lost	lost	**spend**	spent	spent
make	made	made	**spill**	spilt, spilled	spilt, spilled
may	might	—	**spin**	spun	spun
mean	meant	meant	**spit**	spat	spat
meet	met	met	**split**	split	split
mistake	mistook	mistaken	**spoil**	spoiled,	spoiled,
mow	mowed	mown,		spoilt	spoilt
		mowed			
must	(had to)	(had to)	**spread**	spread	spread
pay	paid	paid	**spring**	sprang	sprung
put	put	put	**stand**	stood	stood
quit	quit, quitted	quit, quitted	**steal**	stole	stolen
read	read	read	**stick**	stuck	stuck
rid	rid	rid	**sting**	stung	stung
ride	rode	ridden	**stink**	stank	stunk
ring	rang	rung	**stride**	strode	stridden
rise	rose	risen	**strike**	struck	struck,
run	ran	run			stricken
saw	sawed	sawed, sawn	**strive**	strove	striven
say	said	said	**swear**	swore	sworn
see	saw	seen	**sweep**	swept	swept
seek	sought	sought	**swell**	swelled	swollen,
sell	sold	sold			swelled
send	sent	sent	**swim**	swam	swum
set	set	set	**swing**	swung	swung
sew	sewed	sewn	**take**	took	taken
shake	shook	shaken	**teach**	taught	taught
shed	shed	shed	**tear**	tore	torn
shine	shone	shone	**tell**	told	told
shoot	shot	shot	**think**	thought	thought
show	showed	shown	**throw**	threw	thrown
shrink	shrank	shrunk	**thrust**	thrust	thrust
shut	shut	shut	**tread**	trod	trodden
sing	sang	sung	**wake**	woke,	woken,
sink	sank	sunk		waked	waked
sit	sat	sat	**wear**	wore	worn
slay	slew	slain	**weave**	wove,	woven,
sleep	slept	slept		weaved	weaved
slide	slid	slid	**wed**	wedded,	wedded,
sling	slung	slung		wed	wed
slit	slit	slit	**weep**	wept	wept
smell	smelt,	smelt,	**win**	won	won
	smelled	smelled	**wind**	wound	wound
sow	sowed	sown, sowed	**wring**	wrung	wrung
speak	spoke	spoken	**write**	wrote	written
speed	sped,	sped,			
	speeded	speeded			3

Tables of Russian Irregular Forms

For all tables, where there are alternatives given under the accusative, these
are the animate forms which are identical with the genitive.

Nouns

Table 1 **мать**

	Singular	Plural
Nom	мать	ма́тери
Acc	мать	матере́й
Gen	ма́тери	матере́й
Dat	ма́тери	матеря́м
Instr	ма́терью	матеря́ми
Prp	о ма́тери	о матеря́х

Table 2 **дочь**

	Singular	Plural
Nom	дочь	до́чери
Acc	дочь	дочере́й
Gen	до́чери	дочере́й
Dat	до́чери	дочеря́м
Instr	до́черью	дочерьми́
Prp	о до́чери	о дочеря́х

Table 3 **путь**

	Singular	Plural
Nom	путь	пути́
Acc	путь	пути́
Gen	пути́	путе́й
Dat	пути́	путя́м
Instr	путём	путя́ми
Prp	о пути́	о путя́х

Table 4 **вре́мя**

	Singular	Plural
Nom	вре́мя	времена́
Acc	вре́мя	времена́
Gen	вре́мени	времён
Dat	вре́мени	времена́м
Instr	вре́менем	времена́ми
Prp	о вре́мени	о времена́х

(Similarly with nouns like и́мя, пле́мя etc)

Pronouns

Table 5

	m	f	nt	pl
Nom	чей	чья	чьё	чьи
Acc	чей/чьего	чью	чьё	чьи/чьих
Gen	чьего	чьей	чьего	чьих
Dat	чьему	чьей	чьему	чьим
Instr	чьим	чьей	чьим	чьими
Prp	о чём	о чьей	о чём	о чьих

(The instrumental form чьей has the alternative чьёю)

Table 6a

Nom	я	ты	он	она	оно
Acc/Gen	меня	тебя	его	её	его
Dat	мне	тебе	ему	ей	ему
Instr	мной	тобой	им	ей	им
Prp	обо мне	о тебе	о нём	о ней	о нём

(The instrumental forms мной, тобой, ей have alternatives мною,
тобою and ею respectively. The reflexive personal pronoun себя
declines like тебя)

Table 6b

Nom	мы	вы	они
Acc/Gen	нас	вас	их
Dat	нам	вам	им
Instr	нами	вами	ими
Prp	о нас	о вас	о них

Table 7

Nom	кто	что
Acc	кого	что
Gen	кого	чего
Dat	кому	чему
Instr	кем	чем
Prp	о ком	о чём

Table 8

	m	f	nt	pl
Nom	мой	моя	моё	мои
Acc	мой/моего	мою	моё	мои/моих
Gen	моего	моей	моего	моих
Dat	моему	моей	моему	моим
Instr	моим	моей	моим	моими
Prp	о моём	о моей	о моём	о моих

(твой declines like мой, as does the reflexive possessive pronoun
свой. The instrumental form моей has the alternative моёю)

Table 9

	m	f	nt	pl
Nom	наш	на́ша	на́ше	на́ши
Acc	наш/на́шего	на́шу	на́ше	на́ши/на́ших
Gen	на́шего	на́шей	на́шего	на́ших
Dat	на́шему	на́шей	на́шему	на́шим
Instr	на́шим	на́шей	на́шим	на́шими
Prp	о на́шем	о на́шей	о на́шем	о на́ших

(ваш declines like наш. The instrumental form на́шей has the alternative на́шею. The possessive pronouns еró, её and их are invariable)

Table 10

	m	f	nt	pl
Nom	э́тот	э́та	э́то	э́ти
Acc	э́тот/э́того	э́ту	э́то	э́ти/э́тих
Gen	э́того	э́той	э́того	э́тих
Dat	э́тому	э́той	э́тому	э́тим
Instr	э́тим	э́той	э́тим	э́тими
Prp	об э́том	об э́той	об э́том	об э́тих

(The instrumental form э́той has the alternative э́тою)

Table 11

	m	f	nt	pl
Nom	тот	та	то	те
Acc	тот/того́	ту	то	те/тех
Gen	того́	той	того́	тех
Dat	тому́	той	тому́	тем
Instr	тем	той	тем	те́ми
Prp	о то́м	о той	о то́м	о тех

(The instrumental form той has the alternative то́ю)

Table 12

	m	f	nt	pl
Nom	сей	сия́	сие́	сии́
Acc	сей/сего́	сию́	сие́	сии́/сих
Gen	сего́	сей	сего́	сих
Dat	сему́	сей	сему́	сим
Instr	сим	сей	сим	си́ми
Prp	о сём	о сей	о сём	о сих

(The instrumental form сей has the alternative се́ю)

Table 13

	m	f	nt	pl
Nom	весь	вся	всё	все
Acc	весь/всего́	всю	всё	все/всех
Gen	всего́	всей	всего́	всех
Dat	всему́	всей	всему́	всем
Instr	всем	всей	всем	все́ми
Prp	обо всём	обо всей	обо всём	обо всех

6 (The instrumental form всей has the alternative все́ю)

Verbs

Table 14 хотеть

я	хочу́
ты	хо́чешь
он/она́	хо́чет
мы	хоти́м
вы	хоти́те
они́	хотя́т

Past tense: хоте́л, хоте́ла, хоте́ло, хоте́ли
(Similarly with verbs such as расхоте́ть, захоте́ть etc)

Table 15 есть

я	ем
ты	ешь
он/она́	ест
мы	еди́м
вы	еди́те
они́	едя́т

Past tense: ел, е́ла, е́ло, е́ли
Imperative: е́шь(те)!
(Similarly with verbs such as съесть, пое́сть, перее́сть etc)

Table 16 дать

я	дам
ты	дашь
он/она́	даст
мы	дади́м
вы	дади́те
они́	даду́т

Past tense: дал, дала́, дало́, да́ли
Imperative: да́й(те)!
(Similarly with verbs such as переда́ть, изда́ть, отда́ть, разда́ть etc)

Table 17 чтить

я	чту
ты	чтишь
он/она́	чтит
мы	чтим
вы	чти́те
они́	чтут/чтят

Past tense: чтил, чти́ла, чти́ло, чти́ли
Imperative: чти́(те)!
(Similarly with verbs such as почти́ть etc)

Table 18	идти́!
я	иду́
ты	идёшь
он/она́	идёт
мы	идём
вы	идёте
они́	иду́т
Past tense:	шёл, шла, шло, шли
Imperative:	иди́(те)!

(Similarly with verbs such as прийти́, уйти́, отойти́, зайти́ etc)

Table 19	е́хать
я	е́ду
ты	е́дешь
он/она́	е́дет
мы	е́дем
вы	е́дете
они́	е́дут
Past tense:	е́хал, е́хала, е́хало, е́хали
Imperative:	поезжа́й(те)!

(Similarly with verbs such as прие́хать, перее́хать, уе́хать, въе́хать etc)

Table 20	бежа́ть
я	бегу́
ты	бежи́шь
он/она́	бежи́т
мы	бежи́м
вы	бежи́те
они́	бегу́т
Past tense:	бежа́л, бежа́ла, бежа́ло, бежа́ли
Imperative:	беги́(те)!

(Similarly with verbs such as побежа́ть, убежа́ть, прибежа́ть etc)

Table 21	быть
я	бу́ду
ты	бу́дешь
он/она́	бу́дет
мы	бу́дем
вы	бу́дете
они́	бу́дут
Past tense:	был, была́, бы́ло, бы́ли
Imperative:	бу́дь(те)!

(Not used in the present tense, except есть in certain cases)

Numerals

Table 22	m	f	nt	pl
Nom	оди́н	одна́	одно́	одни́
Acc	оди́н/одного́	одну́	одно́	одни́/одни́х
Gen	одного́	одно́й	одного́	одни́х
Dat	одному́	одно́й	одному́	одни́м
Instr	одни́м	одно́й	одни́м	одни́ми
Prp	об одно́м	об одно́й	об одно́м	об одни́х

(The instrumental form одно́й has the alternative одно́ю)

Table 23	m	f	nt
Nom	два	две	два
Acc	два/двух	две/двух	два/двух
Gen	двух	двух	двух
Dat	двум	двум	двум
Instr	двумя́	двумя́	двумя́
Prp	о двух	о двух	о двух

Table 24

Nom	три	четы́ре
Acc	три/трёх	четы́ре/четырёх
Gen	трёх	четырёх
Dat	трём	четырём
Instr	тремя́	четырьмя́
Prp	о трёх	о четырёх

Table 25

	m/nt	f
Nom	о́ба	о́бе
Acc	о́ба/обо́их	о́бе/обе́их
Gen	обо́их	обе́их
Dat	обо́им	обе́им
Instr	обо́ими	обе́ими
Prp	об обо́их	об обе́их

Table 26

Nom/ Acc	пять	пятьдеся́т
Gen/ Dat	пяти́	пяти́десяти
Instr	пятью́	пятью́десятью
Prp	о пяти́	о пяти́десяти

(шесть to два́дцать and три́дцать decline like пять; шестьдеся́т, во́семьдесят and се́мьдесят decline like пятьдеся́т)

9

Table 27

Nom/Acc	сорок	сто
Gen/Dat/Instr	сорока	ста
Prp	о сорока	о ста

девяносто declines like сто. After много and несколько the genitive plural is сот, the dative plural is стам, the instrumental plural is стами and the prepositional plural is стах)

Table 28

Nom/Acc	двести	триста	четыреста	пятьсот
Gen	двухсот	трёхсот	четырёхсот	пятисот
Dat	двумстам	трёмстам	четырёмстам	пятистам
Instr	двумястами	тремястами	четырьмястами	пятьюстами
Prp	о двумстах	о трёхстах	о четырёхстах	о пятистах

(шестьсот, семьсот, восемьсот and девятьсот decline like пятьсот)

Table 29

	Singular	Plural
Nom	тысяча	тысячи
Acc	тысячу	тысячи
Gen	тысячи	тысяч
Dat	тысяче	тысячам
Instr	тысячей	тысячами
Prp	о тысяче	о тысячах

(The instrumental singular form тысячью also exists)

Table 30a

Nom	двое	трое	четверо
Acc	двое/двойх	трое/тройх	четверо/ четверых
Gen	двойх	тройх	четверых
Dat	двойм	тройм	четверым
Instr	двоими	троими	четверыми
Prp	о двойх	о тройх	о четверых

Table 30b

Nom	пятеро	шестеро	семеро
Acc	пятеро/	шестеро/	семеро/
	пятерых	шестерых	семерых
Gen	пятерых	шестерых	семерых
Dat	пятерым	шестерым	семерым
Instr	пятерыми	шестерыми	семерыми
Prp	о пятерых	о шестерых	о семерых

Количественные Числительные		**Cardinal Numbers**
оди́н (одна́, одно́, одни́)	1	one
два (две)	2	two
три	3	three
четы́ре	4	four
пять	5	five
шесть	6	six
семь	7	seven
во́семь	8	eight
де́вять	9	nine
де́сять	10	ten
оди́ннадцать	11	eleven
двена́дцать	12	twelve
трина́дцать	13	thirteen
четы́рнадцать	14	fourteen
пятна́дцать	15	fifteen
шестна́дцать	16	sixteen
семна́дцать	17	seventeen
восемна́дцать	18	eighteen
девятна́дцать	19	nineteen
два́дцать	20	twenty
два́дцать оди́н (одна́, одно́, одни́)	21	twenty-one
два́дцать два (две)	22	twenty-two
три́дцать	30	thirty
со́рок	40	forty
пятьдеся́т	50	fifty
шестьдеся́т	60	sixty
се́мьдесят	70	seventy
во́семьдесят	80	eighty
девяно́сто	90	ninety
сто	100	a hundred
сто оди́н (одна́, одно́)	101	a hundred and one
две́сти	200	two hundred
две́сти оди́н (одна́, одно́)	201	two hundred and one
три́ста	300	three hundred
четы́реста	400	four hundred
пятьсо́т	500	five hundred
ты́сяча	1 000	a thousand
миллио́н	1 000 000	a million

Собирательные Числительные/Collective Numerals

дво́е
тро́е
че́тверо
пя́теро
ше́стеро
се́меро

Дроби

Fractions

полови́на	a half	$^1/_2$
треть (f)	a third	$^1/_3$
че́тверть (f)	a quarter	$^1/_4$
одна́ пя́тая	a fifth	$^1/_5$
три че́тверти	three quarters	$^3/_4$
две тре́ти	two thirds	$^2/_3$
полтора́ (полторы́)	one and a half	$1^1/_2$
ноль це́лых (и) пять деся́тых	(nought) point five	0.5
три це́лых (и) четы́ре деся́тых	three point four	3.4
шесть це́лых (и) во́семьдесят де́вять со́тых	six point eight nine	6.89
де́сять проце́нтов	ten per cent	10%
сто проце́нтов	a hundred per cent	100%

Порядковые Числительные		Ordinal Numbers	
пе́рвый	1-ый	first	1st
второ́й	2-о́й	second	2nd
тре́тий	3-ий	third	3rd
четвёртый	4-ый	fourth	4th
пя́тый	5-ый	fifth	5th
шесто́й	6-о́й	sixth	6th
седьмо́й	7-о́й	seventh	7th
восьмо́й	8-о́й	eighth	8th
девя́тый	9-ый	ninth	9th
деся́тый	10-ый	tenth	10th
оди́ннадцатый		eleventh	
двена́дцатый		twelfth	
трина́дцатый		thirteenth	
четы́рнадцатый		fourteenth	
пятна́дцатый		fifteenth	
шестна́дцатый		sixteenth	
семна́дцатый		seventeenth	
восемна́дцатый		eighteenth	
девятна́дцатый		nineteenth	
двадца́тый		twentieth	
два́дцать пе́рвый		twenty-first	
два́дцать второ́й		twenty-second	
тридца́тый		thirtieth	
сороково́й		fortieth	
пятидеся́тый		fiftieth	
восьмидеся́тый		eightieth	
девяно́стый		ninetieth	
со́тый		hundredth	
сто пе́рвый		hundred-and-first	
ты́сячный		thousandth	
миллио́нный		millionth	

Даты и Время	Date and Time
кото́рый час?	what time is it?
сейча́с 5 часо́в	it is or it's 5 o'clock
в како́е вре́мя	at what time?
в +acc ...	at...
в час дня (f)	at one p.m.
по́лночь (f)	00.00 midnight
де́сять мину́т пе́рвого, два́дцать четы́ре (часа́) де́сять (мину́т)	00.10, ten past midnight, ten past twelve a.m.
де́сять мину́т второ́го, час де́сять	01.10, ten past one, one ten
че́тверть второ́го, час пятна́дцать	01.15, a quarter past one, one fifteen
полови́на второ́го, час три́дцать	01.30, half past one, one thirty
без че́тверти два, час со́рок пять	01.45, a quarter to two, one forty-five
без пяти́ два, час пятьдеся́т	01.50, ten to two, one fifty
двена́дцать часо́в дня, по́лдень (m)	12.00, midday
полови́на пе́рвого, двена́дцать три́дцать	12.30, half past twelve, twelve thirty p.m.
трина́дцать часо́в, час дня	13.00, one (o'clock) (in the afternoon), one p.m.
девятна́дцать часо́в, семь часо́в ве́чера	19.00, seven (o'clock) (in the evening), seven p.m.
два́дцать оди́н (час) три́дцать (мину́т), де́вять три́дцать ве́чера	21.30, nine thirty (p.m. or at night)
два́дцать три (часа́) со́рок пять (мину́т), без че́тверти двена́дцать, оди́ннадцать со́рок пять	23.25, a quarter to twelve, eleven forty-five p.m.
че́рез два́дцать мину́т	in twenty minutes
два́дцать мину́т наза́д	twenty minutes ago
в ближа́йшие два́дцать мину́т	in the next twenty minutes
за два́дцать мину́т	within twenty minutes
спустя́ два́дцать мину́т	after twenty minutes
сейча́с два́дцать мину́т четвёртого	it's twenty after three (US)
полчаса́	half an hour
че́тверть часа́	quarter of an hour
полтора́ часа́	an hour and a half
час с че́твертью	an hour and a quarter
че́рез час	in an hour's time
че́рез час, ка́ждый час	every hour, on the hour
ка́ждый час	hourly
че́рез час	in an hour from now
разбуди́те меня́ в семь часо́в	wake me up at seven

с девяти́ до пяти́	from nine to five
с двух до трёх (часо́в)	between two and three (o'clock)
сего́дня с девяти́ утра́	since nine o'clock this morning
до десяти́ часо́в ве́чера	till ten o'clock tonight
о́коло трёх часо́в дня	at about three o'clock in the afternoon
три часа́ по Гри́нвичу	three o'clock GMT
уже́ нача́ло пя́того	it's the back of four
по́сле четырёх	at the back of four
сего́дня	today
ка́ждый день/вто́рник	every day/Tuesday
вчера́	yesterday
сего́дня у́тром	this morning
за́втра днём/ве́чером	tomorrow afternoon/night
позавчера́ ве́чером, позапро́шлой но́чью	the night before last
позавчера́	the day before yesterday
вчера́ ве́чером, про́шлой но́чью	last night
два дня/шесть лет наза́д	two days/six years ago
послеза́втра	the day after tomorrow
в сре́ду	on Wednesday
он хо́дит туда́ по сре́дам	he goes there on Wednesdays
«закры́то по пя́тницам»	"closed on Fridays"
с понеде́льника до пя́тницы	from Monday to Friday
к четвергу́	by Thursday
ка́к-то в ма́рте, в суббо́ту	one Saturday in March
че́рез неде́лю	in a week's time
во вто́рник на сле́дующей неде́ле	a week on or next Thursday
в воскресе́нье на про́шлой неде́ле	a week last Sunday
сле́дующий понеде́льник	Monday week
на э́той/сле́дующей/про́шлой неде́ле	this/next/last week
че́рез две неде́ли	in two weeks or a fortnight
в понеде́льник че́рез две неде́ли	two weeks on Monday
в э́тот день шесть лет наза́д	six years to the day
пе́рвая/после́дняя пя́тница ме́сяца	the first/last Friday of the month
сле́дующий ме́сяц	next month
про́шлый год	last year
в конце́ ме́сяца	at the end of the month
два ра́за в неде́лю/ме́сяц/год	twice a week/month/year
како́е сего́дня число́?	what's the date?, what date is it today?
сего́дня 28-ое	today's date is the 28th, today is the 28th
пе́рвое января́	the first of January, January the first

ты́сяча девятьсо́т шестьдеся́т пя́тый год	1965, nineteen (hundred and) sixty-five
роди́лся в 1967-ом году́	I was born in 1967
у него́ день рожде́ния 5 ию́ня	his birthday is on 5th June (*Brit*) *or* June 5th (*US*)
18-го а́вгуста 1992	on 18th August (*Brit*) *or* August 18th (*US*) 1992
с 19-го до 3-го	from the 19th to the 3rd
в 89-ом году́	in '89
весна́ 87-го го́да	the Spring of '87
в 1930-ых года́х	in (*or* during) the 1930s
в 1940-ых года́х	in 1940 something
в 2009-ом году́	in the year 2009
в 13-ом ве́ке	in the 13th century
4 год до н.э.	4 BC
70 год н.э.	70 AD